CHINA

RADIO

MARKET YEARBOOK

2017年中国广播收听市场年鉴

中国传媒大学出版社

·北京·

《2017 年中国广播收听市场年鉴》
编委会

前 言

2016 年 7 月 18 日，国家广电总局发布的《关于进一步加快广播电视媒体与新兴媒体融合发展的意见》提出：进一步提高和统一对媒体融合发展紧迫性的认识，加快推进广播电视媒体与新兴媒体的深度融合，已经成为广播电视改革发展中必须直面的重大而又紧迫的任务。

回顾我国的媒体融合进程，经历了 2014 年的"顶层设计"、2015 年的"媒介融合元年"和 2016 年的蓬勃发展，至今试水三年，气象万千。上海广播形成了"@Radio＋阿基米德"一套完整的融合媒体生产传播体系；中央电台、湖北电台、成都电台等各级电台打造"中央厨房"式全媒体报道平台；江苏广播媒体融合使命的系统级产品"微啵云"是强媒体属性的生态化综合业务平台。他们或以平台建设取胜，或以集成报道领衔，或以"融媒体"实践见长，在广播媒体转型的征程中百舸争流奋勇前行。

广播与新媒体的交融和相互渗透初见端倪，广播电台在传统媒体广告收入整体大幅下滑的形势中站住了脚跟。2016 年中国传统广告市场下降 6.0%，电视刊例收入同比下降 3.7%，报纸和杂志的刊例收入同比下降 38.7%和 30.5%，而电台广告止跌回升，刊例收入同比增长 2.1%，电台成为唯一一个广告收入增长的传统媒体。在各类型广播频率中，交通广播是其中的佼佼者，全国 125 家交通广播，广告收入过亿的就有 22 个，可见，交通广播是广播电台的广告吸金大户，也是整个广播界的生力军。

汽车保有量的提升刺激了车载音频的娱乐需求，车载收听市场不仅是传统广播的必争之地，也是移动网络电台的主阵地。2016 年，移动网络电台（音频类 APP）、音频聚合平台等作为基于互联网的新的声音媒体，经过前期的野蛮生长，在一轮投资热潮褪去之后转入低潮，商业模式始终是其一道坎。多听 FM、考拉 FM 以及喜马拉雅 FM 等平台纷纷布局车联领域，分享市场蛋糕。

各音频平台内容参差信息爆炸，有见及此，听众有更高质量的收听信息需求，开启了定制化音频内容付费时代。比如，热门节目《罗辑思维》停播视频节目转向 App 付费收听，还有喜马拉雅 FM 发起的"123 知识狂欢节"内容付费收入超过五千万元等。音频付费给了主播和平台一个快速回收资金的好模式，这是否是音频媒体的未来我们不置评论，但可以从中看出，内容会重新成为融媒语境下竞争取胜的重要砝码。现在这个时代，信息是无限的，而人的精力是有限的，如何快速获取有价值信息成为了广大用户的新痛点。一方面，传统广播在经历了一阵迷茫之后转而重新认识和思考广播媒体的价值和声音产品的本质，广播媒体融合发展回归理性；另一方面，移动网络电台也已经回归到塑造使用习惯和提升用户体验。音频媒体，迎来了重提“内容为王”的时代。

广播电台一方面积极尝试媒体融合，另一方面重塑自身的内容优势。这一指向要求通过提供多种方式和多种层次的传播形态来满足受众的细分需求。未来内容输出更加定制化、个性化，广告推送上则需要更加精准，大数据挖掘便成为决策利器。掌握用户相关信息进行综合分析，实现准确定位，基于相关数据的记录和分析后进行的内容生产，将会更好地满足受众的需求。可以想见，未来的内容争夺，也将是数据之争。

目前，赛立信正深耕广播大数据，努力搭建广播融媒大数据分析管理平台。平台基于广播媒体、APP、商业平台用户行为与全媒体广告四大板块，将采集技术和数据作为驱动力，通过数据的结构化处理与汇总细分，建设赛立信全栖数据，呈现精准的用户画像，全方位解构媒体、用户与广告的生态链，协助广播电台与广告公司打造“融媒体大数据应用解决方案”，促进以大数据、移动互联网技术与媒体资源为代表的新一代信息技术与广播媒体的融合发展，为广播媒体的节目生产和广告经营提供数据支持。

赛立信根据过去一年在全国一百多个重点城市的广播收听调查数据，编纂出这部《中国广播收听市场年鉴》。本书分为分析篇、数据篇和附录三大部分：分析篇由广播行业专家和资深研究人员撰写的中国广播市场研究文章或分析报告；数据篇挑选出全国 75 个重点城市的收听率数据，详细呈现各电台频率在 2016 年的收听表现；附录篇选载有重要文件目录、统计资料等收集了全国电台和频率名称、频率频点，采用唯一的标准编码进行编号，以供查阅检索。

由于编撰本书的工作量大，时间紧，难免有诸多不足和疏漏之处。希请各位同仁不吝赐教，共同交流，让这部编年体在我们不断的总结、学习、提高中越来越完善和发展。

2017 年 5 月 10 日

目 录

分析篇

数据篇

ANALYSIS 分析篇

2016年中国广播收听市场综述

一、全国广播市场现状

（一）全国广播覆盖情况

截至2016年底，全国开办的广播节目有3000多套，全年制作节目超过750万小时，其中近78.8%是调频播音，中波播音略超20%，说明目前国内调频的覆盖率已经很高。年末广播节目综合人口覆盖率98.37%，基本与2015年持平。在融媒时代，虽然媒体竞争异常激烈，但广播依然保持着稳健的发展态势，在这个媒体竞争环境中，展现出不可替代的传播力和影响力。

1. 广播区域化特点凸显，城市电台资源占大多数

根据赛立信的电台频率统计数据显示，中央级电台、直辖市/省级电台、城市电台的占比分别是2.3%、22.3%、75.0%，继续呈现国家到地方频道资源由少到多的分布态势。与2015年比较，中央级电台的频率资源占比略有提升，城市电台则有所下滑，在75%的城市电台占比中，省会城市电台约占10%的比例，说明二三线城市的频率资源还是比较丰富的。

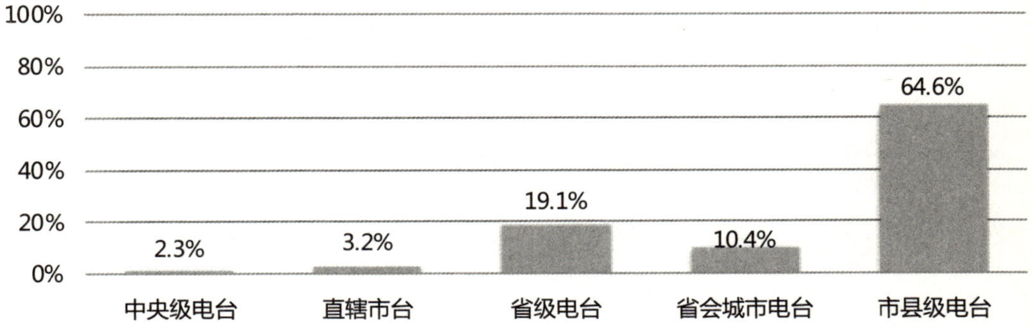

图1.1.1 2016年各级电台的频率资源分布

数据来源：赛立信媒介研究

2. 频率类型化显著，新闻频率资源最丰富

倡导广播频率专业化、类型化以后，频率的专业化道路越走越窄，交通类频率延伸了私家车广播，音乐类频率延伸了汽车音乐广播，……广播的类型化逐步从目标人群定位发展到功能定位。

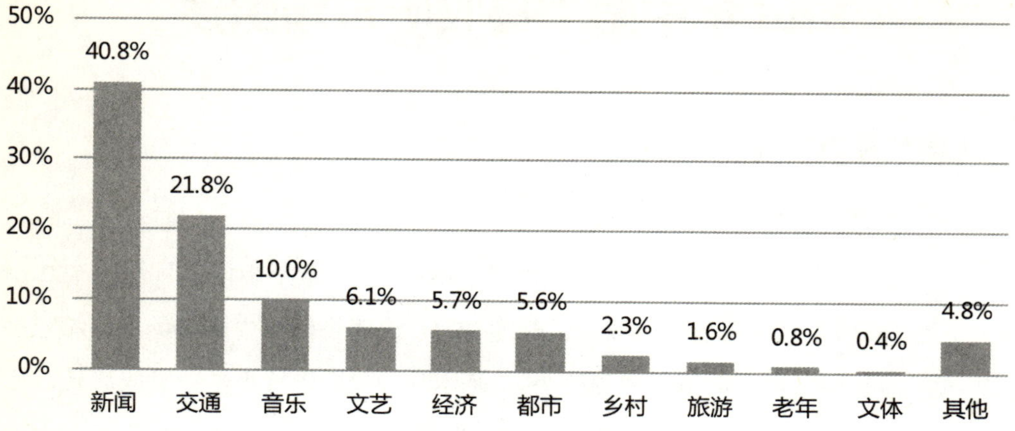

图 1.1.2　2016 年各类型频率资源分布

数据来源：赛立信媒介研究

尽管如此，鉴于一些地区频率资源尚欠缺，并且广播的喉舌作用依然占据主导位置，因此新闻综合类的资源最为丰富，占比略超过 40%的比例。交通类频率的占比也是略超过 20%，其中私家车广播占比为 3.0%。随着广播在汽车人群中的重要性日益提高，私家车广播的听众资源将越来越大，这类频率的数量也会随之增多。

在其他各类频率中，老年广播的占比有所增涨，说明虽然老年人群不再是广播的核心听众群，但还有部分是广播的忠实听众，老年广播还有一些市场。其他类型频率的占比有所增长，以“女主播电台”为首的一些主题频率逐步也为市场所接受。

3. 华东地区频率资源最丰富

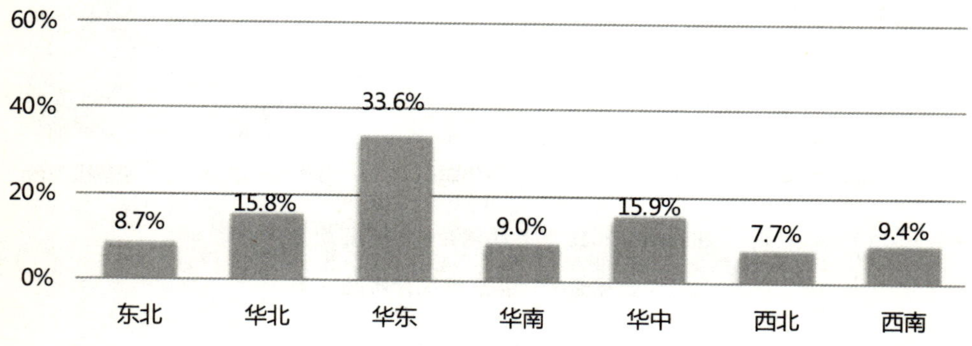

图 1.1.3　2016 年全国各片区频率资源分布

数据源：赛立信媒介研究

分片区来看，各片区的频率资源分布与 2015 年基本一致，华东区域的频率资源最为丰富，省级电台和省会城市电台的频率个数都相对较多，频率类型分布较细；其次是华中和华北两个区域，两个片区重点是省级电台的频率资源相对较为丰富；其他三个片区的频率资源分布基本一致。

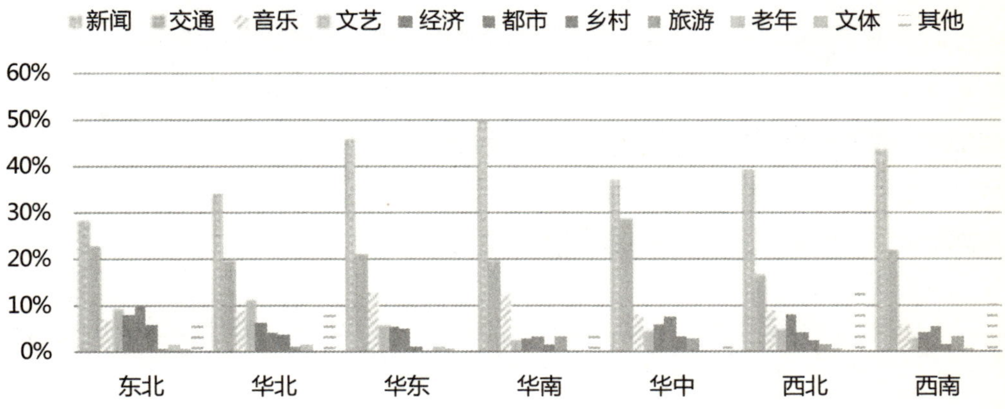

图 1.1.4　2016 年全国各片区各类型频率资源分布

数据源：赛立信媒介研究

从不同片区各类频率资源的分布情况来看，新闻类频率在各片区均占据最大的比重，其次是交通类频率。但是，在不同的片区呈现的频率类型分布有所不同：（1）新闻综合类频率在华南区域的占比最大，说明华南区域频率资源并不太丰富，目前依然以新闻综合类频率为主。（2）交通类频率在华中和东北两片区的占比较大，而私家车广播则在华东和华中两个区域的占比相对较大。（3）音乐类频率在华南和华东两地资源较为丰富，其中华东地区的音乐类频率的细分会更多，以上海为例，上海东方广播中心拥四个音乐广播，每个频率分别针对不同年龄段的人群，有效地满足了不同人群对音乐的需求。（4）都市生活和文艺两类频率在华北和东北两片区资源都比较丰富，这与北方听众对曲艺、相声、二人转、脱口秀等文艺类节目类型收听需求较大有一定的关系。（5）西北和西南两个片区其他类型的频率较多，主要是由于西部地区少数民族较多，针对当地少数民族听众的本地化西语言频率相对较多。

（二）广播听众的规模及其特点

1. 广播媒体魅力依然不减，广播听众接近 7 亿

据国家统计局发布的《2016 年国民经济和社会发展统计公报》数据显示，2016 年末，全国常住人口达 13.82 亿，比上年末增加 700 万人。赛立信媒介研究数据显示，

2016 年中国广播接触率是 59.5%，基本与去年持平。虽然互联网，特别是移动互联网的普及对传统媒体产生一定影响，但广播在受众群中的影响力依然不减，并且逆势上扬，2016 年广播听众为 6.91 亿，较去年增加 300 多万。

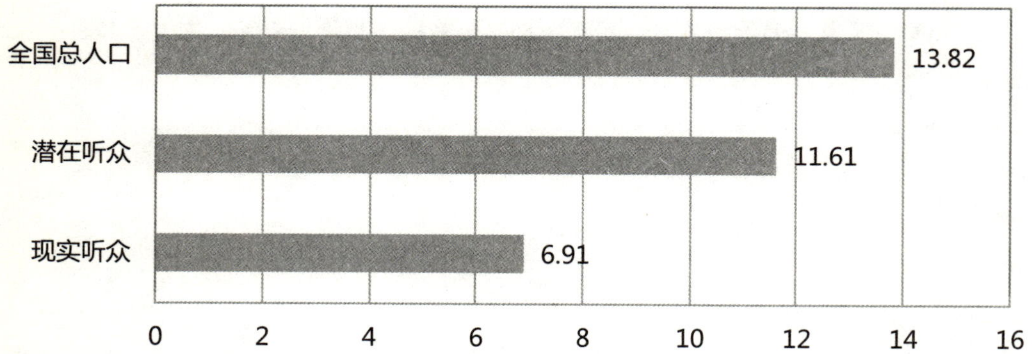

图 1.1.5　2016 年中国广播听众规模（单位：亿人）

数据来源：赛立信媒介研究

2016 年，中国互联网网民听众规模达 7.31 亿，已经超越广播和报纸，成为仅次于电视的媒体。广播，作为传统媒体，在不断的摸索媒体融合的道路中没有被受众所淘汰，并且可以在逆势中成长。近十年，广播接触率依然维持在 59.5%—60.0%的水平，说明广播在传统媒体中依然有着不少忠实的拥趸，在融媒体时代，广播媒体通过不同的传输渠道吸纳新一代的广播听众群。

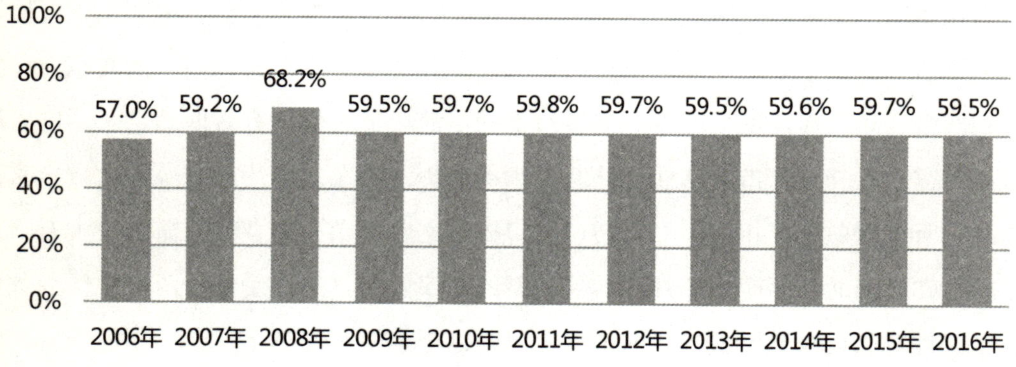

图 1.1.6　2006—2016 年中国广播接触率

数据来源：赛立信媒介研究，2006-2016 年

2. 广播拥有高传播价值的听众

在融媒时代和汽车社会时期，媒体面临着巨大的挑战与机遇，互联网技术的发展与互联网平台给广播节目的传播提供了更广阔的节目创作思维与运营模式，这对于传统媒体来说是一种颠覆性的改变。

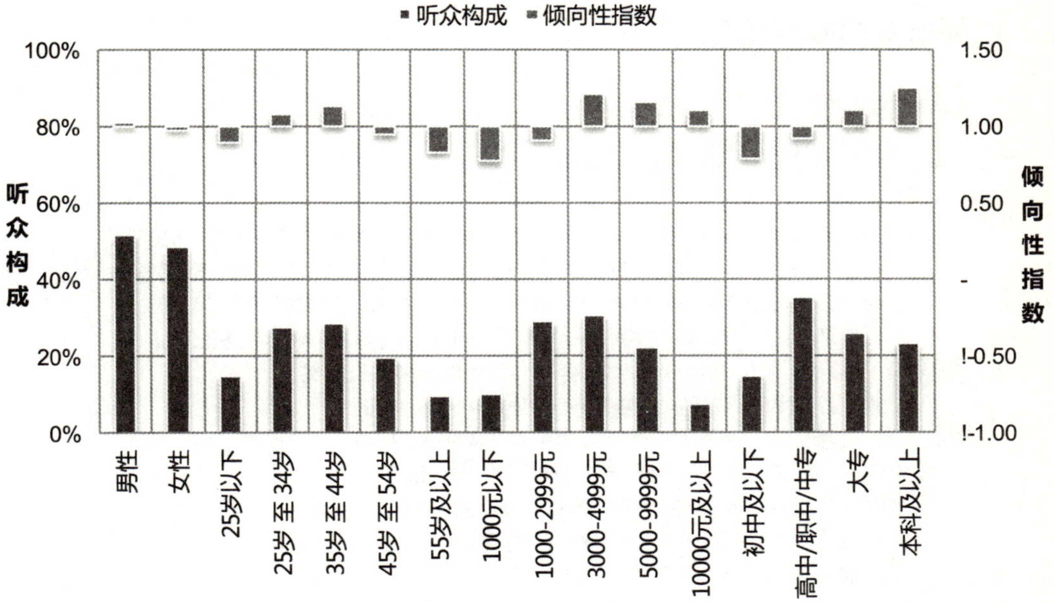

图 1.1.7　2016 年中国广播听众构成

数据来源：赛立信媒介研究

在融媒体语境下，广播的“伴随性”“碎片化”“服务性”等特点进一步凸显，互联网平台为广播吸引了不少年轻群体，使广播的媒体价值在新一代年轻人中得以提升；同时，随着中国进入汽车社会时期，广播的魅力更得以充分体现，汽车拥有量增多，“车载人群”逐步成为广播的主要受众群。数据显示，在广播听众群中，车载听众占比接近 60%，说明车载人群已经成为广播媒体的主要听众群。车载听众的增多，使广播听众的特点也产生以下转变：

（1）广告主力消费群的占比较高，25—44 岁中青年的占比达 56.3%，继续呈上升趋势，较 2015 年增长 1.8 个百分点，45—54 岁人群依然有接近 20%的占比。

（2）高消费能力人群规模在不断扩大，超过 60%的人群月收入在 3000 元及以上，其中 30%是超过 5000 元，该比例较去年增加了 5 个百分点，可见，广播听众的人均消费能力在不断提升。

（3）听众的品味越来越高，高学历人群规模也在增加，大专及以上学历听众占比接近 50%，低学历听众在逐渐减少。

（4）纵观倾向性指数，25—44 岁中青年人群、3000 元及以上收入和大专及以上人群均是广播的核心受众群。在这些人群中的倾向性指数均在 1.0 以上。

二、广播听众的收听情况

（一）收听目的

1. 广播媒体依然是听众获取资讯与娱乐休闲的重要渠道

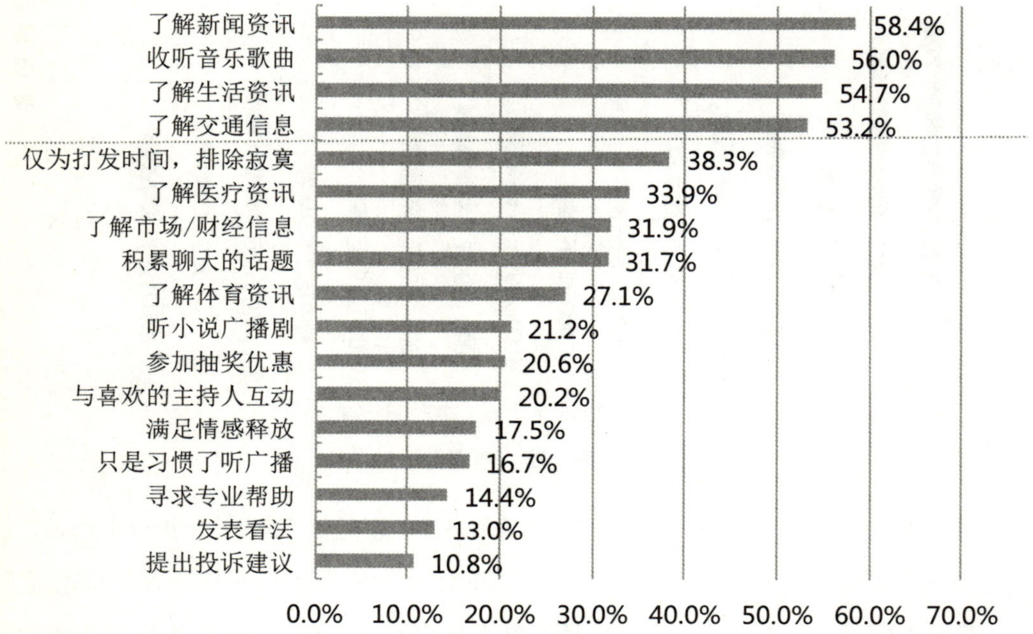

图 1.1.8　2016 年全国广播听众的收听目的

数据来源：赛立信媒介研究

在融媒时代，资讯与娱乐的获取渠道多不胜数，听众的选择范围越来越广。尽管如此，广播依然是听众选择的渠道之一。从有关听众收听广播目的的数据显示，我们可以发现以下趋势：

（1）听众收听广播的目的更为明确，大多听众收听广播的目的不多于三个。

（2）“了解新闻资讯”“收听音乐歌曲”“了解生活资讯”“了解交通信息”是听众收听广播的主要目的。这些目的的选择率明显高于其他目的，说明广播媒体在这几方面做得是否到位，决定了其能否吸引听众的耳朵。

（3）值得注意的是，相比去年，“了解新闻资讯”的选择率有一定幅度的减少，这说明，在目前有更多资讯精准推送的情况下，在获取新闻资讯方面，广播不再是听众获取资讯的重要渠道，广播可以考虑针对不同频率定位的不同人群进行新闻资讯的声音推送，进一步提升广播在新闻资讯方面的媒体权威性、及时 性与影响力。

（4）“医疗”和“财经”两类信息的需求度虽然不是很高，但也有 30%的比例，特别是医疗资讯，随着亚健康的普遍存在，关注这类信息的听众将趋于年轻化。

2. 各目标听众群体的收听目的比较分析

从性别来看，男性和女性听众收听广播的目的存在一定的差异，主要体现在：男性听众更注重获取信息，特别是新闻资讯；女性听众更注重娱乐休闲放松的收听诉求，她们把“收听音乐歌曲”视为收听广播目的之首选。数据显示，男性听众对交通信息、体育资讯/赛事直播的需求较女性更大；女性听众则对生活资讯的需求度更大一些，她们对节目互动、投诉建议、抽奖优惠的参与度会较男性听众更高一些。

表 1.1.1　不同性别听众的收听目的（%）

目标听众	男	女	目标听众	男	女
了解新闻资讯	**62.9%**	53.0%	寻求专业帮助	14.0%	14.8%
了解生活资讯	52.6%	56.9%	发表看法	12.9%	13.2%
了解医疗资讯	34.6%	33.2%	提出投诉建议	10.0%	11.7%
了解交通信息	58.6%	45.8%	情感倾诉	16.4%	18.7%
了解市场/财经信息	32.5%	31.2%	听小说广播剧	19.1%	23.3%
了解体育资讯	38.3%	15.8%	与喜欢的主持人互动	17.9%	22.4%
积累聊天的话题	31.1%	32.2%	打发寂寞	36.6%	40.0%
参加抽奖优惠	15.0%	23.1%	只是习惯了听广播	15.5%	17.9%
收听音乐歌曲	52.3%	**59.8%**			

数据来源：赛立信媒介研究，2016 年

年龄的差异对听众收听广播的目的也有一定的影响，主要呈现的趋势：（1）随着年龄的增长，收听广播的目的更为明确；（2）年轻人群对娱乐休闲的需求度更大，老年人群对资讯的需求更大；（3）节目的互动更能带动年轻人群的收听，“与喜欢的主持人互动”和“发表看法”两个选项在 45 岁以下听众中的选择率更高，因此互动形式可以更多的与新媒体平台结合，以吸引他们的眼球；（4）25—45 岁、具有一定经济能力的人群会更关注市场/财经信息，他们中的大多数人收听广播就是为了了解市场/财经信息。

表 1.1.2　不同年龄听众的收听目的（%）

目标听众	25 岁以下	25-34 岁	35-44 岁	45-54 岁	55 岁以上
了解新闻资讯	59.3%	57.5%	53.4%	**60.1%**	**70.3%**
了解生活资讯	56.9%	57.7%	48.4%	56.6%	55.9%
了解医疗资讯	28.0%	33.9%	34.1%	34.5%	43.4%
了解交通信息	46.1%	56.1%	**54.2%**	56.5%	49.7%
了解市场/财经信息	25.9%	35.7%	33.1%	32.8%	26.5%
了解体育资讯	28.2%	29.8%	26.9%	25.8%	19.6%
积累聊天的话题	33.8%	32.2%	30.3%	30.9%	31.3%
参加抽奖优惠	18.7%	22.4%	22.5%	20.5%	13.1%
收听音乐歌曲	**64.6%**	**62.7%**	51.6%	48.3%	46.3%
寻求专业帮助	15.2%	15.2%	13.9%	14.2%	12.1%
发表看法	14.7%	13.2%	14.0%	12.1%	8.1%
提出投诉建议	11.0%	11.3%	10.5%	11.7%	8.3%
情感倾诉	20.8%	16.7%	16.5%	17.3%	17.3%
听小说广播剧	23.8%	20.7%	19.3%	20.7%	23.8%
与喜欢的主持人互动	22.8%	22.4%	20.2%	17.5%	13.1%
打发寂寞	36.3%	32.4%	44.8%	35.8%	46.1%
只是习惯了听广播	17.3%	12.2%	16.7%	19.0%	24.6%

数据来源：赛立信媒介研究，2016 年

听众收听广播的目的在一定程度上也受到了听众自身受教育程度的影响，主要体现在：相对于其他文化程度听众，初中及以下听众收广播的目的较为分散，相对较为集中的目的是“了解新闻资讯/生活资讯/交通信息”“收听音乐歌曲”和“打发寂寞”；本科及以上学历听众收听广播的目的则较为集中，他们的收听目的主要集中于“了解新闻资讯/生活资讯”和“收听音乐歌曲”。此外，对“市场/财经信息”的需求度在大专及以上学历听众中会更高一些。

表 1.1.3 不同教育程度听众的收听目的（%）

目标听众	初中及以下	高中及同等学历	大专	本科及以上
了解新闻资讯	**56.2%**	**59.1%**	57.0%	**63.1%**
了解生活资讯	53.3%	52.8%	55.4%	62.6%
了解医疗资讯	35.2%	34.3%	33.0%	32.2%
了解交通信息	46.7%	52.9%	59.2%	53.1%
了解市场/财经信息	29.7%	29.4%	36.0%	35.7%
了解体育资讯	23.1%	27.4%	29.5%	27.6%
积累聊天的话题	32.9%	31.7%	31.8%	29.1%
参加抽奖优惠	18.9%	21.6%	21.3%	18.4%
收听音乐歌曲	49.4%	54.7%	**60.6%**	62.4%
寻求专业帮助	12.4%	15.7%	14.4%	13.4%
发表看法	12.9%	12.8%	13.8%	12.5%
提出投诉建议	10.1%	10.6%	12.6%	9.0%
情感倾诉	18.3%	17.0%	18.9%	15.3%
听小说广播剧	21.8%	21.1%	22.9%	16.8%
与喜欢的主持人互动	18.7%	20.7%	21.6%	17.8%
打发寂寞	43.2%	41.7%	31.5%	32.4%
只是习惯了听广播	21.8%	16.1%	13.8%	15.9%

数据来源：赛立信媒介研究，2016 年

听众的月收入水平也影响其收听目的，主要表现在：听众月收入水平越高，通过广播获取交通信息、新闻资讯、市场/财经信息的诉求就越高，高收入人群对投诉建议等节目的服务性需求更大，与喜欢的主持人产生互动的需求度则相对较少。

表 1.1.4 不同收入水平听众的收听目的（%）

目标听众	1000 元以下	1000-2999 元	3000-4999 元	5000 元及以上
了解新闻资讯	58.5%	**61.5%**	55.1%	61.0%
了解生活资讯	51.7%	55.0%	53.6%	58.0%
了解医疗资讯	27.3%	37.3%	33.9%	32.7%
了解交通信息	41.0%	47.2%	53.3%	**66.3%**
了解市场/财经信息	27.7%	29.6%	31.9%	36.6%
了解体育资讯	25.2%	18.9%	29.2%	34.0%

目标听众	1000元以下	1000-2999元	3000-4999元	5000元及以上
积累聊天的话题	34.3%	33.8%	30.5%	30.0%
参加抽奖优惠	16.4%	18.7%	21.7%	22.5%
收听音乐歌曲	**63.2%**	60.8%	**53.8%**	51.0%
寻求专业帮助	14.1%	13.3%	13.9%	17.0%
发表看法	15.3%	10.8%	11.6%	17.5%
提出投诉建议	9.9%	8.7%	11.0%	13.5%
情感倾诉	20.8%	18.8%	15.4%	18.4%
听小说广播剧	21.6%	20.7%	19.2%	25.3%
与喜欢的主持人互动	22.8%	28.1%	16.5%	16.1%
打发寂寞	44.2%	49.8%	33.9%	29.8%
只是习惯了听广播	19.6%	19.4%	13.7%	17.6%

数据来源：赛立信媒介研究，2016年

（二）收听地点

数据显示，2016年广播听众收听地点逐渐以车载为主，在车上（私家车/自用车）收听广播的听众占比接近50%，较2015年上升了5.7个百分点，居家收听的听众占比则略超40%，较2015年下滑了2.5个百分点，可见，全国的收听轨迹已经带刺居家收听进一步弱化的趋势。此外，在公交车、商场和户外场所收听广播的听众占比较2015年也有所减少，可见车载收听的趋势更为凸显。

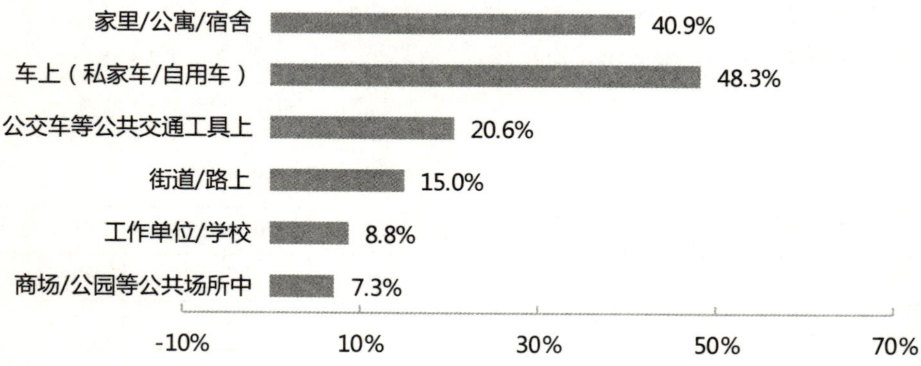

图1.1.9　2016年全国广播听众收听地点的选择比例

数据来源：赛立信媒介研究

（三）收听工具

数据显示，车载收音系统的使用率呈持续上升的态势，2016 年车载收音系统的使用率达 47.3%，较 2015 年上升了 10.0%，在所有收听工具中居首位，并且使用率与其他收听工具拉开越来越大的差距，可见，广播在车载人群中的影响力明显高于其他人群。

手机的使用率在近两年有着较大幅度的下滑，这与现代智能手机收音功能逐步减少有一定的关系。以往大多数听众主要还是利用手机自带的调频功能收听广播，不需要流量，但是，智能手机的更新换代，自带调频功能的智能手机越来越少，大大减少了手机作为收听工具的使用率，2015 年手机的使用率下滑了 17.9%，由于近年移动电台的影响力增大，在 2016 年，手机使用率下跌的幅度有所减缓。相信随着“广播+”的深化，相信手机的使用率将会回升。

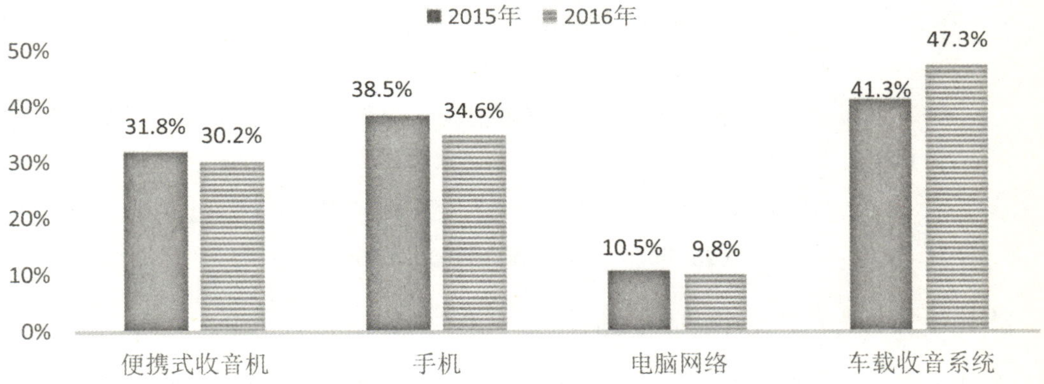

图 1.1.10　2015—2016 年听众使用的收听工具

数据来源：赛立信媒介研究，2015-2016 年

便携式收音机连续三年都呈轻微下滑的态势，随着收听工具的多样化，传统收音设备的使用率越来越低，尽管如此，其使用率依然维持在 30%以上，说明广播在传统的传输渠道中还是有一定规模的听众，并且听众的忠诚度较高。

1. 三大听众群

多样化的收听工具催生了新的听众群，同时也使广播听众群发生了一个较大的裂变，形成较为集中的三大听众群：

（1）居家听众：使用传统收听工具，以老年听众为主，忠诚度较高。人群规模有减少趋势；新媒体形式广播的接受度较低，与其他终端的重叠率也比较低。

（2）车载听众：高收入消费阶层，具有较高的广告价值。人群规模随着汽车拥有量的增多在不断扩大，逐步成为广播的主体听众。与其他收听终端的重叠率较低。

（3）智能终端听众：25 岁以下的年轻人为主，他们年轻、时尚、有活力，是高潜力消费者。作为新兴广播的未来收听主体，其人群规模在逐步扩大，与网络收听人群重叠率高。

2. 不同收听工具人群收听广播的目的

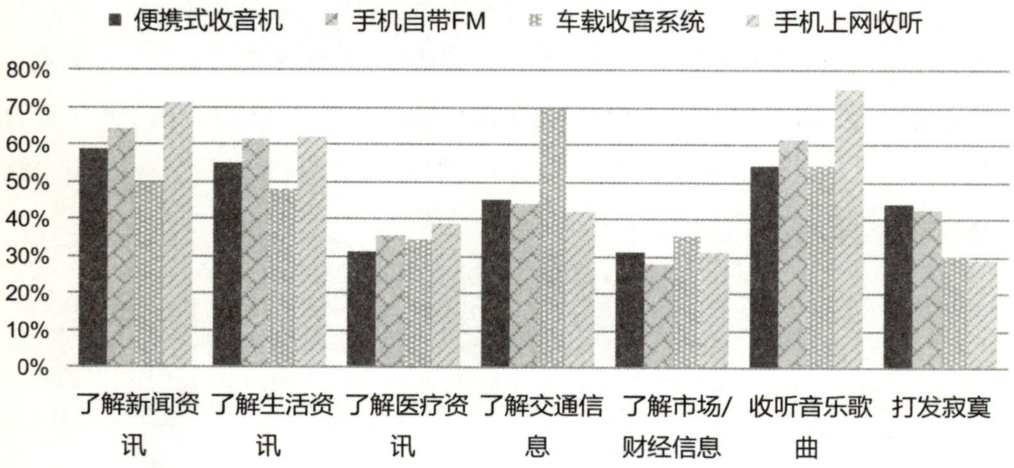

图 1.1.11　2016 年不同收听工具人群收听广播的目的

数据来源：赛立信媒介研究，2016 年

不同收听工具人群收听广播目的主要还是获取资讯和娱乐休闲，但其各项选择率排名在各类人群中有所不同，说明不同收听工具人群收听广播目的的侧重点有所不同：

（1）车载收听人群通常在车上收听广播，收听广播一个很重要的因素就是“了解交通信息”，虽然现在城市道路拥堵已经成为常态，并且获取路况的渠道也多种多样，但是广播的便捷性与及时性，依然是他们目前选择的主要渠道，“收听音乐歌曲”是这类人群的第二选择，然后才是“了解新闻资讯和生活资讯”。总的来说，对于车载人群来说，广播依然是他们在车上获取信息的主要渠道，而在这个细小的空间中，他们更需要一个轻松愉悦的氛围。这一人群对市场/财经信息的关注度比其他两类人群都高。

（2）使用传统收听工具（包括手机自带 FM）的人群收听广播的五大目的分别是：“了解新闻资讯/生活资讯/交通资讯”、“收听音乐歌曲”和“打发寂寞闲暇时间”。相对而言，使用手机收听广播的人群收听广播的目的更为集中，主要就是获取新闻资讯和生活资讯，还有收听音乐。

（3）智能移动终端人群收听广播的主要目的是听音乐和了解新闻/生活资讯。由于这类人群多是对新鲜事务接受度较高的 90 后，他们对节目的互动选择率明显高于其他几类人群，在“发表意见”“提出投诉建议”“与喜欢的主持人互动”等方面的选择率都明显高于其他两类人群。

（四）广播人均收听时长

据赛立信在全国主要城市的调查结果显示，2016 年广播的人均收听时长[①]为 82.5 分钟，较 2015 年有轻微回落。

1. 各片区广播人均收听时长

不同片区听众收听广播的时间稍有差异：东北片区的听众收听广播的时间最长，与去年相比有增加的趋势；华北和西北地区听众收听广播的时间也比较少，均在 80 分钟以上；华东、华南和华中三个区域的听众收听广播的时间相对略低于其他几个片区，这与其生活节奏有一定的关系。总的来说，北方听众收听广播的时间较南方稍长。

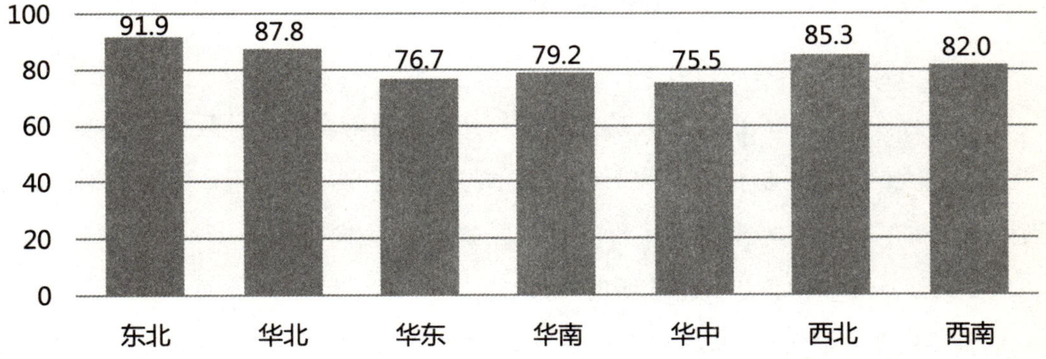

图 1.1.11　2016 年各片区广播人均收听时长

数据来源：赛立信媒介研究

2. 各收听终端广播人均收听时长

不同收听终端人群收听广播的时间也存在一些差异：车载收音系统终端的听众收听广播的时间最长，超过 90 分钟；手机/网络等新媒体终端听众收听广播的时间相对

---

① 人均收听时长：指每个听众一天收听广播的时间长度。

较短，是三类收听终端中最短的人群，这部分终端大多为活跃的年轻人群，要提升广播在这类人群中的收听率水平，需要考虑如何扩大他们收听广播的时长。传统收音终端人群收听广播的时间不算长，但还是有 70 分钟以上，说明传统收音终端仍有一部分广播的忠实听众群。值得注意的是，与 2015 年相比，三类终端人群收听广播的时间都有所缩短。

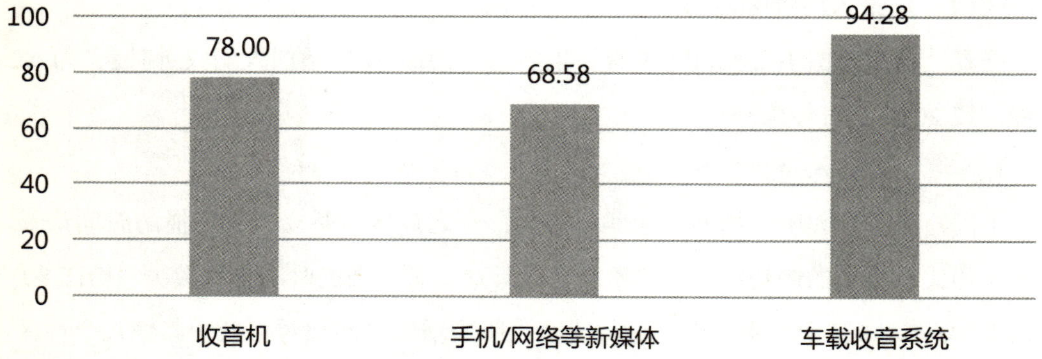

图 1.1.12　2016 年各收听终端广播人均收听时长

数据来源：赛立信媒介研究

3. 细分听众广播人均收听时长

数据显示，男性听众的广播人均收听时长高于女性听众，并且两类人群收听时长的差距有拉大的趋势，男性听众收听时长基本与去年持平，女性听众则有所缩短。不同细分听众的广播人均收听时长呈现的特点与 2015 年大同小异：

（1）25—44 岁中青年人群收听时间最长

比较不同年龄层听众的收听时长，25—44 岁中青年听众的收听时间最长，超过 80 分钟，其中，35—44 岁听众的收听时间超过 90 分钟，与上年相比，这个年龄层人群收听时长有增长的趋势，主要是由于这类人群多属于车载人群，因此收听时间相对较长；25 岁以下和 55 岁及以上人群收听广播的时间相对较短，其中老年人群收听广播的时间较去年有较大幅度下滑。

（2）高收入人群收听广播的时间比低收入人群更多

比较不同收入水平听众的收听时长，3000 元及以上月收入人群的收听时间要比 3000 元以下月收入人群要多，说明在职人士收听广播的时间更长。其中 3000—4999 元月收入人群的收听时间最长，与这部分人有一些是出租车司机有一定的关系；5000

元及以上月收入人群的收听时间也在80分钟以上，并且与去年相比有增加的趋势，说明广播在中高收入人群还具一定的影响力的。

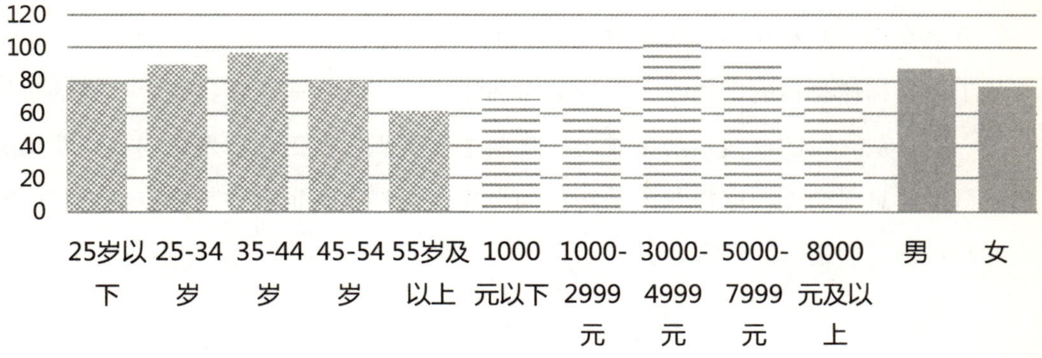

图 1.1.13　2016 年细分听众广播人均收听时长

数据来源：赛立信媒介研究

（五）收听时段分布

1. 全国听众的收听时段分布

纵观2016年全国广播收听曲线，全天形成两个收听高峰——早高峰和傍晚高峰，分别在早上8:30左右和傍晚18:30左右，中午12:00左右也形成一个小高峰。这些时间段的广播听众量相对较大。

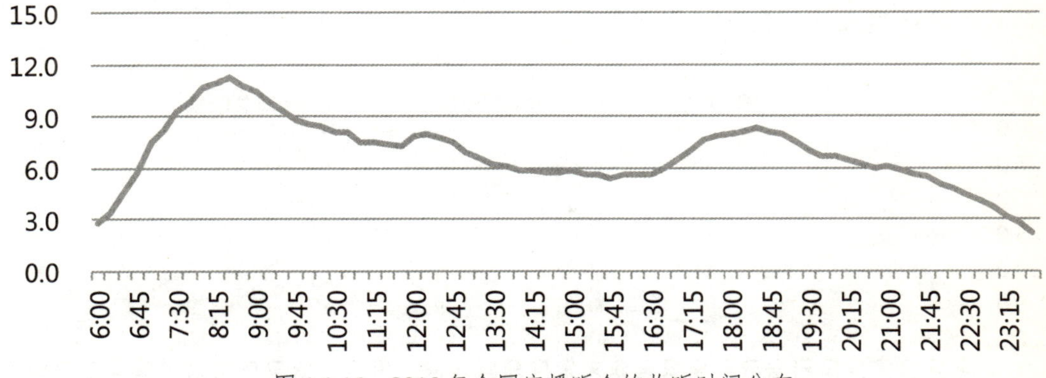

图 1.1.14　2016 年全国广播听众的收听时间分布

数据来源：赛立信媒介研究

2016年全天的收听曲线更为平缓，虽然早晚出行高峰都各自形成一个收听高峰，但是除了早高峰较为明显以外，其他两个高峰与白天其他时段的收听率没有拉开明显的差距，除了晚上收视高峰以外，其他时段已经没有很明显的收听低谷，可见，广播听众的收听时间日趋碎片化，呈不固定趋势。晚上 21:00 以后是收视高峰，广播的听众相对较少，并且随着时间的推移，听众量也在逐渐的减少。

2. 听众在工作日和休息日的收听时段分布

从工作日和休息日的广播收听时段分布曲线来看，听众在工作日收听广播的时间会更多一些。从时段的曲线走势来看，早晚两个收听高峰在工作日聚集的人气明显高于休息日，休息日全天的广播收听曲线更为平缓，虽然早晚也形成高峰点，但是收听高峰的起点稍微后延。

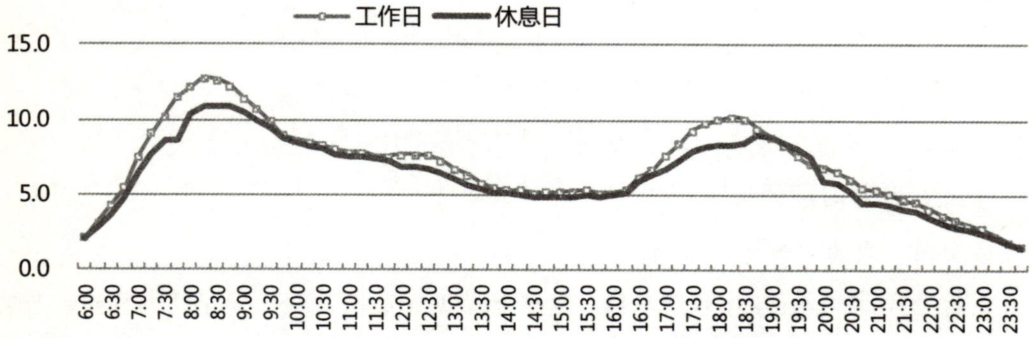

图 1.1.15　2016 年全国听众在工作日和休息日的收听时间分布

数据来源：赛立信媒介研究

3. 不同终端人群的收听时段分布

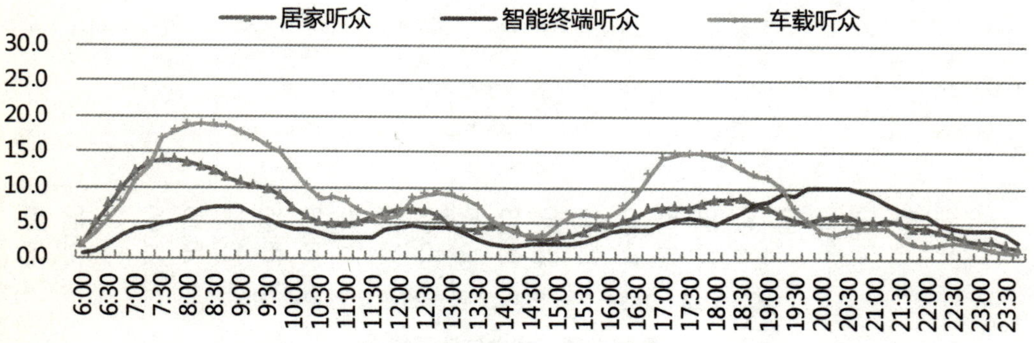

图 1.1.16　2016 年全国不同终端听众的收听时间分布

数据来源：赛立信媒介研究

从不同收听终端收听人群的广播时段收听曲线来看，不同人群集中收听的时间有较大的差异：

（1）车载听众收听广播的时间主要集中在早晚上下班的时候，其他时间，特别是在晚间收听的人群相对较少；

（2）居家听众收听广播的时间主要集中在早上，他们收听广播的时间较早，在早高峰收听的人群相对较多，虽然中午和傍晚也形成一个小高峰，但峰值并不太大。

（3）智能终端听众中，白天收听广播的听众相对较少，他们多在傍晚及之后收听广播，在早上上班期间收听的也有部分听众。

比较而言，车载听众在全天绝大多数时段的收听需求程度均高于其他两个终端听众，并且在早晚高峰的听众也明显多于其他两类听众。

4. 车载人群在工作日和休息日的收听时段分布

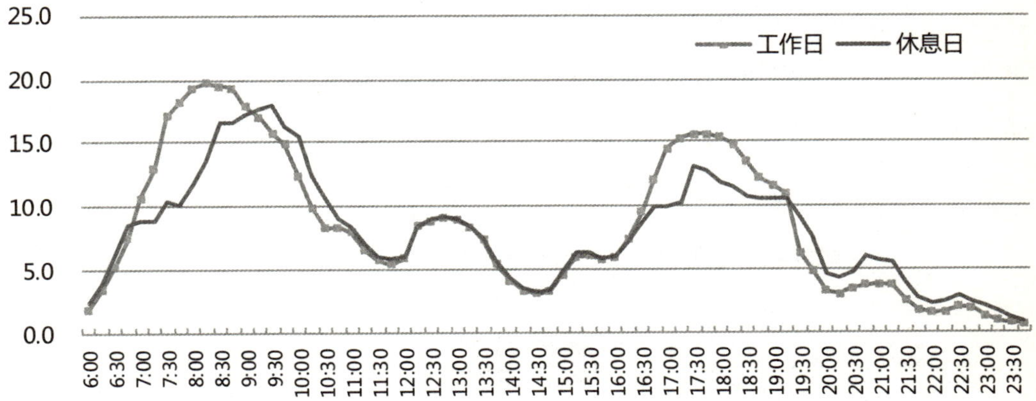

图 1.1.15　2016 年全国车载人群在工作日和休息日的收听时间分布

数据来源：赛立信媒介研究

无论是工作日还是休息日，车载人群的广播黄金时段都是在早晚高峰，这两个时段收听广播的车载人群明显比其他时段多。工作日与休息日对比，因休息之故，休息日的黄金时段较工作日稍微后延，并且峰值较工作日稍低，尤其是晚高峰，在该时段收听广播的车载人群明显少于工作日，但是晚间收听的车载人群则较工作日稍多。

（六）听众经常收听的节目类型

1. 新闻资讯、音乐和交通类节目备受青睐

2016 年的数据显示，现代听众收听广播的节目日趋多样化，集中度与往年相关有较大幅度的减少，这与现代节目类型界限模糊化有一定的关系。尽管如此，“音乐”和“新闻资讯”依然是听众最常收听的两类节目，虽然选择率有明显的减少，但其数值

与其他各类节目拉开较大的差距。

现代广播节目提供的资讯越来越全面，特别是生活资讯，包括潮流时尚、天气预报、汽车资讯等都为广大听众所喜欢，其合计选择率接近 50%，可见，生活资讯节目的需求度依然较高。休闲娱乐类节目中，除了音乐之外，相声小品、娱乐八卦、广播剧等节目的听众喜爱度也较高，可见，听众对娱乐轻松的节目较为青睐。

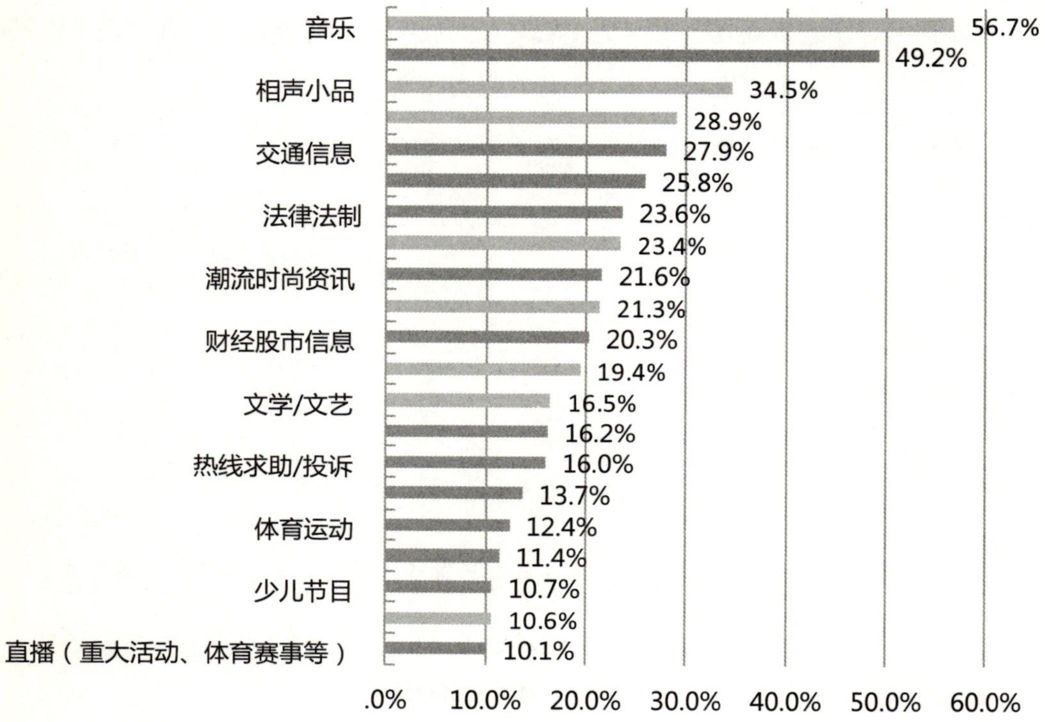

图 1.1.18　2016 年全国广播听众经常收听的广播节目类型

数据来源：赛立信媒介研究

值得注意的是，交通信息的选择率有较大的降幅，结合收听目的来看，说明交通信息的需求度并没有减少，只是听众更能够接受穿插在节目中的形式。在目前城市拥堵成为常态的情况下，交通信息和天气预报等与生活息息相关的资讯在现代听众中的需求度相当高，若广播节目能够以多种形式演绎这类信息，相信在听众中的受欢迎程度会更高。

2. 各类目标听众经常收听的节目类型

分性别来看，新闻资讯、财经股市信息、赛事直播、体育运动、汽车资讯等资讯节目在男性听众中的选择率会更高一些。娱乐性强的节目，如音乐、娱乐八卦、文学/文艺、娱乐游戏等节目在女性听众中的选择率会更高，在资讯方面，女性听众对潮流时尚资讯的关注度更高。对于互动节目，如热线求助/投诉、有奖竞猜、情感分享/两性话题等节目在女性听众中的受欢迎程度也更高。

表 1.1.5　不同性别听众经常收听的节目类型

目标听众	男	女	目标听众	男	女
新闻资讯	50.0%	48.4%	娱乐八卦	25.5%	32.4%
音乐	55.7%	57.6%	戏曲/曲艺	10.4%	10.9%
相声小品	33.5%	35.5%	文学/文艺	14.8%	18.2%
法律法制	23.3%	24.6%	健康养生/医疗保健	14.8%	17.6%
小说连播/评书/讲古/广播剧	23.0%	23.8%	汽车资讯	14.5%	12.9%
热线求助/投诉	15.7%	16.4%	天气预报	23.9%	27.3%
财经股市信息	21.6%	19.0%	娱乐游戏	17.1%	21.6%
潮流时尚资讯	20.6%	22.5%	有奖竞猜问答	9.0%	9.6%
少儿节目	10.2%	11.2%	交通信息	27.8%	27.9%
情感分享/两性话题	20.1%	22.5%	体育运动	14.1%	10.7%
直播（重大活动、体育赛事等）	19.8%	8.5%	科技教育	11.2%	11.6%

数据来源：赛立信媒介研究，2016 年

听众经常收听的节目类型也受到了年龄差异的影响，主要体现在：

（1）音乐、娱乐八卦、潮流时尚资讯、娱乐游戏等娱乐性强的节目在年轻听众中更受欢迎，这些节目在 35 岁以下 00 后、90 后、80 后三个年代听众中的选择率更大，赛事直播在这一人群中的选择率也高于其他人群。

（2）新闻资讯、法律法制、戏剧曲艺、健康养生等节目在 45 岁以上中老年听众中的选择率会更高一些，他们更多收听资讯性强的节目。

（3）财经股市信息、少儿节目、汽车资讯、交通信息等资讯在 25—44 岁人群中的选择率较高，他们对这方面信息资讯的需求度会更高。

表 1.1.6 不同年龄听众经常收听的节目类型

目标听众	25 岁以下	25—34 岁	35—44 岁	45—54 岁	55 岁以上
新闻资讯	48.6%	48.2%	47.2%	51.2%	55.1%
音乐	65.2%	61.9%	53.2%	50.1%	46.4%
相声小品	30.9%	35.6%	33.2%	35.8%	39.6%
法律法制	19.6%	23.9%	23.2%	16.4%	29.7%
小说连播/评书/讲古/广播剧	23.8%	24.4%	20.7%	23.4%	27.1%
热线求助/投诉	15.7%	16.2%	15.1%	18.1%	14.8%
财经股市信息	16.2%	23.1%	21.6%	21.1%	15.2%
潮流时尚资讯	25.8%	23.0%	20.4%	19.8%	15.7%
少儿节目	9.7%	12.9%	11.7%	9.2%	5.8%
情感分享/两性话题	21.1%	19.5%	23.4%	20.6%	22.8%
直播（重大活动、体育赛事等）	10.8%	11.4%	9.8%	9.5%	7.4%
娱乐八卦	39.8%	29.7%	28.1%	21.9%	20.9%
戏曲/曲艺	7.9%	8.6%	9.1%	13.6%	20.5%
文学/文艺	16.0%	17.6%	16.0%	15.4%	17.0%
健康养生/医疗保健	13.5%	13.6%	16.4%	18.3%	24.6%
汽车资讯	13.6%	15.7%	18.6%	13.5%	11.7%
天气预报	28.2%	23.7%	24.7%	26.1%	27.7%
娱乐游戏	24.7%	20.3%	19.2%	15.2%	14.4%
有奖竞猜问答	10.6%	9.3%	8.9%	9.6%	6.9%
交通信息	23.7%	27.3%	30.4%	30.8%	24.8%
体育运动	12.1%	13.0%	13.0%	12.7%	9.1%

数据来源：赛立信媒介研究，2016 年

不同收入层次的听众经常收听的节目类型也有所差异，主要体现在：月收入水平较高的人群，经常收听交通、法律法制、财经股市、潮流时尚资讯、体育运动及赛事等节目；月收入水平较低的人群，经常收听音乐、情感分享、娱乐八卦、娱乐游戏、戏剧曲艺、健康养生等节目。

表 1.1.7 不同收入水平听众经常收听的节目类型

目标听众	1000 元以下	1000—2999 元	3000—4999 元	5000 元及以上
新闻资讯	48.3%	52.3%	46.9%	50.0%
音乐	61.9%	59.3%	54.8%	54.4%
相声小品	31.9%	38.5%	33.6%	32.6%
法律法制	20.4%	23.9%	24.0%	25.4%
小说连播/评书/讲古/广播剧	21.5%	23.8%	24.0%	22.6%
热线求助/投诉	14.3%	13.9%	17.9%	15.8%
财经股市信息	16.6%	17.5%	21.8%	22.9%
潮流时尚资讯	23.6%	17.8%	21.9%	24.7%
少儿节目	11.3%	9.0%	10.4%	13.0%
情感分享/两性话题	22.4%	25.7%	19.6%	18.8%
直播（重大活动、体育赛事等）	10.7%	6.9%	9.6%	14.9%
娱乐八卦	40.1%	32.6%	24.1%	28.3%
戏曲/曲艺	5.8%	14.4%	9.6%	10.0%
文学/文艺	17.7%	17.6%	13.6%	20.0%
健康养生/医疗保健	15.2%	20.5%	14.3%	15.0%
汽车资讯	13.1%	13.4%	12.8%	16.0%
天气预报	26.7%	26.5%	23.8%	27.3%
娱乐游戏	24.4%	25.2%	16.3%	15.8%
有奖竞猜问答	11.4%	8.3%	8.2%	11.4%
交通信息	23.5%	25.8%	27.2%	33.6%
体育运动	11.9%	9.7%	11.3%	18.2%

数据来源：赛立信媒介研究，2016 年

（撰稿:梁毓琳/曾琴）

融媒体时代广播价值再发现

融媒体时代，广播媒体的竞争异常激烈，关于广播经营的“数据营销”显得尤为重要，透过收听率数据，广播的价值体现在哪里？如何去发现广播的价值？

北京时间 2016 年 8 月 21 日 09:15-11:05，中国之声、北京体育广播、上海五星体育广播、东广新闻台、上海交通广播、广东珠江经济台、城市之声、新闻广播等电台频率进行里约奥运女排金牌争夺战赛事直播。8 月 22 日，赛立信发布了关于女排决赛直播的收听结果，如此及时迅速的数据，在国内广播调研尚属首例。

赛立信测量仪 BSM 调查显示，“比赛直播”收听率，北京 2.80%、上海 3.40%、广州 2.02%，比 2016 年至今同时段升幅分别为 32%、38%和 36%。北京体育广播收听率 1.68%，比 2016 年至今的同时段上升了 81%；上海五星体育广播收听率 1.01%，比 2016 年至今的同时段上升了 2.6 倍。

这三个地区共有三百多万人在听广播直播女排决赛，可以看出，广播的魅力不减，在电视的强压下，在如此迅速的赛事里，广播依然拥有不少忠实的收听群体。

如此及时迅速的收听率数据得益于赛立信从 2014 年起推出的广播收听测量仪（二代）。赛立信建立全国调研网络，在全国 95 个城市开展了长期、连续的收听率调查，现全国的样本库有超过 50 万的家庭样户，每年进行连续收听率调查的样户超过 5 万，累计接触样本超过 15 万。赛立信的车载收听测量仪以及实时回传数据，使收听率的获取的信息的时间更加及时，而且能发送给各电台，更快地了解收听状况和市场表现。

基于赛立信在全国的调研网络，以下围绕广播媒体的数据挖掘展开。

一、融媒体时代的广播价值体现

融媒体时代之前，广播人就在不断地努力，并取得阶段性成果：2003 年被国家广播电影电视总局确定为“广播发展年”，也是汽车进入千家万户繁荣发展的一年；2008 年，汶川地震和北京奥运是广播的两件大事，体现了广播的重要价值，汶川地震第二天，赛立信的广播受众调查显示，广播的接触率接近 65%，创造了广播发展多年的一个新高度；2013 年，开始进入移动互联网时代，以微博和微信为代表的“两微时代”开启，移动互联网蓄势爆发；2014 年，被称为“移动发展元年”；2015 年，被称为“移动互联网创业元年”。

其中，2014-2016 年这三年的变化，是重点探讨媒体融合时代下广播价值的背景。这三年来，广播行业呈现以下特点：（1）交通广播发展迅猛，汽车音乐广播、私家车广播纷纷起航；（2）充分发挥广播“声音”的魅力，在关键时刻，成为不可或缺的媒体；（3）建立公众号，充分利用移动互联公共平台宣传、营销；（4）开发手机客户端，在移动互联网时代实现广播+。

（一）广播现实听众 6.88 亿，与网民数持平

广播魅力如此之大，如何通过数据来挖掘广播价值？据赛立信调查数据显示，2015 年底全国的广播现实听众是 6.88 亿，CNNIC 的截至 2015 年 12 月 30 日报告显示，中国互联网网民的数量为 6.88 亿。中国广播的现实听众跟中国网民数量持平。可见，新媒体迅速发展，广播也在不断地发展，广播人群也在不断地增长变化。

（二）汽车拥有量的增多带动车载听众的巨涨

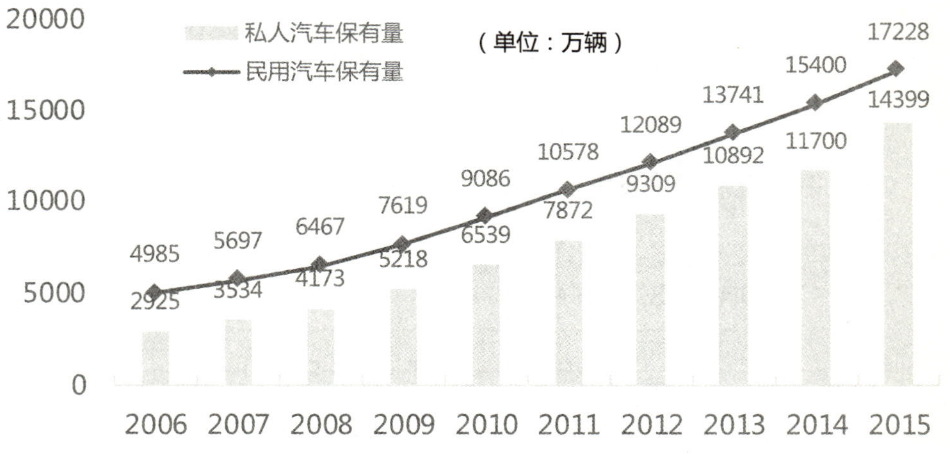

图 1.2.1　2006-2015 年全国汽车保有量

数据来源：全国统计局，2006—2015 年

全国统计局的数据显示，2015 年中国私人汽车保有量为 1.44 亿，粗略估算，全国的车载听众超过 3.28 亿，在全国听众中占据一半以上的比例，近三年内，车载收音系统的使用率逐年上升，至 2015 年，车载收音系统以 41.3%的使用率跃居首位。其他收听工具的使用率则呈现逐年下滑的发展趋势。这组数据说明，广播的主阵地仍是车载。

（三）交通、新闻、音乐三类频率依然备受青睐

赫希曼指数显示，不同频率间的市场集中度较高，虽然2013—2015年呈现逐年下滑的趋势，但是，交通、新闻和音乐三类频率依然是中国广播收听市场的主角，三类频率累计市场份额84.6%。据统计，这三类频率个数占比合计73.8%，但在收听市场中表现相当不错，市场份额远高于频率个数的占比。比如，当地市场份额超过10%的交通类频率占比是58%，其中，21.4%的交通频率当地市场份额超过20%。除了传统的交通广播以外，日益增多的私家车广播促使了交通类频率市场份额的增长，在交通类频率的市场份额占据接近20%的比例。

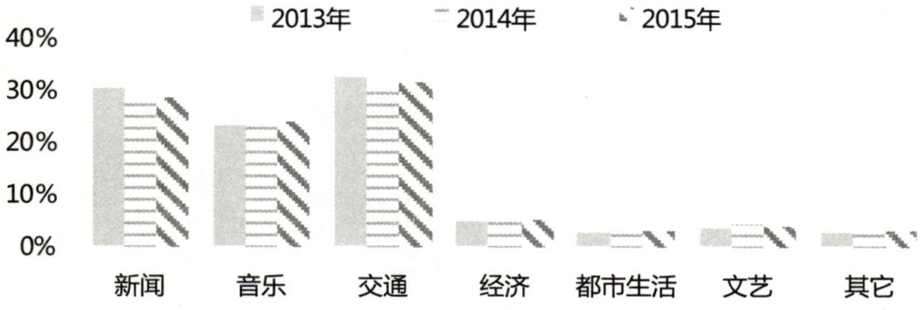

图 1.2.2　2013—2015年不同类型频率的占比

（四）移动互联网引发听众裂变、催生新人群

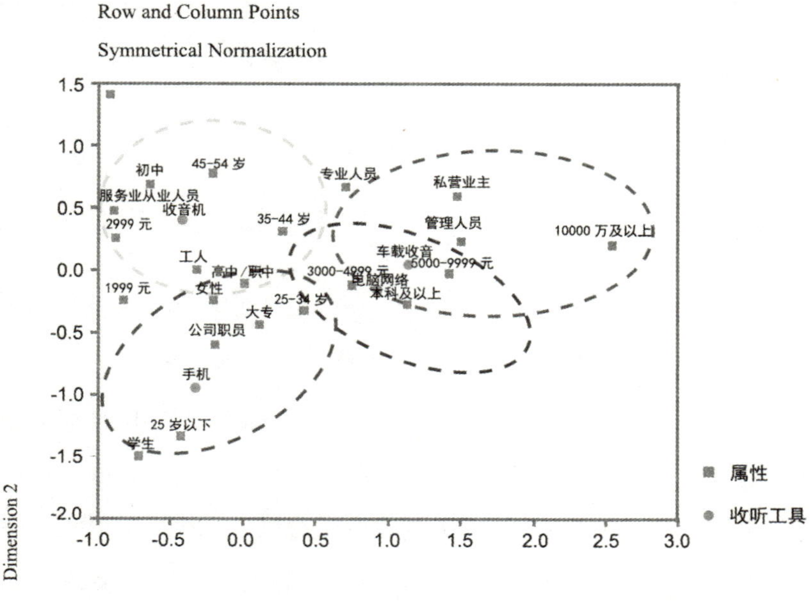

图 1.2.3　广播听众构成

不同的收听终端集聚不一样的收听人群。图 1.2.3 是根据不同收听终端以及不同收听终端人群背景所做的一个对应分析，它把收听人群分为三大类：（1）居家族，即传统的广播听众，以老年听众为主，忠诚度较高，使用传统收听工具收听广播。这个人群规模有日渐减少趋势，他们对于新媒体形式的广播接受度较低，与其他终端的重叠率也比较低。（2）多金族，这部分主要是车载听众，他们拥有高收入，是消费阶层，从这点来说，他们是广告价值高的一类人群，故称 “多金族”。车载人群规模随着汽车拥有量的增多在不断扩大，逐步成为广播的主体听众，与其他收听终端的重叠率较低。（3）手机族，也叫低头族，因为智能手机的普及率高，使用频繁，几乎人人都机不离手，催生了低头族，这部分听众以 25 岁以下的年轻人为主，他们年轻、时尚、有活力，是高潜力消费者，同时也是移动互联网下催生的一个新生人群，他们是新兴广播的未来收听主体，人群规模在逐步扩大，与网络收听人群重叠率较高。

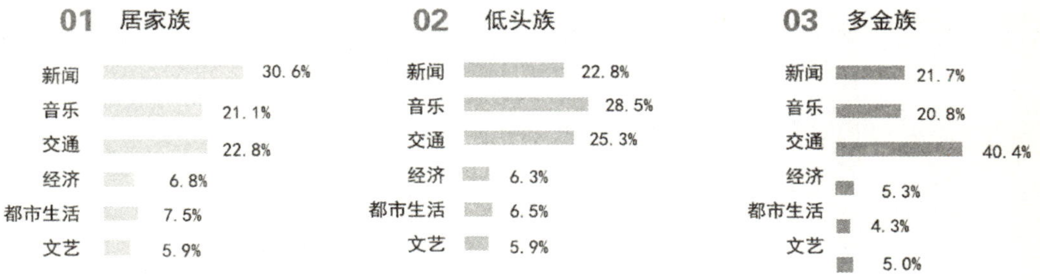

图 1.2.4 不同收听人群的收听需求

这三个不同的收听人群，他们的收听频率和收听喜好各有不同。分析这三个收听人群的收听比例以及不同的收听比例在收听市场中的份额，可知，居家族以收听新闻为主；低头族以收听音乐为主；多金族以收听交通、新闻等资讯性较强的频率为主。不同族群有着不同的收听状况，跟以往不同频率分配不同的人群的做法有群别：以往广播是根据人群来定位；但随着车载人群越来越多，广播频率从群体定位过渡至功能定位。

交通类频率在 2013—2015 年的市场份额占比一路走高，其市场份额里除了交通广播以外，还包括私家车广播、汽车音乐广播等，这些频率真正满足车载不同需求的功能。频率定位已从群体定位走向功能定位，换言之，在不同领域当中，各种频率皆有各自的优势和价值。

（五）面对灾害，应急广播收听率见涨

在大灾害面前，广播的优势比电视见长。2016 年 7 月湖北洪灾，收听率增长翻倍，大灾害体现广播的魅力，在紧急情况和应急救急上，广播依然有着天然的优势，足以说明广播在传统媒体中的地位不可撼动，众多应急广播的诞生也正迎合了市场的需求。

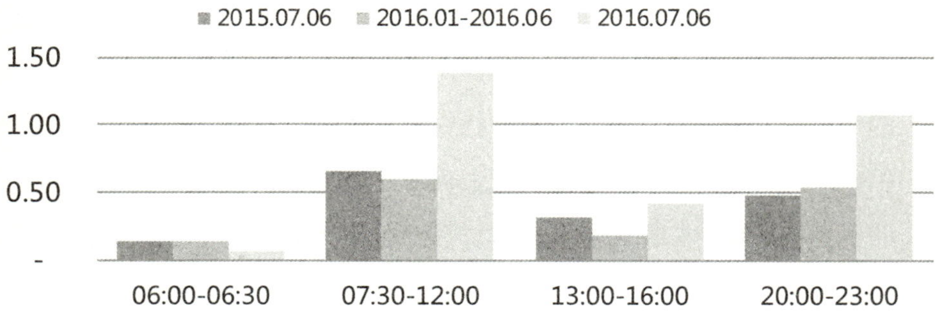

图 1.2.5　湖北之声 7 月 6 日《防汛应急大直播》在全省的收听率（%）

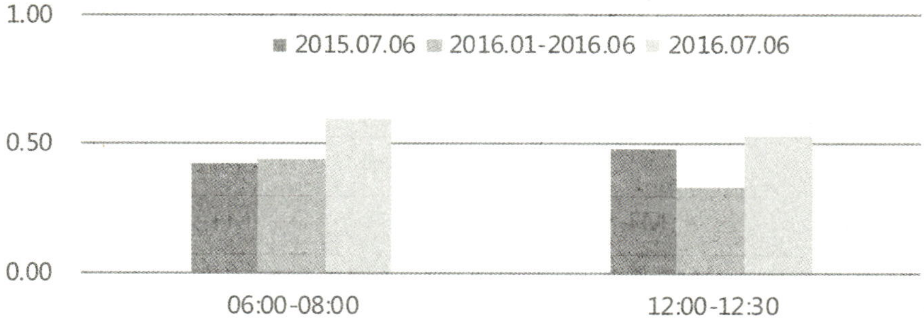

图 1.2.6　楚天交通广播 7 月 14 日特别直播节目在全省的收听率（%）

（六）广播电台：低投放、高回报的媒体

从应用层面说，广播是低投放、高回报的媒体。广告推广进行前，需要进行千人成本核算。众所周知，在众多媒体当中，广告的制作和投放成本比较高，只有广播广告成本最低。以某电台各时段广告经营整点的“套播”为例，计算 “套播”千人成本，整点、半点每天播放 24 次，千人成本在 5 元左右，这个价格应该是其他媒体不可比拟的。可见，广播广告在成本上优势明显。

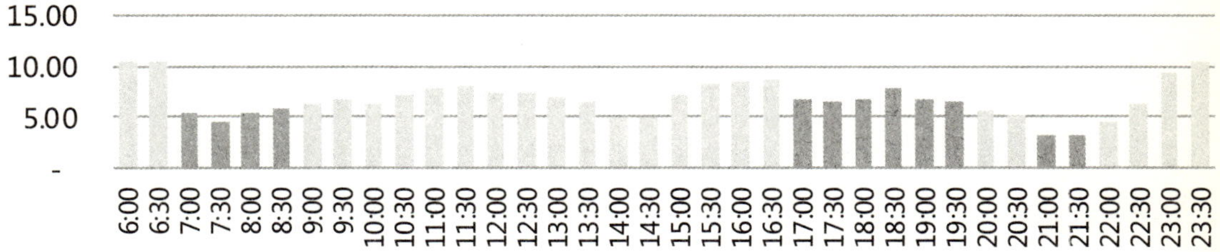

	整点投放	半点投放
投放次数	24 次 / 天	24 次 / 天
1+ 到达人数 (000)	8854	8567
3+ 到达人数 (000)	8306	7897
覆盖率 (000)	152776	143652

千人成本（元）
5.04
5.36

图 1.2.7　XX 电台各时段的千人成本（单位：元）

除了广播广告评估方面，赛立信正开展广告监测业务。这里以全国广告监测的三大行业为例，分析汽车及相关行业、食品饮料以及金融业这三大行业从 2014—2016 连续三年的发展趋势。

汽车及相关行业的新媒体广告投放体量很大，广播广告投放正处在一个轻微上升的趋势。食品饮料行业的广播广告投放在 2014—2015 年处于快速上升时期，在 2016 年回落。金融保险行业在 2015 年处于低迷的状态，但是到 2016 年上半年增长幅度比较大。

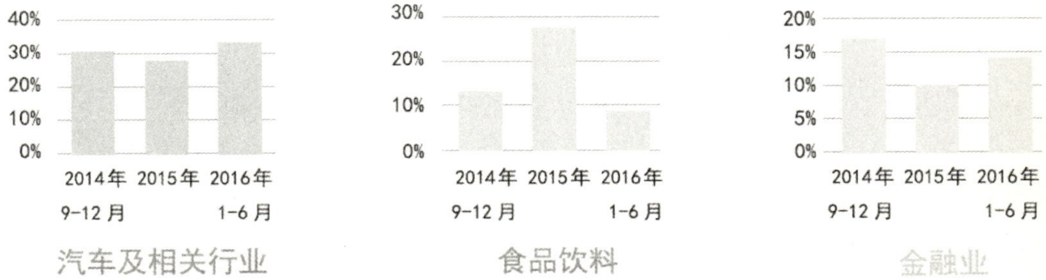

图 1.2.8　三大行业的广播广告的发展趋势

二、融媒体时代广播媒体价值的焕新

菲德勒在《媒体形态变化说》一书中曾说过：通过研究作为一个整体的传播系统，我们将看到新媒介并不是自发地和独立地产生的，它们从旧媒介的形态变化中逐渐产生的。当比较新的传媒形式出现时，比较旧的形式通常不会死亡——它们会继续演进和适应。

（一）媒介形态的透视原则

融媒体时代中广播媒体的焕新，是在融媒体时代对广播赋予了新的内涵，体现在媒体的融合。媒体融合对于新媒体盛行之时有很多悲观的论调，广播会被新媒体所替代，广播会因此灭亡云云。现在看来并非替代，而是两种形式共存。

媒体形态的四项变化皆切合广播的基本态势：第一个是共同生存，一切形式的传播媒介都在一个不断扩大的、复杂的自适应系统 以内共同相处和共同演进。每当一种新形式出现和发展起来，它就会长年累月和程度不同地影响其它每一种现存形式的发展。第二个是形态变化，新媒介决不会自发地和孤立地出现——它们都是从旧媒介的形态变化中逐渐 脱胎出来的。当比较新的形式出现时，比较旧的形式就会去适应并且继续进化而不是死亡。第三个是增值，新出现的传播媒介形式会增加原先各种形式的主要特点，这些特点通过我们称之为语言的传播代码传承并普及。第四个是机遇和需要，新媒介并不是仅仅因为技术上的优势而被广泛地采用的。开发新媒介技术， 总是需要有机会，还要有刺激社会政治的和/或经济上的理由。需求就是一个市场，当出现这样的市场环境，“广播+”、“互联网+”才能有更好的发展形态，更大上升空间。

（二）广播+到互联网+的进化

广播媒体的融合分成三个阶段：第一阶段 2001-2011 年，互联网崛起，各台建设官方网站。第二阶段 2011-2013 年，微博和微电台兴起，广播之外还有这样的平台可以为我所用。第三阶段 2013-2015 年，发展最迅猛的时期，行业内主动开发和融入广播移动软硬件，涌现 UGC 模式内容生产。

短期看来，利用微信最大限度地延伸广播的传播模式，极具发展空间。长期看来，微信的发展前景还未得而知；广播电台的公众号必须被动依托微信所制定的规则，使得信息传播和广告营销都不能实现自身利益的最大化。

移动互联网发展迫使广播在节目生产、节目编排发生变化，也就是广播构成一个互联网+的变化。为何前面提“广播+”，现在说“互联网+”呢？前面的“广播+”是以广播作为主体，在入一个新的平台以后，去吸纳新的东西，积累到一定阶段，融媒体发生质的变化，就要用互联网思维进行“互联网+”。

质的变化表现分别是：（1）内容产品化，通过优质的内容聚结线上流量；（2）听众用户化，树立“用户意识”，把节目当成“产品”来营销；（3）产品电商化，通过线下服务导入广告、电商。这是一个质的飞跃。

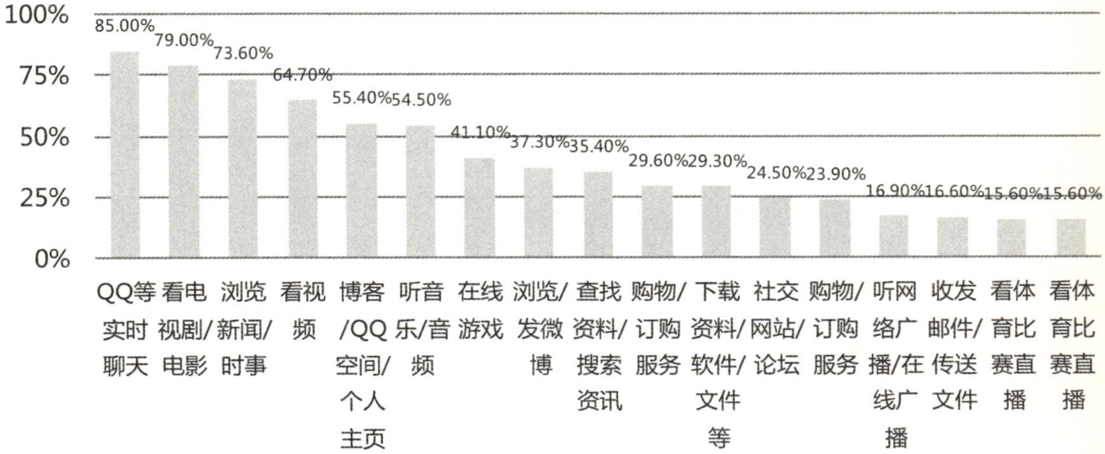

图 1.2.9　中国城市 10 岁以上人群过去一周的上网行为

数据来源：2015 年城市居民媒体习惯调查，赛立信媒介研究

（三）实时广播-广播回放-音频专辑

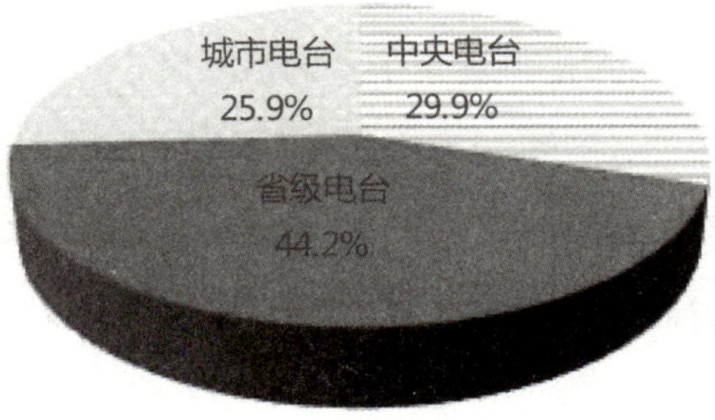

图 1.2.10　各级电台在移动互联终端的市场份额

数据来源：赛立信媒介研究，金唛广播汇，2015

2014 年起，赛立信每年定期开展一次城市居民媒体情况调查，深入了解城市居民关心新媒体的情况，截取了 10 岁以上人群在过去一周上网的行为其中，通过移动互联网收听广播的占比 16.9。

广播人群分布几何？从金唛广播汇后台收集数据看到，移动互联网成为广播传播的另一个平台。各级电台在移动互联终端的市场份额，中央电台约占 30%，省级电台占 44.2%，城市电台占 25.9%，这组数据透视出移动互联网划界明显，以及城市台的社区化。众所周知，广播是一个区域化的媒体，其听众皆为当地人，故广播在当地的影响力很大，移动互联网广播，同根人在不同的地方都听节目，我们称之为社区化。

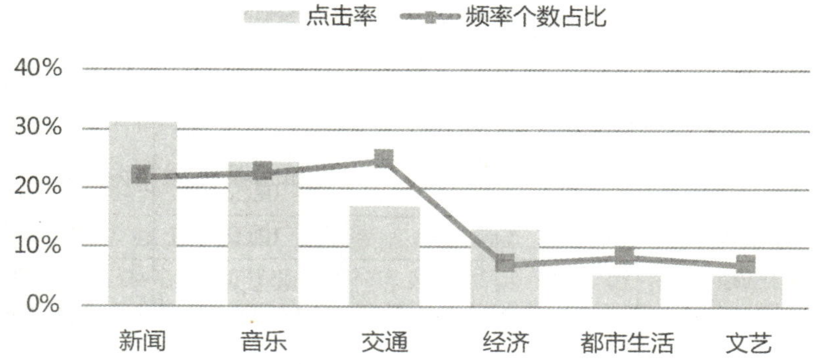

图 1.2.11 各类频率在移动互联网终端的市场表现

数据来源：赛立信媒介研究，金唛广播汇，2015

（四）广播+微信

据相关新媒体的数据显示，关注广播的微信公众号的人群占比 11.1%，比 2014 年的 6.3%同比几乎翻倍。关注电台微信的人群，是活跃份子，他们一般主动阅读公众号的内容、参与互动、朋友圈分享电台活动，，可以设想，如果每一电台都把听众发展成为微信公众平台的粉丝，大大提供这个平台的活跃度，广播+微信的做法具有很大的发展空间以及可塑性。

微信目前注册用户已超 6 亿，接近 7 亿，其中公众账号已接近 1000 万。在此分享几个运营较好的微信公众平台。

江苏广播 64 个微信公众账号，覆盖本地 265 万微信粉丝，2015 年江苏电台微信广告营销获利超过 500 万。2014 年浙江广电集团微信广告营销获利千万。2014 年杭州交通经济广播微信全年创收 400 万，2015 年，杭州交通经济广播粉丝量为 90 万，创收突破 1000 万。可以看出，微信+广播拥有庞大的受众群，用心把听众经营成用户，开辟另一个平台创收，发掘微信+广播价值。

（五）音乐频率 PK 网络电台

现在排名靠前的网络电台有 QQ 音乐、酷狗等，这些网络电台笼络了众多粉丝，表面上对音乐频率造成一定冲击，其实不然。美国约有一万个频率，音乐频率分类很细，美国西雅图的音乐频率通过电邮互动的听众遍布全国，可以看出，这个音乐频率过得很滋润。

那么，音乐频率的优势体现在哪里？一是由于有足够多的音乐和传播途径，人们对人工挑选音乐的需求也越来越大。赛立信的调查结果显示，很多听众在选择音乐节目之时，除了关注收听效果以外，超过 70%的人关注的是主持人精心编排的歌曲。二是除了专长介绍流行金曲之外，现在 KEXP 已经成为了音乐迷收听各类音乐主题故事的地方。把音乐节目变成一个音乐主题故事的节目，对听众的吸引力更大。三是把音乐可视化，通过在 YouTube 频道上播放在录音间里和全世界各大音乐节上进行的音乐人访谈，KEXP 的听众群已经得到了很大的扩展。2014 年发布了 500 多条类似视频，在 YouTube 频道的周播放次数也达到了大约 74.3 万人次。音乐电台在网络电台的冲击下，充分利用这些公众平台/社交平台，拓宽了其生存发展的空间。

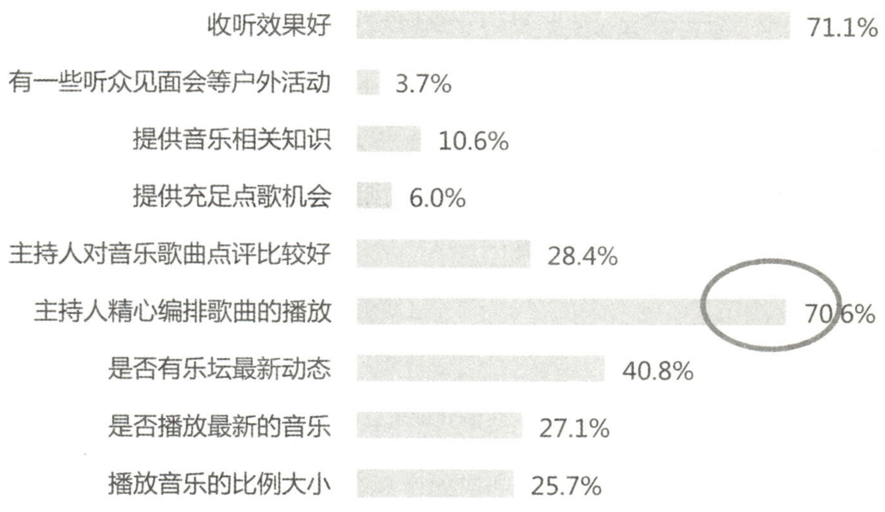

图 1.2.12　听众收听音乐的调查情况

（六）车联网到来，广播不再是车上唯一媒体

目前，广播的主战场仍在车载收听市场，车联网和智能驾驶的到来，首先冲击交

通电台的交通信息。获取交通信息的渠道很多，所以交通信息在车载人群的需求量没有以往那么迫切。2016 年 3 月，赛立信在杭州地区做了关于车载听众的调查，针对车联网的提出两个问题：1. 如果车载系统可以连接网络，请问您愿意下载电台客户端 APP 并享受定制广播吗？42.6%的听众表示很愿意，只有 4.5%的听众表示不愿意，其他是看情况而定。由此推断，电台如果能在车联网制作一个迎合、满足听众收听需求的定制型 APP，车载人群的接受度很高。这样进入车联网的 APP 拥有更多优势。2. 请问您更愿意量身定制哪种类型的广播内容？车载听众除了有路况信息的需求，更多在于音乐娱乐、新闻资讯和生活资讯方面的内容，即使是车联网到来，只要能为车载人群提供个性化的定制类节目，就能契合他们的收听需求，车联网并不会完全替代广播电台。

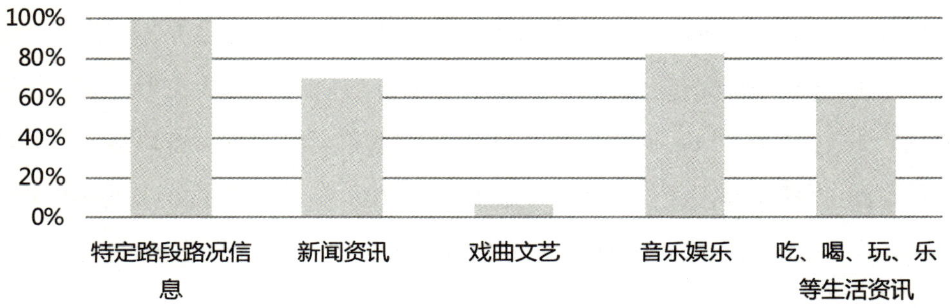

图 1.2-13　听众更愿意量身定制哪种类型的广播内容

数据来源：赛立信，杭州地区车载听众调查，2016 年 3 月

三、结语

上述例子主要说明目前的广播节目已不是单一的平台传播，它属于多平台的传播。广播从线性的传播，通过移动互联的平台转换成网状的传播结构，这个网状结构传播正契合本次论坛主题“广播二次元”。想要更大程度体现广播媒体的价值，需要从媒体形态，产品形态、生产方式、传播渠道、消费对象、收听终端等这些商业模式来进行一场大变革，相信通过广播人的不懈努力，这个变革最终实现！

（撰稿：梁毓琳）

2016年全国广播广告浅析

受经济大环境影响，2015年全国广告花费同比下滑5.0%，2016年依然呈下滑趋势，只是降幅有所减缓，广告花费同比下滑3.0%，总的来说，近三年的全国广告花费变化幅度均在5.0%以内。虽然整体花费变化不大，但是，随着以手机、IPAD、平板电脑等为终端的移动互联网异军突起，传统往的媒体竞争格局被彻底改变，广播与电视、报纸等传统媒体一样，在移动互联网的大潮下遇到了严峻的挑战。

本文根据赛立信的广告监测结果，重点分析在新媒体的围剿下，广播媒体如何依托自身的特色与优势，寻求突破口，借助互联网平台实现媒体融合，达到共赢的效果。

一、移动互联网媒体的冲击下，传统媒体广告呈下滑之势

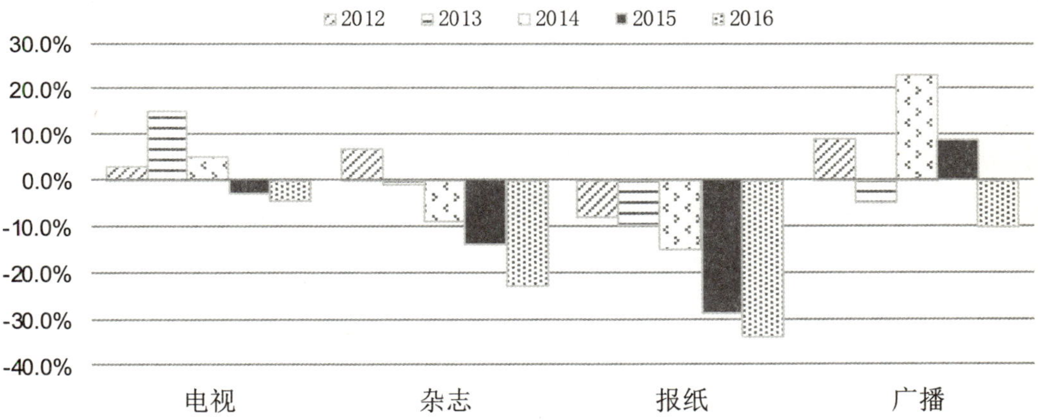

图1.3.1 传统媒体广告量同比变化趋势

在移动互联网媒体的冲击下，传统媒体备受打击，传统媒体广告连续三年略呈下滑之势。其中，电视在2013—2014年还有所上升，2015年首次出现下跌；在传统媒体中，报纸受到的冲击最大，连续三年大幅下滑；杂志在近两年的广告量降幅较大；相比之下，广播的广告量近几年略呈上升之势，但值得注意的是，受到广电总局医药专题等广告管控，2016年的广告量[①]下滑了10个百分点，在经历了连续多年的高速增

[①] 广告量指播放的广告总时长。

幅的情况下，广播的广告容量也开始收窄。

二、广播广告从资源型销售向价值型销售转变

除了 2013 年，近几年广播广告花费①同比增长幅度都为正数，并逐步递增，而与广告量相比，则呈现了“倒挂”的现象，这是广播广告结构优化调整的表现：专题广告在减少，而标准广告在逐步递增，广告价格也呈现上升之趋势。这说明广播广告从资源型销售向价值型销售转变，广播媒体的价值得以更好的体现。2016 年，广播是传统媒体中广告总花费同比上升的唯一媒体，上升幅度是 4.96%。而电视、报纸、杂志的广告总花费分别下滑了 4.1%、42%、28.9%。

值得注意的是，近三年广播广告花费的增幅在逐年减少。广告价格的提升与标准广告的容量会日趋饱和，导致全球 2015 年的广播广告花费出现负增长，广播广告要继续保持增长的态势，需要寻求更广泛的出路。

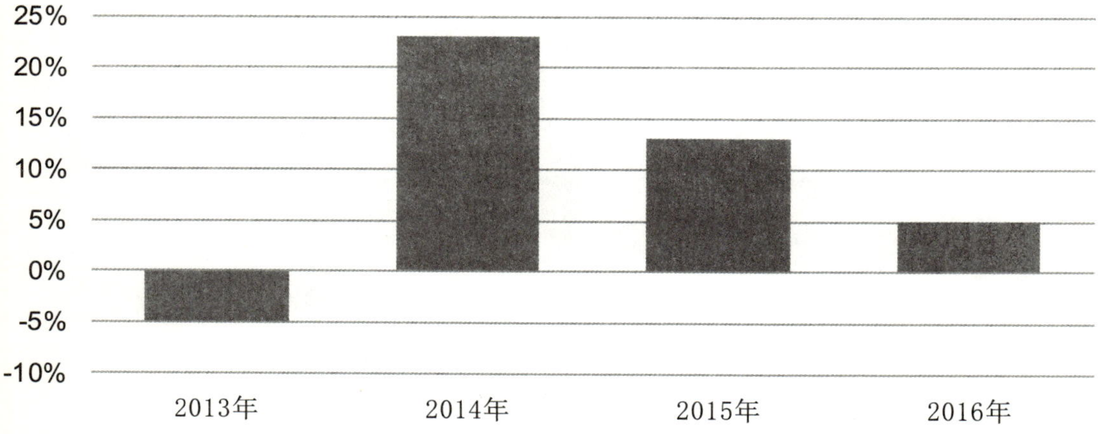

图 1.3.2 广播广告花费同比变化趋势

三、汽车及相关配件依然是广播广告花费之榜首

广播的车载听众带动了汽车及相关配件的广播广告花费，交通类频率普遍开设了一些汽车交通类节目，一方面服务于车载听众，另一方面吸引汽车销售、4S 店等相关行业的客户，使节目做到迎人气、吸财气。但是，自媒体的出现，导致汽车行业的广告花费有所减少。

---

① 广告花费指广告的投放额，计算的广告价格为对外标准报价。

除了汽车及相关配件以外，零售服务和金融业也是广告花费较大的行业，但是近三年略呈下滑之势，零售服务业在电商的冲击下，实体店销售额巨减，广告花费随之减少；金融和房地产业也因经济大环境问题在广告花费上有所缩减。

移动互联网的盛行和电商的兴旺，带来电子商务的广告花费上升，数据显示，电脑及配件的广告花费在 2013—2014 年的占比只有 3.0%左右，但在 2015 年已经升至 7.0%，增长了一倍多，2016 年更是接近 10%，说明在融媒体语境下，广播与互联网之间的广告投放具有互补性。

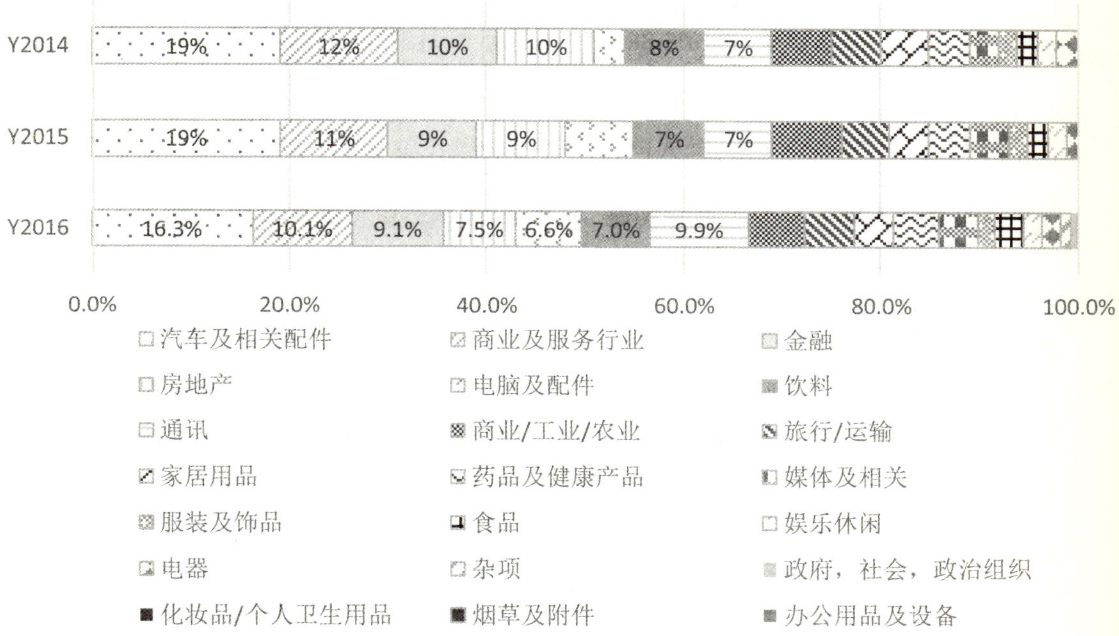

图 1.3.3　2014—2016 年各行业广告花费占比

2016 年，广播广告花费最高的五大行业分别是：汽车及相关配件、商业及服务性行业、通讯、金融和房地产。其中，汽车及相关配件的广告花费最大，其占比远高于其他行业，从全年的投放来看，第二、第三季度的广告花费相对较大；商业及服务性行业的广告花费逐季递增，2017 年有望继续增长；通讯和房地产两个行业的广告花费在最后一个季度的占比较大；金融业则在年头和年尾的广告花费占比相对较大。

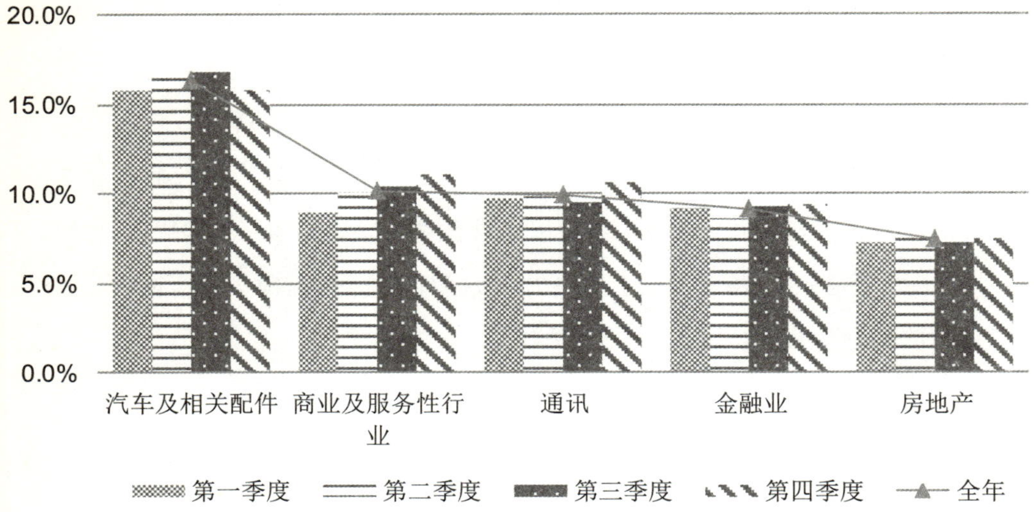

图 1.3.4　2016 年广播广告花费额 TOP5 行业在各季的变化情况

四、交通广播依然是广告商的“宠儿”，私家车广播的广告吸纳量见长

进入汽车时代以后，广播的车载听众日益增多，锁定车载人群的交通广播已经成为众多广告客户青睐的频率，交通广播的广告价格高，广告量大。数据显示，接近 50%的广告花费主要集中在交通广播，广告量占比接近 40%，黄金时段的广告额在全天广告额占比达 40%。虽然广播的时间资源比较分散、频率资源也较大，但是广告资源则主要集中在重点频率和重点时段。

与 2015 年相比，2016 年广播的广告吸纳量有所下滑，整体广告吸纳量下滑幅度在 9.0%左右。其中，降幅较大的文艺广播，广告吸纳量下滑幅度接近 30%，其次是音乐广播和经济广播，交通广播有轻微下滑，新闻和都市生活广播同比基本持平。

从图 1.3.5 可以看出，交通广播依然是各地电台吸金最强的电台，其广告量依然保持高位。在省级及城市电台中，交通广播的广告吸纳量占比达 41.3%，远远高于其他各类频率。2016 年的占比较 2015 年有所提升，说明更多的广告集中在交通广播。值得注意的是，私家车广播的吸纳量逐年上涨，2016 年的涨幅达 13.1%，随着车载听众规模的不断扩大，私家车广播的上升空间将越来越大。

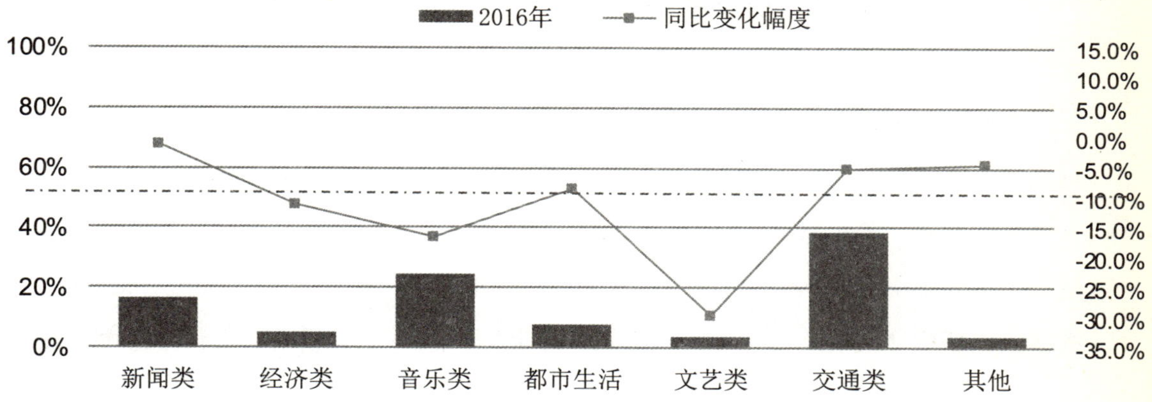

图 1.3.5　2016 年各类频率广告量占比

从赛立信的广告监测数据来看，2016 年的广播广告量虽然较去年同期略有下滑，但是广告花费量则基本持平。广播的传播价值越来越为客户所认可。随着广播听众规模的不断扩大，广播听众广告价值的提升，电台广告人员需善于从海量的收听率数据中挖掘有价值的数据来包装频率与栏目，彰显栏目价值，促使广播媒体吸引更多的客户，促进广播广告走向价值型销售。

（撰稿：梁毓琳）

广播媒体市场细分及用户需求扫描

我国广播发展变革的历程大致经历了“珠江模式”、“办看得见的广播”“类型化广播”、“网络广播”、“移动网络广播”等多个阶段，从被动的“我播你听”到可以参与，从“只闻其声、不见其人”到线下活动精彩纷呈，从单一频率到多种类型频率共生，进而到实践“类型化”，从调频收音机到手机终端 APP，都见证了广播在大步迈进。近些年来，新媒体发展迅猛，依托物联网、车联网等机移动终技术的现代生态圈正在发力构建，广播业内开始担心市场的不利变化和听众资源的流失。那么，广播该如何应对新形势下的传媒环境呢?

追本溯源，本文将基于分析听众的收听习惯及需求来回应上述问题。具体落脚到以下三个方面问题上：听众变了吗？收听方式变了吗？收听需求变了吗？

一、听众变了吗？

（一）有多少人在听？

赛立信调查数据显示，2015 年全国广播接触率为 59.7%，近三年略有上升。广播的现实听众规模有 6.88 亿，广播用户总体规模在三年内保持平稳，可见，中国广播听众并没有减少。对比美国 2015 年第二季度的相关调查数据，美国人不仅收听广播，而且连续两年收听广播的人数达到史上最高值，12 岁以上的美国人在一周内有听过广播的高达 2.45 亿人，相当于 91%人口比率。可见，中国广播还有发展空间。

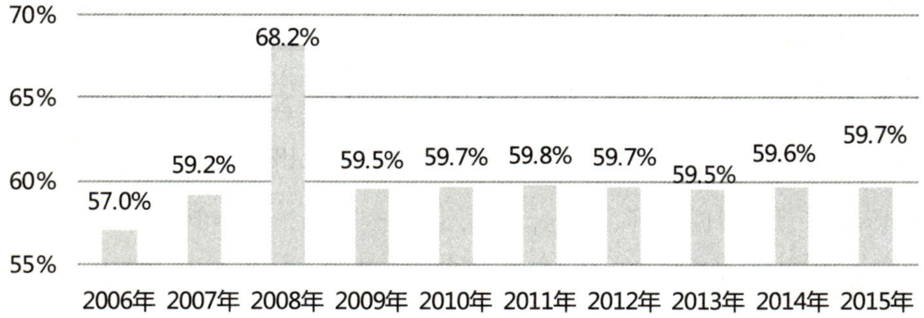

图 1.4.1　2006—2015 年全国广播接触率

（二）谁在听？

从图 1.4.2 可以看出，目前中国广播听众呈现三大特点：（1）以中青年用户为主，核心用户集中在 25—44 岁之间，占比超过 50%；（2）受教育程度较高，大专学历用户占比 25.4%，本科及以上学历用户占比 13.4%，合计接近 40%；（3）高收入人群增多，10000 元以上月收入用户占比接近 10%,3000 元及以上月收入用户合计占比接近 70%。从年龄、学历、收入来看,广播仍具有极高的传播价值。

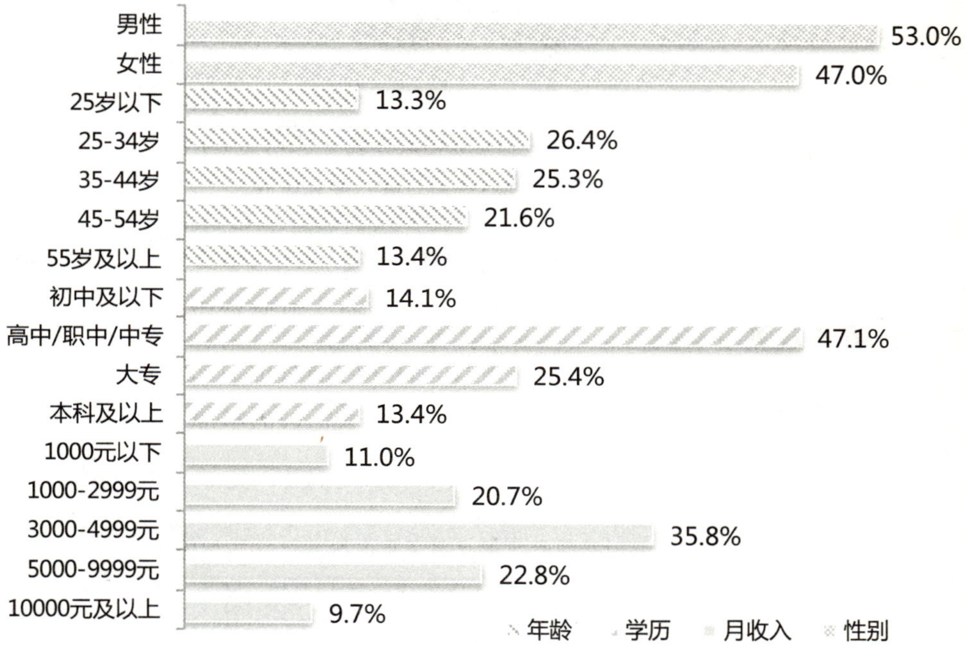

图 1.4.2　2015 年全国广播用户构成

数据来源：赛立信媒介研究，2015 年

（三）家轿普及率不断提高，车载用户更趋“大众化”

家庭轿车普及，车载用户更趋于大众化。数据显示，年龄在 25—45 岁之间的车载用户占比近七成，25 岁以下及 45 岁以上年龄段的用户也有所增长。随着汽车时代的进一步发展，车载人群将会越来越大众化，车载用户收入呈上升趋势，月总收入在 5000 元及以上的占比较去年上升 5%，较 2012 年上升 15.6%，可见，越来越多的高收入人群纳入车载用户群中。

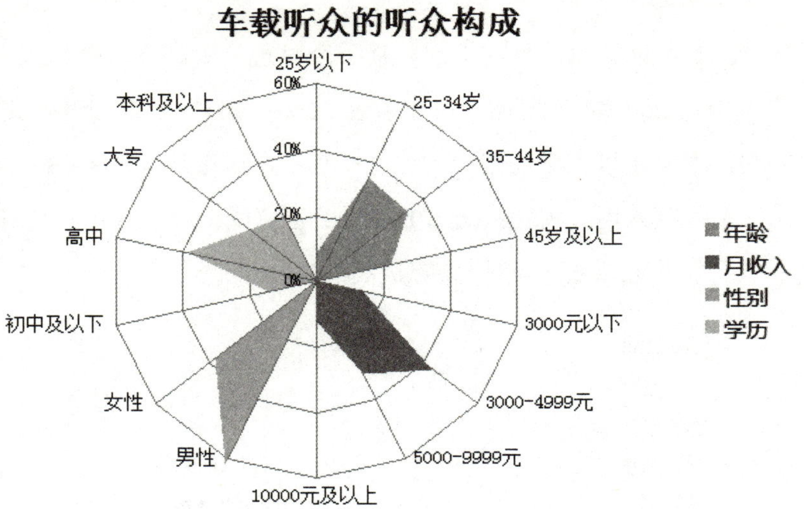

图 1.4.3　车载听众的听众构成

数据来源：赛立信媒介研究，2015 年

二、收听方式变了吗？

（一）在哪里听？

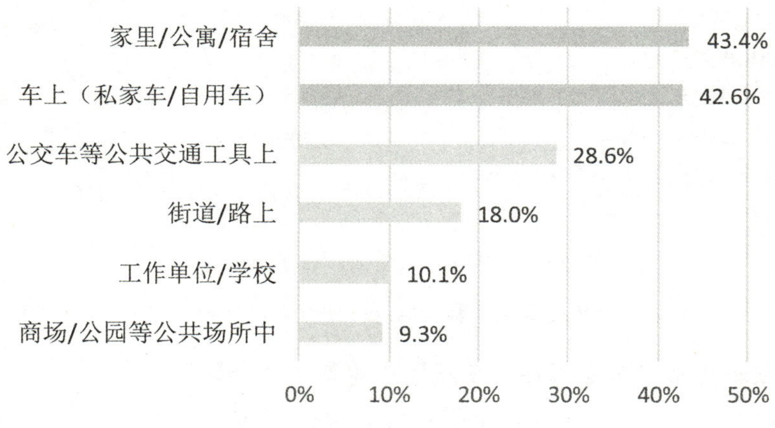

图 1.4.4　2015 年全国广播用户收听地点

数据来源：赛立信媒介研究，2015 年

据赛立信调查数据，2015 年居家收听明显减少，但依然占有较大比例，私家车/自用车上的收听比例大幅提升，公共交通工具上的收听比例有所下滑，工作单位/学校也有降低。

回顾 2009 年的调查数据，居家收听人群主要是老年人、学生，而车上收听的情况，公共车和私家车的比例分别排名第二和第三位，其中，公共车的占比更大。

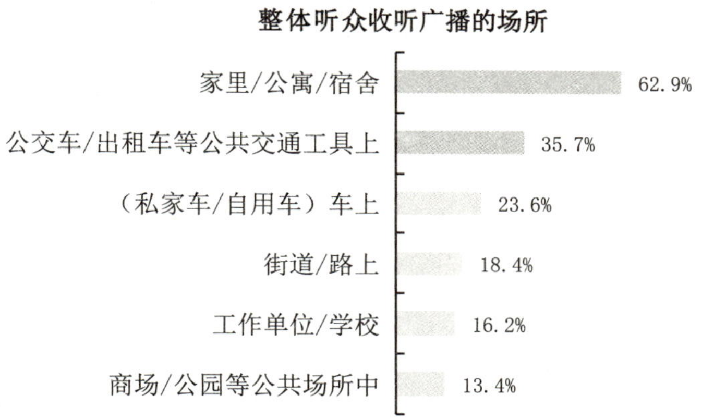

图 1.4.5　某沿海经济发达城市听众的收听地点

数据来源：赛立信媒介研究，2009 年

（二）用什么工具收听？

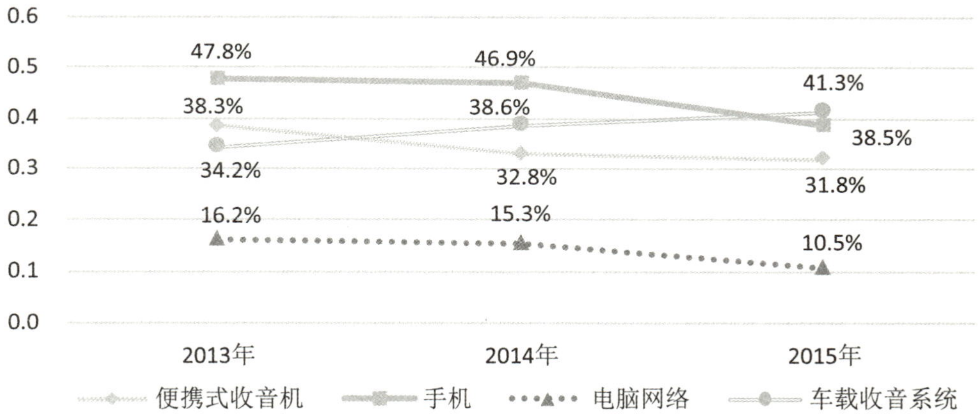

图 1.4.6　2013—2015 年全国广播用户收听工具

数据来源：赛立信媒介研究，2013-2015 年

全国广播用户收听工具数据显示，2015 年，使用车载收听系统收听广播的选择率攀升到第一，而手机收听滑落至第二。造成此现象的原因有三：一是苹果、三星等智能手机逐渐取消自带的 FM 功能；二是使用智能手机收听产生高额流量费用，付费收听广播对于听众来说是一道坎；三是便携式收音机的选择率降幅趋缓，降势暂时得以扼制。

（三）在什么时候听？

我们分别对休息日和工作日的全天收听时段进行分析，全天收听高峰集中在早上和傍晚，中午的收听高峰逐渐消失；工作日收听广播的时段选择率明显高于休息日；早晚高峰时段的存续时间均有所拉长（时间错位上下班）；早晚高峰相比较来看，差距在缩小；在两个高峰时段由最低和最高值形成的极差也分别有减小的趋势。

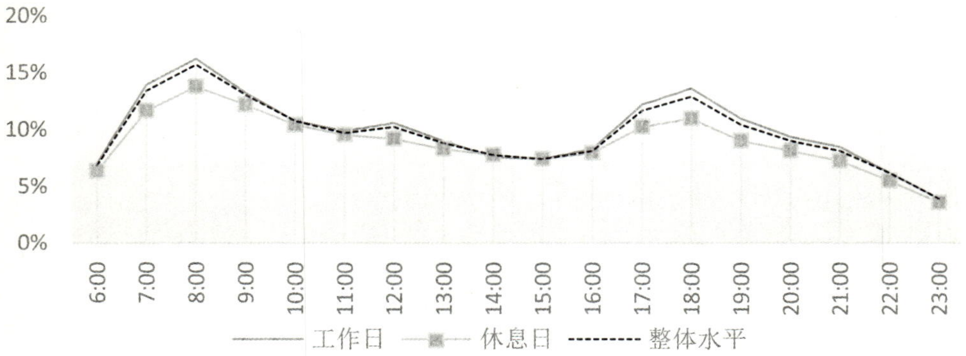

图 1.4.7　2015 年用户在工作日和休息日的收听时段分布

数据来源：赛立信媒介研究，2015 年

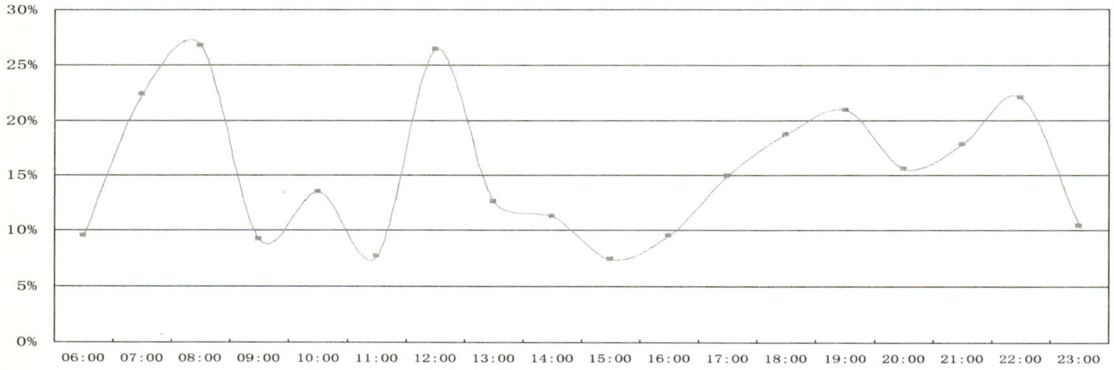

图 1.4.8　某省会城市全天的收听时段分布

数据来源：赛立信媒介研究，2009 年

（四）用什么工具收听？

从不同终端用户的收听时间分布来看，车载收听更为强势，收音机收听方式相对稍弱于手机/网络媒体，但是仍占据一席之地，自有其存在的市场。

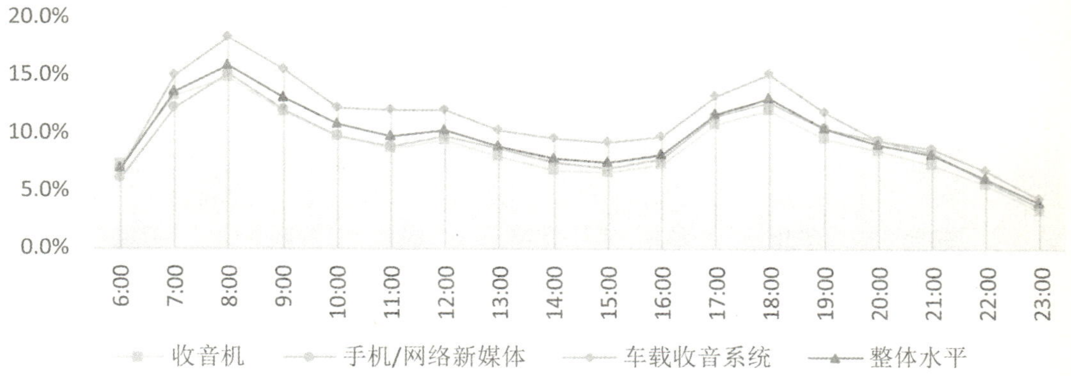

图 1.4.9　2015 年全国不同终端用户的收听时间分布

数据来源：赛立信媒介研究，2015 年

（五）听多长时间？

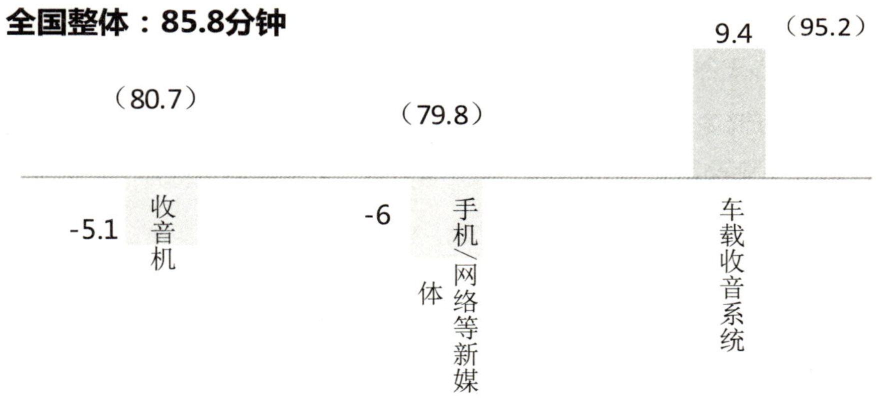

图 1.4.10　2015 年全国各收听终端对应的人均收听时长（单位：分钟）

数据来源：赛立信媒介研究，2015 年

2015 年，全国听众的日均整体收听时长为 85.8 分钟，美国的收听时长为 2.5—3 个小时，二者对比，中国的人均收听时长偏低。

从收听工具来看，使用车载系统的听众，人均收听时长为 95.2 分钟，明显高于全国的平均水平 85.8 分钟，而且比收音机和手机收听时长高出很多。

分片区上看，西北地区的日人均收听时长最长，为 105.7 分钟，东北、华中和西南地区次之，华北、华南、华北三个经济发达地区的收听时长最短，这与这三个地区受众的生活快节奏快、经济压力大等有一定关系。

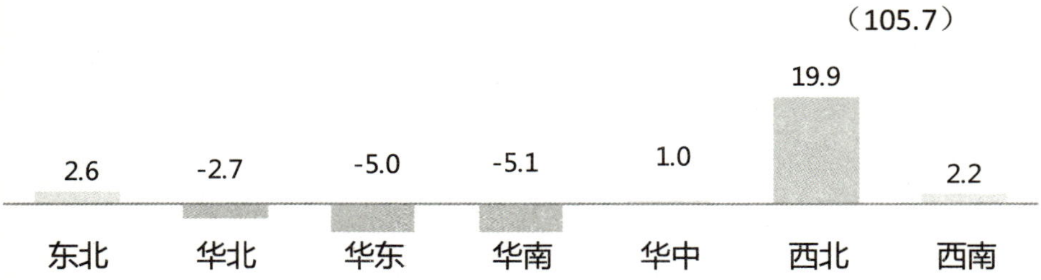

图 1.4.11 2015 年全国各片区广播用户人均收听时长（单位：分钟）

数据来源：赛立信媒介研究，2015 年

从各类用户来看，25-44 岁、大专及以上高学历、偏高收入的听众人均收听时长最长，男性收听时间比女性长。

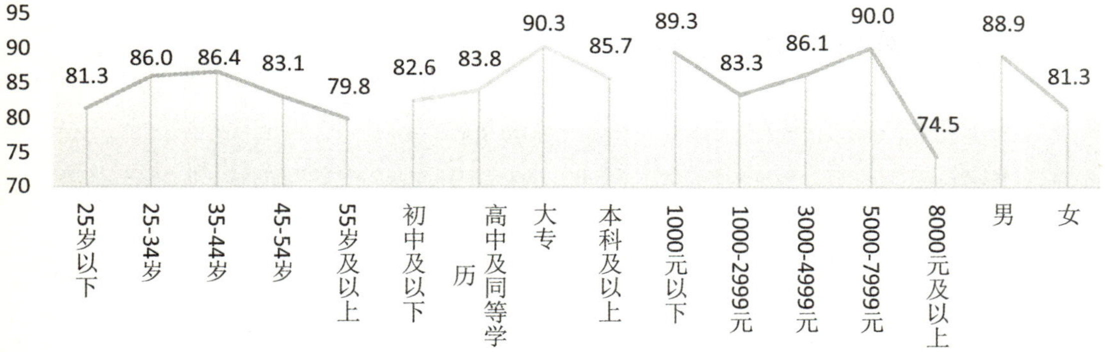

图 1.4.12 2015 年各类用户人均收听时长

数据来源：赛立信媒介研究，2015 年

综上几点，听众听广播的收听方式发生了明显的变化，收听场所由原来的居家收听转换成移动收听，收听工具由原先的收音机收听转换成车载收听，收听的高峰值时段上由全天早午晚三个高峰时段变成早晚两个高峰时段。

三、收听需求变了吗？

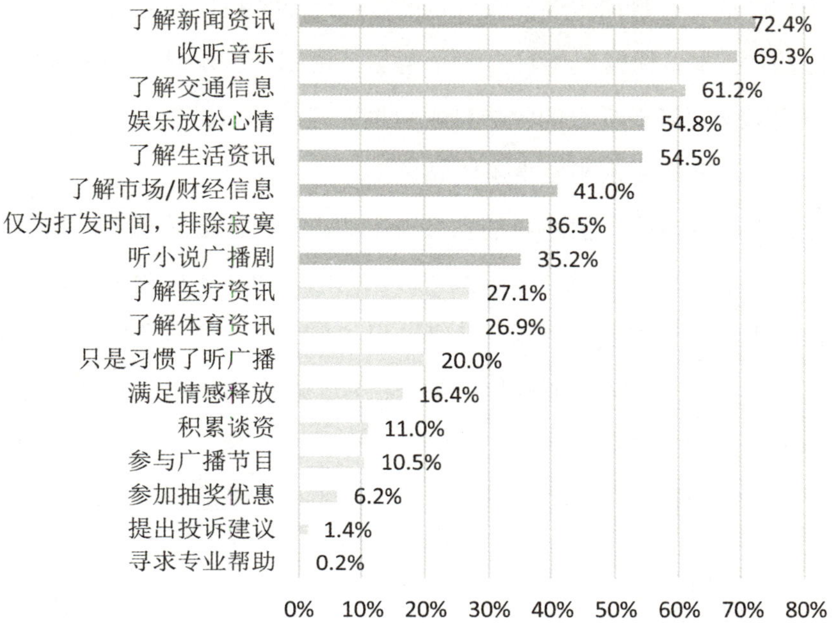

图 1.4.13 2015 年全国广播用户收听的节目类型

数据来源：赛立信媒介研究，2015 年

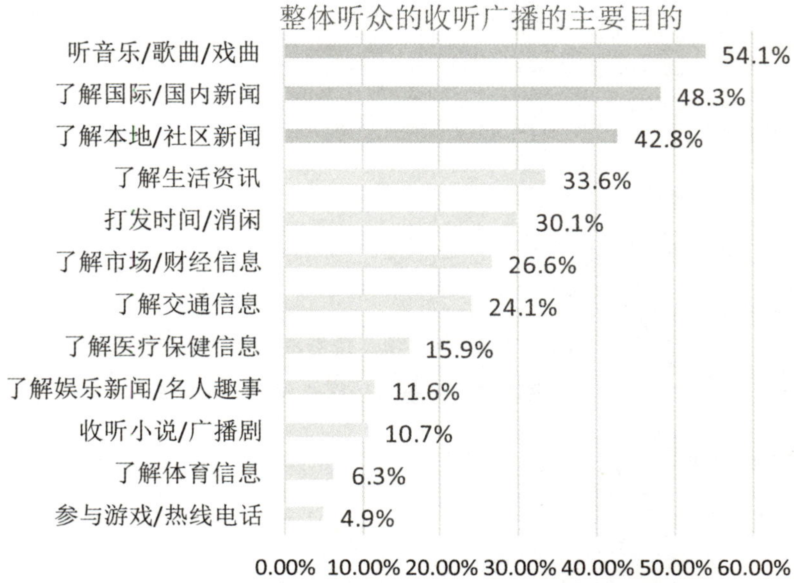

图 1.4.14 某省会城市广播用户收听的节目类型

数据来源：赛立信媒介研究，2009 年

从收听目的来看，了解新闻资讯、收听音乐、了解交通信息/娱乐资讯、了解政府消息以及市场财经信息是目前主要的收听目的。对比 2009 年某省会城市的收听情况，听音乐、国际/国内/本地新闻，与目前的了解更多资讯、打发时间等需求的收听目的似乎一致，但实际上，对于听众的收听目的和收听需求而言，则发生了明显变化，听众对节目内容的标准和欣赏水平发生了明显提高。

年龄的差异对听众收听广播的目的也有一定的影响，主要体现在：随着年龄的增长，听众通过广播了解新闻资讯、了解医疗资讯的收听诉求也随着增大，收听音乐、了解体育资讯的收听诉求则随着减弱。此外，以了解交通信息为收听目的的听众主要集中在 45 岁以下，以 25—34 岁听众比例最高；以了解生活资讯、了解市场/财经信息为收听目的的听众比例在 55 岁以下，随着年龄的增长而增加，其中，45—54 岁比例最高，这一年龄层听众群经济基础雄厚，消费潜力大，追求品质生活，也注重理财。

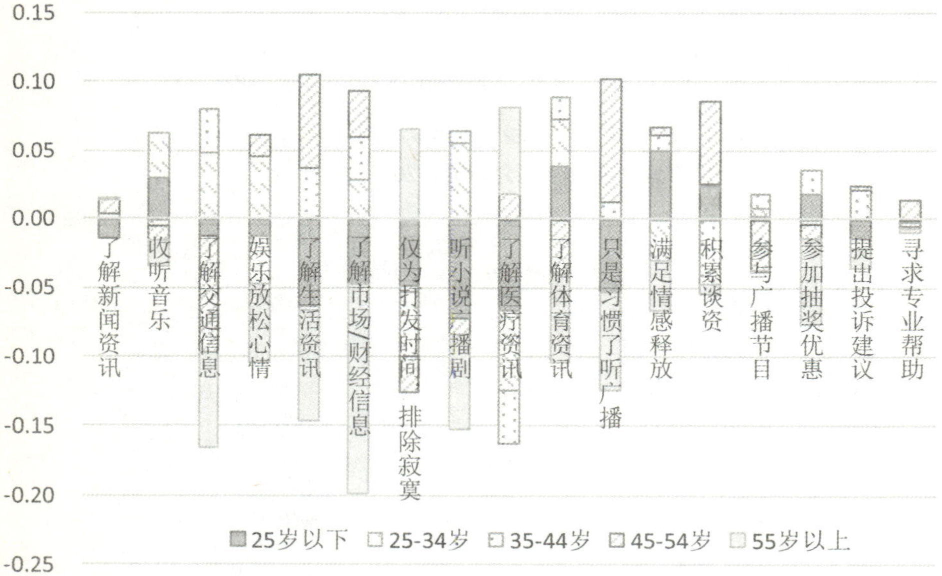

图 1.4.15　2015 年全国广播用户分年龄层的收听目的

数据来源：赛立信媒介研究，2015 年

从年龄层来看，25—34 岁听众喜欢听的节目类型主要是音乐、交通、体育运动、科教。

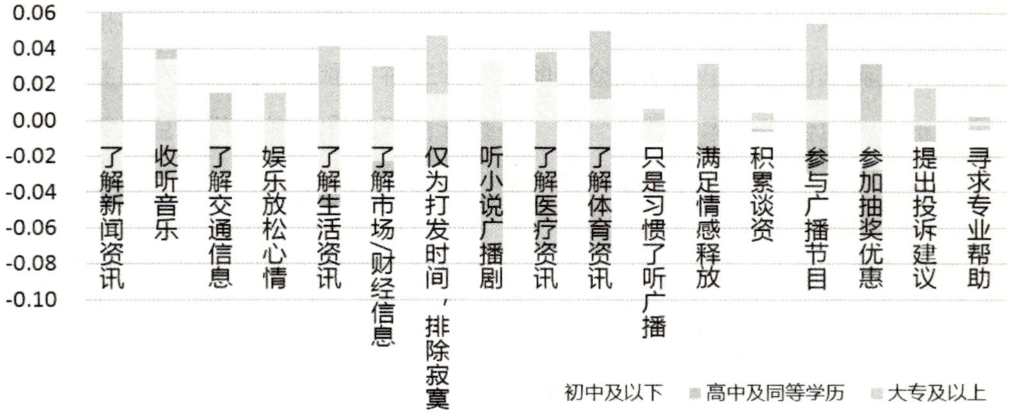

图 1.4.16　2015 年全国广播各学历层用户的收听目的

数据来源：赛立信媒介研究，2015 年

从学历层来看，大专及以上学历的听众喜欢的节目类型主要是消费资讯、娱乐、游戏、财金股市、情感故事、天气预报、文学谈话、法律、潮流，他们喜欢听的节目类型比较宽泛，可以看出高学历听众人群诉求的多元化。

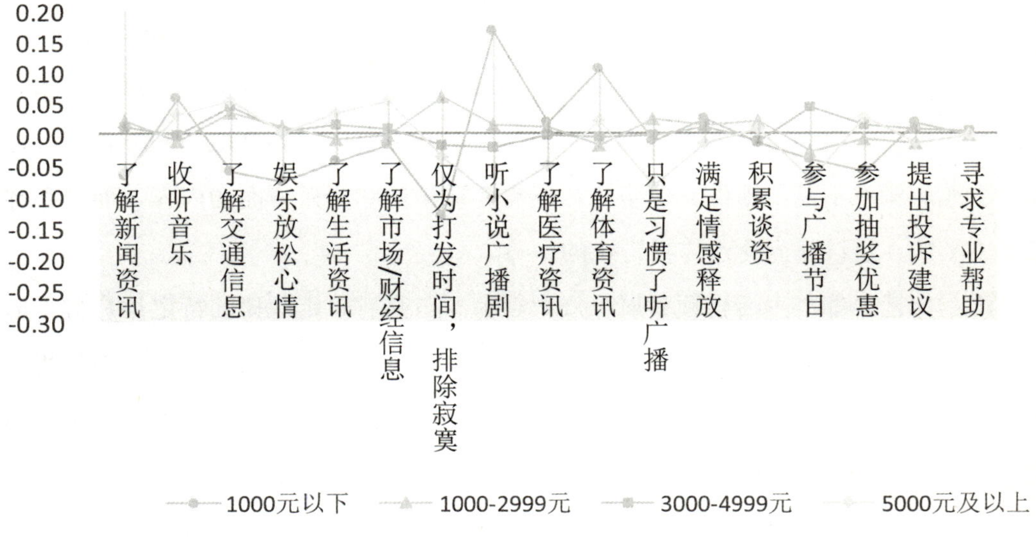

图 1.4.17　2015 年全国广播用户各收入层的收听目的

数据来源：赛立信媒介研究，2015 年

从收入层来看，月收入 5000 元以上的收入人群喜欢听的节目类型，新闻、交通、生活、消费资讯、娱乐、专业的财经资讯、科技教育及法律资讯方面的信息。

四、听众听什么类型的频率？

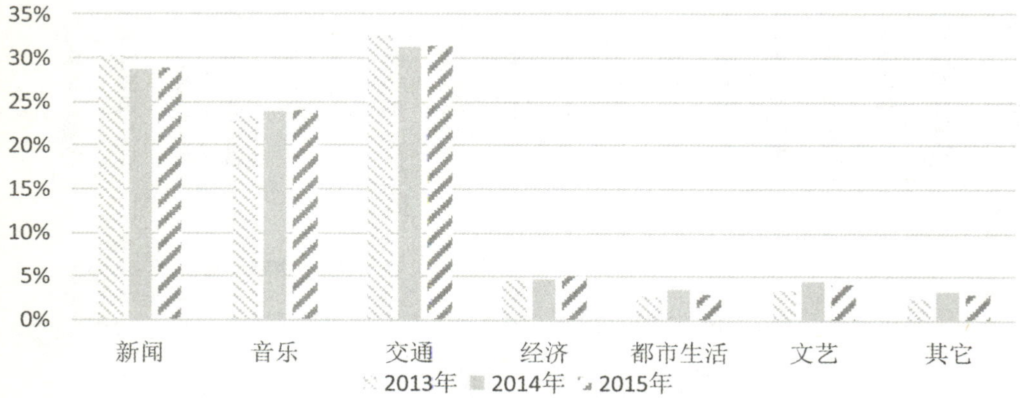

图 1.4.18　2013—2015 年各类广播频率的市场份额

数据来源：赛立信媒介研究，2013—2015 年

新闻、音乐、交通三类频率在最近三年的广播收听市场份额里占比最大。2015 年，新闻类频率有所减弱，新闻类频率提供新闻资讯内容，但又不仅仅是新闻资讯，还有应急广播、新闻深度和广度，以及娱乐性节目兼有，如《大吉利车队》《海阳现场秀》等。音乐类频率稳健攀升，音乐台对音乐类型细分有效，做得更好听；交通类频率有所减弱，在车联网趋势背景下，交通资讯的广播需求被百度、高德地图部分替代，这就要求交通类频率不仅仅提供交通资讯，还需要有生活和娱乐方面的内容，而这些都是替代不了的，足以作为交通广播资讯的保障。

经济、文艺、都市生活类频率属分众型频率，在具有一定规模的特定用户群中影响力较大，他们提供的新闻类节目，三年时间的比较发现相对稍微减弱，原因是我们认为听众对于新闻资讯类的诉求信息点虽然没变，但新闻单纯的“你播我听”快餐式消费已经不满足目前听众的需要。

频率资源在不同区域之间也有所差异，在细分数据里，豫剧、京剧节目在华北、中原地区比较火，东北地区的二人转颇受欢迎，而江浙地区在越剧、昆曲等内容方面拥有较多的听众市场。

总体上说，广播听众整体的收听目的、各细分听众群的收听目的并没有发生明显的变化，听众喜欢收听的节目类型、频率类型也都没有发生实质性的变化，而变化的是听众的欣赏水平提高了，对频率节目的制作要求提高了，听众的“口味”提升了。

五、基于用户需求的思考

通过数据分析，并基于用户的需求，提出以下几点思考:

一、明确需求的类型，把广播用户对广播服务内容的需求划分为四种类型：（1）基本需求：媒体提供了，用户感知不明显，但如果缺失，则用户可明显感受到；（2）正常需求，听众明确提出来需要听什么内容；（3）期望需求，就是“能听到什么内容就更好了”；（4）超出预期需求，就是我们把它制作出来了，听众感到很惊喜。在此基本的框架下，重点关注挖掘期望需求和超期望需求。

二、内容为王，挖掘素材，打造精品。融媒体语境下，广播精品内容可以作为资本优先深化的对象。

三、提高互动性。90后、80后的年轻听众，个性张扬。在这个“秀”的情况下，广播是不是考虑可以加入更多的互动性，满足他们需求的同时，也在用户的印象中刷下我们的存在感。这样的话就是一个良性的互动，具体可以是节目时时参与、活动策划、两微一端、粉丝秀等等。广播尤其需要通过秀自己、展现自己，来缩短与听众的距离，增强与听众的亲密感。

四、保持本地化特色。本地化，就是明晰差异化。有差异方难以被取代，这个是广播的特点，也是用户的期望。我们就是要跟听众分享发生在身边的事，让他们能够切身地感受到，这个是在我身边的，这个是跟我生活贴近的，能够提供信息的和对我有参考意义的。

五、注重培育用户。广播同样需要培育用户。这里需要有筛选的工作。对于区域性广播电台，需要明辨需要重点培育哪些类型的听众，他们在接下来将会在本地扎根、生活工作，服务于本地社会经济发展、城市建设，拉动本地消费的有生力量，比如大中专学生，他们中很大一部分人会在毕业之后留在本地工作生活。

面对媒体融合的大趋势大环境，“广播+”之路需要多一些站在本地听众诉求的角度上谋思求变，顺势而为，量力而行。

（撰稿：赵景仁）

全媒体时代交通广播的现状及发展趋势

随着互联网，特别是移动互联网的发展，传统大众媒体的影响力与广告收入正在逐步衰减，广播在传统媒体中虽仍然能够逆势而上，但未来发展依然面临了较大的威胁与困难。在全媒体时代，广播应该如何应对移动互联网带来的“危”与“机”？中国已经进入汽车时代，随着私家车拥有量的增多，广播的核心听众结构、听众的收听习惯都发生了较大的变化，广播应该如何应对这一变化？随着广播电台对车载人群的关注度日益增加，不少频率的定位逐步转向车载人群，私家车广播、汽车音乐广播等各类定位于车载人群的广播频率在不断增多，车载收听市场的竞争越来越激烈，交通广播如何才能稳坐“龙头”之位？是交通广播在发展的进程中面临的问题。

本文将分析全媒体时代广播核心听众及其收听习惯的变化，全国交通广播的市场表现现状，以及其在与移动新媒体融合过程中存在的种种问题，思考未来全媒体时代交通广播的发展，及其与新媒体融合、转型发展的策略路径，以及需要注意与规避的问题，为交通广播在全媒体时代的发展与转型提供思考借鉴。

一、全媒体时代广播的听众特点及其发展趋势

据 CNNIC 数据显示，截至 2015 年 6 月，我国网民规模达 6.68 亿，互联网普及率为 48.8%。手机网民规模达 5.94 亿，较 2014 年 12 月增加 3679 万人，网民中使用手机上网的人群占比由 2014 年 12 月的 85.8%提升至 88.9%，随着手机终端的大屏化和手机应用体验的不断提升，手机作为网民主要上网终端的趋势进一步明显。在这个移动互联网盛行的时代，随着受众生活习惯的改变，媒体的格局也发生了很大的变化。

（一）互联网已经成为受众不可或缺的媒体

据 2015 年赛立信城市媒体受众调查的数据显示，在过去一周内，受众经常接触的五大媒体依次是互联网、电视、报纸，广播、杂志，接触率分别是 90.4%、85.7%、36.5%、35.4%和 23.6%，在目前城市受众中，超过九成的受众均拥有智能手机，超过 60%的家庭可以宽带上网，拥有 WIFI 的家庭也有近 50%的比例，随着互联网普及率的提升，互联网的影响力将会更盛。报纸和广播的接触率只有 1.1 个百分点的差距，随着移动收听的增加、受众对移动电台接受度的增加，广播的接触率将会赶超报纸，成为受众经

常接触的第三大媒体。

数据显示，大多广播听众同时也会上网，特别是有了智能手机以后，超过 90%的广播听众同时也会用手机上网，平均每天上网的时间超过 3 小时。由此可见，随着智能手机的普及、移动互联网覆盖率的增加，互联网在受众生活中变得越来越重要。互联网的受众已经覆盖于 70 岁以下的大多受众，移动互联网的受众目前还较多是年轻一族，在 50 岁以下的人群中，超过 70%是移动互联网的受众群。在广播听众中，40 岁以下的听众同时还是移动互联网的受众群，他们每天上网的时间接近 4 小时，可见广播听众对移动互联网的依赖度更大，广播可以利用这个平台提升受众群的忠诚度。同时，在网民中超过 30%是广播听众，在移动互联网中有 38.3%是广播听众，可见广播与互联网的听众融合度是比较高的。不少近年回流的广播听众群就是移动互联网的受众群，可见，广播亦可以借助这个平台提升媒体的影响力与人气。

（二）广播媒体的市场价值在不断提升，广播听众呈年轻化、收入高涨的趋势

据赛立信在全国的抽样调查数据推算，2015 年上半年，全国广播听众总规模超过 6.5 亿人，其中城市听众超过 4.0 亿，庞大的听众群体，彰显广播媒体的影响力和市场价值。车载收音平台、手机 App、将来的车联网平台等现代广播传播通路多元化，为中青年听众收听带来了很大的方便，广播的伴随性特点也令越来越多的中青年成为广播的忠实听众。近年来，中青年听众的回流比例在逐年上升，数据显示，2015 年上半年，45 岁以下的中青年听众占比达 67.3%，其中 25 岁以下的年轻听众占比为 17.8%，较 2013 年同期增涨了 30%，随着移动互联网的进一步普及、汽车驾驶员年轻化，广播听众年轻化趋势将更为明显。

随着汽车拥有量的增多，车载人群已经逐步成为广播的核心听众。车载收听平台凝聚了广播收听市场中最具媒体价值的人群，他们主要出生于 20 世纪七八十年代，以年龄在 30—45 岁的中生代为主，他们均具有较好的文化教育背景和职业背景，具备较好的经济收入和较强的消费能力。我国进入汽车时代以后，这一平台凝聚的人群将越来越广泛，2015 年上半年的数据显示，在车载人群中，45 岁以上的听众占比较 2013 年同期增长了 5.4%。

（三）广播节目传播平台的多样化为听众结构改变提供通路

随着互联网的兴起，广播焕发了新的生机。首先，互联网丰富了广播节目的传播通道，除了传统的FM/AM传播以外，互联网为广播提供了一个很好的传播平台：网上直播和点播，各类的移动网络电台，这些都为广播节目另辟一条传播通道。以浙江交通之声为例，他们与荔枝FM、喜马拉雅FM、听说交通、蜻蜓FM、新浪微电台等建立了节目合作关系。音乐节目与“QQ音乐”深入合作，新闻类节目则与“凤凰FM”合作，使节目的二次传播更为精准，进一步扩大了节目的影响力。

传播平台的多元化、收听终端的多样化，为受众结构的改变提供了可能。面向不同目标听众的广播节目日益丰富化和对象化，促进了受众结构及其收听习惯的改变。2015年上半年与2010年同期相比较，使用车载移动终端收听广播的受众增加了1.1倍；使用手机移动终端收听广播的受众增加了1.25倍。随着使用车载移动终端和手机移动终端收听受众的增加，使得广播受众的年龄结构向年轻化转移。

收听终端呈现智能移动化和车载移动化，由传统收听终端向智能手机终端和车载收听终端转化，势必带动广播收听行为由居家收听向移动收听转化，特别是向车载移动收听行为转化。

（四）现代广播听众收听内容娱乐化、资讯化

在娱乐思潮下，广播节目已经逐步呈现资讯娱乐化的特点，部分资讯节目，特别是新闻节目，与娱乐节目的界限呈现模糊化的趋势。在节目内容设置、选题取材上，重点丰富节目资讯性，务求提供更多的信息；在表现形式上，强调故事特点和富有情节性，强化事件的戏剧效果。例如，浙江交通之声傍晚16:00—18:00播出的一档新闻脱口秀节目《一路有你》，考虑到下班路上受众需要放松心情、解除压力，因此节目的氛围都是以轻松、愉悦为主，主持人许诺和董越通过幽默搞笑的语言来解读新闻与资讯，令听众在获得娱乐享受的同时也能够听到所需的新闻资讯。节目的收听率长期维持在3.0%左右，在杭州地区同时段节目中稳居前三甲之位，是杭州地区傍晚节目中竞争力相当强的节目。

二、全媒体时代广播收听市场的发展趋势

互联网为广播跨媒体、跨区域传播提供了一个有利的平台，使广播收听市场的竞争也日趋激烈。据赛立信2014年全国各级电台在收听市场份额数据显示，中央及省级电台的市场份额接近50%，较2013年提升了8个百分点，可见，虽然目前广播收听市

场的区域化特征依然很明显，但已经有打破区域壁垒的趋势，集聚优势资源的电台在收听市场的竞争优势会逐步显露出来。移动互联网兴起之后，各类移动电台给传统广播带来了很大的机遇与威胁，一方面，移动电台为广播节目提供了一个不一样的传播平台，可以进一步提高广播节目的影响力，扩大广播听众规模；另一方面，移动电台从某种程度上来说会分流部分的现有听众群，对于传统广播来说，它又是一个竞争者。

（一）车载收听市场将逐步成为广播电台的主战场

赛立信媒介研究 2015 年上半年不同场所的收听数据显示：移动收听市场的到达率较 2011 年提升了 9.8 个百分点，增幅为 31.8%，比居家收听市场的到达率稍高。移动收听市场在整体广播收听市场的地位日益特显，并逐步成为广播媒体关注的焦点。以杭州地区为例，2014 年汽车拥有量达 251.7 万辆，其中，私人汽车拥有量是 179.94 万辆，与 2009 年相比增长了 1.5 倍；车载收听量占比超过 40%，较五年前也增长了近 1 倍。车载听众的规模日益壮大，车载收听在收听市场中逐步成为主导。

车载收听市场的受众群以 30—45 岁的人群为主，连同 20 世纪 90 年代初和 60 年代末出生的受众，占比则达到 83.0%；从职业构成上看，以国家公职人员、不同层级的管理者、公司职员、私营业主、个体工商户及自由职业者和城市普通职工为主，占比达 79.0%；人均收入水平在 5636 元/月、个人月均收入在 5000 元以上的占比近 50%，个人消费平均支出为 2879 元/月，占个人月收入的 50%左右；超过 60%的受众接受过高等教育。车载收听市场的受众群已经贴上“三高”的标签，凭借良好的职业背景、高收入和高消费能力，其成为广告主重点关注的受众群，也是各大广播电台越来越青睐的受众群，车载听众已经成为广播听众中相当重要的组成部分。

伴随着移动互联网的高速发展以及手机网民规模的持续增长，以智能手机为代表的、依托移动互联网的智能收听终端市场呈持续上升趋势。但是，目前大部分受众仍使用手机自带的 FM（即手机调频收音机）功能收听广播，受上网费用的影响，使用移动互联网收听广播的听众依然是少数，网络电台的受众群还比较少。可见，在未来的一段时期内，车载收听市场是众多广播电台角逐的市场。

（二）交通广播在整个收听市场表现优异

数据显示，2014 年广播收听市场上的主角依然是新闻、音乐、交通，三类频率的累计市场份额超过 80%，其中，交通广播以超过 30%的份额居首位。近五年，交通广播一直领跑广播收听市场。

随着车载人群日益受到广播媒体的关注，交通广播的市场表现也越来越突出，并且仍有较大的上升空间。华东地区是国内经济发达区域，交通广播的发展也异常迅猛。以浙江地区为例，交通广播的市场份额接近 40%，其中，浙江交通之声在全省的市场份额接近 10%，是浙江地区收听率最高的频率，浙江私家车 107 城市之声居第三位；在车载收听市场，浙江交通之声又以 10.7%的市场份额居全省第一，在收听率居前五位的频率中，有三个频率属于交通广播。由此可见，交通广播的影响力与日俱增。究其原因，主要是因为交通广播具有以下几点优势：（1）车载听众的不断增多，为交通广播奠定了雄厚的听众基础。（2）交通广播的节目具备“伴随性+资讯、音乐、娱乐”之特点，令驾车人士对交通广播的依赖性越来越大。（3）交通广播的线上线下活动带动了不少人气。以浙江交通之声为例，2014 年，浙江交通之声连同浙江女主播电台两频率共开展了 400 多场品牌推广活动，其中，“氧气音乐节”“文明出行”“的士司机运动会”等品牌活动吸引了大量的驾车人士，同时也凸显了“交通第一广播”的品牌，这些活动为浙江交通之声积聚了不少人气。（4）通过微信平台扩大宣传力度、拓展经营手段。广播电台除了与类似于“蜻蜓 FM”等多个新媒节目传播平台合作以外，还纷纷建立了自己的微信平台，通过微信平台的加粉与新闻、广告推送，在扩大宣传力度的同时进行经营创收。浙江交通之声的“FM93 交通之声”现已积粉 95 万，设有“节目互动”“出行利器”“车友俱乐部”等板块，每天除了推送头条以外，还有商业广告微信推送，并且微信平台还开发了“微信植入”“栏目冠名”“微信活动”等广告产品，2015 年上半年实现微信广告创收达数百万元。

（三）浙江交通之声是华东地区收听表现突出的交通广播

在浙江地区，浙江交通之声以 0.55%的平均收听率和 9.7%的市场收听率名列全省第一名，优势明显；且在杭州地区的市场份额维持在较高水平，总体呈现上升趋势，市场竞争力进一步加强。

表 1.5.1　浙江交通之声在浙江全省的收听与市场表现（%）

	平均收听率	市场占有率	排名
浙江交通之声	0.55	9.7	1

数据来源：赛立信媒介研究，2014

在细分人群中的市场表现方面，浙江交通之声在“三高人群”的影响力较大，在本科学历、收入在 8000 元及以上、公职人员、职业司机、私营业主、中/高层管理人员等人群中的市场占有率均高于 14.6%的频率整体水平。

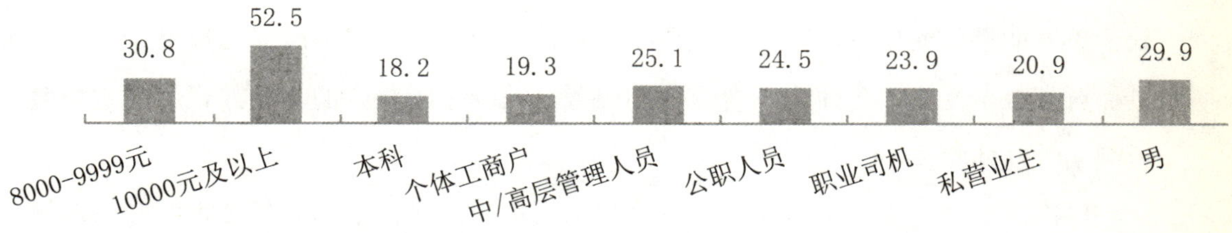

图 1.5.1　浙江交通之声的戏份听众市场表现（%）

数据来源：赛立信媒介研究，2014

面对全媒体的激烈竞争，浙江交通之声坚持做好内容，尤其是路况、气象、航班交通等生活信息方面的内容制作，使服务更周到、资讯更符合个性需求，以互联网思维、碎片化处理声音产品，做强品牌节目。其中，浙江交通之声的优势节目《93 早高峰》在工作日播出节目的平均收听率排名位居首位，也是同时段平均收听率排名第一的节目;《一路有你》在 16:30—19:00 同时段播出的所有节目中的平均收听率位居第一。

表 1.5.2　2014 年浙江交通之声工作日播出节目平均收听率排名 TOP5

排名	节目名称	播放时间	平均收听率	市场占有率	同时段节目排名
1	93 早高峰	06:30—09:00	1.77%	16.5%	1
2	一路有你	16:30—19:00	1.51%	18.7%	1
3	93 第一财经	09:00—10:00	1.22%	15.0%	2
4	一听可乐	12:00—14:00	0.97%	14.9%	2
5	丁建刚房产时间	14:00—15:00	0.90%	14.8%	2

数据来源：赛立信媒介研究，2014

三、全媒体时代，交通广播面临的“危”与“机”

（一）在全媒体时代交通广播“危”“机”并存

新媒体的兴起和普及，使媒介竞争格局发生了巨变，移动互联网、云计算和数字音频技术正将广播媒体推向前所未有的发展高度，交通广播正处于新媒体的包围之中，面临严峻的挑战。

首先，路况信息本属于交通广播专有的资源，但目前正面临割据局面。交通广播受到来自网络、移动新媒体以及政务信息公开的全面围攻，尤其是跨行业的高德地图、谷歌地图和车联网等的出现，使得交通广播的资源垄断优势被削弱。

其次，在全媒体时代，用户已经养成了人机交互的生活方式，而交通广播总体还处于单方面播放的模式，广播节目还在延续传统的生产方式，产品比较单一，不能提供点对点、个性化、多样化、全方位的服务，缺少紧密融合的互动方式，一定程度上影响了听众体验。

再次，交通广播的主要受众群体是驾车司机和乘客，他们除了接收即时路况信息以外，对新闻资讯、音乐娱乐、都市时尚等节目也有强烈的需求。在听众综合性的信息收听需求面前，交通广播的短板凸显，诱发其他类型频率与交通广播抢占听众资源。

然而，“危”与“机”总是相辅相成的。在移动互联网时代，交通广播也迎来了快速成长的契机。交通广播与其他广播媒体相比较，其机遇体现在交通信息的专业性与广播特性相结合。

一是路况信息的发布与共享。这是交通广播最突出的优势。得益于各地建设的城市智能交通管理系统的自动采集功能以及听众提供的精准位置和即时动态路况信息，交通广播有了更为广泛的交通信息采集渠道，能全面、准确、及时地掌握道路交通状况，形成地面道路交通疏导、指挥相结合的城市交通疏导指挥系统。

二是社会资源优势。交通广播在社会上有着特殊的地位，承担起“应急广播”的责任，掌握着公路、铁道、航空、气象、医疗等众多公共关系资源，形成了自己独有的新闻网络，在突发事件、交通疏导、灾区救援、预警发布、事故处理等方面彰显了交通广播的独特功能。

三是广告商机会。交通广播的主要受众是驾车人士，除了出租车司机以外，更多的是私家车主。这批听众的消费能力强，受教育程度高，是社会的中坚力量，被广告商视为投放广告最直接的目标受众。相对于各种新媒体，交通广播在组织车友俱乐部的互动、旅游资源推荐、无缝的车务和车旅服务等活动中具有直接、受信赖等优势，便于开展增值服务，形成更大的价值和营收渠道。

（二）浙江交通之声应对收听市场中“危”与“机”的对策及其效果

面对上述形势，浙江交通之声结合新媒体尝试了门户网站、数字广播、微博、微信、APP 等应用，并积极举办各类活动，扩大品牌影响力。

浙江交通之声一直强化“交通特色的新闻资讯台”的频道定位，紧紧围绕交通出行强化“交通第一广播”频道品牌，与杭州 GPS 中心、嘀嘀打车、杭州汽校、浙江省公路局、杭州巡特警等单位签署了战略合作协议；在浙江交通应急综合指挥中心、浙江智慧高速监控中心、杭州 GPS 中心设立直播室，为频道在路况信息、应急救助、突发新闻报道等提供重要支撑。

浙江交通之声“用活动促创收”，全年举办活动超过 200 个，主要有两大系列，外加两个“节”。两大系列是“文明出行”系列和“爱心浙江”系列；两个节是“氧气音乐节”和“浙江听友节”。其中，“氧气音乐节”吸引食品、汽车、服装、互联网等多行业客户参与，2014 年和 2015 年，仅广告相关创收就都超过了 320 万元。“文明出行全省巡回宣传大型公益活动”一个月走遍浙江 11 个地市，2014 年活动创收近 200 万元，2015 年创收达 260 万元，影响人群超千万次；“温暖回家路”活动吸引了多家企业联合助力，为春运出行提供有利保障，创收超百万元。

四、全媒体时代，广播与新媒的融合之路

（一）广播与新媒融合的现状

广播与新媒体融合，分为节目内容、技术应用、经营推广三个层面。

在节目内容方面，广播电台开放更多 UGC 内容，将互联网思维引入传统节目中，大胆创新，鼓励生产适合多终端推广的多样化节目，以更好地契合移动互联网用户的媒介使用需求和行为习惯，提高用户体验。

在技术与经营方面，传统广播与新媒体融合，呈现“APP+微信公众账号”并举模式，强化资源整合，搭建多平台、多渠道宣传推广。例如，湖南电台推出的芒果 TV、上海电台开办的阿基米德 FM，还有服务类 APP——蜗牛车车（江苏台，汽车）、贝果（山东台，母婴）等。而微信开放授权“接口”给第三方开发者，可用于电台微信公众账号功能的拓展和相关业务的定制开发。传统广播借助移动互联网的发展机遇，针对不同的移动智能终端推出可以实时互动和在线直播或者点播的客户端，广播媒体向“可视、可听、可读”的趋势发展，传播范围越来越广，受众结构更趋合理。

（二）浙江交通之声在媒体融合方面取得的效果

交通广播的发展不仅在于传统广播自身优势的深度挖掘与释放，更在于融合新媒体的战略转型。浙江交通之声坚持“服务主业，有机发展”的新媒体拓展原则，立足于本土优势，利用自身资源，在全媒体融合发展方面取得了成效。它把微博、微信、网络收听、手机终端等介质充分融入节目和活动，让听众的想法、需求、问题、期待在节目制作、播出、互动的每个环节都得到有效呈现，改变“广播主持人+资料+报道+微信”的广播节目生产习惯，在节目策划、组稿、播出、播后的各个环节引入听众意见、听众声音、专家观点，变“我主导”为“我引导，你参与，我呈现”“你主导，你设计，你参与，我呈现”的生产方式，使节目成为公众共同参与的节目。真正树立了“碎片化、互动、跨界、体验”的节目生产理念。

1. 借船出海，巧用微信通道

浙江交通之声微信公众号“FM93 交通之声”于 2012 年 8 月上线，是全国首批上线的公众号平台，截至 2015 年 8 月 16 日，微信号粉丝数为 96 万，微信文章日均阅读次数在 200 万次左右，头条平均阅读量 15 万以上，单条平均阅读量 6 万左右。2015 上半年，浙江交通之声的微信广告推送创收 400 多万元。

2. 大力寻求与流媒体广播的合作

浙江交通之声与荔枝 FM、喜马拉雅、听说交通、蜻蜓 FM 等建立了节目合作关系，音乐节目与“QQ 音乐”深入合作，新闻类节目则与“凤凰 FM”合作，精准选择与节目气质更相符的新媒体平台，推出节目互动、信息下载、活动参与等实用功能，有效聚合了频道与听众间的纽带关系，形成围绕频道品牌的多种“圈子”。2014 年的“你是女主播”活动，利用“荔枝 FM”APP 及腾讯微视等进行面向全国的网络海选，吸引全国报名人数近万人。

3. 充分粘合网络媒体，全面探索广播增值空间

浙江交通之声开展与腾讯网、淘宝网的全面深度合作，及与新蓝网、浙江在线、大浙网、19 楼等浙江省内网络媒体互动合作，在“爱在后备厢”“氧气音乐节”“文明出行”“高速婚礼”等大型活动中取得显著成效。

（三）广播在媒体融合的思考

移动互联电台来势汹汹地冲击着中国广播市场，传统广播渠道价值被移动网络电

台挤压。喜马拉雅、考拉 FM、荔枝 FM、蜻蜓.FM、优听 Radio 等音频应用受到资本市场的热捧，相继完成 B、C 轮千万美元量级甚至更多的融资，如果音频 APP 利用融资买断电台的优质内容，改变用户利用传统渠道收听广播的习惯，则有可能导致音频 APP 平台火爆，而广播电台渠道受冷，传统广播渠道将受制于人。

电台鼓励节目主持人入驻移动网络电台的在线内容生产，在操作上将面临一些实际的问题：一是主持人加入音频 APP 的内容生产，其版权责任需明确；二是电台花重金打造的金牌主持人，一旦有更好的机会，就会另择良木，有可能造成电台大量优秀主持的资源流失；三是去体制化，增加了监管方面的难度；四是主持人是否会为了"外快"而利用电台节目资源为自己宣传，侵占电台资源。

车联网的发展与汽车无人驾驶技术的完善，也将有可能从根本上改变驾车用户的媒体接触行为。在未来的车联网时代，车载收音机也许会演变成另一个类似于智能手机的移动智能终端，加上语音识别技术的完善，通过声音指令就可以从车载智能终端调取、获得任何网络信息与服务，传统广播的伴随性优势将会荡然无存。

广播与新媒体的融合不仅仅给传统媒体的内容传播提供了众多新途径，它带来的变化是多方面的。广播要想获得长远、持续的后劲，必须依靠市场的强大支撑与驱动，才能真正做大做强，也才真正符合广播媒体自身的发展逻辑。

在全媒体时代，随着各种移动智能终端的推出与迭代，受众的媒体接触行为与生活方式都发生了深远的变迁，他们对媒体的期待与需求也产生了较大的变化。新兴技术不断地涌现与普及，对广播等传统媒体带来了不少冲击，既是威胁同时也是机遇。如何在时代变迁过程中顺利实现转型升级，保持广播媒体的影响力与生命力，值得我们每一位广播人思考、创新与实践。

（撰稿：梁毓琳）

车载听众的广播收听习惯分析

据 CNNIC 数据显示，截至 2015 年 12 月，我国网民规模达 6.88 亿，全年共计新增网民 3951 万人。互联网普及率为 50.3%，较 2014 年底提升了 2.4 个百分点。而根据公安部交管局公布的数据，截至 2015 年底，全国机动车保有量达 2.79 亿辆，其中汽车 1.72 亿辆，汽车新注册量和年增量均达历史最高水平。当前正处于移动互联网和汽车社会兴起所创造的战略机遇期，全媒体技术的运用给广播节目的创作思维、传播方式带来了颠覆性的改变，交通广播的“伴随”“移动”“碎片”等特点进一步凸显，扩大了在年轻群体中的影响力。

一、交通类频率是广播收听市场的主角

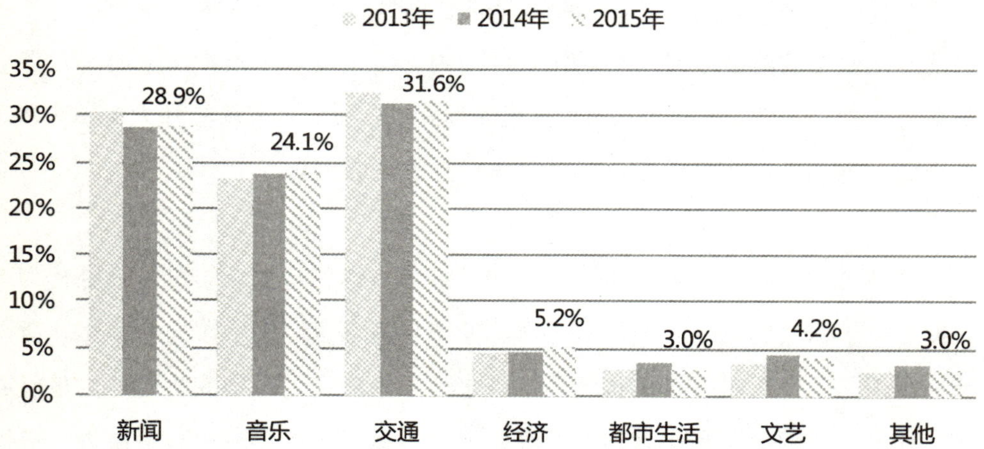

图 1.6.1　2013—2015 年各类广播频率的市场份额

数据来源：赛立信媒介研究，2013-2015 年

2015 年，广播收听市场继续呈现多元化和专业化趋势，交通、新闻和音乐三类频率依然是中国广播收听市场的主角，三类频率累计市场份额 84.6%，与 2014 年基本持平，说明各类频率的竞争格局变化不大。

根据《2015 年中国广播收听市场年鉴》的频率表的统计资料，在 2015 年的 1950

个频点、1334 个频率中，频率名称含有“交通”、“汽车”及“私家车”的交通类频率有 300 个，占频率总数的 22.5%，根据图 1.6.1 可知，交通广播拥有 31.6%的市场份额，在各类型频率中占比最高，可见，交通类频率是最受听众欢迎的一类频率。随着车载听众在整个广播听众中所占比例的扩大，交通类频率的市场份额将越来越大。交通类频率市场份额的扩大，很大程度上得益于逐渐增多的私家车广播，截至 2014 年，国内私家车广播已经有接近 50 个，在全国占据超过 5.0%的市场份额，在交通类频率的市场份额接近 20%的比例。其中，广西私家车广播、浙江私家车 107 城市之声、福建私家车广播、金鹰 955 等都是收听表现相当不错的私家车广播，频率以节目娱乐性、资讯性强见称，吸引了众多的私家车车主。

二、车载收听在收听市场中占主导地位

2015 年上半年与 2010 年同期相比较，使用车载移动终端收听广播的受众增加了 1.1 倍；使用手机移动终端收听广播的受众增加了 1.25 倍。收听终端呈现智能移动化和车载移动化，势必带动广播由居家收听向移动收听转化，特别是向车载移动收听转化。移动收听市场在整体广播收听市场中的地位及作用已经确立，并逐步成为广播媒体关注的焦点。

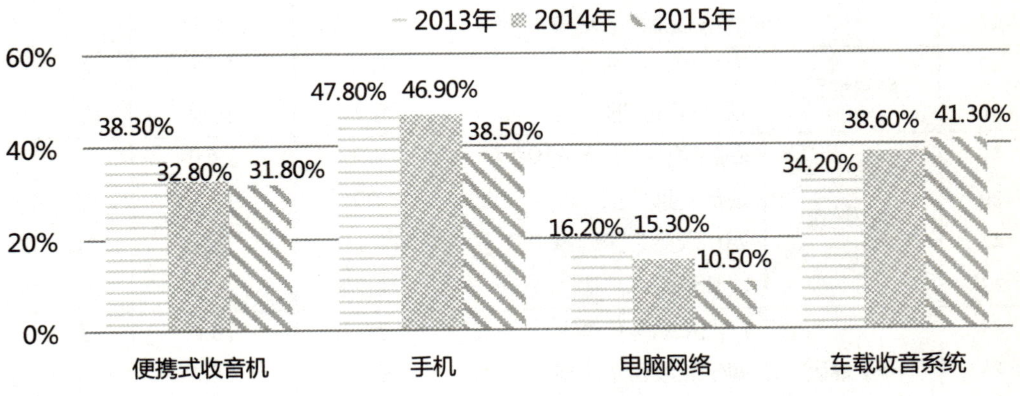

图 1.6.2　2013—2015 年听众使用的收听工具

数据来源：赛立信媒介研究，2015 年

据赛立信媒介研究 2013—2015 年听众使用的收听工具数据显示，在听众最经常使

用的收听工具中，车载收音系统、手机和便携式收音机排名前三位，其中，车载收音系统的使用率最高，以41.30%的份额占据主导地位。

表 1.6.1　直辖市/省会城市交通广播的市场表现

编号	地区	频率名称	平均收听率	市场占有率	地区排名
1	北京地区	北京交通广播	1.62	21.9	1
2	上海地区	上海交通广播	0.62	10	3
3		东方都市广播 899 驾车调频	0.5	7.49	6
4	广州地区	广东羊城交通台	0.84	13.9	1
5		广州交通广播	0.53	8.7	6
6	沈阳地区	辽宁交通广播	0.77	11.6	3
7	武汉地区	湖北楚天交通广播	0.92	13.9	1
8		武汉交通广播	0.42	16.3	7
9	重庆地区	重庆交通广播	1.49	22.9	1
10	长沙地区	湖南交通频道	1.70	31.6	1
11		湖南 893 汽车音乐电台	0.67	12.4	2
12		金鹰 955	0.59	11.0	3
13		长沙交通电台	0.41	7.5	4
14	郑州地区	河南交通广播	0.95	13.9	1
15		郑州都市广播汽车调频	0.70	10.3	4
16		河南旅游广播私家车 999	0.30	4.4	8
17	南昌地区	南昌电台交通广播	0.84	15.1	1
18		江西交通广播	0.73	13.2	2
19	成都地区	四川交通广播 FM101.7	0.93	13.9	1
20		成都交通广播	0.8	12.0	2
21		四川天府之声私家车广播	0.26	3.9	10
22		成都私家车广播	0.22	3.3	12
23	南宁地区	广西私家车广播	1.21	18.6	1
24		南宁交通音乐广播	0.93	14.2	3
25		广西交通广播	0.81	12.4	5

数据来源：赛立信媒介研究，2015 年

在表 1.6.1 所列举的 11 个直辖市和省会城市中，共有 25 个交通类广播，大部分的交通广播在当地的广播收听市场中排名前十，其中有 16 个交通广播排名前三甲；在北京、广州、武汉、重庆、长沙、郑州、南昌、成都、南宁等九个地区的广播市场，交通广播位居第一，说明交通广播在驾车移动听众中形成了广泛的影响力，交通广播顺应时代潮流而获得了可喜的效果。

三、广播听众呈年轻化、收入高涨的趋势，拉升广播媒体的市场价值

据赛立信在全国的抽样调查数据推算，2015 年上半年，全国广播听众总规模超过 6.5 亿人，其中，城市听众超过 4.0 亿。庞大的听众群体，彰显了广播媒体的影响力和市场价值。车载收音平台、手机 APP、将来的车联网平台等现代广播传播通路多元化，为中青年听众收听带来了很大的方便。广播的伴随性特点也令越来越多的中青年成为广播的忠实听众。近年来，中青年听众的回流比例在逐年上升，2015 年上半年 45 岁以下的中青年听众占比达 67.3%，其中，25 岁以下的年轻听众占比为 17.8%，较 2013 年同期增长了 30%。随着移动互联网的进一步普及、汽车驾驶员的年轻化，广播听众的年轻化趋势将更为明显。

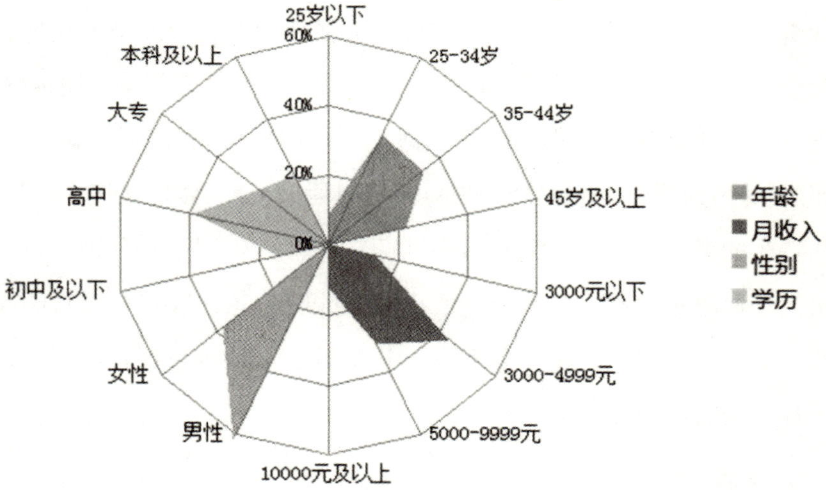

图 1.6.3　车载听众的听众构成

数据来源：赛立信媒介研究，2015 年

汽车拥有量的增多，使得车载人群逐步成为广播的核心听众。从车载听众的构成（见图 1.6.3）来看，女性听众占据 38.2%的比例；车载听众的年龄分布略为分散，虽然近 70%的车载听众年龄在 25—44 岁之间，但是，25 岁以下和 45 岁以上的听众占比略有上升；车载听众的收入呈上行趋势，月收入在 5000 元及以上的占比较去年上升

5%，较 2012 年上升 15.6%，可见，越来越多的高收入人群纳入车载听众群中。综上，车载收听平台凝聚了广播收听市场中最具媒体价值的人群，他们主要出生于上世纪七八十年代，年龄在 30—45 岁之间，具有较好的文化教育背景和职业背景，具备较好的经济收入和较强的消费能力。已被贴上“三高”标签的车载听众因含金量高而备受追捧，成为广告主重点关注的受众群，使得车载收听市场是众多广播电台角逐的市场，我国进入汽车时代以后，这一平台凝聚的人群将来更广泛。

四、交通广播革新节目编排理念

互联网于移动互联网为传统广播拓宽了传播渠道，但是，得益于移动互联网而迅速崛起的各类地图和打车软件，给交通广播带来极大冲击。曾经被赞誉为“空中红绿灯”的交通广播在交通信息推送方面不再具有垄断地位，私家车车主群体不断壮大也催生了不少私家车广播和汽车音乐广播，使得交通类的广播频率更加丰富。

（一）交通广播的节目设置碎片化

车载听众在车上收听节目的时间有较大的弹性，因此，在节目设置方面，广播也应满足听众的碎片化要求。羊城交通广播的早新闻节目《朝朝早，精神好》，尝试将新闻节目进行碎片化处理，90 分钟的节目融汇了《朝朝早天气》《朝朝早热词》《朝朝早热点新闻》《时事快报》《朝朝早财经热点》《国际风云》《体坛速递》《朝朝早靓歌》等多个各具特色的微栏目。每个微栏目短则两三分钟，长则七八分钟，可以独立成章，适合在白天任何时段滚动播出，方便听众随时收听，也比较符合听众的碎片化收听习惯。在统一的策划思路下，将节目精做，长略得当，让节目更具可听性，也更符合移动人群碎片化的收听习惯。

（二）交通广播的内容娱乐化、资讯化

在娱乐思潮下影响下，广播节目逐步呈现资讯娱乐化的特点，部分资讯节目，特别是新闻节目，与娱乐节目的界限呈现模糊化的趋势：在节目内容设置、选题取材上，重点丰富节目的资讯性，务求提供更多的信息；在表现形式上，强调故事特点和富有情节性，强化事件的戏剧效果。所以，交通广播已不限于提供汽车服务信息和交通路况信息，而是越来越多地考虑到上下班路上听众需要放松心情、解除压力，节目通过幽默的语言来解读新闻与资讯，令听众在获得所需的新闻资讯的同时，也能够得到娱

乐享受。例如，湖南交通频道的《博闻天下》对新闻时事灌注脱口秀风格；浙江交通之声的《一路有你》是一档新闻脱口秀节目；贵州交通广播的《开心码头》是一档即兴演绎幽默笑话的脱口秀节目；江苏交通广播网的《开心方向盘》是两位“牛哥”制作的一档关注社会的娱乐搞笑类节目；内蒙古交通之声的《欢乐同行》是一档集知识性、趣味性、服务性于一身的娱乐性节目。这些娱乐性节目市场表现较为突出，是同时段节目的佼佼者。

表 1.6.2 交通广播的部分节目的同时段市场表现

节目名称	所属频道	播放时间	市场占有率	同时段排名
博闻天下	湖南交通频道	9:00-9:30	40.1	2
一路有你	浙江交通之声	16:00-18:00	18.7	1
开心码头	贵州交通广播	17:00-18:30	12.2	1
开心方向盘	江苏交通广播网	17:00-18:00	11.2	1
欢乐同行	内蒙古交通之声	17:00-19:00	25.5	1

数据来源：赛立信媒介研究，2014 年

五、在全媒体时代交通广播“危”“机”并存

新媒体的兴起和普及，使媒介竞争格局发生了巨变，移动互联网、云计算和数字音频技术正将广播媒体推向前所未有的发展高度，交通广播正处于新媒体的包围之中，面临严峻的挑战。

首先，路况信息本属交通广播专有的资源，正面临割据局面。交通广播受到来自网络、移动媒体等新媒体以及政务信息公开的全面围攻，尤其是跨行业的高德地图、谷歌地图和车联网等等的出现，使得交通广播的资源垄断优势被削弱。

其次，在全媒体时代，用户已经养成了人机交互的生活方式，而交通广播总体还处于单方面播放的模式，广播节目还延续传统的生产方式，产品比较单一，不能提供点对点、个性化、多样化、全方位的服务，缺少紧密融合的互动方式，一定程度上影响了听众体验。

再次，交通广播的主要受众群体是驾车司机和乘客，他们除了接收即时路况信息以外，对新闻资讯、音乐娱乐、都市时尚等节目也有强烈的需求，在听众综合性的信息收听需求面前，交通广播的短板凸显，诱发其他类型频率与交通广播抢占听众资源。

然而，“危”与“机”总是相辅相成的。在移动互联时代，交通广播也迎来快速成长的契机。交通广播与其他广播媒体相比较，其机遇体现在交通信息的专业性与广播特性相结合。

一是路况信息的发布与共享。这是交通广播最突出的优势。得益于各地建设的城市智能交通管理系统的自动采集功能以及听众提供的精准位置和即时动态路况信息，交通广播有了更为广泛的交通信息采集渠道，能全面、准确、及时地掌握道路交通状况，形成地面道路交通疏导、指挥相结合的城市交通疏导指挥系统。

二是社会资源优势。交通广播在社会上有着特殊的地位，承担起“应急广播”的责任，掌握着公路、铁道、航空、气象、医疗等众多的公共关系资源，形成了自己独有的新闻网络，在突发事件报道、交通疏导、灾区救援、预警发布、事故处理等方面彰显着交通广播的独特功能。

三是广告商机会。交通广播的主要受众是驾车人士，除了出租车司机以外，更多的是私家车车主。他们的消费能力强，受教育程度高，是社会的中坚力量，被广告商视为投放广告最直接的目标受众。相对于各种新媒体，交通广播在组织车友俱乐部的互动、旅游资源推荐、无缝的车务和车旅服务等活动中具有直接、受信赖等优势，便于开展增值服务，形成更大的价值和营收渠道。

（撰稿：曾慧雯）

体育广播——有声运动，声声不息

在电台类型化发展的大背景下，北京体育广播于 2002 年 1 月 1 日成立，成为首家专业的体育广播频率，自此拉开了中国体育广播发展的序幕。随后，南京体育广播、上海五星体育广播、广东电台文体广播、大连体育广播、山东体育休闲频道等相继成立，勾勒出我国体育广播的宏伟蓝图。 此外，部分交通、新闻、经济、音乐、都市生活广播频率中，诸如湖北楚天交通广播、嘉兴新闻广播、青岛经济广播、厦门音乐广播、广东电台城市之声等频率，也都陆续推出了体育节目。

本文将利用赛立信媒介研究在北京、上海、南京、济南、广州五大城市对体育类广播频率的收听监测数据分析其特点。

一、体育类频率目标人群为少年和中青年

经过 60 余年的发展，我国早已成为体育大国，截至 2015 年，体育爱好者已达到 2.38 亿人①，为体育广播的发展提供了庞大的听众资源。从听众构成来看，体育类频率听众以青少年和中青年为主。其中，北京体育广播以 34 岁及以下听众为主；上海五星体育广播和山东体育休闲频道均以 25—44 岁听众为主；南京体育广播和广东电台文体广播以 25—34 岁听众为主。可见，体育类频率在年轻听众中更受欢迎。

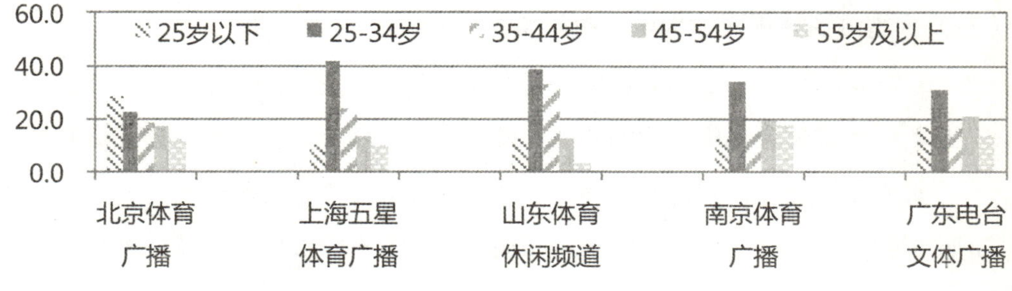

图 1.7.1 2016 年 10 月部分地区体育广播的听众年龄构成（%）

数据来源：赛立信媒介研究，2016 年 10 月

① 《2015 中国体育爱好者大盘点》，http://www.diyitui.com/content-1453770732.37775805.html

二、体育类频率定位为大体育概念

（一）体育类频率节目编排多为“体育+”

体育类频率定位多为“大体育”，在节目设置上采用 “体育+”方式编排。其中，北京体育广播以“大体育”概念立台，除体育类节目外，还推出了健康和美食类节目。上海五星体育广播以“新闻滚动、听众互动、电视联动”方式制作体育节目，涉及多个体育领域，并推出了健康类节目。山东体育休闲频道重点打造早晚高峰时段的体育类节目外，还推出了音乐和生活服务类等节目。南京体育广播以“最动感的城市活力广播”为口号，打造版块性、系统性的专业体育节目，在早、中、晚均设置体育节目，其余时段还会设置房产、购物、教育、小说等节目。广东电台文体广播定位为“体育+文化”，主打体育类节目，以文学、音乐、小说等节目类型为辅。

（二）体育类节目形式多样，涉及多个细分体育领域

目前，体育节目形式多样，采用诸如脱口秀、资讯类、访谈类、故事类、有奖互动类等。在体育运动项目方面，篮球、足球、武术、赛车、体彩、围棋等多个体育领域均有所涉及。其中，上海五星体育广播表现最为突出，在这些领域均有对应节目。此外，南京体育广播推出了《天天足球》；广东电台文体广播突显足球领域，在全天多个时段推出了《足球世界》；山东体育休闲频道推出了《光蓉大 CAR 秀——极速车世界》，涉及赛车领域。

（三）大型赛事转播已成为电波中的盛宴

早在 1951 年我国举办第一次全国性体育大赛（篮球与排球），中央电台就进行了转播，开启了广播界体育赛事转播的先河。此后，在亚运会、奥运会、世界乒乓球锦标赛、世界杯女子排球赛、世足球界杯、中超、欧锦赛等大型赛事中，均有广播媒体的身影，转播大型赛事已成为广播的传统，满足了听众在声波中实时感知赛场氛围和赛事进展情况的需求。以 2016 年里约奥运会为例，北京体育广播、上海五星体育广播、广东电台文体广播、山东体育休闲频道等专门成立了奥运团队或有特派记者在巴西里约进行现场采访活动，直播奥运赛场。

三、体育类频率为小众广播频率，收听市场表现特色鲜明

（一）体育类频率市场份额偏低

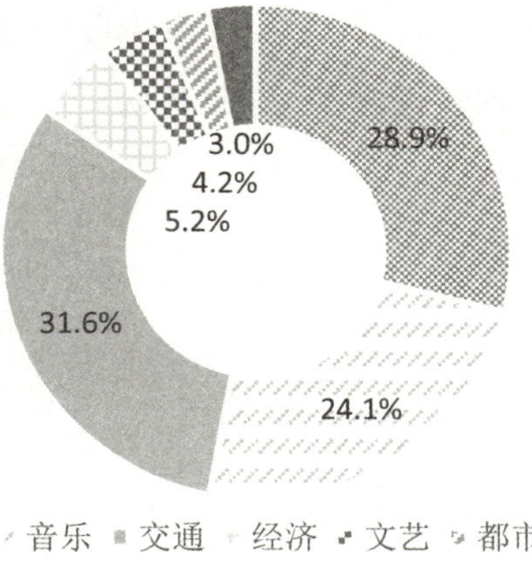

图 1.7.2　2015 年我国各类广播频率的市场份额

数据来源：赛立信媒介研究，2015 年

目前，我国广播市场主打新闻类、交通类、音乐类，三大类型频率数量占比合计在七成以上，市场份额合计在八成以上，已成为广播电台的标配频率类型①。此外，经济、文艺、都市生活广播频率的市场份额合计在一成以上，而体育广播频率的数量屈指可数，并有部分频率已改版转型，是名副其实的小众广播频率，整体市场份额偏低。

从具体频率看，体育类频率市场表现整体排名尚未进入地区广播频率 TOP5 阵营，各地收听规模不一，市场份额多在 5%以下。其中，北京体育广播、南京体育广播、上海五星体育广播排名相对靠前，进入 TOP10 阵营。

表 1.7.1　2016 年 10 月部分地区体育广播的市场表现

调研地区	广播频率	平均收听率(%)	市场占有率（%）	排名
北京	北京体育广播	0.34	4.17	9
上海	上海五星体育广播	0.19	3.32	10
济南	山东体育休闲频道	0.22	3.23	13
南京	南京体育广播	0.29	3.91	8
广州	广东电台文体广播	0.08	1.29	15

数据来源：赛立信媒介研究，2016 年 10 月

① 梁毓琳：《融媒体时代广播价值再发现》,http://sanwen.net/a/wvhaoqo.html.

（二）高峰时段主打体育节目

从时段走势看，体育类广播收听高峰主要分布在早间和上午时段，高峰时段均主打体育节目。其中，北京体育广播和南京体育广播在上午高峰时段冲高能力更强，前者在高峰时段推出了《体育新世界——雄鸡唱晓》《天下体育》《1025 动生活》《广播体操 10 点档》等节目；后者在早间时段推出了《乐动体坛》，虽为周末节目，但节目的收听表现突出，位居首位。

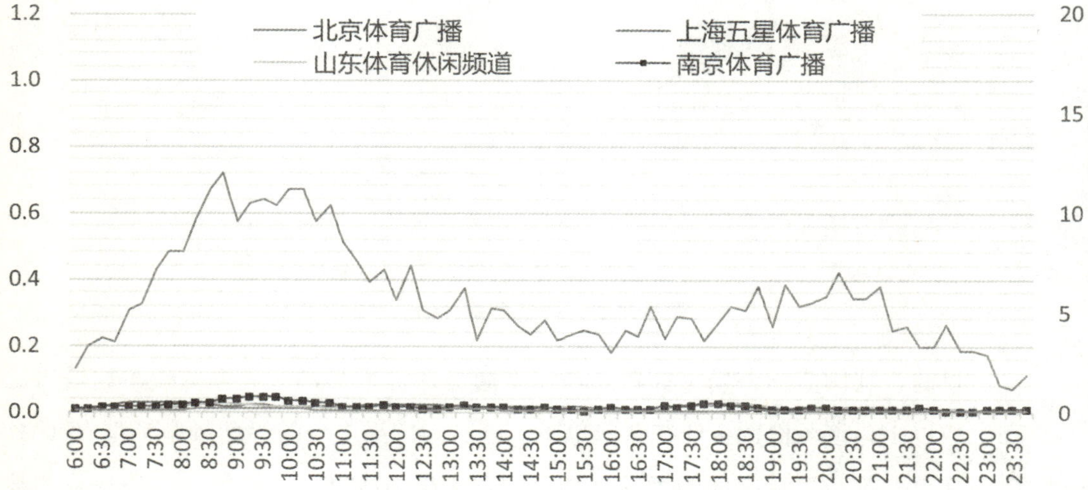

图 1.7.3　2016 年 10 月部分地区体育广播的时段收听率（%）

数据来源：赛立信媒介研究，2016 年 10 月

此外，山东体育休闲频道早晚高峰时段收听规模相差不大，推出了《体育休闲早高峰》《听说有李》《体育休闲晚高峰》等节目，收听表现位居前位。其中，《听说有李》为一档脱口秀节目，以体育为特色，分为“李微世界”“有李体育课”“这李有约”“有李放大镜”四大板块，整体风格幽默搞笑。上海五星体育广播在早间时段形成收听高峰且比晚高峰时段稍显突出，以《阳光路上之体育旅行家》节目为代表。

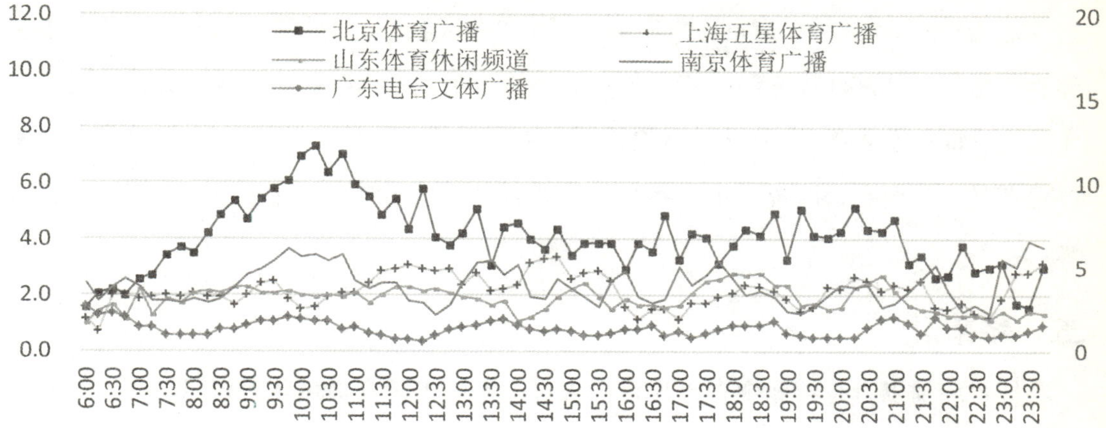

图 1.7.4　2016 年 10 月部分地区体育广播的时段市场占有率（%）

数据来源：赛立信媒介研究，2016 年 10 月

（三）大型赛事期间市场表现更好

相比平常，在大型体育赛事举办期间，体育广播收听表现可谓是大放光彩。以 2016 年里约奥运会女排决赛为例，北京体育广播在北京地区的收听率为 1.68%，与 2016 年至今的同时段相比上升了 81%；上海五星体育广播在上海地区的收听率为 1.01%，与 2016 年至今的同时段相比涨幅达 2.6 倍。①

四、　关注全民健康，彰显公益理念

长期以来，“发展体育运动、增强人民体质“这一口号已成为我国体育事业发展的方针，并于 1995 年我国首次发布《全民健身计划纲要》，旨在全面提高全民体质和健康水平。在此号召下，体育广播频率常常举办体育运动类的电台活动，让更多的听众参与到体育运动中，突显了公益品质。例如，北京体育广播评选京都球侠，组织听众参与马拉松、冰雪体验等电台活动。其中“京都球侠”评选已举办了六届，2016 年选择以运动的方式为候选人投票，在咕咚 APP 中有来自全国 43.9 万人次的球迷将自己每天徒步、跑步、骑行的运动公里数为候选人投票，全体候选球员最终的运动总里程超

① 曾慧雯:《收听率飙升！听众关注奥运女排决赛直播》,《赛立信媒介研究》。

过 132 万公里。[①]此外，南京体育广播开展了“今天我是运动员”系列活动；上海五星体育广播举办了滨江夜光跑、青少年三对三篮球系列赛活动；山东体育休闲广播开展了室内 Mini 马拉松活动；大连体育广播举办了“雏鹰篮球行动”。这些体育活动的举办可谓是一举两得，既提升了广播频率的知名度，也向听众传达了健身和健康生活理念。

五、结束语

体育广播以青少年和中青年为目标人群，为广大听众提供体育资讯，进行大型体育赛事转播，倡导健康生活方式，并积极组织系列活动，普及体育运动知识，受到了广大听众的认可和喜爱。虽然自成立以来时间不到二十载，但其品牌影响力与日俱增。未来，随着我国体育产业的发展和全民健身理念的深入，体育广播将会拥有一片广阔的市场空间。

参考文献：

1.张晓亮：《浅析广播体育赛事转播——以北京电台体育广播<激情赛场>栏目为例》，《中国广播》2014 年第 6 期，第 77—78 页。

2.洪超、陈国强：《上海五星体育广播节目现状与发展》，《体育科研》2014 年第 35 卷第 1 期，第 82—87 页。

3.翁伟民：《后奥运时代体育广播的发展之路》，《中国广播》2012 年第 9 期，第 38—40 页。

（撰稿：张婷婷）

① 《2016 年京都球侠出炉》，http://www.handannews.com.cn/new_epaper/hdwb/html/2016-11/24/content_149520.htm

收听率飙升！听众关注奥运女排决赛直播

时隔 12 年，在郎平的带领下，中国女排再登奥运高峰，3：1 逆转塞尔维亚，勇夺 2016 年里约奥运会冠军。激烈的奥运赛场全球瞩目，中国女排和塞尔维亚的决赛更是牵动了亿万国人的心。赛立信的 BSM 测量仪实时记录了北京、上海、广州等城市广播听众收听中国女排夺冠之战的收听率数据。

北京时间 2016 年 8 月 21 日 09:15 至 11:05，里约奥运女排的金牌争夺战在中国和塞尔维亚之间展开。中国之声，北京地区的北京体育广播，上海地区的上海五星体育广播、东广新闻台、上海交通广播，广州地区的广东珠江经济台、城市之声、广东新闻广播等频率都进行了赛事的实时转播。

数据显示，“中国女排奥运赛事直播”在北京地区的总收听率是 2.80%，上海地区的总收听率是 3.40%，广州地区的总收听率是 2.02%。北京、上海、广州的听众都相当关注赛事的状况，三地通过广播收听该场赛事直播的听众数量分别为：

表 1.8.1　北上广收听比赛直播的听众数量

地区	收听人数（万）
北京	101.0
上海	179.5
广州	61.7

与 2016 年至今的同时段（09:15 至 11:05）收听人数相比，上海地区升幅为 38%、北京地区是 32%，广州地区是 36%。

女排决赛直播积聚了大量人气，收听率大幅攀升。其中，体育广播表现尤为出色：（1）北京地区的北京体育广播，收听率是 1.68%，与 2016 年至今的同时段（09:15 至 11:05）相比上升了 81%；（2）上海地区的上海五星体育广播，收听率是 1.01%，与 2016 年至今的同时段（09:15 至 11:05）相比，涨幅达 2.6 倍，是北上广地区女排决赛直播的所有频率中，涨幅最大的频率。

中国女排奥运决赛直播引发北上广三地的收听率飙升，全民关注度达到了历史高峰！

（撰稿：曾慧雯）

黄金周出行频密，车载收听数据逆袭

国庆假期进出城人流、车流倍增，赛立信的测量仪实时记录了 2016 年 10 月 1 日当天北京、上海、广州、南京、杭州、济南、武汉、长沙、郑州、贵州、青岛、常州等 15 个城市的收听率数据。以下将根据上述城市回传的收听数据，分析国庆黄金周首日的广播收听状况。

一、国庆黄金周首日，车载收听占主导地位

国庆长假是出游的好时间。据赛立信全国十五城市车载测量仪回传的收听率数据显示，2016 年国庆黄金周首日的车载测量仪开机率虽然是 62.6%，较 1—9 月下滑了 10.8%，但是，车载收听的日到达率高达 55.9%，较 1—9 月上升了 11.1%。车载收听人数成功逆袭，主要是由于出行期间车上同行收听人数有所上升。

黄金周出行人众车多，收听广播节目是人们在路途上的绝佳选择。2016 年国庆黄金周首日，车载收听率为 7.65%，较 1—9 月上升 18.2%；传统收音设备收听率为 4.61%，低于 1—9 月平均水平。可见，在国庆黄金周的第一天，车载收听占据主导地位。

表 1.9.1　10 月 1 日与 2016 年 1—9 月的车载收听数据与便携收听数据对比

	车载		便携	
时间	10 月 1 日	1—9 月	10 月 1 日	1—9 月
收听率（%）	**7.65**	6.47	4.61	5.24
日到达率（%）	**55.9**	50.3	38.6	45.2

二、车载收听时长延长超过一小时

车上收听人群收听广播的时间和开车出行的时间密切相关，伴随着人人从众模式，车上收听广播的伴随性优势凸显。2016 年 10 月 1 日车载收听时长为 197 分钟，比 1—9 月平均增加了 85 分钟，增幅高达 75.9%，国庆出行路上拥堵，使得车载收听时长的增幅几乎翻倍。

三、交通频率与音乐频率主导车载收听

在国庆期间，交通频率还是吸引了大批车载人群的耳朵，是国庆黄金周首日收听量最大的频率，市场份额超过 60%，较之前上升了 7.9%。此外，车载听众在漫长的开车途中，放松、打发时间是其最主要的目的，所以，娱乐类的频率或节目更受欢迎。2016 年 10 月 1 日，音乐频率和文艺频率的市场份额都较 1—9 月有一定幅度的上升。新闻、经济、都市生活等资讯性强的频率的市场份额则略有下滑。

表 1.9.2　车载收听的各类型频率占比（%）

频率类型	10 月 1 日	1—9 月	变化幅度
新闻类频率	11.2	15.6	-28.2%
音乐类频率	20.9	18.6	**12.6%**
交通类频率	63.1	58.5	**7.9%**
经济类频率	2.2	2.4	-7.7%
都市生活类频率	0.3	1.3	-79.0%
文艺类频率	1.5	1.1	**36.4%**
其他频率	0.8	2.5	-70%

由于车载收听人群的收听环境局限在车内这个相对封闭固定的场所，车载收听不仅充当了传递交通信息的重要角色，而且起到了打发冗长的堵车时间、平复心情的作用。国庆黄金周，年轻白领出游热情旺盛，间接推动了车载收听市场的需求剧增，车载收听市场依然是各区域广播电台争夺的主战场。

（撰稿：曾慧雯）

融媒体语境下广播二次元构建

近几年来，广播业界关于媒体融合的话题沸沸扬扬，各级电台做了许多有益的实践，网站、播客、网上直播、两微一端（微电台、微信电台以及电台 APP），等等，“互联网+”和“广播+”等为传统广播注入了新的活力，广播与新媒体的交融和渗透初见端倪。然而，这些举措并没有令广播界找到真正的融合之路。另一方面，移动网络电台（音频类 APP）、音频聚合平台等作为基于互联网的新的声音媒体，经过前期的野蛮生长，在一轮投资热潮退去之后，遇冷转入低潮，商业模式更成为其一道难以逾越的坎。由此看来，在移动互联网背景下的融媒体时代，传统广播与新媒体融合需要在继续探索过程中不断反思……

再往深一层来看，无论是传统广播的“互联网+”、“广播+”，还是近年来火热的移动网络电台（音频类 APP）、音频聚合平台，其实质还是处于移动互联网平台及新技术应用阶段，要么是增加新的传播渠道和平台，要么是对原有内容进行重复发布，并没有真正实现各种媒介资源、生产要素的有效整合。

互联网特别是移动互联网与广播媒体而言，是生产方式的重大变革。正如 200 多年蒸汽机的发明带来第一次工业革命一样，互联网的出现带给广播的也是一场彻底的革命——广播的媒体形态、产品形态、生产方式、传播渠道、消费对象、收听终端乃至商业模式等，都将出现重大改变。因此，简单地以“互联网+”、“广播+”来理解移动互联网的广播，恐怕有所偏颇。为此，笔者提出构建“广播二次元”的概念，用以诠释在移动互联网时代，融媒体语境下的广播。

何谓“二次元”？“次元”即“维度”。“二次元”源于日本早期动漫作品，在 ACGN（英文 Animation 动画、Comic 漫画、Game 游戏、Novel 小说的合并缩写）文化圈中，被用作对“架空世界”或者说“梦想世界”的一种称呼。笔者借用这一概念，提出“广播二次元”，意即“融媒体语境下的广播”。

我们把互联网出现以前的广播称为“广播一次元”，其最大的特点是线性传播，主要表现在：一是无间断性；二是方向确定性；三是互动和反馈机制较弱。互联网尤其是移动互联网出现之后，广播的媒体生态发生了巨大变化，带给广播媒体全方位的改变，我们称之为“广播二次元”，即融媒体语境下的广播。其传播路径不是单向而是双向甚至是多向，呈现出网状的传播结构，具有传播速度快、传播范围广、互动强度高等特质。应用移动互联网技术、平台、思维，可实现广播的技术、内容、形态、功能等各方面的转型和升级，全面提升广播媒体的传播力和影响力。

英国传播学者克里斯·韦斯科特曾说过：广播不会因为互联网的出现而死亡，但是会改变。信息传播技术促使互联网尤其是移动互联网的发展，推动广播生态的巨大变化。那么，“广播二次元”的形态究竟如何？如何构建实现“广播二次元”？我们不妨从广播的媒介形态、生产方式、产品形态、传播渠道、传播对象、收听终端和商业模式等几个方面来展开讨论。

一、广播媒介形态变化

广播的初始形态是有线广播和无线广播。融媒体语境下的“广播二次元”形态是依托移动互联网技术的“大音频”，将带来完全不同于传统广播的内容呈现方式，为声音内容的传播形态带来极具想象力的创新空间。以互联网思维向用户提供音频产品的交互式的声音媒体平台，成为衔接各方的纽带和中心，而随着平台辐射作用的日益凸显，行业规模将进一步爆发。

二、生产方式的变化

传统广播的节目内容一般是由专业队伍制作，采用“精英制作内容，大众接受内容”的模式，加上少量的外购节目，基本上是自给自足的封闭式生产方式。“广播二次元”的生产方式更趋多元化，它打破了内容制作由专业队伍垄断的模式，形成了专业队伍、用户以及专业用户共同生产内容的新模式（依次分别是电台专业生产节目 PGC、用户生产节目 UGC 以及专业用户生产节目 PUGC，三者并存合一），这种模式是外向的、社会化、市场化的，每天产生的海量内容与传统电台当天所播报的内容相比，不可同日而语。

三、产品形态的变化

广播用户区隔越来越细分化、明显化，用户伴随性、移动性、互动性、碎片化和个性化的收听需求倒逼广播节目的产品形态发生改变。广播以录音和口播为主的单向传播变成有听众微信、微博等网络参与的双向交流，产生了许多杂糅和复合的节目形态。除传统节目形态之外，还包括热线访谈、板块节目、直播节目、轮盘新闻、“长节目短音频”等。随着广播节目形态的演变，未来广播产品将更加注重提升用户体验。

四、传播渠道的变化

产品从生产到用户消费，渠道至关重要。“广播二次元”的传播渠道从以信息自上而下单向传递、频率资源为单一出口，发展成拥有传统频率、互联网的多渠道传播格局，包括多渠道采集，多渠道传播和多渠道反馈。移动互联网时代的广播，传播渠道呈现出人人分享、多向传播、海量传播的特征。

五、传播对象的变化

“听众”逐步被“用户”所取代，他们既是广播节目即产品的消费者，又有可能是生产者。在融媒体语境下，用户不满足于单纯被动地收听节目，他们的需求意识越来越强，不仅为广播贡献内容，还要求参与和互动。

六、收听终端的变化

传统广播的收听终端是收音机，只能接收有限的频道。“广播二次元”将其播放内容进行网络化提升，使之更符合移动互联网时代用户的媒介使用行为和信息接收习惯，并拓展了个人电脑、智能手机、车载系统以及 IPAD 等其他移动接收设备的广播应用终端，实现了广播收听的跨时空和自由化。随着 wifi 的普及和流量资费的下降，未来车联网和物联网为“广播二次元”提供了接口支持，车载智能、智能家居、可穿戴设备甚至一切能联网的物品都会成为广播的接收终端。在场景化下的开放平台，广播媒体的非视觉性、随意性和移动性这三个特点决定了受众可以在各类场所、任何时间，使用任何物品设备来收听广播。

七、商业模式的变化

以往，广播收入的主要来源是广告创收，而目前，无论是传统电台的“互联网+”或“广播+”，还是新兴的移动电台或音频聚合平台，均没有形成一个稳定的商业模式。可以预见的是，在移动互联网时代是融媒体语境下，单纯依靠广告盈利的模式已经不复存在，“广播二次元”必须从自身开始寻求垂直一体化和水平一体化等多种经营策略。按照典型的互联网平台化发展思路，新媒体首先是在高水平产品体验的基础上积累规模用户，因此，“广播二次元”也同样追求动辄千万用户百万点击的规模效应、用户黏性和活跃度。当然，在获得规模用户及用户活跃度之后，如何将粉丝变现？也许，互联网思维的“羊毛出在狗身上，让猪埋单”，是“广播二次元”构建的盈利模式。

内容体现平台价值，在海量的音频中，将优秀的内容传送给用户，将带来创造与创新。对于融媒体语境下的广播来说，布局硬件音频入口，是整个音频生态建设的关键一环。融媒体语境下的“广播二次元”构建是互联网思维的进一步实践，不必拘泥于一种形式，更重要的是探索不同层级、不同媒体甚至不同领域的多元化融合之路，推动广播生态不断地发生演变，从而促进广播媒体在移动互联网时代焕发出更加旺盛的生命力，绽放出更加绚丽的风采。一切皆有可能！“广播二次元”大有可为！

（撰稿：黄学平/曾慧雯）

融合——广播的使命

本次演讲题目是《融合——广播的使命》。对于广播而言，确实已经到了攸关生死存亡的紧要关头，因为媒体格局下一步变化的号角已经吹响，所以我们更要加快脚步。现在给大家介绍这十个月以来，浙江广电集团所做的广播媒体调研情况。

作为广播人，我们一直在思考广播融合的现状如何，路径如何，如何融合，理念和方法是什么，需求和市场在哪里，总而言之就是，路在何方？

新媒体人经常鼓吹传统媒体不融合就会“死亡”，这些论调让身为传统媒体的广播人很惊慌失措。但据我们的调研得知，新媒体人天天在探索，也天天在走向死亡，现在约有 80%的网站已经死掉，新媒体还没有传统媒体生存得那么稳当。我在跟很多新媒体高管的接触中发现，像蜻蜓 FM、喜马拉雅 FM 这样的大平台，他们的高层也很焦虑，今后到底路在何方？在此背景下，浙江广电集团编委会拿出 80 万元做广播和媒体融合调查，调查网络涉及全国 20 个省广播电台，20 家新媒体。浙江广电集团和上海交通大学合作，组成 20 多人的团队，采取案例分析的方法进行调研，希望能够搞清状况、找到路径、明确目标、探索方法，并把这些调研的成果编成 41 篇文章汇总出版。目的是去了解这三五年内，广播跟媒体融合的想法和做法，争取在三年之内能够形成文档供广播总监参考。

在调研过程中，我们深深地体会到以下几点：一是别把未来当现实，有些互联网人描绘的融合是未来，但是传统广播人今天仍要生存下去，不可能一夜之间就走到融合的地步；二是理念再伟大，能把它变成现实，逐项实现更伟大；三是融合过程中，生存是关键，不要超越；四是在研究问题时，应对照“简单实用可操作”的准则，首先是简单化，把握实用的原则，可操作即要有方法，浙江广电集团就是按照这七字方法和思路跟市场接轨，把传统媒体做到顶峰的。

当前，浙江广电集团也面临着转型，面临着格局之变。众所周知，从 2015 年起，地面电视频道全线下滑，2016 年更是下降了两位数，明年（2017 年）可能面临断崖式下跌。现在，全国排名第五以后的卫视不容乐观，地、市、县电视台的收入下降更加厉害，但是，广播还保持着增长，甚至有消息称，有的广播电视台出现了广播反哺卫视的局面。所以，格局之变开始了。

接下来，我从三个方面展开论述：一，认识自己；二，操作当下；三，布局未来。

一、认识自己——广播的五大特点

广播的五大特点是：（1）广播是本土化的媒体，广播就是为一个城市范围内的人服务，在听众身边的媒体，这是长期形成的一种习惯。（2）广播是服务性的媒体，广播能做到一对一服务，且服务到极致。交通台为何崛起？因为交通台当时弥补了国家公共服务体系的缺失，当交通变为第一需求时，交通台应运而生，并延续至今，做得最大、最好。（3）广播是陪伴性的媒体，做饭、开车都能伴随收听，所以，广播不需要争主流，我们就是长尾理论，做好陪伴，在陪伴中蕴含无限商机。（4）广播是最有温度的媒体。它就在你身边，高兴时给你说笑话，低落时给你放音乐，除了广播能做到，其他所有的媒体都做不到。（5）广播是一个互动性的媒体，从热线电话到微博、微信，再到客户端，能做到全方位互动。在广播媒体融合的过程中，不能忘记这五个特点是广播的立身之本。

广播的主阵地仍在汽车。汽车是强场景，因为开车时只能解放耳朵去听，在车上没有任何媒体能跟广播较量。四年前，我们曾做过一次车载广播的调研，当时车载收听率为 52%，超过家庭收听。车载收听人群中有 46%是中高端人群，有大量 80 后的听众。车载收听人群跟网民是同一群人，他们是主流消费群体，吸纳广告的能力是家庭收听的 10 倍以上。当年调研得出这样的数据，我们马上布局，浙江广播全体围绕着车载收听人群来设计节目，围绕着车载收听人群类型化地运作，围绕着车载收听人群的需求做好服务。从那时起，我们牢牢地占领了汽车阵地。现在再谈车载广播，很多人觉得已经过时，但汽车依旧是广播的主阵地。虽然大家看到融媒体被舆论炒得火热，但其实广播的主阵地就在车上，现在大部分听众和广告的来源都在汽车。所以，我们要紧紧掌握着汽车人群。

二、操作当下——广播现在需要做什么？

广播从传统媒体到媒体融合不可能一蹴而就，这个过程是渐进性的，还有一段路要走。互联网人写的文章，有很多是猜想未来的，比较“务虚”，这其中的商业模式、窄人群、聚服务等都还没实现。所以，广播在融合的过程中，首先得考虑生存问题。一个电台有几十人要生存下去。

（一）占领汽车广播主阵地

目前，我们对车上人群需求的开发有限，汽车上的人群需求我们并不了解，必须扎扎实实地去研究车载听众的需求，车载听众有大量的 80 后、90 后群体，这些年轻人群体是核心，是消费主体，占领汽车是我们操作当下的一个重要方面。

（二）研究车载收听群体的语汇体系

案例一：两年前李克强总理去内蒙古访问考察，消息在新华社播出后，阅读量并不多，但在互联网传播，把标题改为《李克强总理访问内蒙古，一个光屁股男孩抢镜》后，点击量一下突破千万。案例二：李克强总理在东北考察的消息被淹没在众多新闻里，但互联网把“怎么证明你妈是你妈”这句话揪出来后，点击量飙升到几千万。在车载听众中，80 后、90 后的语汇体系跟老一辈不同，广播需要研究这些人群的语汇体系是什么。前年评选“全国广播新闻委员会”广播方面推荐的新媒体稿件，请了蜻蜓的副总赵捷忻听评，他听完六十多篇稿件一篇都没选上，传统媒体觉得很重要的内容，放到网上连名次都排不上，这并非内容不重要，而是语汇体系不过关。广播人要积极地研究语汇体系，改变叙事的方式、节奏和风格。

（三）广播节目的内容和编排贴近年轻人的生活方式

80 后、90 后伴着互联网长大，他们接受信息的方式是碎片化、个性化、特色化、二次元化，是具有趣味性的。所以，现在的广播节目要研究碎片化、特色化、趣味化、个性化的编排，改变现有的直播流、语汇体系、编排方式和叙事风格。

（四）利用微信、微博互动传播，线上线下运作

微信、微博是可供广播利用的最好工具，但完全依靠微信和微博就说自己是新媒体，那必死无疑，因为平台是别人的，限制太多。但利用这些平台黏着听众，是把听众变成准用户甚至是用户的有效方法。目前为止，浙江交通之声的微信粉丝有 130 多万，每年创收 700—800 百万，微信、微博把听众慢慢粘合成粉丝用户。我们举办的很多活动，使用微信操作最有效，浙江广电集团的八套广播，每年举办 1500 多场活动，活动带来的广告收入约占 50%。

（五）用微信数据指导调改节目

浙江城市之声启用微信的点赞打赏功能，主持人在每秒都能看到听众的点赞程度和打赏。主持人自我感觉良好的节目或内容，听众不一定喜欢，或者是表达方式听众不接受，启用一周以后，每位主持人都认真阅读评论，针对性地选择内容，从简单的微信数据就能看到其对广播的指导性。

（六）用互联网的思维和方法设置及运作节目

这一点非常重要，广播在转型和发展的过程中，一定要接受互联网思维。比如，怎样把用户黏着起来——用户思维；再有，精准化的思维就必须找到需求；还有极致化的理念、服务性的理念、迭代的理念。过去一档广播节目设置好了，做出样带后领导和听众都来听，等节目上了再管理，这样其实基本等于没有管理。我们用迭代思维来管理，比如 APP 每天都有更新，更新就是迭代。每天思考一档节目的新空间、新内容、新运作，用迭代思维管理节目和调整节目，这样节目才会越办越好。

（七）活动的操作

浙江台的广播活动占据半壁江山，尤其在经济形势不好的环境下，活动营销能带来 50%的经营创收，可以说，活动是牵动受众的抓手，活动是撬动社会的抓手，活动是品牌打造的抓手，活动是媒体融合的抓手，活动是营销的抓手。浙江广电集团 8 套广播每年举办 1500 多场活动，基本天天都在搞活动。美国清晰广播公司旗下有 1200 多家电台，他们也遇到了互联网冲击问题，其中一项重大应对策略就是“活动营销”。美国清晰广播公司应对危机跟中国广播人所用的方法相似，他们也在提“汽车广播是电台主阵地”。他们也在着手做活动和主播营销，每年举办 2000 多场活动，以活动带动营销，以活动带动广告。与之类似，2016 年上半年，浙江电台直接活动的广告占比达 36%，带动的广告占比达 50%甚至更多，所以活动是我们赖以生存的重要抓手。

（八）打造主播，尤其是年轻的主播

打造主播，尤其是年轻的主播，将主播的专业化、特色化、趣味化与活动和商业经营相结合。现在主播经济做得如火如荼，像 YY、映客、9158 等直播有一百多个。

三、布局未来——广播稳操胜券的十点做法

（一）广播的直播流在现在和将来都最有商业价值

这一点我们跟蜻蜓副总赵捷忻的看法一致。电视的直播流逐渐弱化，比如，浙江卫视几大节目的收视率下降，受众可以到其他平台看回放，所以直播流的统计数据下

降了。但广播不是，广播有前面所述的五大特点，以后直播流的内容和形式可能变得跟现在不一样，但我们要坚守自己的直播流且充满信心，坚持本土化、年轻化，坚持多形式多内容的传播。

（二）打造私人订制的直播流

目前，部分网站和新媒体正着手，根据个人需求，私人订制的直播流。例如，A从贵阳要到某地方，需要听新闻听音乐，A设置以后，内容放在不同的盒子里组合。

（三）挖掘培养主播经济

主播具有非常大的商业价值，主播的节目最丰富多彩，现在广播有很多的节目内容都是大众化的UGC（用户生产内容）和专业人士介入的PGC（专业生产内容），以后将会走向PUGC（专业用户生产内容）。电台的播音员都是主持人，由此看来，电台拥有最丰富的主播资源。网络直播现在大受欢迎，但是内容参差不齐，有《罗辑思维》这类知识性的主播，有讲《黄帝内经》的专业化教育专家主播，还有直播各种生活形态的草根主播。我曾在YY网看到这样一场直播，一位五十多岁的大叔，戴着破草帽，身穿军大衣，拿着木棍敲打扣在墙上的锅碗瓢盆，一边敲一边唱，还讲人生哲理，这位大叔主播受到很多年轻人追捧，其粉丝量为50万。此案例说明主播经济形态各异，YY网最红的主播有粉丝百万，年收入百万，主播经济可能是广播未来的方向。浙江城市之声曾举办了一个活动，叫"疯狂主播"，让主持人录音频、视频，做了几期后，映客找上门并带来一笔可观的收入。这就是我们有意识地培养主播，我们要去关注这些问题，在主播经济上花大力气，也许这是我们将来的生存之本。

（四）以活动引领生态产业

活动实质上是广播垂直生态的产业，其发展空间非常大。我这次看了181篇中国广播推荐的稿件，内容形式丰富多彩，也看到了很多跟活动结合的商机。在活动的探索上广播是做得最丰富的，所以可以尝试产品化、项目化地运作活动。

（五）广播要贴近年轻听众的"二次元"需求

85后和90后的孩子们伴随着动画和漫画长大，"二次元""虚拟""移动"是这个群体的"标签"，弹幕就是在虚拟环境中衍生出来的。声音制造虚拟场景是轻而易举的事情。85后和90后这群年轻人，他们是受关注的一代，渴望受到关注、关爱、关心，再过五年，他们就会逐渐变成社会主体。所以，我们要契合并研究这群年轻人接受事物的方法和习惯，在媒体的内容和形式上要适应。随着年龄的增长，他们慢慢地从小众变为主体，又会从主体变为小众，广播要生存下去，定位永远在25—40岁之间。现在存在的一个问题是，资历深的主持人随着年龄增长，40岁以下的年轻听众几乎没有，因为听众从年轻开始一直跟着主持人，还有人调侃说“等你退休了，你的听众也全退休”，这句玩笑话折射出电台生存依靠的问题。节目定位在35岁，就需要研究不同人群在35岁的需求习惯，比如85后的孩子渴望被关注、关爱，90后的孩子在二次元虚拟的世界里长大，他们需要的是逗乐，非标准的声音也可以接受，现在浙江电台正在探索直播流的弹幕，所以广播的内容需要适应他们的需求。

（六）建立大数据中心

前两年体育明星田亮带孩子加入《爸爸去哪儿》，第一期节目播出的收视率很低，通过数据分析，原因是给他们的镜头太少，第二期就加了很多镜头进去，收视率提高不少，田亮和他的孩子被打造成了明星，这就是数据的成效。北京“龙泉寺”用漫画、动画的形式弘扬佛法，内容是根据国双数据公司提供的数据来编辑，现在大受追捧。两个例子证明了大数据是办好节目的重要支撑。

（七）建立电台APP客户端

建立APP客户端是决定广播生死存亡的大事。为何这样说？因为我们的主阵地在车上，汽车屏幕在变化，有的已经半智能化了，预计三到五年内全部改变。直白地说就是“IDAD”装在汽车上，习近平总书记提出2020年实现宽带中国，那就意味着4G、5G时代到来，也就意味着FM逐渐被淘汰。目前，车载广播靠FM收听，但是如果未来没有APP下载广播，听众找不到你，你也就离死亡不远了。不同地域的人关注的新闻不一样，本土化电台解决本土内容和本地感受，广播是最适合的。现在广播就要着手打造微信、APP，把听众逐步移到APP上来。APP的空间很大，至于要放在哪里，蜻蜓FM也好，阿基米德FM也好，那另当别论。浙江广电集团旗下八套广播皆为频道制，每个频道设有广告部，蓝天云听（唯一指定的官方新媒体广播APP）给每个频道做的界面不一样。比如，浙江之声听众下载的主页面是浙江之声，第二主页面就是浙江之声的社区专区；浙江交通台听众下载的主页面是交通台，第二界面是交通之声的社区，接着才是大平台。浙江电台正是用这种方式把广播卷进来，所以各台要马上动手，打造 APP，否则一旦屏变，广播就没有生存空间，这也就是三到五年的时间。

（八）搭建多平台

拥有平台才能多渠道、多终端地呈现，平台可以是搭载、租借、自建。

（九）改革现存的机制体制

从现存体制来讲，有很多台已经成立了广播中心，像上海的东方广播中心，资源整合，统一调动。浙江广电集团为什么在广播的整合上还没有很大的动作，就是因为我们是频道制，浙江广电集团把频道制做到了极致，充分发挥了频道的积极性，但媒体融合过程中，广播资源必须整合。

（十）整合广播

互联网去中心化、多渠道多终端呈现的特点，将促使传统媒体几年以后被裁减，就像报纸一样。浙江广电集团旗下有八套广播，现在经济和创收各方面都好，如果现在整合，既是时机也是大势所趋。

四、结语

还有四个问题需要补充，问题一是广播发展的两个极端化—— 一个是打破地域的机制化，另一个是本土化的机制化，这两种形式相结合是今后的发展趋势，但本土化是主体。问题二是同质化的广播频道应该主动减少。问题三是体制机制的创新。问题四是事业运营和资本运作“两条腿走路”。

对于广播媒体融合来讲，世界上没有谁都可以，但是有了谁就会不同。在调研中我们发现，许多广播人士非常有责任感和使命感，这些台长和总监确实为广播发展殚精竭虑。因为有他们，所以广播还能撑在这里；因为有他们，所以广播媒体融合的路再难，广播都在往前走，而且卓有成效，让人敬佩。可以看出，广播人的危机意识、探索意识、融合意识、创新意识、利用资源意识、敬业精神、使命感都非常强。广播人一直在辛苦耕耘，没想到在媒体融合的今天，这成了我们的优势。所以，我对广播媒体融合之路充满信心！

（撰稿：原浙江广电集团副总编辑　董传亮）

融媒时代，当广播遇上“暴雨”

近年来，湖北广播电视台按照中央战略部署和省委决策，积极探索媒体融合发展路径，努力打造以“长江云”为核心的区域生态级媒体融合平台，再造“中央厨房”业务流程，培育“广电+”新兴产业发展模式，推进以“创新驱动”为导向的体制机制变革。

作为湖北广电媒体的重要一极，湖北广播牢牢抓住历史机遇，推进传统广播加速与新媒体融合，积极利用全台媒体融合的新平台、新流程、新业态、新机制，寻求广播再生长，在今年（2016 年）湖北暴雨洪涝灾害的应急考验中，实现了广播融合传播的新突破，收获了未来广播常态化发展的新启示。

一、在应急谋远中重塑平台价值

2016 年 6 月入梅以来，我国长江中下游地区遭受 1998 年以来最强降雨，在湖北地区，暴雨呈现出诸多罕见新特点：

一是暴雨强度大、持续时间长、受灾范围广。整个暴雨期间，我省连发 48 次预警，最高达到三级应急响应。五轮强降雨前后持续一个多月，造成全省 102 个县市区受灾，多地反复受灾，灾情不断加重。

二是防汛重点分散，应急救援难。与以往长江防汛不同，今年汛情遍布全省中小河流、水库和城区，增加了动员部署和救援的难度。

三是灾害损失大、救助安置难。全省受灾人口高达 1900 多万人，倒塌房屋 4 万多间，80 多万人需要转移安置，50 多万人需要紧急救助，农作物受灾 1754 千公顷，直接经济损失近 450 亿元。

面对如此重大的暴雨洪涝灾害，仅靠当下自身的平台、单一的渠道、传统的模式，无论报纸、广播还是电视，哪一家媒体都难以单独承担和应对如此复杂艰巨的报道任务。为此，湖北广播电视台审时度势，实时提出有针对性的融合传播新策略：用融平台迎战大暴雨，在实战中实现新突破。

（一）融媒化

为构筑传播新优势，我台确立了平台化发展战略。2015 年以来，在全国首创舆论引导与意识形态管理、政务信息公开与移动政务、社会治理和智慧民生服务“三位一体”的长江云“新闻+政务+服务”新媒体平台。

客户端建设：17 个市、州的 100 多个客户端基本建成，长江云平台云上系列 APP 已全部打包上架通过苹果、安卓市场审核。

云上系列 APP 上线：除了孝感、咸宁、宜昌建设区级客户端，其他地方的区级都以频道方式入驻当地的市级客户端；全省实际需建设交付 87 个客户端（其中，省级 1 个、市级 17 个、县级 60 个、区级 9 个），已交付并正式上线 30 个。

两微接入：现已接入两微产品 3594 个（其中包括我台自有官方账号 203 个，全省媒体微信公号 457 个。全省 1056 个政务微博和 468 个政务微信正在接入中）。

目前，长江云已初步形成全省权威信息发布的“云稿库”和共享互通的“中央厨房”，成为名副其实的“湖北新闻、移动政务第一端”。

在防汛救灾应急报道中，“长江云”融媒化生产的领航作用得到巨大彰显。

一是全媒体大直播开创广电融合新纪录。第四轮强降雨，长江云对接湖北广电七大相关频道，开启 《24 小时防汛全媒体直播——迎战暴雨》，实现了全台新闻采集统一汇聚、产品共享、新媒体首发、多屏分发和频率频道多级分发，形成强大传播合力。

二是上线“应急”频道，实现新闻、服务全覆盖。第一时间跟进省防灾减灾办、省民政厅、省消防等部门的权威声音，发布应急讯息、避险自救指南。

三是突出移动政务属性，推出创意产品。积极与省消防、省交管局省、气象局、省国土资源厅等政府部门合作，联动推出《逆水而上，托起生命之舟》等多部创意 H5 产品以及全景航拍作品、沙画作品、抗洪歌曲，在长江云首发后，被省和国家网信办全网转发，相关作品总点击量过亿。

为应对大范围暴雨造成的信息不对称传播，湖北广播积极创新尝试多平台、多终端融合立体传播。

一是双平台运行。第五轮强降雨，湖北广播不仅在传统第一平台打破频率界限，组织 10 套广播实施同步直播《众志成城 迎战暴雨》，而且在新媒体第二平台同步推进二度传播。网络推手紧跟广播直播节奏，将内容热点碎化成不同单元的音视图文报道，在长江云客户端和各频率新媒体同步推送，网友互动留言又被即时生成直播内容，同步反馈到广播平台。3 个小时的全媒体直播，吸引腾讯新闻客户端 15 万人同步收看，各新媒体平台阅读量超过 50 万。

二是多终端发力。融媒时代，媒体强弱的指标已经从生产能力转向传播效率，重大灾害报道不仅检验媒体融合的思路，还包括技能。湖北广播为充分放大传播效应，除了优先与长江云客户端实现一体化传播外，还充分利用腾讯新闻客户端、阿基米德客户端、今日头条等新媒体渠道进行协同传播，多终端发力。

作为湖北广播的合作方，阿基米德为此次重大事件报道提供了几乎全部功能，以多样化的插件、模板以及图文直播、音频帖、社区呈现，突破网络传播只有图文报道的单一模式，满足了用户多样化的信息需求和分享体验。

【图文音频集中呈现】湖北广播在阿基米德各个节目社区第一时间更新暴雨受灾地区的实时消息，救援情况，传回大量现场图片和一手采访资料，湖北之声更是把相关内容更新到可用于全社交平台分享的阿基米德图文直播插件中。楚天交通广播连续多天，利用阿基米德图文直播，实时更新高速、市区等道路交通情况和城市渍水情况，为广大市民提供及时的出行指南。

【多渠道全方位呈现】阿基米德在特别专区实施湖北广播同步直播，首页轮播图、图文直播位轮流呈现，两次精准推送，获取近百万点击浏览。

【社区话题实时互动】暴雨来袭，湖北广播全力聚焦，共同迎战，阿基米德社区话题实时互动，积极引导用户关注雨情汛情灾情和救援情况。

【用户关注实时参与】在节目组的引导下，湖北节目社区用户积极互动，实时播报现场情况，社区发帖一个小时上百条。

三是跨频率合作。在应急报道中，广播与电视、广播与广播全程联动，记者相互播报，取长补短，有效利用了记者资源，弥补了应急状态下通信不畅、信息不灵和覆盖不全的短板。

（二）全天候

针对暴雨持续性特点，湖北广电长江云、广播电视频道所有平台端口全部打开，启动全时应急模式，分别刷新了单日播出最高历史记录。

湖北之声、楚天交通广播（湖北省应急广播）等广播主频率每日不仅在《湖北新闻》《全省联播》《事事关心》等重要新闻栏目发布权威消息和政令，还在每个整点的新闻播报中滚动播发最新的雨情灾情、最新的部署和最新的气象信息。此外，在专题节目中每 10 分钟实时插播城区、全省高速路况。

在响应级别最高的阶段，策划全时直播和特别报道。湖北之声 7 月 6 日的全时直播《迎战暴雨》达到 1080 分钟；电视新闻中心全天候电视直播《迎战强降雨》达到 1030 分钟。

（三）直播态

为应对高强度、阶段性暴雨特征下瞬息万变的雨情灾情，湖北广电主要平台全部进入直播状态。

长江云：创新开启《24 小时防汛全媒体直播——迎战暴雨》。

电视新闻中心：20 多天，大大小小直播高达 165 场，累计直播量达到 8229 分钟。

湖北之声：从 6 月 27 日到 7 月 3 日，打通《湖北新闻》《焦点时刻》《新闻联播》《新闻快报》以及专题节目，分阶段组织三场大时段直播《迎战暴雨》。整个防汛期间，直播总量达到 8040 分钟。

楚天交通广播：连续 11 天累计直播 6600 分钟。

在广播直播的现场直击中，牛山湖爆破、南湖转移内涝居民、消泗万人大转移、再立生死牌等多条抗洪新闻成为网络热点。

①牛山湖爆破。第五轮强降雨来袭，湖北省委、省政府做出重大决定，对省内第二大湖泊梁子湖流域的牛山湖进行破垸蓄洪，以缓解不堪重负的梁子湖险情。7 月 14 日早上 7 点，牛山湖 1500 米大堤成功完成爆破，分割多年的牛山湖重新与梁子湖融为一体，一是扩大了梁子湖水域面积，缓解了梁子湖的漫坝险情；二是长远解决了牛山湖地区一旦漫坝就无法避免严重内涝的问题。湖北之声记者见证了这一历史时刻。

②南湖暖心故事。在 7 月 7 日的直播中，交通广播以两支民间救援队自发参与转移南湖内涝区居民为线索，呼吁市民为他们让出通道，吸引了广大市民的关注，短时间在楚天交通广播新媒体平台上就有 9742 人阅读；同一主题在湖北之声腾讯客户端，一个半小时就有 3.3 万人围观。

③消泗大转移。武汉市蔡甸区消泗乡分蓄洪区是一个“水袋子”，历史上曾有两次大转移，今年 6 月 30 日至 7 月 5 日晚，蔡甸区累计降雨 319 毫米，消泗乡民堤民垸接连告急。为确保群众生命安全，蔡甸区果断实施“未险先移”，对 14 个村 1.2 万名群众实施有序转移。各级部门和领导干部全部到消泗乡进村包户，动员转移。湖北之声

记者全程跟踪报道。

④再立生死牌。7 月 8 日早上，曾经采访过 1998 年抗洪的湖北之声记者李一凡，来到武汉龙王庙，再次遇到 98’抗洪老兵李建强。18 年前，李建强在这里立下了“人在堤在，誓与大堤共存亡”的生死牌，18 年后，记者看到李建强再次在同一地点立下相同的生死牌。不同的时间，相同的地点，生死牌依然延续着 98 抗洪的精神，感动众多听众。）

（四）大丰收

短短 20 多天，湖北广电应急报道彰显出全媒体融合战略在应急传播中的巨大效应：

首先，应急报道刷新了融媒体平台的成绩大单。

整个防汛期间，新媒体新闻中心的网络报道总阅读量突破 6351 万人次； H5 新媒体产品经中央网信办全网推荐转发，点击量超过 120 万人次，抗洪沙画《不忘初心 砥柱中流》网络点击量超过 2 亿人次。经过暴雨的洗礼，8 月 18 日，以长江云为核心的湖北广电新媒体平台在全国广电媒体融合发展研讨会上荣膺创新榜最高奖——特别推广奖。

20 多天里，湖北之声、楚天交通广播、私家车广播、楚天音乐广播、经典音乐广播以及农村广播在“阿基米德”合作平台上的平均频率访问量、平均收听率、平均互动率及平均粉丝增量都上升明显，其中，楚天交通广播、湖北私家车广播、湖北之声三套频率重点社区的热度同比成倍增长。

其次，广播传统平台在防汛报道中发挥了巨大传播价值。

据赛立信公司《湖北地区洪灾期间收听状况简报》权威发布：

一是湖北地区广播听众资源明显增加，武汉收听人数的冲高水平达到今年最高值。27 日灾情初发，湖北地区每天广播收听率上升至 5.5%以上，较之前上升 0.6 个百分点。7 月 2 日达到 6 月以来最大值；6 月 26 日开始武汉地区一周广播收听率开始上升，7 月第一周超过 7.0%，最高值达 8.0%，达到今年最高值。（如图 1.14.1）

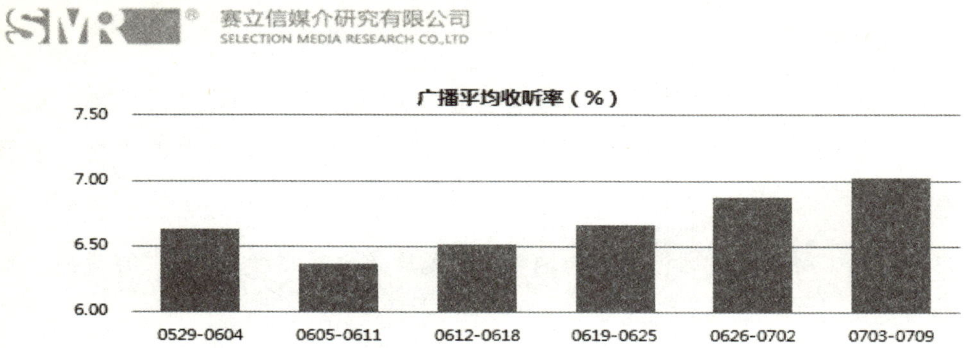

图 1.14.1　武汉地区湖北广播暴雨期间平均收听率

二是暴雨期间湖北广播收听市场竞争力更强。在湖北地区，湖北广播呈现平均收听率和市场占有率双升态势，平均收听率上升 0.33 个百分点、市场占有率上升了 1.06 个百分点；在武汉地区，湖北电台、武汉电台和中央电台的平均收听率均出现上升的态势，但湖北广播市场占有率较之平日优势更加明显，武汉电台、中央电台的市场份额皆出现下滑。（见表 1.14.1）

表 1.14.1　湖北广播分别在湖北、武汉地区暴雨前后的收听表现

湖北地区主要电台在抗灾前后的收听表现对比

频道	平均收听率（%））			市场份额（%）		
	灾前	受灾期间	变化幅度	灾前	受灾期间	变化幅度
湖北电台	2.33	2.66	0.34	46.83	47.89	1.06
武汉电台	0.32	0.31	- 0.01	6.42	5.49	-0.93
中央电台	0.36	0.28	-0.08	7.29	5.07	-2.22

武汉地区主要电台在抗灾前后的收听表现对比

频道	平均收听率（%））			市场份额（%）		
	灾前	受灾期间	变化幅度	灾前	受灾期间	变化幅度
湖北电台	4.58	5.04	0.47	69.99	71.11	1.12
武汉电台	1.52	1.59	0.07	23.16	22.39	-0.77
中央电台	0.45	0.46	0.01	6.85	6.50	-0.35

三是湖北之声、楚天交通广播等频率在洪灾期间收听更为强势。在湖北地区和武汉地区，湖北广播主要频率在防汛期间的平均收听率出现同步提升态势；湖北之声、楚天交通广播的市场占有率涨幅明显，湖北之声市场份额还首次实现了双破“十”。（见表 1.14.2、表 1.14.3）

表 1.14.2　湖北广播主要频率湖北地区市场表现

湖北地区主要频率市场表现

频道	平均收听率（%）			市场份额（%）		
	灾前	受灾期间	变化情况	灾前	受灾期间	变化情况
湖北之声	0.45	0.60	0.15	9.14	10.76	1.62
湖北楚天音乐广播	0.34	0.38	0.04	6.93	6.85	-0.07
湖北楚天交通广播	0.26	0.31	0.05	5.29	5.57	0.28
湖北经典音乐广播	0.25	0.26	0.01	4.95	4.69	-0.27

表 1.14.3　湖北广播主要频率武汉地区市场表现

武汉地区主要频率市场

频道	平均收听率（%）			市场份额（%）		
	灾前	受灾期间	变化幅度	灾前	受灾期间	变化幅度
湖北楚天交通广播	0.91	1.04	0.13	13.89	14.63	0.74
湖北楚天音乐广播	0.76	0.81	0.05	11.63	11.44	-0.19
湖北之声	0.62	0.75	0.13	9.53	10.59	1.06
湖北经典音乐广播	0.49	0.52	0.03	7.43	7.26	-0.17
武汉交通广播	0.43	0.48	0.04	6.60	6.71	0.11

防汛报道不只彰显了湖北广电应急策略的当下效应，更为重要的是，彰显出湖北广电平台化战略的深远意义。

二、在融合实战中再造生产流程

喻国明教授认为，互联网其实是构造了这个社会的“操作系统”，它是一种重新连接，一种重新构造社会、构造市场、构造传播的新工具，是一种新的结构社会的力量。社会被重构，市场被重构，因此，传统媒体与社会的“关系连接”也必须重构。

本月，我台将全面完成立足全台、面向全省市州媒体的长江云“中央厨房”建设，利用云计算、大数据技术，对传统媒体的“采、编、播、存、用”进行流程集约化、数字化、智能化改造，将新闻生产全流程统一“上云”管理，以互联网思维建立“云+网”的协同制播模式，形成媒介融合的强大技术支撑。

2016 年的防汛抢险应急报道，也为我台融合性生产、一体化运作组织模式的转型升级提供了机遇，积累了经验。

（一）“中央厨房”试水融媒应急传播

“中央厨房”这个源自餐饮行业的概念，近年来首先被引入我台电视新闻生产的组织系统。这种模式是一种以顶层设计为核心，突出前后期协同合作和资源整合的集团化新闻采制新机制，在我台电视新闻中心的“芦山地震大救援”、“东方之星沉船大救援”中得到充分运用。作为突发事件应急报道的基本模式，“中央厨房”突出了“行政主厨”（台领导）主导、“行政二厨”（新闻中心主任）统筹、“采购团队”（前方记者）落实、“配菜团队”（后方制作）配合、“掌勺师傅”（编辑与主持人）合成的五大特征，在今年的防汛报道中正式升级为长江云融媒体新闻中心的基本运作模式：

一是新闻信源互通有无。湖北广电融媒体平台、融媒体联席会议、融媒体新闻中心调度群成为全台各媒体源源不断的三个新闻信息重要来源。《迎战强降雨》大直播，融媒体新闻中心打通了湖北卫视、湖北之声等 7 个广播电视频道 20 几档新闻栏目、长江云和湖北网台 2 个网络媒体、全台 550 多个微博微信，实现信息互通、资源共享。

二是新闻采编力量共享。首次将全省各市、县两级媒体的报道资源和力量整合起来，在短时间内形成了一支超过千人的“超级报道团队”。各媒体随时在融媒体平台发布现场连线等需求，各频道频率的前方记者及时响应。

三是选题策划信息和成品资源共享。每天，各频道都会及时将选题策划单、节目串联单上传到集团融媒体平台，供其他频道频率参考。节目播出后，又将所有新闻成品上传到融媒体新闻平台，供其他频道频率选用。

四是遵循“移动优先”原则。所有重大突发新闻均由长江云客户端首发，改变过去频率频道游离于全台新媒体矩阵之外的无序运作，确保湖北广电移动传播平台优势最大化。

（二）“全媒体矩阵”完成电视生产方式转型

在今年的防汛报道中，电视新闻中心将过去的电视“中央厨房”模式即时升级为“全媒体报道矩阵”，实现跨媒介新闻流程融合再造。

一是强化顶层设计，台领导坐镇主导全媒体矩阵的多重融合。

二是建立信息来源矩阵，实现信息首发准确权威。

三是打通节目源通道，以长江云融媒体平台为依托，充分利用台内和省内各级电视台的报道资源，集结成 500 多人的全媒体记者规模团队。

四是广泛使用新技术手段，卸掉电视直播的“技术包袱”。

五是在日直播量增加五倍的前提下，用“中央厨房”编辑体系确保大直播流运作。

六是电视、新媒体播发平台资源整合，保证信息伴随性和全面性，确保受众“各取所需”。

（三）“全媒同播”制造广播跨界共振

作为一种扁平化、专业化的异频传播模式，在处理重大危机事件时，广播的整体传播力、影响力因为频率的力量分散往往大打折扣。七月中旬的第五轮强降雨，湖北广播传媒中心打破频率界限，联合长江云、阿基米德、腾讯视频等新媒体，运作了频率化 20 多年来首次真正意义上的“全频同播”以及融媒化的“全媒同播”，一场 180 分钟的大直播——《众志成城 迎战暴雨》，被 10 套频率成倍放大成 1800 分钟的内容饱和传播，经过网络同步推送，形成了单位时间最大的区域传播力，凸显出以下新特点：

一是指挥统一。“全频同播”涉及新闻、交通、音乐、资讯、生活、农村、妇儿等 10 套频率，节目编排、人员调度、技术系统控制难度较大。为此，我们成立了由广播传媒中心领导，各频率总监和传媒中心所属的运营部、广告部、广告管理部、技术部主任为成员的直播报道指挥小组，由分管广播的台领导直接指挥，各部门、各频率分工协同。

二是策划统一。由广播运营部主导，新闻频率为主，其他频率参与，共同策划选题，快速形成总体方案、直播框架和运行脚本。

三是调度统一。按照直播方案分兵布点，由广播传媒中心直接调度全广播以及湖北广播联盟的上百名记者，把守省防指、五大湖、三峡大坝、长江干堤、河流水库、武汉南湖内涝社区等几十个重点部位，实现险点灾区全覆盖。由广播运营部协同广告管理部门、各经营主体和客户，对每个频率的广告时段、档位、时长进行统一调整。

四是播出统一。由广播运营部协同技术部制定落实“一个平台播出、10 套频率同步”的播控技术解决方案。协同长江云、各频率成立新媒体专班，13 名网络推手实现新媒体同步推动。

五是渠道统一。在这次“全媒同播”中，广播传媒中心彻底打通与合作方阿基米德的渠道和流程，由于实现了双方工作人员、工作流程、时间节点、具体项目的精准对接，因此在口播与互动的结合上实现了巨大突破。在发布防汛救灾话题的节目中，广播主持人、嘉宾与用户的口播互动和分享效果，被阿基米德节目社区成倍放大。

7 月 15 日上午，在户外的滂沱大雨声中，“全媒同播”获得圆满成功，网络媒体俏皮报道：《亲！放心，你的收音机没串台》；中国记协网在头条位置隆重推出《10 套频率 1800 分钟 湖北广播人是如何完成防汛救灾应急直播的》长篇推介。

操作系统的重构与升级，标志着我台实现了传统媒体与互联网从物理相加向化学融合的关键过渡，为最终造就社会、市场的价值力打通了多渠道、多终端的社会连接。

三、“融合热”下的“冷思考”

融合性生产、一体化运行是未来媒介发展的主流。这里我想就长江云平台即将带来的湖北媒体大融合这个探索性趋势，结合防汛报道中我们的一些认识和实践，提出几个带共性的问题，与大家一起分享。

（一）为什么坚持互联网优先？

我们所要推进的媒体融合，首先是基于互联网技术所带来的全新社会连接方式。因此，我们在重构媒介生态的时候，不能在传统媒体的自我相加上过多浪费时间，也不能在与专业互联网公司勉为其难的相加上耗费精力，而是要推动传统广电与互联网直接相加，创造出崭新的自己，彰显出新的平台渠道价值。我们打造的“长江云区域性生态级媒体融合平台”正是传统广电与互联网直接相加的成果。

长江云平台拥有国际领先、国内首发的互联网原创技术，可支撑万级新媒体产品，服务亿级用户。之所以被省委确定为重大战略，主要是基于以下原因：

一是长江云功能强大的互联网优势和全平台信息管控，有利于省委最大限度地占领掌控全省舆论新阵地。

二是长江云所汇聚的省市县三级政务“两微一端”，以及各级政府部门广泛入驻移动政务大厅，有利于重建便捷高效的政务连接。

三是正在入驻的“民声”问政系统和机制，有利于政府即时回应百姓诉求，践行“网上群众路线”。

正是基于“互联网优先”的共同原则，才让传统媒体资源和政务资源实现了合流。这种融合，如果在过去传统广电的渠道模式下，肯定是难以实现的，它在全国的突破性意义远比媒介自身融合的意义更大更深远。政务作为核心资源进入媒体新平台，意味着权威大数据的进入和新业态的产生，也意味着我们与新型主流媒体的追求目标越来越近。

此外，要实现媒介真正融合，作为传统媒体，在内容生产上更需做到“互联网优先”，适应新的传播规律。在今年的防汛报道中，我们所有重大和突发新闻均由长江云客户端和“两微”首发，各媒体再根据自身新闻栏目的时间和定位依次发布。

比如，湖北之声、楚天交通广播防汛报道所汇集的各方渠道最新信息，都是首先在“长江云”APP 发布，其次在频率官微官博、阿基米德客户端、斗鱼等新媒体平台发布，然后才在自己的传统平台播出。

（二）为什么强调保持基因？

2015 年我台台长王茂亮在全国广电改革发展高层论坛上率先提出，要遵循媒体发展规律，用“广电+”拥抱“互联网+”，重构广电生态圈，其核心内涵就是“以我为主，为我所用”。“以我为主”，就是强调保持自己的基因。这对我们广播的媒介融合尤其重要，广播的基因是什么？不是文字、不是视频，而是音频。媒介融合的目标是“合二为一”、“你中有我、我中有你”，如果失掉了基因，也就迷失了自我。所以，移动互联时代广播的融合发展，必须尊重自身规律，向音频索取红利。

一要构建基于移动互联网的音频生态系统。互联网时代，音频产品的消费必将成为一种新的生活方式或生活场景。去年，我们和东方广播“阿基米德 FM”开展合作，第一次全面掌握了湖北广播 10 套入驻频率 193 个节目社区在移动网络上的数据流量；今年，长江云又为湖北广播研发了移动端 APP“九头鸟 FM ”。“九头鸟 FM ”力图打造湖北广播未来的移动互联网窗口、10 套频率新媒体发布平台、互动平台和服务平台，最终形成连接区域市场的渠道和广播产业孵化的母港。

二要重视互联网“品质音频”的原创研发。在美国，一部广播连续剧 *Serial* 成功打败众多热播电视连续剧，让苹果播放器（iTunes）一时成为“最受期待的播客”。这两年，湖北广播也把突破口放在网络“微剧”的原创上。今年防汛期间，湖北之声推出的十集系列微剧《防汛记忆》，将三次元（现实世界）的新闻事实代入了二次元（虚拟世界）的艺术空间。在这部微剧中，所有角色均由非专业演员的编辑记者主持人客串演播，甚至是由刚从大堤上下来的解放军官兵和救援队员本色出演，所有音效全部来自采访一线的原声音响，上演了一场地地道道的防汛抗灾“真人秀”，在网络播出后反响强烈，成为防汛报道最有价值的衍生产品。

（三）为什么追求内容智造？

“广电为主、内容为王”是我台推进“广电+”战略的价值原点。从今年的防汛应急报道来看，传统广电庞大的内容生产能力毋庸置疑，关键是融媒体环境下的内容生产能不能变现。好的内容如果无法变现，那就是内容的运营模式出了问题，因此，我们更加注重由“内容制造”向“内容智造”转型，用融媒化的服务产品打通市场连接。

我台“内容智造”的第一标志体现在长江云平台所开发的服务功能上。目前长江云已打通公积金、交管、医疗、户政等40余项通用政务和民生服务接口，提供精准扶贫、智慧医疗、网络教育、智慧食药监等信息化建设服务，支持各地信息化成果转化，助力“智慧湖北”建设。

未来，长江云完善的服务功能必将促进湖北广电与群众建立更为有效的关系连接。这种连接不但能让我们的广播很多传统的潜能得以激活，而且在这样的背景下，广播的任何作为都会被赋予新的内涵。

我台“内容智造”的第二标志体现在“广电+”战略的市场内涵。所谓“内容智造”，就是借助互联网思维和手段，创新分众化、个性化的内容生产，将内容的文化属性更加聚焦，专深打造圈子文化和分众传播。我台“广电+”战略的市场内涵正是要通过互联网的渠道和产品，用广电资源加上“关系”业务、形成垂直功能，助推产业升级。

那么，我们的圈子究竟在哪里？实际上就在专业化频率的特色节目里，说形象点，就是在车言车、在农言农……在什么言什么，喻国明把它形象地称之为“在地性资源”。过去，我们对这种长期拥有的资源缺乏变现的自觉，白白浪费了长期以来所建立的信任关系，浪费了日常内容生产过程中隐含的巨大商业、社会价值和文化价值。

近两年湖北广播努力发掘这种“内容自觉”，初步形成了以“广播+互联网+汽车、+旅游、+健康、+金融、+房产、+演艺、+亲子、+农商、+美食”等9大关系行业为主导的产业体系。

比如我们交通广播的“广播+互联网+汽车”，加出了“路客APP”产品和汽车互动服务平台。“路客APP”集在线广播、路况播报、美食推荐、用户爆料、互动游戏于一体，不但可以为出行者智能规划行车路线，同时还可以通过电台量身打造诸多内容的一站式服务。

我们的“广播+互联网+金融”加出了“927 微贷易”产品和金融云服务平台。通过《中小微企业之声》栏目，把政府部门、金融服务机构、中小微企业聚合在一起，进而打造“微贷易”平台，已发放贷款过亿元，为50多万中小微企业提供金融服务。

（四）为什么坚持以人为本？

这个命题是基于传统广电人才流失的趋势，这个事实在各台多少都有存在，大量优秀拔尖的人才纷纷离开传统广电。养老保险改革实施以后，预计传统广电人才流失会进入一个高潮期。从事媒体工作，一方面是满足用户的需求，另一方面应该让广电人感到成就感，这里既是事业，也是安身立命之本。媒介融合的最终呈现是体制机制，围绕融媒化传播的一切体制机制创新，其立足点是争取人、解放人、提升人，其落脚点是创新驱动。

因此，体制机制的创新，其首要目标是重建分众化、个性化的社会关系连接，以适应每一个终端背后人的不同生活方式、信息需求和接收习惯，进而争取人心、掌控舆论、占领市场。

关键目标是通过互联网技术的运用来推进生产关系的革命，最终彻底解放生产力。要让传统媒体的从业者成为“内容智造”的创客和主人，而不是融媒化的“奴隶”和“苦行僧”。今年以来，我台推进创客化的事业合伙人机制，打造面向全台干部职工的“广电+”创客平台，对创客团队，实行项目制管理、一人一策、一个团队一个办法，其目的就是要激发潜能、制造动能。人人都在研究广电+，广电+互联网+产业，无论是广电也好，互联网也好，产业也好，都好理解，但是这个“+号”最简单也最难琢磨。“+号”实际上就是体制和机制，有好的机制和体制才能加到一起。

还有一个核心目标，就是要激发新闻从业者的职业热情，让他们自觉自愿地为融媒体语境下的新闻理想而战！今年防汛期间，湖北广播记者不是在冲锋舟上采访，就是在齐腰深的洪水中连线，不是在屋顶彻夜蹲守，就是在山体滑坡的危险现场尝试视频报道……我们坚信，有了这样的广播队伍，“打造形态多样、手段先进、具有竞争力的新型主流媒体”就不再是梦！

四、结语：

2016，一场与暴雨不期而至的遭遇战，却让湖北广播人意外经受了一次互联网的洗礼，一次重大的思想解放。尤其是应急思维对常规思维的深刻颠覆与突破，对于我们这些传统媒体来说，无异于凤凰涅槃，浴火重生！广播在融媒体环境下往前能走多远不是这个结语这么简单，实际上每个人都需要自己探索，每个人都需要思考，每个人的思考点汇集起来，才能真正地找到广播未来发展的路径。这是我个人一些粗浅的见解，有不当的地方请大家批评指正，谢谢大家！

（撰稿：湖北广播电视台党委委员、副台长　王彬）

媒体融合背景下城市广播的创新路径

本次演讲主要围绕“融合”与“创新”展开，其中，“创新”一词贯穿广播媒体发展的始终。创新之路既要有互联网的融合，同时又要坚持传统媒体的责任。我在电台工作 20 多年，体会最深的是：城市广播媒体在做好传统广播的前提下，首先需要加快媒体融合的步伐，加大品牌推广的力度，提高本地化服务的能力，降低运营成本，只有这样才能在一场竞争中获得发展。

一、坚守广播媒体的传播优势

车联网来临之时，互联网出现不少唱衰广播媒体的言论，广播是否也会像地面电视频道一样面临生存压力？我觉得，只要移动互联网不能有效占领机动车的多媒体系统，传统广播就不用太担心。因此，坚守传统广播媒体的传播优势是广播生存的不二法门，深耕本地新闻资源、强化对受众服务，围绕品牌频率、品牌节目、品牌主持人，通过各种线下活动拉近与受众的距离，弥补传统广播影响力的不足。

二、郑州电台新媒体融合的创新做法

（一）微创新对节目进行迭代优化

郑州电台在提高节目影响力的同时进行微创新，不断地迭代，但不是完全颠覆。根据收听率调查对广播市场的科学分析，顺应受众需求的变化，定期对节目进行优化组合。郑州电台在年底和年中各有一次大的节目提升规划，所有的频率步调一致地去做，调整的比例大概是全频率节目的 1/3。在改版中提升优势资源，重点打造一批有潜力、被听众所认可的节目，依靠品牌节目带动整体品牌质量的不断提升。郑州电台经过几年的微创新，旗下五套频率在郑州市场上的影响力不断提升，例如，郑州文化娱乐广播通过几次迭代的微创新，将该频率午间的《登陆 918》打造出来，成为全频率收听率的榜样。据赛立信的调查数据显示，郑州电台在郑州地区占有 50%的市场份额，收入也不错，2016 年上半年郑州台创收七千多万。

（二）“借船出海”到“造船出海”

1. 为何要“借船出海”？

广播媒体传播的特性决定了广播和移动互联网的融合没有障碍，而互联网传播的特点在于技术更新的速度快、成本高。作为城市广播媒体，独立开发互联网音频产品，从技术人才到资金实力都面临极大困难，所以，广播媒体选择借船出海，打造自己在移动互联网上的媒体矩阵平台，未尝不是城市电台推进媒体融合发展的一条路子。一是借助成熟的社交媒体扩大节目的影响力。虽然微博、微信的用户数据都不在电台手里，但是，由于有户数的问题，在这些社交媒体上开设媒体的公众号等，能迅速地将内容传播出去，提升电台自身的影响力。如郑州电台在微信上拥有 115 万粉丝，这个用户群体是传统广播用户的补充。二是移动互联网技术开发门槛高。郑州电台很早就开办网站，开发手机 APP，由于投入不足，技术落后，APP 占据手机内存大，收听耗费流量多。2015 年 3 月 8 日，郑州电台和蜻蜓 FM 合办地域性网络音频聚合平台“蜻蜓 •河南”，郑州电台占股 55%。APP 上线以后，传播渠道大为提升，用户数据也能掌握在频率手里，电台可以对用户收听情况进行分析。如郑州新闻广播在蜻蜓上 30 天的收听量次达到 180 万人次，郑州经典音乐广播能达到 100 万人次。

2. 要有“造船出海”的勇气

城市广播作为地方主流媒体，其宣传功能已经不只是流媒体的传播一个方面，而是全媒体的传播。但是，借用社交媒体进行新闻信息的发布，总是将自己放在他人的管制之下，则受到很大限制。因此，广播电台很有必要建立自己在移动互联网上的平台，将所用主动权掌握在自己手里。比如，郑州电台和中华网合作开发了“会面”APP，弥补了在新闻传播上的不足。

（三）“看得见的广播”是不是广播的方向

1. 传统媒体需要新鲜感的冲击

广播是依靠听觉存在的媒体，这既是广播的优势，也是劣势。在互联网传播上，音频的优势是很小的。尤其在移动互联网时代，除非是在特殊的场景下，比如车上、跑步等，不能用眼，或不想用眼来接受信息。人一般习惯于视听一起，视频还是有很大的优势的，因此，很久以前在广播界就提出办“看得见的广播”。当时，“看得见”主要是指广播主持人走到台前的活动现场。随着技术的发展，视频直播以摧枯拉朽之势迅速成长，也让广播轻松搭上视频直播的快车，神秘的广播直播间同步展示到受众面前。广播节目的视频化，让听众可以通过微信公众号的链接，一键点击就可以看见电台直播间的模样、你喜欢的主持人形象。以郑州都市广播的直播间为例，借助第三方的直播软件观看直播间视频的听众已经累计有 200 万人。对于广播的视频化也有不同的声音，因为，广播作为传统媒体有自身独有的传播规律，增加视频在一定程度上减少了受众对音频的依赖，破坏了声音媒体营造的现象空间。这样的广播媒体与视频的融合能持续多久暂且不论，但至少能够给受众一种新鲜感，同时，对原有音频受众的分流并不明显。

2. “广播视频化”的改变能够带来更多的经营收入

优势广播频率的受众规模在媒体激烈竞争的环境下显得非常珍贵，在不破坏现有传播的情况下，拓展视频受众市场可以算作传播的增量。传统广播的视频化不只能够给受众带来新鲜感，同时，对于广告主也是一种新鲜的尝试。很多产品宣传很难用音频完全说清楚，但是，借助于视频的展现就非常直接。比如房地产项目，音频描述环境再好，也没有视频、图片有说服力。郑州都市广播有一个关于地产宣传的案例：A 房产商的五星级度假酒店的楼盘建设在大山里，从郑州驱车要走三小时，风光不错，曾做过多次宣传，销量并不好。后来委托郑州都市广播在传统广播节目中做宣传，预告《DJ 看你的》视频 24 小时的真人秀直播，取得极佳的效果。

三、品牌影响力是传统广播的重要价值

在媒体竞争日益激烈的今天，城市电台作为一个区域性的广播媒体，如何在众多的媒体竞争中脱颖而出，赢得受众信赖，争取频率的最大影响力，是每个城市台在发展中的一个重要课题。扩大媒体影响力实际上是打造有实力的媒体，吸引受众形成持久的关注度。从这个角度上来说，内容品牌和渠道创新各有优势，但从现实可能性上分析，内容品牌还是城市主流媒体的根本。从先后顺序上，广播的品牌建设应该遵循先频率，后栏目、主持人。在某些具体的环境中，或许主持人个人的 IP 价值更大，但是，个人价值的风险性也要大于频率、栏目。

（一）塑造品牌从频率开始

品牌在媒体竞争中不可或缺，比起视频媒体，音频媒体塑造品牌需要的时间更长。

城市广播主要是区域性传播，频率品牌的推广成本不高，并容易产生价值。郑州电台没有交通广播，我们就将郑州都市广播的定位转向服务郑州市的交通出行，在节目中主推“实时路况，郑州品牌——汽车 912”，经过十年的打造，目前，根据赛立信的数据，这套频率在郑州市场的车载收听率排名第一。郑州新闻综合广播多年来的定位是综合类广播，从 2006 年开始，转型为以热线谈话为主的新闻频率，频宣是“24 小时新闻谈话台”，从 2009 年开始，在常规收听率调查数据中一直保持第一的位置。

（二）公益类活动更有益于品牌提升

活动已经成为广播媒体的常态工作，更是融合营销的标配。由于受移动互联网冲击和整体经济形势的影响，广播硬广本身的影响力、对客户的吸引力都有所下降，为商家定制线下活动，成为争取广告收入的重要砝码。在举办活动方面，广播相对于报业等具有一定优势。即使是这样，还需要对全员认识的强化。目前，郑州电台对各频率的公益活动、商业活动有指标要求，每周上报线下活动场次数，季度对活动总体场次、影响力等进行考评。郑州都市广播每年的商业活动不低于 150 场。商业性活动能带来不菲的创收，但是对于媒体品牌的塑造来说，作用是有限的，而公益性活动的价值更大。单拿中华传统戏曲来讲，它和传统广播媒体合作的时间很长，广播媒体拥有大量珍贵的视频、音频和专业的人才资源，广播人要坚守这些资源并把它打造成品牌。郑州电台近十年时间，寻访了河南地区三四百位老艺人，留下了大量珍贵的口述戏曲和口述艺术史资料。在此基础上，郑州电台建立了一个河南戏曲声音博物馆。做这项工作的原意是出于一份责任和担当，传统广播媒体应该在文化传承上多做投入，但现在看来，这项工作形成了品牌，带来了无限价值，包括美誉度和实实在的创收。

在品牌塑造上，公益活动更有价值，需要抓住一些重要节点。比如，郑州文娱广播集全频率的力量坚持关爱留守儿童的“童在蓝天下”公益活动；郑州新闻广播一直以来都在打造公益品牌，在全国助残日组织给盲人讲电影，在儿童节组织爱心企业为脑瘫儿童捐赠纸尿裤。2016 年安阳遭受暴雨灾害，郑州电台新闻广播第一时间准备资金和物资赶往灾区，社会传播效应为广播媒体评价加分，对塑造频率品牌具有很强的推动作用。

（三）珍惜栏目品牌，打造主持人头部 IP

1. 珍惜已经有岁月积淀的品牌栏目

在广播媒体的品牌塑造上，栏目是介于频率和主持人之间的重要环节。郑州电台坚持每两年评选一次“十佳栏目”，通过这样的评选平台对优秀栏目进行进一步的品牌化打造。品牌广播栏目需要稳定的长时间积累，因此，对于品牌栏目要倍加珍惜，不要轻易因为改版等将已经形成品牌的栏目损失掉。一个传统广播栏目要像成为品牌，最大的障碍是时间，如郑州文娱广播的午间节目《登陆 918》，大约花费了近两年准备时间。在这方面，郑州电台开办时间超过 20 年的品牌栏目有《郑州早新闻》《今夜不寂寞》《早餐可乐》《空中老年宫》《都市沸点》《小铃铛》等，超过 10 年以上的有《百姓热线》《交通互联网》《音乐方向盘》《新闻有话说》《亲子课堂》等一大批节目。

2. 情感、服务类主持人更容易成为 IP

栏目的品牌价值不只有开办时间一个考察维度，由于主持人的更换、节目时间的调整等多种原因，有的节目很可能丧失当年的影响力，从这个角度上来讲，打造主持人的品牌更快速。有人说：广播电台的硬件是主持人，广播电台的软件是主持人的表现。我认同这个观点，这充分说明了主持人对于广播媒体的重要性。以下两个方向是比较容易成为主持人 IP 的方面：一是情感教育类专家型主持人，如情感夜话型专家主持人，这类主持人需要有咨询师等专业素养和资质；服务类的专门专家，如亲子教育专家，如郑州台的荻兰已经从主持人升级为情感教育专家，并且已经出版这方面的专著。二是服务类专家主持人。郑州都市广播把主持人岳教授（岳涛）打造成汽车专家，多次以他的名义举办汽车团购会。郑州经济广播将主持人王宁打造成为房产专家,每个月王宁都要举办一次地产论坛。

3. 品牌栏目、线下活动是快速打造主持的有效平台

主持人是广播的核心，对优秀主持人要有特殊的激励政策。郑州台每两年举办一次“首席、十佳主持人”评选活动，首席主持人可以享受台长级别待遇，十佳主持人享受频率副总监级别待遇。每年举行一次针对三 35 岁以下主持人的“广播之星”比赛，优胜的年轻主持人可以获得外出进修、晋级、休假等奖励。优秀的年轻主持人可以及时调整到品牌栏目，让栏目的价值快速转移到主持人身上。通过线上线下活动融合打造主持人 IP，提升频率的影响力。郑州电台主持人张弛入台两年时间，唱歌是这个年

轻人的特长，号称“东区刘德华”。张弛一直有个愿望，希望能办成一个音乐会，频率就出资为他宣传，呼吁听众买票支持年轻主持人，并且会将票款捐赠给“希望工程”。经过一个月的筹备，最终，张弛站在了绚丽的舞台中央，现场观众超过 1500 人，在网络上更是有超过二十万网友关注。

传统广播必须和新媒体技术相结合才能真正找到未来的出路，融合是任何一个媒体都无法回避的。围绕融合，当下广播需要思考的问题还有很多，比如，广播能否与 VR 合作，沉浸式环绕声，包括未来有可能取代微信的新的社交方式，等等。基于此，我们要时刻关注互联网的革新和进步。但是，广播作为传统媒体有着自己独特的优势，音频是广播的立身之本，在媒体融合的大背景下，绝对不能抛弃广播自身的特色，我们仍然要坚持内容为王，做精音频广播，充分发挥好传统广播的本地化、互动性、伴随性这些特点，才能不断地赢得移动受众，赢得广播的未来!

（撰稿：郑州人民广播电台党委书记、台长　葛向阳）

一次广播的数字化实践

提到广播的数字化实践，有几点必须要谈：

一是广播现在的优势以及价值再提高的可能性。目前，广播的优势表现在：首先，垄断的频点资源。只要垄断就应该是有价值的，垄断价值的大小取决于媒体的运作能力。传统媒体是点对面的传播，相比较社交媒体的点对点传播有优势，包括直播交互的传播，在所有传统媒体当中，只有广播有这样的直播传统。所以电台主播也比网络主播更值钱，大多数网络主播有相对的影响力，半个月、一个月、半年、一年，网络不可能像广播电台那样能提供给主播五年、十年甚至二三十年的持续生存的可能。全国有六万名电台主播，我们对接 PGC 而不做 UGC，就是因为做 PGC 这个规模都很大，不可能主推 UGC 做长尾。这是广播主播的价值。

二是场景化设置的节目。广播节目特别具有场景感，无论是交通信息还是晚间情感节目，抑或是民生热线投诉，或者下班路上的美食介绍。遍布全国三千家广播频率的广播节目，能看到一个个场景感特别强的节目样态。“场景”的提出是为了特别贴合人们的需求，在特定环境下，听众想听哪档节目，由谁主持，节目内容是什么，这就是场景感。当然从未来的角度看，广播节目的场景感还需要优化和强化。

三是内容规模的生产能力。规模化的成产能力目前只有传统媒体能拥有，所有新媒体、自媒体到目前为止还没显现出穿越传统媒体的规模化生产能力，尤其是自媒体，虽然确实有人能做到一天写一篇，但这也只是一篇稿子而已，并不等于说他具备规模化报道的能力。记录一个时代的变迁，或者哪怕是某个事件的点点滴滴，自媒体都不具备这样的能力。

我们意识到今天传统广播所具备的这些独特优势，在面对互联网应用的强势攻击时，应该意识到，在这些点上它们都无法超越广播的优势。

一、广播的价值再造

广播应该在自己的优劣势关键点上进行价值再造。

一是节目的垂直细分，前面提到，广播节目具有场景感。具有强场景感的节目在广播电台的占比并不高，这些垂直感的节目应该再增加一些。很多广播电台喜欢用频点设置广播名称， 例如《933 早新闻》《899 在路上》等，以往频点作为垄断资源，确实是非常珍贵的，电台希望通过节目名称设定，强化频点在听众印象中的记忆，方便听众在收音机上搜到这些节目。但在移动互联网时代，从内容承载的角度看，频点在容量上失去优势，数字化频点的表达是否适当值得商榷。比如，《上海早新闻》和《990 早新闻》，哪个更容易被人记住？

我们还要同时考虑打造优质节目的重要性。2015 年，上海广播完成了 7.95 亿元的广告收入，这些广告收入，是由一个不到 600 人的团队，通过 13 套广播频率、293 档广播节目去生产完成的。其中，这近 8 亿元广告收入大部分源自 20%不到的节目，比如上海音乐台的《音乐早餐》，这档广播节目的一年广告收入超过 2 亿元。可以想见，如果优质广播节目的存量增加 10%，这个台肯定能出现巨大的变化！

媒体转型流程、变革优质内容这些我们一直在谈。问题可能集中在：方向到底在哪里？标准到底是什么？有一个非常清晰的指标，即内容的分类和标签。所谓内容分类和标签，就是移动互联网内容运营的基本功能：可检索、可推送。音频内容分类和标签以后，用户才能找到自己想要的节目，电台才能向有需要的用户推送针对性的内容。上海广播 2016 年实施的“阿尔法战略”现已启动，其中一个重要指标就是进行短音频战略，要求每天生产 500 条短音频，数量如此庞大！广播电台一天完成 500 条短音频的任务吗？答案是肯定的。上海广播 293 档节目，按照一个节目播出 2 条短音频计算，能生产近 600 条短音频，如果一档一小时的广播节目，都不能抽出一到两个 3 分钟的亮点片段，说明节目没设计好、没有做好。这是一个内容价值再造的时代，包括思维的优化和迭代，在短音频战略中，个体思维的再造和迭换至关重要，怎样用一个具备互联网思维的语态去解读所在的行业，这点至关重要。

二、广播制作流程和标准的数字化

（1）广播对象从听众转为用户

流程和标准的数字化，是我们探讨的重点之一。如何判断广播的好节目、好主播、好题材？以往的判断标准更多的是凭借经验。现在我们能从更多维度去判断，除了有赛立信的收听率维度、广告收入维度，还有资深媒体人经验评估维度。作为一个在涉足传统广播行业 26 年的广播人，过往时间里这个行业的努力实践都是基于这些判断来进行的。

进入新媒体，最重要的是路径转变——传统广播是节目到听众，即节目线性直播，听众被动接受，新媒体环境下则是内容到用户，内容精准传播，用户主动获取。这种转变最大的区别在于，是否由数字化来完成整个转变过程，即：内容依托技术精准推送给用户，用户的行为收集通过数据反馈给内容，来支持和指导内容进一步优化。流程和便准的数字化，就是传统广播的新媒体转型必由之路。

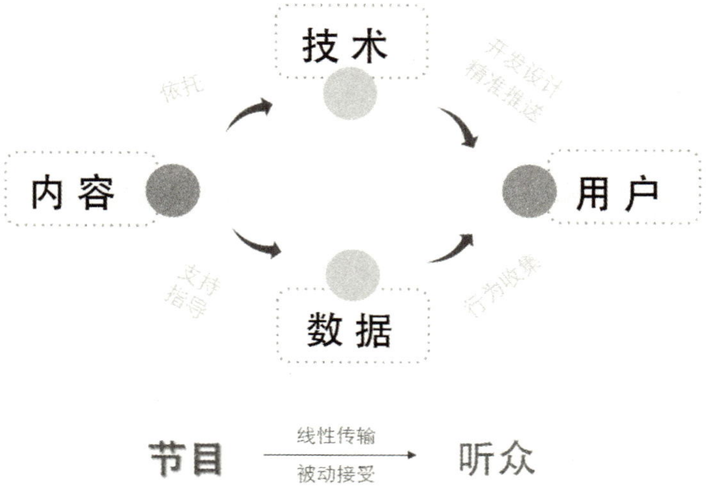

图 1.17.1　广播到用户的数字化转变过程

（二）数据报告实时掌握节目情况

通过数据来掌握节目情况并不困难。通过 APP 或者其他数据广播追踪有几组数据，分别是：留存率变化、关注数变化、收听时长变化、社区时长变化、“发帖+评论”变化。大部分 APP 都能捕捉到数据，生成图表和报告，捕捉节目实时收听率以及节目听众的流失行为（流失行为包括听众的进入、听众时长等一系列数据），在整个节目当中，可以深入数据挖掘，按不同需要生成报告，挖掘一个节目、整个台、整个主播变化的深层次原因。

（三）数据推送指导内容生产

在数据生成的过程中，需要考虑整个广播内容的生产，有没有可能进一步精度化。我曾做过音乐节目、新闻节目、专题节目，我也了解主播做节目的心态和过程之不易，节目制作之前需要找报纸，挖掘题材搜集资料。现在更先进，我们可以做得更省心、省力且高效。通过对各大门户网站新闻内容的抓取，三大音乐平台作者、歌曲名、歌词、歌单和用户信息等标签的汇总分析，微博平台内容标签、微博内容和用户朋友圈等的分析，我们已经能够进行新闻选题的推送和预测，新闻关键词的关联推送，可以得知公众目前可能会关注的热点趋势，比如，我们会告诉你，一条新闻在半天后是否会成为新闻热点或者新闻趋势。

三、创新商业模式，广告变为服务

移动互联网时代，在整个商业模式的创新上，希望把广播广告变成服务，其实并不难。首先需要了解个人需求，只要把需求推给用户，就能把广告变成服务。例如，A想买一台电脑，如果你把纸巾的信息推给他，这就是广告，可能会造成骚扰，但把电脑的品牌推送给他，这就是服务。要完成此过程，就需要精准的用户画像和内容画像，实现两边的匹配。

事实上，从20世纪90年代起的广播专业化的频率分配，从一开始的经济台，到后来的教育台、旅游台、女性台、体育台、音乐台，等等，这些都是细分人群的尝试；进行人群细分之后，服务创新商业模式，就是把广告主某种程度上进行商业化分类。《广电融合发展指导意见》提到，希望智慧城市、智慧社区的建设能够融入到传统媒体的转型当中。所以，我们需要研究内容产品在人群聚服务之中的可能性，特有场景下的服务能否精准地推送给受众。与广播节目强场景对应的是，医疗节目中人们对医院挂号的需求，汽车节目中人们对二手车评估的需求，民生节目中大家对缴纳水电煤气费的需求；强场景节目下产生聚合窄人群，他们需要车牌选号、找饭馆、信用卡还款；窄人群聚合之后，我们能提供聚服务，例如查天气、办护照、找车位。所有的竞争力在特有场景下，为节目定位后的精准人群来提供特色服务，这是广告到服务的转变，广播都应该尝试。

（一）数据支持——重新认识节目价值

在数据支持上，我们重新做了对节目价值的认识，就是节目价值模型。可以从以下三点判断：一是收听时长。二是留存率。第一天收听节目的人，第二天还会收听这档节目吗？这是一天留存率；今天听节目的人，第七天后还会收听这档节目吗？这是周留存率；今天收听节目的人，一个月之后还会收听这档节目吗？这是月留存率。依此类推。根据数据能精准判断一档节目的好坏，或者这档节目的趋势是向上还是往下。在 APP 行业里，留存率增加 30%，我们就说这是好的 APP。有些游戏 APP 的留存率甚至达到 40—50%，广播新闻类节目，留存率大概是百分之几到百分之十几。三是用户行为趋势。根据此三点，基本能够判断出节目价值模型。

节目相似度模型，也很有意思。它可以指导商业选择相似人群集中的节目，或者投放更多不同类型的人群。举个例子，《股市大家谈》这档节目约有 5 万人在其社区，这些人平时在听其哪个节目？感觉他在听《财富早班车》《致富天地》是对的，如果他也在听《今夜私语时》，感觉就是肯定不对的。但事实上，《股市大家谈》——上海台的一档谈股论金的节目，收听人群最多同时也关注《今夜私语时》——北京台的一档深夜健康节目。所以，数据确实会让我们重新认识节目价值。当一个广告的投放目标精准人群确定后，可以轻松通过各个节目对应的不同人群区分出来，这是我们研究的主要对象。

（二）数据支持——用户画像收集

B 在淘宝购买东西，淘宝会给 B 打标签，B 是个怎样的人，经常购买哪类物品，是否有男/女朋友，去逛哪类商品等，淘宝通过贴标签，把用户进行分类。我们一样，数据库收集性别、年龄、收入、职业、地区等用户属性，以及收听行为、社区行为、访问行为、参与活动积分等用户行为记录，通过数据库分析，对用户进行精准分类，这些分类极大地帮助广播节目实现精准定位。通过用户的画像、喜好来进行群体划分，以及标签的标注，最后实现用户群组的内容匹配。

（三）数据支持——更加精准的数据推送

我们的手机每天可能收到两三条推送信息，碰上突发大事件，可能收到七八条，这是通过手机的推送功能来实现的。手机推送有讲究，需要为对的人推送对的内容，提高用户体验，提升内容消费效率。在节目推荐中，考虑用户地域来做模型优化，针对每天推送次数来做推荐效率优化。考虑用户标签，用户历史参加活动的情况进行模型开发，帮助定义推荐目标。例如，把湖北台的抗洪节目推送给全国，这其实超越了广播位置收听的限制。而关于活动、广告和明星等推送，根据标签和地区，如贵州的内容只推送给贵州用户，可以实现有效推送。

（四）数据支持——精细化运营

根据节目喜好、话题喜好，把活动、广告精准地推送给所有的关注人群，这是广播、报纸、电视新媒体转型希望做的精准推送。

四、阿基米德新媒体产品开发

阿基米德正在做大数据图表新闻和节目，对内容进行集聚化生产，但阿基米德并不生产这些数据。到目前为止，阿基米德团队有 74 个成员，技术人员过半。其中一个部门负责把优质的内容提炼出来，做首页的推荐和推送。当然，所有这些行为我们都希望能最大化的通过机器介入大数据新闻和节目的产生进行中。另一方面，技术团队收集数据，进行话题讨论、投票设计。在整个生产过程中，可以分为三大类：内容梯队、数据梯队和设计。首先，由内容梯队确定新闻主题，进而确定新闻内容，内容和数据团队同时聚合，数据梯队进行数据收集和图表分析，全部完成就进入编排，然后推给设计。我们有整个 UI 团队，我们的广播电台也有自己的 UI 设计人才，让新媒体产品实现的时间和速度更加充裕。

新流程以及技术指导下的媒体影响力聚合，会产生事半功倍的效果。在这过程当中，我们会有数据组队产品。作为一个数据查询平台目前已经实现，提供关键词的查询，关键词的趋势分析（包括性别分布、标签的布和地域分布，）、情感分析；帮助内容生产调整方向：从被动发现热点，被动发现内容关联，到内容的扩展以及主动发现/发布内容热点。这是一个完整的数据构想，让传统的广播电台、广播频率、节目主持，都具有解读数据的能力，有文字表达能力，是话题的发起者，这就是我们一直在提倡的“议程设计”，希望通过对城市关注人群的精准分析，有发动热门话题的议程设置能力，进而形成焦点，重新聚合媒体影响力。让生产内容有更精细化的表达，有更精准的对象，产生不一样的影响效果。这就是目前我们媒体转型的实践之路。

（撰稿：上海广播电视台东方广播中心党委委员/阿基米德传媒有限公司 CEO 王海滨）

广播收听测量技术的跨越式发展

——专访赛立信研究总裁黄学平

智能终端伴随移动互联网的迅速崛起，汽车增长推动车载广播收听市场的发展，现在，广播行业对收听率调查提出了更高、更多的要求，广播收听测量技术升级换代取替了原来的日记卡法。近年来，索福瑞从国外引进 Real Time Detection System（泛听实时监测技术系统），尼尔森推出便携式 Listen Box 测量仪和车载式 Listen Box 测量仪，而最早推出测量仪调查的赛立信已经率先实现了全电子化、智能化的数据采集。从事收听率调查的各专业公司纷纷探索先进的收听测量技术以满足对广播听众实际收听行为客观、持续、准确的记录和解决日记卡记录法的缺陷，这些方法大致有：一体机频率识别、音频加码识别和声音匹配识别。在此背景下，我们采访了赛立信研究集团总裁黄学平先生，从广播收听测量技术的创新，分析其对广播收听市场的生态影响。

中国广告：当前，广播收听率调查的方法和工具都有了很大的提升，然而，无论多么先进的数据收集方式，首先都需要受访用户的高度配合才能提高样本的有效性。从美国的“水门事件”到近来屡次发生的用户信息泄密，人们越来越关心隐私的保护，而以现代信息技术为依托的监测更为隐密，受访用户隐私信息似乎更加难以保障。媒介市场研究这个行业，必然面对受访者的隐私问题，使受访者抛开疑虑，分享个人数据，积极配合接受收听调查。我们了解到，使用声音匹配识别技术可能涉及受访者隐私问题，而赛立信的广播收听测量技术已经可以绕过这个障碍。那么，赛立信的广播收听测量技术是如何做到的？先进性有哪些体现？

黄学平：声音匹配识别技术的应用已经很成熟了，赛立信的广告监测业务已经全面应用这项技术，但是如果将这一技术用在收听率调查数据采集领域，的确有其致命的缺陷。我们知道，广播听众的收听行为因其收听终端的多元化而决定其收听地点的多样化，且广播听众的收听地点既有公共场合（公园、小区、商场、公交车等）也有个人私密场所（如私家车、寝室等），采用声音匹配识别技术采录广播收听信息时，势必要对广播听众收听环境的背景音源进行采录，这样就无法避免地涉及到了广播听众的个人隐私保护问题。中国科学院声学研究所专家曾指出，目前声音匹配识别技术的声音采录只能是全背景采录，涉及公民隐私权保护问题，在实际应用范畴难以实施。因此，声音匹配识别技术在广播收听率调查中具有理论上应用的可行性，但在目前技术水平上在实际应用中有着难以跨越或回避的法律门槛，故也难以取得受访者的信任与配合。

赛立信的电子化、智能化数据采集技术，使用个人便携式测量仪 BSM、车载式测量仪 BSM 和金唛广播 GRM 分别从各个收听终端采集样本数据，从技术上规避了受访者隐私保护的问题——

测量仪 BSM 采用内置监测芯片，自动记录收听行为数据，无录音或拾音，不侵犯受访者隐私，不改变用户收听习惯。

测量仪 BSM 利用同频发射/接收技术、蓝牙技术 RFID 射频感应技术的结合，采用 MPU 芯片实时记录收听情况，实时、精准监测听众在车载环境下发生的广播收听行为。

金唛广播汇 GRM 搭载了国内外 2000 多个广播电台/频率，是一个广播电台的聚合通道，准确记录用户的使用数据，无越权限获取用户的隐私。

中国广告：受访者关心隐私保护问题，而广播电台和广告公司则不同，他们关注的更多是数据本身的真确性问题，那么，赛立信的电子化、智能化数据采集技术有了哪些突破？

黄学平：赛立信的电子化、智能化数据采集技术主要有以下突破——

数据精准。记录单位精确到秒，即使在受访者频繁更换收听频率，也能够准确地记录其收听广播的具体时间和转台情况。

样本身份识别。车载式测量仪 BSM 通过蓝牙 RFID 射频识别技术对预置收听者身份信息进行精准识别，保证车内多人收听的情况下的样本身份识别和原始数据准确无误。该技术已于 2015 年 6 月获得国家专利。

同步记录，实时回传数据。测量仪 BSM 内置的监测芯片，能够实现 24 小时不间断地对样本收听行为进行以秒为单位的记录存储，同步记录广播收听时间、频点等信息，并且能够随时向数据中心回传所记录的实时数据。

全智能系统覆盖。金唛广播汇 GRM 可用于安卓与 IOS 系统，全面覆盖各类智能终端的听众用户群。

可以说，赛立信的电子化、智能化数据采集技术对比应用声音匹配技术的收听率调查，具有强大的专业优势。

中国广告：在广播听众收听终端多元化的今天，听众可能采用收音机、车载广播、智能手机等终端收听广播，收听率数据如何做到如实反映这三个终端的收听情况？

黄学平：在收听终端多样化、收听行为多元化的今天，居家、车载和移动智能等三个收听终端的收听数据缺一不可，也不能偏颇，否则无法真实完整地反映广播收听市场的全貌。赛立信的个人便携式测量仪 BSM、车载式测量仪 BSM 和金唛广播汇，就是针对不同收听终端的测量仪的组合采集技术，采集不同收听终端的广播听众的收听行为信息，通过后台计算机的数据运算系统根据样本属性进行整合运算，最终形成综合收听市场以及不同终端市场的收听率系列指标数据。

赛立信的收听率调查执行体系及运作流程经过国际认证联盟和中国质量认证中心认证，符合 ISO9001：2008 国际质量管理标准，在不改变听众收听行为和收听习惯的基础上，真实反映这三个终端的收听情况，并全面、准确、客观地获得广播收听市场的收听率数据。这就是赛立信目前在全国普遍应用的单终端采集、多终端合成数据的收听率调查数据采集与数据生产方法。

中国广告：大数据时代，赛立信的电子化、智能化数据采集技术得出的收听数据有哪些可深入挖掘的商业价值？

黄学平：赛立信的测量技术只采集用户收听行为的数据，不涉及具体的收听内容，是可量化的海量数据，我们可以进行更深入的收听率数据分析和更有针对性的数据挖掘，令调查数据发挥更大的效用。在庞大数据来源的支持下，量化收听率能甄别听众的收听时长、电台竞争激烈的时段、最受欢迎的频率节目，能够获得 3 分钟以下小节目的数据，跟踪以秒为单位的所播出每条广告的收听率数据，更加真实反映广播广告效果。

利用赛立信“广播收听率数据分析系统 BPES™”还可以帮用户轻松实现听众群分析，具体分析内容包括：核心听众群特征、现实听众群特征、对特定听众群的影响力分析、听众群的流动性分析、重叠度分析、忠诚度分析等等。

赛立信的电子化、智能化收听率调查数据能够在庞大数据来源的支持下，可以深度挖掘收听率的商业价值。一方面，可以为广播电台管理与考核、广播节目管理、听众特征分析、广告营销等方面提供真实、客观、科学、全面的数据支持；另一方面，还可以支持广告公司和广告主分析广播媒体广告价值，制定媒体投放计划，实现广告精准投放，以及分析广告传播效果，等等。

后记：

这是一个科学技术驱动广播收听测量技术实现跨域式发展的时代。赛立信的电子化、智能化收听率调查，全面引领收听率调查朝着更科学化、规范化、数据精准化发展，已经引起广播市场的广泛关注和普遍认可。目前，赛立信已经在 20 多个城市开展电子化、智能化收听率调查，全国各地 100 多家广播电视台或广播电台，以及远誉、车语、涛略等全国性的广播广告公司长期使用赛立信的收听率数据。

（撰稿：《中国广告》杂志社　林莹）

DATA 数据篇

一、北京地区收听率数据

表 2.1.1　北京地区主要电台频率的平均收听率和市场份额

排名	电台名称	平均收听率（%）	市场份额（%）
1	北京交通广播	1.72	20.9
2	北京音乐广播	0.90	10.9
3	北京新闻广播	0.78	9.4
4	北京文艺广播	0.77	9.3
5	中央中国之声	0.69	8.4
6	中央音乐之声	0.39	4.7
7	中央都市之声	0.38	4.7
8	中央文艺之声	0.37	4.5
9	北京体育广播	0.37	4.4
10	中央经济之声	0.28	3.4

表 2.1.2　北京地区主要电台频率的周到达率和日到达率

排名	电台名称	周到达率（%）	日到达率（%）
1	北京交通广播	46.81	18.00
2	北京新闻广播	34.80	11.01
3	北京音乐广播	39.43	10.11
4	中央中国之声	31.17	7.14
5	北京文艺广播	22.36	6.39
6	中央都市之声	24.34	4.63
7	北京体育广播	28.41	4.26
8	中央经济之声	24.89	3.38
9	中央文艺之声	20.37	2.67
10	中央音乐之声	19.16	2.53

表 2.1.3　北京地区主要电台的收听率（%）

时间	北京交通广播	北京音乐广播	北京新闻广播	北京文艺广播	中央中国之声	中央音乐之声	中央都市之声	中央文艺之声	北京体育广播	中央经济之声
6:00	1.32	0.61	0.89	0.64	0.79	0.39	0.17	0.35	0.16	0.34
6:15	1.70	0.74	1.15	0.78	0.78	0.40	0.23	0.36	0.20	0.40
6:30	2.08	0.85	1.49	0.85	0.83	0.43	0.31	0.35	0.24	0.51
6:45	2.39	0.98	1.47	0.87	0.84	0.41	0.40	0.33	0.23	0.50
7:00	3.02	1.25	1.73	1.20	0.86	0.38	0.49	0.32	0.30	0.46
7:15	2.98	1.43	1.86	1.11	0.98	0.33	0.51	0.38	0.35	0.47
7:30	3.45	1.62	1.79	1.17	1.02	0.32	0.50	0.41	0.48	0.46
7:45	3.64	1.59	1.92	1.31	0.91	0.32	0.53	0.41	0.50	0.40
8:00	3.74	1.60	2.20	1.18	0.98	0.35	0.59	0.42	0.52	0.44
8:15	3.55	1.67	1.94	1.21	1.00	0.37	0.67	0.40	0.61	0.47
8:30	3.59	1.53	1.88	1.24	0.99	0.40	0.60	0.44	0.71	0.44
8:45	3.67	1.46	1.90	1.21	0.95	0.38	0.54	0.43	0.77	0.35
9:00	3.12	1.30	1.49	1.06	0.94	0.42	0.55	0.45	0.64	0.28
9:15	2.92	1.28	1.32	1.05	0.97	0.42	0.48	0.45	0.65	0.28
9:30	2.85	1.21	1.03	0.96	0.89	0.49	0.46	0.37	0.66	0.34
9:45	2.54	1.14	0.85	0.96	0.80	0.43	0.47	0.36	0.66	0.27
10:00	2.29	1.03	0.74	0.87	0.87	0.39	0.44	0.38	0.68	0.29
10:15	2.11	1.07	0.77	0.78	0.82	0.40	0.43	0.40	0.68	0.32
10:30	2.09	1.00	0.76	0.80	0.77	0.39	0.4	0.39	0.56	0.30
10:45	2.07	0.88	0.68	0.71	0.75	0.40	0.35	0.36	0.63	0.36
11:00	1.83	0.98	0.70	0.79	0.72	0.41	0.34	0.37	0.53	0.29
11:15	1.66	0.92	0.59	0.72	0.72	0.39	0.36	0.33	0.48	0.30
11:30	1.58	0.93	0.63	0.65	0.71	0.40	0.42	0.37	0.45	0.33
11:45	1.56	0.91	0.54	0.74	0.71	0.36	0.37	0.37	0.46	0.31
12:00	1.56	0.91	0.56	0.64	0.70	0.40	0.34	0.37	0.35	0.30
12:15	1.55	0.85	0.54	0.67	0.67	0.36	0.34	0.39	0.45	0.26
12:30	1.61	0.88	0.61	0.67	0.67	0.41	0.36	0.38	0.30	0.26
12:45	1.60	0.82	0.59	0.63	0.64	0.40	0.45	0.42	0.33	0.26
13:00	1.63	0.85	0.63	0.66	0.68	0.37	0.31	0.38	0.32	0.24
13:15	1.72	0.82	0.47	0.67	0.61	0.36	0.34	0.37	0.41	0.23
13:30	1.71	0.85	0.47	0.64	0.6	0.31	0.30	0.36	0.25	0.24
13:45	1.67	0.84	0.39	0.58	0.63	0.32	0.26	0.34	0.35	0.23
14:00	1.57	0.80	0.43	0.54	0.6	0.36	0.23	0.34	0.33	0.22
14:15	1.51	0.74	0.38	0.57	0.53	0.32	0.25	0.34	0.27	0.22
14:30	1.38	0.72	0.38	0.61	0.56	0.33	0.22	0.37	0.23	0.20
14:45	1.27	0.76	0.36	0.58	0.47	0.34	0.27	0.37	0.28	0.24

时间	北京交通广播	北京音乐广播	北京新闻广播	北京文艺广播	中央中国之声	中央音乐之声	中央都市之声	中央文艺之声	北京体育广播	中央经济之声
15:00	1.23	0.74	0.35	0.60	0.50	0.36	0.34	0.34	0.25	0.21
15:15	1.23	0.70	0.35	0.49	0.54	0.33	0.32	0.34	0.25	0.20
15:30	1.23	0.67	0.38	0.44	0.58	0.34	0.35	0.35	0.30	0.22
15:45	1.22	0.70	0.39	0.45	0.53	0.31	0.33	0.32	0.29	0.19
16:00	1.24	0.65	0.47	0.44	0.50	0.33	0.28	0.32	0.22	0.23
16:15	1.38	0.60	0.50	0.47	0.58	0.34	0.31	0.33	0.26	0.26
16:30	1.35	0.59	0.56	0.47	0.54	0.33	0.32	0.35	0.26	0.22
16:45	1.30	0.68	0.60	0.57	0.56	0.36	0.33	0.35	0.33	0.29
17:00	1.40	0.72	0.64	0.57	0.53	0.38	0.33	0.35	0.27	0.26
17:15	1.32	0.79	0.63	0.62	0.59	0.40	0.31	0.32	0.32	0.23
17:30	1.34	0.72	0.66	0.59	0.71	0.35	0.34	0.33	0.33	0.31
17:45	1.40	0.66	0.63	0.63	0.69	0.37	0.33	0.35	0.25	0.32
18:00	1.33	0.70	0.65	0.69	0.75	0.37	0.38	0.37	0.30	0.27
18:15	1.27	0.78	0.67	0.65	0.71	0.32	0.49	0.41	0.36	0.31
18:30	1.35	0.81	0.69	0.64	0.73	0.32	0.47	0.42	0.32	0.26
18:45	1.51	0.77	0.64	0.68	0.72	0.34	0.52	0.39	0.39	0.27
19:00	1.46	0.93	0.72	0.57	0.65	0.41	0.60	0.38	0.30	0.18
19:15	1.31	0.86	0.70	0.60	0.68	0.38	0.61	0.40	0.45	0.27
19:30	1.31	0.84	0.75	0.65	0.69	0.37	0.55	0.44	0.37	0.17
19:45	1.32	0.79	0.80	0.80	0.77	0.46	0.54	0.48	0.37	0.19
20:00	1.35	0.79	0.69	0.91	0.71	0.46	0.60	0.48	0.38	0.19
20:15	1.31	0.82	0.75	1.02	0.74	0.48	0.57	0.46	0.47	0.26
20:30	1.33	0.85	0.69	0.98	0.73	0.50	0.57	0.42	0.37	0.26
20:45	1.35	0.84	0.67	0.99	0.73	0.58	0.45	0.40	0.35	0.24
21:00	1.29	0.82	0.64	1.01	0.79	0.52	0.51	0.38	0.38	0.23
21:15	1.31	0.83	0.62	0.92	0.71	0.60	0.44	0.37	0.26	0.25
21:30	1.24	0.91	0.54	0.95	0.66	0.55	0.40	0.36	0.31	0.26
21:45	1.16	0.91	0.51	1.00	0.64	0.54	0.34	0.39	0.24	0.28
22:00	1.23	0.97	0.49	0.88	0.57	0.48	0.28	0.39	0.24	0.28
22:15	1.20	0.83	0.46	0.90	0.52	0.46	0.23	0.39	0.26	0.24
22:30	1.02	0.76	0.47	0.78	0.50	0.43	0.19	0.38	0.22	0.22
22:45	0.89	0.75	0.39	0.80	0.43	0.47	0.16	0.34	0.22	0.23
23:00	0.80	0.62	0.31	0.64	0.43	0.38	0.17	0.32	0.20	0.16
23:15	0.68	0.58	0.32	0.56	0.39	0.35	0.16	0.33	0.13	0.11
23:30	0.52	0.51	0.23	0.47	0.37	0.33	0.14	0.32	0.13	0.13
23:45	0.45	0.46	0.18	0.43	0.29	0.31	0.10	0.28	0.12	0.10

表 2.1.4　北京地区主要电台的占有率（%）

时间	北京交通广播	北京音乐广播	北京新闻广播	北京文艺广播	中央中国之声	中央音乐之声	中央都市之声	中央文艺之声	北京体育广播	中央经济之声
6:00	16.7	7.8	11.2	8.0	10.0	5.0	2.2	4.5	2.0	4.2
6:15	18.7	8.1	12.7	8.6	8.6	4.5	2.5	4.0	2.2	4.4
6:30	20.9	8.5	14.9	8.6	8.3	4.3	3.1	3.5	2.4	5.1
6:45	22.9	9.4	14.0	8.3	8.1	3.9	3.8	3.1	2.2	4.8
7:00	24.7	10.3	14.2	9.9	7.0	3.1	4.0	2.6	2.5	3.8
7:15	23.9	11.4	14.9	8.9	7.8	2.7	4.1	3.0	2.8	3.8
7:30	26.0	12.3	13.5	8.8	7.7	2.4	3.7	3.1	3.6	3.5
7:45	26.9	11.7	14.2	9.7	6.8	2.4	3.9	3.0	3.7	2.9
8:00	26.5	11.3	15.6	8.4	6.9	2.5	4.2	2.9	3.7	3.1
8:15	25.3	11.9	13.9	8.6	7.1	2.6	4.8	2.8	4.4	3.4
8:30	25.7	11.0	13.4	8.9	7.1	2.9	4.3	3.1	5.1	3.2
8:45	27.0	10.7	14.0	8.9	7.0	2.8	4.0	3.2	5.6	2.6
9:00	25.7	10.7	12.3	8.7	7.7	3.5	4.5	3.7	5.3	2.3
9:15	24.9	10.9	11.3	8.9	8.3	3.6	4.1	3.8	5.5	2.4
9:30	25.8	11.0	9.3	8.7	8.0	4.4	4.2	3.4	6.0	3.0
9:45	24.6	11.1	8.2	9.3	7.7	4.1	4.6	3.5	6.4	2.6
10:00	23.7	10.7	7.6	9.0	9.0	4.0	4.5	3.9	7.0	3.0
10:15	22.6	11.4	8.2	8.4	8.7	4.3	4.6	4.3	7.3	3.4
10:30	23.1	11.1	8.4	8.8	8.5	4.3	4.4	4.3	6.2	3.3
10:45	23.2	9.9	7.6	7.9	8.4	4.5	4.0	4.0	7.0	4.0
11:00	21.2	11.4	8.1	9.2	8.4	4.8	3.9	4.3	6.2	3.4
11:15	20.2	11.2	7.1	8.7	8.8	4.7	4.3	4.0	5.8	3.7
11:30	19.4	11.4	7.8	8.0	8.7	4.9	5.1	4.5	5.5	4.1
11:45	19.8	11.5	6.9	9.3	9.0	4.5	4.7	4.7	5.8	3.9
12:00	20.3	11.8	7.4	8.4	9.1	5.2	4.4	4.9	4.5	3.9
12:15	20.4	11.2	7.1	8.9	8.8	4.8	4.5	5.1	5.9	3.4
12:30	21.0	11.4	7.9	8.7	8.7	5.3	4.6	5.0	4.0	3.4
12:45	21.1	10.8	7.8	8.4	8.5	5.2	5.9	5.5	4.4	3.4
13:00	21.9	11.5	8.4	8.8	9.1	4.9	4.2	5.1	4.3	3.3
13:15	23.1	10.9	6.4	9.0	8.1	4.8	4.5	5.0	5.4	3.1
13:30	24.2	12.0	6.6	9.0	8.5	4.4	4.3	5.1	3.6	3.3
13:45	23.4	11.8	5.5	8.2	8.9	4.5	3.7	4.7	4.9	3.2
14:00	23.3	11.9	6.4	8.0	8.8	5.3	3.4	5.1	5.0	3.3
14:15	23.3	11.5	5.9	8.8	8.2	4.9	3.8	5.2	4.2	3.3
14:30	21.9	11.5	6.0	9.7	8.8	5.2	3.5	5.9	3.6	3.1
14:45	20.1	12.0	5.8	9.1	7.5	5.3	4.2	5.8	4.4	3.8

时间	北京交通广播	北京音乐广播	北京新闻广播	北京文艺广播	中央中国之声	中央音乐之声	中央都市之声	中央文艺之声	北京体育广播	中央经济之声
15:00	19.6	11.8	5.5	9.5	8.0	5.7	5.3	5.5	4.0	3.4
15:15	19.7	11.2	5.7	7.9	8.7	5.3	5.2	5.4	4.1	3.2
15:30	19.5	10.6	6.0	7.0	9.2	5.4	5.4	5.5	4.7	3.4
15:45	19.9	11.3	6.4	7.4	8.6	5.1	5.4	5.1	4.7	3.0
16:00	20.2	10.5	7.6	7.2	8.0	5.4	4.6	5.2	3.6	3.7
16:15	21.8	9.4	7.9	7.5	9.2	5.4	4.9	5.3	4.2	4.1
16:30	21.2	9.3	8.7	7.3	8.5	5.2	5.0	5.5	4.1	3.5
16:45	19.5	10.2	8.9	8.6	8.4	5.4	4.9	5.3	5.0	4.4
17:00	20.6	10.6	9.4	8.4	7.8	5.5	4.9	5.1	3.9	3.8
17:15	19.1	11.4	9.1	9.0	8.6	5.8	4.5	4.6	4.7	3.3
17:30	19.0	10.2	9.5	8.4	10.1	4.9	4.8	4.7	4.6	4.4
17:45	19.9	9.4	8.9	9.0	9.7	5.3	4.7	5.0	3.5	4.6
18:00	18.5	9.7	9.0	9.7	10.4	5.2	5.2	5.1	4.1	3.8
18:15	17.3	10.6	9.1	8.8	9.7	4.3	6.6	5.5	4.9	4.1
18:30	17.9	10.7	9.2	8.5	9.7	4.2	6.2	5.6	4.3	3.4
18:45	19.5	9.9	8.3	8.8	9.2	4.4	6.6	5.0	5.0	3.5
19:00	18.7	12.0	9.2	7.3	8.4	5.2	7.7	4.8	3.8	2.3
19:15	16.8	11.0	9.1	7.8	8.7	4.9	7.9	5.1	5.7	3.4
19:30	17.3	11.1	9.8	8.6	9.1	4.8	7.2	5.9	4.8	2.3
19:45	16.3	9.8	9.9	9.9	9.5	5.6	6.7	6.0	4.6	2.3
20:00	16.5	9.8	8.5	11.2	8.7	5.6	7.4	5.8	4.7	2.3
20:15	15.8	9.9	9.0	12.3	8.9	5.8	6.9	5.5	5.6	3.1
20:30	16.3	10.4	8.5	12.0	9.0	6.1	7.0	5.1	4.5	3.2
20:45	16.7	10.4	8.2	12.2	9.1	7.2	5.6	5.0	4.4	3.0
21:00	15.9	10.1	7.9	12.4	9.7	6.4	6.3	4.7	4.7	2.8
21:15	16.6	10.5	7.8	11.6	8.9	7.5	5.5	4.7	3.2	3.2
21:30	15.9	11.6	6.9	12.2	8.4	7.1	5.1	4.6	4.0	3.4
21:45	15.1	11.9	6.7	13.1	8.4	7.0	4.4	5.0	3.1	3.7
22:00	16.5	13.1	6.5	11.8	7.6	6.5	3.8	5.2	3.2	3.8
22:15	17.0	11.8	6.5	12.7	7.4	6.5	3.3	5.5	3.7	3.4
22:30	15.7	11.8	7.3	12.1	7.7	6.6	3.0	5.8	3.3	3.4
22:45	14.4	12.1	6.3	12.9	7.0	7.6	2.6	5.4	3.5	3.8
23:00	14.6	11.4	5.7	11.7	7.9	6.9	3.2	5.9	3.7	2.9
23:15	13.9	11.7	6.4	11.4	8.0	7.1	3.3	6.8	2.6	2.2
23:30	11.7	11.4	5.2	10.5	8.2	7.3	3.2	7.1	2.8	2.9
23:45	11.8	12.0	4.7	11.2	7.6	8.0	2.7	7.4	3.2	2.7

表 2.1.5　北京市平均收听率 top30 节目

排名	节目名称	所属频率	播放时间	平均收听率(%)	市场占有率(%)
1	交通新闻热线	北京交通广播	07:00—07:30	3.33	26.0
2	一路畅通	北京交通广播	07:30—09:30	3.28	26.0
3	欢乐正前方	北京交通广播	09:30—10:00	3.05	26.8
4	1039 新闻早报	北京交通广播	06:30—07:00	2.53	24.1
5	汽车天下	北京交通广播	10:00—11:00	2.24	23.9
6	徐徐道来话北京	北京交通广播	06:00—06:30	2.04	21.0
7	资讯早 8 点	北京新闻广播	08:00—09:00	1.94	14.9
8	警法时空	北京交通广播	11:00—11:30	1.89	21.1
9	1039 慧旅行	北京交通广播	11:30—12:00	1.77	20.6
9	百姓 TAXI	北京交通广播	12:30—13:00	1.77	22.4
11	长书连播	北京交通广播	13:00—13:30	1.74	22.7
12	北京新闻 新闻热线	北京新闻广播	07:00—07:30	1.64	14.3
12	一起午餐吧	北京交通广播	12:00—12:30	1.64	19.9
14	转播中央人民广播电台《新闻和报纸摘要》	北京新闻广播	06:30—07:00	1.63	15.5
15	整点快报	北京新闻广播	09:00—09:20	1.61	12.8
15	夹叙夹议	北京新闻广播	09:20—09:30	1.61	13.2
15	1039 交通服务热线	北京交通广播	13:30—15:00	1.61	22.9
18	新闻大视野	北京新闻广播	07:30—08:00	1.50	12.6
19	1039 都市调查组	北京交通广播	20:00—21:00	1.46	18.0
19	新闻晚知道	北京交通广播	19:00—20:00	1.46	17.9
21	行走天下	北京交通广播	16:00—17:00	1.45	20.9
22	一路畅通	北京交通广播	17:00—19:00	1.44	19.2
23	蓝调北京	北京交通广播	21:00—22:00	1.40	17.9
24	联 E 会	北京交通广播	15:15—16:00	1.37	20.1
25	早安音乐秀	北京音乐广播	07:00—09:00	1.36	10.0
26	交通新闻	北京交通广播	15:00—15:15	1.34	20.7
27	看世界	北京新闻广播	09:30—10:00	1.30	11.4
28	新闻晨报 新闻热线 气象服务	北京新闻广播	06:00—06:30	1.27	13.0
29	十点谈心	北京交通广播	22:00—23:00	1.25	16.9
30	汽车音乐汇	北京音乐广播	09:00—11:00	1.10	9.7

二、上海地区收听率数据

表 2.2.1　上海地区主要电台频率的平均收听率和市场份额

排名	电台名称	平均收听率（%）	市场份额（%）
1	上海流行音乐广播 动感 101	0.61	16.7
2	上海人民广播电台新闻广播	0.44	12.0
3	上海交通广播	0.35	9.5
4	上海东方都市广播 899 驾车调频	0.34	9.2
5	上海经典金曲广播 LoveRadio 最爱调频	0.32	8.8
6	东广新闻台	0.28	7.7
7	中央中国之声	0.22	6.1
8	第一财经广播	0.22	6.0
9	上海经典音乐广播 经典 947	0.21	5.7
10	上海五星体育广播	0.15	4.1

表 2..2.2　上海地区主要电台频率的周到达率和日到达率

排名	电台名称	周到达率（%）	日到达率（%）
1	上海流行音乐广播 动感 101	32.19	11.48
2	上海交通广播	24.43	9.84
3	上海人民广播电台新闻广播	19.75	8.65
4	上海经典金曲广播 LoveRadio 最爱调频	21.46	7.23
5	东广新闻台	16.90	6.84
6	上海东方都市广播 899 驾车调频	12.56	6.18
7	第一财经广播	17.24	6.15
8	上海经典音乐广播 经典 947	16.78	5.32
9	中央中国之声	11.53	4.10
10	上海五星体育广播	12.56	3.80

表 2.2.3　上海地区主要电台的收听率（%）

时间	上海流行音乐广播动感101	上海新闻广播	上海交通广播	899驾车调频	经典金曲广播Love Radio	东广新闻台	中央中国之声	第一财经广播	上海经典947	五星体育广播
6:00	2.23	1.57	1.44	1.50	1.29	0.99	0.65	0.86	0.50	0.51
6:15	2.20	1.54	1.43	1.51	1.28	1.03	0.54	0.85	0.53	0.50
6:30	2.24	1.56	1.44	1.53	1.28	1.07	0.53	0.82	0.52	0.49
6:45	2.38	1.69	1.51	1.62	1.35	1.10	0.69	0.93	0.58	0.55
7:00	2.39	1.75	1.51	1.66	1.37	1.10	0.66	0.92	0.60	0.54
7:15	2.41	1.74	1.52	1.64	1.36	1.07	0.67	0.96	0.56	0.54
7:30	2.50	1.77	1.56	1.70	1.39	1.10	0.80	0.96	0.67	0.58
7:45	2.49	1.75	1.54	1.69	1.40	1.14	0.80	0.98	0.65	0.61
8:00	2.49	1.75	1.56	1.70	1.37	1.09	0.77	0.95	0.65	0.61
8:15	2.50	1.76	1.56	1.71	1.35	1.05	0.86	1.01	0.76	0.61
8:30	2.50	1.70	1.56	1.73	1.36	1.10	0.92	1.03	0.73	0.61
8:45	2.52	1.72	1.53	1.74	1.36	1.09	0.86	1.01	0.75	0.63
9:00	2.32	1.62	1.39	1.56	1.22	1.02	0.98	0.96	0.82	0.61
9:15	2.31	1.62	1.41	1.58	1.19	1.05	0.91	0.96	0.82	0.64
9:30	2.34	1.65	1.40	1.58	1.22	1.05	0.93	0.96	0.77	0.61
9:45	2.16	1.40	1.21	1.36	1.10	0.87	0.99	0.85	0.80	0.58
10:00	2.17	1.41	1.21	1.37	1.09	0.89	0.89	0.87	0.81	0.61
10:15	2.16	1.43	1.20	1.34	1.10	0.88	0.90	0.87	0.77	0.60
10:30	1.96	1.20	1.01	1.02	0.82	0.82	0.89	0.79	0.78	0.52
10:45	1.96	1.19	1.05	1.04	0.82	0.83	0.89	0.78	0.80	0.53
11:00	1.96	1.20	1.05	1.00	0.83	0.79	0.89	0.79	0.79	0.56
11:15	1.77	1.14	0.94	0.86	0.77	0.71	0.82	0.66	0.76	0.50
11:30	1.75	1.11	0.92	0.83	0.73	0.74	0.79	0.67	0.75	0.47
11:45	1.76	1.12	0.92	0.88	0.77	0.74	0.78	0.66	0.76	0.46
12:00	1.58	1.15	0.79	0.78	0.61	0.67	0.72	0.60	0.66	0.46
12:15	1.58	1.18	0.83	0.82	0.60	0.69	0.76	0.61	0.68	0.40
12:30	1.59	1.16	0.83	0.79	0.58	0.65	0.71	0.61	0.68	0.42
12:45	1.41	1.14	0.73	0.71	0.60	0.65	0.69	0.54	0.61	0.44
13:00	1.41	1.19	0.72	0.73	0.59	0.66	0.68	0.55	0.62	0.40
13:15	1.43	1.15	0.73	0.71	0.60	0.66	0.66	0.57	0.59	0.44
13:30	1.48	1.15	0.71	0.67	0.59	0.64	0.70	0.55	0.52	0.37
13:45	1.44	1.13	0.73	0.73	0.62	0.64	0.62	0.55	0.50	0.37
14:00	1.47	1.11	0.71	0.72	0.59	0.66	0.64	0.53	0.53	0.36
14:15	1.41	1.09	0.73	0.64	0.66	0.61	0.63	0.45	0.50	0.31
14:30	1.41	1.07	0.73	0.59	0.68	0.67	0.63	0.43	0.52	0.33
14:45	1.38	1.08	0.75	0.65	0.64	0.65	0.60	0.44	0.52	0.29

时间	流行音乐广播动感101	上海新闻广播	上海交通广播	899驾车调频	经典金曲广播Love Radio	东广新闻台	中央中国之声	第一财经广播	经典音乐广播947	五星体育广播
15:00	1.31	0.98	0.74	0.52	0.64	0.69	0.60	0.41	0.47	0.26
15:15	1.30	0.93	0.74	0.51	0.68	0.63	0.49	0.42	0.49	0.27
15:30	1.31	0.96	0.74	0.51	0.66	0.63	0.60	0.39	0.46	0.29
15:45	1.27	0.97	0.67	0.46	0.62	0.68	0.52	0.34	0.48	0.23
16:00	1.27	0.96	0.68	0.47	0.67	0.67	0.43	0.35	0.49	0.26
16:15	1.28	0.98	0.67	0.50	0.65	0.67	0.43	0.35	0.45	0.24
16:30	1.22	0.97	0.65	0.46	0.64	0.68	0.45	0.32	0.48	0.25
16:45	1.23	0.98	0.63	0.43	0.64	0.66	0.48	0.36	0.48	0.29
17:00	1.22	1.00	0.63	0.44	0.63	0.71	0.39	0.32	0.46	0.29
17:15	1.23	0.95	0.55	0.48	0.65	0.69	0.43	0.35	0.51	0.27
17:30	1.24	1.01	0.55	0.44	0.66	0.66	0.54	0.32	0.49	0.27
17:45	1.20	0.99	0.56	0.46	0.68	0.68	0.43	0.33	0.49	0.28
18:00	1.18	0.89	0.54	0.54	0.70	0.65	0.53	0.36	0.49	0.27
18:15	1.19	0.92	0.55	0.55	0.66	0.69	0.46	0.36	0.48	0.28
18:30	1.17	0.95	0.54	0.59	0.67	0.69	0.52	0.36	0.49	0.30
18:45	1.16	0.84	0.58	0.65	0.72	0.65	0.44	0.35	0.51	0.30
19:00	1.18	0.88	0.58	0.59	0.71	0.61	0.47	0.36	0.54	0.34
19:15	1.19	0.86	0.55	0.62	0.69	0.62	0.44	0.35	0.51	0.35
19:30	1.17	0.86	0.61	0.60	0.67	0.58	0.53	0.45	0.51	0.38
19:45	1.15	0.87	0.61	0.64	0.69	0.61	0.56	0.42	0.53	0.34
20:00	1.15	0.83	0.62	0.61	0.67	0.66	0.52	0.42	0.55	0.36
20:15	1.14	0.82	0.72	0.70	0.70	0.57	0.48	0.46	0.55	0.36
20:30	1.11	0.87	0.74	0.67	0.67	0.60	0.47	0.43	0.50	0.38
20:45	1.13	0.83	0.73	0.74	0.70	0.57	0.45	0.41	0.54	0.39
21:00	1.23	0.96	0.82	0.74	0.72	0.50	0.51	0.46	0.51	0.39
21:15	1.23	0.96	0.84	0.75	0.72	0.51	0.53	0.49	0.50	0.35
21:30	1.24	0.92	0.82	0.75	0.73	0.55	0.44	0.49	0.52	0.37
21:45	1.33	0.98	0.81	0.69	0.70	0.53	0.49	0.49	0.50	0.40
22:00	1.32	0.94	0.85	0.69	0.71	0.53	0.40	0.52	0.51	0.41
22:15	1.33	1.01	0.83	0.72	0.73	0.54	0.45	0.50	0.47	0.35
22:30	1.30	0.98	0.79	0.70	0.78	0.57	0.38	0.47	0.45	0.39
22:45	1.29	1.00	0.80	0.64	0.77	0.57	0.40	0.48	0.50	0.41
23:00	1.30	1.00	0.79	0.68	0.76	0.56	0.43	0.50	0.50	0.37
23:15	1.25	0.92	0.74	0.61	0.76	0.62	0.40	0.52	0.44	0.40
23:30	1.24	0.89	0.78	0.59	0.76	0.63	0.43	0.50	0.42	0.36
23:45	1.26	0.91	0.77	0.61	0.76	0.58	0.44	0.50	0.45	0.37

表 2.2.4 上海地区主要电台的占有率（%）

时间	流行音乐广播动感 101	上海新闻广播	上海交通广播	899 驾车调频	经典金曲 Love Radio	东广新闻台	中央中国之声	第一财经广播	经典音乐广播 947	五星体育广播
6:00	17.0	11.9	10.9	11.4	9.8	7.6	4.9	6.5	3.8	3.8
6:15	16.9	11.8	11.0	11.6	9.8	7.9	4.2	6.5	4.1	3.9
6:30	17.2	12.0	11.0	11.7	9.8	8.2	4.1	6.3	4.0	3.7
6:45	16.8	11.9	10.6	11.4	9.5	7.7	4.9	6.6	4.1	3.9
7:00	16.8	12.3	10.6	11.7	9.6	7.7	4.7	6.5	4.2	3.8
7:15	16.9	12.2	10.7	11.5	9.5	7.5	4.7	6.7	3.9	3.8
7:30	16.8	11.8	10.5	11.4	9.3	7.3	5.3	6.4	4.5	3.9
7:45	16.6	11.7	10.3	11.3	9.3	7.6	5.3	6.5	4.4	4.1
8:00	16.8	11.8	10.6	11.5	9.2	7.4	5.2	6.4	4.4	4.1
8:15	16.4	11.6	10.2	11.3	8.9	6.9	5.7	6.7	5.0	4.0
8:30	16.4	11.2	10.2	11.4	8.9	7.2	6.0	6.8	4.8	4.0
8:45	16.6	11.3	10	11.5	8.9	7.2	5.7	6.7	4.9	4.1
9:00	16.0	11.1	9.5	10.7	8.4	7.0	6.8	6.6	5.6	4.2
9:15	16.0	11.2	9.8	10.9	8.2	7.3	6.3	6.6	5.7	4.4
9:30	16.1	11.3	9.6	10.9	8.4	7.2	6.4	6.6	5.3	4.2
9:45	16.4	10.6	9.2	10.4	8.4	6.6	7.5	6.4	6.1	4.4
10:00	16.4	10.7	9.1	10.3	8.2	6.7	6.7	6.6	6.1	4.6
10:15	16.4	10.8	9.1	10.1	8.4	6.7	6.8	6.6	5.8	4.6
10:30	17.0	10.4	8.7	8.8	7.1	7.1	7.7	6.8	6.7	4.5
10:45	16.9	10.2	9.0	8.9	7.1	7.1	7.6	6.7	6.9	4.6
11:00	17.0	10.4	9.1	8.7	7.2	6.8	7.7	6.8	6.8	4.8
11:15	16.8	10.8	8.9	8.2	7.3	6.8	7.8	6.3	7.2	4.8
11:30	16.9	10.6	8.8	8.0	7.1	7.1	7.6	6.4	7.2	4.6
11:45	16.9	10.8	8.8	8.5	7.4	7.1	7.5	6.3	7.3	4.4
12:00	16.8	12.2	8.4	8.3	6.5	7.1	7.6	6.3	7.1	4.8
12:15	16.6	12.3	8.6	8.5	6.3	7.2	8.0	6.4	7.1	4.2
12:30	16.9	12.3	8.8	8.3	6.2	6.9	7.6	6.4	7.3	4.5
12:45	16.2	13.1	8.4	8.1	6.8	7.5	7.9	6.2	7.0	5.0
13:00	16.0	13.5	8.2	8.3	6.7	7.5	7.7	6.2	7.1	4.6
13:15	16.3	13.0	8.3	8.1	6.8	7.5	7.5	6.5	6.7	4.9
13:30	17.3	13.4	8.3	7.8	6.9	7.5	8.1	6.4	6.1	4.4
13:45	16.9	13.3	8.6	8.6	7.3	7.6	7.3	6.4	5.9	4.4
14:00	17.2	13.0	8.3	8.5	6.9	7.7	7.4	6.2	6.2	4.2
14:15	17.3	13.4	90	7.8	8.2	7.5	7.8	5.5	6.1	3.9
14:30	17.2	13.0	8.9	7.2	8.2	8.1	7.7	5.3	6.3	4.0
14:45	16.8	13.2	9.1	8.0	7.9	8.0	7.3	5.3	6.3	3.6

时间	流行音乐广播动感101	上海新闻广播	上海交通广播	899驾车调频	经典金曲Love Radio	东广新闻台	中央中国之声	第一财经广播	经典音乐广播947	五星体育广播
15:00	17.0	12.6	9.6	6.7	8.3	9.0	7.7	5.2	6.1	3.4
15:15	17.2	12.3	9.7	6.8	9.0	8.3	6.4	5.5	6.4	3.5
15:30	16.9	12.3	9.5	6.6	8.6	8.1	7.7	5.0	5.9	3.7
15:45	17.1	13.0	9.1	6.2	8.4	9.1	7.0	4.6	6.5	3.1
16:00	17.1	12.9	9.2	6.3	9.1	9.0	5.8	4.7	6.6	3.5
16:15	17.3	13.2	9.1	6.8	8.9	9.1	5.9	4.7	6.0	3.2
16:30	16.6	13.2	8.8	6.3	8.7	9.2	6.1	4.4	6.5	3.4
16:45	16.6	13.2	8.5	5.7	8.6	8.9	6.4	4.8	6.5	4.0
17:00	16.8	13.7	8.7	6.0	8.6	9.7	5.4	4.4	6.3	4.0
17:15	17.0	13.0	7.5	6.6	9.0	9.4	5.9	4.8	7.0	3.7
17:30	16.7	13.6	7.4	5.9	8.9	8.9	7.3	4.4	6.6	3.6
17:45	16.3	13.5	7.6	6.3	9.2	9.2	5.8	4.5	6.7	3.8
18:00	15.9	12.0	7.3	7.3	9.5	8.7	7.2	4.9	6.6	3.6
18:15	16.1	12.4	7.4	7.5	9.0	9.4	6.2	4.9	6.5	3.8
18:30	15.6	12.7	7.2	7.9	8.9	9.2	6.9	4.8	6.6	4.0
18:45	15.5	11.2	7.8	8.7	9.6	8.7	5.9	4.7	6.8	4.0
19:00	15.8	11.8	7.7	7.9	9.5	8.2	6.2	4.8	7.3	4.6
19:15	16.1	11.6	7.4	8.4	9.4	8.4	6.0	4.7	6.9	4.7
19:30	15.5	11.4	8.1	8.0	8.9	7.7	7.0	5.9	6.8	5.0
19:45	15.3	11.5	8.1	8.5	9.1	8.2	7.4	5.5	7.0	4.6
20:00	15.1	10.9	8.2	8.0	8.9	8.7	6.8	5.5	7.2	4.7
20:15	15.0	10.8	9.5	9.2	9.2	7.5	6.3	6.1	7.3	4.8
20:30	14.6	11.4	9.7	8.8	8.8	7.8	6.1	5.7	6.6	5.0
20:45	14.9	10.9	9.6	9.7	9.2	7.5	6.0	5.4	7.0	5.1
21:00	15.4	12.1	10.3	9.3	9.0	6.2	6.4	5.8	6.4	5.0
21:15	15.3	11.9	10.5	9.4	8.9	6.4	6.6	6.1	6.2	4.4
21:30	15.5	11.6	10.2	9.4	9.1	6.9	5.6	6.1	6.5	4.7
21:45	16.5	12.1	10.0	8.5	8.7	6.6	6.0	6.1	6.1	4.9
22:00	16.3	11.7	10.5	8.5	8.8	6.5	4.9	6.5	6.3	5.0
22:15	16.4	12.5	10.2	8.9	8.9	6.6	5.6	6.1	5.8	4.3
22:30	16.2	12.1	9.8	8.6	9.7	7.0	4.7	5.9	5.6	4.9
22:45	15.9	12.4	10.0	8.0	9.6	7.1	4.9	5.9	6.2	5.0
23:00	16.2	12.4	9.8	8.5	9.5	7.0	5.4	6.2	6.2	4.6
23:15	16.0	11.7	9.5	7.8	9.7	7.9	5.2	6.6	5.6	5.1
23:30	16.0	11.5	10.1	7.6	9.8	8.1	5.6	6.5	5.4	4.6
23:45	16.0	11.6	9.8	7.7	9.6	7.4	5.7	6.4	5.7	4.7

表 2.2.5　上海市平均收听率 top30 节目

排名	节目名称	所属频率	播放时间	平均收听率(%)	市场占有率(%)
1	音乐早餐(直播)	上海动感 101	07:00—10:00	2.44	17.7
2	欢乐早高峰	上海交通广播电台	07:00—09:00	1.80	11.6
2	990 早新闻	上海新闻广播	07:00—08:00	1.80	12.0
4	八点新闻	上海新闻广播	08:00—09:00	1.76	12.3
5	101 娱乐在线(直播)	上海动感 101	16:00—18:00	1.53	15.5
6	早安新发现(周一至周五)	上海流行音乐 LoveRadio	07:00—09:00	1.51	9.8
6	欢乐晚高峰	上海交通广播电台	18:00—20:00	1.51	14.7
8	101 人来疯(直播)	上海动感 101	12:00—13:00	1.49	14.3
9	欢乐晚高峰—阳阳主播台	上海交通广播电台	17:00—18:00	1.45	11.9
10	市民与社会	上海新闻广播	12:00—13:00	1.36	13.1
11	早安新发现(周一至周日)	上海流行音乐 LoveRadio	07:00—09:00	1.34	9.8
12	音乐万花筒(直播)	上海动感 101	18:00—21:00	1.31	14.8
12	娱乐正当时	上海流行音乐 Love Radio	17:00—19:00	1.31	11.3
14	音乐早早餐	上海动感 101	06:00—07:00	1.30	19.5
15	辣妈朋友圈	上海 899 驾车调频	18:00—19:00	1.28	11.2
15	今晚-听新闻	上海新闻广播	18:00—19:00	1.28	11.2
17	阿拉上海人	上海 899 驾车调频	17:00—18:00	1.26	10.3
18	东广早新闻	上海 899 驾车调频	06:00—08:00	1.24	11.5
19	1057 大家帮	上海交通广播电台	12:00—13:00	1.22	11.7
19	东广早新	东广新闻台 AM1296/FM90.9	07:00—08:00	1.22	8.2
21	五花八问	上海 899 驾车调频	19:00—20:00	1.20	13.1
21	非常解读	上海新闻广播	17:00—18:00	1.20	9.8
23	市民政务通-直通 990	上海新闻广播	09:00—10:00	1.17	12.6
23	副驾驶女郎	上海 899 驾车调频	08:00—10:00	1.17	9.5
25	东方风云榜	上海动感 101	13:00—14:00	1.09	14.2
26	晓蕾午间说	上海 899 驾车调频	12:00—13:00	1.08	10.4
27	财经早七点	第一财经广播	07:00—08:00	1.05	6.3
28	新闻午间道	上海新闻广播	11:30—12:00	1.03	12.1
29	转播中央台新闻与报纸摘要	上海新闻广播	06:30—07:00	0.99	11.1
30	市民政务通-直通 990	上海新闻广播	13:00—15:00	0.95	14.0

三、广州地区收听率数据

表 2.3.1 广州地区主要电台频率的平均收听率和市场份额

排名	电台名称	平均收听率（%）	市场份额（%）
1	广东羊城交通台	0.86	13.7
2	广东音乐之声	0.79	12.6
3	广东珠江经济台	0.77	12.1
4	广州金曲音乐广播	0.67	10.6
5	广州新闻电台	0.64	10.2
6	广州交通广播	0.59	9.3
7	广东财经 927	0.27	4.3
8	广州青少年广播[都市 88]	0.22	3.6
9	中央中国之声	0.18	2.9
10	广东南方生活广播	0.16	2.5

表 2.3.2 广州地区主要电台频率的周到达率和日到达率

排名	电台名称	周到达率（%）	日到达率（%）
1	广东羊城交通台	26.26	12.94
2	广东音乐之声	23.48	12.69
3	广东珠江经济台	22.65	11.48
4	广州金曲音乐广播	23.33	10.80
5	广州新闻电台	21.77	10.44
6	广州交通广播	16.51	7.92
7	广东财经 927	8.74	4.66
8	广州青少年广播[都市 88]	8.38	4.63
9	中央中国之声	7.29	4.45
10	广东南方生活广播	6.69	3.36

表 2.3.3 广州地区主要电台的收听率（%）

时间	广东羊城交通台	广东音乐之声	广东珠江经济台	广州金曲音乐广播	广州新闻电台	广州交通广播	广东财经 927	广州青少年广播[都市88]	中央中国之声	广东南方生活广播
6:00	0.18	0.24	0.30	0.24	0.32	0.22	0.08	0.06	0.05	0.07
6:15	0.27	0.30	0.31	0.26	0.36	0.23	0.07	0.06	0.09	0.07
6:30	0.37	0.27	0.54	0.33	0.52	0.34	0.07	0.10	0.10	0.06
6:45	0.40	0.48	0.72	0.34	0.61	0.48	0.11	0.12	0.11	0.07
7:00	0.51	0.58	1.02	0.81	0.88	0.57	0.20	0.18	0.18	0.10
7:15	0.52	0.62	1.03	0.85	0.95	0.63	0.22	0.20	0.20	0.12
7:30	0.48	0.66	1.04	0.87	0.93	0.63	0.28	0.25	0.20	0.15
7:45	0.52	0.66	0.88	0.84	0.88	0.71	0.26	0.28	0.25	0.17
8:00	0.85	0.83	0.96	0.89	1.00	0.75	0.38	0.33	0.35	0.20
8:15	0.88	0.84	0.96	0.87	1.00	0.83	0.37	0.34	0.37	0.19
8:30	0.91	0.83	0.82	0.88	0.77	0.83	0.38	0.32	0.37	0.17
8:45	0.82	0.75	0.76	0.70	0.62	0.81	0.34	0.25	0.34	0.15
9:00	0.71	0.66	0.52	0.51	0.53	0.95	0.30	0.16	0.25	0.14
9:15	0.66	0.59	0.48	0.50	0.48	0.92	0.26	0.13	0.21	0.11
9:30	0.51	0.56	0.40	0.43	0.39	0.82	0.20	0.16	0.20	0.10
9:45	0.46	0.52	0.42	0.38	0.41	0.76	0.18	0.16	0.15	0.09
10:00	0.67	0.50	0.47	0.42	0.41	0.59	0.19	0.17	0.12	0.08
10:15	0.69	0.40	0.46	0.40	0.33	0.55	0.21	0.13	0.10	0.09
10:30	0.63	0.45	0.56	0.46	0.39	0.55	0.22	0.14	0.10	0.10
10:45	0.66	0.42	0.54	0.53	0.40	0.53	0.20	0.13	0.13	0.09
11:00	0.47	0.40	0.48	0.58	0.51	0.58	0.15	0.16	0.13	0.12
11:15	0.44	0.37	0.48	0.58	0.51	0.56	0.13	0.17	0.12	0.13
11:30	0.38	0.50	0.48	0.64	0.53	0.55	0.16	0.17	0.11	0.13
11:45	0.55	0.56	0.70	0.63	0.49	0.53	0.22	0.13	0.16	0.12
12:00	0.87	0.93	1.17	0.80	0.67	0.43	0.30	0.20	0.24	0.10
12:15	0.86	0.98	1.26	0.77	0.68	0.47	0.32	0.21	0.26	0.09
12:30	0.88	1.03	1.45	0.81	0.64	0.45	0.32	0.22	0.25	0.09
12:45	0.83	0.98	1.45	0.78	0.62	0.45	0.32	0.21	0.22	0.08
13:00	0.46	1.00	1.41	0.60	0.57	0.62	0.26	0.16	0.18	0.08
13:15	0.39	0.93	1.25	0.63	0.58	0.63	0.25	0.16	0.16	0.08
13:30	0.46	0.74	0.93	0.62	0.52	0.70	0.21	0.14	0.14	0.10
13:45	0.48	0.64	0.83	0.56	0.50	0.71	0.17	0.14	0.15	0.10
14:00	0.44	0.54	0.60	0.51	0.41	0.71	0.16	0.14	0.16	0.13
14:15	0.52	0.60	0.65	0.55	0.51	0.73	0.16	0.18	0.16	0.14
14:30	0.50	0.59	0.58	0.54	0.51	0.65	0.21	0.18	0.15	0.14
14:45	0.57	0.60	0.58	0.54	0.54	0.63	0.24	0.18	0.11	0.14

时间	广东羊城交通台	广东音乐之声	广东珠江经济台	广州金曲音乐广播	广州新闻电台	广州交通广播	广东财经927	广州青少年广播[都市88]	中央中国之声	广东南方生活广播
15:00	0.54	0.60	0.69	0.54	0.74	0.54	0.29	0.18	0.12	0.14
15:15	0.40	0.61	0.66	0.55	0.79	0.56	0.28	0.17	0.14	0.12
15:30	0.40	0.63	0.78	0.52	0.81	0.51	0.29	0.16	0.19	0.16
15:45	0.42	0.64	0.78	0.55	0.81	0.50	0.29	0.14	0.20	0.17
16:00	0.39	0.62	0.79	0.49	0.84	0.44	0.25	0.14	0.21	0.26
16:15	0.49	0.60	0.77	0.46	0.81	0.42	0.20	0.16	0.20	0.28
16:30	0.50	0.52	0.66	0.48	0.70	0.40	0.17	0.16	0.16	0.28
16:45	0.66	0.51	0.59	0.54	0.69	0.40	0.18	0.17	0.16	0.26
17:00	0.72	0.61	0.66	0.58	0.64	0.42	0.19	0.18	0.11	0.22
17:15	0.73	0.68	0.70	0.63	0.62	0.47	0.20	0.19	0.11	0.20
17:30	0.64	0.79	0.83	0.63	0.74	0.54	0.19	0.17	0.11	0.14
17:45	0.67	0.82	0.85	0.59	0.79	0.58	0.21	0.16	0.14	0.13
18:00	1.30	0.92	0.91	1.10	0.95	0.70	0.25	0.26	0.18	0.14
18:15	1.35	0.88	0.93	1.13	0.93	0.69	0.28	0.28	0.18	0.11
18:30	1.30	0.70	0.83	1.09	0.87	0.64	0.30	0.28	0.18	0.12
18:45	1.29	0.67	0.69	1.05	0.79	0.60	0.29	0.26	0.17	0.12
19:00	0.97	0.70	0.73	0.89	0.60	0.55	0.28	0.25	0.14	0.15
19:15	0.87	0.68	0.68	0.76	0.58	0.58	0.27	0.23	0.14	0.16
19:30	0.74	0.67	0.65	0.77	0.58	0.56	0.28	0.24	0.12	0.16
19:45	0.64	0.62	0.64	0.73	0.60	0.48	0.29	0.24	0.10	0.12
20:00	0.73	0.61	0.73	0.67	0.63	0.49	0.29	0.27	0.12	0.10
20:15	0.75	0.62	0.74	0.66	0.64	0.54	0.31	0.27	0.12	0.10
20:30	0.62	0.64	0.75	0.62	0.59	0.54	0.32	0.26	0.12	0.10
20:45	0.62	0.66	0.81	0.66	0.54	0.52	0.26	0.23	0.13	0.10
21:00	0.67	0.70	0.89	0.66	0.52	0.44	0.24	0.22	0.11	0.11
21:15	0.75	0.66	0.93	0.68	0.51	0.44	0.25	0.21	0.10	0.11
21:30	0.75	0.73	0.91	0.69	0.55	0.48	0.22	0.21	0.12	0.14
21:45	0.83	0.92	1.00	0.76	0.64	0.54	0.23	0.29	0.15	0.17
22:00	0.74	1.11	0.97	0.77	0.80	0.57	0.26	0.35	0.18	0.22
22:15	0.72	1.18	0.93	0.74	0.82	0.56	0.27	0.35	0.19	0.21
22:30	0.67	1.18	0.91	0.73	0.80	0.50	0.28	0.34	0.17	0.22
22:45	0.65	1.15	0.86	0.68	0.78	0.49	0.26	0.32	0.17	0.20
23:00	0.55	1.05	0.77	0.76	0.66	0.49	0.22	0.27	0.14	0.16
23:15	0.56	0.84	0.76	0.75	0.64	0.50	0.21	0.26	0.14	0.14
23:30	0.58	0.76	0.71	0.76	0.62	0.50	0.20	0.24	0.13	0.14
23:45	0.53	0.66	0.75	0.70	0.56	0.46	0.17	0.22	0.12	0.12

表 2.3.4　广州地区主要电台的占有率（%）

时间	广东羊城交通台	广东音乐之声	广东珠江经济台	广州金曲音乐广播	广州新闻电台	广州交通广播	广东财经927	广州青少年广播[都市88]	中央中国之声	广东南方生活广播
6:00	7.8	10.2	12.6	10.2	13.7	9.5	3.2	2.6	2.1	2.9
6:15	10.0	11.0	11.5	9.4	13.0	8.6	2.7	2.3	3.2	2.5
6:30	10.6	7.7	15.4	9.5	14.7	9.6	1.9	2.8	2.8	1.7
6:45	9.1	11.0	16.4	7.8	13.9	11.0	2.5	2.8	2.4	1.5
7:00	8.2	9.4	16.3	13.0	14.2	9.2	3.2	2.9	3.0	1.7
7:15	7.9	9.3	15.6	12.9	14.4	9.6	3.4	3.1	3.0	1.8
7:30	7.0	9.6	15.0	12.6	13.5	9.2	4.0	3.7	2.9	2.2
7:45	7.6	9.6	12.7	12.1	12.7	10.2	3.8	4.0	3.6	2.4
8:00	10.3	10.0	11.6	10.8	12.0	9.1	4.5	3.9	4.2	2.4
8:15	10.4	9.9	11.4	10.3	11.8	9.8	4.4	4.0	4.4	2.3
8:30	11.5	10.4	10.3	11.1	9.7	10.4	4.7	4.1	4.7	2.2
8:45	11.8	10.8	11.0	10.0	8.9	11.6	4.9	3.6	5.0	2.1
9:00	12.0	11.2	8.8	8.7	8.9	16.0	5.0	2.7	4.2	2.4
9:15	12.2	10.8	8.8	9.2	8.9	17.1	4.8	2.3	3.9	2.0
9:30	10.5	11.6	8.3	8.9	8.0	16.8	4.1	3.3	4.0	2.1
9:45	9.9	11.2	9.1	8.2	8.9	16.4	3.9	3.4	3.1	2.0
10:00	14.3	10.7	10.1	8.9	8.9	12.6	4.2	3.6	2.6	1.7
10:15	15.9	9.2	10.5	9.1	7.6	12.6	4.8	3.0	2.2	2.0
10:30	13.4	9.5	12.0	9.8	8.3	11.8	4.7	3.1	2.2	2.1
10:45	14.1	8.9	11.5	11.4	8.6	11.2	4.2	2.7	2.8	2.0
11:00	10.2	8.7	10.4	12.6	11.2	12.6	3.3	3.5	2.8	2.6
11:15	9.9	8.4	10.8	13.1	11.6	12.7	3.0	3.8	2.8	2.9
11:30	8.3	10.8	10.4	14.0	11.4	12.0	3.5	3.7	2.3	2.9
11:45	10.9	11.0	13.9	12.5	9.7	10.5	4.3	2.5	3.2	2.3
12:00	12.7	13.6	17.2	11.7	9.8	6.3	4.3	3.0	3.6	1.5
12:15	12.2	13.9	17.9	10.9	9.7	6.6	4.5	2.9	3.7	1.3
12:30	12.1	14.1	19.9	11.1	8.8	6.2	4.4	3.0	3.4	1.2
12:45	11.6	13.7	20.2	10.9	8.7	6.3	4.5	2.9	3.1	1.2
13:00	7.1	15.5	21.7	9.3	8.9	9.6	4.1	2.5	2.8	1.2
13:15	6.3	15.1	20.2	10.1	9.4	10.2	4.1	2.6	2.6	1.3
13:30	8.1	13.2	16.4	11.0	9.2	12.4	3.8	2.5	2.4	1.8
13:45	8.9	12.0	15.4	10.5	9.4	13.3	3.1	2.7	2.8	1.8
14:00	9.1	11.1	12.5	10.6	8.4	14.7	3.2	2.9	3.3	2.7
14:15	9.8	11.3	12.3	10.4	9.7	13.8	3.0	3.3	3.0	2.7
14:30	9.9	11.6	11.3	10.7	10.0	12.9	4.2	3.5	3.0	2.8
14:45	11.1	11.6	11.3	10.6	10.5	12.2	4.6	3.5	2.2	2.8

时间	广东羊城交通台	广东音乐之声	广东珠江经济台	广州金曲音乐广播	广州新闻电台	广州交通广播	广东财经927	广州青少年广播[都市88]	中央中国之声	广东南方生活广播
15:00	10.0	11.1	12.9	10.0	13.7	10.1	5.3	3.3	2.3	2.6
15:15	7.5	11.5	12.5	10.5	14.9	10.5	5.2	3.2	2.6	2.4
15:30	7.4	11.5	14.2	9.5	14.6	9.3	5.3	2.9	3.4	3.0
15:45	7.5	11.6	14.0	9.9	14.6	9.0	5.2	2.5	3.6	3.1
16:00	7.2	11.4	14.6	8.9	15.4	8.1	4.5	2.6	3.8	4.8
16:15	9.1	11.2	14.3	8.6	15.1	7.9	3.7	2.9	3.7	5.3
16:30	10.1	10.5	13.2	9.6	14.0	8.0	3.5	3.3	3.3	5.6
16:45	13.1	10.1	11.6	10.6	13.7	7.8	3.5	3.4	3.1	5.2
17:00	13.6	11.6	12.5	10.9	12.0	8.0	3.7	3.4	2.0	4.1
17:15	13.3	12.3	12.8	11.5	11.3	8.5	3.6	3.4	1.9	3.6
17:30	10.8	13.4	14.1	10.8	12.6	9.2	3.2	2.9	1.9	2.4
17:45	11.0	13.4	14.0	9.6	12.9	9.6	3.5	2.6	2.3	2.2
18:00	16.4	11.6	11.5	13.9	11.9	8.7	3.2	3.3	2.2	1.7
18:15	16.7	10.9	11.6	14.0	11.6	8.5	3.5	3.4	2.2	1.4
18:30	17.2	9.3	10.9	14.4	11.5	8.5	4.0	3.7	2.3	1.6
18:45	18.0	9.4	9.7	14.7	11.0	8.3	4.0	3.6	2.3	1.7
19:00	15.0	10.8	11.3	13.9	9.3	8.5	4.4	3.8	2.2	2.4
19:15	14.2	11.1	11.1	12.3	9.5	9.4	4.3	3.8	2.2	2.6
19:30	12.6	11.3	11.0	13.1	9.8	9.5	4.7	4.0	2.1	2.7
19:45	11.5	11.1	11.5	13.2	10.7	8.7	5.2	4.4	1.9	2.2
20:00	12.7	10.6	12.7	11.7	11.0	8.4	5.1	4.7	2.0	1.8
20:15	12.9	10.7	12.7	11.3	10.9	9.2	5.3	4.6	2.0	1.8
20:30	11.0	11.4	13.3	11.0	10.3	9.5	5.6	4.7	2.2	1.7
20:45	11.0	11.8	14.4	11.7	9.6	9.3	4.6	4.1	2.4	1.8
21:00	12.0	12.4	15.8	11.8	9.2	7.9	4.3	3.9	1.9	2.0
21:15	13.2	11.5	16.3	11.9	9.0	7.7	4.4	3.6	1.8	2.0
21:30	12.8	12.6	15.5	11.9	9.5	8.2	3.8	3.6	2.1	2.4
21:45	12.5	13.9	15.1	11.5	9.7	8.1	3.4	4.4	2.3	2.6
22:00	10.4	15.6	13.7	10.9	11.2	7.9	3.7	4.8	2.6	3.1
22:15	10.1	16.4	13.0	10.3	11.4	7.8	3.8	4.8	2.6	2.9
22:30	9.7	17.0	13.1	10.5	11.5	7.2	4.0	4.9	2.4	3.2
22:45	9.7	17.3	12.9	10.2	11.7	7.4	3.9	4.8	2.6	3.1
23:00	9.0	17.3	12.6	12.4	10.8	8.0	3.6	4.5	2.3	2.6
23:15	9.6	14.6	13.1	13.1	11.1	8.7	3.6	4.5	2.4	2.5
23:30	10.5	13.7	12.8	13.7	11.1	9.0	3.5	4.3	2.4	2.5
23:45	10.3	12.9	14.6	13.6	10.8	8.9	3.3	4.3	2.4	2.2

表 2.3.5 广州市平均收听率 top30 节目

排名	节目名称	所属频率	播放时间	平均收听率 (%)	市场占有率 (%)
1	珠江第一线	广东电台珠江经济台	07:30—09:00	1.91	14.6
2	经济在线(谈股论金)	广东电台珠江经济台	09:00—09:30	1.84	13.6
2	大吉利车队	广东电台羊城交通台	09:00—09:30	1.84	13.5
4	新闻大视野	广州新闻电台	08:00—09:00	1.63	11.6
5	车乐汇	广东电台珠江经济台	09:30—10:30	1.62	14.7
6	至 top 买楼帮	广州交通广播	08:30—09:00	1.60	11.0
7	新闻早报	广州新闻电台	07:30—08:00	1.55	13.7
8	车天车地车世	广州交通广播	09:00—10:30	1.51	12.8
8	大卫小夫 DODODO	广东电台羊城交通台	18:30—19:00	1.51	18.2
10	好一个早晨	广东电台音乐之声	07:30—09:00	1.49	11.4
11	黄缨热线	广东电台珠江经济台	13:00—14:00	1.40	17.9
12	朝朝早 精神好	广东电台羊城交通台	07:00—09:00	1.37	11.5
12	多乐 CD	广东电台音乐之声	09:00—11:00	1.37	12.7
14	大吉利车队	广东电台羊城交通台	18:00—18:30	1.36	17.0
14	最美新一天	广州金曲音乐广播	07:00—09:00	1.36	11.4
14	新闻故事	广州新闻电台	07:00—07:30	1.36	16.2
17	全国汽车音乐	广东电台羊城交通台	09:30—10:30	1.34	12.2
18	爆财经	广州新闻电台	09:00—10:00	1.33	10.5
19	车鳞时代	广东电台羊城交通台	19:30—20:30	1.32	20.2
20	天生快活人	广东电台音乐之声	12:30—14:00	1.31	15.9
21	羊城交广晚间新闻/1052 交广新闻	广东电台羊城交通台	19:00—19:30	1.25	17.6
22	小说连播	广东电台珠江经济台	12:00—13:00; 12:30—13:00	1.14	14.8
23	一路醒晨	广州交通广播	07:00—08:30	1.12	10.2
23	A 咖时间	广州金曲音乐广播	09:00—10:00	1.12	8.8
25	晨光粤韵	广东电台珠江经济台	07:00—07:30	1.11	13.3
26	老友记	广州新闻电台	15:00—16:00	1.10	17.2
27	大卫小夫 DODODO	广东电台羊城交通台	17:00—18:00	1.04	18.4
28	全城当打	广东电台羊城交通台	20:30—21:00	1.02	19.3
29	今日关注(电视直播版)	广东电台珠江经济台	21:00—22:00	1.00	21.0
30	爆财经	广州新闻电台	16:00—16:30	0.98	17.1

四、深圳地区收听率数据

表 2.4.1 深圳地区主要电台频率的平均收听率和市场份额

排名	电台名称	平均收听率（%）	市场份额（%）
1	深圳交通频率	1.08	16.2
2	深圳音乐频率	1.05	15.8
3	深圳新闻频率	0.69	10.3
4	深圳私家车 942	0.60	9.0
5	广东电台南粤之声 URadio 深圳优悦广播	0.60	9.0
6	深圳动听 102	0.37	5.6
7	中央中国之声	0.36	5.4
8	宝安缤纷 1043	0.33	4.9
9	中央音乐之声	0.23	3.4
10	中央电台华夏之声[粤语双语版]	0.12	1.8

表 2.4.2 深圳地区主要电台频率的周到达率和日到达率

排名	电台名称	周到达率（%）	日到达率（%）
1	深圳交通频率	26.74	11.59
2	深圳音乐频率	30.22	10.82
3	广东电台南粤之声 URadio 深圳优悦广播	20.20	9.74
4	深圳新闻频率	23.96	9.49
5	深圳私家车 942	24.23	8.67
6	中央中国之声	14.62	7.28
7	深圳动听 102	17.27	6.67
8	宝安缤纷 1043	11.14	3.76
9	中央音乐之声	9.47	3.65
10	中央电台华夏之声[国语版]	13.23	3.32

表 2.4.3 深圳地区主要电台的收听率（%）

时间	深圳交通频率	深圳音乐频率	深圳新闻频率	深圳私家车 942	广东电台南粤之声	深圳动听 102	中央中国之声	宝安缤纷 1043	中央音乐之声	中央电台华夏之声
6:00	0.00	0.71	0.49	0.05	0.55	0.00	0.39	0.07	0.06	0.06
6:15	0.00	0.87	0.60	0.05	0.73	0.00	0.47	0.11	0.11	0.07
6:30	0.81	1.01	0.79	0.06	0.86	0.00	0.58	0.14	0.14	0.07
6:45	1.17	1.20	1.00	0.27	0.99	0.00	0.68	0.19	0.17	0.09
7:00	1.60	1.37	1.22	0.43	1.13	0.24	0.71	0.28	0.22	0.10
7:15	2.01	1.54	1.51	0.60	1.13	0.37	0.72	0.37	0.29	0.11
7:30	2.36	1.62	1.69	0.79	1.03	0.50	0.71	0.45	0.35	0.11
7:45	2.58	1.69	1.73	0.94	0.91	0.65	0.62	0.51	0.42	0.13
8:00	2.61	1.75	1.58	1.07	0.78	0.72	0.53	0.53	0.44	0.15
8:15	2.42	1.82	1.39	1.04	0.63	0.73	0.46	0.51	0.41	0.19
8:30	2.11	1.87	1.19	0.97	0.52	0.67	0.41	0.46	0.40	0.22
8:45	1.75	1.86	0.95	0.86	0.47	0.61	0.42	0.42	0.36	0.23
9:00	1.50	1.71	0.82	0.78	0.50	0.55	0.42	0.36	0.29	0.23
9:15	1.41	1.57	0.76	0.76	0.56	0.48	0.40	0.31	0.25	0.20
9:30	1.38	1.37	0.74	0.74	0.64	0.43	0.39	0.26	0.21	0.18
9:45	1.36	1.22	0.79	0.75	0.70	0.40	0.33	0.23	0.24	0.15
10:00	1.30	1.10	0.90	0.75	0.72	0.43	0.30	0.22	0.23	0.13
10:15	1.30	1.01	0.98	0.74	0.70	0.45	0.26	0.24	0.26	0.14
10:30	1.22	1.00	1.04	0.74	0.63	0.46	0.21	0.25	0.26	0.13
10:45	1.03	1.02	1.01	0.73	0.57	0.47	0.19	0.27	0.29	0.13
11:00	0.90	1.12	0.89	0.68	0.53	0.47	0.18	0.31	0.32	0.14
11:15	0.76	1.22	0.71	0.71	0.48	0.44	0.18	0.34	0.32	0.14
11:30	0.68	1.23	0.58	0.69	0.46	0.44	0.22	0.37	0.32	0.14
11:45	0.61	1.20	0.47	0.71	0.44	0.39	0.27	0.39	0.29	0.14
12:00	0.64	1.10	0.40	0.68	0.43	0.37	0.32	0.38	0.27	0.13
12:15	0.75	0.96	0.38	0.65	0.47	0.35	0.37	0.37	0.26	0.11
12:30	0.91	0.83	0.41	0.60	0.45	0.35	0.43	0.36	0.25	0.10
12:45	1.15	0.73	0.50	0.52	0.43	0.35	0.46	0.34	0.23	0.10
13:00	1.30	0.63	0.62	0.44	0.46	0.37	0.45	0.30	0.23	0.10
13:15	1.37	0.62	0.72	0.41	0.57	0.39	0.43	0.28	0.19	0.12
13:30	1.22	0.67	0.75	0.42	0.68	0.41	0.38	0.29	0.16	0.12
13:45	1.07	0.77	0.69	0.49	0.81	0.43	0.34	0.27	0.14	0.10
14:00	0.95	0.87	0.60	0.57	0.93	0.49	0.28	0.26	0.12	0.10
14:15	0.82	1.05	0.56	0.71	0.96	0.52	0.26	0.28	0.10	0.10
14:30	0.78	1.12	0.55	0.77	0.89	0.54	0.25	0.28	0.10	0.10
14:45	0.78	1.12	0.52	0.78	0.79	0.53	0.22	0.30	0.11	0.11

时间	深圳交通频率	深圳音乐频率	深圳新闻频率	深圳私家车942	广东电台南粤之声	深圳动听102	中央中国之声	宝安缤纷1043	中央音乐之声	中央电台华夏之声
15:00	0.79	1.06	0.50	0.70	0.71	0.48	0.20	0.35	0.12	0.11
15:15	0.80	0.97	0.49	0.62	0.61	0.43	0.15	0.36	0.12	0.11
15:30	0.77	0.84	0.47	0.53	0.51	0.41	0.14	0.40	0.12	0.13
15:45	0.75	0.67	0.45	0.46	0.46	0.40	0.14	0.46	0.13	0.15
16:00	0.72	0.55	0.46	0.47	0.45	0.37	0.16	0.52	0.14	0.16
16:15	0.74	0.47	0.50	0.46	0.48	0.41	0.22	0.61	0.17	0.18
16:30	0.79	0.43	0.60	0.50	0.49	0.46	0.26	0.60	0.21	0.17
16:45	0.92	0.48	0.71	0.53	0.44	0.49	0.31	0.58	0.23	0.16
17:00	1.16	0.54	0.84	0.56	0.39	0.50	0.37	0.56	0.29	0.14
17:15	1.37	0.67	0.93	0.59	0.39	0.53	0.44	0.50	0.34	0.12
17:30	1.61	0.74	1.01	0.64	0.44	0.53	0.51	0.46	0.37	0.10
17:45	1.72	0.84	1.07	0.66	0.54	0.47	0.55	0.41	0.41	0.11
18:00	1.81	0.99	1.06	0.68	0.66	0.43	0.58	0.39	0.40	0.11
18:15	1.75	1.12	1.01	0.72	0.76	0.38	0.57	0.39	0.38	0.12
18:30	1.62	1.28	0.90	0.73	0.90	0.35	0.50	0.38	0.35	0.14
18:45	1.38	1.48	0.80	0.71	0.91	0.34	0.44	0.37	0.32	0.12
19:00	1.17	1.62	0.68	0.68	0.87	0.33	0.40	0.37	0.30	0.12
19:15	0.97	1.63	0.56	0.63	0.75	0.34	0.36	0.36	0.28	0.12
19:30	0.85	1.53	0.48	0.56	0.67	0.34	0.33	0.34	0.26	0.10
19:45	0.78	1.38	0.44	0.54	0.61	0.33	0.35	0.32	0.25	0.09
20:00	0.75	1.24	0.41	0.56	0.59	0.30	0.35	0.31	0.22	0.08
20:15	0.79	1.13	0.36	0.56	0.57	0.29	0.36	0.29	0.20	0.10
20:30	0.84	1.06	0.32	0.58	0.57	0.26	0.35	0.27	0.19	0.10
20:45	0.89	1.02	0.30	0.60	0.56	0.24	0.33	0.25	0.18	0.10
21:00	0.86	1.02	0.34	0.62	0.52	0.22	0.34	0.25	0.16	0.09
21:15	0.82	1.03	0.32	0.64	0.47	0.21	0.35	0.25	0.16	0.09
21:30	0.74	0.96	0.37	0.62	0.43	0.20	0.36	0.24	0.15	0.08
21:45	0.68	0.89	0.36	0.57	0.38	0.20	0.33	0.22	0.16	0.07
22:00	0.67	0.82	0.37	0.54	0.38	0.21	0.30	0.19	0.17	0.07
22:15	0.67	0.79	0.34	0.51	0.37	0.24	0.29	0.18	0.16	0.07
22:30	0.61	0.77	0.31	0.50	0.35	0.27	0.29	0.18	0.14	0.08
22:45	0.52	0.75	0.30	0.50	0.34	0.27	0.28	0.20	0.13	0.08
23:00	0.48	0.72	0.27	0.45	0.28	0.24	0.27	0.19	0.11	0.07
23:15	0.47	0.68	0.21	0.40	0.25	0.20	0.23	0.15	0.10	0.06
23:30	0.36	0.58	0.19	0.34	0.20	0.16	0.19	0.12	0.08	0.05
23:45	0.25	0.44	0.17	0.28	0.16	0.12	0.14	0.10	0.05	0.04

表 2.4.4　深圳地区主要电台的占有率（%）

时间	深圳交通频率	深圳音乐频率	深圳新闻频率	深圳私家车942	广东电台南粤之声	深圳动听102	中央中国之声	宝安缤纷1043	中央音乐之声	中央电台华夏之声
6:00	0.0	24.7	16.9	1.8	19.0	0.0	13.6	2.5	2.2	2.2
6:15	0.0	23.9	16.5	1.5	20.1	0.0	13.1	3.0	2.9	1.9
6:30	15.2	19.1	14.9	1.1	16.3	0.0	11.0	2.7	2.6	1.4
6:45	17.4	17.8	14.9	4.0	14.7	0.0	10.1	2.8	2.5	1.3
7:00	19.0	16.3	14.5	5.2	13.4	2.8	8.4	3.3	2.7	1.2
7:15	20.4	15.6	15.4	6.1	11.4	3.7	7.3	3.7	2.9	1.1
7:30	21.7	14.9	15.5	7.3	9.4	4.5	6.5	4.2	3.2	1.0
7:45	22.4	14.7	15.0	8.2	7.9	5.6	5.4	4.5	3.7	1.1
8:00	22.7	15.2	13.7	9.3	6.8	6.3	4.6	4.6	3.8	1.3
8:15	22.0	16.5	12.6	9.4	5.7	6.6	4.1	4.6	3.7	1.7
8:30	20.5	18.2	11.5	9.4	5.0	6.5	4.0	4.4	3.9	2.1
8:45	18.6	19.7	10.1	9.1	4.9	6.5	4.4	4.4	3.9	2.4
9:00	17.3	19.6	9.4	9.0	5.8	6.3	4.8	4.2	3.3	2.7
9:15	17.2	19.2	9.3	9.2	6.8	5.8	4.8	3.7	3.1	2.5
9:30	17.6	17.5	9.5	9.4	8.1	5.5	4.9	3.3	2.7	2.3
9:45	17.7	15.9	10.3	9.8	9.2	5.2	4.3	3.0	3.1	2.0
10:00	17.1	14.6	11.8	10.0	9.5	5.6	4.0	2.9	3.0	1.7
10:15	17.1	13.3	12.9	9.7	9.2	5.9	3.4	3.2	3.5	1.8
10:30	16.4	13.3	14.0	9.9	8.5	6.1	2.8	3.4	3.5	1.8
10:45	14.3	14.1	14.0	10.2	7.9	6.6	2.6	3.8	4.0	1.9
11:00	12.8	15.9	12.6	9.6	7.6	6.6	2.5	4.4	4.5	2.0
11:15	11.2	17.9	10.4	10.4	7.1	6.4	2.7	5.0	4.8	2.1
11:30	10.3	18.7	8.7	10.5	7.0	6.7	3.3	5.6	4.8	2.1
11:45	9.6	18.8	7.4	11.2	6.9	6.1	4.2	6.1	4.6	2.3
12:00	10.5	17.9	6.5	11.0	6.9	6.0	5.1	6.2	4.5	2.1
12:15	12.4	15.8	6.3	10.8	7.7	5.7	6.2	6.0	4.2	1.8
12:30	15.1	13.8	6.7	9.9	7.4	5.8	7.1	6.0	4.2	1.7
12:45	18.7	11.8	8.1	8.4	7.0	5.6	7.5	5.5	3.8	1.6
13:00	20.7	10.0	9.9	7.1	7.3	5.9	7.2	4.8	3.6	1.7
13:15	21.1	9.5	11.0	6.3	8.8	5.9	6.6	4.3	3.0	1.8
13:30	18.7	10.3	11.6	6.5	10.5	6.2	5.8	4.5	2.5	1.9
13:45	16.5	11.9	10.6	7.6	12.5	6.7	5.3	4.1	2.2	1.6
14:00	14.6	13.4	9.2	8.8	14.2	7.5	4.3	4.0	1.8	1.6
14:15	12.3	15.8	8.4	10.6	14.4	7.9	3.8	4.2	1.4	1.4
14:30	11.6	16.6	8.2	11.5	13.2	8.0	3.7	4.2	1.5	1.5
14:45	11.7	16.8	7.8	11.7	11.8	7.9	3.2	4.5	1.6	1.6

时间	深圳交通频率	深圳音乐频率	深圳新闻频率	深圳私家车942	广东电台南粤之声	深圳动听102	中央中国之声	宝安缤纷1043	中央音乐之声	中央电台华夏之声
15:00	12.3	16.5	7.7	10.9	10.9	7.5	3.0	5.4	1.9	1.7
15:15	13.3	16.0	8.1	10.2	10.0	7.1	2.4	6.0	2.0	1.9
15:30	13.5	14.8	8.2	9.3	9.0	7.2	2.4	7.1	2.2	2.2
15:45	13.8	12.4	8.2	8.5	8.5	7.3	2.6	8.5	2.3	2.7
16:00	13.4	10.2	8.5	8.8	8.5	6.9	2.9	9.7	2.6	3.0
16:15	13.1	8.4	8.9	8.2	8.5	7.2	3.8	10.7	3.0	3.2
16:30	13.2	7.3	10.0	8.4	8.2	7.7	4.4	10.1	3.5	2.9
16:45	14.6	7.6	11.3	8.3	6.9	7.7	4.9	9.2	3.7	2.6
17:00	17.0	7.9	12.3	8.2	5.7	7.3	5.4	8.2	4.3	2.0
17:15	18.7	9.2	12.8	8.0	5.3	7.3	6.0	6.8	4.6	1.6
17:30	20.6	9.5	12.9	8.2	5.7	6.8	6.5	5.9	4.7	1.3
17:45	21.2	10.3	13.1	8.2	6.7	5.7	6.8	5.1	5.1	1.4
18:00	21.4	11.8	12.6	8.0	7.8	5.1	6.8	4.6	4.7	1.4
18:15	20.7	13.3	11.9	8.6	9.0	4.5	6.7	4.6	4.5	1.4
18:30	19.3	15.3	10.8	8.8	10.7	4.1	5.9	4.5	4.1	1.6
18:45	17.2	18.4	10.0	8.8	11.3	4.2	5.4	4.6	3.9	1.5
19:00	15.3	21.1	8.9	8.9	11.3	4.3	5.2	4.9	3.9	1.6
19:15	13.6	22.9	7.9	8.8	10.5	4.7	5.0	5.0	3.9	1.6
19:30	12.8	22.9	7.2	8.5	10.1	5.0	4.9	5.1	3.9	1.5
19:45	12.3	21.9	6.9	8.5	9.7	5.2	5.6	5.1	3.9	1.3
20:00	12.5	20.7	6.8	9.2	9.8	5.1	5.9	5.2	3.6	1.4
20:15	13.7	19.6	6.2	9.6	9.8	5.1	6.2	5.1	3.4	1.6
20:30	15.0	19.0	5.7	10.3	10.2	4.7	6.2	4.8	3.4	1.8
20:45	16.3	18.6	5.5	10.9	10.2	4.5	6.1	4.5	3.3	1.9
21:00	16.0	18.9	6.2	11.4	9.5	4.1	6.4	4.6	2.9	1.7
21:15	15.2	19.3	5.9	11.9	8.8	3.9	6.6	4.7	2.9	1.6
21:30	14.2	18.5	7.1	11.9	8.2	3.8	6.9	4.7	2.9	1.5
21:45	13.9	18.2	7.4	11.7	7.7	4.2	6.9	4.5	3.2	1.5
22:00	14.2	17.4	7.8	11.5	8.0	4.4	6.4	4.1	3.6	1.5
22:15	14.8	17.3	7.3	11.1	8.0	5.3	6.4	3.9	3.6	1.6
22:30	13.7	17.3	7.0	11.4	8.0	6.1	6.5	4.1	3.2	1.8
22:45	12.3	17.7	7.2	11.8	8.0	6.3	6.6	4.7	3.0	1.9
23:00	12.2	18.4	7.0	11.5	7.3	6.2	6.9	4.9	2.8	1.8
23:15	13.5	19.8	6.0	11.6	7.2	5.7	6.6	4.3	2.9	1.6
23:30	12.6	20.2	6.6	11.9	6.9	5.4	6.7	4.0	2.9	1.6
23:45	11.2	19.4	7.5	12.4	6.9	5.4	6.2	4.3	2.4	2.0

表 2.4.5　深圳市平均收听率 top30 节目

排名	节目名称	所属频率	播放时间	平均收听率(%)	市场占有率(%)
1	深圳早班车	深圳交通频率	07:30—09:30	2.57	22.8
2	伴你同行	深圳交通频率	17:30—19:30	1.67	20.1
3	898 早新闻	深圳新闻频率	07:00—09:00	1.63	14.5
4	缤纷车世界	深圳交通频率	09:30—10:30	1.48	18.6
5	民歌味道	深圳音乐频率	09:00—10:00	1.39	16.4
6	一路飞扬	深圳音乐频率	07:00—09:00	1.37	12.2
7	上班加油	深圳私家车 942	07:30—10:00	1.28	12.1
8	生活榜样	深圳音乐频率	19:00—20:00	1.25	18.2
9	898 晚新闻	深圳新闻频率	18:00—19:00	1.24	13.8
10	人才驾到	深圳交通频率	20:30—21:30	1.23	21.8
11	欢乐正前方	深圳交通频率	12:30—13:30	1.10	18.0
11	岁月留声	深圳新闻频率	10:00—11:00	1.10	14.2
13	音乐早餐	广东电台南粤之声	06:30—07:30	1.08	14.6
14	E 路大玩家	深圳交通频率	16:30—17:30	1.06	17.7
15	鹏城备忘录	深圳交通频率	06:30—07:30	1.04	13.9
16	美味乐翻天	深圳音乐频率	11:00—12:00	1.01	14.7
17	快乐反斗星	深圳音乐频率	18:00—19:00	0.98	10.9
18	民心桥	深圳新闻频率	11:00—12:00	0.91	12.9
18	天天向上	深圳私家车 942	10:00—13:00	0.91	13.2
20	转播中央人民广播电台《新闻和报纸摘要》	深圳新闻频率	06:30—07:00	0.88	15.4
20	每日资讯榜	深圳新闻频率	17:00—18:00	0.88	12.4
22	奔放音乐人	深圳音乐频率	12:00—13:00	0.82	13.4
23	微风成长课堂	深圳音乐频率	15:00—16:00	0.81	15.5
24	好好娱乐	深圳私家车 942	13:00—16:00	0.79	13.1
24	男人帮	深圳音乐频率	10:00—11:00	0.79	10.2
26	从深圳出发	深圳交通频率	19:30—20:30	0.77	13.1
26	快乐家居	深圳交通频率	13:30—14:30	0.77	11.9
28	听见阳光	广东电台南粤之声	10:00—11:00	0.75	10.3
29	音乐下午茶	深圳音乐频率	14:00—15:00	0.74	11.6
29	U up	深圳音乐频率	20:00—21:00	0.74	13.4

五、天津地区收听率数据

表 2.5.1 天津地区主要电台频率的平均收听率和市场份额

排名	电台名称	平均收听率（%）	市场份额（%）
1	天津电台交通广播	2.15	28.5
2	天津电台音乐广播	1.62	21.5
3	天津电台相声广播	1.14	15.2
4	天津电台新闻广播	0.55	7.3
5	天津电台生活广播	0.55	7.3
6	天津电台经济广播	0.39	5.2
7	天津电台文艺广播	0.39	5.1
8	天津电台滨海广播	0.16	2.1
9	中央电台音乐之声	0.16	2.1
10	中央电台中国之声	0.13	1.8

表 2.5.2 天津地区主要电台频率的周到达率和日到达率

排名	电台名称	周到达率（%）	日到达率（%）
1	天津电台交通广播	45.47	24.43
2	天津电台相声广播	40.45	16.09
3	天津电台音乐广播	34.82	9.29
4	天津电台生活广播	18.00	9.07
5	天津电台经济广播	9.16	7.55
6	天津电台文艺广播	9.38	7.23
7	天津电台新闻广播	16.64	6.23
8	天津电台滨海广播	8.31	5.46
9	天津电台小说广播	4.51	2.89
10	天津 MY FM 城市之声	3.61	2.11

表 2.5.3　天津地区主要电台的收听率（%）

时间	天津电台交通广播	天津电台音乐广播	天津电台相声广播	天津电台新闻广播	天津电台生活广播	天津电台经济广播	天津电台文艺广播	天津电台滨海广播	中央电台音乐之声	中央电台中国之声
6:00	0.46	2.5	0.33	1.6	2.37	0.65	0.51	0.39	0.18	0.13
6:15	0.74	2.69	0.37	1.59	1.91	0.63	0.64	0.36	0.2	0.11
6:30	1.25	2.85	0.26	1.57	1.51	0.57	0.74	0.32	0.22	0.09
6:45	2.14	2.6	0.5	1.42	1.08	0.48	0.8	0.25	0.25	0.08
7:00	2.79	2.45	0.68	1.22	0.94	0.37	0.75	0.17	0.25	0.08
7:15	3.25	2.13	1.02	1.02	0.98	0.29	0.65	0.13	0.21	0.07
7:30	3.61	1.86	1.11	0.85	1.15	0.27	0.58	0.11	0.18	0.07
7:45	3.6	1.61	1.4	0.75	1.17	0.38	0.49	0.14	0.16	0.08
8:00	2.78	1.87	2.32	0.57	0.36	0.67	0.53	0.21	0.24	0.11
8:15	2.44	1.97	2.66	0.47	0.2	0.8	0.45	0.25	0.3	0.08
8:30	2.33	2.11	2.54	0.44	0.23	0.85	0.41	0.24	0.33	0.09
8:45	2.64	2.03	2.53	0.36	0.25	0.8	0.34	0.2	0.32	0.12
9:00	3.31	1.89	2.05	0.4	0.26	0.68	0.38	0.18	0.31	0.14
9:15	3.53	1.77	1.74	0.46	0.36	0.62	0.46	0.17	0.27	0.2
9:30	3.86	1.67	1.39	0.47	0.44	0.66	0.51	0.15	0.21	0.23
9:45	3.85	1.61	1.17	0.45	0.57	0.75	0.59	0.13	0.15	0.26
10:00	3.54	1.53	1.65	0.39	0.57	0.77	0.6	0.14	0.11	0.27
10:15	3.23	1.46	1.98	0.43	0.73	0.71	0.51	0.19	0.09	0.26
10:30	3.31	1.6	2.01	0.44	0.86	0.48	0.38	0.22	0.11	0.23
10:45	3.25	1.85	1.71	0.54	1.04	0.33	0.33	0.22	0.12	0.27
11:00	2.86	2.2	1.55	0.66	1.09	0.26	0.33	0.2	0.15	0.34
11:15	2.16	2.73	1.57	0.89	1.06	0.19	0.27	0.13	0.21	0.42
11:30	1.62	3.06	1.69	0.98	0.95	0.23	0.24	0.12	0.23	0.45
11:45	1.82	3.1	1.48	1	0.81	0.24	0.28	0.13	0.21	0.46
12:00	1.8	2.87	1.76	0.96	0.72	0.33	0.34	0.16	0.2	0.44
12:15	1.72	2.74	2.02	0.89	0.67	0.41	0.4	0.17	0.19	0.41
12:30	1.41	2.6	2.38	0.87	0.7	0.46	0.45	0.17	0.23	0.38
12:45	1.33	2.43	2.51	0.87	0.76	0.49	0.59	0.16	0.25	0.31
13:00	1.37	2.22	2.29	0.96	0.89	0.47	0.89	0.13	0.26	0.25
13:15	1.39	1.85	2.22	1.1	1.01	0.33	1.18	0.11	0.25	0.21
13:30	1.42	1.87	2.08	1.13	0.94	0.24	1.38	0.11	0.2	0.22
13:45	1.82	1.85	1.47	1.23	0.68	0.27	1.58	0.14	0.19	0.24
14:00	2.39	1.27	1.7	1.04	0.88	0.3	1.26	0.22	0.16	0.19
14:15	1.94	1.21	2.39	0.81	1.01	0.53	0.93	0.25	0.22	0.18
14:30	1.64	1.05	2.43	0.68	1.21	0.93	0.82	0.28	0.3	0.18
14:45	1.37	1.59	1.95	0.62	1.29	1.12	0.79	0.28	0.36	0.2

时间	天津电台交通广播	天津电台音乐广播	天津电台相声广播	天津电台新闻广播	天津电台生活广播	天津电台经济广播	天津电台文艺广播	天津电台滨海广播	中央电台音乐之声	中央电台中国之声
15:00	1.64	2.43	0.7	0.52	1.38	1.17	0.87	0.24	0.38	0.24
15:15	2.18	2.59	0.46	0.55	1.17	1.11	0.79	0.17	0.32	0.25
15:30	2.14	2.84	0.41	0.53	0.99	1.06	0.78	0.13	0.31	0.27
15:45	2.39	2.98	0.64	0.4	0.74	0.93	0.61	0.11	0.28	0.3
16:00	2.39	2.46	2.05	0.38	0.52	0.67	0.32	0.12	0.28	0.24
16:15	2.86	1.94	2.5	0.38	0.5	0.44	0.19	0.25	0.29	0.16
16:30	3.14	1.73	2.4	0.45	0.6	0.35	0.13	0.33	0.34	0.14
16:45	3.13	1.67	2.2	0.56	0.65	0.37	0.17	0.37	0.37	0.12
17:00	2.6	2.45	1.98	0.69	0.57	0.39	0.21	0.34	0.34	0.09
17:15	2.2	2.84	1.86	0.69	0.54	0.4	0.48	0.28	0.32	0.07
17:30	2.96	2.84	1.47	0.58	0.3	0.45	0.53	0.22	0.29	0.04
17:45	4.12	2.57	0.85	0.38	0.21	0.54	0.56	0.16	0.27	0.06
18:00	4.7	2.21	0.87	0.24	0.14	0.63	0.53	0.13	0.24	0.06
18:15	5.13	1.88	0.71	0.2	0.33	0.66	0.47	0.14	0.21	0.06
18:30	5.16	1.73	0.92	0.21	0.36	0.66	0.39	0.16	0.16	0.05
18:45	4.72	1.69	1.34	0.35	0.38	0.64	0.35	0.2	0.08	0.05
19:00	3.89	1.56	2.16	0.55	0.39	0.6	0.31	0.23	0.04	0.05
19:15	3.29	1.43	2.6	0.88	0.34	0.5	0.33	0.27	0.05	0.05
19:30	3.43	1.35	2.31	1.05	0.36	0.38	0.33	0.33	0.05	0.07
19:45	3.69	1.65	1.02	1.35	0.43	0.32	0.45	0.43	0.07	0.11
20:00	3.04	2.26	0.55	1.51	0.46	0.27	0.51	0.49	0.12	0.21
20:15	2.4	2.62	0.47	1.5	0.78	0.28	0.46	0.5	0.16	0.27
20:30	2.03	2.89	0.5	1.43	1.04	0.34	0.36	0.5	0.16	0.3
20:45	2.12	2.82	0.73	1.12	1.27	0.32	0.3	0.45	0.15	0.3
21:00	2.95	2.16	1.41	0.66	1.32	0.33	0.24	0.33	0.09	0.14
21:15	3.23	1.97	1.46	0.5	1.33	0.47	0.24	0.22	0.07	0.11
21:30	2.65	2.23	1.18	0.65	1.33	0.7	0.35	0.2	0.11	0.13
21:45	2.34	2.46	0.78	0.65	1.25	0.85	0.65	0.12	0.24	0.14
22:00	2.13	2.81	0.69	0.51	1.21	0.75	0.73	0.13	0.27	0.25
22:15	2.52	2.99	0.49	0.56	1.01	0.47	0.67	0.15	0.31	0.32
22:30	3	3.07	0.46	0.56	0.98	0.29	0.47	0.17	0.23	0.25
22:45	3.7	3.07	0.52	0.63	0.66	0.24	0.2	0.15	0.18	0.21
23:00	3.46	3.13	0.9	0.77	0.34	0.32	0.2	0.12	0.12	0.19
23:15	2.67	3.15	1.09	0.94	0.55	0.27	0.37	0.18	0.1	0.16
23:30	2.06	3.31	1.4	0.87	0.76	0.19	0.5	0.15	0.11	0.17
23:45	1.17	3.57	1.2	0.98	1.4	0.18	0.41	0.14	0.16	0.18

表 2.5.4　天津地区主要电台的占有率（%）

时间	天津电台交通广播	天津电台音乐广播	天津电台相声广播	天津电台新闻广播	天津电台生活广播	天津电台经济广播	天津电台文艺广播	天津电台滨海广播	中央电台音乐之声	中央电台中国之声
6:00	4.6	25	3.3	16	23.7	6.5	5.1	3.9	1.8	1.3
6:15	7.4	26.9	3.7	15.9	19.1	6.3	6.4	3.6	2.0	1.1
6:30	12.5	28.5	2.6	15.7	15.1	5.7	7.4	3.2	2.2	0.9
6:45	21.4	26.0	5.0	14.2	10.8	4.8	8.0	2.5	2.5	0.8
7:00	27.9	24.5	6.8	12.2	9.4	3.7	7.5	1.7	2.5	0.8
7:15	32.5	21.3	10.2	10.2	9.8	2.9	6.5	1.3	2.1	0.7
7:30	36.1	18.6	11.1	8.5	11.5	2.7	5.8	1.1	1.8	0.7
7:45	36.0	16.1	14.0	7.5	11.7	3.8	4.9	1.4	1.6	0.8
8:00	27.8	18.7	23.2	5.7	3.6	6.7	5.3	2.1	2.4	1.1
8:15	24.4	19.7	26.6	4.7	2.0	8.0	4.5	2.5	3.0	0.8
8:30	23.3	21.1	25.4	4.4	2.3	8.5	4.1	2.4	3.3	0.9
8:45	26.4	20.3	25.3	3.6	2.5	8.0	3.4	2.0	3.2	1.2
9:00	33.1	18.9	20.5	4.0	2.6	6.8	3.8	1.8	3.1	1.4
9:15	35.3	17.7	17.4	4.6	3.6	6.2	4.6	1.7	2.7	2.0
9:30	38.6	16.7	13.9	4.7	4.4	6.6	5.1	1.5	2.1	2.3
9:45	38.5	16.1	11.7	4.5	5.7	7.5	5.9	1.3	1.5	2.6
10:00	35.4	15.3	16.5	3.9	5.7	7.7	6.0	1.4	1.1	2.7
10:15	32.3	14.6	19.8	4.3	7.3	7.1	5.1	1.9	0.9	2.6
10:30	33.1	16.0	20.1	4.4	8.6	4.8	3.8	2.2	1.1	2.3
10:45	32.5	18.5	17.1	5.4	10.4	3.3	3.3	2.2	1.2	2.7
11:00	28.6	22.0	15.5	6.6	10.9	2.6	3.3	2.0	1.5	3.4
11:15	21.6	27.3	15.7	8.9	10.6	1.9	2.7	1.3	2.1	4.2
11:30	16.2	30.6	16.9	9.8	9.5	2.3	2.4	1.2	2.3	4.5
11:45	18.2	31.0	14.8	10.0	8.1	2.4	2.8	1.3	2.1	4.6
12:00	18.0	28.7	17.6	9.6	7.2	3.3	3.4	1.6	2.0	4.4
12:15	17.2	27.4	20.2	8.9	6.7	4.1	4.0	1.7	1.9	4.1
12:30	14.1	26.0	23.8	8.7	7.0	4.6	4.5	1.7	2.3	3.8
12:45	13.3	24.3	25.1	8.7	7.6	4.9	5.9	1.6	2.5	3.1
13:00	13.7	22.2	22.9	9.6	8.9	4.7	8.9	1.3	2.6	2.5
13:15	13.9	18.5	22.2	11.0	10.1	3.3	11.8	1.1	2.5	2.1
13:30	14.2	18.7	20.8	11.3	9.4	2.4	13.8	1.1	2.0	2.2
13:45	18.2	18.5	14.7	12.3	6.8	2.7	15.8	1.4	1.9	2.4
14:00	23.9	12.7	17.0	10.4	8.8	3.0	12.6	2.2	1.6	1.9
14:15	19.4	12.1	23.9	8.1	10.1	5.3	9.3	2.5	2.2	1.8
14:30	16.4	10.5	24.3	6.8	12.1	9.3	8.2	2.8	3.0	1.8
14:45	13.7	15.9	19.5	6.2	12.9	11.2	7.9	2.8	3.6	2.0

时间	天津电台交通广播	天津电台音乐广播	天津电台相声广播	天津电台新闻广播	天津电台生活广播	天津电台经济广播	天津电台文艺广播	天津电台滨海广播	中央电台音乐之声	中央电台中国之声
15:00	16.4	24.3	7.0	5.2	13.8	11.7	8.7	2.4	3.8	2.4
15:15	21.8	25.9	4.6	5.5	11.7	11.1	7.9	1.7	3.2	2.5
15:30	21.4	28.4	4.1	5.3	9.9	10.6	7.8	1.3	3.1	2.7
15:45	23.9	29.8	6.4	4.0	7.4	9.3	6.1	1.1	2.8	3.0
16:00	23.9	24.6	20.5	3.8	5.2	6.7	3.2	1.2	2.8	2.4
16:15	28.6	19.4	25.0	3.8	5.0	4.4	1.9	2.5	2.9	1.6
16:30	31.4	17.3	24.0	4.5	6.0	3.5	1.3	3.3	3.4	1.4
16:45	31.3	16.7	22.0	5.6	6.5	3.7	1.7	3.7	3.7	1.2
17:00	26.0	24.5	19.8	6.9	5.7	3.9	2.1	3.4	3.4	0.9
17:15	22.0	28.4	18.6	6.9	5.4	4.0	4.8	2.8	3.2	0.7
17:30	29.6	28.4	14.7	5.8	3.0	4.5	5.3	2.2	2.9	0.4
17:45	41.2	25.7	8.5	3.8	2.1	5.4	5.6	1.6	2.7	0.6
18:00	47.0	22.1	8.7	2.4	1.4	6.3	5.3	1.3	2.4	0.6
18:15	51.3	18.8	7.1	2.0	3.3	6.6	4.7	1.4	2.1	0.6
18:30	51.6	17.3	9.2	2.1	3.6	6.6	3.9	1.6	1.6	0.5
18:45	47.2	16.9	13.4	3.5	3.8	6.4	3.5	2.0.	0.8	0.5
19:00	38.9	15.6	21.6	5.5	3.9	6.0	3.1	2.3	0.4	0.5
19:15	32.9	14.3	26.0	8.8	3.4	5.0	3.3	2.7	0.5	0.5
19:30	34.3	13.5	23.1	10.5	3.6	3.8	3.3	3.3	0.5	0.7
19:45	36.9	16.5	10.2	13.5	4.3	3.2	4.5	4.3	0.7	1.1
20:00	30.4	22.6	5.5	15.1	4.6	2.7	5.1	4.9	1.2	2.1
20:15	24.0	26.2	4.7	15.0	7.8	2.8	4.6	5.0	1.6	2.7
20:30	20.3	28.9	5.0	14.3	10.4	3.4	3.6	5.0	1.6	3.0
20:45	21.2	28.2	7.3	11.2	12.7	3.2	3.0	4.5	1.5	3.0
21:00	29.5	21.6	14.1	6.6	13.2	3.3	2.4	3.3	0.9	1.4
21:15	32.3	19.7	14.6	5.0	13.3	4.7	2.4	2.2	0.7	1.1
21:30	26.5	22.3	11.8	6.5	13.3	7.0	3.5	2.0	1.1	1.3
21:45	23.4	24.6	7.8	6.5	12.5	8.5	6.5	1.2	2.4	1.4
22:00	21.3	28.1	6.9	5.1	12.1	7.5	7.3	1.3	2.7	2.5
22:15	25.2	29.9	4.9	5.6	10.1	4.7	6.7	1.5	3.1	3.2
22:30	30.0	30.7	4.6	5.6	9.8	2.9	4.7	1.7	2.3	2.5
22:45	37.0	30.7	5.2	6.3	6.6	2.4	2.0	1.5	1.8	2.1
23:00	34.6	31.3	9.0	7.7	3.4	3.2	2.0	1.2	1.2	1.9
23:15	26.7	31.5	10.9	9.4	5.5	2.7	3.7	1.8	1.0	1.6
23:30	20.6	33.1	14.0	8.7	7.6	1.9	5.0	1.5	1.1	1.7
23:45	11.7	35.7	12.0	9.8	14	1.8	4.1	1.4	1.6	1.8

表 2.5.5　天津市平均收听率 top30 节目

排名	节目名称	所属频率	播放时间	平均收听率 (%)	市场占有率 (%)
1	笑一笑十年少	天津交通广播	18:00—19:30	5.49	44.6
2	新闻早班车	天津交通广播	07:00—08:00	4.13	32.9
3	交广书场	天津交通广播	19:30—20:00	3.45	37.1
4	红绿灯	天津交通广播	09:00—11:00	3.16	35.1
5	天津新闻	天津交通广播	08:00—08:30	2.57	25.6
6	动感都市	天津交通广播	17:00—18:00	2.56	30.5
7	我们的名字叫 99—王野、马楠(周一至周五)	天津音乐广播	07:00—08:00	2.42	19.6
8	小说时间	天津交通广播	08:30—09:00	2.29	23.5
9	我们的名字叫 99-王然、王野	天津音乐广播	17:00—19:00	2.26	21.4
10	我们的名字叫 99-欧阳	天津音乐广播	11:00—13:00	2.16	25.3
11	欢笑在路上	天津相声广播	07:30—09:00	2.14	19.5
12	笑笑江湖	天津相声广播	18:30—19:30	2.12	17.1
13	我们的名字叫 99-尚怡(上午版)	天津音乐广播	08:00—09:00	1.89	19.6
14	老活听不腻	天津相声广播	12:30—14:00	1.75	23.2
15	打开晚报	天津交通广播	16:00—17:00	1.73	26.9
16	1068 帮帮团	天津交通广播	11:00—12:00	1.64	20.4
16	津城曲荟	天津相声广播	11:30—12:30	1.64	18.9
18	一听可乐	天津相声广播	09:00—10:30	1.62	17.3
19	中国歌曲排行榜	天津音乐广播	20:00—21:00	1.58	24.6
20	转播中央电台《新闻和报纸摘要》	天津交通广播	06:30—07:00	1.56	18.8
21	百姓故事	天津生活广播	07:30—08:00	1.53	11.7
22	春来茶馆	天津相声广播	16:00—17:00	1.51	23.5
23	动听天下	天津交通广播	20:00—21:00	1.48	23.2
24	我们的名字叫 99-嘉毅、袁田	天津音乐广播	19:00—20:00	1.47	14.2
25	1068 派	天津交通广播	12:00—13:00	1.35	15.0
26	转播《新闻和报纸摘要》	天津生活广播	07:00—07:30	1.33	11.0
27	我们的名字叫 99-沐晨(周一至周五)	天津音乐广播	09:00—11:00	1.31	14.7
28	我们的名字叫 99-齐妙	天津音乐广播	15:00—17:00	1.29	21.6
29	转播中央电台《新闻和报纸摘要》	天津新闻广播	06:30—07:00	1.18	14.2
30	满不懂和假行家	天津相声广播	17:00—18:30	1.15	11.9

六、重庆地区收听率数据

表 2.6.1　重庆地区主要电台频率的平均收听率和市场份额

排名	电台名称	平均收听率（%）	市场份额（%）
1	重庆交通频率	1.50	23.1
2	重庆音乐广播	1.34	20.6
3	重庆新闻频率	1.28	19.6
4	重庆都市频率	0.69	10.7
5	重庆经济频率	0.57	8.7
6	中央中国之声	0.38	5.8
7	重庆文艺广播	0.29	4.5
8	中央经济之声	0.19	2.9
8	中央音乐之声	0.19	2.8
10	中国国际环球资讯广播	0.09	1.3

表 2.6.2　重庆地区主要电台频率的周到达率和日到达率

排名	电台名称	周到达率（%）	日到达率（%）
1	重庆交通频率	37.73	19.16
2	重庆新闻频率	29.48	17.48
3	重庆音乐广播	34.91	16.27
4	重庆都市频率	27.97	9.95
5	重庆经济频率	17.71	6.14
6	重庆文艺广播	19.82	5.41
7	中央中国之声	11.37	4.89
8	中央音乐之声	7.14	2.84
9	中央经济之声	8.15	2.62
10	中国国际环球资讯广播	6.74	1.67

表 2.6.3　重庆地区主要电台的收听率（%）

时间	重庆交通频率	重庆音乐广播	重庆新闻频率	重庆都市频率	重庆经济频率	中央中国之声	重庆文艺广播	中央经济之声	中央音乐之声	国际环球资讯广播
6:00	0.12	0.35	0.57	0.11	0.17	0.19	0.16	0.05	0.05	0.03
6:15	0.17	0.53	0.84	0.29	0.25	0.23	0.19	0.06	0.08	0.03
6:30	0.76	0.69	1.10	0.43	0.34	0.30	0.24	0.07	0.09	0.04
6:45	1.20	0.96	1.43	0.61	0.44	0.40	0.30	0.08	0.12	0.05
7:00	1.72	1.20	1.71	0.85	0.54	0.49	0.36	0.09	0.14	0.06
7:15	2.18	1.48	1.90	1.00	0.60	0.57	0.44	0.13	0.19	0.07
7:30	2.64	1.70	2.10	1.18	0.62	0.63	0.52	0.15	0.23	0.09
7:45	3.21	1.97	2.24	1.34	0.66	0.65	0.56	0.17	0.29	0.10
8:00	3.68	2.24	2.31	1.44	0.72	0.64	0.57	0.19	0.34	0.12
8:15	4.11	2.49	2.29	1.42	0.81	0.58	0.57	0.23	0.37	0.14
8:30	4.17	2.63	2.27	1.33	0.88	0.50	0.52	0.26	0.39	0.18
8:45	3.94	2.72	2.16	1.23	0.93	0.45	0.48	0.30	0.40	0.16
9:00	3.63	2.79	1.94	1.15	0.93	0.41	0.42	0.34	0.34	0.17
9:15	3.16	2.74	1.81	1.04	0.86	0.42	0.38	0.35	0.32	0.16
9:30	2.77	2.67	1.58	0.93	0.75	0.44	0.37	0.34	0.28	0.13
9:45	2.24	2.48	1.37	0.86	0.65	0.46	0.33	0.32	0.25	0.12
10:00	1.89	2.26	1.12	0.78	0.58	0.47	0.30	0.30	0.22	0.10
10:15	1.62	2.03	0.93	0.73	0.56	0.45	0.29	0.26	0.22	0.09
10:30	1.55	1.89	0.85	0.69	0.56	0.40	0.27	0.22	0.23	0.09
10:45	1.76	1.77	0.87	0.72	0.58	0.34	0.27	0.19	0.23	0.09
11:00	1.96	1.73	0.97	0.78	0.61	0.31	0.28	0.17	0.23	0.08
11:15	1.91	1.80	1.11	0.91	0.69	0.31	0.31	0.17	0.21	0.09
11:30	1.71	1.85	1.29	0.96	0.75	0.36	0.33	0.20	0.17	0.10
11:45	1.40	1.87	1.51	0.95	0.79	0.41	0.35	0.20	0.16	0.10
12:00	1.05	1.80	1.60	0.86	0.79	0.47	0.35	0.21	0.16	0.09
12:15	0.88	1.61	1.64	0.76	0.76	0.50	0.34	0.26	0.16	0.08
12:30	1.02	1.44	1.63	0.66	0.68	0.51	0.32	0.30	0.20	0.07
12:45	1.23	1.41	1.49	0.60	0.63	0.52	0.28	0.31	0.21	0.08
13:00	1.58	1.57	1.33	0.55	0.62	0.48	0.26	0.32	0.24	0.08
13:15	1.79	1.73	1.26	0.52	0.68	0.45	0.26	0.30	0.26	0.10
13:30	1.82	1.77	1.20	0.53	0.74	0.44	0.28	0.25	0.22	0.11
13:45	1.59	1.73	1.25	0.55	0.85	0.42	0.29	0.21	0.17	0.12
14:00	1.36	1.54	1.38	0.66	0.91	0.37	0.33	0.18	0.14	0.11
14:15	1.15	1.34	1.40	0.75	0.90	0.33	0.30	0.17	0.11	0.11
14:30	0.93	1.14	1.36	0.80	0.84	0.29	0.27	0.16	0.10	0.10
14:45	0.74	1.13	1.28	0.77	0.76	0.27	0.28	0.17	0.11	0.09

时间	重庆交通频率	重庆音乐广播	重庆新闻频率	重庆都市频率	重庆经济频率	中央中国之声	重庆文艺广播	中央经济之声	中央音乐之声	中国国际环球资讯广播
15:00	0.64	1.30	1.14	0.68	0.70	0.29	0.27	0.19	0.11	0.08
15:15	0.75	1.33	1.08	0.56	0.62	0.29	0.27	0.22	0.11	0.09
15:30	0.99	1.26	1.08	0.46	0.56	0.28	0.27	0.22	0.12	0.09
15:45	1.03	1.05	1.05	0.39	0.56	0.29	0.26	0.23	0.12	0.09
16:00	0.94	0.87	0.95	0.36	0.53	0.32	0.24	0.24	0.12	0.09
16:15	0.68	0.83	0.85	0.42	0.53	0.38	0.20	0.24	0.14	0.09
16:30	0.65	0.90	0.72	0.47	0.52	0.42	0.19	0.25	0.16	0.08
16:45	0.78	1.08	0.64	0.57	0.49	0.44	0.21	0.23	0.19	0.08
17:00	0.91	1.28	0.68	0.69	0.48	0.48	0.26	0.20	0.20	0.08
17:15	1.05	1.54	0.85	0.84	0.49	0.45	0.31	0.17	0.18	0.09
17:30	1.10	1.74	1.01	0.90	0.48	0.41	0.33	0.15	0.16	0.09
17:45	1.25	1.73	1.27	0.97	0.51	0.35	0.37	0.14	0.14	0.08
18:00	1.49	1.53	1.47	0.95	0.55	0.34	0.36	0.15	0.14	0.09
18:15	1.81	1.32	1.81	0.83	0.58	0.36	0.33	0.15	0.16	0.08
18:30	2.13	1.05	1.95	0.72	0.62	0.39	0.31	0.19	0.20	0.09
18:45	2.34	0.92	1.97	0.67	0.64	0.41	0.27	0.23	0.25	0.10
19:00	2.26	0.92	1.88	0.62	0.63	0.42	0.26	0.25	0.26	0.10
19:15	2.08	0.96	1.64	0.63	0.58	0.40	0.25	0.25	0.25	0.09
19:30	1.71	1.09	1.49	0.66	0.56	0.35	0.25	0.23	0.25	0.10
19:45	1.43	1.13	1.35	0.69	0.52	0.29	0.23	0.18	0.24	0.09
20:00	1.10	1.06	1.24	0.68	0.46	0.25	0.21	0.15	0.23	0.08
20:15	0.88	0.93	1.12	0.58	0.42	0.22	0.22	0.13	0.21	0.07
20:30	0.82	0.80	1.07	0.52	0.39	0.24	0.22	0.12	0.20	0.07
20:45	1.04	0.72	1.05	0.45	0.35	0.28	0.23	0.12	0.17	0.07
21:00	1.26	0.69	1.06	0.43	0.32	0.34	0.26	0.12	0.16	0.07
21:15	1.24	0.65	1.08	0.45	0.31	0.37	0.28	0.12	0.15	0.06
21:30	1.19	0.57	1.03	0.46	0.32	0.38	0.28	0.11	0.16	0.06
21:45	1.02	0.54	0.97	0.48	0.32	0.36	0.24	0.11	0.15	0.07
22:00	0.95	0.53	0.86	0.50	0.31	0.32	0.22	0.12	0.14	0.07
22:15	0.87	0.57	0.80	0.49	0.36	0.28	0.22	0.11	0.12	0.06
22:30	0.77	0.52	0.74	0.49	0.36	0.23	0.20	0.11	0.12	0.06
22:45	0.71	0.50	0.71	0.43	0.34	0.22	0.19	0.09	0.11	0.06
23:00	0.60	0.43	0.68	0.37	0.32	0.21	0.18	0.09	0.09	0.05
23:15	0.47	0.37	0.67	0.32	0.26	0.20	0.15	0.07	0.08	0.04
23:30	0.36	0.30	0.53	0.26	0.21	0.16	0.13	0.06	0.07	0.04
23:45	0.26	0.22	0.40	0.21	0.16	0.12	0.11	0.05	0.06	0.03

表 2.6.4 重庆地区主要电台的占有率（%）

时间	重庆交通频率	重庆音乐广播	重庆新闻频率	重庆都市频率	重庆经济频率	中央中国之声	重庆文艺广播	中央经济之声	中央音乐之声	国际环球资讯广播
6:00	6.6	19.4	31.6	6.3	9.5	10.3	8.8	2.9	2.7	1.8
6:15	6.3	20.0	31.5	10.8	9.3	8.6	7.0	2.3	2.8	1.2
6:30	18.7	17.0	27.0	10.6	8.5	7.3	6.0	1.6	2.3	1.0
6:45	21.5	17.1	25.6	10.9	8.0	7.1	5.4	1.4	2.1	0.8
7:00	24.0	16.8	23.9	11.8	7.5	6.8	5.1	1.3	1.9	0.8
7:15	25.5	17.3	22.2	11.7	7.0	6.6	5.1	1.5	2.2	0.8
7:30	26.7	17.3	21.2	11.9	6.3	6.4	5.3	1.5	2.4	0.9
7:45	28.7	17.6	20.1	12.0	5.9	5.8	5.0	1.5	2.6	0.9
8:00	30.0	18.3	18.9	11.7	5.8	5.3	4.7	1.6	2.8	1.0
8:15	31.6	19.2	17.6	10.9	6.3	4.4	4.4	1.7	2.8	1.1
8:30	31.7	20.0	17.3	10.2	6.7	3.8	4.0	2.0	3.0	1.3
8:45	30.9	21.3	16.9	9.6	7.3	3.5	3.7	2.4	3.1	1.3
9:00	30.0	23.0	16.0	9.5	7.7	3.4	3.4	2.8	2.8	1.4
9:15	28.1	24.4	16.1	9.3	7.6	3.7	3.4	3.1	2.8	1.4
9:30	27.0	26.0	15.4	9.1	7.3	4.3	3.6	3.3	2.7	1.3
9:45	24.7	27.3	15.1	9.5	7.2	5.0	3.6	3.5	2.7	1.3
10:00	23.6	28.2	13.9	9.7	7.2	5.9	3.7	3.7	2.8	1.2
10:15	22.6	28.3	12.9	10.1	7.9	6.3	4.0	3.6	3.0	1.3
10:30	23.0	28.0	12.6	10.2	8.2	5.9	4.0	3.2	3.4	1.3
10:45	25.8	25.9	12.8	10.5	8.5	4.9	4.0	2.8	3.4	1.3
11:00	27.6	24.2	13.6	11.0	8.6	4.3	3.9	2.4	3.2	1.2
11:15	25.4	23.9	14.7	12.2	9.2	4.2	4.2	2.3	2.8	1.2
11:30	22.2	24.0	16.7	12.4	9.8	4.7	4.3	2.6	2.2	1.2
11:45	18.1	24.2	19.5	12.3	10.3	5.3	4.6	2.6	2.0	1.3
12:00	14.2	24.4	21.6	11.7	10.7	6.4	4.7	2.8	2.2	1.2
12:15	12.5	23.0	23.5	10.9	10.8	7.2	4.9	3.7	2.3	1.2
12:30	14.9	21.1	23.9	9.6	10.0	7.5	4.6	4.3	2.9	1.1
12:45	18.2	20.8	22.0	8.9	9.3	7.7	4.2	4.6	3.2	1.2
13:00	22.4	22.3	18.9	7.9	8.8	6.9	3.7	4.5	3.4	1.2
13:15	24.4	23.6	17.2	7.1	9.2	6.1	3.5	4.0	3.5	1.4
13:30	24.8	24.1	16.4	7.1	10.1	6.0	3.8	3.3	2.9	1.4
13:45	22.2	24.1	17.4	7.6	11.8	5.8	4.1	2.9	2.4	1.6
14:00	19.5	22.1	19.7	9.4	13.0	5.3	4.7	2.6	2.0	1.6
14:15	17.5	20.5	21.3	11.5	13.7	5.1	4.5	2.6	1.6	1.7
14:30	15.5	19.1	22.6	13.3	14.1	4.9	4.5	2.7	1.7	1.6
14:45	13.3	20.2	22.9	13.8	13.6	4.9	4.9	3.0	1.9	1.6

时间	重庆交通频率	重庆音乐广播	重庆新闻频率	重庆都市频率	重庆经济频率	中央中国之声	重庆文艺广播	中央经济之声	中央音乐之声	国际环球资讯广播
15:00	11.8	24.1	21.3	12.6	12.9	5.4	5.0	3.5	2.1	1.4
15:15	14.1	25.0	20.3	10.6	11.7	5.4	5.1	4.1	2.0	1.6
15:30	18.6	23.6	20.3	8.7	10.5	5.2	5.1	4.1	2.2	1.7
15:45	20.3	20.7	20.7	7.8	11.1	5.6	5.1	4.4	2.4	1.8
16:00	20.1	18.7	20.5	7.6	11.5	6.9	5.1	5.2	2.7	1.9
16:15	15.7	19.0	19.6	9.5	12.1	8.8	4.5	5.6	3.2	2.0
16:30	14.9	20.7	16.5	10.7	12.0	9.7	4.3	5.6	3.6	1.9
16:45	16.6	23.0	13.6	12.1	10.3	9.4	4.4	4.8	4.0	1.8
17:00	17.4	24.4	13.0	13.1	9.2	9.1	4.9	3.7	3.7	1.5
17:15	17.5	25.8	14.2	14.2	8.2	7.6	5.2	2.8	3.1	1.5
17:30	17.3	27.3	15.9	14.2	7.5	6.4	5.2	2.4	2.5	1.4
17:45	18.4	25.4	18.7	14.2	7.4	5.2	5.4	2.1	2.0	1.2
18:00	21.1	21.6	20.8	13.5	7.7	4.8	5.2	2.1	2.0	1.3
18:15	24.4	17.8	24.4	11.2	7.7	4.8	4.4	2.1	2.1	1.1
18:30	27.8	13.8	25.5	9.4	8.1	5.0	4.1	2.5	2.6	1.1
18:45	30.0	11.8	25.3	8.6	8.2	5.2	3.5	2.9	3.1	1.3
19:00	29.8	12.1	24.7	8.2	8.3	5.6	3.4	3.3	3.5	1.3
19:15	29.2	13.5	23.1	8.8	8.1	5.6	3.5	3.4	3.5	1.3
19:30	25.6	16.3	22.4	9.8	8.3	5.2	3.8	3.4	3.7	1.5
19:45	23.3	18.4	22.0	11.3	8.4	4.7	3.8	3.0	3.8	1.4
20:00	20.2	19.4	22.8	12.4	8.5	4.6	3.8	2.7	4.2	1.5
20:15	18.4	19.4	23.5	12.2	8.8	4.6	4.5	2.7	4.4	1.4
20:30	18.3	18.0	24.1	11.7	8.9	5.3	5.0	2.6	4.6	1.5
20:45	23.2	16.1	23.5	10.1	7.8	6.3	5.1	2.6	3.8	1.6
21:00	26.9	14.6	22.6	9.2	6.8	7.2	5.4	2.6	3.3	1.4
21:15	26.3	13.8	22.9	9.6	6.6	7.9	6.0	2.5	3.2	1.3
21:30	26.0	12.6	22.6	10.1	7.0	8.3	6.1	2.4	3.6	1.4
21:45	24.0	12.7	22.6	11.3	7.5	8.4	5.7	2.6	3.6	1.5
22:00	23.8	13.3	21.4	12.4	7.8	7.9	5.4	2.9	3.4	1.7
22:15	22.5	14.7	20.5	12.7	9.2	7.3	5.6	2.7	3.1	1.7
22:30	21.4	14.4	20.5	13.5	10.1	6.5	5.7	3.0	3.3	1.5
22:45	21.3	14.9	21.0	12.8	10.0	6.6	5.6	2.8	3.2	1.8
23:00	19.9	14.1	22.5	12.4	10.5	7.0	6.0	2.8	3.1	1.7
23:15	17.8	14.1	25.4	12.0	9.9	7.5	5.8	2.8	3.2	1.6
23:30	17.0	14.0	25.0	12.4	10.1	7.6	5.9	3.0	3.3	1.7
23:45	16.2	13.7	24.8	12.7	10.0	7.6	6.6	3.0	3.5	1.9

表 2.6.5 重庆市平均收听率 top30 节目

排名	节目名称	所属频率	播放时间	平均收听率（%）	市场占有率（%）
1	955 与你相随	重庆交通频率	08:30—10:00	3.20	28.7
2	资讯早班车	重庆交通频率	07:00—08:30	3.13	30.3
3	城市音乐杂志	重庆音乐广播	09:00—10:00	2.89	27.5
4	汽车 CD7:30	重庆音乐广播	07:30—09:00	2.51	21.2
5	968 早新闻	重庆新闻频率	07:00—08:00	2.03	21.5
6	968 新闻直播间	重庆新闻频率	08:00—10:00	1.98	17.2
6	音乐风情之旅	重庆音乐广播	10:00—11:00	1.98	28.3
6	交广关注	重庆交通频率	18:00—19:00	1.98	27.4
9	955 车友生活	重庆交通频率	19:00—20:00	1.88	27.3
10	路长情更长	重庆交通频率	11:00—12:00	1.83	25.0
11	968 新闻直播间	重庆新闻频率	14:00—15:00	1.72	25.6
12	央视《新闻联播》	重庆新闻频率	19:00—19:30	1.70	23.4
13	881 汽车音乐时间 A 版	重庆音乐广播	17:00—18:00	1.68	28.9
14	驾驶员俱乐部	重庆交通频率	10:00—11:00	1.64	23.3
15	最流行	重庆音乐广播	12:00—13:00	1.63	24.4
16	清风车影	重庆音乐广播	11:00—12:00	1.62	22.2
17	交广淘车汇	重庆交通频率	13:00—14:00	1.59	23.0
18	老师来了	重庆新闻频率	12:00—13:00	1.56	23.3
18	转播中国之声《新闻和报纸摘要》	重庆新闻频率	06:30—07:00	1.56	28.9
20	环球音乐网	重庆音乐广播	13:00—14:00	1.54	22.3
21	咖啡时光	重庆音乐广播	15:00—16:00	1.34	25.2
22	我爱我家	重庆新闻频率	19:30—20:00	1.33	20.5
22	阳光重庆	重庆新闻频率	11:00—12:00	1.33	18.1
24	笑口常开	重庆新闻频率	13:00—14:00	1.32	18.8
25	968 晚新闻阳光关注	重庆新闻频率	17:00—19:00	1.31	20.4
26	旅行者	重庆新闻频率	20:00—21:00	1.25	24.2
27	爱车天天汇	重庆交通频率	21:30—22:00	1.24	27.4
27	938 上班路上	重庆都市频率	07:00—09:00	1.24	11.3
29	音乐博客	重庆音乐广播	14:00—15:00	1.20	17.9
30	向快乐出发	重庆交通频率	20:00—21:30	1.19	23.7

七、沈阳地区收听率数据

表 2.7.1 沈阳地区主要电台频率的平均收听率和市场份额

排名	电台名称	平均收听率（%）	市场份额（%）
1	辽宁都市广播	1.19	16.7
2	辽宁音乐广播	1.16	16.3
3	辽宁交通广播	1.04	14.5
4	辽宁综合广播	0.63	8.8
5	沈阳新闻广播	0.62	8.7
6	辽宁经济广播	0.37	5.2
7	中央音乐之声	0.33	4.7
8	辽宁文艺广播	0.32	4.5
9	中央中国之声	0.32	4.5
10	中央经济之声	0.32	4.5

表 2.7.2 沈阳地区主要电台频率的周到达率和日到达率

排名	电台名称	周到达率（%）	日到达率（%）
1	辽宁都市广播	47.57	17.21
2	辽宁音乐广播	46.43	13.62
3	辽宁交通广播	41.43	12.44
4	辽宁综合广播	29.00	8.61
5	沈阳新闻广播	42.43	8.56
6	中央中国之声	37.14	6.45
7	辽宁经济广播	28.86	5.73
8	中央经济之声	30.71	5.28
9	中央音乐之声	28.14	5.11
10	辽宁乡村广播 96.9	29.14	4.40

表 2.7.3 沈阳地区主要电台的收听率（%）

时间	辽宁都市广播	辽宁音乐广播	辽宁交通广播	辽宁综合广播	沈阳新闻广播	辽宁经济广播	中央音乐之声	辽宁文艺广播	中央中国之声	中央经济之声
6:00	0.50	1.05	0.91	0.59	0.43	0.38	0.27	0.27	0.43	0.23
6:15	0.88	1.02	1.00	0.68	0.46	0.38	0.30	0.30	0.32	0.24
6:30	0.73	1.10	0.86	0.74	0.41	0.43	0.30	0.37	0.42	0.27
6:45	0.66	1.18	0.92	0.68	0.43	0.39	0.21	0.28	0.39	0.25
7:00	0.92	1.14	1.18	0.65	0.52	0.41	0.30	0.32	0.53	0.25
7:15	1.16	1.20	1.22	0.74	0.49	0.45	0.28	0.38	0.49	0.20
7:30	1.16	1.17	1.31	0.73	0.54	0.39	0.27	0.36	0.51	0.21
7:45	1.08	1.37	1.19	0.64	0.54	0.51	0.30	0.36	0.47	0.20
8:00	0.94	1.54	1.39	0.67	0.51	0.44	0.37	0.33	0.39	0.20
8:15	1.07	1.58	1.50	0.75	0.48	0.42	0.34	0.38	0.41	0.22
8:30	0.98	1.63	1.41	0.71	0.57	0.43	0.32	0.39	0.44	0.34
8:45	0.87	1.66	1.62	0.75	0.68	0.50	0.33	0.37	0.37	0.23
9:00	0.99	1.57	1.67	0.74	0.65	0.48	0.27	0.42	0.32	0.27
9:15	0.80	1.48	1.69	0.76	0.58	0.56	0.29	0.44	0.31	0.26
9:30	0.67	1.55	1.50	0.89	0.63	0.39	0.25	0.47	0.30	0.32
9:45	0.82	1.50	1.25	0.96	0.63	0.42	0.17	0.42	0.32	0.39
10:00	0.85	1.42	1.30	1.16	0.70	0.35	0.23	0.40	0.35	0.44
10:15	0.94	1.39	1.38	1.02	0.72	0.40	0.21	0.43	0.39	0.57
10:30	1.10	1.38	1.44	0.92	0.79	0.42	0.33	0.35	0.37	0.58
10:45	1.61	1.35	1.28	0.69	0.76	0.32	0.40	0.34	0.38	0.52
11:00	1.95	1.26	1.46	0.74	0.70	0.36	0.39	0.32	0.26	0.43
11:15	1.81	1.38	1.16	0.77	0.66	0.30	0.40	0.33	0.23	0.57
11:30	1.77	1.38	1.03	0.85	0.68	0.26	0.37	0.30	0.25	0.52
11:45	1.57	1.33	0.84	0.79	0.63	0.19	0.28	0.23	0.25	0.55
12:00	2.23	1.25	0.89	0.75	0.66	0.18	0.30	0.33	0.23	0.55
12:15	2.29	1.25	0.90	0.79	0.78	0.23	0.22	0.31	0.34	0.56
12:30	2.31	1.20	0.85	0.88	0.86	0.26	0.17	0.27	0.29	0.56
12:45	2.77	1.14	0.70	0.98	0.91	0.26	0.15	0.29	0.40	0.54
13:00	2.65	1.03	0.67	0.94	0.85	0.26	0.14	0.34	0.28	0.46
13:15	2.48	1.04	0.68	0.65	0.75	0.28	0.17	0.31	0.33	0.34
13:30	2.66	0.97	0.72	0.61	0.57	0.29	0.15	0.37	0.42	0.25
13:45	2.01	1.01	0.71	0.47	0.54	0.29	0.23	0.34	0.45	0.26
14:00	1.79	1.13	0.78	0.46	0.54	0.33	0.17	0.31	0.39	0.19
14:15	1.42	1.07	0.62	0.54	0.56	0.33	0.10	0.29	0.41	0.21
14:30	1.00	0.96	0.73	0.48	0.53	0.31	0.13	0.31	0.35	0.24
14:45	0.97	0.95	0.68	0.43	0.49	0.36	0.13	0.34	0.40	0.32

时间	辽宁都市广播	辽宁音乐广播	辽宁交通广播	辽宁综合广播	沈阳新闻广播	辽宁经济广播	中央音乐之声	辽宁文艺广播	中央中国之声	中央经济之声
15:00	0.84	0.93	0.73	0.47	0.44	0.24	0.17	0.39	0.25	0.18
15:15	0.59	0.98	0.78	0.52	0.44	0.28	0.19	0.44	0.25	0.11
15:30	0.66	1.11	0.63	0.62	0.45	0.25	0.20	0.44	0.19	0.11
15:45	0.75	1.09	0.69	0.56	0.50	0.23	0.18	0.33	0.21	0.11
16:00	0.95	1.15	0.67	0.43	0.53	0.20	0.26	0.36	0.21	0.16
16:15	1.00	1.16	0.66	0.37	0.70	0.20	0.30	0.35	0.16	0.28
16:30	0.90	1.04	0.68	0.48	0.74	0.21	0.24	0.36	0.23	0.25
16:45	1.02	1.09	0.78	0.50	0.86	0.27	0.24	0.38	0.31	0.31
17:00	0.99	1.34	0.97	0.60	0.94	0.37	0.25	0.24	0.31	0.28
17:15	1.11	1.46	1.23	0.53	0.78	0.26	0.38	0.26	0.26	0.34
17:30	1.30	1.59	1.29	0.59	0.76	0.32	0.44	0.27	0.28	0.33
17:45	1.33	1.46	1.31	0.59	0.87	0.33	0.50	0.29	0.36	0.42
18:00	1.50	1.39	1.23	0.60	0.77	0.33	0.54	0.34	0.41	0.30
18:15	1.71	1.47	1.19	0.54	0.79	0.37	0.58	0.31	0.37	0.34
18:30	1.27	1.69	1.34	0.59	0.80	0.39	0.71	0.32	0.39	0.37
18:45	1.41	1.74	1.43	0.60	0.78	0.47	0.59	0.32	0.44	0.50
19:00	1.50	1.68	1.26	0.66	0.77	0.41	0.51	0.37	0.35	0.52
19:15	1.52	1.55	1.19	0.55	0.80	0.51	0.44	0.42	0.41	0.55
19:30	1.54	1.42	1.28	0.60	0.80	0.44	0.51	0.31	0.40	0.52
19:45	1.43	1.38	1.51	0.64	0.81	0.40	0.55	0.29	0.39	0.45
20:00	1.28	1.34	1.66	0.68	0.84	0.36	0.58	0.29	0.33	0.40
20:15	1.41	1.29	1.52	0.63	0.78	0.35	0.48	0.29	0.38	0.32
20:30	1.26	1.21	1.48	0.59	0.76	0.59	0.65	0.35	0.35	0.32
20:45	1.10	1.17	1.23	0.54	0.82	0.60	0.66	0.32	0.38	0.22
21:00	1.09	0.91	1.33	0.54	0.70	0.58	0.64	0.27	0.36	0.18
21:15	1.10	0.79	1.24	0.53	0.64	0.50	0.65	0.27	0.33	0.20
21:30	0.98	0.76	1.14	0.57	0.54	0.45	0.69	0.21	0.30	0.21
21:45	0.85	0.75	1.17	0.53	0.44	0.55	0.67	0.22	0.22	0.17
22:00	0.74	0.56	0.72	0.47	0.40	0.51	0.41	0.20	0.14	0.16
22:15	0.69	0.52	0.68	0.52	0.34	0.57	0.37	0.20	0.20	0.24
22:30	0.57	0.50	0.64	0.39	0.33	0.48	0.46	0.26	0.14	0.20
22:45	0.39	0.37	0.39	0.40	0.37	0.41	0.26	0.23	0.20	0.30
23:00	0.24	0.34	0.30	0.39	0.40	0.45	0.18	0.38	0.10	0.22
23:15	0.18	0.31	0.31	0.34	0.36	0.45	0.13	0.26	0.13	0.19
23:30	0.15	0.26	0.30	0.30	0.30	0.33	0.12	0.24	0.13	0.20
23:45	0.08	0.26	0.29	0.22	0.24	0.28	0.08	0.20	0.11	0.29

表 2.7.4 沈阳地区主要电台的占有率（%）

时间	辽宁都市广播	辽宁音乐广播	辽宁交通广播	辽宁综合广播	沈阳新闻广播	辽宁经济广播	中央音乐之声	辽宁文艺广播	中央中国之声	中央经济之声
6:00	8.7	18.2	15.8	10.2	7.5	6.6	4.7	4.8	7.4	4.0
6:15	14.0	16.3	16.0	10.8	7.4	6.1	4.8	4.8	5.2	3.8
6:30	11.5	17.4	13.5	11.7	6.4	6.8	4.7	5.8	6.6	4.3
6:45	10.6	19.1	14.8	10.9	6.9	6.2	3.3	4.5	6.3	4.0
7:00	13.1	16.1	16.7	9.2	7.4	5.8	4.3	4.5	7.5	3.6
7:15	15.5	16.0	16.3	9.9	6.5	6.1	3.8	5.1	6.6	2.6
7:30	15.4	15.6	17.4	9.7	7.2	5.2	3.5	4.8	6.8	2.8
7:45	14.3	18.1	15.7	8.5	7.1	6.7	4.0	4.8	6.3	2.7
8:00	12.2	19.9	18.0	8.7	6.6	5.7	4.8	4.3	5.0	2.6
8:15	13.2	19.4	18.4	9.2	5.9	5.2	4.2	4.6	5.0	2.7
8:30	11.9	19.8	17.1	8.6	6.9	5.2	3.9	4.7	5.4	4.1
8:45	10.6	20.2	19.6	9.1	8.3	6.0	4.0	4.5	4.5	2.8
9:00	12.2	19.3	20.5	9.1	8.0	5.9	3.3	5.1	3.9	3.3
9:15	10.1	18.5	21.2	9.5	7.3	7.0	3.6	5.6	3.9	3.2
9:30	8.6	20.0	19.3	11.4	8.1	5.0	3.3	6.1	3.9	4.1
9:45	10.5	19.2	16.0	12.3	8.0	5.4	2.2	5.4	4.1	5.0
10:00	10.3	17.2	15.7	14.0	8.5	4.2	2.8	4.8	4.2	5.3
10:15	11.0	16.3	16.3	12.0	8.4	4.7	2.5	5.1	4.5	6.7
10:30	12.6	15.8	16.4	10.4	8.9	4.8	3.8	4.0	4.2	6.6
10:45	18.5	15.5	14.7	7.9	8.8	3.6	4.6	3.9	4.3	6.0
11:00	21.6	14.0	16.1	8.2	7.8	4.0	4.3	3.5	2.9	4.8
11:15	20.6	15.8	13.2	8.8	7.5	3.4	4.6	3.7	2.6	6.5
11:30	20.8	16.2	12.1	10.0	8.0	3.0	4.4	3.5	3.0	6.1
11:45	20.3	17.1	10.8	10.3	8.1	2.5	3.6	3.0	3.2	7.0
12:00	27.0	15.2	10.8	9.0	8.0	2.2	3.6	4.0	2.8	6.6
12:15	26.7	14.5	10.4	9.2	9.1	2.7	2.6	3.6	4.0	6.5
12:30	27.3	14.2	10.1	10.4	10.2	3.1	2.0	3.2	3.4	6.6
12:45	30.9	12.7	7.8	11.0	10.2	2.9	1.7	3.2	4.4	6.0
13:00	31.2	12.1	7.8	11.1	10.0	3.1	1.7	4.0	3.2	5.4
13:15	31.4	13.1	8.6	8.2	9.5	3.5	2.1	3.9	4.1	4.3
13:30	33.8	12.3	9.1	7.7	7.2	3.6	1.9	4.7	5.3	3.2
13:45	28.1	14.1	10.0	6.6	7.5	4.1	3.2	4.8	6.3	3.6
14:00	25.4	16.1	11.1	6.5	7.7	4.6	2.4	4.4	5.5	2.8
14:15	22.4	16.8	9.7	8.5	8.8	5.1	1.6	4.5	6.5	3.4
14:30	17.0	16.3	12.4	8.1	8.9	5.3	2.3	5.3	5.9	4.0
14:45	16.8	16.3	11.7	7.5	8.5	6.2	2.2	5.9	6.9	5.6

时间	辽宁都市广播	辽宁音乐广播	辽宁交通广播	辽宁综合广播	沈阳新闻广播	辽宁经济广播	中央音乐之声	辽宁文艺广播	中央中国之声	中央经济之声
15:00	15.3	17.0	13.4	8.5	8.0	4.4	3.0	7.1	4.5	3.3
15:15	11.1	18.4	14.6	9.7	8.3	5.2	3.5	8.3	4.7	2.0
15:30	12.1	20.5	11.6	11.5	8.2	4.7	3.7	8.1	3.5	2.1
15:45	13.7	19.9	12.7	10.2	9.1	4.2	3.3	6.0	3.8	2.0
16:00	16.6	20.2	11.8	7.6	9.2	3.5	4.6	6.3	3.7	2.9
16:15	16.5	19.1	10.9	6.1	11.4	3.3	4.9	5.7	2.5	4.5
16:30	14.9	17.2	11.3	8.0	12.3	3.5	3.9	5.9	3.8	4.1
16:45	15.7	16.7	12.0	7.6	13.2	4.1	3.7	5.8	4.7	4.8
17:00	14.0	19.1	13.8	8.6	13.5	5.3	3.6	3.4	4.4	4.0
17:15	15.2	19.9	16.8	7.2	10.7	3.6	5.1	3.6	3.5	4.6
17:30	16.6	20.2	16.4	7.4	9.7	4.0	5.6	3.4	3.5	4.2
17:45	16.1	17.7	15.9	7.1	10.5	4.0	6.0	3.5	4.4	5.1
18:00	18.3	16.9	15.0	7.3	9.4	4.0	6.6	4.1	5.0	3.6
18:15	20.2	17.4	14.0	6.3	9.4	4.4	6.9	3.6	4.4	4.0
18:30	14.8	19.7	15.6	6.9	9.3	4.5	8.2	3.7	4.6	4.4
18:45	15.6	19.1	15.8	6.6	8.6	5.2	6.5	3.6	4.8	5.5
19:00	17.0	19.0	14.3	7.4	8.7	4.7	5.8	4.2	4.0	5.9
19:15	17.5	17.8	13.7	6.4	9.2	5.9	5.1	4.8	4.7	6.4
19:30	17.7	16.3	14.7	6.9	9.2	5.0	5.9	3.6	4.6	6.0
19:45	16.4	15.8	17.3	7.4	9.2	4.6	6.3	3.4	4.4	5.1
20:00	14.9	15.6	19.3	7.9	9.8	4.2	6.7	3.4	3.8	4.7
20:15	16.7	15.4	18.1	7.5	9.3	4.2	5.7	3.4	4.5	3.8
20:30	15.0	14.5	17.8	7.0	9.1	7.1	7.7	4.1	4.2	3.8
20:45	13.8	14.7	15.4	6.8	10.4	7.5	8.3	4.1	4.8	2.8
21:00	14.7	12.4	18.0	7.3	9.5	7.8	8.7	3.6	4.8	2.5
21:15	15.3	10.9	17.2	7.4	8.8	7.0	9.1	3.8	4.5	2.8
21:30	14.8	11.5	17.2	8.6	8.1	6.8	10.5	3.1	4.5	3.2
21:45	13.4	11.9	18.5	8.3	7.0	8.6	10.6	3.4	3.5	2.7
22:00	14.7	11.1	14.4	9.3	7.9	10.2	8.2	4.1	2.8	3.1
22:15	13.7	10.4	13.5	10.4	6.8	11.5	7.4	4.0	4.0	4.7
22:30	12.6	11.1	14.2	8.5	7.4	10.7	10.1	5.8	3.1	4.5
22:45	9.8	9.2	9.7	10.1	9.3	10.2	6.4	5.6	5.0	7.5
23:00	6.7	9.4	8.2	10.9	11.1	12.5	5.1	10.6	2.8	6.2
23:15	5.4	9.4	9.2	10.2	10.9	13.5	3.8	8.0	3.9	5.8
23:30	5.1	9.2	10.6	10.5	10.4	11.5	4.1	8.4	4.6	7.0
23:45	3.2	10.4	11.6	8.9	9.4	11.0	3.3	8.0	4.2	11.6

八、杭州地区收听率数据

表 2.8.1　杭州地区主要电台频率的平均收听率和市场份额

排名	电台名称	平均收听率(%)	市场份额（%）
1	杭州交通经济广播	1.09	16.18
2	浙江交通之声	0.95	14.07
3	浙江动听 968 音乐调频	0.80	11.81
4	浙江之声	0.72	10.63
5	杭州西湖之声	0.71	10.45
6	浙江私家车 107 城市之声	0.55	8.12
7	FM89 杭州之声	0.50	7.34
8	浙江电台 FM95 经济广播	0.40	5.94
9	浙江 FM99.6WiFiRadio	0.29	4.33
10	浙江 104.5 女主播电台	0.23	3.48

表 2.8.2　杭州地区主要电台频率的周到达率和日到达率

排名	电台名称	周到达率（%）	日到达率（%）
1	杭州交通经济广播	24.66	13.03
2	浙江交通之声	22.33	10.86
3	杭州西湖之声	16.99	10.09
4	浙江动听 968 音乐调频	18.50	9.93
5	浙江私家车 107 城市之声	15.76	7.04
6	浙江之声	15.76	6.82
7	浙江电台 FM95 经济广播	12.41	5.55
8	浙江 104.5 女主播电台	8.20	4.79
9	FM89 杭州之声	14.20	4.74
10	浙江 FM99.6WiFiRadio	10.99	4.65

表 2.8.3　杭州地区主要电台的收听率（%）

时间	杭州交通经济广播	浙江交通之声	浙江动听968	浙江之声	杭州西湖之声	浙江城市之声	FM89杭州之声	浙江经济广播	浙江FM99.6W iFi Radio	浙江女主播电台
6:00	0.25	0.17	0.17	0.36	0.36	0.08	0.16	0.04	0.05	0.05
6:15	0.40	0.25	0.26	0.52	0.52	0.10	0.28	0.05	0.06	0.07
6:30	0.57	0.36	0.38	0.70	0.76	0.12	0.40	0.09	0.08	0.10
6:45	0.91	0.54	0.50	0.90	1.01	0.14	0.52	0.14	0.11	0.14
7:00	1.34	0.84	0.81	1.20	1.29	0.24	0.83	0.21	0.16	0.18
7:15	1.85	1.14	1.09	1.37	1.50	0.30	1.03	0.30	0.23	0.23
7:30	2.14	1.45	1.29	1.41	1.58	0.43	1.09	0.34	0.32	0.27
7:45	2.25	1.62	1.37	1.39	1.55	0.55	1.11	0.35	0.40	0.33
8:00	2.27	1.65	1.38	1.29	1.52	0.67	1.08	0.34	0.46	0.40
8:15	2.16	1.60	1.31	1.10	1.41	0.78	0.95	0.31	0.47	0.44
8:30	1.86	1.48	1.16	0.98	1.34	0.86	0.77	0.30	0.46	0.44
8:45	1.65	1.26	1.02	0.93	1.22	0.87	0.71	0.31	0.45	0.42
9:00	1.62	1.18	0.96	0.88	1.14	0.84	0.74	0.32	0.41	0.39
9:15	1.66	1.17	0.93	0.84	1.06	0.78	0.76	0.37	0.38	0.35
9:30	1.65	1.18	0.93	0.82	0.97	0.75	0.74	0.42	0.34	0.34
9:45	1.54	1.21	0.91	0.76	0.90	0.68	0.70	0.46	0.33	0.34
10:00	1.48	1.23	0.96	0.69	0.87	0.61	0.64	0.51	0.31	0.33
10:15	1.41	1.22	0.98	0.64	0.81	0.57	0.59	0.52	0.31	0.34
10:30	1.43	1.19	0.99	0.62	0.77	0.55	0.56	0.53	0.30	0.33
10:45	1.45	1.12	0.96	0.63	0.71	0.54	0.54	0.57	0.30	0.31
11:00	1.51	1.05	0.93	0.71	0.68	0.54	0.55	0.59	0.31	0.28
11:15	1.60	1.00	0.96	0.76	0.66	0.56	0.55	0.61	0.33	0.26
11:30	1.56	1.00	0.98	0.80	0.66	0.58	0.54	0.61	0.32	0.25
11:45	1.51	1.00	1.00	0.82	0.69	0.60	0.53	0.58	0.32	0.26
12:00	1.48	0.97	0.98	0.79	0.75	0.58	0.49	0.55	0.30	0.27
12:15	1.46	0.98	0.98	0.79	0.80	0.52	0.48	0.54	0.29	0.28
12:30	1.38	0.95	0.99	0.78	0.83	0.49	0.47	0.55	0.28	0.28
12:45	1.29	0.93	1.00	0.70	0.82	0.50	0.46	0.59	0.30	0.25
13:00	1.30	0.94	1.00	0.63	0.83	0.54	0.45	0.64	0.31	0.23
13:15	1.23	0.93	0.96	0.57	0.78	0.54	0.43	0.67	0.33	0.21
13:30	1.19	0.94	0.97	0.56	0.70	0.53	0.41	0.69	0.33	0.22
13:45	1.11	0.92	1.07	0.58	0.61	0.52	0.38	0.71	0.33	0.22
14:00	1.06	0.90	1.16	0.61	0.51	0.51	0.37	0.71	0.31	0.23
14:15	1.07	0.90	1.19	0.62	0.49	0.47	0.39	0.73	0.29	0.24
14:30	1.13	0.94	1.17	0.65	0.48	0.47	0.42	0.69	0.29	0.24
14:45	1.16	0.96	1.08	0.65	0.47	0.46	0.43	0.65	0.28	0.23

时间	杭州交通经济广播	浙江交通之声	浙江音乐调频	浙江之声	杭州西湖之声	浙江城市之声	FM89杭州之声	浙江经济广播	浙江FM99.6 WiFi Radio	浙江女主播电台
15:00	1.15	0.97	0.99	0.65	0.46	0.49	0.42	0.59	0.28	0.23
15:15	1.09	0.97	0.99	0.67	0.43	0.53	0.40	0.52	0.27	0.21
15:30	0.97	0.94	0.96	0.64	0.44	0.56	0.38	0.52	0.28	0.20
15:45	0.90	0.89	0.92	0.62	0.44	0.60	0.38	0.50	0.28	0.19
16:00	0.83	0.94	0.88	0.58	0.48	0.65	0.40	0.49	0.28	0.20
16:15	0.81	0.98	0.86	0.59	0.57	0.67	0.43	0.48	0.28	0.22
16:30	0.88	1.08	0.84	0.64	0.67	0.71	0.45	0.48	0.30	0.25
16:45	0.96	1.12	0.80	0.78	0.71	0.79	0.46	0.49	0.34	0.27
17:00	1.12	1.21	0.72	0.97	0.80	0.84	0.47	0.48	0.39	0.32
17:15	1.28	1.37	0.72	1.07	0.89	0.89	0.51	0.47	0.45	0.35
17:30	1.42	1.46	0.75	1.10	0.99	0.92	0.60	0.44	0.46	0.36
17:45	1.47	1.45	0.81	1.09	1.08	0.92	0.69	0.43	0.47	0.35
18:00	1.40	1.40	0.86	0.96	1.12	0.89	0.72	0.41	0.45	0.33
18:15	1.21	1.26	0.85	0.91	1.06	0.82	0.70	0.41	0.42	0.30
18:30	1.03	1.09	0.78	0.87	0.98	0.8	0.63	0.41	0.37	0.26
18:45	0.85	1.00	0.71	0.83	0.86	0.76	0.54	0.38	0.34	0.23
19:00	0.78	0.95	0.63	0.76	0.66	0.71	0.49	0.36	0.33	0.21
19:15	0.76	0.95	0.58	0.71	0.53	0.69	0.44	0.34	0.32	0.20
19:30	0.76	0.90	0.56	0.67	0.48	0.66	0.43	0.32	0.31	0.18
19:45	0.73	0.89	0.58	0.63	0.44	0.64	0.42	0.31	0.30	0.19
20:00	0.65	0.89	0.67	0.64	0.38	0.62	0.41	0.30	0.28	0.18
20:15	0.61	0.85	0.72	0.61	0.36	0.58	0.39	0.28	0.26	0.19
20:30	0.61	0.86	0.72	0.61	0.34	0.55	0.35	0.26	0.25	0.20
20:45	0.60	0.80	0.70	0.59	0.32	0.51	0.35	0.24	0.25	0.20
21:00	0.58	0.73	0.56	0.56	0.32	0.47	0.33	0.22	0.26	0.19
21:15	0.55	0.68	0.49	0.51	0.31	0.45	0.32	0.24	0.26	0.17
21:30	0.52	0.65	0.43	0.50	0.34	0.45	0.30	0.26	0.24	0.15
21:45	0.48	0.64	0.39	0.47	0.38	0.42	0.28	0.28	0.22	0.14
22:00	0.46	0.59	0.34	0.43	0.39	0.36	0.25	0.27	0.21	0.13
22:15	0.44	0.55	0.33	0.40	0.38	0.31	0.25	0.24	0.20	0.12
22:30	0.37	0.47	0.31	0.35	0.31	0.28	0.22	0.20	0.19	0.10
22:45	0.33	0.41	0.28	0.30	0.21	0.24	0.18	0.17	0.17	0.09
23:00	0.29	0.35	0.23	0.25	0.18	0.22	0.16	0.14	0.15	0.07
23:15	0.28	0.32	0.21	0.23	0.16	0.20	0.14	0.13	0.13	0.06
23:30	0.29	0.31	0.20	0.23	0.14	0.19	0.13	0.12	0.13	0.06
23:45	0.27	0.30	0.19	0.21	0.13	0.18	0.12	0.11	0.12	0.06

表 2.8.4 杭州地区主要电台的占有率（%）

时间	杭州交通经济广播	浙江交通之声	浙江音乐调频	浙江之声	杭州西湖之声	浙江城市之声	FM89杭州之声	浙江经济广播	浙江FM99.6 WiFi Radio	浙江女主播电台
6:00	14.2	9.6	9.8	20.2	20.7	4.8	9.4	2.3	2.6	2.8
6:15	15.3	9.5	10.0	19.7	19.9	3.8	10.8	2.0	2.3	2.7
6:30	15.3	9.6	10.2	18.7	20.2	3.3	10.8	2.3	2.1	2.8
6:45	17.6	10.4	9.7	17.5	19.5	2.8	10.1	2.6	2.2	2.8
7:00	18.0	11.2	10.9	16.1	17.3	3.2	11.1	2.9	2.2	2.4
7:15	19.5	12.0	11.5	14.4	15.8	3.1	10.8	3.2	2.4	2.4
7:30	19.6	13.3	11.8	12.9	14.5	4.0	10.0	3.1	3.0	2.5
7:45	19.5	14.0	11.8	12.0	13.4	4.8	9.6	3.1	3.4	2.9
8:00	19.2	14.0	11.7	11.0	12.8	5.7	9.2	2.9	3.9	3.4
8:15	19.1	14.1	11.5	9.7	12.4	6.8	8.4	2.7	4.1	3.9
8:30	17.7	14.1	11.1	9.3	12.8	8.2	7.3	2.8	4.4	4.2
8:45	17.0	13.0	10.5	9.6	12.6	9.0	7.3	3.2	4.6	4.3
9:00	17.4	12.7	10.3	9.4	12.3	9.0	8.0	3.5	4.4	4.2
9:15	18.3	12.9	10.3	9.2	11.7	8.6	8.4	4.1	4.2	3.8
9:30	18.6	13.3	10.5	9.2	10.9	8.4	8.3	4.8	3.9	3.8
9:45	18.1	14.2	10.7	8.9	10.5	8.0	8.2	5.4	3.8	4.0
10:00	17.8	14.8	11.6	8.3	10.5	7.3	7.7	6.1	3.8	4.0
10:15	17.5	15.1	12.2	7.9	10.1	7.1	7.4	6.5	3.8	4.3
10:30	18.0	15.0	12.5	7.8	9.7	6.9	7.1	6.6	3.8	4.2
10:45	18.7	14.4	12.4	8.1	9.1	6.9	7.0	7.3	3.9	4.0
11:00	19.3	13.5	12.0	9.1	8.8	7.0	7.0	7.6	4.0	3.6
11:15	20.2	12.7	12.2	9.6	8.3	7.1	6.9	7.8	4.1	3.3
11:30	19.8	12.6	12.4	10.1	8.3	7.4	6.8	7.7	4.1	3.1
11:45	19.1	12.6	12.7	10.4	8.7	7.6	6.7	7.4	4.0	3.2
12:00	19.1	12.6	12.6	10.2	9.7	7.4	6.3	7.0	3.9	3.5
12:15	18.9	12.7	12.7	10.3	10.4	6.7	6.3	7.0	3.8	3.6
12:30	18.2	12.6	13.1	10.3	11.0	6.6	6.2	7.3	3.8	3.6
12:45	17.5	12.6	13.6	9.5	11.1	6.8	6.2	7.9	4.1	3.4
13:00	17.6	12.7	13.5	8.6	11.2	7.3	6.1	8.6	4.2	3.1
13:15	17.1	12.9	13.4	7.9	10.8	7.6	6.0	9.3	4.6	3.0
13:30	16.8	13.3	13.8	7.9	9.9	7.6	5.8	9.8	4.7	3.0
13:45	16.0	13.2	15.5	8.4	8.7	7.5	5.4	10.2	4.7	3.2
14:00	15.5	13.2	17.0	9.0	7.5	7.4	5.5	10.4	4.5	3.4
14:15	15.7	13.2	17.3	9.1	7.2	6.8	5.7	10.6	4.2	3.5
14:30	16.4	13.6	16.9	9.4	7.0	6.8	6.1	10	4.2	3.5
14:45	17.1	14.1	15.9	9.5	6.9	6.8	6.4	9.5	4.0	3.4

时间	杭州交通经济广播	浙江交通之声	浙江音乐调频	浙江之声	杭州西湖之声	浙江城市之声	FM89杭州之声	浙江电台经济广播	浙江FM99.6 WiFi Radio	浙江女主播电台
15:00	17.1	14.4	14.9	9.7	6.9	7.3	6.3	8.9	4.1	3.4
15:15	16.6	14.7	15.1	10.2	6.5	8.0	6.1	8.0	4.2	3.3
15:30	15.2	14.7	14.9	10.0	6.9	8.8	5.9	8.1	4.3	3.1
15:45	14.5	14.2	14.8	9.9	7.1	9.6	6.1	8.1	4.5	3.1
16:00	13.3	15.1	14.0	9.3	7.6	10.4	6.3	7.8	4.4	3.1
16:15	12.6	15.2	13.3	9.1	8.9	10.4	6.6	7.4	4.4	3.5
16:30	12.8	15.7	12.3	9.3	9.8	10.4	6.5	6.9	4.3	3.6
16:45	13.2	15.3	10.9	10.7	9.7	10.8	6.3	6.6	4.6	3.7
17:00	14.1	15.2	9.1	12.2	10.0	10.6	5.9	6.0	4.9	4.0
17:15	14.8	15.8	8.3	12.3	10.2	10.2	5.8	5.4	5.1	4.0
17:30	15.4	15.8	8.1	11.9	10.7	10.0	6.5	4.8	5.0	3.9
17:45	15.4	15.3	8.5	11.5	11.4	9.7	7.2	4.5	5.0	3.7
18:00	15.1	15.1	9.3	10.4	12.1	9.6	7.8	4.5	4.9	3.5
18:15	14.1	14.7	9.9	10.6	12.3	9.5	8.2	4.8	4.8	3.5
18:30	13.1	13.9	9.9	11.1	12.4	10.2	8	5.2	4.7	3.3
18:45	11.9	14.0	10.0	11.6	12.0	10.7	7.6	5.3	4.8	3.2
19:00	12.0	14.6	9.6	11.7	10.1	10.9	7.5	5.6	5.0	3.3
19:15	12.4	15.5	9.4	11.5	8.6	11.3	7.2	5.5	5.1	3.2
19:30	12.9	15.3	9.5	11.3	8.2	11.1	7.4	5.4	5.3	3.1
19:45	12.8	15.5	10.2	11.0	7.6	11.1	7.3	5.5	5.2	3.3
20:00	11.7	16.0	12.1	11.5	6.9	11.1	7.3	5.4	5.1	3.3
20:15	11.5	16.0	13.5	11.5	6.7	10.9	7.3	5.2	5.0	3.6
20:30	11.8	16.5	13.9	11.7	6.6	10.6	6.7	5	4.8	3.8
20:45	12.1	16.1	14.0	11.9	6.5	10.3	7.0	4.9	5.0	4.0
21:00	12.5	15.9	12.1	12.0	6.9	10.2	7.2	4.9	5.6	4.1
21:15	12.5	15.6	11.2	11.7	7.1	10.4	7.4	5.5	6.0	3.8
21:30	12.3	15.5	10.4	11.9	8.1	10.6	7.1	6.1	5.8	3.6
21:45	11.9	16.1	9.7	11.8	9.4	10.4	6.9	6.9	5.5	3.4
22:00	12.5	15.9	9.2	11.5	10.6	9.8	6.8	7.2	5.5	3.4
22:15	12.7	15.8	9.5	11.4	10.9	8.9	7.2	7.0	5.7	3.5
22:30	12.1	15.5	10.2	11.4	10.2	9.3	7.4	6.8	6.3	3.5
22:45	12.7	15.8	10.9	11.6	8.2	9.4	7.0	6.5	6.7	3.5
23:00	13.3	15.9	10.5	11.3	8.2	10.0	7.4	6.3	6.7	3.2
23:15	13.7	16.0	10.6	11.6	7.8	10.0	6.9	6.3	6.6	3.1
23:30	14.8	16.0	10.5	11.7	7.5	9.9	6.9	6.3	6.7	3.1
23:45	14.7	16.2	10.6	11.7	7.2	10.1	6.7	6.3	6.8	3.0

表 2.8.5　杭州市平均收听率 top30 节目

排名	节目名称	所属频率	播放时间	平均收听率(%)	市场占有率(%)
1	针锋相对	杭州电台交通经济广播	07:30—08:30	2.81	20.1
2	领先早高峰	杭州电台交通经济广播	08:30—10:00	1.91	20.2
3	浙广早新闻	浙江之声	07:00—08:00	1.62	14.6
4	欢乐畅行	杭州电台交通经济广播	10:00—11:00	1.53	18.5
5	93 早高峰	浙江电台交通之声	06:30—08:30	1.35	13.1
6	领先早高峰	杭州电台交通经济广播	06:30—07:30	1.34	20.1
6	快乐加速度	浙江电台交通之声	08:30—10:00	1.34	14.1
8	乐听乐动听	动听 968 音乐调频	07:00—09:00	1.32	11.0
9	1054 早班车+新闻八卦掌	杭州电台西湖之声	06:30—08:00	1.31	14.4
10	方雨大搜索	浙江之声	08:00—09:00	1.30	10.5
11	今日大热点	浙江之声	17:00—18:00	1.27	12.5
12	一路有你	浙江电台交通之声	16:00—18:00	1.25	15.4
12	陶乐 慕容加速度	杭州电台西湖之声	08:00—10:00	1.25	11.8
14	听世界	动听 968 音乐调频	14:30—15:00	1.23	18.4
15	快活晚高峰	杭州电台交通经济广播	16:30—19:00	1.22	14.0
16	93 新动力	浙江电台交通之声	18:00—20:00	1.18	17.0
17	我的汽车有话说	杭州电台交通经济广播	11:00—12:30	1.13	16.1
18	有理走天下	浙江电台交通之声	10:00—11:00	1.12	13.6
19	音乐正当午	杭州电台交通经济广播	12:30—14:00	1.10	16.7
19	走在大路上	杭州电台交通经济广播	14:00—16:00	1.10	17.0
21	HI MUSIC	动听 968 音乐调频	15:00—16:30	1.03	16.8
22	HI MUSIC	动听 968 音乐调频	09:30—11:00	1.02	12.2
23	HI MUSIC	动听 968 音乐调频	13:00—14:30	1.01	15.4
23	民情热线	FM89 杭州之声	07:30—08:00	1.01	7.3
23	最佳享受	动听 968 音乐调频	17:00—19:00	1.01	10.9
26	93 第一财经	浙江电台交通之声	11:00—12:00	0.97	13.1
26	汽车 CD	动听 968 音乐调频	09:00—09:30	0.97	10.7
28	鲁瑾脱口秀	动听 968 音乐调频	11:00—12:00	0.95	12.8
29	私家车 下班路上	私家车 107 城市之声	17:00—19:00	0.94	10.3
30	93 家世界 丁建刚房产时间	浙江电台交通之声	14:00—15:00	0.91	13.6

九、武汉地区收听率数据

表 2.9.1　武汉地区主要电台频率的平均收听率和市场份额

排名	电台名称	平均收听率（%）	市场份额（%）
1	湖北楚天交通广播	0.94	14.0
2	湖北楚天音乐广播	0.78	11.6
3	湖北之声	0.64	9.5
4	湖北经典音乐广播	0.51	7.7
5	武汉经典音乐广播	0.46	6.8
6	湖北生活广播	0.45	6.7
7	武汉交通广播	0.44	6.6
8	湖北妇女儿童广播	0.42	6.3
9	湖北经济广播	0.38	5.7
10	武汉新闻综合广播	0.37	5.5

表 2.9.2　武汉地区主要电台频率的周到达率和日到达率

排名	电台名称	周到达率（%）	日到达率（%）
1	湖北楚天交通广播	28.90	9.26
2	湖北楚天音乐广播	28.21	8.57
3	湖北之声	31.24	8.36
4	湖北经典音乐广播	20.65	6.64
5	中央中国之声	17.71	6.55
6	湖北妇女儿童广播	17.41	6.04
7	湖北生活广播	18.19	5.35
8	武汉经典音乐广播	15.93	4.96
9	湖北体育旅游广播	13.27	4.68
10	武汉交通广播	16.32	4.41

表 2.9.3　武汉地区主要电台的收听率（%）

时间	湖北楚天交通广播	湖北楚天音乐广播	湖北之声	湖北经典音乐广播	武汉经典音乐广播	湖北生活广播	武汉交通广播	湖北妇女儿童广播	湖北经济广播	武汉新闻综合广播
6:00	2.62	0.73	0.62	0.33	0.47	0.55	0.34	0.55	0.19	0.31
6:15	2.61	0.73	0.65	0.44	0.41	0.54	0.41	0.55	0.10	0.23
6:30	2.64	0.80	0.68	0.38	0.41	0.53	0.42	0.44	0.10	0.22
6:45	2.74	0.87	0.72	0.50	0.53	0.60	0.43	0.54	0.17	0.34
7:00	2.83	0.98	0.69	0.57	0.53	0.63	0.48	0.64	0.15	0.34
7:15	2.88	0.94	0.70	0.62	0.47	0.71	0.49	0.54	0.22	0.35
7:30	2.87	1.09	0.76	0.71	0.74	0.83	0.59	0.67	0.30	0.46
7:45	2.84	1.14	0.85	0.70	0.79	0.88	0.61	0.77	0.32	0.47
8:00	2.82	1.10	0.82	0.75	0.83	0.84	0.62	0.73	0.34	0.45
8:15	2.99	1.23	0.94	0.86	0.90	0.83	0.81	0.84	0.49	0.61
8:30	2.99	1.24	0.88	0.92	0.86	0.84	0.77	0.83	0.52	0.67
8:45	2.89	1.21	0.96	0.87	0.82	0.81	0.71	0.80	0.45	0.63
9:00	2.97	1.22	1.20	0.84	0.89	0.78	0.74	0.76	0.58	0.70
9:15	2.92	1.25	1.20	0.81	0.88	0.79	0.80	0.74	0.51	0.64
9:30	3.00	1.16	1.15	0.83	0.89	0.77	0.78	0.80	0.48	0.65
9:45	2.82	1.13	1.25	0.91	0.84	0.71	0.81	0.63	0.52	0.85
10:00	2.94	1.16	1.30	0.81	0.90	0.75	0.75	0.64	0.61	0.77
10:15	2.94	1.16	1.24	0.80	0.84	0.73	0.83	0.70	0.54	0.77
10:30	2.41	1.11	1.26	0.80	1.02	0.67	0.80	0.67	0.56	0.86
10:45	2.40	1.11	1.37	0.81	1.02	0.68	0.77	0.58	0.59	0.85
11:00	2.48	1.08	1.26	0.85	0.96	0.59	0.75	0.58	0.62	0.85
11:15	2.42	1.00	1.20	0.87	1.00	0.60	0.70	0.48	0.62	0.91
11:30	2.36	1.08	1.35	0.82	1.01	0.64	0.70	0.51	0.66	0.87
11:45	2.45	1.02	1.21	0.80	0.98	0.64	0.70	0.58	0.59	0.88
12:00	1.76	0.94	1.24	0.81	0.95	0.45	0.72	0.54	0.69	0.91
12:15	1.75	1.00	1.21	0.83	1.04	0.44	0.66	0.48	0.69	0.95
12:30	1.70	1.00	1.13	0.78	0.93	0.43	0.64	0.54	0.61	0.92
12:45	1.51	0.90	1.27	0.60	0.91	0.42	0.61	0.47	0.60	0.92
13:00	1.59	0.85	1.23	0.63	0.82	0.35	0.59	0.43	0.61	0.92
13:15	1.58	0.95	1.18	0.63	0.91	0.34	0.62	0.42	0.62	0.89
13:30	1.52	0.83	1.18	0.64	0.75	0.44	0.47	0.34	0.59	0.88
13:45	1.48	0.85	1.15	0.61	0.75	0.38	0.52	0.34	0.55	0.82
14:00	1.50	0.87	1.09	0.65	0.67	0.42	0.50	0.44	0.61	0.83
14:15	1.55	0.94	1.18	0.70	0.71	0.41	0.51	0.41	0.57	0.76
14:30	1.52	0.96	1.18	0.73	0.65	0.38	0.55	0.43	0.56	0.76
14:45	1.53	0.84	1.20	0.72	0.74	0.37	0.47	0.39	0.51	0.73

时间	湖北楚天交通广播	湖北楚天音乐广播	湖北之声	湖北经典音乐广播	武汉经典音乐广播	湖北生活广播	武汉交通广播	湖北妇女儿童广播	湖北经济广播	武汉新闻综合广播
15:00	1.41	0.97	1.09	0.72	0.62	0.41	0.54	0.35	0.48	0.75
15:15	1.43	1.03	1.09	0.64	0.58	0.49	0.46	0.31	0.52	0.65
15:30	1.50	0.97	1.19	0.65	0.62	0.42	0.54	0.36	0.55	0.74
15:45	1.19	0.97	0.95	0.67	0.44	0.50	0.45	0.33	0.38	0.54
16:00	1.18	0.97	0.94	0.65	0.44	0.44	0.51	0.33	0.41	0.47
16:15	1.13	1.00	0.97	0.68	0.46	0.47	0.45	0.28	0.48	0.47
16:30	1.11	0.96	0.85	0.72	0.36	0.43	0.37	0.29	0.43	0.44
16:45	1.17	0.95	0.86	0.74	0.28	0.47	0.38	0.32	0.37	0.46
17:00	1.12	0.96	0.90	0.72	0.30	0.48	0.48	0.32	0.42	0.39
17:15	1.30	0.92	0.82	0.68	0.33	0.50	0.48	0.27	0.36	0.35
17:30	1.22	0.93	0.87	0.69	0.28	0.54	0.40	0.37	0.42	0.45
17:45	1.21	0.92	0.86	0.66	0.31	0.47	0.42	0.35	0.44	0.36
18:00	1.20	0.91	0.71	0.72	0.38	0.51	0.42	0.40	0.49	0.52
18:15	1.22	0.83	0.71	0.74	0.32	0.44	0.50	0.40	0.49	0.47
18:30	1.28	0.81	0.69	0.69	0.41	0.53	0.39	0.36	0.42	0.52
18:45	1.13	0.71	0.65	0.61	0.40	0.50	0.32	0.47	0.46	0.49
19:00	1.12	0.78	0.66	0.62	0.33	0.42	0.37	0.45	0.42	0.51
19:15	1.14	0.78	0.67	0.65	0.35	0.50	0.39	0.45	0.45	0.49
19:30	1.07	0.70	0.67	0.58	0.38	0.53	0.35	0.42	0.39	0.54
19:45	1.00	0.72	0.70	0.50	0.39	0.53	0.41	0.50	0.39	0.57
20:00	1.09	0.85	0.65	0.58	0.38	0.57	0.36	0.46	0.40	0.54
20:15	1.01	0.89	0.68	0.62	0.52	0.58	0.44	0.51	0.38	0.50
20:30	1.08	0.88	0.63	0.59	0.52	0.52	0.40	0.43	0.44	0.49
20:45	1.02	0.91	0.65	0.59	0.50	0.56	0.38	0.50	0.42	0.48
21:00	1.07	0.94	0.68	0.65	0.58	0.70	0.52	0.47	0.43	0.49
21:15	0.99	0.98	0.68	0.64	0.54	0.63	0.51	0.45	0.48	0.52
21:30	1.06	1.00	0.66	0.54	0.53	0.62	0.51	0.49	0.49	0.44
21:45	1.07	0.98	0.72	0.63	0.48	0.64	0.60	0.53	0.54	0.43
22:00	0.96	0.94	0.67	0.55	0.51	0.69	0.57	0.48	0.57	0.36
22:15	0.98	0.97	0.71	0.63	0.46	0.62	0.49	0.49	0.59	0.40
22:30	0.80	0.90	0.59	0.60	0.53	0.73	0.55	0.38	0.52	0.35
22:45	0.78	0.97	0.61	0.60	0.48	0.63	0.58	0.43	0.48	0.36
23:00	0.85	0.90	0.57	0.66	0.54	0.65	0.57	0.47	0.54	0.38
23:15	0.71	0.94	0.52	0.62	0.39	0.64	0.54	0.35	0.56	0.32
23:30	0.77	0.92	0.57	0.63	0.40	0.64	0.59	0.36	0.56	0.34
23:45	0.73	0.89	0.44	0.57	0.41	0.66	0.55	0.	0.56	0.35

表 2.9-4　武汉地区主要电台的占有率（%）

时间	湖北楚天交通广播	湖北楚天音乐广播	湖北之声	湖北经典音乐广播	武汉经典音乐广播	湖北生活广播	武汉交通广播	湖北妇女儿童广播	湖北经济广播	武汉新闻综合广播
6:00	34.6	9.6	8.1	4.3	6.2	7.3	4.5	7.2	2.5	4.1
6:15	34.6	9.7	8.6	5.8	5.4	7.2	5.4	7.3	1.3	3.0
6:30	34.8	10.5	8.9	5.0	5.4	6.9	5.5	5.8	1.3	2.9
6:45	31.8	10.1	8.4	5.8	6.1	7.0	5.0	6.3	2.0	3.9
7:00	30.6	10.6	7.4	6.1	5.8	6.8	5.2	7.0	1.6	3.6
7:15	31.8	10.3	7.7	6.8	5.2	7.8	5.4	6.0	2.4	3.9
7:30	26.8	10.2	7.1	6.7	6.9	7.7	5.5	6.3	2.8	4.3
7:45	25.9	10.4	7.7	6.4	7.2	8.0	5.6	7.0	2.9	4.3
8:00	25.7	10.0	7.5	6.9	7.6	7.6	5.7	6.6	3.1	4.1
8:15	24.2	9.9	7.6	6.9	7.3	6.7	6.5	6.8	4.0	5.0
8:30	24.0	10.0	7.1	7.4	6.9	6.7	6.2	6.7	4.2	5.4
8:45	24.3	10.2	8.1	7.3	6.9	6.8	5.9	6.7	3.8	5.3
9:00	23.3	9.6	9.4	6.6	7.0	6.1	5.8	6.0	4.6	5.5
9:15	23.3	9.9	9.6	6.4	7.0	6.3	6.4	5.9	4.0	5.1
9:30	24.0	9.3	9.2	6.6	7.1	6.1	6.3	6.4	3.9	5.2
9:45	22.3	9.0	9.9	7.2	6.6	5.6	6.4	5.0	4.1	6.7
10:00	23.0	9.1	10.1	6.3	7.0	5.9	5.9	5.0	4.8	6.0
10:15	23.0	9.1	9.7	6.2	6.6	5.7	6.5	5.5	4.2	6.0
10:30	19.5	9.0	10.2	6.5	8.2	5.4	6.5	5.4	4.5	7.0
10:45	19.5	9.0	11.1	6.5	8.3	5.5	6.3	4.7	4.8	6.9
11:00	20.3	8.9	10.3	7.0	7.8	4.8	6.1	4.8	5.1	7.0
11:15	20.2	8.3	10.0	7.2	8.3	5.0	5.9	4.0	5.2	7.6
11:30	19.4	8.9	11.2	6.7	8.3	5.3	5.8	4.2	5.4	7.2
11:45	20.5	8.6	10.2	6.7	8.2	5.3	5.9	4.9	4.9	7.3
12:00	16.0	8.5	11.3	7.4	8.6	4.1	6.5	4.9	6.3	8.2
12:15	15.9	9.1	11.0	7.5	9.5	4.0	6.0	4.4	6.3	8.7
12:30	16.0	9.4	10.6	7.3	8.7	4.0	6.0	5.1	5.7	8.6
12:45	15.2	9.0	12.8	6.0	9.2	4.2	6.1	4.7	6.0	9.2
13:00	16.4	8.8	12.7	6.5	8.4	3.6	6.0	4.4	6.2	9.4
13:15	16.2	9.7	12.1	6.5	9.3	3.5	6.4	4.4	6.4	9.2
13:30	16.4	9.0	12.7	6.9	8.1	4.8	5.1	3.7	6.4	9.5
13:45	16.4	9.4	12.6	6.8	8.2	4.2	5.7	3.7	6.0	9.0
14:00	16.5	9.6	12.0	7.1	7.4	4.6	5.5	4.8	6.7	9.1
14:15	16.9	10.2	12.9	7.6	7.7	4.4	5.6	4.4	6.2	8.2
14:30	16.5	10.4	12.8	8.0	7.1	4.1	5.9	4.7	6.1	8.2
14:45	17.0	9.3	13.4	8.0	8.3	4.1	5.3	4.3	5.7	8.1

时间	湖北楚天交通广播	湖北楚天音乐广播	湖北之声	湖北经典音乐广播	武汉经典音乐广播	湖北生活广播	武汉交通广播	湖北妇女儿童广播	湖北经济广播	武汉新闻综合广播
15:00	15.9	10.9	12.2	8.0	7.0	4.6	6.1	3.9	5.3	8.5
15:15	16.4	11.7	12.5	7.3	6.7	5.6	5.3	3.6	6.0	7.4
15:30	16.4	10.6	13.0	7.1	6.8	4.6	5.9	3.9	6.0	8.1
15:45	14.9	12.1	12.0	8.5	5.5	6.2	5.7	4.2	4.8	6.7
16:00	15.2	12.5	12.1	8.3	5.7	5.7	6.6	4.2	5.3	6.0
16:15	14.3	12.8	12.3	8.7	5.8	6.0	5.7	3.6	6.1	5.9
16:30	14.9	12.9	11.5	9.6	4.8	5.8	4.9	3.9	5.8	5.9
16:45	15.5	12.6	11.4	9.7	3.8	6.3	5.0	4.2	4.9	6.1
17:00	14.7	12.6	11.8	9.5	4.0	6.3	6.2	4.2	5.5	5.1
17:15	17.4	12.2	10.9	9.0	4.4	6.6	6.4	3.7	4.7	4.6
17:30	15.7	12.0	11.3	8.9	3.6	7.0	5.2	4.7	5.5	5.8
17:45	16.0	12.2	11.3	8.7	4.0	6.3	5.6	4.6	5.8	4.7
18:00	15.3	11.7	9.1	9.1	4.8	6.6	5.3	5.1	6.2	6.7
18:15	15.8	10.7	9.3	9.6	4.1	5.7	6.5	5.2	6.4	6.1
18:30	16.5	10.6	9.0	9.0	5.3	6.9	5.1	4.7	5.5	6.7
18:45	15.4	9.7	8.8	8.3	5.4	6.8	4.4	6.4	6.3	6.6
19:00	15.4	10.7	9.1	8.5	4.5	5.8	5.1	6.2	5.7	7.0
19:15	15.3	10.4	9.0	8.7	4.7	6.6	5.3	6.0	6.1	6.5
19:30	14.8	9.6	9.3	8.1	5.2	7.4	4.8	5.8	5.4	7.6
19:45	13.6	9.8	9.6	6.9	5.2	7.2	5.6	6.8	5.3	7.7
20:00	14.7	11.5	8.8	7.9	5.1	7.7	4.8	6.2	5.4	7.3
20:15	13.0	11.4	8.8	8.0	6.6	7.4	5.6	6.6	4.8	6.5
20:30	14.1	11.6	8.3	7.7	6.9	6.8	5.3	5.6	5.7	6.4
20:45	13.3	12.0	8.5	7.8	6.6	7.4	5.0	6.6	5.4	6.3
21:00	13.1	11.5	8.3	7.9	7.1	8.6	6.4	5.7	5.3	6.0
21:15	12.3	12.2	8.5	8.0	6.7	7.9	6.3	5.5	6.0	6.4
21:30	13.4	12.7	8.3	6.8	6.7	7.8	6.4	6.2	6.2	5.6
21:45	12.9	11.8	8.7	7.6	5.8	7.8	7.2	6.4	6.5	5.2
22:00	12.1	11.9	8.5	7.0	6.4	8.7	7.2	6.1	7.2	4.5
22:15	12.4	12.3	9.0	8.0	5.8	7.8	6.2	6.2	7.5	5.1
22:30	10.8	12.2	7.9	8.1	7.1	9.8	7.4	5.1	7.1	4.7
22:45	10.5	13.1	8.2	8.0	6.4	8.4	7.8	5.8	6.5	4.9
23:00	11.2	11.9	7.5	8.7	7.1	8.5	7.5	6.2	7.1	5.1
23:15	10.1	13.4	7.5	8.9	5.6	9.2	7.7	5.0	8.1	4.6
23:30	10.7	12.9	7.9	8.8	5.6	8.9	8.2	5.1	7.8	4.7
23:45	10.5	12.9	6.3	8.3	5.9	9.5	7.9	5.6	8.0	5.0

十、成都地区收听率数据

表 2.10.1 成都地区主要电台频率的平均收听率和市场份额

排名	电台名称	平均收听率（%）	市场份额（%）
1	四川交通广播	1.01	14.9
2	成都交通广播	0.81	12.1
3	成都新闻广播	0.57	8.5
4	四川新闻频率	0.56	8.3
5	四川岷江音乐	0.52	7.7
6	四川天府之声私家车广播	0.45	6.6
7	成都经济频道	0.41	6.0
8	FM94.6 成都经典音乐广播	0.31	4.7
9	四川城市之音	0.30	4.5
10	成都私家车广播	0.26	3.8

表 2.10.2 成都地区主要电台频率的周到达率和日到达率

排名	电台名称	周到达率（%）	日到达率（%）
1	四川交通广播	34.74	15.98
2	四川天府之声私家车广播	20.93	8.76
3	成都交通广播	29.38	8.30
4	四川岷江音乐	21.77	8.27
5	四川新闻频率	21.58	7.63
6	成都新闻广播	22.14	7.40
7	FM94.6 成都经典音乐广播	14.39	6.47
8	四川城市之音	17.62	6.14
9	成都经济频道	17.48	5.91
10	成都私家车广播	11.69	5.06

表 2.10.3　成都地区主要电台的收听率（%）

时间	四川交通广播	成都交通广播	成都新闻广播	四川新闻频率	四川岷江音乐	四川天府之声	成都经济频道	成都经典音乐广播	四川城市之音	四川经济频率
6:00	0.13	0.17	0.03	0.06	0.07	0.06	0.05	0.06	0.05	0.03
6:15	0.14	0.21	0.06	0.07	0.12	0.07	0.06	0.08	0.06	0.05
6:30	0.31	0.30	0.10	0.11	0.13	0.11	0.12	0.07	0.10	0.08
6:45	0.39	0.45	0.14	0.14	0.19	0.22	0.16	0.12	0.16	0.11
7:00	0.58	0.88	0.29	0.22	0.36	0.27	0.29	0.17	0.19	0.17
7:15	0.92	0.94	0.32	0.39	0.46	0.42	0.36	0.19	0.34	0.21
7:30	1.13	1.13	0.60	0.56	0.61	0.53	0.60	0.36	0.49	0.29
7:45	1.70	1.47	0.67	0.73	0.98	0.72	0.73	0.39	0.62	0.51
8:00	2.68	2.14	1.31	1.07	1.26	0.92	0.82	0.65	0.76	0.75
8:15	2.88	2.26	1.45	1.09	1.37	0.95	0.92	0.71	0.78	0.82
8:30	2.95	2.29	1.49	1.18	1.37	0.94	0.95	0.75	0.74	0.82
8:45	2.63	2.10	1.48	1.15	1.21	0.87	0.88	0.70	0.63	0.75
9:00	1.74	1.56	1.28	1.08	0.91	0.70	0.87	0.60	0.51	0.59
9:15	1.43	1.43	1.02	0.77	0.77	0.67	0.76	0.47	0.50	0.53
9:30	0.95	0.86	0.94	0.60	0.54	0.57	0.51	0.42	0.32	0.32
9:45	0.77	0.63	0.75	0.45	0.48	0.49	0.48	0.35	0.29	0.23
10:00	0.81	0.70	0.73	0.50	0.58	0.52	0.50	0.31	0.26	0.26
10:15	0.89	0.81	0.81	0.57	0.60	0.54	0.51	0.32	0.28	0.26
10:30	0.80	0.82	0.85	0.62	0.51	0.45	0.49	0.31	0.29	0.38
10:45	0.65	0.77	0.75	0.59	0.53	0.37	0.49	0.29	0.25	0.43
11:00	0.69	0.72	0.66	0.69	0.59	0.32	0.38	0.28	0.26	0.41
11:15	0.75	0.60	0.55	0.70	0.61	0.30	0.38	0.21	0.24	0.41
11:30	0.73	0.52	0.50	0.65	0.41	0.28	0.26	0.18	0.25	0.28
11:45	0.59	0.42	0.46	0.57	0.38	0.26	0.25	0.22	0.27	0.21
12:00	0.55	0.53	0.55	0.64	0.52	0.31	0.37	0.27	0.38	0.24
12:15	0.55	0.69	0.58	0.63	0.55	0.36	0.37	0.33	0.37	0.23
12:30	0.53	0.71	0.56	0.69	0.49	0.37	0.34	0.33	0.30	0.15
12:45	0.37	0.94	0.47	0.66	0.47	0.36	0.28	0.30	0.27	0.15
13:00	0.51	1.01	0.40	0.55	0.35	0.42	0.25	0.29	0.25	0.15
13:15	0.54	0.96	0.48	0.49	0.29	0.40	0.26	0.23	0.27	0.15
13:30	0.64	0.84	0.55	0.54	0.27	0.31	0.27	0.20	0.27	0.14
13:45	0.57	0.75	0.52	0.51	0.24	0.27	0.30	0.20	0.29	0.15
14:00	0.81	0.60	0.53	0.52	0.28	0.16	0.35	0.19	0.33	0.15
14:15	0.93	0.59	0.54	0.51	0.28	0.17	0.41	0.20	0.34	0.24
14:30	0.92	0.77	0.59	0.43	0.41	0.23	0.42	0.19	0.31	0.27
14:45	0.65	0.77	0.59	0.41	0.42	0.24	0.45	0.15	0.25	0.27

时间	四川交通广播	成都交通广播	成都新闻广播	四川新闻频率	四川岷江音乐	四川天府之声	成都经济频道	成都经典音乐广播	四川城市之音	四川经济频率
15:00	0.65	0.82	0.60	0.63	0.35	0.32	0.47	0.12	0.23	0.25
15:15	0.71	0.75	0.57	0.67	0.30	0.31	0.43	0.09	0.23	0.22
15:30	0.67	0.68	0.55	0.70	0.26	0.27	0.31	0.09	0.28	0.18
15:45	0.75	0.58	0.52	0.67	0.20	0.29	0.31	0.12	0.27	0.15
16:00	1.07	0.83	0.49	0.57	0.23	0.34	0.30	0.18	0.32	0.22
16:15	1.08	0.93	0.53	0.48	0.28	0.34	0.38	0.19	0.30	0.25
16:30	0.93	0.87	0.55	0.45	0.26	0.27	0.41	0.29	0.24	0.26
16:45	1.32	1.17	0.77	0.36	0.31	0.25	0.39	0.31	0.40	0.36
17:00	1.63	1.32	1.01	0.38	0.52	0.22	0.50	0.43	0.51	0.48
17:15	2.10	1.61	1.03	0.36	0.57	0.27	0.54	0.47	0.54	0.53
17:30	2.25	1.66	1.00	0.41	0.71	0.49	0.71	0.47	0.57	0.60
17:45	2.28	1.51	0.66	0.45	0.66	0.51	0.74	0.42	0.48	0.59
18:00	2.51	1.22	0.65	0.59	0.97	0.69	0.81	0.36	0.44	0.55
18:15	2.50	1.13	0.69	0.60	1.00	0.68	0.79	0.41	0.43	0.45
18:30	2.32	0.92	0.68	0.75	1.00	0.63	0.71	0.40	0.41	0.32
18:45	1.98	0.82	0.61	0.76	0.88	0.64	0.55	0.41	0.36	0.29
19:00	1.65	0.64	0.60	0.74	0.69	0.80	0.51	0.39	0.33	0.26
19:15	1.31	0.65	0.47	0.61	0.57	0.81	0.44	0.38	0.31	0.24
19:30	0.77	0.67	0.49	0.65	0.46	0.82	0.35	0.35	0.24	0.19
19:45	0.71	0.64	0.49	0.62	0.41	0.77	0.32	0.41	0.20	0.16
20:00	0.90	0.74	0.53	0.59	0.61	0.72	0.34	0.44	0.22	0.30
20:15	0.91	0.69	0.53	0.63	0.64	0.64	0.35	0.48	0.22	0.35
20:30	0.72	0.52	0.52	0.68	0.63	0.63	0.34	0.47	0.20	0.41
20:45	0.68	0.48	0.39	0.66	0.56	0.68	0.26	0.44	0.16	0.37
21:00	0.70	0.43	0.44	0.70	0.73	0.69	0.23	0.47	0.18	0.37
21:15	0.79	0.41	0.43	0.72	0.72	0.70	0.27	0.45	0.15	0.33
21:30	0.71	0.43	0.39	0.70	0.67	0.69	0.29	0.41	0.16	0.30
21:45	0.60	0.40	0.29	0.55	0.53	0.58	0.30	0.41	0.16	0.28
22:00	0.44	0.35	0.27	0.51	0.47	0.39	0.26	0.37	0.19	0.21
22:15	0.42	0.32	0.22	0.38	0.43	0.34	0.21	0.32	0.18	0.16
22:30	0.35	0.26	0.19	0.33	0.36	0.35	0.16	0.25	0.14	0.14
22:45	0.38	0.23	0.16	0.30	0.29	0.33	0.13	0.23	0.11	0.13
23:00	0.27	0.17	0.16	0.27	0.25	0.21	0.11	0.16	0.10	0.10
23:15	0.26	0.15	0.13	0.19	0.19	0.18	0.10	0.15	0.06	0.09
23:30	0.14	0.12	0.07	0.12	0.14	0.13	0.06	0.08	0.05	0.06
23:45	0.12	0.09	0.06	0.10	0.11	0.11	0.05	0.08	0.04	0.04

表 2.10.4　成都地区主要电台的占有率（%）

时间	四川交通广播	成都交通广播	成都新闻广播	四川新闻频率	四川岷江音乐	四川天府之声	成都经济频道	成都经典音乐广播	四川城市之音	四川经济频率
6:00	13.0	17.5	2.7	6.0	7.3	6.0	5.5	6.6	4.8	3.3
6:15	10.4	15.9	4.6	4.9	9.0	5.1	4.4	5.8	4.2	4.1
6:30	14.2	14.1	4.5	5.2	6.0	5.3	5.4	3.4	4.8	3.9
6:45	12.7	14.7	4.5	4.5	6.2	7.1	5.2	4.0	5.1	3.6
7:00	11.9	18.2	5.9	4.6	7.4	5.6	6.0	3.6	3.9	3.5
7:15	14.4	14.8	5.1	6.2	7.2	6.5	5.6	2.9	5.4	3.3
7:30	13.2	13.1	7.0	6.5	7.1	6.1	7.0	4.2	5.7	3.4
7:45	15.1	13.1	5.9	6.5	8.7	6.4	6.4	3.5	5.5	4.5
8:00	17.0	13.6	8.3	6.8	8.0	5.8	5.2	4.1	4.8	4.8
8:15	17.1	13.4	8.6	6.5	8.1	5.6	5.5	4.2	4.6	4.9
8:30	17.4	13.5	8.8	7.0	8.1	5.5	5.6	4.4	4.3	4.8
8:45	16.9	13.5	9.5	7.4	7.8	5.6	5.7	4.5	4.1	4.8
9:00	13.8	12.4	10.2	8.6	7.2	5.6	6.9	4.8	4.1	4.7
9:15	13.4	13.4	9.6	7.2	7.2	6.3	7.1	4.4	4.7	5.0
9:30	11.8	10.6	11.6	7.4	6.8	7.0	6.4	5.2	4.0	3.9
9:45	11.7	9.6	11.4	6.9	7.2	7.4	7.2	5.4	4.5	3.5
10:00	12.0	10.4	10.9	7.5	8.6	7.7	7.4	4.6	3.8	3.8
10:15	12.4	11.3	11.2	7.9	8.3	7.5	7.1	4.5	3.9	3.6
10:30	11.3	11.5	11.9	8.6	7.1	6.2	6.9	4.4	4.1	5.4
10:45	9.7	11.5	11.2	8.9	7.9	5.5	7.3	4.4	3.8	6.4
11:00	10.6	11.1	10.1	10.6	9.1	4.9	5.8	4.3	4.0	6.4
11:15	12.3	9.7	8.9	11.5	9.9	4.9	6.1	3.4	3.9	6.7
11:30	13.4	9.6	9.2	11.9	7.6	5.2	4.9	3.3	4.6	5.1
11:45	11.5	8.2	9.1	11.1	7.4	5.1	4.9	4.4	5.3	4.0
12:00	8.8	8.4	8.7	10.2	8.3	5.0	5.8	4.2	6.0	3.8
12:15	8.2	10.3	8.7	9.4	8.2	5.4	5.5	4.9	5.5	3.4
12:30	8.2	11.0	8.6	10.7	7.7	5.7	5.2	5.1	4.6	2.4
12:45	6.2	15.7	7.9	10.9	7.8	6.0	4.7	5.0	4.5	2.5
13:00	9.0	18.0	7.1	9.9	6.3	7.6	4.4	5.2	4.4	2.7
13:15	10.2	18.2	9.1	9.4	5.5	7.7	4.9	4.4	5.1	2.8
13:30	12.3	16.2	10.6	10.4	5.2	6.0	5.2	3.8	5.2	2.8
13:45	11.5	15.2	10.4	10.3	4.9	5.6	6.0	4.0	5.9	3.0
14:00	16.0	11.7	10.3	10.3	5.4	3.2	7.0	3.8	6.4	3.0
14:15	17.2	10.9	10.0	9.3	5.1	3.1	7.6	3.7	6.3	4.4
14:30	16.1	13.4	10.3	7.5	7.1	3.9	7.2	3.3	5.4	4.7
14:45	12.2	14.5	11.1	7.6	7.9	4.5	8.4	2.8	4.8	5.0

时间	四川交通广播	成都交通广播	成都新闻广播	四川新闻频率	四川岷江音乐	四川天府之声	成都经济频道	成都经典音乐广播	四川城市之音	四川经济频率
15:00	11.6	14.7	10.6	11.1	6.2	5.6	8.4	2.1	4.0	4.4
15:15	13.1	13.8	10.5	12.4	5.6	5.7	7.9	1.7	4.2	4.0
15:30	12.8	13.0	10.5	13.4	5.0	5.1	5.9	1.7	5.2	3.4
15:45	14.5	11.2	10.2	12.9	4.0	5.6	6.0	2.3	5.3	2.9
16:00	18.3	14.2	8.3	9.7	3.9	5.8	5.1	3.0	5.4	3.8
16:15	17.8	15.4	8.7	7.9	4.6	5.6	6.3	3.2	5.0	4.1
16:30	16.0	14.9	9.4	7.7	4.5	4.6	7.0	4.9	4.1	4.5
16:45	18.9	16.7	11.0	5.1	4.4	3.6	5.6	4.4	5.7	5.2
17:00	19.0	15.4	11.8	4.5	6.1	2.6	5.8	5.0	5.9	5.6
17:15	21.7	16.6	10.6	3.7	5.9	2.8	5.5	4.8	5.6	5.4
17:30	20.8	15.4	9.3	3.8	6.6	4.5	6.6	4.4	5.3	5.5
17:45	21.8	14.4	6.3	4.3	6.3	4.9	7.0	4.0	4.6	5.7
18:00	22.5	11.0	5.8	5.3	8.7	6.2	7.2	3.3	4.0	4.9
18:15	22.8	10.3	6.3	5.5	9.1	6.2	7.2	3.7	3.9	4.1
18:30	22.6	8.9	6.6	7.3	9.7	6.2	6.9	3.9	4.0	3.1
18:45	21.6	8.9	6.6	8.3	9.5	6.9	5.9	4.4	3.9	3.1
19:00	19.8	7.6	7.1	8.8	8.3	9.5	6.1	4.6	4.0	3.1
19:15	17.6	8.8	6.3	8.2	7.7	10.9	5.9	5.1	4.1	3.2
19:30	11.7	10.1	7.4	9.8	6.9	12.4	5.4	5.3	3.7	2.8
19:45	11.3	10.2	7.8	9.9	6.6	12.2	5.0	6.5	3.2	2.6
20:00	12.7	10.3	7.4	8.3	8.6	10.1	4.8	6.2	3.0	4.3
20:15	12.1	9.2	7.1	8.4	8.4	8.5	4.6	6.4	3.0	4.7
20:30	9.8	7.2	7.1	9.2	8.6	8.6	4.7	6.4	2.7	5.6
20:45	9.9	7.0	5.7	9.5	8.2	9.9	3.8	6.4	2.4	5.3
21:00	9.7	6.0	6.0	9.7	10.1	9.5	3.3	6.5	2.5	5.1
21:15	10.9	5.7	5.9	10.0	9.9	9.7	3.8	6.2	2.1	4.5
21:30	10.4	6.4	5.7	10.3	9.8	10.1	4.2	6.1	2.3	4.3
21:45	10.3	6.8	4.9	9.4	9.0	9.8	5.1	7.1	2.7	4.8
22:00	8.8	7.0	5.3	10.1	9.5	7.8	5.1	7.4	3.8	4.2
22:15	9.8	7.6	5.2	8.9	10.3	8.0	4.9	7.7	4.4	3.7
22:30	9.8	7.2	5.2	9.1	9.9	9.5	4.3	7.0	4.0	4.0
22:45	11.8	7.2	5.2	9.4	9.3	10.3	4.0	7.4	3.4	4.0
23:00	10.1	6.4	5.9	10.3	9.3	7.8	4.1	5.9	3.8	3.8
23:15	11.5	6.8	5.6	8.2	8.4	8.1	4.3	6.6	2.6	4.2
23:30	10.3	8.3	5.2	8.7	10.1	9.2	4.4	5.9	3.6	3.9
23:45	10.1	7.4	5.1	8.8	9.3	9.1	4.2	6.8	3.3	3.8

表 2.10.5　成都市平均收听率 top30 节目

排名	节目名称	所属频率	播放时间	平均收听率(%)	市场占有率(%)
1	第一时间	四川电台交通广播	08:00—09:00	2.68	17.9
2	乐活达人	四川电台交通广播	18:00—19:00	2.58	23.7
3	乐活达人	四川电台交通广播	17:00—18:00	2.25	22.4
4	成都早班车	成都电台交通广播	08:00—09:00	1.95	13.7
5	成都早班车	成都电台交通广播	07:30—08:00	1.49	14.5
6	飞哥欢乐派 0	成都电台交通广播	17:00—18:00	1.40	14.1
7	新闻现场报	四川电台新闻频率 FM106.1	08:30—09:00	1.35	9.3
8	早安四川	四川电台交通广播	07:00—08:00	1.32	16.1
9	新闻全搜索	四川电台新闻频率 FM106.1	08:00—08:30	1.30	9.4
10	畅行 18 点	成都电台交通广播	18:00—19:00	1.29	11.8
11	全民秀	成都电台新闻广播	08:00—09:30	1.23	9.1
12	成都早班车	成都电台交通广播	07:00—07:30	1.18	19.2
13	1017 微天下	四川电台交通广播	20:00—21:00	1.17	16.6
14	财经早班车	四川电台新闻频率 FM106.1	09:00—09:30	1.14	10.3
15	红绿灯	四川电台交通广播	09:00—10:00	1.13	12.5
16	绕着地球跑	四川电台交通广播	19:00—20:00	1.11	16.0
17	车行天下	成都电台交通广播	09:00—10:00	1.04	11.1
17	998 法治大讲堂	成都电台新闻广播	17:10—18:00	1.04	9.9
19	998 快讯 17	成都电台新闻广播	17:00—17:10	1.00	12.8
20	时尚手册(直播)	成都电台交通广播	13:00—14:00	0.98	17.4
20	998 财富通	成都电台新闻广播	09:30—10:00	0.98	12.9
22	栋悉	成都电台经济频道	09:00—09:30	0.97	8.8
22	新闻大事件	四川电台新闻频率 FM106.1	07:30—08:00	0.97	9.6
22	爱车会	四川电台交通广播	16:00—17:00	0.97	16.3
25	音乐缤纷潮	四川电台岷江音乐 iRadio	17:00—19:00	0.96	9.2
26	新新闻	四川电台新闻频率 FM106.1	11:30—11:45	0.93	16.4
27	一路好听	四川电台交通广播	21:00—22:00	0.92	14.8
28	小刚方言	成都电台经济频道	08:00—09:00	0.91	6.4
29	998 快讯 15	成都电台新闻广播	15:00—15:10	0.88	15.1
30	焦点时刻	四川电台新闻频率 FM106.1	11:15—11:30	0.87	13.6

十一、西安地区收听率数据

表 2.11.1　西安地区主要电台频率的平均收听率和市场份额

排名	电台名称	平均收听率（%）	市场份额（%）
1	西安交通旅游广播	0.77	12.86
2	陕西交通广播	0.68	11.35
3	西安新闻广播	0.62	10.3
4	西安音乐广播	0.61	10.21
5	西安私家车 1061	0.51	8.51
6	陕西音乐广播	0.43	7.26
7	陕西新闻广播	0.35	5.86
8	西安综艺广播	0.33	5.49
9	陕西秦腔广播	0.30	4.98
10	陕广新闻广播	0.27	4.48

表 2.11.2　西安地区主要电台频率的周到达率和日到达率

排名	电台名称	周到达率（%）	日到达率（%）
1	西安交通旅游广播	23.49	11.85
2	西安音乐广播	19.11	10.79
3	陕西交通广播	13.16	8.38
4	西安私家车 1061	17.39	8.19
5	西安新闻广播	10.51	7.10
6	陕西音乐广播	8.96	5.80
7	陕西秦腔广播	9.80	5.58
8	陕西新闻广播	11.13	5.43
9	中央中国之声	10.96	5.41
10	陕广新闻广播	9.42	5.24

表 2.11.3　西安地区主要电台的收听率（%）

时间	西安交通旅游广播	陕西交通广播	西安新闻广播	西安音乐广播	西安私家车1061	陕西音乐广播	陕西新闻广播	西安综艺广播	陕西秦腔广播	陕广新闻广播
6:00	0.40	0.21	0.25	0.11	0.16	0.11	0.21	0.10	0.06	0.09
6:15	0.37	0.29	0.26	0.06	0.17	0.13	0.25	0.14	0.08	0.09
6:30	0.65	0.35	0.50	0.08	0.25	0.12	0.34	0.16	0.15	0.16
6:45	0.76	0.35	0.65	0.12	0.32	0.17	0.57	0.12	0.22	0.28
7:00	1.05	0.38	1.42	0.24	0.34	0.16	0.78	0.37	0.26	0.34
7:15	1.22	0.61	1.71	0.25	0.44	0.21	0.99	0.52	0.36	0.55
7:30	1.20	0.65	1.74	0.38	0.47	0.47	1.03	0.55	0.34	0.58
7:45	1.59	0.59	1.77	0.52	0.50	0.50	1.02	0.79	0.49	0.56
8:00	1.70	1.56	1.6	0.85	0.86	0.47	0.96	0.86	0.51	0.72
8:15	1.80	1.74	1.55	1.15	1.03	0.63	0.87	0.83	0.64	0.73
8:30	1.82	2.07	1.53	1.31	1.12	0.85	0.79	0.82	0.67	0.75
8:45	1.79	2.08	1.36	1.36	1.12	0.95	0.52	0.72	0.69	0.70
9:00	1.44	2.08	1.42	1.37	1.06	0.99	0.44	0.73	0.66	0.35
9:15	1.24	1.93	1.27	1.32	0.96	0.94	0.26	0.66	0.61	0.34
9:30	1.06	1.62	1.13	1.19	0.66	0.82	0.25	0.57	0.61	0.21
9:45	0.79	1.40	0.69	1.10	0.69	0.69	0.33	0.39	0.56	0.26
10:00	0.77	0.80	0.6	0.93	0.65	0.46	0.33	0.33	0.47	0.24
10:15	0.49	0.75	0.39	0.64	0.44	0.49	0.22	0.19	0.46	0.16
10:30	0.56	0.35	0.32	0.58	0.45	0.40	0.15	0.17	0.34	0.15
10:45	0.76	0.29	0.33	0.39	0.43	0.30	0.19	0.24	0.23	0.27
11:00	0.76	0.49	0.48	0.32	0.49	0.32	0.49	0.29	0.19	0.28
11:15	0.55	0.51	0.52	0.41	0.52	0.32	0.48	0.32	0.17	0.32
11:30	0.43	0.41	0.77	0.6	0.49	0.53	0.47	0.26	0.26	0.23
11:45	0.61	0.37	0.84	0.59	0.52	0.52	0.40	0.32	0.30	0.30
12:00	0.67	1.05	0.93	0.80	0.65	0.63	0.32	0.40	0.36	0.43
12:15	1.02	1.08	0.86	0.86	0.67	0.65	0.46	0.49	0.35	0.44
12:30	1.07	0.97	0.63	0.83	0.78	0.50	0.48	0.48	0.36	0.45
12:45	1.05	0.80	0.35	0.60	0.84	0.46	0.46	0.47	0.29	0.36
13:00	0.87	0.42	0.32	0.55	0.79	0.33	0.36	0.34	0.26	0.31
13:15	0.72	0.42	0.42	0.37	0.70	0.25	0.32	0.34	0.16	0.17
13:30	0.62	0.31	0.48	0.27	0.63	0.23	0.23	0.25	0.12	0.15
13:45	0.38	0.37	0.38	0.37	0.62	0.14	0.19	0.2	0.12	0.15
14:00	0.33	0.53	0.33	0.41	0.57	0.18	0.14	0.18	0.19	0.20
14:15	0.48	0.49	0.18	0.4	0.51	0.31	0.23	0.11	0.23	0.25
14:30	0.50	0.40	0.24	0.43	0.39	0.30	0.29	0.17	0.22	0.24
14:45	0.45	0.34	0.38	0.62	0.42	0.30	0.35	0.22	0.18	0.17

时间	西安交通旅游广播	陕西交通广播	西安新闻广播	西安音乐广播	西安私家车1061	陕西音乐广播	陕西新闻广播	西安综艺广播	陕西秦腔广播	陕广新闻广播
15:00	0.79	0.30	0.51	0.60	0.42	0.21	0.34	0.27	0.14	0.16
15:15	0.79	0.22	0.5	0.56	0.33	0.17	0.27	0.32	0.09	0.15
15:30	0.75	0.43	0.33	0.40	0.30	0.12	0.25	0.26	0.14	0.16
15:45	0.60	0.51	0.36	0.32	0.20	0.16	0.16	0.23	0.18	0.20
16:00	0.51	0.44	0.22	0.31	0.16	0.22	0.15	0.16	0.16	0.17
16:15	0.30	0.39	0.17	0.41	0.23	0.25	0.13	0.16	0.13	0.15
16:30	0.30	0.24	0.23	0.50	0.31	0.32	0.13	0.15	0.11	0.11
16:45	0.55	0.25	0.38	0.64	0.37	0.44	0.14	0.13	0.11	0.15
17:00	0.65	0.58	0.45	0.61	0.61	0.43	0.15	0.15	0.21	0.13
17:15	0.62	0.64	0.40	0.51	0.62	0.49	0.18	0.22	0.22	0.11
17:30	0.88	0.71	0.31	0.43	0.85	0.57	0.26	0.27	0.19	0.08
17:45	0.85	0.72	0.45	0.68	0.86	0.60	0.35	0.44	0.14	0.14
18:00	1.24	0.63	0.67	0.83	0.86	0.80	0.38	0.49	0.20	0.17
18:15	1.41	0.69	1.09	1.09	0.74	0.80	0.32	0.61	0.19	0.31
18:30	1.47	1.44	1.09	1.24	0.66	0.93	0.28	0.61	0.31	0.32
18:45	1.44	1.48	1.06	1.28	0.54	0.91	0.55	0.54	0.41	0.30
19:00	1.14	1.52	0.74	1.20	0.47	0.88	0.61	0.40	0.50	0.31
19:15	1.12	1.39	0.65	1.06	0.59	0.74	0.61	0.35	0.61	0.52
19:30	1.08	1.32	0.81	0.91	0.60	0.71	0.61	0.30	0.61	0.52
19:45	0.85	0.71	0.81	0.96	0.56	0.58	0.44	0.43	0.61	0.51
20:00	0.73	0.67	0.55	0.92	0.42	0.52	0.38	0.42	0.55	0.39
20:15	0.77	0.39	0.46	0.92	0.42	0.59	0.31	0.42	0.55	0.38
20:30	0.77	0.31	0.31	0.75	0.37	0.54	0.27	0.40	0.52	0.24
20:45	0.51	0.16	0.36	0.71	0.24	0.38	0.20	0.27	0.39	0.21
21:00	0.50	0.29	0.47	0.59	0.23	0.30	0.16	0.28	0.33	0.13
21:15	0.48	0.54	0.40	0.49	0.39	0.25	0.24	0.21	0.26	0.19
21:30	0.26	0.53	0.43	0.49	0.44	0.4	0.20	0.14	0.23	0.19
21:45	0.20	0.54	0.29	0.4	0.43	0.42	0.16	0.15	0.15	0.14
22:00	0.38	0.34	0.16	0.25	0.40	0.35	0.09	0.16	0.21	0.09
22:15	0.39	0.23	0.21	0.26	0.28	0.29	0.07	0.13	0.23	0.07
22:30	0.27	0.18	0.24	0.31	0.23	0.22	0.13	0.10	0.14	0.11
22:45	0.25	0.32	0.20	0.29	0.25	0.25	0.17	0.07	0.10	0.12
23:00	0.21	0.29	0.15	0.19	0.23	0.24	0.15	0.08	0.14	0.14
23:15	0.15	0.27	0.15	0.20	0.17	0.18	0.14	0.10	0.15	0.13
23:30	0.14	0.14	0.10	0.16	0.13	0.13	0.07	0.07	0.07	0.07
23:45	0.12	0.11	0.07	0.15	0.13	0.11	0.06	0.04	0.06	0.06

表 2.11.4 西安地区主要电台的占有率（%）

时间	西安交通旅游广播	陕西交通广播	西安新闻广播	西安音乐广播	西安私家车1061	陕西音乐广播	陕西新闻广播	西安综艺广播	陕西秦腔广播	陕广新闻广播
6:00	18.6	10.1	11.7	5.1	7.3	5.0	9.7	4.6	3.0	4.3
6:15	15.2	12.0	10.6	2.4	6.9	5.4	10.2	5.8	3.1	3.9
6:30	17.4	9.4	13.4	2.3	6.6	3.3	9.1	4.4	4.0	4.3
6:45	16.4	7.5	14.2	2.7	6.9	3.8	12.4	2.6	4.7	6.1
7:00	15.2	5.4	20.6	3.5	4.9	2.3	11.3	5.4	3.8	4.9
7:15	14.3	7.2	20.2	2.9	5.1	2.5	11.6	6.1	4.2	6.5
7:30	12.8	6.9	18.6	4.1	5.0	5.0	10.9	5.9	3.6	6.2
7:45	15.5	5.7	17.2	5.0	4.9	4.9	9.9	7.6	4.8	5.5
8:00	14.0	12.8	13.2	7.0	7.1	3.9	7.9	7.1	4.2	6.0
8:15	14.1	13.6	12.1	9.0	8.0	4.9	6.8	6.5	5.0	5.7
8:30	13.5	15.3	11.3	9.7	8.3	6.3	5.9	6.1	4.9	5.6
8:45	13.8	16.0	10.5	10.5	8.6	7.3	4.0	5.6	5.3	5.4
9:00	11.6	16.8	11.4	11.1	8.5	8.0	3.5	5.9	5.3	2.8
9:15	10.9	16.9	11.2	11.6	8.4	8.3	2.3	5.8	5.3	3.0
9:30	10.6	16.2	11.3	12.0	6.7	8.3	2.5	5.7	6.1	2.1
9:45	9.3	16.5	8.1	12.9	8.1	8.1	3.9	4.6	6.6	3.0
10:00	10.9	11.3	8.6	13.2	9.2	6.5	4.7	4.6	6.6	3.3
10:15	9.0	13.6	7.1	11.7	8.1	8.9	4.0	3.4	8.3	3.0
10:30	12.1	7.6	6.9	12.5	9.7	8.6	3.3	3.7	7.3	3.3
10:45	17.0	6.4	7.4	8.7	9.6	6.8	4.2	5.5	5.1	6.1
11:00	15.2	9.8	9.7	6.5	9.8	6.4	9.8	5.8	3.9	5.6
11:15	11.3	10.5	10.7	8.4	10.6	6.6	9.8	6.5	3.5	6.5
11:30	8.2	7.8	14.7	11.3	9.2	10.1	8.9	5.0	4.8	4.3
11:45	10.5	6.3	14.4	10.2	9.0	8.8	6.8	5.6	5.2	5.1
12:00	9.1	14.1	12.5	10.8	8.7	8.5	4.3	5.4	4.8	5.8
12:15	12.4	13.1	10.5	10.5	8.2	7.9	5.6	6.0	4.3	5.4
12:30	13.4	12.3	8.0	10.5	9.9	6.3	6.1	6.0	4.5	5.6
12:45	15.2	11.6	5.1	8.6	12.1	6.6	6.7	6.7	4.2	5.1
13:00	15.5	7.6	5.6	9.8	14.1	5.8	6.5	6.0	4.6	5.5
13:15	15.0	8.7	8.7	7.8	14.6	5.1	6.7	7.0	3.3	3.6
13:30	15.4	7.7	12.1	6.6	15.7	5.7	5.8	6.3	3.0	3.8
13:45	10.4	9.9	10.2	10.1	16.9	3.8	5.1	5.5	3.2	4.0
14:00	8.6	13.8	8.5	10.7	14.7	4.7	3.5	4.7	5.0	5.2
14:15	12.2	12.5	4.6	10.0	12.9	7.8	5.8	2.8	5.8	6.2
14:30	12.5	10.0	5.9	10.7	9.6	7.4	7.3	4.3	5.4	6.0
14:45	10.7	8.1	9.0	14.5	9.8	7.2	8.2	5.3	4.2	4.1

时间	西安交通旅游广播	陕西交通广播	西安新闻广播	西安音乐广播	西安私家车1061	陕西音乐广播	陕西新闻广播	西安综艺广播	陕西秦腔广播	陕广新闻广播
15:00	17.5	6.7	11.4	13.3	9.3	4.6	7.7	6.1	3.1	3.5
15:15	19.1	5.2	12.1	13.4	7.8	4.0	6.4	7.7	2.1	3.6
15:30	19.0	11.0	8.3	10.0	7.6	2.9	6.3	6.6	3.5	4.0
15:45	16.2	13.8	9.8	8.6	5.4	4.3	4.3	6.3	4.8	5.6
16:00	15.7	13.4	6.9	9.4	4.8	6.8	4.5	4.8	5.0	5.2
16:15	10.0	12.9	5.7	13.6	7.6	8.1	4.3	5.3	4.4	5.1
16:30	9.9	8.0	7.6	16.4	10.1	10.5	4.4	4.8	3.7	3.6
16:45	14.5	6.7	10.1	16.8	9.6	11.6	3.6	3.5	2.9	4.0
17:00	13.6	12.2	9.6	12.8	12.9	9.1	3.1	3.1	4.4	2.7
17:15	12.6	13.1	8.1	10.3	12.7	10.0	3.7	4.5	4.4	2.2
17:30	16.1	12.9	5.6	7.9	15.5	10.4	4.8	5.0	3.5	1.5
17:45	13.6	11.6	7.1	10.9	13.8	9.6	5.6	7.0	2.2	2.3
18:00	16.9	8.5	9.2	11.2	11.7	10.8	5.2	6.6	2.7	2.2
18:15	16.6	8.1	12.9	12.8	8.7	9.4	3.7	7.2	2.3	3.7
18:30	15.0	14.7	11.1	12.7	6.8	9.5	2.8	6.2	3.2	3.3
18:45	13.9	14.3	10.2	12.4	5.2	8.8	5.4	5.3	4.0	2.9
19:00	11.7	15.6	7.7	12.4	4.8	9.0	6.3	4.1	5.1	3.2
19:15	11.6	14.5	6.8	11.0	6.1	7.7	6.3	3.6	6.3	5.4
19:30	11.6	14.2	8.7	9.8	6.4	7.6	6.5	3.2	6.6	5.6
19:45	10.5	8.8	10.0	11.8	6.9	7.1	5.4	5.3	7.5	6.3
20:00	10.7	9.7	8.0	13.5	6.2	7.6	5.6	6.1	8.0	5.6
20:15	12	6.0	7.2	14.3	6.6	9.3	4.9	6.6	8.6	6.0
20:30	13.7	5.6	5.6	13.4	6.6	9.7	4.8	7.2	9.3	4.2
20:45	11.3	3.6	8.0	15.8	5.2	8.5	4.3	5.9	8.7	4.7
21:00	11.3	6.5	10.6	13.2	5.1	6.7	3.6	6.3	7.4	2.9
21:15	10.6	11.9	8.8	10.8	8.5	5.5	5.2	4.7	5.7	4.2
21:30	6.1	12.3	10.1	11.4	10.2	9.4	4.7	3.3	5.3	4.5
21:45	5.4	14.3	7.6	10.6	11.4	11.1	4.2	4.1	3.9	3.7
22:00	11.8	10.7	5.1	7.8	12.4	10.9	2.7	4.9	6.6	2.7
22:15	13.9	8.3	7.4	9.4	10.1	10.3	2.5	4.7	8.3	2.6
22:30	10.4	7.0	9.4	12.1	9.0	8.6	5.1	3.8	5.4	4.2
22:45	9.4	12	7.6	11.1	9.5	9.4	6.5	2.6	3.9	4.6
23:00	8.9	12.3	6.4	7.9	9.8	10.3	6.5	3.5	5.9	6.0
23:15	7.4	12.8	7.0	9.5	8.3	8.6	6.9	4.7	7.0	6.2
23:30	10.1	10.1	7.3	11.4	9.3	9.7	5.0	5.0	5.2	5.0
23:45	10.1	9.8	5.9	13.3	11.3	9.4	5.2	3.7	5.5	5.6

十二、石家庄地区收听率数据

表 2.12.1　石家庄地区主要电台频率的平均收听率和市场份额

排名	电台名称	平均收听率（%）	市场份额（%）
1	石家庄交通广播	0.81	15.0
2	河北交通广播	0.77	14.2
3	石家庄新闻广播	0.61	11.2
4	石家庄音乐广播	0.46	8.5
5	河北音乐广播	0.45	8.3
6	河北新闻广播 FM104.3	0.42	7.7
7	中央电台中国之声	0.34	6.2
8	石家庄经济广播	0.21	4.0
9	河北私家车广播	0.21	3.8
10	河北生活广播	0.18	3.4

表 2.12.2　石家庄地区主要电台频率的周到达率和日到达率

排名	电台名称	周到达率（%）	日到达率（%）
1	石家庄交通广播	34.43	13.91
2	河北交通广播	27.33	11.11
3	石家庄音乐广播	19.96	9.22
4	石家庄新闻广播	23.72	8.42
5	河北音乐广播	20.07	7.04
6	河北新闻广播 FM104.3	19.70	6.61
7	石家庄经济广播	10.90	5.65
8	中央电台中国之声	15.45	4.85
9	河北故事广播	8.36	4.56
10	河北私家车广播	7.54	3.95

表 2.12.3　石家庄地区主要电台的收听率（%）

时间	石家庄交通广播	河北交通广播	石家庄新闻广播	石家庄音乐广播	河北音乐广播	河北新闻广播	中央电台中国之声	石家庄经济广播	河北私家车广播	河北生活广播
6:00	0.60	0.51	0.57	0.15	0.29	0.15	0.19	0.06	0.10	0.18
6:15	0.68	0.67	0.73	0.19	0.34	0.18	0.32	0.06	0.13	0.22
6:30	1.16	1.14	0.71	0.24	0.37	0.17	0.37	0.07	0.17	0.23
6:45	1.65	1.34	0.65	0.23	0.53	0.23	0.37	0.08	0.17	0.25
7:00	3.93	2.14	0.53	0.28	0.63	0.29	0.32	0.25	0.18	0.23
7:15	4.06	2.46	0.49	0.32	0.64	0.35	0.26	0.32	0.19	0.18
7:30	4.28	2.48	0.44	0.61	0.64	0.47	0.20	0.33	0.22	0.18
7:45	4.13	2.83	0.46	1.00	0.69	0.46	0.20	0.32	0.23	0.17
8:00	1.63	2.86	0.48	1.66	0.87	0.48	0.20	0.32	0.24	0.14
8:15	0.84	2.63	0.56	2.02	1.17	0.49	0.24	0.25	0.22	0.11
8:30	0.71	2.51	0.63	1.96	1.16	0.38	0.24	0.25	0.23	0.14
8:45	0.79	1.82	0.63	1.89	1.16	0.33	0.23	0.18	0.26	0.22
9:00	0.60	1.35	0.63	1.44	1.01	0.38	0.19	0.17	0.29	0.26
9:15	0.62	1.12	0.48	1.34	0.73	0.32	0.19	0.18	0.34	0.34
9:30	0.46	1.20	0.40	0.96	0.51	0.46	0.21	0.17	0.35	0.35
9:45	0.41	1.06	0.34	0.37	0.31	0.48	0.30	0.23	0.33	0.37
10:00	0.47	0.73	0.34	0.32	0.33	0.71	0.30	0.26	0.27	0.38
10:15	0.29	0.59	0.40	0.21	0.40	0.80	0.35	0.26	0.16	0.32
10:30	0.37	0.54	0.46	0.19	0.37	0.81	0.46	0.25	0.16	0.30
10:45	0.31	0.37	0.64	0.18	0.20	0.74	0.51	0.19	0.15	0.22
11:00	0.49	0.34	0.70	0.17	0.17	0.76	0.55	0.14	0.09	0.20
11:15	0.54	0.48	0.84	0.20	0.16	0.69	0.54	0.15	0.09	0.15
11:30	0.61	0.44	0.97	0.17	0.50	0.70	0.47	0.16	0.10	0.19
11:45	0.47	0.46	1.22	0.18	0.56	0.63	0.40	0.16	0.08	0.18
12:00	0.28	0.28	1.34	0.27	0.82	0.63	0.33	0.23	0.09	0.13
12:15	0.37	0.28	1.51	0.28	0.89	0.68	0.36	0.27	0.14	0.08
12:30	0.39	0.26	1.52	0.30	0.83	0.72	0.36	0.30	0.14	0.07
12:45	0.38	0.33	1.52	0.18	0.83	0.68	0.38	0.27	0.12	0.09
13:00	0.62	0.43	1.31	0.12	0.64	0.71	0.38	0.26	0.15	0.09
13:15	0.78	0.44	1.06	0.12	0.58	0.67	0.26	0.19	0.16	0.10
13:30	0.95	0.46	0.76	0.10	0.48	0.64	0.26	0.19	0.16	0.16
13:45	0.77	0.37	0.65	0.14	0.42	0.68	0.32	0.19	0.21	0.15
14:00	0.66	0.25	0.64	0.26	0.44	0.69	0.32	0.21	0.23	0.16
14:15	0.33	0.24	0.50	0.29	0.51	0.61	0.27	0.25	0.32	0.14
14:30	0.39	0.39	0.33	0.21	0.54	0.56	0.24	0.30	0.33	0.11
14:45	0.44	0.47	0.25	0.18	0.53	0.56	0.24	0.31	0.30	0.11

时间	石家庄交通广播	河北交通广播	石家庄新闻广播	石家庄音乐广播	河北音乐广播	河北新闻广播	中央电台中国之声	石家庄经济广播	河北私家车广播	河北生活广播
15:00	0.53	0.52	0.29	0.18	0.42	0.51	0.28	0.30	0.29	0.09
15:15	0.35	0.36	0.33	0.12	0.34	0.38	0.31	0.31	0.26	0.07
15:30	0.33	0.24	0.37	0.19	0.28	0.33	0.33	0.25	0.26	0.07
15:45	0.24	0.22	0.35	0.20	0.30	0.25	0.29	0.21	0.23	0.08
16:00	0.32	0.15	0.26	0.18	0.24	0.23	0.27	0.15	0.16	0.23
16:15	0.29	0.27	0.24	0.13	0.25	0.27	0.22	0.14	0.16	0.26
16:30	0.42	0.29	0.20	0.12	0.24	0.25	0.20	0.16	0.11	0.28
16:45	0.57	0.31	0.20	0.19	0.32	0.31	0.23	0.17	0.12	0.26
17:00	0.62	0.47	0.31	0.21	0.44	0.30	0.27	0.29	0.12	0.24
17:15	0.77	0.67	0.35	0.31	0.45	0.31	0.36	0.32	0.18	0.16
17:30	1.18	1.16	0.51	0.31	0.46	0.26	0.40	0.33	0.25	0.16
17:45	1.25	1.33	0.56	0.30	0.47	0.27	0.48	0.34	0.41	0.15
18:00	1.77	1.31	0.55	0.35	0.65	0.39	0.57	0.30	0.45	0.19
18:15	1.77	1.10	0.51	0.38	0.70	0.42	0.63	0.29	0.48	0.20
18:30	1.66	0.89	0.55	0.45	0.72	0.45	0.63	0.24	0.48	0.23
18:45	1.20	0.60	0.98	0.58	0.70	0.45	0.63	0.21	0.46	0.23
19:00	0.81	0.62	1.16	0.62	0.54	0.37	0.54	0.14	0.30	0.20
19:15	0.65	0.81	1.22	0.80	0.50	0.29	0.52	0.13	0.22	0.15
19:30	0.59	0.70	1.28	0.93	0.47	0.31	0.53	0.13	0.21	0.15
19:45	0.51	0.70	1.20	1.16	0.28	0.44	0.62	0.22	0.18	0.13
20:00	0.58	0.58	1.11	1.21	0.29	0.44	0.61	0.29	0.22	0.16
20:15	0.40	0.70	0.92	1.18	0.28	0.49	0.62	0.38	0.22	0.16
20:30	0.44	0.85	0.91	1.09	0.22	0.49	0.50	0.40	0.19	0.20
20:45	0.46	0.87	0.84	0.88	0.19	0.37	0.45	0.37	0.19	0.24
21:00	0.76	0.69	0.67	0.60	0.15	0.35	0.32	0.36	0.21	0.39
21:15	0.77	0.45	0.54	0.24	0.16	0.36	0.26	0.29	0.25	0.38
21:30	0.50	0.38	0.41	0.25	0.17	0.30	0.24	0.25	0.24	0.36
21:45	0.45	0.21	0.22	0.23	0.16	0.25	0.22	0.17	0.26	0.33
22:00	0.25	0.18	0.14	0.17	0.07	0.15	0.19	0.13	0.14	0.12
22:15	0.29	0.23	0.18	0.15	0.09	0.14	0.26	0.09	0.12	0.08
22:30	0.16	0.26	0.18	0.12	0.09	0.11	0.25	0.06	0.08	0.09
22:45	0.30	0.27	0.10	0.19	0.05	0.16	0.20	0.07	0.07	0.08
23:00	0.26	0.12	0.09	0.15	0.07	0.15	0.15	0.06	0.09	0.04
23:15	0.24	0.16	0.11	0.07	0.05	0.10	0.12	0.04	0.07	0.04
23:30	0.16	0.09	0.10	0.07	0.05	0.09	0.08	0.04	0.07	0.04
23:45	0.16	0.08	0.06	0.06	0.03	0.07	0.08	0.03	0.05	0.02

表 2.12.4　石家庄地区主要电台的占有率（%）

时间	石家庄交通广播	河北交通广播	石家庄新闻广播	石家庄音乐广播	河北音乐广播	河北新闻广播	中央电台中国之声	石家庄经济广播	河北私家车广播	河北生活广播
6:00	16.8	14.2	15.8	4.2	8.1	4.1	5.2	1.5	2.9	5.0
6:15	15.3	15.1	16.4	4.3	7.7	4.0	7.2	1.5	3.0	5.1
6:30	20.1	19.8	12.3	4.1	6.4	2.9	6.4	1.3	2.9	3.9
6:45	23.6	19.0	9.3	3.2	7.5	3.3	5.3	1.1	2.4	3.6
7:00	37.4	20.4	5.0	2.7	6.0	2.7	3.1	2.4	1.7	2.2
7:15	36.4	22.1	4.4	2.8	5.7	3.1	2.3	2.9	1.7	1.6
7:30	36.4	21.1	3.8	5.2	5.5	4.0	1.7	2.8	1.9	1.5
7:45	33.5	23.0	3.7	8.1	5.6	3.7	1.6	2.6	1.8	1.4
8:00	15.4	27.0	4.5	15.7	8.2	4.5	1.9	3.0	2.2	1.4
8:15	8.2	25.7	5.5	19.7	11.5	4.8	2.4	2.5	2.2	1.1
8:30	7.2	25.7	6.4	20.1	11.9	3.9	2.4	2.5	2.4	1.4
8:45	8.7	20.1	7.0	20.8	12.9	3.6	2.5	2.0	2.9	2.4
9:00	7.8	17.7	8.3	18.9	13.2	4.9	2.5	2.2	3.8	3.4
9:15	9.0	16.3	7.0	19.4	10.6	4.7	2.7	2.6	4.9	4.9
9:30	7.5	19.5	6.4	15.6	8.3	7.4	3.4	2.8	5.6	5.6
9:45	7.8	20.2	6.4	7.0	5.9	9.2	5.7	4.3	6.3	7.1
10:00	9.2	14.3	6.8	6.3	6.5	13.8	5.8	5.1	5.3	7.4
10:15	6.1	12.5	8.5	4.4	8.4	16.8	7.4	5.5	3.5	6.7
10:30	7.7	11.3	9.7	3.9	7.6	16.9	9.7	5.2	3.3	6.3
10:45	6.9	8.2	14.3	4.0	4.5	16.5	11.3	4.3	3.3	4.9
11:00	10.5	7.3	14.8	3.6	3.5	16.1	11.7	2.9	2.0	4.1
11:15	10.9	9.7	16.9	4.0	3.1	13.9	10.9	3.0	1.8	3.0
11:30	11.3	8.1	17.9	3.2	9.2	12.9	8.7	2.9	1.8	3.5
11:45	8.8	8.7	23.0	3.4	10.5	11.8	7.5	3.1	1.5	3.3
12:00	5.2	5.2	24.7	5.0	15.1	11.7	6.1	4.3	1.7	2.3
12:15	6.4	4.9	26.2	4.9	15.5	11.8	6.2	4.7	2.4	1.5
12:30	6.7	4.5	25.9	5.1	14.2	12.4	6.2	5.0	2.4	1.3
12:45	6.7	5.8	26.8	3.2	14.6	12.0	6.6	4.7	2.1	1.5
13:00	11.1	7.6	23.4	2.1	11.5	12.6	6.8	4.6	2.6	1.5
13:15	15.0	8.5	20.3	2.3	11.1	12.9	5.0	3.6	3.0	1.9
13:30	19.1	9.2	15.2	2.0	9.7	12.9	5.3	3.8	3.3	3.2
13:45	16.5	7.9	14.1	3.0	9.0	14.5	6.8	4.1	4.6	3.2
14:00	14.5	5.5	14.3	5.7	9.8	15.4	7.1	4.6	5.2	3.5
14:15	8.1	6.0	12.3	7.2	12.5	14.8	6.6	6.0	7.8	3.5
14:30	9.7	9.9	8.2	5.2	13.6	14.0	6.0	7.5	8.2	2.8
14:45	10.9	11.7	6.2	4.4	13.1	14.0	5.8	7.6	7.4	2.8

时间	石家庄交通广播	河北交通广播	石家庄新闻广播	石家庄音乐广播	河北音乐广播	河北新闻广播	中央电台中国之声	石家庄经济广播	河北私家车广播	河北生活广播
15:00	12.9	12.7	7.2	4.4	10.2	12.4	6.9	7.5	7.2	2.2
15:15	10.1	10.3	9.3	3.5	9.8	10.8	8.7	8.7	7.3	2.0
15:30	10.1	7.4	11.5	5.9	8.7	10.2	10.1	7.8	7.9	2.2
15:45	8.1	7.4	11.9	6.8	10.4	8.7	9.8	7.0	7.8	2.8
16:00	11.4	5.2	9.3	6.3	8.4	8.3	9.5	5.2	5.8	8.2
16:15	10.5	9.7	8.6	4.6	9.0	9.6	8.0	4.8	5.6	9.5
16:30	15.0	10.4	7.2	4.2	8.5	8.9	7.1	5.6	4.1	9.9
16:45	17.8	9.8	6.3	5.8	10.0	9.7	7.0	5.2	3.7	8.2
17:00	16.2	12.2	8.1	5.5	11.5	7.7	7.1	7.6	3.2	6.3
17:15	16.9	14.8	7.6	6.7	10.0	6.8	8.0	7.2	4.0	3.5
17:30	20.3	20.0	8.9	5.4	7.9	4.4	6.9	5.7	4.3	2.8
17:45	20.0	21.3	9.0	4.8	7.5	4.3	7.7	5.5	6.5	2.4
18:00	24.3	18.1	7.6	4.8	8.9	5.4	7.8	4.2	6.3	2.6
18:15	24.5	15.3	7.1	5.3	9.6	5.8	8.8	4.0	6.6	2.7
18:30	23.3	12.5	7.8	6.4	10.2	6.4	8.9	3.4	6.7	3.3
18:45	17.2	8.5	14.1	8.4	10.0	6.4	9.1	3.0	6.6	3.3
19:00	12.9	9.9	18.5	9.9	8.6	5.9	8.6	2.2	4.8	3.2
19:15	10.3	12.8	19.2	12.6	7.9	4.6	8.2	2.1	3.4	2.4
19:30	9.2	11.0	20.0	14.5	7.3	4.9	8.3	2.1	3.3	2.4
19:45	7.8	10.6	18.1	17.6	4.3	6.7	9.4	3.4	2.8	1.9
20:00	8.5	8.6	16.3	17.8	4.3	6.5	9.0	4.2	3.2	2.3
20:15	6.0	10.4	13.8	17.7	4.2	7.3	9.3	5.7	3.3	2.4
20:30	6.6	12.7	13.6	16.2	3.2	7.4	7.4	6.0	2.8	3.0
20:45	7.5	14.1	13.6	14.3	3.0	5.9	7.2	6.0	3.0	3.9
21:00	13.5	12.1	11.8	10.6	2.7	6.3	5.7	6.3	3.8	6.9
21:15	16.0	9.4	11.1	5.0	3.4	7.4	5.5	6.0	5.2	7.9
21:30	12.0	9.3	10.0	6.1	4.1	7.3	5.9	6.2	5.9	8.8
21:45	13.6	6.4	6.5	7.0	4.9	7.5	6.6	5.0	7.6	9.8
22:00	10.9	7.9	6.4	7.4	3.0	6.8	8.6	5.9	6.1	5.4
22:15	12.8	10.2	7.9	6.6	4.1	6.2	11.3	4.0	5.3	3.3
22:30	8.5	13.3	9.2	6.1	4.6	5.6	13.1	3.1	4.4	4.4
22:45	15.0	13.8	5.0	9.4	2.4	8.1	9.8	3.5	3.6	3.9
23:00	15.5	6.9	5.3	8.7	4.1	9.2	8.9	3.5	5.1	2.6
23:15	17.2	11.2	7.6	4.9	3.2	6.8	8.9	2.9	4.9	2.6
23:30	13.7	7.7	9.0	6.6	4.0	8.3	6.9	3.3	6.0	3.3
23:45	17.5	9.0	6.1	6.9	3.3	7.1	8.4	3.5	5.0	2.5

十三、太原地区收听率数据

表 2.13.1　太原地区主要电台频率的平均收听率和市场份额

排名	电台名称	平均收听率（%）	市场份额（%）
1	太原交通广播	1.11	23.9
2	中央电台中国之声	0.37	7.9
3	太原音乐广播	0.37	7.9
4	山西交通广播	0.31	6.7
5	太原综合广播	0.31	6.6
6	山西综合广播	0.27	5.7
7	太原私家车 Radio 广播	0.26	5.5
8	山西文艺广播	0.25	5.3
9	山西健康之声广播	0.24	5.2
10	山西经济广播	0.23	5.0

表 2.13.2　太原地区主要电台频率的周到达率和日到达率

排名	电台名称	周到达率（%）	日到达率（%）
1	太原交通广播	26.46	17.38
2	太原音乐广播	12.04	6.98
3	山西文艺广播	10.95	6.63
4	中央电台中国之声	16.13	6.15
5	太原综合广播	11.25	6.12
6	山西综合广播	9.37	6.06
7	太原私家车 Radio 广播	9.48	5.72
8	太原老年之声	8.14	5.29
9	山西交通广播	7.23	4.50
10	山西健康之声广播	6.53	4.41

表 2.13.3　太原地区主要电台的收听率（%）

时间	太原交通广播	中央电台中国之声	太原音乐广播	山西交通广播	太原综合广播	山西综合广播	太原私家车	山西文艺广播	山西健康之声广播	山西经济广播
6:00	0.53	1.56	0.02	0.20	0.23	0.04	0.05	0.25	0.38	0.26
6:15	0.64	1.75	0.03	0.21	0.29	0.03	0.08	0.39	0.47	0.36
6:30	0.85	1.75	0.05	0.22	0.47	0.06	0.10	0.54	0.48	0.41
6:45	1.47	1.65	0.13	0.23	0.75	0.16	0.21	0.64	0.42	0.41
7:00	4.70	0.96	0.36	0.35	1.06	0.39	0.56	0.73	0.30	0.35
7:15	5.29	0.51	0.52	0.49	1.15	0.46	0.71	0.78	0.20	0.25
7:30	5.38	0.35	0.52	0.64	1.15	0.48	0.78	0.75	0.13	0.23
7:45	5.32	0.28	0.51	0.71	1.07	0.45	0.75	0.43	0.11	0.25
8:00	3.84	0.41	0.46	0.78	0.82	0.36	0.65	0.16	0.10	0.36
8:15	2.88	0.51	0.58	0.80	0.48	0.25	0.57	0.14	0.10	0.51
8:30	2.26	0.51	0.63	0.81	0.38	0.16	0.50	0.13	0.14	0.63
8:45	1.69	0.44	0.59	0.78	0.30	0.12	0.43	0.12	0.24	0.69
9:00	1.27	0.30	0.53	0.65	0.36	0.09	0.35	0.09	0.31	0.71
9:15	0.95	0.22	0.45	0.55	0.38	0.07	0.31	0.07	0.34	0.72
9:30	0.72	0.19	0.43	0.50	0.37	0.11	0.28	0.06	0.34	0.66
9:45	0.60	0.21	0.49	0.45	0.21	0.17	0.35	0.10	0.30	0.55
10:00	0.65	0.22	0.70	0.46	0.18	0.24	0.61	0.27	0.17	0.42
10:15	0.94	0.35	0.84	0.49	0.24	0.30	0.71	0.39	0.09	0.30
10:30	1.10	0.41	0.91	0.53	0.32	0.35	0.71	0.43	0.09	0.25
10:45	1.29	0.40	1.02	0.60	0.38	0.47	0.67	0.48	0.11	0.23
11:00	1.33	0.38	1.07	0.62	0.50	0.80	0.47	0.50	0.26	0.27
11:15	1.20	0.26	1.11	0.55	0.65	0.89	0.28	0.46	0.43	0.28
11:30	1.06	0.16	1.23	0.42	0.68	0.91	0.25	0.40	0.51	0.23
11:45	0.84	0.12	1.21	0.30	0.65	0.86	0.26	0.30	0.56	0.18
12:00	0.68	0.16	1.11	0.25	0.45	0.60	0.25	0.17	0.63	0.11
12:15	0.59	0.23	0.97	0.19	0.42	0.43	0.41	0.13	0.64	0.10
12:30	0.59	0.24	0.92	0.17	0.48	0.38	0.48	0.12	0.62	0.13
12:45	0.77	0.28	0.94	0.14	0.42	0.39	0.50	0.10	0.61	0.21
13:00	1.30	0.28	0.87	0.16	0.26	0.53	0.41	0.09	0.57	0.29
13:15	1.57	0.25	0.78	0.21	0.19	0.59	0.32	0.12	0.58	0.32
13:30	1.58	0.23	0.58	0.26	0.15	0.58	0.26	0.15	0.52	0.32
13:45	1.37	0.19	0.32	0.27	0.16	0.55	0.22	0.22	0.41	0.29
14:00	0.71	0.15	0.14	0.27	0.18	0.33	0.18	0.38	0.17	0.19
14:15	0.50	0.11	0.10	0.24	0.24	0.23	0.21	0.44	0.08	0.15
14:30	0.42	0.17	0.07	0.20	0.27	0.19	0.23	0.45	0.06	0.14
14:45	0.46	0.22	0.08	0.12	0.24	0.16	0.22	0.42	0.08	0.12

时间	太原交通广播	中央电台中国之声	太原音乐广播	山西交通广播	太原综合广播	山西综合广播	太原私家车Radio广播	山西文艺广播	山西健康之声广播	山西经济广播
15:00	0.32	0.19	0.11	0.10	0.24	0.11	0.20	0.24	0.11	0.17
15:15	0.32	0.17	0.14	0.12	0.18	0.07	0.17	0.18	0.17	0.19
15:30	0.30	0.16	0.14	0.19	0.12	0.06	0.10	0.15	0.21	0.21
15:45	0.37	0.19	0.12	0.22	0.17	0.10	0.10	0.12	0.28	0.18
16:00	0.71	0.46	0.13	0.25	0.27	0.22	0.10	0.12	0.40	0.15
16:15	0.81	0.54	0.16	0.24	0.35	0.29	0.10	0.11	0.50	0.11
16:30	0.81	0.58	0.21	0.21	0.37	0.33	0.14	0.13	0.52	0.16
16:45	0.44	0.51	0.26	0.18	0.31	0.34	0.14	0.15	0.51	0.17
17:00	0.55	0.34	0.32	0.16	0.22	0.26	0.15	0.25	0.44	0.21
17:15	0.95	0.29	0.34	0.23	0.10	0.14	0.14	0.32	0.30	0.22
17:30	1.36	0.29	0.32	0.29	0.11	0.08	0.16	0.35	0.25	0.20
17:45	1.52	0.36	0.31	0.40	0.09	0.10	0.13	0.33	0.19	0.19
18:00	1.65	0.40	0.29	0.57	0.09	0.14	0.10	0.28	0.15	0.14
18:15	1.47	0.46	0.30	0.58	0.11	0.24	0.06	0.26	0.14	0.13
18:30	1.25	0.44	0.34	0.59	0.11	0.34	0.06	0.24	0.17	0.12
18:45	1.00	0.39	0.31	0.53	0.14	0.42	0.09	0.22	0.17	0.15
19:00	0.56	0.28	0.18	0.41	0.13	0.48	0.16	0.14	0.07	0.15
19:15	0.37	0.24	0.08	0.28	0.13	0.49	0.17	0.12	0.06	0.13
19:30	0.31	0.30	0.04	0.20	0.26	0.43	0.16	0.13	0.05	0.09
19:45	0.40	0.33	0.04	0.18	0.32	0.32	0.08	0.22	0.07	0.08
20:00	0.62	0.36	0.05	0.18	0.33	0.18	0.12	0.28	0.13	0.11
20:15	0.79	0.32	0.07	0.18	0.23	0.10	0.13	0.31	0.15	0.16
20:30	0.90	0.25	0.08	0.20	0.13	0.06	0.18	0.30	0.14	0.17
20:45	0.90	0.18	0.08	0.19	0.09	0.05	0.19	0.26	0.09	0.14
21:00	0.60	0.14	0.05	0.15	0.07	0.07	0.20	0.19	0.04	0.11
21:15	0.29	0.24	0.03	0.10	0.07	0.07	0.20	0.13	0.04	0.08
21:30	0.27	0.25	0.03	0.07	0.11	0.07	0.18	0.09	0.03	0.09
21:45	0.27	0.30	0.04	0.05	0.11	0.06	0.11	0.09	0.05	0.14
22:00	0.39	0.27	0.07	0.04	0.11	0.04	0.07	0.11	0.04	0.16
22:15	0.44	0.22	0.09	0.05	0.10	0.04	0.05	0.09	0.05	0.16
22:30	0.38	0.13	0.10	0.07	0.07	0.05	0.05	0.09	0.03	0.13
22:45	0.38	0.10	0.07	0.08	0.06	0.05	0.05	0.07	0.04	0.09
23:00	0.24	0.08	0.04	0.07	0.05	0.05	0.05	0.06	0.04	0.08
23:15	0.19	0.09	0.04	0.05	0.07	0.04	0.07	0.06	0.04	0.08
23:30	0.24	0.12	0.03	0.04	0.07	0.03	0.05	0.05	0.04	0.06
23:45	0.18	0.10	0.02	0.02	0.05	0.02	0.02	0.03	0.02	0.06

表 2.13.4　太原地区主要电台的占有率（%）

时间	太原交通广播	中央电台中国之声	太原音乐广播	山西交通广播	太原综合广播	山西综合广播	太原私家车广播	山西文艺广播	山西健康之声广播	山西经济广播
6:00	12.2	35.8	0.5	4.6	5.3	0.8	1.2	5.8	8.8	5.9
6:15	11.9	32.5	0.6	4.0	5.4	0.6	1.5	7.2	8.8	6.7
6:30	13.6	28.1	0.9	3.5	7.6	0.9	1.6	8.6	7.7	6.6
6:45	19.3	21.7	1.8	3.1	9.9	2.1	2.7	8.4	5.6	5.4
7:00	40.1	8.2	3.1	2.9	9.0	3.3	4.8	6.2	2.6	2.9
7:15	42.7	4.1	4.2	4.0	9.3	3.7	5.7	6.3	1.6	2.0
7:30	43.5	2.8	4.2	5.2	9.3	3.9	6.3	6.1	1.0	1.9
7:45	45.2	2.4	4.3	6.0	9.1	3.8	6.3	3.7	1.0	2.1
8:00	39.7	4.2	4.7	8.1	8.4	3.8	6.7	1.6	1.1	3.7
8:15	34.0	6.0	6.8	9.4	5.6	3.0	6.8	1.7	1.2	6.1
8:30	29.4	6.6	8.2	10.5	4.9	2.1	6.6	1.7	1.9	8.2
8:45	24.6	6.5	8.6	11.3	4.3	1.8	6.3	1.8	3.5	10.0
9:00	21.8	5.1	9.0	11.3	6.3	1.6	6.0	1.6	5.3	12.2
9:15	18.8	4.3	8.9	10.9	7.5	1.4	6.2	1.4	6.7	14.2
9:30	15.6	4.1	9.4	10.8	8.1	2.4	6.1	1.3	7.3	14.4
9:45	13.6	4.9	11.1	10.3	4.7	3.9	8.1	2.2	6.9	12.6
10:00	13.3	4.4	14.3	9.5	3.7	4.9	12.5	5.5	3.5	8.6
10:15	16.4	6.1	14.6	8.6	4.2	5.2	12.3	6.8	1.6	5.3
10:30	17.7	6.5	14.6	8.6	5.2	5.5	11.4	6.9	1.4	3.9
10:45	19.0	5.9	14.9	8.8	5.6	6.9	9.9	7.0	1.7	3.4
11:00	17.9	5.1	14.5	8.3	6.8	10.8	6.3	6.7	3.6	3.7
11:15	16.3	3.5	15.1	7.5	8.9	12.1	3.8	6.2	5.9	3.7
11:30	14.7	2.2	17.0	5.9	9.4	12.6	3.4	5.5	7.1	3.2
11:45	12.7	1.8	18.2	4.4	9.7	12.9	3.9	4.5	8.4	2.8
12:00	11.8	2.8	19.1	4.2	7.7	10.3	4.3	3.0	10.9	1.9
12:15	10.8	4.3	17.8	3.5	7.7	7.9	7.6	2.3	11.8	1.9
12:30	10.9	4.4	17.0	3.0	8.8	7.0	8.7	2.2	11.5	2.5
12:45	13.4	5.0	16.5	2.5	7.4	6.8	8.7	1.8	10.6	3.7
13:00	20.8	4.4	13.9	2.5	4.2	8.5	6.5	1.4	9.1	4.6
13:15	24.3	3.9	12.0	3.3	2.9	9.1	5.0	1.8	9.0	5.0
13:30	25.7	3.8	9.4	4.3	2.4	9.5	4.2	2.4	8.4	5.2
13:45	25.2	3.6	5.8	5.0	2.9	10.1	4.0	4.1	7.5	5.3
14:00	18.8	3.9	3.8	7.2	4.6	8.7	4.9	10.1	4.4	5.1
14:15	16.3	3.6	3.3	7.6	7.9	7.5	6.7	14.1	2.5	4.9
14:30	14.7	5.7	2.6	6.8	9.2	6.5	7.9	15.5	2.1	4.9
14:45	15.9	7.7	2.6	4.2	8.4	5.5	7.5	14.5	2.6	4.1

时间	太原交通广播	中央电台中国之声	太原音乐广播	山西交通广播	太原综合广播	山西综合广播	太原私家车广播	山西文艺广播	山西健康之声广播	山西经济广播
15:00	12.3	7.2	4.4	3.8	9.3	4.2	7.7	9.4	4.4	6.5
15:15	13.1	6.9	5.6	4.9	7.2	3.0	7.1	7.1	6.9	7.8
15:30	13.5	7.1	6.5	8.4	5.4	2.8	4.7	6.6	9.5	9.6
15:45	15.9	8.3	5.1	9.4	7.2	4.1	4.1	5.2	12.1	7.7
16:00	22.0	14.1	3.9	7.8	8.3	6.7	3.0	3.8	12.3	4.7
16:15	21.8	14.5	4.3	6.6	9.5	7.7	2.8	2.8	13.4	3.0
16:30	20.0	14.2	5.1	5.3	9.1	8.0	3.4	3.2	12.9	3.8
16:45	11.5	13.3	6.7	4.8	8.1	8.9	3.7	4.0	13.2	4.5
17:00	13.5	8.5	8.0	3.9	5.4	6.5	3.7	6.2	11.0	5.1
17:15	22.4	6.7	8.0	5.3	2.4	3.3	3.3	7.4	7.1	5.2
17:30	29.8	6.4	7.1	6.3	2.4	1.7	3.4	7.7	5.4	4.4
17:45	32.6	7.8	6.7	8.6	1.8	2.3	2.8	7.2	4.0	4.1
18:00	36.2	8.7	6.4	12.4	2.1	3.1	2.3	6.1	3.3	3.1
18:15	34.0	10.5	6.9	13.5	2.4	5.6	1.4	6.0	3.3	2.9
18:30	29.8	10.6	8.1	14.1	2.5	8.2	1.6	5.8	4.1	2.9
18:45	25.3	9.8	7.7	13.3	3.6	10.7	2.2	5.6	4.2	3.9
19:00	17.5	8.7	5.5	12.9	4.2	14.9	4.9	4.5	2.3	4.8
19:15	14.0	8.9	2.9	10.4	4.9	18.3	6.5	4.4	2.2	4.9
19:30	12.3	12.2	1.5	8.1	10.3	17.1	6.4	5.3	2.1	3.5
19:45	16.1	13.1	1.5	7.2	12.7	12.7	3.1	8.7	3.0	3.4
20:00	21.8	12.7	1.9	6.3	11.5	6.4	4.0	10.0	4.6	3.9
20:15	26.0	10.5	2.3	5.9	7.6	3.4	4.3	10.3	4.9	5.3
20:30	28.9	8.0	2.7	6.5	4.0	1.9	5.8	9.8	4.6	5.6
20:45	31.7	6.4	2.9	6.7	3.0	1.8	6.7	9.2	3.2	4.9
21:00	26.9	6.4	2.0	6.9	3.2	3.0	8.8	8.6	1.7	4.8
21:15	16.7	13.6	1.9	5.5	4.2	4.2	11.6	7.1	2.1	4.4
21:30	17.1	15.7	2.0	4.1	7.0	4.1	11.2	5.7	2.1	5.5
21:45	16.7	18.3	2.6	2.8	6.5	3.7	7.0	5.7	3.0	8.4
22:00	23.2	16.4	4.5	2.4	6.5	2.3	4.0	6.4	2.6	9.5
22:15	26.7	13.1	5.4	2.8	6.2	2.4	3.1	5.2	2.7	9.6
22:30	25.3	9.1	6.5	4.6	4.6	3.5	3.5	6.0	2.2	8.8
22:45	28.2	7.5	5.0	6.3	4.4	3.8	3.6	5.6	2.8	7.1
23:00	23.5	8.4	4.4	7.3	4.8	4.6	4.5	6.4	3.5	7.8
23:15	19.8	9.3	4.0	5.6	7.3	4.5	6.9	5.9	3.9	8.3
23:30	26.0	12.9	3.5	4.0	7.6	3.5	5.3	5.2	3.9	5.9
23:45	26.2	14.4	2.2	3.1	7.8	3.6	3.0	4.2	3.3	8.5

十四、呼和浩特地区收听率数据

表 2.14.1 呼和浩特地区主要电台频率的平均收听率和市场份额

排名	电台名称	平均收听率（%）	市场份额（%）
1	内蒙古交通之声	0.63	18.7
2	内蒙古评书曲艺广播	0.57	16.9
3	中央中国之声	0.45	13.5
4	中央音乐之声	0.43	12.9
5	呼和浩特交通广播	0.21	6.3
6	内蒙古汉语新闻广播	0.19	5.7
7	内蒙古音乐广播	0.17	5.1
8	呼和浩特新闻综合广播	0.15	4.3
8	内蒙古汉语新闻综合广播	0.09	2.6
10	内蒙古绿野之声广播	0.09	2.6

表 2.14.2 呼和浩特地区主要电台频率的周到达率和日到达率

排名	电台名称	周到达率（%）	日到达率（%）
1	内蒙古交通之声	13.98	6.31
2	中央音乐之声	21.89	5.91
3	内蒙古评书曲艺广播	13.30	5.19
4	中央中国之声	19.19	4.97
5	呼和浩特交通广播	10.47	4.80
6	内蒙古汉语新闻广播	7.31	3.96
7	呼和浩特新闻综合广播	7.74	3.73
8	内蒙古汉语新闻综合广播	5.04	2.57
9	内蒙古音乐广播	4.67	2.56
10	内蒙古绿野之声广播	6.13	2.42

表 2.14.3 呼和浩特地区主要电台的收听率（%）

时间	内蒙古交通之声	内蒙古评书曲艺广播	中央中国之声	中央音乐之声	呼和浩特交通广播	内蒙古汉语新闻广播	内蒙古音乐广播	呼和浩特新闻综合广播	内蒙古汉语新闻综合广播	内蒙古绿野之声
6:00	0.18	0.19	0.08	0.05	0.09	0.06	0.05	0.05	0.03	0.02
6:15	0.26	0.28	0.12	0.07	0.12	0.08	0.08	0.08	0.04	0.03
6:30	0.35	0.38	0.17	0.14	0.13	0.12	0.11	0.11	0.05	0.03
6:45	0.51	0.47	0.24	0.25	0.13	0.16	0.17	0.13	0.08	0.03
7:00	0.70	0.59	0.32	0.35	0.22	0.16	0.27	0.10	0.10	0.04
7:15	0.91	0.67	0.36	0.48	0.36	0.15	0.37	0.12	0.13	0.07
7:30	1.13	0.72	0.38	0.55	0.37	0.17	0.38	0.13	0.19	0.11
7:45	1.17	0.80	0.36	0.57	0.33	0.24	0.36	0.15	0.20	0.11
8:00	1.14	0.81	0.25	0.61	0.23	0.28	0.27	0.17	0.18	0.09
8:15	1.08	0.83	0.25	0.57	0.19	0.30	0.16	0.17	0.17	0.07
8:30	1.02	0.82	0.33	0.50	0.18	0.29	0.13	0.17	0.16	0.05
8:45	0.86	0.77	0.43	0.40	0.18	0.26	0.11	0.18	0.17	0.05
9:00	0.61	0.70	0.58	0.25	0.20	0.21	0.08	0.18	0.15	0.05
9:15	0.52	0.59	0.58	0.23	0.23	0.18	0.07	0.18	0.14	0.05
9:30	0.50	0.53	0.50	0.19	0.28	0.17	0.10	0.16	0.11	0.04
9:45	0.54	0.46	0.42	0.15	0.35	0.18	0.14	0.15	0.11	0.04
10:00	0.60	0.30	0.37	0.18	0.39	0.21	0.14	0.13	0.11	0.04
10:15	0.57	0.27	0.33	0.22	0.41	0.25	0.12	0.13	0.12	0.05
10:30	0.45	0.23	0.28	0.28	0.38	0.26	0.09	0.13	0.11	0.06
10:45	0.26	0.23	0.28	0.32	0.31	0.23	0.09	0.16	0.10	0.08
11:00	0.25	0.27	0.31	0.42	0.19	0.21	0.08	0.19	0.07	0.10
11:15	0.38	0.36	0.32	0.44	0.13	0.17	0.09	0.20	0.05	0.11
11:30	0.45	0.46	0.39	0.37	0.11	0.17	0.08	0.20	0.04	0.10
11:45	0.45	0.61	0.44	0.31	0.13	0.19	0.10	0.18	0.04	0.08
12:00	0.37	0.76	0.42	0.24	0.15	0.19	0.13	0.15	0.04	0.05
12:15	0.35	0.92	0.34	0.28	0.20	0.18	0.17	0.12	0.05	0.06
12:30	0.33	1.02	0.29	0.36	0.19	0.18	0.18	0.10	0.06	0.08
12:45	0.39	1.05	0.33	0.46	0.15	0.17	0.17	0.09	0.05	0.10
13:00	0.53	0.99	0.41	0.65	0.17	0.16	0.16	0.10	0.04	0.14
13:15	0.67	0.93	0.49	0.69	0.21	0.19	0.15	0.12	0.04	0.16
13:30	0.71	0.90	0.57	0.68	0.25	0.24	0.20	0.15	0.05	0.18
13:45	0.72	0.89	0.63	0.61	0.25	0.31	0.27	0.19	0.07	0.18
14:00	0.79	0.82	0.66	0.48	0.28	0.39	0.37	0.26	0.10	0.19
14:15	0.90	0.77	0.66	0.44	0.28	0.41	0.39	0.27	0.12	0.20
14:30	0.95	0.68	0.64	0.45	0.28	0.39	0.38	0.26	0.12	0.19
14:45	0.92	0.57	0.57	0.43	0.27	0.35	0.35	0.22	0.12	0.16

时间	内蒙古交通之声	内蒙古评书曲艺广播	中央中国之声	中央音乐之声	呼和浩特交通广播	内蒙古汉语新闻广播	内蒙古音乐广播	呼和浩特新闻综合广播	内蒙古汉语新闻综合广播	内蒙古绿野之声广播
15:00	0.90	0.44	0.52	0.38	0.23	0.25	0.31	0.17	0.11	0.11
15:15	0.80	0.41	0.45	0.30	0.21	0.24	0.30	0.11	0.09	0.08
15:30	0.69	0.49	0.47	0.23	0.19	0.26	0.31	0.09	0.07	0.08
15:45	0.65	0.55	0.55	0.27	0.22	0.29	0.32	0.07	0.07	0.11
16:00	0.68	0.68	0.64	0.38	0.21	0.29	0.32	0.09	0.06	0.10
16:15	0.74	0.81	0.66	0.41	0.19	0.28	0.28	0.14	0.07	0.09
16:30	0.83	0.86	0.62	0.39	0.18	0.26	0.23	0.16	0.08	0.06
16:45	0.86	0.86	0.56	0.36	0.18	0.19	0.20	0.15	0.09	0.06
17:00	0.90	0.79	0.55	0.33	0.22	0.16	0.16	0.12	0.11	0.09
17:15	0.96	0.71	0.50	0.36	0.30	0.16	0.14	0.10	0.12	0.11
17:30	1.08	0.65	0.47	0.43	0.39	0.14	0.16	0.12	0.13	0.12
17:45	1.37	0.59	0.39	0.54	0.42	0.14	0.18	0.15	0.13	0.11
18:00	1.45	0.61	0.40	0.78	0.41	0.14	0.25	0.19	0.11	0.09
18:15	1.42	0.69	0.47	0.95	0.38	0.20	0.29	0.24	0.08	0.12
18:30	1.35	0.78	0.51	1.12	0.33	0.31	0.29	0.29	0.07	0.14
18:45	1.19	0.83	0.50	1.13	0.32	0.34	0.27	0.33	0.08	0.15
19:00	0.98	0.80	0.51	1.11	0.30	0.33	0.21	0.33	0.09	0.15
19:15	0.90	0.78	0.53	1.09	0.27	0.28	0.19	0.31	0.11	0.14
19:30	0.84	0.71	0.59	1.01	0.25	0.24	0.17	0.27	0.13	0.12
19:45	0.76	0.66	0.68	0.92	0.21	0.20	0.15	0.22	0.11	0.09
20:00	0.54	0.58	0.86	0.70	0.16	0.13	0.13	0.16	0.10	0.07
20:15	0.39	0.44	1.04	0.51	0.14	0.09	0.09	0.09	0.07	0.05
20:30	0.26	0.35	1.11	0.38	0.11	0.09	0.07	0.07	0.05	0.03
20:45	0.20	0.24	1.09	0.28	0.10	0.09	0.07	0.08	0.04	0.04
21:00	0.22	0.20	1.02	0.24	0.09	0.10	0.08	0.10	0.05	0.05
21:15	0.24	0.24	0.80	0.24	0.09	0.09	0.09	0.11	0.06	0.05
21:30	0.24	0.30	0.53	0.32	0.08	0.09	0.08	0.12	0.07	0.08
21:45	0.20	0.38	0.38	0.37	0.07	0.07	0.06	0.11	0.07	0.09
22:00	0.16	0.40	0.20	0.42	0.07	0.08	0.05	0.10	0.06	0.12
22:15	0.14	0.35	0.11	0.43	0.08	0.07	0.05	0.08	0.05	0.10
22:30	0.15	0.28	0.12	0.37	0.09	0.06	0.07	0.06	0.05	0.09
22:45	0.10	0.22	0.18	0.23	0.09	0.06	0.06	0.05	0.04	0.06
23:00	0.09	0.16	0.19	0.17	0.09	0.05	0.04	0.06	0.04	0.03
23:15	0.11	0.16	0.14	0.12	0.08	0.04	0.04	0.04	0.04	0.02
23:30	0.09	0.12	0.09	0.09	0.06	0.03	0.03	0.02	0.02	0.00
23:45	0.07	0.08	0.08	0.08	0.04	0.02	0.03	0.02	0.02	0.00

表 2.14.4 呼和浩特地区主要电台的占有率（%）

时间	内蒙古交通之声	内蒙古评书曲艺广播	中央中国之声	中央音乐之声	呼和浩特交通广播	内蒙古汉语新闻广播	内蒙古音乐广播	呼和浩特新闻综合广播	内蒙古汉语新闻综合广播	内蒙古绿野之声广播
6:00	19.4	20.2	8.4	5.7	9.5	6.1	5.5	5.3	3.4	2.3
6:15	19.5	20.8	9.1	5.3	8.7	6.2	6.2	5.8	3.2	2.4
6:30	19.4	20.9	9.3	7.8	7.3	6.5	6.4	6.3	2.8	1.9
6:45	21.1	19.4	9.9	10.4	5.4	6.5	6.9	5.2	3.3	1.4
7:00	22.3	18.6	10.2	11.0	6.8	5.2	8.7	3.2	3.3	1.4
7:15	23.3	17.1	9.2	12.2	9.3	4.0	9.5	2.9	3.3	1.8
7:30	25.2	16.1	8.5	12.2	8.4	3.9	8.5	2.8	4.3	2.4
7:45	25.0	17.0	7.6	12.2	7.0	5.1	7.7	3.2	4.3	2.3
8:00	25.4	17.9	5.5	13.5	5.2	6.2	6.0	3.7	3.9	1.9
8:15	24.7	19.1	5.7	13.2	4.3	6.9	3.8	3.8	4.0	1.6
8:30	23.5	18.9	7.6	11.4	4.2	6.6	3.1	3.8	3.6	1.2
8:45	20.7	18.5	10.3	9.7	4.4	6.4	2.6	4.3	4.0	1.2
9:00	16.6	19.0	15.7	6.7	5.6	5.8	2.2	5.0	4.1	1.2
9:15	15.3	17.6	17.2	6.7	6.9	5.3	2.2	5.2	4.0	1.4
9:30	16.0	16.8	16.0	6.0	8.8	5.3	3.3	5.2	3.6	1.2
9:45	17.5	14.7	13.5	5.0	11.1	5.9	4.6	4.8	3.4	1.4
10:00	19.8	9.9	12.4	5.9	12.9	6.8	4.7	4.4	3.7	1.2
10:15	19.3	9.0	11.0	7.5	13.8	8.3	4.0	4.2	4.0	1.6
10:30	16.2	8.3	10.0	10.1	13.8	9.3	3.3	4.9	4.0	2.2
10:45	10.4	9.4	11.5	12.8	12.3	9.4	3.5	6.4	4.1	3.3
11:00	10.4	11.1	12.6	17.3	7.6	8.7	3.2	7.6	3.0	4.0
11:15	14.7	14.0	12.7	17.2	5.0	6.6	3.4	7.9	2.1	4.5
11:30	16.8	17.1	14.6	14.1	4.0	6.5	3.2	7.4	1.4	3.8
11:45	15.8	21.8	15.6	10.8	4.5	6.8	3.4	6.2	1.3	2.8
12:00	12.9	26.3	14.7	8.3	5.1	6.4	4.6	5.4	1.4	1.8
12:15	11.2	29.7	11.0	8.9	6.4	5.8	5.5	3.9	1.6	2.1
12:30	10.0	31.1	8.9	11.1	5.7	5.5	5.5	2.9	1.8	2.5
12:45	11.1	29.9	9.3	13.2	4.3	4.7	4.9	2.7	1.4	2.9
13:00	13.4	25.1	10.5	16.4	4.2	4.1	4.0	2.7	1.1	3.4
13:15	15.7	21.8	11.6	16.3	4.9	4.4	3.6	2.8	0.9	3.8
13:30	15.8	20.2	12.7	15.2	5.5	5.3	4.5	3.2	1.0	4.0
13:45	15.5	19.3	13.6	13.2	5.5	6.7	5.8	4.1	1.6	3.9
14:00	16.6	17.1	13.8	10.0	5.8	8.1	7.7	5.4	2.1	3.9
14:15	18.6	16.0	13.6	9.1	5.7	8.4	8.1	5.6	2.5	4.1
14:30	20.1	14.2	13.4	9.5	5.8	8.2	8.1	5.4	2.6	3.9
14:45	20.9	12.9	12.9	9.8	6.1	7.8	8.0	5.0	2.6	3.7

时间	内蒙古交通之声	内蒙古评书曲艺广播	中央中国之声	中央音乐之声	呼和浩特交通广播	内蒙古汉语新闻广播	内蒙古音乐广播	呼和浩特新闻综合广播	内蒙古汉语新闻综合广播	内蒙古绿野之声广播
15:00	23.2	11.3	13.4	9.9	5.8	6.6	7.9	4.3	2.8	2.9
15:15	23.5	11.9	13.3	8.6	6.1	7.1	8.8	3.3	2.8	2.4
15:30	20.8	14.9	14.1	7.1	5.9	8.0	9.3	2.7	2.2	2.5
15:45	18.7	15.6	15.8	7.7	6.4	8.3	9.2	2.1	1.9	3.1
16:00	17.7	17.7	16.8	9.8	5.5	7.5	8.3	2.5	1.5	2.7
16:15	18.3	19.9	16.3	10.1	4.7	6.9	7.0	3.5	1.8	2.2
16:30	20.6	21.4	15.4	9.8	4.4	6.4	5.8	3.9	2.0	1.6
16:45	22.6	22.5	14.8	9.6	4.7	4.9	5.4	3.9	2.5	1.6
17:00	24.3	21.4	14.8	9.0	6.1	4.4	4.4	3.3	3.0	2.4
17:15	25.6	18.7	13.4	9.6	8.0	4.1	3.7	2.7	3.3	2.9
17:30	26.6	16.1	11.5	10.7	9.6	3.4	3.8	2.9	3.3	2.9
17:45	30.7	13.2	8.8	12.1	9.5	3.1	4.1	3.3	3.0	2.5
18:00	29.5	12.4	8.1	15.8	8.4	2.8	5.2	4.0	2.2	1.9
18:15	26.5	12.8	8.8	17.7	7.2	3.7	5.4	4.5	1.5	2.2
18:30	23.6	13.5	9.0	19.5	5.7	5.4	5.1	5.0	1.2	2.5
18:45	21.0	14.6	8.8	19.9	5.6	6.0	4.7	5.8	1.4	2.7
19:00	18.6	15.2	9.6	21.0	5.7	6.3	3.9	6.2	1.8	2.9
19:15	18.0	15.5	10.5	21.6	5.4	5.7	3.8	6.1	2.2	2.8
19:30	17.8	15.0	12.5	21.4	5.3	5.1	3.6	5.7	2.7	2.6
19:45	17.5	15.1	15.6	21.1	4.8	4.6	3.4	5.1	2.5	2.1
20:00	14.4	15.4	22.7	18.6	4.3	3.4	3.3	4.2	2.6	1.7
20:15	12.1	13.7	32.1	15.7	4.4	2.8	2.7	2.8	2.3	1.4
20:30	9.1	12.4	39.4	13.3	3.8	3.0	2.4	2.4	1.9	1.1
20:45	8.0	9.5	42.9	11.1	3.9	3.5	2.8	3.2	1.8	1.6
21:00	9.0	8.3	42.0	9.7	3.7	4.0	3.3	4.0	2.0	2.0
21:15	10.5	10.3	35.1	10.7	3.8	4.1	4.0	4.9	2.5	2.4
21:30	11.2	13.8	24.6	14.9	3.8	4.1	3.9	5.5	3.3	3.7
21:45	10.0	18.9	18.9	18.5	3.5	3.7	2.9	5.6	3.5	4.4
22:00	8.7	22.2	11.2	23.0	3.8	4.4	2.7	5.3	3.5	6.4
22:15	8.6	21.8	7.2	26.8	4.9	4.4	3.4	4.8	3.2	6.4
22:30	10.3	19.3	8.4	25.6	6.5	4.1	4.7	4.1	3.2	6.2
22:45	8.1	18.5	15.0	19.8	7.9	5.1	5.1	4.3	3.7	5.5
23:00	9.3	16.2	19.3	17.9	9.4	4.7	4.3	5.7	4.3	3.5
23:15	13.4	18.8	17.2	13.9	9.9	4.5	4.9	5.1	4.6	2.4
23:30	15.5	20.4	14.4	15.4	9.8	4.7	5.1	3.8	3.6	0.4
23:45	15.7	16.3	16.3	16.2	9.0	4.2	5.5	4.5	4.8	0.4

表 2.14.5　呼和浩特市平均收听率 top30 节目

排名	节目名称	所属频率	播放时间	平均收听率(%)	市场占有率(%)
1	欢乐同行	内蒙古交通之声	17:00—19:00	1.42	26.1
2	直播中国	中央中国之声	20:30—21:00	1.09	38.4
3	天天向上	内蒙古交通之声	07:20—09:00	1.05	22.6
4	小喇叭	中央中国之声	20:00—20:30	1.03	25.3
5	空中书场(评书)	内蒙古评书曲艺广播	12:30—13:00	1.02	29.6
6	全区新闻联播	内蒙古交通之声	19:00—19:20	0.96	17.6
7	空中娱乐场	内蒙古评书曲艺广播	07:30—08:00	0.94	19.0
7	空中娱乐场	内蒙古评书曲艺广播	16:30—17:00	0.94	21.9
9	空中娱乐场	内蒙古评书曲艺广播	12:00—12:30	0.92	28.4
9	停车说理	内蒙古交通之声	14:00—15:00	0.92	16.9
9	Music Radio TOP 排行榜	中央音乐之声	19:00—21:00	0.92	18.7
12	空中书场(评书)	内蒙古评书曲艺广播	08:00—08:30	0.89	19.4
13	空中书场(评书)	内蒙古评书曲艺广播	19:00—19:30	0.87	16.2
14	音乐正前方	内蒙古交通之声	15:00—16:00	0.84	20.5
15	飞哥评车	内蒙古交通之声	16:00—17:00	0.83	16.9
15	空中剧场	内蒙古评书曲艺广播	14:00—14:30	0.83	17.2
17	早间新闻联播	内蒙古交通之声	07:00—07:20	0.82	21.9
17	健康讲座	内蒙古评书曲艺广播	08:30—09:30	0.82	19.5
19	转播全区新闻联播	内蒙古评书曲艺广播	18:30—18:50	0.79	13.9
20	空中书场(评书)	内蒙古评书曲艺广播	14:30—15:00	0.77	16.3
21	空中书场	内蒙古评书曲艺广播	16:00—16:30	0.73	18.4
21	都会音乐	中央音乐之声	16:00—19:00	0.73	13.8
23	1056 交广书场	内蒙古交通之声	13:00—14:00	0.68	15.7
24	车外好风景	内蒙古交通之声	10:00—11:00	0.65	16.0
25	1056 大家帮	内蒙古交通之声	09:00—10:00	0.62	15.1
25	轻语飞扬	内蒙古交通之声	19:20—21:00	0.62	15.9
27	快意音乐	中央音乐之声	14:00—16:00	0.61	12.9
28	央广新闻	中央中国之声	13:00—16:30	0.54	12.9
28	汽车时代	内蒙古交通之声	11:00—12:00	0.54	15.8
30	央广新闻晚高峰	中央中国之声	16:30—18:30	0.53	11.9

十五、长春地区收听率数据

表 2.15.1 长春地区主要电台频率的平均收听率和市场份额

排名	电台名称	平均收听率（%）	市场份额（%）
1	长春交通之声	1.49	23.8
2	吉林交通广播	0.58	9.3
3	吉林资讯广播	0.57	9.2
4	长春 MYFM88.0	0.53	8.4
5	长春城市精英广播	0.53	8.4
6	长春新闻广播	0.40	6.4
7	吉林新闻综合广播	0.31	4.9
8	中央电台中国之声	0.29	4.6
9	长春生活故事广播	0.27	4.3
10	吉林健康娱乐广播	0.23	3.6

表 2.15.2 长春地区主要电台频率的周到达率和日到达率

排名	电台名称	周到达率（%）	日到达率（%）
1	长春交通之声	25.00	19.82
2	长春 MYFM88.0	12.78	9.09
3	吉林交通广播	11.72	8.65
4	长春新闻广播	16.13	8.64
5	长春城市精英广播	12.28	7.99
6	吉林资讯广播	9.87	7.36
7	长春生活故事广播	12.00	5.66
8	吉林新闻综合广播	9.77	4.76
9	中央电台中国之声	5.73	4.49
10	吉林旅游广播	5.36	4.17

表 2.15.3　长春地区主要电台的收听率（%）

时间	长春交通之声	吉林交通广播	吉林资讯广播	长春MYFM88.0	长春城市精英广播	长春新闻广播	吉林新闻综合广播	中央电台中国之声	长春生活故事广播	吉林健康娱乐广播
6:00	3.19	0.17	0.87	0.22	0.12	2.80	0.78	1.75	0.10	0.09
6:15	4.00	0.24	1.05	0.26	0.13	2.90	0.84	1.98	0.11	0.13
6:30	4.93	0.45	1.07	0.44	0.17	2.86	0.84	1.99	0.09	0.21
6:45	6.12	0.64	0.96	0.63	0.13	2.45	0.84	1.77	0.11	0.29
7:00	8.92	0.78	0.77	1.09	0.09	1.82	0.76	1.28	0.09	0.36
7:15	9.86	0.90	0.66	1.26	0.03	1.48	0.68	1.00	0.18	0.38
7:30	9.53	0.74	0.78	1.19	0.03	1.03	0.60	0.68	0.25	0.37
7:45	8.05	0.56	0.88	0.93	0.07	0.65	0.54	0.50	0.30	0.28
8:00	4.70	0.52	1.19	0.50	0.10	0.36	0.49	0.37	0.49	0.24
8:15	3.09	0.63	1.39	0.35	0.17	0.23	0.36	0.25	0.55	0.15
8:30	2.14	0.78	1.37	0.30	0.33	0.10	0.28	0.13	0.56	0.09
8:45	1.43	0.77	1.25	0.34	0.56	0.20	0.22	0.11	0.52	0.09
9:00	1.06	0.83	1.09	0.47	1.24	0.22	0.22	0.14	0.48	0.10
9:15	0.90	1.10	1.07	0.56	1.69	0.22	0.23	0.13	0.44	0.12
9:30	0.82	1.25	1.02	0.58	1.97	0.13	0.29	0.10	0.35	0.10
9:45	0.69	1.55	0.98	0.42	1.90	0.11	0.33	0.10	0.34	0.09
10:00	0.47	2.23	0.87	0.31	1.70	0.18	0.32	0.15	0.32	0.08
10:15	0.33	2.46	0.71	0.27	1.46	0.19	0.30	0.19	0.31	0.09
10:30	0.49	2.42	0.65	0.38	0.97	0.20	0.20	0.15	0.31	0.17
10:45	0.52	2.15	0.49	0.46	0.52	0.11	0.17	0.11	0.38	0.28
11:00	0.30	1.16	0.36	0.46	0.32	0.19	0.13	0.11	0.53	0.43
11:15	0.28	0.63	0.25	0.43	0.22	0.23	0.14	0.15	0.60	0.57
11:30	0.30	0.42	0.19	0.37	0.13	0.30	0.17	0.16	0.62	0.68
11:45	0.30	0.36	0.30	0.57	0.12	0.48	0.22	0.06	0.56	0.66
12:00	0.29	0.35	0.43	0.57	0.21	0.46	0.32	0.03	0.51	0.59
12:15	0.33	0.34	0.59	0.50	0.18	0.42	0.39	0.10	0.44	0.48
12:30	0.50	0.56	0.86	0.35	0.11	0.39	0.39	0.13	0.39	0.38
12:45	0.71	0.78	1.28	0.32	0.13	0.22	0.32	0.05	0.29	0.29
13:00	1.01	1.29	1.70	0.51	0.10	0.11	0.31	0.07	0.26	0.24
13:15	1.03	1.58	1.96	0.57	0.10	0.07	0.18	0.09	0.21	0.22
13:30	0.68	1.58	1.99	0.64	0.05	0.04	0.14	0.17	0.14	0.25
13:45	0.47	1.36	1.50	0.66	0.07	0.09	0.12	0.19	0.09	0.26
14:00	0.39	1.09	0.77	0.50	0.15	0.07	0.10	0.10	0.06	0.30
14:15	0.55	0.88	0.38	0.42	0.19	0.13	0.11	0.05	0.12	0.22
14:30	0.39	0.70	0.29	0.49	0.19	0.15	0.17	0.03	0.16	0.18
14:45	0.33	0.45	0.31	0.42	0.13	0.09	0.19	0.08	0.17	0.17

时间	长春交通之声	吉林交通广播	吉林资讯广播	长春MYFM88.0	长春城市精英广播	长春新闻广播	吉林新闻综合广播	中央电台中国之声	长春生活故事广播	吉林健康娱乐广播
15:00	0.38	0.22	0.30	0.33	0.15	0.08	0.22	0.11	0.13	0.14
15:15	0.64	0.16	0.14	0.19	0.10	0.11	0.18	0.05	0.16	0.24
15:30	0.69	0.16	0.07	0.29	0.05	0.10	0.10	0.12	0.22	0.29
15:45	0.47	0.16	0.13	0.35	0.06	0.06	0.10	0.18	0.23	0.34
16:00	0.40	0.31	0.24	0.45	0.06	0.05	0.08	0.12	0.28	0.30
16:15	0.47	0.30	0.20	0.49	0.07	0.11	0.09	0.09	0.34	0.26
16:30	0.83	0.39	0.19	0.53	0.15	0.13	0.08	0.07	0.38	0.21
16:45	1.12	0.43	0.22	0.68	0.24	0.16	0.09	0.05	0.47	0.20
17:00	1.55	0.56	0.36	0.92	0.43	0.13	0.12	0.11	0.55	0.18
17:15	2.17	0.63	0.55	1.23	0.55	0.20	0.24	0.13	0.56	0.25
17:30	2.62	0.60	0.74	1.45	0.49	0.30	0.34	0.16	0.56	0.27
17:45	2.71	0.48	0.85	1.65	0.36	0.37	0.42	0.25	0.48	0.27
18:00	2.35	0.43	0.76	1.73	0.23	0.55	0.54	0.33	0.47	0.20
18:15	2.04	0.32	0.70	1.69	0.07	0.60	0.54	0.49	0.41	0.17
18:30	1.48	0.16	0.55	1.33	0.05	0.55	0.50	0.57	0.39	0.15
18:45	1.03	0.11	0.44	1.14	0.06	0.41	0.44	0.56	0.31	0.18
19:00	0.44	0.12	0.25	0.81	0.08	0.30	0.34	0.43	0.30	0.13
19:15	0.25	0.10	0.17	0.50	0.04	0.27	0.26	0.36	0.17	0.15
19:30	0.34	0.12	0.12	0.38	0.03	0.24	0.18	0.34	0.14	0.20
19:45	0.34	0.08	0.22	0.35	0.08	0.27	0.11	0.24	0.09	0.26
20:00	0.19	0.11	0.24	0.36	0.07	0.20	0.17	0.10	0.08	0.39
20:15	0.30	0.08	0.19	0.21	0.23	0.11	0.18	0.11	0.08	0.38
20:30	0.45	0.07	0.10	0.11	0.46	0.16	0.21	0.20	0.08	0.30
20:45	0.61	0.09	0.11	0.18	0.84	0.19	0.22	0.17	0.11	0.24
21:00	0.72	0.14	0.07	0.22	2.26	0.17	0.38	0.07	0.14	0.17
21:15	0.39	0.17	0.08	0.21	2.87	0.10	0.43	0.09	0.16	0.10
21:30	0.28	0.06	0.17	0.14	2.94	0.11	0.44	0.06	0.19	0.08
21:45	0.30	0.08	0.15	0.09	2.70	0.14	0.37	0.04	0.15	0.07
22:00	0.32	0.07	0.10	0.11	2.08	0.14	0.30	0.07	0.12	0.09
22:15	0.42	0.07	0.06	0.15	1.65	0.08	0.31	0.15	0.10	0.10
22:30	0.29	0.11	0.07	0.19	1.06	0.08	0.30	0.16	0.04	0.09
22:45	0.22	0.11	0.11	0.23	0.60	0.12	0.27	0.06	0.04	0.04
23:00	0.35	0.08	0.10	0.17	0.43	0.10	0.28	0.10	0.07	0.07
23:15	0.38	0.09	0.08	0.15	0.33	0.12	0.21	0.08	0.08	0.05
23:30	0.39	0.09	0.09	0.12	0.18	0.13	0.15	0.07	0.05	0.06
23:45	0.33	0.05	0.11	0.11	0.10	0.11	0.12	0.05	0.05	0.03

表 2.15.4 长春地区主要电台的占有率（%）

时间	长春交通之声	吉林交通广播	吉林资讯广播	长春MYF M88.0	长春城市精英广播	长春新闻广播	吉林新闻综合广播	中央电台中国之声	长春生活故事广播	吉林健康娱乐广播
6:00	30.0	1.6	8.2	2.1	1.1	26.3	7.4	16.4	0.9	0.8
6:15	32.4	1.9	8.5	2.1	1.1	23.6	6.8	16.1	0.9	1.1
6:30	35.5	3.2	7.7	3.2	1.2	20.6	6.1	14.3	0.6	1.5
6:45	41.3	4.3	6.5	4.3	0.9	16.5	5.7	11.9	0.8	2.0
7:00	52.7	4.6	4.5	6.5	0.6	10.7	4.5	7.6	0.6	2.1
7:15	57.0	5.2	3.8	7.3	0.2	8.5	3.9	5.8	1.0	2.2
7:30	59.5	4.6	4.9	7.5	0.2	6.4	3.7	4.2	1.5	2.3
7:45	58.9	4.1	6.5	6.8	0.5	4.7	4.0	3.6	2.2	2.0
8:00	47.0	5.2	11.9	5.0	1.0	3.6	4.9	3.7	4.9	2.4
8:15	37.0	7.5	16.6	4.2	2.0	2.8	4.3	3.0	6.5	1.8
8:30	29.2	10.7	18.7	4.0	4.5	1.3	3.8	1.8	7.6	1.3
8:45	21.5	11.5	18.9	5.1	8.5	3.0	3.3	1.6	7.8	1.3
9:00	15.4	12.1	15.8	6.7	17.9	3.2	3.2	2.0	6.9	1.4
9:15	12.1	14.7	14.3	7.4	22.7	2.9	3.1	1.8	5.9	1.6
9:30	10.9	16.6	13.5	7.6	26.1	1.8	3.8	1.3	4.7	1.3
9:45	9.5	21.1	13.4	5.7	25.9	1.5	4.5	1.4	4.7	1.3
10:00	6.4	29.9	11.6	4.1	22.8	2.4	4.3	2.0	4.3	1.1
10:15	4.6	34.3	9.9	3.7	20.4	2.6	4.1	2.7	4.3	1.2
10:30	7.3	35.7	9.6	5.6	14.3	2.9	3.0	2.2	4.6	2.4
10:45	8.5	34.8	8.0	7.5	8.4	1.7	2.8	1.8	6.2	4.5
11:00	6.1	23.1	7.2	9.2	6.3	3.7	2.7	2.1	10.6	8.6
11:15	6.1	13.9	5.5	9.6	5.0	5.1	3.2	3.3	13.3	12.7
11:30	7.1	9.8	4.4	8.5	3.1	6.9	3.8	3.6	14.4	15.8
11:45	6.6	8.0	6.7	12.5	2.7	10.5	4.9	1.3	12.3	14.5
12:00	6.2	7.5	9.2	12.2	4.4	9.8	6.8	0.7	10.8	12.5
12:15	7.0	7.2	12.4	10.4	3.8	8.8	8.3	2.1	9.2	10.1
12:30	9.9	11.1	16.8	6.9	2.2	7.6	7.7	2.5	7.6	7.5
12:45	12.9	14.3	23.5	5.9	2.3	4.1	5.8	0.9	5.2	5.3
13:00	14.9	19.1	25.0	7.5	1.5	1.6	4.6	1.1	3.8	3.5
13:15	14.0	21.4	26.6	7.8	1.4	0.9	2.5	1.3	2.9	3.0
13:30	9.5	22.2	27.8	9.0	0.7	0.6	1.9	2.4	1.9	3.4
13:45	7.3	21.1	23.3	10.3	1.1	1.3	1.8	3.0	1.3	4.1
14:00	7.7	21.4	15.2	9.9	2.9	1.3	1.9	2.0	1.1	6.0
14:15	12.0	19.2	8.3	9.1	4.2	2.7	2.4	1.2	2.5	4.8
14:30	9.5	17.1	7.0	12.0	4.6	3.6	4.1	0.8	3.9	4.4
14:45	9.1	12.5	8.6	11.7	3.5	2.4	5.4	2.3	4.6	4.6

时间	长春交通之声	吉林交通广播	吉林资讯广播	长春MYF M88.0	长春城市精英广播	长春新闻广播	吉林新闻综合广播	中央电台中国之声	长春生活故事广播	吉林健康娱乐广播
15:00	11.8	7.0	9.2	10.3	4.6	2.5	6.7	3.4	4.1	4.3
15:15	20.1	5.1	4.4	6.1	3.3	3.4	5.7	1.7	5.1	7.5
15:30	20.5	4.7	2.1	8.7	1.5	3.1	3.1	3.6	6.4	8.6
15:45	13.5	4.6	3.8	10.1	1.8	1.8	2.8	5.1	6.6	9.7
16:00	10.6	8.2	6.2	11.8	1.7	1.4	2.0	3.2	7.3	8.0
16:15	11.3	7.2	4.8	11.6	1.7	2.6	2.2	2.1	8.0	6.3
16:30	16.8	7.8	3.8	10.8	3.1	2.7	1.6	1.4	7.7	4.2
16:45	19.0	7.3	3.7	11.5	4.1	2.6	1.4	0.8	8.0	3.3
17:00	21.6	7.8	5.0	12.8	6.0	1.7	1.7	1.5	7.7	2.5
17:15	24.3	7.0	6.1	13.8	6.1	2.2	2.7	1.5	6.2	2.8
17:30	26.5	6.1	7.5	14.6	4.9	3.0	3.4	1.6	5.7	2.8
17:45	26.9	4.8	8.4	16.3	3.6	3.7	4.2	2.4	4.8	2.7
18:00	24.8	4.5	8.0	18.3	2.5	5.8	5.7	3.4	5.0	2.1
18:15	23.6	3.7	8.1	19.6	0.8	6.9	6.3	5.7	4.8	2.0
18:30	21.5	2.3	7.9	19.3	0.7	7.9	7.3	8.3	5.6	2.2
18:45	18.2	2.0	7.8	20.0	1.1	7.2	7.8	9.9	5.4	3.1
19:00	10.9	3.0	6.2	20.0	1.9	7.5	8.4	10.7	7.4	3.2
19:15	8.4	3.5	5.9	16.6	1.2	9.1	8.9	12.2	5.8	5.0
19:30	12.4	4.2	4.4	13.7	1.0	8.8	6.5	12.5	5.2	7.3
19:45	12.3	2.8	8.2	13.0	2.8	9.9	4.1	8.9	3.3	9.5
20:00	7.4	4.1	9.1	13.9	2.6	7.8	6.4	3.8	2.9	15.1
20:15	11.1	3.0	7.0	7.9	8.6	4.0	6.7	4.0	2.9	14.1
20:30	15.3	2.4	3.5	3.8	15.6	5.5	7.2	6.9	2.6	10.4
20:45	17.1	2.5	3.1	5.0	23.5	5.3	6.3	4.8	3.0	6.8
21:00	14.4	2.9	1.4	4.3	45.3	3.4	7.6	1.4	2.8	3.3
21:15	7.5	3.3	1.5	4.0	55.2	2.0	8.2	1.7	3.1	2.0
21:30	5.5	1.2	3.3	2.8	57.8	2.2	8.7	1.2	3.8	1.5
21:45	6.5	1.7	3.1	2.0	57.7	3.0	7.8	0.8	3.2	1.5
22:00	8.1	1.7	2.5	2.8	52.2	3.6	7.4	1.7	3.0	2.4
22:15	11.7	2.0	1.6	4.1	46.0	2.1	8.7	4.1	2.7	2.7
22:30	10.1	3.9	2.5	6.8	37.5	2.9	10.6	5.7	1.3	3.2
22:45	9.8	4.9	5.1	10.4	27.5	5.5	12.4	2.9	1.6	1.6
23:00	16.1	3.5	4.7	7.6	20.0	4.5	12.8	4.5	3.3	3.3
23:15	19.2	4.8	4.1	7.7	16.5	6.1	10.6	3.8	3.8	2.7
23:30	23.2	5.6	5.6	6.9	10.7	7.7	9.0	4.0	3.2	3.7
23:45	24.7	3.4	8.0	8.4	7.4	8.4	8.7	3.7	3.4	2.3

十六、哈尔滨地区收听率数据

表 2.16.1 哈尔滨地区主要电台频率的平均收听率和市场份额

排名	电台名称	平均收听率（%）	市场份额（%）
1	龙广都市女性台	2.55	22.3
2	龙广交通台	1.41	12.4
3	龙广爱家频道	1.21	10.6
4	哈尔滨文艺广播	1.12	9.8
5	哈尔滨新闻广播	1.04	9.1
6	哈尔滨交通广播	0.97	8.5
7	龙广新闻台	0.70	6.1
8	龙广私家车频道	0.61	5.4
9	龙广音乐台	0.40	3.5
10	哈尔滨音乐广播	0.30	2.7

表 2.16.2 哈尔滨地区主要电台频率的周到达率和日到达率

排名	电台名称	周到达率（%）	日到达率（%）
1	龙广都市女性台	43.75	29.26
2	龙广交通台	31.59	18.23
3	哈尔滨文艺广播	43.33	17.92
4	哈尔滨新闻广播	65.28	16.89
5	龙广爱家频道	25.30	16.01
6	哈尔滨交通广播	21.68	12.93
7	龙广私家车频道	19.68	11.12
8	龙广新闻台	15.47	10.35
9	哈尔滨经济广播	25.76	9.55
10	哈尔滨音乐广播	20.80	9.00

表 2.16.3 哈尔滨地区主要电台的收听率（%）

时间	龙广都市女性台	龙广交通台	龙广爱家频道	哈尔滨文艺广播	哈尔滨新闻广播	哈尔滨交通广播	龙广新闻台	龙广私家车频道	龙广音乐台	哈尔滨音乐广播
6:00	0.81	1.26	0.10	0.40	0.98	0.66	2.30	0.07	0.05	0.14
6:15	0.79	1.92	0.22	0.52	1.23	1.04	2.75	0.14	0.12	0.19
6:30	0.51	3.22	0.31	0.63	1.67	1.58	3.02	0.14	0.16	0.29
6:45	0.70	3.89	0.36	0.79	1.87	2.15	2.95	0.23	0.30	0.32
7:00	0.64	4.28	0.50	1.03	2.04	2.37	2.63	0.29	0.37	0.32
7:15	0.47	4.60	0.49	1.39	2.02	2.40	2.05	0.28	0.44	0.26
7:30	0.63	4.52	0.40	1.53	1.84	2.44	1.64	0.37	0.52	0.22
7:45	1.01	4.23	0.63	1.78	1.55	2.54	1.33	0.49	0.58	0.20
8:00	1.30	3.39	0.96	1.76	1.25	2.71	0.89	0.61	0.59	0.23
8:15	0.93	2.89	1.19	1.60	0.96	2.39	0.70	0.74	0.53	0.25
8:30	0.70	1.92	1.50	1.47	0.95	2.33	0.72	0.76	0.51	0.26
8:45	0.49	1.55	2.44	1.43	1.07	2.11	0.73	0.81	0.40	0.26
9:00	0.53	0.98	3.76	1.76	1.36	1.70	0.72	0.78	0.35	0.20
9:15	0.73	0.76	4.69	2.05	1.51	1.51	0.55	0.69	0.30	0.12
9:30	0.66	0.66	5.34	2.24	1.72	1.26	0.47	0.61	0.27	0.10
9:45	0.44	0.53	5.76	2.52	1.85	1.10	0.36	0.49	0.25	0.10
10:00	0.72	0.45	6.16	2.96	1.97	1.02	0.27	0.55	0.24	0.13
10:15	0.93	0.73	5.95	3.00	2.04	0.94	0.22	0.58	0.23	0.13
10:30	0.84	0.93	5.25	2.93	2.37	0.91	0.24	0.80	0.23	0.14
10:45	0.85	1.27	4.23	2.75	2.49	1.01	0.39	0.86	0.23	0.15
11:00	1.37	2.12	1.93	2.46	2.87	1.10	0.52	0.98	0.25	0.17
11:15	1.33	2.66	1.36	2.29	2.95	1.21	0.58	0.94	0.31	0.19
11:30	0.90	2.83	1.12	2.23	2.91	1.18	0.63	0.85	0.34	0.20
11:45	0.96	2.75	1.14	2.09	2.76	1.23	0.62	0.75	0.44	0.20
12:00	0.87	2.48	1.08	1.92	2.60	1.13	0.60	0.66	0.50	0.20
12:15	0.54	2.14	1.02	1.65	2.22	1.19	0.67	0.64	0.63	0.22
12:30	0.51	1.76	0.91	1.46	2.07	1.15	0.63	0.50	0.69	0.22
12:45	0.57	1.67	0.80	1.00	1.71	1.05	0.70	0.45	0.74	0.24
13:00	0.44	1.40	0.72	0.84	1.49	1.03	0.78	0.31	0.76	0.28
13:15	0.67	1.39	0.60	0.76	1.33	0.95	0.78	0.29	0.73	0.32
13:30	1.02	1.34	0.69	0.67	1.19	0.82	0.68	0.38	0.64	0.36
13:45	1.34	1.24	0.65	0.53	1.08	0.69	0.56	0.47	0.52	0.37
14:00	1.21	1.11	0.69	0.49	0.89	0.56	0.46	0.55	0.46	0.36
14:15	1.40	0.98	0.70	0.52	0.62	0.43	0.42	0.55	0.37	0.35
14:30	1.24	1.02	0.55	0.45	0.55	0.39	0.46	0.53	0.35	0.30
14:45	1.17	0.96	0.44	0.51	0.43	0.48	0.53	0.60	0.35	0.27

时间	龙广都市女性台	龙广交通台	龙广爱家频道	哈尔滨文艺广播	哈尔滨新闻广播	哈尔滨交通广播	龙广新闻台	龙广私家车频道	龙广音乐台	哈尔滨音乐广播
15:00	0.85	0.87	0.44	0.61	0.50	0.56	0.51	0.65	0.39	0.22
15:15	0.83	0.69	0.56	0.54	0.57	0.60	0.43	0.66	0.38	0.20
15:30	1.14	0.61	0.62	0.50	0.56	0.52	0.45	0.65	0.40	0.19
15:45	1.67	0.50	0.59	0.45	0.48	0.45	0.42	0.64	0.38	0.20
16:00	3.62	0.61	0.71	0.37	0.36	0.36	0.46	0.70	0.49	0.21
16:15	5.22	0.78	0.75	0.33	0.35	0.47	0.51	0.96	0.55	0.20
16:30	8.85	1.17	0.94	0.46	0.37	0.53	0.50	1.04	0.65	0.23
16:45	11.67	1.44	0.94	0.54	0.35	0.87	0.44	1.26	0.72	0.25
17:00	15.57	2.06	1.20	0.75	0.32	1.04	0.40	1.54	0.81	0.31
17:15	16.45	2.26	1.23	0.86	0.45	1.14	0.32	1.54	0.89	0.36
17:30	16.39	2.28	1.12	1.19	0.50	1.11	0.23	1.46	0.86	0.43
17:45	15.19	2.17	1.08	1.35	0.68	0.91	0.24	1.40	0.80	0.51
18:00	12.90	2.00	0.91	1.71	0.76	0.85	0.33	1.27	0.71	0.59
18:15	9.73	1.79	0.97	1.78	0.81	0.75	0.36	1.04	0.59	0.72
18:30	7.95	1.57	0.70	1.69	0.79	0.83	0.36	0.97	0.56	0.77
18:45	4.81	0.72	0.74	1.50	0.71	0.83	0.42	0.89	0.52	0.79
19:00	3.06	0.48	0.74	1.37	0.56	0.91	0.61	0.83	0.47	0.80
19:15	1.75	0.48	0.55	1.06	0.57	0.91	0.69	0.65	0.41	0.76
19:30	2.02	0.39	0.46	0.93	0.40	0.86	0.86	0.62	0.38	0.70
19:45	1.93	0.52	0.41	0.69	0.38	0.79	0.95	0.54	0.30	0.61
20:00	1.36	0.68	0.43	0.55	0.37	0.72	0.98	0.49	0.28	0.58
20:15	1.14	0.72	0.58	0.47	0.34	0.64	0.88	0.51	0.25	0.54
20:30	0.67	0.54	0.71	0.51	0.32	0.61	0.71	0.48	0.23	0.50
20:45	0.54	0.42	0.65	0.52	0.34	0.50	0.45	0.49	0.25	0.42
21:00	0.83	0.26	0.54	0.53	0.39	0.47	0.36	0.47	0.27	0.37
21:15	0.95	0.31	0.47	0.53	0.45	0.42	0.26	0.41	0.26	0.35
21:30	0.79	0.36	0.41	0.51	0.42	0.35	0.33	0.34	0.23	0.32
21:45	0.60	0.40	0.28	0.43	0.37	0.37	0.35	0.33	0.20	0.27
22:00	0.68	0.52	0.30	0.50	0.22	0.40	0.32	0.28	0.18	0.23
22:15	0.88	0.51	0.43	0.52	0.22	0.38	0.34	0.26	0.18	0.20
22:30	1.04	0.39	0.55	0.51	0.19	0.30	0.36	0.28	0.15	0.17
22:45	0.62	0.33	0.52	0.44	0.14	0.23	0.31	0.27	0.14	0.14
23:00	0.51	0.32	0.35	0.36	0.09	0.21	0.24	0.20	0.12	0.10
23:15	0.29	0.31	0.21	0.34	0.08	0.15	0.19	0.18	0.10	0.08
23:30	0.35	0.22	0.20	0.27	0.08	0.15	0.16	0.13	0.07	0.07
23:45	0.20	0.15	0.13	0.22	0.06	0.11	0.11	0.11	0.05	0.06

表 2.16.4 哈尔滨地区主要电台的占有率（%）

时间	龙广都市女性台	龙广交通台	龙广爱家频道	哈尔滨文艺广播	哈尔滨新闻广播	哈尔滨交通广播	龙广新闻台	龙广私家车频道	龙广音乐台	哈尔滨音乐广播
6:00	11.1	17.3	1.4	5.5	13.6	9.1	31.7	1.0	0.6	1.9
6:15	8.2	19.9	2.3	5.4	12.8	10.8	28.6	1.5	1.3	2.0
6:30	4.0	25.7	2.5	5.1	13.3	12.7	24.2	1.2	1.3	2.3
6:45	4.7	26.4	2.4	5.4	12.7	14.6	20.0	1.5	2.0	2.2
7:00	4.1	27.1	3.1	6.5	12.9	15.0	16.7	1.8	2.3	2.0
7:15	3.0	29.2	3.1	8.9	12.9	15.3	13.0	1.7	2.8	1.6
7:30	4.1	29.3	2.6	9.9	11.9	15.8	10.6	2.4	3.4	1.4
7:45	6.5	27.2	4.1	11.5	10.0	16.4	8.6	3.2	3.7	1.3
8:00	8.8	23.0	6.5	11.9	8.5	18.4	6.0	4.2	4.0	1.6
8:15	7.0	22.0	9.1	12.1	7.3	18.2	5.3	5.6	4.0	1.9
8:30	5.8	15.8	12.4	12.1	7.9	19.2	6.0	6.3	4.2	2.2
8:45	4.0	12.7	19.9	11.7	8.7	17.2	6.0	6.6	3.3	2.1
9:00	4.0	7.5	28.7	13.4	10.3	13.0	5.5	5.9	2.6	1.6
9:15	5.3	5.5	33.8	14.8	10.9	10.9	4.0	4.9	2.1	0.9
9:30	4.6	4.6	37.3	15.6	12.0	8.8	3.3	4.3	1.9	0.7
9:45	3.1	3.7	39.9	17.4	12.8	7.6	2.5	3.4	1.7	0.7
10:00	4.6	2.9	39.7	19.1	12.7	6.6	1.8	3.6	1.6	0.8
10:15	5.9	4.6	37.5	18.9	12.9	6.0	1.4	3.6	1.5	0.8
10:30	5.3	5.9	33.2	18.5	15.0	5.8	1.5	5.0	1.5	0.9
10:45	5.5	8.2	27.3	17.8	16.1	6.5	2.5	5.5	1.5	0.9
11:00	9.1	14.1	12.8	16.3	19.1	7.3	3.4	6.5	1.6	1.2
11:15	8.8	17.5	9.0	15.1	19.4	8.0	3.8	6.2	2.0	1.3
11:30	6.2	19.4	7.7	15.3	19.9	8.1	4.3	5.8	2.3	1.4
11:45	6.7	19.2	8.0	14.6	19.3	8.6	4.3	5.3	3.1	1.4
12:00	6.5	18.5	8.0	14.3	19.3	8.4	4.5	4.9	3.7	1.5
12:15	4.4	17.4	8.3	13.4	18.1	9.7	5.4	5.2	5.1	1.8
12:30	4.5	15.6	8.1	12.9	18.4	10.2	5.6	4.4	6.2	2.0
12:45	5.6	16.3	7.8	9.8	16.7	10.2	6.8	4.4	7.2	2.4
13:00	4.8	15.1	7.8	9.1	16.1	11.0	8.4	3.3	8.2	3.0
13:15	7.4	15.4	6.6	8.4	14.8	10.6	8.7	3.3	8.1	3.5
13:30	11.4	15.0	7.7	7.5	13.3	9.1	7.5	4.2	7.1	4.0
13:45	15.5	14.3	7.5	6.2	12.5	8.0	6.4	5.5	6.0	4.3
14:00	15.2	14.0	8.7	6.2	11.2	7.0	5.8	7.0	5.7	4.5
14:15	18.7	13.1	9.3	6.9	8.3	5.8	5.6	7.3	4.9	4.7
14:30	17.7	14.6	8.0	6.5	7.8	5.6	6.6	7.6	5.0	4.4
14:45	17.1	14.0	6.4	7.4	6.2	7.0	7.7	8.8	5.1	4.0

时间	龙广都市女性台	龙广交通台	龙广爱家频道	哈尔滨文艺广播	哈尔滨新闻广播	哈尔滨交通广播	龙广新闻台	龙广私家车频道	龙广音乐台	哈尔滨音乐广播
15:00	12.8	13.1	6.7	9.2	7.4	8.4	7.7	9.7	5.9	3.3
15:15	12.7	10.5	8.6	8.2	8.7	9.1	6.6	10.0	5.8	3.1
15:30	16.9	9.0	9.2	7.4	8.3	7.7	6.7	9.7	5.9	2.9
15:45	24.0	7.2	8.4	6.4	6.9	6.4	6.0	9.2	5.4	2.8
16:00	39.3	6.6	7.7	4.1	3.9	3.9	5.0	7.6	5.3	2.3
16:15	45.4	6.8	6.5	2.9	3.1	4.1	4.4	8.4	4.8	1.7
16:30	54.7	7.2	5.8	2.8	2.3	3.3	3.1	6.4	4.0	1.4
16:45	58.4	7.2	4.7	2.7	1.8	4.3	2.2	6.3	3.6	1.3
17:00	60.8	8.0	4.7	2.9	1.2	4.1	1.5	6.0	3.2	1.2
17:15	60.7	8.3	4.5	3.2	1.7	4.2	1.2	5.7	3.3	1.3
17:30	60.2	8.4	4.1	4.4	1.8	4.1	0.9	5.3	3.1	1.6
17:45	58.5	8.4	4.2	5.2	2.6	3.5	0.9	5.4	3.1	2.0
18:00	54.7	8.5	3.9	7.3	3.2	3.6	1.4	5.4	3.0	2.5
18:15	48.6	8.9	4.9	8.9	4.1	3.7	1.8	5.2	3.0	3.6
18:30	45.2	8.9	4.0	9.6	4.5	4.7	2.1	5.5	3.2	4.3
18:45	36.2	5.4	5.6	11.3	5.4	6.2	3.1	6.7	3.9	5.9
19:00	27.5	4.3	6.7	12.3	5.1	8.1	5.5	7.4	4.2	7.2
19:15	19.4	5.4	6.1	11.8	6.3	10.1	7.6	7.2	4.6	8.4
19:30	23.1	4.4	5.3	10.7	4.6	9.9	9.8	7.1	4.4	8.0
19:45	23.6	6.3	5.0	8.4	4.7	9.7	11.6	6.5	3.7	7.4
20:00	18.1	9.0	5.7	7.3	4.9	9.6	13.0	6.5	3.7	7.7
20:15	16.0	10.1	8.2	6.5	4.7	9.0	12.3	7.2	3.5	7.6
20:30	10.7	8.5	11.3	8.1	5.1	9.7	11.3	7.7	3.6	7.9
20:45	9.9	7.7	11.8	9.4	6.1	9.2	8.2	8.8	4.5	7.7
21:00	15.7	4.8	10.3	10.0	7.3	8.8	6.7	8.8	5.0	6.9
21:15	18.5	6.1	9.2	10.3	8.7	8.1	5.1	8.0	5.1	6.8
21:30	16.9	7.7	8.7	10.9	9.0	7.4	7.0	7.1	4.8	6.8
21:45	14.3	9.7	6.8	10.4	8.8	8.8	8.3	8.0	4.8	6.5
22:00	16.5	12.7	7.2	12.1	5.3	9.7	7.7	6.7	4.4	5.7
22:15	20.1	11.6	9.8	11.8	5.0	8.7	7.8	6.0	4.0	4.6
22:30	23.8	8.9	12.6	11.7	4.4	6.8	8.2	6.5	3.3	3.9
22:45	17.6	9.3	14.7	12.5	4.1	6.5	8.8	7.6	3.9	4.0
23:00	18.2	11.4	12.6	12.7	3.0	7.5	8.6	7.1	4.1	3.7
23:15	13.1	14.4	9.6	15.4	3.6	6.7	8.6	8.3	4.7	3.8
23:30	18.5	11.6	10.7	14.2	4.0	7.9	8.7	6.7	3.6	3.8
23:45	15.2	11.2	10.1	16.4	4.4	8.1	8.0	8.0	3.7	4.4

表 2.16.5　哈尔滨市平均收听率 top30 节目

排名	节目名称	所属频率	播放时间	平均收听率（%）	市场占有率（%）
1	叶文有话要说	龙广都市女性台	16:30—18:00	11.66	47.8
2	叶文故事会	龙广都市女性台	18:00—19:30	7.78	38.2
3	直通 998	龙广交通台	07:00—09:00	3.95	25.4
4	女性小说坊	龙广都市女性台	16:00—16:30	3.82	40.1
5	卢汉的倾心上午茶	龙广爱家频道	09:00—11:00	3.70	28.9
6	925 音乐早高峰	哈尔滨交通广播	07:00—08:30	3.34	21.7
7	我和音乐有个约会	龙广都市女性台	19:30—20:30	2.89	28.5
8	资讯早车	龙广交通台	06:00—09:00; 06:00—07:00; 06:00—08:30	2.84	22.3
9	哈广团购	哈尔滨新闻广播	11:00—12:00	2.81	18.4
10	925 美文故事	哈尔滨交通广播	08:30—09:00	2.59	19.0
11	998 大讲堂	龙广交通台	11:30—12:00	2.45	15.9
12	新闻 30 分	龙广交通台	12:00—12:30	2.43	18.3
13	老年学堂养生课	哈尔滨文艺广播	10:00—11:00	2.41	18.9
14	乐活三人秀	哈尔滨文艺广播	11:00—12:00	2.40	15.6
15	一见钟情	龙广爱家频道	17:00—18:00	2.18	7.9
16	大生活家	哈尔滨新闻广播	12:00—13:00	2.14	17.4
17	一路有你	龙广交通台	16:30—19:00	2.13	8.8
18	925 音乐早餐	哈尔滨交通广播	06:00—07:00	2.06	22.9
19	小时代	龙广私家车频道	17:00—18:30	2.04	7.4
20	人保车险热线	龙广交通台	11:00—11:30	1.98	12.9
21	婧听十八点	哈尔滨文艺广播	18:00—19:30	1.90	9.3
22	天天读报会	哈尔滨新闻广播	18:00—18:30	1.87	6.6
23	中央台《新闻和报纸摘要》	龙广新闻台	06:30—07:00	1.84	16.0
24	925 温暖回家路	哈尔滨交通广播	16:30—18:00	1.76	7.2
24	音乐有话说	哈尔滨文艺广播	12:00—13:00	1.76	14.3
26	早餐前后	龙广新闻台	07:00—08:00	1.75	11.3
27	丽男亲子时间	哈尔滨新闻广播	18:30—19:00	1.69	8.2
27	我爱我家	龙广私家车频道	11:00—12:00	1.69	11.0
29	畅听 1800	哈尔滨文艺广播	17:30—18:00	1.66	5.7
30	老年学堂	哈尔滨文艺广播	09:00—10:00	1.65	12.9

十七、南京地区收听率数据

表 2.17.1　南京地区主要电台频率的平均收听率和市场份额

排名	电台名称	平均收听率（%）	市场份额（%）
1	南京交通广播	1.02	10.9
2	南京音乐广播	0.80	8.5
3	江苏交通广播网	0.74	7.9
4	江苏音乐广播	0.70	7.5
5	江苏经典流行音乐广播	0.67	7.1
6	江苏新闻广播	0.65	7.0
7	南京新闻广播	0.64	6.8
8	南京体育广播	0.33	3.5
9	南京 MY FM103.5	0.21	2.3
10	江苏金陵之声	0.20	2.1

表 2.17.2　南京地区主要电台频率的周到达率和日到达率

排名	电台名称	周到达率（%）	日到达率（%）
1	江苏经典流行音乐广播	18.39	13.66
2	南京交通广播	23.46	13.59
3	江苏交通广播网	20.19	13.47
4	江苏音乐广播	19.61	13.26
5	南京音乐广播	22.07	12.00
6	南京新闻广播	18.04	11.02
7	江苏新闻广播	13.48	9.35
8	南京体育广播	13.33	7.26
9	江苏金陵之声	12.84	6.96
10	中央中国之声	13.29	6.30

表 2.17.3　南京地区主要电台的收听率（%）

时间	江苏经典流行音乐广播	南京交通广播	南京音乐广播	江苏交通广播网	江苏音乐广播	江苏新闻广播	南京新闻广播	南京体育广播	江苏金陵之声	江苏文艺广播
6:00	2.58	1.22	1.00	1.02	1.19	1.07	0.93	0.58	0.57	0.37
6:15	2.55	1.31	0.98	1.02	1.21	1.06	0.91	0.60	0.55	0.38
6:30	2.56	1.24	1.01	1.03	1.19	1.07	0.98	0.58	0.55	0.35
6:45	2.74	1.55	1.32	1.26	1.31	1.21	1.01	0.73	0.67	0.45
7:00	2.76	1.47	1.37	1.24	1.32	1.19	0.99	0.69	0.67	0.43
7:15	2.75	1.54	1.31	1.25	1.33	1.19	1.00	0.59	0.68	0.45
7:30	2.69	1.79	1.54	1.42	1.31	1.28	1.13	0.82	0.70	0.54
7:45	2.68	1.82	1.47	1.41	1.34	1.27	1.13	0.72	0.70	0.53
8:00	2.68	1.79	1.55	1.40	1.31	1.30	1.08	0.82	0.72	0.53
8:15	2.54	1.89	1.64	1.45	1.31	1.28	1.18	0.95	0.76	0.55
8:30	2.52	1.89	1.61	1.46	1.31	1.31	1.24	0.93	0.74	0.55
8:45	2.57	1.89	1.63	1.45	1.32	1.27	1.16	0.87	0.74	0.54
9:00	2.23	2.08	1.58	1.53	1.26	1.31	1.25	0.98	0.80	0.56
9:15	2.24	2.08	1.62	1.52	1.25	1.31	1.23	1.03	0.79	0.55
9:30	2.23	2.10	1.59	1.54	1.24	1.29	1.20	1.02	0.80	0.55
9:45	2.01	2.22	1.60	1.56	1.21	1.21	1.23	1.05	0.76	0.55
10:00	2.05	2.14	1.59	1.57	1.21	1.23	1.23	0.98	0.79	0.54
10:15	2.05	2.18	1.59	1.55	1.19	1.24	1.18	0.98	0.77	0.55
10:30	1.89	2.17	1.44	1.47	1.19	1.22	1.15	1.02	0.74	0.49
10:45	1.90	2.18	1.44	1.46	1.20	1.25	1.24	1.09	0.72	0.48
11:00	1.89	2.10	1.40	1.46	1.21	1.24	1.24	1.00	0.72	0.48
11:15	1.88	2.13	1.39	1.35	1.22	1.19	1.19	1.02	0.67	0.47
11:30	1.81	2.11	1.40	1.34	1.22	1.20	1.21	1.03	0.68	0.48
11:45	1.83	2.12	1.45	1.36	1.21	1.19	1.26	1.05	0.67	0.47
12:00	1.85	1.91	1.38	1.30	1.28	1.14	1.21	1.03	0.65	0.47
12:15	1.88	1.86	1.38	1.30	1.29	1.14	1.19	1.08	0.65	0.47
12:30	1.90	1.81	1.34	1.27	1.28	1.15	1.25	1.14	0.66	0.46
12:45	1.95	1.72	1.38	1.22	1.26	1.08	1.15	1.07	0.64	0.45
13:00	2.00	1.68	1.41	1.20	1.24	1.07	1.20	1.03	0.66	0.45
13:15	1.95	1.76	1.45	1.22	1.23	1.09	1.20	1.07	0.66	0.45
13:30	2.09	1.63	1.32	1.12	1.18	1.01	1.16	1.04	0.60	0.43
13:45	2.10	1.67	1.35	1.13	1.17	1.00	1.16	1.03	0.60	0.41
14:00	2.10	1.61	1.37	1.11	1.16	1.00	1.13	1.09	0.58	0.41
14:15	2.09	1.45	1.26	1.06	1.00	0.91	0.94	1.08	0.60	0.37
14:30	2.09	1.46	1.25	1.06	0.98	0.90	1.02	1.01	0.59	0.37
14:45	2.08	1.47	1.25	1.06	0.98	0.88	1.00	1.13	0.61	0.38

时间	江苏经典流行音乐广播	南京交通广播	南京音乐广播	江苏交通广播网	江苏音乐广播	江苏新闻广播	南京新闻广播	南京体育广播	江苏金陵之声	江苏文艺广播
15:00	2.09	1.49	1.13	0.96	0.87	0.82	0.86	0.89	0.54	0.34
15:15	2.11	1.51	1.17	0.95	0.87	0.80	0.85	1.01	0.54	0.33
15:30	2.10	1.44	1.16	0.95	0.86	0.83	0.83	0.99	0.53	0.34
15:45	1.94	1.38	0.99	0.87	0.74	0.76	0.75	0.80	0.52	0.34
16:00	1.93	1.38	1.00	0.87	0.73	0.76	0.73	0.88	0.51	0.33
16:15	1.93	1.38	0.97	0.88	0.73	0.78	0.74	0.88	0.54	0.33
16:30	1.73	1.31	0.97	0.84	0.70	0.68	0.72	0.80	0.51	0.32
16:45	1.73	1.26	0.93	0.85	0.70	0.69	0.76	0.84	0.50	0.34
17:00	1.70	1.38	0.88	0.85	0.70	0.69	0.73	0.82	0.47	0.33
17:15	1.55	1.21	0.93	0.80	0.69	0.67	0.74	0.84	0.44	0.33
17:30	1.54	1.22	0.88	0.80	0.70	0.68	0.69	0.76	0.45	0.32
17:45	1.57	1.23	0.96	0.79	0.70	0.67	0.73	0.78	0.42	0.31
18:00	1.48	1.07	1.02	0.71	0.74	0.68	0.66	0.78	0.39	0.31
18:15	1.45	1.10	1.05	0.68	0.73	0.70	0.69	0.62	0.38	0.30
18:30	1.44	1.17	1.03	0.68	0.73	0.69	0.69	0.59	0.38	0.31
18:45	1.52	1.10	1.11	0.61	0.75	0.77	0.64	0.66	0.35	0.31
19:00	1.49	1.14	1.09	0.63	0.74	0.80	0.63	0.56	0.33	0.30
19:15	1.46	1.17	1.09	0.63	0.77	0.79	0.61	0.67	0.35	0.30
19:30	1.41	1.15	1.14	0.61	0.77	0.86	0.63	0.63	0.37	0.33
19:45	1.45	1.16	1.05	0.60	0.78	0.84	0.59	0.64	0.36	0.30
20:00	1.42	1.17	1.15	0.59	0.78	0.86	0.63	0.68	0.36	0.30
20:15	1.32	1.22	1.02	0.65	0.77	0.95	0.61	0.59	0.43	0.31
20:30	1.35	1.20	1.02	0.63	0.81	0.95	0.56	0.65	0.43	0.30
20:45	1.39	1.18	1.01	0.64	0.81	0.95	0.61	0.62	0.43	0.29
21:00	1.31	1.22	1.01	0.76	0.75	0.95	0.65	0.58	0.46	0.30
21:15	1.28	1.16	0.97	0.75	0.74	0.94	0.67	0.58	0.47	0.29
21:30	1.32	1.21	0.93	0.75	0.76	0.96	0.69	0.55	0.47	0.31
21:45	1.19	1.10	0.89	0.84	0.65	0.88	0.70	0.54	0.50	0.28
22:00	1.19	1.09	0.84	0.84	0.65	0.89	0.70	0.53	0.52	0.29
22:15	1.20	1.12	0.90	0.82	0.66	0.90	0.76	0.62	0.51	0.29
22:30	1.07	0.99	0.68	0.87	0.60	0.86	0.82	0.45	0.51	0.27
22:45	1.05	0.97	0.76	0.87	0.60	0.87	0.76	0.51	0.51	0.27
23:00	1.05	1.00	0.76	0.86	0.61	0.85	0.84	0.49	0.50	0.25
23:15	0.91	0.87	0.65	0.84	0.59	0.75	0.87	0.54	0.48	0.30
23:30	0.90	0.91	0.62	0.85	0.57	0.74	0.89	0.55	0.46	0.27
23:45	0.93	0.83	0.59	0.85	0.59	0.74	0.89	0.50	0.48	0.28

表 2.17.4 南京地区主要电台的占有率（%）

时间	江苏经典流行音乐广播	南京交通广播	南京音乐广播	江苏交通广播网	江苏音乐广播	江苏新闻广播	南京新闻广播	南京体育广播	江苏金陵之声	江苏文艺广播
6:00	18.7	8.9	7.3	7.4	8.6	7.8	6.7	4.2	4.2	2.7
6:15	18.5	9.5	7.1	7.4	8.8	7.7	6.6	4.4	4.0	2.7
6:30	18.6	9.0	7.3	7.5	8.6	7.8	7.2	4.2	4.0	2.6
6:45	17.3	9.8	8.4	8.0	8.3	7.6	6.4	4.6	4.2	2.9
7:00	17.6	9.4	8.7	7.9	8.4	7.6	6.3	4.4	4.3	2.8
7:15	17.5	9.8	8.4	8.0	8.5	7.6	6.4	3.7	4.3	2.9
7:30	15.7	10.4	9.0	8.3	7.6	7.5	6.6	4.8	4.1	3.1
7:45	15.8	10.7	8.7	8.3	7.9	7.5	6.7	4.3	4.1	3.1
8:00	15.7	10.5	9.1	8.2	7.7	7.6	6.4	4.8	4.2	3.1
8:15	14.5	10.8	9.4	8.3	7.5	7.3	6.7	5.4	4.4	3.2
8:30	14.4	10.8	9.2	8.3	7.5	7.5	7.0	5.3	4.2	3.1
8:45	14.7	10.8	9.4	8.3	7.6	7.3	6.6	5.0	4.3	3.1
9:00	12.7	11.9	9.0	8.7	7.2	7.5	7.1	5.6	4.6	3.2
9:15	12.7	11.8	9.2	8.6	7.1	7.4	7.0	5.8	4.5	3.1
9:30	12.7	11.9	9.1	8.8	7.1	7.3	6.8	5.8	4.6	3.1
9:45	11.7	12.9	9.3	9.0	7.1	7.0	7.1	6.1	4.4	3.2
10:00	12.0	12.6	9.3	9.2	7.1	7.3	7.2	5.7	4.6	3.1
10:15	12.0	12.8	9.3	9.1	7.0	7.3	7.0	5.7	4.5	3.2
10:30	11.6	13.2	8.8	9.0	7.3	7.5	7.0	6.2	4.5	3.0
10:45	11.5	13.2	8.8	8.9	7.3	7.6	7.5	6.6	4.4	2.9
11:00	11.6	12.9	8.6	9.0	7.4	7.6	7.7	6.1	4.5	3.0
11:15	11.8	13.4	8.7	8.6	7.7	7.5	7.5	6.5	4.3	3.0
11:30	11.5	13.3	8.9	8.5	7.7	7.6	7.7	6.5	4.3	3.1
11:45	11.4	13.3	9.1	8.5	7.6	7.4	7.9	6.6	4.2	3.0
12:00	12.0	12.4	9.0	8.4	8.3	7.4	7.9	6.7	4.2	3.0
12:15	12.2	12.1	9.0	8.4	8.3	7.4	7.7	7.0	4.2	3.0
12:30	12.3	11.8	8.7	8.2	8.3	7.5	8.1	7.3	4.3	3.0
12:45	13.0	11.5	9.2	8.1	8.4	7.2	7.7	7.2	4.3	3.0
13:00	13.4	11.3	9.4	8.1	8.3	7.2	8.0	6.9	4.4	3.0
13:15	12.9	11.7	9.6	8.1	8.1	7.2	8.0	7.1	4.3	3.0
13:30	14.5	11.3	9.1	7.7	8.2	7.0	8.1	7.2	4.1	3.0
13:45	14.5	11.5	9.3	7.8	8.1	6.9	8.0	7.1	4.2	2.8
14:00	14.5	11.1	9.5	7.7	8.0	6.9	7.8	7.5	4.0	2.9
14:15	15.5	10.7	9.4	7.8	7.4	6.7	7.0	8.0	4.4	2.7
14:30	15.5	10.8	9.3	7.9	7.3	6.6	7.6	7.5	4.3	2.7
14:45	15.3	10.8	9.2	7.8	7.2	6.5	7.4	8.4	4.5	2.8

时间	江苏经典流行音乐广播	南京交通广播	南京音乐广播	江苏交通广播网	江苏音乐广播	江苏新闻广播	南京新闻广播	南京体育广播	江苏金陵之声	江苏文艺广播
15:00	16.7	11.9	9.0	7.7	6.9	6.6	6.9	7.1	4.3	2.7
15:15	16.6	11.9	9.2	7.5	6.8	6.3	6.7	8.0	4.3	2.6
15:30	16.6	11.4	9.2	7.5	6.8	6.6	6.6	7.8	4.2	2.7
15:45	17.0	12.1	8.7	7.6	6.5	6.7	6.6	7.1	4.6	3.0
16:00	16.9	12.1	8.7	7.6	6.4	6.7	6.3	7.7	4.4	2.9
16:15	16.8	12.0	8.4	7.6	6.4	6.8	6.4	7.6	4.7	2.9
16:30	16.1	12.2	9.0	7.8	6.6	6.4	6.7	7.4	4.7	3.0
16:45	16.2	11.8	8.7	7.9	6.6	6.5	7.2	7.9	4.6	3.2
17:00	16.0	12.9	8.2	7.9	6.5	6.4	6.9	7.7	4.4	3.1
17:15	15.1	11.8	9.1	7.8	6.8	6.6	7.2	8.2	4.3	3.2
17:30	15.4	12.1	8.8	8.0	7.0	6.8	6.8	7.6	4.5	3.2
17:45	15.5	12.1	9.4	7.7	6.9	6.6	7.2	7.7	4.2	3.1
18:00	15.0	10.8	10.3	7.2	7.5	6.9	6.7	7.9	3.9	3.1
18:15	15.1	11.4	10.9	7.0	7.5	7.3	7.1	6.4	3.9	3.1
18:30	14.9	12.1	10.6	7.0	7.5	7.2	7.1	6.1	3.9	3.2
18:45	15.6	11.2	11.3	6.2	7.7	7.9	6.5	6.8	3.6	3.1
19:00	15.3	11.8	11.3	6.5	7.6	8.3	6.5	5.7	3.4	3.0
19:15	14.9	11.9	11.1	6.4	7.8	8.0	6.2	6.8	3.6	3.0
19:30	14.3	11.7	11.5	6.2	7.8	8.7	6.4	6.4	3.7	3.3
19:45	14.8	11.8	10.7	6.1	8.0	8.6	6.0	6.6	3.7	3.1
20:00	14.3	11.8	11.5	5.9	7.8	8.7	6.3	6.8	3.6	3.0
20:15	13.5	12.4	10.3	6.6	7.8	9.6	6.2	6.0	4.4	3.2
20:30	13.7	12.1	10.4	6.4	8.2	9.7	5.7	6.6	4.3	3.1
20:45	14.0	12.0	10.2	6.5	8.1	9.6	6.2	6.3	4.4	2.9
21:00	13.1	12.3	10.1	7.6	7.5	9.5	6.6	5.8	4.6	3.0
21:15	13.1	11.9	9.9	7.6	7.6	9.6	6.8	5.9	4.7	3.0
21:30	13.3	12.2	9.4	7.5	7.7	9.7	7.0	5.5	4.7	3.1
21:45	12.6	11.7	9.5	8.9	6.9	9.4	7.4	5.7	5.3	2.9
22:00	12.6	11.6	8.9	8.9	6.9	9.5	7.5	5.6	5.5	3.0
22:15	12.4	11.6	9.3	8.5	6.9	9.3	7.9	6.4	5.3	3.0
22:30	12.0	11.0	7.6	9.8	6.7	9.6	9.2	5.0	5.7	3.0
22:45	11.7	10.9	8.5	9.7	6.6	9.7	8.4	5.7	5.6	3.0
23:00	11.7	11.1	8.4	9.6	6.8	9.4	9.3	5.4	5.6	2.7
23:15	10.6	10.2	7.6	9.9	6.8	8.8	10.2	6.3	5.6	3.5
23:30	10.6	10.7	7.3	10.0	6.7	8.7	10.5	6.5	5.4	3.2
23:45	11.1	9.8	6.9	10.1	7.0	8.8	10.6	6.0	5.6	3.3

表 2.17.5　南京市平均收听率 top30 节目

排名	节目名称	所属频率	播放时间	平均收听率 (%)	市场占有率 (%)
1	资讯早九点	南京交通广播	09:00—09:30	2.51	15.0
2	约在南京	南京交通广播	09:30—10:00	2.34	15.8
3	汽车原动力	南京音乐广播	09:00—10:00	1.71	10.5
4	买家时代	南京交通广播	12:00—13:00	1.63	17.7
5	嘀嘀叭叭早上好	江苏交通广播网	08:00—10:00	1.62	10.4
6	车随我动	南京交通广播	10:00—11:00	1.53	13.5
7	政风行风热线	南京新闻广播	09:00—10:00	1.51	9.3
7	音乐活力派	江苏音乐广播	08:00—10:00	1.51	9.7
9	欢乐点点	南京交通广播	07:00—09:00	1.45	11.9
9	小堵大开心	南京交通广播	17:00—19:00	1.45	15.8
11	政风热线	江苏新闻广播	09:00—10:00	1.40	8.9
12	开心好运来	江苏交通广播网	18:00—19:00	1.35	12.5
13	极速快车道	江苏交通广播网	10:00—11:00	1.34	11.4
14	听我韶韶(精编版)	南京新闻广播	19:30—20:00	1.27	15.3
14	环球乐飞扬	南京音乐广播	10:00—11:00	1.27	10.8
16	新闻纵览	南京新闻广播	19:00—19:30	1.26	13.8
16	好房有缘	江苏交通广播网	19:00—20:00	1.26	14.1
18	即时资讯	江苏新闻广播	10:00—10:10	1.21	9.1
19	都来 CHAT	南京交通广播	11:30—12:00	1.15	12.5
20	音乐有话说	南京音乐广播	11:00—12:00	1.10	12.2
21	897 城市乐游	江苏音乐广播	18:00—19:00	1.09	10.1
22	交广双声道	江苏交通广播网	11:00—12:00	1.08	11.2
23	975 环球音乐地图	江苏经典流行音乐广播	17:00—18:00	1.05	12.0
24	早安南京	南京新闻广播	07:00—09:00	1.04	9.1
25	报刊选读	南京新闻广播	18:30—19:00	1.03	9.6
26	我要卖车	南京交通广播	19:00—19:30	1.02	11.4
27	1069 对话	南京新闻广播	10:00—11:00	1.01	8.8
27	975 阳光倾城	江苏经典流行音乐广播	06:00—09:00	1.01	10.3
29	紫金音乐榜	南京音乐广播	12:00—13:00	1.00	11.2
30	897 娱乐报	江苏音乐广播	17:00—18:00	0.99	11.2

十八、合肥地区收听率数据

表 2.18.1 合肥地区主要电台频率的平均收听率和市场份额

排名	电台名称	平均收听率（%）	市场份额（%）
1	合肥交通广播	0.77	11.0
2	安徽交通广播	0.76	10.8
3	安徽音乐广播	0.64	9.1
4	合肥新闻综合广播	0.55	7.9
5	安徽新闻综合广播	0.55	7.8
6	中央中国之声	0.45	6.4
7	安徽生活广播	0.40	5.7
8	合肥汽车音乐广播	0.40	5.7
9	合肥故事广播	0.38	5.4
10	合肥新城交通音乐广播	0.35	4.9

表 2.18.2 合肥地区主要电台频率的周到达率和日到达率

排名	电台名称	周到达率（%）	日到达率（%）
1	安徽音乐广播	21.42	11.28
2	安徽交通广播	18.99	10.22
3	合肥交通广播	16.21	7.59
4	中央中国之声	12.02	7.17
5	安徽生活广播	10.42	6.82
6	安徽新闻综合广播	11.27	5.85
7	合肥故事广播	10.64	4.90
8	安徽经济广播	7.86	4.52
9	安徽戏曲广播	8.21	4.48
10	合肥新城交通音乐广播	6.95	3.92

表 2.18.3　合肥地区主要电台的收听率（%）

时间	合肥交通广播	安徽交通广播	安徽音乐广播	合肥新闻综合广播	安徽新闻综合广播	中央中国之声	安徽生活广播	合肥汽车音乐广播	合肥故事广播	合肥新城交通音乐广播
6:00	0.06	0.10	0.04	0.01	0.00	0.18	0.08	0.15	0.07	0.06
6:15	0.07	0.10	0.06	0.02	0.02	0.23	0.15	0.20	0.14	0.13
6:30	0.18	0.10	0.15	0.02	0.13	0.30	0.15	0.23	0.18	0.15
6:45	0.42	0.33	0.27	0.02	0.22	0.49	0.13	0.15	0.39	0.24
7:00	1.70	0.95	0.31	0.34	0.97	0.62	0.29	0.44	0.57	0.33
7:15	3.24	1.75	0.55	0.41	1.82	0.60	0.56	0.75	0.59	0.37
7:30	3.63	2.62	1.10	1.41	1.89	0.98	0.89	0.77	0.61	0.52
7:45	3.67	2.65	1.28	1.52	1.70	1.15	1.01	0.72	0.52	0.64
8:00	3.36	2.67	1.71	1.44	1.29	1.47	1.05	0.75	0.56	0.66
8:15	2.12	2.57	1.55	1.35	1.13	1.52	1.01	0.74	0.44	0.61
8:30	0.89	1.58	1.15	0.82	0.56	1.37	0.63	0.51	0.50	0.56
8:45	0.62	0.92	0.83	0.50	0.28	1.31	0.50	0.49	0.48	0.35
9:00	0.57	0.44	0.50	0.33	0.22	0.73	0.26	0.30	0.46	0.38
9:15	0.45	0.30	0.34	0.27	0.23	0.76	0.17	0.32	0.39	0.35
9:30	0.79	0.37	0.34	0.35	0.33	0.68	0.25	0.31	0.32	0.33
9:45	0.81	0.33	0.28	0.59	0.35	0.63	0.37	0.32	0.25	0.28
10:00	0.71	0.69	0.74	0.56	0.37	0.80	0.43	0.45	0.44	0.33
10:15	0.51	0.86	1.09	0.50	0.27	0.91	0.46	0.52	0.49	0.32
10:30	0.24	0.55	1.11	0.54	0.23	0.90	0.42	0.55	0.48	0.26
10:45	0.28	0.66	0.95	0.32	0.06	0.84	0.35	0.55	0.50	0.27
11:00	0.39	0.23	0.79	0.43	0.00	0.47	0.23	0.50	0.44	0.30
11:15	0.54	0.13	0.89	0.59	0.00	0.48	0.18	0.33	0.28	0.31
11:30	0.31	0.11	1.02	0.62	0.00	0.43	0.20	0.38	0.30	0.39
11:45	0.27	0.09	1.26	0.71	0.00	0.57	0.23	0.40	0.30	0.46
12:00	0.75	0.22	1.34	0.66	0.40	0.63	0.51	0.43	0.37	0.48
12:15	1.21	0.33	1.04	0.64	0.45	0.44	0.52	0.41	0.36	0.44
12:30	1.20	0.45	0.79	0.33	0.66	0.38	0.44	0.50	0.34	0.40
12:45	1.21	0.40	0.36	0.36	0.65	0.27	0.47	0.48	0.27	0.31
13:00	0.51	0.24	0.17	0.23	0.64	0.23	0.32	0.29	0.23	0.22
13:15	0.16	0.11	0.12	0.20	0.51	0.23	0.17	0.25	0.22	0.23
13:30	0.10	0.10	0.09	0.06	0.18	0.25	0.19	0.23	0.30	0.20
13:45	0.11	0.06	0.13	0.05	0.10	0.30	0.11	0.34	0.30	0.21
14:00	0.07	0.28	0.37	0.07	0.07	0.11	0.19	0.42	0.55	0.27
14:15	0.39	0.33	0.45	0.06	0.04	0.20	0.24	0.38	0.57	0.36
14:30	0.64	0.30	0.59	0.15	0.04	0.15	0.23	0.41	0.63	0.44
14:45	0.67	0.76	0.45	0.13	0.07	0.24	0.21	0.38	0.61	0.39

时间	合肥交通广播	安徽交通广播	安徽音乐广播	合肥新闻综合广播	安徽新闻综合广播	中央中国之声	安徽生活广播	合肥汽车音乐广播	合肥故事广播	合肥新城交通音乐广播
15:00	0.59	0.78	0.40	0.26	0.17	0.41	0.38	0.33	0.57	0.46
15:15	0.43	0.71	0.28	0.19	0.18	0.55	0.43	0.26	0.43	0.40
15:30	0.31	0.78	0.26	0.26	0.13	0.59	0.44	0.21	0.31	0.44
15:45	0.24	0.52	0.22	0.17	0.12	0.40	0.46	0.16	0.30	0.36
16:00	0.12	0.41	0.30	0.09	0.03	0.41	0.25	0.20	0.29	0.37
16:15	0.10	0.24	0.25	0.06	0.05	0.17	0.20	0.24	0.30	0.29
16:30	0.17	0.28	0.30	0.07	0.07	0.15	0.22	0.25	0.28	0.25
16:45	0.25	0.43	0.16	0.05	0.07	0.13	0.24	0.25	0.29	0.23
17:00	0.92	0.46	0.23	0.09	0.90	0.19	0.29	0.32	0.29	0.35
17:15	1.91	0.45	0.32	0.11	1.09	0.42	0.38	0.49	0.43	0.35
17:30	2.75	1.65	0.93	0.14	0.96	0.41	0.77	0.52	0.45	0.49
17:45	2.85	2.48	0.93	0.11	1.02	0.69	0.88	0.63	0.46	0.61
18:00	3.32	3.31	1.60	0.46	0.77	0.80	1.20	0.66	0.54	0.72
18:15	2.46	3.43	1.52	0.58	0.65	0.80	1.23	0.65	0.45	0.72
18:30	0.55	3.14	1.55	0.59	0.57	0.55	1.29	0.55	0.53	0.68
18:45	0.27	2.54	1.01	0.40	0.64	0.33	1.23	0.49	0.50	0.54
19:00	0.41	2.03	0.43	0.69	0.89	0.19	1.03	0.41	0.70	0.38
19:15	0.29	1.27	0.40	0.96	1.19	0.19	0.79	0.44	0.67	0.36
19:30	1.04	1.05	0.46	1.12	1.32	0.14	0.40	0.50	0.72	0.33
19:45	1.02	0.92	0.39	1.16	1.32	0.16	0.36	0.57	0.71	0.35
20:00	1.20	0.60	0.57	1.02	0.80	0.26	0.31	0.55	0.59	0.36
20:15	0.92	0.35	0.46	0.84	0.30	0.18	0.40	0.49	0.42	0.38
20:30	0.42	0.36	0.28	0.44	0.15	0.23	0.35	0.43	0.37	0.39
20:45	0.18	0.41	0.21	0.38	0.12	0.16	0.41	0.38	0.28	0.37
21:00	0.24	0.41	0.09	0.20	0.10	0.13	0.32	0.30	0.26	0.38
21:15	0.27	0.30	0.05	0.14	0.12	0.19	0.26	0.25	0.19	0.36
21:30	0.24	0.23	0.01	0.11	0.21	0.29	0.27	0.23	0.17	0.27
21:45	0.11	0.16	0.01	0.06	0.24	0.30	0.14	0.36	0.23	0.20
22:00	0.09	0.12	0.02	0.08	0.18	0.14	0.09	0.38	0.22	0.16
22:15	0.16	0.17	0.03	0.14	0.18	0.16	0.06	0.43	0.21	0.19
22:30	0.21	0.13	0.03	0.09	0.09	0.25	0.05	0.37	0.20	0.16
22:45	0.17	0.08	0.01	0.11	0.05	0.23	0.04	0.32	0.14	0.18
23:00	0.13	0.08	0.01	0.05	0.03	0.11	0.02	0.15	0.11	0.07
23:15	0.09	0.11	0.00	0.03	0.01	0.09	0.04	0.13	0.06	0.08
23:30	0.05	0.04	0.00	0.03	0.01	0.07	0.02	0.14	0.05	0.04
23:45	0.03	0.04	0.00	0.02	0.01	0.06	0.02	0.11	0.06	0.05

表 2.18.4　合肥地区主要电台的占有率（%）

时间	合肥交通广播	安徽交通广播	安徽音乐广播	合肥新闻综合广播	安徽新闻综合广播	中央中国之声	安徽生活广播	合肥汽车音乐广播	合肥故事广播	合肥新城交通音乐广播
6:00	12.9	16.1	10.7	6.2	1.7	9.1	4.0	7.8	3.5	3.0
6:15	10.3	12.0	9.5	4.8	5.6	8.6	5.6	7.7	5.2	4.8
6:30	11.8	8.6	10.6	4.4	9.8	8.2	4.1	6.3	4.9	4.0
6:45	12.7	11.3	10.3	2.7	9.3	9.7	2.6	3.0	7.7	4.6
7:00	15.1	11.3	6.4	6.8	11.4	7.1	3.4	5.1	6.6	3.8
7:15	15.9	11.7	6.5	5.6	11.9	5.3	4.9	6.6	5.2	3.3
7:30	13.8	11.7	7.6	8.6	10.0	7.1	6.4	5.6	4.4	3.7
7:45	13.4	11.4	7.9	8.6	9.1	8.0	7.0	5.1	3.6	4.5
8:00	12.6	11.2	9.0	8.2	7.8	10.1	7.2	5.2	3.8	4.5
8:15	10.9	12.0	9.3	8.7	8.0	11.4	7.6	5.6	3.3	4.6
8:30	9.0	12.0	10.2	8.7	7.1	13.0	6.0	4.9	4.8	5.4
8:45	9.1	11.1	10.5	8.2	6.1	15.1	5.8	5.7	5.5	4.0
9:00	10.8	9.4	10.1	8.1	6.7	10.4	3.7	4.3	6.5	5.5
9:15	10.0	8.2	8.7	7.8	7.3	11.4	2.6	4.8	5.8	5.3
9:30	12.6	8.6	8.3	8.4	8.2	9.7	3.5	4.4	4.5	4.7
9:45	11.8	7.5	7.0	10.0	7.7	8.3	4.8	4.1	3.3	3.7
10:00	9.4	9.3	9.6	8.3	6.8	8.9	4.7	5.0	4.9	3.7
10:15	7.8	10.1	11.3	7.7	5.7	9.9	5.0	5.7	5.4	3.4
10:30	5.7	8.6	12.3	8.5	5.5	10.5	4.9	6.4	5.6	3.1
10:45	7.0	10.7	12.8	7.5	3.2	11.1	4.6	7.3	6.6	3.5
11:00	9.6	7.4	13.7	10.1	0.5	7.2	3.5	7.6	6.8	4.6
11:15	11.8	5.9	15.1	12.3	0.5	7.7	2.8	5.3	4.5	5.0
11:30	9.1	5.3	16.5	12.8	0.5	7.0	3.2	6.1	4.8	6.4
11:45	7.9	4.4	16.9	12.7	1.0	8.6	3.5	6.1	4.6	6.9
12:00	10.2	5.5	13.6	9.5	7.4	7.4	5.9	5.0	4.4	5.7
12:15	12.8	6.7	11.9	9.3	7.8	5.1	6.0	4.7	4.2	5.1
12:30	13.3	8.1	10.8	7.0	9.8	4.6	5.3	6.1	4.2	4.9
12:45	14.5	8.4	7.9	7.9	10.6	3.6	6.2	6.3	3.6	4.1
13:00	12.2	8.3	7.1	8.3	13.6	4.0	5.5	4.9	4.0	3.8
13:15	8.3	7.0	7.4	9.3	14.9	4.8	3.6	5.2	4.7	4.8
13:30	7.5	7.6	7.2	5.9	10.1	5.9	4.5	5.4	7.0	4.7
13:45	8.4	6.2	8.9	5.6	7.8	7.4	2.7	8.3	7.5	5.2
14:00	5.5	10.7	12.3	5.3	5.3	2.2	3.9	8.4	11.0	5.4
14:15	11.2	10.3	12.0	4.5	3.6	3.6	4.3	6.9	10.2	6.4
14:30	12.6	8.7	12.1	6.0	3.2	2.4	3.6	6.5	10.0	7.0
14:45	12.0	12.8	9.9	5.3	3.8	3.5	3.1	5.6	8.9	5.7

时间	合肥交通广播	安徽交通广播	安徽音乐广播	合肥新闻综合广播	安徽新闻综合广播	中央中国之声	安徽生活广播	合肥汽车音乐广播	合肥故事广播	合肥新城交通音乐广播
15:00	10.3	11.9	8.5	6.9	5.5	5.6	5.1	4.5	7.7	6.1
15:15	9.5	12.2	7.7	6.3	6.2	8.0	6.2	3.8	6.2	5.7
15:30	8.3	13.2	7.6	7.6	5.4	8.8	6.6	3.1	4.6	6.6
15:45	8.7	12.8	8.3	7.3	6.1	7.1	8.1	2.8	5.3	6.5
16:00	7.3	13.4	11.4	6.2	3.9	8.7	5.3	4.2	6.2	7.8
16:15	7.8	12.3	12.4	6.3	5.3	4.3	4.9	6.0	7.4	7.1
16:30	9.7	12.5	13.1	6.3	6.3	3.7	5.2	5.9	6.7	5.8
16:45	11.5	15.2	9.1	5.3	6.3	3.0	5.5	5.8	6.6	5.4
17:00	15.6	11.0	7.7	4.9	15.4	3.1	4.7	5.2	4.7	5.7
17:15	17.8	8.6	7.3	4.2	13.5	5.4	4.9	6.4	5.5	4.5
17:30	16.6	12.8	9.6	3.8	9.8	4.1	7.7	5.2	4.5	4.9
17:45	15.2	14.2	8.7	3.0	9.1	6.2	8.0	5.7	4.1	5.5
18:00	14.3	14.2	9.9	5.3	6.9	6.2	9.4	5.1	4.2	5.6
18:15	12.8	15.1	10.1	6.2	6.6	6.5	10.1	5.3	3.6	5.9
18:30	6.9	16.4	11.5	7.1	7.0	5.0	11.9	5.1	4.9	6.3
18:45	5.5	16.9	10.7	6.8	8.5	3.5	13.1	5.2	5.3	5.7
19:00	7.1	15.7	7.3	9.2	10.4	2.1	11.4	4.5	7.7	4.2
19:15	6.2	12.9	7.2	11.2	12.5	2.2	9.0	5.0	7.6	4.2
19:30	10.6	10.7	7.0	11.0	11.9	1.5	4.2	5.2	7.5	3.5
19:45	10.2	9.7	6.3	10.8	11.6	1.6	3.6	5.7	7.1	3.5
20:00	11.3	8.0	7.8	10.4	9.2	2.7	3.2	5.7	6.0	3.7
20:15	11.3	7.0	8.1	10.8	6.5	2.1	4.7	5.8	5.0	4.5
20:30	9.3	8.5	7.6	9.4	5.5	3.3	5.0	6.2	5.3	5.6
20:45	6.9	10.5	7.6	10.1	5.7	2.6	6.7	6.3	4.6	6.1
21:00	9.5	12.5	5.9	8.8	6.3	2.5	6.2	5.8	5.1	7.4
21:15	11.3	11.9	4.8	8.2	7.4	4.2	5.7	5.3	4.0	7.7
21:30	11.0	10.8	2.2	7.5	10.1	6.5	6.1	5.1	3.8	6.1
21:45	8.0	9.8	2.7	6.2	12.1	7.4	3.5	8.7	5.7	4.9
22:00	9.2	10.5	4.5	8.9	13.1	4.2	2.7	11.7	6.9	4.8
22:15	11.1	11.5	5.0	10.3	11.9	4.4	1.8	12.0	5.8	5.2
22:30	13.5	10.6	5.0	9.1	8.9	7.4	1.5	11.1	6.1	4.8
22:45	13.8	9.7	3.0	11.4	7.7	7.9	1.3	10.8	4.6	5.9
23:00	17.6	14.2	5.1	11.5	8.0	5.4	0.8	7.6	5.5	3.4
23:15	17.3	19.8	2.4	9.6	6.0	5.0	2.1	7.7	3.7	4.8
23:30	16.8	15.6	2.6	11.9	7.8	5.1	1.5	10.6	3.7	2.9
23:45	13.8	16.1	0.8	13.4	6.4	5.4	1.7	9.4	5.0	4.0

十九、福州地区收听率数据

表 2.19.1　福州地区主要电台频率的平均收听率和市场份额

排名	电台名称	平均收听率（%）	市场份额（%）
1	福建私家车广播	1.00	16.7
2	福州 876 交通之声	0.73	12.1
3	福建新闻广播	0.70	11.7
4	福建交通广播	0.60	9.9
5	福州音乐频道	0.39	6.5
6	中央中国之声	0.36	6.0
7	福州左海之声	0.35	5.8
8	福州新闻广播	0.30	5.0
9	海峡之声汽车生活广播	0.27	4.5
10	福建汽车音乐调频	0.24	4.0

表 2.19.2　福州地区主要电台频率的周到达率和日到达率

排名	电台名称	周到达率（%）	日到达率（%）
1	福建私家车广播	21.21	11.00
2	福州 876 交通之声	19.40	8.73
3	中央中国之声	9.79	6.90
4	福建交通广播	16.88	5.87
5	福建新闻广播	18.55	5.48
6	海峡之声汽车生活广播	7.94	5.44
7	福州音乐频道	9.61	4.96
8	福州新闻广播	8.36	4.61
9	福州左海之声	9.32	4.19
10	中央音乐之声	6.21	3.62

表 2.19.3　福州地区主要电台的收听率（%）

时间	福建私家车广播	福州876交通之声	福建新闻广播	福建交通广播	福州音乐频道	中央中国之声	福州左海之声	福州新闻广播	海峡之声汽车生活广播	福建汽车音乐调频
6:00	0.60	0.18	0.23	0.08	0.05	0.26	0.13	0.18	0.07	0.05
6:15	0.78	0.29	0.36	0.10	0.13	0.33	0.16	0.27	0.13	0.09
6:30	0.92	0.64	0.52	0.24	0.16	0.40	0.18	0.33	0.23	0.11
6:45	1.09	0.88	0.66	0.36	0.21	0.43	0.31	0.34	0.28	0.13
7:00	1.26	1.13	0.91	0.53	0.27	0.43	0.39	0.32	0.32	0.17
7:15	1.39	1.33	1.04	0.63	0.31	0.45	0.48	0.39	0.33	0.18
7:30	1.44	1.49	1.15	0.88	0.37	0.40	0.63	0.49	0.32	0.27
7:45	1.63	1.57	1.14	0.92	0.42	0.49	0.67	0.59	0.35	0.33
8:00	1.79	1.62	1.29	1.02	0.50	0.53	0.68	0.63	0.39	0.38
8:15	1.85	1.60	1.29	1.02	0.55	0.53	0.66	0.64	0.44	0.39
8:30	1.83	1.50	1.24	0.93	0.52	0.52	0.63	0.60	0.47	0.39
8:45	1.76	1.34	1.05	0.80	0.49	0.49	0.53	0.59	0.51	0.37
9:00	1.57	1.14	0.93	0.76	0.46	0.45	0.51	0.51	0.52	0.36
9:15	1.18	1.09	0.89	0.77	0.53	0.39	0.46	0.44	0.46	0.33
9:30	1.14	1.10	0.85	0.80	0.54	0.38	0.46	0.41	0.40	0.30
9:45	1.00	1.14	0.94	0.89	0.59	0.42	0.51	0.42	0.35	0.25
10:00	1.06	1.09	0.96	0.91	0.64	0.43	0.51	0.42	0.38	0.26
10:15	1.02	0.98	0.91	0.91	0.63	0.42	0.50	0.39	0.37	0.29
10:30	0.86	0.78	0.81	0.87	0.58	0.38	0.43	0.35	0.37	0.27
10:45	0.82	0.72	0.71	0.80	0.52	0.36	0.42	0.29	0.28	0.27
11:00	0.84	0.61	0.70	0.68	0.44	0.36	0.37	0.30	0.26	0.23
11:15	0.84	0.59	0.66	0.59	0.42	0.39	0.38	0.28	0.23	0.24
11:30	0.81	0.61	0.65	0.58	0.41	0.39	0.44	0.28	0.23	0.24
11:45	0.76	0.64	0.78	0.49	0.46	0.40	0.48	0.34	0.22	0.22
12:00	0.90	0.84	0.78	0.52	0.48	0.39	0.49	0.36	0.22	0.28
12:15	0.89	0.95	0.76	0.54	0.58	0.37	0.45	0.38	0.20	0.30
12:30	0.89	0.97	0.63	0.59	0.63	0.37	0.36	0.37	0.16	0.31
12:45	0.83	0.98	0.56	0.59	0.67	0.40	0.34	0.35	0.16	0.30
13:00	0.65	0.91	0.50	0.51	0.66	0.49	0.28	0.27	0.14	0.27
13:15	0.67	0.74	0.58	0.39	0.62	0.48	0.26	0.21	0.15	0.25
13:30	0.65	0.61	0.57	0.37	0.51	0.50	0.26	0.20	0.17	0.20
13:45	0.74	0.55	0.52	0.30	0.38	0.48	0.28	0.18	0.19	0.16
14:00	0.76	0.50	0.47	0.28	0.35	0.40	0.28	0.23	0.22	0.16
14:15	0.75	0.58	0.44	0.27	0.27	0.34	0.22	0.24	0.18	0.17
14:30	0.71	0.58	0.46	0.33	0.24	0.36	0.20	0.24	0.19	0.19
14:45	0.78	0.50	0.50	0.38	0.24	0.37	0.19	0.22	0.20	0.18

时间	福建私家车广播	福州876交通之声	福建新闻广播	福建交通广播	福州音乐频道	中央中国之声	福州左海之声	福州新闻广播	海峡之声汽车生活广播	福建汽车音乐调频
15:00	0.90	0.45	0.62	0.48	0.24	0.38	0.23	0.18	0.20	0.17
15:15	0.95	0.49	0.69	0.51	0.25	0.41	0.27	0.16	0.21	0.15
15:30	0.98	0.47	0.71	0.52	0.27	0.39	0.29	0.19	0.24	0.16
15:45	0.98	0.60	0.69	0.51	0.26	0.32	0.33	0.17	0.26	0.17
16:00	0.88	0.66	0.60	0.47	0.24	0.29	0.33	0.15	0.23	0.20
16:15	0.89	0.65	0.57	0.47	0.21	0.26	0.34	0.17	0.21	0.19
16:30	0.88	0.58	0.51	0.55	0.23	0.26	0.33	0.21	0.20	0.18
16:45	0.95	0.61	0.55	0.59	0.25	0.31	0.28	0.28	0.18	0.20
17:00	1.09	0.78	0.65	0.70	0.32	0.34	0.27	0.29	0.17	0.23
17:15	1.11	0.97	0.67	0.79	0.33	0.36	0.30	0.30	0.20	0.31
17:30	1.35	1.04	0.66	0.82	0.43	0.40	0.32	0.28	0.22	0.40
17:45	1.44	1.09	0.68	0.95	0.47	0.44	0.37	0.29	0.24	0.41
18:00	1.53	1.16	0.87	0.99	0.59	0.47	0.38	0.35	0.26	0.43
18:15	1.50	1.13	0.98	1.01	0.58	0.46	0.38	0.37	0.27	0.42
18:30	1.46	0.95	1.00	1.03	0.61	0.45	0.35	0.40	0.28	0.36
18:45	1.33	0.78	0.97	0.94	0.62	0.39	0.31	0.40	0.33	0.32
19:00	1.23	0.66	0.87	0.89	0.57	0.39	0.30	0.36	0.39	0.31
19:15	1.14	0.59	0.79	0.71	0.50	0.37	0.29	0.32	0.40	0.28
19:30	1.11	0.57	0.83	0.72	0.46	0.30	0.30	0.29	0.37	0.26
19:45	1.03	0.48	0.88	0.73	0.42	0.29	0.36	0.31	0.34	0.28
20:00	0.84	0.56	0.90	0.72	0.40	0.29	0.36	0.31	0.30	0.27
20:15	0.88	0.55	0.89	0.68	0.41	0.29	0.34	0.31	0.26	0.28
20:30	0.89	0.44	0.76	0.60	0.45	0.28	0.31	0.29	0.23	0.25
20:45	1.02	0.37	0.65	0.62	0.45	0.30	0.27	0.24	0.20	0.23
21:00	1.00	0.33	0.64	0.55	0.45	0.26	0.24	0.21	0.25	0.26
21:15	0.97	0.40	0.66	0.50	0.43	0.23	0.25	0.18	0.25	0.27
21:30	0.91	0.41	0.56	0.46	0.37	0.26	0.27	0.19	0.28	0.26
21:45	0.67	0.34	0.55	0.49	0.30	0.25	0.30	0.23	0.33	0.23
22:00	0.67	0.27	0.48	0.46	0.23	0.25	0.31	0.23	0.34	0.17
22:15	0.70	0.18	0.42	0.39	0.20	0.24	0.31	0.17	0.33	0.14
22:30	0.78	0.21	0.42	0.29	0.17	0.24	0.30	0.14	0.33	0.14
22:45	0.78	0.15	0.42	0.29	0.19	0.21	0.26	0.09	0.26	0.12
23:00	0.63	0.17	0.36	0.23	0.14	0.19	0.22	0.09	0.23	0.09
23:15	0.53	0.19	0.30	0.24	0.11	0.19	0.18	0.08	0.22	0.07
23:30	0.46	0.16	0.24	0.18	0.09	0.16	0.15	0.06	0.17	0.05
23:45	0.35	0.14	0.17	0.15	0.05	0.13	0.12	0.05	0.16	0.05

表 2.19.4　福州地区主要电台的占有率（%）

时间	福建私家车广播	福州876交通之声	福建新闻广播	福建交通广播	福州音乐频道	中央中国之声	福州左海之声	福州新闻广播	海峡之声汽车生活广播	福建汽车音乐调频
6:00	28.9	8.6	10.9	3.7	2.5	12.4	6.3	8.7	3.2	2.5
6:15	25.7	9.6	11.9	3.3	4.4	10.9	5.4	8.8	4.3	2.9
6:30	21.5	15.0	12.3	5.5	3.9	9.4	4.3	7.7	5.4	2.5
6:45	20.3	16.4	12.2	6.7	4.0	7.9	5.8	6.3	5.2	2.3
7:00	18.9	17.1	13.7	8.0	4.0	6.5	5.9	4.9	4.9	2.6
7:15	18.2	17.3	13.5	8.3	4.1	5.9	6.3	5.1	4.3	2.3
7:30	16.5	17.1	13.2	10.0	4.3	4.6	7.2	5.6	3.6	3.0
7:45	17.1	16.5	12.0	9.7	4.5	5.2	7.1	6.2	3.7	3.4
8:00	17.2	15.6	12.4	9.8	4.8	5.1	6.6	6.0	3.7	3.6
8:15	17.5	15.2	12.2	9.6	5.2	5.0	6.2	6.1	4.2	3.7
8:30	17.7	14.5	12.0	9.0	5.0	5.1	6.1	5.8	4.5	3.7
8:45	18.1	13.8	10.9	8.2	5.0	5.1	5.5	6.1	5.3	3.8
9:00	17.5	12.7	10.4	8.5	5.2	5.0	5.6	5.7	5.8	4.0
9:15	14.4	13.3	10.8	9.4	6.4	4.8	5.6	5.3	5.6	4.0
9:30	14.3	13.8	10.6	9.9	6.7	4.8	5.8	5.1	4.9	3.7
9:45	12.6	14.3	11.8	11.2	7.4	5.2	6.4	5.3	4.4	3.1
10:00	13.2	13.6	12.0	11.4	8.0	5.3	6.4	5.2	4.7	3.3
10:15	13.2	12.7	11.8	11.8	8.2	5.5	6.4	5.1	4.8	3.7
10:30	12.3	11.3	11.6	12.5	8.3	5.4	6.1	5.0	5.3	3.9
10:45	12.8	11.2	10.9	12.4	8.1	5.6	6.5	4.5	4.4	4.2
11:00	14.0	10.1	11.7	11.3	7.4	6.1	6.2	5.1	4.4	3.9
11:15	14.6	10.2	11.4	10.2	7.3	6.7	6.6	4.9	3.9	4.1
11:30	14.3	10.7	11.4	10.1	7.1	6.9	7.7	4.9	4.0	4.2
11:45	13.1	11.0	13.3	8.3	7.8	6.8	8.2	5.8	3.8	3.7
12:00	14.2	13.3	12.3	8.2	7.6	6.2	7.7	5.7	3.4	4.4
12:15	13.5	14.4	11.6	8.2	8.9	5.6	6.9	5.8	3.0	4.6
12:30	13.8	15.1	9.7	9.1	9.8	5.7	5.6	5.8	2.5	4.7
12:45	13.1	15.5	8.8	9.3	10.5	6.3	5.4	5.6	2.5	4.8
13:00	11.1	15.5	8.6	8.7	11.2	8.3	4.8	4.6	2.4	4.7
13:15	12.2	13.4	10.5	7.0	11.3	8.7	4.7	3.9	2.8	4.6
13:30	12.7	11.9	11.1	7.3	9.9	9.7	5.1	3.9	3.3	3.8
13:45	15.4	11.5	11.0	6.3	8.0	10.1	5.9	3.7	4.0	3.4
14:00	16.8	11.0	10.3	6.1	7.6	8.7	6.1	5.0	4.8	3.5
14:15	17.2	13.4	10.1	6.3	6.2	7.9	5.1	5.5	4.2	4.0
14:30	16.3	13.2	10.5	7.6	5.6	8.2	4.7	5.5	4.3	4.2
14:45	17.6	11.3	11.4	8.7	5.4	8.4	4.3	4.9	4.4	4.0

时间	福建私家车广播	福州876交通之声	福建新闻广播	福建交通广播	福州音乐频道	中央中国之声	福州左海之声	福州新闻广播	海峡之声汽车生活广播	福建汽车音乐调频
15:00	19.0	9.6	13.1	10.2	5.1	8.1	4.9	3.7	4.2	3.6
15:15	19.0	9.8	13.7	10.1	5.1	8.3	5.4	3.1	4.3	3.0
15:30	18.9	9.1	13.7	10.1	5.3	7.6	5.6	3.6	4.6	3.1
15:45	18.6	11.4	13.0	9.6	4.8	6.1	6.3	3.3	4.9	3.3
16:00	17.5	13.2	11.9	9.4	4.7	5.8	6.6	3.1	4.6	3.9
16:15	18.4	13.4	11.8	9.6	4.4	5.4	7.0	3.4	4.4	3.9
16:30	18.3	12.1	10.6	11.4	4.8	5.5	7.0	4.4	4.1	3.8
16:45	18.7	12.0	10.8	11.6	4.9	6.0	5.6	5.6	3.6	3.9
17:00	18.8	13.5	11.2	12.1	5.5	5.9	4.6	5.0	2.9	4.0
17:15	17.4	15.3	10.5	12.5	5.2	5.7	4.7	4.7	3.1	4.8
17:30	19.0	14.7	9.2	11.5	6.0	5.6	4.5	3.9	3.1	5.6
17:45	18.7	14.1	8.9	12.4	6.1	5.8	4.8	3.8	3.1	5.3
18:00	18.1	13.7	10.2	11.7	6.9	5.5	4.5	4.1	3.0	5.1
18:15	17.4	13.2	11.4	11.7	6.8	5.3	4.5	4.3	3.2	4.8
18:30	17.3	11.3	11.9	12.3	7.3	5.4	4.1	4.8	3.4	4.3
18:45	17.0	9.9	12.4	11.9	7.9	4.9	4.0	5.1	4.2	4.1
19:00	16.7	9.0	11.9	12.2	7.7	5.2	4.1	4.9	5.4	4.3
19:15	16.9	8.7	11.7	10.6	7.4	5.5	4.3	4.7	6.0	4.2
19:30	17.1	8.8	12.8	11.0	7.1	4.7	4.6	4.5	5.6	4.0
19:45	16.1	7.5	13.7	11.5	6.6	4.6	5.6	4.8	5.4	4.4
20:00	13.7	9.1	14.6	11.8	6.6	4.7	5.8	5.0	4.9	4.4
20:15	14.6	9.1	14.8	11.4	6.8	4.8	5.6	5.2	4.4	4.6
20:30	16.1	8.0	13.9	10.9	8.2	5.0	5.6	5.2	4.2	4.5
20:45	19.2	6.9	12.3	11.6	8.6	5.6	5.0	4.6	3.7	4.4
21:00	19.7	6.6	12.6	10.8	8.7	5.1	4.7	4.0	4.8	5.2
21:15	19.2	8.0	13.1	9.9	8.5	4.6	4.9	3.6	5.1	5.3
21:30	18.8	8.4	11.6	9.6	7.7	5.4	5.5	4.0	5.7	5.3
21:45	14.9	7.6	12.4	10.9	6.6	5.7	6.8	5.1	7.4	5.2
22:00	16.2	6.5	11.5	11.1	5.5	6.0	7.5	5.5	8.2	4.2
22:15	18.4	4.9	11.2	10.2	5.3	6.4	8.3	4.5	8.7	3.8
22:30	21.6	5.8	11.6	8.0	4.8	6.6	8.2	3.8	9.0	3.8
22:45	23.2	4.6	12.4	8.8	5.8	6.3	7.7	2.7	7.7	3.7
23:00	21.8	5.7	12.5	8.1	4.8	6.6	7.7	3.3	7.9	3.3
23:15	20.5	7.4	11.7	9.3	4.2	7.2	6.9	3.1	8.5	2.7
23:30	21.5	7.4	11.2	8.6	4.1	7.8	7.3	2.7	8.0	2.1
23:45	21.4	8.7	10.4	8.8	2.9	7.8	7.3	3.2	9.5	2.9

二十、厦门地区收听率数据

表 2.20.1　厦门地区主要电台频率的平均收听率和市场份额

排名	电台名称	平均收听率（%）	市场份额（%）
1	厦门音乐广播	1.52	22.4
2	厦门新闻广播	1.45	21.3
3	厦门经济交通广播	1.38	20.2
4	厦门闽南之声	0.71	10.5
5	厦门旅游广播	0.53	7.8
6	中央中国之声	0.38	5.6
7	福建新闻广播	0.37	5.5
8	海峡之声闽南话频道	0.08	1.2
8	福建 961 经济广播	0.07	1.1
10	中央经济之声	0.07	1.0

表 2.20.2　厦门地区主要电台频率的周到达率和日到达率

排名	电台名称	周到达率（%）	日到达率（%）
1	厦门新闻广播	30.87	14.96
2	厦门经济交通广播	31.74	13.60
3	厦门音乐广播	33.76	12.71
4	厦门闽南之声	18.95	9.86
5	厦门旅游广播	16.91	8.34
6	福建新闻广播	16.70	6.94
7	中央中国之声	17.15	6.44
8	福建交通广播	9.87	2.50
9	福建 961 经济广播	9.86	2.05
10	海峡之声闽南话频道	6.82	1.96

表 2.20.3 厦门地区主要电台的收听率（%）

时间	厦门音乐广播	厦门新闻广播	厦门经济交通广播	厦门闽南之声	厦门旅游广播	中央中国之声	福建新闻广播	海峡之声闽南话频道	福建961经济广播	中央经济之声
6:00	0.27	0.22	0.18	0.07	0.01	0.05	0.04	0.00	0.00	0.00
6:15	0.40	0.45	0.36	0.15	0.07	0.09	0.10	0.01	0.00	0.00
6:30	0.60	0.71	0.58	0.21	0.15	0.12	0.13	0.01	0.00	0.00
6:45	0.83	0.96	0.89	0.33	0.26	0.18	0.17	0.02	0.01	0.01
7:00	1.32	1.54	1.30	0.49	0.38	0.27	0.25	0.04	0.01	0.01
7:15	1.92	2.00	1.88	0.75	0.50	0.39	0.34	0.06	0.02	0.02
7:30	2.40	2.45	2.27	0.94	0.59	0.47	0.42	0.08	0.03	0.04
7:45	2.76	2.67	2.51	1.10	0.70	0.52	0.49	0.09	0.04	0.04
8:00	3.27	3.03	2.86	1.26	0.80	0.60	0.60	0.11	0.06	0.06
8:15	3.39	3.16	3.04	1.38	0.87	0.63	0.65	0.13	0.06	0.07
8:30	3.40	3.18	3.09	1.43	0.92	0.63	0.68	0.14	0.08	0.09
8:45	3.40	3.25	3.09	1.43	0.96	0.60	0.67	0.15	0.08	0.10
9:00	3.33	3.27	3.04	1.42	0.97	0.59	0.69	0.16	0.09	0.11
9:15	3.08	2.94	2.92	1.36	0.95	0.55	0.68	0.16	0.08	0.10
9:30	2.63	2.51	2.56	1.25	0.91	0.49	0.61	0.14	0.08	0.09
9:45	2.42	2.18	2.10	1.10	0.85	0.42	0.54	0.12	0.07	0.08
10:00	2.26	2.01	1.78	0.96	0.81	0.37	0.51	0.11	0.06	0.07
10:15	2.16	1.89	1.51	0.85	0.75	0.35	0.48	0.10	0.07	0.07
10:30	2.01	1.77	1.29	0.79	0.70	0.35	0.46	0.09	0.06	0.08
10:45	1.99	1.62	1.15	0.80	0.67	0.34	0.43	0.10	0.06	0.07
11:00	1.86	1.43	1.07	0.79	0.63	0.31	0.36	0.10	0.06	0.07
11:15	1.72	1.27	0.92	0.72	0.59	0.27	0.31	0.09	0.06	0.06
11:30	1.48	1.19	0.90	0.66	0.57	0.23	0.28	0.08	0.05	0.06
11:45	1.30	1.11	0.82	0.60	0.57	0.23	0.25	0.08	0.05	0.05
12:00	1.21	0.99	0.76	0.57	0.56	0.26	0.20	0.08	0.06	0.06
12:15	1.09	0.97	0.73	0.56	0.58	0.29	0.18	0.08	0.06	0.06
12:30	1.00	0.94	0.74	0.58	0.59	0.27	0.18	0.08	0.07	0.06
12:45	1.02	0.93	0.76	0.60	0.60	0.25	0.14	0.09	0.06	0.05
13:00	1.08	1.02	0.73	0.61	0.59	0.21	0.12	0.09	0.06	0.06
13:15	1.15	1.04	0.73	0.63	0.60	0.20	0.13	0.08	0.06	0.05
13:30	1.12	1.00	0.68	0.62	0.60	0.20	0.14	0.07	0.05	0.06
13:45	0.98	0.89	0.62	0.60	0.57	0.21	0.15	0.06	0.04	0.06
14:00	0.77	0.69	0.62	0.46	0.50	0.23	0.15	0.06	0.04	0.05
14:15	0.67	0.60	0.57	0.38	0.43	0.25	0.17	0.05	0.04	0.04
14:30	0.63	0.55	0.58	0.33	0.39	0.24	0.19	0.06	0.04	0.04
14:45	0.62	0.51	0.57	0.32	0.35	0.22	0.21	0.06	0.04	0.04

时间	厦门音乐广播	厦门新闻广播	厦门经济交通广播	厦门闽南之声	厦门旅游广播	中央中国之声	福建新闻广播	海峡之声闽南话频道	福建961经济广播	中央经济之声
15:00	0.75	0.56	0.66	0.31	0.35	0.21	0.23	0.07	0.04	0.04
15:15	0.94	0.66	0.76	0.37	0.36	0.22	0.26	0.07	0.05	0.06
15:30	1.04	0.81	0.81	0.43	0.37	0.25	0.25	0.07	0.06	0.07
15:45	1.19	0.91	0.83	0.44	0.37	0.28	0.28	0.07	0.08	0.09
16:00	1.23	0.94	0.81	0.50	0.35	0.29	0.32	0.06	0.08	0.09
16:15	1.16	0.86	0.75	0.53	0.36	0.30	0.32	0.07	0.08	0.09
16:30	1.03	0.74	0.67	0.49	0.32	0.29	0.30	0.06	0.08	0.09
16:45	0.94	0.68	0.64	0.51	0.29	0.29	0.30	0.06	0.08	0.08
17:00	1.19	0.94	0.90	0.63	0.34	0.34	0.32	0.06	0.08	0.08
17:15	1.55	1.18	1.23	0.75	0.43	0.41	0.33	0.07	0.09	0.08
17:30	1.77	1.39	1.44	0.84	0.48	0.44	0.33	0.09	0.10	0.09
17:45	1.94	1.55	1.63	0.92	0.54	0.47	0.34	0.10	0.10	0.09
18:00	2.16	1.76	1.99	1.00	0.61	0.49	0.38	0.11	0.11	0.10
18:15	2.34	1.97	2.27	1.09	0.68	0.56	0.46	0.11	0.12	0.12
18:30	2.44	2.22	2.46	1.18	0.74	0.58	0.51	0.12	0.13	0.13
18:45	2.50	2.41	2.57	1.22	0.77	0.60	0.52	0.13	0.14	0.13
19:00	2.54	2.53	2.71	1.23	0.81	0.66	0.58	0.15	0.17	0.13
19:15	2.43	2.60	2.82	1.20	0.83	0.75	0.68	0.16	0.18	0.12
19:30	2.23	2.47	2.73	1.14	0.82	0.79	0.76	0.16	0.19	0.11
19:45	1.92	2.38	2.54	1.06	0.78	0.79	0.81	0.15	0.19	0.10
20:00	1.79	2.30	2.41	1.00	0.73	0.81	0.83	0.14	0.19	0.12
20:15	1.71	2.21	2.19	0.89	0.69	0.80	0.85	0.12	0.18	0.12
20:30	1.57	2.03	2.04	0.82	0.66	0.75	0.84	0.11	0.15	0.12
20:45	1.37	1.79	1.85	0.73	0.60	0.70	0.77	0.11	0.13	0.11
21:00	1.24	1.59	1.68	0.71	0.56	0.64	0.65	0.10	0.11	0.10
21:15	1.14	1.41	1.46	0.71	0.51	0.53	0.57	0.08	0.10	0.09
21:30	1.03	1.30	1.14	0.66	0.45	0.46	0.45	0.07	0.08	0.07
21:45	0.90	1.08	0.99	0.57	0.37	0.42	0.39	0.06	0.07	0.07
22:00	0.79	0.89	0.85	0.48	0.32	0.36	0.29	0.06	0.06	0.07
22:15	0.68	0.83	0.68	0.40	0.29	0.31	0.23	0.05	0.04	0.06
22:30	0.61	0.69	0.60	0.33	0.26	0.25	0.19	0.04	0.05	0.05
22:45	0.53	0.54	0.51	0.27	0.24	0.21	0.17	0.04	0.04	0.05
23:00	0.46	0.43	0.43	0.24	0.20	0.17	0.14	0.04	0.03	0.04
23:15	0.35	0.32	0.34	0.20	0.15	0.14	0.12	0.03	0.03	0.04
23:30	0.27	0.25	0.25	0.18	0.12	0.11	0.09	0.03	0.03	0.03
23:45	0.22	0.17	0.18	0.13	0.08	0.07	0.07	0.02	0.02	0.02

表 2.20.4　厦门地区主要电台的占有率（%）

时间	厦门音乐广播	厦门新闻广播	厦门经济交通广播	厦门闽南之声	厦门旅游广播	中央中国之声	福建新闻广播	海峡之声闽南话频道	福建961经济广播	中央经济之声
6:00	32.3	26.3	20.8	8.4	1.0	6.1	4.7	0.4	0.0	0.0
6:15	24.5	27.8	22.1	9.1	4.5	5.4	6.0	0.3	0.0	0.1
6:30	23.6	28.1	22.8	8.4	6.1	4.9	5.2	0.6	0.1	0.2
6:45	22.8	26.3	24.2	8.9	7.0	5.0	4.7	0.7	0.1	0.2
7:00	23.5	27.3	23.1	8.7	6.7	4.9	4.4	0.7	0.2	0.2
7:15	24.3	25.3	23.7	9.5	6.3	4.9	4.4	0.7	0.3	0.2
7:30	24.7	25.2	23.3	9.7	6.1	4.8	4.3	0.8	0.3	0.4
7:45	25.1	24.2	22.8	10.0	6.3	4.7	4.5	0.8	0.4	0.4
8:00	25.6	23.7	22.5	9.9	6.3	4.7	4.7	0.9	0.4	0.5
8:15	25.1	23.4	22.5	10.2	6.4	4.6	4.8	1.0	0.5	0.5
8:30	24.6	23.0	22.4	10.3	6.7	4.6	4.9	1.0	0.5	0.6
8:45	24.4	23.3	22.2	10.2	6.9	4.3	4.8	1.1	0.6	0.7
9:00	24.0	23.5	21.9	10.2	7.0	4.2	5.0	1.1	0.6	0.8
9:15	23.5	22.4	22.3	10.4	7.3	4.2	5.2	1.2	0.6	0.8
9:30	22.8	21.7	22.2	10.8	7.8	4.3	5.3	1.2	0.7	0.8
9:45	23.8	21.4	20.6	10.8	8.3	4.2	5.3	1.2	0.7	0.8
10:00	24.4	21.8	19.3	10.3	8.8	4.0	5.5	1.2	0.7	0.8
10:15	25.4	22.2	17.7	10.0	8.8	4.1	5.7	1.2	0.8	0.8
10:30	25.5	22.5	16.4	10.0	8.9	4.4	5.8	1.2	0.8	1.0
10:45	26.5	21.6	15.3	10.7	8.9	4.5	5.7	1.3	0.8	0.9
11:00	26.7	20.5	15.3	11.3	9.0	4.5	5.1	1.4	0.9	0.9
11:15	27.2	20.1	14.6	11.4	9.2	4.3	4.9	1.4	1.0	1.0
11:30	25.6	20.4	15.4	11.4	9.8	3.9	4.7	1.5	0.9	1.1
11:45	24.3	20.7	15.4	11.2	10.6	4.2	4.6	1.5	1.0	1.0
12:00	24.1	19.7	15.2	11.3	11.2	5.2	4.1	1.6	1.1	1.1
12:15	22.4	19.9	15.2	11.6	12.0	6.0	3.7	1.6	1.2	1.2
12:30	21.0	19.8	15.5	12.2	12.5	5.8	3.7	1.7	1.4	1.2
12:45	21.5	19.5	15.9	12.6	12.6	5.3	3.0	1.8	1.4	1.1
13:00	22.4	21.1	15.2	12.6	12.2	4.4	2.6	1.8	1.2	1.2
13:15	23.3	20.9	14.8	12.7	12.0	4.0	2.7	1.7	1.2	1.1
13:30	23.2	20.7	14.1	12.9	12.5	4.2	2.9	1.5	1.0	1.2
13:45	22.0	19.9	13.8	13.4	12.8	4.8	3.3	1.4	1.0	1.3
14:00	20.0	18.1	16.1	12.1	13.0	5.9	3.9	1.4	0.9	1.4
14:15	19.3	17.3	16.5	10.9	12.4	7.3	5.0	1.5	1.3	1.3
14:30	19.1	16.9	17.5	10.1	11.7	7.4	5.8	1.8	1.2	1.2
14:45	19.5	16.0	18.2	10.0	11.0	6.8	6.7	2.0	1.3	1.3

时间	厦门音乐广播	厦门新闻广播	厦门经济交通广播	厦门闽南之声	厦门旅游广播	中央中国之声	福建新闻广播	海峡之声闽南话频道	福建961经济广播	中央经济之声
15:00	21.8	16.1	19.0	9.1	10.2	6.1	6.7	1.9	1.2	1.3
15:15	23.5	16.5	19.0	9.3	9.0	5.4	6.6	1.7	1.4	1.5
15:30	23.7	18.4	18.4	9.8	8.3	5.6	5.7	1.6	1.4	1.5
15:45	25.0	19.2	17.4	9.2	7.7	5.8	5.8	1.4	1.6	1.9
16:00	25.1	19.1	16.4	10.1	7.1	5.9	6.4	1.3	1.6	1.9
16:15	24.5	18.1	15.7	11.2	7.5	6.3	6.8	1.4	1.7	1.8
16:30	23.9	17.3	15.6	11.3	7.5	6.7	7.0	1.4	1.8	2.0
16:45	23.1	16.7	15.8	12.4	7.2	7.0	7.3	1.4	1.9	1.9
17:00	23.1	18.4	17.5	12.3	6.6	6.7	6.2	1.2	1.6	1.7
17:15	24.2	18.5	19.2	11.7	6.7	6.5	5.2	1.1	1.5	1.3
17:30	24.5	19.2	19.9	11.6	6.6	6.0	4.6	1.3	1.4	1.3
17:45	24.4	19.5	20.4	11.5	6.7	5.9	4.2	1.3	1.3	1.1
18:00	23.9	19.5	22.1	11.0	6.8	5.5	4.2	1.2	1.2	1.1
18:15	23.2	19.5	22.5	10.9	6.8	5.6	4.6	1.1	1.1	1.2
18:30	22.4	20.4	22.6	10.8	6.8	5.4	4.7	1.1	1.2	1.2
18:45	22.0	21.2	22.6	10.7	6.7	5.3	4.5	1.1	1.3	1.1
19:00	21.4	21.2	22.8	10.3	6.8	5.5	4.9	1.3	1.4	1.1
19:15	20.0	21.4	23.2	9.8	6.8	6.2	5.6	1.3	1.5	1.0
19:30	19.0	21.0	23.2	9.6	7.0	6.7	6.5	1.4	1.6	0.9
19:45	17.3	21.5	22.9	9.5	7.0	7.1	7.3	1.4	1.7	0.9
20:00	16.7	21.6	22.6	9.3	6.8	7.6	7.8	1.3	1.8	1.1
20:15	16.9	21.9	21.7	8.9	6.8	7.9	8.4	1.2	1.7	1.2
20:30	16.7	21.7	21.7	8.8	7.0	8.0	8.9	1.2	1.6	1.3
20:45	16.3	21.2	21.9	8.7	7.1	8.3	9.2	1.3	1.5	1.4
21:00	16.2	20.8	22.1	9.3	7.3	8.3	8.6	1.3	1.5	1.3
21:15	16.6	20.6	21.3	10.4	7.5	7.8	8.3	1.2	1.5	1.2
21:30	17.3	21.9	19.1	11.1	7.5	7.7	7.7	1.2	1.4	1.2
21:45	17.6	21.1	19.3	11.0	7.3	8.1	7.6	1.2	1.4	1.3
22:00	18.1	20.3	19.5	11.0	7.3	8.2	6.7	1.5	1.3	1.5
22:15	18.2	22.2	18.2	10.8	7.7	8.2	6.3	1.4	1.2	1.7
22:30	19.0	21.5	18.7	10.4	8.0	7.8	5.8	1.4	1.4	1.7
22:45	19.6	19.9	18.7	10.1	8.7	7.6	6.2	1.5	1.4	1.8
23:00	20.2	18.8	18.9	10.4	8.7	7.4	6.3	1.7	1.4	1.8
23:15	19.3	17.9	18.7	11.3	8.4	7.8	6.4	1.6	1.6	2.0
23:30	18.7	17.6	17.8	12.9	8.3	7.9	6.6	1.8	1.8	1.9
23:45	21.4	17.0	17.5	12.6	7.9	7.2	6.6	1.7	1.7	1.9

表 2.20.5　厦门市平均收听率 top30 节目

排名	节目名称	所属频率	播放时间	平均收听率(%)	市场占有率(%)
1	新闻招手停	厦门电台新闻广播	07:30—09:00	2.96	23.8
2	音乐老朋友	厦门电台音乐广播	07:00—09:00	2.93	26.5
3	厦广新闻	厦门电台新闻广播	19:00—20:00	2.88	22.4
4	大饼和小毅	厦门电台经济交通广播	19:00—21:00	2.83	23.3
5	厦广新闻	厦门电台新闻广播	20:00—21:00	2.66	23.1
6	畅通 1+1	厦门电台经济交通广播	09:00—10:00	2.63	23.9
7	早班直通车	厦门电台经济交通广播	07:30—09:00	2.56	20.6
8	经典唱片行	厦门电台音乐广播	19:00—19:40	2.48	19.6
9	许诺看台湾	厦门电台新闻广播	18:30—19:00	2.44	21.9
10	一路欢畅	厦门电台音乐广播	09:00—10:30	2.38	24.4
11	厦广新闻	厦门电台新闻广播	09:00—10:00	2.28	20.7
12	下班快乐	厦门电台音乐广播	18:00—19:00	2.11	22.5
13	厦广早新闻(重播)	厦门电台新闻广播	07:00—07:30	1.93	25.7
14	流金岁月	厦门电台音乐广播	19:40—20:00	1.88	14.5
15	潮流时代	厦门电台音乐广播	10:30—12:00	1.82	29.9
16	厦广早新闻	厦门电台经济交通广播	07:00—07:30	1.73	23.1
17	中国歌曲排行榜	厦门电台音乐广播	20:00—21:00	1.57	13.3
18	厦广新闻	厦门电台新闻广播	10:00—11:00	1.54	21.6
18	鱼丸来了	厦门电台经济交通广播	17:30—19:00	1.54	18.8
20	时光素描	厦门电台经济交通广播	21:00—22:00	1.52	21.9
21	厦广新闻	厦门电台新闻广播	21:00—21:30	1.48	19.6
22	转播中央人民广播电台《新闻与报纸摘要》	厦门电台新闻广播	06:30—07:00	1.42	35.5
23	运动 30 分	厦门电台新闻广播	21:30—22:00	1.38	21.7
24	闽南吃透透	厦门电台闽南之声广播	18:30—19:30	1.35	11.5
24	闹热夜都市	厦门电台闽南之声广播	19:30—20:30	1.35	10.4
26	蔷薇之旅生活家	厦门电台音乐广播	15:00—16:30	1.27	23.8
27	美食转转转	厦门电台音乐广播	16:30—18:00; 17:00—18:00	1.19	23.0
28	欢喜就好	厦门电台闽南之声广播	07:30—09:00	1.18	9.5
29	城市生活家	厦门电台经济交通广播	10:00—11:00	1.17	16.4
30	厦广新闻	厦门电台新闻广播	16:00—17:00	1.16	21.5

二十一、南昌地区收听率数据

表 2.21.1 南昌地区主要电台频率的平均收听率和市场份额

排名	电台名称	平均收听率（%）	市场份额（%）
1	南昌电台交通广播	0.96	17.2
2	江西交通广播	0.76	13.6
3	南昌电台新闻广播	0.64	11.5
4	江西音乐广播	0.44	7.9
5	中央电台中国之声	0.29	5.3
6	江西新闻广播	0.28	5.0
7	江西都市广播	0.27	4.8
8	南昌电台大眼睛 897	0.25	4.5
9	江西民生广播	0.21	3.8
10	中央电台经济之声	0.21	3.7

表 2.21.2 南昌地区主要电台频率的周到达率和日到达率

排名	电台名称	周到达率（%）	日到达率（%）
1	南昌电台交通广播	21.77	10.72
2	江西交通广播	16.22	10.59
3	南昌电台新闻广播	16.98	8.92
4	江西音乐广播	14.32	8.72
5	江西都市广播	10.64	7.06
6	江西新闻广播	8.50	6.80
7	江西民生广播	10.30	6.65
8	中央电台中国之声	8.43	6.51
9	南昌电台大眼睛 897	10.00	6.26
10	江西故事广播	9.88	6.12

表 2.21.3　南昌地区主要电台的收听率（%）

时间	南昌电台交通广播	江西交通广播	南昌电台新闻广播	江西音乐广播	中央电台中国之声	江西新闻广播	江西都市广播	南昌电台大眼睛 897	江西民生广播	中央电台经济之声
6:00	0.36	0.44	0.20	0.07	0.54	0.22	0.06	0.05	0.04	0.10
6:15	0.39	0.66	0.32	0.13	0.75	0.36	0.10	0.07	0.08	0.15
6:30	0.57	0.88	0.45	0.22	0.90	0.46	0.17	0.07	0.12	0.16
6:45	0.73	1.43	0.59	0.29	1.02	0.57	0.24	0.13	0.16	0.18
7:00	0.94	1.65	0.84	0.42	1.07	0.66	0.34	0.16	0.17	0.24
7:15	1.05	2.23	0.96	0.52	1.09	0.68	0.35	0.19	0.23	0.31
7:30	1.40	2.37	1.01	0.75	0.85	0.68	0.38	0.24	0.24	0.39
7:45	1.63	2.45	1.16	0.81	0.65	0.65	0.31	0.26	0.24	0.45
8:00	1.92	2.37	1.26	0.77	0.54	0.56	0.22	0.36	0.23	0.47
8:15	2.02	1.80	1.26	0.70	0.43	0.50	0.18	0.40	0.19	0.47
8:30	2.06	1.35	1.26	0.62	0.50	0.51	0.17	0.41	0.17	0.45
8:45	2.00	1.12	1.16	0.61	0.50	0.46	0.18	0.44	0.19	0.35
9:00	1.72	0.78	1.08	0.64	0.32	0.37	0.19	0.44	0.21	0.28
9:15	1.55	0.68	0.95	0.67	0.29	0.27	0.21	0.40	0.23	0.21
9:30	1.40	0.56	0.79	0.56	0.21	0.23	0.21	0.35	0.23	0.20
9:45	1.48	0.54	0.69	0.48	0.26	0.18	0.28	0.30	0.28	0.20
10:00	1.60	0.65	0.63	0.35	0.27	0.18	0.34	0.30	0.30	0.21
10:15	1.59	0.69	0.66	0.26	0.20	0.19	0.43	0.33	0.33	0.23
10:30	1.46	0.67	0.64	0.21	0.17	0.15	0.44	0.33	0.33	0.24
10:45	1.19	0.56	0.63	0.30	0.15	0.13	0.36	0.33	0.30	0.23
11:00	1.07	0.45	0.53	0.36	0.15	0.12	0.31	0.32	0.26	0.20
11:15	1.03	0.43	0.53	0.34	0.22	0.13	0.23	0.30	0.20	0.19
11:30	1.00	0.36	0.52	0.34	0.25	0.15	0.23	0.25	0.19	0.18
11:45	0.90	0.31	0.64	0.35	0.18	0.16	0.26	0.23	0.17	0.19
12:00	0.74	0.36	0.80	0.28	0.15	0.19	0.33	0.23	0.21	0.21
12:15	0.63	0.33	0.84	0.43	0.16	0.22	0.48	0.27	0.23	0.27
12:30	0.54	0.45	0.86	0.59	0.14	0.27	0.55	0.28	0.24	0.30
12:45	0.58	0.62	0.83	0.83	0.23	0.28	0.58	0.26	0.29	0.32
13:00	0.54	0.73	0.73	0.91	0.31	0.28	0.56	0.26	0.32	0.33
13:15	0.48	0.87	0.61	0.89	0.38	0.24	0.34	0.25	0.33	0.30
13:30	0.62	0.81	0.53	0.89	0.37	0.19	0.29	0.26	0.36	0.25
13:45	0.70	0.64	0.55	0.82	0.30	0.16	0.23	0.28	0.37	0.18
14:00	0.91	0.54	0.63	0.68	0.18	0.16	0.24	0.29	0.34	0.18
14:15	0.90	0.38	0.66	0.63	0.20	0.14	0.24	0.27	0.29	0.13
14:30	0.90	0.36	0.64	0.63	0.15	0.17	0.30	0.26	0.24	0.17
14:45	0.98	0.36	0.53	0.59	0.24	0.18	0.27	0.24	0.21	0.18

时间	南昌电台交通广播	江西交通广播	南昌电台新闻广播	江西音乐广播	中央电台中国之声	江西新闻广播	江西都市广播	南昌电台大眼睛 897	江西民生广播	中央电台经济之声
15:00	1.07	0.58	0.44	0.51	0.28	0.22	0.21	0.22	0.16	0.18
15:15	0.96	0.60	0.42	0.42	0.40	0.26	0.18	0.21	0.17	0.16
15:30	0.86	0.60	0.39	0.33	0.42	0.25	0.18	0.23	0.17	0.13
15:45	0.74	0.43	0.46	0.28	0.47	0.21	0.16	0.25	0.19	0.12
16:00	0.73	0.36	0.51	0.25	0.41	0.16	0.16	0.23	0.23	0.11
16:15	0.66	0.41	0.55	0.27	0.27	0.16	0.15	0.24	0.27	0.13
16:30	0.77	0.57	0.60	0.33	0.27	0.18	0.15	0.22	0.29	0.13
16:45	0.82	0.86	0.60	0.40	0.31	0.26	0.18	0.28	0.31	0.14
17:00	1.17	1.37	0.59	0.65	0.26	0.33	0.24	0.34	0.30	0.18
17:15	1.30	1.76	0.67	0.66	0.19	0.41	0.28	0.42	0.28	0.20
17:30	1.57	1.97	0.74	0.60	0.14	0.44	0.31	0.44	0.25	0.24
17:45	1.69	1.99	0.92	0.52	0.12	0.49	0.34	0.45	0.24	0.29
18:00	1.74	1.69	1.02	0.44	0.08	0.52	0.49	0.46	0.24	0.30
18:15	1.65	1.14	1.04	0.43	0.18	0.52	0.53	0.42	0.28	0.33
18:30	1.34	0.85	1.01	0.41	0.18	0.37	0.52	0.38	0.29	0.33
18:45	1.13	0.62	0.86	0.30	0.19	0.32	0.44	0.31	0.27	0.30
19:00	0.93	0.46	0.74	0.19	0.16	0.21	0.33	0.27	0.24	0.24
19:15	0.80	0.35	0.64	0.16	0.25	0.20	0.26	0.25	0.19	0.19
19:30	0.76	0.40	0.58	0.19	0.24	0.19	0.29	0.20	0.18	0.15
19:45	0.85	0.51	0.59	0.16	0.18	0.20	0.27	0.18	0.17	0.15
20:00	0.99	0.55	0.67	0.26	0.16	0.23	0.24	0.17	0.13	0.12
20:15	0.98	0.54	0.69	0.28	0.13	0.30	0.20	0.19	0.14	0.12
20:30	0.87	0.35	0.67	0.28	0.14	0.35	0.17	0.20	0.14	0.11
20:45	0.64	0.31	0.62	0.38	0.13	0.37	0.17	0.22	0.17	0.11
21:00	0.57	0.31	0.51	0.46	0.15	0.35	0.29	0.21	0.20	0.12
21:15	0.46	0.31	0.41	0.53	0.19	0.32	0.31	0.16	0.23	0.15
21:30	0.46	0.33	0.34	0.55	0.14	0.25	0.32	0.14	0.21	0.19
21:45	0.53	0.35	0.29	0.46	0.10	0.17	0.30	0.10	0.16	0.18
22:00	0.52	0.33	0.26	0.33	0.12	0.12	0.18	0.13	0.12	0.15
22:15	0.45	0.28	0.25	0.26	0.10	0.11	0.15	0.12	0.10	0.13
22:30	0.27	0.24	0.30	0.31	0.16	0.10	0.11	0.12	0.10	0.10
22:45	0.27	0.32	0.27	0.23	0.10	0.12	0.14	0.10	0.10	0.09
23:00	0.26	0.26	0.20	0.24	0.10	0.14	0.14	0.09	0.11	0.08
23:15	0.24	0.23	0.16	0.19	0.06	0.11	0.09	0.08	0.09	0.05
23:30	0.20	0.20	0.14	0.18	0.10	0.08	0.08	0.07	0.08	0.07
23:45	0.15	0.15	0.09	0.13	0.05	0.06	0.06	0.05	0.06	0.05

表 2.21.4　南昌地区主要电台的占有率（%）

时间	南昌电台交通广播	江西交通广播	南昌电台新闻广播	江西音乐广播	中央电台中国之声	江西新闻广播	江西都市广播	南昌电台大眼睛 897	江西民生广播	中央电台经济之声
6:00	14.8	18.0	8.1	2.9	22.1	9.2	2.6	2.0	1.8	4.0
6:15	11.0	18.6	8.9	3.6	21.3	10.1	2.9	2.0	2.1	4.1
6:30	12.0	18.7	9.6	4.6	19.0	9.6	3.6	1.5	2.6	3.3
6:45	11.9	23.1	9.5	4.7	16.5	9.2	3.9	2.0	2.5	3.0
7:00	12.5	22.0	11.2	5.6	14.3	8.8	4.6	2.2	2.3	3.2
7:15	12.0	25.5	11.0	6.0	12.4	7.7	4.0	2.2	2.6	3.5
7:30	14.6	24.8	10.6	7.9	8.9	7.2	3.9	2.5	2.5	4.1
7:45	16.4	24.7	11.7	8.1	6.5	6.5	3.2	2.6	2.5	4.5
8:00	18.9	23.3	12.4	7.6	5.3	5.6	2.2	3.5	2.3	4.6
8:15	21.4	19.0	13.4	7.4	4.5	5.2	1.9	4.2	2.1	5.0
8:30	22.8	14.9	13.9	6.8	5.6	5.6	1.9	4.6	1.9	4.9
8:45	23.6	13.1	13.7	7.2	5.9	5.5	2.2	5.2	2.2	4.1
9:00	23.0	10.4	14.5	8.5	4.3	5.0	2.5	5.8	2.8	3.7
9:15	22.7	10.0	13.9	9.8	4.3	3.9	3.1	5.9	3.4	3.1
9:30	23.0	9.2	13.1	9.2	3.5	3.7	3.5	5.7	3.9	3.3
9:45	24.4	8.8	11.3	7.9	4.2	2.9	4.5	4.8	4.7	3.3
10:00	25.5	10.4	10.1	5.6	4.3	2.8	5.5	4.8	4.8	3.4
10:15	25.0	10.8	10.3	4.0	3.1	2.9	6.8	5.1	5.2	3.6
10:30	24.2	11.1	10.7	3.5	2.8	2.5	7.3	5.4	5.5	3.9
10:45	21.1	10.0	11.2	5.4	2.6	2.4	6.4	5.9	5.3	4.1
11:00	20.6	8.7	10.2	6.9	2.9	2.2	6.0	6.2	5.1	3.9
11:15	20.5	8.6	10.5	6.8	4.5	2.6	4.5	6.0	3.9	3.7
11:30	20.8	7.4	10.8	7.0	5.1	3.2	4.7	5.2	4.0	3.8
11:45	18.9	6.4	13.4	7.2	3.7	3.4	5.5	4.9	3.6	4.0
12:00	14.8	7.2	16.2	5.7	3.0	3.9	6.7	4.6	4.2	4.3
12:15	11.9	6.2	15.7	8.0	2.9	4.1	9.0	5.0	4.3	5.0
12:30	9.4	7.9	15.1	10.3	2.5	4.7	9.6	4.8	4.1	5.2
12:45	9.3	9.9	13.3	13.3	3.7	4.5	9.2	4.1	4.7	5.2
13:00	8.4	11.4	11.4	14.3	4.9	4.4	8.7	4.1	5.0	5.2
13:15	7.8	14.2	10.0	14.6	6.2	4.0	5.6	4.0	5.4	5.0
13:30	10.3	13.5	8.9	14.9	6.1	3.1	4.9	4.4	6.0	4.1
13:45	12.3	11.4	9.8	14.5	5.2	2.8	4.1	4.9	6.5	3.2
14:00	16.6	9.8	11.6	12.5	3.2	2.9	4.5	5.2	6.2	3.3
14:15	17.7	7.4	13.1	12.5	3.9	2.8	4.8	5.4	5.7	2.7
14:30	18.1	7.3	12.8	12.7	3.1	3.4	5.9	5.2	4.9	3.5
14:45	19.8	7.3	10.7	12.0	4.8	3.6	5.4	4.9	4.2	3.5

时间	南昌电台交通广播	江西交通广播	南昌电台新闻广播	江西音乐广播	中央电台中国之声	江西新闻广播	江西都市广播	南昌电台大眼睛 897	江西民生广播	中央电台经济之声
15:00	20.5	11.2	8.5	9.8	5.5	4.3	3.9	4.2	3.2	3.4
15:15	18.2	11.3	8.0	8.0	7.6	4.9	3.4	4.1	3.3	3.0
15:30	17.2	12.0	7.8	6.6	8.4	5.0	3.6	4.6	3.3	2.6
15:45	15.8	9.2	9.9	6.0	10.1	4.5	3.3	5.3	4.0	2.6
16:00	16.6	8.1	11.5	5.7	9.3	3.6	3.7	5.2	5.1	2.5
16:15	15.1	9.4	12.6	6.3	6.2	3.7	3.4	5.4	6.2	3.0
16:30	15.8	11.8	12.4	6.8	5.7	3.8	3.1	4.5	6.0	2.7
16:45	14.3	15.0	10.5	6.9	5.5	4.5	3.2	4.8	5.3	2.5
17:00	16.3	19.1	8.3	9.0	3.7	4.6	3.4	4.7	4.2	2.5
17:15	16.5	22.3	8.5	8.4	2.4	5.2	3.5	5.4	3.5	2.5
17:30	18.8	23.6	8.8	7.2	1.7	5.3	3.7	5.3	2.9	2.9
17:45	19.4	22.9	10.6	6.0	1.4	5.6	4.0	5.2	2.8	3.3
18:00	20.4	19.7	11.9	5.1	0.9	6.1	5.7	5.3	2.8	3.5
18:15	20.5	14.2	12.9	5.3	2.3	6.4	6.6	5.2	3.5	4.0
18:30	18.6	11.8	14.0	5.7	2.5	5.2	7.2	5.3	4.0	4.6
18:45	18.3	10.2	14.0	4.9	3.0	5.1	7.2	5.1	4.4	4.9
19:00	18.9	9.4	15.0	3.8	3.1	4.2	6.7	5.5	4.8	4.9
19:15	18.0	7.9	14.5	3.7	5.6	4.6	5.8	5.6	4.2	4.3
19:30	18.1	9.5	13.7	4.4	5.7	4.5	6.7	4.7	4.3	3.6
19:45	19.9	11.9	13.7	3.8	4.1	4.5	6.2	4.2	3.9	3.4
20:00	21.5	12.1	14.5	5.7	3.4	5.0	5.1	3.7	2.8	2.5
20:15	21.2	11.7	14.8	6.1	2.9	6.5	4.4	4.0	2.9	2.6
20:30	20.1	8.1	15.5	6.4	3.1	8.0	3.8	4.7	3.3	2.4
20:45	14.8	7.1	14.4	8.7	3.0	8.6	3.9	5.2	4.0	2.6
21:00	12.8	6.9	11.5	10.3	3.3	7.9	6.5	4.6	4.4	2.8
21:15	10.2	6.9	9.1	12.0	4.2	7.2	6.9	3.5	5.1	3.5
21:30	10.5	7.7	7.9	12.6	3.1	5.7	7.4	3.1	4.7	4.3
21:45	13.1	8.5	7.1	11.3	2.4	4.1	7.4	2.4	4.0	4.6
22:00	14.7	9.4	7.4	9.3	3.5	3.4	5.2	3.6	3.4	4.1
22:15	15.0	9.3	8.2	8.5	3.4	3.8	4.8	4.0	3.3	4.3
22:30	9.7	8.7	10.6	11.0	5.9	3.8	4.1	4.3	3.6	3.7
22:45	10.4	12.6	10.5	9.0	3.9	4.6	5.5	3.7	4.1	3.6
23:00	11.9	11.6	9.0	10.8	4.5	6.2	6.1	3.9	4.8	3.4
23:15	13.6	13.1	8.9	10.6	3.6	5.9	5.1	4.6	5.1	2.9
23:30	12.5	12.4	8.8	11.0	6.3	4.8	4.9	4.5	4.7	4.2
23:45	13.4	12.9	7.9	11.0	3.9	5.3	4.8	4.5	5.3	4.1

二十二、济南地区收听率数据

表 2.22.1　济南地区主要电台频率的平均收听率和市场份额

排名	电台名称	平均收听率（%）	市场份额（%）
1	济南音乐广播 Music88.7	1.10	16.3
2	山东交通广播	0.74	11.0
3	济南交通广播	0.66	9.8
4	济南新闻广播	0.55	8.2
5	山东新闻频道	0.52	7.7
6	山东音乐频道（动感 991）	0.51	7.6
7	济南私家车广播	0.41	6.1
8	文艺频道 iradio 女主播电台	0.37	5.5
9	山东生活频道	0.34	5.0
10	山东经济频道	0.33	4.8

表 2.22.2　济南地区主要电台频率的周到达率和日到达率

排名	电台名称	周到达率（%）	日到达率（%）
1	济南音乐广播 Music88.7	27.59	14.35
2	山东交通广播	25.88	13.39
3	山东新闻频道	19.20	9.73
4	济南新闻广播	19.66	9.50
5	山东音乐频道（动感 991）	18.67	9.30
6	济南交通广播	21.88	9.14
7	山东生活频道	16.56	7.67
8	文艺频道 iradio 女主播电台	16.56	7.30
9	山东经济频道	16.67	6.94
10	济南故事广播	14.21	6.06

表 2.22.3 济南地区主要电台的收听率（%）

时间	济南音乐广播 Music 88.7	山东交通广播	济南交通广播	济南新闻广播	山东新闻频道	山东音乐频道	济南私家车广播	文艺频道 iradio 女主播电台	山东生活频道	山东经济频道
6:00	0.63	0.58	0.45	0.47	0.71	0.17	0.23	0.23	0.19	0.25
6:15	0.63	0.57	0.49	0.42	0.60	0.25	0.24	0.17	0.09	0.30
6:30	0.60	0.50	0.47	0.41	0.57	0.26	0.23	0.22	0.19	0.28
6:45	0.81	0.82	0.66	0.50	0.78	0.36	0.31	0.27	0.24	0.33
7:00	0.79	0.81	0.63	0.56	0.75	0.36	0.32	0.21	0.24	0.32
7:15	0.76	0.75	0.60	0.55	0.76	0.37	0.32	0.23	0.26	0.40
7:30	1.04	1.11	0.76	0.56	0.93	0.41	0.35	0.26	0.23	0.39
7:45	1.07	1.05	0.74	0.57	0.93	0.39	0.34	0.36	0.31	0.42
8:00	1.09	1.09	0.77	0.53	0.89	0.37	0.38	0.33	0.32	0.41
8:15	1.39	1.26	0.98	0.56	0.99	0.54	0.44	0.37	0.33	0.50
8:30	1.43	1.28	1.06	0.57	1.05	0.54	0.45	0.34	0.35	0.49
8:45	1.42	1.23	1.04	0.57	0.98	0.55	0.48	0.40	0.31	0.47
9:00	1.65	1.44	1.24	0.55	1.13	0.57	0.64	0.47	0.45	0.54
9:15	1.70	1.45	1.21	0.61	1.05	0.67	0.58	0.43	0.50	0.51
9:30	1.66	1.42	1.26	0.56	1.07	0.60	0.61	0.55	0.45	0.55
9:45	1.92	1.41	1.25	0.64	1.09	0.60	0.72	0.58	0.46	0.53
10:00	1.90	1.39	1.33	0.62	0.99	0.71	0.69	0.59	0.50	0.52
10:15	1.90	1.46	1.29	0.60	0.99	0.62	0.71	0.56	0.51	0.58
10:30	1.99	1.41	1.29	0.59	0.95	0.63	0.81	0.56	0.55	0.54
10:45	2.04	1.40	1.27	0.60	0.95	0.69	0.83	0.52	0.57	0.58
11:00	1.99	1.34	1.23	0.61	0.95	0.71	0.78	0.57	0.54	0.54
11:15	2.03	1.23	1.24	0.65	0.91	0.56	0.89	0.57	0.62	0.51
11:30	2.06	1.23	1.24	0.69	0.86	0.65	0.83	0.54	0.57	0.54
11:45	2.00	1.22	1.27	0.65	0.87	0.58	0.84	0.55	0.57	0.50
12:00	1.90	0.97	1.09	0.68	0.80	0.52	0.78	0.50	0.57	0.42
12:15	1.92	1.06	1.12	0.69	0.86	0.61	0.78	0.54	0.53	0.44
12:30	1.98	1.05	1.11	0.70	0.79	0.56	0.81	0.48	0.59	0.46
12:45	1.79	0.91	0.94	0.71	0.76	0.56	0.75	0.42	0.55	0.40
13:00	1.79	0.95	0.99	0.75	0.75	0.57	0.74	0.43	0.53	0.39
13:15	1.73	0.89	0.98	0.74	0.72	0.54	0.74	0.41	0.56	0.44
13:30	1.56	0.91	0.88	0.79	0.73	0.55	0.64	0.44	0.47	0.40
13:45	1.62	0.83	0.91	0.76	0.64	0.49	0.70	0.38	0.51	0.38
14:00	1.56	0.92	0.80	0.81	0.66	0.50	0.68	0.42	0.55	0.44
14:15	1.52	0.84	0.73	0.83	0.72	0.47	0.63	0.33	0.48	0.33
14:30	1.46	0.90	0.77	0.82	0.72	0.48	0.57	0.40	0.49	0.40
14:45	1.53	0.85	0.70	0.85	0.68	0.53	0.59	0.34	0.48	0.36

时间	济南音乐广播Music 88.7	山东交通广播	济南交通广播	济南新闻广播	山东新闻频道	山东音乐频道（动感991）	济南私家车广播	文艺频道iradio女主播电台	山东生活频道	山东经济频道
15:00	1.46	0.75	0.67	0.78	0.66	0.43	0.54	0.27	0.47	0.28
15:15	1.44	0.79	0.72	0.76	0.53	0.49	0.54	0.34	0.38	0.27
15:30	1.41	0.76	0.68	0.78	0.66	0.49	0.55	0.33	0.41	0.33
15:45	1.36	0.75	0.69	0.73	0.58	0.44	0.51	0.30	0.45	0.27
16:00	1.32	0.72	0.69	0.71	0.49	0.46	0.52	0.31	0.42	0.30
16:15	1.37	0.74	0.69	0.71	0.49	0.40	0.51	0.31	0.43	0.29
16:30	1.20	0.61	0.65	0.66	0.47	0.35	0.47	0.29	0.42	0.27
16:45	1.25	0.62	0.64	0.68	0.51	0.37	0.52	0.32	0.41	0.26
17:00	1.20	0.66	0.69	0.59	0.41	0.35	0.48	0.34	0.37	0.28
17:15	1.12	0.66	0.62	0.60	0.40	0.37	0.44	0.30	0.33	0.27
17:30	1.14	0.66	0.63	0.57	0.53	0.44	0.43	0.27	0.33	0.26
17:45	1.13	0.58	0.67	0.58	0.40	0.44	0.43	0.29	0.32	0.29
18:00	1.02	0.67	0.69	0.56	0.51	0.31	0.44	0.29	0.42	0.31
18:15	1.02	0.57	0.66	0.59	0.43	0.35	0.48	0.32	0.44	0.28
18:30	1.07	0.65	0.64	0.53	0.50	0.39	0.44	0.26	0.43	0.27
18:45	1.01	0.68	0.66	0.56	0.46	0.39	0.43	0.26	0.44	0.31
19:00	0.98	0.66	0.71	0.59	0.50	0.38	0.42	0.24	0.38	0.30
19:15	1.01	0.68	0.72	0.55	0.47	0.33	0.38	0.28	0.38	0.29
19:30	1.03	0.70	0.74	0.55	0.56	0.41	0.36	0.31	0.36	0.28
19:45	1.08	0.73	0.71	0.55	0.59	0.42	0.36	0.32	0.41	0.29
20:00	1.04	0.69	0.75	0.54	0.54	0.43	0.39	0.21	0.35	0.33
20:15	1.18	0.67	0.71	0.46	0.56	0.47	0.36	0.28	0.35	0.31
20:30	1.17	0.72	0.67	0.50	0.55	0.40	0.41	0.26	0.35	0.28
20:45	1.14	0.73	0.71	0.49	0.52	0.40	0.40	0.26	0.43	0.27
21:00	1.32	0.76	0.65	0.43	0.68	0.43	0.42	0.27	0.37	0.29
21:15	1.27	0.69	0.68	0.43	0.70	0.46	0.47	0.31	0.31	0.31
21:30	1.30	0.74	0.72	0.43	0.60	0.53	0.39	0.31	0.40	0.33
21:45	1.31	0.71	0.70	0.39	0.70	0.50	0.43	0.31	0.34	0.30
22:00	1.32	0.66	0.67	0.42	0.61	0.47	0.44	0.28	0.30	0.32
22:15	1.32	0.69	0.67	0.40	0.67	0.56	0.45	0.31	0.28	0.28
22:30	1.30	0.63	0.68	0.44	0.66	0.61	0.52	0.30	0.37	0.29
22:45	1.28	0.60	0.64	0.40	0.69	0.52	0.49	0.29	0.33	0.32
23:00	1.34	0.64	0.70	0.43	0.71	0.57	0.52	0.35	0.30	0.30
23:15	1.26	0.61	0.72	0.44	0.66	0.64	0.51	0.32	0.28	0.24
23:30	1.22	0.63	0.73	0.45	0.70	0.61	0.53	0.29	0.27	0.31
23:45	1.24	0.63	0.71	0.45	0.71	0.55	0.54	0.33	0.26	0.29

表 2.22.4　济南地区主要电台的占有率（%）

时间	济南音乐广播 Music 88.7	山东交通广播	济南交通广播	济南新闻广播	山东新闻频道	山东音乐频道	济南私家车广播	文艺频道 iradio 女主播电台	山东生活频道	山东经济频道
6:00	13.9	12.8	9.9	10.4	15.6	3.7	5.2	5.0	4.1	5.6
6:15	14.2	12.7	11.1	9.4	13.4	5.6	5.5	3.9	2.1	6.7
6:30	13.4	11.1	10.5	9.3	12.9	5.8	5.1	4.9	4.2	6.3
6:45	13.5	13.7	11.0	8.4	13.0	5.9	5.1	4.5	4.0	5.5
7:00	13.4	13.8	10.7	9.5	12.6	6.0	5.5	3.6	4.0	5.4
7:15	12.7	12.5	9.9	9.2	12.6	6.2	5.4	3.8	4.4	6.7
7:30	14.6	15.6	10.6	7.9	13.0	5.8	4.9	3.7	3.2	5.5
7:45	14.8	14.5	10.2	7.9	12.8	5.4	4.7	5.0	4.2	5.8
8:00	15.0	15.1	10.7	7.3	12.3	5.2	5.3	4.5	4.5	5.6
8:15	16.0	14.6	11.3	6.5	11.4	6.2	5.1	4.3	3.9	5.8
8:30	16.1	14.5	11.9	6.5	11.8	6.1	5.1	3.8	3.9	5.5
8:45	16.3	14.2	12.0	6.6	11.3	6.3	5.5	4.6	3.6	5.4
9:00	16.1	14.1	12.1	5.3	11.1	5.6	6.2	4.6	4.4	5.2
9:15	16.7	14.3	11.9	6.0	10.3	6.5	5.6	4.2	4.9	5.0
9:30	16.2	13.9	12.4	5.5	10.5	5.9	6.0	5.4	4.4	5.4
9:45	17.7	13.0	11.6	5.9	10.0	5.5	6.6	5.4	4.2	4.9
10:00	17.5	12.8	12.3	5.7	9.1	6.5	6.3	5.4	4.6	4.8
10:15	17.4	13.4	11.8	5.5	9.0	5.7	6.5	5.1	4.7	5.3
10:30	18.0	12.8	11.7	5.4	8.6	5.7	7.3	5.1	4.9	4.9
10:45	18.4	12.6	11.4	5.4	8.5	6.2	7.5	4.7	5.1	5.2
11:00	18.1	12.2	11.3	5.6	8.7	6.5	7.2	5.2	4.9	5.0
11:15	18.5	11.2	11.3	5.9	8.3	5.1	8.1	5.2	5.7	4.7
11:30	18.9	11.3	11.4	6.3	7.9	6.0	7.6	5.0	5.2	4.9
11:45	18.6	11.3	11.8	6.0	8.0	5.4	7.8	5.1	5.3	4.6
12:00	19.2	9.8	11.1	6.9	8.1	5.3	7.9	5.0	5.8	4.3
12:15	19.0	10.4	11.1	6.8	8.5	6.0	7.7	5.3	5.3	4.4
12:30	19.5	10.3	10.9	6.9	7.7	5.5	8.0	4.7	5.8	4.5
12:45	19.1	9.7	10.0	7.6	8.1	6.0	8.0	4.5	5.9	4.2
13:00	18.9	10.0	10.4	7.9	7.9	6.0	7.8	4.5	5.6	4.1
13:15	18.5	9.5	10.5	7.9	7.7	5.7	7.9	4.4	6.0	4.7
13:30	17.6	10.3	9.9	8.9	8.2	6.2	7.2	4.9	5.3	4.5
13:45	18.5	9.5	10.4	8.6	7.3	5.5	8.0	4.3	5.8	4.4
14:00	17.6	10.5	9.1	9.2	7.5	5.6	7.6	4.8	6.2	4.9
14:15	18.4	10.1	8.7	10.0	8.7	5.6	7.6	3.9	5.8	4.0
14:30	17.1	10.6	9.0	9.6	8.4	5.6	6.7	4.7	5.8	4.8
14:45	18.3	10.2	8.3	10.1	8.1	6.3	7.0	4.0	5.7	4.3

时间	济南音乐广播Music 88.7	山东交通广播	济南交通广播	济南新闻广播	山东新闻频道	山东音乐频道	济南私家车广播	文艺频道 iradio 女主播电台	山东生活频道	山东经济频道
15:00	18.9	9.8	8.7	10.1	8.5	5.5	7.1	3.5	6.1	3.6
15:15	18.5	10.2	9.3	9.8	6.8	6.3	7.0	4.3	4.9	3.5
15:30	18.0	9.8	8.7	10.0	8.4	6.3	7.0	4.2	5.3	4.3
15:45	18.3	10.1	9.2	9.8	7.8	5.9	6.9	4.1	6.0	3.6
16:00	17.9	9.8	9.3	9.7	6.6	6.3	7.1	4.2	5.8	4.0
16:15	18.8	10.1	9.4	9.8	6.7	5.5	7.0	4.2	5.8	4.0
16:30	17.7	9.1	9.6	9.7	7.0	5.2	7.0	4.3	6.2	3.9
16:45	18.3	9.1	9.3	9.9	7.4	5.4	7.6	4.6	5.9	3.8
17:00	17.9	9.9	10.2	8.9	6.2	5.3	7.1	5.1	5.5	4.1
17:15	17.6	10.4	9.7	9.5	6.2	5.9	6.9	4.8	5.1	4.2
17:30	17.6	10.3	9.7	8.8	8.2	6.7	6.6	4.1	5.1	4.0
17:45	17.7	9.1	10.5	9.1	6.2	6.9	6.8	4.5	5.0	4.6
18:00	15.5	10.1	10.6	8.5	7.8	4.8	6.7	4.4	6.3	4.8
18:15	15.9	9.0	10.4	9.2	6.8	5.5	7.5	4.9	6.9	4.4
18:30	16.6	10.1	10.0	8.2	7.7	6.0	6.8	4.0	6.6	4.1
18:45	15.8	10.6	10.3	8.8	7.2	6.1	6.7	4.0	6.9	4.8
19:00	15.5	10.4	11.3	9.3	7.9	6.1	6.7	3.8	6.0	4.7
19:15	16.3	10.9	11.5	8.8	7.5	5.3	6.1	4.4	6.2	4.7
19:30	15.8	10.8	11.4	8.5	8.6	6.3	5.5	4.8	5.6	4.3
19:45	16.1	10.8	10.7	8.3	8.8	6.3	5.3	4.7	6.1	4.4
20:00	16.1	10.7	11.6	8.3	8.4	6.7	6.1	3.2	5.5	5.2
20:15	17.8	10.1	10.7	7.0	8.5	7.1	5.5	4.3	5.2	4.6
20:30	18.0	11.2	10.4	7.7	8.5	6.2	6.3	4.0	5.3	4.4
20:45	17.3	11.1	10.8	7.4	7.9	6.1	6.1	3.9	6.5	4.0
21:00	19.3	11.1	9.5	6.3	9.9	6.4	6.2	4.0	5.5	4.2
21:15	18.6	10.0	10.0	6.2	10.3	6.7	6.8	4.6	4.6	4.5
21:30	18.4	10.6	10.2	6.1	8.5	7.5	5.5	4.4	5.7	4.7
21:45	18.8	10.2	10.1	5.6	10.1	7.1	6.2	4.4	4.9	4.3
22:00	19.6	9.7	9.9	6.2	9.1	7.0	6.5	4.2	4.4	4.8
22:15	19.2	10.1	9.7	5.8	9.8	8.1	6.5	4.5	4.1	4.0
22:30	18.4	9.0	9.7	6.2	9.4	8.6	7.3	4.2	5.2	4.1
22:45	18.8	8.8	9.4	5.8	10.1	7.6	7.1	4.2	4.8	4.7
23:00	18.6	8.9	9.7	6.0	9.9	8.0	7.2	4.9	4.1	4.1
23:15	18.0	8.8	10.3	6.2	9.5	9.1	7.3	4.6	3.9	3.4
23:30	17.5	8.9	10.5	6.4	10.0	8.7	7.6	4.1	3.8	4.4
23:45	17.7	9.0	10.2	6.5	10.2	7.9	7.7	4.7	3.8	4.2

表 2.22.5　济南市平均收听率 top30 节目

排名	节目名称	所属频率	播放时间	平均收听率(%)	市场占有率(%)
1	Music 伴你行	济南电台音乐广播 Music88.7	09:00—11:00	1.59	19.5
2	娱乐观察团	济南电台音乐广播 Music88.7	13:00—14:00	1.47	23.3
3	音乐快车道	济南电台音乐广播 Music88.7	11:00—13:00	1.35	18.7
4	下班万万岁	山东交通广播	17:00—19:00	1.31	16.6
5	Music 放轻松	济南电台音乐广播 Music88.7	16:00—18:00	1.24	16.3
6	唱游天下	山东交通广播	08:30—10:00	1.20	10.9
7	阳光政务热线	山东广播新闻频道	08:00—09:00	1.19	9.4
8	阳光行动	山东广播新闻频道	08:00—09:00	1.17	9.8
9	音乐咖啡馆	济南电台音乐广播 Music88.7	14:00—16:00	1.14	17.6
10	交通雷达网	济南电台交通频道	07:00—09:00	1.07	11.7
11	《全媒体扫描》+《新闻焦点》	山东广播新闻频道	07:30—08:00	1.06	13.8
12	城市 MorningCall	济南电台音乐广播 Music88.7	06:00—09:00	0.96	14.7
12	金山夜话(第一时段)	济南电台新闻综合频道	21:30—23:00	0.96	14.2
14	都市顺风车	济南电台交通频道	17:30—19:00	0.95	12.2
15	991 全球流行音乐榜(华语)	山东广播音乐频道（动感 991）	21:00—22:00	0.94	10.6
16	一路畅通	山东交通广播	07:00—08:30	0.92	11.8
17	小说连播	济南电台新闻综合频道	08:40—09:10	0.91	7.2
17	1066 城市爱生活	济南电台新闻综合频道	09:10—10:00	0.91	9.6
19	991 全球流行音乐榜(欧美)	山东广播音乐频道（动感 991）	21:00—22:00	0.90	9.7
20	汽车音乐 CD	济南电台交通频道	09:00—10:00	0.89	9.1
20	我会修汽车	山东交通广播	15:30—17:00	0.89	12.2
22	城市乐光	济南电台音乐广播 Music88.7	20:00—00:00	0.86	14.6
23	新闻嘚啵嘚(午间版)	山东广播新闻频道	12:00—13:00	0.84	10.5
24	991 上班在路上	山东广播音乐频道（动感 991）	08:00—09:00	0.81	6.6
25	动感晚高峰	山东广播音乐频道（动感 991）	17:00—18:00	0.80	9.6
26	音乐超转速	济南电台音乐广播 Music88.7	18:00—20:00	0.78	12.1
27	新闻 30 分	济南电台交通频道	12:00—12:30	0.77	9.5
28	就是不想早回家	山东广播音乐频道（动感 991）	16:00—17:00	0.76	10.9
29	应急帮帮团	山东交通广播	13:30—15:30	0.74	12.0
29	政务监督热线	济南电台新闻综合频道	08:00—08:40	0.74	6.1

二十三、郑州地区收听率数据

表 2.23.1　郑州地区主要电台频率的平均收听率和市场份额

排名	电台名称	平均收听率（%）	市场份额（%）
1	河南交通广播	1.40	13.4
2	河南音乐广播	0.79	7.5
3	郑州新闻广播	0.77	7.3
4	郑州都市广播汽车调频	0.72	6.9
5	郑州音乐广播	0.53	5.1
6	河南戏曲广播娱乐 976	0.52	4.9
7	河南新闻广播	0.44	4.2
8	河南新闻广播	0.44	4.2
8	河南旅游广播私家车 999	0.34	3.3
10	河南影视广播	0.34	3.3

表 2.23.2　郑州地区主要电台频率的周到达率和日到达率

排名	电台名称	周到达率（%）	日到达率（%）
1	河南交通广播	38.25	23.28
2	河南音乐广播	23.43	14.88
3	郑州都市广播汽车调频	14.19	9.85
4	郑州新闻广播	19.62	9.33
5	郑州音乐广播	15.18	8.80
6	河南戏曲广播娱乐 976	12.45	8.79
7	河南影视广播	10.59	7.90
8	河南旅游广播私家车 999	11.11	7.73
9	郑州经典 1079	8.96	6.05
10	河南新闻广播	8.19	5.70

表 2.23.3 郑州地区主要电台的收听率（%）

时间	河南交通广播	河南音乐广播	郑州新闻广播	郑州都市广播汽车调频	郑州音乐广播	河南戏曲广播	河南新闻广播	河南新闻广播	河南旅游广播私家车999	河南影视广播
6:00	0.09	0.16	0.33	0.12	0.06	0.09	0.66	0.66	0.01	0.04
6:15	0.19	0.33	0.41	0.20	0.08	0.16	0.65	0.65	0.04	0.06
6:30	0.37	0.56	0.82	0.35	0.17	0.28	0.98	0.98	0.06	0.07
6:45	0.88	0.89	1.04	0.60	0.27	0.54	1.42	1.42	0.13	0.10
7:00	1.64	1.38	2.13	1.64	0.49	0.82	1.46	1.46	0.31	0.23
7:15	2.64	1.59	2.22	1.89	0.66	0.94	1.41	1.41	0.44	0.29
7:30	2.84	1.65	2.14	2.05	0.74	0.97	1.34	1.34	0.64	0.53
7:45	3.03	1.61	2.03	2.14	0.99	0.94	1.23	1.23	0.67	0.68
8:00	3.03	1.53	1.74	2.06	1.13	0.88	1.10	1.10	0.68	0.72
8:15	2.79	1.40	1.51	1.89	1.14	0.76	0.96	0.96	0.62	0.71
8:30	2.19	1.03	1.40	1.44	1.08	0.64	0.90	0.90	0.52	0.63
8:45	1.73	0.95	1.41	1.12	0.97	0.65	0.81	0.81	0.45	0.48
9:00	1.18	0.86	1.36	0.85	0.78	0.76	0.82	0.82	0.40	0.37
9:15	1.03	0.81	1.22	0.69	0.66	0.77	0.79	0.79	0.37	0.35
9:30	1.16	0.77	1.11	0.68	0.64	0.75	0.76	0.76	0.37	0.34
9:45	1.37	0.77	1.18	0.81	0.72	0.70	0.66	0.66	0.40	0.38
10:00	1.42	0.98	1.50	1.05	0.75	0.54	0.68	0.68	0.45	0.44
10:15	1.27	1.08	1.56	1.13	0.83	0.53	0.70	0.70	0.56	0.51
10:30	1.09	1.08	1.50	1.09	0.82	0.51	0.66	0.66	0.58	0.52
10:45	0.87	0.98	1.35	1.01	0.71	0.61	0.67	0.67	0.57	0.49
11:00	0.84	0.92	1.09	0.79	0.62	0.73	0.61	0.61	0.52	0.43
11:15	0.86	0.97	1.03	0.66	0.51	0.83	0.65	0.65	0.48	0.38
11:30	0.81	1.01	0.93	0.53	0.42	0.86	0.60	0.60	0.43	0.39
11:45	0.70	1.05	0.77	0.65	0.37	0.85	0.57	0.57	0.40	0.45
12:00	0.49	1.12	0.57	0.79	0.36	0.75	0.49	0.49	0.38	0.47
12:15	0.39	1.11	0.41	0.78	0.40	0.71	0.58	0.58	0.32	0.45
12:30	0.42	1.01	0.35	0.67	0.48	0.65	0.60	0.60	0.27	0.41
12:45	0.45	0.88	0.44	0.58	0.56	0.58	0.62	0.62	0.23	0.33
13:00	0.35	0.73	0.56	0.37	0.56	0.38	0.70	0.70	0.25	0.29
13:15	0.23	0.69	0.56	0.30	0.51	0.33	0.68	0.68	0.30	0.26
13:30	0.31	0.62	0.44	0.28	0.43	0.33	0.70	0.70	0.34	0.29
13:45	0.53	0.63	0.39	0.28	0.36	0.35	0.55	0.55	0.37	0.35
14:00	0.63	0.68	0.50	0.31	0.33	0.39	0.58	0.58	0.37	0.36
14:15	0.65	0.60	0.61	0.38	0.33	0.43	0.61	0.61	0.44	0.32
14:30	0.55	0.54	0.73	0.49	0.32	0.44	0.58	0.58	0.44	0.27
14:45	0.37	0.38	0.74	0.64	0.27	0.52	0.40	0.40	0.41	0.24

时间	河南交通广播	河南音乐广播	郑州新闻广播	郑州都市广播汽车调频	郑州音乐广播	河南戏曲广播娱乐976	河南新闻广播	河南新闻广播	河南旅游广播私家车999	河南影视广播
15:00	0.31	0.28	0.57	0.82	0.33	0.64	0.40	0.40	0.37	0.21
15:15	0.40	0.27	0.47	0.82	0.36	0.67	0.34	0.34	0.31	0.21
15:30	0.52	0.27	0.37	0.74	0.44	0.65	0.30	0.30	0.26	0.22
15:45	0.68	0.35	0.29	0.64	0.47	0.59	0.38	0.38	0.28	0.23
16:00	0.71	0.46	0.24	0.50	0.49	0.51	0.45	0.45	0.26	0.28
16:15	0.65	0.60	0.31	0.50	0.53	0.43	0.49	0.49	0.33	0.33
16:30	0.75	0.64	0.45	0.62	0.51	0.42	0.51	0.51	0.38	0.33
16:45	0.99	0.75	0.68	0.88	0.60	0.45	0.48	0.48	0.43	0.47
17:00	1.20	0.95	0.90	1.19	0.73	0.67	0.37	0.37	0.44	0.61
17:15	1.51	1.06	0.96	1.26	0.82	0.76	0.31	0.31	0.47	0.63
17:30	1.63	1.09	0.87	1.24	0.87	0.78	0.34	0.34	0.52	0.60
17:45	1.78	1.12	0.78	1.26	0.84	0.74	0.43	0.43	0.52	0.52
18:00	1.72	1.08	0.61	1.26	0.86	0.68	0.56	0.56	0.47	0.42
18:15	1.49	0.94	0.53	1.03	0.85	0.56	0.61	0.61	0.40	0.33
18:30	1.30	0.80	0.49	0.81	0.76	0.52	0.68	0.68	0.36	0.30
18:45	1.15	0.73	0.47	0.77	0.58	0.49	0.69	0.69	0.30	0.27
19:00	0.76	0.60	0.44	0.54	0.53	0.50	0.67	0.67	0.25	0.28
19:15	0.67	0.55	0.37	0.44	0.46	0.45	0.45	0.45	0.21	0.29
19:30	0.77	0.48	0.33	0.41	0.41	0.32	0.39	0.39	0.23	0.36
19:45	0.79	0.47	0.24	0.45	0.41	0.29	0.45	0.45	0.27	0.38
20:00	0.82	0.48	0.31	0.55	0.49	0.26	0.45	0.45	0.28	0.38
20:15	0.64	0.48	0.42	0.52	0.58	0.27	0.43	0.43	0.35	0.35
20:30	0.47	0.51	0.49	0.43	0.61	0.31	0.47	0.47	0.36	0.30
20:45	0.50	0.64	0.43	0.31	0.61	0.33	0.38	0.38	0.33	0.24
21:00	0.52	0.94	0.35	0.18	0.55	0.40	0.38	0.38	0.32	0.21
21:15	0.44	1.02	0.26	0.21	0.44	0.42	0.30	0.30	0.22	0.19
21:30	0.35	1.06	0.25	0.21	0.38	0.38	0.37	0.37	0.19	0.18
21:45	0.26	1.04	0.34	0.27	0.35	0.32	0.34	0.34	0.19	0.19
22:00	0.26	0.86	0.39	0.34	0.30	0.22	0.35	0.35	0.22	0.24
22:15	0.31	0.70	0.49	0.35	0.28	0.21	0.24	0.24	0.23	0.25
22:30	0.37	0.57	0.71	0.25	0.30	0.22	0.22	0.22	0.21	0.27
22:45	0.30	0.56	0.69	0.19	0.29	0.22	0.18	0.18	0.16	0.26
23:00	0.21	0.37	0.60	0.15	0.26	0.18	0.20	0.20	0.12	0.20
23:15	0.17	0.24	0.51	0.15	0.21	0.10	0.14	0.14	0.09	0.18
23:30	0.16	0.16	0.30	0.12	0.19	0.09	0.27	0.27	0.06	0.14
23:45	0.11	0.13	0.22	0.08	0.14	0.08	0.23	0.23	0.04	0.12

表 2.23.4 郑州地区主要电台的占有率（%）

时间	河南交通广播	河南音乐广播	郑州新闻广播	郑州都市广播汽车调频	郑州音乐广播	河南戏曲广播娱乐976	河南新闻广播	河南新闻广播	河南旅游广播私家车999	河南影视广播
6:00	3.3	6.1	12.3	4.4	2.2	3.3	24.5	24.5	0.4	1.5
6:15	5.0	9.0	11.0	5.5	2.3	4.4	17.7	17.7	1.2	1.6
6:30	5.9	9.0	13.2	5.6	2.8	4.4	15.7	15.7	1.0	1.2
6:45	8.6	8.7	10.1	5.9	2.7	5.3	13.9	13.9	1.2	1.0
7:00	9.8	8.2	12.7	9.8	2.9	4.9	8.7	8.7	1.9	1.4
7:15	12.6	7.6	10.6	9.0	3.2	4.5	6.7	6.7	2.1	1.4
7:30	12.7	7.4	9.6	9.2	3.3	4.4	6.0	6.0	2.9	2.4
7:45	13.2	7.0	8.8	9.3	4.3	4.1	5.3	5.3	2.9	3.0
8:00	13.5	6.8	7.8	9.2	5.0	3.9	4.9	4.9	3.0	3.2
8:15	13.6	6.8	7.4	9.2	5.6	3.7	4.7	4.7	3.0	3.5
8:30	12.7	6.0	8.1	8.4	6.3	3.7	5.2	5.2	3.0	3.7
8:45	11.7	6.4	9.5	7.6	6.5	4.4	5.5	5.5	3.0	3.3
9:00	9.5	6.9	10.9	6.8	6.3	6.1	6.5	6.5	3.2	3.0
9:15	8.9	7.0	10.6	6.0	5.7	6.6	6.8	6.8	3.2	3.0
9:30	9.9	6.5	9.4	5.7	5.4	6.3	6.4	6.4	3.1	2.9
9:45	10.9	6.1	9.3	6.4	5.7	5.5	5.2	5.2	3.1	3.0
10:00	10.5	7.3	11.1	7.8	5.5	4.0	5.0	5.0	3.3	3.2
10:15	9.4	8.0	11.5	8.3	6.1	3.9	5.1	5.1	4.1	3.7
10:30	8.6	8.6	11.8	8.6	6.5	4.0	5.2	5.2	4.6	4.1
10:45	7.6	8.5	11.7	8.8	6.2	5.3	5.8	5.8	5.0	4.2
11:00	8.0	8.8	10.4	7.5	5.9	7.0	5.8	5.8	5.0	4.1
11:15	8.4	9.4	10.1	6.4	5.0	8.1	6.4	6.4	4.7	3.7
11:30	8.4	10.4	9.6	5.5	4.4	8.9	6.2	6.2	4.5	4.0
11:45	7.5	11.4	8.3	7.0	4.0	9.2	6.2	6.2	4.3	4.8
12:00	5.7	13.3	6.7	9.3	4.2	8.9	5.8	5.8	4.4	5.6
12:15	4.8	13.5	5.0	9.5	4.9	8.7	7.1	7.1	3.9	5.5
12:30	5.3	12.6	4.3	8.4	6.0	8.2	7.5	7.5	3.3	5.1
12:45	5.8	11.3	5.6	7.5	7.2	7.5	7.9	7.9	3.0	4.3
13:00	5.0	10.4	7.9	5.3	8.0	5.4	10.0	10.0	3.5	4.1
13:15	3.6	11.0	9.0	4.8	8.2	5.2	10.9	10.9	4.8	4.2
13:30	5.0	10.0	7.1	4.6	7.0	5.2	11.3	11.3	5.5	4.6
13:45	8.3	9.7	6.0	4.3	5.6	5.4	8.5	8.5	5.7	5.5
14:00	9.0	9.7	7.1	4.4	4.7	5.6	8.2	8.2	5.3	5.1
14:15	8.8	8.2	8.3	5.2	4.5	5.8	8.3	8.3	5.9	4.4
14:30	7.7	7.5	10.1	6.8	4.5	6.1	8.0	8.0	6.2	3.7
14:45	5.9	6.1	11.7	10.1	4.2	8.2	6.4	6.4	6.5	3.8

时间	河南交通广播	河南音乐广播	郑州新闻广播	郑州都市广播汽车调频	郑州音乐广播	河南戏曲广播娱乐976	河南新闻广播	河南新闻广播	河南旅游广播私家车999	河南影视广播
15:00	5.0	4.5	9.3	13.2	5.3	10.3	6.4	6.4	5.9	3.5
15:15	6.4	4.4	7.5	13.1	5.9	10.8	5.5	5.5	4.9	3.4
15:30	8.3	4.3	6.0	11.8	7.0	10.5	4.8	4.8	4.3	3.6
15:45	10.2	5.3	4.4	9.6	7.0	8.9	5.7	5.7	4.1	3.5
16:00	10.4	6.8	3.5	7.3	7.2	7.5	6.5	6.5	3.8	4.1
16:15	9.2	8.5	4.4	7.1	7.5	6.1	6.9	6.9	4.6	4.6
16:30	9.5	8.0	5.7	7.9	6.5	5.3	6.5	6.5	4.8	4.2
16:45	10.1	7.7	7.0	9.0	6.1	4.7	4.9	4.9	4.4	4.8
17:00	10.2	8.1	7.7	10.2	6.3	5.8	3.1	3.1	3.8	5.2
17:15	11.5	8.1	7.3	9.6	6.3	5.8	2.4	2.4	3.6	4.8
17:30	12.0	8.0	6.4	9.2	6.4	5.8	2.5	2.5	3.8	4.4
17:45	12.8	8.1	5.6	9.1	6.1	5.3	3.1	3.1	3.7	3.7
18:00	12.8	8.1	4.5	9.4	6.4	5.1	4.1	4.1	3.5	3.2
18:15	12.5	7.9	4.5	8.7	7.1	4.7	5.1	5.1	3.4	2.8
18:30	12.2	7.5	4.6	7.6	7.1	4.9	6.4	6.4	3.4	2.8
18:45	11.9	7.5	4.9	8.0	6.1	5.1	7.1	7.1	3.1	2.8
19:00	9.7	7.7	5.6	6.9	6.8	6.4	8.5	8.5	3.2	3.5
19:15	9.9	8.2	5.4	6.5	6.8	6.7	6.8	6.8	3.2	4.3
19:30	11.4	7.1	4.9	6.1	6.1	4.8	5.8	5.8	3.3	5.3
19:45	11.4	6.7	3.5	6.5	5.9	4.2	6.4	6.4	3.9	5.5
20:00	11.2	6.6	4.2	7.5	6.7	3.5	6.1	6.1	3.7	5.2
20:15	9.3	7.0	6.0	7.5	8.4	4.0	6.2	6.2	5.1	5.1
20:30	7.4	8.0	7.7	6.7	9.5	4.8	7.2	7.2	5.6	4.6
20:45	8.0	10.3	7.0	5.0	9.8	5.3	6.2	6.2	5.4	3.9
21:00	8.2	14.9	5.6	2.9	8.7	6.4	6.1	6.1	5.0	3.4
21:15	7.8	18.0	4.6	3.7	7.8	7.4	5.3	5.3	3.9	3.4
21:30	6.5	19.7	4.6	3.9	7.0	7.1	6.8	6.8	3.5	3.4
21:45	5.1	20.3	6.6	5.4	6.8	6.4	6.7	6.7	3.7	3.8
22:00	5.1	17.3	7.8	6.9	6.0	4.3	7.1	7.1	4.4	4.7
22:15	6.5	14.4	10.1	7.3	5.9	4.4	5.0	5.0	4.8	5.2
22:30	7.5	11.7	14.4	5.0	6.2	4.5	4.5	4.5	4.4	5.5
22:45	6.9	13.0	15.9	4.3	6.7	5.0	4.2	4.2	3.7	6.0
23:00	6.1	10.5	17.2	4.3	7.5	5.2	5.8	5.8	3.4	5.6
23:15	6.2	8.6	18.6	5.6	7.6	3.7	5.0	5.0	3.4	6.5
23:30	6.5	6.5	12.2	4.8	7.6	3.7	10.8	10.8	2.6	5.8
23:45	6.0	6.6	11.6	4.0	7.3	4.1	12.1	12.1	2.3	6.2

二十四、长沙地区收听率数据

表 2.24.1　长沙地区主要电台频率的平均收听率和市场份额

排名	电台名称	平均收听率（%）	市场份额（%）
1	湖南交通频道	1.81	31.9
2	湖南 893 汽车音乐电台	0.70	12.4
3	金鹰 955	0.63	11.1
4	长沙交通电台	0.43	7.5
5	湖南 NEWS938 潇湘之声	0.39	6.8
6	长沙新闻广播	0.37	6.6
7	湖南文艺频道摩登音乐台	0.35	6.1
8	长沙电台城市之声	0.33	5.8
9	长沙 BIG RADIO 886	0.17	2.9
10	湖南交通频道	0.16	2.9

表 2.24.2　长沙地区主要电台频率的周到达率和日到达率

排名	电台名称	周到达率（%）	日到达率（%）
1	湖南交通频道	35.94	16.43
2	金鹰 955	19.67	8.59
3	湖南 893 汽车音乐电台	16.57	8.53
4	湖南 NEWS938 潇湘之声	14.21	6.45
5	湖南文艺频道摩登音乐台	12.32	6.39
6	长沙交通电台	15.32	4.68
7	长沙新闻广播	13.82	4.13
8	长沙 BIG RADIO 886	10.41	3.64
9	长沙电台城市之声	11.96	3.31
10	湖南新闻频道	10.82	3.08

表 2.24.3　长沙地区主要电台的收听率（%）

时间	湖南交通频道	湖南893汽车音乐电台	金鹰955	长沙交通电台	湖南NEWS938潇湘之声	长沙新闻广播	湖南文艺频道	长沙电台城市之声	长沙BIGRADIO886	湖南经济频道
6:00	0.03	0.03	0.03	0.02	0.01	0.01	0.01	0.01	0.01	0.00
6:15	0.12	0.04	0.05	0.03	0.02	0.02	0.01	0.03	0.01	0.01
6:30	0.09	0.08	0.07	0.04	0.02	0.02	0.02	0.04	0.02	0.01
6:45	0.18	0.11	0.08	0.04	0.04	0.04	0.03	0.05	0.04	0.02
7:00	0.33	0.15	0.12	0.11	0.04	0.06	0.06	0.08	0.07	0.03
7:15	0.69	0.21	0.20	0.17	0.06	0.14	0.10	0.11	0.10	0.04
7:30	1.00	0.28	0.23	0.22	0.11	0.20	0.13	0.18	0.14	0.05
7:45	1.38	0.38	0.32	0.35	0.21	0.35	0.18	0.24	0.16	0.07
8:00	2.02	0.53	0.38	0.49	0.30	0.56	0.24	0.33	0.20	0.10
8:15	2.84	0.70	0.46	0.59	0.45	0.74	0.27	0.43	0.24	0.14
8:30	3.61	0.88	0.67	0.67	0.52	0.78	0.35	0.50	0.30	0.18
8:45	4.19	1.16	0.99	0.74	0.61	0.77	0.44	0.61	0.35	0.24
9:00	4.54	1.32	1.12	0.79	0.66	0.74	0.52	0.67	0.35	0.33
9:15	4.33	1.41	1.26	0.76	0.69	0.69	0.63	0.71	0.34	0.37
9:30	4.22	1.52	1.29	0.68	0.71	0.60	0.72	0.70	0.32	0.39
9:45	3.75	1.48	1.23	0.61	0.67	0.50	0.72	0.66	0.28	0.38
10:00	3.19	1.38	1.18	0.58	0.61	0.48	0.66	0.59	0.24	0.35
10:15	2.99	1.22	1.07	0.53	0.58	0.43	0.62	0.54	0.21	0.28
10:30	2.77	1.12	0.97	0.50	0.46	0.44	0.50	0.45	0.21	0.25
10:45	2.74	0.94	0.95	0.51	0.47	0.46	0.43	0.41	0.23	0.23
11:00	2.67	0.90	0.92	0.53	0.44	0.42	0.41	0.38	0.24	0.23
11:15	2.96	0.93	0.90	0.56	0.49	0.39	0.38	0.38	0.24	0.24
11:30	3.13	0.91	0.92	0.55	0.53	0.39	0.37	0.40	0.23	0.25
11:45	3.24	0.97	0.92	0.47	0.55	0.38	0.40	0.49	0.20	0.24
12:00	3.31	1.02	0.94	0.49	0.54	0.38	0.45	0.52	0.19	0.22
12:15	3.05	1.05	0.87	0.48	0.54	0.41	0.45	0.49	0.17	0.21
12:30	2.44	1.04	0.85	0.48	0.52	0.49	0.47	0.46	0.16	0.22
12:45	2.10	1.00	0.80	0.47	0.50	0.48	0.46	0.43	0.17	0.21
13:00	2.04	0.86	0.68	0.49	0.52	0.45	0.41	0.38	0.19	0.22
13:15	1.83	0.83	0.67	0.49	0.52	0.44	0.39	0.37	0.19	0.21
13:30	1.68	0.75	0.76	0.48	0.56	0.39	0.36	0.35	0.18	0.20
13:45	1.53	0.72	0.82	0.46	0.58	0.39	0.38	0.36	0.18	0.22
14:00	1.72	0.66	0.87	0.42	0.56	0.42	0.37	0.35	0.18	0.22
14:15	1.76	0.70	0.87	0.40	0.55	0.44	0.40	0.36	0.17	0.21
14:30	1.94	0.82	0.80	0.41	0.53	0.47	0.38	0.36	0.16	0.20
14:45	1.95	0.86	0.72	0.41	0.48	0.49	0.35	0.37	0.16	0.19

时间	湖南交通频道	湖南893汽车音乐电台	金鹰955	长沙交通电台	湖南NEWS938潇湘之声	长沙新闻广播	湖南文艺频道	长沙电台城市之声	长沙BIGRADIO886	湖南经济频道
15:00	1.82	0.89	0.61	0.41	0.47	0.50	0.37	0.38	0.16	0.18
15:15	1.45	0.86	0.59	0.42	0.43	0.50	0.35	0.36	0.17	0.19
15:30	1.27	0.78	0.53	0.42	0.42	0.47	0.36	0.34	0.15	0.18
15:45	1.27	0.70	0.56	0.43	0.40	0.41	0.32	0.32	0.14	0.16
16:00	1.03	0.62	0.47	0.43	0.44	0.42	0.31	0.30	0.15	0.17
16:15	1.22	0.60	0.49	0.43	0.46	0.42	0.33	0.33	0.16	0.15
16:30	1.19	0.56	0.55	0.43	0.49	0.45	0.36	0.35	0.17	0.16
16:45	1.43	0.58	0.60	0.42	0.50	0.49	0.37	0.36	0.19	0.17
17:00	2.07	0.63	0.60	0.41	0.49	0.52	0.42	0.35	0.17	0.16
17:15	2.31	0.69	0.54	0.42	0.49	0.56	0.40	0.33	0.15	0.15
17:30	2.52	0.71	0.50	0.46	0.45	0.56	0.42	0.32	0.15	0.16
17:45	2.43	0.95	0.62	0.50	0.39	0.49	0.44	0.33	0.17	0.18
18:00	2.61	1.04	0.83	0.55	0.38	0.40	0.50	0.34	0.18	0.21
18:15	2.45	1.07	0.92	0.57	0.39	0.35	0.54	0.41	0.20	0.24
18:30	2.14	1.07	0.96	0.58	0.41	0.32	0.54	0.44	0.21	0.24
18:45	1.99	0.95	0.92	0.53	0.40	0.32	0.54	0.47	0.19	0.23
19:00	1.45	0.79	0.79	0.48	0.39	0.33	0.50	0.47	0.18	0.19
19:15	1.38	0.66	0.58	0.43	0.34	0.34	0.43	0.46	0.17	0.15
19:30	1.16	0.61	0.60	0.41	0.32	0.40	0.38	0.41	0.17	0.14
19:45	1.41	0.57	0.56	0.41	0.33	0.39	0.37	0.37	0.17	0.14
20:00	1.53	0.57	0.54	0.39	0.32	0.34	0.38	0.32	0.16	0.15
20:15	1.57	0.55	0.54	0.40	0.36	0.30	0.41	0.29	0.17	0.14
20:30	1.37	0.52	0.51	0.43	0.35	0.24	0.41	0.25	0.15	0.12
20:45	1.10	0.51	0.48	0.44	0.34	0.23	0.35	0.23	0.13	0.10
21:00	0.82	0.50	0.49	0.39	0.31	0.24	0.28	0.20	0.11	0.10
21:15	0.78	0.42	0.46	0.40	0.27	0.24	0.26	0.18	0.09	0.09
21:30	0.75	0.41	0.48	0.37	0.24	0.22	0.24	0.15	0.09	0.08
21:45	0.85	0.42	0.46	0.36	0.23	0.22	0.23	0.14	0.10	0.09
22:00	0.92	0.42	0.43	0.36	0.23	0.20	0.23	0.14	0.12	0.10
22:15	0.77	0.51	0.40	0.39	0.24	0.20	0.23	0.13	0.13	0.09
22:30	0.65	0.42	0.37	0.38	0.19	0.21	0.20	0.12	0.12	0.06
22:45	0.62	0.39	0.40	0.36	0.15	0.21	0.13	0.11	0.09	0.06
23:00	0.43	0.30	0.35	0.26	0.16	0.18	0.12	0.09	0.08	0.05
23:15	0.34	0.23	0.28	0.22	0.13	0.15	0.11	0.07	0.08	0.04
23:30	0.45	0.18	0.23	0.21	0.10	0.10	0.08	0.05	0.05	0.03
23:45	0.30	0.12	0.16	0.19	0.10	0.07	0.06	0.04	0.05	0.02

表 2.24.4　长沙地区主要电台的占有率（%）

时间	湖南交通频道	湖南893汽车音乐电台	金鹰955	长沙交通电台	湖南NEWS 938潇湘之声	长沙新闻广播	湖南文艺频道	长沙电台城市之声	长沙BIGRA DIO886	湖南经济频道
6:00	15.1	15.4	20.1	9.9	4.2	5.0	6.3	7.6	5.0	2.7
6:15	33.8	12.0	13.6	7.7	4.4	5.0	3.2	7.2	4.1	1.7
6:30	18.9	17.1	15.6	7.7	4.7	5.1	4.3	9.1	4.8	3.0
6:45	25.9	15.2	11.1	5.9	5.3	5.2	4.4	7.7	6.1	2.7
7:00	28.8	12.7	10.8	9.3	3.8	5.5	4.9	6.6	6.3	2.6
7:15	35.4	10.6	10.2	8.6	3.2	7.3	5.1	5.6	5.4	2.0
7:30	37.1	10.5	8.6	8.1	4.0	7.5	4.7	6.5	5.0	1.9
7:45	35.7	9.8	8.2	9.1	5.4	9.2	4.6	6.3	4.2	1.7
8:00	37.4	9.8	7.0	9.0	5.6	10.4	4.4	6.1	3.7	1.8
8:15	39.5	9.8	6.4	8.2	6.2	10.3	3.8	6.0	3.3	1.9
8:30	40.6	9.9	7.6	7.5	5.9	8.8	4.0	5.6	3.4	2.0
8:45	39.6	10.9	9.4	7.0	5.8	7.3	4.1	5.7	3.3	2.3
9:00	39.1	11.4	9.6	6.8	5.7	6.4	4.5	5.7	3.0	2.9
9:15	36.6	12.0	10.7	6.4	5.8	5.8	5.3	6.0	2.9	3.2
9:30	35.7	12.8	10.9	5.8	6.0	5.1	6.1	5.9	2.7	3.3
9:45	34.3	13.5	11.2	5.6	6.1	4.6	6.6	6.0	2.5	3.5
10:00	32.3	14.0	11.9	5.9	6.2	4.8	6.7	6.0	2.4	3.5
10:15	33.2	13.5	11.9	5.9	6.4	4.7	6.9	6.0	2.4	3.1
10:30	33.8	13.7	11.8	6.1	5.6	5.3	6.1	5.5	2.6	3.0
10:45	34.9	11.9	12.1	6.4	5.9	5.8	5.5	5.2	2.9	2.9
11:00	34.9	11.7	12.1	6.9	5.8	5.5	5.4	4.9	3.2	3.0
11:15	37.2	11.6	11.3	7.0	6.1	4.9	4.8	4.8	3.0	3.0
11:30	38.3	11.1	11.3	6.7	6.5	4.8	4.5	5.0	2.8	3.1
11:45	39.0	11.7	11.1	5.7	6.6	4.5	4.8	5.9	2.4	2.9
12:00	38.9	12.0	11.1	5.8	6.3	4.5	5.3	6.1	2.2	2.6
12:15	37.4	12.9	10.7	5.9	6.6	5.0	5.5	6.0	2.1	2.6
12:30	32.4	13.8	11.2	6.4	6.8	6.4	6.2	6.1	2.1	2.9
12:45	29.8	14.1	11.3	6.6	7.1	6.8	6.5	6.0	2.4	3.0
13:00	30.5	12.9	10.2	7.3	7.8	6.8	6.2	5.6	2.8	3.3
13:15	28.6	13.0	10.6	7.7	8.2	6.8	6.1	5.8	2.9	3.3
13:30	27.3	12.2	12.4	7.7	9.1	6.3	5.8	5.7	3.0	3.3
13:45	25.2	11.8	13.5	7.6	9.6	6.5	6.3	5.9	3.0	3.6
14:00	28.0	10.7	14.1	6.8	9.2	6.8	6.1	5.7	2.9	3.5
14:15	28.3	11.3	13.9	6.4	8.9	7.0	6.4	5.8	2.7	3.4
14:30	30.2	12.7	12.4	6.4	8.2	7.3	5.9	5.7	2.5	3.1
14:45	30.8	13.6	11.4	6.5	7.6	7.8	5.6	5.9	2.5	3.0

时间	湖南交通频道	湖南893汽车音乐电台	金鹰955	长沙交通电台	湖南NEWS938潇湘之声	长沙新闻广播	湖南文艺频道	长沙电台城市之声	长沙BIGRADIO886	湖南经济频道
15:00	29.5	14.5	9.9	6.7	7.6	8.1	5.9	6.2	2.6	3.0
15:15	25.5	15.1	10.4	7.3	7.6	8.8	6.2	6.4	2.9	3.4
15:30	24.0	14.8	10.1	7.9	7.9	8.9	6.8	6.5	2.9	3.3
15:45	25.1	13.8	10.9	8.4	7.9	8.1	6.4	6.3	2.8	3.2
16:00	22.0	13.3	10.0	9.2	9.3	9.0	6.7	6.5	3.1	3.5
16:15	24.7	12.2	9.9	8.8	9.2	8.4	6.7	6.7	3.2	3.1
16:30	23.5	11.0	10.8	8.6	9.6	8.8	7.1	7.0	3.4	3.2
16:45	26.1	10.6	11.0	7.7	9.1	9.0	6.7	6.5	3.4	3.2
17:00	33.5	10.1	9.7	6.7	8.0	8.5	6.7	5.7	2.8	2.6
17:15	36.3	10.8	8.5	6.5	7.6	8.8	6.3	5.1	2.4	2.4
17:30	38.3	10.9	7.6	7.0	6.8	8.5	6.4	4.9	2.4	2.5
17:45	35.5	13.9	9.1	7.3	5.8	7.2	6.5	4.8	2.4	2.7
18:00	35.2	14.0	11.2	7.5	5.1	5.4	6.7	4.6	2.4	2.9
18:15	32.7	14.3	12.3	7.6	5.1	4.6	7.2	5.5	2.6	3.2
18:30	29.5	14.7	13.3	8.0	5.6	4.5	7.5	6.1	2.9	3.3
18:45	29.1	13.8	13.4	7.7	5.9	4.6	7.9	6.9	2.8	3.3
19:00	24.8	13.5	13.5	8.2	6.7	5.6	8.6	8.1	3.1	3.2
19:15	26.6	12.7	11.2	8.3	6.6	6.6	8.3	8.8	3.3	3.0
19:30	23.9	12.6	12.3	8.5	6.5	8.3	7.8	8.5	3.5	3.0
19:45	28.4	11.5	11.3	8.2	6.7	7.9	7.4	7.5	3.3	2.8
20:00	30.6	11.5	10.8	7.8	6.5	6.9	7.6	6.4	3.3	3.0
20:15	31.2	10.9	10.8	8.0	7.2	6.0	8.0	5.8	3.4	2.7
20:30	29.4	11.2	11.0	9.2	7.6	5.1	8.7	5.3	3.3	2.6
20:45	26.2	12.1	11.4	10.4	8.1	5.5	8.3	5.5	3.2	2.5
21:00	22.3	13.5	13.2	10.6	8.4	6.4	7.5	5.5	3.0	2.6
21:15	23.0	12.3	13.4	11.6	7.8	7.0	7.6	5.1	2.8	2.6
21:30	22.8	12.5	14.5	11.3	7.4	6.8	7.4	4.6	2.8	2.5
21:45	25.4	12.4	13.9	10.8	6.8	6.5	6.9	4.2	3.1	2.6
22:00	27.1	12.4	12.7	10.5	6.7	5.9	6.8	4.2	3.5	2.9
22:15	23.1	15.3	12.1	11.7	7.2	6.0	6.8	3.9	4.0	2.6
22:30	22.1	14.3	12.6	12.7	6.5	7.1	6.9	4.1	4.2	2.2
22:45	23.1	14.4	15.0	13.4	5.4	7.7	4.8	3.9	3.5	2.1
23:00	19.6	13.7	16.2	12.0	7.3	8.4	5.6	4.1	3.5	2.1
23:15	19.0	12.5	15.5	12.0	7.1	8.4	6.3	4.0	4.2	2.4
23:30	27.9	11.0	14.5	13.1	6.5	6.0	5.2	3.3	3.0	2.0
23:45	24.7	9.5	13.4	15.5	8.0	6.1	5.0	3.1	4.1	1.6

表 2.24.5　长沙市平均收听率 top30 节目

排名	节目名称	所属频率	播放时间	平均收听率(%)	市场占有率(%)
1	观点峰会	湖南电台交通频道	09:00—09:30	4.92	39.1
2	博闻天下	湖南电台交通频道	09:30—10:00	4.18	34.6
3	新闻快报+观点峰会	湖南电台交通频道	12:00—12:30	3.28	39.9
4	国生开讲	湖南电台交通频道	08:00—09:00	3.23	40.6
5	交警直播室	湖南电台交通频道	11:00—12:00	3.18	39.6
6	帮帮您热线	湖南电台交通频道	10:00—10:30	3.07	31.4
7	爱心微力量	湖南电台交通频道	10:30—11:00	3.03	35.9
8	平安精灵，一路畅行	湖南电台交通频道	17:00—19:00	2.38	35.8
9	《湖南好人》微广播剧	湖南电台交通频道	12:45—13:00	2.22	32.8
10	一路好听	湖南电台交通频道	12:30—13:00	2.21	32.5
11	新说法	湖南电台交通频道	13:00—13:30	2.15	32.4
12	长篇小说曾国藩	湖南电台交通频道	13:30—14:00	1.73	26.5
13	车舞飞扬	湖南电台交通频道	14:00—15:00	1.53	24.9
14	绝代双椒	湖南电台交通频道	20:00—21:00	1.47	30.7
15	交通话题	湖南电台交通频道	15:00—16:00	1.45	27.8
16	893Tv 秀	893 汽车音乐电台	09:30—10:00	1.44	11.9
17	一路好听	湖南电台交通频道	19:30—20:00	1.37	25.1
17	全省新闻联播	湖南电台交通频道	19:00—19:30	1.37	24.4
19	花椒音乐馆	893 汽车音乐电台	10:00—11:00	1.25	13.7
20	我们读书吧	金鹰 955	09:30—10:00	1.13	9.4
21	辣椒家族欢乐派	湖南电台交通频道	16:30—17:00	1.08	22.5
22	脑大福大	金鹰 955	10:00—11:00	0.99	10.9
23	清风侠在路上	湖南电台交通频道	07:50—07:55	0.98	32.7
23	马路英雄传	金鹰 955	11:00—12:30	0.98	12.1
25	我的异想世界	金鹰 955	13:30—14:30	0.97	15.8
26	刷刷朋友圈	金鹰 955	08:30—09:30	0.96	8.5
26	刷刷朋友圈	FM105.0 长沙新闻广播	08:50—09:00	0.96	8.6
28	乐淘淘玩转晚高峰	893 汽车音乐电台	17:00—19:00	0.94	14.2
29	全民话题榜	FM105.0 长沙新闻广播	08:30—08:50	0.93	9.8
30	影响 100	金鹰 955	14:30—15:00	0.88	13.6

二十五、南宁地区收听率数据

表 2.25.1　南宁地区主要电台频率的平均收听率和市场份额

排名	电台名称	平均收听率（%）	市场份额（%）
1	广西私家车广播	1.24	18.7
2	广西文艺广播 MusicRadio	1.01	15.2
3	1074 交通台[南宁交通音乐广播]	0.93	14.0
4	广西 970 女主播电台	0.80	12.1
5	广西交通广播	0.71	10.7
6	经典 1049[南宁乡村生活广播]	0.65	9.8
7	1014 新闻台[南宁综合广播]	0.43	6.5
8	广西新闻广播	0.35	5.3
9	动感 895[南宁故事广播]	0.21	3.2
10	中央中国之声	0.17	2.5

表 2.25.2　南宁地区主要电台频率的周到达率和日到达率

排名	电台名称	周到达率（%）	日到达率（%）
1	广西私家车广播	22.90	15.29
2	广西文艺广播 Music Radio	21.51	12.84
3	广西 970 女主播电台	18.23	11.19
4	广西交通广播	14.78	9.32
5	1074 交通台[南宁交通音乐广播]	20.31	8.29
6	1014 新闻台[南宁综合广播]	13.46	7.58
7	经典 1049[南宁乡村生活广播]	15.82	7.51
8	广西新闻广播	10.55	5.90
9	动感 895[南宁故事广播]	8.16	4.44
10	中央中国之声	8.90	3.65

表 2.25.3　南宁地区主要电台的收听率（%）

时间	广西私家车广播	广西文艺广播Music Radio	南宁交通音乐广播	广西970女主播电台	广西交通广播	南宁乡村生活广播	南宁综合广播	广西新闻广播	南宁故事广播	中央中国之声
6:00	0.07	0.19	0.35	0.07	0.06	0.30	0.12	0.20	0.01	0.10
6:15	0.19	0.31	0.55	0.12	0.09	0.42	0.22	0.39	0.03	0.15
6:30	0.40	0.52	0.79	0.22	0.21	0.58	0.35	0.67	0.06	0.19
6:45	0.63	0.71	1.09	0.41	0.35	0.72	0.43	0.82	0.09	0.24
7:00	0.95	0.98	1.36	0.72	0.64	0.84	0.50	0.89	0.11	0.28
7:15	1.30	1.18	1.60	0.97	0.89	0.89	0.60	0.89	0.14	0.32
7:30	1.56	1.40	1.69	1.17	1.17	0.92	0.70	0.82	0.19	0.34
7:45	1.75	1.54	1.74	1.38	1.44	0.89	0.81	0.69	0.24	0.37
8:00	1.91	1.62	1.76	1.61	1.76	0.83	0.85	0.58	0.30	0.34
8:15	1.96	1.63	1.73	1.69	1.85	0.77	0.81	0.48	0.36	0.30
8:30	1.93	1.59	1.67	1.68	1.77	0.74	0.71	0.45	0.39	0.28
8:45	1.79	1.48	1.49	1.60	1.62	0.76	0.60	0.43	0.41	0.24
9:00	1.46	1.17	1.23	1.22	1.44	0.80	0.50	0.41	0.42	0.19
9:15	1.26	0.97	1.08	0.95	1.25	0.87	0.39	0.38	0.41	0.15
9:30	1.08	0.80	1.00	0.71	1.18	0.91	0.40	0.42	0.40	0.14
9:45	1.05	0.75	1.01	0.60	1.11	0.98	0.47	0.46	0.36	0.15
10:00	1.11	0.77	0.98	0.66	1.01	1.03	0.56	0.48	0.30	0.19
10:15	1.19	0.85	1.02	0.66	0.96	1.06	0.59	0.44	0.26	0.21
10:30	1.22	0.85	1.03	0.66	0.83	1.05	0.57	0.36	0.25	0.19
10:45	1.26	0.81	1.01	0.65	0.75	1.04	0.51	0.29	0.25	0.18
11:00	1.33	0.76	1.03	0.79	0.76	1.01	0.51	0.27	0.27	0.17
11:15	1.44	0.86	1.10	0.96	0.79	0.95	0.48	0.31	0.26	0.16
11:30	1.57	0.99	1.18	1.13	0.71	0.84	0.46	0.38	0.25	0.15
11:45	1.61	1.32	1.23	1.28	0.80	0.72	0.49	0.40	0.24	0.14
12:00	1.70	1.60	1.23	1.38	0.86	0.63	0.62	0.45	0.21	0.13
12:15	1.70	1.76	1.19	1.36	0.93	0.58	0.66	0.47	0.19	0.16
12:30	1.75	1.75	1.11	1.18	0.93	0.54	0.65	0.47	0.19	0.18
12:45	1.65	1.63	1.05	0.94	0.81	0.55	0.58	0.40	0.19	0.22
13:00	1.58	1.27	0.95	0.75	0.73	0.55	0.45	0.34	0.19	0.21
13:15	1.51	0.99	0.90	0.61	0.61	0.58	0.33	0.30	0.20	0.19
13:30	1.54	0.83	0.86	0.51	0.58	0.61	0.29	0.24	0.20	0.17
13:45	1.57	0.70	0.79	0.45	0.54	0.63	0.27	0.23	0.21	0.14
14:00	1.61	0.71	0.79	0.44	0.64	0.62	0.30	0.23	0.23	0.14
14:15	1.54	0.69	0.79	0.46	0.64	0.57	0.33	0.22	0.22	0.13
14:30	1.46	0.68	0.78	0.44	0.57	0.50	0.35	0.21	0.21	0.11
14:45	1.36	0.64	0.80	0.39	0.49	0.46	0.33	0.19	0.20	0.11

时间	广西私家车广播	广西文艺广播MusicRadio	南宁交通音乐广播	广西970女主播电台	广西交通广播	南宁乡村生活广播	南宁综合广播	广西新闻广播	南宁故事广播	中央中国之声
15:00	1.29	0.62	0.76	0.39	0.34	0.46	0.28	0.18	0.19	0.14
15:15	1.20	0.65	0.73	0.35	0.33	0.44	0.24	0.19	0.20	0.14
15:30	1.11	0.61	0.71	0.38	0.32	0.46	0.21	0.18	0.20	0.15
15:45	0.98	0.63	0.68	0.38	0.35	0.48	0.21	0.16	0.21	0.14
16:00	0.88	0.66	0.71	0.49	0.38	0.51	0.22	0.17	0.25	0.11
16:15	0.87	0.68	0.74	0.53	0.41	0.56	0.22	0.16	0.26	0.10
16:30	0.88	0.83	0.76	0.51	0.34	0.57	0.23	0.16	0.26	0.11
16:45	0.90	0.91	0.78	0.53	0.37	0.60	0.21	0.19	0.25	0.10
17:00	0.99	1.18	0.81	0.80	0.44	0.65	0.22	0.20	0.24	0.13
17:15	1.07	1.49	0.91	1.02	0.66	0.74	0.31	0.26	0.22	0.14
17:30	1.14	1.67	1.04	1.22	0.86	0.80	0.39	0.30	0.21	0.15
17:45	1.32	1.77	1.13	1.28	1.03	0.85	0.57	0.41	0.22	0.15
18:00	1.57	1.90	1.21	1.35	1.20	0.89	0.80	0.55	0.23	0.16
18:15	1.76	1.94	1.26	1.41	1.29	0.92	0.87	0.63	0.26	0.22
18:30	1.84	1.78	1.27	1.29	1.26	0.93	0.89	0.62	0.26	0.25
18:45	1.84	1.59	1.23	1.12	1.11	0.88	0.84	0.54	0.24	0.26
19:00	1.85	1.43	1.15	0.96	0.90	0.82	0.66	0.43	0.22	0.24
19:15	1.80	1.29	1.00	0.84	0.78	0.69	0.56	0.36	0.20	0.19
19:30	1.63	1.07	0.85	0.65	0.63	0.60	0.45	0.27	0.20	0.14
19:45	1.37	0.90	0.73	0.56	0.54	0.53	0.39	0.22	0.21	0.13
20:00	1.18	0.84	0.74	0.53	0.51	0.51	0.39	0.23	0.22	0.13
20:15	1.03	0.83	0.75	0.51	0.44	0.49	0.42	0.23	0.24	0.12
20:30	0.94	0.76	0.70	0.52	0.38	0.53	0.37	0.22	0.25	0.13
20:45	0.92	0.81	0.71	0.59	0.35	0.55	0.30	0.23	0.22	0.12
21:00	1.04	0.96	0.72	0.72	0.41	0.57	0.27	0.26	0.19	0.13
21:15	1.16	1.02	0.71	0.87	0.47	0.56	0.30	0.29	0.16	0.15
21:30	1.19	1.06	0.69	0.97	0.49	0.53	0.30	0.27	0.14	0.13
21:45	1.18	0.99	0.59	0.99	0.43	0.50	0.30	0.24	0.12	0.13
22:00	1.05	0.86	0.53	1.02	0.36	0.43	0.30	0.22	0.11	0.12
22:15	0.87	0.81	0.48	0.94	0.32	0.38	0.32	0.20	0.11	0.12
22:30	0.77	0.69	0.41	0.86	0.32	0.33	0.31	0.20	0.11	0.12
22:45	0.68	0.57	0.37	0.71	0.31	0.28	0.26	0.19	0.10	0.10
23:00	0.54	0.46	0.31	0.53	0.26	0.24	0.19	0.15	0.08	0.09
23:15	0.46	0.37	0.25	0.41	0.19	0.22	0.15	0.12	0.07	0.07
23:30	0.38	0.31	0.19	0.33	0.18	0.18	0.13	0.10	0.06	0.06
23:45	0.28	0.22	0.13	0.22	0.13	0.14	0.09	0.08	0.05	0.04

表 2.25.4　南宁地区主要电台的占有率（%）

时间	广西私家车广播	广西文艺广播 Music Radio	南宁交通音乐广播	广西970女主播电台	广西交通广播	南宁乡村生活广播	南宁综合广播	广西新闻广播	南宁故事广播	中央中国之声
6:00	4.9	12.5	23.4	4.7	4.2	20.1	8.2	13.1	0.9	6.4
6:15	7.6	12.4	21.8	4.6	3.5	16.6	8.9	15.6	1.3	5.8
6:30	9.8	12.8	19.4	5.4	5.3	14.3	8.7	16.4	1.5	4.6
6:45	11.3	12.6	19.5	7.4	6.2	12.9	7.8	14.7	1.5	4.3
7:00	12.8	13.3	18.5	9.8	8.6	11.4	6.7	12.1	1.5	3.8
7:15	14.6	13.2	17.9	10.9	10.0	10.0	6.8	10.0	1.6	3.6
7:30	15.5	13.9	16.8	11.6	11.7	9.1	6.9	8.1	1.9	3.4
7:45	15.9	14.0	15.8	12.6	13.1	8.1	7.3	6.2	2.2	3.3
8:00	16.2	13.8	15.0	13.6	14.9	7.0	7.2	4.9	2.6	2.9
8:15	16.5	13.7	14.6	14.3	15.6	6.5	6.9	4.1	3.0	2.5
8:30	16.8	13.8	14.5	14.6	15.4	6.4	6.2	4.0	3.4	2.4
8:45	16.7	13.9	13.9	14.9	15.1	7.1	5.6	4.0	3.9	2.2
9:00	16.0	12.8	13.5	13.5	15.8	8.8	5.5	4.5	4.6	2.1
9:15	15.9	12.3	13.6	12.0	15.7	11.0	4.9	4.8	5.2	1.9
9:30	15.0	11.1	13.8	9.9	16.3	12.6	5.5	5.8	5.5	1.9
9:45	14.9	10.6	14.3	8.4	15.6	13.8	6.6	6.5	5.1	2.1
10:00	15.3	10.6	13.5	9.1	14.0	14.2	7.8	6.6	4.2	2.7
10:15	16.2	11.5	13.8	8.9	13.0	14.4	8.0	6.0	3.6	2.9
10:30	17.2	11.9	14.4	9.3	11.7	14.7	8.0	5.1	3.5	2.7
10:45	18.3	11.8	14.6	9.5	11.0	15.2	7.5	4.2	3.7	2.6
11:00	19.0	10.8	14.7	11.3	10.8	14.4	7.3	3.9	3.8	2.4
11:15	19.4	11.6	14.8	12.9	10.6	12.7	6.5	4.2	3.6	2.1
11:30	20.2	12.7	15.2	14.6	9.1	10.8	6.0	4.9	3.2	1.9
11:45	19.3	15.9	14.8	15.3	9.6	8.7	5.9	4.8	2.8	1.6
12:00	19.0	17.9	13.7	15.4	9.6	7.1	7.0	5.0	2.3	1.5
12:15	18.6	19.2	13.0	14.8	10.1	6.3	7.2	5.1	2.1	1.7
12:30	19.5	19.6	12.4	13.2	10.4	6.0	7.2	5.2	2.1	2.1
12:45	20.0	19.8	12.7	11.5	9.9	6.6	7.1	4.9	2.3	2.6
13:00	21.9	17.7	13.1	10.4	10.1	7.7	6.2	4.7	2.6	2.9
13:15	23.8	15.6	14.1	9.6	9.6	9.2	5.2	4.7	3.1	3.0
13:30	26.0	14.1	14.5	8.6	9.7	10.2	5.0	4.1	3.4	2.9
13:45	28.0	12.5	14.1	7.9	9.7	11.2	4.7	4.1	3.7	2.5
14:00	27.8	12.3	13.6	7.7	11.0	10.7	5.2	4.1	3.9	2.5
14:15	27.2	12.3	14.0	8.1	11.2	10.1	5.7	3.9	3.9	2.3
14:30	27.1	12.5	14.4	8.2	10.5	9.3	6.5	3.9	3.9	2.1
14:45	27.0	12.6	15.9	7.8	9.6	9.2	6.6	3.7	4.1	2.2

时间	广西私家车广播	广西文艺广播MusicRadio	南宁交通音乐广播	广西970女主播电台	广西交通广播	南宁乡村生活广播	南宁综合广播	广西新闻广播	南宁故事广播	中央中国之声
15:00	27.6	13.1	16.1	8.3	7.2	9.7	5.9	3.8	4.1	2.9
15:15	26.5	14.2	16.2	7.6	7.4	9.6	5.2	4.3	4.5	3.1
15:30	25.2	13.8	16.2	8.5	7.3	10.5	4.7	4.1	4.5	3.3
15:45	22.8	14.7	15.7	8.8	8.2	11.1	4.9	3.7	5.0	3.2
16:00	19.7	14.7	15.9	10.9	8.6	11.5	4.9	3.7	5.5	2.4
16:15	18.7	14.6	16.0	11.5	8.8	12.0	4.8	3.5	5.5	2.2
16:30	18.5	17.5	16.1	10.7	7.2	12.1	4.8	3.4	5.5	2.3
16:45	18.3	18.5	15.7	10.8	7.5	12.1	4.2	3.8	5.1	2.1
17:00	17.2	20.6	14.2	13.9	7.6	11.3	3.9	3.4	4.1	2.3
17:15	15.5	21.7	13.2	14.8	9.5	10.7	4.4	3.7	3.2	2.1
17:30	14.5	21.2	13.2	15.5	10.9	10.2	5.0	3.8	2.6	1.9
17:45	15.0	20.1	12.8	14.6	11.7	9.6	6.4	4.6	2.4	1.7
18:00	15.7	19.0	12.1	13.5	12.0	8.8	8.0	5.5	2.3	1.6
18:15	16.4	18.0	11.7	13.1	12.0	8.5	8.1	5.8	2.4	2.0
18:30	17.3	16.7	12.0	12.2	11.9	8.7	8.4	5.8	2.5	2.3
18:45	18.6	16.0	12.5	11.3	11.2	8.9	8.5	5.5	2.4	2.6
19:00	20.9	16.1	13.0	10.9	10.1	9.2	7.4	4.9	2.4	2.7
19:15	22.9	16.4	12.7	10.6	9.9	8.9	7.1	4.6	2.5	2.4
19:30	24.7	16.1	12.9	9.8	9.6	9.1	6.8	4.1	3.1	2.1
19:45	24.2	15.9	12.9	9.9	9.5	9.3	6.9	3.9	3.7	2.2
20:00	22.0	15.7	13.8	9.8	9.5	9.6	7.3	4.3	4.1	2.3
20:15	20.1	16.1	14.5	9.9	8.6	9.6	8.1	4.4	4.7	2.4
20:30	19.3	15.5	14.3	10.7	7.7	10.9	7.5	4.5	5.0	2.6
20:45	18.8	16.6	14.4	12.0	7.1	11.4	6.1	4.7	4.6	2.5
21:00	19.3	17.8	13.3	13.3	7.7	10.5	5.1	4.9	3.6	2.5
21:15	19.9	17.5	12.2	15.0	8.1	9.7	5.2	4.9	2.8	2.6
21:30	20.2	17.9	11.6	16.4	8.3	9.1	5.0	4.6	2.5	2.2
21:45	21.1	17.7	10.6	17.7	7.7	8.9	5.4	4.4	2.2	2.3
22:00	20.6	16.8	10.4	20.0	7.0	8.4	5.9	4.3	2.1	2.3
22:15	18.6	17.4	10.3	20.3	6.9	8.1	6.9	4.2	2.4	2.5
22:30	18.2	16.4	9.7	20.6	7.6	7.9	7.4	4.7	2.6	2.9
22:45	18.7	15.7	10.0	19.4	8.4	7.6	7.2	5.3	2.7	2.8
23:00	18.4	15.9	10.5	18.1	8.9	8.2	6.4	5.3	2.8	3.0
23:15	19.4	15.7	10.4	17.4	8.2	9.2	6.4	5.1	2.9	2.8
23:30	19.3	15.7	10.0	16.6	9.1	9.2	6.5	5.2	3.0	3.0
23:45	19.5	15.6	9.3	15.9	9.2	9.8	6.3	5.5	3.4	2.6

表 2.25.5　南宁市平均收听率 top30 节目

排名	节目名称	所属频率	播放时间	平均收听率(%)	市场占有率(%)
1	知道分子	广西私家车广播	12:00—12:30	2.02	21.1
2	私家车上班路上	广西私家车广播	07:30—09:00	2.00	16.5
3	焕然一新早高峰	南宁电台交通音乐广播	07:30—09:00	1.99	16.4
4	大雄爱运动	广西私家车广播	21:00—21:30	1.83	26.8
5	Hey,Mr.DJ(周妍)	广西私家车广播	21:30—22:00	1.80	24.5
5	Hey,Mr.DJ (阿亚)	广西私家车广播	19:30—20:00	1.80	23.4
7	大海现场秀	广西文艺广播 Music Radio	17:30—19:00	1.78	17.4
8	私家车下班路上、八颗牙齿晒太阳	广西私家车广播	17:30—19:30	1.72	16.5
9	菲说不可	南宁电台交通音乐广播	12:00—13:00	1.67	18.5
10	红牛能量音乐	广西文艺广播 Music Radio	19:00—20:00	1.60	17.9
11	刷刷朋友圈	南宁电台交通音乐广播	07:00—07:30	1.57	16.7
12	的士一家人(重播)	广西私家车广播	22:00—22:30	1.53	23.8
13	我的汽车有话说	广西私家车广播	11:00—12:00	1.48	19.1
14	1003 早高峰(前峰)	广西交通广播	07:30—08:30	1.47	11.7
15	汽车爱音乐	广西文艺广播 Music Radio	07:30—09:00	1.46	12.0
16	诸神之战	广西私家车广播	12:30—13:30	1.44	19.2
16	大嘴侃车	南宁电台交通音乐广播	11:00—12:00	1.44	18.6
16	快乐晚高峰(后峰)	广西交通广播	18:30—19:30	1.44	12.6
19	音乐诚品	广西私家车广播	13:30—14:30	1.38	25.1
20	老音乐房子	广西文艺广播 Music Radio	11:00—13:00	1.33	15.8
21	1003 早高峰(后峰)	广西交通广播	08:30—09:30	1.29	14.3
22	好听不将就(重播)	广西私家车广播	20:00—20:30	1.22	22.5
23	第一楼市	广西私家车广播	20:30—21:00	1.20	20.9
24	网网雷到你	广西私家车广播	14:30—15:30	1.18	26.7
25	我是大咖	南宁电台交通音乐广播	19:00—20:00	1.15	12.4
25	Hey,Mr.DJ(小薇)	广西私家车广播	22:30—23:00	1.15	23.4
27	资讯加音乐	广西 970 女主播电台	17:00—19:00	1.14	13.6
28	车有道	广西交通广播	09:30—10:30	1.13	19.0
29	快乐晚高峰(前峰)	广西交通广播	17:30—18:30	1.12	12.1
30	资讯加音乐	广西 970 女主播电台	08:00—10:00	1.11	12.7

二十六、贵阳地区收听率数据

表 2.26.1　贵阳地区主要电台频率的平均收听率和市场份额

排名	电台名称	平均收听率（%）	市场份额（%）
1	贵州交通广播	1.04	15.0
2	贵阳交通广播	0.94	13.6
3	贵州新闻广播	0.78	11.2
4	贵阳新闻综合广播	0.62	8.9
5	贵州音乐广播	0.62	8.9
6	贵州旅游广播	0.51	7.3
7	贵阳旅游生活广播	0.48	6.9
8	贵州经济广播	0.42	6.0
9	贵州都市广播	0.41	5.9
10	贵州故事广播	0.40	5.8

表 2.26.2　贵阳地区主要电台频率的周到达率和日到达率

排名	电台名称	周到达率（%）	日到达率（%）
1	贵州交通广播	23.59	13.21
2	贵阳交通广播	19.51	10.09
3	贵州新闻广播	16.18	9.73
4	贵阳旅游生活广播	13.42	8.21
5	贵州音乐广播	13.11	7.85
6	贵阳新闻综合广播	12.46	7.82
7	贵州旅游广播	10.28	7.62
8	贵州经济广播	11.74	6.78
9	贵阳都市女性广播	12.48	6.63
10	贵州故事广播	8.57	6.36

表 2.26.3　贵阳地区主要电台的收听率（%）

时间	贵州交通广播	贵阳交通广播	贵州新闻广播	贵阳新闻综合广播	贵州音乐广播	贵州旅游广播	贵阳旅游生活广播	贵州经济广播	贵州都市广播	贵州故事广播
6:00	0.59	0.52	0.39	0.33	0.38	0.28	0.24	0.18	0.25	0.24
6:15	0.62	0.65	0.54	0.41	0.45	0.35	0.26	0.22	0.29	0.31
6:30	0.91	0.57	0.66	0.47	0.49	0.40	0.36	0.25	0.37	0.35
6:45	1.14	0.89	0.84	0.54	0.50	0.54	0.43	0.33	0.39	0.43
7:00	1.15	1.12	1.09	0.60	0.69	0.62	0.54	0.45	0.56	0.43
7:15	1.57	1.26	1.23	0.85	0.82	0.73	0.56	0.65	0.64	0.53
7:30	1.83	1.71	1.80	0.95	1.00	0.80	0.70	0.77	0.73	0.60
7:45	2.32	1.89	1.89	1.12	1.20	0.91	0.71	0.77	0.80	0.67
8:00	2.35	1.97	1.99	1.13	1.24	0.94	0.91	0.80	0.83	0.77
8:15	2.48	1.95	1.98	1.16	1.23	0.91	0.94	0.74	0.82	0.79
8:30	2.36	1.91	1.75	1.11	1.17	0.85	0.96	0.66	0.76	0.77
8:45	2.03	1.61	1.32	0.94	1.00	0.67	0.91	0.55	0.62	0.75
9:00	1.70	1.37	1.22	0.89	0.86	0.62	0.78	0.52	0.48	0.63
9:15	1.31	1.30	0.95	0.81	0.76	0.56	0.69	0.51	0.39	0.58
9:30	1.25	1.19	0.86	0.80	0.71	0.58	0.60	0.52	0.35	0.58
9:45	1.12	1.10	0.75	0.80	0.56	0.60	0.54	0.51	0.31	0.52
10:00	1.01	1.16	0.73	0.80	0.56	0.69	0.48	0.41	0.33	0.44
10:15	1.16	1.13	0.80	0.82	0.67	0.71	0.44	0.42	0.35	0.37
10:30	1.19	1.11	0.78	0.84	0.68	0.72	0.45	0.39	0.42	0.36
10:45	1.07	0.93	0.87	0.77	0.69	0.70	0.46	0.39	0.45	0.37
11:00	0.94	0.83	1.01	0.71	0.57	0.58	0.43	0.35	0.41	0.46
11:15	0.83	0.79	1.00	0.61	0.47	0.51	0.41	0.31	0.38	0.49
11:30	0.84	0.81	0.97	0.58	0.44	0.45	0.41	0.30	0.31	0.49
11:45	0.83	0.88	0.80	0.58	0.46	0.46	0.37	0.31	0.31	0.47
12:00	1.07	1.09	0.74	0.67	0.57	0.54	0.43	0.37	0.32	0.41
12:15	1.12	1.30	0.76	0.67	0.61	0.62	0.41	0.41	0.37	0.34
12:30	1.26	1.29	1.00	0.77	0.75	0.68	0.49	0.44	0.43	0.38
12:45	1.20	1.26	1.02	0.74	0.76	0.66	0.55	0.43	0.51	0.38
13:00	1.04	1.09	0.92	0.67	0.76	0.63	0.60	0.38	0.55	0.34
13:15	0.83	0.89	0.79	0.61	0.68	0.51	0.61	0.34	0.57	0.28
13:30	0.78	0.80	0.64	0.51	0.55	0.43	0.53	0.39	0.54	0.24
13:45	0.70	0.74	0.55	0.46	0.45	0.37	0.46	0.47	0.43	0.24
14:00	0.72	0.66	0.48	0.41	0.45	0.35	0.38	0.47	0.36	0.25
14:15	0.77	0.61	0.59	0.37	0.45	0.36	0.38	0.45	0.29	0.25
14:30	0.83	0.64	0.67	0.40	0.45	0.38	0.40	0.42	0.28	0.24
14:45	0.79	0.72	0.77	0.43	0.54	0.46	0.47	0.34	0.28	0.26

时间	贵州交通广播	贵阳交通广播	贵州新闻广播	贵阳新闻综合广播	贵州音乐广播	贵州旅游广播	贵阳旅游生活广播	贵州经济广播	贵州都市广播	贵州故事广播
15:00	0.64	0.90	0.72	0.55	0.64	0.49	0.51	0.32	0.37	0.26
15:15	0.56	0.97	0.63	0.55	0.63	0.51	0.56	0.31	0.40	0.25
15:30	0.63	0.94	0.56	0.58	0.60	0.45	0.55	0.36	0.41	0.23
15:45	0.66	0.85	0.57	0.47	0.48	0.40	0.47	0.36	0.40	0.24
16:00	0.84	0.72	0.69	0.40	0.42	0.35	0.41	0.34	0.35	0.31
16:15	0.85	0.62	0.73	0.39	0.43	0.28	0.31	0.31	0.31	0.35
16:30	0.83	0.56	0.62	0.38	0.46	0.25	0.30	0.28	0.28	0.38
16:45	0.71	0.56	0.55	0.37	0.48	0.30	0.33	0.32	0.29	0.35
17:00	0.70	0.63	0.46	0.40	0.48	0.34	0.36	0.33	0.31	0.38
17:15	0.84	0.82	0.55	0.47	0.54	0.35	0.51	0.45	0.42	0.49
17:30	1.32	0.98	0.70	0.53	0.67	0.50	0.56	0.47	0.41	0.56
17:45	1.38	1.28	0.89	0.69	0.76	0.57	0.67	0.63	0.56	0.60
18:00	1.53	1.39	1.09	0.77	0.89	0.71	0.67	0.64	0.60	0.61
18:15	1.52	1.40	1.10	0.83	0.90	0.70	0.68	0.63	0.57	0.58
18:30	1.26	1.23	1.01	0.82	0.83	0.68	0.58	0.60	0.57	0.50
18:45	1.00	1.04	0.85	0.74	0.67	0.63	0.53	0.52	0.42	0.41
19:00	0.88	0.93	0.62	0.63	0.63	0.50	0.43	0.42	0.38	0.40
19:15	0.89	0.87	0.52	0.53	0.54	0.47	0.40	0.44	0.34	0.44
19:30	0.83	0.82	0.38	0.50	0.47	0.44	0.37	0.48	0.39	0.45
19:45	0.88	0.85	0.43	0.53	0.46	0.48	0.37	0.46	0.41	0.42
20:00	0.93	0.86	0.48	0.52	0.54	0.52	0.45	0.42	0.43	0.38
20:15	1.07	0.82	0.68	0.66	0.62	0.51	0.50	0.35	0.40	0.35
20:30	1.11	0.72	0.70	0.68	0.60	0.46	0.49	0.31	0.35	0.33
20:45	0.97	0.65	0.58	0.69	0.56	0.41	0.46	0.32	0.30	0.30
21:00	0.92	0.60	0.53	0.64	0.47	0.42	0.36	0.36	0.31	0.36
21:15	0.75	0.76	0.36	0.57	0.53	0.45	0.33	0.40	0.35	0.36
21:30	0.69	0.77	0.34	0.50	0.62	0.42	0.31	0.39	0.34	0.36
21:45	0.82	0.73	0.42	0.49	0.61	0.36	0.34	0.33	0.32	0.31
22:00	0.83	0.56	0.54	0.53	0.53	0.33	0.35	0.31	0.25	0.29
22:15	0.75	0.53	0.52	0.54	0.48	0.34	0.28	0.25	0.24	0.26
22:30	0.65	0.54	0.43	0.46	0.40	0.35	0.25	0.28	0.23	0.26
22:45	0.67	0.55	0.31	0.42	0.42	0.33	0.27	0.31	0.26	0.24
23:00	0.63	0.51	0.30	0.37	0.46	0.26	0.28	0.31	0.26	0.19
23:15	0.57	0.41	0.32	0.40	0.44	0.24	0.26	0.24	0.23	0.18
23:30	0.52	0.40	0.29	0.36	0.37	0.23	0.22	0.23	0.20	0.16
23:45	0.48	0.36	0.28	0.33	0.34	0.22	0.20	0.22	0.19	0.16

表 2.26.4 贵阳地区主要电台的占有率（%）

时间	贵州交通广播	贵阳交通广播	贵州新闻广播	贵阳新闻综合广播	贵州音乐广播	贵州旅游广播	贵阳旅游生活广播	贵州经济广播	贵州都市广播	贵州故事广播
6:00	16.7	14.6	10.9	9.2	10.7	7.8	6.6	5.0	7.1	6.6
6:15	14.2	14.9	12.4	9.4	10.4	8.1	6.0	4.9	6.6	7.1
6:30	17.7	11.1	12.8	9.1	9.6	7.7	7.0	4.9	7.3	6.9
6:45	17.8	13.9	13.1	8.4	7.8	8.5	6.7	5.2	6.1	6.6
7:00	14.4	14.0	13.7	7.5	8.7	7.8	6.8	5.6	7.0	5.3
7:15	16.1	12.9	12.6	8.7	8.4	7.5	5.8	6.6	6.6	5.5
7:30	15.1	14.1	14.9	7.9	8.3	6.6	5.8	6.3	6.0	4.9
7:45	16.9	13.8	13.8	8.2	8.8	6.6	5.2	5.6	5.9	4.9
8:00	16.2	13.5	13.7	7.8	8.6	6.5	6.3	5.5	5.7	5.3
8:15	16.9	13.3	13.5	7.9	8.4	6.2	6.4	5.1	5.6	5.4
8:30	17.1	13.8	12.7	8.0	8.5	6.1	6.9	4.7	5.5	5.6
8:45	17.2	13.7	11.2	8.0	8.5	5.7	7.8	4.7	5.2	6.4
9:00	16.7	13.4	12.0	8.7	8.4	6.1	7.6	5.1	4.7	6.1
9:15	14.9	14.8	10.8	9.1	8.6	6.3	7.9	5.8	4.4	6.6
9:30	15.0	14.3	10.3	9.6	8.5	7.0	7.3	6.3	4.1	6.9
9:45	14.6	14.4	9.7	10.5	7.3	7.9	7.0	6.6	4.1	6.8
10:00	13.6	15.6	9.8	10.7	7.6	9.2	6.4	5.6	4.4	6.0
10:15	15.1	14.8	10.4	10.7	8.7	9.3	5.7	5.4	4.5	4.8
10:30	15.3	14.4	10.0	10.8	8.7	9.2	5.8	5.0	5.4	4.7
10:45	14.2	12.5	11.6	10.3	9.2	9.3	6.1	5.1	6.0	5.0
11:00	13.2	11.7	14.3	10.1	8.0	8.2	6.1	4.9	5.8	6.5
11:15	12.7	12.0	15.2	9.4	7.1	7.7	6.2	4.8	5.9	7.5
11:30	13.4	12.9	15.5	9.2	7.0	7.2	6.6	4.8	4.9	7.9
11:45	13.6	14.4	13.1	9.5	7.5	7.6	6.1	5.1	5.1	7.7
12:00	15.6	15.9	10.8	9.7	8.4	7.9	6.2	5.4	4.6	5.9
12:15	15.2	17.7	10.3	9.1	8.3	8.4	5.6	5.5	5.0	4.7
12:30	15.1	15.4	12.0	9.3	9.0	8.1	5.9	5.2	5.2	4.6
12:45	14.2	15.0	12.1	8.8	9.1	7.8	6.5	5.1	6.1	4.5
13:00	13.1	13.7	11.6	8.4	9.5	7.8	7.5	4.7	6.9	4.2
13:15	11.7	12.7	11.2	8.6	9.6	7.3	8.6	4.9	8.1	4.0
13:30	12.4	12.7	10.2	8.1	8.8	6.9	8.5	6.2	8.7	3.9
13:45	12.5	13.3	9.8	8.2	8.0	6.7	8.2	8.4	7.7	4.4
14:00	14.1	13.0	9.5	8.0	8.8	6.9	7.4	9.3	7.1	4.8
14:15	15.1	11.9	11.5	7.2	8.9	7.1	7.5	8.9	5.7	4.8
14:30	15.9	12.3	12.8	7.7	8.5	7.3	7.6	8.0	5.4	4.6
14:45	14.3	13.1	14.0	7.8	9.8	8.3	8.4	6.2	5.0	4.7

时间	贵州交通广播	贵阳交通广播	贵州新闻广播	贵阳新闻综合广播	贵州音乐广播	贵州旅游广播	贵阳旅游生活广播	贵州经济广播	贵州都市广播	贵州故事广播
15:00	10.9	15.5	12.4	9.5	11.0	8.5	8.8	5.5	6.3	4.5
15:15	9.7	16.8	11.0	9.6	10.9	8.8	9.7	5.5	6.9	4.4
15:30	11.1	16.4	9.8	10.1	10.6	7.8	9.6	6.3	7.2	4.1
15:45	12.3	16.0	10.8	8.8	9.0	7.5	8.9	6.7	7.5	4.4
16:00	15.7	13.5	13.0	7.5	7.7	6.5	7.7	6.3	6.5	5.7
16:15	16.3	12.0	14.0	7.5	8.4	5.4	6.0	5.9	5.9	6.7
16:30	16.6	11.2	12.4	7.5	9.2	5.0	6.0	5.6	5.6	7.6
16:45	14.2	11.2	11.1	7.4	9.7	6.0	6.6	6.4	5.8	7.0
17:00	13.8	12.4	9.1	7.9	9.4	6.6	7.1	6.4	6.1	7.5
17:15	13.5	13.2	8.8	7.5	8.6	5.7	8.1	7.2	6.7	7.9
17:30	17.3	12.8	9.1	7.0	8.7	6.6	7.4	6.1	5.4	7.3
17:45	15.2	14.1	9.8	7.6	8.4	6.3	7.4	6.9	6.2	6.6
18:00	15.3	13.9	10.9	7.7	8.9	7.0	6.7	6.4	6.0	6.1
18:15	15.2	13.9	11.0	8.3	8.9	7.0	6.8	6.3	5.7	5.8
18:30	13.9	13.5	11.1	9.1	9.2	7.5	6.4	6.6	6.3	5.5
18:45	13.1	13.7	11.1	9.7	8.7	8.2	6.9	6.8	5.6	5.4
19:00	13.5	14.3	9.6	9.6	9.7	7.6	6.6	6.4	5.9	6.1
19:15	14.7	14.4	8.5	8.7	9.0	7.7	6.6	7.3	5.6	7.3
19:30	14.7	14.5	6.7	8.7	8.3	7.7	6.5	8.4	6.8	7.8
19:45	14.8	14.4	7.3	8.9	7.8	8.1	6.2	7.7	7.0	7.1
20:00	15.1	13.8	7.7	8.4	8.6	8.5	7.3	6.8	7.0	6.1
20:15	16.2	12.4	10.3	10.0	9.3	7.7	7.6	5.2	6.1	5.3
20:30	17.4	11.3	11.0	10.7	9.4	7.2	7.6	4.9	5.4	5.1
20:45	16.7	11.2	10.0	11.9	9.6	7.1	7.9	5.5	5.1	5.1
21:00	16.4	10.6	9.4	11.5	8.5	7.5	6.4	6.4	5.6	6.3
21:15	13.5	13.7	6.5	10.3	9.7	8.2	5.9	7.2	6.4	6.5
21:30	12.8	14.2	6.2	9.2	11.4	7.8	5.8	7.2	6.4	6.6
21:45	15.4	13.6	7.8	9.3	11.5	6.7	6.4	6.2	6.0	5.8
22:00	16.4	11.2	10.7	10.4	10.6	6.5	7.0	6.1	5.0	5.7
22:15	16.1	11.4	11.2	11.5	10.2	7.2	6.1	5.4	5.2	5.5
22:30	15.1	12.6	10.0	10.6	9.2	8.0	5.8	6.4	5.2	6.1
22:45	15.7	12.9	7.2	9.9	9.9	7.9	6.5	7.2	6.0	5.7
23:00	15.7	12.9	7.6	9.4	11.6	6.5	6.9	7.7	6.6	4.8
23:15	15.5	11.2	8.6	10.9	12.1	6.7	7.0	6.6	6.2	5.0
23:30	15.6	12.1	8.6	10.7	11.1	6.9	6.7	7.0	6.1	4.9
23:45	15.5	11.5	9.1	10.8	11.0	7.2	6.5	6.9	6.0	5.2

表 2.26.5 贵阳市平均收听率 top30 节目

排名	节目名称	所属频率	播放时间	平均收听率(%)	市场占有率(%)
1	阳光旅程	贵州交通广播	07:00—09:00	2.10	16.1
2	阳光 946 党风政风行风热线(上)	贵州综合广播	07:40—08:00	1.82	12.8
3	阳光 946 党风政风行风热线(下)	贵州综合广播	08:00—08:30	1.79	11.8
3	交广早班车	贵阳交通广播	07:00—09:00	1.79	13.7
5	哥伦布大搜索	贵州综合广播	08:30—09:00	1.57	11.6
6	音乐黑白片	贵州交通广播	09:00—10:00	1.40	15.1
7	美丽声音	贵阳交通广播	09:00—10:00	1.37	14.7
8	春黔一加一	贵阳交通广播	12:00—13:00	1.35	16.3
9	开心码头	贵州交通广播	17:00—18:30	1.33	16.0
9	贵州新闻联播	贵州综合广播	07:00—07:40	1.33	12.8
11	午间关注·身边	贵州综合广播	11:00—11:30	1.31	17.5
12	新闻和报纸摘要(转播中央人民广播电台)	贵州交通广播	06:30—07:00	1.30	19.0
13	汽车我做主	贵州交通广播	10:00—11:00	1.29	16.1
14	RADIO 早安秀	贵州音乐广播	07:00—09:00	1.20	9.2
14	NICE 音乐	贵州交通广播	12:00—13:00	1.20	14.4
16	我的正常伙伴	贵州交通广播	12:00—13:00	1.18	14.3
17	车行天下	贵阳交通广播	10:00—11:00	1.11	13.9
18	交通纵贯线	贵州交通广播	11:00—12:00	1.10	15.7
19	科教文化大视野	贵州综合广播	12:56—13:00	1.09	11.9
19	回家路上	贵阳交通广播	17:00—19:00	1.09	13.8
19	神趴百事达	贵州交通广播	13:00—14:00	1.09	14.9
22	“鑫”闻一起“峰”(下)	贵州综合广播	12:30—12:56	1.08	11.8
23	新闻早 8 点	贵阳新闻综合广播	08:00—09:00	1.07	7.8
24	涵你韬客秀	贵州交通广播	19:30—20:30	1.03	16.7
24	贵阳新闻	贵阳新闻综合广播	07:30—08:00	1.03	7.7
26	优生活	贵州交通广播	18:30—19:30	1.00	13.5
27	幸福快车	贵阳交通广播	15:00—16:00	0.99	16.8
27	听说天下(上)	贵州综合广播	18:00—18:35	0.99	9.7
29	天下奇谈	贵阳交通广播	13:00—14:00	0.98	13.8
30	午间关注·身边	贵州综合广播	11:30—12:00	0.94	14.6

二十七、昆明地区收听率数据

表 2.27.1 昆明地区主要电台频率的平均收听率和市场份额

排名	电台名称	平均收听率（%）	市场份额（%）
1	云南台交通之声	0.79	14.4
2	云南台音乐广播	0.66	12.0
3	云南台新闻广播	0.58	10.5
4	昆明汽车广播	0.55	10.1
5	云南台经济广播	0.52	9.4
6	昆明都市调频	0.51	9.3
7	云南台香格里拉之声	0.47	8.5
8	云南台教育广播	0.34	6.2
9	新闻资讯广播	0.28	5.0
10	中央中国之声	0.24	4.3

表 2.27.2 昆明地区主要电台频率的周到达率和日到达率

排名	电台名称	周到达率（%）	日到达率（%）
1	云南台交通之声	25.63	10.51
2	云南台音乐广播	30.40	10.49
3	云南台香格里拉之声	23.82	9.84
4	云南台新闻广播	23.14	9.40
5	云南台经济广播	22.12	8.44
6	昆明汽车广播	19.58	7.15
7	昆明都市调频	22.32	5.32
8	新闻资讯广播	16.33	5.00
9	云南台教育广播	14.94	4.91
10	昆明知道分子广播	13.12	3.59

表 2.27.3 昆明地区主要电台的收听率（%）

时间	云南台交通之声	云南台音乐广播	云南台新闻广播	昆明汽车广播	云南台经济广播	昆明都市调频	云南台香格里拉之声FM99	云南台教育广播	新闻资讯广播	中央中国之声
6:00	1.01	0.70	0.93	0.71	0.67	0.43	0.27	0.43	0.48	0.27
6:15	1.03	0.72	0.90	0.73	0.70	0.42	0.27	0.45	0.46	0.26
6:30	1.06	0.72	0.87	0.74	0.70	0.42	0.28	0.43	0.45	0.26
6:45	1.27	0.81	1.03	0.89	0.80	0.46	0.30	0.42	0.49	0.20
7:00	1.24	0.83	1.03	0.89	0.83	0.45	0.29	0.43	0.48	0.21
7:15	1.19	0.75	1.05	0.87	0.82	0.48	0.33	0.48	0.48	0.21
7:30	1.39	0.92	1.14	1.04	0.82	0.62	0.46	0.50	0.50	0.17
7:45	1.34	0.95	1.15	1.04	0.85	0.63	0.47	0.53	0.49	0.17
8:00	1.35	0.97	1.09	1.05	0.83	0.62	0.48	0.52	0.46	0.13
8:15	1.37	1.03	1.07	1.06	0.94	0.64	0.52	0.56	0.49	0.13
8:30	1.40	1.06	1.11	1.10	0.95	0.66	0.52	0.55	0.50	0.14
8:45	1.42	1.04	1.09	1.09	0.90	0.67	0.56	0.53	0.49	0.14
9:00	1.46	0.98	1.14	1.14	0.88	0.71	0.69	0.50	0.44	0.11
9:15	1.41	1.00	1.19	1.12	0.94	0.72	0.69	0.52	0.45	0.12
9:30	1.34	1.01	1.23	1.13	0.94	0.69	0.64	0.53	0.45	0.13
9:45	1.23	0.95	1.47	1.08	1.01	0.63	0.65	0.46	0.48	0.16
10:00	1.26	0.97	1.49	1.09	0.98	0.63	0.67	0.47	0.48	0.15
10:15	1.19	0.92	1.47	1.07	0.98	0.67	0.66	0.44	0.46	0.16
10:30	1.22	0.88	1.16	0.95	0.94	0.73	0.71	0.45	0.43	0.16
10:45	1.22	0.89	1.14	0.98	0.95	0.74	0.73	0.43	0.44	0.15
11:00	1.28	0.91	1.10	0.96	0.94	0.71	0.74	0.41	0.39	0.15
11:15	1.16	0.88	1.01	0.87	0.95	0.70	0.65	0.43	0.40	0.19
11:30	1.12	0.91	0.99	0.89	0.97	0.71	0.68	0.44	0.36	0.21
11:45	1.11	0.89	0.98	0.88	0.96	0.70	0.72	0.41	0.37	0.21
12:00	0.93	0.86	0.77	0.79	0.90	0.63	0.66	0.36	0.32	0.23
12:15	0.96	0.87	0.78	0.81	0.86	0.64	0.66	0.41	0.32	0.25
12:30	0.98	0.84	0.80	0.80	0.84	0.64	0.67	0.39	0.34	0.26
12:45	0.99	0.78	0.83	0.72	0.74	0.70	0.64	0.33	0.37	0.19
13:00	0.93	0.78	0.82	0.73	0.74	0.68	0.66	0.31	0.37	0.19
13:15	0.98	0.78	0.80	0.71	0.77	0.71	0.65	0.29	0.37	0.18
13:30	1.05	0.74	0.71	0.63	0.75	0.72	0.61	0.27	0.31	0.20
13:45	1.05	0.74	0.69	0.61	0.76	0.70	0.60	0.27	0.31	0.22
14:00	1.06	0.74	0.68	0.64	0.76	0.69	0.59	0.25	0.32	0.23
14:15	1.17	0.69	0.66	0.62	0.63	0.59	0.49	0.29	0.31	0.24
14:30	1.15	0.70	0.62	0.58	0.60	0.58	0.48	0.33	0.30	0.24
14:45	1.10	0.70	0.63	0.60	0.60	0.60	0.50	0.32	0.30	0.27

时间	云南台交通之声	云南台音乐广播	云南台新闻广播	昆明汽车广播	云南台经济广播	昆明都市调频	云南台香格里拉之声FM99	云南台教育广播	新闻资讯广播	中央中国之声
15:00	0.83	0.73	0.62	0.51	0.48	0.68	0.46	0.30	0.32	0.33
15:15	0.82	0.79	0.60	0.48	0.44	0.65	0.47	0.29	0.30	0.33
15:30	0.80	0.83	0.61	0.47	0.44	0.63	0.46	0.29	0.31	0.32
15:45	0.85	0.81	0.59	0.42	0.47	0.59	0.61	0.37	0.27	0.31
16:00	0.78	0.77	0.58	0.43	0.48	0.62	0.60	0.35	0.25	0.34
16:15	0.75	0.80	0.59	0.51	0.44	0.62	0.57	0.31	0.25	0.31
16:30	0.84	0.63	0.63	0.63	0.43	0.68	0.58	0.31	0.24	0.28
16:45	0.89	0.68	0.61	0.66	0.43	0.69	0.53	0.31	0.23	0.29
17:00	0.85	0.64	0.63	0.65	0.45	0.69	0.54	0.31	0.21	0.27
17:15	0.90	0.72	0.72	0.74	0.47	0.66	0.55	0.39	0.23	0.30
17:30	0.95	0.66	0.74	0.75	0.42	0.65	0.54	0.43	0.22	0.29
17:45	0.99	0.66	0.72	0.73	0.47	0.65	0.54	0.43	0.21	0.30
18:00	0.94	0.63	0.81	0.80	0.59	0.69	0.68	0.36	0.22	0.38
18:15	0.91	0.64	0.84	0.83	0.59	0.72	0.66	0.35	0.21	0.39
18:30	0.90	0.59	0.84	0.80	0.57	0.69	0.69	0.39	0.25	0.40
18:45	0.81	0.68	0.85	0.75	0.55	0.69	0.66	0.42	0.33	0.37
19:00	0.83	0.67	0.83	0.77	0.54	0.69	0.67	0.43	0.32	0.37
19:15	0.85	0.72	0.85	0.77	0.54	0.68	0.67	0.41	0.32	0.35
19:30	0.92	0.74	0.97	0.82	0.54	0.69	0.63	0.45	0.28	0.29
19:45	0.88	0.78	0.97	0.80	0.54	0.70	0.59	0.48	0.29	0.28
20:00	0.86	0.79	0.96	0.83	0.53	0.70	0.63	0.46	0.30	0.28
20:15	0.76	0.82	0.93	0.79	0.57	0.61	0.65	0.44	0.30	0.31
20:30	0.79	0.81	0.93	0.76	0.56	0.61	0.62	0.48	0.32	0.31
20:45	0.83	0.83	0.89	0.74	0.58	0.61	0.58	0.45	0.31	0.32
21:00	0.81	0.67	0.70	0.73	0.60	0.58	0.65	0.38	0.26	0.39
21:15	0.74	0.71	0.71	0.71	0.63	0.55	0.64	0.38	0.25	0.41
21:30	0.77	0.71	0.73	0.72	0.65	0.54	0.65	0.40	0.27	0.39
21:45	0.82	0.61	0.84	0.73	0.66	0.55	0.52	0.47	0.27	0.28
22:00	0.77	0.57	0.83	0.72	0.66	0.51	0.54	0.46	0.26	0.29
22:15	0.80	0.58	0.82	0.69	0.65	0.53	0.56	0.43	0.25	0.29
22:30	0.75	0.63	0.75	0.60	0.50	0.46	0.61	0.42	0.26	0.27
22:45	0.81	0.63	0.77	0.57	0.49	0.47	0.63	0.44	0.26	0.26
23:00	0.74	0.61	0.75	0.57	0.49	0.46	0.64	0.46	0.25	0.25
23:15	0.79	0.69	0.59	0.51	0.52	0.45	0.65	0.43	0.26	0.20
23:30	0.76	0.65	0.61	0.51	0.52	0.44	0.62	0.44	0.26	0.21
23:45	0.78	0.65	0.62	0.50	0.54	0.46	0.63	0.42	0.28	0.21

表 2.27.4 昆明地区主要电台的占有率（%）

时间	云南台交通之声	云南台音乐广播	云南台新闻广播	昆明汽车广播	云南台经济广播	昆明都市调频	云南台香格里拉之声FM99	云南台教育广播	新闻资讯广播	中央中国之声
6:00	15.4	10.8	14.3	10.8	10.3	6.6	4.2	6.6	7.4	4.1
6:15	15.7	11.0	13.7	11.1	10.7	6.4	4.1	6.8	7.0	3.9
6:30	16.2	11.0	13.3	11.3	10.8	6.4	4.2	6.5	6.9	4.0
6:45	17.4	11.1	14.0	12.2	11.0	6.3	4.1	5.7	6.7	2.8
7:00	16.9	11.3	14.1	12.1	11.3	6.1	4.0	5.9	6.6	2.9
7:15	16.3	10.3	14.4	11.8	11.2	6.5	4.5	6.6	6.5	2.9
7:30	17.0	11.2	14.0	12.7	10.1	7.6	5.6	6.1	6.1	2.1
7:45	16.3	11.5	13.9	12.6	10.4	7.6	5.7	6.4	5.9	2.0
8:00	16.6	11.9	13.4	13.0	10.2	7.6	5.9	6.4	5.7	1.6
8:15	16.2	12.1	12.6	12.6	11.1	7.5	6.1	6.6	5.8	1.5
8:30	16.1	12.2	12.8	12.7	11.0	7.6	6.0	6.3	5.8	1.6
8:45	16.4	12.1	12.6	12.7	10.4	7.7	6.5	6.2	5.6	1.6
9:00	16.3	10.9	12.7	12.7	9.8	8.0	7.7	5.5	4.9	1.2
9:15	15.6	11.0	13.1	12.4	10.3	7.9	7.6	5.7	4.9	1.3
9:30	14.8	11.2	13.6	12.5	10.4	7.6	7.1	5.9	5.0	1.5
9:45	13.7	10.6	16.4	12.1	11.3	7.0	7.3	5.1	5.4	1.7
10:00	14.0	10.7	16.6	12.2	10.8	7.0	7.4	5.2	5.3	1.7
10:15	13.5	10.5	16.7	12.1	11.1	7.6	7.5	5.0	5.2	1.8
10:30	14.4	10.4	13.7	11.3	11.1	8.6	8.4	5.3	5.1	1.9
10:45	14.4	10.4	13.4	11.6	11.2	8.7	8.6	5.1	5.2	1.8
11:00	15.2	10.8	13.1	11.5	11.2	8.4	8.8	4.9	4.7	1.8
11:15	14.6	11.1	12.8	11.0	12.0	8.8	8.2	5.4	5.0	2.4
11:30	14.1	11.4	12.5	11.2	12.1	8.9	8.5	5.5	4.5	2.6
11:45	14.0	11.2	12.3	11.1	12.2	8.8	9.2	5.2	4.6	2.7
12:00	13.0	12.1	10.8	11.1	12.6	8.8	9.2	5.0	4.4	3.2
12:15	13.2	11.9	10.7	11.1	11.8	8.8	9.0	5.6	4.4	3.4
12:30	13.4	11.6	10.9	11.0	11.6	8.8	9.3	5.4	4.6	3.5
12:45	14.1	11.1	11.9	10.2	10.6	10.0	9.1	4.7	5.3	2.8
13:00	13.4	11.3	11.9	10.5	10.6	9.9	9.5	4.5	5.3	2.7
13:15	14.2	11.2	11.6	10.2	11.1	10.3	9.4	4.1	5.4	2.6
13:30	15.9	11.3	10.8	9.6	11.3	10.8	9.3	4.1	4.7	3.0
13:45	16.0	11.2	10.5	9.3	11.6	10.7	9.2	4.1	4.7	3.4
14:00	16.2	11.2	10.4	9.7	11.5	10.4	9.0	3.8	4.9	3.4
14:15	18.5	10.9	10.4	9.9	9.9	9.3	7.8	4.6	4.9	3.8
14:30	18.5	11.2	10.0	9.4	9.6	9.4	7.8	5.3	4.9	3.9
14:45	17.7	11.3	10.1	9.7	9.6	9.7	8.1	5.2	4.8	4.3

时间	云南台交通之声	云南台音乐广播	云南台新闻广播	昆明汽车广播	云南台经济广播	昆明都市调频	云南台香格里拉之声FM99	云南台教育广播	新闻资讯广播	中央中国之声
15:00	14.4	12.6	10.7	8.8	8.3	11.8	7.9	5.2	5.5	5.6
15:15	14.4	13.9	10.6	8.4	7.8	11.4	8.3	5.1	5.3	5.8
15:30	14.2	14.6	10.8	8.2	7.7	11.0	8.1	5.1	5.4	5.6
15:45	14.6	13.9	10.2	7.3	8.1	10.2	10.5	6.3	4.6	5.4
16:00	13.6	13.6	10.2	7.6	8.4	10.9	10.5	6.1	4.3	5.9
16:15	13.4	14.1	10.4	9.0	7.9	11.0	10.1	5.5	4.4	5.5
16:30	14.3	10.7	10.7	10.8	7.4	11.6	9.9	5.2	4.1	4.8
16:45	15.1	11.5	10.3	11.1	7.3	11.6	9.0	5.2	3.9	4.8
17:00	14.5	10.9	10.7	11.1	7.7	11.8	9.2	5.3	3.5	4.6
17:15	14.4	11.6	11.5	11.9	7.5	10.6	8.8	6.2	3.7	4.8
17:30	15.3	10.6	11.9	12.1	6.8	10.4	8.6	6.9	3.5	4.7
17:45	15.7	10.5	11.4	11.7	7.5	10.3	8.6	6.9	3.3	4.8
18:00	14.0	9.3	12.0	12.0	8.9	10.3	10.1	5.4	3.2	5.7
18:15	13.5	9.5	12.4	12.3	8.7	10.7	9.7	5.2	3.1	5.8
18:30	13.3	8.7	12.5	11.8	8.4	10.2	10.2	5.8	3.7	5.9
18:45	11.9	10.1	12.4	11.1	8.0	10.2	9.7	6.2	4.8	5.4
19:00	12.3	9.8	12.2	11.3	7.9	10.2	9.8	6.3	4.7	5.4
19:15	12.5	10.5	12.4	11.2	7.8	10.0	9.7	6.0	4.6	5.1
19:30	13.2	10.6	14.0	11.8	7.7	9.9	9.1	6.4	4.0	4.2
19:45	12.6	11.2	13.9	11.5	7.8	10.0	8.5	6.9	4.2	4.1
20:00	12.3	11.4	13.8	11.9	7.6	10.0	9.0	6.6	4.4	4.0
20:15	11.3	12.2	13.8	11.7	8.5	9.0	9.7	6.5	4.4	4.6
20:30	11.7	12.0	13.8	11.2	8.3	9.0	9.1	7.1	4.8	4.6
20:45	12.3	12.3	13.2	11.1	8.6	9.0	8.6	6.6	4.6	4.7
21:00	12.5	10.4	11.0	11.3	9.3	9.0	10.2	6.0	4.0	6.0
21:15	11.7	11.2	11.2	11.1	9.9	8.6	10.0	6.0	3.9	6.5
21:30	11.9	10.9	11.2	11.1	10.1	8.4	10.1	6.1	4.1	6.1
21:45	12.8	9.5	13.2	11.4	10.3	8.6	8.2	7.4	4.2	4.4
22:00	12.4	9.2	13.4	11.5	10.6	8.2	8.6	7.5	4.2	4.7
22:15	12.8	9.3	13.1	11.0	10.5	8.4	9.0	6.8	4.0	4.6
22:30	12.7	10.6	12.6	10.2	8.5	7.7	10.3	7.2	4.4	4.5
22:45	13.5	10.5	12.8	9.5	8.2	7.9	10.4	7.3	4.3	4.3
23:00	12.6	10.3	12.7	9.7	8.3	7.8	10.9	7.8	4.2	4.2
23:15	14.1	12.3	10.5	9.1	9.3	7.9	11.5	7.6	4.6	3.5
23:30	13.6	11.7	10.9	9.2	9.2	7.9	11.1	7.8	4.7	3.7
23:45	13.8	11.6	10.9	8.9	9.6	8.1	11.2	7.5	5.0	3.8

表 2.27.5 昆明市平均收听率 top30 节目

排名	节目名称	所属频率	播放时间	平均收听率 (%)	市场占有率 (%)
1	91.8 早高峰	云南台交通广播	07:00—09:00	1.42	16.8
2	91.8 爱运动	云南台交通广播	09:30—10:00	1.39	20.2
3	云广新闻（早间版 A 重播）	云南台新闻广播	08:00—08:30	1.26	14.6
4	天天 315	云南台新闻广播	08:30—09:00	1.22	12.8
5	91.8 全省交通纵贯线	云南台交通广播	09:00—09:30	1.21	16.3
6	音乐不下班	云南台音乐广播	17:00—19:00	1.10	16.2
6	91.8 欢乐颂	云南台交通广播	10:00—11:00	1.10	17.9
6	云广新闻 （早间版 A）	云南台新闻广播	07:00—07:30	1.10	15.1
9	云广新闻 （早间版 C）	云南台新闻广播	08:30—09:00	1.08	14.1
10	91.8 晚高峰	云南台交通广播	18:00—19:30	1.07	14.4
11	吴晓波频道首播	云南台私家车广播	08:30—09:00	1.03	12.1
12	云广新闻 （早间版 B）	云南台新闻广播	07:30—08:00	1.02	13.1
13	91.8 汽车 CD	云南台交通广播	19:30—20:00	0.99	15.0
14	954 音乐早班车	昆明台汽车广播	07:00—09:00	0.95	12.0
14	91.8 大玩家	云南台交通广播	17:00—18:00	0.95	15.6
16	云广新闻谈话——有话就说	云南台新闻广播	11:30—12:00	0.92	13.8
16	UCAR 早高峰	云南台私家车广播	07:00—08:30	0.92	11.0
16	音乐早出发	云南台音乐广播	07:00—09:00	0.92	10.9
19	云广新闻	云南台新闻广播	19:00—19:30	0.89	12.2
20	云广新闻	云南台新闻广播	11:00—11:30	0.85	12.6
20	悦听昆明	云南台新闻广播	12:00—13:00	0.85	12.9
20	91.8 任我行	云南台交通广播	13:00—14:00	0.85	16.7
23	91.8 铿锵车语	云南台交通广播	11:00—12:00	0.84	12.5
24	91.8 时尚妈妈帮	云南台交通广播	12:00—13:00	0.83	13.5
25	中央电台新闻和报纸摘要	云南台新闻广播	06:30—07:00	0.82	16.5
25	转播《新闻和报纸摘要》	云南台交通广播	06:30—07:00	0.82	16.3
27	91.8 娱乐八爪鱼	云南台交通广播	20:00—21:00	0.81	15.9
28	金色热线	云南台新闻广播	12:00—13:00	0.80	13.5
29	我爱我车（上午版）	云南台私家车广播	09:00—10:00	0.79	11.1
29	954 爱车时间	昆明台汽车广播	11:00—12:00	0.79	12.0

二十八、兰州地区收听率数据

表 2.28.1 兰州地区主要电台频率的平均收听率和市场份额

排名	电台名称	平均收听率（%）	市场份额（%）
1	甘肃交通广播	0.70	16.0
2	兰州交通音乐广播	0.62	14.2
3	兰州新闻综合广播	0.60	13.7
4	兰州生活文艺广播	0.43	9.9
5	甘肃都市调频广播	0.39	8.9
6	甘肃新闻综合广播	0.37	8.4
7	甘肃经济广播动感 934	0.33	7.7
8	甘肃青少广播青春调频	0.31	7.1
9	中央音乐之声	0.14	3.3
10	中国国际轻松调频广播	0.13	3.0

表 2.28.2 兰州地区主要电台频率的周到达率和日到达率

排名	电台名称	周到达率（%）	日到达率（%）
1	兰州交通音乐广播	31.77	12.43
2	甘肃交通广播	31.64	11.55
3	兰州新闻综合广播	24.19	8.85
4	兰州生活文艺广播	18.52	8.30
5	甘肃经济广播动感 934	19.61	8.11
6	甘肃都市调频广播	17.72	7.61
7	甘肃青少广播青春调频	19.21	6.53
8	甘肃新闻综合广播	20.16	5.93
9	甘肃农村广播乡村之音	7.49	3.30
10	中央音乐之声	6.48	3.13

表 2.28.3　兰州地区主要电台的收听率（%）

时间	甘肃交通广播	兰州交通音乐广播	兰州新闻综合广播	兰州生活文艺广播	甘肃都市调频广播	甘肃新闻综合广播	甘肃经济广播动感934	甘肃青少广播青春调频	中央音乐之声	国际轻松调频广播
6:00	0.07	0.12	0.53	0.47	0.17	0.18	0.06	0.00	0.05	0.03
6:15	0.13	0.16	0.74	0.52	0.18	0.21	0.09	0.00	0.05	0.03
6:30	0.19	0.25	0.79	0.53	0.16	0.35	0.10	0.00	0.06	0.06
6:45	0.28	0.35	1.09	0.55	0.19	0.37	0.14	0.00	0.09	0.08
7:00	0.34	0.44	1.07	0.54	0.22	0.43	0.16	0.07	0.11	0.09
7:15	0.63	0.67	1.18	0.52	0.25	0.44	0.20	0.09	0.15	0.13
7:30	0.79	0.76	1.14	0.55	0.33	0.43	0.33	0.13	0.19	0.16
7:45	0.97	0.95	1.10	0.54	0.45	0.51	0.36	0.21	0.23	0.20
8:00	1.43	1.05	0.91	0.61	0.50	0.58	0.51	0.29	0.25	0.21
8:15	1.59	1.01	0.84	0.63	0.75	0.61	0.51	0.30	0.25	0.20
8:30	1.67	0.91	0.58	0.69	0.80	0.63	0.49	0.34	0.25	0.17
8:45	1.67	0.99	0.52	0.68	0.80	0.64	0.49	0.32	0.25	0.15
9:00	1.76	0.91	0.37	0.61	0.70	0.57	0.46	0.28	0.20	0.13
9:15	1.65	0.82	0.41	0.52	0.66	0.55	0.48	0.24	0.19	0.11
9:30	1.56	0.75	0.35	0.43	0.54	0.46	0.39	0.24	0.17	0.11
9:45	1.37	0.64	0.39	0.36	0.47	0.41	0.35	0.24	0.13	0.11
10:00	1.11	0.55	0.43	0.30	0.34	0.30	0.25	0.24	0.11	0.11
10:15	1.01	0.43	0.44	0.33	0.34	0.27	0.21	0.23	0.10	0.09
10:30	0.78	0.32	0.43	0.43	0.29	0.28	0.21	0.25	0.11	0.09
10:45	0.68	0.34	0.36	0.54	0.29	0.38	0.21	0.24	0.13	0.10
11:00	0.55	0.48	0.29	0.71	0.40	0.44	0.36	0.27	0.15	0.11
11:15	0.56	0.60	0.39	0.74	0.42	0.49	0.39	0.34	0.17	0.14
11:30	0.74	0.70	0.54	0.84	0.51	0.48	0.53	0.43	0.17	0.18
11:45	0.78	1.08	0.80	0.86	0.52	0.47	0.56	0.54	0.22	0.21
12:00	1.11	1.22	0.98	0.84	0.71	0.54	0.63	0.58	0.22	0.32
12:15	1.17	1.26	1.08	0.84	0.80	0.53	0.65	0.63	0.26	0.32
12:30	1.19	1.21	1.12	0.83	0.81	0.52	0.64	0.60	0.28	0.33
12:45	1.07	1.16	1.03	0.71	0.79	0.50	0.61	0.56	0.26	0.29
13:00	0.94	0.97	0.87	0.63	0.71	0.46	0.48	0.49	0.25	0.21
13:15	0.74	0.69	0.76	0.50	0.61	0.47	0.44	0.46	0.22	0.18
13:30	0.62	0.56	0.65	0.50	0.48	0.43	0.37	0.43	0.20	0.15
13:45	0.56	0.57	0.59	0.49	0.38	0.37	0.37	0.39	0.18	0.13
14:00	0.56	0.66	0.55	0.51	0.39	0.32	0.35	0.37	0.15	0.14
14:15	0.52	0.62	0.56	0.59	0.39	0.29	0.34	0.35	0.13	0.14
14:30	0.49	0.60	0.52	0.56	0.37	0.26	0.28	0.33	0.12	0.13
14:45	0.38	0.61	0.55	0.45	0.29	0.24	0.22	0.32	0.11	0.12

时间	甘肃交通广播	兰州交通音乐广播	兰州新闻综合广播	兰州生活文艺广播	甘肃都市调频广播	甘肃新闻综合广播	甘肃经济广播动感934	甘肃青少广播青春调频	中央音乐之声	国际轻松调频广播
15:00	0.39	0.53	0.53	0.37	0.25	0.25	0.21	0.25	0.09	0.11
15:15	0.38	0.47	0.40	0.24	0.20	0.27	0.17	0.19	0.08	0.09
15:30	0.34	0.44	0.30	0.18	0.20	0.31	0.17	0.18	0.07	0.08
15:45	0.31	0.38	0.25	0.19	0.22	0.37	0.18	0.16	0.06	0.08
16:00	0.31	0.33	0.31	0.17	0.29	0.38	0.19	0.16	0.07	0.10
16:15	0.40	0.28	0.36	0.18	0.31	0.38	0.24	0.24	0.09	0.10
16:30	0.39	0.38	0.47	0.21	0.36	0.38	0.23	0.30	0.12	0.11
16:45	0.53	0.46	0.65	0.28	0.38	0.41	0.31	0.34	0.17	0.12
17:00	0.63	0.73	0.80	0.37	0.48	0.48	0.37	0.43	0.20	0.13
17:15	0.80	0.79	0.87	0.40	0.56	0.49	0.46	0.46	0.24	0.16
17:30	0.83	0.87	1.03	0.57	0.61	0.54	0.53	0.50	0.26	0.19
17:45	0.87	0.89	1.01	0.65	0.65	0.53	0.57	0.54	0.27	0.23
18:00	0.96	1.11	1.04	0.75	0.72	0.49	0.69	0.58	0.23	0.26
18:15	1.06	1.14	1.08	0.74	0.67	0.47	0.73	0.62	0.20	0.27
18:30	1.07	1.15	1.07	0.71	0.65	0.47	0.71	0.60	0.18	0.26
18:45	1.00	1.04	1.01	0.48	0.48	0.47	0.68	0.61	0.16	0.20
19:00	0.86	0.89	0.85	0.39	0.41	0.41	0.55	0.58	0.13	0.18
19:15	0.78	0.78	0.77	0.25	0.33	0.38	0.45	0.54	0.11	0.14
19:30	0.80	0.69	0.57	0.21	0.29	0.37	0.39	0.51	0.10	0.10
19:45	0.75	0.70	0.44	0.21	0.20	0.30	0.35	0.45	0.13	0.08
20:00	0.64	0.66	0.40	0.29	0.21	0.23	0.31	0.42	0.13	0.09
20:15	0.62	0.57	0.40	0.30	0.19	0.21	0.30	0.34	0.14	0.12
20:30	0.54	0.53	0.33	0.29	0.21	0.20	0.25	0.34	0.12	0.12
20:45	0.45	0.40	0.34	0.25	0.24	0.24	0.22	0.32	0.10	0.11
21:00	0.37	0.35	0.35	0.18	0.24	0.28	0.17	0.26	0.08	0.08
21:15	0.30	0.30	0.34	0.14	0.22	0.29	0.15	0.20	0.07	0.06
21:30	0.30	0.33	0.28	0.13	0.18	0.27	0.15	0.15	0.07	0.06
21:45	0.27	0.29	0.26	0.15	0.15	0.21	0.16	0.14	0.06	0.06
22:00	0.23	0.26	0.24	0.14	0.13	0.16	0.16	0.14	0.06	0.06
22:15	0.22	0.25	0.26	0.12	0.15	0.14	0.14	0.16	0.05	0.06
22:30	0.24	0.25	0.23	0.12	0.14	0.12	0.11	0.15	0.04	0.05
22:45	0.20	0.23	0.19	0.13	0.11	0.10	0.09	0.12	0.05	0.05
23:00	0.15	0.21	0.17	0.11	0.12	0.12	0.11	0.12	0.05	0.04
23:15	0.19	0.16	0.17	0.10	0.11	0.12	0.10	0.12	0.04	0.04
23:30	0.16	0.14	0.15	0.08	0.08	0.10	0.08	0.09	0.03	0.03
23:45	0.10	0.13	0.13	0.07	0.07	0.08	0.06	0.07	0.02	0.02

表 2.28.4　兰州地区主要电台的占有率（%）

时间	甘肃交通广播	兰州交通音乐广播	兰州新闻综合广播	兰州生活文艺广播	甘肃都市调频广播	甘肃新闻综合广播	甘肃经济广播动感934	甘肃青少广播青春调频	中央音乐之声	国际轻松调频广播
6:00	3.8	6.6	30.2	26.8	9.6	10.4	3.3	0.0	2.6	1.9
6:15	5.7	7.3	33.1	23.3	7.9	9.5	3.9	0.0	2.3	1.5
6:30	7.1	9.4	29.4	19.9	6.1	13.2	3.6	0.0	2.3	2.3
6:45	8.3	10.3	32.2	16.4	5.8	11.0	4.1	0.0	2.6	2.4
7:00	9.1	11.7	28.7	14.3	5.9	11.5	4.2	1.8	3.0	2.3
7:15	13.7	14.7	25.7	11.4	5.5	9.6	4.4	2.0	3.4	2.8
7:30	15.1	14.6	21.9	10.6	6.3	8.3	6.3	2.5	3.7	3.0
7:45	16.1	15.8	18.4	9.0	7.5	8.5	6.1	3.5	3.8	3.4
8:00	20.9	15.3	13.3	8.9	7.3	8.5	7.5	4.2	3.6	3.0
8:15	22.0	13.9	11.6	8.7	10.3	8.4	7.0	4.2	3.4	2.7
8:30	23.5	12.8	8.1	9.7	11.2	8.8	6.9	4.7	3.5	2.5
8:45	23.7	14.1	7.4	9.6	11.3	9.1	6.9	4.6	3.5	2.1
9:00	26.9	13.9	5.7	9.3	10.8	8.7	7.1	4.3	3.1	2.0
9:15	27.0	13.4	6.7	8.5	10.7	9.0	7.8	3.9	3.1	1.8
9:30	28.4	13.7	6.4	7.8	9.8	8.4	7.1	4.3	3.0	2.1
9:45	27.7	13.0	7.9	7.4	9.6	8.4	7.1	4.9	2.7	2.2
10:00	26.6	13.2	10.5	7.2	8.1	7.3	6.0	5.7	2.6	2.6
10:15	26.2	11.2	11.6	8.7	9.0	7.0	5.6	6.0	2.7	2.4
10:30	22.1	9.2	12.0	12.3	8.2	7.9	5.8	7.2	3.1	2.6
10:45	19.1	9.4	10.0	15.2	8.0	10.6	5.9	6.7	3.6	2.8
11:00	13.5	11.6	7.2	17.4	9.8	10.7	8.9	6.7	3.7	2.6
11:15	12.3	13.1	8.5	16.1	9.1	10.7	8.5	7.3	3.6	3.0
11:30	13.4	12.8	9.9	15.3	9.2	8.8	9.6	7.9	3.1	3.2
11:45	12.0	16.6	12.3	13.3	8.0	7.2	8.6	8.4	3.4	3.2
12:00	14.5	15.8	12.7	10.9	9.2	7.0	8.2	7.5	2.9	4.1
12:15	14.4	15.5	13.3	10.3	9.8	6.5	8.0	7.8	3.2	4.0
12:30	14.6	14.9	13.7	10.2	10.0	6.4	7.8	7.4	3.4	4.0
12:45	14.2	15.4	13.7	9.4	10.4	6.6	8.0	7.4	3.5	3.9
13:00	14.4	14.8	13.3	9.7	11.0	7.1	7.3	7.5	3.8	3.2
13:15	13.3	12.4	13.8	9.1	11.0	8.5	8.0	8.4	4.0	3.2
13:30	12.9	11.7	13.5	10.4	10.1	8.9	7.6	9.0	4.3	3.1
13:45	12.7	12.9	13.5	11.1	8.8	8.5	8.4	9.0	4.2	2.9
14:00	12.9	15.2	12.6	11.8	9.0	7.4	8.2	8.5	3.4	3.3
14:15	12.3	14.7	13.1	14.0	9.3	6.7	8.0	8.2	3.0	3.3
14:30	12.4	15.0	13.2	14.1	9.4	6.4	7.1	8.2	2.9	3.3
14:45	10.6	17.1	15.2	12.6	8.0	6.8	6.2	8.9	3.1	3.4

时间	甘肃交通广播	兰州交通音乐广播	兰州新闻综合广播	兰州生活文艺广播	甘肃都市调频广播	甘肃新闻综合广播	甘肃经济广播动感934	甘肃青少广播青春调频	中央音乐之声	国际轻松调频广播
15:00	12.1	16.4	16.5	11.6	7.7	7.7	6.6	7.8	2.7	3.3
15:15	14.1	17.4	14.8	8.7	7.3	9.9	6.2	6.9	3.1	3.3
15:30	13.6	17.8	12.0	7.4	8.2	12.3	6.6	7.1	2.8	3.2
15:45	13.0	16.0	10.2	7.7	9.2	15.6	7.3	6.6	2.4	3.3
16:00	12.1	12.9	12.1	6.6	11.5	14.8	7.6	6.4	2.8	4.1
16:15	14.0	10.0	12.6	6.5	10.9	13.5	8.5	8.6	3.1	3.5
16:30	12.2	11.7	14.5	6.6	11.1	11.9	7.2	9.3	3.8	3.4
16:45	13.4	11.6	16.5	7.2	9.6	10.3	7.8	8.6	4.2	3.0
17:00	12.7	14.7	16.1	7.5	9.6	9.6	7.5	8.7	4.1	2.6
17:15	14.2	14.1	15.5	7.2	10.0	8.8	8.1	8.2	4.2	2.9
17:30	13.0	13.6	16.2	8.9	9.7	8.4	8.4	7.9	4.1	3.0
17:45	13.0	13.3	15.2	9.7	9.8	7.9	8.5	8.1	4.0	3.4
18:00	13.0	15.1	14.2	10.2	9.8	6.6	9.4	7.9	3.1	3.5
18:15	14.1	15.2	14.4	9.8	8.8	6.2	9.7	8.2	2.6	3.6
18:30	14.5	15.6	14.5	9.6	8.7	6.4	9.6	8.1	2.4	3.5
18:45	15.2	15.8	15.4	7.3	7.3	7.1	10.3	9.3	2.4	3.0
19:00	15.2	15.8	15.0	6.9	7.3	7.3	9.7	10.3	2.4	3.2
19:15	16.1	16.2	16.0	5.2	6.7	7.8	9.2	11.1	2.3	3.0
19:30	18.6	16.1	13.2	4.8	6.7	8.6	9.2	11.8	2.4	2.3
19:45	19.4	18.1	11.5	5.5	5.2	7.7	9.0	11.8	3.3	2.1
20:00	17.8	18.4	11.0	8.0	5.8	6.3	8.6	11.6	3.6	2.5
20:15	18.1	16.5	11.6	8.7	5.5	6.2	8.8	9.8	3.9	3.4
20:30	17.1	16.8	10.5	9.1	6.5	6.4	8.0	10.6	3.8	3.7
20:45	15.6	14.1	11.8	8.7	8.4	8.2	7.6	11.1	3.6	3.7
21:00	14.7	14.0	13.7	6.9	9.4	11.0	6.8	10.4	3.3	3.3
21:15	13.4	13.5	15.1	6.2	9.7	13.0	6.7	9.0	3.3	2.5
21:30	14.4	15.6	13.4	6.1	8.6	12.6	7.1	7.2	3.3	2.6
21:45	13.9	15.0	13.5	7.7	7.7	10.8	8.2	7.0	3.2	3.2
22:00	12.9	14.8	13.2	8.0	7.5	8.8	9.2	8.1	3.2	3.5
22:15	13.0	14.7	14.9	7.0	8.6	8.1	8.2	9.0	2.7	3.6
22:30	15.0	15.2	14.2	7.1	8.8	7.4	7.1	9.3	2.8	3.3
22:45	14.3	16.0	13.4	9.0	7.7	7.3	6.5	8.4	3.3	3.3
23:00	11.2	15.7	12.9	8.0	8.7	8.8	7.9	8.7	3.6	3.1
23:15	14.8	12.3	13.5	7.4	8.4	9.2	7.8	9.2	2.9	3.2
23:30	14.7	13.4	14.3	7.6	7.5	9.2	7.1	8.9	3.0	3.2
23:45	12.4	15.3	15.4	8.2	8.0	9.8	7.2	8.9	2.3	2.8

二十九、西宁地区收听率数据

表 2.29.1 西宁地区主要电台频率的平均收听率和市场份额

排名	电台名称	平均收听率（%）	市场份额（%）
1	西宁交通频率	0.41	19.1
2	青海交通音乐广播	0.39	18.2
3	青海生活广播	0.28	13.2
4	青海广播电台新闻综合广播	0.19	9.0
5	西宁新闻频率	0.18	8.4
6	中央经济之声	0.14	6.6
7	西宁旅游频率	0.13	6.3
8	中央音乐之声	0.13	5.9
9	中央中国之声	0.11	5.0
10	西宁私家车音乐调频	0.10	4.7

表 2.29.2 西宁地区主要电台频率的周到达率和日到达率

排名	电台名称	周到达率（%）	日到达率（%）
1	青海交通音乐广播	17.11	8.75
2	青海生活广播	17.66	7.81
3	西宁交通频率	14.75	6.61
4	西宁新闻频率	9.01	4.12
5	青海广播电台新闻综合广播	8.30	3.63
6	中央经济之声	6.62	3.10
7	西宁旅游频率	4.52	2.56
8	中央中国之声	5.31	2.42
9	中央音乐之声	4.56	2.31
10	西宁私家车音乐调频	4.46	2.15

表 2.29.3　西宁地区主要电台的收听率（%）

时间	西宁交通频率	青海交通音乐广播	青海生活广播【花儿调频】	青海广播电台新闻综合广播	西宁新闻频率	中央经济之声	西宁旅游频率	中央音乐之声	中央中国之声	西宁私家车音乐调频
6:00	0.00	0.05	0.04	0.03	0.06	0.02	0.03	0.03	0.03	0.00
6:15	0.07	0.08	0.05	0.06	0.09	0.06	0.05	0.04	0.05	0.02
6:30	0.19	0.12	0.04	0.07	0.13	0.09	0.06	0.07	0.06	0.04
6:45	0.42	0.14	0.10	0.08	0.27	0.12	0.09	0.10	0.07	0.06
7:00	0.82	0.30	0.29	0.17	0.44	0.18	0.15	0.17	0.11	0.10
7:15	1.01	0.59	0.38	0.31	0.48	0.19	0.22	0.23	0.15	0.14
7:30	1.05	0.83	0.40	0.38	0.47	0.19	0.24	0.24	0.15	0.14
7:45	1.06	0.87	0.47	0.41	0.38	0.16	0.23	0.24	0.15	0.13
8:00	0.98	0.92	0.47	0.39	0.31	0.20	0.23	0.22	0.16	0.10
8:15	0.68	0.96	0.48	0.34	0.28	0.21	0.22	0.19	0.19	0.09
8:30	0.59	0.86	0.43	0.25	0.25	0.18	0.18	0.14	0.21	0.11
8:45	0.46	0.77	0.37	0.22	0.20	0.18	0.15	0.11	0.22	0.12
9:00	0.36	0.67	0.40	0.32	0.15	0.14	0.11	0.17	0.21	0.11
9:15	0.33	0.53	0.40	0.36	0.11	0.11	0.09	0.19	0.19	0.08
9:30	0.27	0.41	0.32	0.30	0.11	0.10	0.08	0.19	0.12	0.07
9:45	0.23	0.42	0.33	0.26	0.10	0.11	0.09	0.21	0.09	0.07
10:00	0.19	0.51	0.53	0.20	0.15	0.12	0.09	0.19	0.08	0.07
10:15	0.20	0.50	0.54	0.21	0.16	0.13	0.09	0.15	0.08	0.07
10:30	0.21	0.42	0.49	0.25	0.14	0.12	0.09	0.13	0.07	0.06
10:45	0.20	0.30	0.39	0.25	0.13	0.12	0.12	0.08	0.08	0.06
11:00	0.25	0.25	0.28	0.17	0.09	0.12	0.21	0.07	0.07	0.07
11:15	0.30	0.26	0.26	0.18	0.10	0.10	0.23	0.07	0.05	0.08
11:30	0.30	0.28	0.26	0.17	0.10	0.06	0.23	0.07	0.05	0.08
11:45	0.30	0.36	0.32	0.20	0.12	0.08	0.22	0.08	0.07	0.08
12:00	0.47	0.61	0.54	0.37	0.22	0.12	0.16	0.10	0.15	0.15
12:15	0.59	0.67	0.60	0.45	0.25	0.13	0.16	0.11	0.18	0.16
12:30	0.66	0.71	0.60	0.47	0.24	0.10	0.17	0.11	0.18	0.16
12:45	0.68	0.65	0.60	0.52	0.22	0.07	0.17	0.11	0.16	0.16
13:00	0.63	0.80	0.61	0.49	0.15	0.08	0.19	0.18	0.13	0.20
13:15	0.59	0.87	0.60	0.45	0.16	0.09	0.23	0.20	0.11	0.27
13:30	0.58	0.87	0.52	0.42	0.15	0.10	0.23	0.19	0.10	0.27
13:45	0.46	0.79	0.44	0.39	0.10	0.10	0.19	0.19	0.08	0.24
14:00	0.39	0.56	0.28	0.25	0.12	0.10	0.16	0.13	0.07	0.15
14:15	0.39	0.43	0.27	0.19	0.12	0.11	0.13	0.11	0.09	0.12
14:30	0.40	0.33	0.24	0.13	0.12	0.12	0.10	0.11	0.08	0.10
14:45	0.40	0.26	0.22	0.10	0.08	0.11	0.10	0.11	0.07	0.09

时间	西宁交通频率	青海交通音乐广播	青海生活广播【花儿调频】	青海广播电台新闻综合广播	西宁新闻频率	中央经济之声	西宁旅游频率FM	中央音乐之声	中央中国之声	西宁私家车音乐调频
15:00	0.31	0.34	0.19	0.11	0.09	0.10	0.14	0.13	0.07	0.09
15:15	0.30	0.31	0.18	0.12	0.08	0.09	0.18	0.15	0.08	0.10
15:30	0.26	0.30	0.18	0.12	0.10	0.08	0.17	0.18	0.07	0.10
15:45	0.23	0.28	0.18	0.11	0.11	0.07	0.15	0.20	0.08	0.12
16:00	0.20	0.28	0.22	0.11	0.09	0.07	0.11	0.22	0.07	0.13
16:15	0.18	0.26	0.21	0.10	0.07	0.05	0.09	0.22	0.06	0.12
16:30	0.19	0.21	0.17	0.08	0.04	0.06	0.09	0.20	0.05	0.11
16:45	0.20	0.16	0.15	0.10	0.06	0.07	0.10	0.17	0.06	0.09
17:00	0.23	0.21	0.18	0.13	0.09	0.15	0.11	0.12	0.07	0.09
17:15	0.27	0.24	0.23	0.16	0.13	0.19	0.11	0.10	0.08	0.10
17:30	0.31	0.25	0.28	0.17	0.18	0.19	0.12	0.09	0.11	0.11
17:45	0.48	0.36	0.29	0.22	0.23	0.21	0.15	0.11	0.19	0.13
18:00	0.84	0.70	0.44	0.23	0.43	0.45	0.19	0.15	0.34	0.16
18:15	0.89	0.72	0.45	0.25	0.45	0.51	0.21	0.14	0.36	0.16
18:30	0.85	0.68	0.39	0.25	0.38	0.51	0.22	0.13	0.34	0.15
18:45	0.73	0.54	0.27	0.20	0.27	0.42	0.20	0.11	0.27	0.13
19:00	0.61	0.31	0.19	0.12	0.23	0.33	0.12	0.11	0.15	0.09
19:15	0.46	0.23	0.16	0.10	0.20	0.24	0.10	0.10	0.12	0.08
19:30	0.38	0.19	0.12	0.09	0.17	0.19	0.09	0.08	0.10	0.07
19:45	0.33	0.18	0.10	0.09	0.19	0.17	0.09	0.08	0.07	0.08
20:00	0.32	0.17	0.16	0.12	0.22	0.20	0.12	0.09	0.08	0.11
20:15	0.31	0.16	0.22	0.13	0.24	0.23	0.14	0.10	0.08	0.11
20:30	0.31	0.17	0.25	0.13	0.23	0.21	0.14	0.11	0.08	0.12
20:45	0.30	0.20	0.25	0.11	0.22	0.18	0.15	0.12	0.07	0.10
21:00	0.39	0.29	0.28	0.09	0.28	0.12	0.15	0.13	0.10	0.07
21:15	0.45	0.30	0.27	0.11	0.28	0.12	0.16	0.13	0.11	0.07
21:30	0.47	0.28	0.19	0.11	0.29	0.12	0.15	0.07	0.10	0.07
21:45	0.49	0.22	0.11	0.07	0.23	0.10	0.13	0.06	0.07	0.06
22:00	0.36	0.13	0.09	0.06	0.18	0.08	0.08	0.05	0.05	0.06
22:15	0.29	0.13	0.09	0.06	0.13	0.07	0.07	0.09	0.04	0.07
22:30	0.26	0.11	0.09	0.05	0.09	0.06	0.05	0.09	0.04	0.05
22:45	0.22	0.08	0.10	0.04	0.08	0.06	0.04	0.09	0.04	0.04
23:00	0.16	0.07	0.09	0.04	0.08	0.07	0.03	0.06	0.04	0.03
23:15	0.12	0.07	0.05	0.03	0.07	0.06	0.04	0.05	0.03	0.03
23:30	0.10	0.08	0.05	0.03	0.04	0.05	0.03	0.03	0.02	0.03
23:45	0.09	0.05	0.03	0.02	0.04	0.04	0.02	0.02	0.02	0.02

表 2.29.4　西宁地区主要电台的占有率（%）

时间	西宁交通频率	青海交通音乐广播	青海生活广播【花儿调频】	青海广播电台新闻综合广播	西宁新闻频率	中央经济之声	西宁旅游频率	中央音乐之声	中央中国之声	西宁私家车音乐调频
6:00	0.0	17.8	14.9	10.1	20.8	5.7	10.1	9.2	8.6	0.3
6:15	11.7	13.4	8.0	10.2	16.6	10.3	8.6	7.8	8.0	3.4
6:30	21.4	13.5	4.8	8.2	14.9	10.1	7.1	7.5	6.5	4.5
6:45	28.3	9.2	6.5	5.4	18.1	8.4	6.0	6.6	4.4	4.1
7:00	28.5	10.4	10.0	5.8	15.1	6.2	5.1	5.9	3.7	3.5
7:15	25.9	15.2	9.8	8.0	12.2	5.0	5.6	5.9	3.8	3.6
7:30	24.4	19.2	9.4	8.9	10.9	4.5	5.6	5.6	3.4	3.2
7:45	24.8	20.2	10.9	9.6	8.8	3.7	5.4	5.7	3.5	2.9
8:00	24.0	22.6	11.4	9.5	7.5	4.9	5.6	5.4	3.9	2.5
8:15	18.3	25.7	13.0	9.1	7.5	5.5	5.8	5.1	5.2	2.3
8:30	17.8	26.0	13.1	7.7	7.5	5.5	5.6	4.4	6.5	3.3
8:45	16.1	26.8	12.8	7.6	7.0	6.1	5.1	3.7	7.6	4.3
9:00	13.2	24.7	14.7	11.7	5.4	5.1	4.1	6.2	7.9	4.1
9:15	13.2	21.3	16.2	14.4	4.4	4.5	3.8	7.8	7.5	3.3
9:30	13.2	20.0	15.4	14.4	5.1	5.0	4.1	9.0	6.0	3.3
9:45	11.2	21.0	16.5	12.9	5.0	5.5	4.4	10.4	4.6	3.5
10:00	8.4	22.9	24.1	9.1	6.9	5.3	3.9	8.4	3.7	3.0
10:15	9.0	22.5	24.5	9.4	7.4	5.8	4.1	6.7	3.7	3.0
10:30	10.2	20.5	24.0	12.4	6.8	6.0	4.6	6.6	3.6	2.7
10:45	11.1	16.7	21.9	14.2	7.1	6.8	7.0	4.5	4.2	3.4
11:00	15.4	15.0	17.2	10.4	5.6	7.4	12.9	4.2	4.2	4.4
11:15	17.5	15.5	15.4	10.4	6.1	5.6	13.6	4.4	2.9	4.9
11:30	17.9	16.7	15.6	10.4	6.0	3.6	13.7	4.4	3.3	4.6
11:45	16.0	19.2	16.7	10.5	6.2	4.0	11.6	4.4	3.7	4.4
12:00	15.6	20.5	18.2	12.4	7.3	4.2	5.2	3.5	5.2	5.1
12:15	17.3	19.7	17.7	13.2	7.3	3.9	4.7	3.3	5.2	4.8
12:30	18.8	20.1	17.1	13.4	6.9	2.9	4.9	3.1	5.1	4.5
12:45	19.6	18.8	17.2	14.9	6.3	2.1	4.9	3.2	4.5	4.8
13:00	17.7	22.5	16.9	13.7	4.1	2.1	5.4	5.1	3.7	5.6
13:15	16.1	23.7	16.5	12.2	4.3	2.4	6.2	5.4	3.1	7.3
13:30	16.6	24.7	14.9	11.9	4.1	2.9	6.5	5.4	2.9	7.7
13:45	14.9	25.7	14.4	12.8	3.4	3.1	6.3	6.1	2.8	7.9
14:00	17.0	24.5	12.4	10.7	5.3	4.5	6.9	5.8	3.3	6.6
14:15	19.3	21.1	13.0	9.4	5.8	5.5	6.5	5.6	4.2	6.0
14:30	22.3	18.4	13.1	7.3	6.5	6.9	5.7	5.9	4.3	5.7
14:45	25.2	16.4	13.8	6.4	5.1	7.2	6.3	6.7	4.2	5.7

时间	西宁交通频率	青海交通音乐广播	青海生活广播【花儿调频】	青海广播电台新闻综合广播	西宁新闻频率	中央经济之声	西宁旅游频率	中央音乐之声	中央中国之声	西宁私家车音乐调频
15:00	19.4	21.1	11.9	7.2	5.5	6.0	8.7	8.0	4.1	5.6
15:15	18.2	19.3	11.3	7.4	5.1	5.4	10.9	9.2	4.7	6.1
15:30	16.1	18.2	11.1	7.7	6.2	4.8	10.7	11.1	4.6	6.4
15:45	14.8	17.6	11.6	6.7	7.1	4.5	9.4	12.5	4.8	7.3
16:00	12.6	18.0	14.0	6.7	5.4	4.6	7.0	14.0	4.1	8.5
16:15	12.8	18.1	14.9	6.8	4.8	3.8	6.2	15.1	3.9	8.6
16:30	14.9	16.2	13.3	6.5	3.5	4.8	6.8	15.8	4.3	8.8
16:45	16.4	13.3	12.1	7.9	4.8	6.2	8.2	14.3	5.0	7.6
17:00	16.0	14.5	12.6	9.2	6.1	10.4	7.9	8.1	4.7	6.1
17:15	16.2	14.3	13.5	9.3	7.4	11.1	6.6	6.0	4.5	5.9
17:30	16.2	12.9	14.9	8.9	9.6	10.2	6.1	4.9	5.8	5.5
17:45	19.5	14.6	11.7	8.8	9.3	8.6	6.1	4.3	7.8	5.3
18:00	21.1	17.5	11.1	5.7	10.7	11.2	4.6	3.7	8.5	4.1
18:15	21.2	17.0	10.7	6.0	10.7	12.0	5.1	3.4	8.5	3.8
18:30	21.5	17.2	9.8	6.3	9.6	13.0	5.5	3.2	8.7	3.7
18:45	22.9	16.9	8.5	6.2	8.6	13.2	6.2	3.6	8.4	3.9
19:00	26.6	13.6	8.0	5.2	9.8	14.5	5.2	4.7	6.6	3.9
19:15	24.9	12.5	8.5	5.5	10.8	12.7	5.6	5.3	6.4	4.3
19:30	24.6	12.4	7.9	5.6	10.8	12.6	5.6	5.1	6.2	4.9
19:45	22.4	12.2	6.7	6.4	13.1	11.5	6.0	5.3	4.9	5.2
20:00	18.9	9.8	9.2	7.1	13.2	12.0	6.9	5.1	4.7	6.2
20:15	16.5	8.9	12.0	7.1	12.7	12.4	7.3	5.6	4.3	6.2
20:30	16.5	9.2	13.2	7.0	12.4	11.3	7.4	5.7	4.1	6.2
20:45	16.7	10.9	13.5	5.9	11.9	9.9	8.2	6.5	3.8	5.5
21:00	19.5	14.5	13.9	4.7	13.8	5.8	7.6	6.5	4.8	3.7
21:15	21.8	14.4	13.2	5.3	13.4	5.7	7.6	6.1	5.1	3.2
21:30	24.9	14.8	10.0	5.5	15.3	6.2	7.7	3.7	5.1	3.5
21:45	30.6	13.8	7.2	4.4	14.5	6.0	8.3	4.0	4.5	3.5
22:00	30.0	11.1	7.5	4.7	14.9	6.8	6.7	4.2	3.9	5.1
22:15	26.4	12.0	8.2	5.6	11.6	6.5	6.2	8.0	3.4	6.1
22:30	27.7	11.9	9.3	5.3	9.6	6.6	5.2	9.5	4.6	5.6
22:45	27.0	10.4	12.8	5.1	9.5	7.0	4.9	11.0	4.9	5.0
23:00	23.0	10.0	13.5	5.9	11.2	9.7	4.8	8.7	6.2	4.9
23:15	21.0	13.1	8.9	5.4	11.9	10.9	6.5	8.6	5.4	5.2
23:30	22.2	16.1	10.7	6.1	8.9	10.4	5.6	7.0	3.9	6.5
23:45	25.1	14.2	9.4	5.5	10.4	10.0	5.9	5.7	4.5	6.1

表 2.29.5　西宁市平均收听率 top30 节目

排名	节目名称	所属频率	播放时间	平均收听率(%)	市场占有率(%)
1	1043 七点半	西宁交通频率	07:30—08:30	1.04	21.7
2	疯狂青海话	青海生活广播花儿调频	12:00—13:00	0.78	19.6
3	104.3 欢乐 go	西宁交通频率	12:00—13:00	0.75	19.7
3	下班万岁	西宁交通频率	17:30—19:00	0.75	19.6
5	972 早高峰	青海交通音乐广播	08:00—09:00	0.72	22.3
6	生活 365	青海交通音乐广播	13:00—14:00	0.66	21.8
7	自然密码	西宁交通频率	06:30—07:30	0.63	21.9
8	972 晚高峰	青海交通音乐广播	18:00—20:00	0.59	19
9	爱车天天汇	青海交通音乐广播	09:00—09:30	0.58	20.7
9	晒阳洼	青海交通音乐广播	12:00—13:00	0.58	14.5
11	评书剧场	西宁交通频率	13:00—13:30	0.54	16.8
12	天天向上	青海生活广播花儿调频	07:00—08:00	0.53	10.3
12	天下公司	中央经济之声	18:13—19:00	0.53	9
14	音乐早午茶	青海生活广播花儿调频	10:00—11:00	0.51	20.3
15	104.3 帮帮忙	西宁交通频率	11:00—12:00	0.49	24.8
16	老白说天下	西宁交通频率	21:30—22:00	0.47	21.2
16	交广伴你行	青海交通音乐广播	09:30—11:00	0.47	19
16	车行天下	青海交通音乐广播	17:00—18:00	0.47	17.4
19	空中书场	青海交通音乐广播	15:00—16:00	0.46	24
19	最爱私房歌	西宁交通频率	21:00—21:30	0.46	18.6
19	微江湖	青海生活广播花儿调频	09:00—10:00	0.46	17.8
22	西宁新闻(重播)	西宁新闻频率	07:00—07:30	0.45	9.7
23	央广财经评论	中央经济之声	18:00—18:13	0.43	6.8
24	司机开会	西宁交通频率	08:30—10:00	0.42	17.5
24	天天理财	西宁新闻频率	12:00—12:30	0.42	10.6
26	西宁新闻	西宁新闻频率	18:30—19:00	0.41	10.2
27	广播评书	西宁新闻频率	12:30—13:00	0.39	10.4
27	全国新闻联播	中央中国之声	18:30—19:00	0.39	9.6
29	夏都好声音	西宁交通频率	13:30—14:00	0.38	13.2
30	活力天天秀	西宁交通频率	19:00—20:00	0.37	20.3

三十、银川地区收听率数据

表 2.30.1 银川地区主要电台频率的平均收听率和市场份额

排名	电台名称	平均收听率（%）	市场份额（%）
1	宁夏交通广播	0.53	16.7
2	宁夏新闻广播	0.42	13.4
3	银川交通音乐广播	0.36	11.2
4	宁夏都市广播	0.33	10.4
5	宁夏经济广播	0.29	9.2
6	银川都市经济广播	0.25	8.0
7	中央中国之声	0.21	6.5
8	中央音乐之声	0.20	6.2
9	银川新闻综合广播	0.17	5.4
10	中央经济之声	0.15	4.8

表 2.30.2 银川地区主要电台频率的周到达率和日到达率

排名	电台名称	周到达率（%）	日到达率（%）
1	宁夏交通广播	28.76	9.68
2	银川交通音乐广播	21.24	7.92
3	宁夏都市广播	18.68	6.89
4	宁夏新闻广播	26.27	6.78
5	银川都市经济广播	18.29	6.38
6	宁夏经济广播	14.43	5.60
7	中央音乐之声	16.63	3.95
8	中央经济之声	11.85	3.81
9	银川新闻综合广播	9.77	3.76
10	中央中国之声	12.00	3.00

表 2.30.3 银川地区主要电台的收听率（%）

时间	宁夏交通广播	宁夏新闻广播	银川交通音乐广播	宁夏都市广播	宁夏经济广播	银川都市经济广播	中央中国之声	中央音乐之声	银川新闻综合广播	中央经济之声
6:00	0.07	0.13	0.10	0.00	0.08	0.07	0.05	0.06	0.07	0.04
6:15	0.10	0.19	0.11	0.06	0.09	0.09	0.09	0.08	0.08	0.10
6:30	0.19	0.23	0.17	0.14	0.12	0.13	0.13	0.10	0.08	0.16
6:45	0.34	0.29	0.22	0.18	0.15	0.17	0.14	0.12	0.10	0.20
7:00	0.52	0.42	0.31	0.23	0.22	0.21	0.12	0.16	0.13	0.26
7:15	0.69	0.55	0.55	0.34	0.29	0.26	0.12	0.21	0.21	0.29
7:30	0.86	0.68	0.66	0.37	0.32	0.29	0.13	0.24	0.24	0.30
7:45	0.90	0.73	0.68	0.36	0.33	0.29	0.17	0.26	0.24	0.28
8:00	0.88	0.70	0.56	0.30	0.31	0.26	0.18	0.28	0.24	0.19
8:15	0.76	0.54	0.43	0.27	0.28	0.18	0.19	0.28	0.23	0.14
8:30	0.62	0.44	0.32	0.21	0.24	0.14	0.18	0.25	0.21	0.13
8:45	0.56	0.41	0.31	0.18	0.23	0.12	0.17	0.21	0.19	0.10
9:00	0.47	0.37	0.31	0.18	0.25	0.14	0.17	0.22	0.18	0.14
9:15	0.45	0.39	0.35	0.22	0.28	0.18	0.18	0.23	0.17	0.15
9:30	0.42	0.41	0.34	0.28	0.27	0.19	0.21	0.27	0.17	0.19
9:45	0.46	0.45	0.30	0.31	0.31	0.22	0.21	0.27	0.16	0.20
10:00	0.54	0.47	0.24	0.33	0.32	0.23	0.17	0.22	0.14	0.20
10:15	0.58	0.55	0.22	0.33	0.35	0.20	0.16	0.19	0.11	0.19
10:30	0.57	0.56	0.21	0.30	0.36	0.16	0.19	0.16	0.12	0.18
10:45	0.55	0.55	0.19	0.28	0.36	0.14	0.20	0.16	0.13	0.15
11:00	0.48	0.50	0.21	0.28	0.40	0.16	0.24	0.17	0.15	0.13
11:15	0.44	0.48	0.25	0.33	0.42	0.19	0.28	0.19	0.17	0.12
11:30	0.48	0.52	0.28	0.40	0.42	0.22	0.29	0.19	0.21	0.13
11:45	0.61	0.61	0.32	0.53	0.44	0.27	0.28	0.21	0.26	0.12
12:00	0.73	0.72	0.40	0.58	0.51	0.38	0.33	0.25	0.30	0.11
12:15	0.82	0.77	0.45	0.60	0.55	0.44	0.41	0.28	0.31	0.12
12:30	0.82	0.82	0.47	0.60	0.59	0.49	0.43	0.32	0.31	0.14
12:45	0.82	0.88	0.52	0.55	0.59	0.49	0.46	0.36	0.29	0.17
13:00	0.83	0.84	0.59	0.42	0.60	0.46	0.46	0.35	0.27	0.24
13:15	0.86	0.76	0.62	0.36	0.52	0.44	0.39	0.33	0.29	0.26
13:30	0.86	0.67	0.60	0.33	0.42	0.38	0.36	0.30	0.27	0.24
13:45	0.82	0.58	0.46	0.29	0.35	0.32	0.31	0.23	0.23	0.21
14:00	0.72	0.47	0.37	0.30	0.29	0.29	0.29	0.17	0.15	0.19
14:15	0.61	0.42	0.29	0.34	0.24	0.25	0.28	0.15	0.13	0.16
14:30	0.50	0.38	0.26	0.36	0.26	0.24	0.28	0.14	0.12	0.15
14:45	0.50	0.41	0.25	0.35	0.27	0.24	0.28	0.16	0.10	0.16

时间	宁夏交通广播	宁夏新闻广播	银川交通音乐广播	宁夏都市广播	宁夏经济广播	银川都市经济广播	中央中国之声	中央音乐之声	银川新闻综合广播	中央经济之声
15:00	0.55	0.46	0.27	0.31	0.29	0.23	0.29	0.20	0.09	0.18
15:15	0.54	0.50	0.29	0.26	0.29	0.20	0.26	0.23	0.09	0.19
15:30	0.59	0.54	0.27	0.24	0.28	0.20	0.24	0.25	0.12	0.18
15:45	0.59	0.55	0.26	0.21	0.25	0.20	0.21	0.26	0.13	0.15
16:00	0.50	0.56	0.22	0.24	0.21	0.23	0.19	0.27	0.16	0.10
16:15	0.45	0.57	0.20	0.26	0.21	0.23	0.16	0.25	0.18	0.08
16:30	0.41	0.50	0.19	0.31	0.21	0.23	0.16	0.22	0.18	0.06
16:45	0.41	0.38	0.25	0.33	0.22	0.23	0.15	0.18	0.17	0.07
17:00	0.53	0.31	0.32	0.34	0.26	0.26	0.17	0.17	0.17	0.06
17:15	0.62	0.30	0.41	0.37	0.30	0.30	0.20	0.15	0.16	0.06
17:30	0.75	0.32	0.51	0.42	0.36	0.35	0.24	0.18	0.17	0.07
17:45	0.86	0.33	0.58	0.48	0.42	0.41	0.24	0.20	0.22	0.09
18:00	0.91	0.38	0.60	0.62	0.48	0.37	0.20	0.26	0.27	0.12
18:15	0.88	0.39	0.60	0.71	0.50	0.36	0.18	0.30	0.30	0.11
18:30	0.77	0.35	0.62	0.70	0.49	0.33	0.15	0.30	0.29	0.13
18:45	0.62	0.30	0.59	0.64	0.45	0.28	0.15	0.28	0.22	0.13
19:00	0.45	0.26	0.54	0.49	0.32	0.27	0.15	0.23	0.16	0.13
19:15	0.37	0.24	0.43	0.42	0.25	0.25	0.14	0.20	0.14	0.15
19:30	0.31	0.27	0.34	0.33	0.21	0.27	0.15	0.17	0.13	0.17
19:45	0.30	0.32	0.27	0.30	0.17	0.30	0.15	0.18	0.15	0.17
20:00	0.34	0.32	0.26	0.29	0.16	0.33	0.17	0.19	0.19	0.20
20:15	0.37	0.29	0.22	0.37	0.18	0.33	0.21	0.22	0.22	0.25
20:30	0.40	0.25	0.25	0.41	0.18	0.34	0.25	0.22	0.23	0.31
20:45	0.43	0.24	0.24	0.45	0.19	0.30	0.26	0.21	0.22	0.31
21:00	0.44	0.29	0.24	0.45	0.19	0.28	0.29	0.17	0.19	0.25
21:15	0.49	0.35	0.25	0.40	0.17	0.25	0.29	0.14	0.15	0.19
21:30	0.48	0.37	0.31	0.33	0.15	0.22	0.25	0.11	0.13	0.13
21:45	0.39	0.34	0.40	0.28	0.16	0.24	0.18	0.10	0.11	0.11
22:00	0.32	0.31	0.47	0.23	0.16	0.25	0.12	0.09	0.09	0.08
22:15	0.33	0.25	0.52	0.19	0.19	0.25	0.09	0.07	0.09	0.07
22:30	0.31	0.22	0.52	0.20	0.18	0.22	0.07	0.09	0.08	0.08
22:45	0.26	0.19	0.45	0.16	0.20	0.21	0.06	0.09	0.08	0.08
23:00	0.22	0.14	0.28	0.15	0.19	0.21	0.07	0.07	0.08	0.05
23:15	0.19	0.12	0.21	0.13	0.16	0.19	0.07	0.04	0.07	0.04
23:30	0.17	0.11	0.17	0.11	0.11	0.16	0.05	0.05	0.06	0.04
23:45	0.11	0.06	0.14	0.07	0.06	0.11	0.03	0.05	0.04	0.02

表 2.30.4 银川地区主要电台的占有率（%）

时间	宁夏交通广播	宁夏新闻广播	银川交通音乐广播	宁夏都市广播	宁夏经济广播	银川都市经济广播	中央中国之声	中央音乐之声	银川新闻综合广播	中央经济之声
6:00	9.4	17.1	13.6	0.0	10.6	9.4	6.2	7.9	9.2	6.0
6:15	9.5	17.7	10.4	6.1	8.3	8.8	8.4	7.7	7.0	9.0
6:30	12.4	15.1	11.0	8.9	7.9	8.4	8.4	6.4	5.2	10.2
6:45	16.7	14.3	10.8	9.0	7.6	8.4	6.8	5.8	4.7	9.8
7:00	19.0	15.3	11.3	8.3	8.1	7.5	4.2	5.7	4.9	9.4
7:15	18.6	14.9	15.0	9.1	7.8	7.0	3.3	5.6	5.6	7.9
7:30	19.9	15.7	15.2	8.5	7.5	6.7	3.1	5.5	5.6	7.0
7:45	20.0	16.2	15.1	8.0	7.4	6.4	3.8	5.7	5.4	6.3
8:00	21.1	16.8	13.5	7.3	7.5	6.2	4.4	6.6	5.7	4.5
8:15	21.5	15.1	12.1	7.5	7.8	5.1	5.4	7.9	6.4	4.0
8:30	20.6	14.4	10.5	7.0	7.9	4.7	6.1	8.2	7.0	4.3
8:45	20.2	15.0	11.2	6.4	8.3	4.5	6.1	7.6	6.9	3.8
9:00	17.2	13.4	11.4	6.6	9.2	5.0	6.2	8.1	6.5	4.9
9:15	15.3	13.3	12.1	7.5	9.5	6.0	6.1	8.0	5.7	5.0
9:30	13.7	13.4	11.1	9.1	8.8	6.2	6.8	8.7	5.6	6.1
9:45	14.4	14.1	9.3	9.7	9.6	7.0	6.6	8.3	5.0	6.3
10:00	17.2	14.9	7.7	10.3	10.3	7.2	5.5	6.9	4.4	6.4
10:15	18.4	17.3	6.8	10.3	10.9	6.3	5.0	6.1	3.5	6.1
10:30	18.6	18.1	6.7	9.9	11.7	5.2	6.1	5.2	3.8	5.8
10:45	18.2	18.2	6.4	9.3	12.0	4.6	6.6	5.1	4.3	5.0
11:00	15.8	16.4	7.0	9.1	12.9	5.3	7.9	5.7	4.9	4.2
11:15	13.7	14.8	7.9	10.2	13.0	6.0	8.8	5.8	5.3	3.8
11:30	13.6	14.8	8.1	11.4	12.1	6.4	8.3	5.3	5.9	3.7
11:45	15.1	15.1	8.0	13.2	10.8	6.7	7.0	5.2	6.5	3.0
12:00	15.4	15.2	8.4	12.3	10.9	8.1	6.9	5.3	6.3	2.4
12:15	15.8	14.8	8.6	11.5	10.5	8.4	7.8	5.4	6.0	2.4
12:30	15.1	15.1	8.6	11.0	10.8	9.0	7.8	5.9	5.6	2.6
12:45	14.7	15.7	9.3	9.9	10.6	8.8	8.2	6.4	5.2	3.0
13:00	15.0	15.2	10.8	7.6	10.8	8.4	8.4	6.4	5.0	4.3
13:15	16.2	14.4	11.8	6.8	9.8	8.4	7.3	6.3	5.5	4.9
13:30	17.7	13.9	12.4	6.8	8.7	7.9	7.4	6.1	5.6	4.9
13:45	19.5	13.9	10.8	6.9	8.2	7.6	7.4	5.4	5.4	5.0
14:00	20.1	13.1	10.2	8.3	7.9	8.0	7.9	4.8	4.3	5.2
14:15	19.0	13.2	9.0	10.6	7.5	7.7	8.7	4.8	4.0	4.9
14:30	16.5	12.6	8.6	11.8	8.7	7.9	9.3	4.6	4.0	4.9
14:45	16.3	13.2	8.0	11.5	8.8	7.9	9.3	5.3	3.3	5.3

时间	宁夏交通广播	宁夏新闻广播	银川交通音乐广播	宁夏都市广播	宁夏经济广播	银川都市经济广播	中央中国之声	中央音乐之声	银川新闻综合广播	中央经济之声
15:00	17.4	14.7	8.5	10.0	9.3	7.2	9.3	6.5	2.9	5.7
15:15	17.5	16.0	9.3	8.5	9.5	6.3	8.5	7.5	2.9	6.1
15:30	19.0	17.4	8.7	7.6	8.9	6.5	7.7	8.0	3.7	5.8
15:45	19.8	18.3	8.5	7.1	8.4	6.5	7.0	8.7	4.2	5.0
16:00	17.5	19.4	7.6	8.3	7.4	7.9	6.6	9.2	5.6	3.6
16:15	15.9	20.2	7.1	9.4	7.6	8.3	5.8	9.1	6.4	2.8
16:30	15.4	18.6	7.2	11.6	7.8	8.7	6.1	8.1	6.7	2.3
16:45	15.8	14.5	9.5	12.6	8.5	8.9	5.8	6.9	6.4	2.6
17:00	18.7	11.0	11.4	12.1	9.1	9.0	5.9	6.0	6.1	2.0
17:15	19.6	9.7	13.0	11.6	9.5	9.5	6.3	4.9	5.0	2.0
17:30	20.5	8.7	14.0	11.3	9.9	9.6	6.5	4.8	4.6	1.9
17:45	20.8	8.0	13.9	11.6	10.2	9.8	5.7	4.9	5.2	2.2
18:00	19.8	8.2	13.2	13.5	10.5	8.2	4.3	5.7	6.0	2.6
18:15	18.5	8.3	12.8	15.1	10.6	7.7	3.9	6.4	6.3	2.4
18:30	17.2	7.9	13.9	15.8	11.0	7.4	3.4	6.6	6.4	2.8
18:45	15.8	7.6	14.9	16.1	11.5	7.0	3.8	7.1	5.4	3.3
19:00	13.9	8.0	16.9	15.1	10.1	8.4	4.6	7.0	5.0	4.1
19:15	13.4	8.7	15.2	14.8	8.9	8.9	5.1	7.1	5.1	5.5
19:30	12.2	10.5	13.4	13.0	8.2	10.5	6.0	6.9	5.2	6.7
19:45	12.0	13.0	10.7	12.0	6.8	12.2	6.0	7.2	6.0	6.8
20:00	13.0	11.9	9.7	11.0	6.0	12.6	6.5	7.1	7.3	7.7
20:15	13.0	9.9	7.7	12.8	6.1	11.6	7.4	7.5	7.7	8.5
20:30	13.1	8.1	8.2	13.3	6.0	11.0	8.2	7.3	7.5	10.1
20:45	14.0	7.9	7.9	14.8	6.2	9.9	8.5	6.8	7.0	10.1
21:00	14.7	9.8	7.9	15.0	6.3	9.3	9.6	5.7	6.4	8.5
21:15	17.1	12.2	8.8	13.9	6.1	8.7	10.1	4.8	5.4	6.6
21:30	18.2	14.1	11.7	12.4	5.8	8.2	9.4	4.1	5.0	4.8
21:45	15.9	14.1	16.5	11.6	6.5	9.7	7.2	4.1	4.5	4.3
22:00	14.3	13.6	20.7	10.1	7.3	11.1	5.5	3.8	3.9	3.6
22:15	15.0	11.4	23.8	8.7	8.9	11.3	4.3	3.1	3.9	3.2
22:30	14.6	10.6	24.9	9.3	8.7	10.6	3.2	4.3	3.8	3.8
22:45	13.7	10.0	23.6	8.6	10.7	11.1	3.3	4.6	4.5	4.0
23:00	14.3	9.0	18.1	9.8	12.3	13.4	4.4	4.5	5.1	3.2
23:15	14.7	9.3	16.0	9.9	11.9	14.5	5.1	3.4	5.4	3.3
23:30	15.7	9.7	15.1	10.2	9.8	14.7	4.3	4.6	5.3	3.3
23:45	15.0	8.2	17.9	9.3	7.5	14.3	4.1	6.1	5.2	3.2

表 2.30.5 银川市平均收听率 top30 节目

排名	节目名称	所属频率	播放时间	平均收听率(%)	市场占有率(%)
1	出行资讯 交广书场	宁夏交通广播	12:30—13:00	0.94	16.9
2	新闻 talk show	宁夏新闻广播	12:10—13:00	0.86	17.2
3	出行资讯 CCTV 新闻 30 分	宁夏交通广播	12:00—12:30	0.84	16.5
4	1061 听新闻	宁夏新闻广播	12:00—12:10	0.82	18.7
5	出行资讯 984 快报 美食一路通	宁夏交通广播	18:00—19:00	0.80	20.4
6	出行资讯 984 快报 新悦排行榜	宁夏交通广播	13:00—14:00	0.78	17.1
7	出行资讯 方言广播情景喜剧:的哥哈喜喜 重播	宁夏交通广播	11:30—12:00	0.74	17.0
7	1061 书场	宁夏新闻广播	13:00—14:00	0.74	14.9
9	评书联播	银川新闻综合广播	12:30—13:30	0.71	13.3
10	转播中央电视台 新闻 30 分	银川新闻综合广播	12:00—12:30	0.69	13.5
11	出行资讯 984 快报 汽车地带	宁夏交通广播	14:00—15:00	0.68	21.1
11	出行资讯 984 车友俱乐部	宁夏交通广播	16:30—18:00	0.68	22.3
13	出行资讯 一路同行	宁夏交通广播	07:00—09:00	0.61	19.2
14	中国相声榜	宁夏都市广播	12:00—13:00	0.60	11.3
14	出行资讯 984 快报 车游天下	宁夏交通广播	15:00—16:00	0.60	23.8
16	出行资讯 984 快报 的哥哈喜喜 重播	宁夏交通广播	16:00—16:30	0.59	19.6
17	新闻直播间	宁夏新闻广播	08:00—09:00	0.58	17.9
18	转全国新闻联播	银川新闻综合广播	18:30—19:00	0.56	13.5
19	直播银川广播版 重播	银川新闻综合广播	13:30—14:30	0.54	14.2
19	早报早读	宁夏新闻广播	07:40—08:00	0.54	13.7
19	刘平说法	宁夏都市广播	18:30—19:00	0.54	13.1
19	出行资讯 984 快报 红绿灯方向盘	宁夏交通广播	10:00—11:30	0.54	20.7
23	回家路上	银川交通音乐广播	18:00—19:00	0.52	13.3
23	经典书场	宁夏都市广播	13:00—14:00	0.52	10.5
23	吃在银川	宁夏都市广播	17:30—18:30	0.52	12.0
26	乐享生活	宁夏新闻广播	11:10—12:00	0.51	15.0
27	银川 STYLE	银川交通音乐广播	17:00—18:00	0.50	14.8
28	银川新闻	银川新闻综合广播	18:00—18:30	0.49	12.4
28	娱乐星战线	银川新闻综合广播	10:30—12:00	0.49	16.3
28	以案说保险	宁夏经济广播	12:30—13:00	0.49	9.2

三十一、乌鲁木齐地区收听率数据

表 2.31.1　乌鲁木齐地区主要电台频率的平均收听率和市场份额

排名	电台名称	平均收听率（%）	市场份额（%）
1	新疆 949 交通广播	0.95	13.5
2	乌鲁木齐 1065 旅游音乐广播	0.77	10.9
3	乌鲁木齐 974 交通广播	0.72	10.2
4	中央中国之声	0.66	9.4
5	新疆 929 私家车广播	0.58	8.2
6	乌鲁木齐 1007 新闻广播	0.50	7.2
7	乌鲁木齐维语交通文艺广播	0.46	6.5
8	新疆 1039 音乐广播	0.45	6.4
8	新疆 1028 故事广播	0.36	5.1
10	昌吉音乐电台	0.22	3.1

表 2.31.2　乌鲁木齐地区主要电台频率的周到达率和日到达率

排名	电台名称	周到达率（%）	日到达率（%）
1	新疆 949 交通广播	26.39	10.48
2	中央中国之声	31.41	8.80
3	乌鲁木齐 974 交通广播	22.00	8.63
4	新疆 929 私家车广播	22.10	8.38
5	乌鲁木齐 1065 旅游音乐广播	21.34	8.18
6	新疆 1039 音乐广播	17.44	7.40
7	乌鲁木齐 1007 新闻广播	16.35	6.81
8	昌吉音乐电台	13.51	5.15
9	昌吉音乐电台	13.51	5.15
10	乌鲁木齐维语交通文艺广播	9.74	4.96

表 2.31.3　乌鲁木齐地区主要电台的收听率（%）

时间	新疆交通广播	乌鲁木齐旅游音乐广播	乌鲁木齐交通广播	中央中国之声	新疆私家车广播	乌鲁木齐新闻广播	新疆音乐广播	新疆故事广播	乌鲁木齐维语交通文艺广播	昌吉音乐电台
6:00	0.24	0.18	0.16	0.18	0.15	0.15	0.10	0.08	0.10	0.05
6:15	0.24	0.18	0.16	0.20	0.15	0.15	0.10	0.08	0.10	0.05
6:30	0.24	0.18	0.16	0.23	0.15	0.15	0.10	0.08	0.10	0.05
6:45	0.24	0.18	0.16	0.26	0.15	0.15	0.10	0.08	0.10	0.05
7:00	0.48	0.32	0.23	0.42	0.38	0.28	0.18	0.13	0.10	0.05
7:15	0.52	0.39	0.25	0.45	0.46	0.41	0.20	0.15	0.10	0.05
7:30	0.59	0.47	0.25	0.43	0.50	0.54	0.24	0.16	0.11	0.05
7:45	0.70	0.56	0.36	0.46	0.62	0.61	0.29	0.23	0.13	0.05
8:00	0.81	0.60	0.49	0.51	0.71	0.67	0.39	0.27	0.19	0.06
8:15	1.03	0.62	0.66	0.57	0.78	0.76	0.47	0.35	0.26	0.06
8:30	1.24	0.62	0.85	0.65	0.85	0.76	0.59	0.42	0.31	0.08
8:45	1.43	0.61	1.06	0.79	0.89	0.79	0.70	0.50	0.44	0.09
9:00	1.66	0.61	1.15	0.87	0.86	0.79	0.74	0.56	0.50	0.09
9:15	1.72	0.65	1.18	1.02	0.80	0.72	0.71	0.60	0.52	0.11
9:30	1.69	0.76	1.16	1.13	0.73	0.68	0.67	0.60	0.51	0.12
9:45	1.63	0.80	1.11	1.18	0.67	0.66	0.59	0.58	0.48	0.14
10:00	1.45	0.87	0.99	1.16	0.62	0.61	0.52	0.53	0.42	0.14
10:15	1.25	0.93	0.84	1.07	0.59	0.57	0.49	0.48	0.37	0.15
10:30	1.17	1.02	0.77	0.98	0.59	0.54	0.52	0.43	0.36	0.16
10:45	1.11	1.08	0.77	0.85	0.59	0.50	0.55	0.39	0.35	0.18
11:00	1.11	1.14	0.79	0.82	0.61	0.46	0.57	0.38	0.36	0.21
11:15	1.16	1.13	0.78	0.78	0.65	0.42	0.56	0.37	0.37	0.24
11:30	1.21	1.09	0.75	0.77	0.67	0.40	0.54	0.38	0.38	0.25
11:45	1.25	1.00	0.70	0.75	0.68	0.39	0.47	0.40	0.37	0.26
12:00	1.23	0.94	0.68	0.78	0.68	0.41	0.44	0.42	0.36	0.24
12:15	1.18	0.90	0.69	0.77	0.66	0.44	0.41	0.41	0.35	0.23
12:30	1.15	0.90	0.69	0.75	0.62	0.46	0.38	0.43	0.34	0.22
12:45	1.04	0.89	0.70	0.72	0.56	0.44	0.39	0.45	0.33	0.20
13:00	0.90	0.89	0.70	0.75	0.50	0.40	0.42	0.45	0.35	0.21
13:15	0.86	0.87	0.74	0.84	0.49	0.37	0.45	0.45	0.38	0.20
13:30	0.83	0.87	0.85	0.89	0.48	0.37	0.46	0.44	0.39	0.21
13:45	0.79	0.83	0.93	0.93	0.50	0.38	0.47	0.42	0.38	0.21
14:00	0.76	0.83	0.96	0.96	0.57	0.39	0.45	0.40	0.40	0.21
14:15	0.75	0.85	0.97	0.93	0.61	0.43	0.45	0.39	0.37	0.21
14:30	0.72	0.86	0.93	0.85	0.64	0.47	0.45	0.39	0.36	0.19
14:45	0.73	0.90	0.86	0.78	0.61	0.52	0.46	0.39	0.33	0.18

时间	新疆交通广播	乌鲁木齐旅游音乐广播	乌鲁木齐交通广播	中央中国之声	新疆私家车广播	乌鲁木齐新闻广播	新疆音乐广播	新疆故事广播	乌鲁木齐维语交通文艺广播	昌吉音乐电台
15:00	0.79	0.76	0.74	0.73	0.53	0.52	0.48	0.41	0.30	0.18
15:15	0.82	0.72	0.66	0.65	0.48	0.53	0.50	0.46	0.28	0.18
15:30	0.83	0.69	0.59	0.58	0.46	0.51	0.53	0.51	0.27	0.18
15:45	0.76	0.67	0.56	0.54	0.45	0.48	0.52	0.52	0.27	0.18
16:00	0.71	0.66	0.58	0.53	0.45	0.39	0.50	0.51	0.27	0.18
16:15	0.68	0.68	0.61	0.53	0.48	0.35	0.48	0.48	0.27	0.17
16:30	0.61	0.75	0.66	0.58	0.52	0.33	0.47	0.41	0.28	0.17
16:45	0.62	0.78	0.70	0.60	0.53	0.34	0.52	0.35	0.27	0.16
17:00	0.67	0.80	0.75	0.61	0.52	0.36	0.56	0.35	0.27	0.16
17:15	0.73	0.79	0.76	0.59	0.49	0.41	0.60	0.34	0.25	0.17
17:30	0.80	0.69	0.75	0.53	0.46	0.51	0.61	0.35	0.25	0.17
17:45	0.85	0.64	0.69	0.51	0.42	0.60	0.50	0.33	0.25	0.18
18:00	0.94	0.62	0.65	0.49	0.39	0.72	0.45	0.32	0.29	0.18
18:15	1.00	0.61	0.66	0.51	0.38	0.76	0.43	0.32	0.29	0.16
18:30	1.19	0.62	0.67	0.56	0.39	0.75	0.40	0.33	0.31	0.17
18:45	1.35	0.64	0.73	0.59	0.41	0.73	0.38	0.33	0.32	0.17
19:00	1.39	0.71	0.85	0.67	0.46	0.65	0.40	0.33	0.35	0.17
19:15	1.44	0.73	0.94	0.70	0.59	0.56	0.44	0.31	0.37	0.17
19:30	1.43	0.75	1.01	0.71	0.68	0.52	0.50	0.28	0.43	0.17
19:45	1.32	0.72	1.02	0.68	0.71	0.51	0.56	0.27	0.44	0.17
20:00	1.20	0.68	0.99	0.64	0.70	0.53	0.60	0.25	0.44	0.18
20:15	0.95	0.63	0.93	0.57	0.67	0.55	0.59	0.24	0.42	0.19
20:30	0.83	0.62	0.84	0.55	0.57	0.56	0.55	0.26	0.40	0.20
20:45	0.73	0.62	0.77	0.56	0.50	0.59	0.49	0.28	0.37	0.20
21:00	0.69	0.59	0.73	0.61	0.48	0.57	0.43	0.30	0.35	0.19
21:15	0.69	0.53	0.65	0.65	0.47	0.55	0.42	0.30	0.34	0.18
21:30	0.75	0.49	0.58	0.73	0.49	0.52	0.41	0.30	0.31	0.16
21:45	0.82	0.48	0.50	0.78	0.53	0.45	0.41	0.28	0.30	0.16
22:00	0.83	0.48	0.42	0.78	0.58	0.38	0.44	0.25	0.29	0.15
22:15	0.80	0.47	0.38	0.74	0.58	0.36	0.44	0.22	0.27	0.14
22:30	0.71	0.50	0.35	0.60	0.53	0.30	0.37	0.20	0.25	0.13
22:45	0.57	0.48	0.33	0.53	0.47	0.27	0.33	0.19	0.23	0.15
23:00	0.47	0.45	0.32	0.50	0.47	0.26	0.25	0.18	0.21	0.15
23:15	0.44	0.38	0.29	0.49	0.48	0.26	0.23	0.16	0.19	0.15
23:30	0.46	0.35	0.29	0.47	0.49	0.26	0.21	0.15	0.20	0.14
23:45	0.44	0.31	0.28	0.43	0.48	0.27	0.20	0.15	0.19	0.13

表 2.31.4　乌鲁木齐地区主要电台的占有率（%）

时间	新疆交通广播	乌鲁木齐旅游音乐广播	乌鲁木齐交通广播	中央中国之声	新疆私家车广播	乌鲁木齐新闻广播	新疆音乐广播	新疆故事广播	乌鲁木齐维语交通文艺广播	昌吉音乐电台
6:00	13.9	10.2	9.3	10.3	8.7	8.8	5.7	4.9	5.6	3.0
6:15	13.7	10.0	9.2	11.6	8.6	8.6	5.6	4.8	5.5	3.0
6:30	13.5	9.9	9.0	13.0	8.5	8.5	5.5	4.8	5.4	2.9
6:45	13.3	9.7	8.9	14.3	8.3	8.4	5.4	4.7	5.3	2.9
7:00	15.2	10.2	7.4	13.2	12.1	8.8	5.6	4.0	3.0	1.6
7:15	14.4	10.7	7.0	12.5	12.7	11.2	5.4	4.0	2.7	1.4
7:30	14.4	11.5	6.2	10.6	12.3	13.3	6.0	4.0	2.7	1.1
7:45	14.5	11.6	7.5	9.5	12.9	12.7	6.1	4.7	2.6	1.0
8:00	14.3	10.6	8.7	8.9	12.4	11.7	6.8	4.8	3.3	1.0
8:15	15.4	9.4	9.9	8.5	11.7	11.4	7.0	5.3	3.9	1.0
8:30	16.3	8.2	11.2	8.5	11.2	10.1	7.8	5.5	4.1	1.1
8:45	16.5	7.0	12.2	9.2	10.3	9.2	8.1	5.8	5.1	1.0
9:00	17.9	6.6	12.4	9.3	9.3	8.5	8.0	6.0	5.3	1.0
9:15	17.9	6.7	12.3	10.7	8.3	7.5	7.4	6.2	5.5	1.1
9:30	17.4	7.8	12.0	11.7	7.6	7.0	6.9	6.2	5.3	1.3
9:45	17.2	8.5	11.7	12.4	7.1	7.0	6.2	6.1	5.0	1.5
10:00	16.2	9.7	11.1	13.0	6.9	6.8	5.8	5.9	4.7	1.6
10:15	15.0	11.2	10.1	12.9	7.1	6.9	5.9	5.8	4.5	1.8
10:30	14.5	12.7	9.5	12.2	7.3	6.6	6.4	5.3	4.5	1.9
10:45	14.1	13.7	9.7	10.7	7.5	6.4	7.0	4.9	4.5	2.3
11:00	13.9	14.3	9.9	10.2	7.6	5.8	7.2	4.7	4.5	2.7
11:15	14.5	14.1	9.7	9.8	8.2	5.2	7.0	4.7	4.6	3.0
11:30	15.2	13.8	9.5	9.7	8.4	5.0	6.8	4.8	4.8	3.1
11:45	16.2	12.9	9.0	9.6	8.8	5.0	6.1	5.1	4.8	3.3
12:00	16.2	12.4	8.9	10.2	9.0	5.4	5.7	5.5	4.7	3.1
12:15	15.9	12.1	9.2	10.4	8.9	5.9	5.5	5.5	4.8	3.1
12:30	15.8	12.4	9.4	10.3	8.4	6.3	5.2	5.9	4.7	3.0
12:45	14.8	12.7	9.9	10.3	7.9	6.2	5.5	6.4	4.7	2.9
13:00	12.9	12.8	10.0	10.8	7.1	5.7	6.1	6.4	5.1	3.0
13:15	12.1	12.1	10.4	11.8	6.9	5.2	6.3	6.3	5.3	2.7
13:30	11.3	11.8	11.6	12.1	6.5	5.1	6.3	6.0	5.3	2.8
13:45	10.6	11.1	12.5	12.5	6.8	5.1	6.3	5.6	5.2	2.8
14:00	10.1	11.0	12.8	12.7	7.5	5.2	6.0	5.3	5.3	2.9
14:15	10.0	11.3	13.0	12.3	8.2	5.7	6.0	5.2	4.9	2.8
14:30	9.7	11.7	12.6	11.5	8.6	6.4	6.1	5.2	4.9	2.6
14:45	10.0	12.3	11.8	10.7	8.4	7.1	6.3	5.4	4.5	2.5

时间	新疆交通广播	乌鲁木齐旅游音乐广播	乌鲁木齐交通广播	中央中国之声	新疆私家车广播	乌鲁木齐新闻广播	新疆音乐广播	新疆故事广播	乌鲁木齐维语交通文艺广播	昌吉音乐电台
15:00	11.6	11.1	10.7	10.6	7.7	7.5	7.0	6.0	4.4	2.6
15:15	12.4	10.9	9.9	9.9	7.3	8.0	7.6	7.0	4.3	2.7
15:30	13.0	10.9	9.2	9.0	7.3	8.1	8.3	8.1	4.2	2.8
15:45	12.4	10.8	9.1	8.7	7.4	7.7	8.4	8.4	4.3	2.9
16:00	11.9	10.9	9.6	8.9	7.5	6.5	8.2	8.4	4.5	3.0
16:15	11.2	11.4	10.2	8.9	8.0	5.9	8.0	8.0	4.5	2.8
16:30	9.8	12.0	10.6	9.4	8.4	5.4	7.6	6.6	4.5	2.7
16:45	9.9	12.3	11.2	9.4	8.4	5.3	8.3	5.6	4.4	2.6
17:00	10.7	12.8	12.0	9.8	8.4	5.8	9.0	5.6	4.4	2.6
17:15	11.6	12.6	12.0	9.4	7.8	6.6	9.5	5.4	3.9	2.7
17:30	12.8	11.0	11.9	8.4	7.3	8.1	9.6	5.5	3.9	2.7
17:45	13.6	10.3	11.1	8.2	6.8	9.7	8.1	5.3	4.1	2.8
18:00	15.0	9.8	10.3	7.8	6.3	11.4	7.1	5.1	4.5	2.8
18:15	15.6	9.5	10.2	7.9	6.0	11.9	6.7	5.0	4.6	2.6
18:30	17.7	9.3	10.1	8.4	5.9	11.2	6.0	5.0	4.7	2.6
18:45	19.4	9.2	10.6	8.4	5.9	10.5	5.5	4.8	4.6	2.4
19:00	18.9	9.6	11.5	9.1	6.3	8.9	5.5	4.5	4.7	2.3
19:15	18.7	9.5	12.2	9.0	7.6	7.3	5.7	4.0	4.8	2.2
19:30	18.0	9.5	12.7	8.9	8.6	6.5	6.3	3.5	5.4	2.2
19:45	16.7	9.2	12.9	8.6	9.0	6.5	7.1	3.4	5.5	2.2
20:00	15.6	8.8	12.8	8.3	9.1	6.9	7.7	3.3	5.7	2.3
20:15	13.2	8.7	12.9	7.9	9.3	7.6	8.2	3.4	5.9	2.6
20:30	12.1	9.0	12.2	7.9	8.3	8.1	7.9	3.8	5.8	3.0
20:45	10.9	9.3	11.5	8.4	7.4	8.9	7.3	4.2	5.6	3.0
21:00	10.7	9.1	11.2	9.5	7.4	8.9	6.7	4.6	5.4	3.0
21:15	11.1	8.5	10.4	10.5	7.6	8.8	6.8	4.8	5.5	3.0
21:30	12.3	8.0	9.5	12.0	8.0	8.5	6.8	5.0	5.1	2.7
21:45	13.7	8.0	8.3	13.0	8.9	7.4	6.9	4.7	4.9	2.6
22:00	14.2	8.3	7.1	13.3	9.9	6.5	7.5	4.2	5.0	2.5
22:15	14.3	8.5	6.9	13.3	10.4	6.5	7.9	4.0	4.9	2.5
22:30	14.1	10.0	7.0	11.9	10.6	6.1	7.4	4.0	5.0	2.6
22:45	12.4	10.4	7.2	11.6	10.3	5.9	7.1	4.2	5.1	3.2
23:00	10.8	10.5	7.4	11.7	10.9	6.0	5.9	4.2	4.8	3.6
23:15	10.9	9.4	7.2	12.1	12.0	6.4	5.6	4.0	4.8	3.6
23:30	11.5	8.8	7.3	12.0	12.4	6.7	5.4	3.8	5.0	3.4
23:45	11.8	8.4	7.3	11.4	12.7	7.1	5.5	3.9	5.1	3.6

表 2.31.5 乌鲁木齐市平均收听率 top30 节目

排名	节目名称	所属频率	播放时间	平均收听率(%)	市场占有率(%)
1	开心路路通	新疆 949 交通广播	09:00—10:00	1.85	15.5
2	城市特快	乌鲁木齐 974 交通广播	08:30—10:00	1.35	12.2
3	音乐舒适听	乌鲁木齐 1065 旅游音乐广播	10:00—12:00	1.27	14.1
4	说法	新疆 949 交通广播	11:00—12:00	1.26	14.4
4	一点一点游天下	乌鲁木齐 1065 旅游音乐广播	13:00—14:00	1.26	14.7
6	音乐串串烧	乌鲁木齐 1065 旅游音乐广播	12:00—13:00	1.23	13.0
7	安涛在线	新疆 949 交通广播	10:00—11:00	1.21	13.1
8	新闻快车道	新疆 949 交通广播	08:30—09:00	1.19	12.0
9	都市早班车	乌鲁木齐 1007 新闻广播	09:30—10:00	1.18	10.0
9	@私家车	新疆 949 交通广播	12:00—13:00	1.18	14.6
11	都市早班车	乌鲁木齐 1007 新闻广播	09:00—10:00; 09:00—09:30	1.17	9.9
11	开心路路通	新疆 949 交通广播	19:00—21:00	1.17	16.5
13	交通热线	乌鲁木齐 974 交通广播	10:00—11:00	1.10	12.0
13	929 新闻早报	新疆 929 私家车广播	08:30—09:00	1.10	11.1
15	音乐串串烧	乌鲁木齐 1065 旅游音乐广播	12:00—14:00	1.08	14.3
16	美时美刻	新疆 949 交通广播	13:00—14:00	1.05	14.1
17	929 百姓热线	新疆 929 私家车广播	09:00—10:30	1.04	9.5
18	精彩车生活	新疆 949 交通广播	21:00—22:00	0.96	16.0
18	我为车狂	乌鲁木齐 974 交通广播	11:00—12:00	0.96	11.0
20	音乐阳光城	乌鲁木齐 1065 旅游音乐广播	08:00—10:00	0.94	9.2
21	大小通吃	乌鲁木齐 974 交通广播	12:00—13:00	0.92	11.2
22	音乐新站点	乌鲁木齐 1065 旅游音乐广播	14:00—16:00	0.90	13.5
23	晚高不要疯	乌鲁木齐 1065 旅游音乐广播	19:00—20:00	0.88	11.8
23	首府交通	乌鲁木齐 974 交通广播	13:00—14:00	0.88	11.8
23	音乐带回家	乌鲁木齐 1065 旅游音乐广播	20:00—22:00	0.88	13.5
26	中央台新闻和报纸摘要	新疆 949 交通广播	08:00—08:30	0.87	11.9
27	劲爆体育	新疆 949 交通广播	15:00—16:00	0.86	14.2
28	央广新闻	中央中国之声	09:00—12:00	0.85	8.6
28	新闻纵横	中央中国之声	07:00—09:00	0.85	14.3
30	爱车有话说	新疆 929 私家车广播	10:30—12:00	0.84	9.7

三十二、邯郸地区收听率数据

表 2.32.1 邯郸地区主要电台频率的平均收听率和市场份额

排名	电台名称	平均收听率（%）	市场份额（%）
1	邯郸新闻综合广播	0.87	19.1
2	邯郸交通广播	0.76	16.8
3	中央中国之声	0.63	13.8
4	邯郸音乐广播	0.61	13.3
5	城市服务广播	0.51	11.1
6	河北交通广播	0.26	5.7
7	河北新闻广播	0.22	4.8
8	旅游音乐广播	0.17	3.8
9	中央经济之声	0.15	3.4
10	邯郸娱乐广播	0.06	1.3

表 2.32.2 邯郸地区主要电台频率的周到达率和日到达率

排名	电台名称	周到达率（%）	日到达率（%）
1	中央中国之声	20.52	10.26
2	邯郸新闻综合广播	23.44	7.77
3	城市服务广播	16.83	7.72
4	邯郸交通广播	21.76	7.28
5	邯郸音乐广播	20.41	6.78
6	河北交通广播	8.71	5.96
7	中央经济之声	8.66	5.31
8	旅游音乐广播	8.39	4.69
9	河北新闻广播	6.07	4.68
10	邯郸娱乐广播	2.27	1.07

表 2.32.3 邯郸地区主要电台的收听率（%）

时间	邯郸新闻综合广播	邯郸交通广播	中央中国之声	邯郸音乐广播	城市服务广播	河北交通广播	河北新闻广播	旅游音乐广播	中央经济之声	邯郸娱乐广播
6:00	0.63	0.63	0.51	0.34	0.47	0.19	0.11	0.07	0.12	0.04
6:15	0.82	0.81	0.76	0.49	0.52	0.19	0.13	0.08	0.12	0.08
6:30	1.13	0.85	0.92	0.53	0.70	0.23	0.14	0.16	0.15	0.08
6:45	1.34	1.01	0.98	0.49	0.82	0.23	0.17	0.21	0.28	0.11
7:00	1.37	1.57	1.12	0.79	0.90	0.35	0.33	0.22	0.40	0.12
7:15	1.56	1.58	1.18	0.86	0.91	0.39	0.33	0.21	0.41	0.11
7:30	1.64	1.78	1.14	1.10	0.90	0.49	0.42	0.22	0.41	0.11
7:45	1.72	1.75	1.07	1.26	0.80	0.50	0.42	0.19	0.38	0.09
8:00	1.69	1.60	1.02	1.27	0.67	0.50	0.42	0.23	0.34	0.09
8:15	1.73	1.53	0.98	1.28	0.68	0.49	0.40	0.33	0.27	0.09
8:30	1.69	1.32	0.84	1.24	0.70	0.42	0.33	0.35	0.20	0.07
8:45	1.43	1.29	0.72	1.06	0.67	0.34	0.31	0.33	0.21	0.07
9:00	1.27	1.05	0.58	0.96	0.59	0.31	0.28	0.32	0.20	0.05
9:15	1.00	1.10	0.56	0.70	0.53	0.37	0.26	0.28	0.19	0.06
9:30	1.02	1.11	0.58	0.78	0.56	0.37	0.28	0.25	0.17	0.05
9:45	1.04	1.04	0.58	0.75	0.58	0.36	0.31	0.19	0.17	0.06
10:00	1.02	0.81	0.56	0.69	0.59	0.32	0.35	0.20	0.17	0.07
10:15	0.88	0.70	0.50	0.55	0.57	0.22	0.36	0.23	0.17	0.07
10:30	0.72	0.65	0.57	0.48	0.50	0.20	0.35	0.23	0.15	0.07
10:45	0.67	0.57	0.56	0.45	0.46	0.18	0.32	0.19	0.14	0.06
11:00	0.69	0.47	0.61	0.48	0.41	0.18	0.30	0.16	0.11	0.05
11:15	0.69	0.51	0.61	0.51	0.38	0.21	0.23	0.14	0.11	0.05
11:30	0.70	0.47	0.65	0.50	0.42	0.25	0.24	0.12	0.14	0.05
11:45	0.81	0.62	0.57	0.55	0.43	0.28	0.24	0.13	0.17	0.05
12:00	1.08	0.86	0.66	0.70	0.45	0.32	0.26	0.15	0.18	0.06
12:15	1.09	0.83	0.81	0.73	0.58	0.30	0.29	0.17	0.15	0.06
12:30	1.16	0.86	0.80	0.70	0.60	0.28	0.29	0.16	0.13	0.07
12:45	1.13	0.84	0.82	0.71	0.59	0.23	0.29	0.14	0.09	0.07
13:00	0.87	0.56	0.75	0.54	0.59	0.18	0.28	0.10	0.09	0.06
13:15	0.72	0.52	0.63	0.42	0.48	0.20	0.23	0.09	0.10	0.06
13:30	0.75	0.54	0.48	0.39	0.42	0.22	0.22	0.10	0.09	0.04
13:45	0.73	0.55	0.47	0.43	0.37	0.23	0.18	0.08	0.07	0.04
14:00	0.89	0.41	0.46	0.41	0.35	0.23	0.17	0.06	0.07	0.04
14:15	0.85	0.38	0.57	0.53	0.34	0.19	0.19	0.06	0.06	0.05
14:30	0.80	0.42	0.57	0.53	0.36	0.18	0.22	0.06	0.06	0.05
14:45	0.59	0.40	0.57	0.55	0.44	0.19	0.23	0.08	0.09	0.06

时间	邯郸新闻综合广播	邯郸交通广播	中央中国之声	邯郸音乐广播	城市服务广播	河北交通广播	河北新闻广播	旅游音乐广播	中央经济之声	邯郸娱乐广播
15:00	0.46	0.42	0.43	0.59	0.46	0.19	0.21	0.08	0.10	0.06
15:15	0.38	0.47	0.34	0.52	0.48	0.20	0.20	0.07	0.13	0.06
15:30	0.46	0.37	0.45	0.43	0.43	0.16	0.15	0.10	0.12	0.05
15:45	0.44	0.30	0.44	0.38	0.41	0.15	0.13	0.14	0.10	0.05
16:00	0.42	0.30	0.43	0.38	0.33	0.15	0.12	0.18	0.07	0.05
16:15	0.51	0.34	0.32	0.35	0.31	0.18	0.12	0.19	0.04	0.04
16:30	0.50	0.39	0.29	0.31	0.29	0.20	0.16	0.20	0.05	0.04
16:45	0.50	0.40	0.29	0.32	0.34	0.22	0.18	0.17	0.04	0.03
17:00	0.46	0.56	0.25	0.35	0.34	0.27	0.18	0.15	0.06	0.05
17:15	0.41	0.62	0.30	0.38	0.38	0.30	0.16	0.13	0.09	0.04
17:30	0.52	0.89	0.35	0.46	0.39	0.36	0.13	0.13	0.10	0.05
17:45	0.56	0.91	0.35	0.42	0.45	0.35	0.12	0.16	0.09	0.05
18:00	0.76	1.14	0.59	0.63	0.45	0.34	0.17	0.19	0.13	0.05
18:15	0.83	1.13	0.63	0.67	0.42	0.30	0.17	0.20	0.12	0.05
18:30	0.77	0.97	0.65	0.71	0.40	0.26	0.20	0.19	0.11	0.03
18:45	0.89	1.00	0.68	0.68	0.45	0.24	0.19	0.19	0.13	0.04
19:00	1.04	1.26	0.71	0.65	0.47	0.29	0.17	0.19	0.18	0.04
19:15	1.14	1.33	0.81	0.69	0.60	0.30	0.20	0.25	0.26	0.07
19:30	1.15	1.36	0.94	0.74	0.71	0.28	0.27	0.29	0.31	0.07
19:45	1.09	1.29	0.97	0.83	0.73	0.28	0.26	0.32	0.32	0.10
20:00	0.91	0.89	0.97	0.96	0.76	0.23	0.29	0.33	0.32	0.10
20:15	0.82	0.76	0.87	0.99	0.73	0.27	0.25	0.33	0.28	0.10
20:30	0.75	0.52	0.76	0.93	0.65	0.27	0.20	0.30	0.22	0.10
20:45	0.73	0.54	0.69	0.88	0.59	0.26	0.17	0.23	0.19	0.08
21:00	0.85	0.44	0.59	0.63	0.46	0.24	0.15	0.16	0.11	0.08
21:15	0.90	0.59	0.60	0.49	0.42	0.19	0.17	0.17	0.10	0.05
21:30	0.90	0.55	0.50	0.42	0.44	0.19	0.17	0.17	0.11	0.04
21:45	0.78	0.56	0.48	0.39	0.44	0.17	0.14	0.15	0.14	0.05
22:00	0.62	0.37	0.61	0.47	0.43	0.15	0.11	0.11	0.12	0.04
22:15	0.74	0.32	0.60	0.48	0.40	0.18	0.09	0.13	0.11	0.03
22:30	0.70	0.30	0.53	0.38	0.35	0.21	0.09	0.13	0.06	0.03
22:45	0.65	0.42	0.48	0.37	0.36	0.21	0.12	0.12	0.07	0.03
23:00	0.59	0.42	0.37	0.31	0.35	0.19	0.12	0.11	0.08	0.03
23:15	0.51	0.36	0.37	0.23	0.32	0.18	0.12	0.09	0.08	0.03
23:30	0.42	0.30	0.32	0.23	0.30	0.16	0.09	0.09	0.06	0.03
23:45	0.42	0.23	0.34	0.23	0.28	0.15	0.08	0.08	0.05	0.02

表 2.32.4 邯郸地区主要电台的占有率（%）

时间	邯郸新闻综合广播	邯郸交通广播	中央中国之声	邯郸音乐广播	城市服务广播	河北交通广播	河北新闻广播	旅游音乐广播	中央经济之声	邯郸娱乐广播
6:00	19.0	19.0	15.2	10.1	14.1	5.6	3.2	2.0	3.5	1.2
6:15	19.2	18.8	17.7	11.5	12.1	4.5	3.0	2.0	2.7	1.8
6:30	21.0	15.8	17.1	9.9	13.1	4.2	2.6	3.0	2.7	1.5
6:45	21.6	16.3	15.8	8.0	13.3	3.8	2.7	3.4	4.5	1.8
7:00	17.6	20.1	14.4	10.1	11.5	4.5	4.2	2.9	5.1	1.5
7:15	19.1	19.3	14.5	10.5	11.2	4.8	4.1	2.6	5.0	1.4
7:30	18.6	20.2	12.9	12.5	10.3	5.5	4.8	2.5	4.7	1.3
7:45	19.8	20.2	12.4	14.5	9.2	5.8	4.9	2.2	4.3	1.0
8:00	20.5	19.5	12.4	15.4	8.1	6.1	5.1	2.8	4.1	1.1
8:15	21.2	18.7	12.0	15.7	8.4	6.0	4.9	4.0	3.3	1.1
8:30	22.6	17.6	11.3	16.7	9.3	5.6	4.4	4.6	2.7	1.0
8:45	21.4	19.2	10.7	15.8	10.0	5.1	4.6	4.9	3.1	1.0
9:00	21.4	17.8	9.9	16.3	10.0	5.2	4.8	5.4	3.4	0.9
9:15	18.8	20.6	10.5	13.2	9.9	6.9	4.9	5.3	3.6	1.1
9:30	18.7	20.2	10.7	14.2	10.2	6.7	5.0	4.5	3.1	1.0
9:45	18.9	18.9	10.6	13.6	10.6	6.6	5.7	3.5	3.2	1.1
10:00	19.6	15.6	10.9	13.3	11.4	6.2	6.8	3.8	3.2	1.4
10:15	18.8	15.1	10.7	11.8	12.2	4.7	7.8	5.0	3.6	1.5
10:30	16.7	15.0	13.2	11.1	11.6	4.7	8.0	5.3	3.5	1.6
10:45	16.9	14.3	14.0	11.4	11.6	4.6	7.9	4.8	3.4	1.6
11:00	18.1	12.3	15.9	12.7	10.9	4.8	7.9	4.1	3.0	1.4
11:15	18.1	13.3	16.0	13.2	9.9	5.5	5.9	3.7	3.0	1.4
11:30	17.9	12.2	16.7	12.7	10.7	6.5	6.1	3.0	3.7	1.3
11:45	19.3	14.7	13.7	13.1	10.3	6.8	5.7	3.0	4.1	1.2
12:00	21.7	17.3	13.2	14.0	9.1	6.4	5.2	3.1	3.6	1.2
12:15	20.7	15.7	15.4	13.8	11.0	5.7	5.6	3.2	2.8	1.2
12:30	21.6	16.0	15.0	13.2	11.3	5.2	5.4	3.0	2.4	1.3
12:45	21.7	16.1	15.8	13.6	11.3	4.4	5.5	2.8	1.7	1.3
13:00	20.4	13.1	17.6	12.5	13.8	4.2	6.4	2.4	2.2	1.4
13:15	19.6	14.3	17.3	11.5	13.0	5.5	6.4	2.6	2.7	1.7
13:30	22.0	15.8	13.9	11.5	12.2	6.3	6.3	2.9	2.6	1.1
13:45	22.4	16.7	14.3	13.0	11.4	7.1	5.4	2.5	2.0	1.2
14:00	27.5	12.7	14.3	12.7	10.7	7.0	5.3	1.9	2.1	1.1
14:15	25.4	11.2	16.9	15.7	10.2	5.7	5.6	1.7	1.7	1.5
14:30	23.3	12.3	16.6	15.5	10.5	5.2	6.4	1.7	1.7	1.4
14:45	17.6	11.8	16.9	16.5	13.0	5.8	7.0	2.4	2.8	1.7

时间	邯郸新闻综合广播	邯郸交通广播	中央中国之声	邯郸音乐广播	城市服务广播	河北交通广播	河北新闻广播	旅游音乐广播	中央经济之声	邯郸娱乐广播
15:00	14.7	13.6	13.8	18.9	14.7	6.1	6.8	2.6	3.1	1.9
15:15	12.8	15.8	11.4	17.5	16.1	6.6	6.7	2.3	4.4	1.9
15:30	15.9	12.7	15.6	14.8	14.8	5.7	5.1	3.5	4.3	1.6
15:45	16.2	10.9	16.2	14.0	15.0	5.5	4.7	5.0	3.5	1.9
16:00	15.9	11.6	16.4	14.6	12.5	5.8	4.5	7.0	2.5	1.9
16:15	19.7	13.1	12.5	13.7	12.0	7.0	4.7	7.5	1.7	1.4
16:30	19.5	15.1	11.3	11.9	11.3	7.7	6.4	7.8	1.9	1.5
16:45	18.8	15.2	11.0	12.0	12.6	8.2	6.8	6.6	1.7	1.2
17:00	16.4	19.8	8.8	12.2	12.1	9.6	6.5	5.2	2.0	1.6
17:15	13.8	20.7	10.1	12.7	12.8	10.0	5.2	4.2	2.9	1.5
17:30	14.4	24.8	9.6	12.9	10.9	9.9	3.7	3.6	2.7	1.4
17:45	15.1	24.5	9.5	11.4	12.1	9.6	3.2	4.2	2.5	1.4
18:00	15.9	23.9	12.3	13.2	9.4	7.2	3.6	4.0	2.6	1.0
18:15	17.2	23.3	13.0	13.9	8.7	6.2	3.6	4.1	2.5	1.1
18:30	16.9	21.2	14.3	15.5	8.9	5.8	4.3	4.2	2.4	0.7
18:45	18.8	21.1	14.3	14.4	9.5	5.1	4.0	4.0	2.7	0.8
19:00	19.5	23.7	13.3	12.2	8.9	5.4	3.2	3.5	3.4	0.7
19:15	18.7	22.0	13.4	11.4	9.8	4.9	3.3	4.1	4.4	1.1
19:30	17.3	20.5	14.2	11.1	10.7	4.3	4.1	4.4	4.6	1.1
19:45	16.1	19.0	14.3	12.2	10.7	4.1	3.9	4.8	4.7	1.5
20:00	14.4	14.0	15.2	15.1	11.9	3.6	4.5	5.1	5.0	1.6
20:15	13.6	12.7	14.5	16.5	12.2	4.4	4.2	5.5	4.6	1.7
20:30	14.2	9.9	14.4	17.5	12.3	5.2	3.9	5.7	4.2	1.9
20:45	15.3	11.3	14.4	18.4	12.3	5.4	3.6	4.9	4.0	1.7
21:00	21.3	10.9	14.6	15.7	11.4	5.9	3.8	4.1	2.8	2.0
21:15	22.4	14.8	14.9	12.3	10.4	4.8	4.2	4.3	2.4	1.2
21:30	23.8	14.4	13.2	11.2	11.7	4.9	4.4	4.4	3.0	1.1
21:45	22.0	15.9	13.7	11.1	12.4	4.8	3.8	4.2	3.8	1.3
22:00	19.2	11.3	19.0	14.6	13.4	4.7	3.4	3.3	3.8	1.4
22:15	22.3	9.7	18.1	14.3	12.1	5.5	2.6	4.0	3.3	0.9
22:30	23.1	9.9	17.5	12.7	11.5	7.0	2.9	4.3	2.1	1.0
22:45	20.9	13.6	15.2	11.7	11.6	6.7	3.8	3.8	2.1	1.1
23:00	20.8	14.6	12.8	10.9	12.1	6.8	4.3	3.8	2.7	1.1
23:15	20.0	14.2	14.7	9.2	12.9	7.0	4.6	3.6	3.2	1.1
23:30	19.5	13.7	14.8	10.5	13.6	7.4	4.1	4.1	2.8	1.2
23:45	20.6	11.3	16.8	11.0	13.8	7.2	4.0	4.0	2.2	1.0

表 2.32.5 邯郸市平均收听率 top30 节目

排名	节目名称	所属频率	播放时间	平均收听率(%)	市场占有率(%)
1	新闻早高峰	邯郸新闻综合广播	07:40—08:30	1.99	22.8
2	1068 畅听早高峰	邯郸交通广播	07:00—08:00	1.62	19.9
2	邯郸新闻	邯郸新闻综合广播	07:00—07:40	1.62	20.5
4	“飞”说不可	邯郸新闻综合广播	08:30—09:00	1.58	22.3
5	交通热线	邯郸交通广播	08:00—09:00	1.41	18.0
6	有事您说话	邯郸新闻综合广播	09:00—10:30	1.26	22.4
7	珍情婚恋	邯郸新闻综合广播	19:30—20:00	1.23	19.4
8	喇叭花	邯郸新闻综合广播	19:00—19:30	1.20	20.0
9	转播 CCTV《新闻联播》	邯郸交通广播	19:00—19:30	1.15	19.0
9	音乐榜样	邯郸交通广播	19:30—20:00	1.15	17.8
11	清晨热线	城市服务广播	07:00—07:40	1.14	14.5
12	今日新闻在线	邯郸新闻综合广播	12:00—12:20	1.13	20.4
13	转央广《新闻和报纸摘要》	邯郸新闻综合广播	06:30—07:00	1.11	21.0
14	快乐出发	邯郸音乐广播	07:30—09:00	1.08	13.2
15	新闻纵横	中央中国之声	07:00—09:00	1.04	13.0
16	转播《新闻和报纸摘要》	邯郸交通广播	06:30—07:00	1.01	19.1
16	邯郸新闻	邯郸交通广播	12:30—13:00	1.01	17.5
18	1068 畅听晚高峰-后峰节目《飞常婧彩》	邯郸交通广播	18:00—19:00	1.00	21.5
19	私家车早上好	城市服务广播	07:40—09:00	0.98	12.0
19	邯郸成语故事	邯郸新闻综合广播	13:30—14:00	0.98	26.9
21	全球华语广播网	中央中国之声	12:00—13:00	0.95	16.6
22	央广新闻晚高峰	中央中国之声	19:00—20:00	0.91	15.9
22	博闻天下	城市服务广播	12:30—13:00	0.91	15.8
24	珍情婚恋	城市服务广播	19:00—20:00	0.89	14.3
25	下班路上-新闻晚高峰	邯郸新闻综合广播	18:15—19:00	0.86	17.7
26	汽车天地	邯郸新闻综合广播	11:30—12:00	0.85	18.8
27	情牵你我心	邯郸新闻综合广播	21:00—22:20	0.83	21.8
28	1068 畅听午高峰	邯郸交通广播	11:30—12:30	0.82	16.3
28	欢乐在路上(上午版)	邯郸交通广播	09:00—11:00	0.82	15.8
28	964 播报	邯郸新闻综合广播	10:30—11:00	0.82	20.4

三十三、保定地区收听率数据

表 2.33.1 保定地区主要电台频率的平均收听率和市场份额

排名	电台名称	平均收听率（%）	市场份额（%）
1	保定城市服务广播	0.60	16.64
2	保定交通广播	0.46	12.78
3	河北旅游文化广播	0.35	9.78
4	保定新闻综合广播	0.27	7.42
5	保定私家车广播	0.22	6.19
6	河北私家车广播	0.20	5.55
7	河北音乐广播	0.20	5.51
8	保定新闻广播	0.20	5.42
9	河北农民广播	0.19	5.21
10	保定新闻综合 92.6	0.18	4.97

表 2.33.2 保定地区主要电台频率的周到达率和日到达率

排名	电台名称	周到达率（%）	日到达率（%）
1	保定城市服务广播	24.79	11.07
2	保定新闻综合广播	16.63	6.92
3	保定交通广播	15.06	6.40
4	河北旅游文化广播	8.55	4.81
5	保定私家车广播	7.47	4.03
6	河北新闻广播	7.03	3.87
7	河北故事广播	6.36	3.26
8	河北私家车广播	5.50	3.25
9	保定新闻广播	6.51	3.14
10	河北音乐广播	8.46	2.99

表 2.33.3　保定地区主要电台的收听率（%）

时间	保定城市服务广播	保定交通广播	河北旅游文化广播	保定新闻综合广播	保定私家车广播	河北私家车广播	河北音乐广播	保定新闻广播	河北农民广播	保定新闻综合92.6
6:00	0.12	0.08	0.04	0.55	0.05	0.06	0.02	0.09	0.04	0.00
6:15	0.22	0.19	0.05	0.68	0.07	0.09	0.06	0.16	0.07	0.00
6:30	0.29	0.27	0.14	0.58	0.11	0.10	0.07	0.19	0.09	0.00
6:45	0.39	0.35	0.15	0.53	0.11	0.14	0.08	0.23	0.07	0.00
7:00	0.55	0.53	0.17	0.47	0.18	0.17	0.12	0.26	0.08	0.07
7:15	0.55	0.89	0.28	0.43	0.21	0.12	0.13	0.28	0.11	0.12
7:30	0.57	1.22	0.31	0.44	0.29	0.12	0.16	0.26	0.14	0.30
7:45	0.60	1.30	0.40	0.41	0.36	0.11	0.19	0.25	0.12	0.38
8:00	0.61	1.24	0.41	0.32	0.31	0.12	0.23	0.23	0.13	0.44
8:15	0.64	1.08	0.46	0.24	0.31	0.17	0.24	0.27	0.18	0.39
8:30	0.80	0.87	0.45	0.22	0.31	0.17	0.32	0.29	0.16	0.31
8:45	0.89	0.76	0.52	0.15	0.33	0.22	0.34	0.32	0.18	0.26
9:00	0.94	0.73	0.54	0.14	0.27	0.24	0.33	0.29	0.29	0.18
9:15	0.93	0.63	0.57	0.18	0.28	0.26	0.30	0.24	0.36	0.16
9:30	0.85	0.62	0.59	0.19	0.24	0.23	0.26	0.17	0.36	0.18
9:45	0.70	0.64	0.53	0.29	0.20	0.20	0.17	0.15	0.32	0.20
10:00	0.59	0.61	0.49	0.33	0.20	0.23	0.16	0.14	0.28	0.22
10:15	0.51	0.55	0.43	0.34	0.23	0.25	0.16	0.15	0.24	0.22
10:30	0.52	0.49	0.40	0.31	0.24	0.28	0.17	0.18	0.18	0.17
10:45	0.63	0.36	0.35	0.29	0.27	0.26	0.20	0.19	0.18	0.16
11:00	0.78	0.34	0.29	0.26	0.28	0.22	0.21	0.21	0.24	0.11
11:15	0.81	0.35	0.28	0.25	0.31	0.23	0.17	0.19	0.23	0.14
11:30	0.71	0.44	0.27	0.25	0.29	0.21	0.16	0.14	0.18	0.14
11:45	0.64	0.62	0.20	0.19	0.28	0.22	0.17	0.14	0.16	0.18
12:00	0.62	0.69	0.15	0.22	0.27	0.22	0.17	0.16	0.16	0.17
12:15	0.58	0.72	0.18	0.24	0.27	0.19	0.16	0.24	0.20	0.11
12:30	0.61	0.72	0.19	0.24	0.27	0.16	0.17	0.26	0.19	0.11
12:45	0.65	0.66	0.23	0.30	0.28	0.17	0.18	0.25	0.15	0.12
13:00	0.60	0.34	0.27	0.32	0.27	0.22	0.22	0.19	0.12	0.17
13:15	0.62	0.31	0.27	0.29	0.29	0.23	0.24	0.18	0.12	0.18
13:30	0.67	0.22	0.23	0.25	0.30	0.26	0.28	0.18	0.16	0.18
13:45	0.70	0.34	0.26	0.18	0.33	0.25	0.26	0.23	0.19	0.17
14:00	0.68	0.33	0.28	0.16	0.38	0.17	0.22	0.24	0.18	0.14
14:15	0.60	0.26	0.35	0.16	0.38	0.15	0.16	0.24	0.18	0.14
14:30	0.60	0.28	0.37	0.14	0.37	0.16	0.18	0.21	0.19	0.10
14:45	0.57	0.24	0.34	0.16	0.30	0.12	0.16	0.15	0.21	0.11

时间	保定城市服务广播	保定交通广播	河北旅游文化广播	保定新闻综合广播	保定私家车广播	河北私家车广播	河北音乐广播	保定新闻广播	河北农民广播	保定新闻综合92.6
15:00	0.51	0.17	0.22	0.22	0.28	0.13	0.13	0.13	0.32	0.14
15:15	0.50	0.17	0.16	0.26	0.30	0.13	0.14	0.16	0.37	0.14
15:30	0.59	0.15	0.18	0.27	0.27	0.12	0.18	0.22	0.39	0.12
15:45	0.65	0.21	0.19	0.23	0.26	0.13	0.22	0.24	0.37	0.08
16:00	0.67	0.24	0.28	0.19	0.23	0.23	0.25	0.27	0.23	0.10
16:15	0.64	0.31	0.35	0.15	0.25	0.23	0.23	0.26	0.19	0.12
16:30	0.56	0.32	0.34	0.16	0.24	0.19	0.20	0.24	0.14	0.10
16:45	0.54	0.33	0.31	0.17	0.27	0.18	0.19	0.18	0.17	0.13
17:00	0.62	0.49	0.23	0.20	0.28	0.22	0.21	0.16	0.20	0.16
17:15	0.65	0.68	0.30	0.21	0.27	0.28	0.19	0.13	0.19	0.17
17:30	0.76	0.99	0.36	0.25	0.26	0.43	0.25	0.13	0.21	0.21
17:45	0.85	1.00	0.51	0.26	0.26	0.45	0.28	0.16	0.24	0.26
18:00	0.76	1.01	0.61	0.32	0.26	0.46	0.26	0.17	0.34	0.28
18:15	0.68	0.97	0.60	0.38	0.24	0.42	0.25	0.16	0.41	0.28
18:30	0.63	0.70	0.47	0.47	0.22	0.29	0.24	0.19	0.53	0.24
18:45	0.54	0.48	0.44	0.49	0.22	0.25	0.21	0.21	0.53	0.28
19:00	0.56	0.41	0.48	0.50	0.19	0.21	0.20	0.25	0.45	0.27
19:15	0.61	0.30	0.65	0.46	0.18	0.19	0.19	0.33	0.30	0.28
19:30	0.65	0.33	0.72	0.33	0.20	0.15	0.21	0.38	0.21	0.31
19:45	0.68	0.41	0.82	0.26	0.20	0.16	0.22	0.38	0.16	0.32
20:00	0.85	0.38	0.85	0.22	0.19	0.18	0.31	0.27	0.14	0.39
20:15	0.97	0.36	0.82	0.23	0.18	0.24	0.34	0.18	0.10	0.40
20:30	0.97	0.28	0.71	0.26	0.17	0.25	0.37	0.15	0.10	0.41
20:45	0.96	0.30	0.58	0.28	0.15	0.31	0.39	0.15	0.08	0.39
21:00	0.79	0.26	0.45	0.27	0.13	0.33	0.37	0.14	0.11	0.30
21:15	0.61	0.24	0.36	0.23	0.12	0.29	0.31	0.18	0.09	0.23
21:30	0.54	0.11	0.33	0.20	0.10	0.25	0.28	0.18	0.07	0.21
21:45	0.44	0.12	0.35	0.17	0.10	0.19	0.21	0.18	0.06	0.19
22:00	0.44	0.23	0.29	0.14	0.09	0.14	0.16	0.16	0.07	0.10
22:15	0.43	0.22	0.27	0.16	0.11	0.14	0.14	0.12	0.08	0.06
22:30	0.33	0.26	0.21	0.21	0.12	0.15	0.10	0.11	0.08	0.07
22:45	0.29	0.22	0.19	0.20	0.11	0.14	0.09	0.09	0.05	0.05
23:00	0.23	0.11	0.14	0.13	0.07	0.09	0.08	0.09	0.05	0.04
23:15	0.21	0.12	0.13	0.10	0.07	0.07	0.07	0.09	0.04	0.03
23:30	0.16	0.07	0.08	0.06	0.03	0.06	0.05	0.07	0.03	0.02
23:45	0.12	0.06	0.06	0.06	0.02	0.05	0.03	0.06	0.02	0.01

表 2.33.4　保定地区主要电台的占有率（%）

时间	保定城市服务广播	保定交通广播	河北旅游文化广播	保定新闻综合广播	保定私家车广播	河北私家车广播	河北音乐广播	保定新闻广播	河北农民广播	保定新闻综合92.6
6:00	8.2	5.1	2.5	37.1	3.3	4.0	1.7	5.8	2.8	0.0
6:15	10.5	9.1	2.5	32.4	3.3	4.3	2.7	7.5	3.1	0.0
6:30	12.1	11.2	5.8	24.1	4.6	4.3	2.8	8.0	3.6	0.0
6:45	15.0	13.6	5.8	20.5	4.2	5.4	3.2	9.0	2.7	0.0
7:00	17.0	16.6	5.3	14.6	5.5	5.2	3.6	8.0	2.4	2.3
7:15	14.1	22.9	7.2	11.0	5.3	3.2	3.4	7.3	2.9	3.0
7:30	12.2	26.1	6.7	9.3	6.3	2.6	3.4	5.5	2.9	6.4
7:45	11.9	25.6	7.8	8.1	7.0	2.1	3.7	4.9	2.4	7.5
8:00	12.1	24.6	8.2	6.4	6.1	2.5	4.5	4.5	2.6	8.8
8:15	12.9	21.7	9.3	4.9	6.2	3.4	4.7	5.4	3.6	7.8
8:30	16.5	18.0	9.4	4.5	6.5	3.5	6.7	5.9	3.3	6.5
8:45	18.2	15.7	10.6	3.0	6.8	4.6	7.1	6.5	3.7	5.3
9:00	19.4	15.2	11.2	2.9	5.6	5.0	6.8	6.0	5.9	3.6
9:15	19.3	13.2	11.9	3.7	5.8	5.4	6.3	4.9	7.6	3.2
9:30	18.5	13.6	12.9	4.2	5.3	5.1	5.7	3.8	7.9	3.9
9:45	16.6	15.2	12.6	6.9	4.8	4.6	3.9	3.5	7.7	4.7
10:00	14.5	15.1	12.0	8.1	4.9	5.6	3.9	3.3	6.8	5.4
10:15	13.2	14.3	11.2	8.9	6.0	6.5	4.2	3.8	6.3	5.8
10:30	13.9	13.2	10.8	8.3	6.4	7.6	4.5	4.9	4.8	4.7
10:45	17.4	9.8	9.5	8.0	7.4	7.2	5.6	5.2	4.8	4.2
11:00	20.9	9.2	7.8	6.9	7.4	6.0	5.5	5.6	6.5	2.9
11:15	21.6	9.3	7.5	6.6	8.3	6.1	4.6	5.2	6.2	3.7
11:30	19.3	11.8	7.2	6.7	7.8	5.6	4.4	3.9	4.8	3.9
11:45	16.9	16.4	5.3	5.1	7.5	5.8	4.5	3.8	4.2	4.8
12:00	16.6	18.4	3.9	5.9	7.3	6.0	4.5	4.3	4.3	4.6
12:15	15.5	19.3	4.7	6.4	7.3	5.0	4.2	6.3	5.2	3.1
12:30	16.5	19.4	5.2	6.5	7.3	4.5	4.7	7.0	5.2	3.0
12:45	17.7	17.8	6.2	8.0	7.7	4.5	4.8	6.8	4.0	3.1
13:00	17.4	9.9	7.8	9.3	7.9	6.3	6.4	5.6	3.4	5.1
13:15	17.7	8.9	7.7	8.3	8.4	6.7	6.9	5.1	3.5	5.0
13:30	19.2	6.3	6.4	7.0	8.6	7.4	7.9	5.2	4.7	5.2
13:45	18.9	9.2	7.1	4.9	9.0	6.8	7.0	6.2	5.0	4.6
14:00	19.7	9.5	8.2	4.5	10.8	4.8	6.3	7.0	5.3	4.1
14:15	18.1	7.8	10.7	4.9	11.7	4.6	4.9	7.2	5.5	4.3
14:30	18.7	8.5	11.6	4.3	11.4	5.0	5.4	6.4	6.0	3.2
14:45	18.9	7.8	11.4	5.2	10.1	4.0	5.4	4.9	7.0	3.8

时间	保定城市服务广播	保定交通广播	河北旅游文化广播	保定新闻综合广播	保定私家车广播	河北私家车广播	河北音乐广播	保定新闻广播	河北农民广播	保定新闻综合92.6
15:00	17.3	5.6	7.3	7.5	9.5	4.3	4.5	4.5	10.7	4.6
15:15	16.2	5.6	5.2	8.4	9.6	4.2	4.5	5.2	12.1	4.7
15:30	18.0	4.6	5.4	8.4	8.3	3.7	5.4	6.6	12.0	3.8
15:45	18.8	5.9	5.4	6.7	7.5	3.8	6.4	7.0	10.5	2.4
16:00	18.5	6.5	7.7	5.3	6.4	6.3	6.9	7.5	6.4	2.8
16:15	17.4	8.3	9.5	4.2	6.7	6.2	6.3	7.2	5.2	3.1
16:30	16.7	9.5	10.2	4.6	7.0	5.8	6.0	7.2	4.1	3.1
16:45	16.5	10.2	9.4	5.2	8.2	5.6	5.6	5.6	5.3	4.0
17:00	17.8	14.1	6.7	5.7	8.2	6.3	6.0	4.6	5.7	4.7
17:15	17.1	17.8	8.0	5.4	7.2	7.4	5.0	3.5	5.0	4.4
17:30	16.3	21.4	7.7	5.3	5.6	9.3	5.5	2.9	4.5	4.5
17:45	16.4	19.2	9.8	5.0	5.1	8.8	5.4	3.1	4.7	5.1
18:00	13.9	18.5	11.2	5.8	4.7	8.5	4.8	3.1	6.2	5.1
18:15	12.7	18.1	11.2	7.0	4.5	7.9	4.6	3.1	7.7	5.1
18:30	12.7	14.0	9.4	9.5	4.4	5.8	4.8	3.9	10.7	4.9
18:45	11.7	10.5	9.5	10.6	4.8	5.5	4.5	4.6	11.5	6.1
19:00	12.7	9.4	10.9	11.4	4.3	4.8	4.4	5.8	10.3	6.1
19:15	13.8	6.7	14.7	10.3	4.0	4.3	4.3	7.5	6.7	6.4
19:30	14.7	7.5	16.3	7.4	4.4	3.3	4.7	8.7	4.7	7.0
19:45	14.9	9.0	17.9	5.7	4.2	3.5	4.9	8.2	3.4	7.0
20:00	17.9	7.9	17.7	4.6	4.1	3.9	6.5	5.6	3.0	8.1
20:15	20.3	7.4	17.2	4.9	3.8	5.0	7.1	3.8	2.2	8.4
20:30	21.4	6.2	15.7	5.7	3.8	5.5	8.2	3.3	2.1	9.0
20:45	22.1	6.9	13.5	6.5	3.6	7.2	9.0	3.5	1.9	9.0
21:00	21.3	7.0	12.0	7.2	3.6	8.9	9.9	3.9	2.9	8.1
21:15	19.5	7.6	11.5	7.3	3.7	9.3	9.9	5.8	3.0	7.2
21:30	19.7	4.1	12.1	7.2	3.7	9.0	10.2	6.7	2.7	7.8
21:45	17.6	4.9	14.0	6.7	4.1	7.7	8.2	7.3	2.5	7.8
22:00	19.2	10.2	12.8	6.3	4.0	6.2	6.9	7.0	3.0	4.5
22:15	20.0	10.4	12.5	7.5	5.0	6.3	6.3	5.5	3.5	2.8
22:30	16.2	13.1	10.3	10.3	6.1	7.6	4.9	5.4	3.9	3.3
22:45	16.6	12.4	10.8	11.5	6.3	7.7	5.0	5.2	2.9	2.6
23:00	17.7	8.7	10.8	9.7	5.4	6.6	6.3	7.2	4.0	2.7
23:15	18.1	10.3	11.4	8.3	6.2	6.4	5.9	7.5	3.1	2.4
23:30	20.2	8.5	10.6	8.0	4.2	7.2	6.1	9.6	4.2	2.3
23:45	19.4	9.5	9.6	9.9	3.6	7.7	4.2	10.1	3.4	1.9

三十四、鄂尔多斯地区收听率数据

表 2.34.1　鄂尔多斯地区主要电台频率的平均收听率和市场份额

排名	电台名称	平均收听率（%）	市场份额（%）
1	鄂尔多斯交通文体广播	0.70	18.8
2	鄂尔多斯综艺广播	0.62	16.7
3	内蒙古交通之声	0.54	14.6
4	鄂尔多斯汉语新闻综合广播	0.41	11.1
5	中央中国之声	0.37	10.1
6	内蒙古汉语新闻广播	0.36	9.8
7	内蒙古农村牧区绿野之声广播	0.15	4.0
8	内蒙古音乐之声	0.15	3.9
9	内蒙古经济生活广播	0.13	3.5
10	鄂尔多斯蒙语新闻综合广播	0.12	3.2

表 2.34.2　鄂尔多斯地区主要电台频率的周到达率和日到达率

排名	电台名称	周到达率（%）	日到达率（%）
1	鄂尔多斯综艺广播	22.02	12.77
2	鄂尔多斯交通文体广播	16.12	10.81
3	内蒙古交通之声	13.14	8.19
4	鄂尔多斯汉语新闻综合广播	17.31	7.74
5	中央中国之声	16.67	7.01
6	内蒙古汉语新闻广播	11.33	5.04
7	内蒙古音乐之声	12.43	3.66
8	内蒙古农村牧区绿野之声广播	5.11	2.74
9	鄂尔多斯蒙语新闻综合广播	6.15	2.70
10	内蒙古评书曲艺广播	8.20	2.68

表 2.34.3 鄂尔多斯地区主要电台的收听率（%）

时间	鄂尔多斯交通文体广播	鄂尔多斯综艺广播	内蒙古交通之声	鄂尔多斯汉语新闻综合广播	中央中国之声	内蒙古汉语新闻广播	内蒙古农村牧区广播	内蒙古音乐之声	内蒙古经济生活广播	鄂尔多斯蒙语新闻综合广播
6:00	0.42	0.46	0.18	0.24	0.68	0.12	0.05	0.07	0.03	0.00
6:15	0.59	0.59	0.27	0.44	1.19	0.20	0.08	0.09	0.04	0.01
6:30	0.71	0.62	0.41	0.77	1.31	0.39	0.11	0.08	0.04	0.06
6:45	0.87	0.55	0.58	1.01	1.30	0.65	0.13	0.09	0.05	0.07
7:00	1.25	0.53	1.08	1.47	1.12	1.05	0.12	0.15	0.06	0.08
7:15	1.70	0.65	1.21	1.67	0.89	1.39	0.10	0.19	0.06	0.10
7:30	2.18	0.80	1.21	1.73	0.82	1.47	0.10	0.26	0.09	0.12
7:45	2.30	1.14	1.12	1.68	0.73	1.47	0.09	0.31	0.13	0.14
8:00	2.10	1.54	0.98	1.47	0.61	1.41	0.12	0.33	0.17	0.18
8:15	1.98	1.68	0.90	1.25	0.53	1.27	0.15	0.33	0.20	0.19
8:30	1.88	1.67	0.90	1.00	0.56	1.08	0.18	0.31	0.17	0.17
8:45	1.74	1.51	0.91	0.80	0.59	0.86	0.22	0.27	0.15	0.15
9:00	1.65	1.34	0.91	0.63	0.60	0.72	0.25	0.22	0.12	0.12
9:15	1.53	1.16	0.90	0.46	0.57	0.61	0.26	0.18	0.11	0.08
9:30	1.29	0.95	0.83	0.32	0.52	0.46	0.24	0.12	0.12	0.07
9:45	1.08	0.65	0.73	0.25	0.39	0.30	0.21	0.10	0.12	0.07
10:00	0.87	0.52	0.59	0.25	0.27	0.18	0.17	0.07	0.11	0.09
10:15	0.75	0.51	0.45	0.26	0.16	0.18	0.15	0.10	0.10	0.10
10:30	0.46	0.57	0.32	0.34	0.22	0.19	0.18	0.10	0.09	0.10
10:45	0.32	0.65	0.30	0.44	0.22	0.23	0.19	0.15	0.09	0.10
11:00	0.42	0.84	0.39	0.60	0.28	0.35	0.20	0.19	0.10	0.11
11:15	0.62	1.03	0.51	0.60	0.33	0.46	0.20	0.19	0.13	0.12
11:30	0.73	1.24	0.63	0.54	0.46	0.44	0.19	0.18	0.15	0.14
11:45	0.97	1.35	0.81	0.45	0.55	0.31	0.19	0.16	0.21	0.18
12:00	1.16	1.38	0.94	0.30	0.55	0.27	0.19	0.14	0.28	0.19
12:15	1.13	1.34	0.98	0.17	0.42	0.13	0.19	0.10	0.31	0.19
12:30	0.96	1.26	0.94	0.16	0.35	0.12	0.20	0.08	0.29	0.16
12:45	0.86	1.20	0.89	0.23	0.33	0.18	0.21	0.07	0.27	0.15
13:00	0.57	1.18	0.81	0.27	0.35	0.23	0.20	0.08	0.22	0.11
13:15	0.31	1.09	0.72	0.21	0.37	0.19	0.21	0.11	0.20	0.09
13:30	0.21	0.94	0.62	0.15	0.29	0.22	0.19	0.13	0.21	0.07
13:45	0.19	0.69	0.55	0.15	0.15	0.28	0.15	0.16	0.25	0.07
14:00	0.21	0.47	0.47	0.14	0.13	0.35	0.10	0.18	0.32	0.08
14:15	0.28	0.31	0.40	0.19	0.21	0.39	0.08	0.22	0.34	0.10
14:30	0.50	0.34	0.37	0.24	0.25	0.31	0.08	0.26	0.32	0.12
14:45	0.76	0.39	0.34	0.34	0.28	0.22	0.09	0.27	0.28	0.16

时间	鄂尔多斯交通文体广播	鄂尔多斯综艺广播	内蒙古交通之声	鄂尔多斯汉语新闻综合广播	中央中国之声	内蒙古汉语新闻广播	内蒙古农村牧区广播	内蒙古音乐之声	内蒙古经济生活广播	鄂尔多斯蒙语新闻综合广播
15:00	0.86	0.53	0.30	0.49	0.22	0.14	0.12	0.24	0.18	0.17
15:15	0.86	0.58	0.23	0.55	0.15	0.10	0.13	0.23	0.15	0.18
15:30	0.70	0.55	0.19	0.51	0.13	0.11	0.14	0.20	0.16	0.16
15:45	0.56	0.48	0.14	0.48	0.12	0.16	0.15	0.17	0.16	0.14
16:00	0.38	0.38	0.15	0.38	0.16	0.17	0.17	0.14	0.15	0.13
16:15	0.27	0.24	0.18	0.23	0.20	0.24	0.19	0.11	0.13	0.12
16:30	0.32	0.21	0.21	0.17	0.28	0.32	0.20	0.11	0.11	0.11
16:45	0.43	0.26	0.34	0.19	0.36	0.44	0.22	0.09	0.12	0.09
17:00	0.55	0.39	0.45	0.26	0.49	0.47	0.25	0.09	0.11	0.07
17:15	0.83	0.46	0.63	0.42	0.51	0.42	0.28	0.09	0.12	0.06
17:30	0.91	0.51	0.76	0.47	0.41	0.33	0.29	0.11	0.10	0.07
17:45	0.91	0.68	0.89	0.47	0.33	0.24	0.25	0.17	0.07	0.08
18:00	0.76	0.73	0.96	0.47	0.24	0.17	0.18	0.21	0.05	0.08
18:15	0.70	0.79	0.99	0.39	0.32	0.18	0.11	0.24	0.07	0.12
18:30	0.61	0.73	0.95	0.25	0.41	0.23	0.09	0.27	0.09	0.16
18:45	0.46	0.65	0.89	0.19	0.41	0.31	0.07	0.28	0.11	0.17
19:00	0.42	0.51	0.79	0.20	0.42	0.44	0.06	0.26	0.14	0.16
19:15	0.27	0.33	0.65	0.18	0.34	0.49	0.08	0.24	0.16	0.14
19:30	0.26	0.23	0.54	0.14	0.30	0.40	0.09	0.22	0.16	0.12
19:45	0.34	0.24	0.45	0.11	0.22	0.37	0.10	0.19	0.14	0.14
20:00	0.33	0.27	0.29	0.09	0.22	0.26	0.10	0.11	0.11	0.17
20:15	0.25	0.24	0.22	0.17	0.23	0.22	0.09	0.08	0.10	0.21
20:30	0.12	0.17	0.21	0.19	0.23	0.20	0.11	0.08	0.11	0.23
20:45	0.12	0.11	0.25	0.13	0.21	0.17	0.14	0.08	0.09	0.22
21:00	0.18	0.15	0.30	0.10	0.16	0.13	0.21	0.07	0.07	0.19
21:15	0.38	0.17	0.29	0.10	0.13	0.08	0.23	0.07	0.08	0.16
21:30	0.41	0.09	0.22	0.09	0.10	0.07	0.20	0.07	0.08	0.13
21:45	0.33	0.09	0.18	0.09	0.13	0.11	0.17	0.06	0.05	0.10
22:00	0.19	0.17	0.14	0.08	0.17	0.10	0.11	0.05	0.04	0.10
22:15	0.14	0.16	0.15	0.11	0.16	0.06	0.09	0.04	0.04	0.10
22:30	0.09	0.11	0.23	0.14	0.11	0.06	0.07	0.03	0.05	0.10
22:45	0.12	0.08	0.19	0.13	0.09	0.09	0.07	0.02	0.04	0.07
23:00	0.18	0.09	0.11	0.10	0.10	0.07	0.07	0.00	0.03	0.05
23:15	0.17	0.02	0.08	0.08	0.10	0.05	0.07	0.00	0.02	0.04
23:30	0.10	0.01	0.06	0.08	0.06	0.06	0.05	0.00	0.02	0.03
23:45	0.06	0.00	0.04	0.05	0.08	0.04	0.04	0.00	0.02	0.03

表 2.34.4　鄂尔多斯地区主要电台的占有率（%）

时间	鄂尔多斯交通文体广播	鄂尔多斯综艺广播	内蒙古交通之声	鄂尔多斯汉语新闻综合广播	中央中国之声	内蒙古汉语新闻广播	内蒙古农村牧区广播	内蒙古音乐之声	内蒙古经济生活广播	鄂尔多斯蒙语新闻综合广播
6:00	18.2	20.1	7.7	10.4	29.4	5.3	2.2	3.0	1.3	0.0
6:15	16.5	16.7	7.6	12.3	33.5	5.5	2.2	2.4	1.2	0.3
6:30	15.3	13.4	9.0	16.8	28.6	8.4	2.4	1.8	0.8	1.4
6:45	16.0	10.1	10.7	18.6	23.8	12.0	2.4	1.7	0.9	1.3
7:00	17.7	7.5	15.3	20.8	15.9	14.9	1.6	2.1	0.8	1.1
7:15	20.9	8.0	14.9	20.5	11.0	17.1	1.2	2.3	0.7	1.2
7:30	24.2	8.9	13.5	19.3	9.1	16.4	1.1	2.9	1.0	1.3
7:45	24.7	12.3	12.1	18.1	7.8	15.8	1.0	3.3	1.4	1.5
8:00	23.3	17.0	10.8	16.3	6.8	15.6	1.3	3.7	1.9	2.0
8:15	23.1	19.6	10.5	14.6	6.2	14.9	1.7	3.8	2.3	2.2
8:30	23.5	20.9	11.2	12.5	7.0	13.5	2.3	3.9	2.2	2.2
8:45	23.9	20.7	12.5	10.9	8.1	11.9	3.0	3.8	2.1	2.1
9:00	24.7	20.0	13.6	9.4	9.0	10.8	3.7	3.3	1.8	1.8
9:15	25.2	19.0	14.8	7.5	9.4	10.1	4.3	2.9	1.9	1.3
9:30	24.8	18.3	16.0	6.1	10.1	8.8	4.6	2.4	2.3	1.3
9:45	25.7	15.5	17.4	6.0	9.4	7.1	5.0	2.3	2.8	1.7
10:00	26.0	15.3	17.5	7.3	7.9	5.2	5.2	2.2	3.3	2.7
10:15	25.4	17.1	15.1	8.8	5.5	6.0	5.2	3.2	3.5	3.4
10:30	16.8	21.1	11.6	12.6	8.0	6.9	6.6	3.7	3.3	3.8
10:45	11.5	23.2	10.7	15.8	7.9	8.2	6.8	5.3	3.2	3.7
11:00	11.9	23.6	10.9	16.8	7.8	9.8	5.6	5.2	2.9	3.0
11:15	14.5	24.0	12.0	14.0	7.6	10.6	4.5	4.5	3.0	2.9
11:30	15.1	25.7	13.1	11.3	9.5	9.2	4.0	3.8	3.1	2.9
11:45	18.3	25.4	15.2	8.4	10.3	5.9	3.6	3.0	3.9	3.5
12:00	20.9	24.7	17.0	5.5	9.9	4.8	3.4	2.5	5.0	3.5
12:15	22.0	26.2	19.1	3.2	8.3	2.6	3.8	1.9	6.0	3.7
12:30	20.6	27.0	20.0	3.5	7.5	2.5	4.2	1.6	6.2	3.5
12:45	18.8	26.4	19.4	5.1	7.3	4.0	4.5	1.4	5.8	3.2
13:00	13.5	28.1	19.4	6.4	8.4	5.6	4.8	1.8	5.3	2.7
13:15	8.4	29.6	19.7	5.7	10.2	5.3	5.7	2.9	5.4	2.5
13:30	6.5	29.5	19.5	4.8	9.1	7.0	5.9	4.1	6.5	2.3
13:45	6.8	25.1	20.1	5.4	5.4	10.0	5.5	5.7	9.0	2.4
14:00	8.3	18.5	18.7	5.4	5.1	13.7	3.9	7.0	12.6	3.0
14:15	10.5	11.7	15.1	7.0	8.0	14.7	2.9	8.5	13.0	3.8
14:30	17.1	11.5	12.7	8.2	8.7	10.7	2.8	8.7	11.0	4.1
14:45	23.2	12.0	10.3	10.5	8.6	6.7	2.9	8.2	8.7	4.8

时间	鄂尔多斯交通文体广播	鄂尔多斯综艺广播	内蒙古交通之声	鄂尔多斯汉语新闻综合广播	中央中国之声	内蒙古汉语新闻广播	内蒙古农村牧区广播	内蒙古音乐之声	内蒙古经济生活广播	鄂尔多斯蒙语新闻综合广播
15:00	25.3	15.5	8.8	14.3	6.3	4.1	3.5	7.1	5.4	5.1
15:15	26.2	17.8	7.0	16.6	4.5	2.9	3.9	7.0	4.4	5.4
15:30	23.6	18.4	6.5	17.3	4.5	3.7	4.7	6.7	5.3	5.4
15:45	21.1	18.0	5.1	18.0	4.4	6.0	5.5	6.4	6.2	5.3
16:00	16.5	16.2	6.4	16.5	6.9	7.3	7.5	6.0	6.6	5.8
16:15	13.6	12.1	8.9	11.3	9.9	11.8	9.6	5.7	6.4	6.1
16:30	15.1	9.8	9.6	8.0	13.0	14.8	9.3	5.3	5.3	5.1
16:45	16.2	9.7	12.7	7.2	13.7	16.7	8.3	3.6	4.4	3.3
17:00	17.0	12.0	13.8	8.0	15.0	14.4	7.7	2.8	3.5	2.1
17:15	20.8	11.7	15.8	10.5	12.8	10.6	7.0	2.3	2.9	1.5
17:30	21.6	12.1	18.2	11.4	9.9	8.0	6.8	2.6	2.3	1.6
17:45	20.6	15.2	20.1	10.7	7.5	5.4	5.5	3.8	1.6	1.8
18:00	17.2	16.4	21.7	10.6	5.4	3.8	4.1	4.8	1.2	1.7
18:15	15.5	17.5	21.8	8.7	7.0	4.0	2.5	5.4	1.6	2.5
18:30	13.9	16.6	21.8	5.8	9.2	5.2	2.0	6.1	2.0	3.7
18:45	11.4	16.0	21.9	4.7	10.2	7.7	1.7	6.8	2.8	4.1
19:00	11.0	13.6	21.0	5.2	11.1	11.7	1.6	7.0	3.8	4.2
19:15	8.6	10.4	20.7	5.6	10.9	15.6	2.6	7.7	5.2	4.4
19:30	10.0	8.7	20.3	5.2	11.4	15.1	3.4	8.3	5.9	4.5
19:45	14.0	10.0	18.7	4.4	9.0	15.2	3.9	7.8	5.9	5.7
20:00	15.9	13.3	14.2	4.3	10.7	12.7	4.9	5.2	5.5	8.2
20:15	13.3	12.3	11.4	8.8	11.8	11.3	4.6	4.1	5.5	10.8
20:30	6.8	9.6	12.0	11.2	13.2	11.2	6.1	4.3	6.5	13.3
20:45	7.2	6.6	15.8	8.1	13.3	10.4	8.9	5.1	5.8	13.8
21:00	11.0	9.2	18.5	6.5	10.0	8.0	13.2	4.2	4.6	11.8
21:15	22.2	9.6	16.9	5.6	7.6	4.4	13.2	4.0	4.6	9.0
21:30	27.3	5.7	14.6	6.3	6.7	4.3	13.4	4.4	5.1	8.6
21:45	24.1	6.8	12.9	6.5	9.4	7.9	12.5	4.1	3.7	7.1
22:00	15.4	13.9	11.5	7.0	14.3	8.0	8.9	3.8	3.3	8.0
22:15	12.3	14.7	13.7	9.9	14.2	5.5	7.7	3.2	4.0	8.6
22:30	8.3	10.3	22.6	14.0	10.7	6.1	6.9	3.2	4.5	9.4
22:45	13.1	8.7	20.1	13.6	9.8	9.1	7.9	2.2	4.6	7.3
23:00	22.4	10.9	13.1	12.9	12.6	8.6	8.2	0.3	3.9	6.7
23:15	26.7	2.5	12.6	12.2	15.6	8.0	10.8	0.2	3.7	6.8
23:30	21.3	2.7	13.2	15.8	12.8	13.1	11.1	0.4	3.2	5.3
23:45	17.2	0.4	11.9	12.7	21.4	10.7	10.8	0.6	5.2	8.0

表 2.34.5 鄂尔多斯市平均收听率 top30 节目

排名	节目名称	所属频率	播放时间	平均收听率(%)	市场占有率(%)
1	1008 大飞读报	鄂尔多斯交通文体广播	07:30—08:00	1.99	23.5
2	1008 晓乌说事	鄂尔多斯交通文体广播	08:00—08:30	1.82	23.4
3	重播鄂尔多斯新闻联播	鄂尔多斯汉语新闻综合广播	07:20—07:37	1.60	18.7
4	转内蒙台早间新闻联播	鄂尔多斯汉语新闻综合广播	07:00—07:20	1.56	21.1
5	1008 快嘴侃事	鄂尔多斯交通文体广播	08:30—09:00	1.46	22.3
6	1008 评说万象	鄂尔多斯交通文体广播	07:00—07:30	1.38	19.2
7	新闻早高峰	鄂尔多斯汉语新闻综合广播	07:40—08:00	1.36	15.9
8	纵横 118	内蒙古汉语新闻广播	07:20—08:00	1.29	14.6
9	财富黄金档	鄂尔多斯综艺广播	12:00—12:30	1.24	25.9
10	快乐早点到	鄂尔多斯综艺广播	07:30—09:00	1.19	16.4
11	早间新闻联播	内蒙古交通之声	07:00—07:20	1.18	15.9
12	明星魔幻秀	鄂尔多斯综艺广播	12:30—13:00	1.12	27.3
13	新闻和报纸摘要	中央中国之声	06:30—07:00	1.11	21.8
14	新闻和报纸摘要	鄂尔多斯交通文体广播	06:30—07:00	1.10	21.6
15	行风热线	内蒙古汉语新闻广播	08:00—09:00	1.09	13.8
15	973 爱旅行	鄂尔多斯综艺广播	11:30—12:00	1.09	22.9
15	天天向上	内蒙古交通之声	07:20—09:00	1.09	13.1
18	1008 昊星话交通	鄂尔多斯交通文体广播	09:00—10:00	1.05	22.1
19	1008 我爱我家	鄂尔多斯交通文体广播	12:00—13:00	1.02	20.4
20	早间新闻联播	内蒙古汉语新闻广播	07:00—07:20	0.94	12.7
21	973 听书馆	鄂尔多斯综艺广播	13:00—14:00	0.92	24.9
22	1008 车迷俱乐部	鄂尔多斯交通文体广播	17:00—18:00	0.90	21.9
23	转央广新闻和报纸摘要	鄂尔多斯汉语新闻综合广播	06:30—07:00	0.85	16.8
24	快乐正当午	内蒙古交通之声	12:00—13:00	0.84	16.7
25	896 新闻派	鄂尔多斯汉语新闻综合广播	08:00—09:00	0.81	12.3
26	全区新闻联播	内蒙古交通之声	19:00—19:20	0.78	21.2
27	1008 交广有话要说	鄂尔多斯交通文体广播	15:00—16:00	0.77	23.0
28	音乐榜样	鄂尔多斯综艺广播	09:00—10:00	0.74	15.7
28	说房论价	鄂尔多斯综艺广播	11:00—11:30	0.74	19.7
28	花儿朵朵	鄂尔多斯综艺广播	07:00—07:30	0.74	10.4

三十五、大庆地区收听率数据

表 2.35.1 大庆地区主要电台频率的平均收听率和市场份额

排名	电台名称	平均收听率（%）	市场份额（%）
1	大庆交通广播	1.90	22.3
2	大庆音乐广播	1.36	16.0
3	龙广都市女性台	0.75	8.8
4	大庆综合广播	0.73	8.6
5	大庆百湖之声	0.54	6.4
6	大庆长书广播	0.47	5.6
7	龙广交通台	0.15	1.7
8	龙广私家车频道	0.14	1.7
9	龙广新闻台	0.09	1.0
10	中央中国之声	0.01	0.2

表 2.35.2 大庆地区主要电台频率的周到达率和日到达率

排名	电台名称	周到达率（%）	日到达率（%）
1	大庆交通广播	51.81	29.01
2	大庆音乐广播	33.71	19.27
3	大庆综合广播	19.10	12.75
4	龙广都市女性台	16.78	10.23
5	大庆长书广播	14.34	9.31
6	大庆百湖之声	10.57	7.50
7	龙广私家车广播	4.45	3.19
8	龙广交通台	5.72	2.90
9	龙广新闻台	3.02	1.85
10	中央中国之声	0.59	0.30

表 2.35.3 大庆地区主要电台的收听率（%）

时间	大庆交通广播	大庆音乐广播	龙广都市女性台	大庆综合广播	大庆百湖之声	大庆长书广播	龙广交通台	龙广私家车广播	龙广新闻台	中央中国之声
6:00	1.26	0.08	0.07	2.28	0.09	0.25	0.04	0.03	0.02	0.00
6:15	1.67	0.33	0.11	2.60	0.08	0.29	0.04	0.04	0.03	0.01
6:30	1.81	0.33	0.09	2.62	0.10	0.28	0.05	0.06	0.04	0.05
6:45	2.18	0.37	0.09	2.47	0.16	0.23	0.07	0.19	0.09	0.05
7:00	12.55	0.75	0.11	1.12	0.31	0.12	0.36	0.42	0.13	0.03
7:15	13.51	1.02	0.19	1.10	0.45	0.20	0.52	0.52	0.17	0.03
7:30	13.45	1.25	0.23	1.10	0.58	0.25	0.55	0.55	0.18	0.02
7:45	11.93	1.75	0.31	1.44	0.80	0.34	0.53	0.53	0.18	0.04
8:00	5.66	2.76	0.31	2.46	0.92	0.68	0.44	0.48	0.16	0.04
8:15	4.82	3.17	0.28	2.63	0.99	0.74	0.25	0.34	0.10	0.04
8:30	4.53	3.22	0.19	2.54	1.00	0.70	0.15	0.22	0.08	0.04
8:45	4.18	3.13	0.18	2.31	0.95	0.63	0.13	0.17	0.07	0.03
9:00	3.93	2.78	0.19	1.05	0.68	0.40	0.12	0.14	0.07	0.02
9:15	4.01	2.10	0.32	0.76	0.62	0.41	0.11	0.17	0.09	0.01
9:30	3.68	1.88	0.40	0.65	0.55	0.43	0.13	0.19	0.10	0.02
9:45	2.54	1.82	0.40	0.48	0.46	0.36	0.13	0.17	0.12	0.01
10:00	1.21	1.90	0.38	0.56	0.33	0.52	0.15	0.13	0.11	0.02
10:15	1.15	1.98	0.28	0.67	0.28	0.60	0.15	0.10	0.10	0.02
10:30	0.81	2.03	0.21	0.60	0.32	0.60	0.18	0.10	0.07	0.01
10:45	1.24	2.13	0.17	0.69	0.39	0.45	0.18	0.10	0.05	0.02
11:00	1.65	2.36	0.16	0.91	0.62	0.63	0.19	0.17	0.05	0.01
11:15	1.57	2.41	0.16	0.91	0.78	0.75	0.15	0.22	0.05	0.01
11:30	1.24	2.29	0.17	0.81	0.85	0.87	0.12	0.22	0.07	0.02
11:45	0.90	2.03	0.16	0.57	0.84	0.84	0.11	0.21	0.08	0.03
12:00	0.74	1.30	0.14	0.45	0.74	0.53	0.07	0.16	0.09	0.03
12:15	0.88	1.21	0.08	0.46	0.75	0.47	0.07	0.13	0.09	0.04
12:30	0.56	1.04	0.12	0.48	0.78	0.50	0.08	0.12	0.07	0.03
12:45	0.52	1.16	0.12	0.37	0.90	0.79	0.09	0.11	0.06	0.02
13:00	0.45	1.72	0.16	0.26	1.02	1.94	0.11	0.14	0.06	0.02
13:15	0.48	1.80	0.15	0.21	1.05	2.11	0.14	0.14	0.10	0.01
13:30	0.64	1.87	0.17	0.19	1.03	2.10	0.16	0.12	0.12	0.01
13:45	0.64	1.59	0.14	0.24	0.94	1.85	0.16	0.12	0.13	0.01
14:00	0.92	1.07	0.10	0.42	0.62	0.55	0.14	0.09	0.12	0.00
14:15	1.11	0.99	0.08	0.47	0.53	0.37	0.10	0.08	0.10	0.00
14:30	1.03	0.97	0.11	0.42	0.46	0.24	0.09	0.07	0.08	0.00
14:45	0.69	0.86	0.13	0.25	0.42	0.24	0.07	0.06	0.06	0.00

时间	大庆交通广播	大庆音乐广播	龙广都市女性台	大庆综合广播	大庆百湖之声	大庆长书广播	龙广交通台	龙广私家车广播	龙广新闻台	中央中国之声
15:00	0.98	0.76	0.16	0.36	0.40	0.19	0.08	0.08	0.06	0.00
15:15	1.05	0.74	0.17	0.38	0.41	0.29	0.14	0.08	0.05	0.00
15:30	1.05	0.74	0.22	0.35	0.46	0.32	0.16	0.08	0.05	0.00
15:45	0.70	0.76	0.27	0.31	0.48	0.32	0.17	0.06	0.07	0.00
16:00	0.61	0.73	2.16	0.30	0.57	0.38	0.16	0.06	0.08	0.00
16:15	0.61	0.85	2.95	0.33	0.66	0.33	0.11	0.06	0.09	0.00
16:30	0.60	0.90	4.26	0.39	0.72	0.32	0.10	0.05	0.11	0.00
16:45	0.37	0.98	5.72	0.44	0.79	0.25	0.12	0.06	0.13	0.00
17:00	0.54	1.64	6.84	0.65	0.87	0.17	0.20	0.09	0.19	0.01
17:15	1.08	2.24	6.95	0.87	0.91	0.21	0.32	0.13	0.20	0.01
17:30	1.23	2.55	6.92	0.91	0.90	0.29	0.38	0.19	0.21	0.01
17:45	1.43	2.60	6.32	0.81	0.84	0.47	0.38	0.25	0.20	0.02
18:00	1.51	2.40	0.52	0.76	0.71	0.65	0.37	0.24	0.17	0.03
18:15	1.52	1.75	0.35	0.77	0.59	0.74	0.32	0.22	0.14	0.03
18:30	1.26	1.34	0.37	0.69	0.54	0.72	0.18	0.20	0.11	0.04
18:45	0.80	1.15	0.26	0.59	0.51	0.57	0.11	0.17	0.08	0.04
19:00	0.64	1.28	0.18	0.56	0.45	0.28	0.08	0.17	0.07	0.02
19:15	0.88	1.44	0.16	0.56	0.37	0.27	0.06	0.13	0.07	0.02
19:30	1.03	1.49	0.13	0.48	0.35	0.21	0.06	0.11	0.08	0.02
19:45	1.04	1.17	0.16	0.35	0.35	0.23	0.09	0.06	0.09	0.01
20:00	0.77	0.82	0.21	0.32	0.39	0.18	0.10	0.05	0.09	0.01
20:15	0.52	0.75	0.17	0.41	0.51	0.22	0.09	0.06	0.09	0.01
20:30	0.59	0.68	0.16	0.41	0.56	0.23	0.07	0.07	0.08	0.00
20:45	0.76	0.74	0.14	0.32	0.56	0.19	0.04	0.11	0.07	0.00
21:00	0.61	1.02	0.08	0.20	0.50	0.29	0.04	0.12	0.05	0.00
21:15	0.41	1.05	0.08	0.25	0.45	0.40	0.04	0.11	0.04	0.00
21:30	0.45	0.93	0.12	0.28	0.36	0.42	0.07	0.08	0.03	0.00
21:45	0.51	0.62	0.13	0.34	0.31	0.35	0.09	0.05	0.03	0.00
22:00	0.49	0.45	0.12	0.34	0.19	0.25	0.09	0.04	0.03	0.00
22:15	0.45	0.45	0.15	0.25	0.18	0.17	0.07	0.04	0.04	0.00
22:30	0.41	0.61	0.15	0.16	0.17	0.18	0.06	0.06	0.04	0.00
22:45	0.34	0.66	0.14	0.22	0.15	0.17	0.04	0.07	0.04	0.00
23:00	0.32	0.55	0.08	0.20	0.16	0.13	0.03	0.08	0.04	0.00
23:15	0.24	0.52	0.08	0.20	0.13	0.13	0.03	0.06	0.04	0.00
23:30	0.32	0.43	0.07	0.16	0.14	0.11	0.02	0.05	0.04	0.00
23:45	0.26	0.35	0.07	0.18	0.13	0.11	0.02	0.04	0.05	0.00

表 2.35.4　大庆地区主要电台的占有率（%）

时间	大庆交通广播	大庆音乐广播	龙广都市女性台	大庆综合广播	大庆百湖之声	大庆长书广播	龙广交通台	龙广私家车广播	龙广新闻台	中央中国之声
6:00	18.5	1.2	1.1	33.5	1.3	3.6	0.6	0.4	0.3	0.1
6:15	20.1	4.0	1.3	31.3	1.0	3.5	0.5	0.5	0.3	0.1
6:30	21.0	3.8	1.1	30.4	1.1	3.2	0.5	0.7	0.5	0.5
6:45	24.0	4.1	1.0	27.2	1.8	2.5	0.7	2.1	1.0	0.5
7:00	68.9	4.1	0.6	6.2	1.7	0.7	2.0	2.3	0.7	0.2
7:15	66.0	5.0	0.9	5.4	2.2	1.0	2.5	2.6	0.8	0.2
7:30	63.9	5.9	1.1	5.2	2.8	1.2	2.6	2.6	0.9	0.1
7:45	56.1	8.2	1.5	6.8	3.8	1.6	2.5	2.5	0.9	0.2
8:00	30.6	14.9	1.7	13.3	5.0	3.7	2.3	2.6	0.9	0.2
8:15	27.1	17.8	1.6	14.8	5.6	4.2	1.4	1.9	0.6	0.2
8:30	27.2	19.3	1.2	15.3	6.0	4.2	0.9	1.3	0.5	0.2
8:45	27.3	20.4	1.2	15.1	6.2	4.1	0.8	1.1	0.4	0.2
9:00	34.5	24.4	1.6	9.2	6.0	3.5	1.0	1.2	0.6	0.2
9:15	38.2	20.1	3.0	7.2	5.9	3.9	1.0	1.7	0.9	0.1
9:30	37.1	18.9	4.0	6.5	5.5	4.3	1.3	1.9	1.0	0.2
9:45	31.1	22.2	4.9	5.8	5.7	4.4	1.6	2.1	1.4	0.2
10:00	16.9	26.6	5.3	7.8	4.6	7.3	2.1	1.8	1.6	0.2
10:15	15.8	27.4	3.9	9.2	3.9	8.2	2.0	1.4	1.4	0.3
10:30	12.1	30.3	3.1	8.9	4.8	9.0	2.6	1.4	1.0	0.2
10:45	17.5	30.0	2.4	9.8	5.6	6.3	2.6	1.4	0.8	0.2
11:00	18.6	26.7	1.8	10.3	7.0	7.1	2.1	1.9	0.5	0.1
11:15	16.9	26.0	1.8	9.8	8.4	8.1	1.7	2.4	0.5	0.1
11:30	13.8	25.7	1.9	9.1	9.5	9.7	1.3	2.5	0.7	0.2
11:45	11.6	26.1	2.1	7.4	10.8	10.8	1.4	2.7	1.0	0.3
12:00	12.9	22.6	2.4	7.9	12.9	9.2	1.3	2.8	1.6	0.5
12:15	16.0	22.1	1.5	8.4	13.7	8.5	1.2	2.3	1.5	0.7
12:30	10.9	20.0	2.2	9.3	15.0	9.7	1.5	2.3	1.4	0.6
12:45	9.2	20.2	2.1	6.5	15.7	13.7	1.5	2.0	1.1	0.4
13:00	5.2	20.0	1.9	3.1	11.9	22.5	1.3	1.6	0.7	0.3
13:15	5.3	19.9	1.6	2.3	11.6	23.3	1.6	1.5	1.1	0.1
13:30	6.9	20.1	1.8	2.0	11.2	22.6	1.7	1.3	1.3	0.1
13:45	7.6	18.8	1.7	2.8	11.1	21.9	1.9	1.4	1.5	0.1
14:00	16.9	19.4	1.9	7.6	11.3	10.0	2.6	1.7	2.1	0.0
14:15	21.9	19.6	1.6	9.2	10.5	7.2	2.0	1.7	2.1	0.1
14:30	23.0	21.4	2.5	9.4	10.3	5.3	1.9	1.5	1.8	0.0
14:45	19.1	24.0	3.5	7.0	11.7	6.6	1.9	1.7	1.7	0.0

时间	大庆交通广播	大庆音乐广播	龙广都市女性台	大庆综合广播	大庆百湖之声	大庆长书广播	龙广交通台	龙广私家车广播	龙广新闻台	中央中国之声
15:00	24.6	19.1	4.0	8.9	10.0	4.7	2.1	1.9	1.4	0.0
15:15	23.6	16.8	3.9	8.5	9.3	6.5	3.3	1.9	1.1	0.0
15:30	22.8	16.0	4.8	7.7	9.9	7.0	3.5	1.6	1.0	0.0
15:45	16.1	17.6	6.1	7.3	11.2	7.3	4.0	1.4	1.5	0.0
16:00	7.4	8.9	26.4	3.6	7.0	4.7	1.9	0.7	0.9	0.0
16:15	6.2	8.6	29.9	3.4	6.7	3.4	1.1	0.6	0.9	0.0
16:30	4.7	7.1	33.5	3.1	5.7	2.5	0.8	0.4	0.9	0.0
16:45	2.4	6.3	36.7	2.8	5.1	1.6	0.8	0.4	0.8	0.0
17:00	2.8	8.5	35.4	3.4	4.5	0.9	1.0	0.5	1.0	0.0
17:15	5.0	10.4	32.2	4.0	4.2	1.0	1.5	0.6	0.9	0.0
17:30	5.5	11.3	30.7	4.1	4.0	1.3	1.7	0.9	0.9	0.0
17:45	6.6	11.9	29.0	3.7	3.9	2.1	1.8	1.1	0.9	0.1
18:00	14.9	23.8	5.1	7.5	7.1	6.4	3.6	2.4	1.7	0.3
18:15	16.8	19.4	3.9	8.6	6.5	8.2	3.6	2.5	1.5	0.4
18:30	16.3	17.3	4.7	8.9	6.9	9.2	2.3	2.6	1.4	0.5
18:45	13.0	18.8	4.3	9.6	8.4	9.3	1.8	2.8	1.3	0.6
19:00	12.4	25.1	3.5	10.9	8.7	5.4	1.6	3.2	1.4	0.4
19:15	16.7	27.3	3.0	10.6	7.1	5.1	1.2	2.4	1.4	0.5
19:30	20.5	29.5	2.5	9.4	6.9	4.2	1.1	2.2	1.5	0.4
19:45	22.9	25.7	3.4	7.6	7.6	5.1	2.1	1.4	1.9	0.3
20:00	19.7	20.9	5.3	8.3	9.9	4.7	2.6	1.3	2.4	0.2
20:15	13.5	19.4	4.5	10.6	13.2	5.6	2.4	1.5	2.3	0.1
20:30	15.1	17.3	4.2	10.5	14.5	6.0	1.8	1.8	2.1	0.1
20:45	20.0	19.5	3.6	8.4	14.6	5.0	1.1	2.9	1.9	0.1
21:00	16.5	27.7	2.1	5.4	13.6	7.8	1.0	3.3	1.4	0.1
21:15	10.9	28.0	2.1	6.7	11.9	10.6	1.0	3.0	0.9	0.1
21:30	11.9	24.8	3.1	7.4	9.6	11.2	1.9	2.2	0.9	0.1
21:45	14.7	18.2	3.7	9.8	9.1	10.2	2.7	1.6	0.9	0.1
22:00	17.0	15.5	4.2	11.6	6.6	8.7	3.1	1.5	1.0	0.1
22:15	17.9	17.9	6.0	9.8	7.0	6.9	2.8	1.4	1.7	0.0
22:30	16.3	24.5	6.1	6.5	6.8	7.0	2.4	2.4	1.8	0.0
22:45	13.6	25.9	5.4	8.7	6.0	6.9	1.7	2.8	1.7	0.0
23:00	14.8	25.5	3.7	9.3	7.3	6.1	1.5	3.5	2.0	0.0
23:15	12.2	26.6	4.3	10.2	6.9	6.5	1.5	2.8	1.9	0.0
23:30	18.1	24.0	3.9	9.1	7.8	6.0	1.3	2.6	2.2	0.0
23:45	15.8	21.3	4.0	11.0	7.7	6.4	1.1	2.3	2.8	0.0

表 2.35.5　大庆市平均收听率 top30 节目

排名	节目名称	所属频率	播放时间	平均收听率(%)	市场占有率(%)
1	950 早新闻	大庆交通广播	07:00—08:00	12.39	73.7
2	叶文有话要说	龙广都市女性台	16:30—18:00	5.72	51.8
3	四大帮办在行动	大庆交通广播	08:00—09:00	5.41	38.6
4	大凤故事汇	大庆综合广播	08:00—09:00	3.15	22.5
5	女性小说坊	龙广都市女性台	16:00—16:30	2.90	49.7
6	飞周秀	大庆音乐广播	11:00—12:30	2.80	40.1
7	我为歌狂	大庆音乐广播	17:00—18:00	2.55	20.5
8	我爱旅游	大庆音乐广播	08:00—09:00	2.26	17.5
9	1068 非常动听	大庆音乐广播	09:00—09:30	2.20	29.4
10	转播:中央电台《新闻和报纸摘要》	大庆综合广播	06:30—07:00	2.12	39.9
11	三味听书斋	大庆长书广播	13:00—14:00	2.08	31.4
12	老歌听不够	大庆音乐广播	13:00—14:00	1.98	30.0
13	就是爱说房	大庆交通广播	10:45—11:45	1.97	23.5
14	汽车天下	大庆交通广播	09:00—10:30	1.95	32.1
15	转播中央人民广播电台新闻和报纸摘要节目	大庆交通广播	06:30—07:00	1.87	35.1
16	寂寞的哥跟我来	大庆交通广播	15:00—15:45	1.70	37.9
17	手机总动员	大庆音乐广播	10:00—11:00	1.61	29.2
18	音乐传奇	大庆音乐广播	18:00—19:00	1.55	25.8
19	欢乐购	大庆交通广播	10:30—10:45	1.49	28.0
20	大庆新闻（重播）	大庆综合广播	06:00—06:15	1.48	42.8
21	环球乐飞扬	大庆音乐广播	19:00—20:00	1.43	38.2
22	快乐购	大庆音乐广播	09:30—10:00	1.37	23.6
23	大庆早上好	大庆综合广播	07:00—07:45	1.31	7.8
24	海阳现场秀	大庆交通广播	18:00—19:00	1.28	21.2
25	现代书场	大庆长书广播	11:00—12:00	1.23	14.7
26	阳光音乐洒下来	大庆音乐广播	07:00—08:00	1.21	7.2
27	汽车音乐汇	大庆音乐广播	16:00—17:00	1.20	17.0
28	1068 非常动听	大庆音乐广播	20:00—21:00	1.19	35.6
28	时尚秀场	大庆音乐广播	12:30—13:00	1.19	27.5
30	好吃听得见	大庆交通广播	17:00—18:00	1.15	9.3

三十六、江阴地区收听率数据

表 2.36.1　江阴地区主要电台频率的平均收听率和市场份额

排名	电台名称	平均收听率（%）	市场份额（%）
1	江阴汽车广播	1.89	33.1
2	江阴乐活广播	0.76	13.2
3	江苏交通广播网	0.56	9.8
4	江苏新闻综合广播	0.51	8.9
5	无锡汽车音乐频率	0.45	7.8
6	无锡交通广播	0.40	7.0
7	无锡新闻广播	0.22	3.9
8	无锡经济广播	0.14	2.4
9	无锡江南之声广播	0.11	2.0
10	中央中国之声	0.09	1.6

表 2.36.2　江阴地区主要电台频率的周到达率和日到达率

排名	电台名称	周到达率（%）	日到达率（%）
1	江阴汽车广播	15.31	4.83
2	江苏交通广播网	12.78	3.31
3	无锡汽车音乐频率	10.00	2.27
4	江阴乐活广播	10.71	2.21
5	无锡交通广播	9.34	2.14
6	无锡新闻广播	8.93	1.76
7	江苏新闻综合广播	6.89	1.62
8	无锡江南之声广播	11.33	1.53
9	无锡经济广播	9.26	1.34
10	无锡都市生活广播	7.42	0.76

表 2.36.3　江阴地区主要电台的收听率（%）

时间	江阴汽车广播	江阴乐活广播	江苏交通广播网	江苏新闻综合广播	无锡汽车音乐频率	无锡交通广播	无锡新闻广播	无锡经济广播	无锡江南之声广播	中央中国之声
6:00	2.16	0.73	0.67	0.58	0.46	0.36	0.22	0.11	0.05	0.14
6:15	2.20	0.67	0.69	0.60	0.46	0.38	0.24	0.11	0.09	0.12
6:30	2.26	0.69	0.68	0.65	0.46	0.47	0.26	0.11	0.13	0.09
6:45	2.36	0.82	0.84	0.67	0.48	0.48	0.36	0.20	0.23	0.16
7:00	2.40	0.83	0.85	0.66	0.49	0.54	0.39	0.21	0.26	0.21
7:15	2.56	0.84	0.96	0.71	0.48	0.53	0.44	0.24	0.25	0.17
7:30	2.66	0.94	0.97	0.76	0.53	0.61	0.47	0.25	0.30	0.21
7:45	2.64	1.04	1.02	0.72	0.53	0.64	0.56	0.23	0.30	0.19
8:00	2.65	1.04	0.96	0.73	0.58	0.69	0.50	0.28	0.31	0.18
8:15	2.58	1.04	0.92	0.71	0.52	0.69	0.49	0.20	0.33	0.16
8:30	2.53	1.02	0.85	0.69	0.50	0.69	0.41	0.20	0.31	0.14
8:45	2.54	1.01	0.70	0.65	0.50	0.60	0.34	0.22	0.26	0.10
9:00	2.46	1.03	0.60	0.59	0.48	0.46	0.33	0.19	0.23	0.10
9:15	2.46	0.98	0.60	0.54	0.47	0.45	0.30	0.16	0.19	0.11
9:30	2.42	0.93	0.58	0.53	0.46	0.36	0.27	0.15	0.15	0.08
9:45	2.36	0.86	0.56	0.58	0.45	0.44	0.22	0.13	0.11	0.06
10:00	2.35	0.78	0.50	0.58	0.47	0.40	0.19	0.15	0.10	0.07
10:15	2.30	0.75	0.48	0.60	0.48	0.38	0.18	0.14	0.08	0.07
10:30	2.24	0.78	0.46	0.58	0.46	0.36	0.15	0.17	0.08	0.07
10:45	2.10	0.79	0.47	0.55	0.42	0.41	0.15	0.15	0.08	0.11
11:00	2.15	0.79	0.50	0.53	0.44	0.35	0.15	0.14	0.07	0.10
11:15	2.12	0.74	0.54	0.52	0.46	0.35	0.15	0.12	0.08	0.09
11:30	2.16	0.73	0.50	0.48	0.41	0.35	0.16	0.13	0.06	0.09
11:45	2.11	0.71	0.57	0.48	0.42	0.33	0.17	0.17	0.07	0.11
12:00	2.11	0.76	0.50	0.44	0.42	0.30	0.19	0.15	0.07	0.11
12:15	2.07	0.70	0.53	0.44	0.45	0.30	0.16	0.14	0.07	0.08
12:30	2.07	0.66	0.48	0.43	0.45	0.29	0.16	0.15	0.07	0.09
12:45	2.01	0.67	0.54	0.45	0.44	0.34	0.17	0.15	0.10	0.08
13:00	1.95	0.73	0.54	0.44	0.44	0.33	0.17	0.17	0.08	0.09
13:15	1.85	0.75	0.55	0.50	0.43	0.32	0.16	0.17	0.09	0.09
13:30	1.74	0.73	0.53	0.54	0.44	0.34	0.17	0.14	0.11	0.10
13:45	1.72	0.68	0.55	0.45	0.42	0.38	0.17	0.15	0.10	0.10
14:00	1.69	0.67	0.52	0.42	0.44	0.38	0.14	0.14	0.10	0.08
14:15	1.75	0.72	0.48	0.36	0.47	0.35	0.14	0.16	0.10	0.07
14:30	1.74	0.70	0.52	0.37	0.48	0.40	0.13	0.14	0.08	0.07
14:45	1.66	0.71	0.56	0.35	0.47	0.44	0.15	0.13	0.06	0.07

时间	江阴汽车广播	江阴乐活广播	江苏交通广播网	江苏新闻综合广播	无锡汽车音乐频率	无锡交通广播	无锡新闻广播	无锡经济广播	无锡江南之声广播	中央中国之声
15:00	1.60	0.73	0.55	0.37	0.51	0.42	0.13	0.12	0.06	0.07
15:15	1.65	0.82	0.55	0.35	0.54	0.46	0.13	0.13	0.06	0.06
15:30	1.62	0.88	0.57	0.39	0.50	0.49	0.19	0.13	0.05	0.08
15:45	1.74	0.89	0.61	0.39	0.47	0.53	0.20	0.14	0.04	0.06
16:00	1.81	0.87	0.58	0.49	0.50	0.54	0.17	0.13	0.04	0.07
16:15	1.91	0.91	0.59	0.52	0.51	0.57	0.19	0.13	0.04	0.05
16:30	1.95	0.90	0.60	0.58	0.44	0.56	0.24	0.14	0.07	0.07
16:45	2.09	0.91	0.61	0.53	0.49	0.50	0.28	0.15	0.11	0.08
17:00	2.15	0.90	0.59	0.53	0.51	0.48	0.32	0.14	0.13	0.09
17:15	2.37	0.94	0.62	0.51	0.57	0.50	0.34	0.14	0.16	0.09
17:30	2.24	0.91	0.58	0.47	0.61	0.51	0.34	0.14	0.20	0.10
17:45	2.23	0.88	0.61	0.54	0.61	0.51	0.35	0.13	0.25	0.09
18:00	2.02	0.88	0.56	0.51	0.59	0.49	0.33	0.15	0.24	0.10
18:15	1.84	0.82	0.56	0.49	0.53	0.48	0.32	0.14	0.22	0.12
18:30	1.73	0.79	0.60	0.48	0.49	0.42	0.30	0.12	0.17	0.11
18:45	1.61	0.79	0.53	0.48	0.49	0.36	0.30	0.13	0.14	0.10
19:00	1.53	0.72	0.51	0.45	0.47	0.37	0.22	0.11	0.11	0.11
19:15	1.47	0.75	0.52	0.44	0.44	0.32	0.19	0.12	0.09	0.06
19:30	1.52	0.69	0.46	0.48	0.42	0.28	0.19	0.13	0.06	0.06
19:45	1.47	0.68	0.43	0.50	0.47	0.32	0.19	0.11	0.06	0.07
20:00	1.41	0.61	0.42	0.48	0.46	0.30	0.18	0.10	0.06	0.08
20:15	1.32	0.63	0.43	0.46	0.48	0.31	0.15	0.10	0.04	0.08
20:30	1.36	0.60	0.40	0.52	0.42	0.29	0.13	0.10	0.05	0.06
20:45	1.38	0.60	0.42	0.48	0.38	0.31	0.14	0.11	0.04	0.05
21:00	1.46	0.59	0.47	0.48	0.38	0.30	0.14	0.12	0.04	0.04
21:15	1.41	0.61	0.44	0.49	0.41	0.29	0.15	0.11	0.03	0.04
21:30	1.34	0.62	0.44	0.52	0.37	0.29	0.16	0.08	0.03	0.04
21:45	1.30	0.61	0.46	0.50	0.37	0.24	0.15	0.08	0.03	0.05
22:00	1.27	0.60	0.44	0.47	0.37	0.28	0.13	0.08	0.02	0.05
22:15	1.31	0.58	0.46	0.49	0.37	0.25	0.12	0.09	0.03	0.06
22:30	1.34	0.56	0.43	0.44	0.33	0.26	0.13	0.06	0.04	0.06
22:45	1.30	0.52	0.44	0.48	0.29	0.27	0.14	0.06	0.05	0.07
23:00	1.22	0.47	0.39	0.43	0.26	0.28	0.16	0.06	0.05	0.05
23:15	1.18	0.48	0.39	0.43	0.22	0.23	0.14	0.07	0.06	0.05
23:30	1.13	0.42	0.31	0.37	0.14	0.23	0.14	0.07	0.04	0.05
23:45	0.98	0.33	0.22	0.38	0.11	0.21	0.11	0.08	0.04	0.04

表 2.36.4 江阴地区主要电台的占有率（%）

时间	江阴汽车广播	江阴乐活广播	江苏交通广播网	江苏新闻综合广播	无锡汽车音乐频率	无锡交通广播	无锡新闻广播	无锡经济广播	无锡江南之声广播	中央中国之声
6:00	37.2	12.6	11.5	9.9	7.8	6.3	3.7	1.9	0.8	2.4
6:15	37.5	11.5	11.8	10.2	7.8	6.4	4.0	1.8	1.6	2.0
6:30	37.0	11.3	11.1	10.6	7.5	7.6	4.3	1.9	2.2	1.5
6:45	34.0	11.8	12.1	9.6	7.0	6.9	5.3	2.9	3.3	2.3
7:00	33.4	11.6	11.8	9.2	6.8	7.5	5.5	2.9	3.7	3.0
7:15	33.8	11.1	12.7	9.3	6.4	7.0	5.8	3.2	3.3	2.3
7:30	32.8	11.6	11.9	9.4	6.5	7.6	5.8	3.1	3.7	2.6
7:45	31.8	12.6	12.3	8.6	6.4	7.7	6.8	2.8	3.6	2.3
8:00	31.9	12.5	11.5	8.8	7.0	8.3	6.1	3.3	3.8	2.2
8:15	32.2	12.9	11.4	8.9	6.5	8.6	6.1	2.5	4.1	2.0
8:30	32.8	13.3	10.9	8.9	6.5	9.0	5.4	2.6	4.0	1.8
8:45	35.0	13.9	9.6	8.9	6.9	8.3	4.7	3.0	3.6	1.4
9:00	36.2	15.1	8.9	8.7	7.0	6.8	4.8	2.7	3.4	1.4
9:15	37.3	14.9	9.1	8.2	7.1	6.9	4.5	2.4	2.8	1.7
9:30	38.9	14.9	9.2	8.5	7.5	5.8	4.3	2.3	2.4	1.3
9:45	38.7	14.1	9.3	9.5	7.4	7.3	3.6	2.1	1.8	1.0
10:00	39.8	13.3	8.4	9.9	7.9	6.9	3.2	2.5	1.6	1.2
10:15	39.8	12.9	8.3	10.3	8.4	6.6	3.1	2.4	1.3	1.2
10:30	39.6	13.8	8.2	10.2	8.0	6.4	2.7	3.1	1.4	1.3
10:45	38.1	14.4	8.6	10.0	7.7	7.4	2.7	2.7	1.4	1.9
11:00	39.1	14.4	9.1	9.7	8.0	6.4	2.7	2.5	1.2	1.8
11:15	38.9	13.6	9.9	9.6	8.5	6.4	2.7	2.2	1.4	1.7
11:30	40.3	13.7	9.3	9.0	7.6	6.4	3.1	2.3	1.1	1.8
11:45	39.0	13.0	10.5	8.8	7.7	6.2	3.1	3.1	1.4	2.0
12:00	39.4	14.1	9.3	8.2	7.8	5.6	3.5	2.7	1.3	2.1
12:15	39.4	13.2	10.1	8.4	8.6	5.7	3.1	2.6	1.4	1.6
12:30	40.2	12.7	9.3	8.3	8.7	5.6	3.2	3.0	1.4	1.7
12:45	38.5	12.8	10.3	8.6	8.3	6.5	3.2	2.9	1.8	1.5
13:00	37.3	14.1	10.4	8.3	8.5	6.3	3.2	3.2	1.6	1.7
13:15	35.7	14.4	10.7	9.7	8.3	6.2	3.0	3.3	1.8	1.7
13:30	33.9	14.1	10.4	10.5	8.5	6.6	3.3	2.7	2.1	1.9
13:45	34.3	13.6	11.0	9.0	8.4	7.5	3.4	3.1	2.0	1.9
14:00	34.5	13.8	10.7	8.7	9.1	7.7	2.8	2.9	2.0	1.6
14:15	35.8	14.6	9.7	7.3	9.6	7.1	2.8	3.3	2.0	1.4
14:30	35.3	14.2	10.6	7.6	9.7	8.1	2.6	2.9	1.7	1.3
14:45	33.9	14.5	11.5	7.1	9.6	9.0	3.1	2.7	1.2	1.4

时间	江阴汽车广播	江阴乐活广播	江苏交通广播网	江苏新闻综合广播	无锡汽车音乐频率	无锡交通广播	无锡新闻广播	无锡经济广播	无锡江南之声广播	中央中国之声
15:00	33.0	15.0	11.4	7.6	10.5	8.8	2.6	2.5	1.3	1.4
15:15	32.6	16.3	10.9	6.9	10.6	9.1	2.5	2.6	1.3	1.3
15:30	31.3	17.0	11.1	7.5	9.7	9.5	3.6	2.5	1.1	1.4
15:45	32.5	16.7	11.5	7.2	8.8	9.9	3.7	2.6	0.7	1.1
16:00	32.8	15.8	10.6	8.8	9.0	9.7	3.1	2.4	0.8	1.2
16:15	33.5	16.0	10.4	9.2	8.9	10.0	3.4	2.3	0.7	1.0
16:30	33.4	15.5	10.2	9.9	7.5	9.7	4.2	2.5	1.2	1.2
16:45	34.5	15.0	10.0	8.8	8.0	8.3	4.6	2.4	1.9	1.3
17:00	35.0	14.7	9.7	8.7	8.4	7.9	5.1	2.3	2.1	1.5
17:15	36.2	14.4	9.5	7.9	8.7	7.6	5.2	2.2	2.4	1.4
17:30	34.9	14.2	9.0	7.3	9.5	7.9	5.2	2.2	3.1	1.5
17:45	33.9	13.4	9.2	8.2	9.3	7.7	5.3	2.0	3.9	1.3
18:00	32.4	14.1	9.0	8.2	9.5	7.9	5.3	2.4	3.8	1.6
18:15	31.3	14.0	9.6	8.3	9.1	8.3	5.5	2.5	3.7	2.1
18:30	31.5	14.3	10.9	8.7	9.0	7.6	5.4	2.2	3.1	2.0
18:45	31.0	15.1	10.2	9.1	9.4	6.9	5.7	2.5	2.7	1.9
19:00	31.4	14.8	10.5	9.2	9.7	7.7	4.5	2.2	2.2	2.2
19:15	31.4	16.0	11.1	9.5	9.3	6.9	4.1	2.5	1.9	1.4
19:30	33.3	15.0	10.2	10.5	9.2	6.1	4.1	2.9	1.3	1.3
19:45	31.8	14.8	9.3	10.8	10.2	7.0	4.1	2.5	1.3	1.6
20:00	31.9	13.8	9.4	10.9	10.5	6.7	4.1	2.3	1.3	1.8
20:15	30.7	14.5	10.0	10.6	11.1	7.2	3.6	2.3	0.9	1.8
20:30	32.2	14.2	9.3	12.3	9.9	6.8	3.2	2.3	1.2	1.5
20:45	32.8	14.3	9.9	11.5	9.1	7.4	3.3	2.6	0.9	1.1
21:00	33.6	13.7	10.7	11.1	8.8	6.8	3.2	2.7	1.0	1.0
21:15	32.7	14.1	10.3	11.4	9.5	6.7	3.6	2.6	0.7	1.0
21:30	31.8	14.8	10.4	12.3	8.7	6.9	3.7	1.9	0.6	1.0
21:45	31.2	14.6	11.0	12.1	8.9	5.7	3.6	2.0	0.7	1.3
22:00	31.5	14.8	10.8	11.7	9.2	6.9	3.3	1.9	0.6	1.3
22:15	32.0	14.3	11.3	11.9	9.1	6.1	3.0	2.1	0.8	1.4
22:30	33.8	14.2	10.8	11.1	8.3	6.6	3.3	1.6	1.0	1.4
22:45	33.1	13.3	11.2	12.1	7.5	6.8	3.7	1.5	1.2	1.7
23:00	33.1	12.7	10.6	11.7	6.9	7.7	4.5	1.5	1.4	1.4
23:15	33.1	13.4	10.9	12.0	6.1	6.5	4.0	1.8	1.7	1.4
23:30	35.7	13.3	9.8	11.6	4.4	7.2	4.3	2.2	1.3	1.7
23:45	35.5	11.8	7.8	13.8	4.1	7.4	4.0	2.8	1.6	1.4

三十七、徐州地区收听率数据

表 2.37.1　徐州地区主要电台频率的平均收听率和市场份额

排名	电台名称	平均收听率（%）	市场份额（%）
1	徐州交通广播	1.71	30.0
2	徐州新闻广播	1.57	27.5
3	徐州调频 916	0.88	15.5
4	徐州文艺广播	0.59	10.4
5	江苏交通广播网	0.30	5.3
6	徐州私家车广播	0.17	3.0
7	江苏新闻广播	0.16	2.8
8	中央中国之声	0.13	2.2
9	江苏新闻综合广播	0.06	1.1
10	徐州经典 942	0.04	0.8

表 2.37.2　徐州地区主要电台频率的周到达率和日到达率

排名	电台名称	周到达率（%）	日到达率（%）
1	徐州交通广播	32.35	17.93
2	徐州新闻广播	28.26	16.87
3	徐州调频 916	19.07	14.00
4	徐州文艺广播	17.30	11.53
5	江苏交通广播网	11.78	7.76
6	江苏新闻广播	10.13	5.49
7	中央中国之声	8.05	3.99
8	江苏新闻综合广播	6.89	2.63
9	徐州经典 942	5.07	1.78
10	中央经济之声	4.90	1.23

表 2.37.3 徐州地区主要电台的收听率（%）

时间	徐州交通广播	徐州新闻广播	徐州调频916	徐州文艺广播	江苏交通广播网	徐州私家车广播	江苏新闻广播	中央中国之声	江苏新闻综合广播	徐州经典942
6:00	0.39	0.49	0.20	0.17	0.07	0.03	0.04	0.03	0.01	0.00
6:15	0.45	0.63	0.27	0.24	0.09	0.03	0.04	0.04	0.01	0.00
6:30	0.74	0.97	0.35	0.27	0.13	0.07	0.09	0.06	0.03	0.01
6:45	0.94	1.16	0.46	0.45	0.17	0.07	0.10	0.07	0.04	0.02
7:00	2.12	2.19	0.70	0.65	0.29	0.16	0.16	0.12	0.09	0.03
7:15	2.48	2.48	0.76	0.78	0.37	0.16	0.20	0.16	0.10	0.05
7:30	2.50	2.53	0.98	0.91	0.50	0.31	0.26	0.19	0.12	0.06
7:45	2.68	2.59	1.17	1.01	0.55	0.32	0.29	0.26	0.16	0.07
8:00	3.50	3.43	1.61	1.15	0.62	0.36	0.34	0.30	0.17	0.10
8:15	3.58	3.47	1.70	1.14	0.62	0.36	0.35	0.31	0.18	0.11
8:30	3.45	3.26	1.65	1.02	0.58	0.36	0.34	0.30	0.17	0.11
8:45	3.06	2.87	1.42	0.89	0.51	0.33	0.30	0.26	0.14	0.11
9:00	2.58	2.14	1.09	0.71	0.41	0.31	0.25	0.21	0.12	0.09
9:15	2.25	2.01	0.97	0.62	0.33	0.30	0.22	0.19	0.09	0.08
9:30	2.07	1.66	0.83	0.60	0.32	0.20	0.19	0.17	0.07	0.07
9:45	1.85	1.49	0.82	0.53	0.30	0.18	0.16	0.13	0.07	0.06
10:00	1.67	1.62	0.99	0.70	0.32	0.18	0.15	0.11	0.06	0.04
10:15	1.65	1.44	1.04	0.74	0.31	0.08	0.13	0.09	0.06	0.04
10:30	1.64	1.48	1.11	0.78	0.31	0.09	0.13	0.11	0.06	0.03
10:45	1.55	1.34	1.12	0.77	0.29	0.16	0.12	0.13	0.06	0.04
11:00	1.48	1.45	0.99	0.65	0.28	0.16	0.12	0.16	0.06	0.04
11:15	1.74	1.46	0.94	0.57	0.29	0.21	0.14	0.17	0.05	0.04
11:30	1.94	1.67	0.91	0.54	0.35	0.22	0.16	0.17	0.06	0.05
11:45	2.29	1.77	1.02	0.53	0.39	0.21	0.18	0.16	0.07	0.06
12:00	2.46	2.01	1.18	0.73	0.42	0.17	0.19	0.14	0.07	0.06
12:15	2.53	2.11	1.25	0.82	0.42	0.17	0.20	0.13	0.08	0.06
12:30	2.37	1.97	1.28	0.85	0.40	0.16	0.21	0.11	0.08	0.05
12:45	2.23	1.90	1.22	0.82	0.35	0.15	0.19	0.10	0.08	0.05
13:00	1.78	1.71	1.11	0.77	0.28	0.08	0.18	0.10	0.08	0.03
13:15	1.55	1.69	0.98	0.72	0.24	0.07	0.17	0.10	0.07	0.03
13:30	1.43	1.50	0.89	0.62	0.21	0.10	0.16	0.09	0.06	0.03
13:45	1.57	1.50	0.82	0.54	0.21	0.11	0.15	0.09	0.05	0.02
14:00	1.59	1.38	0.85	0.52	0.23	0.10	0.15	0.10	0.04	0.02
14:15	1.53	1.33	0.85	0.54	0.24	0.08	0.16	0.09	0.03	0.03
14:30	1.40	1.21	0.81	0.53	0.24	0.05	0.15	0.10	0.03	0.03
14:45	1.35	1.17	0.77	0.48	0.22	0.07	0.14	0.09	0.03	0.03

时间	徐州交通广播	徐州新闻广播	徐州调频916	徐州文艺广播	江苏交通广播网	徐州私家车广播	江苏新闻广播	中央中国之声	江苏新闻综合广播	徐州经典942
15:00	1.24	1.23	0.77	0.47	0.20	0.10	0.14	0.09	0.04	0.03
15:15	1.20	1.16	0.76	0.41	0.19	0.09	0.14	0.08	0.05	0.04
15:30	1.13	1.16	0.77	0.39	0.19	0.06	0.13	0.09	0.04	0.04
15:45	1.19	1.19	0.81	0.37	0.21	0.07	0.11	0.08	0.05	0.03
16:00	1.19	1.37	0.73	0.39	0.20	0.11	0.11	0.08	0.04	0.03
16:15	1.39	1.35	0.65	0.41	0.20	0.11	0.10	0.08	0.04	0.02
16:30	1.33	1.56	0.60	0.42	0.23	0.10	0.10	0.08	0.04	0.03
16:45	1.50	1.57	0.70	0.44	0.26	0.18	0.14	0.10	0.04	0.04
17:00	1.71	1.74	0.80	0.62	0.36	0.17	0.16	0.11	0.05	0.04
17:15	2.10	2.07	1.03	0.68	0.40	0.29	0.17	0.13	0.07	0.05
17:30	2.39	2.45	1.12	0.80	0.45	0.29	0.22	0.16	0.08	0.06
17:45	2.91	2.72	1.32	1.04	0.55	0.38	0.26	0.20	0.10	0.07
18:00	3.37	2.79	1.55	1.15	0.58	0.39	0.32	0.23	0.13	0.08
18:15	3.50	2.70	1.60	1.17	0.58	0.40	0.32	0.24	0.14	0.08
18:30	3.38	2.34	1.52	1.10	0.53	0.37	0.31	0.23	0.14	0.08
18:45	2.99	2.00	1.30	0.89	0.46	0.36	0.26	0.21	0.11	0.07
19:00	2.34	1.46	1.01	0.75	0.38	0.35	0.23	0.14	0.08	0.06
19:15	2.10	1.27	0.85	0.69	0.32	0.27	0.19	0.11	0.06	0.06
19:30	1.59	1.16	0.71	0.53	0.28	0.26	0.16	0.10	0.04	0.04
19:45	1.34	1.02	0.57	0.41	0.24	0.13	0.14	0.09	0.04	0.03
20:00	1.15	0.93	0.56	0.36	0.20	0.09	0.13	0.08	0.04	0.02
20:15	0.82	0.93	0.59	0.38	0.19	0.11	0.10	0.08	0.04	0.02
20:30	0.82	0.98	0.61	0.41	0.18	0.14	0.10	0.09	0.04	0.02
20:45	0.93	1.00	0.68	0.43	0.23	0.14	0.09	0.11	0.05	0.03
21:00	1.03	1.09	0.80	0.42	0.26	0.14	0.11	0.11	0.05	0.04
21:15	1.04	1.16	0.83	0.48	0.27	0.11	0.12	0.10	0.05	0.04
21:30	1.08	1.12	0.81	0.44	0.26	0.10	0.13	0.10	0.05	0.03
21:45	0.95	1.01	0.74	0.41	0.23	0.06	0.12	0.09	0.04	0.02
22:00	0.93	0.91	0.63	0.36	0.17	0.06	0.09	0.08	0.03	0.03
22:15	0.86	0.79	0.60	0.34	0.15	0.09	0.08	0.07	0.02	0.03
22:30	0.70	0.80	0.53	0.28	0.16	0.08	0.08	0.07	0.02	0.02
22:45	0.63	0.73	0.51	0.23	0.16	0.07	0.08	0.06	0.02	0.02
23:00	0.55	0.54	0.43	0.22	0.13	0.08	0.07	0.05	0.02	0.02
23:15	0.48	0.54	0.37	0.20	0.12	0.06	0.06	0.05	0.02	0.02
23:30	0.42	0.48	0.36	0.18	0.11	0.05	0.05	0.04	0.02	0.02
23:45	0.38	0.40	0.31	0.15	0.09	0.04	0.04	0.03	0.01	0.01

表 2.37.4　徐州地区主要电台的占有率（%）

时间	徐州交通广播	徐州新闻广播	徐州调频916	徐州文艺广播	江苏交通广播网	徐州私家车广播	江苏新闻广播	中央中国之声	江苏新闻综合广播	徐州经典942
6:00	26.9	34.2	14.1	12.2	4.7	2.4	2.5	2.2	0.6	0.1
6:15	24.8	34.8	14.8	12.9	4.7	1.8	2.4	2.3	0.7	0.2
6:30	27.1	35.5	12.7	10.0	4.8	2.6	3.2	2.3	1.0	0.3
6:45	26.8	33.0	13.0	12.8	5.0	2.0	2.8	2.1	1.2	0.7
7:00	32.3	33.4	10.6	9.9	4.4	2.4	2.4	1.9	1.3	0.4
7:15	32.6	32.5	10.0	10.2	4.8	2.1	2.6	2.1	1.3	0.6
7:30	29.5	29.9	11.5	10.7	5.9	3.6	3.1	2.2	1.5	0.7
7:45	28.9	28.0	12.7	10.9	5.9	3.4	3.2	2.8	1.7	0.8
8:00	29.7	29.1	13.6	9.7	5.2	3.0	2.9	2.6	1.5	0.8
8:15	29.7	28.9	14.1	9.4	5.1	3.0	2.9	2.6	1.5	0.9
8:30	30.1	28.5	14.4	8.9	5.1	3.1	2.9	2.6	1.5	1.0
8:45	30.4	28.5	14.1	8.8	5.1	3.3	3.0	2.6	1.4	1.0
9:00	32.1	26.6	13.6	8.8	5.0	3.8	3.2	2.6	1.4	1.1
9:15	31.3	28.0	13.5	8.6	4.6	4.2	3.0	2.7	1.3	1.2
9:30	33.0	26.4	13.3	9.5	5.1	3.1	3.1	2.7	1.2	1.2
9:45	32.7	26.3	14.5	9.4	5.3	3.2	2.8	2.2	1.2	1.0
10:00	28.2	27.4	16.8	11.8	5.4	3.0	2.5	1.9	1.1	0.7
10:15	29.2	25.5	18.4	13.2	5.4	1.5	2.2	1.7	1.0	0.7
10:30	28.1	25.4	19.1	13.4	5.4	1.6	2.3	2.0	1.1	0.5
10:45	27.4	23.7	19.7	13.6	5.1	2.9	2.1	2.4	1.1	0.6
11:00	27.0	26.4	18.0	11.8	5.1	3.0	2.2	2.9	1.1	0.7
11:15	30.3	25.5	16.5	9.9	5.1	3.7	2.4	3.0	0.9	0.8
11:30	31.4	27.0	14.7	8.7	5.7	3.5	2.5	2.8	1.0	0.8
11:45	33.8	26.1	15.1	7.9	5.7	3.0	2.7	2.3	1.0	0.8
12:00	32.7	26.7	15.7	9.7	5.6	2.2	2.5	1.8	1.0	0.8
12:15	32.2	27.0	15.9	10.5	5.3	2.1	2.5	1.6	1.0	0.7
12:30	31.3	26.0	16.9	11.3	5.3	2.2	2.7	1.5	1.1	0.7
12:45	31.1	26.5	17.0	11.5	5.0	2.2	2.6	1.4	1.2	0.6
13:00	28.7	27.6	17.8	12.4	4.5	1.3	2.9	1.6	1.3	0.6
13:15	27.1	29.6	17.2	12.6	4.2	1.3	2.9	1.7	1.3	0.6
13:30	27.7	29.0	17.1	11.9	4.0	2.0	3.1	1.8	1.1	0.5
13:45	30.6	29.2	16.0	10.5	4.0	2.1	2.9	1.8	1.0	0.4
14:00	31.5	27.4	16.8	10.2	4.5	2.0	3.1	1.9	0.8	0.4
14:15	31.0	26.9	17.1	10.9	4.9	1.6	3.2	1.9	0.6	0.5
14:30	30.4	26.4	17.6	11.6	5.2	1.2	3.3	2.1	0.6	0.6
14:45	30.8	26.5	17.5	10.9	5.1	1.6	3.2	2.0	0.7	0.6

时间	徐州交通广播	徐州新闻广播	徐州调频916	徐州文艺广播	江苏交通广播网	徐州私家车广播	江苏新闻广播	中央中国之声	江苏新闻综合广播	徐州经典942
15:00	28.7	28.3	17.7	10.8	4.5	2.3	3.3	2.0	0.9	0.7
15:15	29.0	28.0	18.5	9.9	4.7	2.1	3.3	2.0	1.2	0.9
15:30	28.1	28.8	19.0	9.7	4.8	1.6	3.3	2.1	1.1	0.9
15:45	28.8	28.8	19.4	8.8	5.0	1.7	2.7	2.0	1.2	0.8
16:00	27.7	32.0	16.9	9.1	4.7	2.6	2.6	1.8	1.0	0.6
16:15	31.6	30.6	14.8	9.3	4.6	2.5	2.2	1.8	0.9	0.5
16:30	29.3	34.3	13.3	9.3	5.0	2.2	2.3	1.8	0.9	0.6
16:45	30.0	31.3	13.9	8.7	5.1	3.5	2.7	2.1	0.8	0.8
17:00	29.4	29.9	13.7	10.6	6.1	3.0	2.7	2.0	0.8	0.7
17:15	29.7	29.3	14.6	9.6	5.7	4.1	2.4	1.9	0.9	0.7
17:30	29.4	30.2	13.8	9.9	5.6	3.6	2.7	1.9	1.0	0.7
17:45	30.1	28.1	13.7	10.8	5.7	3.9	2.7	2.0	1.1	0.7
18:00	31.3	26.0	14.4	10.7	5.4	3.6	3.0	2.2	1.2	0.7
18:15	32.1	24.8	14.7	10.7	5.3	3.6	3.0	2.2	1.3	0.8
18:30	33.3	23.0	15.0	10.9	5.2	3.7	3.0	2.3	1.4	0.8
18:45	34.1	22.8	14.8	10.2	5.2	4.1	3.0	2.3	1.2	0.8
19:00	34.0	21.2	14.7	10.8	5.6	5.1	3.3	2.0	1.1	0.9
19:15	35.0	21.2	14.2	11.6	5.4	4.4	3.2	1.9	1.0	0.9
19:30	32.2	23.6	14.4	10.8	5.6	5.4	3.2	2.0	0.9	0.8
19:45	33.0	25.0	14.1	10.1	6.0	3.2	3.5	2.1	1.0	0.8
20:00	32.0	25.8	15.5	10.0	5.4	2.6	3.6	2.1	1.1	0.6
20:15	24.9	28.2	18.0	11.5	5.7	3.3	3.1	2.4	1.1	0.7
20:30	24.1	28.5	17.8	11.8	5.2	4.1	2.8	2.7	1.2	0.7
20:45	24.9	26.9	18.1	11.6	6.1	3.8	2.5	2.9	1.3	0.8
21:00	25.0	26.6	19.5	10.2	6.4	3.5	2.6	2.6	1.3	0.9
21:15	24.3	27.1	19.4	11.3	6.4	2.7	2.9	2.3	1.2	0.9
21:30	25.8	26.9	19.5	10.6	6.2	2.4	3.0	2.5	1.1	0.8
21:45	25.6	27.3	20.0	11.0	6.1	1.6	3.2	2.4	1.0	0.7
22:00	28.2	27.4	19.0	10.9	5.1	1.9	2.8	2.3	0.8	0.8
22:15	28.0	25.9	19.5	11.0	5.0	2.8	2.8	2.4	0.8	0.8
22:30	25.3	28.9	19.1	10.1	5.8	3.0	2.8	2.4	0.8	0.9
22:45	24.9	28.8	20.3	9.2	6.1	2.9	3.2	2.4	0.8	0.9
23:00	25.9	25.3	20.3	10.5	6.1	3.8	3.1	2.4	0.8	1.1
23:15	25.0	28.0	19.5	10.4	6.0	3.2	3.1	2.4	1.0	1.0
23:30	24.1	27.8	20.7	10.6	6.1	3.2	3.1	2.2	0.9	1.2
23:45	25.8	27.3	21.2	10.4	5.8	2.9	2.7	2.1	0.8	0.9

表 2.37.5　徐州市平均收听率 top30 节目

排名	节目名称	节目名称	播放时间	平均收听率（%）	市场占有率（%）
1	一路好心情（上班路上）	徐州交通广播	08:00—09:00	4.02	28.9
2	行风热线	徐州新闻广播	08:00—09:00	3.93	30.5
3	阿原拉呱	徐州交通广播	18:00—19:00	3.73	33.0
4	一路好心情（下班路上）	徐州交通广播	17:00—18:00	3.33	30.6
5	93 微新闻	徐州新闻广播	18:00—18:30	3.19	25.4
6	93 微新闻	徐州新闻广播	17:00—18:00	2.86	29.1
7	走进房地产	徐州新闻广播	09:00—10:00	2.84	31.9
8	第一家居	徐州交通广播	11:00—12:00	2.78	34.9
9	12345 大家帮	徐州新闻广播	11:00—12:00	2.53	29.9
10	你的故事我的歌	徐州交通广播	19:00—20:00	2.46	33.6
11	第一房产	徐州交通广播	12:00—13:00	2.38	34.3
11	916 私车会	徐州私家车广播	18:00—19:00	2.38	18.7
13	徐州新闻联播	徐州新闻广播	07:00—08:00	2.35	29.6
14	我的汽车有话说	徐州交通广播	09:00—10:00	2.33	26.1
15	广播购物	徐州新闻广播	18:30—19:00	2.24	20.1
16	CCTV-新闻 30 分	徐州新闻广播	12:00—12:30	2.23	31.3
17	畅行早高峰	徐州私家车广播	08:00—09:00	2.15	15.4
18	都市早班车	徐州交通广播	07:00—08:00	1.99	25.1
19	916 私车会	徐州私家车广播	17:00—18:00	1.97	18.1
20	沟通	徐州新闻广播	16:00—17:00	1.80	37.3
21	广播购物	徐州新闻广播	12:30—13:00	1.74	27.9
22	1033 二手车	徐州交通广播	10:00—11:00	1.72	33.3
22	音乐自动挡	徐州私家车广播	09:00—10:00	1.72	18.4
24	畅行早高峰	徐州私家车广播	07:00—08:00	1.66	17.5
25	亚洲音乐排行榜	徐州私家车广播	19:00—20:00	1.65	19.9
26	老梁观世界	徐州文艺广播	18:00—18:30	1.40	11.7
26	天下故事会	徐州交通广播	20:00—20:30	1.40	39.8
28	天下档案	徐州文艺广播	18:30—19:00	1.38	13.0
29	CCTV-新闻联播	徐州新闻广播	19:00—19:30	1.33	15.8
30	音乐任我行	徐州私家车广播	11:00—12:00	1.32	15.6

三十八、常州地区收听率数据

表 2.38.1 常州地区主要电台频率的平均收听率和市场份额

排名	电台名称	平均收听率（%）	市场份额（%）
1	常州交通广播	1.07	23.1
2	常州新闻综合广播	0.75	16.1
3	常州音乐广播	0.70	15.0
4	常州经济广播	0.37	7.9
5	江苏交通广播网	0.35	7.5
6	常州新闻综合广播	0.28	5.9
7	江苏经典流行音乐广播	0.24	5.2
8	常州交通广播	0.17	3.7
9	中央中国之声	0.16	3.4
10	江苏音乐广播	0.13	2.7

表 2.38.2 常州地区主要电台频率的周到达率和日到达率

排名	电台名称	周到达率（%）	日到达率（%）
1	常州交通广播	21.63	11.96
2	常州新闻综合广播	17.80	11.07
3	常州音乐广播	15.96	10.01
4	江苏交通广播网	10.84	6.80
5	常州经济广播	11.15	6.68
6	常州新闻综合广播	8.71	5.53
7	江苏经典流行音乐广播	8.05	4.64
8	常州交通广播	6.81	4.25
9	中央中国之声	7.33	4.06
10	江苏音乐广播	6.57	3.44

表 2.38.3　常州地区主要电台的收听率（%）

时间	常州交通广播	常州新闻综合广播	常州音乐广播	常州经济广播	江苏交通广播网	常州新闻综合广播	江苏经典流行音乐广播	常州交通广播	中央中国之声	江苏音乐广播
6:00	0.83	1.21	0.54	0.49	0.22	0.43	0.18	0.20	0.11	0.10
6:15	0.71	1.30	0.54	0.42	0.18	0.49	0.16	0.22	0.11	0.10
6:30	0.70	1.28	0.54	0.39	0.22	0.46	0.17	0.21	0.11	0.11
6:45	0.83	1.42	0.72	0.61	0.35	0.55	0.19	0.18	0.16	0.12
7:00	0.78	1.49	0.76	0.57	0.30	0.53	0.20	0.19	0.14	0.11
7:15	0.81	1.50	0.64	0.69	0.27	0.56	0.17	0.22	0.13	0.12
7:30	1.37	1.43	0.85	0.69	0.39	0.65	0.25	0.26	0.17	0.21
7:45	1.36	1.45	0.85	0.77	0.38	0.64	0.24	0.23	0.18	0.19
8:00	1.33	1.43	0.89	0.74	0.38	0.62	0.20	0.24	0.17	0.17
8:15	1.60	1.69	0.99	0.82	0.39	0.70	0.31	0.26	0.23	0.26
8:30	1.68	1.64	1.02	0.72	0.40	0.67	0.30	0.29	0.21	0.23
8:45	1.61	1.56	1.04	0.75	0.39	0.69	0.33	0.29	0.19	0.24
9:00	2.67	1.48	1.32	0.85	0.55	0.70	0.37	0.38	0.29	0.29
9:15	2.58	1.58	1.23	0.77	0.59	0.69	0.38	0.37	0.30	0.26
9:30	2.59	1.56	1.37	0.90	0.56	0.72	0.40	0.37	0.27	0.28
9:45	2.98	1.70	1.47	0.78	0.67	0.65	0.47	0.42	0.35	0.30
10:00	2.88	1.58	1.51	0.83	0.64	0.70	0.49	0.43	0.33	0.33
10:15	2.88	1.70	1.35	0.79	0.70	0.65	0.50	0.44	0.34	0.31
10:30	3.01	1.71	1.50	0.90	0.80	0.63	0.55	0.43	0.38	0.32
10:45	3.02	1.65	1.50	0.78	0.76	0.62	0.56	0.46	0.40	0.31
11:00	3.02	1.62	1.50	0.80	0.81	0.64	0.53	0.44	0.40	0.31
11:15	3.04	1.72	1.50	0.89	0.87	0.58	0.55	0.44	0.38	0.30
11:30	2.99	1.72	1.55	0.81	0.89	0.59	0.54	0.44	0.37	0.29
11:45	2.99	1.71	1.60	0.87	0.83	0.53	0.54	0.45	0.39	0.30
12:00	2.93	1.74	1.47	0.73	0.89	0.56	0.54	0.42	0.39	0.26
12:15	2.99	1.65	1.58	0.78	0.84	0.55	0.56	0.41	0.38	0.26
12:30	2.94	1.67	1.46	0.82	0.85	0.52	0.56	0.40	0.36	0.26
12:45	2.55	1.64	1.43	0.77	0.86	0.57	0.53	0.39	0.32	0.23
13:00	2.56	1.59	1.36	0.75	0.81	0.58	0.52	0.39	0.31	0.22
13:15	2.53	1.65	1.33	0.72	0.79	0.52	0.53	0.37	0.32	0.22
13:30	2.18	1.31	1.24	0.56	0.70	0.54	0.46	0.28	0.26	0.19
13:45	2.09	1.38	1.26	0.62	0.74	0.52	0.48	0.33	0.29	0.20
14:00	2.12	1.35	1.20	0.53	0.69	0.51	0.46	0.29	0.24	0.19
14:15	1.78	1.12	1.12	0.56	0.57	0.46	0.43	0.25	0.23	0.21
14:30	1.78	1.17	1.12	0.53	0.57	0.42	0.43	0.24	0.23	0.18
14:45	1.75	1.07	1.13	0.53	0.52	0.45	0.44	0.26	0.21	0.19

时间	常州交通广播	常州新闻综合广播	常州音乐广播	常州经济广播	江苏交通广播网	常州新闻综合广播	江苏经典流行音乐广播	常州交通广播	中央中国之声	江苏音乐广播
15:00	1.60	1.03	0.92	0.54	0.48	0.36	0.38	0.19	0.18	0.20
15:15	1.46	0.92	1.07	0.52	0.57	0.40	0.40	0.16	0.17	0.17
15:30	1.60	1.02	1.05	0.42	0.53	0.36	0.38	0.15	0.19	0.18
15:45	1.43	0.81	0.88	0.51	0.42	0.36	0.37	0.20	0.17	0.18
16:00	1.33	0.90	0.91	0.39	0.49	0.34	0.34	0.17	0.15	0.20
16:15	1.33	0.82	0.97	0.46	0.46	0.34	0.37	0.16	0.18	0.20
16:30	1.38	0.82	0.81	0.49	0.46	0.30	0.32	0.15	0.17	0.18
16:45	1.41	0.84	0.86	0.49	0.43	0.28	0.31	0.16	0.17	0.20
17:00	1.30	0.98	0.76	0.40	0.39	0.34	0.33	0.16	0.18	0.19
17:15	1.26	0.93	0.91	0.39	0.49	0.32	0.33	0.14	0.20	0.18
17:30	1.40	0.83	0.83	0.41	0.50	0.30	0.35	0.19	0.17	0.16
17:45	1.27	0.85	0.78	0.41	0.41	0.35	0.34	0.14	0.18	0.19
18:00	1.19	0.80	0.85	0.38	0.40	0.37	0.33	0.13	0.20	0.19
18:15	1.09	0.92	0.90	0.38	0.36	0.38	0.33	0.18	0.19	0.19
18:30	1.17	0.80	0.90	0.41	0.42	0.38	0.30	0.13	0.20	0.19
18:45	0.89	0.75	0.86	0.45	0.39	0.41	0.27	0.16	0.18	0.16
19:00	0.92	0.82	0.90	0.33	0.39	0.36	0.28	0.15	0.21	0.16
19:15	0.89	0.85	0.83	0.36	0.40	0.41	0.29	0.14	0.15	0.17
19:30	0.88	0.65	0.79	0.25	0.29	0.40	0.27	0.20	0.16	0.12
19:45	0.90	0.74	0.82	0.29	0.35	0.35	0.25	0.20	0.17	0.15
20:00	0.86	0.65	0.77	0.25	0.25	0.44	0.28	0.19	0.18	0.14
20:15	0.81	0.63	0.71	0.24	0.24	0.35	0.26	0.17	0.12	0.14
20:30	0.79	0.59	0.61	0.30	0.23	0.39	0.25	0.16	0.14	0.15
20:45	0.77	0.55	0.75	0.28	0.26	0.40	0.24	0.18	0.13	0.12
21:00	1.01	0.66	0.60	0.27	0.30	0.31	0.24	0.21	0.14	0.12
21:15	1.04	0.62	0.70	0.29	0.29	0.30	0.27	0.17	0.13	0.11
21:30	0.94	0.62	0.68	0.30	0.33	0.33	0.27	0.22	0.12	0.15
21:45	1.09	0.75	0.72	0.33	0.25	0.30	0.27	0.22	0.14	0.12
22:00	0.99	0.73	0.64	0.40	0.34	0.28	0.26	0.20	0.14	0.11
22:15	1.06	0.62	0.76	0.28	0.28	0.30	0.26	0.22	0.13	0.12
22:30	1.08	0.69	0.62	0.33	0.36	0.28	0.25	0.18	0.17	0.14
22:45	1.10	0.74	0.60	0.32	0.33	0.32	0.27	0.17	0.14	0.14
23:00	1.13	0.73	0.59	0.37	0.35	0.24	0.25	0.15	0.19	0.13
23:15	0.97	0.59	0.67	0.37	0.30	0.27	0.26	0.19	0.15	0.14
23:30	1.00	0.66	0.64	0.40	0.34	0.26	0.24	0.16	0.15	0.15
23:45	1.02	0.61	0.62	0.31	0.31	0.29	0.22	0.20	0.15	0.12

表 2.38.4　常州地区主要电台的占有率（%）

时间	常州交通广播	常州新闻综合广播	常州音乐广播	常州经济广播	江苏交通广播网	常州新闻综合广播	江苏经典流行音乐广播	常州交通广播	中央中国之声	江苏音乐广播
6:00	17.3	25.2	11.2	10.3	4.5	8.9	3.8	4.2	2.3	2.0
6:15	15.0	27.5	11.5	9.0	3.9	10.3	3.4	4.7	2.4	2.2
6:30	14.9	27.4	11.5	8.3	4.8	9.9	3.7	4.5	2.3	2.4
6:45	14.4	24.7	12.6	10.6	6.1	9.6	3.3	3.2	2.8	2.1
7:00	13.9	26.3	13.4	10.2	5.3	9.4	3.5	3.3	2.5	2.0
7:15	14.2	26.5	11.2	12.2	4.8	9.8	2.9	3.9	2.2	2.1
7:30	19.7	20.6	12.2	9.9	5.5	9.4	3.5	3.7	2.4	3.0
7:45	19.5	20.7	12.2	11.1	5.5	9.1	3.4	3.2	2.6	2.8
8:00	19.4	20.8	12.9	10.8	5.6	9.1	2.9	3.4	2.5	2.5
8:15	19.9	20.9	12.3	10.2	4.8	8.7	3.9	3.3	2.8	3.2
8:30	21.1	20.6	12.9	9.0	5.0	8.4	3.7	3.6	2.6	2.9
8:45	20.4	19.7	13.2	9.5	5.0	8.8	4.1	3.6	2.5	3.0
9:00	27.2	15.1	13.5	8.7	5.6	7.2	3.8	3.9	3.0	3.0
9:15	26.7	16.3	12.7	8.0	6.1	7.1	3.9	3.8	3.1	2.7
9:30	26.1	15.7	13.8	9.1	5.6	7.2	4.0	3.7	2.8	2.9
9:45	27.8	15.8	13.7	7.2	6.3	6.1	4.3	3.9	3.2	2.8
10:00	27.1	14.8	14.2	7.8	6.0	6.6	4.6	4.0	3.1	3.1
10:15	27.2	16.1	12.8	7.5	6.6	6.1	4.7	4.2	3.2	2.9
10:30	27.0	15.3	13.4	8.0	7.1	5.7	4.9	3.8	3.4	2.9
10:45	27.6	15.1	13.7	7.1	6.9	5.6	5.1	4.2	3.6	2.8
11:00	27.4	14.7	13.6	7.2	7.4	5.8	4.8	4.0	3.6	2.9
11:15	27.2	15.4	13.4	8.0	7.8	5.2	4.9	3.9	3.4	2.7
11:30	27.0	15.5	14.0	7.3	8.0	5.3	4.9	4.0	3.4	2.7
11:45	26.9	15.4	14.4	7.9	7.4	4.8	4.8	4.1	3.5	2.7
12:00	27.2	16.1	13.7	6.8	8.3	5.2	5.0	3.9	3.6	2.4
12:15	27.6	15.2	14.5	7.2	7.7	5.1	5.1	3.8	3.5	2.4
12:30	27.7	15.7	13.7	7.7	8.0	4.9	5.3	3.8	3.3	2.4
12:45	25.3	16.3	14.2	7.6	8.5	5.7	5.2	3.9	3.1	2.3
13:00	25.9	16.1	13.8	7.6	8.2	5.9	5.3	3.9	3.1	2.3
13:15	25.8	16.8	13.6	7.4	8.1	5.3	5.5	3.8	3.3	2.3
13:30	25.9	15.6	14.7	6.7	8.3	6.4	5.5	3.3	3.1	2.3
13:45	24.4	16.1	14.6	7.2	8.7	6.1	5.6	3.8	3.4	2.3
14:00	25.6	16.3	14.5	6.4	8.3	6.1	5.6	3.4	2.9	2.3
14:15	24.0	15.1	15.1	7.6	7.7	6.2	5.7	3.3	3.1	2.8
14:30	24.3	16.0	15.3	7.2	7.8	5.8	5.8	3.3	3.1	2.4
14:45	24.3	14.8	15.6	7.3	7.3	6.3	6.1	3.6	3.0	2.6

时间	常州交通广播	常州新闻综合广播	常州音乐广播	常州经济广播	江苏交通广播网	常州新闻综合广播	江苏经典流行音乐广播	常州交通广播	中央中国之声	江苏音乐广播
15:00	24.7	15.8	14.1	8.3	7.4	5.6	5.8	2.9	2.8	3.1
15:15	22.5	14.2	16.5	8.1	8.8	6.1	6.2	2.4	2.7	2.7
15:30	24.6	15.7	16.1	6.4	8.1	5.6	5.8	2.3	2.9	2.7
15:45	24.1	13.7	14.8	8.5	7.1	6.0	6.2	3.4	2.8	3.0
16:00	22.9	15.5	15.7	6.7	8.4	5.9	5.8	2.9	2.6	3.5
16:15	22.6	13.9	16.5	7.8	7.9	5.8	6.3	2.7	3.0	3.4
16:30	24.5	14.6	14.4	8.6	8.2	5.3	5.6	2.6	3.0	3.2
16:45	24.7	14.7	15.1	8.5	7.6	4.8	5.5	2.8	3.0	3.5
17:00	23.4	17.5	13.6	7.1	7.0	6.1	5.9	2.9	3.2	3.3
17:15	22.1	16.4	16.0	6.8	8.6	5.6	5.8	2.5	3.4	3.1
17:30	24.7	14.7	14.6	7.1	8.9	5.3	6.1	3.3	3.0	2.8
17:45	23.4	15.7	14.3	7.5	7.6	6.4	6.2	2.6	3.3	3.5
18:00	22.2	14.9	15.9	7.1	7.4	7.0	6.1	2.5	3.7	3.6
18:15	20.1	16.9	16.6	7.0	6.7	7.1	6.0	3.4	3.4	3.5
18:30	21.6	14.8	16.7	7.6	7.8	7.0	5.5	2.4	3.7	3.5
18:45	17.7	14.9	17.1	9.0	7.8	8.2	5.4	3.2	3.6	3.1
19:00	18.5	16.3	17.9	6.6	7.8	7.1	5.6	3.1	4.1	3.1
19:15	17.8	17.1	16.6	7.3	8.0	8.2	5.9	2.8	3.1	3.4
19:30	19.6	14.6	17.5	5.6	6.4	9.0	6.0	4.4	3.6	2.7
19:45	19.2	15.7	17.4	6.1	7.5	7.5	5.3	4.3	3.5	3.2
20:00	19.2	14.6	17.2	5.6	5.6	9.8	6.3	4.2	3.9	3.2
20:15	19.6	15.4	17.4	5.9	5.9	8.6	6.3	4.1	2.9	3.3
20:30	19.5	14.4	15.0	7.3	5.7	9.5	6.0	4.0	3.4	3.7
20:45	18.6	13.2	18.1	6.8	6.3	9.6	5.9	4.4	3.2	2.9
21:00	23.2	15.1	13.8	6.2	7.0	7.1	5.6	4.9	3.2	2.8
21:15	23.8	14.2	16.1	6.6	6.7	6.8	6.1	3.8	3.0	2.5
21:30	21.2	14.0	15.4	6.9	7.5	7.5	6.0	5.1	2.7	3.3
21:45	23.5	16.2	15.6	7.1	5.4	6.5	5.9	4.6	3.1	2.6
22:00	22.0	16.1	14.2	8.8	7.5	6.3	5.8	4.4	3.1	2.4
22:15	23.5	13.8	16.9	6.1	6.3	6.8	5.8	4.8	2.8	2.7
22:30	23.9	15.3	13.7	7.4	8.0	6.2	5.4	4.0	3.7	3.1
22:45	24.3	16.5	13.4	7.0	7.3	7.1	5.9	3.7	3.0	3.1
23:00	24.8	16.0	12.9	8.1	7.8	5.4	5.5	3.4	4.2	2.9
23:15	22.3	13.6	15.5	8.4	7.0	6.3	6.1	4.4	3.4	3.2
23:30	22.8	15.0	14.6	9.1	7.8	6.0	5.5	3.7	3.4	3.3
23:45	23.8	14.2	14.5	7.3	7.2	6.9	5.2	4.6	3.5	2.8

表 2.38.5　常州市平均收听率 top30 节目

排名	节目名称	所属频率	播放时间	平均收听率(%)	市场占有率(%)
1	交广直通车	常州电台交通广播	07:30—09:00	2.36	24.8
2	汽车音乐时间	常州电台交通广播	09:00—10:00	2.24	23.6
3	一路畅通	常州电台交通广播	17:00—18:30	1.59	24.7
4	1034 早知道	常州电台新闻综合广播	08:00—09:00	1.56	14.7
5	请你做娘舅	常州电台新闻综合广播	09:00—10:00	1.53	16.2
6	转播中央电视台《新闻联播》	常州电台交通广播	19:00—19:30	1.47	32.4
7	车置宝	常州电台交通广播	18:30—19:00	1.40	26.1
8	大城小事(市场化)	常州电台交通广播	12:00—13:00	1.36	25.7
9	音乐加油站	常州电台交通广播	13:00—14:00	1.26	22.5
10	汽车世界(市场化)	常州电台交通广播	10:00—11:00	1.19	21.3
11	陪你听音乐	常州电台音乐广播	09:00—11:00	1.17	15.5
12	早安,935	常州电台音乐广播	07:00—09:00	1.13	13.8
13	《生活 369》广播版	常州电台交通广播	19:30—20:00	1.11	29.6
14	音乐下午茶	常州电台新闻综合广播	12:30—14:00	1.10	19.6
15	1034 新闻晚高峰	常州电台新闻综合广播	18:00—19:00	1.05	18.4
16	交广 90 热线	常州电台交通广播	14:00—15:00	1.04	23.8
16	哈哈乐翻天	常州电台音乐广播	17:00—18:00	1.04	15.1
18	直播常州	常州电台交通广播	07:00—07:30	0.99	22.0
19	90 帮帮忙	常州电台交通广播	11:00—12:00	0.89	23.8
20	转播《新闻与报纸摘要》	常州电台交通广播	06:30—07:00	0.88	24.5
20	1034 午间播报	常州电台新闻综合广播	12:00—12:30	0.88	18.2
22	家在常州(市场化)	常州电台新闻综合广播	10:00—11:00	0.87	15.5
23	最想听你说	常州电台交通广播	16:00—17:00	0.86	24.7
23	天天饮食(市场化)	常州电台新闻综合广播	17:00—18:00	0.86	13.0
25	935 爱多一点(编单)	常州电台音乐广播	13:00—14:00	0.85	15.2
26	财富常州(市场化)	常州电台经济广播	09:00—10:00	0.84	8.8
27	下班狂想曲	常州电台音乐广播	18:00—20:00	0.80	15.5
28	嘀嘀叭叭早上好	江苏交通广播网	08:00—10:00	0.79	7.8
29	846 早新闻(含大嘴说闲话 高劼开讲)	常州电台新闻综合广播	07:00—08:00	0.78	13.4
30	午后动力营	常州电台音乐广播	14:00—15:00	0.74	16.9

三十九、常熟地区收听率数据

表 2.39.1　常熟地区主要电台频率的平均收听率和市场份额

排名	电台名称	平均收听率（%）	市场份额（%）
1	常熟交通广播	1.95	29.1
2	常熟新闻广播	1.51	22.5
3	江苏交通广播网	1.01	15.0
4	常熟音乐广播	0.82	12.2
5	苏州电台音乐广播	0.24	3.6
6	江苏新闻综合广播	0.24	3.5
7	苏州电台新闻频率	0.16	2.5
8	中央音乐之声	0.15	2.3
9	苏州电台生活广播	0.09	1.4
10	中央中国之声	0.07	1.1

表 2.39.2　常熟地区主要电台频率的周到达率和日到达率

排名	电台名称	周到达率（%）	日到达率（%）
1	常熟交通广播	41.01	14.35
2	常熟新闻广播	39.27	14.22
3	江苏交通广播网	26.40	8.04
4	常熟音乐广播	17.98	6.61
5	苏州电台音乐广播	16.01	3.03
6	江苏新闻综合广播	14.30	2.48
7	苏州电台新闻频率	9.21	1.38
8	中央音乐之声	6.04	0.71
9	苏州电台生活广播	4.94	0.46
10	中央中国之声	4.64	0.41

表 2.39.3 常熟地区主要电台的收听率（%）

时间	常熟交通广播	常熟新闻广播	江苏交通广播网	常熟音乐广播	苏州电台音乐广播	江苏新闻综合广播	苏州电台新闻频率	中央音乐之声	苏州电台生活广播	中央中国之声
6:00	2.10	2.48	1.50	1.18	0.17	0.29	0.07	0.12	0.08	0.07
6:15	2.26	2.66	1.65	1.16	0.14	0.30	0.09	0.12	0.10	0.07
6:30	2.59	3.40	1.90	1.25	0.16	0.31	0.16	0.13	0.09	0.06
6:45	2.84	3.73	2.20	1.16	0.14	0.31	0.20	0.11	0.11	0.04
7:00	3.26	4.08	2.73	1.29	0.16	0.43	0.39	0.11	0.09	0.05
7:15	3.45	3.92	3.00	1.26	0.17	0.49	0.45	0.10	0.11	0.05
7:30	3.58	3.73	3.09	1.26	0.20	0.55	0.39	0.10	0.11	0.07
7:45	3.35	3.06	3.03	1.18	0.19	0.44	0.30	0.10	0.13	0.04
8:00	2.98	2.93	2.62	1.16	0.24	0.45	0.30	0.12	0.14	0.07
8:15	2.70	2.54	2.33	1.11	0.25	0.44	0.29	0.12	0.15	0.06
8:30	2.49	2.19	1.82	1.04	0.28	0.41	0.29	0.14	0.16	0.08
8:45	2.31	1.92	1.48	0.97	0.26	0.33	0.26	0.15	0.13	0.04
9:00	2.22	1.94	1.13	0.91	0.30	0.27	0.18	0.17	0.12	0.06
9:15	2.30	1.86	1.07	0.93	0.31	0.27	0.11	0.16	0.08	0.07
9:30	2.43	1.79	0.94	1.01	0.33	0.23	0.14	0.15	0.07	0.07
9:45	2.38	1.75	1.02	0.99	0.35	0.18	0.17	0.15	0.07	0.06
10:00	2.39	1.90	1.05	1.07	0.32	0.24	0.24	0.15	0.12	0.09
10:15	2.45	1.93	1.12	1.09	0.35	0.22	0.25	0.16	0.10	0.08
10:30	2.50	1.99	1.16	1.02	0.34	0.20	0.21	0.17	0.10	0.07
10:45	2.38	2.00	1.12	1.02	0.35	0.20	0.19	0.17	0.10	0.07
11:00	2.33	1.95	1.08	0.99	0.35	0.27	0.20	0.18	0.12	0.07
11:15	2.33	1.96	1.08	0.97	0.34	0.31	0.20	0.18	0.13	0.07
11:30	2.32	1.89	1.10	0.96	0.32	0.39	0.21	0.21	0.13	0.09
11:45	2.20	1.95	1.06	0.93	0.34	0.35	0.23	0.20	0.11	0.08
12:00	2.16	1.98	0.99	0.94	0.35	0.40	0.22	0.20	0.09	0.11
12:15	2.15	2.00	0.93	0.92	0.35	0.40	0.20	0.19	0.08	0.06
12:30	2.17	1.94	0.87	0.88	0.33	0.42	0.20	0.18	0.08	0.08
12:45	2.17	1.70	0.86	0.88	0.33	0.39	0.17	0.18	0.09	0.08
13:00	2.20	1.51	0.86	0.85	0.30	0.36	0.18	0.18	0.09	0.11
13:15	2.21	1.38	0.86	0.88	0.31	0.36	0.15	0.18	0.09	0.10
13:30	2.23	1.19	0.86	0.90	0.29	0.34	0.18	0.18	0.11	0.12
13:45	2.18	1.13	0.82	0.87	0.29	0.25	0.14	0.17	0.14	0.13
14:00	2.14	1.08	0.81	0.91	0.32	0.20	0.16	0.13	0.14	0.13
14:15	2.20	1.08	0.79	0.86	0.32	0.15	0.15	0.15	0.12	0.13
14:30	2.18	1.04	0.81	0.83	0.31	0.18	0.18	0.16	0.10	0.12
14:45	2.18	1.04	0.78	0.76	0.34	0.16	0.20	0.17	0.10	0.14

时间	常熟交通广播	常熟新闻广播	江苏交通广播网	常熟音乐广播	苏州电台音乐广播	江苏新闻综合广播	苏州电台新闻频率	中央音乐之声	苏州电台生活广播	中央中国之声
15:00	2.07	1.01	0.79	0.82	0.25	0.18	0.15	0.17	0.08	0.11
15:15	2.03	1.04	0.76	0.80	0.22	0.16	0.15	0.18	0.09	0.12
15:30	1.97	1.03	0.73	0.78	0.16	0.14	0.16	0.15	0.09	0.12
15:45	1.91	0.95	0.68	0.74	0.18	0.14	0.17	0.15	0.09	0.11
16:00	1.79	0.92	0.68	0.81	0.18	0.17	0.13	0.15	0.08	0.11
16:15	1.75	0.96	0.68	0.78	0.20	0.16	0.13	0.18	0.09	0.10
16:30	1.78	1.06	0.79	0.83	0.20	0.17	0.11	0.17	0.11	0.11
16:45	1.86	1.10	0.94	0.81	0.21	0.17	0.13	0.19	0.11	0.10
17:00	2.08	1.41	1.23	0.92	0.25	0.25	0.12	0.19	0.15	0.08
17:15	2.16	1.57	1.34	0.89	0.26	0.28	0.15	0.20	0.14	0.05
17:30	2.32	1.83	1.40	0.90	0.27	0.23	0.13	0.19	0.14	0.05
17:45	2.23	1.83	1.11	0.84	0.22	0.21	0.12	0.19	0.12	0.05
18:00	2.46	1.86	0.97	0.91	0.23	0.21	0.16	0.18	0.13	0.05
18:15	2.37	1.80	0.88	0.88	0.21	0.18	0.16	0.19	0.10	0.05
18:30	2.35	1.63	0.84	0.87	0.20	0.18	0.19	0.16	0.08	0.07
18:45	2.12	1.41	0.74	0.82	0.19	0.19	0.18	0.16	0.09	0.05
19:00	1.99	1.11	0.65	0.86	0.18	0.20	0.19	0.14	0.08	0.06
19:15	1.89	0.98	0.57	0.83	0.19	0.18	0.17	0.14	0.09	0.05
19:30	1.75	0.93	0.59	0.86	0.19	0.19	0.14	0.12	0.08	0.05
19:45	1.68	0.90	0.54	0.81	0.16	0.18	0.13	0.14	0.07	0.05
20:00	1.68	0.79	0.50	0.84	0.19	0.17	0.12	0.12	0.07	0.05
20:15	1.64	0.82	0.41	0.75	0.18	0.13	0.10	0.12	0.09	0.05
20:30	1.55	0.82	0.39	0.77	0.22	0.13	0.13	0.13	0.07	0.05
20:45	1.52	0.83	0.37	0.73	0.23	0.13	0.12	0.11	0.07	0.06
21:00	1.44	0.89	0.39	0.71	0.24	0.13	0.13	0.14	0.08	0.05
21:15	1.49	0.94	0.43	0.65	0.22	0.11	0.10	0.13	0.07	0.04
21:30	1.33	0.88	0.42	0.61	0.22	0.09	0.13	0.14	0.05	0.04
21:45	0.96	0.68	0.40	0.42	0.21	0.10	0.11	0.14	0.05	0.06
22:00	0.10	0.06	0.34	0.12	0.20	0.12	0.09	0.16	0.05	0.04
22:15	0.00	0.00	0.33	0.00	0.18	0.12	0.04	0.16	0.04	0.05
22:30	0.00	0.00	0.27	0.00	0.17	0.12	0.04	0.16	0.05	0.05
22:45	0.00	0.00	0.27	0.00	0.15	0.11	0.03	0.13	0.04	0.05
23:00	0.00	0.00	0.17	0.00	0.17	0.12	0.02	0.13	0.04	0.06
23:15	0.00	0.00	0.14	0.00	0.18	0.09	0.02	0.13	0.05	0.07
23:30	0.00	0.00	0.11	0.00	0.16	0.08	0.02	0.12	0.05	0.06
23:45	0.00	0.00	0.12	0.00	0.14	0.07	0.01	0.11	0.04	0.04

表 2.39.4 常熟地区主要电台的占有率（%）

时间	常熟交通广播	常熟新闻广播	江苏交通广播网	常熟音乐广播	苏州电台音乐广播	江苏新闻综合广播	苏州电台新闻频率	中央音乐之声	苏州电台生活广播	中央中国之声
6:00	24.6	29.2	17.6	13.8	2.0	3.4	0.8	1.5	1.0	0.8
6:15	25.1	29.6	18.3	12.9	1.6	3.3	1.0	1.4	1.1	0.8
6:30	24.6	32.3	18.1	11.9	1.5	2.9	1.5	1.2	0.8	0.6
6:45	25.1	32.9	19.4	10.3	1.3	2.7	1.8	0.9	1.0	0.3
7:00	24.8	31.0	20.7	9.8	1.2	3.2	3.0	0.8	0.7	0.4
7:15	25.4	28.8	22.1	9.3	1.3	3.6	3.3	0.7	0.8	0.4
7:30	26.3	27.4	22.7	9.2	1.5	4.0	2.9	0.7	0.8	0.5
7:45	27.1	24.7	24.4	9.5	1.6	3.5	2.4	0.8	1.0	0.3
8:00	25.8	25.4	22.7	10.0	2.1	3.9	2.6	1.0	1.2	0.6
8:15	25.6	24.1	22.1	10.5	2.3	4.2	2.8	1.2	1.4	0.5
8:30	26.4	23.1	19.3	11.0	2.9	4.3	3.1	1.4	1.7	0.9
8:45	27.6	23.0	17.7	11.6	3.1	3.9	3.1	1.8	1.6	0.5
9:00	28.5	24.9	14.5	11.7	3.9	3.5	2.3	2.2	1.6	0.7
9:15	30.2	24.3	14.0	12.2	4.0	3.5	1.5	2.1	1.1	0.9
9:30	32.0	23.6	12.3	13.2	4.3	3.1	1.8	2.0	0.9	0.9
9:45	31.4	23.1	13.5	13.1	4.5	2.4	2.2	2.0	1.0	0.8
10:00	29.9	23.7	13.2	13.4	4.0	3.0	3.0	1.9	1.5	1.1
10:15	29.9	23.6	13.6	13.3	4.2	2.6	3.0	2.0	1.3	1.0
10:30	30.5	24.3	14.1	12.5	4.1	2.4	2.6	2.0	1.2	0.9
10:45	29.5	24.8	13.9	12.6	4.4	2.4	2.4	2.2	1.2	0.9
11:00	29.1	24.4	13.5	12.3	4.4	3.4	2.5	2.3	1.4	0.8
11:15	29.1	24.5	13.5	12.1	4.3	3.9	2.5	2.3	1.6	0.9
11:30	28.7	23.4	13.6	11.9	4.0	4.8	2.5	2.6	1.6	1.1
11:45	27.6	24.6	13.3	11.6	4.3	4.4	2.8	2.5	1.4	1.1
12:00	27.3	25.0	12.4	11.8	4.4	5.0	2.8	2.5	1.2	1.4
12:15	27.8	25.9	12.1	11.9	4.5	5.1	2.6	2.4	1.1	0.8
12:30	28.5	25.6	11.5	11.6	4.3	5.5	2.7	2.4	1.0	1.0
12:45	29.8	23.4	11.9	12.1	4.5	5.4	2.3	2.4	1.2	1.1
13:00	31.2	21.4	12.2	12.0	4.3	5.1	2.5	2.6	1.3	1.6
13:15	31.8	19.9	12.4	12.6	4.5	5.2	2.2	2.6	1.2	1.5
13:30	32.7	17.5	12.6	13.2	4.2	5.0	2.6	2.7	1.6	1.7
13:45	33.2	17.3	12.5	13.3	4.4	3.8	2.2	2.6	2.2	2.0
14:00	33.3	16.8	12.6	14.2	4.9	3.0	2.5	2.1	2.1	2.0
14:15	34.4	17.0	12.5	13.4	5.0	2.4	2.4	2.4	1.9	2.0
14:30	34.6	16.5	12.9	13.2	5.0	2.8	2.9	2.5	1.6	1.8
14:45	34.9	16.6	12.5	12.2	5.5	2.5	3.2	2.7	1.5	2.3

时间	常熟交通广播	常熟新闻广播	江苏交通广播网	常熟音乐广播	苏州电台音乐广播	江苏新闻综合广播	苏州电台新闻频率	中央音乐之声	苏州电台生活广播	中央中国之声
15:00	34.3	16.7	13.1	13.6	4.2	3.0	2.6	2.8	1.4	1.9
15:15	34.4	17.5	12.9	13.6	3.7	2.7	2.5	3.0	1.5	2.0
15:30	34.4	18.0	12.7	13.5	2.8	2.4	2.7	2.7	1.5	2.2
15:45	34.7	17.3	12.4	13.5	3.3	2.6	3.0	2.7	1.6	2.0
16:00	32.8	16.8	12.5	14.9	3.3	3.2	2.4	2.8	1.5	2.0
16:15	32.1	17.7	12.6	14.4	3.6	2.9	2.3	3.3	1.7	1.8
16:30	31.0	18.5	13.7	14.5	3.6	3.0	2.0	3.0	2.0	1.8
16:45	30.9	18.4	15.7	13.5	3.6	2.8	2.2	3.2	1.9	1.7
17:00	29.5	20.1	17.4	13.1	3.5	3.6	1.8	2.7	2.1	1.1
17:15	29.0	21.2	18.0	11.9	3.5	3.7	2.1	2.8	1.9	0.6
17:30	29.4	23.2	17.7	11.4	3.4	3.0	1.6	2.4	1.8	0.6
17:45	30.4	24.9	15.1	11.5	3.0	2.9	1.7	2.6	1.6	0.7
18:00	32.3	24.4	12.7	12.0	3.0	2.7	2.1	2.3	1.7	0.7
18:15	32.4	24.5	12.0	12.0	2.9	2.5	2.2	2.6	1.4	0.7
18:30	33.2	23.0	11.9	12.3	2.8	2.6	2.7	2.3	1.2	1.0
18:45	32.8	21.8	11.4	12.7	3.0	3.0	2.8	2.5	1.4	0.7
19:00	33.3	18.5	10.8	14.3	2.9	3.4	3.2	2.3	1.4	1.0
19:15	33.6	17.4	10.1	14.8	3.3	3.1	3.0	2.4	1.6	0.9
19:30	32.0	17.1	10.9	15.8	3.5	3.5	2.6	2.3	1.5	1.0
19:45	32.7	17.5	10.5	15.8	3.2	3.5	2.5	2.7	1.4	1.0
20:00	33.7	15.8	10.0	16.8	3.9	3.4	2.5	2.4	1.4	1.0
20:15	34.5	17.3	8.6	15.8	3.8	2.8	2.0	2.6	1.8	1.0
20:30	32.9	17.4	8.3	16.4	4.7	2.7	2.7	2.7	1.4	1.0
20:45	32.8	17.9	8.1	15.8	4.9	2.9	2.6	2.4	1.5	1.2
21:00	31.1	19.3	8.4	15.3	5.3	2.9	2.8	3.0	1.7	1.0
21:15	32.2	20.4	9.3	14.1	4.8	2.4	2.3	2.8	1.4	0.9
21:30	30.8	20.4	9.7	14.1	5.2	2.0	2.9	3.2	1.1	0.9
21:45	27.1	19.1	11.3	11.9	5.9	2.9	3.0	3.8	1.4	1.7
22:00	5.9	3.5	20.2	7.1	11.9	7.0	5.4	9.2	2.9	2.5
22:15	0.0	0.0	24.5	0.0	13.6	9.2	3.0	11.6	3.3	3.4
22:30	0.0	0.0	21.1	0.0	13.2	9.6	3.0	12.6	4.1	3.8
22:45	0.0	0.0	22.5	0.0	12.3	9.2	2.2	10.7	3.7	3.8
23:00	0.0	0.0	15.3	0.0	15.1	10.8	2.0	11.5	3.8	5.2
23:15	0.0	0.0	12.6	0.0	16.3	8.7	2.2	12.4	4.6	6.1
23:30	0.0	0.0	11.0	0.0	15.8	8.2	2.2	12.4	5.0	5.8
23:45	0.0	0.0	13.8	0.0	15.3	8.2	1.5	12.2	4.9	4.9

四十、南通地区收听率数据

表 2.40.1　南通地区主要电台频率的平均收听率和市场份额

排名	电台名称	平均收听率（%）	市场份额（%）
1	南通新闻广播	1.31	22.6
2	南通交通广播	1.29	22.3
3	南通私家车广播	0.99	17.2
4	南通音乐广播	0.75	13.0
5	江苏交通广播网	0.43	7.4
6	中央中国之声	0.35	6.0
7	南通女主播电台	0.25	4.4
8	中央经济之声	0.13	2.2
9	南通 FM91.8　joy radio	0.06	1.0
10	江苏财经广播	0.03	0.5

表 2.40.2　南通地区主要电台频率的周到达率和日到达率

排名	电台名称	周到达率（%）	日到达率（%）
1	南通交通广播	39.49	16.63
2	南通新闻广播	36.69	15.97
3	南通私家车广播	27.52	12.70
4	南通音乐广播	22.95	10.06
5	江苏交通广播网	16.92	7.52
6	中央中国之声	15.83	6.52
7	南通女主播电台	13.02	4.23
8	中央经济之声	10.93	3.15
9	南通 FM91.8　joy radio	2.20	0.76
10	江苏健康广播 AM846	3.44	0.74

表 2.40.3　南通地区主要电台的收听率（%）

时间	南通新闻广播	南通交通广播	南通私家车广播	南通音乐广播	江苏交通广播网	中央中国之声	南通女主播电台	中央经济之声	南通FM91.8joyradio	江苏财经广播
6:00	0.48	0.33	0.24	0.19	0.13	0.09	0.00	0.04	0.01	0.01
6:15	0.65	0.54	0.37	0.27	0.18	0.13	0.00	0.06	0.02	0.02
6:30	1.06	0.82	0.71	0.50	0.30	0.17	0.00	0.09	0.05	0.02
6:45	1.15	1.07	0.77	0.67	0.38	0.21	0.00	0.10	0.05	0.02
7:00	2.72	2.58	2.23	1.45	0.62	0.36	0.32	0.17	0.12	0.03
7:15	3.13	2.87	2.59	1.61	0.71	0.43	0.38	0.20	0.13	0.03
7:30	3.83	3.13	3.16	1.79	0.82	0.62	0.53	0.24	0.14	0.03
7:45	3.73	3.12	3.06	1.75	0.83	0.62	0.53	0.23	0.13	0.04
8:00	3.75	3.10	3.13	1.73	0.90	0.66	0.56	0.23	0.11	0.04
8:15	3.41	3.05	2.94	1.56	0.84	0.65	0.53	0.22	0.09	0.05
8:30	2.81	2.75	2.65	1.24	0.78	0.58	0.47	0.20	0.08	0.04
8:45	2.26	2.24	2.09	1.01	0.69	0.51	0.33	0.15	0.06	0.03
9:00	1.86	2.16	1.72	0.90	0.55	0.42	0.27	0.11	0.06	0.03
9:15	1.82	2.17	1.60	0.87	0.53	0.43	0.25	0.11	0.06	0.03
9:30	1.79	2.09	1.41	0.88	0.45	0.43	0.23	0.11	0.05	0.03
9:45	1.67	1.90	1.14	0.83	0.44	0.39	0.20	0.10	0.04	0.03
10:00	1.35	1.80	1.02	0.92	0.45	0.34	0.24	0.12	0.04	0.03
10:15	1.24	1.64	0.90	0.85	0.43	0.34	0.25	0.11	0.05	0.03
10:30	0.96	1.39	0.79	0.82	0.42	0.29	0.25	0.12	0.05	0.03
10:45	0.87	1.27	0.72	0.76	0.38	0.22	0.24	0.10	0.05	0.02
11:00	0.76	1.01	0.68	0.65	0.35	0.20	0.26	0.10	0.06	0.02
11:15	0.75	1.01	0.67	0.54	0.33	0.21	0.25	0.08	0.06	0.02
11:30	0.79	1.07	0.66	0.51	0.29	0.24	0.21	0.08	0.06	0.03
11:45	0.88	1.01	0.66	0.53	0.24	0.26	0.19	0.08	0.07	0.03
12:00	1.29	1.22	0.85	0.68	0.30	0.32	0.28	0.10	0.08	0.04
12:15	1.34	1.19	0.83	0.72	0.32	0.33	0.29	0.10	0.08	0.03
12:30	1.23	1.08	0.80	0.71	0.30	0.33	0.29	0.09	0.07	0.03
12:45	0.94	0.88	0.65	0.55	0.28	0.30	0.24	0.08	0.07	0.02
13:00	0.72	0.86	0.67	0.49	0.26	0.29	0.21	0.07	0.05	0.02
13:15	0.74	0.90	0.68	0.49	0.25	0.28	0.21	0.06	0.04	0.02
13:30	0.72	0.95	0.77	0.45	0.26	0.33	0.19	0.07	0.04	0.02
13:45	0.68	0.96	0.71	0.50	0.25	0.33	0.17	0.07	0.05	0.02
14:00	0.70	1.16	0.93	0.63	0.30	0.35	0.19	0.09	0.06	0.02
14:15	0.72	1.22	1.01	0.69	0.34	0.37	0.18	0.09	0.06	0.02
14:30	0.74	1.22	0.94	0.75	0.35	0.36	0.22	0.09	0.06	0.03
14:45	0.65	1.06	0.85	0.69	0.33	0.32	0.21	0.09	0.06	0.02

时间	南通新闻广播	南通交通广播	南通私家车广播	南通音乐广播	江苏交通广播网	中央中国之声	南通女主播电台	中央经济之声	南通FM91.8joyradio	江苏财经广播
15:00	0.70	0.99	0.82	0.76	0.36	0.32	0.25	0.12	0.05	0.02
15:15	0.63	0.93	0.75	0.77	0.39	0.31	0.26	0.13	0.05	0.02
15:30	0.70	0.95	0.81	0.71	0.39	0.34	0.24	0.13	0.05	0.02
15:45	0.79	0.87	0.74	0.66	0.39	0.32	0.22	0.11	0.04	0.03
16:00	0.97	1.00	0.75	0.61	0.41	0.43	0.25	0.10	0.05	0.03
16:15	1.07	0.97	0.75	0.58	0.40	0.48	0.28	0.11	0.06	0.03
16:30	1.07	0.94	0.72	0.58	0.40	0.42	0.27	0.12	0.06	0.03
16:45	1.11	0.90	0.69	0.56	0.39	0.41	0.28	0.11	0.06	0.03
17:00	1.49	1.36	0.92	0.75	0.51	0.44	0.32	0.16	0.07	0.04
17:15	1.57	1.47	0.99	0.85	0.60	0.44	0.35	0.18	0.06	0.05
17:30	1.64	1.69	1.18	1.04	0.74	0.50	0.39	0.24	0.07	0.05
17:45	1.61	1.61	1.11	1.00	0.73	0.46	0.36	0.23	0.07	0.05
18:00	1.90	2.09	1.34	1.18	0.84	0.62	0.46	0.30	0.10	0.06
18:15	2.02	2.08	1.45	1.14	0.84	0.64	0.48	0.31	0.10	0.06
18:30	2.05	1.97	1.47	1.07	0.79	0.62	0.45	0.29	0.09	0.05
18:45	1.89	1.49	1.25	0.89	0.65	0.53	0.37	0.25	0.08	0.05
19:00	1.81	1.34	1.14	0.78	0.57	0.46	0.29	0.17	0.08	0.05
19:15	1.74	1.23	1.03	0.73	0.52	0.39	0.28	0.16	0.07	0.05
19:30	1.72	1.22	0.95	0.73	0.49	0.37	0.28	0.15	0.07	0.05
19:45	1.61	1.03	0.76	0.68	0.42	0.34	0.26	0.12	0.06	0.04
20:00	1.50	1.25	0.66	0.78	0.49	0.37	0.34	0.13	0.08	0.03
20:15	1.30	1.23	0.58	0.77	0.46	0.37	0.32	0.14	0.08	0.03
20:30	1.02	1.15	0.58	0.78	0.46	0.36	0.31	0.16	0.06	0.03
20:45	0.95	0.91	0.51	0.69	0.40	0.33	0.24	0.15	0.04	0.02
21:00	0.85	0.74	0.42	0.61	0.36	0.27	0.21	0.10	0.03	0.03
21:15	0.86	0.61	0.37	0.56	0.33	0.25	0.18	0.08	0.03	0.03
21:30	0.76	0.57	0.37	0.49	0.31	0.22	0.16	0.07	0.03	0.02
21:45	0.69	0.53	0.37	0.46	0.26	0.19	0.13	0.07	0.04	0.02
22:00	0.69	0.45	0.43	0.45	0.23	0.17	0.13	0.07	0.04	0.02
22:15	0.67	0.44	0.42	0.43	0.22	0.17	0.13	0.07	0.04	0.02
22:30	0.63	0.45	0.39	0.38	0.20	0.18	0.13	0.07	0.04	0.02
22:45	0.57	0.45	0.37	0.38	0.19	0.18	0.12	0.07	0.03	0.02
23:00	0.46	0.39	0.28	0.33	0.15	0.14	0.09	0.06	0.02	0.01
23:15	0.38	0.32	0.23	0.27	0.15	0.13	0.08	0.05	0.02	0.01
23:30	0.33	0.28	0.22	0.21	0.12	0.11	0.07	0.04	0.02	0.01
23:45	0.23	0.18	0.14	0.14	0.08	0.08	0.05	0.03	0.01	0.01

表 2.40.4 南通地区主要电台的占有率（%）

时间	南通新闻广播	南通交通广播	南通私家车广播	南通音乐广播	江苏交通广播网	中央中国之声	南通女主播电台	中央经济之声	南通FM91.8joyradio	江苏财经广播
6:00	30.3	21.2	15.5	12.1	8.0	5.8	0.0	2.3	0.9	0.4
6:15	28.2	23.2	15.8	11.4	7.8	5.6	0.0	2.4	1.0	0.7
6:30	27.5	21.3	18.4	13.0	7.7	4.4	0.0	2.2	1.3	0.5
6:45	24.8	23.3	16.7	14.5	8.2	4.6	0.0	2.2	1.1	0.5
7:00	24.9	23.6	20.5	13.3	5.7	3.3	2.9	1.5	1.1	0.3
7:15	25.1	23.0	20.8	12.9	5.7	3.4	3.0	1.6	1.0	0.3
7:30	25.9	21.2	21.4	12.2	5.5	4.2	3.6	1.6	0.9	0.2
7:45	25.8	21.6	21.1	12.1	5.7	4.3	3.6	1.6	0.9	0.3
8:00	25.6	21.2	21.4	11.9	6.1	4.5	3.8	1.6	0.7	0.3
8:15	24.9	22.3	21.5	11.4	6.2	4.7	3.8	1.6	0.6	0.3
8:30	23.7	23.1	22.3	10.5	6.6	4.9	3.9	1.6	0.6	0.4
8:45	23.6	23.3	21.8	10.5	7.2	5.3	3.5	1.6	0.6	0.4
9:00	22.5	26.1	20.8	10.9	6.6	5.1	3.3	1.4	0.7	0.3
9:15	22.6	26.9	19.9	10.8	6.5	5.3	3.1	1.3	0.7	0.3
9:30	23.4	27.2	18.3	11.4	5.9	5.6	3.0	1.4	0.7	0.4
9:45	24.1	27.5	16.5	12.0	6.4	5.7	2.9	1.4	0.5	0.4
10:00	20.7	27.6	15.6	14.1	6.9	5.2	3.7	1.8	0.7	0.5
10:15	20.4	27.1	14.9	14.1	7.2	5.6	4.1	1.9	0.8	0.5
10:30	18.0	26.1	14.9	15.5	7.9	5.4	4.7	2.3	0.9	0.5
10:45	17.9	26.3	14.9	15.6	7.9	4.5	5.0	2.2	1.0	0.4
11:00	17.6	23.3	15.7	15.0	8.0	4.7	6.0	2.2	1.3	0.4
11:15	17.8	24.1	16.1	12.9	7.8	5.1	5.9	2.0	1.5	0.4
11:30	18.9	25.7	15.8	12.3	6.8	5.7	4.9	1.9	1.5	0.6
11:45	21.2	24.3	16.0	12.8	5.7	6.2	4.7	2.0	1.6	0.8
12:00	24.0	22.8	15.9	12.7	5.6	6.0	5.2	1.9	1.6	0.7
12:15	24.8	22.0	15.3	13.3	5.9	6.0	5.3	1.9	1.5	0.6
12:30	24.1	21.3	15.6	13.9	5.9	6.4	5.7	1.8	1.4	0.5
12:45	22.5	21.3	15.6	13.3	6.9	7.1	5.8	1.8	1.6	0.5
13:00	19.0	22.7	17.6	12.9	6.9	7.6	5.5	1.7	1.3	0.6
13:15	19.3	23.5	17.8	12.9	6.5	7.2	5.4	1.5	1.1	0.6
13:30	18.1	24.1	19.4	11.4	6.5	8.3	4.8	1.8	1.1	0.5
13:45	17.4	24.7	18.2	12.9	6.5	8.6	4.4	1.8	1.2	0.5
14:00	15.2	25.2	20.3	13.7	6.5	7.6	4.1	2.0	1.3	0.4
14:15	14.7	25.1	20.8	14.0	7.0	7.6	3.7	1.9	1.3	0.4
14:30	15.0	24.6	18.9	15.1	7.1	7.3	4.5	1.9	1.3	0.5
14:45	14.7	23.7	19.2	15.4	7.5	7.2	4.7	2.1	1.3	0.6

时间	南通新闻广播	南通交通广播	南通私家车广播	南通音乐广播	江苏交通广播网	中央中国之声	南通女主播电台	中央经济之声	南通FM91.8joyradio	江苏财经广播
15:00	15.3	21.8	18.0	16.7	8.0	7.0	5.6	2.6	1.0	0.4
15:15	14.4	21.2	17.1	17.7	8.9	7.1	5.9	2.9	1.0	0.5
15:30	15.5	21.3	18.2	15.9	8.7	7.7	5.3	2.9	1.0	0.4
15:45	18.3	20.1	17.3	15.3	9.0	7.4	5.0	2.6	1.0	0.6
16:00	20.3	20.9	15.8	12.8	8.7	9.1	5.3	2.1	1.1	0.7
16:15	21.8	19.8	15.3	11.9	8.1	9.8	5.7	2.3	1.1	0.7
16:30	22.4	19.6	15.0	12.1	8.3	8.7	5.7	2.5	1.3	0.7
16:45	23.5	19.1	14.6	11.8	8.4	8.6	5.9	2.4	1.3	0.6
17:00	23.7	21.6	14.7	11.9	8.1	6.9	5.0	2.6	1.1	0.6
17:15	23.1	21.6	14.5	12.4	8.8	6.5	5.1	2.6	0.8	0.7
17:30	21.0	21.7	15.2	13.3	9.5	6.4	5.0	3.0	0.9	0.7
17:45	21.6	21.5	14.8	13.3	9.8	6.1	4.8	3.1	0.9	0.7
18:00	20.8	22.8	14.7	12.9	9.2	6.8	5.1	3.3	1.1	0.7
18:15	21.5	22.1	15.4	12.1	9.0	6.8	5.1	3.3	1.1	0.7
18:30	22.4	21.5	16.1	11.7	8.6	6.8	4.9	3.2	1.0	0.6
18:45	24.5	19.3	16.2	11.6	8.5	6.9	4.8	3.3	1.0	0.7
19:00	26.1	19.4	16.5	11.3	8.2	6.6	4.1	2.5	1.1	0.7
19:15	27.2	19.1	16.1	11.3	8.1	6.1	4.4	2.5	1.2	0.7
19:30	27.8	19.7	15.3	11.7	7.9	6.0	4.5	2.5	1.2	0.7
19:45	29.4	18.8	13.9	12.5	7.7	6.2	4.7	2.2	1.1	0.7
20:00	25.9	21.6	11.4	13.5	8.4	6.4	5.9	2.3	1.3	0.5
20:15	23.9	22.6	10.6	14.2	8.5	6.8	5.9	2.5	1.4	0.6
20:30	20.3	22.7	11.5	15.5	9.0	7.2	6.1	3.1	1.3	0.6
20:45	21.7	20.8	11.7	15.9	9.1	7.6	5.5	3.3	1.0	0.6
21:00	22.6	19.6	11.3	16.2	9.7	7.2	5.7	2.6	0.9	0.8
21:15	25.1	17.9	10.7	16.3	9.6	7.3	5.2	2.4	1.0	0.8
21:30	24.2	18.4	11.7	15.8	9.8	7.0	5.3	2.2	1.1	0.8
21:45	24.1	18.7	13.1	16.0	9.1	6.5	4.7	2.3	1.3	0.8
22:00	25.1	16.1	15.6	16.1	8.5	6.1	4.5	2.4	1.5	0.7
22:15	24.7	16.1	15.5	15.7	8.2	6.3	4.8	2.7	1.5	0.7
22:30	24.4	17.3	15.2	14.7	7.7	7.1	5.1	2.7	1.4	0.8
22:45	23.0	18.4	15.1	15.3	7.6	7.3	4.8	2.8	1.2	0.7
23:00	23.0	19.2	13.8	16.4	7.4	7.2	4.5	3.1	1.2	0.5
23:15	22.0	18.6	13.3	15.6	8.6	7.8	4.9	3.0	1.1	0.6
23:30	22.5	19.2	14.9	14.6	8.1	7.2	4.7	2.9	1.2	0.5
23:45	23.4	18.2	14.7	13.8	8.0	8.5	4.7	2.7	1.5	0.5

表 2.40.5　南通市平均收听率 top30 节目

排名	节目名称	所属频率	播放时间	平均收听率(%)	市场占有率(%)
1	现在出发	南通私家车广播	07:00—09:00	2.91	22.6
2	领先早高峰	南通交通广播	07:00—09:00	2.77	21.5
3	新闻天下	南通新闻广播	07:30—09:00	2.72	21.1
4	汽车进化论	南通交通广播	09:00—10:00	2.35	27.6
5	91.8 芳华岁月	南通音乐广播	07:00—08:00	2.34	19.1
6	91.8 慢生活	南通音乐广播	08:00—09:00	2.21	16.3
7	环球音乐旅行	南通交通广播	19:00—19:30	2.11	25.5
8	直播南通	南通新闻广播	07:00—07:30	2.10	20.3
9	小通时间 2016	南通私家车广播	09:00—10:00	1.98	23.2
10	求证	南通新闻广播	09:00—10:00	1.85	21.7
11	新闻联播+城市日历	南通新闻广播	19:00—20:00	1.83	27.6
11	970 新闻动车	南通新闻广播	18:00—19:00	1.83	20.7
13	音乐无人驾驶	南通私家车广播	18:30—19:00	1.81	21.1
14	929 帮女郎	南通交通广播	10:00—11:00	1.78	36.5
15	下班不推板	南通交通广播	17:00—19:00	1.67	22.3
16	开心回家	南通私家车广播	17:30—18:30	1.58	20.8
17	1061 听书馆	南通私家车广播	19:00—19:30	1.55	19.8
18	鲁键评论	南通新闻广播	17:30—18:00	1.49	21.7
19	加油路战队	南通交通广播	12:00—12:30	1.43	28.5
20	新闻与报纸摘要	南通交通广播	06:30—07:00	1.42	23.3
21	转播中央台《新闻和报纸摘要》	南通新闻广播	06:30—07:00	1.37	22.5
22	我的朋友圈	南通交通广播	11:00—12:00	1.34	30.5
23	吃喝玩乐 GO	南通新闻广播	17:00—17:30	1.27	23.0
24	转城市日历	南通交通广播	19:30—20:00	1.23	22.0
24	91.8 就听好歌不听话	南通音乐广播	17:00—19:00	1.23	16.3
26	音乐晚点名	南通新闻广播	20:00—21:00	1.22	29.3
27	小通时间(精华版)	南通私家车广播	19:30—20:00	1.19	21.2
28	CAR 们	南通交通广播	14:00—15:00	1.06	30.1
29	91.8 星花乐放	南通音乐广播	09:00—10:30	1.04	13.9
30	有理走天下	南通交通广播	15:00—16:00	1.03	22.2

四十一、连云港地区收听率数据

表 2.41.1　连云港地区主要电台频率的平均收听率和市场份额

排名	电台名称	平均收听率（%）	市场份额（%）
1	连云港交通广播	1.24	25.8
2	江苏交通广播网	0.70	14.6
3	连云港新闻综合广播	0.64	13.3
4	连云港音乐之声	0.55	11.4
5	江苏新闻广播	0.47	9.7
6	连云港故事广播	0.30	6.2
7	江苏音乐广播	0.29	6.0
8	中央中国之声	0.25	5.3
9	江苏经典流行音乐广播	0.16	3.3
10	江苏财经广播	0.05	1.1

表 2.41.2　连云港地区主要电台频率的周到达率和日到达率

排名	电台名称	周到达率（%）	日到达率（%）
1	连云港交通广播	29.61	15.09
2	连云港新闻综合广播	19.66	12.44
3	江苏交通广播网	21.32	11.94
4	连云港音乐之声	16.68	10.25
5	江苏新闻广播	14.92	9.02
6	连云港故事广播	11.99	7.84
7	江苏音乐广播	11.97	7.23
8	中央中国之声	9.92	5.39
9	江苏经典流行音乐广播	6.61	3.99
10	江苏汽车调频	3.50	1.61

表 2.41.3　连云港地区主要电台的收听率（%）

时间	连云港交通广播	江苏交通广播网	连云港新闻综合广播	连云港音乐之声	江苏新闻广播	连云港故事广播	江苏音乐广播	中央中国之声	江苏经典流行音乐广播	江苏财经广播
6:00	0.68	0.28	0.26	0.14	0.27	0.05	0.20	0.03	0.12	0.00
6:15	1.68	0.66	0.72	0.24	0.44	0.04	0.30	0.08	0.16	0.01
6:30	1.73	0.90	1.04	0.23	0.44	0.10	0.32	0.12	0.25	0.03
6:45	2.84	1.06	1.11	0.28	0.67	0.09	0.34	0.14	0.28	0.05
7:00	3.29	1.47	1.37	0.49	0.97	0.16	0.49	0.34	0.33	0.07
7:15	3.46	1.55	1.37	0.59	1.01	0.19	0.54	0.36	0.33	0.07
7:30	3.44	1.52	1.50	0.89	1.10	0.19	0.58	0.43	0.35	0.08
7:45	3.27	1.60	1.37	1.16	1.13	0.19	0.61	0.43	0.34	0.09
8:00	3.14	1.50	1.21	1.17	1.07	0.28	0.60	0.40	0.30	0.09
8:15	3.01	1.40	1.14	1.16	0.81	0.28	0.60	0.39	0.28	0.09
8:30	2.40	1.35	0.94	1.14	0.75	0.28	0.52	0.37	0.26	0.08
8:45	1.90	1.06	0.93	0.90	0.76	0.31	0.51	0.36	0.23	0.06
9:00	1.66	0.99	1.05	0.79	0.77	0.56	0.36	0.39	0.25	0.07
9:15	1.79	0.77	1.09	0.58	0.72	0.64	0.38	0.42	0.25	0.07
9:30	1.83	0.82	1.00	0.62	0.73	0.66	0.31	0.43	0.26	0.07
9:45	1.59	0.92	0.89	0.64	0.71	0.65	0.31	0.44	0.23	0.06
10:00	1.52	0.93	0.81	0.64	0.59	0.59	0.32	0.43	0.21	0.06
10:15	1.34	0.80	0.63	0.63	0.50	0.50	0.31	0.36	0.19	0.05
10:30	1.14	0.60	0.62	0.57	0.56	0.41	0.35	0.30	0.16	0.04
10:45	0.85	0.63	0.57	0.47	0.64	0.38	0.35	0.29	0.15	0.04
11:00	1.03	0.55	0.59	0.49	0.72	0.27	0.33	0.25	0.18	0.05
11:15	1.16	0.51	0.61	0.52	0.73	0.28	0.31	0.26	0.19	0.07
11:30	1.34	0.49	0.67	0.59	0.70	0.29	0.23	0.27	0.18	0.07
11:45	1.37	0.43	0.71	0.62	0.65	0.29	0.24	0.29	0.14	0.08
12:00	1.23	0.64	0.72	0.67	0.54	0.37	0.23	0.30	0.10	0.08
12:15	1.26	0.72	0.71	0.71	0.48	0.39	0.27	0.29	0.12	0.07
12:30	1.11	0.75	0.66	0.69	0.39	0.39	0.30	0.25	0.12	0.06
12:45	0.78	0.70	0.63	0.55	0.34	0.35	0.28	0.20	0.10	0.05
13:00	0.65	0.57	0.57	0.39	0.42	0.29	0.27	0.19	0.11	0.04
13:15	0.62	0.54	0.61	0.34	0.46	0.25	0.25	0.20	0.13	0.04
13:30	0.72	0.64	0.55	0.32	0.48	0.23	0.23	0.24	0.16	0.06
13:45	0.79	0.73	0.47	0.36	0.45	0.26	0.20	0.25	0.19	0.06
14:00	0.83	0.67	0.53	0.49	0.39	0.30	0.19	0.24	0.20	0.06
14:15	0.89	0.63	0.46	0.52	0.28	0.32	0.20	0.24	0.22	0.05
14:30	0.74	0.53	0.40	0.50	0.28	0.30	0.23	0.27	0.22	0.04
14:45	0.55	0.35	0.33	0.46	0.29	0.24	0.24	0.29	0.21	0.04

时间	连云港交通广播	江苏交通广播网	连云港新闻综合广播	连云港音乐之声	江苏新闻广播	连云港故事广播	江苏音乐广播	中央中国之声	江苏经典流行音乐广播	江苏财经广播
15:00	0.68	0.37	0.30	0.35	0.38	0.20	0.26	0.31	0.17	0.04
15:15	0.73	0.42	0.37	0.28	0.40	0.26	0.24	0.29	0.11	0.04
15:30	0.72	0.52	0.42	0.32	0.41	0.34	0.21	0.29	0.10	0.04
15:45	0.85	0.76	0.45	0.46	0.36	0.36	0.18	0.24	0.07	0.03
16:00	0.96	0.89	0.52	0.47	0.27	0.38	0.18	0.21	0.08	0.03
16:15	0.88	0.89	0.49	0.47	0.27	0.35	0.16	0.25	0.12	0.05
16:30	0.93	0.88	0.53	0.45	0.33	0.34	0.16	0.26	0.15	0.05
16:45	1.18	0.76	0.68	0.44	0.40	0.38	0.24	0.29	0.20	0.06
17:00	1.91	0.82	1.03	0.96	0.40	0.57	0.24	0.29	0.21	0.07
17:15	2.18	1.12	1.08	1.05	0.55	0.59	0.38	0.31	0.21	0.07
17:30	2.16	1.30	1.09	1.06	0.59	0.60	0.42	0.30	0.19	0.06
17:45	2.09	1.35	0.97	0.96	0.65	0.57	0.44	0.33	0.17	0.06
18:00	1.89	1.32	0.77	0.88	0.63	0.50	0.45	0.36	0.18	0.08
18:15	1.66	1.30	0.71	0.76	0.58	0.44	0.44	0.39	0.16	0.11
18:30	1.11	0.99	0.65	0.69	0.52	0.39	0.42	0.38	0.16	0.11
18:45	0.83	0.83	0.69	0.63	0.41	0.31	0.34	0.37	0.15	0.11
19:00	1.04	0.47	0.77	0.63	0.38	0.30	0.32	0.35	0.10	0.10
19:15	1.01	0.40	0.76	0.66	0.24	0.25	0.30	0.23	0.11	0.08
19:30	0.86	0.51	0.69	0.73	0.27	0.30	0.29	0.20	0.09	0.07
19:45	0.74	0.56	0.58	0.67	0.33	0.31	0.30	0.14	0.11	0.05
20:00	0.55	0.52	0.32	0.62	0.34	0.29	0.27	0.13	0.11	0.05
20:15	0.55	0.43	0.31	0.58	0.34	0.19	0.18	0.16	0.09	0.04
20:30	0.69	0.32	0.26	0.44	0.25	0.18	0.15	0.18	0.06	0.05
20:45	0.63	0.19	0.18	0.28	0.19	0.13	0.16	0.15	0.05	0.04
21:00	0.62	0.23	0.21	0.27	0.14	0.18	0.20	0.13	0.08	0.04
21:15	0.62	0.33	0.28	0.27	0.18	0.19	0.18	0.13	0.10	0.03
21:30	0.55	0.33	0.33	0.32	0.23	0.19	0.16	0.09	0.11	0.02
21:45	0.41	0.25	0.32	0.29	0.22	0.19	0.14	0.08	0.11	0.02
22:00	0.29	0.20	0.19	0.37	0.12	0.16	0.14	0.12	0.09	0.02
22:15	0.28	0.12	0.16	0.35	0.15	0.13	0.14	0.14	0.05	0.02
22:30	0.36	0.11	0.15	0.22	0.14	0.14	0.13	0.14	0.04	0.02
22:45	0.37	0.21	0.21	0.24	0.17	0.13	0.11	0.12	0.05	0.03
23:00	0.43	0.24	0.20	0.21	0.18	0.12	0.11	0.09	0.04	0.03
23:15	0.26	0.16	0.10	0.17	0.14	0.09	0.11	0.09	0.04	0.03
23:30	0.24	0.13	0.10	0.16	0.12	0.07	0.08	0.08	0.04	0.02
23:45	0.14	0.11	0.07	0.10	0.07	0.05	0.06	0.06	0.02	0.01

表 2.41.4 连云港地区主要电台的占有率（%）

时间	连云港交通广播	江苏交通广播网	连云港新闻综合广播	连云港音乐之声	江苏新闻广播	连云港故事广播	江苏音乐广播	中央中国之声	江苏经典流行音乐广播	江苏财经广播
6:00	33.7	13.7	12.7	6.7	13.3	2.3	9.9	1.5	5.8	0.0
6:15	38.7	15.3	16.6	5.5	10.1	0.9	6.8	1.9	3.7	0.2
6:30	33.3	17.3	20.0	4.4	8.5	1.9	6.1	2.3	4.8	0.6
6:45	41.0	15.4	16.0	4.0	9.7	1.3	4.9	2.0	4.0	0.7
7:00	36.2	16.2	15.1	5.4	10.7	1.8	5.4	3.7	3.6	0.8
7:15	35.9	16.1	14.2	6.2	10.5	1.9	5.6	3.8	3.4	0.8
7:30	33.5	14.8	14.6	8.7	10.7	1.9	5.7	4.2	3.4	0.8
7:45	31.5	15.4	13.2	11.1	10.8	1.8	5.9	4.1	3.3	0.9
8:00	31.5	15.0	12.1	11.8	10.7	2.8	6.0	4.0	3.0	0.9
8:15	32.2	14.9	12.2	12.4	8.7	3.0	6.4	4.2	3.0	0.9
8:30	29.0	16.3	11.3	13.8	9.0	3.4	6.3	4.5	3.1	1.0
8:45	26.3	14.7	12.9	12.4	10.6	4.3	7.1	5.0	3.2	0.9
9:00	23.4	13.9	14.8	11.1	10.8	7.9	5.0	5.5	3.5	1.0
9:15	25.9	11.1	15.7	8.4	10.4	9.2	5.5	6.1	3.7	1.0
9:30	26.2	11.8	14.4	8.8	10.4	9.4	4.5	6.2	3.7	1.0
9:45	23.6	13.7	13.2	9.5	10.6	9.7	4.7	6.6	3.5	1.0
10:00	24.0	14.6	12.8	10.0	9.2	9.3	5.0	6.8	3.3	0.9
10:15	24.1	14.4	11.4	11.3	9.0	9.0	5.7	6.4	3.4	0.9
10:30	23.0	12.2	12.5	11.5	11.2	8.3	6.9	6.1	3.2	0.8
10:45	18.7	13.9	12.6	10.3	14.2	8.2	7.8	6.5	3.3	0.8
11:00	22.2	11.9	12.7	10.6	15.5	5.8	7.1	5.5	3.9	1.1
11:15	24.1	10.6	12.8	10.7	15.3	5.8	6.4	5.3	3.9	1.4
11:30	26.8	9.8	13.3	11.8	14.0	5.8	4.5	5.4	3.5	1.4
11:45	27.4	8.6	14.1	12.4	12.9	5.9	4.8	5.8	2.8	1.5
12:00	24.3	12.6	14.3	13.2	10.7	7.3	4.4	5.8	2.0	1.6
12:15	24.1	13.8	13.6	13.6	9.1	7.4	5.1	5.6	2.2	1.4
12:30	22.5	15.2	13.4	14.1	7.9	7.9	6.0	5.0	2.4	1.3
12:45	18.6	16.7	15.1	13.1	8.2	8.4	6.8	4.8	2.5	1.2
13:00	17.8	15.6	15.7	10.5	11.5	7.9	7.2	5.3	2.9	1.1
13:15	17.3	15.1	17.0	9.4	12.9	7.0	7.1	5.5	3.6	1.2
13:30	19.2	17.2	14.6	8.6	12.7	6.1	6.0	6.4	4.2	1.5
13:45	20.1	18.7	12.1	9.2	11.6	6.8	5.1	6.5	4.8	1.5
14:00	20.4	16.4	13.1	12.0	9.6	7.5	4.8	5.8	4.8	1.4
14:15	22.3	15.7	11.6	13.1	7.1	8.0	5.1	5.9	5.5	1.3
14:30	20.2	14.3	10.9	13.6	7.5	8.1	6.3	7.3	5.9	1.2
14:45	17.5	11.1	10.4	14.6	9.3	7.4	7.6	9.0	6.5	1.2

时间	连云港交通广播	江苏交通广播网	连云港新闻综合广播	连云港音乐之声	江苏新闻广播	连云港故事广播	江苏音乐广播	中央中国之声	江苏经典流行音乐广播	江苏财经广播
15:00	21.1	11.6	9.3	10.9	11.8	6.4	8.0	9.5	5.4	1.1
15:15	22.2	12.8	11.2	8.5	12.2	7.9	7.2	8.9	3.3	1.2
15:30	20.5	14.8	11.9	9.1	11.6	9.7	6.0	8.2	2.7	1.1
15:45	21.6	19.4	11.6	11.7	9.1	9.2	4.6	6.1	1.8	0.8
16:00	23.1	21.4	12.5	11.3	6.6	9.1	4.3	5.1	1.9	0.8
16:15	21.4	21.6	11.9	11.4	6.6	8.6	3.8	6.0	3.0	1.2
16:30	21.6	20.4	12.4	10.5	7.8	8.0	3.7	6.1	3.4	1.3
16:45	24.2	15.8	14.1	9.2	8.3	7.9	5.0	5.9	4.1	1.2
17:00	28.3	12.2	15.3	14.3	6.0	8.4	3.6	4.3	3.1	1.0
17:15	27.9	14.4	13.9	13.5	7.1	7.6	4.9	4.0	2.7	0.9
17:30	27.0	16.3	13.5	13.2	7.4	7.5	5.2	3.8	2.3	0.8
17:45	26.7	17.2	12.4	12.3	8.3	7.3	5.7	4.2	2.2	0.7
18:00	26.0	18.2	10.6	12.1	8.6	6.9	6.1	4.9	2.5	1.1
18:15	24.6	19.3	10.6	11.3	8.7	6.5	6.6	5.7	2.3	1.6
18:30	19.8	17.7	11.6	12.3	9.2	6.9	7.5	6.8	2.9	2.0
18:45	17.2	17.2	14.3	13.1	8.4	6.3	6.9	7.6	3.1	2.3
19:00	22.5	10.1	16.7	13.6	8.2	6.6	7.0	7.6	2.2	2.2
19:15	24.0	9.6	18.1	15.6	5.8	6.0	7.2	5.5	2.6	2.0
19:30	20.7	12.3	16.6	17.4	6.4	7.2	6.9	4.9	2.1	1.6
19:45	18.8	14.2	14.8	17.0	8.3	8.0	7.6	3.6	2.7	1.2
20:00	16.5	15.5	9.6	18.6	10.3	8.6	8.2	4.0	3.2	1.4
20:15	18.3	14.3	10.3	19.2	11.3	6.3	6.0	5.4	2.8	1.3
20:30	25.3	11.7	9.7	16.2	9.1	6.8	5.4	6.6	2.2	1.7
20:45	29.7	9.1	8.5	13.2	8.9	5.9	7.4	7.2	2.5	1.9
21:00	27.8	10.3	9.5	12.0	6.5	8.0	8.8	5.8	3.8	1.7
21:15	25.7	13.7	11.4	11.1	7.5	7.7	7.3	5.3	4.3	1.2
21:30	22.5	13.7	13.5	13.1	9.3	7.9	6.6	3.8	4.5	0.9
21:45	19.4	11.9	14.8	13.7	10.2	8.8	6.5	3.7	5.0	0.9
22:00	16.1	11.2	10.7	20.6	6.8	8.8	7.6	6.5	5.0	1.2
22:15	16.8	7.4	9.8	21.4	8.9	8.1	8.5	8.6	2.9	1.2
22:30	22.9	7.1	10.0	14.0	9.1	9.0	8.1	8.9	2.9	1.4
22:45	21.4	12.4	12.4	13.9	9.7	7.7	6.3	6.7	2.9	1.8
23:00	24.9	14.0	11.8	12.3	10.1	7.1	6.6	5.4	2.3	1.7
23:15	20.8	12.4	7.9	13.7	11.1	7.4	8.3	7.0	3.3	2.2
23:30	21.9	12.2	9.1	14.9	11.3	6.5	7.4	7.2	3.3	1.9
23:45	19.7	14.9	9.3	14.2	9.2	7.0	8.7	7.9	2.7	1.8

表 2.41.5　连云港市平均收听率 top30 节目

排名	节目名称	所属频率	播放时间	平均收听率 (%)	市场占有率 (%)
1	脱口而出 show 新闻	连云港交通广播	07:00—07:30	3.59	35.1
2	一路同行	连云港交通广播	07:30—09:00	3.14	26.9
3	转播中央电台新闻	连云港交通广播	06:30—07:00	2.65	49.6
4	下班万岁	连云港交通广播	17:00—18:00	2.40	27.8
5	汽车地带	连云港交通广播	09:00—09:30	2.37	26.1
6	汽车门诊	连云港交通广播	09:30—10:00	1.98	27.9
7	1021 新闻早高峰	连云港新闻综合广播	07:20—08:00	1.80	16.3
8	车维权	连云港交通广播	10:00—10:30	1.77	28.1
9	连云港早新闻	连云港新闻综合广播	07:00—07:20	1.64	16.8
10	927 车论坛	连云港交通广播	18:00—19:00	1.62	22.8
11	927 交通红绿灯	连云港交通广播	11:30—12:00	1.48	27.2
12	行风热线	连云港新闻综合广播	08:30—09:30	1.46	15.6
13	嘀嘀叭叭早上好	江苏交通广播网	08:00—10:00	1.44	14.7
14	边走边听	连云港交通广播	06:00—06:30	1.38	45.2
14	快乐出发	连云港音乐之声	08:00—08:30	1.38	11.0
16	cctv 新闻 30 分	连云港交通广播	12:00—12:30	1.33	24.0
17	妙语连珠	连云港交通广播	16:50—17:00	1.31	28.2
18	典藏音乐	连云港音乐之声	07:50—08:00	1.30	10.6
18	校园文化长廊	连云港音乐之声	07:45—07:50	1.30	10.6
20	cctv 新闻联播	连云港交通广播	19:00—19:30	1.28	24.0
21	交广早班车	江苏交通广播网	06:30—08:00	1.24	13.3
22	脱口而出 show 新闻	连云港交通广播	12:30—13:00	1.23	25.3
23	音乐倾城	连云港音乐之声	17:00—18:00	1.22	14.2
24	开心方向盘	江苏交通广播网	17:00—18:00	1.18	13.7
25	新闻早高峰	江苏电台新闻广播	07:30—09:00	1.17	10.6
26	音乐好心情	连云港音乐之声	08:30—09:00	1.16	10.9
27	开心好运来	江苏交通广播网	18:00—19:00	1.10	15.4
28	时尚先生	连云港交通广播	19:30—20:00	1.05	24.3
29	极速快车道	江苏交通广播网	10:00—11:00	1.04	18.0
30	欢乐派	连云港音乐之声	18:00—19:00	1.02	14.4

四十二、盐城地区收听率数据

表 2.42.1 盐城地区主要电台频率的平均收听率和市场份额

排名	电台名称	平均收听率（%）	市场份额（%）
1	盐城城市交通台	1.04	18.3
2	盐城新闻财经台	1.02	18.0
3	FM88.2 经典音乐频率	0.71	12.4
4	盐城音乐电台	0.61	10.7
5	江苏交通广播网	0.59	10.4
6	盐城 HI	0.58	10.1
7	江苏音乐广播	0.35	6.2
8	江苏新闻综合广播	0.23	4.0
9	江苏新闻广播	0.19	3.4
10	中央音乐之声	0.11	2.0

表 2.42.2 盐城地区主要电台频率的周到达率和日到达率

排名	电台名称	周到达率（%）	日到达率（%）
1	盐城新闻财经台	26.88	8.70
2	盐城城市交通台	29.47	7.00
3	盐城音乐电台	17.53	5.09
4	盐城 HI	17.97	4.95
5	江苏交通广播网	21.59	4.81
6	江苏音乐广播	11.63	3.70
7	FM88.2 经典音乐频率	14.28	2.40
8	江苏新闻综合广播	9.22	2.11
9	江苏新闻广播	5.88	1.71
10	中央音乐之声	7.97	1.26

表 2.42.3　盐城地区主要电台的收听率（%）

时间	盐城城市交通台	盐城新闻财经台	FM88.2经典音乐频率	盐城音乐电台	江苏交通广播网	盐城HI	江苏音乐广播	江苏新闻综合广播	江苏新闻广播	中央音乐之声
6:00	1.28	2.10	0.55	0.48	0.52	0.55	0.35	0.37	0.57	0.13
6:15	1.49	2.21	0.72	0.58	0.59	0.55	0.40	0.37	0.59	0.14
6:30	1.32	2.05	0.69	0.63	0.67	0.51	0.41	0.38	0.61	0.10
6:45	1.27	1.88	0.72	0.69	0.73	0.63	0.36	0.34	0.62	0.14
7:00	1.84	2.13	0.84	1.01	0.98	1.02	0.49	0.37	0.61	0.10
7:15	1.81	2.16	0.77	1.24	1.08	1.13	0.50	0.35	0.54	0.17
7:30	1.58	1.82	0.69	0.96	1.00	0.82	0.49	0.29	0.49	0.16
7:45	1.56	1.88	0.92	0.89	0.98	0.69	0.45	0.31	0.33	0.15
8:00	1.57	1.84	1.04	1.18	1.19	0.97	0.38	0.29	0.24	0.15
8:15	1.52	1.69	0.94	1.02	1.23	1.06	0.39	0.31	0.25	0.17
8:30	1.27	1.63	1.09	0.65	1.02	0.70	0.39	0.28	0.24	0.13
8:45	1.20	1.46	1.00	0.60	1.10	0.52	0.36	0.26	0.15	0.13
9:00	1.23	1.36	0.91	0.59	1.02	0.57	0.35	0.20	0.14	0.11
9:15	1.23	1.21	0.97	0.45	0.93	0.52	0.29	0.16	0.15	0.08
9:30	1.22	1.03	0.99	0.42	1.00	0.49	0.31	0.16	0.12	0.09
9:45	1.18	1.07	0.87	0.43	0.95	0.50	0.27	0.15	0.15	0.08
10:00	1.27	1.12	0.96	0.46	0.93	0.45	0.27	0.16	0.13	0.09
10:15	1.41	0.99	1.01	0.50	0.89	0.50	0.31	0.16	0.13	0.08
10:30	1.32	0.97	0.93	0.53	0.86	0.48	0.27	0.15	0.11	0.08
10:45	1.34	0.90	0.84	0.49	0.87	0.52	0.29	0.16	0.10	0.10
11:00	1.37	0.89	0.82	0.56	0.89	0.54	0.34	0.17	0.13	0.06
11:15	1.44	0.87	0.87	0.64	0.80	0.61	0.41	0.19	0.11	0.07
11:30	1.48	0.81	0.75	0.56	0.90	0.56	0.42	0.20	0.13	0.05
11:45	1.34	0.96	0.66	0.65	0.90	0.59	0.49	0.20	0.17	0.05
12:00	1.31	0.91	0.68	0.69	0.78	0.71	0.58	0.17	0.20	0.07
12:15	1.33	0.83	0.63	0.69	0.81	0.61	0.68	0.19	0.21	0.07
12:30	1.23	0.81	0.56	0.62	0.79	0.57	0.55	0.18	0.21	0.10
12:45	1.16	0.70	0.56	0.58	0.66	0.57	0.42	0.17	0.17	0.12
13:00	1.06	0.78	0.51	0.59	0.63	0.57	0.32	0.20	0.18	0.11
13:15	0.97	0.73	0.52	0.61	0.56	0.59	0.31	0.20	0.15	0.08
13:30	0.86	0.63	0.61	0.51	0.46	0.50	0.33	0.17	0.16	0.07
13:45	0.87	0.60	0.64	0.55	0.50	0.50	0.24	0.17	0.16	0.09
14:00	0.84	0.61	0.59	0.59	0.47	0.56	0.22	0.16	0.12	0.07
14:15	0.82	0.64	0.58	0.59	0.44	0.56	0.23	0.15	0.17	0.09
14:30	0.80	0.65	0.67	0.54	0.49	0.52	0.26	0.15	0.15	0.08
14:45	0.73	0.72	0.68	0.52	0.47	0.50	0.26	0.15	0.13	0.07

时间	盐城城市交通台	盐城新闻财经台	FM88.2经典音乐频率	盐城音乐电台	江苏交通广播网	盐城HI	江苏音乐广播	江苏新闻综合广播	江苏新闻广播	中央音乐之声
15:00	0.76	0.73	0.63	0.54	0.49	0.50	0.34	0.16	0.13	0.07
15:15	0.74	0.67	0.56	0.48	0.49	0.46	0.39	0.16	0.15	0.08
15:30	0.67	0.75	0.58	0.50	0.50	0.48	0.37	0.13	0.12	0.08
15:45	0.72	0.73	0.65	0.55	0.57	0.51	0.40	0.21	0.14	0.07
16:00	0.70	0.75	0.65	0.53	0.54	0.53	0.35	0.21	0.13	0.07
16:15	0.88	0.83	0.63	0.59	0.61	0.52	0.36	0.21	0.15	0.11
16:30	0.88	0.82	0.63	0.57	0.50	0.58	0.34	0.22	0.15	0.10
16:45	0.90	0.82	0.75	0.61	0.50	0.61	0.30	0.19	0.10	0.11
17:00	1.17	0.97	0.72	0.89	0.70	0.86	0.31	0.19	0.14	0.14
17:15	1.10	1.15	0.76	1.02	0.68	0.88	0.31	0.16	0.12	0.10
17:30	1.01	0.98	0.83	0.83	0.41	0.84	0.35	0.16	0.15	0.17
17:45	1.00	1.10	0.79	0.93	0.45	0.78	0.39	0.17	0.17	0.19
18:00	1.10	1.20	0.75	0.96	0.61	0.89	0.40	0.20	0.19	0.12
18:15	1.00	1.27	0.72	0.88	0.60	0.81	0.52	0.26	0.23	0.13
18:30	1.00	1.19	0.83	0.81	0.51	0.77	0.45	0.25	0.21	0.13
18:45	0.96	1.29	0.82	0.69	0.46	0.71	0.44	0.29	0.20	0.10
19:00	1.15	1.49	0.76	0.84	0.39	0.85	0.40	0.42	0.21	0.19
19:15	1.13	1.57	0.86	0.88	0.35	0.75	0.39	0.43	0.20	0.23
19:30	0.92	1.31	0.81	0.71	0.36	0.60	0.38	0.40	0.18	0.20
19:45	0.99	1.31	0.75	0.73	0.27	0.68	0.35	0.46	0.16	0.18
20:00	1.03	1.37	0.81	0.90	0.18	0.84	0.35	0.50	0.19	0.25
20:15	0.75	1.23	0.68	0.92	0.26	0.84	0.35	0.43	0.16	0.27
20:30	0.72	0.94	0.65	0.67	0.27	0.63	0.42	0.36	0.15	0.17
20:45	0.66	0.86	0.56	0.63	0.21	0.53	0.36	0.31	0.13	0.13
21:00	0.69	0.83	0.51	0.53	0.29	0.54	0.37	0.26	0.10	0.12
21:15	0.67	0.66	0.62	0.51	0.30	0.49	0.31	0.24	0.14	0.11
21:30	0.67	0.65	0.50	0.38	0.26	0.37	0.31	0.23	0.12	0.09
21:45	0.69	0.43	0.46	0.31	0.23	0.33	0.28	0.19	0.11	0.07
22:00	0.77	0.39	0.59	0.29	0.22	0.27	0.24	0.15	0.12	0.10
22:15	0.68	0.30	0.53	0.20	0.19	0.25	0.21	0.13	0.09	0.08
22:30	0.67	0.29	0.47	0.17	0.19	0.16	0.21	0.14	0.10	0.11
22:45	0.60	0.27	0.49	0.12	0.22	0.11	0.23	0.09	0.08	0.10
23:00	0.52	0.21	0.52	0.09	0.21	0.11	0.21	0.12	0.08	0.08
23:15	0.39	0.26	0.36	0.04	0.18	0.07	0.20	0.12	0.06	0.08
23:30	0.48	0.24	0.45	0.07	0.20	0.06	0.19	0.10	0.06	0.05
23:45	0.44	0.14	0.32	0.04	0.17	0.04	0.21	0.09	0.05	0.04

表 2.42.4 盐城地区主要电台的占有率（%）

时间	盐城城市交通台	盐城新闻财经台	FM88.2经典音乐频率	盐城音乐电台	江苏交通广播网	盐城HI	江苏音乐广播	江苏新闻综合广播	江苏新闻广播	中央音乐之声
6:00	17.8	29.2	7.6	6.7	7.3	7.6	4.8	5.2	8.0	1.8
6:15	18.9	28.0	9.1	7.3	7.5	7.0	5.1	4.7	7.5	1.8
6:30	17.3	26.9	9.0	8.3	8.7	6.7	5.3	5.0	8.1	1.3
6:45	16.7	24.7	9.4	9.1	9.6	8.3	4.7	4.5	8.2	1.9
7:00	18.9	21.8	8.6	10.4	10.0	10.4	5.0	3.8	6.3	1.1
7:15	18.0	21.5	7.7	12.4	10.7	11.2	4.9	3.5	5.4	1.7
7:30	18.4	21.2	8.0	11.2	11.7	9.6	5.7	3.4	5.7	1.9
7:45	18.3	22.0	10.8	10.5	11.5	8.1	5.3	3.7	3.8	1.7
8:00	17.0	20.0	11.3	12.8	12.9	10.5	4.1	3.1	2.6	1.7
8:15	16.9	18.8	10.5	11.3	13.6	11.8	4.3	3.4	2.8	1.9
8:30	16.2	20.8	13.9	8.3	13.0	8.9	5.0	3.6	3.0	1.7
8:45	16.8	20.4	14.0	8.3	15.3	7.2	5.0	3.6	2.1	1.8
9:00	18.0	20.0	13.3	8.6	14.9	8.3	5.1	3.0	2.0	1.7
9:15	19.4	19.0	15.3	7.1	14.6	8.2	4.6	2.6	2.3	1.3
9:30	19.7	16.7	16.0	6.8	16.2	7.9	5.0	2.6	2.0	1.5
9:45	19.8	17.9	14.6	7.1	16.0	8.3	4.5	2.5	2.6	1.4
10:00	20.6	18.2	15.5	7.4	15.1	7.3	4.3	2.5	2.2	1.4
10:15	22.1	15.6	15.9	7.9	14.1	7.9	4.9	2.5	2.1	1.2
10:30	21.8	16.0	15.3	8.7	14.1	7.9	4.5	2.5	1.9	1.3
10:45	22.9	15.4	14.3	8.4	14.9	8.9	4.9	2.7	1.8	1.7
11:00	22.5	14.7	13.5	9.1	14.7	8.9	5.5	2.7	2.1	1.1
11:15	22.8	13.8	13.8	10.2	12.7	9.7	6.5	3.0	1.7	1.2
11:30	24.2	13.3	12.3	9.2	14.7	9.2	6.8	3.3	2.2	0.8
11:45	21.3	15.3	10.5	10.4	14.4	9.3	7.8	3.2	2.6	0.9
12:00	20.7	14.3	10.6	10.9	12.3	11.1	9.1	2.7	3.1	1.1
12:15	21.1	13.2	10.0	11.0	12.8	9.7	10.8	3.1	3.3	1.2
12:30	21.1	13.8	9.6	10.7	13.6	9.8	9.4	3.0	3.6	1.7
12:45	21.8	13.0	10.6	10.9	12.3	10.7	7.8	3.1	3.3	2.2
13:00	20.4	15.1	9.9	11.4	12.1	11.1	6.3	3.8	3.5	2.1
13:15	19.8	14.9	10.6	12.4	11.4	12.1	6.3	4.1	3.1	1.6
13:30	19.1	14.1	13.7	11.4	10.4	11.1	7.3	3.7	3.5	1.6
13:45	19.2	13.4	14.1	12.2	11.0	11.2	5.3	3.8	3.5	2.1
14:00	19.1	13.9	13.4	13.4	10.7	12.6	5.1	3.6	2.6	1.6
14:15	18.3	14.1	13.0	13.2	9.7	12.4	5.2	3.3	3.9	2.1
14:30	17.7	14.4	14.9	11.9	10.8	11.5	5.8	3.3	3.3	1.9
14:45	16.6	16.3	15.4	11.7	10.7	11.2	6.0	3.4	2.9	1.6

时间	盐城城市交通台	盐城新闻财经台	FM88.2经典音乐频率	盐城音乐电台	江苏交通广播网	盐城HI	江苏音乐广播	江苏新闻综合广播	江苏新闻广播	中央音乐之声
15:00	16.7	15.9	13.7	11.9	10.8	10.9	7.4	3.4	2.8	1.5
15:15	16.6	15.1	12.5	10.7	10.9	10.2	8.8	3.5	3.4	1.8
15:30	15.1	16.8	13.1	11.2	11.3	10.9	8.4	3.0	2.7	1.8
15:45	15.2	15.5	13.6	11.6	12.0	10.7	8.4	4.3	2.9	1.4
16:00	15.0	16.1	13.8	11.3	11.6	11.4	7.4	4.4	2.8	1.6
16:15	17.2	16.2	12.3	11.6	11.9	10.1	7.0	4.1	2.9	2.1
16:30	17.6	16.5	12.6	11.5	10.0	11.6	6.9	4.5	3.0	2.0
16:45	17.7	16.3	14.8	12.0	9.8	12.1	5.9	3.8	2.1	2.2
17:00	18.4	15.3	11.3	14.1	11.1	13.5	4.8	3.0	2.2	2.2
17:15	16.8	17.6	11.7	15.5	10.4	13.4	4.8	2.4	1.8	1.5
17:30	16.8	16.4	13.8	13.8	6.8	13.9	5.8	2.6	2.4	2.9
17:45	15.9	17.5	12.5	14.8	7.1	12.4	6.2	2.8	2.7	3.0
18:00	16.4	17.9	11.3	14.4	9.1	13.3	6.0	3.0	2.8	1.7
18:15	14.8	18.7	10.6	12.9	8.8	12.0	7.7	3.8	3.3	1.9
18:30	15.4	18.4	12.8	12.4	7.9	11.8	6.9	3.8	3.3	2.0
18:45	15.5	20.7	13.3	11.1	7.4	11.5	7.0	4.6	3.2	1.6
19:00	16.3	21.1	10.8	11.9	5.5	12.1	5.6	6.0	3.0	2.7
19:15	15.8	22.0	12.2	12.4	4.9	10.6	5.5	6.1	2.8	3.2
19:30	15.0	21.3	13.2	11.6	5.8	9.8	6.2	6.5	3.0	3.2
19:45	16.2	21.3	12.3	11.9	4.4	11.1	5.7	7.6	2.7	2.9
20:00	15.3	20.3	12.0	13.3	2.7	12.4	5.2	7.5	2.8	3.8
20:15	12.1	19.9	11.0	14.9	4.1	13.5	5.6	7.0	2.6	4.3
20:30	13.7	17.8	12.3	12.8	5.2	11.9	8.0	6.8	2.8	3.3
20:45	14.4	18.9	12.4	13.9	4.6	11.7	7.8	6.7	2.7	2.9
21:00	15.7	19.0	11.5	12.1	6.6	12.3	8.4	6.0	2.3	2.8
21:15	15.9	15.9	14.9	12.1	7.2	11.8	7.5	5.7	3.3	2.7
21:30	18.1	17.6	13.4	10.3	7.0	10.0	8.4	6.1	3.2	2.4
21:45	21.6	13.3	14.3	9.6	7.2	10.3	8.7	6.0	3.5	2.2
22:00	23.3	11.9	18.0	8.8	6.8	8.4	7.3	4.7	3.6	3.1
22:15	24.2	10.7	18.9	7.0	6.8	8.9	7.5	4.7	3.2	3.0
22:30	25.3	11.2	17.8	6.3	7.3	6.1	7.8	5.2	3.9	4.2
22:45	24.7	11.0	20.1	4.7	9.1	4.4	9.2	3.6	3.1	4.1
23:00	23.0	9.1	22.8	3.8	9.0	4.8	9.0	5.1	3.6	3.7
23:15	20.4	13.5	19.1	2.2	9.3	3.8	10.7	6.1	3.0	4.3
23:30	23.0	11.8	21.8	3.4	9.6	3.1	9.2	4.6	2.7	2.4
23:45	25.9	8.5	18.8	2.6	10.0	2.5	12.4	5.3	2.9	2.3

表 2.42.5　盐城市平均收听率 top30 节目

排名	节目名称	所属频率	播放时间	平均收听率(%)	市场占有率(%)
1	盐城新闻	盐城新闻广播	06:15—06:30	2.28	29.4
2	直播盐城	盐城新闻广播	07:00—07:45	2.10	21.3
3	今日开发区	盐城新闻广播	07:45—08:00	2.08	21.4
4	新闻与报纸摘要	盐城新闻广播	06:30—07:00	2.05	26.3
5	天天说法(复播)	盐城新闻广播	06:00—06:15	1.89	29.8
6	音乐早上好	盐城 HIFM98.0	07:30—09:00	1.88	21.4
7	转央视朝闻天下	盐城交通广播	07:00—08:00	1.82	18.4
8	舞曲榜	盐城 HIFM98.0	17:00—17:30	1.67	26.6
9	漫步建军路	盐城 HIFM98.0	17:30—19:00	1.62	24.5
10	交广面对面	盐城交通广播	11:00—12:00	1.58	25.4
10	915 飙新闻+天天说法	盐城新闻广播	08:00—09:00	1.58	18.8
12	Hi Van’ s part	盐城 HIFM98.0	20:00—21:00	1.50	26.1
13	爱车时间	盐城交通广播	10:00—11:00	1.48	24.0
14	汽车立体声	盐城交通广播	12:00—12:30	1.44	21.5
15	刷新朋友圈	盐城交通广播	08:00—09:00	1.41	16.7
16	流行音乐	盐城新闻广播	18:45—19:00	1.40	22.2
17	最爱私房歌	盐城 HIFM98.0	19:00—20:00	1.35	20.0
18	声行漫步+博物馆有的聊	盐城交通广播	06:00—07:00	1.33	17.9
19	广乐时间(复播)	盐城新闻广播	20:00—20:30	1.28	19.7
20	千房百计	盐城交通广播	09:30—10:00	1.26	22.0
21	水煮娱乐	盐城交通广播	12:30—13:00	1.25	22.2
22	引进节目	盐城交通广播	09:00—09:30	1.23	20.0
22	音乐 FUN 轻松	盐城 HIFM98.0	12:00—13:00	1.23	19.6
22	新闻联播	盐城交通广播	19:00—19:30	1.23	17.2
25	大话瓢城	盐城交通广播	17:00—18:00	1.21	18.4
26	晚高峰—915 晚新闻	盐城新闻广播	18:00—18:30	1.19	17.3
27	亿曲难忘	盐城 HIFM98.0	11:00—12:00	1.18	18.9
28	今日开发区(复播)	盐城新闻广播	18:30—18:45	1.13	17.7
29	财经最前沿	盐城新闻广播	17:00—17:30	1.12	17.8
30	嘀嘀叭叭早上好	江苏交通广播网	08:00—10:00	1.07	15.0

四十三、扬州地区收听率数据

表 2.43.1 扬州地区主要电台频率的平均收听率和市场份额

排名	电台名称	平均收听率（%）	市场份额（%）
1	扬州交通广播	1.85	27.4
2	扬州新闻广播	1.71	25.5
3	扬州音乐广播	1.10	16.4
4	扬州健康生活广播	0.48	7.1
5	扬州经典音乐广播	0.30	4.4
6	江苏交通广播网	0.20	3.0
7	江苏新闻广播	0.19	2.8
8	江苏音乐广播	0.15	2.3
9	江苏经典流行音乐广播	0.15	2.2
10	中央中国之声	0.10	1.5

表 2.43.2 扬州地区主要电台频率的周到达率和日到达率

排名	电台名称	周到达率（%）	日到达率（%）
1	扬州交通广播	46.11	21.69
2	扬州新闻广播	42.96	18.46
3	扬州音乐广播	38.11	15.55
4	扬州健康生活广播	20.25	9.20
5	扬州经典音乐广播	12.63	5.50
6	江苏交通广播网	9.35	5.01
7	江苏新闻广播	9.06	4.44
8	江苏音乐广播	8.68	3.71
9	江苏经典流行音乐广播	7.73	3.71
10	中央中国之声	6.83	2.83

表 2.43.3　扬州地区主要电台的收听率（%）

时间	扬州交通广播	扬州新闻广播	扬州音乐广播	扬州健康生活广播	扬州经典音乐广播	江苏交通广播网	江苏新闻广播	江苏音乐广播	江苏经典流行音乐广播	中央中国之声
6:00	0.50	0.41	0.20	0.08	0.08	0.05	0.05	0.03	0.02	0.02
6:15	0.72	0.58	0.27	0.12	0.11	0.06	0.08	0.05	0.04	0.03
6:30	0.98	0.91	0.44	0.18	0.17	0.09	0.11	0.07	0.05	0.05
6:45	1.22	1.07	0.59	0.28	0.19	0.13	0.17	0.11	0.07	0.08
7:00	2.87	3.34	1.15	0.56	0.37	0.27	0.33	0.18	0.15	0.14
7:15	3.54	3.91	1.48	0.74	0.48	0.36	0.38	0.23	0.22	0.18
7:30	3.94	4.19	1.76	0.87	0.54	0.40	0.41	0.28	0.26	0.21
7:45	4.07	4.24	1.89	0.91	0.59	0.40	0.39	0.30	0.28	0.23
8:00	4.02	3.99	1.89	0.91	0.64	0.38	0.34	0.31	0.27	0.21
8:15	3.69	3.37	1.76	0.84	0.64	0.35	0.33	0.28	0.26	0.18
8:30	2.93	2.79	1.52	0.73	0.58	0.31	0.31	0.24	0.20	0.15
8:45	2.20	2.34	1.29	0.62	0.49	0.28	0.28	0.21	0.17	0.13
9:00	1.94	1.91	1.08	0.56	0.37	0.25	0.24	0.18	0.15	0.14
9:15	1.79	1.83	1.04	0.51	0.33	0.23	0.23	0.17	0.14	0.15
9:30	1.72	1.82	1.02	0.50	0.29	0.19	0.21	0.16	0.14	0.15
9:45	1.63	1.81	1.06	0.48	0.30	0.17	0.19	0.14	0.15	0.14
10:00	1.55	1.71	1.13	0.48	0.32	0.17	0.17	0.15	0.14	0.12
10:15	1.52	1.61	1.09	0.48	0.29	0.17	0.16	0.14	0.14	0.10
10:30	1.50	1.48	0.96	0.46	0.25	0.17	0.15	0.13	0.14	0.09
10:45	1.59	1.52	0.86	0.48	0.25	0.17	0.16	0.13	0.13	0.09
11:00	2.00	1.90	1.03	0.54	0.30	0.21	0.20	0.17	0.15	0.11
11:15	2.16	2.09	1.22	0.59	0.35	0.22	0.23	0.19	0.17	0.12
11:30	2.32	2.13	1.44	0.63	0.37	0.24	0.23	0.20	0.19	0.13
11:45	2.43	2.23	1.49	0.61	0.37	0.27	0.25	0.20	0.20	0.12
12:00	2.41	2.26	1.52	0.59	0.35	0.29	0.25	0.16	0.21	0.11
12:15	2.30	2.08	1.47	0.55	0.35	0.28	0.24	0.16	0.19	0.09
12:30	2.06	1.68	1.25	0.51	0.32	0.25	0.22	0.16	0.16	0.08
12:45	1.80	1.46	1.08	0.46	0.29	0.21	0.20	0.16	0.14	0.07
13:00	1.51	1.28	0.99	0.44	0.26	0.17	0.17	0.16	0.12	0.07
13:15	1.41	1.19	0.89	0.43	0.24	0.15	0.16	0.15	0.12	0.07
13:30	1.37	1.18	0.77	0.40	0.22	0.14	0.14	0.12	0.11	0.06
13:45	1.43	1.32	0.71	0.38	0.21	0.13	0.15	0.10	0.11	0.07
14:00	1.54	1.44	0.75	0.37	0.21	0.12	0.15	0.10	0.13	0.08
14:15	1.47	1.41	0.84	0.38	0.23	0.13	0.15	0.10	0.14	0.08
14:30	1.30	1.22	0.88	0.40	0.26	0.14	0.14	0.10	0.16	0.08
14:45	1.25	1.14	0.97	0.46	0.31	0.17	0.14	0.10	0.17	0.08

时间	扬州交通广播	扬州新闻广播	扬州音乐广播	扬州健康生活广播	扬州经典音乐广播	江苏交通广播网	江苏新闻广播	江苏音乐广播	江苏经典流行音乐广播	中央中国之声
15:00	1.59	1.37	1.00	0.51	0.35	0.22	0.17	0.12	0.17	0.09
15:15	1.66	1.43	0.94	0.55	0.34	0.23	0.18	0.13	0.15	0.08
15:30	1.55	1.34	0.80	0.52	0.29	0.22	0.18	0.15	0.15	0.07
15:45	1.38	1.22	0.76	0.50	0.26	0.21	0.18	0.16	0.14	0.06
16:00	1.41	1.25	0.90	0.48	0.25	0.21	0.17	0.14	0.15	0.06
16:15	1.37	1.25	0.99	0.47	0.28	0.21	0.17	0.13	0.15	0.08
16:30	1.38	1.24	1.07	0.49	0.29	0.20	0.16	0.12	0.14	0.08
16:45	1.48	1.35	1.09	0.52	0.31	0.19	0.15	0.12	0.14	0.10
17:00	1.86	1.84	1.41	0.57	0.41	0.19	0.19	0.18	0.14	0.14
17:15	2.10	2.08	1.61	0.62	0.45	0.21	0.22	0.23	0.16	0.16
17:30	2.23	2.59	2.00	0.71	0.50	0.24	0.27	0.27	0.18	0.18
17:45	2.55	2.85	2.09	0.75	0.51	0.30	0.28	0.28	0.21	0.17
18:00	3.13	3.07	2.15	0.79	0.48	0.35	0.31	0.24	0.23	0.15
18:15	3.29	2.99	2.05	0.80	0.45	0.37	0.30	0.23	0.23	0.13
18:30	3.14	2.61	1.79	0.74	0.41	0.34	0.26	0.21	0.21	0.13
18:45	2.94	2.43	1.62	0.69	0.38	0.29	0.22	0.21	0.20	0.12
19:00	2.67	2.25	1.69	0.63	0.39	0.29	0.20	0.21	0.20	0.13
19:15	2.48	2.17	1.66	0.56	0.38	0.29	0.20	0.19	0.21	0.13
19:30	2.18	1.95	1.54	0.45	0.33	0.30	0.21	0.16	0.21	0.13
19:45	2.07	1.77	1.41	0.44	0.29	0.29	0.21	0.16	0.20	0.11
20:00	2.04	1.74	1.21	0.48	0.24	0.25	0.22	0.16	0.16	0.09
20:15	1.87	1.62	1.06	0.45	0.21	0.22	0.20	0.16	0.13	0.09
20:30	1.56	1.38	0.94	0.40	0.19	0.19	0.16	0.14	0.10	0.08
20:45	1.42	1.20	0.90	0.34	0.19	0.16	0.13	0.12	0.09	0.08
21:00	1.54	1.12	0.97	0.35	0.21	0.14	0.14	0.09	0.12	0.07
21:15	1.56	1.06	0.98	0.33	0.22	0.13	0.15	0.08	0.12	0.05
21:30	1.47	0.98	0.98	0.28	0.21	0.13	0.15	0.10	0.12	0.05
21:45	1.24	0.81	0.87	0.26	0.18	0.12	0.13	0.12	0.10	0.05
22:00	0.93	0.65	0.63	0.22	0.15	0.10	0.11	0.14	0.09	0.06
22:15	0.85	0.61	0.54	0.20	0.13	0.08	0.09	0.14	0.09	0.07
22:30	0.75	0.56	0.47	0.17	0.11	0.07	0.07	0.12	0.10	0.06
22:45	0.67	0.47	0.41	0.15	0.07	0.08	0.06	0.09	0.09	0.05
23:00	0.56	0.38	0.34	0.12	0.00	0.08	0.05	0.06	0.07	0.04
23:15	0.47	0.34	0.28	0.11	0.00	0.07	0.04	0.05	0.05	0.03
23:30	0.43	0.32	0.26	0.10	0.00	0.05	0.04	0.04	0.05	0.02
23:45	0.38	0.29	0.23	0.09	0.00	0.05	0.04	0.04	0.04	0.02

表 2.43.4　扬州地区主要电台的占有率（%）

时间	扬州交通广播	扬州新闻广播	扬州音乐广播	扬州健康生活广播	扬州经典音乐广播	江苏交通广播网	江苏新闻广播	江苏音乐广播	江苏经典流行音乐广播	中央中国之声
6:00	33.9	27.9	13.8	5.5	5.5	3.1	3.7	2.0	1.4	1.2
6:15	33.8	27.3	12.8	5.6	5.3	2.8	3.7	2.1	1.9	1.3
6:30	30.6	28.4	13.7	5.5	5.2	2.8	3.4	2.2	1.6	1.6
6:45	29.3	25.7	14.0	6.8	4.5	3.2	4.0	2.7	1.7	1.8
7:00	29.0	33.7	11.6	5.7	3.8	2.7	3.3	1.8	1.5	1.4
7:15	28.9	31.8	12.0	6.0	3.9	2.9	3.1	1.9	1.8	1.5
7:30	28.5	30.4	12.7	6.3	3.9	2.9	3.0	2.0	1.9	1.5
7:45	28.3	29.5	13.1	6.3	4.1	2.8	2.7	2.1	2.0	1.6
8:00	28.6	28.4	13.5	6.5	4.6	2.7	2.4	2.2	1.9	1.5
8:15	29.0	26.4	13.8	6.6	5.0	2.7	2.6	2.2	2.0	1.4
8:30	27.3	26.1	14.2	6.8	5.4	2.9	2.9	2.2	1.9	1.4
8:45	24.8	26.5	14.6	7.1	5.6	3.2	3.2	2.4	1.9	1.5
9:00	25.8	25.4	14.4	7.4	5.0	3.4	3.2	2.4	1.9	1.9
9:15	25.4	25.9	14.8	7.3	4.7	3.3	3.3	2.4	2.0	2.2
9:30	25.3	26.7	15.0	7.4	4.3	2.8	3.1	2.3	2.0	2.2
9:45	24.5	27.2	15.9	7.2	4.6	2.6	2.8	2.2	2.2	2.1
10:00	23.9	26.4	17.4	7.4	4.9	2.6	2.6	2.4	2.2	1.8
10:15	24.4	25.9	17.5	7.8	4.7	2.7	2.6	2.2	2.2	1.6
10:30	25.7	25.5	16.5	7.9	4.4	2.9	2.6	2.3	2.4	1.6
10:45	27.0	25.9	14.7	8.1	4.2	2.9	2.7	2.3	2.3	1.6
11:00	28.0	26.5	14.4	7.5	4.2	2.9	2.8	2.4	2.1	1.6
11:15	27.2	26.4	15.4	7.4	4.4	2.8	2.9	2.3	2.1	1.6
11:30	27.2	25.1	17.0	7.4	4.4	2.9	2.7	2.3	2.3	1.5
11:45	27.6	25.3	16.9	6.9	4.2	3.1	2.8	2.2	2.3	1.4
12:00	27.5	25.7	17.3	6.7	4.0	3.3	2.9	1.8	2.4	1.2
12:15	27.7	25.0	17.6	6.6	4.2	3.3	2.9	1.9	2.3	1.1
12:30	28.5	23.3	17.3	7.0	4.5	3.4	3.1	2.2	2.2	1.1
12:45	28.4	23.0	17.1	7.2	4.5	3.2	3.1	2.5	2.2	1.1
13:00	27.0	23.0	17.8	7.9	4.6	3.0	3.0	2.8	2.2	1.2
13:15	27.2	23.0	17.1	8.3	4.6	2.9	3.0	2.9	2.3	1.3
13:30	28.1	24.2	15.8	8.2	4.5	2.9	2.9	2.4	2.3	1.3
13:45	28.6	26.4	14.2	7.7	4.2	2.6	2.9	2.1	2.2	1.5
14:00	29.2	27.3	14.3	7.0	4.1	2.3	2.8	1.9	2.4	1.5
14:15	27.6	26.5	15.8	7.1	4.4	2.4	2.8	1.9	2.6	1.5
14:30	25.7	24.1	17.4	7.9	5.1	2.8	2.7	1.9	3.1	1.5
14:45	24.3	22.1	18.8	8.9	5.9	3.4	2.7	1.9	3.3	1.5

时间	扬州交通广播	扬州新闻广播	扬州音乐广播	扬州健康生活广播	扬州经典音乐广播	江苏交通广播网	江苏新闻广播	江苏音乐广播	江苏经典流行音乐广播	中央中国之声
15:00	26.7	23.0	16.8	8.6	5.9	3.6	2.9	2.0	2.8	1.5
15:15	27.3	23.6	15.6	9.0	5.6	3.8	3.0	2.2	2.6	1.4
15:30	27.6	23.9	14.2	9.3	5.2	3.8	3.2	2.6	2.6	1.3
15:45	26.5	23.4	14.6	9.6	5.0	3.9	3.5	3.0	2.8	1.1
16:00	26.3	23.3	16.8	8.9	4.7	3.9	3.1	2.6	2.8	1.1
16:15	25.0	22.9	18.1	8.7	5.1	3.8	3.0	2.4	2.8	1.4
16:30	24.7	22.1	19.0	8.7	5.1	3.6	2.9	2.2	2.5	1.5
16:45	24.8	22.6	18.3	8.7	5.2	3.2	2.6	2.0	2.3	1.7
17:00	24.6	24.3	18.6	7.5	5.4	2.5	2.5	2.4	1.9	1.9
17:15	24.5	24.2	18.8	7.2	5.3	2.4	2.5	2.7	1.9	1.9
17:30	22.4	26.0	20.0	7.1	5.0	2.4	2.7	2.7	1.8	1.8
17:45	23.6	26.3	19.3	6.9	4.7	2.7	2.6	2.6	1.9	1.5
18:00	26.7	26.1	18.3	6.8	4.1	3.0	2.6	2.1	1.9	1.3
18:15	28.3	25.8	17.6	6.9	3.9	3.2	2.6	1.9	2.0	1.1
18:30	29.8	24.8	17.0	7.0	3.9	3.3	2.4	2.0	2.0	1.2
18:45	30.2	24.9	16.6	7.1	3.9	3.0	2.3	2.2	2.1	1.2
19:00	28.8	24.3	18.3	6.8	4.2	3.2	2.1	2.3	2.2	1.4
19:15	28.0	24.5	18.7	6.3	4.3	3.2	2.2	2.2	2.3	1.5
19:30	27.0	24.1	19.1	5.6	4.1	3.7	2.5	2.0	2.6	1.6
19:45	27.5	23.4	18.7	5.8	3.8	3.8	2.8	2.1	2.6	1.4
20:00	28.5	24.3	16.9	6.7	3.4	3.5	3.0	2.3	2.2	1.3
20:15	28.8	24.9	16.3	6.9	3.3	3.3	3.0	2.5	1.9	1.4
20:30	28.0	24.8	16.9	7.1	3.4	3.4	2.8	2.5	1.8	1.4
20:45	28.1	23.9	17.8	6.8	3.8	3.2	2.6	2.4	1.9	1.5
21:00	30.1	21.9	18.8	6.7	4.1	2.8	2.7	1.7	2.3	1.4
21:15	31.0	21.1	19.5	6.5	4.3	2.7	2.9	1.6	2.5	1.1
21:30	30.7	20.6	20.6	6.0	4.3	2.7	3.1	2.0	2.5	1.0
21:45	30.0	19.6	21.0	6.2	4.4	2.9	3.2	2.8	2.5	1.2
22:00	28.4	19.9	19.2	6.6	4.5	2.9	3.4	4.2	2.8	1.9
22:15	28.8	20.6	18.3	6.7	4.5	2.7	3.1	4.6	2.9	2.2
22:30	28.7	21.5	17.9	6.6	4.2	2.7	2.8	4.6	3.7	2.2
22:45	30.0	20.9	18.4	6.4	3.3	3.4	2.8	4.0	4.1	2.3
23:00	31.4	21.7	19.5	6.8	0.1	4.4	3.0	3.4	3.7	2.0
23:15	31.8	22.7	18.7	7.3	0.2	4.5	2.8	3.5	3.4	2.0
23:30	31.7	23.8	19.3	7.3	0.2	3.7	3.1	3.1	3.5	1.8
23:45	31.7	24.0	19.0	7.3	0.2	3.8	3.1	3.2	3.4	1.9

表 2.43.5　扬州市平均收听率 top30 节目

排名	节目名称	所属频率	播放时间	平均收听率(%)	市场占有率(%)
1	12345.政风行风热线(重播)	扬州电台新闻广播	08:00—08:30	4.46	29.8
2	上班路上	扬州电台交通广播	07:30—09:00	3.60	27.0
3	985 早新闻	扬州电台新闻广播	07:00—08:00	3.33	32.3
4	985 晚新闻	扬州电台新闻广播	18:30—19:00	3.19	26.0
4	下班路上	扬州电台交通广播	18:00—19:30	3.19	25.8
6	胡钢说事	扬州电台新闻广播	08:30—09:00	3.13	27.5
7	都市晚高峰•话里话外	扬州电台新闻广播	17:30—18:30	2.93	24.8
8	非常麻辣	扬州电台交通广播	07:00—07:30	2.81	29.8
9	非常麻辣(重播)	扬州电台交通广播	19:30—20:00	2.74	28.5
10	转播今日生活	扬州电台新闻广播	19:00—19:30	2.61	24.9
11	音乐有滋味	扬州电台音乐广播	17:00—19:00	2.24	20.4
12	985 新闻	扬州电台新闻广播	09:00—09:30	2.23	25.1
13	吃喝玩乐 GO	扬州电台交通广播	17:00—18:00	2.16	22.8
14	12345.政风行风热线(上午版)	扬州电台新闻广播	09:30—10:00	2.13	27.3
15	城市新空间	扬州电台交通广播	10:00—11:30	2.11	31.2
16	有事您说话	扬州电台交通广播	09:00—10:00	2.05	24.5
17	欢乐颂	扬州电台交通广播	20:00—21:00	1.80	27.7
18	都市晚高峰•车里车外	扬州电台新闻广播	16:30—17:30	1.79	25.7
19	汽车 CD	扬州电台交通广播	15:00—16:00	1.78	28.0
19	一路逍遥	扬州电台交通广播	11:30—13:00	1.78	28.0
21	心情乐谱	扬州电台音乐广播	19:00—20:30	1.75	18.7
22	音乐早出发	扬州电台音乐广播	07:00—09:00	1.71	13.8
23	你好，TAXI	扬州电台交通广播	13:00—14:00	1.68	34.2
24	12345•政风行风热线(午间版)	扬州电台新闻广播	11:00—12:00	1.65	23.6
25	985 新闻	扬州电台新闻广播	10:00—10:30	1.63	23.3
26	985 新闻	扬州电台新闻广播	15:00—15:30	1.62	25.5
27	985 午新闻	扬州电台新闻广播	12:00—12:30	1.60	25.0
28	相约方向盘	扬州电台交通广播	16:00—17:00	1.53	26.2
29	空中门诊	扬州电台新闻广播	10:30—11:00	1.50	21.9
30	我为车狂	扬州电台交通广播	14:00—15:00	1.38	26.4

四十四、镇江地区收听率数据

表 2.44.1 镇江地区主要电台频率的平均收听率和市场份额

排名	电台名称	平均收听率（%）	市场份额（%）
1	镇江文广交通广播快乐 888	1.11	19.5
2	镇江文广新闻广播	0.88	15.5
3	镇江音乐广播一翡翠音乐 963	0.71	12.5
4	江苏交通广播网	0.66	11.6
5	镇江文广商业台 Cityradio 城市 905	0.66	11.5
6	江苏新闻广播	0.37	6.6
7	江苏经典流行音乐广播	0.34	6.1
8	镇江动感 102.7 镇江文广私家车	0.22	3.9
9	中央中国之声	0.20	3.5
10	江苏音乐广播	0.20	3.5

表 2.44.2 镇江地区主要电台频率的周到达率和日到达率

排名	电台名称	周到达率（%）	日到达率（%）
1	镇江文广交通广播快乐 888	30.18	15.69
2	江苏交通广播网	21.18	12.39
3	镇江文广新闻广播	23.59	12.34
4	镇江音乐广播一翡翠音乐 963	21.11	11.63
5	镇江文广商业台 Cityradio 城市 905	22.50	9.07
6	江苏新闻广播	13.30	7.53
7	江苏经典流行音乐广播	12.37	7.01
8	中央中国之声	6.76	4.84
9	江苏音乐广播	7.29	4.54
10	镇江动感 102.7 镇江文广私家车	10.57	4.37

表 2.44.3 镇江地区主要电台的收听率（%）

时间	镇江文广交通广播	镇江文广新闻广播	镇江音乐广播	江苏交通广播网	镇江文广商业台 Cityradio 城市 905	江苏新闻广播	江苏经典流行音乐广播	镇江文广私家车	中央中国之声	江苏音乐广播
6:00	0.14	0.26	0.12	0.11	0.12	0.03	0.04	0.01	0.03	0.01
6:15	0.28	0.45	0.26	0.20	0.16	0.07	0.03	0.01	0.04	0.02
6:30	0.57	0.88	0.34	0.38	0.32	0.17	0.07	0.03	0.10	0.04
6:45	0.59	0.85	0.34	0.71	0.41	0.26	0.22	0.03	0.15	0.08
7:00	2.56	4.40	1.13	2.03	1.23	1.01	0.35	0.09	0.27	0.18
7:15	3.19	5.37	1.43	2.72	1.68	1.32	0.45	0.13	0.28	0.18
7:30	4.47	7.32	1.82	3.59	2.25	1.51	0.51	0.15	0.30	0.22
7:45	4.14	6.26	1.68	3.25	2.06	1.28	0.45	0.15	0.25	0.17
8:00	5.32	7.19	2.13	4.59	2.58	1.40	0.44	0.21	0.23	0.21
8:15	5.17	7.16	2.24	4.05	2.38	1.36	0.38	0.26	0.22	0.20
8:30	4.86	5.14	1.75	3.52	1.62	0.85	0.29	0.27	0.17	0.15
8:45	3.38	2.57	1.01	1.92	0.83	0.52	0.15	0.22	0.11	0.09
9:00	1.94	1.18	0.47	0.72	0.65	0.28	0.19	0.13	0.05	0.04
9:15	1.43	1.05	0.32	0.67	0.43	0.22	0.21	0.11	0.04	0.04
9:30	1.17	0.82	0.20	0.71	0.51	0.16	0.20	0.08	0.04	0.04
9:45	0.85	0.44	0.12	0.62	0.43	0.10	0.15	0.08	0.04	0.05
10:00	1.63	0.91	0.34	0.62	0.77	0.19	0.07	0.06	0.08	0.04
10:15	1.60	0.83	0.37	0.53	0.65	0.18	0.04	0.07	0.08	0.03
10:30	1.47	0.79	0.39	0.45	0.57	0.15	0.04	0.07	0.07	0.03
10:45	1.03	0.49	0.26	0.27	0.24	0.05	0.04	0.07	0.05	0.03
11:00	0.79	0.46	0.15	0.31	0.25	0.06	0.03	0.06	0.04	0.03
11:15	0.67	0.27	0.14	0.25	0.22	0.07	0.07	0.08	0.04	0.03
11:30	0.85	0.37	0.16	0.20	0.20	0.06	0.08	0.09	0.02	0.03
11:45	0.79	0.24	0.15	0.16	0.14	0.08	0.10	0.11	0.02	0.04
12:00	1.86	0.86	0.54	0.48	0.56	0.16	0.15	0.15	0.04	0.04
12:15	2.00	1.01	0.59	0.45	0.68	0.17	0.14	0.14	0.04	0.06
12:30	1.68	0.91	0.57	0.40	0.57	0.15	0.12	0.12	0.04	0.05
12:45	1.16	0.58	0.41	0.28	0.45	0.09	0.06	0.09	0.03	0.03
13:00	0.87	0.26	0.17	0.13	0.19	0.04	0.03	0.04	0.02	0.02
13:15	0.49	0.17	0.10	0.08	0.13	0.02	0.03	0.02	0.02	0.02
13:30	0.41	0.10	0.11	0.05	0.08	0.01	0.03	0.02	0.01	0.01
13:45	0.23	0.09	0.08	0.03	0.05	0.02	0.02	0.03	0.01	0.01
14:00	0.64	0.23	0.16	0.06	0.18	0.03	0.04	0.04	0.01	0.01
14:15	0.71	0.24	0.20	0.08	0.18	0.04	0.08	0.04	0.01	0.01
14:30	0.81	0.32	0.32	0.18	0.16	0.04	0.10	0.03	0.02	0.01
14:45	0.69	0.23	0.26	0.15	0.11	0.01	0.16	0.02	0.02	0.01

时间	镇江文广交通广播	镇江文广新闻广播	镇江音乐广播	江苏交通广播网	镇江文广商业台Cityradio城市905	江苏新闻广播	江苏经典流行音乐广播	镇江文广私家车	中央中国之声	江苏音乐广播
15:00	1.02	0.52	0.38	0.27	0.29	0.05	0.19	0.01	0.02	0.02
15:15	1.34	0.67	0.37	0.29	0.35	0.08	0.16	0.01	0.02	0.02
15:30	1.54	0.68	0.34	0.25	0.39	0.10	0.13	0.01	0.01	0.01
15:45	1.31	0.70	0.34	0.20	0.31	0.07	0.08	0.02	0.01	0.02
16:00	1.61	0.76	0.80	0.22	0.53	0.10	0.04	0.01	0.02	0.04
16:15	1.42	0.72	0.85	0.20	0.42	0.09	0.03	0.02	0.02	0.03
16:30	1.43	0.53	0.86	0.14	0.35	0.04	0.04	0.03	0.02	0.03
16:45	0.77	0.18	0.59	0.11	0.19	0.03	0.10	0.03	0.03	0.01
17:00	2.41	0.58	1.13	0.55	0.74	0.07	0.19	0.06	0.03	0.03
17:15	3.02	0.72	1.29	0.85	0.90	0.13	0.25	0.06	0.03	0.05
17:30	3.75	1.11	1.91	1.24	1.12	0.19	0.54	0.10	0.03	0.06
17:45	3.21	0.95	1.70	1.04	0.86	0.15	0.59	0.12	0.03	0.05
18:00	3.29	1.56	2.15	1.15	1.35	0.29	0.68	0.14	0.04	0.11
18:15	3.15	1.61	2.30	1.05	1.34	0.34	0.61	0.13	0.05	0.11
18:30	2.48	1.62	1.74	0.74	1.08	0.29	0.43	0.10	0.05	0.09
18:45	1.45	1.01	1.22	0.33	0.79	0.23	0.30	0.05	0.05	0.06
19:00	1.15	0.77	0.97	0.18	0.57	0.22	0.17	0.03	0.05	0.05
19:15	1.09	0.68	0.80	0.16	0.44	0.20	0.09	0.03	0.06	0.04
19:30	0.94	0.49	0.78	0.20	0.31	0.16	0.05	0.03	0.05	0.03
19:45	0.48	0.22	0.50	0.17	0.17	0.07	0.03	0.03	0.03	0.02
20:00	0.98	0.34	0.77	0.33	0.40	0.09	0.04	0.04	0.03	0.04
20:15	1.13	0.56	0.92	0.35	0.45	0.10	0.11	0.04	0.03	0.04
20:30	1.54	0.57	0.99	0.45	0.47	0.09	0.15	0.05	0.04	0.05
20:45	1.18	0.49	0.62	0.35	0.33	0.03	0.14	0.03	0.03	0.04
21:00	1.36	0.72	0.52	0.28	0.47	0.05	0.12	0.02	0.04	0.04
21:15	1.14	0.55	0.35	0.25	0.33	0.05	0.07	0.01	0.03	0.05
21:30	0.81	0.46	0.33	0.15	0.22	0.04	0.03	0.01	0.02	0.05
21:45	0.41	0.29	0.13	0.08	0.09	0.03	0.03	0.01	0.01	0.03
22:00	0.23	0.13	0.09	0.04	0.07	0.02	0.02	0.01	0.01	0.02
22:15	0.22	0.13	0.11	0.03	0.04	0.02	0.02	0.01	0.01	0.01
22:30	0.19	0.10	0.08	0.04	0.04	0.02	0.02	0.01	0.01	0.01
22:45	0.13	0.05	0.04	0.05	0.03	0.03	0.03	0.01	0.01	0.01
23:00	0.13	0.08	0.03	0.05	0.04	0.01	0.02	0.01	0.01	0.01
23:15	0.14	0.07	0.02	0.06	0.03	0.00	0.02	0.01	0.01	0.00
23:30	0.06	0.06	0.02	0.04	0.01	0.00	0.01	0.01	0.00	0.00
23:45	0.03	0.02	0.01	0.00	0.01	0.00	0.00	0.00	0.00	0.00

表 2.44.4　镇江地区主要电台的占有率（%）

时间	镇江文广交通广播	镇江文广新闻广播	镇江音乐广播	江苏交通广播网	镇江文广商业台Cityradio城市905	江苏新闻广播	江苏经典流行音乐广播	镇江文广私家车	中央中国之声	江苏音乐广播
6:00	13.7	18.7	12.6	11.9	12.5	6.5	7.3	2.8	5.8	3.6
6:15	14.6	18.5	14.2	12.5	11.0	7.1	5.0	3.2	5.8	3.5
6:30	14.9	18.4	11.5	12.1	11.1	8.2	5.3	3.2	6.1	4.1
6:45	12.9	15.4	9.7	14.0	10.7	8.6	7.8	3.1	6.5	4.9
7:00	15.0	19.7	10.0	13.4	10.4	9.5	5.6	2.8	4.9	3.9
7:15	14.9	19.3	10.0	13.7	10.8	9.6	5.6	3.0	4.4	3.6
7:30	15.6	20.0	9.9	14.0	11.1	9.1	5.2	2.8	4.0	3.5
7:45	15.9	19.5	10.1	14.1	11.2	8.8	5.2	3.0	3.9	3.2
8:00	16.4	19.1	10.4	15.2	11.4	8.4	4.7	3.3	3.4	3.3
8:15	16.5	19.4	10.8	14.6	11.2	8.5	4.5	3.7	3.4	3.2
8:30	18.0	18.5	10.8	15.3	10.4	7.5	4.4	4.2	3.4	3.2
8:45	19.6	17.1	10.7	14.8	9.7	7.7	4.1	5.0	3.6	3.2
9:00	19.9	15.5	9.8	12.1	11.5	7.5	6.3	5.2	3.3	3.0
9:15	19.0	16.3	9.0	13.0	10.5	7.5	7.3	5.2	3.1	3.2
9:30	18.4	15.5	7.7	14.3	12.1	6.9	7.7	4.7	3.3	3.4
9:45	18.1	13.1	6.7	15.5	12.9	6.1	7.6	5.4	4.1	4.2
10:00	20.6	15.4	9.5	12.7	14.2	7.0	4.3	3.8	4.6	3.2
10:15	21.2	15.3	10.1	12.2	13.5	7.1	3.5	4.6	4.7	3.1
10:30	21.3	15.5	10.9	11.7	13.2	6.9	3.4	4.6	4.6	3.1
10:45	22.0	15.2	11.1	11.3	10.6	4.9	4.1	5.6	4.8	3.6
11:00	20.4	15.4	9.0	12.6	11.4	5.6	4.2	5.5	4.6	3.9
11:15	19.5	12.4	8.9	11.9	11.2	6.2	6.3	6.9	4.6	4.3
11:30	21.4	14.2	9.3	10.3	10.4	5.9	6.5	7.0	3.5	4.2
11:45	22.0	12.1	9.5	9.8	9.4	7.1	8.0	8.3	3.4	4.7
12:00	21.8	14.8	11.7	11.1	11.9	6.3	6.1	6.1	3.0	3.3
12:15	21.6	15.4	11.7	10.2	12.6	6.2	5.7	5.8	3.0	3.6
12:30	20.9	15.3	12.1	10.2	12.2	6.2	5.7	5.6	3.0	3.7
12:45	20.8	14.7	12.3	10.3	12.9	5.9	4.6	5.7	3.4	3.5
13:00	24.3	13.3	10.7	9.5	11.3	5.2	4.9	5.4	4.0	4.0
13:15	22.8	13.6	10.2	9.5	11.7	4.9	5.6	4.6	4.4	4.2
13:30	24.2	11.9	12.7	8.3	10.6	4.5	6.2	4.9	4.1	3.5
13:45	20.6	13.0	12.3	6.9	9.5	5.8	6.6	7.0	3.8	4.0
14:00	23.5	14.0	11.8	7.4	12.5	5.3	5.5	5.5	2.9	2.3
14:15	22.7	13.3	12.0	7.7	11.3	5.7	7.8	5.2	2.4	2.8
14:30	22.0	13.8	13.8	10.2	9.7	4.7	7.9	4.2	3.0	2.7
14:45	22.3	12.9	13.8	10.4	8.7	3.2	10.6	3.4	3.5	3.0

时间	镇江文广交通广播	镇江文广新闻广播	镇江音乐广播	江苏交通广播网	镇江文广商业台Cityradio城市905	江苏新闻广播	江苏经典流行音乐广播	镇江文广私家车	中央中国之声	江苏音乐广播
15:00	21.2	15.0	13.0	11.0	11.3	4.9	9.1	2.5	2.8	2.8
15:15	22.9	16.2	12.0	10.6	11.7	5.5	8.0	2.4	2.5	2.6
15:30	24.5	16.4	11.5	9.9	12.3	6.3	7.2	2.2	1.9	2.2
15:45	24.0	17.5	12.3	9.3	11.6	5.5	5.8	2.6	2.1	3.2
16:00	22.9	15.8	16.1	8.4	13.1	5.8	3.7	1.8	2.3	3.7
16:15	22.1	15.8	17.1	8.3	12.1	5.6	3.5	2.4	2.7	3.4
16:30	23.4	14.2	18.1	7.3	11.5	3.8	4.1	3.3	2.8	3.4
16:45	21.0	10.1	18.4	7.8	10.4	4.0	7.6	4.3	3.8	2.7
17:00	23.1	11.3	15.8	11.1	12.8	3.8	6.5	3.6	2.7	2.8
17:15	23.0	11.2	15.0	12.2	12.6	4.7	6.7	3.3	2.4	3.0
17:30	21.9	11.9	15.6	12.6	12.0	5.0	8.3	3.5	2.0	2.7
17:45	21.6	11.7	15.7	12.3	11.2	4.7	9.3	4.1	2.0	2.8
18:00	19.2	13.2	15.5	11.4	12.3	5.7	8.7	4.0	2.1	3.5
18:15	18.8	13.5	16.1	10.9	12.3	6.2	8.3	3.9	2.3	3.5
18:30	18.5	15.0	15.5	10.1	12.2	6.3	7.7	3.8	2.7	3.5
18:45	17.5	14.7	16.1	8.4	13.0	6.9	7.9	3.2	3.2	3.5
19:00	17.9	14.7	16.5	7.0	12.6	7.8	6.8	2.9	3.9	3.6
19:15	18.9	14.9	16.2	7.3	12.0	8.1	5.3	3.2	4.4	3.5
19:30	19.4	14.0	17.7	8.8	11.2	7.9	4.2	3.3	4.3	3.4
19:45	17.9	12.1	18.3	10.7	10.7	6.9	4.7	4.1	4.6	3.9
20:00	20.1	11.8	17.8	11.7	12.9	5.9	4.0	3.9	3.2	4.0
20:15	19.4	13.7	17.6	10.9	12.2	5.8	6.0	3.5	2.9	3.6
20:30	20.9	12.8	16.8	11.4	11.6	5.1	6.5	3.7	3.2	3.6
20:45	21.3	13.7	15.5	11.6	11.3	3.6	7.4	3.4	3.5	3.7
21:00	21.8	15.8	13.5	10.0	12.8	4.1	6.5	2.4	3.7	3.7
21:15	22.5	15.6	12.4	10.5	12.2	4.7	5.5	1.8	3.9	4.9
21:30	22.1	16.7	14.0	9.6	11.5	4.9	4.2	2.2	3.1	5.2
21:45	21.1	17.6	11.9	9.6	10.1	5.4	5.4	2.7	3.3	5.4
22:00	19.6	14.8	11.9	7.7	10.6	5.5	5.8	4.5	3.3	6.1
22:15	19.3	15.2	13.6	7.5	8.3	5.9	5.8	4.9	3.3	4.7
22:30	19.1	13.6	12.1	8.9	8.6	6.5	6.0	4.7	4.2	4.7
22:45	17.4	11.0	9.6	10.9	8.3	8.0	7.8	5.7	4.9	4.1
23:00	18.6	14.8	9.0	11.7	10.5	4.5	7.8	5.0	4.5	3.9
23:15	21.1	14.6	8.0	13.3	10.3	3.9	7.4	5.4	4.4	3.5
23:30	17.5	17.5	9.6	13.6	8.4	4.2	6.8	5.2	3.5	3.6
23:45	19.2	14.2	9.9	7.2	9.3	5.2	7.4	5.3	4.5	4.6

表 2.44.5 镇江市平均收听率 top30 节目：

排名	节目名称	所属频率	播放时间	平均收听率(%)	市场占有率(%)
1	新闻早报	镇江文广新闻广播	07:00—08:20	2.40	18.8
2	嗨歌总动员	镇江文广交通广播快乐 888	17:00—18:30	2.09	23.5
3	阳光方向盘	镇江文广交通广播快乐 888	07:00—10:00	2.05	18.0
4	政风行风热线早间直播	镇江文广新闻广播	08:20—09:00	2.03	17.4
5	新闻晚高峰	镇江文广交通广播快乐 888	18:30—19:30	1.95	21.5
6	八点最来势	镇江音乐广播	08:00—09:00	1.80	13.0
7	开心驾到	镇江音乐广播	18:30—19:30	1.73	19.0
8	交广早班车	江苏交通广播网	06:30—08:00	1.71	14.8
9	城市分贝	镇江音乐广播	07:00—08:00	1.67	12.0
10	小米的朋友圈	镇江文广交通广播快乐 888	15:00—16:00	1.65	29.3
10	全国新闻联播	镇江文广新闻广播	18:30—19:00	1.65	18.3
12	音乐爱上车	镇江文广交通广播快乐 888	12:00—13:00	1.64	25.4
13	边走边听	镇江音乐广播	17:30—18:30	1.58	16.8
14	嘀嘀叭叭早上好	江苏交通广播网	08:00—10:00	1.51	14.8
15	一起听镇江	镇江文广新闻广播	18:00—18:30	1.50	17.3
16	早安镇江	镇江文广商业台 Cityradio 城市 905	07:00—09:00	1.45	10.4
17	苹果剧场	镇江文广交通广播快乐 888	19:30—20:00	1.44	23.7
18	锐关注	镇江文广新闻广播	10:00—11:00	1.38	20.1
19	人.车.路	镇江文广交通广播快乐 888	10:00—11:00	1.32	19.3
20	Car 们一起来	镇江文广交通广播快乐 888	16:00—17:00	1.29	24.7
21	新闻和报纸摘要	镇江文广交通广播快乐 888	06:30—07:00	1.22	19.1
22	吃香喝辣	镇江音乐广播	17:00—17:30	1.21	15.5
22	新闻早高峰	江苏新闻广播	07:30—09:00	1.21	9.6
24	锐观点	镇江文广新闻广播	17:30—18:00	1.18	13.0
25	一起买车	镇江音乐广播	19:30—20:00	1.17	19.3
26	整点快报 广播剧场	镇江文广新闻广播	15:00—16:00	1.16	21.2
27	地产风云	镇江文广交通广播快乐 888	20:00—21:00	1.15	23.4
27	整点快报 听吧	镇江文广新闻广播	19:00—20:00	1.15	16.0
29	整点快报、大正说故事	镇江文广新闻广播	17:00—17:30	1.13	14.4
30	开心方向盘	江苏交通广播网	17:00—18:00	1.12	13.2

四十五、泰州地区收听率数据

表 2.45.1 泰州地区主要电台频率的平均收听率和市场份额

排名	电台名称	平均收听率（%）	市场份额（%）
1	泰州交通广播	1.49	26.3
2	泰州新闻广播	0.87	15.3
3	泰州音乐广播	0.82	14.5
4	江苏交通广播网	0.79	13.9
5	江苏新闻广播	0.53	9.4
6	中央中国之声	0.29	5.2
7	泰州文艺广播	0.26	4.5
8	泰州故事广播	0.26	4.5
9	中央经济之声	0.10	1.8
10	江苏新闻综合广播	0.09	1.6

表 2.45.2 泰州地区主要电台频率的周到达率和日到达率

排名	电台名称	周到达率（%）	日到达率（%）
1	泰州交通广播	43.20	17.23
2	江苏交通广播网	18.78	12.36
3	泰州新闻广播	22.97	11.82
4	泰州音乐广播	16.48	10.40
5	江苏新闻广播	12.83	9.99
6	中央中国之声	13.68	8.47
7	泰州故事广播	9.86	6.81
8	中央经济之声	7.88	4.00
9	泰州文艺广播	5.18	3.43
10	江苏新闻综合广播	9.61	3.35

表 2.45.3 泰州地区主要电台的收听率（%）

时间	泰州交通广播	泰州新闻广播	泰州音乐广播	江苏交通广播网	江苏新闻广播	中央中国之声	泰州文艺广播	泰州故事广播	中央经济之声	江苏新闻综合广播
6:00	0.43	0.19	0.07	0.23	0.08	0.08	0.02	0.02	0.00	0.02
6:15	0.71	0.49	0.09	0.42	0.15	0.14	0.06	0.04	0.01	0.04
6:30	1.07	0.82	0.36	0.65	0.22	0.23	0.16	0.10	0.03	0.07
6:45	1.45	1.10	0.52	0.78	0.34	0.32	0.25	0.15	0.06	0.09
7:00	2.35	1.67	0.72	1.06	0.52	0.40	0.37	0.27	0.08	0.13
7:15	2.81	1.88	1.13	1.29	0.66	0.50	0.44	0.38	0.13	0.17
7:30	3.26	2.18	1.32	1.46	0.84	0.53	0.47	0.43	0.18	0.19
7:45	3.41	2.27	1.52	1.53	0.92	0.55	0.48	0.45	0.22	0.21
8:00	3.44	2.30	1.57	1.56	1.03	0.56	0.49	0.45	0.23	0.21
8:15	3.35	2.24	1.57	1.52	1.03	0.53	0.47	0.42	0.23	0.21
8:30	3.22	2.01	1.49	1.39	1.01	0.45	0.45	0.34	0.21	0.18
8:45	2.66	1.74	1.31	1.25	0.94	0.35	0.41	0.30	0.17	0.14
9:00	2.07	1.42	1.08	0.97	0.86	0.30	0.39	0.23	0.13	0.11
9:15	1.78	1.18	0.90	0.92	0.68	0.26	0.36	0.21	0.10	0.09
9:30	1.67	1.10	0.82	0.95	0.62	0.27	0.34	0.21	0.09	0.08
9:45	1.76	1.04	0.79	0.91	0.56	0.30	0.31	0.21	0.09	0.09
10:00	1.75	1.17	0.83	0.82	0.58	0.31	0.25	0.26	0.11	0.09
10:15	1.73	1.21	0.97	0.78	0.61	0.34	0.22	0.27	0.12	0.10
10:30	1.63	1.23	1.01	0.77	0.62	0.35	0.24	0.26	0.12	0.09
10:45	1.46	1.18	0.99	0.81	0.63	0.33	0.26	0.26	0.11	0.09
11:00	1.39	1.02	0.85	0.97	0.59	0.29	0.27	0.23	0.10	0.08
11:15	1.42	0.95	0.85	1.05	0.52	0.26	0.25	0.22	0.08	0.07
11:30	1.47	0.94	0.88	1.10	0.52	0.25	0.20	0.24	0.08	0.06
11:45	1.52	0.99	1.08	1.10	0.56	0.28	0.22	0.27	0.08	0.07
12:00	1.83	1.27	1.24	1.02	0.60	0.33	0.24	0.30	0.08	0.10
12:15	2.03	1.37	1.25	0.90	0.69	0.36	0.25	0.33	0.08	0.11
12:30	2.06	1.36	1.27	0.82	0.73	0.38	0.26	0.37	0.10	0.12
12:45	2.00	1.20	1.21	0.82	0.74	0.40	0.25	0.36	0.10	0.12
13:00	1.76	1.08	0.89	0.83	0.72	0.37	0.22	0.34	0.09	0.10
13:15	1.64	0.81	0.73	0.81	0.69	0.34	0.18	0.31	0.09	0.08
13:30	1.24	0.65	0.68	0.73	0.57	0.30	0.17	0.27	0.08	0.06
13:45	1.08	0.63	0.70	0.65	0.49	0.26	0.17	0.22	0.07	0.05
14:00	0.75	0.59	0.69	0.59	0.44	0.24	0.16	0.20	0.08	0.04
14:15	0.69	0.54	0.64	0.54	0.45	0.24	0.15	0.20	0.08	0.04
14:30	0.66	0.48	0.58	0.57	0.46	0.26	0.15	0.21	0.09	0.06
14:45	0.59	0.45	0.58	0.61	0.45	0.28	0.16	0.23	0.10	0.07

时间	泰州交通广播	泰州新闻广播	泰州音乐广播	江苏交通广播网	江苏新闻广播	中央中国之声	泰州文艺广播	泰州故事广播	中央经济之声	江苏新闻综合广播
15:00	0.63	0.43	0.59	0.66	0.47	0.30	0.17	0.23	0.11	0.08
15:15	0.68	0.54	0.66	0.70	0.44	0.30	0.20	0.24	0.12	0.07
15:30	0.76	0.58	0.68	0.70	0.44	0.27	0.20	0.25	0.12	0.05
15:45	1.05	0.59	0.66	0.65	0.45	0.25	0.21	0.26	0.10	0.05
16:00	1.24	0.62	0.67	0.64	0.50	0.22	0.23	0.25	0.08	0.06
16:15	1.52	0.57	0.79	0.64	0.53	0.21	0.26	0.23	0.08	0.07
16:30	1.86	0.57	1.01	0.66	0.54	0.23	0.30	0.25	0.09	0.07
16:45	2.28	0.71	1.22	0.71	0.58	0.29	0.35	0.27	0.10	0.09
17:00	2.54	1.05	1.36	0.82	0.67	0.32	0.39	0.30	0.13	0.10
17:15	2.60	1.21	1.48	1.04	0.75	0.36	0.45	0.35	0.15	0.13
17:30	2.59	1.25	1.53	1.16	0.85	0.38	0.46	0.37	0.17	0.14
17:45	2.45	1.22	1.52	1.26	0.87	0.38	0.48	0.39	0.18	0.14
18:00	2.00	1.19	1.41	1.29	0.88	0.38	0.50	0.42	0.18	0.15
18:15	1.71	0.90	1.29	1.25	0.84	0.39	0.50	0.44	0.17	0.15
18:30	1.39	0.73	1.10	1.11	0.73	0.38	0.47	0.42	0.15	0.13
18:45	1.24	0.52	0.92	0.98	0.59	0.37	0.37	0.37	0.13	0.11
19:00	1.26	0.49	0.69	0.84	0.48	0.39	0.31	0.33	0.11	0.10
19:15	1.24	0.47	0.65	0.75	0.44	0.39	0.31	0.32	0.10	0.09
19:30	1.20	0.38	0.62	0.69	0.42	0.36	0.31	0.26	0.11	0.09
19:45	1.28	0.38	0.64	0.64	0.40	0.34	0.31	0.24	0.12	0.08
20:00	1.28	0.42	0.65	0.58	0.43	0.26	0.28	0.24	0.11	0.08
20:15	1.24	0.39	0.65	0.57	0.42	0.23	0.23	0.26	0.09	0.09
20:30	1.10	0.47	0.58	0.60	0.40	0.21	0.20	0.27	0.08	0.09
20:45	0.98	0.46	0.49	0.59	0.40	0.21	0.19	0.26	0.07	0.08
21:00	0.89	0.43	0.50	0.56	0.40	0.21	0.18	0.24	0.07	0.07
21:15	0.77	0.37	0.49	0.51	0.37	0.20	0.14	0.18	0.06	0.07
21:30	0.75	0.35	0.51	0.42	0.29	0.20	0.12	0.14	0.06	0.06
21:45	0.77	0.38	0.52	0.34	0.26	0.18	0.12	0.15	0.06	0.06
22:00	0.63	0.34	0.41	0.32	0.23	0.16	0.11	0.15	0.06	0.06
22:15	0.59	0.27	0.33	0.29	0.22	0.14	0.08	0.17	0.06	0.06
22:30	0.48	0.26	0.27	0.30	0.21	0.12	0.06	0.16	0.05	0.06
22:45	0.52	0.27	0.24	0.30	0.20	0.12	0.06	0.12	0.04	0.05
23:00	0.50	0.30	0.30	0.27	0.20	0.10	0.07	0.11	0.04	0.04
23:15	0.47	0.28	0.27	0.23	0.16	0.10	0.05	0.08	0.04	0.04
23:30	0.39	0.25	0.19	0.20	0.12	0.07	0.05	0.08	0.03	0.03
23:45	0.23	0.17	0.10	0.14	0.09	0.06	0.05	0.06	0.02	0.03

表 2.45.4　泰州地区主要电台的占有率（%）

时间	泰州交通广播	泰州新闻广播	泰州音乐广播	江苏交通广播网	江苏新闻广播	中央中国之声	泰州文艺广播	泰州故事广播	中央经济之声	江苏新闻综合广播
6:00	38.1	16.5	6.0	20.0	7.0	7.0	1.6	1.6	0.3	1.8
6:15	33.1	22.6	4.3	19.5	6.9	6.4	2.9	1.9	0.5	1.7
6:30	28.8	21.8	9.6	17.5	6.0	6.2	4.3	2.7	0.9	1.8
6:45	28.5	21.6	10.3	15.3	6.6	6.4	4.9	3.0	1.2	1.8
7:00	30.9	21.9	9.5	13.9	6.8	5.3	4.8	3.5	1.1	1.8
7:15	29.7	19.8	11.9	13.6	7.0	5.3	4.7	4.1	1.4	1.8
7:30	29.7	19.9	12.1	13.3	7.6	4.9	4.3	3.9	1.7	1.7
7:45	29.1	19.4	13.0	13.1	7.9	4.7	4.1	3.8	1.9	1.8
8:00	28.7	19.2	13.1	13.0	8.6	4.6	4.0	3.7	1.9	1.8
8:15	28.4	19.0	13.3	12.9	8.7	4.5	4.0	3.6	1.9	1.8
8:30	29.3	18.3	13.5	12.6	9.2	4.1	4.1	3.1	1.9	1.7
8:45	27.9	18.2	13.7	13.1	9.8	3.7	4.3	3.2	1.8	1.4
9:00	26.4	18.2	13.7	12.3	10.9	3.8	4.9	2.9	1.6	1.4
9:15	26.3	17.5	13.3	13.6	10.0	3.9	5.3	3.1	1.5	1.4
9:30	26.0	17.2	12.8	14.8	9.7	4.3	5.2	3.2	1.4	1.3
9:45	28.0	16.6	12.6	14.5	9.0	4.8	4.9	3.3	1.5	1.4
10:00	27.6	18.4	13.0	12.9	9.1	4.9	3.9	4.1	1.7	1.4
10:15	26.5	18.5	14.8	11.9	9.3	5.3	3.4	4.2	1.8	1.5
10:30	25.0	18.9	15.5	11.8	9.5	5.3	3.7	4.1	1.9	1.4
10:45	23.1	18.7	15.7	12.8	10.0	5.2	4.2	4.1	1.7	1.4
11:00	23.3	17.1	14.1	16.1	9.9	4.8	4.5	3.9	1.6	1.3
11:15	24.2	16.1	14.5	17.9	8.9	4.4	4.3	3.7	1.4	1.2
11:30	24.7	15.8	14.8	18.6	8.8	4.2	3.4	4.0	1.3	1.1
11:45	23.9	15.5	17.0	17.2	8.9	4.4	3.5	4.2	1.2	1.2
12:00	25.5	17.7	17.2	14.1	8.3	4.7	3.4	4.2	1.1	1.3
12:15	26.8	18.1	16.5	11.9	9.2	4.8	3.3	4.4	1.1	1.5
12:30	27.0	17.8	16.7	10.7	9.5	5.0	3.4	4.8	1.3	1.6
12:45	27.1	16.3	16.4	11.1	10.0	5.4	3.4	4.9	1.3	1.6
13:00	26.7	16.4	13.5	12.6	11.0	5.7	3.3	5.1	1.4	1.5
13:15	28.0	13.8	12.6	13.9	11.7	5.8	3.2	5.3	1.5	1.4
13:30	25.0	13.2	13.9	14.8	11.5	6.1	3.5	5.5	1.5	1.3
13:45	24.0	14.1	15.5	14.4	10.9	5.7	3.9	4.9	1.6	1.1
14:00	19.0	14.8	17.4	14.9	11.0	6.0	4.1	5.1	1.9	1.0
14:15	18.2	14.3	17.1	14.5	11.9	6.3	4.0	5.3	2.2	1.1
14:30	17.8	12.9	15.8	15.5	12.3	6.9	4.1	5.6	2.5	1.7
14:45	15.8	12.1	15.6	16.3	12.2	7.7	4.2	6.1	2.7	2.0

时间	泰州交通广播	泰州新闻广播	泰州音乐广播	江苏交通广播网	江苏新闻广播	中央中国之声	泰州文艺广播	泰州故事广播	中央经济之声	江苏新闻综合广播
15:00	16.5	11.0	15.2	17.0	12.2	7.8	4.4	6.0	2.8	1.9
15:15	16.3	13.1	16.0	16.9	10.7	7.3	4.9	5.9	2.9	1.6
15:30	18.0	13.8	16.1	16.4	10.4	6.5	4.7	6.0	2.8	1.1
15:45	23.7	13.3	14.8	14.6	10.1	5.6	4.6	5.8	2.3	1.0
16:00	26.3	13.3	14.2	13.6	10.7	4.7	4.9	5.4	1.8	1.2
16:15	29.9	11.2	15.5	12.5	10.4	4.2	5.2	4.6	1.6	1.3
16:30	32.2	9.9	17.5	11.4	9.3	4.0	5.2	4.3	1.5	1.3
16:45	33.3	10.4	17.8	10.4	8.5	4.2	5.2	3.9	1.4	1.3
17:00	32.0	13.2	17.2	10.3	8.5	4.0	4.9	3.8	1.6	1.2
17:15	29.5	13.7	16.9	11.8	8.5	4.0	5.1	3.9	1.7	1.4
17:30	28.2	13.5	16.7	12.6	9.3	4.1	5.0	4.1	1.8	1.5
17:45	26.7	13.3	16.5	13.7	9.5	4.1	5.2	4.2	2.0	1.6
18:00	23.1	13.7	16.3	14.9	10.2	4.3	5.7	4.9	2.1	1.7
18:15	21.7	11.5	16.4	15.9	10.7	5.0	6.3	5.5	2.1	1.9
18:30	20.4	10.7	16.2	16.3	10.7	5.6	6.8	6.1	2.2	1.9
18:45	21.3	8.9	15.9	16.9	10.1	6.4	6.4	6.4	2.2	2.0
19:00	24.3	9.4	13.3	16.0	9.2	7.5	6.0	6.4	2.1	2.0
19:15	25.0	9.5	13.1	15.0	8.8	7.8	6.3	6.4	2.1	1.9
19:30	25.8	8.1	13.3	14.7	9.1	7.8	6.6	5.6	2.5	1.9
19:45	27.5	8.3	13.8	13.8	8.7	7.4	6.6	5.1	2.5	1.8
20:00	28.3	9.3	14.4	12.8	9.5	5.9	6.1	5.2	2.4	1.9
20:15	28.4	9.0	14.8	13.1	9.7	5.3	5.3	6.0	2.2	2.0
20:30	26.3	11.2	14.0	14.3	9.7	5.0	4.8	6.5	2.0	2.1
20:45	25.1	11.7	12.4	15.2	10.2	5.3	4.9	6.8	1.9	2.0
21:00	23.9	11.6	13.4	15.1	10.9	5.5	4.8	6.4	1.9	2.0
21:15	23.5	11.1	15.0	15.3	11.1	6.1	4.2	5.5	1.9	2.0
21:30	24.9	11.6	16.9	14.0	9.7	6.6	3.8	4.7	1.9	2.1
21:45	26.1	13.0	17.6	11.6	8.9	6.2	4.1	5.0	2.1	2.0
22:00	24.7	13.1	16.2	12.6	8.9	6.4	4.4	5.9	2.3	2.4
22:15	25.8	11.8	14.2	12.7	9.6	6.2	3.6	7.3	2.5	2.6
22:30	23.2	12.9	13.4	14.8	10.4	6.1	2.7	7.7	2.3	2.8
22:45	26.1	13.7	12.3	15.2	10.0	5.8	2.9	6.2	1.9	2.5
23:00	25.1	15.3	15.3	13.7	9.9	5.2	3.6	5.3	1.9	1.9
23:15	26.8	15.8	15.5	12.9	9.0	5.5	3.1	4.7	2.1	2.2
23:30	27.0	17.5	13.2	13.7	8.0	5.0	3.3	5.5	2.3	2.3
23:45	23.8	17.1	10.7	14.2	9.2	5.9	4.9	6.1	2.5	3.2

表 2.45.5 泰州市平均收听率 top30 节目

排名	节目名称	所属频率	播放时间	平均收听率(%)	市场占有率(%)
1	欢乐同行	泰州电台交通广播	08:00—09:00	3.77	32.3
2	交广早报	泰州电台交通广播	07:00—08:00	3.27	28.2
3	爱车 921	泰州电台交通广播	09:00—10:00	2.29	30.7
4	永太二手车	泰州电台交通广播	17:00—17:30	2.25	28.8
5	热线追踪	泰州电台新闻广播	07:30—08:00	2.16	17.4
6	整点播报	泰州电台新闻广播	08:00—08:10	2.13	17.6
7	1037 早新闻	泰州电台新闻广播	07:00—07:30	2.04	19.9
8	我的汽车音乐	泰州电台交通广播	11:00—12:00	1.85	31.1
8	文军音乐心情	泰州电台文艺广播	17:00—19:00	1.85	23.0
10	音乐 morning call	泰州电台文艺广播	07:00—08:00	1.80	16.3
11	男左女右	泰州电台文艺广播	08:00—09:00	1.78	15.3
11	交广面对面	泰州电台交通广播	10:00—11:00	1.78	30.6
13	我说说你听听	泰州电台新闻广播	08:10—09:00	1.72	14.9
14	耀耀音乐时间	泰州电台交通广播	19:00—20:00	1.67	24.5
14	楼市风向标	泰州电台交通广播	12:00—13:00	1.67	26.9
16	下班万岁	泰州电台交通广播	17:30—19:00	1.61	19.6
17	开心好运来	江苏交通广播网	18:00—19:00	1.45	18.3
18	转央广《新闻和报纸摘要》	泰州电台新闻广播	06:30—07:00	1.44	22.5
19	二手车	泰州电台文艺广播	09:00—09:30	1.43	18.0
20	财富来敲门	泰州电台新闻广播	09:10—10:00	1.35	18.5
21	整点播报(后+联办)	泰州电台新闻广播	12:00—12:10	1.33	19.4
21	整点播报(后+联办)	泰州电台新闻广播	09:00—09:10	1.33	15.8
23	麻辣水煮娱	泰州电台交通广播	20:00—21:00	1.31	26.2
23	楼市风向标(重播)	泰州电台文艺广播	19:00—20:00	1.31	19.2
25	快乐出发	泰州电台交通广播	16:00—17:00	1.30	28.7
25	转播 央视新闻频道《朝闻天下》	泰州电台交通广播	06:00—07:00	1.30	29.6
27	交广早班车	江苏交通广播网	06:30—08:00	1.28	12.8
27	音乐无极限	泰州电台文艺广播	09:30—10:00	1.28	18.9
29	嘀嘀叭叭早上好	江苏交通广播网	08:00—10:00	1.27	13.3
30	医学联盟	泰州电台新闻广播	12:10—13:00	1.25	20.1

四十六、温州地区收听率数据

表 2.46.1　温州地区主要电台频率的平均收听率和市场份额

排名	电台名称	平均收听率（%）	市场份额（%）
1	温州交通广播	1.42	24.4
2	温州音乐之声	1.21	20.9
3	温州新闻广播	1.08	18.5
4	温州经济生活广播	0.91	15.6
5	温州对农广播	0.24	4.2
6	浙江交通之声	0.23	3.9
7	浙江之声	0.17	3.0
8	浙江私家车 107 城市之声	0.15	2.6
8	中央中国之声	0.12	2.0
10	浙江 104.5 女主播电台	0.09	1.5

表 2.46.2　温州地区主要电台频率的周到达率和日到达率

排名	电台名称	周到达率（%）	日到达率（%）
1	温州交通广播	30.50	15.07
2	温州音乐之声	22.05	13.03
3	温州新闻广播	21.53	11.63
4	温州经济生活广播	17.17	9.70
5	温州对农广播	8.67	5.45
6	浙江交通之声	6.98	4.00
7	浙江之声	6.22	3.90
8	中央中国之声	4.76	3.25
9	浙江私家车 107 城市之声	4.73	3.17
10	浙江 104.5 女主播电台	4.05	2.76

表 2.46.3　温州地区主要电台的收听率（%）

时间	温州交通广播	温州音乐之声	温州新闻广播	温州经济生活广播	温州对农广播	浙江交通之声	浙江之声	浙江私家车107城市之声	中央中国之声	浙江104.5女主播电台
6:00	0.70	0.51	0.63	0.37	0.17	0.12	0.08	0.11	0.08	0.06
6:15	0.88	0.56	0.68	0.50	0.18	0.16	0.09	0.13	0.11	0.09
6:30	1.35	0.82	1.09	0.76	0.22	0.18	0.14	0.15	0.12	0.13
6:45	1.37	0.91	1.13	0.74	0.27	0.26	0.20	0.15	0.17	0.14
7:00	2.25	1.67	1.60	1.18	0.33	0.37	0.19	0.17	0.23	0.15
7:15	2.34	1.87	1.65	1.31	0.44	0.36	0.30	0.21	0.25	0.17
7:30	2.76	1.96	2.07	1.34	0.48	0.47	0.36	0.27	0.25	0.19
7:45	3.06	2.23	2.63	1.35	0.53	0.56	0.43	0.29	0.25	0.19
8:00	3.29	2.20	2.67	1.88	0.53	0.60	0.44	0.31	0.22	0.17
8:15	3.24	2.19	2.65	1.91	0.51	0.59	0.42	0.30	0.18	0.17
8:30	3.04	1.86	2.45	1.97	0.44	0.52	0.42	0.29	0.19	0.13
8:45	2.67	1.60	2.08	1.93	0.36	0.50	0.30	0.24	0.20	0.11
9:00	1.89	1.41	1.41	1.50	0.29	0.38	0.27	0.19	0.20	0.10
9:15	1.71	1.15	1.27	1.40	0.27	0.31	0.19	0.19	0.19	0.08
9:30	1.61	1.13	1.21	1.33	0.27	0.26	0.15	0.16	0.16	0.10
9:45	1.64	1.17	1.08	1.36	0.31	0.23	0.15	0.16	0.13	0.12
10:00	1.68	1.38	1.27	1.30	0.33	0.26	0.17	0.15	0.12	0.12
10:15	1.91	1.45	1.31	1.26	0.33	0.27	0.19	0.16	0.12	0.12
10:30	1.92	1.54	1.38	1.05	0.29	0.32	0.21	0.13	0.10	0.10
10:45	1.73	1.47	1.26	0.94	0.23	0.35	0.21	0.13	0.08	0.08
11:00	1.58	1.33	1.03	0.89	0.22	0.35	0.18	0.10	0.07	0.07
11:15	1.16	1.10	0.87	0.90	0.24	0.33	0.14	0.10	0.08	0.07
11:30	1.15	1.05	0.81	0.69	0.26	0.26	0.14	0.11	0.09	0.08
11:45	1.22	1.00	0.76	0.71	0.27	0.20	0.12	0.13	0.12	0.07
12:00	1.43	1.02	0.95	0.66	0.22	0.18	0.16	0.13	0.12	0.07
12:15	1.57	1.30	1.10	0.74	0.19	0.18	0.17	0.11	0.11	0.06
12:30	1.56	1.30	1.11	0.74	0.17	0.22	0.21	0.09	0.08	0.05
12:45	1.42	1.27	1.02	0.66	0.19	0.21	0.21	0.10	0.08	0.05
13:00	1.32	1.13	0.87	0.63	0.18	0.15	0.19	0.10	0.07	0.06
13:15	1.03	0.89	0.75	0.58	0.18	0.14	0.16	0.12	0.09	0.06
13:30	0.94	0.78	0.68	0.60	0.17	0.15	0.13	0.13	0.08	0.05
13:45	0.90	0.77	0.77	0.53	0.19	0.17	0.12	0.11	0.07	0.05
14:00	1.08	0.88	0.64	0.63	0.22	0.17	0.13	0.10	0.06	0.06
14:15	1.15	1.03	0.61	0.61	0.24	0.23	0.14	0.08	0.07	0.06
14:30	1.27	1.12	0.54	0.78	0.22	0.26	0.15	0.08	0.07	0.07
14:45	1.26	1.28	0.65	0.81	0.22	0.28	0.14	0.10	0.10	0.07

时间	温州交通广播	温州音乐之声	温州新闻广播	温州经济生活广播	温州对农广播	浙江交通之声	浙江之声	浙江私家车107城市之声	中央中国之声	浙江104.5女主播电台
15:00	1.40	1.29	0.70	0.77	0.18	0.26	0.15	0.10	0.13	0.08
15:15	1.56	1.27	0.87	0.66	0.17	0.23	0.16	0.10	0.15	0.10
15:30	1.54	1.12	0.90	0.68	0.17	0.17	0.15	0.11	0.16	0.09
15:45	1.58	0.94	1.21	0.77	0.20	0.15	0.14	0.10	0.15	0.09
16:00	1.40	0.96	1.23	0.88	0.19	0.15	0.10	0.12	0.12	0.07
16:15	1.18	1.04	1.17	0.98	0.17	0.15	0.11	0.12	0.11	0.06
16:30	1.19	1.12	1.03	0.97	0.17	0.15	0.12	0.16	0.12	0.06
16:45	1.28	1.43	0.98	0.99	0.19	0.16	0.13	0.19	0.11	0.05
17:00	1.78	1.58	1.09	1.22	0.24	0.21	0.19	0.20	0.13	0.06
17:15	2.30	1.93	1.18	1.33	0.29	0.29	0.21	0.23	0.18	0.07
17:30	2.30	1.93	1.44	1.44	0.34	0.28	0.25	0.27	0.19	0.07
17:45	2.48	2.05	1.68	1.50	0.38	0.31	0.26	0.26	0.19	0.10
18:00	2.38	1.99	1.69	1.46	0.37	0.29	0.25	0.28	0.19	0.13
18:15	2.11	1.74	1.61	1.22	0.36	0.24	0.22	0.25	0.15	0.13
18:30	1.65	1.42	1.38	1.11	0.29	0.21	0.15	0.22	0.15	0.13
18:45	1.56	1.32	1.17	1.06	0.25	0.18	0.13	0.20	0.11	0.13
19:00	1.28	1.14	0.98	0.86	0.21	0.18	0.13	0.19	0.09	0.10
19:15	1.18	0.97	1.04	0.93	0.19	0.15	0.11	0.18	0.09	0.08
19:30	0.92	0.88	1.11	0.86	0.19	0.15	0.13	0.17	0.08	0.07
19:45	0.95	0.85	0.94	0.72	0.18	0.15	0.14	0.13	0.08	0.09
20:00	0.83	0.88	1.04	0.63	0.19	0.16	0.14	0.15	0.07	0.09
20:15	1.04	0.97	0.92	0.68	0.23	0.18	0.19	0.15	0.10	0.10
20:30	1.03	0.98	0.70	0.63	0.24	0.21	0.20	0.13	0.10	0.09
20:45	0.82	0.95	0.69	0.67	0.24	0.15	0.19	0.11	0.08	0.07
21:00	0.66	1.12	0.55	0.67	0.21	0.14	0.19	0.11	0.07	0.06
21:15	0.60	1.17	0.51	0.65	0.18	0.09	0.13	0.12	0.05	0.05
21:30	0.55	1.23	0.67	0.60	0.15	0.11	0.12	0.13	0.06	0.07
21:45	0.51	1.06	0.62	0.50	0.12	0.12	0.10	0.10	0.05	0.07
22:00	0.41	1.00	0.52	0.46	0.16	0.10	0.13	0.10	0.07	0.08
22:15	0.53	0.87	0.62	0.60	0.17	0.07	0.12	0.08	0.07	0.06
22:30	0.54	0.79	0.53	0.57	0.20	0.06	0.10	0.06	0.04	0.05
22:45	0.39	0.74	0.55	0.50	0.18	0.09	0.09	0.08	0.03	0.05
23:00	0.28	0.68	0.48	0.36	0.14	0.09	0.07	0.09	0.04	0.06
23:15	0.37	0.56	0.40	0.41	0.13	0.09	0.08	0.10	0.03	0.05
23:30	0.34	0.54	0.35	0.32	0.11	0.07	0.07	0.07	0.03	0.05
23:45	0.35	0.51	0.33	0.32	0.10	0.07	0.06	0.07	0.03	0.05

表 2.46.4 温州地区主要电台的占有率（%）

时间	温州交通广播	温州音乐之声	温州新闻广播	温州经济生活广播	温州对农广播	浙江交通之声	浙江之声	浙江私家车107城市之声	中央中国之声	浙江104.5女主播电台
6:00	23.7	17.3	21.4	12.5	5.6	4.1	2.8	3.6	2.6	1.9
6:15	24.7	15.9	19.1	14.1	5.2	4.4	2.6	3.7	3.2	2.6
6:30	26.3	16.0	21.1	14.7	4.3	3.4	2.7	2.8	2.2	2.6
6:45	24.5	16.3	20.3	13.3	4.8	4.7	3.5	2.6	3.1	2.5
7:00	26.8	19.9	19.0	14.0	3.9	4.3	2.3	2.1	2.7	1.8
7:15	25.5	20.3	17.9	14.2	4.8	3.9	3.2	2.3	2.7	1.9
7:30	26.3	18.7	19.7	12.8	4.5	4.5	3.5	2.5	2.4	1.8
7:45	25.8	18.7	22.2	11.3	4.4	4.7	3.6	2.4	2.1	1.6
8:00	25.9	17.3	21.0	14.8	4.2	4.7	3.4	2.4	1.7	1.3
8:15	25.9	17.5	21.2	15.2	4.0	4.7	3.3	2.4	1.4	1.3
8:30	26.0	15.9	21.0	16.9	3.7	4.5	3.6	2.5	1.6	1.1
8:45	26.0	15.5	20.2	18.8	3.5	4.9	2.9	2.4	2.0	1.0
9:00	23.9	17.9	17.8	19.0	3.7	4.9	3.4	2.4	2.5	1.2
9:15	24.4	16.5	18.2	20.0	3.9	4.5	2.8	2.7	2.7	1.2
9:30	24.5	17.1	18.4	20.2	4.1	4.0	2.3	2.4	2.5	1.5
9:45	25.1	17.9	16.5	20.9	4.7	3.6	2.3	2.5	2.0	1.8
10:00	24.1	19.9	18.2	18.6	4.7	3.7	2.4	2.2	1.8	1.7
10:15	26.1	19.9	18.0	17.3	4.5	3.7	2.6	2.2	1.6	1.6
10:30	26.5	21.1	19.0	14.5	4.0	4.4	2.9	1.7	1.4	1.4
10:45	25.8	22.0	18.9	14.0	3.5	5.2	3.1	2.0	1.3	1.2
11:00	26.1	22.0	17.1	14.7	3.6	5.8	3.0	1.7	1.2	1.1
11:15	22.4	21.2	16.7	17.3	4.6	6.3	2.8	1.9	1.5	1.3
11:30	23.8	21.7	16.8	14.3	5.4	5.5	2.8	2.4	1.9	1.6
11:45	25.4	20.8	15.8	14.7	5.6	4.2	2.5	2.7	2.6	1.5
12:00	27.8	19.8	18.5	12.8	4.3	3.5	3.1	2.5	2.3	1.3
12:15	27.5	22.8	19.2	13.0	3.2	3.1	2.9	1.9	1.9	1.0
12:30	27.2	22.7	19.4	13.0	2.9	3.8	3.6	1.6	1.4	0.9
12:45	26.5	23.7	19.0	12.3	3.6	3.9	3.8	1.9	1.4	1.0
13:00	27.2	23.3	17.8	13.0	3.7	3.2	3.9	2.1	1.4	1.2
13:15	24.9	21.4	18.1	13.9	4.3	3.3	3.8	2.9	2.1	1.4
13:30	24.4	20.3	17.6	15.5	4.4	4.0	3.3	3.3	2.1	1.4
13:45	23.3	19.9	20.1	13.9	5.0	4.5	3.2	2.8	1.8	1.4
14:00	26.0	21.2	15.3	15.2	5.4	4.1	3.1	2.4	1.3	1.5
14:15	26.3	23.6	13.9	13.8	5.6	5.3	3.1	1.9	1.5	1.4
14:30	26.7	23.6	11.4	16.5	4.6	5.5	3.1	1.7	1.6	1.4
14:45	24.9	25.3	12.7	15.9	4.3	5.5	2.7	1.9	2.0	1.3

时间	温州交通广播	温州音乐之声	温州新闻广播	温州经济生活广播	温州对农广播	浙江交通之声	浙江之声	浙江私家车107城市之声	中央中国之声	浙江104.5女主播电台
15:00	26.7	24.6	13.4	14.6	3.4	5.0	2.8	1.9	2.5	1.6
15:15	28.7	23.4	15.9	12.1	3.0	4.2	2.9	1.8	2.8	1.8
15:30	29.3	21.3	17.1	13.0	3.3	3.2	2.9	2.1	3.1	1.7
15:45	28.8	17.2	22.1	14.1	3.6	2.8	2.5	1.9	2.7	1.6
16:00	25.9	17.7	22.8	16.3	3.6	2.7	1.9	2.2	2.3	1.3
16:15	22.4	19.7	22.2	18.5	3.2	2.9	2.1	2.2	2.0	1.1
16:30	22.6	21.4	19.6	18.5	3.2	2.9	2.2	3.1	2.2	1.1
16:45	22.6	25.1	17.2	17.5	3.4	2.8	2.4	3.4	2.0	0.9
17:00	25.8	23.0	15.9	17.6	3.4	3.1	2.7	2.9	1.9	0.9
17:15	28.1	23.6	14.4	16.2	3.5	3.6	2.5	2.8	2.2	0.8
17:30	26.3	22.2	16.6	16.5	3.9	3.2	2.9	3.1	2.1	0.8
17:45	26.2	21.7	17.8	15.9	4.0	3.3	2.8	2.8	2.1	1.0
18:00	25.6	21.5	18.2	15.8	4.0	3.2	2.7	3.0	2.1	1.4
18:15	25.5	21.1	19.4	14.7	4.4	2.9	2.7	3.1	1.8	1.6
18:30	23.8	20.5	19.9	16.0	4.2	3.0	2.1	3.1	2.2	1.9
18:45	24.5	20.8	18.5	16.7	4.0	2.8	2.0	3.1	1.7	2.1
19:00	24.0	21.4	18.4	16.2	3.8	3.3	2.4	3.5	1.7	1.8
19:15	23.1	19.0	20.3	18.3	3.8	2.9	2.2	3.5	1.8	1.6
19:30	19.6	18.7	23.4	18.3	4.0	3.2	2.7	3.5	1.7	1.5
19:45	21.7	19.4	21.4	16.5	4.2	3.4	3.2	3.0	1.8	2.0
20:00	19.1	20.2	23.9	14.5	4.4	3.7	3.3	3.4	1.7	2.2
20:15	22.0	20.5	19.5	14.5	4.8	3.7	4.0	3.1	2.2	2.0
20:30	22.9	21.8	15.5	13.9	5.4	4.6	4.4	3.0	2.3	2.0
20:45	19.5	22.7	16.4	16.0	5.8	3.7	4.6	2.7	2.0	1.6
21:00	16.6	28.4	14.0	16.8	5.3	3.5	4.7	2.8	1.8	1.4
21:15	16.3	31.6	13.6	17.4	4.8	2.5	3.5	3.3	1.3	1.3
21:30	14.4	32.2	17.5	15.8	3.8	3.0	3.1	3.3	1.5	1.8
21:45	15.0	31.4	18.3	14.9	3.7	3.5	3.0	3.1	1.5	2.1
22:00	12.9	31.6	16.5	14.6	5.2	3.2	4.2	3.0	2.1	2.5
22:15	15.8	25.9	18.4	18.1	5.2	2.0	3.6	2.3	2.0	1.9
22:30	17.3	25.5	17.0	18.3	6.3	1.9	3.2	2.1	1.4	1.6
22:45	13.6	25.9	19.1	17.3	6.2	3.2	3.1	2.9	1.1	1.8
23:00	11.6	27.9	19.4	14.8	5.7	3.5	2.8	3.8	1.4	2.4
23:15	15.5	23.6	17.1	17.5	5.5	3.6	3.6	4.2	1.4	2.2
23:30	16.7	26.3	16.9	15.6	5.1	3.5	3.6	3.5	1.5	2.2
23:45	17.7	25.8	16.7	15.9	4.9	3.3	3.0	3.3	1.7	2.4

表 2.46.5 温州市平均收听率 top30 节目

排名	节目名称	所属频率	播放时间	平均收听率(%)	市场占有率(%)
1	天天交通	温州交通广播	07:00—08:00	3.07	26.3
2	马路新闻	温州交通广播	08:00—09:00	2.87	24.7
3	温广新闻调查	温州新闻广播	08:00—08:30	2.76	21.9
4	音乐小米饭	温州音乐之声广播	17:00—18:00	2.31	25.7
5	音乐 MORNING CALL	温州音乐之声广播	07:30—09:30	2.23	19.8
6	早安温州	温州新闻广播	07:00—08:00	2.22	20.9
7	马路锵锵行	温州交通广播	17:00—18:30	2.20	26.4
8	善良的晨阿土	温州音乐之声广播	07:00—07:30	2.00	21.3
9	音乐车元素	温州音乐之声广播	18:00—19:00	1.86	22.9
10	音乐旅程	温州交通广播	15:00—16:00	1.68	29.4
11	我是乐天派	温州新闻广播	08:30—10:00	1.65	20.3
12	车行天下	温州经济生活广播	08:00—10:00	1.61	17.4
13	缤纷车世界	温州交通广播	10:00—11:00	1.53	21.6
14	八九不离食	温州经济生活广播	17:00—18:00	1.41	17.5
15	哈哈可乐派	温州音乐之声广播	12:00—12:30	1.39	24.9
15	心随乐动	温州经济生活广播	10:00—11:00	1.39	19.6
17	天下财经	温州经济生活广播	07:30—08:00	1.38	11.7
18	小妞晚高疯	温州新闻广播	17:00—18:30	1.36	16.3
19	快乐及时雨	温州经济生活广播	07:00—07:30	1.33	14.2
20	温州新闻联播	温州新闻广播	18:30—19:00	1.31	20.8
20	大铭来了	温州交通广播	18:30—19:00	1.31	20.8
20	音乐红歌榜	温州音乐之声广播	19:00—21:00	1.31	25.5
23	善良的晨阿土(重播)	温州音乐之声广播	21:00—21:30	1.30	31.8
23	音乐畅游	温州音乐之声广播	12:30—15:00	1.30	26.0
25	音乐爱尚爱	温州音乐之声广播	09:30—12:00	1.29	20.7
25	快乐及时雨	温州经济生活广播	18:00—19:00	1.29	17.0
27	音乐下午茶	温州音乐之声广播	15:00—17:00	1.28	23.0
28	哈哈可乐派(重播)	温州音乐之声广播	21:30—22:00	1.27	31.8
29	新闻和报纸摘要	温州新闻广播	06:30—07:00	1.26	21.8
30	食行天下	温州新闻广播	16:00—17:00	1.25	22.9

四十七、嘉兴地区收听率数据

表 2.47.1　嘉兴地区主要电台频率的平均收听率和市场份额

排名	电台名称	平均收听率（%）	市场份额（%）
1	嘉兴交通经济频率	1.91	30.9
2	嘉兴新闻综合频率	1.43	23.1
3	嘉兴音乐生活频率	1.19	19.2
4	浙江交通之声	0.44	7.1
5	中央中国之声	0.25	4.1
5	上海流行音乐广播 动感 101	0.20	3.2
7	上海人民广播电台上海新闻频率	0.13	2.1
8	中央经济之声	0.12	2.0
9	中央音乐之声	0.10	1.6
10	上海交通广播	0.08	1.3

表 2.47.2　嘉兴地区主要电台频率的周到达率和日到达率

排名	电台名称	周到达率（%）	日到达率（%）
1	嘉兴交通经济频率	34.77	20.71
2	嘉兴新闻综合频率	31.01	15.94
3	嘉兴音乐生活频率	20.28	12.03
4	浙江交通之声	11.45	5.61
5	中央中国之声	8.47	4.42
6	上海流行音乐广播 动感 101	7.38	4.10
7	中央经济之声	5.54	3.03
8	上海人民广播电台上海新闻频率	5.44	2.80
9	上海交通广播	4.35	2.21
10	中央音乐之声	5.19	2.10

表 2.47.3　嘉兴地区主要电台的收听率（%）

时间	嘉兴新闻综合频率	嘉兴音乐生活频率	浙江交通之声	中央中国之声	上海流行音乐广播动感 101	上海新闻频率	中央经济之声	中央音乐之声	上海交通广播	上海流行音乐广播 Love Radio
6:00	0.49	0.59	0.21	0.23	0.06	0.13	0.06	0.03	0.06	0.05
6:15	0.61	0.83	0.26	0.23	0.09	0.16	0.08	0.04	0.05	0.06
6:30	0.67	0.88	0.38	0.28	0.12	0.19	0.09	0.06	0.06	0.06
6:45	1.22	1.04	0.37	0.29	0.19	0.22	0.09	0.06	0.08	0.09
7:00	1.80	1.47	0.59	0.51	0.33	0.26	0.14	0.12	0.11	0.10
7:15	2.24	1.99	0.61	0.62	0.37	0.26	0.15	0.12	0.14	0.14
7:30	2.98	2.07	0.69	0.64	0.41	0.27	0.19	0.16	0.15	0.14
7:45	3.09	2.25	0.88	0.65	0.41	0.25	0.23	0.20	0.14	0.14
8:00	3.18	2.26	0.93	0.64	0.39	0.22	0.23	0.27	0.14	0.14
8:15	3.12	2.24	0.99	0.49	0.36	0.25	0.30	0.27	0.12	0.12
8:30	2.70	2.11	0.99	0.50	0.30	0.25	0.30	0.28	0.11	0.09
8:45	2.42	1.79	0.92	0.43	0.28	0.20	0.30	0.27	0.08	0.08
9:00	2.06	1.26	0.78	0.35	0.22	0.20	0.29	0.21	0.07	0.06
9:15	1.74	1.25	0.74	0.31	0.24	0.18	0.23	0.18	0.06	0.06
9:30	1.74	1.28	0.64	0.28	0.23	0.18	0.19	0.18	0.07	0.05
9:45	1.53	1.14	0.62	0.28	0.19	0.16	0.18	0.17	0.07	0.06
10:00	1.32	1.05	0.58	0.25	0.16	0.15	0.16	0.16	0.08	0.07
10:15	1.31	1.00	0.59	0.27	0.12	0.14	0.15	0.11	0.08	0.08
10:30	1.24	1.02	0.63	0.28	0.15	0.12	0.15	0.08	0.06	0.07
10:45	1.13	1.00	0.65	0.26	0.18	0.11	0.15	0.10	0.05	0.08
11:00	1.41	0.91	0.58	0.20	0.18	0.10	0.18	0.12	0.05	0.10
11:15	1.57	0.97	0.55	0.19	0.15	0.10	0.17	0.11	0.07	0.09
11:30	1.70	1.44	0.49	0.26	0.13	0.12	0.16	0.12	0.07	0.09
11:45	1.67	1.46	0.45	0.27	0.12	0.12	0.13	0.07	0.10	0.06
12:00	1.74	1.55	0.46	0.26	0.16	0.11	0.09	0.06	0.10	0.05
12:15	1.61	1.47	0.43	0.23	0.15	0.08	0.10	0.05	0.10	0.03
12:30	1.27	1.31	0.35	0.15	0.12	0.09	0.09	0.06	0.10	0.03
12:45	0.90	1.13	0.27	0.13	0.11	0.09	0.09	0.06	0.05	0.02
13:00	0.74	0.98	0.28	0.13	0.08	0.10	0.09	0.09	0.05	0.04
13:15	0.69	0.94	0.30	0.12	0.08	0.09	0.08	0.08	0.05	0.04
13:30	0.64	0.69	0.33	0.14	0.09	0.06	0.07	0.08	0.06	0.05
13:45	0.84	0.66	0.32	0.16	0.12	0.07	0.06	0.05	0.06	0.04
14:00	0.78	0.78	0.23	0.19	0.17	0.05	0.08	0.04	0.06	0.04
14:15	0.80	0.82	0.22	0.18	0.20	0.05	0.11	0.05	0.05	0.04
14:30	0.65	0.82	0.18	0.15	0.20	0.06	0.11	0.05	0.05	0.05
14:45	0.68	0.75	0.20	0.11	0.20	0.07	0.13	0.07	0.05	0.04

时间	嘉兴新闻综合频率	嘉兴音乐生活频率	浙江交通之声	中央中国之声	上海流行音乐广播动感101	上海新闻频率	中央经济之声	中央音乐之声	上海交通广播	上海流行音乐广播Love Radio
15:00	0.73	0.96	0.24	0.10	0.17	0.08	0.10	0.07	0.08	0.03
15:15	0.79	1.03	0.26	0.13	0.12	0.13	0.09	0.07	0.08	0.04
15:30	0.81	1.08	0.33	0.12	0.13	0.18	0.08	0.07	0.09	0.04
15:45	0.91	1.22	0.37	0.17	0.14	0.19	0.05	0.04	0.09	0.06
16:00	0.99	1.28	0.38	0.19	0.13	0.19	0.06	0.03	0.08	0.06
16:15	1.22	1.22	0.41	0.20	0.14	0.19	0.07	0.03	0.06	0.07
16:30	1.28	1.07	0.41	0.19	0.16	0.13	0.07	0.03	0.06	0.10
16:45	1.31	0.95	0.35	0.14	0.19	0.09	0.08	0.04	0.06	0.10
17:00	1.49	1.19	0.37	0.14	0.29	0.09	0.08	0.08	0.08	0.11
17:15	1.74	1.26	0.46	0.15	0.33	0.13	0.13	0.08	0.07	0.11
17:30	1.94	1.71	0.53	0.18	0.35	0.13	0.14	0.08	0.06	0.07
17:45	1.99	1.77	0.60	0.28	0.38	0.14	0.15	0.07	0.05	0.08
18:00	2.14	1.86	0.58	0.28	0.35	0.12	0.15	0.04	0.05	0.07
18:15	2.00	1.77	0.57	0.34	0.30	0.08	0.11	0.06	0.08	0.08
18:30	1.77	1.60	0.51	0.32	0.26	0.08	0.09	0.06	0.09	0.05
18:45	1.46	1.31	0.50	0.30	0.24	0.06	0.09	0.11	0.09	0.05
19:00	1.32	1.14	0.38	0.24	0.19	0.08	0.08	0.10	0.08	0.04
19:15	1.31	1.00	0.33	0.23	0.18	0.09	0.08	0.10	0.08	0.04
19:30	1.60	1.04	0.35	0.23	0.18	0.12	0.09	0.06	0.11	0.03
19:45	1.72	1.20	0.33	0.22	0.20	0.12	0.10	0.06	0.11	0.05
20:00	1.75	1.32	0.41	0.28	0.20	0.13	0.12	0.06	0.13	0.06
20:15	1.66	1.40	0.41	0.30	0.25	0.13	0.12	0.06	0.12	0.05
20:30	1.52	1.39	0.39	0.30	0.25	0.11	0.11	0.10	0.11	0.05
20:45	1.24	1.27	0.29	0.27	0.25	0.09	0.10	0.12	0.08	0.04
21:00	1.10	0.89	0.25	0.20	0.22	0.08	0.07	0.16	0.08	0.03
21:15	1.15	0.77	0.20	0.15	0.18	0.08	0.07	0.15	0.09	0.03
21:30	1.24	0.72	0.22	0.16	0.19	0.07	0.07	0.14	0.09	0.03
21:45	1.23	0.70	0.20	0.19	0.16	0.06	0.07	0.10	0.09	0.05
22:00	1.04	0.66	0.15	0.15	0.13	0.10	0.08	0.08	0.06	0.05
22:15	0.89	0.52	0.12	0.14	0.09	0.10	0.08	0.06	0.06	0.06
22:30	0.82	0.30	0.09	0.14	0.11	0.11	0.09	0.05	0.05	0.05
22:45	0.66	0.17	0.12	0.13	0.11	0.09	0.06	0.06	0.05	0.04
23:00	0.00	0.00	0.14	0.12	0.11	0.06	0.06	0.07	0.03	0.03
23:15	0.00	0.00	0.11	0.11	0.09	0.05	0.04	0.06	0.03	0.03
23:30	0.00	0.00	0.09	0.09	0.08	0.04	0.04	0.06	0.04	0.03
23:45	0.00	0.00	0.07	0.08	0.07	0.03	0.04	0.04	0.03	0.02

表 2.47.4　嘉兴地区主要电台的占有率（%）

时间	嘉兴新闻综合频率	嘉兴音乐生活频率	浙江交通之声	中央中国之声	上海流行音乐广播动感 101	上海新闻频率	中央经济之声	中央音乐之声	上海交通广播	上海流行音乐广播 Love Radio
6:00	26.9	17.1	20.6	7.4	8.0	2.2	4.6	2.1	0.9	2.1
6:15	28.4	16.5	22.5	6.9	6.3	2.5	4.4	2.2	1.1	1.3
6:30	34.0	14.5	18.9	8.1	6.0	2.7	4.0	1.9	1.2	1.3
6:45	30.9	21.2	18.0	6.5	5.1	3.3	3.7	1.6	1.0	1.4
7:00	31.0	21.3	17.4	7.0	6.0	3.9	3.1	1.7	1.4	1.3
7:15	29.8	22.1	19.6	6.0	6.1	3.6	2.6	1.5	1.1	1.4
7:30	27.8	26.0	18.1	6.0	5.6	3.6	2.4	1.7	1.4	1.3
7:45	27.1	25.5	18.5	7.3	5.4	3.4	2.1	1.9	1.7	1.2
8:00	30.7	24.5	17.5	7.2	5.0	3.0	1.7	1.8	2.1	1.1
8:15	30.7	24.7	17.8	7.8	3.9	2.8	2.0	2.4	2.1	0.9
8:30	31.8	22.8	17.9	8.4	4.2	2.6	2.1	2.6	2.4	0.9
8:45	32.7	22.9	16.9	8.7	4.0	2.6	1.9	2.9	2.6	0.7
9:00	31.5	24.2	14.9	9.2	4.1	2.6	2.4	3.4	2.5	0.8
9:15	30.8	22.8	16.4	9.6	4.1	3.2	2.3	3.0	2.3	0.8
9:30	29.0	24.1	17.7	8.8	3.9	3.2	2.4	2.6	2.5	1.0
9:45	30.2	22.8	17.0	9.2	4.1	2.9	2.4	2.7	2.6	1.1
10:00	36.3	19.8	15.7	8.7	3.7	2.4	2.2	2.4	2.5	1.2
10:15	37.4	20.0	15.3	9.0	4.1	1.9	2.2	2.3	1.7	1.2
10:30	38.5	18.8	15.5	9.6	4.3	2.3	1.8	2.2	1.2	1.0
10:45	37.1	17.9	16.0	10.4	4.1	2.8	1.8	2.3	1.5	0.7
11:00	33.0	23.1	14.9	9.6	3.3	2.9	1.7	2.9	1.9	0.8
11:15	28.7	26.6	16.5	9.3	3.2	2.6	1.7	2.9	1.9	1.2
11:30	26.6	26.1	22.0	7.4	3.9	2.0	1.9	2.5	1.8	1.1
11:45	31.3	24.6	21.5	6.6	4.0	1.8	1.8	1.9	1.1	1.5
12:00	31.9	24.8	22.2	6.6	3.7	2.2	1.6	1.3	0.8	1.4
12:15	34.5	23.8	21.6	6.4	3.4	2.2	1.1	1.4	0.7	1.5
12:30	35.6	21.6	22.4	6.0	2.6	2.1	1.6	1.6	0.9	1.7
12:45	37.2	18.6	23.2	5.5	2.6	2.2	1.8	1.9	1.3	1.1
13:00	39.3	16.2	21.5	6.1	2.9	1.7	2.3	1.9	1.9	1.0
13:15	36.8	16.3	22.2	7.0	2.9	1.8	2.2	2.0	2.0	1.1
13:30	36.7	16.9	18.0	8.6	3.8	2.3	1.6	1.8	2.2	1.7
13:45	30.4	22.7	17.7	8.6	4.3	3.2	1.8	1.6	1.4	1.7
14:00	29.6	21.2	21.0	6.3	5.0	4.6	1.2	2.2	1.0	1.7
14:15	29.6	20.6	21.4	5.7	4.6	5.2	1.3	2.9	1.3	1.4
14:30	33.9	17.3	21.6	4.8	3.9	5.3	1.6	2.9	1.2	1.2
14:45	35.1	17.6	19.3	5.3	2.9	5.2	1.9	3.3	1.8	1.2

时间	嘉兴新闻综合频率	嘉兴音乐生活频率	浙江交通之声	中央中国之声	上海流行音乐广播动感 101	上海新闻频率	中央经济之声	中央音乐之声	上海交通广播	上海流行音乐广播 Love Radio
15:00	34.3	17.3	22.5	5.7	2.3	4.1	2.0	2.4	1.7	1.9
15:15	37.5	16.7	21.8	5.4	2.7	2.5	2.6	2.0	1.5	1.7
15:30	36.9	16.0	21.5	6.6	2.5	2.5	3.6	1.5	1.3	1.8
15:45	34.8	17.1	22.8	6.9	3.2	2.6	3.5	1.0	0.8	1.8
16:00	33.6	18.0	23.4	6.9	3.4	2.3	3.5	1.2	0.6	1.4
16:15	27.9	22.8	22.7	7.6	3.7	2.6	3.5	1.4	0.6	1.1
16:30	28.3	24.5	20.6	7.9	3.7	3.0	2.5	1.3	0.7	1.2
16:45	27.8	26.9	19.4	7.1	2.8	3.8	1.9	1.5	0.9	1.3
17:00	28.4	25.5	20.4	6.4	2.4	4.9	1.5	1.4	1.4	1.3
17:15	30.3	25.7	18.6	6.7	2.3	4.9	1.9	2.0	1.2	1.1
17:30	30.2	24.8	21.8	6.8	2.2	4.5	1.7	1.8	1.0	0.8
17:45	29.5	24.2	21.5	7.4	3.4	4.6	1.7	1.8	0.8	0.6
18:00	32.7	24.1	20.9	6.6	3.2	4.0	1.3	1.6	0.4	0.6
18:15	33.4	23.4	20.8	6.7	3.9	3.5	0.9	1.2	0.7	0.9
18:30	34.9	22.6	20.6	6.6	4.1	3.3	1.0	1.1	0.7	1.1
18:45	30.2	22.8	20.5	7.9	4.7	3.7	0.9	1.4	1.6	1.5
19:00	32.0	23.0	19.9	6.6	4.2	3.2	1.3	1.4	1.8	1.5
19:15	29.1	25.1	19.3	6.4	4.4	3.5	1.7	1.6	1.9	1.6
19:30	27.0	28.6	18.6	6.3	4.2	3.1	2.2	1.6	1.1	2.0
19:45	25.6	29.3	20.5	5.7	3.7	3.4	2.1	1.7	0.9	1.9
20:00	25.8	27.6	20.8	6.4	4.4	3.1	2.1	1.9	1.0	2.0
20:15	27.5	25.0	21.0	6.1	4.6	3.8	2.0	1.8	0.9	1.9
20:30	28.1	23.5	21.6	6.1	4.6	3.9	1.6	1.6	1.6	1.7
20:45	27.7	22.3	22.8	5.2	4.8	4.4	1.5	1.8	2.2	1.5
21:00	29.2	23.3	18.9	5.3	4.2	4.6	1.7	1.5	3.3	1.6
21:15	28.9	26.3	17.6	4.5	3.5	4.0	1.9	1.6	3.5	2.0
21:30	25.8	29.5	17.0	5.3	3.9	4.5	1.6	1.6	3.3	2.0
21:45	24.8	30.4	17.4	4.9	4.6	4.0	1.5	1.8	2.4	2.1
22:00	20.7	30.7	19.5	4.3	4.4	3.9	2.9	2.4	2.2	1.7
22:15	19.7	30.8	17.8	4.1	5.0	3.2	3.6	2.7	2.1	2.2
22:30	19.6	33.0	12.1	3.6	5.4	4.3	4.3	3.5	2.1	2.1
22:45	17.8	31.9	8.3	5.7	6.3	5.6	4.5	3.0	3.1	2.2
23:00	0.0	0.0	0.0	17.3	15.7	14.1	7.8	7.4	8.7	4.0
23:15	0.0	0.0	0.0	16.0	16.0	13.1	7.8	6.4	8.7	4.5
23:30	0.0	0.0	0.0	15.2	14.8	12.8	6.5	7.3	9.4	6.1
23:45	0.0	0.0	0.0	13.6	15.4	12.3	6.3	6.9	8.3	5.9

表 2.47.5　嘉兴市平均收听率 top30 节目

排名	节目名称	所属频率	播放时间	平均收听率(%)	市场占有率(%)
1	出行早高峰	嘉兴交通经济频率	07:30—09:00	3.79	30.8
2	阿德对你讲	嘉兴新闻综合频率	07:30—08:00	3.17	26.2
3	转中央电视台《朝闻天下》	嘉兴交通经济频率	07:00—07:30	2.94	30.7
4	一路资讯	嘉兴新闻综合频率	08:00—09:00	2.73	23.1
5	小江播报	嘉兴交通经济频率	17:00—18:30	2.52	32.6
6	交通快活人	嘉兴交通经济频率	10:00—11:00	2.45	38.9
7	的士风景线	嘉兴交通经济频率	09:00—10:00	2.31	30.3
8	嘉广早新闻	嘉兴新闻综合频率	07:00—07:30	2.28	23.9
9	行风热线	嘉兴交通经济频率	12:00—12:30	2.13	33.6
10	行风热线(重播)	嘉兴交通经济频率	18:30—19:00	2.10	32.3
11	音乐早上好	嘉兴音乐生活频率	07:00—09:00	2.05	17.5
12	922 车博汇	嘉兴交通经济频率	11:30—12:00	1.87	29.9
13	新闻晚报	嘉兴新闻综合频率	18:00—18:30	1.83	22.6
14	交通零距离	嘉兴交通经济频率	15:30—16:30	1.81	35.1
15	阳光热线	嘉兴交通经济频率	11:00—11:30	1.80	30.8
16	笑傲江湖	嘉兴交通经济频率	19:00—20:00	1.68	29.4
17	明辉有约	嘉兴交通经济频率	14:00—15:00 15:00—15:30	1.62	36.2
17	音乐 LIVE 秀	嘉兴音乐生活频率	18:30—19:00	1.62	24.8
19	爱上下班路	嘉兴音乐生活频率	17:00—18:30	1.57	20.2
20	超级朋友圈	嘉兴新闻综合频率	19:00—20:30	1.56	27.2
21	1041 双响炮	嘉兴新闻综合频率	16:30—18:00	1.53	23.7
22	风尚音乐汇	嘉兴交通经济频率	20:00—21:00	1.52	26.4
22	新闻今日谈	嘉兴新闻综合频率	12:00—12:30	1.52	23.0
24	小江来了	嘉兴交通经济频率	12:30—13:30 13:30—14:00	1.51	34.4
25	生活大爆炸	嘉兴新闻综合频率	09:00—12:00	1.50	22.5
26	922 车博汇	嘉兴交通经济频率	21:00—21:30	1.46	29.8
27	922 早班车	嘉兴交通经济频率	06:30—07:00	1.45	26.6
28	922 体育课	嘉兴交通经济频率	16:30—17:00	1.38	27.0
29	全国新闻联播(转)	嘉兴新闻综合频率	18:30—19:00	1.35	20.7
30	新闻今日谈(重播)	嘉兴新闻综合频率	20:30—21:00	1.33	24.0

四十八、湖州地区收听率数据

表 2.48.1 湖州地区主要电台频率的平均收听率和市场份额

排名	电台名称	平均收听率（%）	市场份额（%）
1	湖州交通经济频率	0.97	21.4
2	湖州新闻综合频率	0.80	17.7
3	湖州音乐频率	0.64	14.1
4	浙江交通之声	0.62	13.7
5	浙江之声	0.28	6.1
6	浙江 104.5 女主播电台	0.24	5.4
7	浙江动听 968 音乐调频	0.23	5.0
8	浙江电台 FM95 经济广播	0.21	4.6
9	浙江 FM99.6 WiFi Radio	0.17	3.7
10	浙江私家车 107 城市之声	0.11	2.3

表 2.48.2 湖州地区主要电台频率的周到达率和日到达率

排名	电台名称	周到达率（%）	日到达率（%）
1	湖州新闻综合频率	23.54	10.27
2	湖州音乐频率	17.06	9.86
3	湖州交通经济频率	28.66	9.76
4	浙江交通之声	16.13	7.81
5	浙江之声	9.08	5.23
6	浙江动听 968 音乐调频	8.16	4.69
7	浙江 104.5 女主播电台	8.32	4.29
8	浙江电台 FM95 经济广播	7.51	3.84
9	浙江 FM99.6 WiFi Radio	6.59	3.36
10	中央中国之声	5.10	2.83

表 2.48.3　湖州地区主要电台的收听率（%）

时间	湖州交通经济频率	湖州新闻综合频率	湖州音乐频率	浙江交通之声	浙江之声	浙江104.5女主播电台	浙江动听968音乐调频	浙江电台FM95经济广播	浙江FM99.6WiFi Radio	浙江私家车107城市之声
6:00	0.30	0.25	0.23	0.34	0.13	0.10	0.16	0.10	0.08	0.06
6:15	0.35	0.44	0.36	0.48	0.14	0.17	0.18	0.09	0.11	0.05
6:30	0.55	0.57	0.46	0.50	0.19	0.18	0.23	0.18	0.11	0.09
6:45	1.11	0.78	0.50	0.44	0.26	0.32	0.33	0.22	0.14	0.11
7:00	1.34	0.97	0.84	0.76	0.44	0.34	0.45	0.36	0.13	0.14
7:15	1.67	1.15	0.90	0.84	0.53	0.42	0.52	0.37	0.25	0.20
7:30	1.87	1.20	0.97	0.96	0.55	0.44	0.52	0.37	0.28	0.20
7:45	1.87	1.37	0.90	1.10	0.57	0.45	0.52	0.36	0.30	0.22
8:00	1.87	1.55	1.07	1.18	0.57	0.45	0.46	0.25	0.29	0.22
8:15	1.55	1.58	1.09	1.18	0.44	0.41	0.41	0.27	0.29	0.17
8:30	1.45	1.52	1.08	1.16	0.36	0.35	0.33	0.25	0.22	0.15
8:45	1.43	1.27	0.83	1.02	0.29	0.30	0.27	0.23	0.18	0.15
9:00	1.26	1.08	0.79	0.92	0.24	0.27	0.25	0.19	0.17	0.10
9:15	1.28	1.03	0.69	0.89	0.20	0.25	0.28	0.19	0.16	0.11
9:30	1.07	0.88	0.64	0.89	0.22	0.26	0.27	0.19	0.16	0.11
9:45	0.98	0.77	0.69	0.83	0.22	0.22	0.25	0.20	0.14	0.13
10:00	0.76	0.80	0.67	0.84	0.26	0.19	0.22	0.27	0.14	0.13
10:15	0.84	0.92	0.58	0.79	0.26	0.19	0.20	0.27	0.15	0.11
10:30	0.90	0.97	0.54	0.75	0.27	0.17	0.16	0.25	0.20	0.12
10:45	0.87	0.97	0.53	0.73	0.25	0.16	0.16	0.22	0.21	0.10
11:00	0.93	0.91	0.65	0.77	0.37	0.20	0.18	0.21	0.24	0.12
11:15	0.94	0.74	0.67	0.79	0.37	0.23	0.19	0.21	0.25	0.15
11:30	1.06	0.75	0.66	0.74	0.40	0.22	0.16	0.22	0.23	0.17
11:45	1.24	0.74	0.67	0.76	0.37	0.26	0.21	0.26	0.23	0.18
12:00	1.50	1.10	0.81	0.94	0.35	0.25	0.28	0.25	0.18	0.18
12:15	1.46	1.10	0.84	0.92	0.37	0.23	0.29	0.27	0.19	0.16
12:30	1.40	1.06	0.81	0.90	0.34	0.23	0.28	0.22	0.22	0.14
12:45	1.31	1.01	0.65	0.79	0.39	0.20	0.23	0.18	0.23	0.12
13:00	1.09	0.69	0.61	0.69	0.41	0.26	0.23	0.16	0.22	0.11
13:15	1.09	0.75	0.74	0.47	0.37	0.29	0.29	0.15	0.20	0.12
13:30	0.89	0.76	0.74	0.46	0.31	0.30	0.31	0.16	0.17	0.11
13:45	0.84	0.71	0.71	0.34	0.28	0.27	0.29	0.20	0.16	0.10
14:00	0.95	0.55	0.64	0.32	0.25	0.26	0.23	0.19	0.15	0.08
14:15	0.93	0.53	0.48	0.35	0.29	0.21	0.20	0.19	0.18	0.06
14:30	0.90	0.61	0.44	0.43	0.31	0.19	0.14	0.15	0.17	0.05
14:45	0.64	0.56	0.48	0.48	0.30	0.19	0.12	0.13	0.16	0.08

时间	湖州交通经济频率	湖州新闻综合频率	湖州音乐频率	浙江交通之声	浙江之声	浙江104.5女主播电台	浙江动听968音乐调频	浙江电台FM95经济广播	浙江FM99.6WiFi Radio	浙江私家车107城市之声
15:00	0.64	0.46	0.46	0.49	0.35	0.21	0.11	0.13	0.13	0.08
15:15	0.68	0.44	0.39	0.46	0.36	0.20	0.13	0.13	0.14	0.09
15:30	0.72	0.46	0.37	0.34	0.30	0.22	0.13	0.15	0.13	0.07
15:45	0.67	0.47	0.41	0.31	0.24	0.25	0.14	0.15	0.13	0.07
16:00	0.67	0.38	0.49	0.31	0.19	0.26	0.22	0.22	0.13	0.08
16:15	0.80	0.33	0.50	0.35	0.21	0.23	0.23	0.23	0.17	0.09
16:30	0.94	0.40	0.41	0.43	0.25	0.18	0.25	0.22	0.16	0.10
16:45	1.01	0.43	0.42	0.51	0.30	0.16	0.19	0.22	0.20	0.11
17:00	1.32	0.81	0.45	0.77	0.31	0.18	0.19	0.19	0.19	0.14
17:15	1.46	1.00	0.51	0.86	0.26	0.17	0.15	0.19	0.19	0.15
17:30	1.41	1.11	0.69	0.91	0.26	0.19	0.13	0.18	0.16	0.13
17:45	1.38	1.12	0.81	0.90	0.28	0.21	0.10	0.18	0.15	0.12
18:00	1.26	1.02	0.84	0.86	0.36	0.27	0.16	0.20	0.16	0.10
18:15	1.34	0.99	0.87	0.62	0.35	0.29	0.15	0.22	0.20	0.11
18:30	1.22	0.89	0.89	0.61	0.32	0.29	0.21	0.23	0.20	0.11
18:45	1.02	0.90	1.01	0.47	0.27	0.29	0.21	0.24	0.20	0.12
19:00	1.03	0.88	1.03	0.57	0.24	0.23	0.22	0.30	0.19	0.10
19:15	0.96	0.84	0.96	0.59	0.25	0.24	0.26	0.29	0.15	0.10
19:30	0.84	0.83	0.89	0.62	0.22	0.22	0.32	0.31	0.13	0.09
19:45	0.80	0.93	0.84	0.63	0.18	0.21	0.33	0.28	0.12	0.07
20:00	0.79	1.02	0.86	0.52	0.21	0.21	0.34	0.22	0.12	0.08
20:15	0.99	1.05	0.80	0.50	0.21	0.28	0.26	0.20	0.15	0.09
20:30	0.96	0.92	0.67	0.65	0.27	0.33	0.23	0.22	0.17	0.10
20:45	0.89	0.77	0.64	0.67	0.28	0.33	0.16	0.24	0.17	0.10
21:00	0.76	0.85	0.59	0.64	0.24	0.35	0.16	0.24	0.16	0.07
21:15	0.58	0.87	0.55	0.47	0.21	0.33	0.14	0.25	0.13	0.05
21:30	0.54	0.79	0.45	0.46	0.15	0.29	0.19	0.20	0.11	0.05
21:45	0.43	0.65	0.43	0.41	0.16	0.25	0.17	0.17	0.10	0.05
22:00	0.59	0.50	0.46	0.33	0.10	0.21	0.17	0.16	0.09	0.07
22:15	0.59	0.52	0.46	0.29	0.12	0.18	0.11	0.18	0.13	0.07
22:30	0.50	0.50	0.44	0.25	0.10	0.17	0.15	0.15	0.13	0.06
22:45	0.38	0.51	0.36	0.20	0.10	0.17	0.14	0.10	0.12	0.05
23:00	0.35	0.46	0.26	0.25	0.09	0.15	0.13	0.11	0.09	0.03
23:15	0.28	0.32	0.25	0.25	0.05	0.13	0.09	0.11	0.09	0.03
23:30	0.24	0.28	0.24	0.20	0.06	0.11	0.09	0.11	0.08	0.03
23:45	0.21	0.25	0.24	0.18	0.05	0.11	0.08	0.11	0.07	0.02

表 2.48.4 湖州地区主要电台的占有率（%）

时间	湖州交通经济频率	湖州新闻综合频率	湖州音乐频率	浙江交通之声	浙江之声	浙江104.5女主播电台	浙江动听968音乐调频	浙江电台FM95经济广播	浙江FM99.6WiFi Radio	浙江私家车107城市之声
6:00	15.7	13.2	12.1	17.9	6.6	5.5	8.4	5.4	4.3	3.2
6:15	13.8	17.2	14.1	18.5	5.6	6.6	7.0	3.3	4.2	2.0
6:30	16.8	17.3	13.9	15.3	5.8	5.5	6.9	5.3	3.2	2.8
6:45	24.5	17.3	11.2	9.8	5.8	7.0	7.3	4.9	3.0	2.4
7:00	22.0	15.9	13.7	12.5	7.3	5.6	7.4	5.8	2.2	2.2
7:15	23.0	15.9	12.4	11.6	7.3	5.8	7.2	5.1	3.4	2.8
7:30	24.0	15.4	12.4	12.4	7.1	5.7	6.6	4.8	3.6	2.6
7:45	23.2	17.0	11.1	13.7	7.1	5.6	6.5	4.5	3.8	2.8
8:00	22.2	18.4	12.7	14.0	6.8	5.4	5.5	3.0	3.5	2.6
8:15	19.6	20.1	13.9	15.0	5.6	5.3	5.1	3.4	3.7	2.2
8:30	19.7	20.7	14.6	15.8	4.8	4.8	4.4	3.4	3.1	2.1
8:45	22.3	19.8	13.0	15.9	4.5	4.6	4.2	3.6	2.9	2.3
9:00	22.3	19.2	14.0	16.3	4.3	4.8	4.5	3.3	3.0	1.9
9:15	23.6	19.0	12.7	16.5	3.6	4.7	5.2	3.4	3.0	2.0
9:30	21.4	17.6	12.7	17.8	4.4	5.2	5.4	3.8	3.3	2.1
9:45	20.9	16.4	14.6	17.7	4.8	4.6	5.3	4.2	2.9	2.7
10:00	16.6	17.5	14.6	18.4	5.7	4.2	4.9	5.8	3.1	2.8
10:15	18.5	20.0	12.6	17.4	5.7	4.2	4.3	5.9	3.2	2.4
10:30	19.6	21.1	11.8	16.3	5.8	3.7	3.5	5.5	4.3	2.5
10:45	19.6	21.7	11.8	16.5	5.6	3.6	3.6	4.9	4.7	2.3
11:00	19.1	18.6	13.3	15.7	7.6	4.1	3.7	4.3	4.9	2.4
11:15	19.3	15.2	13.8	16.3	7.6	4.7	3.8	4.3	5.1	3.1
11:30	21.5	15.2	13.3	15.0	8.2	4.5	3.2	4.4	4.6	3.4
11:45	23.7	14.3	12.8	14.7	7.1	4.9	4.0	4.9	4.4	3.5
12:00	24.4	17.9	13.3	15.3	5.7	4.0	4.5	4.1	3.0	2.9
12:15	23.6	17.8	13.6	14.9	6.0	3.7	4.7	4.3	3.1	2.7
12:30	23.6	17.9	13.6	15.2	5.8	3.9	4.7	3.8	3.7	2.4
12:45	24.0	18.5	11.9	14.6	7.1	3.7	4.3	3.3	4.3	2.1
13:00	22.9	14.4	12.7	14.5	8.6	5.4	4.9	3.3	4.5	2.2
13:15	22.9	15.8	15.5	9.9	7.8	6.1	6.1	3.1	4.2	2.5
13:30	20.0	17.0	16.6	10.4	7.0	6.7	6.9	3.7	3.9	2.5
13:45	20.3	17.2	17.3	8.3	6.8	6.6	7.0	4.8	4.0	2.3
14:00	24.9	14.5	16.6	8.4	6.6	6.9	6.0	4.9	3.8	2.0
14:15	25.6	14.6	13.2	9.7	7.9	5.8	5.5	5.2	4.9	1.7
14:30	24.9	17.0	12.1	11.9	8.5	5.1	3.9	4.3	4.8	1.5
14:45	19.1	16.7	14.2	14.3	9.0	5.8	3.6	3.9	4.7	2.5

时间	湖州交通经济频率	湖州新闻综合频率	湖州音乐频率	浙江交通之声	浙江之声	浙江104.5女主播电台	浙江动听968音乐调频	浙江电台FM95经济广播	浙江FM99.6WiFi Radio	浙江私家车107城市之声
15:00	19.5	14.1	14.1	15.2	10.8	6.4	3.3	4.0	4.1	2.5
15:15	21.3	13.8	12.2	14.4	11.1	6.2	4.0	4.2	4.2	2.8
15:30	23.5	15.0	12.2	10.9	9.9	7.2	4.2	4.7	4.2	2.3
15:45	22.1	15.7	13.8	10.2	7.9	8.3	4.6	5.0	4.2	2.3
16:00	21.4	12.1	15.4	10.0	6.1	8.1	6.9	7.0	4.2	2.4
16:15	23.8	9.9	14.9	10.4	6.1	6.9	6.7	6.7	5.0	2.6
16:30	26.3	11.3	11.6	12.0	7.1	4.9	6.9	6.1	4.6	2.8
16:45	26.4	11.3	11.1	13.5	8.0	4.1	5.1	5.9	5.1	3.0
17:00	27.6	16.9	9.4	16.1	6.5	3.7	4.0	4.0	4.0	2.9
17:15	28.4	19.4	9.9	16.7	5.1	3.2	2.8	3.6	3.6	2.8
17:30	26.0	20.5	12.8	16.8	4.8	3.4	2.4	3.4	3.0	2.4
17:45	25.0	20.3	14.6	16.2	5.0	3.9	1.9	3.3	2.7	2.2
18:00	22.8	18.4	15.2	15.5	6.5	4.9	3.0	3.6	2.9	1.9
18:15	24.3	17.9	15.8	11.2	6.4	5.2	2.8	4.0	3.6	2.0
18:30	22.9	16.6	16.7	11.5	6.0	5.4	3.9	4.4	3.7	2.1
18:45	20.0	17.7	19.8	9.3	5.3	5.8	4.1	4.7	4.0	2.3
19:00	20.2	17.3	20.3	11.2	4.6	4.5	4.3	5.9	3.7	2.0
19:15	19.6	17.2	19.5	12.1	5.1	5.0	5.3	6.0	3.0	2.0
19:30	17.8	17.5	18.7	13.2	4.7	4.6	6.8	6.5	2.8	1.8
19:45	17.3	20.0	18.0	13.6	3.9	4.6	7.1	5.9	2.7	1.5
20:00	17.1	22.0	18.6	11.3	4.5	4.4	7.4	4.7	2.6	1.6
20:15	20.8	21.9	16.8	10.4	4.3	5.8	5.4	4.2	3.2	2.0
20:30	20.1	19.3	14.0	13.7	5.7	6.9	4.8	4.7	3.6	2.2
20:45	20.1	17.3	14.4	15.0	6.4	7.3	3.5	5.4	3.8	2.1
21:00	17.7	19.9	13.8	14.9	5.7	8.2	3.7	5.7	3.8	1.5
21:15	15.4	22.9	14.7	12.3	5.5	8.8	3.6	6.7	3.5	1.3
21:30	15.7	23.2	13.1	13.4	4.3	8.5	5.5	5.9	3.2	1.5
21:45	14.4	21.7	14.1	13.6	5.3	8.3	5.7	5.5	3.3	1.8
22:00	20.5	17.6	16.0	11.6	3.4	7.3	6.0	5.6	3.3	2.6
22:15	20.6	18.2	16.3	10.2	4.1	6.4	3.9	6.2	4.7	2.6
22:30	19.1	19.0	16.7	9.7	3.8	6.6	5.5	5.8	5.0	2.3
22:45	16.5	22.5	15.6	8.8	4.6	7.4	6.1	4.3	5.2	2.4
23:00	17.1	22.2	12.7	12.0	4.3	7.5	6.1	5.4	4.2	1.7
23:15	16.2	18.4	14.1	14.4	3.0	7.5	5.4	6.3	5.3	1.4
23:30	15.4	17.6	15.3	12.7	4.1	7.0	5.8	7.0	5.2	2.0
23:45	14.6	17.4	16.6	12.7	3.5	7.4	5.8	7.4	5.0	1.3

四十九、绍兴地区收听率数据

表 2.49.1　绍兴地区主要电台频率的平均收听率和市场份额

排名	电台名称	平均收听率（%）	市场份额（%）
1	绍兴新闻综合频率	1.16	21.5
2	绍兴交通频率	1.03	19.0
3	绍兴私家车音乐广播	0.62	11.4
4	浙江交通之声	0.46	8.4
5	浙江动听 968 音乐调频	0.39	7.2
6	浙江 104.5 女主播电台	0.32	6.0
7	浙江之声	0.27	5.1
8	浙江私家车 107 城市之声	0.24	4.5
8	IMUSIC103.5 绍兴音乐台	0.19	3.4
10	浙江 FM99.6 民生资讯广播	0.16	2.9

表 2.49.2　绍兴地区主要电台频率的周到达率和日到达率

排名	电台名称	周到达率（%）	日到达率（%）
1	绍兴新闻综合频率	23.50	12.82
2	绍兴交通频率	18.99	9.15
3	绍兴私家车音乐广播 103.5	12.16	7.62
4	浙江交通之声	11.55	7.14
5	浙江动听 968 音乐调频	16.94	6.94
6	浙江 104.5 女主播电台	11.48	5.93
7	浙江之声	9.06	5.49
8	浙江私家车 107 城市之声	8.77	5.16
9	IMUSIC103.5 绍兴音乐台	6.64	3.69
10	浙江 FM99.6 民生资讯广播	7.04	3.24

表 2.49.3　绍兴地区主要电台的收听率（%）

时间	绍兴新闻综合频率	绍兴交通频率	绍兴私家车音乐广播	浙江交通之声	浙江动听968音乐调频	浙江104.5女主播电台	浙江之声	浙江私家车107城市之声	IMUSIC 103.5绍兴音乐台	浙江FM99.6民生资讯广播
6:00	0.82	0.29	0.24	0.17	0.17	0.05	0.15	0.00	0.06	0.06
6:15	1.00	0.49	0.27	0.25	0.19	0.10	0.22	0.06	0.09	0.09
6:30	1.34	0.67	0.40	0.34	0.26	0.16	0.25	0.10	0.11	0.14
6:45	1.62	0.86	0.51	0.54	0.46	0.20	0.29	0.17	0.19	0.18
7:00	1.98	1.10	0.78	0.61	0.53	0.26	0.48	0.26	0.20	0.23
7:15	2.28	1.29	0.84	0.63	0.66	0.34	0.55	0.28	0.24	0.26
7:30	2.41	1.42	0.91	0.74	0.75	0.39	0.65	0.32	0.25	0.29
7:45	2.47	1.62	1.04	0.82	0.81	0.40	0.73	0.37	0.32	0.28
8:00	2.57	1.65	1.04	0.82	0.81	0.45	0.80	0.37	0.30	0.32
8:15	2.54	1.69	1.04	0.68	0.81	0.45	0.79	0.35	0.33	0.32
8:30	2.17	1.52	0.98	0.59	0.80	0.47	0.69	0.29	0.34	0.28
8:45	1.80	1.34	0.99	0.61	0.73	0.46	0.59	0.25	0.31	0.27
9:00	1.59	1.37	0.74	0.58	0.59	0.37	0.57	0.24	0.14	0.23
9:15	1.50	1.41	0.70	0.59	0.47	0.36	0.56	0.24	0.16	0.20
9:30	1.50	1.35	0.51	0.55	0.37	0.32	0.46	0.24	0.15	0.18
9:45	1.41	1.17	0.59	0.62	0.35	0.33	0.38	0.28	0.19	0.17
10:00	1.55	0.94	0.59	0.65	0.39	0.29	0.30	0.29	0.20	0.16
10:15	1.55	0.92	0.53	0.69	0.44	0.33	0.30	0.29	0.19	0.13
10:30	1.70	0.86	0.40	0.68	0.46	0.38	0.29	0.28	0.10	0.13
10:45	1.67	0.97	0.38	0.59	0.36	0.38	0.27	0.20	0.09	0.13
11:00	1.42	1.01	0.42	0.50	0.33	0.35	0.21	0.21	0.14	0.16
11:15	1.11	0.97	0.50	0.44	0.32	0.36	0.18	0.24	0.14	0.19
11:30	1.12	0.89	0.61	0.44	0.40	0.34	0.21	0.26	0.16	0.20
11:45	1.05	0.89	0.65	0.52	0.40	0.30	0.20	0.26	0.20	0.20
12:00	1.19	1.08	0.61	0.52	0.45	0.29	0.17	0.30	0.21	0.19
12:15	1.35	1.20	0.61	0.53	0.42	0.33	0.13	0.32	0.19	0.15
12:30	1.34	1.22	0.52	0.53	0.26	0.32	0.14	0.34	0.19	0.10
12:45	1.33	1.19	0.46	0.53	0.22	0.27	0.12	0.34	0.14	0.09
13:00	0.88	0.93	0.37	0.38	0.25	0.25	0.11	0.27	0.14	0.09
13:15	0.74	0.85	0.36	0.39	0.24	0.26	0.10	0.25	0.13	0.09
13:30	0.68	0.82	0.36	0.39	0.33	0.32	0.10	0.18	0.11	0.11
13:45	0.71	0.95	0.44	0.43	0.33	0.36	0.14	0.20	0.14	0.13
14:00	0.75	1.00	0.51	0.50	0.28	0.40	0.17	0.21	0.14	0.15
14:15	0.70	1.02	0.59	0.51	0.31	0.39	0.23	0.26	0.21	0.14
14:30	0.54	0.93	0.64	0.56	0.30	0.37	0.26	0.27	0.22	0.15
14:45	0.49	1.03	0.64	0.56	0.35	0.30	0.26	0.26	0.21	0.13

时间	绍兴新闻综合频率	绍兴交通频率	绍兴私家车音乐广播	浙江交通之声	浙江动听968音乐调频	浙江104.5女主播电台	浙江之声	浙江私家车107城市之声	IMUSIC 103.5绍兴音乐台	浙江FM99.6民生资讯广播
15:00	0.43	1.07	0.73	0.49	0.34	0.30	0.20	0.25	0.24	0.11
15:15	0.39	1.25	0.77	0.45	0.36	0.31	0.15	0.23	0.25	0.10
15:30	0.59	1.29	0.78	0.41	0.37	0.32	0.12	0.20	0.24	0.10
15:45	0.57	1.10	0.67	0.40	0.35	0.37	0.14	0.20	0.24	0.13
16:00	0.71	1.14	0.68	0.42	0.25	0.38	0.15	0.26	0.15	0.15
16:15	0.65	1.24	0.66	0.50	0.21	0.39	0.23	0.26	0.16	0.15
16:30	0.67	1.32	0.62	0.53	0.26	0.36	0.25	0.26	0.18	0.13
16:45	0.88	1.40	0.70	0.55	0.27	0.33	0.23	0.27	0.17	0.14
17:00	1.23	1.52	0.85	0.55	0.46	0.33	0.20	0.27	0.29	0.18
17:15	1.33	1.79	1.08	0.46	0.49	0.40	0.19	0.32	0.31	0.20
17:30	1.76	1.83	1.07	0.48	0.58	0.42	0.18	0.34	0.31	0.25
17:45	1.82	1.76	1.18	0.54	0.56	0.42	0.26	0.39	0.32	0.26
18:00	1.92	1.73	1.20	0.63	0.64	0.42	0.38	0.39	0.35	0.29
18:15	1.94	1.35	1.20	0.66	0.64	0.40	0.42	0.42	0.35	0.29
18:30	1.89	1.31	1.00	0.65	0.50	0.32	0.47	0.43	0.32	0.25
18:45	1.81	1.36	0.84	0.63	0.43	0.29	0.47	0.38	0.20	0.23
19:00	1.17	1.22	0.79	0.50	0.43	0.32	0.46	0.31	0.19	0.19
19:15	1.00	0.97	0.81	0.43	0.37	0.33	0.41	0.29	0.17	0.16
19:30	0.82	1.00	0.81	0.45	0.37	0.36	0.32	0.27	0.20	0.14
19:45	0.81	1.01	0.69	0.45	0.34	0.41	0.24	0.26	0.19	0.13
20:00	0.99	1.05	0.61	0.39	0.34	0.43	0.18	0.25	0.18	0.12
20:15	1.03	1.02	0.48	0.31	0.36	0.41	0.20	0.19	0.14	0.12
20:30	1.05	0.74	0.46	0.28	0.32	0.40	0.19	0.19	0.14	0.15
20:45	0.80	0.71	0.43	0.24	0.27	0.33	0.20	0.22	0.11	0.15
21:00	0.61	0.59	0.50	0.30	0.27	0.30	0.25	0.24	0.16	0.13
21:15	0.66	0.54	0.53	0.30	0.31	0.32	0.24	0.25	0.15	0.12
21:30	0.59	0.60	0.49	0.27	0.35	0.30	0.22	0.24	0.17	0.08
21:45	0.58	0.65	0.46	0.28	0.38	0.35	0.14	0.17	0.16	0.05
22:00	0.68	0.65	0.35	0.18	0.38	0.35	0.10	0.14	0.11	0.05
22:15	0.70	0.58	0.31	0.17	0.26	0.30	0.07	0.14	0.10	0.05
22:30	0.65	0.35	0.29	0.15	0.19	0.26	0.10	0.12	0.11	0.07
22:45	0.57	0.32	0.19	0.12	0.16	0.20	0.12	0.13	0.06	0.07
23:00	0.55	0.30	0.17	0.11	0.21	0.20	0.09	0.08	0.09	0.04
23:15	0.40	0.25	0.16	0.09	0.14	0.15	0.08	0.07	0.06	0.04
23:30	0.40	0.22	0.13	0.08	0.13	0.12	0.07	0.06	0.05	0.03
23:45	0.32	0.18	0.09	0.05	0.09	0.09	0.05	0.05	0.05	0.03

表 2.49.4　绍兴地区主要电台的占有率（%）

时间	绍兴新闻综合频率	绍兴交通频率	绍兴私家车音乐广播	浙江交通之声	浙江动听968音乐调频	浙江104.5女主播电台	浙江之声	浙江私家车107城市之声	IMUSIC 103.5绍兴音乐台	浙江FM99.6民生资讯广播
6:00	37.8	13.4	11.0	7.9	7.8	2.4	6.8	0.2	2.7	3.0
6:15	33.5	16.5	9.0	8.5	6.3	3.2	7.5	2.0	3.1	3.0
6:30	32.9	16.4	9.8	8.4	6.5	4.0	6.2	2.5	2.6	3.4
6:45	29.8	15.9	9.4	10.0	8.5	3.7	5.2	3.2	3.5	3.3
7:00	28.6	16.0	11.3	8.8	7.7	3.8	6.9	3.7	3.0	3.4
7:15	28.4	16.2	10.5	7.9	8.3	4.3	6.8	3.5	3.0	3.2
7:30	27.1	16.0	10.2	8.3	8.5	4.4	7.3	3.5	2.8	3.3
7:45	25.4	16.6	10.7	8.4	8.4	4.1	7.5	3.8	3.3	2.9
8:00	25.7	16.5	10.4	8.2	8.1	4.5	8.0	3.7	3.0	3.2
8:15	25.7	17.1	10.5	6.9	8.2	4.6	8.0	3.6	3.3	3.2
8:30	24.0	16.8	10.8	6.5	8.9	5.1	7.6	3.3	3.7	3.1
8:45	21.7	16.1	11.9	7.3	8.8	5.5	7.1	3.0	3.8	3.3
9:00	21.6	18.7	10.1	7.9	8.0	5.0	7.8	3.3	2.0	3.2
9:15	21.6	20.4	10.1	8.6	6.8	5.1	8.0	3.5	2.3	2.9
9:30	23.6	21.2	8.1	8.7	5.8	5.0	7.2	3.8	2.4	2.8
9:45	22.9	18.9	9.6	10.1	5.6	5.4	6.1	4.5	3.1	2.7
10:00	25.5	15.5	9.7	10.6	6.4	4.8	5.0	4.8	3.3	2.7
10:15	25.7	15.2	8.8	11.4	7.3	5.5	4.9	4.8	3.1	2.1
10:30	28.2	14.3	6.6	11.3	7.7	6.2	4.9	4.7	1.7	2.2
10:45	29.0	16.9	6.5	10.4	6.2	6.6	4.7	3.5	1.6	2.3
11:00	26.5	18.9	7.8	9.3	6.1	6.6	3.9	4.0	2.6	3.0
11:15	22.1	19.2	10.0	8.7	6.3	7.1	3.5	4.7	2.7	3.7
11:30	21.4	16.9	11.6	8.4	7.6	6.4	4.1	4.9	3.0	3.8
11:45	20.1	17.0	12.3	9.8	7.7	5.7	3.8	4.9	3.8	3.8
12:00	21.3	19.4	10.9	9.3	8.1	5.3	3.0	5.3	3.7	3.3
12:15	23.3	20.8	10.5	9.3	7.3	5.8	2.2	5.6	3.3	2.7
12:30	24.2	22.0	9.5	9.7	4.7	5.8	2.5	6.2	3.4	1.9
12:45	25.1	22.6	8.7	10.0	4.2	5.1	2.2	6.4	2.7	1.6
13:00	20.4	21.5	8.5	8.7	5.9	5.9	2.4	6.2	3.3	2.0
13:15	17.9	20.5	8.6	9.6	5.9	6.4	2.4	6.0	3.2	2.2
13:30	16.2	19.6	8.6	9.4	7.8	7.7	2.4	4.4	2.7	2.5
13:45	15.6	20.7	9.7	9.3	7.1	7.8	3.0	4.3	3.0	2.8
14:00	15.8	21.2	10.9	10.6	5.9	8.4	3.7	4.5	3.0	3.2
14:15	14.3	20.8	12.0	10.4	6.3	8.0	4.6	5.3	4.3	2.8
14:30	11.5	19.7	13.5	11.8	6.3	7.7	5.4	5.7	4.7	3.2
14:45	10.2	21.5	13.4	11.8	7.4	6.2	5.4	5.4	4.5	2.7

时间	绍兴新闻综合频率	绍兴交通频率	绍兴私家车音乐广播	浙江交通之声	浙江动听968音乐调频	浙江104.5女主播电台	浙江之声	浙江私家车107城市之声	IMUSIC 103.5绍兴音乐台	浙江FM99.6民生资讯广播
15:00	8.9	22.5	15.4	10.3	7.1	6.3	4.3	5.3	5.1	2.3
15:15	8.0	25.5	15.7	9.1	7.3	6.4	3.0	4.7	5.1	2.0
15:30	11.6	25.5	15.4	8.0	7.3	6.4	2.3	3.9	4.7	2.0
15:45	12.1	23.0	14.1	8.3	7.4	7.7	2.9	4.3	5.0	2.6
16:00	14.5	23.4	13.9	8.6	5.2	7.7	3.1	5.2	3.2	3.0
16:15	12.9	24.9	13.3	10.1	4.3	7.8	4.5	5.3	3.1	3.0
16:30	13.1	25.9	12.2	10.3	5.0	7.1	4.9	5.2	3.6	2.6
16:45	16.0	25.5	12.7	9.9	5.0	6.0	4.2	4.9	3.1	2.5
17:00	19.1	23.6	13.2	8.5	7.1	5.1	3.1	4.2	4.5	2.8
17:15	18.5	24.9	14.9	6.4	6.8	5.5	2.7	4.4	4.3	2.8
17:30	22.1	22.9	13.4	6.1	7.3	5.3	2.2	4.2	3.9	3.2
17:45	22.1	21.3	14.3	6.5	6.8	5.1	3.1	4.7	3.9	3.1
18:00	22.0	19.8	13.8	7.2	7.4	4.8	4.3	4.4	4.0	3.3
18:15	23.0	15.9	14.2	7.8	7.6	4.8	5.0	5.0	4.2	3.4
18:30	23.9	16.6	12.6	8.2	6.3	4.1	6.0	5.4	4.0	3.2
18:45	24.5	18.3	11.3	8.5	5.9	3.9	6.3	5.1	2.7	3.1
19:00	18.5	19.3	12.4	7.9	6.7	5.0	7.3	5.0	3.1	3.0
19:15	17.3	16.9	14.1	7.5	6.5	5.8	7.2	5.0	3.0	2.8
19:30	14.8	18.2	14.7	8.1	6.6	6.6	5.8	4.8	3.6	2.6
19:45	15.6	19.6	13.3	8.7	6.6	7.9	4.7	5.0	3.7	2.5
20:00	19.3	20.4	11.9	7.6	6.6	8.3	3.6	4.9	3.6	2.3
20:15	21.3	21.2	10.0	6.5	7.5	8.6	4.2	4.0	2.9	2.6
20:30	23.6	16.8	10.4	6.3	7.2	9.0	4.4	4.2	3.3	3.3
20:45	20.6	18.2	11.1	6.1	6.9	8.5	5.2	5.5	2.7	3.9
21:00	16.3	15.6	13.4	7.9	7.1	8.1	6.7	6.4	4.1	3.5
21:15	17.4	14.2	13.9	8.0	8.1	8.3	6.3	6.7	4.0	3.1
21:30	16.1	16.5	13.3	7.4	9.6	8.3	5.9	6.5	4.5	2.3
21:45	16.5	18.5	13.0	8.0	10.7	9.9	3.9	4.7	4.5	1.4
22:00	20.7	19.6	10.7	5.5	11.5	10.5	3.1	4.1	3.5	1.7
22:15	23.7	19.7	10.6	5.9	8.8	10.3	2.4	4.7	3.4	1.7
22:30	25.4	13.8	11.3	5.9	7.3	10.1	4.0	4.9	4.3	2.7
22:45	26.1	14.5	8.6	5.4	7.2	9.1	5.3	5.8	2.6	3.2
23:00	27.2	14.6	8.5	5.4	10.3	9.7	4.3	4.1	4.4	2.0
23:15	25.2	16.0	9.9	5.6	8.5	9.3	5.2	4.5	3.8	2.4
23:30	28.0	15.3	9.2	5.8	8.9	8.3	5.1	4.2	3.8	2.4
23:45	28.9	16.5	8.5	4.6	8.4	8.0	4.8	4.6	4.3	2.9

表 2.49.5　绍兴市平均收听率 top30 节目

排名	节目名称	所属频率	播放时间	平均收听率(%)	市场占有率(%)
1	行风热线	绍兴新闻综合频率	07:30—08:00	2.80	26.4
2	方月8点档	绍兴新闻综合频率	08:00—09:00	2.54	25.2
3	八颗牙齿晒太阳	绍兴新闻综合频率	18:00—18:30	2.29	23.4
4	绍广早新闻	绍兴新闻综合频率	07:00—07:30	2.12	28.4
5	听-说早高峰	绍兴交通频率	07:00—09:00	1.99	18.7
6	941晚班车-下班嘚啵嘚	绍兴交通频率	16:00—19:00	1.91	24.4
7	午间财经（录播）	绍兴新闻综合频率	12:15—12:30	1.75	26.6
8	阿汪看盘	绍兴交通频率	15:30—16:00	1.73	29.6
9	市民与法律(直播)	绍兴新闻综合频率	10:30—11:00	1.71	27.4
10	市民热线	绍兴交通频率	09:00—10:00	1.70	22.0
10	新闻晚间报(直播)	绍兴新闻综合频率	17:00—18:00	1.70	19.9
12	绍兴新闻联播(转播)	绍兴新闻综合频率	18:30—19:00	1.68	20.3
13	可风生活派	绍兴新闻综合频率	09:00—10:30	1.67	24.0
14	新闻和报纸摘要(转播)	绍兴新闻综合频率	06:30—07:00	1.53	31.4
14	八颗牙齿晒太阳(录播)	绍兴新闻综合频率	12:30—13:00	1.53	26.7
16	一起去旅行	绍兴交通频率	14:00—15:30	1.43	25.5
17	1035晚高峰	绍兴私家车音乐广播103.5	16:00—19:00	1.35	17.2
18	1035早高峰	绍兴私家车音乐广播103.5	07:00—10:00	1.32	13.6
19	全市新闻联播	绍兴新闻综合频率	12:00—12:15	1.30	22.3
20	941汇生活	绍兴交通频率	19:00—21:00	1.27	21.6
21	汽车管家	绍兴交通频率	12:00—13:00	1.26	20.1
22	与幸福同行(直播)	绍兴新闻综合频率	11:00—12:00	1.23	22.1
23	经典诵读	绍兴新闻综合频率	19:00—19:30	1.19	18.4
24	车行天下	绍兴交通频率	10:00—11:00	1.06	15.1
25	家在绍兴	绍兴交通频率	11:00—12:00	1.05	17.6
26	城市夜动听	绍兴新闻综合频率	19:30—21:00	0.99	19.2
27	岁月如歌(录播)	绍兴新闻综合频率	13:00—13:30	0.97	22.0
28	的士一家亲	绍兴交通频率	13:00—14:00	0.92	18.9
29	广播版《师爷说新闻》	绍兴新闻综合频率	13:30—14:00	0.90	18.4
30	方雨大搜索	浙江之声	08:00—09:00	0.87	7.7

五十、台州地区收听率数据

表 2.50.1 台州地区主要电台频率的平均收听率和市场份额

排名	电台名称	平均收听率（%）	市场份额（%）
1	台州交通广播	1.85	25.9
2	汽车音乐 1001 台州音乐台	1.77	24.7
3	台州新闻广播	1.61	22.5
4	浙江私家车 107 城市之声	0.79	11.1
5	浙江动听 968 音乐调频	0.59	8.3
6	浙江之声	0.18	2.5
7	浙江电台 FM95 经济广播	0.17	2.3
8	浙江 FM99.6 WiFi Radio	0.08	1.1
8	中央中国之声	0.04	0.6
10	浙江交通之声	0.04	0.5

表 2.50.2 台州地区主要电台频率的周到达率和日到达率

排名	电台名称	周到达率（%）	日到达率（%）
1	台州交通广播	30.91	13.77
2	台州新闻广播	29.91	13.38
3	汽车音乐 1001 台州音乐台	27.29	10.96
4	浙江私家车 107 城市之声	20.61	6.35
5	浙江动听 968 音乐调频	14.63	3.39
6	浙江之声	14.90	2.81
7	浙江电台 FM95 经济广播	12.43	2.51
8	浙江 FM99.6 WiFi Radio	8.14	1.25
9	中央中国之声	9.61	1.16
10	浙江交通之声	3.86	0.43

表 2.50.3　台州地区主要电台的收听率（%）

时间	台州交通广播	汽车音乐1001台州音乐台	台州新闻广播	浙江私家车107城市之声	浙江动听968音乐调频	浙江之声	浙江电台FM95经济广播	浙江FM99.6WiFi Radio	中央中国之声	浙江交通之声
6:00	1.54	1.33	1.61	0.60	0.59	0.13	0.12	0.10	0.05	0.01
6:15	1.76	1.36	1.68	0.65	0.54	0.16	0.16	0.10	0.05	0.01
6:30	2.02	1.49	1.97	0.78	0.53	0.24	0.23	0.11	0.08	0.01
6:45	2.28	1.62	2.24	0.90	0.51	0.26	0.26	0.11	0.09	0.01
7:00	2.71	1.94	2.67	1.11	0.55	0.34	0.31	0.08	0.13	0.01
7:15	2.85	2.10	2.91	1.20	0.55	0.40	0.30	0.09	0.12	0.01
7:30	3.09	2.26	3.04	1.37	0.63	0.44	0.29	0.06	0.11	0.01
7:45	2.80	2.35	2.83	1.36	0.67	0.43	0.27	0.06	0.13	0.00
8:00	2.73	2.39	2.63	1.32	0.72	0.38	0.27	0.05	0.13	0.01
8:15	2.54	2.34	2.37	1.19	0.72	0.37	0.32	0.05	0.11	0.01
8:30	2.36	2.18	2.12	1.12	0.71	0.29	0.34	0.05	0.08	0.00
8:45	2.24	2.04	1.81	1.03	0.68	0.24	0.29	0.06	0.06	0.01
9:00	2.13	1.91	1.45	1.01	0.71	0.25	0.28	0.05	0.04	0.00
9:15	2.06	1.82	1.29	0.94	0.74	0.22	0.26	0.06	0.06	0.01
9:30	2.02	1.85	1.16	1.00	0.75	0.23	0.28	0.06	0.03	0.01
9:45	1.95	1.94	1.13	1.02	0.77	0.20	0.21	0.10	0.02	0.01
10:00	1.87	2.11	1.17	1.01	0.76	0.17	0.22	0.09	0.03	0.01
10:15	1.84	2.15	1.29	0.98	0.70	0.15	0.23	0.08	0.02	0.01
10:30	1.73	2.21	1.46	0.95	0.70	0.13	0.21	0.09	0.02	0.01
10:45	1.70	2.11	1.51	0.94	0.63	0.12	0.20	0.08	0.01	0.02
11:00	1.71	1.94	1.60	0.90	0.61	0.10	0.16	0.07	0.04	0.01
11:15	1.73	1.88	1.62	0.84	0.54	0.12	0.15	0.11	0.03	0.01
11:30	1.78	1.81	1.59	0.80	0.51	0.15	0.19	0.07	0.03	0.01
11:45	1.77	1.82	1.55	0.71	0.53	0.19	0.20	0.11	0.02	0.01
12:00	1.77	1.85	1.66	0.63	0.57	0.16	0.18	0.08	0.06	0.01
12:15	1.79	1.85	1.68	0.62	0.58	0.13	0.20	0.06	0.05	0.01
12:30	1.75	1.83	1.59	0.58	0.61	0.14	0.22	0.06	0.05	0.01
12:45	1.68	1.86	1.54	0.58	0.63	0.11	0.19	0.07	0.07	0.01
13:00	1.50	1.89	1.43	0.63	0.60	0.14	0.15	0.09	0.05	0.03
13:15	1.48	1.90	1.30	0.65	0.61	0.12	0.14	0.10	0.04	0.04
13:30	1.43	1.89	1.29	0.73	0.60	0.09	0.11	0.13	0.03	0.05
13:45	1.47	1.76	1.31	0.74	0.60	0.09	0.11	0.13	0.03	0.05
14:00	1.58	1.77	1.32	0.83	0.60	0.13	0.10	0.12	0.02	0.08
14:15	1.65	1.76	1.35	0.80	0.59	0.16	0.10	0.12	0.01	0.08
14:30	1.74	1.71	1.33	0.84	0.58	0.18	0.09	0.11	0.01	0.09
14:45	1.74	1.75	1.29	0.81	0.59	0.18	0.11	0.13	0.01	0.10

时间	台州交通广播	汽车音乐1001台州音乐台	台州新闻广播	浙江私家车107城市之声	浙江动听968音乐调频	浙江之声	浙江电台FM95经济广播	浙江FM99.6WiFi Radio	中央中国之声	浙江交通之声
15:00	1.79	1.75	1.24	0.81	0.60	0.23	0.11	0.13	0.00	0.10
15:15	1.79	1.76	1.25	0.82	0.60	0.22	0.12	0.16	0.01	0.10
15:30	1.80	1.78	1.30	0.85	0.61	0.23	0.15	0.13	0.01	0.10
15:45	1.77	1.81	1.41	0.87	0.61	0.23	0.17	0.15	0.02	0.10
16:00	1.82	1.91	1.50	0.91	0.62	0.26	0.19	0.13	0.03	0.10
16:15	2.01	2.03	1.70	0.90	0.59	0.26	0.23	0.12	0.04	0.11
16:30	2.24	2.29	2.11	0.98	0.59	0.25	0.18	0.11	0.03	0.11
16:45	2.42	2.43	2.41	1.01	0.58	0.27	0.20	0.10	0.02	0.10
17:00	2.87	2.66	3.04	1.13	0.59	0.24	0.24	0.09	0.03	0.08
17:15	3.07	2.73	3.12	1.15	0.61	0.25	0.22	0.07	0.04	0.07
17:30	3.07	2.68	3.04	1.09	0.63	0.23	0.21	0.06	0.05	0.05
17:45	2.79	2.43	2.63	0.97	0.65	0.16	0.19	0.08	0.04	0.05
18:00	2.48	2.29	2.23	0.84	0.60	0.13	0.15	0.06	0.03	0.04
18:15	2.22	1.95	1.81	0.71	0.61	0.13	0.13	0.05	0.02	0.05
18:30	2.00	1.86	1.61	0.64	0.57	0.12	0.10	0.07	0.03	0.05
18:45	1.80	1.62	1.51	0.62	0.56	0.14	0.11	0.07	0.04	0.05
19:00	1.69	1.55	1.46	0.57	0.59	0.17	0.10	0.09	0.04	0.05
19:15	1.51	1.51	1.46	0.58	0.60	0.18	0.10	0.12	0.03	0.05
19:30	1.46	1.60	1.38	0.60	0.61	0.18	0.11	0.09	0.03	0.05
19:45	1.29	1.73	1.23	0.62	0.58	0.22	0.10	0.08	0.05	0.05
20:00	1.26	1.66	1.09	0.62	0.58	0.19	0.10	0.08	0.08	0.05
20:15	1.29	1.63	1.01	0.62	0.56	0.21	0.10	0.06	0.06	0.05
20:30	1.34	1.54	1.02	0.61	0.53	0.19	0.11	0.03	0.06	0.05
20:45	1.34	1.40	1.06	0.57	0.50	0.19	0.09	0.07	0.05	0.05
21:00	1.33	1.26	1.15	0.57	0.50	0.11	0.11	0.06	0.04	0.05
21:15	1.38	1.16	1.15	0.52	0.51	0.08	0.11	0.05	0.03	0.05
21:30	1.35	1.15	1.16	0.55	0.47	0.04	0.09	0.03	0.03	0.05
21:45	1.33	1.05	1.12	0.52	0.51	0.04	0.09	0.04	0.02	0.05
22:00	1.34	1.02	1.07	0.51	0.51	0.04	0.08	0.03	0.02	0.03
22:15	1.33	1.01	1.07	0.49	0.51	0.03	0.10	0.06	0.01	0.02
22:30	1.30	1.00	1.02	0.48	0.50	0.04	0.11	0.03	0.02	0.01
22:45	1.26	1.00	1.04	0.48	0.49	0.07	0.10	0.04	0.01	0.01
23:00	1.26	0.93	1.04	0.48	0.50	0.04	0.10	0.03	0.01	0.01
23:15	1.22	0.86	1.00	0.47	0.49	0.03	0.08	0.05	0.01	0.01
23:30	1.19	0.76	0.89	0.41	0.50	0.02	0.08	0.08	0.01	0.01
23:45	0.93	0.58	0.66	0.33	0.42	0.01	0.03	0.05	0.02	0.01

表 2.50.4　台州地区主要电台的占有率（%）

时间	台州交通广播	汽车音乐 1001 台州音乐台	台州新闻广播	浙江私家车 107 城市之声	浙江动听 968 音乐调频	浙江之声	浙江电台 FM95 经济广播	浙江 FM99.6WiFi Radio	中央中国之声	浙江交通之声
6:00	25.3	21.8	26.3	9.8	9.6	2.1	2.0	1.7	0.9	0.1
6:15	27.1	20.9	25.9	10.0	8.4	2.5	2.5	1.6	0.7	0.2
6:30	27.1	19.9	26.4	10.5	7.1	3.3	3.0	1.5	1.0	0.2
6:45	27.5	19.5	27.0	10.8	6.1	3.1	3.2	1.4	1.0	0.1
7:00	27.4	19.6	26.9	11.2	5.5	3.4	3.1	0.8	1.3	0.1
7:15	26.8	19.9	27.4	11.4	5.2	3.8	2.8	0.8	1.1	0.1
7:30	27.1	19.8	26.6	12.0	5.5	3.9	2.6	0.5	0.9	0.1
7:45	25.5	21.4	25.8	12.4	6.1	3.9	2.5	0.6	1.2	0.0
8:00	25.5	22.3	24.6	12.4	6.8	3.6	2.5	0.5	1.2	0.1
8:15	25.3	23.2	23.6	11.8	7.1	3.6	3.2	0.5	1.1	0.1
8:30	25.5	23.5	22.9	12.0	7.6	3.1	3.6	0.6	0.9	0.0
8:45	26.4	24.0	21.3	12.2	8.1	2.9	3.5	0.7	0.7	0.1
9:00	27.2	24.4	18.5	12.9	9.1	3.2	3.6	0.6	0.5	0.1
9:15	27.6	24.3	17.3	12.6	10.0	3.0	3.4	0.8	0.8	0.1
9:30	27.2	24.9	15.7	13.5	10.2	3.2	3.8	0.9	0.4	0.1
9:45	26.6	26.3	15.3	13.8	10.5	2.7	2.9	1.3	0.2	0.1
10:00	25.1	28.3	15.7	13.5	10.2	2.3	2.9	1.2	0.4	0.2
10:15	24.7	28.7	17.2	13.2	9.4	2.0	3.1	1.1	0.2	0.2
10:30	23.1	29.3	19.4	12.6	9.4	1.7	2.8	1.1	0.2	0.2
10:45	23.2	28.7	20.6	12.8	8.6	1.6	2.7	1.1	0.2	0.3
11:00	23.9	27.1	22.4	12.6	8.6	1.3	2.2	0.9	0.6	0.1
11:15	24.6	26.6	23.0	11.9	7.7	1.7	2.1	1.5	0.4	0.2
11:30	25.5	26.1	22.8	11.5	7.3	2.2	2.8	1.1	0.4	0.1
11:45	25.5	26.4	22.3	10.2	7.6	2.7	2.8	1.6	0.3	0.1
12:00	25.3	26.5	23.7	9.0	8.2	2.2	2.6	1.2	0.8	0.2
12:15	25.6	26.5	24.0	8.8	8.3	1.9	2.9	0.9	0.7	0.1
12:30	25.5	26.6	23.2	8.5	8.9	2.0	3.2	0.8	0.8	0.2
12:45	25.0	27.6	22.8	8.6	9.3	1.7	2.7	1.0	1.0	0.2
13:00	23.0	29.0	21.9	9.7	9.2	2.1	2.3	1.4	0.7	0.4
13:15	23.2	29.7	20.3	10.2	9.6	1.9	2.2	1.5	0.6	0.6
13:30	22.5	29.7	20.3	11.4	9.5	1.4	1.8	2.1	0.5	0.8
13:45	23.4	28.0	20.8	11.8	9.5	1.5	1.7	2.0	0.4	0.8
14:00	24.1	27.1	20.1	12.7	9.2	1.9	1.5	1.9	0.3	1.2
14:15	24.9	26.5	20.3	12.1	8.9	2.4	1.5	1.9	0.2	1.2
14:30	26.1	25.5	19.9	12.6	8.6	2.6	1.3	1.7	0.1	1.4
14:45	26.0	26.1	19.2	12.1	8.7	2.7	1.7	1.9	0.1	1.5

时间	台州交通广播	汽车音乐1001台州音乐台	台州新闻广播	浙江私家车107城市之声	浙江动听968音乐调频	浙江之声	浙江电台FM95经济广播	浙江FM99.6WiFi Radio	中央中国之声	浙江交通之声
15:00	26.4	25.8	18.3	11.9	8.9	3.4	1.6	2.0	0.1	1.5
15:15	26.2	25.8	18.3	12.1	8.8	3.2	1.7	2.3	0.1	1.4
15:30	25.8	25.5	18.6	12.1	8.8	3.4	2.2	1.8	0.2	1.4
15:45	24.8	25.3	19.7	12.2	8.5	3.2	2.4	2.1	0.3	1.5
16:00	24.3	25.5	20.1	12.2	8.3	3.5	2.6	1.7	0.3	1.4
16:15	25.1	25.4	21.3	11.3	7.4	3.2	2.9	1.5	0.5	1.3
16:30	25.1	25.8	23.7	11.0	6.6	2.8	2.0	1.3	0.3	1.2
16:45	25.3	25.4	25.2	10.6	6.1	2.8	2.1	1.1	0.2	1.1
17:00	25.9	24.0	27.4	10.2	5.3	2.2	2.2	0.8	0.2	0.7
17:15	26.7	23.8	27.2	10.0	5.3	2.1	2.0	0.6	0.3	0.6
17:30	27.2	23.8	26.9	9.7	5.6	2.0	1.8	0.5	0.4	0.5
17:45	27.6	24.0	26.0	9.6	6.4	1.6	1.9	0.8	0.4	0.5
18:00	27.7	25.6	24.9	9.4	6.7	1.4	1.7	0.6	0.3	0.5
18:15	28.6	25.2	23.4	9.1	7.9	1.7	1.7	0.7	0.3	0.7
18:30	28.3	26.2	22.7	9.0	8.1	1.7	1.4	1.0	0.4	0.7
18:45	27.6	24.7	23.0	9.5	8.5	2.1	1.7	1.0	0.6	0.8
19:00	26.6	24.5	22.9	9.0	9.3	2.7	1.5	1.4	0.7	0.8
19:15	24.3	24.4	23.6	9.4	9.7	2.9	1.7	2.0	0.5	0.9
19:30	23.7	26.0	22.3	9.8	9.9	3.0	1.8	1.5	0.4	0.8
19:45	21.6	28.8	20.6	10.3	9.7	3.6	1.6	1.4	0.8	0.9
20:00	21.9	28.9	18.9	10.8	10.0	3.3	1.8	1.5	1.4	0.9
20:15	23.0	29.0	18.0	11.1	9.9	3.8	1.8	1.0	1.1	0.9
20:30	24.4	28.0	18.6	11.0	9.6	3.5	1.9	0.6	1.2	0.9
20:45	25.0	26.2	19.8	10.7	9.3	3.6	1.7	1.3	1.0	0.9
21:00	25.7	24.2	22.2	11.0	9.6	2.2	2.0	1.2	0.7	1.0
21:15	27.4	23.0	22.8	10.3	10.1	1.6	2.1	0.9	0.6	1.0
21:30	27.3	23.2	23.6	11.1	9.6	0.9	1.8	0.6	0.6	1.0
21:45	27.8	22.0	23.4	10.8	10.7	0.9	2.0	0.9	0.3	1.0
22:00	28.8	22.0	22.9	11.0	11.0	0.9	1.8	0.6	0.3	0.6
22:15	28.6	21.7	23.0	10.5	11.1	0.7	2.2	1.3	0.3	0.4
22:30	28.8	22.0	22.5	10.6	11.1	0.9	2.5	0.7	0.3	0.2
22:45	28.0	22.2	23.0	10.6	10.8	1.4	2.2	0.8	0.3	0.2
23:00	28.6	21.0	23.5	10.8	11.3	1.0	2.4	0.7	0.3	0.1
23:15	28.7	20.4	23.6	11.1	11.7	0.8	1.9	1.1	0.3	0.1
23:30	29.9	19.3	22.6	10.4	12.5	0.6	2.1	1.9	0.3	0.2
23:45	30.4	19.0	21.6	10.8	13.7	0.4	1.1	1.6	0.8	0.2

表 2.50.5 台州市平均收听率 top30 节目

排名	节目名称	所属频率	播放时间	平均收听率 (%)	市场占有率 (%)
1	台州早班车	台州交通广播	07:30—08:00	3.43	26.7
2	下班吃什么	台州新闻广播	17:00—18:00	3.40	26.3
3	台州晨报(台州早新闻、小雅读报)	台州新闻广播	07:00—08:00	3.39	27.1
4	TZTV-1《台州新闻》	台州交通广播	07:00—07:30	3.06	27.1
5	快乐晚高峰	台州交通广播	17:00—18:45	3.05	28.6
6	观点约架	台州交通广播	08:00—08:30	2.98	26.5
7	1001 脱口秀	汽车音乐 1001 台州音乐台	17:30—18:00	2.69	23.3
8	台州早班车	台州交通广播	08:30—09:00	2.47	27.1
9	与凡浩一起怀旧	汽车音乐 1001 台州音乐台	16:00—17:30	2.46	25.5
10	新闻大道东	台州交通广播	16:30—17:00	2.37	25.1
11	音乐早茶	汽车音乐 1001 台州音乐台	07:30—08:30	2.34	21.0
12	阳光热线	台州新闻广播	08:00—09:00	2.31	22.7
13	1001 脱口秀	汽车音乐 1001 台州音乐台	07:00—07:30	2.18	19.3
14	舞曲榜	汽车音乐 1001 台州音乐台	18:00—18:30	2.14	26.8
15	走在大路上	台州交通广播	09:00—10:00	2.11	27.9
15	《有车有房有音乐》	汽车音乐 1001 台州音乐台	09:30—11:00	2.11	27.5
17	《边走边唱》	汽车音乐 1001 台州音乐台	08:30—09:30	1.99	23.8
18	新闻和报纸摘要(转播中央台中国之声)	台州新闻广播	06:30—07:00	1.98	26.3
19	新闻 1+1	台州交通广播	06:30—07:00	1.97	26.2
20	987 开讲啦	台州新闻广播	16:00—17:00	1.95	22.8
21	交通快活人	台州交通广播	11:00—12:00	1.86	25.9
21	1001 为你定制	汽车音乐 1001 台州音乐台	12:00—14:00	1.86	27.4
23	最炫民族风	汽车音乐 1001 台州音乐台	11:00—12:00	1.85	26.1
24	主编时间	台州交通广播	18:45—19:00	1.82	27.7
24	《聆听台州》《曹景行评天下》	台州交通广播	16:00—16:30	1.82	23.8
26	交通服务站	台州交通广播	15:00—16:00	1.81	26.0
27	咖啡音乐时间	汽车音乐 1001 台州音乐台	14:30—16:00	1.80	26.1
28	路灯下的爵士	汽车音乐 1001 台州音乐台	14:00—14:30	1.75	26.2
29	1027 市民热线	台州交通广播	10:00—11:00	1.71	22.1
30	红娘驾到	台州新闻广播	11:00—12:00	1.70	23.7

五十一、丽水地区收听率数据

表 2.51.1　丽水地区主要电台频率的平均收听率和市场份额

排名	电台名称	平均收听率（%）	市场份额（%）
1	丽水新闻综合频率	1.62	32.2
2	丽水交通音乐频率	1.57	31.2
3	浙江交通之声	0.80	15.9
4	丽水新农村广播	0.37	7.4
5	浙江之声	0.23	4.6
6	中央中国之声	0.19	3.8
7	浙江 104.5 女主播电台	0.12	2.3
8	新锐 988 浙江新闻广播	0.10	2.0

表 2.51-2　丽水地区主要电台频率的周到达率和日到达率

排名	电台名称	周到达率（%）	日到达率（%）
1	丽水新闻综合频率	31.43	14.24
2	丽水交通音乐频率	26.43	8.26
3	浙江交通之声	16.97	8.04
4	浙江之声	10.45	3.82
5	丽水新农村广播	9.75	3.64
6	新锐 988 浙江新闻广播	5.39	2.54
7	浙江 104.5 女主播电台	7.61	2.21
8	中央中国之声	5.62	2.00

表 2.51.3　丽水地区主要电台的收听率（%）

时间	丽水新闻综合频率	丽水交通音乐频率	浙江交通之声	丽水新农村广播	浙江之声	中央中国之声	浙江104.5女主播电台	新锐988浙江新闻广播
6:00	1.39	0.00	0.18	0.00	0.08	0.10	0.04	0.01
6:15	1.58	0.00	0.40	0.00	0.13	0.13	0.06	0.03
6:30	1.62	0.00	0.41	0.00	0.20	0.19	0.13	0.05
6:45	1.92	0.00	0.65	0.00	0.29	0.24	0.19	0.12
7:00	2.52	1.16	1.15	0.29	0.42	0.33	0.23	0.17
7:15	2.86	1.80	1.69	0.62	0.50	0.35	0.24	0.22
7:30	2.75	2.33	1.94	0.66	0.50	0.36	0.25	0.22
7:45	3.14	2.49	1.86	0.73	0.51	0.34	0.23	0.22
8:00	3.36	2.82	1.95	0.72	0.48	0.26	0.19	0.19
8:15	3.30	2.95	1.87	0.63	0.35	0.27	0.17	0.17
8:30	3.08	2.94	1.80	0.53	0.34	0.24	0.12	0.16
8:45	2.39	2.83	1.42	0.45	0.34	0.21	0.11	0.18
9:00	1.96	2.34	0.96	0.41	0.28	0.17	0.11	0.17
9:15	1.42	1.99	0.70	0.40	0.22	0.15	0.10	0.12
9:30	1.59	1.84	0.73	0.45	0.19	0.16	0.09	0.11
9:45	1.62	1.76	0.75	0.44	0.17	0.17	0.11	0.11
10:00	1.47	2.02	0.61	0.37	0.17	0.23	0.14	0.09
10:15	1.48	2.15	0.46	0.38	0.20	0.24	0.15	0.08
10:30	1.60	2.19	0.44	0.38	0.23	0.24	0.17	0.09
10:45	1.65	2.01	0.61	0.45	0.28	0.26	0.17	0.10
11:00	1.51	1.83	1.12	0.49	0.35	0.27	0.15	0.12
11:15	1.88	1.52	1.33	0.49	0.39	0.26	0.11	0.16
11:30	2.16	1.56	1.57	0.45	0.38	0.26	0.12	0.16
11:45	2.35	1.79	1.68	0.50	0.37	0.23	0.12	0.15
12:00	2.54	2.22	1.62	0.60	0.33	0.19	0.15	0.15
12:15	2.65	2.36	1.62	0.61	0.31	0.18	0.15	0.11
12:30	2.56	2.50	1.55	0.62	0.28	0.15	0.14	0.10
12:45	2.35	2.45	1.19	0.61	0.26	0.17	0.11	0.08
13:00	1.62	2.36	0.95	0.50	0.28	0.17	0.09	0.08
13:15	1.48	2.08	0.87	0.40	0.29	0.21	0.11	0.10
13:30	1.40	1.61	0.78	0.41	0.27	0.22	0.12	0.12
13:45	1.59	1.60	0.69	0.42	0.21	0.21	0.14	0.13
14:00	1.57	1.75	0.63	0.44	0.22	0.21	0.17	0.12
14:15	1.70	1.65	0.49	0.43	0.26	0.16	0.18	0.11
14:30	1.82	1.71	0.59	0.37	0.28	0.15	0.17	0.09
14:45	1.89	1.44	0.60	0.36	0.24	0.13	0.13	0.09

时间	丽水新闻综合频率	丽水交通音乐频率	浙江交通之声	丽水新农村广播	浙江之声	中央中国之声	浙江104.5女主播电台	新锐988浙江新闻广播
15:00	1.46	1.20	0.78	0.33	0.18	0.13	0.11	0.07
15:15	1.48	1.32	0.83	0.38	0.14	0.13	0.11	0.08
15:30	1.24	1.47	0.87	0.35	0.14	0.14	0.09	0.09
15:45	1.08	1.56	0.71	0.36	0.14	0.12	0.10	0.07
16:00	1.10	1.48	0.49	0.34	0.17	0.11	0.08	0.06
16:15	0.98	1.31	0.50	0.31	0.22	0.11	0.08	0.06
16:30	0.97	1.19	0.57	0.34	0.21	0.12	0.10	0.09
16:45	1.28	1.21	0.84	0.38	0.22	0.13	0.12	0.11
17:00	1.44	1.51	1.04	0.48	0.19	0.13	0.14	0.11
17:15	1.43	1.73	1.17	0.53	0.16	0.16	0.16	0.10
17:30	1.26	2.13	1.12	0.52	0.16	0.23	0.15	0.07
17:45	0.97	2.44	1.00	0.53	0.24	0.24	0.12	0.07
18:00	1.35	2.72	0.71	0.50	0.26	0.25	0.09	0.08
18:15	1.37	2.69	0.48	0.41	0.29	0.24	0.09	0.09
18:30	1.59	2.57	0.41	0.40	0.29	0.20	0.09	0.10
18:45	1.53	2.27	0.39	0.41	0.25	0.18	0.09	0.14
19:00	1.37	1.81	0.48	0.40	0.18	0.19	0.06	0.14
19:15	1.09	1.66	0.62	0.39	0.16	0.22	0.05	0.14
19:30	1.14	1.62	0.58	0.37	0.16	0.25	0.06	0.13
19:45	1.29	1.72	0.63	0.31	0.17	0.26	0.09	0.08
20:00	1.83	1.81	0.63	0.40	0.22	0.26	0.12	0.08
20:15	2.06	1.85	0.65	0.47	0.22	0.23	0.13	0.07
20:30	2.11	1.77	0.48	0.47	0.23	0.19	0.12	0.06
20:45	1.99	1.41	0.49	0.49	0.23	0.19	0.11	0.05
21:00	1.47	1.26	0.34	0.48	0.17	0.20	0.08	0.05
21:15	1.34	1.27	0.34	0.43	0.15	0.20	0.10	0.05
21:30	1.33	1.19	0.42	0.34	0.13	0.19	0.10	0.08
21:45	1.07	0.92	0.31	0.27	0.08	0.16	0.12	0.07
22:00	0.80	0.00	0.27	0.00	0.09	0.13	0.13	0.08
22:15	0.54	0.00	0.22	0.00	0.13	0.10	0.11	0.08
22:30	0.53	0.00	0.21	0.00	0.15	0.12	0.08	0.05
22:45	0.60	0.00	0.34	0.00	0.17	0.12	0.04	0.04
23:00	0.66	0.00	0.32	0.00	0.13	0.12	0.04	0.04
23:15	0.52	0.00	0.17	0.00	0.12	0.10	0.04	0.05
23:30	0.50	0.00	0.18	0.00	0.09	0.09	0.04	0.04
23:45	0.28	0.00	0.15	0.00	0.07	0.06	0.03	0.03

表 2.51.4 丽水地区主要电台的占有率（%）

时间	丽水新闻综合频率	丽水交通音乐频率	浙江交通之声	丽水新农村广播	浙江之声	中央中国之声	浙江104.5女主播电台	新锐988浙江新闻广播
6:00	77.1	0.0	10.2	0.0	4.3	5.5	2.0	0.6
6:15	67.4	0.0	17.0	0.0	5.6	5.6	2.5	1.4
6:30	62.0	0.0	15.6	0.0	7.6	7.2	4.9	2.0
6:45	56.2	0.0	18.9	0.0	8.3	7.0	5.4	3.4
7:00	39.9	18.4	18.3	4.6	6.7	5.3	3.6	2.8
7:15	34.4	21.6	20.4	7.4	6.0	4.2	2.8	2.6
7:30	30.3	25.7	21.4	7.3	5.6	3.9	2.8	2.4
7:45	32.8	26.1	19.5	7.6	5.4	3.5	2.4	2.3
8:00	33.6	28.2	19.5	7.2	4.8	2.6	1.9	1.9
8:15	33.9	30.2	19.2	6.5	3.6	2.8	1.8	1.8
8:30	33.3	31.8	19.4	5.7	3.7	2.6	1.3	1.8
8:45	30.0	35.5	17.9	5.7	4.2	2.7	1.4	2.2
9:00	30.5	36.4	14.9	6.4	4.4	2.7	1.7	2.7
9:15	27.8	38.8	13.7	7.9	4.3	3.0	2.0	2.3
9:30	30.7	35.5	14.1	8.7	3.6	3.1	1.8	2.0
9:45	31.5	34.1	14.5	8.5	3.4	3.2	2.2	2.1
10:00	28.7	39.4	11.9	7.1	3.4	4.4	2.7	1.8
10:15	28.5	41.6	8.8	7.3	3.8	4.7	3.0	1.6
10:30	29.9	40.8	8.1	7.0	4.2	4.5	3.1	1.7
10:45	29.7	36.2	10.9	8.0	5.1	4.7	3.1	1.8
11:00	25.8	31.2	19.0	8.3	6.0	4.5	2.5	2.0
11:15	30.5	24.7	21.6	8.0	6.3	4.1	1.8	2.5
11:30	32.3	23.4	23.5	6.6	5.7	3.8	1.9	2.4
11:45	32.6	24.8	23.3	6.9	5.1	3.1	1.6	2.1
12:00	32.4	28.3	20.7	7.6	4.2	2.5	2.0	1.9
12:15	33.1	29.4	20.2	7.7	3.8	2.2	1.9	1.4
12:30	32.2	31.5	19.6	7.8	3.6	1.9	1.7	1.2
12:45	32.5	33.9	16.4	8.4	3.5	2.3	1.5	1.2
13:00	26.7	38.9	15.6	8.2	4.7	2.8	1.4	1.4
13:15	26.6	37.4	15.6	7.3	5.2	3.7	1.9	1.9
13:30	28.4	32.7	15.7	8.2	5.4	4.4	2.4	2.4
13:45	31.8	31.8	13.8	8.3	4.1	4.3	2.7	2.6
14:00	30.5	34.0	12.2	8.6	4.3	4.0	3.3	2.4
14:15	33.8	32.8	9.7	8.6	5.2	3.3	3.7	2.2
14:30	34.9	32.9	11.3	7.2	5.3	3.0	3.3	1.7
14:45	38.4	29.3	12.3	7.4	4.9	2.7	2.7	1.7

时间	丽水新闻综合频率	丽水交通音乐频率	浙江交通之声	丽水新农村广播	浙江之声	中央中国之声	浙江104.5女主播电台	新锐988浙江新闻广播
15:00	34.1	28.0	18.2	7.6	4.1	3.1	2.6	1.7
15:15	32.8	29.2	18.5	8.3	3.2	2.9	2.5	1.8
15:30	28.1	33.3	19.8	7.9	3.2	3.1	2.0	2.0
15:45	25.9	37.6	17.2	8.5	3.4	2.9	2.4	1.7
16:00	28.5	38.5	12.7	8.9	4.4	2.8	2.1	1.6
16:15	27.3	36.4	14.0	8.7	6.1	3.0	2.2	1.6
16:30	26.9	32.9	15.7	9.4	5.9	3.3	2.7	2.6
16:45	29.7	28.2	19.5	8.7	5.0	3.1	2.7	2.5
17:00	28.5	30.0	20.6	9.5	3.7	2.7	2.7	2.1
17:15	26.2	31.8	21.4	9.7	2.9	2.9	2.9	1.8
17:30	22.3	37.7	19.8	9.2	2.8	4.0	2.6	1.2
17:45	17.2	43.3	17.7	9.4	4.2	4.3	2.1	1.2
18:00	22.5	45.3	11.9	8.3	4.4	4.2	1.5	1.4
18:15	24.1	47.2	8.5	7.1	5.0	4.2	1.5	1.6
18:30	27.9	45.1	7.1	7.0	5.1	3.6	1.6	1.8
18:45	28.9	43.0	7.3	7.7	4.7	3.4	1.6	2.6
19:00	29.5	39.0	10.3	8.5	3.9	4.1	1.2	2.9
19:15	24.9	38.0	14.3	9.0	3.8	5.1	1.1	3.1
19:30	26.4	37.4	13.4	8.4	3.6	5.7	1.4	3.0
19:45	28.2	37.7	13.8	6.7	3.7	5.7	2.0	1.8
20:00	34.0	33.7	11.7	7.5	4.0	4.8	2.3	1.5
20:15	36.1	32.4	11.5	8.2	3.9	4.1	2.4	1.2
20:30	38.8	32.5	8.8	8.6	4.2	3.4	2.3	1.0
20:45	39.9	28.4	9.9	9.9	4.6	3.8	2.2	0.9
21:00	36.1	31.0	8.3	11.7	4.2	4.9	2.1	1.2
21:15	34.4	32.5	8.7	11.0	3.9	5.1	2.5	1.3
21:30	35.0	31.4	11.0	8.9	3.4	4.9	2.6	2.0
21:45	35.3	30.4	10.1	9.0	2.6	5.3	4.1	2.4
22:00	53.1	0.0	17.5	0.0	6.1	8.3	8.3	5.0
22:15	45.2	0.0	18.3	0.0	10.7	8.7	8.9	6.5
22:30	46.4	0.0	18.5	0.0	12.9	10.3	6.6	4.3
22:45	45.0	0.0	25.8	0.0	12.5	9.2	3.3	3.2
23:00	50.0	0.0	23.8	0.0	10.0	9.1	3.0	2.9
23:15	51.4	0.0	17.0	0.0	11.5	10.1	3.9	4.7
23:30	52.6	0.0	19.4	0.0	9.3	9.1	4.7	3.8
23:45	43.5	0.0	23.5	0.0	11.2	8.7	5.0	4.4

表 2.51.5　丽水市平均收听率 top30 节目

排名	节目名称	所属频率	播放时间	平均收听率(%)	市场占有率(%)
1	百姓热线(直播版)	丽水总台新闻综合频率	08:00—08:30	3.54	31.9
2	新闻早高峰	丽水总台交通音乐频率	07:30—08:30	2.85	27.3
3	文馨读报	丽水总台新闻综合频率	08:30—09:00	2.83	31.1
4	午间剧场	丽水总台新闻综合频率	12:00—13:00	2.72	35.5
5	交广新闻	丽水总台交通音乐频率	18:00—18:30	2.71	42.6
5	转浙江之声 浙广早新闻	丽水总台新闻综合频率	07:00—08:00	2.71	31.9
7	一路上有我	丽水总台交通音乐频率	08:30—10:00	2.53	35.9
8	汽车天天汇	丽水总台交通音乐频率	12:30—13:00	2.46	31.7
9	转:丽广新闻	丽水总台交通音乐频率	18:30—19:00	2.43	40.6
10	丽广午新闻	丽水总台新闻综合频率	11:30—12:00	2.32	32.5
11	喝茶说故事	丽水总台交通音乐频率	17:30—18:00	2.30	42.2
12	武林话江湖	丽水总台交通音乐频率	10:00—11:30	2.06	34.9
12	1069 直播丽水	丽水总台交通音乐频率	11:30—12:30	2.06	26.8
14	整点快报(1)	丽水总台新闻综合频率	09:00—09:10	2.01	29.6
15	娱乐 60 分	丽水总台新闻综合频率	14:10—15:00	1.98	36.3
16	文馨说养生	丽水总台新闻综合频率	11:00—11:30	1.93	29.8
17	财经时间(重播)	丽水总台新闻综合频率	20:30—21:00	1.92	39.5
17	“范范”而谈	丽水总台交通音乐频率	13:00—15:00	1.92	34.8
19	时尚知道	丽水总台交通音乐频率	17:00—17:30	1.89	34.0
20	转播中央台全国新闻联播	丽水总台新闻综合频率	18:30—19:00	1.86	31.1
21	转中央台新闻和报纸摘要	丽水总台新闻综合频率	06:30—07:00	1.81	60.2
22	整点快报(3)	丽水总台新闻综合频率	14:00—14:10	1.80	33.5
23	93 早高峰	浙江电台交通之声	06:30—08:30	1.79	22.6
24	下一站回味	丽水总台交通音乐频率	19:00—20:00	1.77	36.3
24	天铭音乐时间	丽水总台交通音乐频率	20:00—21:00	1.77	34.0
24	转浙江之声 浙江新闻联播	丽水总台新闻综合频率	18:00—18:30	1.77	29.1
27	听电影	丽水总台新闻综合频率	20:00—20:30	1.72	33.6
28	93 第一财经	浙江电台交通之声	11:00—12:00	1.71	23.9
29	城市在线	丽水总台新闻综合频率	10:30—11:00	1.70	30.5
30	拇指乐翻天	丽水总台新闻综合频率	15:00—15:30	1.67	36.6

五十二、龙岩地区收听率数据

表 2.52.1 龙岩地区主要电台频率的平均收听率和市场份额

排名	电台名称	平均收听率（%）	市场份额（%）
1	龙岩新闻综合频率	1.47	23.5
2	龙岩旅游之声频率	1.17	18.6
3	福建交通广播	1.15	18.3
4	中央中国之声	1.12	17.9
5	福建新闻广播	0.96	15.3
6	福建经济广播	0.25	4.0
7	福建东南广播	0.11	1.7

表 2.52.2 龙岩地区主要电台频率的周到达率和日到达率

排名	电台名称	周到达率（%）	日到达率（%）
1	龙岩新闻综合频率	26.57	13.74
2	中央中国之声	17.87	12.74
3	福建交通广播	18.31	11.98
4	福建新闻广播	17.76	9.54
5	龙岩旅游之声频率	19.91	7.87
6	福建经济广播	6.22	3.63
7	福建东南广播	4.46	3.08

表 2.52.3　龙岩地区主要电台的收听率（%）

时间	龙岩新闻综合频率	龙岩旅游之声频率	福建交通广播	中央中国之声	福建新闻广播	福建经济广播	福建东南广播
6:00	0.64	0.18	0.43	0.40	0.07	0.04	0.05
6:15	0.90	0.19	0.54	0.79	0.28	0.08	0.07
6:30	0.97	0.27	0.86	0.92	0.25	0.11	0.06
6:45	1.60	0.50	0.95	1.03	0.46	0.12	0.09
7:00	2.02	1.10	1.40	1.32	0.55	0.18	0.09
7:15	2.13	1.49	1.53	1.35	0.92	0.26	0.13
7:30	2.04	1.69	1.59	1.35	1.18	0.36	0.17
7:45	1.93	1.98	1.49	1.32	1.38	0.38	0.21
8:00	2.71	1.95	1.97	2.07	1.61	0.38	0.24
8:15	2.87	1.95	2.17	2.26	1.68	0.33	0.24
8:30	3.21	1.63	2.21	2.24	1.66	0.31	0.21
8:45	3.13	1.49	2.05	2.04	1.48	0.31	0.20
9:00	3.07	1.23	2.07	1.94	1.45	0.40	0.16
9:15	2.83	1.19	1.62	1.72	1.13	0.51	0.12
9:30	2.12	1.30	1.35	1.85	1.10	0.51	0.11
9:45	2.18	1.45	1.20	1.60	1.16	0.50	0.09
10:00	2.36	1.63	1.40	1.81	1.26	0.49	0.12
10:15	2.32	1.62	1.46	1.76	1.20	0.35	0.13
10:30	2.07	1.39	1.35	1.51	1.14	0.33	0.12
10:45	1.51	1.39	1.38	1.35	0.96	0.29	0.12
11:00	1.52	1.16	0.99	1.14	1.12	0.17	0.08
11:15	1.52	1.06	0.79	1.09	1.24	0.13	0.06
11:30	1.43	1.31	0.87	0.87	1.38	0.11	0.07
11:45	1.27	1.41	0.86	0.81	1.38	0.14	0.08
12:00	1.12	1.54	1.17	1.01	1.28	0.15	0.11
12:15	1.21	1.59	1.19	1.03	1.18	0.19	0.09
12:30	1.10	1.57	1.10	0.98	1.05	0.20	0.12
12:45	1.01	1.49	1.00	0.77	0.92	0.29	0.12
13:00	0.91	1.28	0.89	0.61	0.83	0.31	0.11
13:15	0.90	1.18	0.87	0.48	0.97	0.29	0.11
13:30	1.10	1.18	0.86	0.60	0.97	0.29	0.10
13:45	1.23	1.20	1.05	0.83	1.04	0.22	0.11
14:00	1.37	1.33	1.09	0.91	0.87	0.19	0.17
14:15	1.44	1.31	1.29	0.93	0.80	0.14	0.17
14:30	1.37	1.06	1.26	0.77	0.73	0.13	0.18
14:45	1.24	0.99	1.23	0.66	0.89	0.17	0.17

时间	龙岩新闻综合频率	龙岩旅游之声频率	福建交通广播	中央中国之声	福建新闻广播	福建经济广播	福建东南广播
15:00	0.95	0.76	1.12	0.92	0.94	0.18	0.16
15:15	0.85	0.68	0.92	1.02	0.98	0.21	0.14
15:30	0.78	0.83	0.79	0.98	1.03	0.20	0.11
15:45	0.84	0.93	0.80	0.86	0.81	0.15	0.11
16:00	0.68	0.95	0.97	0.76	0.73	0.16	0.14
16:15	0.79	0.98	1.04	0.63	0.68	0.17	0.13
16:30	0.81	0.79	1.05	0.67	0.77	0.22	0.12
16:45	0.91	0.91	0.93	0.73	0.76	0.23	0.13
17:00	1.34	1.25	0.80	0.85	0.97	0.26	0.09
17:15	1.60	1.52	0.88	0.87	0.95	0.23	0.07
17:30	1.66	1.76	0.95	0.72	1.25	0.23	0.08
17:45	1.64	1.84	1.25	0.59	1.25	0.28	0.08
18:00	1.75	1.73	1.43	0.70	1.25	0.36	0.10
18:15	1.74	1.77	1.42	0.81	1.18	0.39	0.08
18:30	1.38	1.42	1.40	1.07	0.97	0.40	0.08
18:45	1.42	1.29	1.05	1.19	0.91	0.34	0.07
19:00	1.21	1.25	0.91	1.17	0.89	0.22	0.08
19:15	1.17	1.24	0.82	1.14	0.98	0.23	0.09
19:30	1.00	1.09	0.80	0.97	0.93	0.18	0.10
19:45	0.88	0.97	1.14	0.99	0.93	0.18	0.10
20:00	1.15	1.01	1.49	1.28	0.71	0.19	0.09
20:15	1.41	1.20	1.48	1.46	0.74	0.19	0.08
20:30	1.35	1.15	1.69	1.41	0.82	0.23	0.07
20:45	1.20	1.05	1.65	1.44	0.87	0.25	0.06
21:00	1.40	0.91	1.56	1.04	0.98	0.28	0.09
21:15	1.59	0.79	1.29	1.13	1.01	0.36	0.10
21:30	1.81	0.88	1.26	1.29	1.02	0.37	0.10
21:45	1.83	0.78	1.15	1.29	1.01	0.37	0.08
22:00	1.93	0.97	1.03	1.54	0.89	0.31	0.06
22:15	1.60	0.96	0.99	1.50	0.67	0.29	0.06
22:30	0.94	0.96	0.98	1.24	0.67	0.23	0.05
22:45	0.91	0.68	0.65	1.17	0.75	0.22	0.05
23:00	0.86	0.69	0.52	0.76	0.66	0.15	0.06
23:15	0.71	0.63	0.32	0.85	0.54	0.17	0.06
23:30	0.69	0.56	0.30	0.78	0.41	0.13	0.06
23:45	0.60	0.47	0.21	0.73	0.32	0.08	0.06

表 2.52.4　龙岩地区主要电台的占有率（%）

时间	龙岩新闻综合频率	龙岩旅游之声频率	福建交通广播	中央中国之声	福建新闻广播	福建经济广播	福建东南广播
6:00	34.7	9.7	23.8	22.0	3.8	2.4	2.8
6:15	31.1	6.7	18.8	27.5	9.7	2.9	2.6
6:30	27.9	7.8	24.6	26.4	7.3	3.2	1.8
6:45	33.3	10.5	19.8	21.5	9.6	2.5	1.9
7:00	30.2	16.4	20.9	19.8	8.2	2.7	1.3
7:15	27.1	19.0	19.5	17.3	11.8	3.3	1.7
7:30	24.3	20.1	19.0	16.1	14.0	4.3	2.0
7:45	22.1	22.7	17.1	15.2	15.8	4.4	2.4
8:00	24.7	17.8	18.0	18.9	14.7	3.4	2.2
8:15	24.9	16.9	18.8	19.6	14.5	2.8	2.1
8:30	27.8	14.1	19.2	19.5	14.4	2.7	1.8
8:45	29.1	13.8	19.1	19.0	13.8	2.9	1.9
9:00	29.6	11.8	19.9	18.7	14.0	3.9	1.6
9:15	30.8	12.9	17.6	18.8	12.3	5.5	1.3
9:30	25.3	15.4	16.0	22.0	13.0	6.0	1.3
9:45	26.4	17.5	14.5	19.4	14.1	6.0	1.1
10:00	25.8	17.8	15.4	19.8	13.7	5.4	1.4
10:15	26.1	18.3	16.5	19.9	13.5	3.9	1.4
10:30	26.0	17.5	17.0	19.0	14.3	4.2	1.5
10:45	21.5	19.7	19.6	19.1	13.7	4.0	1.8
11:00	24.4	18.7	15.9	18.3	18.0	2.7	1.3
11:15	25.6	17.9	13.3	18.3	20.9	2.2	1.1
11:30	23.6	21.6	14.3	14.3	22.8	1.9	1.2
11:45	21.2	23.5	14.3	13.5	23.1	2.3	1.3
12:00	17.5	24.0	18.2	15.7	20.0	2.4	1.7
12:15	18.6	24.4	18.3	15.8	18.1	3.0	1.4
12:30	17.9	25.5	17.8	15.9	17.0	3.3	1.9
12:45	17.9	26.4	17.6	13.7	16.3	5.1	2.2
13:00	18.3	25.6	17.9	12.3	16.7	6.1	2.1
13:15	18.5	24.3	17.9	10.0	20.0	6.0	2.3
13:30	21.3	22.9	16.7	11.8	18.9	5.7	1.9
13:45	21.5	20.9	18.3	14.5	18.1	3.9	2.0
14:00	23.0	22.3	18.3	15.3	14.6	3.3	2.8
14:15	23.6	21.5	21.1	15.2	13.1	2.3	2.8
14:30	24.7	19.2	22.7	13.9	13.2	2.4	3.3
14:45	22.9	18.3	22.8	12.3	16.5	3.2	3.2

时间	龙岩新闻综合频率	龙岩旅游之声频率	福建交通广播	中央中国之声	福建新闻广播	福建经济广播	福建东南广播
15:00	18.7	14.9	22.0	18.1	18.6	3.6	3.2
15:15	17.6	14.1	19.0	21.0	20.3	4.3	2.8
15:30	16.4	17.5	16.5	20.7	21.7	4.2	2.3
15:45	18.5	20.5	17.7	19.1	18.0	3.4	2.4
16:00	15.5	21.5	22.1	17.1	16.6	3.5	3.2
16:15	17.8	21.9	23.4	14.2	15.3	3.9	3.0
16:30	18.1	17.7	23.5	15.0	17.2	4.9	2.7
16:45	19.6	19.6	20.2	15.8	16.4	4.9	2.8
17:00	23.9	22.4	14.4	15.1	17.3	4.6	1.6
17:15	26.1	24.6	14.3	14.1	15.4	3.7	1.2
17:30	24.8	26.3	14.2	10.8	18.6	3.5	1.2
17:45	23.5	26.4	18.0	8.4	18.0	4.0	1.2
18:00	23.8	23.5	19.4	9.5	16.9	4.9	1.3
18:15	23.4	23.8	19.1	10.8	15.9	5.2	1.1
18:30	20.4	20.9	20.7	15.8	14.3	5.9	1.2
18:45	22.4	20.3	16.6	18.8	14.3	5.4	1.1
19:00	20.9	21.6	15.7	20.3	15.4	3.8	1.5
19:15	20.5	21.7	14.3	20.0	17.1	4.1	1.6
19:30	19.7	21.3	15.7	19.0	18.2	3.4	2.0
19:45	16.8	18.5	21.9	19.0	17.8	3.4	1.9
20:00	19.3	17.0	25.1	21.5	11.9	3.1	1.5
20:15	21.4	18.2	22.4	22.2	11.2	2.9	1.2
20:30	20.1	17.0	25.0	20.9	12.1	3.4	1.0
20:45	18.3	16.0	25.1	22.0	13.2	3.8	1.0
21:00	22.2	14.4	24.8	16.6	15.6	4.5	1.5
21:15	25.1	12.5	20.5	17.9	16.0	5.7	1.5
21:30	26.7	12.9	18.6	19.1	15.1	5.5	1.5
21:45	28.0	11.9	17.6	19.7	15.5	5.7	1.3
22:00	28.5	14.4	15.3	22.8	13.2	4.6	0.8
22:15	26.2	15.7	16.2	24.6	11.0	4.7	1.0
22:30	18.4	18.7	19.2	24.3	13.2	4.4	1.0
22:45	20.4	15.3	14.6	26.2	16.7	5.0	1.1
23:00	23.0	18.5	13.8	20.3	17.6	4.1	1.7
23:15	21.4	19.1	9.7	25.7	16.2	5.2	1.8
23:30	23.5	19.0	10.3	26.3	14.0	4.3	2.1
23:45	24.3	19.0	8.6	29.3	12.8	3.0	2.2

五十三、青岛地区收听率数据

表 2.53.1　青岛地区主要电台频率的平均收听率和市场份额

排名	电台名称	平均收听率（%）	市场份额（%）
1	青岛交通广播	1.17	13.5
2	青岛音乐体育广播	0.93	10.7
3	青岛新闻广播	0.79	9.1
4	青岛故事广播(畅行 95.2)	0.53	6.1
5	青岛经济广播	0.46	5.3
6	青岛私家车广播	0.36	4.1
7	山东音乐频道	0.35	4.1
8	中央中国之声	0.26	3.0
9	山东交通频道	0.21	2.4
10	山东新闻频道	0.18	2.1

表 2.53.2　青岛地区主要电台频率的周到达率和日到达率

排名	电台名称	周到达率（%）	日到达率（%）
1	青岛音乐体育广播	30.23	16.19
2	青岛交通广播	33.62	15.89
3	青岛新闻广播	26.02	11.84
4	青岛故事广播(畅行 95.2)	16.72	8.80
5	山东音乐频道	15.30	7.61
6	青岛经济广播	12.84	6.22
7	青岛私家车广播	9.88	5.46
8	山东新闻频道	8.77	4.12
9	中央中国之声	10.64	3.98
10	山东交通频道	8.50	3.80

表 2.53.3　青岛地区主要电台的收听率（%）

时间	青岛交通广播	青岛音乐体育广播	青岛新闻广播	青岛故事广播(畅行95.2)	青岛经济广播	青岛私家车广播	山东音乐频道	中央中国之声	山东交通频道	山东新闻频道
6:00	1.84	1.20	1.67	0.47	0.48	0.62	0.36	0.36	0.24	0.12
6:15	1.84	1.17	1.58	0.48	0.45	0.57	0.37	0.37	0.23	0.12
6:30	1.85	1.22	1.56	0.47	0.50	0.58	0.37	0.37	0.24	0.14
6:45	2.33	1.31	1.60	0.56	0.59	0.67	0.40	0.45	0.27	0.20
7:00	2.34	1.32	1.58	0.58	0.54	0.66	0.42	0.45	0.27	0.20
7:15	2.33	1.31	1.59	0.60	0.58	0.67	0.41	0.44	0.28	0.19
7:30	2.63	1.61	1.61	0.70	0.63	0.72	0.44	0.53	0.30	0.23
7:45	2.61	1.61	1.61	0.73	0.70	0.70	0.44	0.55	0.31	0.24
8:00	2.65	1.58	1.58	0.72	0.68	0.74	0.43	0.53	0.30	0.23
8:15	2.83	1.91	1.58	0.76	0.83	0.74	0.49	0.58	0.35	0.25
8:30	2.83	1.93	1.64	0.77	0.79	0.74	0.51	0.56	0.34	0.26
8:45	2.88	1.94	1.58	0.80	0.82	0.70	0.49	0.58	0.34	0.25
9:00	2.92	2.13	1.69	0.81	0.88	0.75	0.56	0.60	0.38	0.27
9:15	2.88	2.10	1.62	0.81	0.87	0.74	0.54	0.60	0.38	0.28
9:30	2.91	2.10	1.64	0.86	0.93	0.78	0.55	0.61	0.38	0.28
9:45	2.79	2.05	1.66	0.85	0.85	0.72	0.58	0.58	0.40	0.30
10:00	2.76	2.01	1.57	0.84	0.85	0.76	0.58	0.59	0.40	0.28
10:15	2.77	2.03	1.57	0.85	0.88	0.71	0.59	0.59	0.39	0.28
10:30	2.56	1.88	1.63	0.85	0.85	0.71	0.58	0.53	0.39	0.32
10:45	2.55	1.90	1.63	0.82	0.82	0.72	0.57	0.54	0.40	0.33
11:00	2.54	1.87	1.63	0.87	0.85	0.74	0.59	0.54	0.41	0.31
11:15	2.38	1.69	1.53	0.83	0.79	0.67	0.53	0.53	0.37	0.29
11:30	2.38	1.68	1.48	0.83	0.74	0.70	0.53	0.51	0.37	0.31
11:45	2.39	1.67	1.48	0.78	0.77	0.65	0.52	0.53	0.36	0.29
12:00	2.22	1.49	1.30	0.77	0.67	0.63	0.52	0.48	0.36	0.29
12:15	2.25	1.52	1.35	0.79	0.68	0.67	0.53	0.48	0.36	0.31
12:30	2.24	1.49	1.30	0.79	0.62	0.65	0.51	0.47	0.37	0.30
12:45	2.03	1.44	1.24	0.73	0.64	0.58	0.50	0.41	0.37	0.27
13:00	2.00	1.43	1.24	0.77	0.64	0.55	0.49	0.41	0.38	0.26
13:15	2.01	1.47	1.20	0.77	0.64	0.60	0.49	0.41	0.37	0.26
13:30	1.77	1.28	1.19	0.72	0.61	0.50	0.43	0.39	0.37	0.24
13:45	1.82	1.34	1.11	0.72	0.58	0.49	0.46	0.38	0.35	0.23
14:00	1.82	1.35	1.13	0.73	0.60	0.51	0.47	0.39	0.36	0.24
14:15	1.62	1.13	1.07	0.67	0.49	0.39	0.39	0.33	0.33	0.21
14:30	1.65	1.12	1.06	0.61	0.57	0.41	0.40	0.34	0.34	0.22
14:45	1.62	1.15	1.04	0.65	0.49	0.41	0.40	0.33	0.34	0.22

时间	青岛交通广播	青岛音乐体育广播	青岛新闻广播	青岛故事广播(畅行95.2)	青岛经济广播	青岛私家车广播	山东音乐频道	中央中国之声	山东交通频道	山东新闻频道
15:00	1.43	1.08	0.98	0.63	0.45	0.34	0.34	0.31	0.28	0.19
15:15	1.47	1.06	0.86	0.64	0.49	0.34	0.35	0.31	0.27	0.19
15:30	1.45	1.11	0.97	0.63	0.49	0.33	0.31	0.32	0.30	0.19
15:45	1.38	0.89	0.80	0.62	0.38	0.27	0.29	0.29	0.23	0.15
16:00	1.40	0.91	0.71	0.60	0.38	0.25	0.28	0.30	0.25	0.17
16:15	1.40	0.88	0.70	0.64	0.37	0.29	0.28	0.29	0.23	0.19
16:30	1.26	0.77	0.65	0.59	0.35	0.31	0.26	0.30	0.22	0.16
16:45	1.28	0.80	0.68	0.58	0.36	0.28	0.26	0.29	0.21	0.15
17:00	1.27	0.77	0.59	0.55	0.40	0.27	0.23	0.30	0.22	0.15
17:15	1.17	0.69	0.57	0.59	0.39	0.28	0.25	0.29	0.19	0.16
17:30	1.20	0.70	0.68	0.50	0.35	0.27	0.28	0.29	0.18	0.13
17:45	1.19	0.68	0.57	0.55	0.36	0.30	0.27	0.29	0.19	0.15
18:00	1.29	0.80	0.58	0.51	0.37	0.31	0.27	0.31	0.19	0.15
18:15	1.29	0.78	0.51	0.45	0.40	0.26	0.27	0.31	0.19	0.15
18:30	1.26	0.79	0.56	0.44	0.37	0.30	0.27	0.30	0.19	0.16
18:45	1.32	0.77	0.52	0.53	0.38	0.32	0.28	0.30	0.21	0.17
19:00	1.29	0.75	0.55	0.50	0.37	0.30	0.27	0.28	0.21	0.15
19:15	1.32	0.77	0.52	0.54	0.42	0.30	0.29	0.29	0.21	0.17
19:30	1.37	0.76	0.60	0.56	0.43	0.33	0.31	0.32	0.22	0.17
19:45	1.35	0.78	0.63	0.55	0.47	0.33	0.33	0.32	0.22	0.16
20:00	1.35	0.76	0.60	0.56	0.41	0.31	0.31	0.33	0.21	0.17
20:15	1.33	0.78	0.59	0.62	0.48	0.33	0.30	0.35	0.21	0.18
20:30	1.33	0.78	0.57	0.57	0.46	0.34	0.29	0.35	0.22	0.18
20:45	1.32	0.81	0.56	0.53	0.43	0.32	0.29	0.35	0.21	0.20
21:00	1.21	0.78	0.75	0.61	0.44	0.37	0.31	0.35	0.21	0.21
21:15	1.20	0.80	0.78	0.63	0.43	0.38	0.34	0.35	0.21	0.19
21:30	1.19	0.78	0.69	0.62	0.46	0.36	0.31	0.36	0.20	0.20
21:45	1.13	0.67	0.73	0.62	0.44	0.42	0.30	0.32	0.18	0.22
22:00	1.12	0.67	0.64	0.63	0.44	0.42	0.30	0.32	0.18	0.22
22:15	1.15	0.70	0.70	0.63	0.40	0.43	0.30	0.33	0.19	0.21
22:30	1.00	0.73	0.67	0.59	0.40	0.46	0.29	0.27	0.17	0.22
22:45	1.09	0.76	0.69	0.62	0.41	0.41	0.31	0.28	0.16	0.22
23:00	1.02	0.78	0.71	0.63	0.43	0.41	0.30	0.27	0.17	0.22
23:15	0.92	0.66	0.70	0.59	0.40	0.43	0.28	0.23	0.14	0.25
23:30	0.91	0.64	0.73	0.56	0.41	0.40	0.28	0.22	0.15	0.25
23:45	0.90	0.66	0.74	0.55	0.42	0.44	0.28	0.23	0.16	0.24

表 2.53.4 青岛地区主要电台的占有率（%）

时间	青岛交通广播	青岛音乐体育广播	青岛新闻广播	青岛故事广播(畅行95.2)	青岛经济广播	青岛私家车广播	山东音乐频道	中央中国之声	山东交通频道	山东新闻频道
6:00	15.5	10.1	14.1	4.0	4.0	5.2	3.0	3.0	2.0	1.0
6:15	15.7	10.0	13.4	4.1	3.8	4.8	3.2	3.1	1.9	1.1
6:30	15.6	10.2	13.2	4.0	4.2	4.8	3.1	3.1	2.0	1.2
6:45	16.8	9.5	11.6	4.0	4.3	4.9	2.9	3.3	2.0	1.4
7:00	17.0	9.5	11.4	4.2	3.9	4.8	3.0	3.2	2.0	1.5
7:15	16.6	9.4	11.3	4.3	4.2	4.8	2.9	3.1	2.0	1.4
7:30	17.0	10.4	10.3	4.5	4.1	4.6	2.8	3.4	1.9	1.5
7:45	16.6	10.3	10.3	4.7	4.5	4.5	2.8	3.5	2.0	1.5
8:00	16.9	10.1	10.1	4.6	4.3	4.7	2.8	3.4	1.9	1.5
8:15	16.6	11.2	9.2	4.4	4.8	4.4	2.9	3.4	2.0	1.5
8:30	16.6	11.3	9.6	4.5	4.6	4.3	3.0	3.3	2.0	1.5
8:45	16.7	11.2	9.2	4.6	4.8	4.1	2.9	3.4	2.0	1.4
9:00	16.1	11.7	9.3	4.5	4.9	4.1	3.1	3.3	2.1	1.5
9:15	16.1	11.8	9.1	4.5	4.9	4.1	3.0	3.4	2.1	1.6
9:30	16.0	11.6	9.0	4.7	5.1	4.3	3.0	3.4	2.1	1.5
9:45	15.8	11.6	9.4	4.8	4.8	4.1	3.3	3.3	2.3	1.7
10:00	15.8	11.5	9.0	4.8	4.9	4.3	3.3	3.4	2.3	1.6
10:15	15.8	11.6	8.9	4.8	5.0	4.0	3.3	3.3	2.2	1.6
10:30	15.1	11.1	9.6	5.0	5.0	4.2	3.4	3.2	2.3	1.9
10:45	15.1	11.2	9.6	4.9	4.9	4.3	3.4	3.2	2.4	2.0
11:00	14.9	11.0	9.6	5.1	5.0	4.3	3.5	3.2	2.4	1.8
11:15	15.0	10.6	9.6	5.2	5.0	4.2	3.3	3.3	2.3	1.8
11:30	15.1	10.6	9.4	5.2	4.7	4.4	3.4	3.2	2.4	2.0
11:45	15.2	10.7	9.4	5.0	4.9	4.1	3.3	3.4	2.3	1.9
12:00	15.3	10.3	9.0	5.3	4.6	4.4	3.6	3.3	2.5	2.0
12:15	15.3	10.3	9.2	5.4	4.6	4.5	3.6	3.2	2.4	2.1
12:30	15.3	10.2	8.9	5.4	4.2	4.5	3.5	3.2	2.5	2.0
12:45	15.0	10.6	9.2	5.4	4.7	4.3	3.7	3.0	2.8	2.0
13:00	14.8	10.5	9.1	5.7	4.7	4.1	3.7	3.0	2.8	1.9
13:15	14.7	10.8	8.8	5.7	4.7	4.4	3.6	3.0	2.7	1.9
13:30	14.2	10.3	9.5	5.7	4.9	4.0	3.4	3.1	2.9	1.9
13:45	14.6	10.7	8.9	5.8	4.6	3.9	3.7	3.1	2.8	1.9
14:00	14.4	10.7	8.9	5.7	4.8	4.0	3.7	3.1	2.9	1.9
14:15	14.5	10.1	9.6	6.0	4.4	3.5	3.5	2.9	2.9	1.9
14:30	14.7	10.0	9.5	5.4	5.0	3.7	3.5	3.0	3.0	1.9
14:45	14.5	10.3	9.3	5.8	4.3	3.6	3.6	3.0	3.1	1.9

时间	青岛交通广播	青岛音乐体育广播	青岛新闻广播	青岛故事广播(畅行95.2)	青岛经济广播	青岛私家车广播	山东音乐频道	中央中国之声	山东交通频道	山东新闻频道
15:00	14.1	10.6	9.6	6.2	4.5	3.4	3.4	3.1	2.8	1.9
15:15	14.4	10.4	8.5	6.2	4.8	3.4	3.4	3.1	2.7	1.9
15:30	14.0	10.7	9.4	6.0	4.7	3.2	3.0	3.1	2.9	1.8
15:45	15.0	9.7	8.7	6.7	4.2	2.9	3.2	3.1	2.5	1.7
16:00	15.3	10.0	7.8	6.5	4.2	2.8	3.0	3.3	2.7	1.9
16:15	15.2	9.6	7.6	6.9	4.1	3.2	3.0	3.2	2.5	2.0
16:30	14.8	9.1	7.7	7.0	4.1	3.6	3.1	3.5	2.5	1.9
16:45	15.0	9.4	7.9	6.8	4.2	3.3	3.1	3.4	2.5	1.7
17:00	15.2	9.2	7.0	6.6	4.8	3.3	2.8	3.6	2.6	1.7
17:15	14.7	8.7	7.2	7.4	4.9	3.5	3.1	3.6	2.4	2.0
17:30	15.1	8.8	8.6	6.3	4.4	3.5	3.5	3.6	2.3	1.7
17:45	14.8	8.4	7.1	6.8	4.5	3.8	3.4	3.6	2.3	1.9
18:00	15.7	9.8	7.1	6.2	4.5	3.7	3.3	3.7	2.3	1.9
18:15	16.4	9.8	6.5	5.7	5.0	3.3	3.4	3.9	2.4	1.9
18:30	15.8	10.0	7.1	5.5	4.7	3.7	3.4	3.8	2.4	2.0
18:45	16.0	9.4	6.3	6.4	4.6	3.9	3.4	3.6	2.5	2.1
19:00	16.1	9.3	6.8	6.2	4.6	3.8	3.3	3.5	2.7	1.9
19:15	16.1	9.4	6.3	6.6	5.1	3.6	3.5	3.5	2.5	2.1
19:30	16.0	8.9	7.1	6.5	5.1	3.8	3.6	3.8	2.5	2.0
19:45	15.8	9.1	7.4	6.4	5.5	3.8	3.8	3.8	2.6	1.9
20:00	15.7	8.9	6.9	6.5	4.8	3.6	3.6	3.8	2.5	1.9
20:15	15.2	8.9	6.7	7.0	5.5	3.8	3.5	4.0	2.4	2.1
20:30	15.4	9.1	6.6	6.7	5.4	3.9	3.4	4.1	2.5	2.1
20:45	15.6	9.6	6.7	6.3	5.1	3.8	3.4	4.2	2.5	2.4
21:00	13.8	8.9	8.6	7.0	5.0	4.3	3.6	4.0	2.4	2.4
21:15	13.6	9.0	8.8	7.1	4.9	4.3	3.8	3.9	2.4	2.2
21:30	13.7	8.9	7.9	7.1	5.3	4.1	3.6	4.1	2.3	2.2
21:45	13.2	7.8	8.5	7.2	5.1	4.9	3.5	3.7	2.1	2.5
22:00	13.1	7.9	7.5	7.4	5.1	5.0	3.5	3.8	2.1	2.6
22:15	13.4	8.2	8.2	7.4	4.7	5.0	3.5	3.8	2.2	2.5
22:30	12.1	8.8	8.1	7.1	4.8	5.5	3.5	3.2	2.1	2.7
22:45	12.8	8.9	8.1	7.2	4.8	4.8	3.7	3.3	1.9	2.6
23:00	12.1	9.2	8.4	7.4	5.1	4.9	3.6	3.1	2.0	2.6
23:15	11.8	8.4	8.9	7.5	5.0	5.4	3.6	2.9	1.7	3.2
23:30	11.7	8.2	9.3	7.2	5.3	5.1	3.5	2.8	1.9	3.2
23:45	11.4	8.4	9.4	7.0	5.3	5.6	3.5	3.0	2.0	3.0

表 2.53.5 青岛市平均收听率 top30 节目

排名	节目名称	所属频率	播放时间	平均收听率(%)	市场占有率(%)
1	动感青岛(上午版)	青岛交通广播	07:00—08:30	2.66	21.6
2	排行前线 8:30	青岛音乐体育广播	08:30—08:35	2.35	16.8
2	交通热线	青岛交通广播	08:30—09:30	2.35	17.2
4	915 音乐畅行早间版(下) 8:05	青岛音乐体育广播	08:05—08:30	2.34	16.7
5	915 晓茗说天气 8:00	青岛音乐体育广播	08:00—08:05	2.33	17.0
6	915 音乐畅行早间版(上) 8:35	青岛音乐体育广播	08:35—09:00	2.28	16.8
7	915 音乐畅行早间版(上) 7:35	青岛音乐体育广播	07:35—08:00	2.13	16.2
8	897 给力自助游	青岛交通广播	12:00—12:30	1.98	22.7
9	排行前线 7:30	青岛音乐体育广播	07:30—07:35	1.95	15.8
10	行风在线	青岛新闻广播	08:00—09:00	1.93	12.4
10	915 晓茗说天气 9:05	青岛音乐体育广播	09:05—09:10	1.93	16.5
12	房产俱乐部	青岛交通广播	11:00—12:00	1.83	22.1
13	915 新闻 100 秒 9:00	青岛音乐体育广播	09:00—09:05	1.82	15.6
14	一路平安	青岛交通广播	15:30—16:30	1.73	20.2
15	活力引擎 1+1	青岛交通广播	16:30—17:30	1.66	14.6
16	915 音乐魔范声(上) 9:10	青岛音乐体育广播	09:10—09:30	1.59	15.9
17	1377 早新闻	青岛新闻广播	07:00—08:00	1.52	13.3
18	915 音乐畅行早间版(上) 7:05	青岛音乐体育广播	07:05—07:30	1.43	14.0
19	排行前线 9:30	青岛音乐体育广播	09:30—09:35	1.39	18.0
20	915 音乐魔范声(上) 9:35	青岛音乐体育广播	09:35—10:00	1.38	18.7
21	915 新闻 100 秒 17:00	青岛音乐体育广播	17:00—17:05	1.32	13.0
22	飞扬音乐时间 9:30	青岛交通广播	09:30—10:00	1.30	15.8
22	虾兵蟹将	青岛故事广播(畅行 95.2)	16:30—17:30;16:30—18:00	1.30	12.2
24	915 晓茗说天气 17:05	青岛音乐体育广播	17:05—17:10	1.29	12.8
24	915 音乐芭莎(下) 16:35	青岛音乐体育广播	16:35—17:00	1.29	13.1
26	排行前线 16:30	青岛音乐体育广播	16:30—16:35	1.26	13.1
27	新闻晚高峰—新观察 17:00	青岛新闻广播	17:00—17:30	1.24	10.9
28	整点新闻 9:00	青岛新闻广播	09:00—09:10	1.21	10.3
29	新闻+:新闻实验室 16:30	青岛新闻广播	16:30—17:00	1.20	11.2
30	新闻直通车	青岛交通广播	06:30—07:00	1.16	21.5

五十四、烟台地区收听率数据

表 2.54.1 烟台地区主要电台频率的平均收听率和市场份额

排名	电台名称	平均收听率（%）	市场份额（%）
1	烟台交通广播	1.51	24.6
2	烟台音乐广播	1.20	19.5
3	烟台新闻广播	0.59	9.6
4	烟台综合广播	0.41	6.7
5	山东交通频道	0.39	6.4
6	烟台私家车广播	0.34	5.4
7	烟台环球资讯广播	0.19	3.1
8	文艺频道 iradio 女主播电台	0.19	3.0
9	山东新闻频道	0.15	2.4
10	烟台评书广播	0.13	2.2

表 2.54.2 烟台地区主要电台频率的周到达率和日到达率

排名	电台名称	周到达率（%）	日到达率（%）
1	烟台交通广播	28.98	16.41
2	烟台音乐广播	18.87	14.11
3	山东交通频道	10.59	7.42
4	烟台新闻广播	9.82	6.08
5	烟台私家车广播	7.12	4.74
6	文艺频道 iradio 女主播电台	5.78	4.63
7	烟台综合广播	6.93	4.13
8	烟台环球资讯广播	4.89	3.34
9	山东新闻频道	4.94	3.30
10	中央电台中国之声	3.76	3.23

表 2.54.3　烟台地区主要电台的收听率（%）

时间	烟台交通广播	烟台音乐广播	烟台新闻广播	烟台综合广播	山东交通频道	烟台私家车广播	烟台环球资讯广播	文艺频道 iradio 女主播电台	山东新闻频道	烟台评书广播
6:00	1.09	0.58	0.50	0.40	0.21	0.21	0.04	0.14	0.19	0.04
6:15	1.28	0.70	0.58	0.52	0.25	0.27	0.04	0.18	0.22	0.04
6:30	1.69	0.71	0.74	0.53	0.28	0.33	0.05	0.16	0.22	0.06
6:45	1.83	0.83	0.75	0.67	0.27	0.34	0.11	0.22	0.22	0.13
7:00	3.35	1.77	1.48	0.89	0.41	0.75	0.11	0.44	0.26	0.13
7:15	3.39	1.85	1.54	0.89	0.56	0.75	0.17	0.44	0.27	0.20
7:30	3.71	2.27	1.62	0.98	0.58	0.79	0.19	0.48	0.33	0.20
7:45	3.70	2.34	1.71	0.97	0.80	0.78	0.23	0.46	0.33	0.24
8:00	3.18	2.30	1.67	0.96	0.83	0.55	0.24	0.41	0.30	0.24
8:15	2.66	1.94	1.18	0.61	0.83	0.48	0.23	0.34	0.24	0.23
8:30	2.49	1.62	1.05	0.59	0.79	0.46	0.20	0.30	0.21	0.15
8:45	1.98	1.11	1.13	0.69	0.73	0.54	0.21	0.37	0.27	0.15
9:00	2.30	1.02	1.13	0.71	0.65	0.55	0.25	0.39	0.27	0.14
9:15	2.22	1.03	0.94	0.71	0.63	0.58	0.25	0.39	0.27	0.15
9:30	2.08	0.89	0.93	0.60	0.64	0.54	0.23	0.35	0.25	0.13
9:45	2.01	0.98	0.75	0.61	0.58	0.47	0.24	0.32	0.22	0.11
10:00	1.83	1.23	0.95	0.51	0.66	0.52	0.23	0.31	0.20	0.12
10:15	2.06	1.31	0.95	0.61	0.65	0.58	0.23	0.24	0.22	0.17
10:30	2.13	1.38	0.89	0.57	0.56	0.56	0.27	0.27	0.24	0.17
10:45	1.98	1.30	0.80	0.58	0.50	0.48	0.27	0.27	0.23	0.17
11:00	0.96	0.84	0.55	0.56	0.38	0.40	0.25	0.17	0.14	0.12
11:15	0.83	0.52	0.40	0.40	0.37	0.39	0.22	0.14	0.11	0.12
11:30	1.05	0.65	0.31	0.38	0.44	0.31	0.18	0.14	0.10	0.08
11:45	0.98	0.86	0.36	0.33	0.43	0.29	0.19	0.13	0.08	0.08
12:00	1.08	0.97	0.52	0.34	0.38	0.23	0.17	0.15	0.14	0.05
12:15	1.01	0.91	0.53	0.42	0.36	0.29	0.18	0.16	0.14	0.05
12:30	0.95	0.87	0.50	0.45	0.25	0.29	0.18	0.13	0.12	0.08
12:45	0.97	0.68	0.28	0.40	0.24	0.22	0.16	0.13	0.11	0.08
13:00	0.99	0.56	0.23	0.40	0.24	0.19	0.17	0.12	0.07	0.13
13:15	1.03	0.60	0.36	0.16	0.32	0.18	0.18	0.09	0.08	0.14
13:30	0.99	0.65	0.34	0.14	0.36	0.20	0.21	0.08	0.10	0.13
13:45	1.27	0.92	0.42	0.25	0.45	0.26	0.21	0.10	0.11	0.16
14:00	1.84	1.30	0.48	0.32	0.41	0.28	0.26	0.13	0.17	0.19
14:15	1.97	1.41	0.44	0.32	0.52	0.26	0.27	0.14	0.17	0.19
14:30	1.96	1.56	0.32	0.27	0.49	0.28	0.28	0.16	0.17	0.21
14:45	1.74	1.50	0.31	0.26	0.51	0.30	0.28	0.14	0.16	0.21

时间	烟台交通广播	烟台音乐广播	烟台新闻广播	烟台综合广播	山东交通频道	烟台私家车广播	烟台环球资讯广播	文艺频道iradio女主播电台	山东新闻频道	烟台评书广播
15:00	1.78	1.51	0.39	0.33	0.39	0.32	0.28	0.16	0.15	0.21
15:15	1.65	1.54	0.36	0.32	0.37	0.33	0.29	0.20	0.11	0.19
15:30	1.59	1.48	0.34	0.31	0.21	0.29	0.31	0.20	0.13	0.20
15:45	1.77	1.58	0.32	0.30	0.22	0.32	0.30	0.24	0.11	0.20
16:00	1.71	2.00	0.31	0.25	0.28	0.29	0.29	0.22	0.13	0.28
16:15	1.81	1.98	0.42	0.40	0.28	0.28	0.29	0.18	0.14	0.28
16:30	2.01	2.03	0.55	0.55	0.27	0.28	0.30	0.19	0.14	0.28
16:45	2.18	2.12	0.54	0.70	0.38	0.33	0.30	0.18	0.14	0.28
17:00	2.20	2.28	0.85	0.77	0.45	0.36	0.29	0.22	0.16	0.18
17:15	2.39	2.23	0.88	0.75	0.63	0.37	0.27	0.22	0.14	0.18
17:30	2.09	2.08	0.88	0.75	0.66	0.35	0.24	0.24	0.23	0.14
17:45	2.20	1.59	0.69	0.54	0.63	0.34	0.24	0.21	0.23	0.15
18:00	1.61	1.29	0.62	0.47	0.59	0.26	0.16	0.17	0.20	0.07
18:15	0.98	0.83	0.36	0.22	0.49	0.19	0.16	0.14	0.19	0.07
18:30	0.84	0.70	0.31	0.22	0.41	0.20	0.16	0.09	0.09	0.09
18:45	0.81	1.07	0.33	0.14	0.38	0.32	0.14	0.07	0.08	0.09
19:00	1.09	1.34	0.36	0.33	0.25	0.32	0.15	0.18	0.13	0.17
19:15	1.22	1.30	0.41	0.34	0.24	0.37	0.17	0.17	0.13	0.16
19:30	1.13	1.22	0.46	0.37	0.15	0.38	0.18	0.18	0.15	0.17
19:45	1.06	0.98	0.37	0.36	0.14	0.40	0.21	0.15	0.13	0.12
20:00	1.06	0.94	0.44	0.32	0.20	0.39	0.21	0.13	0.10	0.12
20:15	1.06	1.18	0.34	0.18	0.25	0.34	0.21	0.12	0.10	0.10
20:30	0.87	1.15	0.36	0.18	0.27	0.31	0.19	0.09	0.08	0.11
20:45	0.85	1.48	0.34	0.08	0.31	0.23	0.18	0.12	0.07	0.10
21:00	0.82	1.50	0.33	0.07	0.34	0.26	0.18	0.12	0.06	0.12
21:15	0.94	1.53	0.44	0.19	0.29	0.24	0.18	0.11	0.07	0.09
21:30	1.06	1.38	0.45	0.20	0.28	0.20	0.16	0.12	0.09	0.09
21:45	0.83	1.19	0.51	0.21	0.19	0.21	0.14	0.11	0.09	0.06
22:00	0.66	0.80	0.45	0.15	0.17	0.14	0.11	0.09	0.07	0.07
22:15	0.43	0.56	0.29	0.12	0.14	0.13	0.08	0.07	0.05	0.06
22:30	0.41	0.36	0.26	0.07	0.21	0.08	0.06	0.04	0.03	0.04
22:45	0.37	0.39	0.18	0.05	0.19	0.09	0.07	0.06	0.04	0.05
23:00	0.37	0.33	0.19	0.07	0.16	0.14	0.06	0.06	0.05	0.05
23:15	0.25	0.17	0.20	0.09	0.11	0.11	0.05	0.05	0.05	0.03
23:30	0.18	0.19	0.12	0.06	0.09	0.06	0.03	0.04	0.02	0.02
23:45	0.16	0.16	0.10	0.04	0.07	0.05	0.02	0.03	0.02	0.01

表 2.54.4　烟台地区主要电台的占有率（%）

时间	烟台交通广播	烟台音乐广播	烟台新闻广播	烟台综合广播	山东交通频道	烟台私家车广播	烟台环球资讯广播	文艺频道 iradio 女主播电台	山东新闻频道	烟台评书广播
6:00	29.5	15.9	13.6	10.8	5.7	5.7	1.0	3.8	5.1	1.1
6:15	29.1	16.0	13.2	11.9	5.6	6.1	0.9	4.0	5.0	0.9
6:30	31.4	13.3	13.8	9.8	5.2	6.2	1.0	3.1	4.0	1.2
6:45	30.3	13.7	12.4	11.1	4.4	5.6	1.7	3.6	3.6	2.1
7:00	31.0	16.4	13.7	8.2	3.8	6.9	1.1	4.0	2.4	1.2
7:15	29.7	16.2	13.5	7.8	4.9	6.6	1.5	3.9	2.4	1.8
7:30	28.6	17.5	12.5	7.6	4.5	6.1	1.5	3.7	2.6	1.6
7:45	27.4	17.3	12.6	7.2	5.9	5.7	1.7	3.4	2.5	1.8
8:00	25.3	18.2	13.3	7.6	6.6	4.3	1.9	3.3	2.4	1.9
8:15	25.4	18.5	11.2	5.8	7.9	4.6	2.2	3.2	2.3	2.2
8:30	26.1	17.0	11.1	6.2	8.3	4.9	2.1	3.2	2.2	1.6
8:45	22.7	12.8	13.0	7.9	8.3	6.2	2.5	4.2	3.1	1.8
9:00	25.5	11.3	12.6	7.9	7.2	6.1	2.7	4.4	3.0	1.6
9:15	25.7	11.9	10.9	8.2	7.3	6.8	2.9	4.5	3.1	1.7
9:30	25.6	11.0	11.5	7.4	7.8	6.6	2.8	4.3	3.1	1.6
9:45	25.8	12.6	9.7	7.8	7.5	6.1	3.1	4.1	2.9	1.5
10:00	23.0	15.4	12.0	6.4	8.2	6.6	2.9	3.9	2.5	1.5
10:15	24.7	15.6	11.3	7.3	7.8	6.9	2.7	2.8	2.6	2.0
10:30	25.7	16.6	10.7	6.9	6.8	6.8	3.2	3.3	2.9	2.0
10:45	25.6	16.8	10.3	7.5	6.5	6.3	3.5	3.5	2.9	2.2
11:00	18.0	15.8	10.3	10.5	7.1	7.5	4.7	3.2	2.7	2.2
11:15	19.5	12.2	9.3	9.3	8.7	9.0	5.1	3.3	2.6	2.8
11:30	23.5	14.4	6.8	8.5	9.9	6.9	4.1	3.2	2.2	1.8
11:45	21.3	18.7	7.8	7.1	9.4	6.3	4.1	2.9	1.7	1.7
12:00	21.6	19.5	10.5	6.8	7.6	4.7	3.4	3.0	2.8	0.9
12:15	20.1	18.2	10.6	8.3	7.1	5.8	3.7	3.2	2.8	1.0
12:30	20.2	18.4	10.5	9.5	5.3	6.2	3.7	2.7	2.5	1.7
12:45	22.8	16.0	6.5	9.5	5.6	5.2	3.8	3.0	2.5	1.9
13:00	23.9	13.4	5.6	9.5	5.8	4.5	4.0	3.0	1.7	3.2
13:15	24.5	14.1	8.5	3.9	7.6	4.3	4.3	2.2	1.9	3.4
13:30	23.2	15.2	8.0	3.4	8.6	4.8	5.0	1.8	2.4	3.0
13:45	25.0	18.0	8.2	4.9	8.8	5.1	4.2	1.9	2.2	3.0
14:00	28.3	20.0	7.4	4.8	6.2	4.3	3.9	2.0	2.6	2.9
14:15	28.4	20.3	6.4	4.6	7.4	3.7	3.9	2.0	2.4	2.7
14:30	28.0	22.3	4.6	3.8	7.0	3.9	4.0	2.3	2.4	3.1
14:45	25.9	22.4	4.6	3.9	7.6	4.5	4.2	2.1	2.3	3.2

时间	烟台交通广播	烟台音乐广播	烟台新闻广播	烟台综合广播	山东交通频道	烟台私家车广播	烟台环球资讯广播	文艺频道iradio女主播电台	山东新闻频道	烟台评书广播
15:00	26.3	22.3	5.8	4.9	5.7	4.7	4.1	2.4	2.2	3.1
15:15	24.9	23.2	5.5	4.8	5.6	5.0	4.4	3.0	1.6	2.8
15:30	25.1	23.4	5.4	4.9	3.4	4.6	4.9	3.2	2.0	3.2
15:45	26.8	24.0	4.9	4.5	3.4	4.8	4.6	3.7	1.7	3.0
16:00	24.9	29.2	4.6	3.6	4.1	4.2	4.2	3.2	1.9	4.1
16:15	24.9	27.3	5.8	5.5	3.8	3.9	4.0	2.4	2.0	3.9
16:30	25.7	26.0	7.0	7.1	3.5	3.5	3.9	2.5	1.9	3.6
16:45	26.2	25.4	6.5	8.5	4.6	4.0	3.6	2.2	1.7	3.4
17:00	24.3	25.2	9.4	8.5	5.0	4.0	3.2	2.4	1.8	2.0
17:15	25.5	23.7	9.4	8.0	6.7	4.0	2.9	2.3	1.5	1.9
17:30	23.0	22.9	9.6	8.2	7.3	3.9	2.7	2.6	2.5	1.6
17:45	26.9	19.5	8.4	6.6	7.7	4.1	3.0	2.5	2.8	1.8
18:00	24.3	19.5	9.3	7.2	9.0	4.0	2.5	2.5	3.0	1.1
18:15	21.1	17.8	7.9	4.8	10.5	4.1	3.4	2.9	4.1	1.4
18:30	20.9	17.4	7.8	5.4	10.3	5.0	4.0	2.2	2.2	2.2
18:45	18.8	24.8	7.6	3.2	8.8	7.3	3.3	1.7	1.8	2.0
19:00	20.4	24.9	6.7	6.2	4.6	5.9	2.9	3.3	2.3	3.1
19:15	22.2	23.8	7.5	6.1	4.3	6.7	3.2	3.2	2.4	3.0
19:30	21.1	22.7	8.6	6.9	2.7	7.0	3.3	3.4	2.7	3.1
19:45	21.8	20.3	7.6	7.4	2.8	8.2	4.3	3.1	2.7	2.4
20:00	21.8	19.3	9.1	6.6	4.2	8.1	4.4	2.7	2.1	2.4
20:15	22.1	24.6	7.2	3.8	5.3	7.0	4.4	2.4	2.1	2.1
20:30	19.4	25.7	8.1	4.1	6.0	6.9	4.3	2.0	1.8	2.6
20:45	18.1	31.5	7.3	1.8	6.6	4.8	3.8	2.5	1.5	2.0
21:00	17.5	31.9	7.0	1.5	7.3	5.6	3.9	2.5	1.2	2.5
21:15	18.8	30.7	8.9	3.9	5.8	4.8	3.5	2.1	1.4	1.8
21:30	21.7	28.2	9.2	4.0	5.7	4.0	3.3	2.4	1.9	1.8
21:45	19.4	27.8	12.0	4.8	4.5	4.8	3.2	2.7	2.1	1.3
22:00	19.8	23.9	13.5	4.6	5.0	4.1	3.4	2.6	2.2	2.1
22:15	17.2	22.3	11.7	4.8	5.7	5.1	3.3	2.8	2.0	2.5
22:30	19.9	17.4	12.3	3.2	10.3	3.6	2.9	1.9	1.7	1.7
22:45	18.9	20.1	9.2	2.8	9.9	4.5	3.7	2.9	2.0	2.8
23:00	19.2	17.3	10.0	3.6	8.5	7.5	3.3	3.4	2.4	2.6
23:15	16.9	11.9	13.9	5.8	7.6	7.7	3.2	3.3	3.3	1.9
23:30	17.8	18.8	11.5	6.3	9.1	6.1	2.5	3.9	2.1	1.6
23:45	19.5	19.4	12.1	4.6	8.2	5.7	2.7	3.2	2.6	1.5

表 2.54.5 烟台市平均收听率 top30 节目

排名	节目名称	所属频率	播放时间	平均收听率(%)	市场占有率(%)
1	一路畅通	烟台电台交通广播	07:30—08:30	3.33	29.3
2	新闻早报	烟台电台交通广播	07:00—07:20	2.89	30.1
3	《缤纷车世界》(直播)	烟台电台交通广播	16:00—17:00	2.85	31.7
4	《铁鹰说道》(直播)	烟台电台交通广播	07:20—07:30	2.84	28.1
5	民生热线	烟台电台综合广播	07:30—08:00	2.34	18.4
6	《快乐航班》(直播)	烟台电台交通广播	09:30—11:00	2.06	25.1
7	音乐副驾驶	烟台电台音乐广播	16:00—18:00	2.03	23.4
8	《103 交广在线》(直播)	烟台电台交通广播	08:30—09:30	2.02	24.1
9	新闻早报	烟台电台综合广播	07:00—07:30	2.01	20.7
10	新闻与报纸摘要	烟台电台交通广播	06:30—07:00	1.69	29.5
10	《边走边听》(直播)	烟台电台交通广播	14:00—15:00	1.69	25.7
12	一路畅通	烟台电台交通广播	17:00—18:30	1.67	23.4
13	新闻进行时(快讯快报板块)	烟台电台综合广播	09:00—09:30	1.66	20.5
14	新闻 30 分	烟台电台交通广播	12:00—12:30	1.64	27.3
15	音乐旅途	烟台电台交通广播	19:30—20:00	1.59	27.7
16	音乐爱旅行	烟台电台交通广播	15:00—15:30	1.57	23.1
17	晨光音乐行	烟台电台音乐广播	06:00—09:00	1.52	16.2
18	转播中央电台《新闻和报纸摘要节目》	烟台电台综合广播	06:30—07:00	1.43	25.0
19	新闻进行时(今日关注板块)	烟台电台综合广播	10:00—10:20	1.40	16.0
20	音乐深呼吸	烟台电台音乐广播	14:00—16:00	1.34	20.6
21	103 早班车	烟台电台交通广播	06:00—06:30	1.27	28.6
22	音乐夜飞扬	烟台电台音乐广播	20:00—22:00	1.19	29.2
23	新闻联播	烟台电台交通广播	19:00—19:30	1.17	19.7
24	今日说法	烟台电台交通广播	12:30—13:00	1.14	21.4
25	新闻晚高峰	烟台电台综合广播	17:30—18:30	1.12	17.4
26	新闻早报	烟台电台综合广播	06:00—06:30	1.06	23.9
27	午间新闻快报	烟台电台综合广播	12:00—12:30	1.03	17.1
28	音乐正流行	烟台电台音乐广播	18:00—20:00	1.02	18.8
29	音乐原动力	烟台电台音乐广播	09:00—12:00	1.00	14.6
30	听听相声	烟台电台交通广播	21:00—21:30	0.94	21.1

五十五、潍坊地区收听率数据

表 2.55.1 潍坊地区主要电台频率的平均收听率和市场份额

排名	电台名称	平均收听率（%）	市场份额（%）
1	潍坊音乐广播 887	0.95	15.1
2	潍坊交通广播	0.93	14.9
3	潍坊私家车广播	0.73	11.7
4	潍坊新闻广播	0.44	7.0
5	潍坊最爱调频 982	0.42	6.6
6	潍坊交通广播	0.33	5.3
7	山东交通广播	0.24	3.9
8	中央中国之声	0.23	3.7
8	山东经济频道	0.20	3.2
10	山东新闻频道	0.17	2.7

表 2.55.2 潍坊地区主要电台频率的周到达率和日到达率

排名	电台名称	周到达率（%）	日到达率（%）
1	潍坊音乐广播 887	26.91	14.83
2	潍坊交通广播	23.37	13.55
3	潍坊私家车广播	18.36	9.73
4	潍坊新闻广播	13.31	7.21
5	中央中国之声	7.93	5.92
6	潍坊最爱调频 982	10.49	5.66
7	山东交通广播	9.43	5.64
8	潍坊交通广播	8.21	4.82
9	山东新闻频道	7.61	4.65
10	山东经济频道	10.81	4.57

表 2.55.3 潍坊地区主要电台的收听率（%）

时间	潍坊音乐广播887	潍坊交通广播	潍坊私家车广播	潍坊新闻广播	潍坊最爱调频982	潍坊交通广播	山东交通广播	中央中国之声	山东经济频道	山东新闻频道
6:00	0.22	0.19	0.17	0.21	0.08	0.15	0.07	0.04	0.05	0.06
6:15	0.34	0.24	0.30	0.37	0.12	0.17	0.06	0.05	0.07	0.08
6:30	0.38	0.28	0.31	0.47	0.15	0.16	0.09	0.07	0.10	0.11
6:45	0.36	0.57	0.40	0.41	0.19	0.22	0.11	0.09	0.09	0.09
7:00	0.92	0.95	0.85	0.81	0.52	0.35	0.19	0.22	0.25	0.14
7:15	1.15	1.50	1.25	0.93	0.62	0.61	0.38	0.25	0.36	0.20
7:30	1.21	2.15	1.62	1.25	0.77	0.78	0.47	0.38	0.39	0.27
7:45	1.10	2.19	1.60	1.49	0.85	0.73	0.51	0.47	0.45	0.26
8:00	1.71	2.26	1.68	1.56	0.82	0.87	0.60	0.58	0.47	0.42
8:15	1.73	2.24	1.71	1.57	0.85	0.82	0.61	0.60	0.42	0.45
8:30	1.59	1.88	1.33	1.43	0.75	0.81	0.55	0.56	0.33	0.45
8:45	1.45	1.45	0.89	1.24	0.58	0.71	0.41	0.44	0.26	0.36
9:00	0.97	1.28	0.74	0.73	0.47	0.49	0.27	0.30	0.19	0.35
9:15	0.76	1.02	0.82	0.83	0.43	0.47	0.27	0.23	0.19	0.33
9:30	0.77	0.93	0.81	0.83	0.39	0.35	0.26	0.23	0.13	0.30
9:45	0.70	1.15	0.75	0.73	0.53	0.32	0.23	0.23	0.13	0.24
10:00	0.96	1.28	0.74	0.61	0.53	0.38	0.36	0.30	0.21	0.25
10:15	0.97	1.28	0.77	0.53	0.59	0.40	0.37	0.33	0.22	0.26
10:30	0.95	1.18	0.69	0.52	0.58	0.29	0.35	0.33	0.24	0.31
10:45	0.96	0.98	0.61	0.47	0.49	0.26	0.26	0.30	0.24	0.32
11:00	1.11	0.90	0.66	0.35	0.43	0.37	0.21	0.26	0.22	0.28
11:15	1.13	1.25	0.67	0.30	0.36	0.36	0.19	0.19	0.20	0.28
11:30	1.16	1.20	0.65	0.20	0.37	0.39	0.18	0.20	0.18	0.23
11:45	1.03	1.26	0.72	0.20	0.44	0.34	0.22	0.24	0.16	0.22
12:00	1.04	1.09	0.81	0.23	0.49	0.43	0.25	0.24	0.14	0.25
12:15	1.18	0.96	0.67	0.37	0.47	0.41	0.28	0.19	0.20	0.25
12:30	1.13	0.88	0.77	0.41	0.46	0.41	0.25	0.22	0.23	0.24
12:45	1.15	0.85	0.69	0.39	0.37	0.26	0.16	0.21	0.27	0.21
13:00	0.97	0.49	0.59	0.25	0.37	0.23	0.21	0.21	0.27	0.12
13:15	0.98	0.42	0.48	0.21	0.26	0.24	0.19	0.17	0.25	0.10
13:30	0.73	0.50	0.46	0.20	0.25	0.12	0.21	0.13	0.25	0.09
13:45	0.66	0.39	0.39	0.15	0.24	0.11	0.15	0.17	0.19	0.09
14:00	0.62	0.50	0.52	0.25	0.31	0.24	0.26	0.20	0.16	0.15
14:15	0.64	0.69	0.58	0.27	0.32	0.26	0.28	0.27	0.18	0.16
14:30	0.75	0.69	0.60	0.20	0.40	0.24	0.30	0.28	0.22	0.15
14:45	0.68	0.74	0.60	0.17	0.38	0.19	0.29	0.24	0.22	0.12

时间	潍坊音乐广播887	潍坊交通广播	潍坊私家车广播	潍坊新闻广播	潍坊最爱调频982	潍坊交通广播	山东交通广播	中央中国之声	山东经济频道	山东新闻频道
15:00	0.86	0.57	0.83	0.26	0.41	0.30	0.28	0.24	0.24	0.09
15:15	0.98	0.78	0.86	0.33	0.40	0.36	0.25	0.18	0.25	0.10
15:30	1.00	0.90	0.90	0.34	0.36	0.33	0.23	0.20	0.20	0.11
15:45	0.96	1.06	0.89	0.33	0.34	0.27	0.20	0.22	0.21	0.10
16:00	1.12	1.11	0.71	0.30	0.39	0.26	0.20	0.24	0.14	0.10
16:15	1.13	0.94	0.65	0.15	0.36	0.29	0.19	0.22	0.14	0.07
16:30	1.15	1.04	0.64	0.18	0.35	0.28	0.19	0.18	0.13	0.06
16:45	1.10	1.00	0.65	0.21	0.45	0.24	0.22	0.16	0.17	0.08
17:00	1.70	1.55	1.01	0.37	0.60	0.58	0.36	0.19	0.26	0.10
17:15	1.77	1.79	1.09	0.69	0.60	0.65	0.42	0.23	0.27	0.20
17:30	1.71	1.89	1.21	0.71	0.63	0.77	0.48	0.24	0.27	0.27
17:45	1.72	1.77	1.11	0.72	0.52	0.75	0.45	0.29	0.31	0.25
18:00	1.64	1.60	1.33	0.72	0.64	0.55	0.41	0.29	0.30	0.23
18:15	1.51	1.55	1.37	0.34	0.71	0.57	0.38	0.32	0.31	0.19
18:30	1.39	1.54	1.31	0.34	0.70	0.49	0.27	0.29	0.25	0.11
18:45	0.92	1.41	1.22	0.32	0.62	0.33	0.20	0.25	0.22	0.09
19:00	0.88	0.94	0.83	0.28	0.47	0.27	0.15	0.16	0.14	0.10
19:15	0.94	0.69	0.77	0.35	0.39	0.12	0.16	0.16	0.13	0.09
19:30	0.94	0.81	0.75	0.31	0.44	0.13	0.12	0.15	0.13	0.09
19:45	0.97	0.74	0.61	0.20	0.42	0.09	0.19	0.16	0.18	0.08
20:00	1.08	0.62	0.60	0.17	0.45	0.23	0.21	0.16	0.21	0.11
20:15	1.00	0.35	0.47	0.26	0.45	0.21	0.23	0.19	0.22	0.12
20:30	0.95	0.43	0.57	0.30	0.37	0.20	0.24	0.19	0.21	0.13
20:45	0.76	0.40	0.56	0.30	0.33	0.14	0.16	0.27	0.15	0.11
21:00	0.90	0.58	0.52	0.23	0.32	0.18	0.21	0.27	0.17	0.15
21:15	0.86	0.68	0.55	0.20	0.33	0.20	0.17	0.29	0.18	0.15
21:30	0.77	0.69	0.45	0.11	0.28	0.19	0.17	0.27	0.20	0.14
21:45	0.63	0.54	0.37	0.11	0.21	0.19	0.15	0.18	0.15	0.12
22:00	0.63	0.27	0.32	0.15	0.20	0.09	0.12	0.19	0.09	0.09
22:15	0.52	0.35	0.39	0.23	0.20	0.05	0.13	0.18	0.08	0.09
22:30	0.38	0.26	0.33	0.23	0.20	0.08	0.10	0.13	0.06	0.06
22:45	0.25	0.21	0.20	0.13	0.16	0.06	0.05	0.10	0.07	0.06
23:00	0.23	0.11	0.15	0.09	0.14	0.11	0.06	0.10	0.06	0.05
23:15	0.26	0.13	0.18	0.06	0.12	0.11	0.07	0.11	0.05	0.02
23:30	0.21	0.11	0.13	0.09	0.11	0.06	0.06	0.08	0.05	0.04
23:45	0.22	0.09	0.12	0.10	0.11	0.01	0.05	0.08	0.04	0.03

表 2.55.4 潍坊地区主要电台的占有率（%）

时间	潍坊音乐广播887	潍坊交通广播	潍坊私家车广播	潍坊新闻广播	潍坊最爱调频982	潍坊交通广播	山东交通广播	中央中国之声	山东经济频道	山东新闻频道
6:00	12.9	10.9	9.6	12.1	4.8	8.6	3.9	2.4	2.7	3.4
6:15	14.2	9.9	12.7	15.8	4.9	7.2	2.7	2.2	2.9	3.5
6:30	13.4	9.8	10.7	16.5	5.2	5.5	3.0	2.4	3.4	3.8
6:45	10.5	16.6	11.6	11.8	5.5	6.5	3.3	2.7	2.6	2.7
7:00	12.9	13.4	12.0	11.4	7.3	4.9	2.7	3.0	3.5	1.9
7:15	12.0	15.6	13.0	9.7	6.4	6.4	4.0	2.6	3.7	2.1
7:30	10.1	18.0	13.6	10.4	6.5	6.5	4.0	3.2	3.3	2.3
7:45	8.8	17.5	12.7	11.8	6.8	5.8	4.1	3.7	3.6	2.0
8:00	11.8	15.6	11.6	10.7	5.7	6.0	4.1	4.0	3.2	2.9
8:15	11.8	15.4	11.7	10.7	5.8	5.6	4.2	4.1	2.8	3.1
8:30	12.1	14.3	10.2	10.9	5.7	6.1	4.2	4.3	2.5	3.4
8:45	13.8	13.9	8.5	11.9	5.5	6.8	3.9	4.2	2.4	3.4
9:00	12.3	16.3	9.3	9.3	6.0	6.3	3.5	3.8	2.4	4.4
9:15	10.6	14.2	11.4	11.5	5.9	6.5	3.7	3.2	2.7	4.6
9:30	11.5	13.7	12.0	12.2	5.7	5.2	3.8	3.4	2.0	4.4
9:45	10.6	17.4	11.3	11.1	8.0	4.8	3.4	3.5	1.9	3.6
10:00	12.7	16.9	9.8	8.1	7.0	5.0	4.8	4.0	2.8	3.3
10:15	12.5	16.4	9.9	6.8	7.6	5.2	4.8	4.2	2.9	3.4
10:30	12.8	16.0	9.3	7.1	7.8	3.9	4.7	4.5	3.2	4.2
10:45	14.0	14.3	8.9	6.8	7.0	3.8	3.8	4.4	3.5	4.7
11:00	17.3	14.0	10.2	5.5	6.6	5.8	3.3	4.1	3.5	4.3
11:15	17.3	19.1	10.2	4.5	5.5	5.6	3.0	3.0	3.1	4.2
11:30	18.1	18.8	10.1	3.1	5.8	6.1	2.8	3.1	2.8	3.6
11:45	15.8	19.4	11.1	3.1	6.8	5.3	3.5	3.7	2.5	3.4
12:00	15.4	16.2	12.1	3.4	7.3	6.4	3.8	3.6	2.1	3.8
12:15	18.0	14.5	10.2	5.7	7.1	6.3	4.2	3.0	3.1	3.7
12:30	17.6	13.8	12.0	6.4	7.2	6.4	3.9	3.4	3.6	3.8
12:45	20.0	14.6	11.9	6.7	6.5	4.5	2.8	3.6	4.7	3.6
13:00	20.1	10.2	12.3	5.1	7.6	4.8	4.3	4.3	5.6	2.4
13:15	21.9	9.4	10.8	4.7	5.9	5.5	4.4	3.8	5.5	2.2
13:30	17.8	12.2	11.2	5.0	6.1	3.0	5.1	3.2	6.1	2.3
13:45	17.3	10.2	10.2	3.9	6.2	2.8	4.1	4.6	5.1	2.2
14:00	13.9	11.2	11.6	5.6	6.9	5.2	5.9	4.5	3.6	3.3
14:15	12.7	13.7	11.5	5.4	6.4	5.1	5.6	5.3	3.5	3.1
14:30	14.4	13.4	11.6	3.9	7.8	4.6	5.7	5.3	4.2	2.8
14:45	13.6	14.7	11.8	3.3	7.4	3.7	5.8	4.7	4.4	2.4

时间	潍坊音乐广播887	潍坊交通广播	潍坊私家车广播	潍坊新闻广播	潍坊最爱调频982	潍坊交通广播	山东交通广播	中央中国之声	山东经济频道	山东新闻频道
15:00	15.1	10.0	14.5	4.6	7.1	5.3	4.9	4.1	4.3	1.5
15:15	15.4	12.3	13.6	5.2	6.3	5.6	4.0	2.8	3.9	1.6
15:30	15.8	14.3	14.3	5.4	5.8	5.2	3.6	3.2	3.2	1.7
15:45	15.4	17.0	14.2	5.3	5.4	4.4	3.2	3.5	3.3	1.6
16:00	18.4	18.2	11.7	5.0	6.4	4.3	3.4	3.9	2.4	1.6
16:15	20.3	17.0	11.8	2.7	6.5	5.2	3.4	3.9	2.5	1.3
16:30	21.0	19.0	11.8	3.4	6.4	5.1	3.4	3.3	2.5	1.1
16:45	19.5	17.8	11.5	3.8	7.9	4.3	3.9	2.9	3.0	1.4
17:00	19.1	17.4	11.4	4.2	6.7	6.5	4.1	2.2	2.9	1.1
17:15	17.1	17.4	10.6	6.7	5.8	6.3	4.1	2.3	2.6	1.9
17:30	15.5	17.2	11.0	6.4	5.8	7.0	4.4	2.1	2.4	2.4
17:45	16.3	16.7	10.6	6.8	4.9	7.1	4.2	2.8	3.0	2.4
18:00	15.7	15.3	12.7	6.9	6.1	5.2	3.9	2.8	2.8	2.2
18:15	15.4	15.8	14.0	3.5	7.2	5.8	3.8	3.2	3.1	1.9
18:30	15.7	17.4	14.8	3.8	7.9	5.6	3.0	3.3	2.8	1.3
18:45	12.4	18.9	16.3	4.3	8.3	4.4	2.6	3.3	3.0	1.1
19:00	15.1	16.3	14.4	4.8	8.2	4.6	2.6	2.8	2.4	1.8
19:15	18.2	13.4	14.8	6.8	7.5	2.4	3.2	3.1	2.6	1.6
19:30	18.4	15.8	14.6	6.0	8.6	2.5	2.4	3.0	2.5	1.8
19:45	19.7	15.1	12.5	4.1	8.5	1.9	3.8	3.3	3.6	1.6
20:00	20.6	11.8	11.3	3.2	8.5	4.4	4.0	3.1	3.9	2.0
20:15	20.1	7.0	9.4	5.2	9.0	4.2	4.5	3.7	4.3	2.3
20:30	18.5	8.4	11.1	5.8	7.1	4.0	4.6	3.7	4.1	2.5
20:45	16.4	8.6	12.2	6.5	7.1	3.0	3.4	5.8	3.2	2.3
21:00	18.4	12.0	10.8	4.7	6.6	3.8	4.4	5.6	3.4	3.0
21:15	18.0	14.2	11.4	4.3	6.8	4.3	3.6	6.1	3.8	3.2
21:30	17.7	16.0	10.4	2.5	6.5	4.4	4.0	6.1	4.6	3.3
21:45	17.5	15.0	10.4	3.1	5.9	5.4	4.2	4.9	4.1	3.3
22:00	20.4	8.8	10.4	5.0	6.4	2.8	3.8	6.0	2.9	3.0
22:15	16.5	11.2	12.5	7.3	6.3	1.7	4.3	5.8	2.6	2.8
22:30	14.2	9.8	12.5	8.6	7.4	3.1	3.9	5.0	2.4	2.3
22:45	13.1	10.8	10.4	7.0	8.4	3.0	2.4	5.0	3.8	2.9
23:00	14.1	6.9	9.3	5.4	8.4	6.4	3.7	6.1	3.8	3.1
23:15	15.8	7.9	11.4	3.8	7.6	6.8	4.4	6.8	3.4	1.5
23:30	15.3	8.1	9.4	6.5	7.6	4.4	4.0	6.0	3.2	3.1
23:45	17.6	7.3	10.0	8.0	8.5	1.1	3.8	6.4	3.3	2.7

表 2.55.5　潍坊市平均收听率 top30 节目

排名	节目名称	所属频率	播放时间	平均收听率(%)	市场占有率(%)
1	959 在路上・早间版	FM107 潍坊交通广播	07:30—09:00	3.11	22.8
2	道听 two 说	FM107 潍坊交通广播	17:00—19:00	2.31	22.0
3	老陶淘车	FM107 潍坊交通广播	09:00—10:00	2.08	26.0
4	行风在线	潍坊广播新闻频道	08:00—09:00	2.01	14.5
5	王昊读报（精编版）	FM107 潍坊交通广播	07:00—07:30	1.88	20.8
5	潍坊发布	潍坊广播新闻频道	07:35—08:00	1.88	14.2
7	大咖侃车	FM107 潍坊交通广播	09:00—10:00	1.81	24.3
8	全城 party	潍坊音乐广播 887	16:00—18:00	1.63	18.4
9	岁月留声机	潍坊音乐广播 887	18:00—19:00	1.60	15.0
10	959 阳光热线	FM107 潍坊交通广播	10:00—11:00	1.54	20.1
11	晚高峰--下班万岁	潍坊私家车广播	17:00—19:00	1.52	14.5
12	早高峰-快乐出发	潍坊私家车广播	07:00—09:00	1.48	11.8
13	959 在路上・午间版	FM107 潍坊交通广播	11:00—12:00	1.46	20.3
14	1002 早新闻	潍坊广播新闻频道	07:00—07:35	1.42	15.6
15	我爱我车	FM107 潍坊交通广播	16:00—17:00	1.30	21.1
16	吃货大食堂	潍坊音乐广播 887	11:00—12:00	1.29	17.4
17	爱车天天汇	FM107 潍坊交通广播	12:00—12:30	1.27	20.1
18	我要去旅游	潍坊音乐广播 887	12:00—13:00	1.25	18.8
19	评书	FM107 潍坊交通广播	12:30—13:00	1.23	19.1
20	王昊读报	FM107 潍坊交通广播	15:00—16:00	1.22	19.0
21	音乐太阳行	潍坊音乐广播 887	06:00—09:00	1.21	12.7
22	心情速递站	潍坊音乐广播 887	19:00—20:00	1.19	18.2
23	959 国学堂	FM107 潍坊交通广播	19:00—20:00	1.16	18.3
24	五区政风行风热线	潍坊广播新闻频道	09:00—09:30	1.13	13.6
25	887 会客厅	潍坊音乐广播 887	15:00—16:00	1.10	16.5
26	黎光说体育	潍坊私家车广播	19:00—19:30	1.03	15.2
27	最爱 morning cal	潍坊最爱调频 982	07:00—09:00	1.02	8.4
28	乐购团	潍坊音乐广播 887	09:00—09:30	0.97	11.6
28	律师在线	FM107 潍坊交通广播	14:00—15:00	0.97	18.3
30	成功起跑线	潍坊广播新闻频道	17:00—18:05	0.96	8.8

五十六、济宁地区收听率数据

表 2.56.1　济宁地区主要电台频率的平均收听率和市场份额

排名	电台名称	平均收听率（%）	市场份额（%）
1	济宁交通广播	1.31	25.5
2	济宁新闻广播	0.86	16.8
3	济宁音乐广播	0.61	11.8
4	济宁私家车广播	0.50	9.8
5	山东新闻频道	0.42	8.1
6	山东交通广播	0.40	7.8
7	文艺频道 iradio 女主播电台	0.28	5.5
8	山东经济频道	0.22	4.3
9	山东生活频道	0.15	3.0
10	FM97.7 轻松调频	0.07	1.3

表 2.56.2　济宁地区主要电台频率的周到达率和日到达率

排名	电台名称	周到达率（%）	日到达率（%）
1	济宁交通广播	26.68	12.68
2	济宁新闻广播	19.02	9.54
3	济宁音乐广播	14.21	8.02
4	山东交通广播	12.19	7.66
5	山东新闻频道	12.37	7.21
6	济宁私家车广播	11.89	6.94
7	文艺频道 iradio 女主播电台	7.20	5.10
8	山东经济频道	6.21	4.15
9	山东生活频道	4.74	2.82
10	FM97.7 轻松调频	3.54	1.89

表 2.56.3　济宁地区主要电台的收听率（%）

时间	济宁交通广播	济宁新闻广播	济宁音乐广播	济宁私家车广播	山东新闻频道	山东交通广播	文艺频道iradio女主播电台	山东经济频道	山东生活频道	FM97.7轻松调频
6:00	0.16	0.23	0.04	0.07	0.10	0.10	0.03	0.05	0.02	0.00
6:15	0.25	0.32	0.05	0.10	0.13	0.15	0.07	0.07	0.04	0.01
6:30	0.41	0.45	0.13	0.15	0.21	0.19	0.07	0.05	0.06	0.02
6:45	0.80	0.64	0.23	0.32	0.40	0.34	0.11	0.05	0.09	0.02
7:00	2.55	1.66	0.76	0.99	0.85	0.66	0.58	0.18	0.31	0.05
7:15	2.76	1.84	0.79	1.18	0.95	0.75	0.62	0.20	0.33	0.05
7:30	2.72	1.86	0.74	1.19	0.97	0.77	0.58	0.28	0.33	0.08
7:45	2.55	1.62	0.69	1.10	0.93	0.67	0.52	0.39	0.30	0.11
8:00	1.54	1.39	0.93	0.77	0.77	0.77	0.37	0.44	0.23	0.11
8:15	1.27	1.43	0.95	0.65	0.80	0.77	0.27	0.46	0.20	0.11
8:30	1.32	1.25	0.89	0.66	0.63	0.69	0.28	0.45	0.19	0.11
8:45	1.40	1.01	0.75	0.57	0.55	0.57	0.24	0.36	0.18	0.10
9:00	1.44	0.69	0.52	0.61	0.53	0.50	0.26	0.38	0.16	0.08
9:15	1.31	0.58	0.41	0.56	0.36	0.45	0.23	0.39	0.12	0.08
9:30	1.31	0.50	0.33	0.49	0.34	0.47	0.22	0.35	0.13	0.06
9:45	1.19	0.49	0.36	0.39	0.43	0.44	0.35	0.26	0.14	0.07
10:00	0.93	0.54	0.51	0.36	0.50	0.28	0.40	0.23	0.12	0.07
10:15	0.90	0.67	0.48	0.32	0.49	0.26	0.40	0.23	0.13	0.10
10:30	0.96	0.80	0.44	0.36	0.39	0.23	0.30	0.21	0.11	0.10
10:45	1.25	0.74	0.43	0.57	0.46	0.29	0.23	0.19	0.14	0.09
11:00	1.78	1.10	0.64	0.73	0.67	0.54	0.35	0.28	0.19	0.07
11:15	1.85	1.12	0.65	0.75	0.72	0.56	0.40	0.31	0.21	0.06
11:30	1.77	1.05	0.59	0.74	0.72	0.61	0.42	0.30	0.19	0.06
11:45	1.73	0.81	0.51	0.53	0.65	0.58	0.38	0.29	0.23	0.08
12:00	1.38	0.78	0.80	0.66	0.59	0.47	0.31	0.27	0.26	0.08
12:15	1.14	0.67	0.80	0.63	0.54	0.39	0.25	0.22	0.25	0.09
12:30	1.04	0.47	0.79	0.52	0.39	0.34	0.23	0.19	0.21	0.08
12:45	1.33	0.56	0.58	0.41	0.39	0.35	0.32	0.23	0.17	0.08
13:00	1.37	0.67	0.52	0.38	0.48	0.36	0.40	0.23	0.19	0.06
13:15	1.32	0.59	0.54	0.40	0.48	0.44	0.41	0.24	0.21	0.06
13:30	1.05	0.55	0.49	0.40	0.44	0.41	0.41	0.27	0.22	0.04
13:45	0.87	0.42	0.36	0.38	0.34	0.40	0.31	0.26	0.21	0.03
14:00	0.98	0.51	0.43	0.29	0.31	0.36	0.21	0.26	0.19	0.04
14:15	0.92	0.45	0.50	0.25	0.30	0.34	0.14	0.20	0.17	0.05
14:30	0.95	0.35	0.50	0.23	0.23	0.31	0.15	0.20	0.12	0.05
14:45	0.85	0.34	0.40	0.29	0.21	0.27	0.16	0.20	0.10	0.07

时间	济宁交通广播	济宁新闻广播	济宁音乐广播	济宁私家车广播	山东新闻频道	山东交通广播	文艺频道iradio女主播电台	山东经济频道	山东生活频道	FM97.7轻松调频
15:00	1.34	0.43	0.34	0.43	0.25	0.23	0.19	0.24	0.09	0.07
15:15	1.45	0.47	0.32	0.44	0.21	0.19	0.16	0.23	0.07	0.09
15:30	1.50	0.50	0.25	0.40	0.17	0.18	0.17	0.20	0.06	0.10
15:45	1.42	0.45	0.32	0.35	0.12	0.20	0.10	0.15	0.07	0.09
16:00	1.20	0.46	0.38	0.21	0.13	0.28	0.09	0.16	0.09	0.08
16:15	1.21	0.41	0.47	0.23	0.17	0.35	0.08	0.19	0.10	0.07
16:30	1.23	0.58	0.55	0.28	0.24	0.36	0.11	0.24	0.11	0.05
16:45	1.68	0.68	0.72	0.43	0.37	0.32	0.20	0.28	0.11	0.05
17:00	2.37	1.24	1.14	0.83	0.69	0.72	0.36	0.35	0.10	0.04
17:15	2.45	1.44	1.14	0.96	0.80	0.81	0.45	0.36	0.10	0.05
17:30	2.31	1.38	1.10	0.94	0.76	0.81	0.46	0.32	0.15	0.05
17:45	2.14	1.23	1.04	0.86	0.68	0.77	0.41	0.24	0.18	0.08
18:00	1.41	1.63	0.67	0.67	0.66	0.68	0.41	0.25	0.20	0.09
18:15	1.17	1.73	0.61	0.43	0.60	0.57	0.37	0.22	0.21	0.09
18:30	0.98	1.75	0.59	0.41	0.34	0.43	0.31	0.19	0.19	0.11
18:45	1.08	1.58	0.88	0.42	0.30	0.43	0.24	0.23	0.22	0.10
19:00	1.36	1.36	1.13	0.54	0.42	0.50	0.28	0.26	0.21	0.12
19:15	1.44	1.09	1.17	0.57	0.40	0.47	0.25	0.27	0.23	0.12
19:30	1.28	0.92	1.01	0.47	0.27	0.43	0.22	0.25	0.21	0.10
19:45	1.21	0.82	0.69	0.35	0.27	0.28	0.19	0.20	0.18	0.09
20:00	1.18	0.65	0.66	0.33	0.22	0.19	0.17	0.17	0.16	0.07
20:15	0.99	0.63	0.65	0.28	0.21	0.17	0.17	0.17	0.14	0.06
20:30	0.93	0.63	0.64	0.26	0.22	0.16	0.19	0.16	0.16	0.07
20:45	1.33	0.98	0.85	0.45	0.32	0.27	0.40	0.14	0.19	0.06
21:00	1.72	1.56	1.24	0.92	0.51	0.47	0.61	0.10	0.18	0.06
21:15	1.84	1.70	1.28	0.95	0.51	0.49	0.63	0.06	0.18	0.04
21:30	1.86	1.69	1.14	0.93	0.47	0.47	0.55	0.08	0.14	0.03
21:45	1.57	1.43	0.98	0.83	0.42	0.45	0.51	0.09	0.13	0.04
22:00	1.39	0.86	0.61	0.58	0.21	0.27	0.35	0.18	0.08	0.04
22:15	0.96	0.69	0.48	0.36	0.20	0.19	0.22	0.21	0.08	0.04
22:30	0.69	0.61	0.38	0.30	0.14	0.14	0.17	0.20	0.07	0.04
22:45	0.60	0.44	0.25	0.21	0.10	0.11	0.09	0.18	0.07	0.03
23:00	0.46	0.27	0.20	0.11	0.08	0.08	0.08	0.07	0.04	0.03
23:15	0.33	0.20	0.11	0.10	0.07	0.08	0.07	0.07	0.04	0.01
23:30	0.35	0.17	0.14	0.10	0.06	0.06	0.05	0.05	0.03	0.01
23:45	0.29	0.15	0.10	0.10	0.05	0.05	0.07	0.05	0.03	0.01

表 2.56.4 济宁地区主要电台的占有率（%）

时间	济宁交通广播	济宁新闻广播	济宁音乐广播	济宁私家车广播	山东新闻频道	山东交通广播	文艺频道 iradio 女主播电台	山东经济频道	山东生活频道	FM97.7 轻松调频
6:00	19.0	27.5	4.9	8.1	11.6	12.0	3.6	5.6	2.8	0.0
6:15	19.6	25.7	4.1	8.3	10.0	12.0	5.7	5.5	2.9	0.9
6:30	22.1	24.2	7.0	8.0	11.3	10.2	4.0	2.5	3.1	0.9
6:45	24.8	19.7	7.1	10.0	12.4	10.6	3.6	1.7	2.8	0.5
7:00	28.6	18.6	8.5	11.1	9.5	7.4	6.5	2.0	3.5	0.5
7:15	27.8	18.6	8.0	11.9	9.6	7.5	6.2	2.1	3.3	0.5
7:30	27.1	18.5	7.4	11.8	9.6	7.6	5.8	2.8	3.3	0.8
7:45	27.2	17.2	7.4	11.7	9.9	7.1	5.5	4.2	3.2	1.1
8:00	19.6	17.6	11.8	9.8	9.7	9.9	4.7	5.6	2.9	1.4
8:15	17.1	19.2	12.8	8.7	10.8	10.4	3.6	6.1	2.7	1.5
8:30	19.0	18.1	12.7	9.5	9.1	9.9	4.0	6.4	2.7	1.6
8:45	22.7	16.3	12.1	9.2	8.9	9.2	3.9	5.8	2.9	1.6
9:00	25.7	12.3	9.2	10.9	9.4	8.9	4.7	6.8	2.8	1.4
9:15	26.5	11.8	8.4	11.3	7.3	9.2	4.8	7.8	2.4	1.6
9:30	28.8	10.9	7.2	10.8	7.4	10.4	4.8	7.6	2.8	1.3
9:45	26.5	10.9	8.0	8.7	9.6	9.8	7.7	5.9	3.1	1.5
10:00	21.9	12.7	11.9	8.5	11.8	6.7	9.3	5.4	2.8	1.6
10:15	20.8	15.5	11.1	7.5	11.5	6.0	9.3	5.2	3.1	2.2
10:30	22.7	18.8	10.5	8.5	9.3	5.4	7.0	4.9	2.6	2.3
10:45	26.4	15.8	9.2	12.1	9.7	6.2	4.9	4.0	3.0	2.0
11:00	26.9	16.5	9.6	10.9	10.0	8.1	5.3	4.2	2.9	1.1
11:15	26.5	16.1	9.3	10.8	10.4	8.1	5.8	4.5	3.0	0.9
11:30	26.3	15.6	8.8	11.0	10.7	9.0	6.2	4.5	2.8	0.9
11:45	28.0	13.1	8.3	8.5	10.5	9.4	6.1	4.8	3.7	1.3
12:00	22.9	12.9	13.3	11.0	9.9	7.8	5.1	4.5	4.3	1.3
12:15	20.9	12.3	14.7	11.6	9.8	7.2	4.6	4.1	4.6	1.6
12:30	22.0	10.0	16.7	11.1	8.3	7.2	4.8	4.1	4.6	1.7
12:45	27.7	11.7	12.2	8.6	8.1	7.2	6.7	4.7	3.5	1.6
13:00	27.4	13.4	10.5	7.7	9.6	7.1	8.0	4.7	3.8	1.2
13:15	26.4	11.9	10.8	8.0	9.7	8.9	8.3	4.8	4.3	1.2
13:30	23.2	12.1	10.8	8.9	9.8	9.0	9.0	5.9	4.8	0.9
13:45	22.6	10.8	9.2	9.7	8.8	10.4	8.0	6.7	5.3	0.9
14:00	25.4	13.1	11.2	7.4	8.1	9.3	5.4	6.6	4.8	0.9
14:15	25.5	12.3	13.8	7.0	8.4	9.5	3.8	5.4	4.8	1.3
14:30	28.0	10.4	14.8	6.8	6.7	9.2	4.4	5.8	3.6	1.5
14:45	27.4	10.9	12.8	9.1	6.8	8.7	5.2	6.4	3.1	2.2

时间	济宁交通广播	济宁新闻广播	济宁音乐广播	济宁私家车广播	山东新闻频道	山东交通广播	文艺频道iradio女主播电台	山东经济频道	山东生活频道	FM97.7轻松调频
15:00	35.3	11.4	9.0	11.2	6.6	6.0	5.0	6.2	2.5	1.7
15:15	38.0	12.4	8.4	11.4	5.4	5.0	4.2	5.9	1.9	2.3
15:30	40.1	13.4	6.8	10.7	4.6	4.9	4.5	5.3	1.6	2.6
15:45	40.6	12.8	9.1	10.0	3.5	5.9	2.8	4.3	2.0	2.6
16:00	36.4	13.9	11.4	6.4	3.9	8.5	2.7	4.9	2.9	2.5
16:15	34.6	11.6	13.4	6.5	5.0	10.0	2.3	5.5	2.8	2.1
16:30	31.0	14.6	13.7	7.1	6.0	9.0	2.7	5.9	2.8	1.3
16:45	32.7	13.2	14.1	8.4	7.2	6.3	3.9	5.4	2.1	1.0
17:00	28.6	15.0	13.8	10.1	8.4	8.7	4.4	4.3	1.2	0.5
17:15	27.1	15.9	12.6	10.6	8.8	8.9	4.9	4.0	1.1	0.6
17:30	26.3	15.7	12.5	10.7	8.7	9.2	5.3	3.7	1.7	0.6
17:45	26.4	15.2	12.8	10.6	8.4	9.6	5.1	3.0	2.2	1.0
18:00	20.0	23.1	9.5	9.6	9.4	9.6	5.8	3.5	2.8	1.3
18:15	18.4	27.2	9.6	6.8	9.4	8.9	5.8	3.5	3.3	1.4
18:30	17.5	31.1	10.5	7.3	6.1	7.7	5.5	3.4	3.5	2.0
18:45	18.6	27.3	15.1	7.2	5.1	7.5	4.2	3.9	3.8	1.8
19:00	20.9	20.9	17.4	8.4	6.5	7.7	4.3	4.0	3.3	1.8
19:15	22.9	17.3	18.5	9.0	6.4	7.5	4.0	4.3	3.7	1.8
19:30	23.6	16.9	18.7	8.8	5.0	8.0	4.1	4.6	4.0	1.8
19:45	26.4	17.9	15.1	7.5	6.0	6.2	4.2	4.3	3.8	1.9
20:00	29.2	16.2	16.4	8.1	5.4	4.8	4.3	4.1	4.0	1.8
20:15	26.1	16.7	17.3	7.4	5.7	4.6	4.5	4.5	3.7	1.5
20:30	24.7	16.8	17.1	7.0	5.8	4.2	5.1	4.3	4.2	2.0
20:45	24.8	18.4	15.8	8.5	5.9	5.0	7.4	2.7	3.5	1.2
21:00	22.0	19.9	15.8	11.7	6.5	5.9	7.8	1.3	2.3	0.8
21:15	22.5	20.8	15.8	11.7	6.3	6.1	7.7	0.7	2.2	0.5
21:30	23.8	21.6	14.6	11.9	6.0	6.0	7.0	1.1	1.8	0.4
21:45	23.0	20.9	14.3	12.1	6.2	6.7	7.5	1.3	1.8	0.6
22:00	28.5	17.5	12.5	11.9	4.4	5.5	7.2	3.8	1.7	0.7
22:15	26.4	18.9	13.1	9.9	5.4	5.3	6.0	5.8	2.3	1.0
22:30	23.6	20.7	13.0	10.1	4.8	4.8	5.8	6.8	2.5	1.4
22:45	27.1	19.9	11.4	9.5	4.5	5.1	3.9	8.1	3.3	1.1
23:00	30.3	17.4	13.1	7.3	5.0	5.2	5.5	4.4	2.5	1.6
23:15	29.0	17.0	9.9	8.8	6.4	7.2	5.8	5.8	3.4	0.8
23:30	31.8	15.6	12.9	9.4	5.2	5.2	5.0	4.9	2.9	1.0
23:45	30.6	15.9	10.5	10.7	4.9	5.5	7.3	4.8	3.3	1.1

表 2.56.5　济宁市平均收听率 top30 节目

排名	节目名称	所属频率	播放时间	平均收听率（%）	市场占有率（%）
1	一路畅通(七点版)	济宁交通广播	07:00—08:00	3.06	30.9
2	环球早班车	济宁新闻广播	07:15—07:30	1.92	18.6
3	一路畅通	济宁交通广播	17:00—19:00	1.91	24.9
4	一路畅通(八点版)	济宁交通广播	08:00—09:00	1.82	24.1
4	先锋资讯榜	济宁新闻广播	18:00—19:00	1.82	27.2
6	男左女右	济宁新闻广播	21:00—22:00	1.81	24.7
7	爆米花影吧	济宁交通广播	21:00—22:00	1.80	24.5
8	济宁楼市	济宁交通广播	11:00—12:00	1.74	25.8
9	政行风热线	济宁新闻广播	07:30—08:30	1.66	18.1
10	济宁新闻	济宁新闻广播	07:00—07:15	1.64	19.0
11	联 E 会	济宁新闻广播	17:30—18:00	1.50	17.4
12	驾驶先锋	济宁交通广播	15:00—16:00	1.47	35.6
13	乐在途中	济宁交通广播	09:00—10:00	1.42	28.9
14	1042 风暴夜	济宁交通广播	19:00—20:00	1.40	25.6
14	吃喝玩乐总动员	济宁新闻广播	17:00—17:30	1.40	16.0
16	四海一歌	济宁交通广播	16:00—17:00	1.36	32.9
17	转播《新闻联播》	济宁新闻广播	19:00—19:30	1.35	21.5
18	资讯服务站	济宁新闻广播	08:30—09:00	1.27	17.9
19	上班路上	济宁私家车广播	07:00—08:00	1.23	12.2
20	侃侃选家电	济宁新闻广播	11:00—11:30	1.18	16.9
21	笑傲江湖	济宁交通广播	12:00—13:00	1.14	22.5
22	下班万岁	济宁私家车广播	17:00—18:00	1.13	12.9
23	越描越开心	济宁交通广播	13:00—14:00	1.09	23.1
24	K 歌之王	济宁交通广播	20:00—21:00	1.05	26.5
25	我的汽车有话说	济宁交通广播	10:00—11:00	1.04	21.4
26	山东新闻+热点评说+早听天下	山东广播新闻频道	07:00—08:00	0.96	9.9
26	微语时光	济宁交通广播	22:00—23:00	0.96	27.2
28	我爱我车	济宁交通广播	14:00—15:00	0.87	23.7
29	阳光政务热线	山东广播新闻频道	08:00—09:00	0.86	11.4
30	政风行风(重播)	济宁新闻广播	19:30—20:00	0.85	18.1

五十七、威海地区收听率数据

表 2.57.1　威海地区主要电台频率的平均收听率和市场份额

排名	电台名称	平均收听率（%）	市场份额（%）
1	威海交通文艺广播	1.34	24.8
2	威海时尚音乐广播	1.05	19.5
3	威海新闻综合广播	0.69	12.8
4	山东交通广播	0.37	6.8
5	山东新闻频道	0.35	6.5
6	中央中国之声	0.25	4.6
7	威海故事广播	0.22	4.1
8	文艺频道 iradio 女主播电台	0.22	4.0
9	山东经济频道	0.22	4.0
10	威海综合新闻广播	0.21	3.9

表 2.57.2　威海地区主要电台频率的周到达率和日到达率

排名	电台名称	周到达率（%）	日到达率（%）
1	威海交通文艺广播	25.69	14.30
2	威海时尚音乐广播	24.44	11.85
3	威海新闻综合广播	15.81	7.63
4	山东交通广播	10.82	7.19
5	山东新闻频道	9.75	6.26
6	威海故事广播	9.42	5.26
7	中央中国之声	8.50	4.96
8	文艺频道 iradio 女主播电台	7.43	4.61
9	山东经济频道	6.72	4.11
10	山东音乐频道	5.55	3.92

表 2.57.3 威海地区主要电台的收听率（%）

时间	威海交通文艺广播	威海时尚音乐广播	威海新闻综合广播	山东交通广播	山东新闻频道	中央中国之声	威海故事广播	文艺频道 iradio 女主播电台	山东经济频道	威海综合新闻广播
6:00	0.93	0.33	0.59	0.24	0.41	0.08	0.10	0.08	0.10	0.14
6:15	1.25	0.42	0.81	0.27	0.45	0.11	0.15	0.13	0.18	0.26
6:30	1.52	0.82	1.09	0.37	0.48	0.17	0.16	0.21	0.22	0.29
6:45	2.64	1.17	1.23	0.51	0.52	0.24	0.21	0.25	0.25	0.39
7:00	2.93	2.10	1.31	0.68	0.58	0.27	0.23	0.33	0.31	0.40
7:15	3.23	2.37	1.38	0.82	0.79	0.33	0.35	0.34	0.42	0.42
7:30	3.40	2.47	1.49	0.82	0.81	0.40	0.39	0.36	0.46	0.42
7:45	3.35	2.32	1.46	0.87	0.81	0.45	0.41	0.37	0.47	0.42
8:00	3.17	1.82	1.13	0.87	0.82	0.47	0.43	0.35	0.47	0.31
8:15	3.12	1.58	0.99	0.79	0.68	0.47	0.43	0.27	0.45	0.30
8:30	2.73	1.33	0.82	0.54	0.63	0.45	0.38	0.21	0.29	0.23
8:45	2.09	0.96	0.82	0.54	0.58	0.36	0.32	0.19	0.27	0.25
9:00	2.01	0.82	0.85	0.50	0.45	0.31	0.29	0.19	0.25	0.23
9:15	1.86	0.91	0.90	0.42	0.31	0.27	0.24	0.20	0.27	0.26
9:30	1.41	1.01	0.84	0.29	0.25	0.24	0.21	0.24	0.31	0.25
9:45	1.28	1.15	0.63	0.35	0.22	0.22	0.20	0.24	0.30	0.19
10:00	1.16	1.16	0.56	0.38	0.24	0.23	0.19	0.23	0.27	0.17
10:15	1.37	1.25	0.60	0.41	0.29	0.25	0.25	0.19	0.20	0.20
10:30	1.31	1.20	0.68	0.42	0.34	0.28	0.26	0.20	0.19	0.20
10:45	1.21	0.98	0.71	0.33	0.33	0.25	0.28	0.20	0.19	0.22
11:00	1.00	0.75	0.78	0.23	0.21	0.20	0.27	0.20	0.17	0.19
11:15	0.97	0.72	0.74	0.26	0.19	0.19	0.24	0.19	0.17	0.17
11:30	0.72	0.84	0.73	0.27	0.19	0.19	0.19	0.21	0.15	0.22
11:45	0.76	0.91	0.67	0.39	0.26	0.23	0.18	0.23	0.16	0.23
12:00	0.76	1.03	0.75	0.47	0.35	0.29	0.19	0.23	0.16	0.24
12:15	0.91	1.12	0.85	0.47	0.37	0.32	0.20	0.21	0.16	0.26
12:30	1.11	1.10	0.96	0.45	0.41	0.32	0.24	0.21	0.21	0.26
12:45	1.16	0.77	0.97	0.34	0.39	0.27	0.27	0.20	0.23	0.26
13:00	1.18	0.67	0.70	0.27	0.25	0.24	0.27	0.19	0.20	0.17
13:15	1.04	0.68	0.64	0.25	0.24	0.23	0.30	0.23	0.13	0.14
13:30	0.81	0.72	0.62	0.26	0.21	0.21	0.30	0.26	0.12	0.16
13:45	0.75	0.89	0.60	0.21	0.28	0.21	0.32	0.28	0.10	0.16
14:00	0.56	1.09	0.43	0.20	0.29	0.22	0.30	0.28	0.10	0.11
14:15	0.73	1.11	0.31	0.19	0.23	0.17	0.25	0.22	0.13	0.06
14:30	0.85	1.03	0.30	0.25	0.20	0.18	0.18	0.20	0.15	0.08
14:45	0.95	0.73	0.31	0.29	0.19	0.23	0.14	0.19	0.15	0.13

时间	威海交通文艺广播	威海时尚音乐广播	威海新闻综合广播	山东交通广播	山东新闻频道	中央中国之声	威海故事广播	文艺频道 iradio 女主播电台	山东经济频道	威海综合新闻广播
15:00	1.27	0.64	0.31	0.36	0.16	0.26	0.16	0.17	0.11	0.12
15:15	1.29	0.61	0.34	0.37	0.17	0.28	0.18	0.18	0.11	0.10
15:30	1.24	0.72	0.27	0.31	0.19	0.28	0.17	0.20	0.17	0.11
15:45	1.27	0.79	0.26	0.25	0.29	0.24	0.14	0.22	0.21	0.09
16:00	1.24	0.95	0.51	0.23	0.30	0.22	0.13	0.27	0.23	0.22
16:15	1.28	1.11	0.56	0.26	0.35	0.20	0.10	0.26	0.20	0.21
16:30	1.09	1.39	0.65	0.29	0.33	0.20	0.17	0.27	0.23	0.23
16:45	1.32	1.68	0.83	0.38	0.46	0.22	0.17	0.30	0.27	0.25
17:00	1.80	1.97	0.92	0.42	0.49	0.27	0.18	0.38	0.33	0.28
17:15	2.02	2.00	1.02	0.54	0.59	0.28	0.21	0.39	0.35	0.31
17:30	2.16	2.01	1.01	0.63	0.62	0.30	0.22	0.40	0.38	0.30
17:45	2.50	1.55	1.15	0.66	0.57	0.35	0.25	0.38	0.39	0.33
18:00	2.47	1.30	1.17	0.69	0.54	0.40	0.27	0.37	0.39	0.33
18:15	2.33	1.09	1.18	0.65	0.43	0.41	0.28	0.35	0.37	0.30
18:30	1.74	1.02	0.93	0.53	0.36	0.39	0.26	0.32	0.31	0.28
18:45	1.52	0.94	0.80	0.41	0.31	0.37	0.24	0.29	0.25	0.25
19:00	1.17	0.99	0.76	0.32	0.28	0.30	0.17	0.24	0.19	0.27
19:15	1.29	0.87	0.75	0.25	0.26	0.25	0.18	0.20	0.16	0.21
19:30	1.33	0.79	0.74	0.24	0.28	0.24	0.15	0.20	0.17	0.19
19:45	1.21	0.73	0.58	0.17	0.30	0.21	0.14	0.18	0.20	0.19
20:00	0.92	0.81	0.45	0.23	0.33	0.24	0.17	0.16	0.21	0.14
20:15	0.61	0.80	0.30	0.19	0.31	0.25	0.17	0.18	0.21	0.12
20:30	0.48	0.91	0.32	0.27	0.29	0.28	0.19	0.17	0.20	0.17
20:45	0.67	1.03	0.40	0.30	0.20	0.30	0.16	0.17	0.15	0.18
21:00	0.71	1.17	0.39	0.34	0.18	0.27	0.17	0.13	0.13	0.19
21:15	0.85	1.10	0.49	0.37	0.25	0.19	0.17	0.14	0.09	0.17
21:30	0.80	0.98	0.52	0.34	0.27	0.16	0.21	0.11	0.09	0.22
21:45	0.51	0.84	0.52	0.20	0.33	0.14	0.24	0.11	0.10	0.21
22:00	0.46	0.83	0.44	0.16	0.34	0.18	0.26	0.10	0.14	0.20
22:15	0.52	0.74	0.41	0.17	0.29	0.17	0.26	0.08	0.14	0.15
22:30	0.36	0.67	0.33	0.17	0.26	0.15	0.22	0.08	0.15	0.14
22:45	0.52	0.74	0.30	0.10	0.24	0.11	0.18	0.06	0.13	0.15
23:00	0.40	0.53	0.29	0.13	0.14	0.09	0.15	0.07	0.13	0.09
23:15	0.33	0.50	0.15	0.10	0.12	0.10	0.09	0.06	0.08	0.08
23:30	0.21	0.37	0.17	0.08	0.09	0.06	0.11	0.05	0.06	0.06
23:45	0.18	0.29	0.12	0.06	0.07	0.05	0.09	0.03	0.06	0.04

表 257.4 威海地区主要电台的占有率（%）

时间	威海交通文艺广播	威海时尚音乐广播	威海新闻综合广播	山东交通广播	山东新闻频道	中央中国之声	威海故事广播	文艺频道iradio女主播电台	山东经济频道	威海综合新闻广播
6:00	29.9	10.8	19.0	7.7	13.4	2.7	3.1	2.6	3.3	4.4
6:15	29.4	9.9	19.1	6.3	10.5	2.5	3.5	3.0	4.3	6.2
6:30	27.1	14.6	19.3	6.6	8.5	3.1	2.9	3.7	3.9	5.1
6:45	33.6	14.9	15.6	6.5	6.6	3.0	2.7	3.2	3.2	5.0
7:00	29.8	21.4	13.4	6.9	6.0	2.8	2.4	3.3	3.2	4.0
7:15	28.6	21.0	12.3	7.2	7.0	3.0	3.1	3.0	3.7	3.7
7:30	28.5	20.7	12.5	6.8	6.8	3.3	3.2	3.0	3.9	3.5
7:45	28.1	19.5	12.2	7.3	6.8	3.8	3.5	3.1	3.9	3.5
8:00	29.4	16.9	10.5	8.0	7.6	4.3	4.0	3.3	4.3	2.9
8:15	31.6	16.0	10.0	8.0	6.9	4.7	4.4	2.7	4.6	3.1
8:30	33.1	16.1	9.9	6.5	7.6	5.4	4.6	2.6	3.5	2.8
8:45	30.3	13.9	11.9	7.8	8.5	5.2	4.7	2.7	4.0	3.6
9:00	31.6	12.9	13.4	7.9	7.1	4.9	4.6	3.0	3.9	3.5
9:15	30.4	14.9	14.7	6.9	5.1	4.5	4.0	3.3	4.5	4.2
9:30	25.4	18.1	15.0	5.2	4.6	4.3	3.7	4.4	5.5	4.6
9:45	23.9	21.4	11.8	6.5	4.1	4.1	3.7	4.5	5.6	3.5
10:00	22.3	22.4	10.8	7.3	4.7	4.4	3.8	4.5	5.2	3.2
10:15	24.3	22.2	10.7	7.3	5.1	4.4	4.4	3.4	3.5	3.6
10:30	23.0	21.1	11.9	7.4	6.0	4.9	4.5	3.5	3.3	3.5
10:45	23.1	18.6	13.6	6.4	6.3	4.7	5.4	3.9	3.5	4.2
11:00	22.3	16.7	17.5	5.1	4.7	4.5	5.9	4.4	3.9	4.2
11:15	22.2	16.6	17.0	6.0	4.4	4.3	5.4	4.4	3.8	3.9
11:30	16.6	19.4	16.9	6.4	4.3	4.4	4.5	4.9	3.5	5.2
11:45	16.2	19.4	14.4	8.3	5.6	5.0	3.8	4.9	3.4	5.0
12:00	14.8	19.9	14.5	9.1	6.8	5.5	3.8	4.5	3.0	4.6
12:15	16.3	20.2	15.4	8.6	6.8	5.7	3.6	3.8	2.9	4.7
12:30	19.0	18.9	16.5	7.7	7.1	5.5	4.1	3.6	3.6	4.5
12:45	21.8	14.4	18.1	6.4	7.3	5.0	5.0	3.7	4.3	4.8
13:00	25.7	14.7	15.2	5.9	5.5	5.2	5.8	4.0	4.4	3.7
13:15	24.4	15.9	15.1	5.8	5.6	5.4	7.0	5.4	3.2	3.2
13:30	20.0	17.7	15.4	6.4	5.2	5.1	7.5	6.4	3.0	3.9
13:45	18.2	21.5	14.4	5.0	6.7	5.0	7.8	6.7	2.3	3.8
14:00	13.9	27.0	10.7	5.0	7.1	5.5	7.5	6.9	2.5	2.8
14:15	18.6	28.2	7.9	4.8	5.8	4.3	6.4	5.7	3.2	1.6
14:30	21.3	25.8	7.4	6.2	4.9	4.5	4.6	4.9	3.9	2.1
14:45	24.7	18.8	8.1	7.4	5.0	5.9	3.5	4.8	3.9	3.4

时间	威海交通文艺广播	威海时尚音乐广播	威海新闻综合广播	山东交通广播	山东新闻频道	中央中国之声	威海故事广播	文艺频道iradio女主播电台	山东经济频道	威海综合新闻广播
15:00	31.5	15.9	7.8	8.9	4.0	6.5	4.0	4.2	2.8	2.9
15:15	32.4	15.4	8.5	9.3	4.3	7.2	4.4	4.5	2.8	2.5
15:30	31.1	18.0	6.9	7.7	4.7	6.9	4.4	5.0	4.3	2.6
15:45	31.0	19.3	6.4	6.2	7.1	5.8	3.4	5.4	5.1	2.3
16:00	26.7	20.6	10.9	5.0	6.4	4.7	2.7	5.7	4.9	4.7
16:15	26.1	22.7	11.5	5.4	7.1	4.0	2.1	5.4	4.0	4.4
16:30	20.6	26.2	12.2	5.4	6.2	3.8	3.1	5.2	4.4	4.3
16:45	20.5	26.2	12.9	5.9	7.2	3.5	2.7	4.7	4.3	3.9
17:00	23.3	25.4	11.9	5.4	6.4	3.5	2.3	4.9	4.3	3.6
17:15	23.7	23.4	12.0	6.3	7.0	3.3	2.5	4.6	4.1	3.6
17:30	24.4	22.7	11.4	7.2	7.0	3.4	2.5	4.5	4.3	3.4
17:45	28.1	17.5	12.9	7.4	6.4	3.9	2.8	4.3	4.3	3.7
18:00	28.5	15.0	13.5	7.9	6.2	4.6	3.1	4.2	4.5	3.8
18:15	28.6	13.4	14.5	8.0	5.3	5.0	3.5	4.3	4.6	3.6
18:30	25.5	15.0	13.6	7.7	5.3	5.8	3.8	4.7	4.6	4.2
18:45	25.3	15.6	13.4	6.8	5.2	6.2	4.0	4.9	4.1	4.2
19:00	22.0	18.6	14.4	6.0	5.4	5.7	3.3	4.6	3.5	5.2
19:15	25.9	17.6	15.0	5.1	5.2	5.1	3.6	4.0	3.2	4.1
19:30	27.5	16.3	15.3	4.9	5.8	5.0	3.1	4.1	3.6	4.0
19:45	27.8	16.7	13.4	4.0	6.9	4.9	3.2	4.1	4.5	4.2
20:00	22.7	20.1	11.0	5.6	8.3	5.9	4.1	4.0	5.2	3.4
20:15	17.5	22.8	8.6	5.5	8.8	7.2	5.0	5.0	6.1	3.5
20:30	13.4	25.3	9.0	7.5	8.1	7.7	5.2	4.7	5.7	4.8
20:45	17.2	26.4	10.3	7.8	5.1	7.7	4.1	4.3	3.8	4.6
21:00	17.7	29.1	9.7	8.5	4.6	6.8	4.3	3.3	3.2	4.8
21:15	20.4	26.4	11.6	8.9	6.0	4.5	4.0	3.4	2.0	4.1
21:30	19.7	24.1	12.8	8.3	6.8	4.0	5.3	2.6	2.3	5.4
21:45	14.8	24.0	14.9	5.7	9.5	4.0	6.9	3.1	2.8	6.0
22:00	13.7	24.7	13.2	4.8	10.0	5.3	7.8	3.0	4.1	5.9
22:15	16.8	23.9	13.1	5.6	9.4	5.5	8.3	2.5	4.6	4.7
22:30	13.4	24.8	12.1	6.4	9.7	5.5	8.1	2.8	5.4	5.0
22:45	19.2	27.3	11.0	3.7	8.8	4.1	6.5	2.1	4.9	5.4
23:00	19.0	24.9	13.5	6.3	6.5	4.0	7.0	3.1	6.1	4.2
23:15	18.7	28.7	8.4	5.9	6.8	5.9	5.4	3.4	4.8	4.7
23:30	15.3	27.1	12.8	5.7	6.9	4.5	7.9	3.7	4.7	4.4
23:45	17.3	26.9	11.3	5.7	6.9	4.8	8.7	3.1	5.3	4.1

五十八、日照地区收听率数据

表 2.58.1 日照地区主要电台频率的平均收听率和市场份额

排名	电台名称	平均收听率（%）	市场份额（%）
1	日照交通生活广播	1.49	21.5
2	日照新闻综合广播	1.28	18.5
3	日照音乐广播	1.18	17.1
4	日照都市广播	0.73	10.6
5	山东交通频道	0.56	8.0
6	中央中国之声	0.45	6.4
7	文艺频道 iradio 女主播电台	0.40	5.8
8	山东新闻频道	0.36	5.1
8	山东经济频道	0.29	4.2
10	山东生活频道	0.14	2.0

表 2.58.2 日照地区主要电台频率的周到达率和日到达率

排名	电台名称	周到达率（%）	日到达率（%）
1	日照交通生活广播	29.49	17.27
2	日照新闻综合广播	24.68	13.89
3	日照音乐广播	21.97	13.71
4	日照都市广播	17.77	8.85
5	山东交通频道	13.19	8.24
6	文艺频道 iradio 女主播电台	13.19	7.26
7	山东新闻频道	10.19	6.44
8	中央中国之声	10.69	6.05
9	山东经济频道	8.91	5.18
10	山东生活频道	7.71	3.05

表 2.58.3　日照地区主要电台的收听率（%）

时间	日照交通生活广播	日照新闻综合广播	日照音乐广播	日照都市广播	山东交通频道	中央中国之声	文艺频道 iradio 女主播电台	山东新闻频道	山东经济频道	山东生活频道
6:00	0.36	0.31	0.16	0.07	0.21	0.08	0.19	0.08	0.10	0.09
6:15	0.39	0.71	0.46	0.19	0.36	0.09	0.21	0.13	0.29	0.10
6:30	0.85	0.93	0.66	0.23	0.48	0.24	0.51	0.32	0.32	0.11
6:45	0.96	0.82	0.63	0.28	0.54	0.30	0.53	0.35	0.45	0.10
7:00	1.88	2.70	1.73	0.41	0.93	0.77	0.76	0.72	0.63	0.17
7:15	2.02	2.86	1.86	0.55	0.97	0.85	0.81	0.79	0.64	0.25
7:30	3.11	3.57	2.18	0.63	1.20	1.03	0.83	0.84	0.62	0.29
7:45	3.36	3.71	2.45	0.69	1.23	1.06	0.81	0.81	0.57	0.30
8:00	3.34	3.80	2.43	1.04	1.23	0.97	0.81	0.80	0.59	0.32
8:15	3.26	3.45	2.26	1.09	1.15	0.97	0.74	0.74	0.55	0.31
8:30	3.02	3.35	2.14	1.21	1.09	0.86	0.62	0.61	0.44	0.25
8:45	2.33	2.10	1.46	1.25	0.79	0.72	0.61	0.53	0.41	0.23
9:00	2.52	1.98	1.44	1.26	0.69	0.65	0.56	0.50	0.32	0.15
9:15	2.45	1.43	1.18	1.28	0.52	0.52	0.40	0.50	0.31	0.13
9:30	2.29	1.32	1.04	1.28	0.54	0.45	0.38	0.47	0.35	0.09
9:45	2.24	1.38	0.88	1.17	0.57	0.47	0.35	0.48	0.37	0.08
10:00	1.35	1.70	0.97	1.08	0.60	0.55	0.32	0.53	0.37	0.12
10:15	1.29	1.77	1.01	0.97	0.61	0.58	0.35	0.53	0.34	0.12
10:30	1.32	1.77	0.97	0.94	0.47	0.57	0.42	0.41	0.31	0.11
10:45	1.24	1.47	1.04	0.88	0.44	0.45	0.43	0.40	0.29	0.09
11:00	1.54	1.18	1.74	0.64	0.54	0.44	0.41	0.30	0.19	0.08
11:15	1.97	0.98	1.86	0.63	0.55	0.32	0.37	0.28	0.18	0.15
11:30	2.06	1.07	2.02	0.54	0.56	0.32	0.32	0.32	0.23	0.18
11:45	1.95	1.28	1.94	0.56	0.51	0.37	0.41	0.30	0.23	0.18
12:00	1.85	1.41	1.92	0.75	0.37	0.37	0.44	0.40	0.30	0.20
12:15	1.88	1.45	1.71	0.78	0.36	0.55	0.44	0.40	0.31	0.18
12:30	1.68	1.45	1.72	0.83	0.50	0.57	0.37	0.45	0.26	0.16
12:45	1.25	1.38	1.19	0.75	0.51	0.61	0.36	0.43	0.27	0.13
13:00	1.25	0.86	1.15	0.74	0.52	0.57	0.26	0.27	0.17	0.12
13:15	1.07	0.89	0.76	0.73	0.49	0.48	0.25	0.27	0.16	0.09
13:30	0.80	1.08	0.74	0.53	0.44	0.44	0.21	0.21	0.11	0.07
13:45	0.88	1.05	0.95	0.49	0.41	0.34	0.21	0.16	0.12	0.06
14:00	1.06	0.92	0.95	0.54	0.31	0.25	0.23	0.17	0.15	0.09
14:15	1.05	0.93	0.79	0.65	0.22	0.20	0.36	0.17	0.15	0.11
14:30	1.04	1.02	0.81	0.81	0.22	0.27	0.36	0.21	0.25	0.13
14:45	1.23	1.03	0.85	0.83	0.27	0.26	0.44	0.29	0.25	0.13

时间	日照交通生活广播	日照新闻综合广播	日照音乐广播	日照都市广播	山东交通频道	中央中国之声	文艺频道iradio女主播电台	山东新闻频道	山东经济频道	山东生活频道
15:00	1.67	0.90	0.90	0.83	0.34	0.37	0.45	0.32	0.25	0.09
15:15	1.70	0.87	0.89	0.72	0.31	0.42	0.42	0.38	0.29	0.09
15:30	1.65	0.47	0.82	0.70	0.46	0.41	0.38	0.39	0.28	0.06
15:45	1.65	0.46	0.96	0.58	0.53	0.36	0.38	0.33	0.19	0.06
16:00	1.47	0.70	0.89	0.56	0.52	0.38	0.34	0.32	0.13	0.11
16:15	1.47	0.76	0.79	0.65	0.54	0.28	0.32	0.28	0.13	0.11
16:30	1.29	0.53	0.88	0.68	0.51	0.29	0.26	0.36	0.15	0.10
16:45	1.28	0.64	1.07	1.02	0.49	0.47	0.26	0.37	0.16	0.11
17:00	2.44	1.30	1.83	1.11	0.71	0.51	0.28	0.46	0.31	0.12
17:15	2.54	1.44	1.93	1.21	0.74	0.62	0.28	0.49	0.32	0.22
17:30	2.50	1.76	2.02	1.22	0.90	0.63	0.41	0.47	0.33	0.24
17:45	2.44	1.89	2.07	1.22	0.92	0.64	0.50	0.51	0.32	0.24
18:00	2.39	1.79	1.82	1.07	0.88	0.69	0.51	0.50	0.45	0.21
18:15	2.18	1.45	1.75	1.05	0.85	0.66	0.55	0.45	0.45	0.21
18:30	1.46	1.02	1.19	0.76	0.69	0.51	0.51	0.30	0.47	0.14
18:45	1.52	1.03	1.17	0.72	0.63	0.51	0.51	0.24	0.44	0.12
19:00	1.27	1.14	1.02	0.83	0.61	0.48	0.41	0.23	0.33	0.10
19:15	1.12	1.17	1.15	0.85	0.65	0.45	0.38	0.21	0.32	0.10
19:30	1.07	0.95	1.11	0.76	0.69	0.34	0.33	0.26	0.29	0.14
19:45	1.13	0.86	0.89	0.78	0.63	0.33	0.33	0.27	0.29	0.15
20:00	1.36	0.72	1.24	0.71	0.56	0.33	0.29	0.30	0.33	0.15
20:15	1.37	1.10	1.27	0.87	0.55	0.46	0.31	0.31	0.33	0.17
20:30	1.41	1.24	1.42	0.93	0.39	0.44	0.35	0.27	0.31	0.18
20:45	0.99	1.18	1.31	0.90	0.41	0.47	0.47	0.26	0.28	0.19
21:00	1.07	1.11	1.20	0.89	0.47	0.42	0.48	0.21	0.31	0.19
21:15	0.93	1.12	1.03	0.84	0.53	0.40	0.47	0.22	0.30	0.19
21:30	0.65	1.01	0.96	0.73	0.54	0.30	0.47	0.24	0.29	0.13
21:45	0.56	0.90	0.74	0.61	0.53	0.30	0.38	0.29	0.21	0.13
22:00	0.37	0.86	0.75	0.51	0.55	0.17	0.38	0.24	0.21	0.12
22:15	0.40	0.47	0.63	0.46	0.37	0.17	0.24	0.22	0.19	0.10
22:30	0.43	0.57	0.33	0.45	0.33	0.16	0.20	0.19	0.14	0.07
22:45	0.28	0.59	0.46	0.14	0.26	0.17	0.21	0.16	0.13	0.07
23:00	0.47	0.45	0.36	0.11	0.26	0.09	0.21	0.16	0.15	0.08
23:15	0.37	0.38	0.26	0.00	0.20	0.11	0.17	0.15	0.14	0.06
23:30	0.23	0.25	0.10	0.00	0.18	0.06	0.14	0.06	0.08	0.06
23:45	0.20	0.22	0.06	0.00	0.12	0.05	0.09	0.06	0.06	0.02

表 2.57.4　日照地区主要电台的占有率（%）

时间	日照交通生活广播	日照新闻综合广播	日照音乐广播	日照都市广播	山东交通频道	中央中国之声	文艺频道 iradio 女主播电台	山东新闻频道	山东经济频道	山东生活频道
6:00	21.6	18.5	9.8	4.2	12.9	5.0	11.5	4.9	5.7	5.3
6:15	13.3	24.2	15.6	6.3	12.2	3.1	7.1	4.4	9.8	3.5
6:30	18.2	20.0	14.0	5.0	10.2	5.1	10.9	6.9	6.7	2.4
6:45	19.2	16.4	12.7	5.6	10.7	6.0	10.7	7.0	9.0	2.0
7:00	17.5	25.0	16.0	3.8	8.6	7.2	7.0	6.7	5.9	1.5
7:15	17.2	24.5	15.9	4.7	8.2	7.3	6.9	6.7	5.5	2.2
7:30	21.6	24.8	15.1	4.4	8.3	7.2	5.7	5.8	4.3	2.0
7:45	22.3	24.6	16.2	4.6	8.1	7.0	5.4	5.4	3.8	2.0
8:00	21.7	24.7	15.8	6.8	8.0	6.3	5.3	5.2	3.8	2.1
8:15	22.3	23.7	15.4	7.5	7.8	6.6	5.1	5.1	3.8	2.1
8:30	22.1	24.5	15.7	8.9	8.0	6.3	4.6	4.5	3.3	1.8
8:45	22.3	20.0	13.9	11.9	7.6	6.9	5.9	5.1	3.9	2.2
9:00	24.9	19.6	14.2	12.5	6.8	6.4	5.6	4.9	3.1	1.5
9:15	28.0	16.3	13.5	14.6	5.9	5.9	4.6	5.7	3.6	1.5
9:30	27.8	16.0	12.5	15.5	6.5	5.5	4.6	5.7	4.3	1.1
9:45	27.9	17.2	10.9	14.5	7.1	5.9	4.4	5.9	4.7	1.0
10:00	17.8	22.3	12.7	14.1	7.9	7.2	4.2	7.0	4.9	1.6
10:15	16.9	23.2	13.2	12.7	8.0	7.6	4.6	6.9	4.5	1.6
10:30	18.0	24.1	13.1	12.8	6.4	7.7	5.7	5.6	4.2	1.6
10:45	18.3	21.7	15.3	13.0	6.5	6.6	6.4	5.9	4.3	1.3
11:00	21.7	16.6	24.4	9.0	7.6	6.2	5.8	4.2	2.6	1.1
11:15	26.9	13.4	25.4	8.6	7.6	4.4	5.0	3.8	2.4	2.0
11:30	26.9	13.9	26.4	7.1	7.3	4.2	4.2	4.2	2.9	2.3
11:45	25.2	16.5	25.0	7.2	6.6	4.8	5.3	3.9	3.0	2.3
12:00	23.0	17.5	23.9	9.3	4.6	4.6	5.4	5.0	3.7	2.5
12:15	23.3	18.0	21.2	9.7	4.4	6.8	5.4	4.9	3.8	2.3
12:30	20.9	18.1	21.5	10.4	6.2	7.1	4.6	5.6	3.2	1.9
12:45	18.1	20.0	17.2	10.8	7.3	8.8	5.3	6.2	3.9	1.9
13:00	21.0	14.4	19.4	12.4	8.8	9.6	4.4	4.5	2.9	2.0
13:15	20.5	17.1	14.5	14.0	9.5	9.2	4.8	5.2	3.1	1.6
13:30	17.1	23.1	15.7	11.4	9.4	9.4	4.5	4.6	2.4	1.5
13:45	18.7	22.4	20.2	10.4	8.7	7.3	4.5	3.5	2.6	1.3
14:00	22.5	19.6	20.3	11.5	6.6	5.3	4.8	3.7	3.2	1.9
14:15	22.5	20.0	17.0	13.9	4.8	4.3	7.7	3.5	3.3	2.3
14:30	20.2	19.8	15.8	15.7	4.2	5.2	7.0	4.0	4.9	2.5
14:45	21.8	18.4	15.1	14.7	4.8	4.6	7.8	5.1	4.5	2.3

时间	日照交通生活广播	日照新闻综合广播	日照音乐广播	日照都市广播	山东交通频道	中央中国之声	文艺频道iradio女主播电台	山东新闻频道	山东经济频道	山东生活频道
15:00	27.0	14.6	14.6	13.5	5.5	6.0	7.3	5.1	4.0	1.5
15:15	27.6	14.2	14.3	11.7	5.0	6.8	6.8	6.2	4.7	1.5
15:30	28.9	8.3	14.4	12.4	8.1	7.3	6.7	6.8	4.9	1.1
15:45	29.7	8.3	17.3	10.4	9.5	6.4	6.8	5.9	3.4	1.1
16:00	26.9	12.8	16.2	10.2	9.5	7.0	6.2	5.9	2.4	1.9
16:15	27.4	14.1	14.7	12.1	10.0	5.3	6.0	5.2	2.4	2.0
16:30	25.3	10.4	17.2	13.4	10.0	5.8	5.2	7.1	2.9	2.0
16:45	21.6	10.8	18.1	17.2	8.3	7.9	4.4	6.3	2.6	1.8
17:00	26.8	14.3	20.1	12.1	7.7	5.6	3.0	5.0	3.4	1.3
17:15	25.7	14.6	19.6	12.3	7.5	6.3	2.8	5.0	3.2	2.2
17:30	23.6	16.6	19.1	11.5	8.5	5.9	3.9	4.5	3.1	2.3
17:45	22.5	17.4	19.1	11.3	8.4	5.9	4.6	4.7	3.0	2.2
18:00	23.0	17.2	17.4	10.3	8.5	6.6	4.9	4.8	4.3	2.0
18:15	22.4	14.9	18.0	10.9	8.7	6.8	5.7	4.7	4.7	2.1
18:30	20.4	14.3	16.6	10.6	9.6	7.1	7.1	4.2	6.6	2.0
18:45	21.7	14.8	16.7	10.3	9.0	7.4	7.3	3.5	6.3	1.8
19:00	19.5	17.5	15.7	12.8	9.4	7.4	6.4	3.5	5.1	1.5
19:15	17.2	18.0	17.6	13.0	9.9	6.9	5.9	3.3	4.9	1.5
19:30	17.7	15.6	18.2	12.6	11.4	5.6	5.5	4.3	4.9	2.3
19:45	19.5	14.8	15.4	13.5	10.9	5.8	5.8	4.6	5.1	2.7
20:00	22.3	11.8	20.3	11.6	9.2	5.4	4.7	5.0	5.5	2.5
20:15	20.1	16.1	18.6	12.7	8.0	6.8	4.5	4.5	4.9	2.4
20:30	20.1	17.7	20.2	13.3	5.6	6.3	5.0	3.8	4.4	2.6
20:45	15.2	18.0	20.1	13.7	6.3	7.2	7.2	3.9	4.3	2.9
21:00	16.6	17.3	18.7	13.9	7.3	6.6	7.5	3.3	4.9	3.0
21:15	15.2	18.4	17.0	13.7	8.6	6.6	7.7	3.6	5.0	3.1
21:30	12.1	18.9	17.9	13.6	10.1	5.6	8.9	4.5	5.4	2.4
21:45	11.9	19.2	15.7	12.9	11.3	6.5	8.2	6.2	4.5	2.8
22:00	8.9	20.5	17.8	12.3	13.1	4.2	9.0	5.7	5.0	2.8
22:15	12.1	14.4	19.2	14.0	11.2	5.1	7.5	6.6	5.9	3.1
22:30	14.7	19.5	11.4	15.6	11.3	5.6	6.9	6.6	4.7	2.4
22:45	11.2	23.7	18.2	5.5	10.4	6.8	8.4	6.5	5.1	3.0
23:00	19.8	18.9	15.1	4.8	10.8	3.9	8.8	6.8	6.3	3.2
23:15	20.2	20.4	13.9	0.0	11.0	5.9	9.0	7.9	7.6	3.4
23:30	19.6	21.2	8.2	0.0	15.3	5.6	12.4	4.9	6.9	4.8
23:45	22.6	24.8	6.5	0.0	13.2	6.1	10.1	6.7	6.7	2.4

表 2.58.5　日照市平均收听率 top30 节目

排名	节目名称	所属频率	播放时间	平均收听率(%)	市场占有率(%)
1	行风在线(单日)	日照广播新闻频率	07:30—08:00	3.50	23.7
2	行风在线	日照广播交通频率	07:30—08:00	3.36	22.8
3	有事您说话(双日)	日照广播新闻频率	07:30—08:00	3.28	22.6
4	早安日照(双)	日照广播交通频率	07:30—08:00	3.15	21.7
5	畅行日照(早间版)	日照广播交通频率	08:00—09:00	2.93	21.6
6	直播日照	日照广播新闻频率	08:00—09:10	2.89	22.1
7	日照新闻	日照广播新闻频率	07:00—07:30	2.75	23.6
8	上班路上	日照广播音乐频率	08:00—08:40	2.63	17.2
9	万万没想到	日照广播交通频率	09:00—09:30	2.57	27.3
10	行风在线	日照广播音乐频率	07:30—08:00	2.35	14.7
11	畅行日照(耶！下班了)	日照广播交通频率	17:00—18:30	2.28	23.1
12	早安日照	日照广播交通频率	07:00—07:30	2.12	18.3
13	麦霸学院	日照广播交通频率	11:00—12:30	2.08	26.5
14	下班万万岁	日照广播音乐频率	17:20—18:30	2.05	19.1
14	唐云帮办	日照广播交通频率	09:30—10:00	2.05	24.6
16	只听好歌不说话	日照广播音乐频率	17:00—17:20	1.92	21.1
17	龙泉直饮机+歌曲片花	日照广播音乐频率	08:40—09:00	1.89	16.8
18	汽车 CD	日照广播新闻频率	10:00—10:30	1.85	23.6
19	日照新闻	日照广播音乐频率	07:00—07:30	1.80	15.5
19	934 歌声里	日照广播音乐频率	11:00—11:50	1.80	22.3
21	汽车立体声	日照广播新闻频率	10:30—11:00	1.65	21.9
22	95 新闻秀	日照广播新闻频率	17:30—18:30	1.62	16.0
23	龙泉直饮机+工行	日照广播音乐频率	11:50—12:00	1.54	20.3
24	城市最流行	日照广播新闻频率	09:10—10:00	1.49	17.3
25	车友俱乐部	日照广播交通频率	10:00—11:00	1.46	18.9
25	音乐传奇	日照广播音乐频率	12:00—12:30	1.46	19.3
27	音乐故事	日照广播音乐频率	19:00—19:30	1.44	20.0
28	汽车服务站	日照广播交通频率	15:00—16:00	1.43	25.7
28	阳光校园	日照广播新闻频率	17:00—17:30	1.43	15.4
30	爱车天天汇	日照广播交通频率	12:30—13:00	1.42	19.8

五十九、襄阳地区收听率数据

表 2.59.1　襄阳地区主要电台频率的平均收听率和市场份额

排名	电台名称	平均收听率（%）	市场份额（%）
1	襄阳广播电视台交通音乐广播动力 890	1.22	18.0
2	襄阳广播电视台综合广播新闻 104	0.81	11.9
3	襄阳广播电视台综合广播最爱 909	0.62	9.2
4	襄阳广播电视台交通音乐广播爱听 1053	0.57	8.3
5	湖北之声	0.46	6.7
6	湖北楚天交通广播	0.37	5.4
7	襄阳 1066 私家车电台	0.26	3.8
8	中央电台中国之声	0.21	3.1
9	湖北资讯广播	0.20	3.0
10	湖北生活广播	0.19	2.8

表 2.59.2　襄阳地区主要电台频率的周到达率和日到达率

排名	电台名称	周到达率（%）	日到达率（%）
1	襄阳广播电视台交通音乐广播动力 890	32.09	14.44
2	襄阳广播电视台综合广播新闻 104	26.54	10.83
3	襄阳广播电视台综合广播最爱 909	20.39	9.12
4	湖北之声	16.57	8.33
5	襄阳广播电视台交通音乐广播爱听 1053	20.93	7.60
6	湖北楚天交通广播	11.99	6.46
7	中央电台中国之声	8.91	4.66
8	襄阳 1066 私家车电台	9.17	4.58
9	湖北资讯广播	8.49	4.26
10	湖北生活广播	8.43	3.71

表 2.59.3　襄阳地区主要电台的收听率（%）

时间	襄阳交通音乐广播动力 890	襄阳综合广播新闻 104	襄阳广播最爱 909	襄阳交通音乐广播爱听 1053	湖北之声	湖北楚天交通广播	襄阳 1066 私家车电台	中央电台中国之声	湖北资讯广播	湖北生活广播
6:00	0.33	0.25	0.12	0.13	0.25	0.15	0.13	0.13	0.11	0.05
6:15	0.47	0.40	0.22	0.15	0.28	0.21	0.15	0.19	0.12	0.07
6:30	0.77	0.60	0.31	0.17	0.24	0.33	0.21	0.31	0.10	0.11
6:45	0.71	0.75	0.39	0.35	0.30	0.37	0.12	0.34	0.08	0.16
7:00	1.28	1.36	0.89	0.59	0.57	0.71	0.29	0.42	0.20	0.21
7:15	1.58	1.56	0.98	0.68	0.71	0.75	0.39	0.38	0.23	0.24
7:30	1.79	1.54	1.17	0.83	0.92	0.86	0.49	0.36	0.30	0.24
7:45	1.83	1.69	1.33	0.78	0.96	0.89	0.61	0.42	0.29	0.26
8:00	3.02	1.81	1.44	0.95	1.13	0.82	0.72	0.55	0.36	0.35
8:15	3.28	1.84	1.38	0.97	1.09	0.76	0.73	0.60	0.37	0.36
8:30	2.97	1.63	1.14	0.87	1.05	0.73	0.66	0.54	0.32	0.35
8:45	2.21	1.22	0.87	0.71	0.92	0.57	0.47	0.45	0.29	0.33
9:00	1.57	0.82	0.93	0.68	0.64	0.50	0.45	0.30	0.26	0.21
9:15	1.59	0.91	0.87	0.57	0.61	0.39	0.42	0.25	0.17	0.19
9:30	1.20	0.82	0.68	0.51	0.57	0.39	0.36	0.24	0.27	0.18
9:45	0.94	0.84	0.52	0.60	0.62	0.39	0.27	0.16	0.29	0.23
10:00	1.37	0.74	0.86	0.68	0.75	0.45	0.34	0.22	0.38	0.25
10:15	1.65	0.83	0.95	0.67	0.73	0.52	0.43	0.22	0.39	0.27
10:30	1.53	0.86	0.87	0.65	0.71	0.58	0.42	0.24	0.38	0.25
10:45	1.51	0.78	0.82	0.57	0.68	0.59	0.46	0.21	0.33	0.21
11:00	1.19	0.73	0.77	0.39	0.49	0.54	0.41	0.12	0.21	0.17
11:15	1.15	0.63	0.72	0.39	0.37	0.49	0.38	0.15	0.14	0.13
11:30	0.90	0.96	0.55	0.40	0.33	0.46	0.41	0.13	0.15	0.11
11:45	0.76	1.07	0.49	0.52	0.42	0.46	0.38	0.19	0.14	0.12
12:00	1.63	1.25	0.82	0.72	0.59	0.51	0.32	0.21	0.21	0.21
12:15	1.75	1.32	0.93	0.74	0.60	0.52	0.24	0.19	0.26	0.24
12:30	1.55	1.21	0.78	0.69	0.62	0.47	0.15	0.17	0.27	0.25
12:45	1.24	1.11	0.69	0.73	0.63	0.49	0.11	0.09	0.28	0.25
13:00	0.85	0.82	0.49	0.62	0.54	0.39	0.16	0.11	0.28	0.22
13:15	0.92	0.69	0.47	0.61	0.49	0.31	0.21	0.05	0.27	0.17
13:30	0.96	0.61	0.36	0.54	0.38	0.30	0.26	0.11	0.20	0.20
13:45	0.88	0.62	0.29	0.54	0.29	0.27	0.26	0.14	0.14	0.23
14:00	1.10	0.83	0.40	0.58	0.26	0.23	0.35	0.18	0.16	0.23
14:15	1.07	0.84	0.52	0.62	0.28	0.19	0.35	0.22	0.13	0.22
14:30	0.92	0.91	0.52	0.59	0.40	0.27	0.34	0.14	0.20	0.18
14:45	0.68	0.88	0.49	0.52	0.44	0.31	0.27	0.13	0.18	0.13

时间	襄阳交通音乐广播动力 890	襄阳广播新闻 104	襄阳综合广播最爱 909	襄阳交通音乐广播爱听 1053	湖北之声	湖北楚天交通广播	襄阳 1066 私家车电台	中央电台中国之声	湖北资讯广播	湖北生活广播
15:00	0.73	0.67	0.44	0.43	0.41	0.31	0.18	0.11	0.15	0.13
15:15	0.73	0.51	0.53	0.35	0.38	0.26	0.16	0.08	0.15	0.10
15:30	0.73	0.41	0.52	0.35	0.30	0.16	0.14	0.07	0.12	0.15
15:45	0.76	0.36	0.56	0.47	0.26	0.13	0.11	0.12	0.16	0.19
16:00	0.98	0.51	0.62	0.51	0.15	0.15	0.11	0.18	0.15	0.21
16:15	1.10	0.58	0.70	0.50	0.13	0.17	0.14	0.20	0.14	0.21
16:30	1.03	0.64	0.71	0.41	0.20	0.16	0.15	0.21	0.10	0.17
16:45	0.77	0.63	0.67	0.38	0.24	0.09	0.13	0.22	0.07	0.16
17:00	1.46	0.61	0.77	0.65	0.31	0.28	0.17	0.17	0.18	0.17
17:15	1.53	0.64	0.88	0.73	0.29	0.33	0.16	0.14	0.22	0.20
17:30	1.56	0.49	0.86	0.66	0.20	0.44	0.21	0.10	0.19	0.25
17:45	1.27	0.43	0.75	0.65	0.26	0.43	0.19	0.16	0.20	0.28
18:00	1.89	0.93	0.82	0.93	0.42	0.54	0.32	0.23	0.20	0.30
18:15	1.99	0.99	0.80	0.98	0.44	0.51	0.36	0.26	0.20	0.29
18:30	1.47	1.00	0.56	1.00	0.50	0.52	0.32	0.25	0.18	0.26
18:45	1.13	1.04	0.44	0.94	0.45	0.48	0.34	0.23	0.17	0.21
19:00	1.48	1.07	0.45	0.85	0.54	0.32	0.19	0.21	0.18	0.16
19:15	1.57	1.13	0.43	0.74	0.54	0.35	0.20	0.17	0.20	0.14
19:30	1.58	1.07	0.47	0.60	0.53	0.36	0.19	0.20	0.20	0.09
19:45	1.27	0.93	0.43	0.55	0.45	0.33	0.18	0.22	0.14	0.11
20:00	1.33	1.01	0.63	0.64	0.48	0.34	0.12	0.37	0.28	0.15
20:15	1.45	1.02	0.65	0.71	0.50	0.33	0.12	0.41	0.35	0.19
20:30	1.36	0.74	0.64	0.63	0.45	0.24	0.17	0.36	0.34	0.20
20:45	1.39	0.67	0.62	0.50	0.44	0.20	0.16	0.28	0.26	0.21
21:00	0.95	0.51	0.43	0.58	0.40	0.20	0.20	0.22	0.24	0.19
21:15	1.10	0.45	0.37	0.60	0.33	0.16	0.16	0.19	0.17	0.15
21:30	1.00	0.47	0.29	0.60	0.34	0.18	0.11	0.13	0.12	0.13
21:45	0.90	0.54	0.29	0.56	0.29	0.20	0.05	0.14	0.17	0.14
22:00	0.71	0.54	0.37	0.46	0.25	0.15	0.07	0.11	0.14	0.14
22:15	0.72	0.45	0.41	0.29	0.26	0.12	0.04	0.11	0.14	0.15
22:30	0.64	0.38	0.37	0.22	0.32	0.08	0.07	0.05	0.10	0.14
22:45	0.82	0.21	0.31	0.24	0.30	0.13	0.08	0.04	0.09	0.11
23:00	0.55	0.18	0.24	0.24	0.27	0.14	0.12	0.05	0.09	0.10
23:15	0.46	0.20	0.22	0.23	0.21	0.16	0.12	0.08	0.12	0.07
23:30	0.22	0.18	0.21	0.14	0.13	0.16	0.10	0.07	0.09	0.06
23:45	0.21	0.11	0.16	0.12	0.13	0.12	0.09	0.03	0.02	0.04

表 2.59.4　襄阳地区主要电台的占有率（%）

时间	襄阳交通音乐广播动力 890	襄阳综合广播新闻 104	襄阳综合广播最爱 909	襄阳交通音乐广播爱听 1053	湖北之声	湖北楚天交通广播	襄阳 1066 私家车电台	中央电台中国之声	湖北资讯广播	湖北生活广播
6:00	15.6	12.0	5.9	6.2	11.9	7.1	6.2	6.3	5.3	2.4
6:15	16.3	13.8	7.4	5.3	9.8	7.2	5.2	6.6	4.1	2.3
6:30	18.9	14.8	7.7	4.2	6.0	8.1	5.1	7.6	2.5	2.6
6:45	14.6	15.4	8.1	7.2	6.1	7.6	2.5	7.1	1.6	3.3
7:00	14.5	15.4	10.1	6.7	6.4	8.0	3.2	4.7	2.3	2.4
7:15	15.5	15.3	9.6	6.7	7.0	7.3	3.9	3.8	2.3	2.3
7:30	15.4	13.3	10.0	7.2	7.9	7.4	4.2	3.1	2.6	2.1
7:45	15.0	13.8	10.9	6.4	7.9	7.2	5.0	3.4	2.3	2.2
8:00	20.5	12.3	9.8	6.5	7.7	5.6	4.9	3.7	2.4	2.4
8:15	21.9	12.3	9.2	6.5	7.2	5.1	4.9	4.0	2.5	2.4
8:30	22.2	12.2	8.5	6.5	7.8	5.5	5.0	4.0	2.4	2.6
8:45	20.8	11.5	8.2	6.6	8.6	5.4	4.4	4.2	2.7	3.1
9:00	17.5	9.1	10.3	7.5	7.1	5.6	5.0	3.3	2.8	2.3
9:15	18.9	10.8	10.3	6.8	7.2	4.6	5.0	3.0	2.0	2.3
9:30	16.3	11.1	9.1	6.8	7.7	5.2	4.9	3.2	3.6	2.5
9:45	13.6	12.2	7.5	8.7	9.0	5.6	3.9	2.4	4.3	3.3
10:00	16.0	8.7	10.1	8.0	8.7	5.2	4.0	2.5	4.4	2.9
10:15	17.9	9.0	10.3	7.3	7.9	5.6	4.6	2.4	4.2	2.9
10:30	17.3	9.8	9.9	7.3	8.1	6.6	4.7	2.7	4.4	2.9
10:45	18.2	9.4	9.9	6.8	8.2	7.2	5.6	2.6	4.0	2.6
11:00	17.4	10.7	11.4	5.8	7.2	8.0	6.1	1.8	3.0	2.5
11:15	18.4	10.1	11.6	6.3	6.0	7.8	6.1	2.4	2.2	2.1
11:30	15.2	16.1	9.3	6.8	5.5	7.7	6.9	2.1	2.5	1.9
11:45	12.3	17.2	8.0	8.4	6.8	7.4	6.1	3.0	2.2	2.0
12:00	18.5	14.1	9.3	8.1	6.7	5.8	3.6	2.4	2.3	2.4
12:15	18.7	14.0	9.9	7.8	6.4	5.6	2.5	2.0	2.8	2.6
12:30	18.2	14.2	9.1	8.1	7.3	5.5	1.7	2.0	3.2	2.9
12:45	15.7	14.1	8.8	9.3	8.1	6.2	1.4	1.2	3.6	3.2
13:00	13.7	13.1	7.8	9.9	8.6	6.3	2.6	1.8	4.5	3.5
13:15	15.7	11.8	8.1	10.4	8.3	5.3	3.6	0.9	4.6	2.9
13:30	18.2	11.6	6.8	10.2	7.2	5.6	5.0	2.1	3.9	3.9
13:45	18.0	12.5	5.9	11.1	6.0	5.5	5.3	2.9	2.9	4.6
14:00	19.0	14.3	7.0	9.9	4.5	4.0	6.1	3.2	2.8	3.9
14:15	17.3	13.6	8.5	10.1	4.5	3.0	5.7	3.5	2.0	3.5
14:30	14.8	14.7	8.4	9.5	6.5	4.4	5.5	2.2	3.2	2.9
14:45	12.1	15.6	8.7	9.3	7.8	5.5	4.7	2.3	3.2	2.4

时间	襄阳交通音乐广播动力 890	襄阳综合广播新闻 104	襄阳综合广播最爱 909	襄阳交通音乐广播爱听 1053	湖北之声	湖北楚天交通广播	襄阳 1066 私家车电台	中央电台中国之声	湖北资讯广播	湖北生活广播
15:00	14.7	13.4	8.9	8.7	8.4	6.2	3.7	2.3	3.0	2.7
15:15	15.9	11.0	11.4	7.5	8.1	5.6	3.4	1.8	3.2	2.2
15:30	17.1	9.7	12.3	8.1	7.1	3.7	3.2	1.7	2.7	3.6
15:45	16.7	7.8	12.2	10.2	5.7	2.8	2.4	2.7	3.5	4.1
16:00	19.0	9.9	12.0	10.0	3.0	3.0	2.1	3.5	2.9	4.0
16:15	19.9	10.4	12.6	9.0	2.3	3.1	2.4	3.6	2.5	3.7
16:30	19.1	12.0	13.1	7.6	3.6	3.0	2.8	3.8	1.9	3.2
16:45	15.8	12.9	13.7	7.8	4.9	1.9	2.6	4.4	1.4	3.3
17:00	21.4	8.9	11.3	9.5	4.5	4.2	2.4	2.4	2.7	2.5
17:15	20.5	8.6	11.8	9.8	3.9	4.4	2.2	1.9	3.0	2.7
17:30	21.5	6.8	11.9	9.1	2.8	6.0	3.0	1.3	2.7	3.4
17:45	18.7	6.3	11.1	9.6	3.9	6.3	2.7	2.4	2.9	4.1
18:00	20.7	10.2	9.0	10.2	4.6	5.9	3.5	2.5	2.1	3.2
18:15	21.1	10.5	8.4	10.4	4.7	5.4	3.9	2.7	2.1	3.1
18:30	17.7	12.0	6.7	12.0	6.0	6.2	3.8	3.0	2.1	3.2
18:45	15.2	14.0	5.9	12.7	6.1	6.5	4.5	3.1	2.3	2.9
19:00	19.6	14.2	5.9	11.3	7.1	4.2	2.4	2.8	2.4	2.1
19:15	21.0	15.1	5.8	9.8	7.2	4.6	2.6	2.2	2.6	1.9
19:30	21.8	14.8	6.5	8.2	7.3	4.9	2.6	2.7	2.7	1.3
19:45	19.4	14.1	6.6	8.4	6.9	5.0	2.8	3.4	2.2	1.7
20:00	17.2	13.1	8.2	8.3	6.2	4.3	1.6	4.8	3.6	1.9
20:15	17.6	12.4	7.9	8.6	6.1	4.0	1.4	5.0	4.3	2.3
20:30	18.2	9.9	8.6	8.4	6.0	3.2	2.2	4.9	4.5	2.6
20:45	20.5	9.8	9.1	7.4	6.5	2.9	2.4	4.2	3.9	3.0
21:00	16.7	9.0	7.5	10.1	7.1	3.5	3.5	3.9	4.3	3.3
21:15	20.8	8.6	6.9	11.3	6.2	3.0	3.1	3.5	3.3	2.8
21:30	20.7	9.7	6.0	12.5	7.1	3.7	2.4	2.8	2.5	2.8
21:45	19.5	11.9	6.3	12.2	6.3	4.3	1.2	3.0	3.6	3.1
22:00	16.8	12.8	8.9	11.0	5.9	3.7	1.5	2.6	3.2	3.3
22:15	18.6	11.6	10.6	7.4	6.7	3.2	1.0	2.7	3.5	3.9
22:30	18.8	11.1	10.8	6.4	9.3	2.3	2.1	1.5	2.9	4.2
22:45	25.0	6.6	9.4	7.3	9.3	3.9	2.4	1.2	2.7	3.4
23:00	19.0	6.2	8.4	8.3	9.3	4.9	4.0	1.8	3.1	3.4
23:15	17.2	7.4	8.2	8.5	7.9	6.0	4.5	2.9	4.3	2.6
23:30	11.2	9.2	10.5	6.9	6.4	8.1	5.3	3.6	4.5	3.0
23:45	13.8	7.3	10.5	7.7	8.7	7.7	5.7	2.1	1.6	2.6

表 2.59.1　襄阳市平均收听率 top30 节目：

排名	节目名称	所属频率	播放时间	平均收听率(%)	市场占有率(%)
1	新一天	襄阳交通音乐广播	08:00—09:00	3.08	27.3
2	新一天	襄阳交通音乐广播	07:00—08:00	1.86	19.7
3	新闻早高峰	襄阳之声	08:00—08:30	1.76	14.6
4	新闻早高峰	襄阳之声	07:00—08:00	1.75	18.6
5	汽车驾到	襄阳交通音乐广播	12:00—13:00	1.70	23.2
6	红绿灯	襄阳交通音乐广播	09:00—10:00	1.69	25.8
7	890 动力正前方	襄阳交通音乐广播	18:00—19:00	1.68	24.9
8	五环风	襄阳交通音乐广播	10:00—11:00	1.55	22.0
9	890 动力正前方	襄阳交通音乐广播	17:00—18:00	1.47	24.8
10	直播襄阳	襄阳之声	12:00—13:00	1.25	17.3
11	夜色沸腾	襄阳交通音乐广播	19:00—20:30	1.22	20.4
12	音乐 morning call	襄阳综合广播最爱 909	07:00—09:00	1.19	11.5
13	有话直说	襄阳之声	08:30—09:00	1.17	11.2
14	整点新闻	襄阳之声	20:00—20:05	1.13	17.9
15	新闻联播	襄阳之声	19:00—19:30	1.07	18.1
16	一起出发	襄阳交通音乐广播	14:00—15:00	1.05	22.1
17	辣嘴璐主播	襄阳交通音乐广播	11:00—12:00	1.00	19.2
18	打开车窗说亮话	襄阳交通音乐广播爱听 1053	18:00—19:00	0.99	14.6
19	焦点时刻	湖北之声	07:30—09:00	0.98	8.9
20	老电台	襄阳交通音乐广播	20:30—22:00	0.96	20.7
21	一起出发	襄阳交通音乐广播	13:00—14:00	0.95	21.4
22	说理讲法	襄阳之声	20:05—21:00	0.93	14.7
22	红绿灯精编版	襄阳交通音乐广播	22:00—23:00	0.93	27.1
24	天生我财	襄阳综合广播最爱 909	09:00—09:30	0.89	12.5
24	襄阳新闻	襄阳之声	19:30—20:00	0.89	15.5
26	老郭嚼舌	襄阳之声	11:05—12:00	0.88	17.0
26	新闻牛杂面	襄阳之声	10:05—11:00	0.88	12.0
26	新闻下午茶	襄阳交通音乐广播	16:00—16:30	0.88	23.3
29	上班万岁	襄阳交通音乐广播爱听 1053	07:00—09:00	0.86	8.3
30	大宝来了	襄阳综合广播最爱 909	12:00—13:00	0.83	11.5

六十、韶关地区收听率数据

表 2.60.1　韶关地区主要电台频率的平均收听率和市场份额

排名	电台名称	平均收听率（%）	市场份额（%）
1	韶关交通旅游广播	1.55	34.7
2	韶关新闻综合广播	1.42	31.8
3	广东音乐之声	0.46	10.3
4	广东珠江经济台	0.38	8.4
5	广东新闻广播	0.31	7.0
6	中央电台中国之声	0.14	3.2
7	广东羊城交通台	0.13	2.9
8	广东财经 927	0.08	1.8

表 2.60.2　韶关地区主要电台频率的周到达率和日到达率

排名	电台名称	周到达率（%）	日到达率（%）
1	韶关交通旅游广播	33.60	10.89
2	韶关新闻综合广播	28.01	8.67
3	广东珠江经济台	16.24	6.56
4	广东音乐之声	18.01	6.50
5	广东新闻广播	14.47	5.37
6	广东羊城交通台	5.62	2.72
7	中央电台中国之声	7.19	2.56
8	广东财经 927	4.10	1.54

表 2.60.3　韶关地区主要电台的收听率（%）

时间	韶关交通旅游广播	韶关新闻综合广播	广东音乐之声	广东珠江经济台	广东新闻广播	中央电台中国之声	广东羊城交通台	广东财经927
6:00	0.00	0.00	0.11	0.27	0.17	0.07	0.03	0.00
6:15	0.01	0.00	0.16	0.33	0.21	0.06	0.02	0.00
6:30	0.30	0.23	0.16	0.41	0.33	0.04	0.05	0.00
6:45	0.82	0.79	0.25	0.49	0.36	0.06	0.05	0.00
7:00	1.52	0.96	0.29	0.58	0.39	0.08	0.06	0.03
7:15	2.00	1.04	0.43	0.60	0.48	0.10	0.10	0.04
7:30	2.41	1.10	0.49	0.61	0.51	0.14	0.10	0.07
7:45	2.59	1.14	0.54	0.61	0.51	0.19	0.10	0.08
8:00	2.74	1.38	0.52	0.61	0.49	0.24	0.14	0.09
8:15	2.83	1.57	0.49	0.45	0.49	0.26	0.17	0.08
8:30	2.76	1.88	0.47	0.38	0.45	0.30	0.21	0.10
8:45	2.73	1.96	0.41	0.34	0.38	0.34	0.22	0.10
9:00	2.05	1.99	0.37	0.30	0.32	0.37	0.21	0.13
9:15	1.72	2.02	0.44	0.32	0.27	0.37	0.18	0.16
9:30	1.64	1.88	0.45	0.35	0.27	0.33	0.16	0.17
9:45	1.82	1.66	0.50	0.39	0.30	0.28	0.16	0.14
10:00	1.92	1.59	0.62	0.41	0.32	0.25	0.17	0.10
10:15	1.77	1.69	0.63	0.45	0.37	0.19	0.16	0.09
10:30	1.37	1.68	0.61	0.44	0.39	0.11	0.14	0.09
10:45	1.16	1.53	0.62	0.36	0.38	0.08	0.13	0.08
11:00	1.23	1.55	0.49	0.33	0.32	0.07	0.11	0.07
11:15	1.45	1.61	0.48	0.34	0.29	0.07	0.12	0.06
11:30	1.55	1.77	0.47	0.41	0.31	0.11	0.14	0.08
11:45	1.81	2.10	0.49	0.44	0.34	0.13	0.16	0.10
12:00	2.25	2.39	0.53	0.45	0.38	0.16	0.17	0.09
12:15	2.26	2.41	0.60	0.48	0.40	0.18	0.18	0.09
12:30	2.17	2.10	0.58	0.48	0.40	0.17	0.17	0.08
12:45	1.95	1.92	0.61	0.49	0.39	0.15	0.14	0.07
13:00	1.36	1.38	0.57	0.47	0.29	0.10	0.12	0.05
13:15	1.24	1.19	0.46	0.39	0.25	0.09	0.11	0.06
13:30	1.12	1.24	0.44	0.36	0.29	0.09	0.09	0.08
13:45	1.21	1.15	0.49	0.31	0.28	0.12	0.10	0.11
14:00	1.57	1.42	0.51	0.32	0.32	0.15	0.14	0.12
14:15	1.63	1.57	0.58	0.33	0.32	0.16	0.15	0.14
14:30	1.59	1.61	0.55	0.28	0.28	0.18	0.15	0.13
14:45	1.43	1.67	0.58	0.28	0.26	0.15	0.13	0.12

时间	韶关交通旅游广播	韶关新闻综合广播	广东音乐之声	广东珠江经济台	广东新闻广播	中央电台中国之声	广东羊城交通台	广东财经927
15:00	1.22	1.65	0.70	0.28	0.24	0.10	0.12	0.09
15:15	1.18	1.19	0.77	0.28	0.29	0.08	0.11	0.08
15:30	1.03	1.14	0.79	0.27	0.30	0.09	0.09	0.07
15:45	0.94	1.03	0.76	0.29	0.35	0.10	0.11	0.09
16:00	0.87	1.35	0.69	0.30	0.35	0.12	0.13	0.09
16:15	1.06	1.43	0.57	0.30	0.35	0.12	0.15	0.07
16:30	1.07	1.57	0.57	0.34	0.33	0.08	0.14	0.07
16:45	1.46	1.44	0.59	0.38	0.28	0.09	0.14	0.08
17:00	1.81	1.48	0.67	0.39	0.28	0.09	0.17	0.10
17:15	1.98	1.48	0.68	0.53	0.25	0.09	0.22	0.14
17:30	2.28	1.73	0.71	0.58	0.29	0.11	0.24	0.16
17:45	2.57	2.13	0.71	0.59	0.33	0.16	0.26	0.17
18:00	2.79	2.29	0.63	0.58	0.45	0.19	0.27	0.17
18:15	2.89	2.27	0.50	0.56	0.48	0.25	0.27	0.16
18:30	2.80	2.14	0.40	0.55	0.49	0.26	0.25	0.13
18:45	2.26	1.92	0.39	0.53	0.53	0.25	0.18	0.10
19:00	2.04	1.63	0.30	0.45	0.53	0.23	0.17	0.10
19:15	2.04	1.56	0.31	0.37	0.44	0.15	0.13	0.10
19:30	1.35	1.19	0.36	0.33	0.34	0.13	0.13	0.09
19:45	1.19	1.13	0.38	0.29	0.31	0.11	0.14	0.07
20:00	1.27	1.18	0.35	0.35	0.33	0.08	0.14	0.08
20:15	1.38	1.26	0.32	0.38	0.32	0.08	0.13	0.05
20:30	1.48	1.31	0.28	0.40	0.28	0.09	0.10	0.05
20:45	1.46	1.30	0.40	0.40	0.23	0.10	0.09	0.05
21:00	1.25	1.11	0.40	0.34	0.20	0.10	0.10	0.05
21:15	1.26	1.08	0.38	0.27	0.16	0.10	0.10	0.06
21:30	1.05	1.11	0.40	0.26	0.15	0.12	0.09	0.05
21:45	1.35	1.51	0.43	0.27	0.19	0.15	0.06	0.05
22:00	1.53	1.58	0.42	0.26	0.20	0.14	0.05	0.05
22:15	1.34	1.54	0.37	0.23	0.17	0.12	0.06	0.05
22:30	1.06	1.29	0.30	0.21	0.13	0.09	0.07	0.05
22:45	0.74	1.00	0.20	0.14	0.10	0.09	0.05	0.04
23:00	0.66	0.69	0.15	0.17	0.11	0.05	0.04	0.03
23:15	0.54	0.63	0.18	0.13	0.07	0.05	0.04	0.04
23:30	0.38	0.55	0.12	0.11	0.06	0.04	0.03	0.03
23:45	0.39	0.46	0.12	0.09	0.05	0.03	0.02	0.02

表 2.60.4　韶关地区主要电台的占有率（%）

时间	韶关交通旅游广播	韶关新闻综合广播	广东音乐之声	广东珠江经济台	广东新闻广播	中央电台中国之声	广东羊城交通台	广东财经927
6:00	0.0	0.0	17.4	41.7	25.8	10.8	4.3	0.0
6:15	1.8	0.3	20.6	42.0	26.0	7.4	2.0	0.0
6:30	19.7	15.3	10.3	26.8	21.4	2.9	3.4	0.0
6:45	29.2	27.9	8.8	17.5	12.6	2.1	1.7	0.0
7:00	38.8	24.5	7.4	14.9	10.0	2.0	1.6	0.7
7:15	41.8	21.8	9.1	12.5	10.0	2.1	2.0	0.8
7:30	44.4	20.3	9.1	11.2	9.4	2.5	1.9	1.2
7:45	44.9	19.8	9.4	10.7	8.8	3.3	1.7	1.3
8:00	44.2	22.4	8.3	9.9	7.9	3.8	2.2	1.4
8:15	44.7	24.7	7.8	7.0	7.7	4.1	2.8	1.3
8:30	42.2	28.7	7.1	5.8	6.9	4.6	3.2	1.5
8:45	42.2	30.3	6.4	5.2	5.9	5.2	3.3	1.5
9:00	35.7	34.7	6.5	5.2	5.5	6.5	3.6	2.2
9:15	31.3	36.9	7.9	5.9	4.9	6.7	3.3	3.0
9:30	31.1	35.8	8.5	6.7	5.1	6.3	3.1	3.3
9:45	34.6	31.7	9.5	7.5	5.8	5.3	3.0	2.6
10:00	35.8	29.5	11.6	7.6	5.9	4.7	3.1	1.9
10:15	33.1	31.6	11.8	8.4	6.9	3.6	3.0	1.6
10:30	28.4	34.7	12.7	9.1	8.0	2.3	2.9	1.9
10:45	26.8	35.3	14.2	8.2	8.6	1.9	3.0	1.9
11:00	29.5	37.3	11.8	7.8	7.7	1.7	2.7	1.6
11:15	32.8	36.3	10.9	7.7	6.5	1.6	2.8	1.4
11:30	32.2	36.6	9.8	8.5	6.4	2.2	2.8	1.6
11:45	32.5	37.7	8.8	8.0	6.0	2.3	3.0	1.8
12:00	35.0	37.3	8.3	7.0	5.9	2.5	2.7	1.4
12:15	34.3	36.5	9.1	7.3	6.0	2.7	2.7	1.4
12:30	35.2	34.1	9.5	7.8	6.5	2.8	2.7	1.3
12:45	34.0	33.5	10.7	8.5	6.8	2.7	2.4	1.3
13:00	31.3	31.9	13.0	10.9	6.7	2.3	2.7	1.2
13:15	32.8	31.3	12.1	10.3	6.7	2.4	2.9	1.5
13:30	30.3	33.5	11.9	9.6	7.8	2.3	2.5	2.1
13:45	32.1	30.5	12.9	8.2	7.4	3.2	2.8	3.0
14:00	34.5	31.3	11.1	7.0	7.1	3.2	3.0	2.7
14:15	33.3	32.2	11.9	6.7	6.6	3.3	3.1	2.9
14:30	33.2	33.7	11.6	5.9	5.9	3.7	3.2	2.8
14:45	30.9	36.0	12.6	6.1	5.7	3.2	2.9	2.6

时间	韶关交通旅游广播	韶关新闻综合广播	广东音乐之声	广东珠江经济台	广东新闻广播	中央电台中国之声	广东羊城交通台	广东财经927
15:00	27.7	37.3	16.0	6.4	5.4	2.3	2.8	2.1
15:15	29.6	30.0	19.3	7.1	7.3	2.1	2.7	2.0
15:30	27.2	30.1	20.8	7.1	8.0	2.3	2.5	1.9
15:45	25.7	28.3	20.8	7.8	9.5	2.7	2.9	2.4
16:00	22.3	34.6	17.7	7.6	9.0	3.2	3.3	2.3
16:15	26.3	35.3	14.1	7.4	8.6	2.9	3.7	1.7
16:30	25.7	37.6	13.8	8.0	8.0	1.9	3.4	1.6
16:45	32.7	32.4	13.2	8.5	6.2	2.0	3.2	1.8
17:00	36.2	29.7	13.5	7.8	5.7	1.7	3.4	2.1
17:15	36.8	27.5	12.7	10.0	4.6	1.7	4.0	2.6
17:30	37.3	28.4	11.7	9.5	4.7	1.8	4.0	2.6
17:45	37.2	30.8	10.3	8.6	4.8	2.3	3.7	2.5
18:00	37.9	31.1	8.6	7.9	6.1	2.6	3.6	2.3
18:15	39.2	30.8	6.8	7.6	6.5	3.4	3.6	2.2
18:30	39.9	30.5	5.7	7.8	6.9	3.8	3.6	1.9
18:45	36.6	31.1	6.3	8.7	8.6	4.1	2.9	1.7
19:00	37.4	29.9	5.4	8.3	9.8	4.3	3.1	1.9
19:15	40.0	30.5	6.1	7.3	8.6	3.0	2.5	2.0
19:30	34.5	30.4	9.1	8.3	8.8	3.2	3.3	2.3
19:45	32.8	31.2	10.5	8.0	8.6	3.0	4.0	2.0
20:00	33.5	31.3	9.2	9.3	8.6	2.2	3.8	2.1
20:15	35.2	32.1	8.1	9.8	8.2	2.0	3.4	1.2
20:30	37.2	32.8	6.9	10.0	7.0	2.3	2.4	1.4
20:45	36.2	32.2	9.9	9.9	5.7	2.4	2.3	1.3
21:00	35.3	31.4	11.3	9.5	5.6	2.8	2.7	1.5
21:15	36.9	31.6	11.1	7.9	4.8	3.0	3.0	1.6
21:30	32.5	34.5	12.5	8.1	4.5	3.7	2.9	1.4
21:45	33.6	37.6	10.7	6.6	4.8	3.8	1.6	1.2
22:00	36.1	37.3	10.0	6.2	4.7	3.2	1.3	1.2
22:15	34.5	39.7	9.5	5.9	4.3	3.2	1.7	1.2
22:30	33.2	40.4	9.5	6.5	3.9	2.7	2.2	1.6
22:45	31.3	42.5	8.3	6.1	4.1	3.9	2.3	1.5
23:00	34.7	36.5	8.0	8.9	5.7	2.6	1.9	1.7
23:15	32.1	37.5	10.6	7.7	4.3	2.7	2.6	2.4
23:30	28.1	41.4	9.3	8.5	4.6	3.3	2.2	2.5
23:45	32.6	39.0	9.8	7.4	4.5	2.7	2.0	2.0

表 2.60.5　韶关市平均收听率 top30 节目

排名	节目名称	所属频率	播放时间	平均收听率(%)	市场占有率(%)
1	寻味千百度含<快乐闪大灯>	韶关交通旅游广播	17:30—19:00	2.74	39.0
2	快乐早出发	韶关交通旅游广播	07:00—08:30	2.46	44.6
3	民声热线	韶关综合广播	11:30—12:30	2.25	34.6
4	音乐漫游	韶关交通旅游广播	08:30—10:00	2.23	36.4
5	打开车窗说亮话	韶关交通旅游广播	11:30—13:00	2.20	33.8
6	家居顾问团	韶关综合广播	18:00—18:30	2.12	27.5
7	体彩大赢家	韶关交通旅游广播	17:00—17:30	2.10	38.8
7	美丽韶关	韶关综合广播	12:30—13:00	2.10	33.0
7	惊天大幕	韶关综合广播	09:00—09:30	2.10	35.8
7	美丽韶关	韶关综合广播	18:30—19:00	2.10	30.9
11	杨辰脱口秀	韶关交通旅游广播	10:00—10:30	2.08	35.8
12	生活 e 时代	韶关综合广播	08:30—09:00	2.06	30.2
13	音乐随心听	韶关综合广播	09:30—10:00	1.98	34.4
14	生活 e 时代	韶关交通旅游广播	19:00—19:30	1.89	37.9
15	今天(民生热线)	韶关综合广播	17:00—18:00	1.62	26.9
16	德哥开 SHOW	韶关综合广播	10:00—11:30	1.57	32.3
17	粤语歌曲排行榜	韶关交通旅游广播	14:30—15:00	1.55	31.8
18	音乐随心听	韶关综合广播	14:00—15:00	1.53	31.4
19	最爱旧唱片	韶关交通旅游广播	11:00—11:30	1.49	33.8
20	杨辰脱口秀	韶关综合广播	13:00—13:30	1.48	32.9
21	转省台新闻	韶关综合广播	08:00—08:30	1.47	21.7
21	微点唱	韶关交通旅游广播	13:30—14:30	1.47	33.9
23	音乐漫游	韶关交通旅游广播	20:00—21:30	1.43	39.7
24	小说连播	韶关交通旅游广播	13:00—13:30	1.41	31.4
25	小说连播	韶关交通旅游广播	19:30—20:00	1.40	34.0
26	全市新闻联播转播	韶关综合广播	19:30—20:00	1.38	33.5
26	往事	韶关综合广播	22:00—22:30	1.38	33.4
26	实在好生活	韶关综合广播	15:00—16:00	1.38	32.5
29	小说连播	韶关综合广播	19:00—19:30	1.35	27.1
30	实在好生活(含名医在线)	韶关综合广播	16:00—16:30	1.26	31.1

六十一、珠海地区收听率数据

表 2.61.1 珠海地区主要电台频率的平均收听率和市场份额

排名	电台名称	平均收听率（%）	市场份额（%）
1	珠海交通 875	2.14	37.1
2	珠海先锋 951	1.43	24.8
3	珠海百岛之声	0.36	6.2
4	中央中国之声	0.32	5.6
5	广东音乐之声	0.31	5.4
6	中央音乐之声	0.24	4.1
7	广东新闻广播	0.15	2.6
8	广东珠江经济台	0.11	1.9
9	深圳音乐频率	0.08	1.4
10	中国华艺广播	0.07	1.1

表 2.61.2 珠海地区主要电台频率的周到达率和日到达率

排名	电台名称	周到达率（%）	日到达率（%）
1	珠海交通 875	33.09	12.56
2	珠海先锋 951	29.94	11.02
3	珠海百岛之声	12.23	3.48
4	广东音乐之声	14.72	3.31
5	中央中国之声	14.18	2.58
6	中央音乐之声	10.54	2.40
7	广东珠江经济台	11.78	1.89
8	广东新闻广播	11.12	1.77
9	广东南方生活广播	7.92	0.85
10	广东城市之声	6.14	0.61

表 2.61.3 珠海地区主要电台的收听率（%）

时间	珠海交通875	珠海先锋951	珠海百岛之声	中央中国之声	广东音乐之声	中央音乐之声	广东新闻广播	广东珠江经济台	深圳音乐频率	中国华艺广播
6:00	1.17	0.77	0.18	0.31	0.21	0.36	0.13	0.06	0.09	0.05
6:15	1.21	0.82	0.23	0.37	0.22	0.38	0.16	0.05	0.09	0.05
6:30	1.38	0.94	0.31	0.48	0.21	0.38	0.16	0.05	0.09	0.05
6:45	1.54	1.08	0.34	0.57	0.21	0.34	0.15	0.06	0.09	0.05
7:00	1.87	1.29	0.44	0.63	0.23	0.28	0.15	0.07	0.09	0.08
7:15	2.26	1.42	0.48	0.57	0.26	0.26	0.16	0.11	0.09	0.08
7:30	3.08	1.67	0.54	0.57	0.29	0.26	0.17	0.10	0.09	0.06
7:45	3.14	1.86	0.61	0.52	0.37	0.25	0.21	0.14	0.09	0.05
8:00	3.47	2.57	0.66	0.45	0.43	0.26	0.24	0.18	0.09	0.06
8:15	3.30	2.56	0.59	0.37	0.48	0.27	0.25	0.22	0.09	0.07
8:30	3.43	2.38	0.54	0.35	0.52	0.28	0.25	0.28	0.08	0.07
8:45	3.53	2.09	0.47	0.30	0.55	0.29	0.26	0.28	0.09	0.06
9:00	3.35	1.87	0.37	0.34	0.55	0.31	0.25	0.23	0.08	0.06
9:15	3.25	1.69	0.30	0.30	0.46	0.31	0.24	0.18	0.08	0.06
9:30	3.11	1.62	0.23	0.29	0.40	0.28	0.22	0.19	0.07	0.06
9:45	3.34	1.44	0.22	0.26	0.32	0.27	0.16	0.18	0.07	0.06
10:00	3.11	1.36	0.26	0.25	0.29	0.27	0.14	0.13	0.07	0.06
10:15	3.10	1.32	0.27	0.25	0.24	0.27	0.13	0.10	0.07	0.05
10:30	2.92	1.29	0.28	0.24	0.24	0.25	0.12	0.09	0.06	0.05
10:45	2.81	1.30	0.29	0.20	0.21	0.22	0.13	0.09	0.06	0.05
11:00	2.73	1.30	0.28	0.18	0.20	0.16	0.12	0.08	0.07	0.06
11:15	2.55	1.38	0.31	0.20	0.21	0.15	0.14	0.08	0.07	0.06
11:30	2.41	1.51	0.31	0.24	0.18	0.17	0.17	0.08	0.08	0.07
11:45	2.28	1.50	0.30	0.29	0.25	0.18	0.20	0.09	0.08	0.07
12:00	2.04	1.55	0.32	0.35	0.32	0.19	0.21	0.09	0.08	0.07
12:15	1.97	1.43	0.38	0.38	0.34	0.18	0.26	0.11	0.08	0.07
12:30	1.71	1.46	0.44	0.38	0.33	0.17	0.22	0.12	0.09	0.07
12:45	1.57	1.40	0.45	0.46	0.30	0.19	0.20	0.09	0.09	0.06
13:00	1.58	1.33	0.45	0.49	0.33	0.18	0.18	0.10	0.09	0.07
13:15	1.54	1.30	0.39	0.51	0.35	0.20	0.16	0.11	0.08	0.06
13:30	1.57	1.27	0.36	0.58	0.37	0.16	0.17	0.08	0.08	0.06
13:45	1.60	1.31	0.35	0.56	0.30	0.13	0.17	0.05	0.08	0.07
14:00	1.79	1.38	0.37	0.39	0.27	0.12	0.12	0.05	0.08	0.06
14:15	1.88	1.34	0.35	0.34	0.29	0.10	0.11	0.05	0.08	0.06
14:30	1.87	1.39	0.37	0.34	0.29	0.09	0.09	0.05	0.07	0.07
14:45	1.90	1.36	0.35	0.31	0.38	0.09	0.09	0.06	0.08	0.06

时间	珠海交通875	珠海先锋951	珠海百岛之声	中央中国之声	广东音乐之声	中央音乐之声	广东新闻广播	广东珠江经济台	深圳音乐频率	中国华艺广播
15:00	1.97	1.36	0.35	0.31	0.38	0.09	0.12	0.04	0.08	0.05
15:15	2.08	1.33	0.33	0.32	0.34	0.08	0.09	0.03	0.08	0.07
15:30	2.14	1.33	0.32	0.33	0.31	0.08	0.11	0.04	0.09	0.06
15:45	2.16	1.21	0.34	0.33	0.32	0.08	0.10	0.05	0.07	0.07
16:00	2.13	1.21	0.36	0.34	0.27	0.09	0.14	0.05	0.07	0.06
16:15	2.12	1.29	0.38	0.31	0.24	0.09	0.13	0.08	0.07	0.07
16:30	2.12	1.24	0.40	0.31	0.23	0.10	0.13	0.07	0.07	0.07
16:45	1.99	1.37	0.42	0.31	0.18	0.13	0.14	0.10	0.07	0.06
17:00	2.01	1.47	0.50	0.36	0.21	0.16	0.14	0.13	0.07	0.06
17:15	1.99	1.62	0.52	0.37	0.28	0.23	0.11	0.13	0.07	0.06
17:30	2.28	1.82	0.62	0.31	0.30	0.25	0.12	0.13	0.07	0.06
17:45	2.49	1.88	0.66	0.32	0.23	0.28	0.13	0.15	0.07	0.06
18:00	2.73	2.16	0.71	0.33	0.24	0.40	0.15	0.16	0.07	0.06
18:15	2.74	2.04	0.70	0.38	0.24	0.46	0.18	0.12	0.08	0.06
18:30	2.67	2.27	0.61	0.33	0.30	0.53	0.22	0.08	0.08	0.06
18:45	2.68	2.08	0.53	0.27	0.37	0.53	0.20	0.07	0.08	0.06
19:00	2.53	2.00	0.44	0.25	0.41	0.45	0.17	0.05	0.08	0.06
19:15	2.42	1.71	0.39	0.24	0.43	0.42	0.14	0.05	0.09	0.06
19:30	2.23	1.58	0.34	0.24	0.43	0.31	0.13	0.05	0.09	0.06
19:45	1.94	1.45	0.29	0.24	0.43	0.32	0.11	0.08	0.09	0.06
20:00	1.65	1.44	0.25	0.25	0.37	0.23	0.08	0.08	0.09	0.06
20:15	1.53	1.25	0.22	0.28	0.41	0.23	0.09	0.10	0.08	0.08
20:30	1.54	1.21	0.22	0.29	0.31	0.22	0.10	0.08	0.08	0.09
20:45	1.45	1.18	0.21	0.25	0.33	0.26	0.14	0.10	0.07	0.08
21:00	1.43	1.17	0.23	0.22	0.37	0.26	0.14	0.08	0.07	0.08
21:15	1.47	1.13	0.25	0.21	0.35	0.31	0.12	0.10	0.08	0.07
21:30	1.38	1.13	0.24	0.19	0.31	0.34	0.12	0.12	0.07	0.07
21:45	1.49	1.08	0.22	0.21	0.31	0.33	0.12	0.17	0.07	0.08
22:00	1.51	1.11	0.19	0.23	0.30	0.31	0.15	0.23	0.07	0.08
22:15	1.52	1.10	0.18	0.20	0.33	0.25	0.13	0.28	0.07	0.09
22:30	1.48	1.06	0.17	0.18	0.31	0.22	0.13	0.27	0.08	0.10
22:45	1.46	0.91	0.18	0.17	0.30	0.20	0.12	0.20	0.07	0.11
23:00	1.34	0.83	0.17	0.18	0.26	0.20	0.14	0.15	0.07	0.08
23:15	1.29	0.78	0.17	0.18	0.21	0.22	0.11	0.09	0.07	0.09
23:30	1.22	0.79	0.17	0.18	0.19	0.21	0.11	0.06	0.08	0.08
23:45	1.25	0.55	0.13	0.16	0.17	0.12	0.08	0.03	0.09	0.07

表 2.61.4　珠海地区主要电台的占有率（%）

时间	珠海交通875	珠海先锋951	珠海百岛之声	中央中国之声	广东音乐之声	中央音乐之声	广东新闻广播	广东珠江经济台	深圳音乐频率	中国华艺广播
6:00	31.1	20.4	4.9	8.2	5.6	9.7	3.4	1.5	2.5	1.2
6:15	29.9	20.4	5.7	9.2	5.5	9.4	4.0	1.3	2.2	1.4
6:30	30.3	20.5	6.7	10.6	4.6	8.2	3.6	1.1	2.0	1.1
6:45	30.7	21.5	6.8	11.4	4.3	6.9	3.0	1.2	1.9	1.0
7:00	32.4	22.3	7.6	10.8	4.0	4.9	2.6	1.2	1.6	1.3
7:15	35.7	22.4	7.6	9.0	4.0	4.2	2.5	1.7	1.4	1.2
7:30	41.2	22.3	7.2	7.6	3.8	3.5	2.3	1.3	1.2	0.8
7:45	39.5	23.4	7.7	6.6	4.7	3.1	2.6	1.7	1.1	0.6
8:00	38.2	28.3	7.2	5.0	4.7	2.9	2.6	2.0	1.0	0.6
8:15	37.2	28.8	6.6	4.2	5.5	3.0	2.8	2.5	1.0	0.8
8:30	39.0	27.1	6.1	4.0	5.9	3.2	2.9	3.2	0.9	0.7
8:45	41.7	24.6	5.5	3.5	6.5	3.4	3.1	3.3	1.0	0.7
9:00	42.0	23.4	4.7	4.2	6.9	3.8	3.1	2.9	1.0	0.8
9:15	43.6	22.6	4.0	4.1	6.2	4.2	3.2	2.4	1.0	0.8
9:30	44.4	23.2	3.3	4.1	5.7	3.9	3.2	2.7	1.0	0.8
9:45	48.5	21.0	3.2	3.7	4.6	3.9	2.4	2.7	1.0	0.8
10:00	48.0	21.1	4.0	3.9	4.4	4.2	2.2	2.0	1.1	0.9
10:15	49.0	20.8	4.2	4.0	3.8	4.3	2.0	1.6	1.1	0.8
10:30	48.1	21.2	4.6	3.9	3.9	4.1	2.0	1.4	1.0	0.9
10:45	47.9	22.2	5.0	3.4	3.5	3.7	2.2	1.5	1.1	0.9
11:00	47.9	22.9	5.0	3.2	3.5	2.9	2.1	1.4	1.3	1.0
11:15	45.0	24.4	5.5	3.5	3.8	2.6	2.5	1.4	1.2	1.1
11:30	42.2	26.4	5.4	4.2	3.2	3.0	2.9	1.4	1.4	1.3
11:45	39.5	26.0	5.3	4.9	4.4	3.1	3.4	1.5	1.4	1.3
12:00	35.0	26.7	5.4	6.1	5.5	3.2	3.7	1.5	1.4	1.1
12:15	34.3	25.0	6.5	6.7	5.9	3.0	4.4	1.9	1.5	1.1
12:30	30.5	26.1	7.8	6.8	5.9	3.0	3.9	2.1	1.6	1.2
12:45	28.9	25.8	8.2	8.5	5.5	3.5	3.7	1.7	1.7	1.1
13:00	29.3	24.8	8.4	9.0	6.2	3.3	3.3	1.9	1.6	1.3
13:15	29.4	24.8	7.4	9.8	6.8	3.7	3.1	2.1	1.5	1.2
13:30	30.4	24.7	7.0	11.2	7.1	3.2	3.3	1.5	1.6	1.2
13:45	31.5	25.7	6.9	11.0	5.9	2.6	3.3	1.0	1.7	1.3
14:00	35.3	27.3	7.4	7.6	5.3	2.3	2.4	1.1	1.6	1.3
14:15	37.2	26.4	6.9	6.7	5.8	1.9	2.2	0.9	1.5	1.1
14:30	36.8	27.4	7.2	6.7	5.6	1.9	1.8	1.0	1.5	1.3
14:45	37.2	26.6	6.8	6.1	7.5	1.7	1.7	1.1	1.6	1.1

时间	珠海交通875	珠海先锋951	珠海百岛之声	中央中国之声	广东音乐之声	中央音乐之声	广东新闻广播	广东珠江经济台	深圳音乐频率	中国华艺广播
15:00	38.0	26.3	6.7	6.1	7.3	1.8	2.3	0.7	1.5	1.0
15:15	39.8	25.4	6.3	6.1	6.5	1.5	1.8	0.5	1.6	1.3
15:30	40.7	25.4	6.0	6.2	5.9	1.6	2.0	0.8	1.7	1.1
15:45	41.5	23.2	6.5	6.3	6.1	1.5	2.0	0.9	1.4	1.3
16:00	40.9	23.3	6.9	6.5	5.2	1.8	2.6	0.9	1.4	1.1
16:15	40.5	24.5	7.2	6.0	4.6	1.7	2.5	1.5	1.3	1.4
16:30	40.6	23.7	7.6	6.0	4.5	1.9	2.6	1.4	1.3	1.3
16:45	37.7	26.0	8.0	5.9	3.5	2.5	2.7	1.8	1.3	1.1
17:00	35.9	26.3	9.0	6.4	3.8	2.8	2.5	2.3	1.3	1.0
17:15	33.6	27.4	8.8	6.3	4.8	3.9	1.9	2.1	1.2	1.0
17:30	34.8	27.7	9.5	4.7	4.5	3.8	1.9	2.0	1.0	0.9
17:45	36.2	27.3	9.6	4.6	3.3	4.0	1.8	2.1	1.0	0.9
18:00	35.3	27.9	9.2	4.2	3.0	5.1	2.0	2.1	0.9	0.8
18:15	35.4	26.3	9.1	4.9	3.1	5.9	2.3	1.5	1.0	0.8
18:30	34.1	28.9	7.7	4.2	3.8	6.8	2.8	1.0	1.0	0.8
18:45	35.7	27.8	7.1	3.6	4.9	7.0	2.7	1.0	1.1	0.9
19:00	36.4	28.6	6.4	3.6	5.8	6.5	2.4	0.7	1.2	0.9
19:15	37.5	26.5	6.0	3.7	6.7	6.5	2.2	0.8	1.3	1.0
19:30	37.3	26.5	5.7	4.0	7.2	5.2	2.1	0.8	1.5	0.9
19:45	34.7	26.0	5.3	4.3	7.7	5.7	1.9	1.4	1.6	1.1
20:00	32.1	28.1	4.8	4.8	7.3	4.5	1.5	1.6	1.7	1.2
20:15	31.4	25.7	4.5	5.8	8.4	4.6	1.9	2.1	1.6	1.6
20:30	32.7	25.8	4.7	6.2	6.6	4.7	2.2	1.8	1.6	1.8
20:45	31.6	25.7	4.6	5.5	7.2	5.6	3.0	2.2	1.6	1.7
21:00	31.2	25.6	5.0	4.9	8.1	5.6	3.1	1.7	1.6	1.8
21:15	31.7	24.3	5.4	4.6	7.6	6.6	2.5	2.2	1.6	1.5
21:30	30.5	24.9	5.2	4.2	6.9	7.4	2.7	2.6	1.6	1.6
21:45	31.9	23.2	4.6	4.6	6.7	7.1	2.6	3.6	1.6	1.8
22:00	31.3	23.0	3.9	4.8	6.3	6.4	3.1	4.7	1.5	1.7
22:15	31.5	22.8	3.8	4.0	6.8	5.1	2.8	5.8	1.5	2.0
22:30	31.4	22.7	3.6	3.9	6.6	4.8	2.7	5.6	1.7	2.2
22:45	32.9	20.5	4.0	3.9	6.7	4.5	2.7	4.5	1.6	2.4
23:00	33.9	20.9	4.3	4.6	6.5	5.0	3.4	3.9	1.8	2.1
23:15	34.9	21.0	4.6	4.9	5.7	6.0	3.1	2.4	2.0	2.4
23:30	34.4	22.2	4.7	4.9	5.4	6.0	3.1	1.8	2.1	2.3
23:45	40.2	17.8	4.1	5.3	5.4	3.9	2.6	1.0	2.7	2.2

表 2.61.5 珠海市平均收听率 top30 节目

排名	节目名称	所属频率	播放时间	平均收听率(%)	市场占有率(%)
1	苏醒晨光	珠海电台交通 875	07:30—09:00	3.20	38.5
2	百姓交通台	珠海电台交通 875	09:00—10:00	3.19	42.7
3	安居新主义	珠海电台交通 875	10:00—11:00	2.86	46.9
4	道听途说	珠海电台交通 875	07:00—07:30	2.49	37.5
5	875 听天下	珠海电台交通 875	19:00—19:30	2.45	35.7
6	天食地利	珠海电台交通 875	17:00—19:00	2.30	33.9
6	带上音乐去旅行	珠海电台交通 875	11:00—12:00	2.30	41.6
8	百姓说事	珠海电台先锋 951	08:30—09:00	2.28	26.9
9	早安珠海	珠海电台先锋 951	07:30—08:30	2.20	26.3
10	951 主场	珠海电台先锋 951	18:30—19:00	2.13	29.0
11	汽车江湖	珠海电台交通 875	16:00—17:00	2.01	38.3
12	晚新闻	珠海电台先锋 951	18:00—18:30	2.00	25.9
13	道听途说	珠海电台交通 875	14:30—15:00	1.91	35.8
14	乐分享	珠海电台交通 875	15:00—16:00	1.89	37.5
15	城市麦克风	珠海电台先锋 951	09:00—10:00	1.85	24.8
16	全城热恋	珠海电台交通 875	19:30—21:00	1.84	33.4
17	无厘 SHOW	珠海电台交通 875	12:00—13:00	1.80	32.4
18	追过的经典	珠海电台先锋 951	19:00—20:00	1.79	27.7
19	@ u 微	珠海电台先锋 951	17:00—18:00	1.77	28.5
20	875 听天下	珠海电台交通 875	13:00—13:15	1.66	29.2
21	汽车立体声	珠海电台交通 875	22:00—22:30	1.65	32.9
21	似水年华	珠海电台交通 875	21:00—22:00	1.65	33.3
21	明星魔幻秀	珠海电台交通 875	22:30—23:00	1.65	33.6
24	舞曲榜	珠海电台交通 875	06:30—07:00	1.64	30.8
25	音乐 show 吧	珠海电台交通 875	23:00—23:30	1.59	35.4
26	想点就点	珠海电台交通 875	13:15—14:30	1.58	30.9
27	市民热线	珠海电台先锋 951	12:00—13:00	1.49	27.0
28	食话食说	珠海电台先锋 951	11:00—12:00	1.47	24.9
29	珠海动起来	珠海电台先锋 951	07:00—07:30	1.46	21.9
30	舞曲榜	珠海电台交通 875	23:30—00:00	1.45	39.1

六十二、江门地区收听率数据

表 2.62.1　江门地区主要电台频率的平均收听率和市场份额

排名	电台名称	平均收听率（%）	市场份额（%）
1	江门旅游音乐频率	2.34	35.4
2	江门新闻综合频率	2.20	33.2
3	中央中国之声	0.29	4.4
4	广东音乐之声	0.22	3.3
5	广东珠江经济台	0.21	3.1
6	中央经济之声	0.16	2.5
7	新会人民广播电台	0.13	2.0
8	广东文体广播经典 1077	0.13	2.0
8	广东羊城交通台	0.13	1.9
10	广东新闻广播	0.11	1.7

表 2.62.2　江门地区主要电台频率的周到达率和日到达率

排名	电台名称	周到达率（%）	日到达率（%）
1	江门旅游音乐频率	38.13	20.50
2	江门新闻综合频率	33.13	17.15
3	中央中国之声	9.29	5.02
4	广东音乐之声	11.01	4.91
5	广东珠江经济台	10.21	4.56
6	中央经济之声	7.02	2.62
7	新会人民广播电台	6.63	2.41
8	广东文体广播经典 1077	5.37	2.30
9	广东羊城交通台	5.47	2.06
10	广东新闻广播	6.29	2.06

表 2.62.3　江门地区主要电台的收听率（%）

时间	江门旅游音乐频率	江门新闻综合频率	中央中国之声	广东音乐之声	广东珠江经济台	中央经济之声	新会人民广播电台	广东文体广播经典1077	广东羊城交通台	广东新闻广播
6:00	0.88	1.47	0.24	0.11	0.19	0.13	0.09	0.09	0.08	0.07
6:15	1.12	1.82	0.26	0.14	0.22	0.14	0.11	0.11	0.10	0.10
6:30	1.25	1.98	0.30	0.20	0.28	0.23	0.13	0.13	0.15	0.10
6:45	2.25	2.64	0.35	0.22	0.34	0.29	0.13	0.16	0.21	0.14
7:00	2.89	3.50	0.41	0.24	0.34	0.31	0.19	0.19	0.21	0.15
7:15	2.97	3.72	0.43	0.24	0.34	0.31	0.19	0.20	0.21	0.13
7:30	2.91	4.18	0.51	0.19	0.32	0.30	0.25	0.20	0.21	0.12
7:45	2.81	4.11	0.53	0.16	0.23	0.23	0.25	0.17	0.19	0.13
8:00	3.20	4.15	0.51	0.20	0.21	0.22	0.26	0.17	0.21	0.13
8:15	3.56	3.52	0.48	0.20	0.20	0.25	0.25	0.18	0.27	0.17
8:30	3.80	3.27	0.40	0.20	0.20	0.26	0.19	0.18	0.27	0.18
8:45	4.04	3.12	0.37	0.21	0.18	0.25	0.16	0.18	0.28	0.24
9:00	4.02	3.23	0.36	0.35	0.17	0.25	0.16	0.20	0.25	0.27
9:15	3.80	3.03	0.42	0.39	0.17	0.18	0.18	0.26	0.21	0.26
9:30	3.23	2.60	0.43	0.42	0.18	0.17	0.20	0.25	0.17	0.26
9:45	2.69	2.61	0.42	0.41	0.18	0.15	0.20	0.26	0.14	0.23
10:00	2.34	2.57	0.37	0.38	0.20	0.14	0.20	0.25	0.13	0.18
10:15	2.56	2.79	0.32	0.36	0.25	0.11	0.17	0.21	0.13	0.14
10:30	2.46	2.71	0.30	0.33	0.26	0.12	0.13	0.19	0.15	0.11
10:45	2.32	2.43	0.30	0.29	0.27	0.14	0.11	0.18	0.16	0.10
11:00	2.05	2.33	0.28	0.27	0.26	0.14	0.11	0.18	0.16	0.13
11:15	2.12	2.21	0.30	0.24	0.21	0.11	0.16	0.17	0.13	0.13
11:30	2.17	2.30	0.34	0.26	0.20	0.12	0.16	0.14	0.11	0.15
11:45	2.48	2.86	0.35	0.29	0.19	0.13	0.17	0.14	0.10	0.15
12:00	3.25	3.08	0.40	0.30	0.26	0.17	0.17	0.12	0.10	0.12
12:15	3.23	2.94	0.39	0.30	0.30	0.20	0.14	0.10	0.12	0.11
12:30	3.23	2.96	0.38	0.24	0.31	0.19	0.10	0.12	0.17	0.07
12:45	2.93	2.20	0.37	0.23	0.31	0.19	0.09	0.13	0.19	0.08
13:00	2.54	1.92	0.29	0.16	0.24	0.14	0.12	0.16	0.18	0.07
13:15	2.25	1.73	0.26	0.16	0.22	0.13	0.11	0.16	0.18	0.09
13:30	2.16	1.46	0.25	0.15	0.18	0.13	0.11	0.16	0.14	0.13
13:45	2.12	1.74	0.27	0.18	0.16	0.12	0.10	0.14	0.10	0.12
14:00	1.96	1.76	0.31	0.22	0.12	0.17	0.15	0.11	0.07	0.12
14:15	1.81	1.58	0.30	0.23	0.11	0.17	0.15	0.11	0.07	0.11
14:30	1.94	1.37	0.28	0.25	0.11	0.19	0.16	0.08	0.08	0.09
14:45	1.77	1.45	0.25	0.22	0.16	0.19	0.14	0.09	0.09	0.09

时间	江门旅游音乐频率	江门新闻综合频率	中央中国之声	广东音乐之声	广东珠江经济台	中央经济之声	新会人民广播电台	广东文体广播经典1077	广东羊城交通台	广东新闻广播
15:00	1.55	1.64	0.20	0.20	0.18	0.16	0.11	0.11	0.14	0.08
15:15	1.41	1.63	0.18	0.16	0.18	0.14	0.09	0.11	0.14	0.09
15:30	1.45	1.65	0.21	0.15	0.18	0.13	0.09	0.13	0.13	0.08
15:45	1.41	1.32	0.21	0.16	0.15	0.11	0.09	0.11	0.12	0.07
16:00	1.64	1.18	0.20	0.14	0.13	0.12	0.12	0.08	0.07	0.06
16:15	1.76	1.25	0.21	0.14	0.10	0.16	0.13	0.08	0.07	0.07
16:30	1.79	1.27	0.24	0.16	0.11	0.17	0.13	0.08	0.08	0.07
16:45	1.58	1.42	0.25	0.22	0.12	0.18	0.13	0.07	0.08	0.10
17:00	1.46	1.41	0.28	0.23	0.12	0.18	0.08	0.10	0.09	0.13
17:15	1.60	1.72	0.28	0.28	0.12	0.15	0.07	0.13	0.11	0.13
17:30	1.69	1.75	0.27	0.29	0.12	0.12	0.08	0.13	0.10	0.14
17:45	1.80	2.30	0.24	0.27	0.18	0.11	0.08	0.14	0.09	0.13
18:00	2.82	2.63	0.29	0.27	0.19	0.10	0.14	0.10	0.07	0.10
18:15	2.96	2.89	0.30	0.19	0.20	0.11	0.14	0.09	0.08	0.10
18:30	3.04	2.88	0.31	0.17	0.18	0.13	0.18	0.11	0.12	0.08
18:45	2.75	2.65	0.30	0.16	0.16	0.15	0.18	0.11	0.16	0.07
19:00	2.47	2.35	0.25	0.13	0.14	0.16	0.18	0.10	0.16	0.09
19:15	2.37	2.12	0.23	0.16	0.16	0.20	0.16	0.09	0.16	0.10
19:30	2.24	1.70	0.21	0.16	0.20	0.20	0.14	0.06	0.13	0.11
19:45	2.06	1.72	0.16	0.15	0.20	0.20	0.11	0.08	0.10	0.13
20:00	2.24	1.55	0.17	0.14	0.23	0.16	0.09	0.09	0.08	0.14
20:15	2.20	1.53	0.17	0.18	0.25	0.11	0.10	0.10	0.08	0.14
20:30	2.13	1.47	0.20	0.19	0.30	0.12	0.09	0.08	0.07	0.12
20:45	2.06	1.47	0.20	0.19	0.30	0.13	0.07	0.07	0.08	0.09
21:00	2.35	1.72	0.21	0.19	0.30	0.13	0.07	0.09	0.08	0.07
21:15	2.50	1.89	0.21	0.21	0.27	0.13	0.07	0.14	0.09	0.08
21:30	2.70	2.15	0.26	0.20	0.24	0.15	0.12	0.14	0.08	0.09
21:45	2.66	2.44	0.29	0.27	0.22	0.17	0.11	0.14	0.07	0.09
22:00	2.89	2.38	0.33	0.28	0.25	0.16	0.13	0.12	0.08	0.08
22:15	2.88	2.17	0.33	0.29	0.24	0.15	0.12	0.10	0.08	0.07
22:30	2.39	1.91	0.33	0.27	0.21	0.13	0.11	0.09	0.08	0.06
22:45	2.00	1.32	0.27	0.18	0.19	0.11	0.08	0.10	0.07	0.05
23:00	1.81	1.38	0.19	0.16	0.19	0.11	0.07	0.11	0.05	0.06
23:15	1.78	1.35	0.19	0.15	0.16	0.11	0.06	0.10	0.05	0.05
23:30	1.66	1.32	0.16	0.14	0.16	0.10	0.07	0.08	0.05	0.05
23:45	1.51	1.24	0.15	0.13	0.15	0.10	0.06	0.06	0.05	0.04

表 2.62.4　江门地区主要电台的占有率（%）

时间	江门旅游音乐频率	江门新闻综合频率	中央中国之声	广东音乐之声	广东珠江经济台	中央经济之声	新会人民广播电台	广东文体广播经典1077	广东羊城交通台	广东新闻广播
6:00	22.4	37.7	6.1	2.8	4.9	3.3	2.4	2.4	2.1	1.8
6:15	22.8	37.2	5.3	2.8	4.4	2.9	2.2	2.2	2.1	2.0
6:30	22.2	35.1	5.4	3.6	5.0	4.2	2.3	2.3	2.7	1.8
6:45	29.3	34.4	4.5	2.8	4.4	3.7	1.6	2.0	2.7	1.9
7:00	30.5	37.0	4.3	2.5	3.6	3.3	2.0	2.0	2.3	1.6
7:15	30.3	37.9	4.4	2.4	3.5	3.2	2.0	2.1	2.2	1.3
7:30	28.4	40.8	4.9	1.9	3.1	2.9	2.4	1.9	2.1	1.2
7:45	28.4	41.5	5.3	1.6	2.3	2.3	2.5	1.7	1.9	1.3
8:00	30.9	40.1	5.0	1.9	2.0	2.2	2.5	1.6	2.0	1.3
8:15	35.2	34.8	4.8	2.0	1.9	2.4	2.5	1.8	2.6	1.7
8:30	38.3	32.9	4.0	2.0	2.0	2.6	1.9	1.8	2.7	1.8
8:45	40.5	31.3	3.7	2.1	1.8	2.5	1.6	1.8	2.8	2.4
9:00	39.5	31.8	3.5	3.4	1.7	2.4	1.6	2.0	2.5	2.7
9:15	38.8	30.9	4.3	4.0	1.8	1.9	1.9	2.6	2.1	2.7
9:30	36.9	29.6	4.9	4.8	2.1	1.9	2.3	2.9	2.0	2.9
9:45	33.2	32.3	5.2	5.1	2.3	1.8	2.4	3.2	1.8	2.8
10:00	31.1	34.0	4.9	5.1	2.7	1.9	2.6	3.4	1.7	2.4
10:15	32.9	35.8	4.1	4.6	3.2	1.4	2.2	2.7	1.6	1.8
10:30	33.1	36.4	4.0	4.4	3.5	1.6	1.7	2.5	2.0	1.5
10:45	33.3	34.9	4.3	4.1	3.9	2.0	1.6	2.6	2.2	1.5
11:00	31.0	35.3	4.3	4.1	3.9	2.1	1.7	2.7	2.4	1.9
11:15	32.6	34.0	4.7	3.7	3.2	1.7	2.5	2.6	2.1	2.0
11:30	32.6	34.6	5.1	3.9	3.0	1.8	2.4	2.1	1.6	2.3
11:45	32.8	37.9	4.7	3.8	2.5	1.7	2.3	1.9	1.3	1.9
12:00	37.5	35.6	4.7	3.4	3.0	1.9	1.9	1.3	1.2	1.4
12:15	37.5	34.2	4.6	3.5	3.5	2.3	1.7	1.2	1.4	1.3
12:30	37.8	34.7	4.5	2.8	3.6	2.2	1.2	1.4	2.0	0.8
12:45	39.4	29.6	5.0	3.1	4.2	2.6	1.3	1.7	2.5	1.0
13:00	39.1	29.6	4.5	2.4	3.7	2.2	1.9	2.5	2.7	1.2
13:15	37.6	28.9	4.4	2.7	3.7	2.1	1.9	2.7	3.0	1.6
13:30	39.3	26.6	4.5	2.7	3.2	2.4	2.1	2.8	2.5	2.3
13:45	37.4	30.6	4.8	3.1	2.9	2.2	1.7	2.4	1.8	2.2
14:00	35.2	31.5	5.6	3.9	2.2	3.0	2.7	2.0	1.3	2.2
14:15	34.4	30.1	5.8	4.4	2.2	3.2	2.9	2.0	1.3	2.1
14:30	37.5	26.4	5.4	4.8	2.2	3.8	3.1	1.6	1.5	1.7
14:45	34.6	28.3	5.0	4.3	3.1	3.7	2.8	1.7	1.7	1.8

时间	江门旅游音乐频率	江门新闻综合频率	中央中国之声	广东音乐之声	广东珠江经济台	中央经济之声	新会人民广播电台	广东文体广播经典1077	广东羊城交通台	广东新闻广播
15:00	31.1	32.8	3.9	4.1	3.6	3.3	2.2	2.2	2.8	1.7
15:15	29.9	34.6	3.8	3.3	3.8	3.1	1.9	2.4	2.9	2.0
15:30	30.1	34.3	4.3	3.2	3.8	2.7	1.9	2.6	2.7	1.7
15:45	32.1	30.0	4.8	3.5	3.3	2.5	2.0	2.6	2.8	1.6
16:00	37.3	26.8	4.5	3.2	3.0	2.7	2.8	1.9	1.7	1.3
16:15	38.1	27.0	4.6	3.0	2.2	3.4	2.8	1.7	1.6	1.4
16:30	37.9	26.9	5.1	3.4	2.4	3.7	2.7	1.7	1.7	1.4
16:45	33.7	30.3	5.2	4.6	2.6	3.9	2.7	1.6	1.7	2.1
17:00	31.5	30.5	6.0	5.0	2.5	3.8	1.8	2.2	1.9	2.8
17:15	31.2	33.5	5.4	5.5	2.3	2.8	1.4	2.6	2.1	2.5
17:30	32.0	33.0	5.0	5.5	2.2	2.2	1.5	2.5	1.8	2.7
17:45	30.3	38.6	4.0	4.6	3.0	1.9	1.4	2.3	1.6	2.2
18:00	38.2	35.6	3.9	3.6	2.6	1.4	1.9	1.4	0.9	1.4
18:15	38.5	37.6	3.9	2.5	2.6	1.4	1.8	1.1	1.0	1.3
18:30	38.5	36.5	4.0	2.2	2.2	1.7	2.3	1.3	1.5	1.0
18:45	37.5	36.1	4.1	2.1	2.1	2.0	2.4	1.5	2.1	0.9
19:00	37.2	35.3	3.8	2.0	2.1	2.5	2.8	1.5	2.4	1.4
19:15	37.1	33.3	3.6	2.5	2.6	3.2	2.4	1.4	2.5	1.5
19:30	38.8	29.5	3.6	2.9	3.5	3.5	2.4	1.1	2.2	1.9
19:45	36.9	30.9	2.9	2.8	3.6	3.6	1.9	1.4	1.7	2.4
20:00	40.4	28.0	3.0	2.5	4.1	2.9	1.7	1.7	1.5	2.6
20:15	40.1	27.9	3.1	3.3	4.5	2.1	1.9	1.8	1.5	2.5
20:30	40.0	27.6	3.7	3.6	5.6	2.2	1.7	1.5	1.3	2.2
20:45	39.3	28.0	3.9	3.6	5.7	2.4	1.3	1.3	1.4	1.7
21:00	40.5	29.7	3.6	3.2	5.2	2.3	1.2	1.6	1.4	1.3
21:15	40.7	30.7	3.4	3.3	4.4	2.1	1.2	2.2	1.5	1.3
21:30	40.4	32.1	3.9	3.0	3.5	2.2	1.8	2.1	1.2	1.4
21:45	37.6	34.6	4.1	3.9	3.1	2.4	1.6	2.0	1.0	1.3
22:00	39.7	32.6	4.5	3.8	3.4	2.3	1.7	1.6	1.1	1.1
22:15	40.8	30.8	4.7	4.0	3.4	2.1	1.7	1.4	1.1	1.0
22:30	38.9	31.1	5.3	4.4	3.4	2.2	1.8	1.4	1.3	1.0
22:45	40.8	26.9	5.4	3.6	3.9	2.2	1.6	2.1	1.4	1.0
23:00	39.4	30.1	4.1	3.4	4.2	2.4	1.5	2.3	1.0	1.3
23:15	40.0	30.3	4.2	3.3	3.6	2.5	1.4	2.3	1.1	1.2
23:30	39.9	31.8	3.9	3.3	3.8	2.4	1.7	1.8	1.2	1.2
23:45	39.1	32.0	3.9	3.4	3.9	2.5	1.6	1.6	1.2	1.1

表 2.62.5　江门市平均收听率 top30 节目

排名	节目名称	所属频率	播放时间	平均收听率(%)	市场占有率(%)
1	吴丹读报	江门新闻综合台	08:00—08:30	4.02	40.0
2	第一资讯	江门新闻综合台	07:30—08:00	3.79	37.5
3	Music Morning Call	江门旅游音乐台	07:30—09:00	3.47	33.8
4	音乐随身听	江门旅游音乐台	09:00—10:00	3.45	37.9
5	转播省台新闻节目	江门旅游音乐台	07:00—07:30	3.32	33.4
6	乐随心动	江门新闻综合台	08:30—09:30	3.28	34.0
7	音乐中转站	江门旅游音乐台	11:30—13:00	2.91	38.4
8	音乐夜游	江门旅游音乐台	18:30—19:00	2.87	38.8
9	小说连播	江门新闻综合台	12:00—12:30	2.86	33.5
10	回家路上	江门新闻综合台	18:00—18:30	2.79	39.4
11	小说连播	江门新闻综合台	18:30—19:00	2.67	36.1
12	恋曲 1990	江门新闻综合台	09:30—11:00	2.63	34.1
13	民生热线	江门新闻综合台	11:00—12:00	2.61	36.5
14	新闻水立方	江门新闻综合台	11:00—11:30	2.55	41.3
15	音乐夜游	江门旅游音乐台	22:00—23:00	2.53	39.1
16	新闻热线	江门新闻综合台	11:30—12:00	2.49	36.4
17	当红不让	江门新闻综合台	06:00—07:30	2.48	34.4
18	生于 80 年代	江门新闻综合台	12:30—13:00	2.38	31.0
19	小说连播(重播)	江门旅游音乐台	13:00—13:30	2.36	40.0
20	健仔音乐杂志	江门旅游音乐台	21:00—22:00	2.35	40.2
21	半张飞	江门新闻综合台	21:30—23:00	2.26	35.7
21	邂逅黄昏	江门旅游音乐台	17:30—18:30	2.26	35.9
23	时光驿站	江门旅游音乐台	19:00—20:30	2.25	40.8
24	爱车音乐空间	江门旅游音乐台	10:00—11:00	2.21	30.5
25	音乐中转站	江门旅游音乐台	13:30—15:00	2.14	39.9
26	小说连播	江门旅游音乐台	06:30—07:00	2.08	29.0
26	新闻共同睇	江门旅游音乐台	20:30—21:00	2.08	42.4
28	美食双星导	江门旅游音乐台	11:00—11:30	1.93	30.3
29	音乐夜游	江门旅游音乐台	23:00—00:00	1.91	40.8
30	五邑新闻联播	江门新闻综合台	19:00—19:30	1.88	30.3

六十三、湛江地区收听率数据

表 2.63.1 湛江地区主要电台频率的平均收听率和市场份额

排名	电台名称	平均收听率（%）	市场份额（%）
1	湛江新闻频率	1.19	22.7
2	湛江交通音乐频率	1.11	21.2
3	湛江经济频率	0.97	18.4
4	广东音乐之声	0.56	10.6
5	广东珠江经济台	0.44	8.4
6	广东南方生活广播	0.24	4.6
7	广东新闻广播	0.24	4.6
8	中央中国之声	0.18	3.4
9	廉江电台	0.14	2.7
10	遂溪人民广播电台	0.12	2.3

表 2.63.2 湛江地区主要电台频率的周到达率和日到达率

排名	电台名称	周到达率（%）	日到达率（%）
1	湛江新闻频率	27.20	13.23
2	湛江交通音乐频率	25.08	11.75
3	湛江经济频率	19.33	8.83
4	广东音乐之声	14.73	7.54
5	广东珠江经济台	12.83	5.16
6	广东南方生活广播	10.12	4.93
7	广东新闻广播	9.74	4.91
8	中央中国之声	9.56	4.24
9	廉江电台	7.62	3.69
10	遂溪人民广播电台	5.49	1.99

表 2.63.3　湛江地区主要电台的收听率（%）

时间	湛江新闻频率	湛江交通音乐频率	湛江经济频率	广东音乐之声	广东珠江经济台	广东南方生活广播	广东新闻广播	中央中国之声	廉江电台	遂溪人民广播电台
6:00	0.00	0.00	0.00	0.18	0.27	0.08	0.13	0.07	0.08	0.08
6:15	0.00	0.00	0.00	0.23	0.28	0.13	0.16	0.12	0.08	0.07
6:30	0.44	0.00	0.64	0.23	0.43	0.13	0.29	0.13	0.11	0.10
6:45	0.58	0.00	0.74	0.28	0.44	0.23	0.35	0.12	0.15	0.10
7:00	1.39	0.51	0.98	0.48	0.64	0.24	0.38	0.21	0.15	0.12
7:15	1.61	0.63	1.15	0.51	0.65	0.39	0.49	0.21	0.18	0.12
7:30	2.04	0.87	1.16	0.75	0.67	0.44	0.52	0.23	0.17	0.12
7:45	2.17	1.00	1.59	0.80	0.67	0.48	0.53	0.27	0.25	0.13
8:00	2.17	1.04	1.62	0.91	0.52	0.48	0.49	0.35	0.26	0.15
8:15	1.98	1.50	1.64	0.92	0.52	0.46	0.50	0.37	0.25	0.21
8:30	1.70	1.72	1.49	0.89	0.50	0.42	0.34	0.37	0.25	0.22
8:45	1.51	1.65	1.17	0.76	0.55	0.32	0.29	0.36	0.21	0.22
9:00	1.48	1.67	1.12	0.65	0.55	0.30	0.30	0.24	0.21	0.20
9:15	1.50	1.23	1.09	0.69	0.56	0.32	0.26	0.22	0.20	0.16
9:30	1.58	1.18	0.97	0.67	0.48	0.27	0.21	0.23	0.19	0.13
9:45	1.57	1.25	1.03	0.62	0.45	0.28	0.19	0.21	0.15	0.10
10:00	1.76	1.32	0.92	0.56	0.42	0.20	0.20	0.19	0.16	0.11
10:15	1.73	1.51	0.92	0.52	0.40	0.18	0.29	0.20	0.15	0.12
10:30	1.65	1.49	0.76	0.56	0.46	0.17	0.29	0.20	0.19	0.10
10:45	1.36	1.37	0.72	0.61	0.45	0.23	0.29	0.22	0.20	0.12
11:00	1.24	1.23	0.74	0.61	0.46	0.24	0.27	0.21	0.20	0.13
11:15	1.08	0.95	0.86	0.57	0.43	0.20	0.25	0.20	0.20	0.12
11:30	1.08	0.95	1.13	0.52	0.41	0.21	0.29	0.21	0.17	0.11
11:45	1.13	1.15	1.31	0.51	0.45	0.22	0.35	0.25	0.14	0.12
12:00	1.42	1.34	1.44	0.54	0.54	0.28	0.35	0.26	0.13	0.15
12:15	1.38	1.40	1.38	0.71	0.53	0.27	0.32	0.25	0.11	0.15
12:30	1.35	1.38	1.38	0.71	0.57	0.26	0.26	0.23	0.12	0.16
12:45	1.28	1.23	1.14	0.72	0.57	0.19	0.25	0.17	0.14	0.15
13:00	0.92	1.08	0.94	0.67	0.46	0.16	0.24	0.16	0.14	0.12
13:15	0.69	1.01	0.79	0.56	0.44	0.14	0.24	0.15	0.13	0.11
13:30	0.59	0.91	0.74	0.52	0.35	0.14	0.15	0.17	0.09	0.07
13:45	0.56	0.82	0.74	0.53	0.35	0.12	0.13	0.17	0.08	0.07
14:00	0.71	0.81	0.93	0.53	0.38	0.21	0.14	0.15	0.11	0.08
14:15	0.67	1.12	0.93	0.46	0.40	0.21	0.16	0.11	0.10	0.08
14:30	0.75	1.11	1.08	0.46	0.38	0.20	0.18	0.11	0.12	0.11
14:45	0.74	1.14	1.06	0.44	0.39	0.18	0.17	0.10	0.10	0.11

时间	湛江新闻频率	湛江交通音乐频率	湛江经济频率	广东音乐之声	广东珠江经济台	广东南方生活广播	广东新闻广播	中央中国之声	廉江电台	遂溪人民广播电台
15:00	0.85	1.21	0.97	0.46	0.50	0.14	0.15	0.11	0.12	0.14
15:15	0.91	1.36	0.79	0.54	0.50	0.13	0.16	0.13	0.11	0.14
15:30	0.89	1.42	0.75	0.56	0.54	0.12	0.16	0.14	0.16	0.13
15:45	0.89	1.28	0.72	0.53	0.50	0.18	0.15	0.17	0.16	0.12
16:00	0.92	1.25	0.68	0.53	0.51	0.21	0.13	0.18	0.16	0.08
16:15	0.90	1.18	0.64	0.53	0.39	0.21	0.12	0.18	0.16	0.08
16:30	0.86	1.34	0.69	0.61	0.40	0.20	0.12	0.15	0.12	0.08
16:45	1.06	1.34	0.75	0.63	0.38	0.18	0.15	0.12	0.10	0.10
17:00	1.09	1.72	0.87	0.60	0.40	0.21	0.16	0.12	0.10	0.13
17:15	1.43	1.85	1.13	0.68	0.37	0.29	0.21	0.15	0.09	0.12
17:30	1.57	1.89	1.26	0.70	0.40	0.29	0.24	0.16	0.11	0.16
17:45	1.99	1.99	1.48	0.81	0.42	0.30	0.26	0.18	0.12	0.16
18:00	1.98	1.93	1.62	0.82	0.50	0.29	0.25	0.22	0.15	0.21
18:15	1.98	1.83	1.61	0.77	0.50	0.25	0.31	0.22	0.17	0.23
18:30	1.95	1.64	1.58	0.65	0.60	0.27	0.34	0.19	0.19	0.22
18:45	1.57	1.38	1.51	0.62	0.59	0.29	0.41	0.18	0.19	0.21
19:00	1.70	1.19	1.22	0.46	0.56	0.35	0.42	0.14	0.18	0.16
19:15	1.68	1.12	1.08	0.47	0.57	0.38	0.42	0.18	0.14	0.14
19:30	1.53	1.21	0.96	0.47	0.50	0.41	0.37	0.18	0.10	0.13
19:45	1.34	1.24	0.78	0.60	0.47	0.41	0.29	0.22	0.11	0.12
20:00	1.05	1.24	0.79	0.64	0.44	0.36	0.24	0.23	0.10	0.10
20:15	1.06	0.93	0.80	0.62	0.44	0.36	0.16	0.22	0.10	0.07
20:30	1.02	0.89	0.93	0.57	0.36	0.30	0.18	0.18	0.07	0.07
20:45	1.22	0.86	0.90	0.48	0.30	0.27	0.18	0.15	0.09	0.09
21:00	1.27	1.08	1.08	0.45	0.31	0.29	0.20	0.17	0.08	0.09
21:15	1.22	1.15	1.07	0.44	0.30	0.28	0.18	0.17	0.10	0.08
21:30	1.11	1.02	1.05	0.44	0.37	0.24	0.14	0.16	0.12	0.06
21:45	1.01	1.03	0.93	0.55	0.38	0.20	0.13	0.11	0.15	0.06
22:00	0.89	0.83	0.82	0.55	0.36	0.16	0.10	0.11	0.15	0.06
22:15	0.96	0.75	0.73	0.54	0.37	0.18	0.13	0.12	0.16	0.07
22:30	0.92	0.69	0.64	0.48	0.27	0.15	0.12	0.10	0.12	0.08
22:45	0.73	0.62	0.59	0.37	0.27	0.14	0.09	0.11	0.11	0.07
23:00	0.65	0.50	0.52	0.30	0.23	0.11	0.08	0.09	0.09	0.06
23:15	0.58	0.56	0.51	0.27	0.24	0.10	0.06	0.07	0.09	0.05
23:30	0.55	0.48	0.36	0.25	0.22	0.08	0.05	0.06	0.06	0.05
23:45	0.54	0.47	0.34	0.21	0.20	0.07	0.05	0.07	0.05	0.05

表 2.63.4 湛江地区主要电台的占有率（%）

时间	湛江新闻频率	湛江交通音乐频率	湛江经济频率	广东音乐之声	广东珠江经济台	广东南方生活广播	广东新闻广播	中央中国之声	廉江电台	遂溪人民广播电台
6:00	0.0	0.0	0.0	19.3	29.6	9.1	14.2	7.7	8.7	8.7
6:15	0.0	0.0	0.0	20.3	25.0	12.0	14.8	11.2	7.2	6.3
6:30	17.4	0.0	25.0	9.1	16.8	5.3	11.4	5.0	4.3	3.9
6:45	19.0	0.0	24.2	9.1	14.6	7.7	11.6	4.0	4.9	3.3
7:00	27.0	10.0	19.1	9.4	12.4	4.6	7.4	4.1	2.9	2.4
7:15	26.9	10.5	19.2	8.5	10.8	6.5	8.1	3.5	3.1	2.1
7:30	29.1	12.4	16.6	10.6	9.6	6.3	7.4	3.2	2.4	1.7
7:45	27.2	12.6	19.9	10.1	8.4	6.1	6.7	3.4	3.1	1.7
8:00	26.9	12.9	20.1	11.3	6.5	6.0	6.1	4.4	3.2	1.9
8:15	23.5	17.7	19.5	10.9	6.2	5.5	5.9	4.4	2.9	2.5
8:30	21.3	21.5	18.7	11.2	6.3	5.2	4.2	4.6	3.1	2.7
8:45	21.2	23.2	16.4	10.8	7.7	4.5	4.1	5.0	2.9	3.2
9:00	21.8	24.5	16.5	9.5	8.1	4.4	4.4	3.5	3.0	2.9
9:15	23.7	19.4	17.2	10.9	8.8	5.1	4.1	3.5	3.1	2.5
9:30	26.2	19.6	16.1	11.1	8.0	4.5	3.5	3.9	3.1	2.2
9:45	26.4	20.9	17.3	10.4	7.6	4.7	3.2	3.5	2.5	1.8
10:00	29.7	22.2	15.6	9.4	7.1	3.3	3.4	3.2	2.6	1.9
10:15	28.4	24.7	15.0	8.5	6.5	3.0	4.8	3.3	2.5	1.9
10:30	27.7	25.0	12.8	9.4	7.7	2.9	4.9	3.4	3.2	1.7
10:45	24.1	24.4	12.9	10.8	8.0	4.1	5.1	3.9	3.5	2.2
11:00	23.1	22.9	13.8	11.3	8.5	4.4	5.0	3.8	3.8	2.4
11:15	22.0	19.4	17.5	11.5	8.7	4.2	5.1	4.0	4.0	2.4
11:30	21.0	18.5	21.9	10.2	8.0	4.0	5.6	4.0	3.3	2.1
11:45	19.8	20.2	23.0	9.0	7.9	3.9	6.1	4.4	2.5	2.1
12:00	21.8	20.6	22.1	8.3	8.2	4.3	5.3	4.0	2.1	2.3
12:15	21.0	21.4	21.1	10.9	8.1	4.1	4.9	3.8	1.6	2.3
12:30	20.8	21.3	21.3	11.0	8.9	4.1	4.1	3.5	1.8	2.5
12:45	21.7	21.0	19.4	12.3	9.7	3.3	4.2	2.9	2.3	2.5
13:00	18.6	21.9	19.1	13.5	9.3	3.2	4.9	3.2	2.8	2.4
13:15	15.9	23.3	18.2	13.0	10.2	3.3	5.6	3.4	3.0	2.6
13:30	15.5	23.8	19.4	13.6	9.3	3.7	4.0	4.4	2.5	1.9
13:45	15.6	22.6	20.3	14.6	9.6	3.2	3.5	4.6	2.2	1.9
14:00	17.2	19.7	22.7	12.9	9.3	5.1	3.4	3.6	2.6	2.0
14:15	15.6	26.2	21.7	10.7	9.2	5.0	3.7	2.5	2.4	1.9
14:30	16.4	24.4	23.6	10.1	8.4	4.3	4.0	2.4	2.7	2.3
14:45	16.5	25.3	23.6	9.7	8.7	4.0	3.9	2.1	2.3	2.4

时间	湛江新闻频率	湛江交通音乐频率	湛江经济频率	广东音乐之声	广东珠江经济台	广东南方生活广播	广东新闻广播	中央中国之声	廉江电台	遂溪人民广播电台
15:00	18.0	25.5	20.4	9.7	10.6	3.0	3.2	2.3	2.6	3.0
15:15	18.7	27.9	16.3	11.1	10.4	2.6	3.4	2.8	2.3	2.8
15:30	18.2	28.8	15.2	11.3	10.9	2.5	3.3	2.8	3.2	2.6
15:45	18.7	26.9	15.1	11.2	10.6	3.7	3.2	3.5	3.3	2.5
16:00	19.6	26.6	14.5	11.3	10.9	4.5	2.8	3.7	3.5	1.6
16:15	20.2	26.5	14.5	11.9	8.8	4.7	2.8	4.0	3.6	1.7
16:30	18.6	28.9	14.9	13.1	8.6	4.2	2.7	3.3	2.5	1.8
16:45	21.8	27.4	15.4	12.8	7.8	3.8	3.1	2.6	2.1	2.0
17:00	20.0	31.4	16.0	11.0	7.4	3.9	3.0	2.2	1.8	2.3
17:15	22.5	29.0	17.7	10.7	5.8	4.5	3.3	2.3	1.4	2.0
17:30	23.0	27.6	18.4	10.2	5.8	4.2	3.5	2.3	1.6	2.3
17:45	25.6	25.7	19.1	10.4	5.3	3.8	3.3	2.3	1.5	2.1
18:00	24.6	24.0	20.2	10.2	6.2	3.6	3.1	2.8	1.9	2.6
18:15	25.0	23.0	20.3	9.7	6.2	3.1	3.9	2.8	2.2	2.8
18:30	25.4	21.3	20.6	8.5	7.8	3.6	4.4	2.4	2.5	2.8
18:45	22.4	19.7	21.6	8.8	8.5	4.1	5.9	2.6	2.7	3.0
19:00	26.5	18.6	19.0	7.1	8.8	5.4	6.6	2.2	2.8	2.5
19:15	27.0	18.0	17.3	7.6	9.1	6.1	6.8	2.8	2.3	2.2
19:30	26.0	20.5	16.3	7.9	8.5	7.0	6.3	3.1	1.6	2.1
19:45	23.7	21.9	13.9	10.7	8.3	7.3	5.2	3.8	2.0	2.2
20:00	20.1	23.7	15.1	12.2	8.4	6.8	4.5	4.3	1.9	2.0
20:15	21.9	19.2	16.6	12.9	9.1	7.5	3.2	4.6	2.0	1.5
20:30	22.0	19.2	20.1	12.2	7.8	6.6	3.8	3.9	1.6	1.5
20:45	26.4	18.6	19.4	10.3	6.6	5.7	4.0	3.2	1.9	2.0
21:00	24.8	21.2	21.1	8.9	6.1	5.6	3.9	3.3	1.6	1.7
21:15	24.1	22.7	21.1	8.8	5.9	5.5	3.6	3.3	2.1	1.6
21:30	23.2	21.3	22.0	9.1	7.7	5.0	2.8	3.4	2.6	1.3
21:45	21.9	22.3	20.4	11.9	8.3	4.4	2.8	2.4	3.2	1.2
22:00	21.8	20.3	20.2	13.5	8.9	4.0	2.3	2.7	3.8	1.4
22:15	24.0	18.6	18.2	13.3	9.1	4.4	3.1	3.0	3.9	1.7
22:30	25.6	19.1	17.8	13.3	7.4	4.3	3.3	2.8	3.4	2.2
22:45	23.2	19.8	18.6	11.6	8.7	4.4	2.9	3.4	3.6	2.4
23:00	24.4	18.7	19.3	11.3	8.5	4.1	3.0	3.2	3.4	2.3
23:15	22.6	21.8	19.8	10.4	9.4	3.9	2.4	2.9	3.4	2.0
23:30	24.8	21.7	16.3	11.5	9.8	3.6	2.5	2.8	2.9	2.2
23:45	25.9	22.6	16.3	10.3	9.6	3.3	2.4	3.3	2.6	2.4

表 2.63.5　湛江市平均收听率 top30 节目

排名	节目名称	所属频率	播放时间	平均收听率（%）	市场占有率（%）
1	有事您说话	湛江新闻广播频率	17:30—18:00	1.95	26.7
2	吃喝玩乐我买单	湛江交通音乐广播频率	17:00—19:00	1.91	26.8
3	激情体坛	湛江新闻广播频率	18:00—20:00	1.80	26.1
4	新闻广角	湛江新闻广播频率	08:00—10:00	1.74	22.9
5	快乐双行线	湛江交通音乐广播频率	08:00—10:00	1.70	22.3
6	981 视点	湛江新闻广播频率	10:00—11:00 10:00—11:30	1.56	26.6
7	周末影院	湛江经济广播频率	18:00—20:30	1.55	18.5
8	80、90 娱乐汇	湛江交通音乐广播频率	12:00—13:00	1.47	22.3
9	听·音乐说	湛江交通音乐广播频率	10:00—11:00	1.45	23.7
9	我的汽车有话讲	湛江交通音乐广播频率	15:00—16:00	1.45	29.4
11	周末嗨翻天	湛江经济广播频率	12:00—14:00	1.41	20.3
12	有事您说话	湛江新闻广播频率	11:30—12:00	1.39	25.4
13	彩色湛江	湛江经济广播频率	08:00—10:00	1.36	18.0
14	一路听吧	湛江交通音乐广播频率	16:00—17:00	1.33	28.9
14	都市风向标之缤纷周末	湛江经济广播频率	16:00—18:00	1.33	19.6
16	新闻早报	湛江新闻广播频率	06:20—08:00	1.31	25.3
17	悠扬时光	湛江新闻广播频率	12:00—14:00	1.27	22.9
18	雷人雷语	湛江经济广播频率	14:00—16:00	1.25	23.2
19	印象节拍	湛江交通音乐广播频率	21:00—22:00	1.24	25.0
20	I music	湛江交通音乐广播频率	19:00—21:00	1.20	21.7
20	1021 音乐相随	湛江交通音乐广播频率	14:00—15:00	1.20	24.4
22	放飞吉祥鸟	湛江新闻广播频率	20:00—22:30	1.18	23.9
23	房产大眼睛	湛江交通音乐广播频率	11:00—12:00	1.12	21.0
24	都市风向标	湛江经济广播频率	16:00—18:00	1.08	18.5
25	车世界	湛江新闻广播频率	16:00—17:30	1.07	21.6
26	小说联播	湛江交通音乐广播频率	13:00—14:00	1.05	23.1
27	行风热线	湛江新闻广播频率	11:00—11:30	1.04	21.1
27	我爱我家	湛江经济广播频率	12:00—14:00	1.04	19.9
29	早晨，湛江！	湛江经济广播频率	06:20—08:00	1.03	20.0
30	“粤”讲越精彩	湛江经济广播频率	18:00—20:30	1.00	16.3

六十四、惠州地区收听率数据

表 2.64.1　惠州地区主要电台频率的平均收听率和市场份额

排名	电台名称	平均收听率（%）	市场份额（%）
1	惠州综合广播	1.61	26.3
2	惠州经济环保广播	1.61	26.3
3	惠州音乐广播	0.66	10.7
4	广东音乐之声	0.53	8.7
5	广东羊城交通台	0.38	6.3
6	广东新闻广播	0.35	5.7
7	中央中国之声	0.28	4.6
8	广东城市之声	0.16	2.7
9	广东珠江经济台	0.14	2.3
10	广东电台南粤之声 URadio 深圳优悦广播	0.07	1.2

表 2.64.2　惠州地区主要电台频率的周到达率和日到达率

排名	电台名称	周到达率（%）	日到达率（%）
1	惠州综合广播	35.52	17.24
2	惠州经济环保广播	36.52	16.95
3	广东音乐之声	16.18	9.08
4	惠州音乐广播	15.43	8.24
5	广东羊城交通台	11.71	7.49
6	广东新闻广播	10.12	6.17
7	中央中国之声	10.05	5.64
8	广东城市之声	8.35	4.12
9	广东珠江经济台	5.83	3.34
10	广东电台南粤之声 URadio 深圳优悦广播	3.82	2.01

表 2.64.3　惠州地区主要电台的收听率（%）

时间	惠州综合广播	惠州经济环保广播	惠州音乐广播	广东音乐之声	广东羊城交通台	广东新闻广播	中央中国之声	广东城市之声	广东珠江经济台	广东电台南粤之声URadio
6:00	0.00	0.00	0.00	0.10	0.10	0.08	0.06	0.00	0.05	0.05
6:15	0.00	0.00	0.00	0.11	0.10	0.07	0.13	0.07	0.05	0.05
6:30	0.74	1.28	0.23	0.30	0.27	0.21	0.15	0.08	0.13	0.08
6:45	1.25	1.34	0.36	0.33	0.29	0.21	0.41	0.12	0.14	0.12
7:00	1.70	3.01	0.74	0.69	0.59	0.58	0.71	0.24	0.28	0.13
7:15	2.30	3.49	0.87	0.75	0.67	0.61	0.73	0.24	0.30	0.13
7:30	2.39	3.53	0.93	0.91	0.70	0.62	0.79	0.27	0.31	0.10
7:45	2.49	3.50	0.87	0.88	0.65	0.58	0.73	0.24	0.27	0.10
8:00	2.32	2.96	0.88	0.91	0.55	0.49	0.59	0.24	0.20	0.07
8:15	2.12	2.83	0.81	0.73	0.53	0.55	0.41	0.21	0.19	0.11
8:30	1.86	2.76	0.76	0.72	0.37	0.54	0.39	0.21	0.15	0.10
8:45	1.94	1.87	0.46	0.61	0.35	0.43	0.28	0.20	0.12	0.09
9:00	1.87	1.91	0.46	0.59	0.35	0.45	0.29	0.18	0.15	0.06
9:15	1.89	2.22	0.52	0.44	0.37	0.42	0.35	0.17	0.18	0.05
9:30	1.87	2.36	0.57	0.40	0.42	0.37	0.46	0.18	0.20	0.04
9:45	2.05	2.18	0.64	0.53	0.41	0.40	0.50	0.19	0.22	0.04
10:00	2.05	2.43	0.64	0.61	0.49	0.45	0.53	0.22	0.19	0.07
10:15	2.62	2.21	0.65	0.66	0.49	0.46	0.47	0.23	0.18	0.07
10:30	2.68	2.24	0.64	0.64	0.46	0.46	0.45	0.22	0.20	0.07
10:45	2.97	2.10	0.80	0.56	0.38	0.40	0.31	0.19	0.16	0.04
11:00	2.91	2.05	0.84	0.48	0.30	0.41	0.24	0.15	0.16	0.03
11:15	2.75	1.84	0.88	0.40	0.24	0.40	0.22	0.11	0.14	0.04
11:30	2.59	1.55	0.84	0.41	0.26	0.28	0.18	0.09	0.10	0.04
11:45	2.31	1.76	0.76	0.37	0.32	0.27	0.29	0.07	0.09	0.06
12:00	2.24	1.77	0.69	0.43	0.41	0.35	0.31	0.10	0.12	0.07
12:15	2.14	1.52	0.69	0.56	0.44	0.34	0.34	0.14	0.10	0.06
12:30	1.93	1.33	0.55	0.56	0.39	0.31	0.26	0.15	0.10	0.06
12:45	1.74	1.02	0.52	0.44	0.32	0.24	0.26	0.12	0.08	0.07
13:00	1.83	0.83	0.36	0.35	0.30	0.23	0.17	0.12	0.04	0.06
13:15	1.79	0.87	0.37	0.24	0.28	0.21	0.12	0.08	0.06	0.07
13:30	1.34	0.85	0.52	0.21	0.36	0.18	0.25	0.07	0.08	0.06
13:45	1.28	1.11	0.55	0.22	0.41	0.16	0.25	0.11	0.16	0.07
14:00	1.73	1.17	0.80	0.37	0.48	0.34	0.33	0.18	0.20	0.10
14:15	1.78	1.15	0.81	0.37	0.48	0.35	0.32	0.19	0.22	0.10
14:30	1.73	1.31	0.85	0.50	0.46	0.35	0.29	0.21	0.23	0.11
14:45	1.75	1.22	0.76	0.50	0.39	0.29	0.22	0.18	0.20	0.09

时间	惠州综合广播	惠州经济环保广播	惠州音乐广播	广东音乐之声	广东羊城交通台	广东新闻广播	中央中国之声	广东城市之声	广东珠江经济台	广东电台南粤之声URadio
15:00	1.83	1.36	0.90	0.44	0.38	0.36	0.17	0.19	0.17	0.08
15:15	1.81	1.31	0.91	0.36	0.42	0.37	0.15	0.14	0.14	0.09
15:30	1.51	1.29	0.93	0.42	0.38	0.33	0.08	0.14	0.13	0.10
15:45	1.53	1.03	0.84	0.40	0.35	0.32	0.08	0.15	0.08	0.10
16:00	1.43	0.90	0.82	0.20	0.29	0.28	0.16	0.10	0.07	0.09
16:15	1.34	0.86	0.83	0.25	0.24	0.23	0.18	0.08	0.06	0.08
16:30	1.26	1.54	0.74	0.62	0.21	0.29	0.23	0.07	0.04	0.07
16:45	0.92	1.63	0.68	0.63	0.38	0.26	0.26	0.09	0.03	0.06
17:00	0.87	1.52	0.65	0.88	0.43	0.31	0.24	0.10	0.10	0.08
17:15	1.33	1.47	0.66	0.90	0.46	0.33	0.17	0.13	0.10	0.07
17:30	1.62	1.96	0.84	1.02	0.41	0.34	0.23	0.19	0.13	0.06
17:45	2.07	2.15	0.89	0.99	0.43	0.37	0.37	0.20	0.15	0.07
18:00	2.45	2.67	0.94	0.90	0.60	0.47	0.38	0.23	0.14	0.08
18:15	2.47	2.66	0.91	0.91	0.60	0.47	0.54	0.24	0.12	0.10
18:30	2.14	2.67	0.96	0.90	0.58	0.50	0.52	0.22	0.10	0.09
18:45	1.65	2.08	0.89	0.86	0.54	0.52	0.49	0.18	0.09	0.07
19:00	1.83	1.48	0.84	0.65	0.41	0.51	0.34	0.15	0.09	0.07
19:15	1.77	1.27	0.79	0.62	0.43	0.50	0.23	0.14	0.12	0.05
19:30	1.43	1.30	0.66	0.51	0.44	0.44	0.21	0.21	0.12	0.08
19:45	1.42	1.24	0.68	0.61	0.39	0.41	0.19	0.21	0.19	0.08
20:00	1.59	1.54	0.72	0.74	0.34	0.44	0.31	0.29	0.21	0.09
20:15	1.56	1.54	0.76	0.72	0.50	0.39	0.28	0.29	0.26	0.09
20:30	1.09	1.74	0.74	0.67	0.50	0.36	0.25	0.28	0.26	0.08
20:45	0.96	1.63	0.71	0.56	0.49	0.25	0.15	0.23	0.23	0.07
21:00	1.19	1.75	0.70	0.49	0.43	0.27	0.12	0.17	0.21	0.05
21:15	1.19	1.70	0.63	0.52	0.36	0.27	0.11	0.19	0.16	0.04
21:30	1.09	1.31	0.64	0.57	0.33	0.29	0.09	0.24	0.17	0.07
21:45	0.89	1.20	0.70	0.53	0.29	0.26	0.11	0.23	0.12	0.07
22:00	0.99	1.04	0.62	0.47	0.32	0.26	0.16	0.18	0.12	0.03
22:15	1.03	1.03	0.45	0.39	0.32	0.28	0.16	0.15	0.07	0.05
22:30	0.85	0.98	0.44	0.39	0.25	0.25	0.12	0.14	0.09	0.05
22:45	0.56	0.64	0.31	0.42	0.24	0.26	0.12	0.10	0.08	0.04
23:00	0.45	0.61	0.32	0.37	0.19	0.24	0.07	0.10	0.05	0.04
23:15	0.43	0.37	0.29	0.29	0.15	0.19	0.09	0.11	0.05	0.02
23:30	0.31	0.37	0.17	0.17	0.11	0.13	0.04	0.07	0.03	0.03
23:45	0.26	0.31	0.15	0.16	0.11	0.10	0.03	0.06	0.03	0.03

表 2.64.4　惠州地区主要电台的占有率（%）

时间	惠州综合广播	惠州经济环保广播	惠州音乐广播	广东音乐之声	广东羊城交通台	广东新闻广播	中央中国之声	广东城市之声	广东珠江经济台	广东电台南粤之声URadio
6:00	0.0	0.0	0.0	18.9	19.9	15.0	12.7	0.0	8.9	9.3
6:15	0.0	0.0	0.0	14.7	13.8	10.2	18.3	10.1	6.4	6.6
6:30	20.1	34.8	6.3	8.2	7.3	5.7	4.0	2.2	3.4	2.1
6:45	25.7	27.5	7.4	6.7	5.9	4.4	8.5	2.5	2.8	2.4
7:00	18.7	33.1	8.1	7.6	6.5	6.4	7.8	2.6	3.1	1.4
7:15	21.7	33.0	8.3	7.1	6.4	5.8	6.9	2.3	2.8	1.2
7:30	21.7	32.0	8.4	8.2	6.3	5.6	7.1	2.4	2.8	0.9
7:45	23.0	32.4	8.1	8.1	6.0	5.4	6.8	2.2	2.5	0.9
8:00	24.0	30.7	9.2	9.4	5.7	5.1	6.1	2.5	2.0	0.7
8:15	23.9	31.9	9.1	8.2	5.9	6.2	4.7	2.4	2.1	1.2
8:30	22.7	33.6	9.3	8.8	4.5	6.6	4.8	2.6	1.8	1.3
8:45	29.2	28.1	6.9	9.1	5.3	6.5	4.2	3.0	1.9	1.4
9:00	28.3	28.9	7.0	8.9	5.3	6.8	4.4	2.7	2.3	0.9
9:15	27.3	32.1	7.6	6.4	5.3	6.0	5.0	2.4	2.7	0.7
9:30	25.8	32.6	7.9	5.6	5.8	5.1	6.3	2.5	2.8	0.5
9:45	27.3	29.0	8.5	7.1	5.4	5.3	6.7	2.5	2.9	0.5
10:00	25.4	30.2	7.9	7.5	6.1	5.5	6.6	2.7	2.3	0.8
10:15	30.8	26.0	7.7	7.7	5.8	5.4	5.6	2.7	2.1	0.8
10:30	31.4	26.3	7.5	7.6	5.4	5.4	5.3	2.5	2.3	0.8
10:45	35.6	25.1	9.6	6.7	4.5	4.8	3.7	2.3	1.9	0.5
11:00	36.4	25.7	10.5	6.0	3.8	5.1	3.0	1.9	2.0	0.3
11:15	37.3	24.8	11.9	5.4	3.2	5.5	3.0	1.5	1.9	0.5
11:30	38.6	23.1	12.5	6.2	3.9	4.1	2.7	1.4	1.6	0.6
11:45	34.4	26.3	11.4	5.6	4.8	4.0	4.3	1.1	1.4	0.9
12:00	32.7	25.9	10.0	6.3	6.0	5.1	4.5	1.5	1.7	1.0
12:15	31.9	22.6	10.3	8.3	6.5	5.1	5.0	2.1	1.5	0.9
12:30	32.1	22.1	9.1	9.3	6.5	5.2	4.3	2.5	1.7	1.1
12:45	34.2	20.0	10.2	8.7	6.4	4.7	5.1	2.4	1.6	1.3
13:00	40.7	18.5	8.0	7.8	6.6	5.1	3.9	2.7	0.8	1.3
13:15	42.0	20.5	8.6	5.7	6.6	4.9	2.7	1.9	1.5	1.6
13:30	32.2	20.4	12.4	4.9	8.7	4.3	6.0	1.8	1.8	1.4
13:45	27.7	24.0	11.8	4.9	8.8	3.4	5.5	2.3	3.5	1.4
14:00	28.3	19.2	13.1	6.1	7.9	5.6	5.4	3.0	3.3	1.7
14:15	28.6	18.6	13.1	6.0	7.7	5.6	5.1	3.0	3.5	1.7
14:30	26.9	20.3	13.2	7.7	7.2	5.4	4.5	3.3	3.6	1.7
14:45	29.7	20.6	12.9	8.4	6.6	4.9	3.8	3.0	3.3	1.6

时间	惠州综合广播	惠州经济环保广播	惠州音乐广播	广东音乐之声	广东羊城交通台	广东新闻广播	中央中国之声	广东城市之声	广东珠江经济台	广东电台南粤之声URadio
15:00	29.6	22.1	14.7	7.2	6.1	5.8	2.8	3.1	2.7	1.3
15:15	30.4	22.0	15.2	6.0	7.0	6.2	2.4	2.4	2.4	1.5
15:30	27.2	23.2	16.8	7.6	6.8	6.0	1.4	2.6	2.3	1.9
15:45	29.8	20.0	16.4	7.7	6.9	6.3	1.5	2.9	1.6	2.0
16:00	30.7	19.3	17.7	4.4	6.2	6.0	3.4	2.2	1.6	2.0
16:15	30.0	19.3	18.4	5.6	5.3	5.2	4.1	1.7	1.4	1.7
16:30	23.5	28.6	13.7	11.5	3.8	5.4	4.3	1.3	0.7	1.4
16:45	17.5	31.1	13.1	12.0	7.2	5.0	5.0	1.7	0.6	1.1
17:00	16.0	28.0	11.9	16.1	8.0	5.8	4.4	1.9	1.7	1.4
17:15	22.4	24.8	11.2	15.3	7.8	5.6	2.9	2.1	1.6	1.2
17:30	22.5	27.1	11.7	14.1	5.7	4.7	3.1	2.7	1.8	0.8
17:45	25.3	26.4	10.9	12.2	5.3	4.5	4.5	2.4	1.8	0.8
18:00	25.8	28.2	10.0	9.5	6.4	4.9	4.0	2.4	1.5	0.9
18:15	25.7	27.7	9.4	9.5	6.2	4.9	5.7	2.5	1.2	1.1
18:30	23.1	28.9	10.4	9.8	6.3	5.4	5.6	2.4	1.1	1.0
18:45	21.2	26.8	11.4	11.0	7.0	6.6	6.3	2.3	1.2	0.9
19:00	27.3	22.1	12.6	9.7	6.1	7.7	5.0	2.3	1.3	1.1
19:15	28.6	20.5	12.7	10.0	6.9	8.1	3.7	2.2	1.9	0.8
19:30	25.2	22.9	11.7	9.0	7.7	7.8	3.7	3.7	2.1	1.4
19:45	24.7	21.7	11.8	10.7	6.9	7.1	3.3	3.6	3.2	1.4
20:00	24.0	23.2	10.9	11.2	5.2	6.6	4.7	4.4	3.2	1.4
20:15	23.0	22.7	11.2	10.6	7.3	5.7	4.2	4.4	3.8	1.4
20:30	17.2	27.5	11.7	10.6	7.8	5.7	4.0	4.5	4.1	1.2
20:45	17.0	29.1	12.5	9.9	8.8	4.5	2.7	4.2	4.0	1.2
21:00	21.0	30.8	12.4	8.6	7.6	4.7	2.2	3.0	3.6	0.9
21:15	21.7	31.0	11.4	9.5	6.6	4.9	2.0	3.5	3.0	0.7
21:30	21.5	25.8	12.5	11.2	6.5	5.8	1.7	4.6	3.3	1.3
21:45	18.9	25.5	14.8	11.3	6.1	5.6	2.4	5.0	2.6	1.4
22:00	22.2	23.3	13.8	10.6	7.2	5.8	3.7	4.1	2.6	0.7
22:15	24.8	24.8	10.8	9.4	7.8	6.7	3.9	3.6	1.7	1.3
22:30	22.8	26.5	11.8	10.6	6.8	6.7	3.3	3.8	2.3	1.3
22:45	19.3	22.0	10.5	14.5	8.3	8.9	3.9	3.3	2.6	1.3
23:00	17.6	23.7	12.6	14.5	7.4	9.1	2.6	3.9	2.1	1.5
23:15	20.5	17.5	13.8	13.9	7.2	9.1	4.2	5.0	2.4	1.1
23:30	20.8	25.0	11.2	11.3	7.4	9.0	2.7	4.5	1.9	2.1
23:45	20.2	24.0	11.7	12.4	8.7	7.7	2.6	4.6	2.0	2.6

表 2.64.5　惠州市平均收听率 top30 节目

排名	节目名称	所属频率	播放时间	平均收听率（%）	市场占有率（%）
1	畅听早高峰	惠州经济环保广播	07:00—09:00	2.95	33.0
2	畅听晚高峰	惠州经济环保广播	18:00—19:30	2.74	32.7
3	连线惠州	惠州综合广播	10:00—11:30	2.51	34.0
4	行风热线面对面	惠州综合广播	11:00—12:00	2.48	35.3
5	连线惠州(周三)	惠州综合广播	10:00—11:00	2.36	29.0
6	行风热线　天天在线	惠州综合广播	11:30—12:00	2.29	35.1
7	畅听车生活	惠州经济环保广播	09:00—11:00	2.23	30.6
7	新闻直播室	惠州综合广播	18:00—18:30	2.23	22.3
9	FM100 早新闻	惠州综合广播	07:00—08:00	1.95	19.6
10	午后财经	惠州综合广播	14:35—15:30	1.91	34.6
11	开心大管家	惠州综合广播	08:00—09:00	1.82	23.8
12	音乐自由行	惠州综合广播	13:30—14:30	1.75	31.6
13	麻辣爱消费	惠州经济环保广播	12:00—13:00	1.73	26.8
14	先锋锐评	惠州综合广播	18:30—19:00	1.68	19.2
15	家在惠州	惠州经济环保广播	17:00—18:00	1.67	27.6
16	百家说健康	惠州综合广播	09:00—10:00	1.63	23.5
17	档案揭秘 1	惠州经济环保广播	13:30—14:00	1.59	31.8
17	直播惠州	惠州综合广播	12:00—13:00	1.59	23.6
19	乐淘生活 HI HI HI	惠州综合广播	17:00—18:00	1.44	23.8
20	大名的幸福生活	惠州经济环保广播	11:00—12:00	1.40	20.5
21	环球故事会	惠州综合广播	19:00—20:00	1.37	21.2
22	大名的幸福生活(重播)	惠州经济环保广播	21:00—22:00	1.34	28.9
22	非常新视角	惠州综合广播	20:00—21:00	1.34	22.8
22	档案揭秘 2	惠州经济环保广播	20:30—21:00	1.34	25.6
25	988 足球小专题	惠州经济环保广播	13:00—13:30	1.29	25.7
26	交警直播室	惠州经济环保广播	16:00—17:00	1.27	29.0
26	佳人车乐坊	惠州经济环保广播	19:30—20:30	1.27	19.7
28	跟我出发	惠州综合广播	15:30—17:00	1.26	28.1
29	畅听车生活	惠州经济环保广播	15:00—16:00	1.24	24.0
30	音乐早巴士	惠州经济环保广播	06:30—07:00	1.22	31.3

六十五、梅州地区收听率数据

表 2.65.1　梅州地区主要电台频率的平均收听率和市场份额

排名	电台名称	平均收听率（%）	市场份额（%）
1	梅州交通台	2.05	38.3
2	梅州新闻台	1.99	37.1
3	梅县人民广播电台	0.66	12.3
4	广东音乐之声	0.24	4.5
5	广东新闻广播	0.20	3.7
6	广东城市之声	0.07	1.3
7	中央音乐之声	0.07	1.3
8	中央中国之声	0.05	1.0
9	中国国际环球资讯广播	0.03	0.5

表 2.65.2　梅州地区主要电台频率的周到达率和日到达率

排名	电台名称	周到达率（%）	日到达率（%）
1	梅州新闻台	44.53	21.20
2	梅州交通台	43.78	20.31
3	梅县人民广播电台	22.10	6.94
4	广东音乐之声	13.18	3.49
5	广东新闻广播	15.69	2.83
6	广东城市之声	6.33	0.99
7	中央中国之声	6.70	0.64
8	中央音乐之声	5.06	0.56
9	中国国际环球资讯广播	4.01	0.39

表 2.65.3　梅州地区主要电台的收听率（%）

时间	梅州交通台	梅州新闻台	梅县人民广播电台	广东音乐之声	广东新闻广播	中央音乐之声	广东城市之声	中央中国之声	中国国际环球资讯广播
6:00	1.43	2.39	0.65	0.24	0.14	0.08	0.07	0.05	0.05
6:15	1.38	2.52	0.74	0.27	0.15	0.07	0.08	0.05	0.05
6:30	1.59	2.91	0.74	0.25	0.13	0.07	0.08	0.05	0.05
6:45	1.86	3.55	0.78	0.29	0.20	0.07	0.12	0.04	0.06
7:00	2.06	4.02	0.84	0.29	0.25	0.13	0.11	0.04	0.06
7:15	2.30	4.46	0.86	0.34	0.30	0.11	0.10	0.04	0.04
7:30	2.45	4.56	0.88	0.34	0.31	0.11	0.08	0.05	0.03
7:45	2.47	4.44	0.84	0.34	0.29	0.13	0.10	0.05	0.03
8:00	2.60	3.76	0.69	0.31	0.28	0.10	0.07	0.06	0.02
8:15	2.63	3.44	0.59	0.28	0.23	0.06	0.08	0.07	0.02
8:30	2.51	3.07	0.52	0.29	0.22	0.06	0.08	0.04	0.02
8:45	2.37	2.43	0.42	0.28	0.20	0.08	0.08	0.03	0.03
9:00	2.41	2.14	0.32	0.27	0.22	0.06	0.07	0.02	0.04
9:15	2.33	1.76	0.32	0.27	0.18	0.07	0.07	0.06	0.04
9:30	2.24	1.51	0.33	0.31	0.18	0.09	0.06	0.03	0.03
9:45	2.17	1.50	0.30	0.38	0.14	0.09	0.05	0.04	0.05
10:00	2.12	1.43	0.33	0.36	0.13	0.09	0.04	0.04	0.04
10:15	2.17	1.29	0.39	0.39	0.16	0.09	0.04	0.03	0.03
10:30	2.22	1.26	0.34	0.36	0.15	0.07	0.04	0.03	0.03
10:45	2.28	1.36	0.32	0.26	0.16	0.09	0.05	0.03	0.03
11:00	2.12	1.33	0.43	0.20	0.15	0.10	0.04	0.06	0.04
11:15	2.33	1.56	0.59	0.18	0.12	0.09	0.06	0.05	0.05
11:30	2.46	1.85	0.63	0.22	0.17	0.10	0.08	0.04	0.05
11:45	2.73	2.39	0.61	0.27	0.15	0.09	0.07	0.06	0.06
12:00	2.73	3.01	0.62	0.31	0.16	0.09	0.08	0.06	0.04
12:15	2.65	3.36	0.66	0.28	0.23	0.10	0.09	0.10	0.03
12:30	2.82	3.21	0.65	0.34	0.20	0.08	0.08	0.10	0.02
12:45	2.57	2.81	0.59	0.36	0.19	0.08	0.13	0.11	0.03
13:00	2.40	2.09	0.41	0.28	0.17	0.10	0.18	0.07	0.03
13:15	2.35	1.49	0.36	0.17	0.15	0.09	0.21	0.06	0.04
13:30	2.25	1.21	0.39	0.17	0.11	0.07	0.20	0.05	0.03
13:45	2.01	1.02	0.39	0.14	0.14	0.11	0.16	0.05	0.03
14:00	1.93	0.93	0.44	0.13	0.15	0.07	0.15	0.05	0.03
14:15	1.52	1.04	0.55	0.12	0.14	0.10	0.12	0.05	0.04
14:30	1.40	1.02	0.59	0.12	0.14	0.12	0.07	0.06	0.03
14:45	1.50	1.06	0.74	0.11	0.12	0.15	0.05	0.04	0.03

时间	梅州交通台	梅州新闻台	梅县人民广播电台	广东音乐之声	广东新闻广播	中央音乐之声	广东城市之声	中央中国之声	中国国际环球资讯广播
15:00	1.53	1.12	0.74	0.14	0.10	0.12	0.06	0.05	0.03
15:15	1.61	1.01	0.78	0.14	0.13	0.16	0.09	0.02	0.02
15:30	1.62	1.16	0.82	0.18	0.14	0.12	0.08	0.03	0.02
15:45	1.71	1.15	0.78	0.16	0.10	0.14	0.09	0.03	0.03
16:00	1.79	1.06	0.80	0.18	0.12	0.12	0.09	0.03	0.03
16:15	1.82	1.23	0.74	0.19	0.13	0.12	0.13	0.04	0.04
16:30	1.86	1.27	0.69	0.21	0.12	0.11	0.11	0.04	0.04
16:45	2.13	1.33	0.61	0.23	0.17	0.09	0.11	0.05	0.05
17:00	2.30	1.45	0.52	0.25	0.19	0.09	0.08	0.05	0.05
17:15	2.37	1.51	0.38	0.25	0.21	0.13	0.08	0.06	0.05
17:30	2.27	1.84	0.38	0.27	0.22	0.11	0.06	0.03	0.04
17:45	2.54	2.18	0.37	0.26	0.26	0.12	0.07	0.04	0.03
18:00	2.65	2.50	0.44	0.32	0.31	0.10	0.06	0.05	0.03
18:15	2.66	2.66	0.53	0.32	0.37	0.12	0.07	0.05	0.02
18:30	2.63	2.70	0.62	0.35	0.37	0.09	0.05	0.04	0.02
18:45	2.72	2.58	0.72	0.42	0.34	0.10	0.06	0.04	0.03
19:00	2.67	2.56	0.78	0.43	0.31	0.08	0.04	0.04	0.03
19:15	2.72	2.45	0.87	0.43	0.35	0.09	0.06	0.06	0.04
19:30	2.68	2.45	0.88	0.39	0.35	0.08	0.04	0.07	0.04
19:45	2.56	2.32	0.91	0.32	0.39	0.08	0.09	0.05	0.04
20:00	2.34	2.15	1.00	0.30	0.33	0.11	0.14	0.06	0.06
20:15	2.25	2.09	1.06	0.25	0.26	0.13	0.11	0.03	0.06
20:30	2.11	1.99	0.97	0.25	0.19	0.16	0.10	0.02	0.05
20:45	2.08	1.89	0.92	0.25	0.17	0.15	0.09	0.05	0.06
21:00	1.92	1.85	0.87	0.28	0.19	0.10	0.08	0.03	0.07
21:15	1.71	1.69	0.88	0.29	0.23	0.09	0.07	0.05	0.06
21:30	1.61	1.59	0.82	0.29	0.28	0.12	0.06	0.05	0.04
21:45	1.57	1.70	0.75	0.34	0.36	0.11	0.07	0.06	0.05
22:00	1.55	1.67	0.79	0.37	0.44	0.11	0.06	0.05	0.05
22:15	1.45	1.61	0.78	0.46	0.46	0.07	0.04	0.05	0.05
22:30	1.43	1.38	0.66	0.45	0.41	0.13	0.06	0.04	0.05
22:45	1.18	1.24	0.55	0.39	0.33	0.10	0.07	0.04	0.03
23:00	1.02	1.02	0.46	0.37	0.29	0.07	0.06	0.05	0.03
23:15	0.95	0.75	0.35	0.30	0.23	0.08	0.05	0.05	0.02
23:30	0.73	0.59	0.28	0.23	0.13	0.07	0.04	0.04	0.02
23:45	0.52	0.49	0.28	0.18	0.12	0.09	0.05	0.03	0.02

表 2.65.4　梅州地区主要电台的占有率（%）

时间	梅州交通台	梅州新闻台	梅县人民广播电台	广东音乐之声	广东新闻广播	中央音乐之声	广东城市之声	中央中国之声	中国国际环球资讯广播
6:00	28.0	46.9	12.8	4.7	2.8	1.5	1.3	0.9	1.0
6:15	26.0	47.5	13.9	5.0	2.8	1.4	1.5	0.9	0.9
6:30	27.1	49.6	12.7	4.2	2.2	1.2	1.3	0.9	0.8
6:45	26.6	50.8	11.2	4.2	2.9	1.1	1.7	0.6	0.8
7:00	26.5	51.6	10.7	3.7	3.2	1.6	1.4	0.5	0.8
7:15	26.9	52.1	10.0	3.9	3.5	1.3	1.2	0.5	0.5
7:30	27.8	51.8	10.0	3.8	3.6	1.3	0.9	0.6	0.3
7:45	28.5	51.1	9.7	3.9	3.4	1.5	1.1	0.6	0.3
8:00	32.9	47.6	8.7	4.0	3.6	1.3	0.9	0.8	0.2
8:15	35.5	46.4	8.0	3.8	3.1	0.8	1.1	1.0	0.3
8:30	36.8	45.0	7.7	4.2	3.2	0.9	1.2	0.5	0.4
8:45	40.1	41.1	7.1	4.7	3.4	1.3	1.3	0.5	0.5
9:00	43.4	38.5	5.8	4.9	4.0	1.1	1.3	0.3	0.7
9:15	45.6	34.4	6.3	5.3	3.6	1.4	1.4	1.2	0.8
9:30	46.9	31.6	6.9	6.6	3.8	1.8	1.2	0.6	0.7
9:45	46.1	31.7	6.3	8.0	3.1	1.9	1.1	0.8	1.0
10:00	46.2	31.3	7.2	7.9	2.7	1.9	0.9	0.9	0.9
10:15	47.2	28.2	8.5	8.5	3.6	1.9	0.8	0.8	0.7
10:30	49.1	28.0	7.5	8.1	3.3	1.6	0.9	0.8	0.8
10:45	49.8	29.7	7.0	5.7	3.4	1.9	1.0	0.8	0.7
11:00	47.5	29.7	9.5	4.4	3.4	2.3	0.9	1.4	1.0
11:15	46.3	31.0	11.7	3.7	2.4	1.9	1.2	0.9	1.0
11:30	43.9	33.0	11.3	3.9	3.0	1.8	1.4	0.8	0.9
11:45	42.6	37.3	9.5	4.2	2.3	1.4	1.0	0.9	0.9
12:00	38.4	42.3	8.7	4.4	2.3	1.3	1.2	0.9	0.6
12:15	35.4	44.9	8.8	3.8	3.0	1.3	1.1	1.3	0.4
12:30	37.6	42.8	8.6	4.5	2.6	1.1	1.1	1.4	0.3
12:45	37.5	40.9	8.6	5.2	2.8	1.2	1.9	1.6	0.4
13:00	41.9	36.5	7.2	4.9	3.0	1.7	3.1	1.3	0.5
13:15	47.7	30.2	7.3	3.5	3.0	1.9	4.2	1.2	0.9
13:30	50.2	26.9	8.8	3.9	2.4	1.6	4.5	1.0	0.8
13:45	49.5	25.2	9.6	3.5	3.5	2.8	4.0	1.3	0.7
14:00	49.7	24.0	11.3	3.2	3.8	1.9	3.9	1.4	0.8
14:15	41.3	28.3	14.9	3.3	3.8	2.7	3.3	1.3	1.1
14:30	39.5	28.8	16.5	3.4	3.8	3.4	1.9	1.8	0.9
14:45	39.3	28.0	19.4	3.0	3.2	3.9	1.2	1.1	0.8

时间	梅州交通台	梅州新闻台	梅县人民广播电台	广东音乐之声	广东新闻广播	中央音乐之声	广东城市之声	中央中国之声	中国国际环球资讯广播
15:00	39.4	28.8	19.0	3.5	2.6	3.0	1.6	1.2	0.8
15:15	40.8	25.5	19.7	3.5	3.2	3.9	2.2	0.6	0.6
15:30	38.8	27.9	19.7	4.4	3.3	3.0	1.9	0.7	0.4
15:45	40.8	27.4	18.5	3.9	2.3	3.4	2.2	0.7	0.7
16:00	42.3	25.1	18.9	4.4	2.9	2.8	2.1	0.6	0.8
16:15	41.2	27.7	16.8	4.3	2.8	2.7	2.8	0.9	0.8
16:30	41.8	28.4	15.6	4.7	2.7	2.5	2.5	1.0	1.0
16:45	44.7	27.9	12.8	4.8	3.5	1.8	2.3	1.1	1.0
17:00	46.1	29.1	10.4	5.0	3.9	1.9	1.6	1.0	1.0
17:15	47.1	30.0	7.5	4.9	4.1	2.5	1.6	1.2	1.1
17:30	43.4	35.1	7.3	5.1	4.2	2.2	1.2	0.7	0.8
17:45	43.3	37.1	6.3	4.5	4.4	2.0	1.1	0.6	0.5
18:00	41.1	38.8	6.8	4.9	4.8	1.6	0.9	0.7	0.5
18:15	39.1	39.2	7.8	4.7	5.5	1.8	1.0	0.7	0.3
18:30	38.3	39.3	9.0	5.1	5.5	1.3	0.7	0.6	0.2
18:45	38.9	36.9	10.2	6.0	4.8	1.5	0.8	0.5	0.4
19:00	38.6	37.0	11.2	6.2	4.4	1.1	0.5	0.5	0.4
19:15	38.6	34.7	12.3	6.1	4.9	1.2	0.8	0.8	0.6
19:30	38.4	35.0	12.6	5.5	5.1	1.2	0.6	1.1	0.5
19:45	37.8	34.4	13.5	4.8	5.7	1.1	1.4	0.7	0.6
20:00	36.1	33.1	15.4	4.7	5.2	1.7	2.1	0.9	0.9
20:15	36.1	33.4	17.0	4.0	4.2	2.1	1.8	0.5	0.9
20:30	36.1	34.1	16.6	4.3	3.3	2.7	1.6	0.4	0.9
20:45	36.8	33.5	16.2	4.4	3.0	2.7	1.5	0.8	1.1
21:00	35.6	34.3	16.2	5.1	3.6	1.9	1.5	0.6	1.2
21:15	33.9	33.5	17.4	5.7	4.5	1.7	1.3	1.0	1.1
21:30	33.2	32.8	16.8	6.1	5.7	2.5	1.3	1.0	0.8
21:45	31.3	34.0	15.0	6.7	7.2	2.1	1.5	1.2	0.9
22:00	30.5	32.8	15.5	7.3	8.6	2.2	1.2	0.9	1.0
22:15	29.2	32.3	15.7	9.3	9.3	1.3	0.8	1.0	1.0
22:30	31.1	30.1	14.4	9.7	8.8	2.8	1.2	0.9	1.0
22:45	30.0	31.6	14.0	10.0	8.5	2.4	1.8	1.0	0.7
23:00	30.2	30.2	13.7	11.0	8.6	2.1	1.9	1.4	0.9
23:15	34.3	27.0	12.7	10.7	8.3	2.8	1.6	1.6	0.9
23:30	34.1	27.7	13.1	10.6	6.3	3.4	1.9	1.9	1.0
23:45	29.2	27.4	15.9	10.2	6.9	4.8	2.7	1.8	1.0

表 2.6.5.5　梅州市平均收听率 top30 节目

排名	节目名称	所属频率	播放时间	平均收听率（%）	市场占有率（%）
1	转播广东电台《七点新闻》	梅州电台新闻台	07:00—07:30	4.69	52.7
2	948 早新闻	梅州电台新闻台	07:30—09:00	3.59	46.8
3	948 生活最贴心	梅州电台新闻台	12:00—12:30	3.47	44.2
4	转播中央台《新闻报纸摘要》	梅州电台新闻台	06:30—07:00	2.85	49.1
5	转播中央台新闻	梅州电台新闻台	18:30—19:00	2.79	38.9
6	与你同行午高峰	梅州电台交通台	11:30—12:30	2.67	39.1
7	娱乐 FUN 不停	梅州电台交通台	19:00—20:00	2.65	38.8
8	广播剧	梅州电台交通台	18:30—19:00	2.64	36.8
9	与你同行早高峰	梅州电台交通台	08:00—09:00	2.52	36.7
10	与你同行晚高峰	梅州电台交通台	17:30—18:30	2.49	41.0
11	1058 车友俱乐部	梅州电台交通台	17:00—17:30	2.32	48.3
12	948 乐游天下	梅州电台新闻台	19:00—20:00	2.26	33.0
13	早安，梅州	梅州电台新闻台	06:00—06:30	2.20	45.1
13	吃喝玩乐团	梅州电台交通台	11:00—11:30	2.20	46.8
15	重播 948 最新闻	梅州电台新闻台	20:00—20:20	2.19	32.9
15	开车笑呵呵 海梅音乐时间	梅州电台交通台	09:00—10:30	2.19	46.1
15	爱听 1058	梅州电台交通台	12:30—14:30	2.19	43.5
18	1058 音乐态度	梅州电台交通台	20:00—21:00	2.15	35.4
19	爱听 1058	梅州电台交通台	10:30—11:00	2.13	49.4
20	948 最新闻	梅州电台新闻台	17:00—18:30	1.95	34.4
21	早安 1058	梅州电台交通台	06:00—08:00	1.91	26.5
22	转播《民生 820》	梅州电台新闻台	20:20—21:00	1.90	33.0
23	948 潮流音乐风	梅州电台新闻台	12:30—14:00	1.87	33.8
24	午后时光	梅州电台交通台	15:30—17:00	1.79	40.9
25	听夜	梅州电台交通台	21:00—22:00	1.67	33.8
26	948 市民热线	梅州电台新闻台	11:00—12:00	1.64	30.1
27	948 环球音乐网	梅州电台新闻台	21:00—22:00	1.57	31.8
28	热话题	梅州电台交通台	14:30—15:30	1.49	39.2
29	夜曲	梅州电台交通台	22:00—23:00	1.41	29.2
30	948 边走边听	梅州电台新闻台	09:00—11:00	1.40	30.1

六十六、清远地区收听率数据

表 2.66.1 清远地区主要电台频率的平均收听率和市场份额

排名	电台名称	平均收听率（%）	市场份额（%）
1	清远交通旅游广播	1.72	33.7
2	清远新闻资讯广播	1.51	29.6
3	广东音乐之声	0.56	11.0
4	广东新闻广播	0.39	7.7
5	广州交通广播	0.26	5.1
6	中央中国之声	0.21	4.2
7	广东城市之声	0.16	3.2
8	广东羊城交通台	0.08	1.6
9	广东财经 927	0.04	0.8
10	佛山飞跃 924	0.04	0.8

表 2.66.2 清远地区主要电台频率的周到达率和日到达率

排名	电台名称	周到达率（%）	日到达率（%）
1	清远新闻资讯广播	33.11	17.27
2	清远交通旅游广播	37.98	15.07
3	广东音乐之声	13.83	9.75
4	广东新闻广播	11.20	7.20
5	广州交通广播	9.55	6.61
6	中央中国之声	6.75	4.67
7	广东城市之声	7.45	4.57
8	广东羊城交通台	6.46	2.91
9	佛山飞跃 924	3.54	1.65
10	广东财经 927	3.91	1.53

表 2.66.3　清远地区主要电台的收听率（%）

时间	清远交通旅游广播	清远新闻资讯广播	广东音乐之声	广东新闻广播	广州交通广播	中央中国之声	广东城市之声	广东羊城交通台	广东财经927	佛山飞跃924
6:00	0.00	0.00	0.00	0.03	0.19	0.04	0.02	0.02	0.00	0.00
6:15	0.00	0.00	0.04	0.11	0.21	0.06	0.02	0.02	0.00	0.01
6:30	0.66	0.82	0.11	0.17	0.39	0.16	0.05	0.04	0.01	0.02
6:45	0.84	1.01	0.12	0.60	0.40	0.19	0.05	0.05	0.01	0.03
7:00	2.83	2.68	0.60	0.66	0.48	0.43	0.07	0.09	0.03	0.04
7:15	3.06	2.94	0.63	0.73	0.50	0.47	0.13	0.09	0.03	0.05
7:30	3.21	3.63	1.03	0.78	0.51	0.48	0.13	0.08	0.05	0.06
7:45	3.43	3.68	1.11	0.77	0.49	0.50	0.26	0.07	0.05	0.08
8:00	3.47	3.69	1.11	0.75	0.36	0.48	0.35	0.07	0.04	0.09
8:15	3.38	3.65	1.13	0.65	0.35	0.33	0.35	0.08	0.04	0.09
8:30	2.94	3.55	1.00	0.64	0.27	0.32	0.35	0.11	0.04	0.08
8:45	2.89	2.97	0.97	0.47	0.30	0.21	0.34	0.11	0.07	0.06
9:00	2.04	2.92	0.59	0.48	0.32	0.20	0.25	0.17	0.08	0.06
9:15	2.03	2.26	0.50	0.44	0.32	0.14	0.24	0.18	0.09	0.05
9:30	1.85	2.29	0.47	0.41	0.31	0.16	0.17	0.17	0.09	0.04
9:45	2.15	2.10	0.55	0.46	0.26	0.21	0.16	0.16	0.07	0.03
10:00	2.20	2.09	0.55	0.48	0.26	0.21	0.14	0.13	0.06	0.03
10:15	2.16	2.03	0.50	0.45	0.24	0.19	0.14	0.11	0.05	0.03
10:30	1.85	1.51	0.48	0.46	0.21	0.14	0.22	0.08	0.04	0.04
10:45	1.85	1.47	0.38	0.41	0.22	0.13	0.22	0.08	0.04	0.05
11:00	1.56	1.34	0.38	0.56	0.27	0.09	0.24	0.10	0.03	0.05
11:15	1.62	1.35	0.38	0.58	0.28	0.10	0.24	0.12	0.02	0.05
11:30	1.73	1.88	0.38	0.63	0.35	0.22	0.16	0.12	0.03	0.05
11:45	1.89	1.94	0.68	0.63	0.35	0.24	0.19	0.11	0.04	0.04
12:00	1.99	2.23	0.81	0.59	0.35	0.31	0.20	0.11	0.05	0.03
12:15	1.92	2.20	0.89	0.63	0.34	0.32	0.19	0.06	0.05	0.03
12:30	1.91	2.07	0.87	0.59	0.26	0.28	0.18	0.06	0.05	0.04
12:45	1.92	2.01	0.87	0.44	0.24	0.28	0.12	0.05	0.04	0.03
13:00	1.73	1.40	0.70	0.44	0.22	0.18	0.13	0.04	0.04	0.02
13:15	1.20	1.35	0.71	0.39	0.16	0.18	0.09	0.05	0.04	0.03
13:30	1.16	1.47	0.64	0.31	0.15	0.15	0.10	0.06	0.03	0.04
13:45	0.94	1.46	0.56	0.32	0.16	0.10	0.15	0.07	0.02	0.05
14:00	1.11	1.20	0.55	0.38	0.18	0.10	0.15	0.08	0.02	0.05
14:15	1.09	1.04	0.43	0.36	0.22	0.16	0.16	0.08	0.03	0.05
14:30	1.14	0.83	0.46	0.32	0.21	0.19	0.16	0.10	0.03	0.04
14:45	1.09	0.81	0.42	0.24	0.28	0.18	0.16	0.10	0.04	0.03

时间	清远交通旅游广播	清远新闻资讯广播	广东音乐之声	广东新闻广播	广州交通广播	中央中国之声	广东城市之声	广东羊城交通台	广东财经927	佛山飞跃924
15:00	0.61	0.56	0.39	0.23	0.29	0.13	0.10	0.06	0.04	0.03
15:15	0.49	0.51	0.30	0.17	0.26	0.13	0.10	0.05	0.05	0.02
15:30	0.68	0.45	0.29	0.19	0.24	0.09	0.09	0.04	0.05	0.03
15:45	0.71	0.53	0.32	0.18	0.16	0.10	0.08	0.04	0.04	0.03
16:00	0.69	0.55	0.36	0.37	0.15	0.19	0.09	0.04	0.03	0.02
16:15	0.73	0.85	0.44	0.40	0.15	0.21	0.14	0.04	0.03	0.02
16:30	1.09	0.84	0.42	0.37	0.19	0.30	0.15	0.04	0.04	0.02
16:45	1.32	0.92	0.49	0.52	0.20	0.31	0.23	0.06	0.04	0.02
17:00	2.02	1.83	0.51	0.59	0.29	0.42	0.28	0.06	0.06	0.02
17:15	2.14	1.89	0.79	0.60	0.29	0.43	0.28	0.08	0.07	0.03
17:30	2.68	2.33	0.82	0.61	0.38	0.40	0.30	0.08	0.08	0.05
17:45	2.77	2.40	0.93	0.59	0.38	0.37	0.29	0.12	0.07	0.05
18:00	3.05	2.14	0.93	0.49	0.40	0.38	0.22	0.12	0.06	0.06
18:15	2.95	2.11	0.86	0.47	0.38	0.32	0.23	0.15	0.05	0.06
18:30	2.59	1.87	0.81	0.31	0.33	0.35	0.20	0.15	0.04	0.05
18:45	2.54	1.75	0.51	0.30	0.30	0.34	0.14	0.15	0.04	0.06
19:00	1.71	1.31	0.47	0.24	0.22	0.21	0.15	0.12	0.06	0.06
19:15	1.58	1.07	0.52	0.26	0.21	0.24	0.14	0.11	0.07	0.06
19:30	1.75	0.95	0.53	0.23	0.19	0.21	0.15	0.08	0.07	0.04
19:45	1.68	1.29	0.43	0.22	0.19	0.16	0.23	0.07	0.06	0.03
20:00	1.38	1.30	0.41	0.34	0.28	0.14	0.22	0.08	0.05	0.03
20:15	1.44	1.10	0.59	0.38	0.27	0.15	0.21	0.08	0.04	0.04
20:30	1.25	1.14	0.58	0.36	0.29	0.17	0.19	0.11	0.03	0.04
20:45	1.52	0.77	0.66	0.32	0.27	0.19	0.14	0.11	0.04	0.03
21:00	1.77	0.79	0.67	0.31	0.19	0.19	0.16	0.09	0.04	0.03
21:15	1.83	0.77	0.60	0.23	0.18	0.17	0.15	0.10	0.04	0.04
21:30	1.72	0.96	0.46	0.26	0.21	0.12	0.13	0.08	0.03	0.03
21:45	1.87	1.08	0.52	0.18	0.20	0.10	0.11	0.07	0.03	0.02
22:00	1.99	1.11	0.63	0.18	0.19	0.11	0.08	0.06	0.02	0.02
22:15	1.93	0.84	0.61	0.23	0.15	0.13	0.09	0.03	0.02	0.03
22:30	1.72	0.76	0.54	0.22	0.18	0.12	0.10	0.04	0.02	0.04
22:45	1.64	0.75	0.55	0.18	0.18	0.08	0.09	0.04	0.02	0.03
23:00	1.10	0.43	0.35	0.14	0.12	0.09	0.03	0.04	0.01	0.02
23:15	0.95	0.34	0.34	0.14	0.13	0.07	0.04	0.05	0.01	0.02
23:30	0.70	0.35	0.21	0.10	0.08	0.07	0.04	0.04	0.01	0.00
23:45	0.60	0.28	0.14	0.08	0.05	0.05	0.03	0.03	0.01	0.01

表 2.66.4　清远地区主要电台的占有率（%）

时间	清远交通旅游广播	清远新闻资讯广播	广东音乐之声	广东新闻广播	广州交通广播	中央中国之声	广东城市之声	广东羊城交通台	广东财经927	佛山飞跃924
6:00	0.0	0.0	1.3	9.0	61.6	14.1	6.4	5.1	0.6	0.6
6:15	0.0	0.0	7.3	21.5	42.6	11.4	3.2	4.8	0.4	1.6
6:30	26.4	32.6	4.3	6.9	15.5	6.5	1.9	1.8	0.6	0.9
6:45	24.5	29.6	3.6	17.4	11.7	5.5	1.6	1.5	0.4	0.8
7:00	34.9	33.1	7.4	8.2	6.0	5.3	0.9	1.1	0.3	0.5
7:15	34.6	33.2	7.1	8.2	5.6	5.3	1.4	1.1	0.4	0.6
7:30	31.3	35.4	10.1	7.6	4.9	4.7	1.3	0.8	0.5	0.6
7:45	31.9	34.2	10.4	7.2	4.6	4.7	2.5	0.7	0.5	0.8
8:00	32.5	34.5	10.4	7.0	3.4	4.5	3.2	0.7	0.4	0.9
8:15	32.8	35.5	11.0	6.4	3.4	3.2	3.4	0.8	0.4	0.8
8:30	30.9	37.3	10.5	6.8	2.8	3.4	3.6	1.2	0.4	0.9
8:45	33.8	34.8	11.3	5.5	3.5	2.5	3.9	1.3	0.8	0.7
9:00	28.0	40.1	8.1	6.5	4.4	2.8	3.4	2.4	1.1	0.8
9:15	31.6	35.2	7.8	6.9	5.0	2.2	3.8	2.8	1.4	0.7
9:30	30.3	37.3	7.6	6.7	5.1	2.6	2.7	2.8	1.4	0.7
9:45	33.9	33.0	8.7	7.3	4.0	3.3	2.6	2.6	1.1	0.5
10:00	35.0	33.2	8.8	7.7	4.1	3.3	2.2	2.1	0.9	0.4
10:15	35.8	33.5	8.2	7.4	4.0	3.2	2.3	1.8	0.8	0.5
10:30	35.9	29.2	9.2	8.9	4.1	2.7	4.3	1.5	0.8	0.9
10:45	37.3	29.7	7.7	8.3	4.4	2.6	4.5	1.6	0.9	0.9
11:00	33.0	28.3	8.0	11.8	5.7	2.0	5.1	2.2	0.5	1.0
11:15	33.2	27.7	7.8	11.9	5.6	2.1	4.9	2.5	0.4	1.1
11:30	30.4	33.0	6.6	11.0	6.1	3.9	2.8	2.1	0.5	0.9
11:45	30.2	31.0	10.8	10.1	5.7	3.8	3.0	1.8	0.7	0.6
12:00	29.2	32.7	11.9	8.7	5.2	4.6	2.9	1.6	0.7	0.4
12:15	28.3	32.4	13.2	9.2	5.0	4.7	2.8	0.9	0.8	0.5
12:30	29.6	32.1	13.4	9.1	4.0	4.4	2.8	1.0	0.8	0.6
12:45	31.2	32.7	14.2	7.2	4.0	4.6	2.0	0.8	0.7	0.5
13:00	34.2	27.6	14.0	8.8	4.5	3.6	2.5	0.9	0.8	0.5
13:15	27.8	31.2	16.4	9.1	3.6	4.2	2.0	1.1	0.8	0.8
13:30	27.5	34.9	15.2	7.5	3.7	3.5	2.3	1.3	0.8	0.9
13:45	23.9	37.2	14.2	8.2	4.1	2.6	3.8	1.9	0.6	1.2
14:00	28.4	30.5	14.0	9.6	4.5	2.4	3.9	2.0	0.6	1.2
14:15	29.2	27.8	11.5	9.7	5.8	4.4	4.4	2.2	0.9	1.2
14:30	32.1	23.4	12.9	9.0	5.8	5.2	4.5	2.7	0.8	1.2
14:45	31.6	23.3	12.1	6.9	8.2	5.1	4.6	2.7	1.1	0.9

时间	清远交通旅游广播	清远新闻资讯广播	广东音乐之声	广东新闻广播	广州交通广播	中央中国之声	广东城市之声	广东羊城交通台	广东财经927	佛山飞跃924
15:00	24.0	22.1	15.4	9.1	11.2	5.0	3.8	2.2	1.5	1.0
15:15	22.1	23.3	13.8	7.7	11.6	6.1	4.6	2.5	2.2	0.9
15:30	30.1	20.0	12.7	8.2	10.6	4.1	4.1	1.9	2.2	1.3
15:45	31.5	23.3	14.0	7.8	6.9	4.2	3.6	1.7	1.8	1.3
16:00	26.7	21.2	14.1	14.3	5.7	7.5	3.5	1.6	1.2	0.6
16:15	23.5	27.7	14.1	13.0	4.9	6.7	4.6	1.4	0.9	0.5
16:30	30.5	23.7	11.8	10.5	5.5	8.3	4.1	1.3	1.1	0.5
16:45	31.3	21.9	11.6	12.4	4.7	7.3	5.4	1.3	1.0	0.5
17:00	32.4	29.4	8.1	9.4	4.6	6.7	4.5	0.9	1.0	0.3
17:15	31.6	27.9	11.7	8.8	4.3	6.3	4.2	1.2	1.0	0.5
17:30	34.0	29.5	10.4	7.8	4.8	5.1	3.7	1.1	1.0	0.7
17:45	34.1	29.5	11.4	7.2	4.7	4.6	3.6	1.4	0.8	0.7
18:00	38.0	26.7	11.6	6.1	4.9	4.8	2.8	1.5	0.7	0.8
18:15	38.1	27.3	11.1	6.0	4.9	4.2	3.0	1.9	0.7	0.8
18:30	37.9	27.4	11.9	4.5	4.9	5.1	3.0	2.2	0.6	0.7
18:45	40.9	28.1	8.3	4.9	4.9	5.4	2.2	2.4	0.6	0.9
19:00	36.9	28.2	10.2	5.2	4.7	4.6	3.2	2.5	1.3	1.2
19:15	36.2	24.4	11.9	5.9	4.8	5.5	3.2	2.6	1.7	1.3
19:30	40.6	22.0	12.3	5.4	4.5	4.9	3.4	1.7	1.6	1.0
19:45	37.6	28.8	9.5	5.0	4.3	3.5	5.1	1.6	1.4	0.6
20:00	31.9	30.0	9.4	7.9	6.4	3.1	5.2	1.9	1.1	0.6
20:15	32.8	25.1	13.3	8.6	6.2	3.4	4.8	1.8	0.9	0.9
20:30	29.3	26.8	13.6	8.5	6.8	4.1	4.5	2.5	0.8	0.9
20:45	37.0	18.6	16.1	7.7	6.5	4.5	3.4	2.6	0.9	0.8
21:00	40.9	18.3	15.4	7.2	4.3	4.4	3.6	2.2	1.0	0.8
21:15	43.8	18.5	14.3	5.6	4.2	4.1	3.5	2.3	1.1	0.9
21:30	42.2	23.6	11.4	6.3	5.2	2.9	3.1	1.9	0.7	0.8
21:45	44.0	25.2	12.2	4.2	4.8	2.3	2.7	1.7	0.8	0.4
22:00	44.8	24.9	14.2	4.1	4.3	2.4	1.8	1.5	0.4	0.4
22:15	46.9	20.4	14.9	5.7	3.7	3.1	2.2	0.8	0.5	0.8
22:30	45.5	20.1	14.3	5.7	4.9	3.3	2.7	1.1	0.6	0.9
22:45	45.5	20.8	15.2	4.9	4.9	2.3	2.5	1.1	0.7	0.9
23:00	46.2	18.2	14.9	6.0	5.2	3.8	1.4	1.9	0.5	0.8
23:15	45.0	16.1	16.1	6.6	6.0	3.1	2.1	2.2	0.6	1.0
23:30	43.0	21.7	12.6	6.2	5.1	4.5	2.5	2.2	0.7	0.2
23:45	46.5	21.8	10.9	5.8	4.2	3.8	2.3	2.3	0.9	0.6

表 2.66.5 清远市平均收听率 top30 节目

排名	节目名称	所属频率	播放时间	平均收听率 (%)	市场占有率 (%)
1	晨早新节拍	清远电台交通旅游广播	07:30—08:00	3.86	34.7
2	出行早高锋路况+碎片	清远电台交通旅游广播	08:00—08:30	3.82	34.5
3	街坊早晨	清远电台新闻资讯广播	08:00—08:30	3.76	34.0
4	醒神音乐	清远电台新闻资讯广播	07:30—08:00	3.67	33.1
5	街坊有嘢讲	清远电台新闻资讯广播	08:30—09:00	3.31	35.4
6	出行有道	清远电台交通旅游广播	08:30—09:00	2.96	31.7
7	食指大动	清远电台交通旅游广播	18:00—18:30	2.80	38.1
8	朋友圈朋友事	清远电台新闻资讯广播	09:00—10:00	2.62	36.3
9	车.生活	清远电台交通旅游广播	17:00—18:00	2.41	33.3
10	晨游记	清远电台交通旅游广播	10:00—10:30	2.36	33.9
11	楼市最前线	清远电台交通旅游广播	18:30—19:00	2.35	38.3
12	音乐在路上	清远电台交通旅游广播	09:00—10:00	2.22	30.8
13	同城 30 分	清远电台新闻资讯广播	12:00—12:30	2.16	30.9
14	仍是老地方	清远电台新闻资讯广播	10:00—11:00	2.09	32.8
15	耳边风景	清远电台交通旅游广播	10:30—11:00	2.08	36.0
16	快乐双辉	清远电台新闻资讯广播	17:30—18:30	2.04	27.2
17	衡动力量	清远电台交通旅游广播	12:00—13:00	2.03	30.7
18	百姓议事厅	清远电台新闻资讯广播	17:30—18:30	1.89	23.5
19	超级老师	清远电台新闻资讯广播	17:00—17:30	1.84	27.6
20	在晨光中出发	清远电台交通旅游广播	06:30—07:30	1.82	32.1
21	超常发“晖”	清远电台交通旅游广播	11:00—12:00	1.74	32.0
22	转播中央、省台新闻联播	清远电台新闻资讯广播	06:30—07:30	1.71	30.1
22	音乐畅行	清远电台新闻资讯广播	18:30—19:00	1.71	27.8
24	音乐畅行	清远电台新闻资讯广播	12:30—14:00	1.68	33.0
25	岁月留声机	清远电台交通旅游广播	21:00—22:00	1.66	41.7
26	都市夜归人	清远电台交通旅游广播	22:00—23:00	1.65	46.1
27	傍晚音乐时分	清远电台交通旅游广播	19:00—20:00	1.54	36.9
28	街坊老友记	清远电台新闻资讯广播	11:00—12:00	1.53	28.1
29	音乐+碎片	清远电台交通旅游广播	14:30—15:00	1.45	36.2
30	音乐在路上	清远电台交通旅游广播	13:00—13:30	1.42	29.9

六十七、东莞地区收听率数据

表 2.67.1　东莞地区主要电台频率的平均收听率和市场份额

排名	电台名称	平均收听率（%）	市场份额（%）
1	东莞电台交通广播	2.17	33.2
2	东莞电台综合广播	2.08	31.9
3	广东羊城交通台	0.33	5.0
4	东莞电台音乐广播	0.30	4.6
5	中央中国之声	0.21	3.2
6	广东城市之声	0.16	2.5
7	广东音乐之声	0.16	2.4
8	广东南方生活广播	0.15	2.3
9	中国国际电台劲曲调频	0.14	2.2
10	广东文体广播经典 1077	0.11	1.7

表 2.67.2　东莞地区主要电台频率的周到达率和日到达率

排名	电台名称	周到达率（%）	日到达率（%）
1	东莞电台交通广播	38.66	21.50
2	东莞电台综合广播	36.65	18.65
3	东莞电台音乐广播	13.60	7.74
4	广东羊城交通台	10.79	6.07
5	中央中国之声	9.88	6.01
6	广东南方生活广播	8.10	4.70
7	广东城市之声	7.61	3.84
8	广东文体广播经典 1077	6.05	3.73
9	广东音乐之声	7.61	3.72
10	中国国际电台劲曲调频	5.92	3.19

表 2.67.3　东莞地区主要电台的收听率（%）

时间	东莞电台交通广播	东莞电台综合广播	广东羊城交通台	东莞电台音乐广播	中央中国之声	广东城市之声	广东音乐之声	广东南方生活广播	中国国际电台劲曲调频	广东文体广播经典1077
6:00	0.23	0.32	0.10	0.00	0.01	0.01	0.03	0.01	0.00	0.02
6:15	0.47	0.94	0.13	0.00	0.02	0.02	0.02	0.02	0.00	0.02
6:30	0.56	1.12	0.26	0.00	0.02	0.03	0.03	0.04	0.01	0.05
6:45	0.67	1.50	0.42	0.00	0.03	0.05	0.02	0.05	0.01	0.06
7:00	1.02	1.59	0.46	0.00	0.11	0.07	0.08	0.04	0.05	0.12
7:15	1.52	2.25	0.59	0.13	0.15	0.09	0.08	0.09	0.08	0.14
7:30	2.54	2.71	0.60	0.20	0.24	0.12	0.14	0.16	0.09	0.19
7:45	2.80	4.57	0.63	0.32	0.30	0.11	0.20	0.17	0.13	0.22
8:00	3.91	4.87	0.59	0.32	0.32	0.15	0.24	0.23	0.15	0.22
8:15	4.11	5.14	0.56	0.35	0.36	0.18	0.36	0.26	0.14	0.22
8:30	4.24	5.15	0.50	0.49	0.37	0.19	0.40	0.29	0.13	0.20
8:45	4.32	4.95	0.39	0.53	0.35	0.18	0.41	0.30	0.14	0.16
9:00	4.20	3.85	0.35	0.51	0.31	0.22	0.40	0.30	0.20	0.15
9:15	3.80	3.17	0.31	0.41	0.29	0.27	0.35	0.27	0.22	0.14
9:30	3.12	2.87	0.36	0.38	0.28	0.29	0.32	0.24	0.27	0.12
9:45	2.35	1.96	0.39	0.32	0.27	0.32	0.29	0.20	0.28	0.15
10:00	2.49	2.15	0.45	0.29	0.27	0.31	0.23	0.18	0.28	0.16
10:15	2.43	2.17	0.43	0.37	0.21	0.28	0.28	0.15	0.27	0.17
10:30	2.14	2.08	0.43	0.39	0.22	0.23	0.29	0.15	0.25	0.16
10:45	1.90	1.96	0.37	0.37	0.20	0.21	0.30	0.18	0.19	0.15
11:00	1.66	1.54	0.28	0.31	0.23	0.17	0.29	0.21	0.17	0.14
11:15	1.90	1.81	0.28	0.34	0.24	0.14	0.26	0.22	0.14	0.12
11:30	2.09	1.94	0.23	0.36	0.28	0.15	0.21	0.22	0.14	0.12
11:45	2.14	2.07	0.21	0.40	0.30	0.17	0.16	0.22	0.17	0.10
12:00	2.61	2.80	0.27	0.57	0.30	0.19	0.16	0.22	0.17	0.09
12:15	2.80	3.17	0.31	0.60	0.29	0.21	0.14	0.20	0.21	0.10
12:30	2.78	3.66	0.32	0.66	0.25	0.22	0.16	0.18	0.22	0.12
12:45	2.56	3.67	0.34	0.68	0.22	0.19	0.17	0.16	0.22	0.14
13:00	2.32	3.69	0.32	0.64	0.18	0.16	0.18	0.16	0.22	0.14
13:15	2.01	3.58	0.27	0.51	0.17	0.16	0.15	0.15	0.20	0.16
13:30	1.78	2.88	0.27	0.48	0.16	0.18	0.14	0.17	0.16	0.17
13:45	2.01	2.70	0.21	0.41	0.18	0.20	0.14	0.17	0.14	0.14
14:00	2.02	2.25	0.25	0.45	0.21	0.19	0.14	0.17	0.13	0.12
14:15	2.42	1.70	0.26	0.45	0.21	0.17	0.13	0.16	0.11	0.11
14:30	2.70	1.44	0.32	0.35	0.18	0.17	0.14	0.14	0.14	0.09
14:45	2.80	1.77	0.35	0.31	0.18	0.14	0.13	0.13	0.16	0.09

时间	东莞电台交通广播	东莞电台综合广播	广东羊城交通台	东莞电台音乐广播	中央中国之声	广东城市之声	广东音乐之声	广东南方生活广播	中国国际电台劲曲调频	广东文体广播经典1077
15:00	2.83	1.95	0.34	0.26	0.19	0.17	0.14	0.13	0.16	0.08
15:15	2.56	1.94	0.37	0.21	0.20	0.17	0.12	0.16	0.16	0.09
15:30	2.41	1.99	0.35	0.20	0.21	0.19	0.10	0.19	0.14	0.12
15:45	2.23	1.85	0.30	0.16	0.24	0.19	0.11	0.19	0.12	0.12
16:00	2.17	1.29	0.30	0.23	0.25	0.19	0.12	0.19	0.11	0.11
16:15	1.92	1.18	0.29	0.24	0.24	0.18	0.10	0.21	0.11	0.10
16:30	1.81	1.28	0.25	0.25	0.23	0.17	0.12	0.20	0.11	0.10
16:45	2.00	1.26	0.27	0.20	0.26	0.16	0.13	0.20	0.15	0.08
17:00	2.72	1.57	0.33	0.17	0.32	0.16	0.18	0.18	0.17	0.08
17:15	3.41	1.74	0.36	0.17	0.33	0.18	0.23	0.18	0.18	0.10
17:30	3.56	1.83	0.45	0.22	0.35	0.23	0.26	0.16	0.19	0.11
17:45	3.79	2.04	0.51	0.25	0.34	0.25	0.28	0.17	0.20	0.12
18:00	3.88	2.77	0.55	0.31	0.30	0.29	0.28	0.16	0.20	0.12
18:15	3.72	3.00	0.54	0.35	0.27	0.30	0.24	0.17	0.22	0.13
18:30	3.10	2.90	0.49	0.34	0.23	0.30	0.20	0.17	0.24	0.12
18:45	2.57	2.75	0.45	0.31	0.21	0.30	0.14	0.16	0.23	0.13
19:00	1.84	2.55	0.46	0.31	0.23	0.27	0.11	0.14	0.21	0.12
19:15	1.76	1.97	0.42	0.33	0.24	0.24	0.08	0.12	0.20	0.10
19:30	1.42	1.54	0.37	0.34	0.24	0.20	0.07	0.12	0.14	0.10
19:45	1.42	1.16	0.33	0.43	0.22	0.17	0.08	0.13	0.12	0.09
20:00	1.55	1.49	0.29	0.42	0.18	0.15	0.10	0.15	0.09	0.10
20:15	1.85	1.71	0.30	0.41	0.18	0.15	0.10	0.15	0.11	0.12
20:30	1.86	1.66	0.28	0.35	0.15	0.12	0.12	0.12	0.12	0.11
20:45	1.66	1.61	0.27	0.27	0.17	0.11	0.10	0.10	0.11	0.09
21:00	1.57	1.27	0.26	0.20	0.17	0.07	0.08	0.09	0.11	0.07
21:15	1.14	0.95	0.22	0.18	0.17	0.07	0.06	0.07	0.08	0.06
21:30	1.30	0.80	0.15	0.14	0.16	0.09	0.05	0.09	0.06	0.05
21:45	1.43	0.85	0.17	0.15	0.13	0.09	0.06	0.09	0.06	0.04
22:00	1.46	1.04	0.16	0.20	0.12	0.07	0.07	0.10	0.07	0.06
22:15	1.47	0.94	0.15	0.24	0.14	0.06	0.06	0.09	0.08	0.07
22:30	1.22	0.75	0.17	0.25	0.15	0.05	0.07	0.09	0.08	0.08
22:45	0.78	0.59	0.15	0.24	0.15	0.07	0.07	0.07	0.08	0.08
23:00	0.75	0.43	0.15	0.20	0.12	0.07	0.07	0.06	0.07	0.08
23:15	0.66	0.48	0.13	0.16	0.09	0.05	0.04	0.05	0.05	0.05
23:30	0.57	0.40	0.12	0.12	0.08	0.04	0.04	0.05	0.04	0.04
23:45	0.44	0.30	0.08	0.09	0.06	0.03	0.02	0.03	0.02	0.03

表 2.67.4　东莞地区主要电台的占有率（%）

时间	东莞电台交通广播	东莞电台综合广播	广东羊城交通台	东莞电台音乐广播	中央中国之声	广东城市之声	广东音乐之声	广东南方生活广播	中国国际电台劲曲调频	广东文体广播经典1077
6:00	29.2	41.7	13.1	0.0	1.4	1.6	3.7	1.9	0.1	2.0
6:15	27.5	54.7	7.8	0.0	1.0	1.1	1.1	1.4	0.1	1.2
6:30	25.1	50.3	11.5	0.0	1.0	1.6	1.4	1.8	0.5	2.2
6:45	22.5	50.7	14.1	0.0	1.2	1.5	0.7	1.6	0.4	1.9
7:00	27.1	42.3	12.1	0.1	2.9	1.8	2.1	1.1	1.4	3.2
7:15	28.1	41.5	10.8	2.5	2.7	1.7	1.5	1.7	1.5	2.6
7:30	34.4	36.6	8.1	2.7	3.2	1.6	1.9	2.2	1.2	2.5
7:45	28.1	45.8	6.3	3.2	3.0	1.1	2.0	1.7	1.3	2.2
8:00	33.6	41.9	5.0	2.8	2.8	1.3	2.1	2.0	1.3	1.9
8:15	33.2	41.6	4.5	2.8	2.9	1.5	2.9	2.1	1.1	1.8
8:30	33.3	40.4	4.0	3.9	2.9	1.5	3.1	2.3	1.0	1.6
8:45	34.2	39.2	3.1	4.2	2.8	1.4	3.2	2.4	1.1	1.3
9:00	36.5	33.5	3.0	4.5	2.7	1.9	3.5	2.6	1.7	1.3
9:15	36.7	30.6	3.0	4.0	2.8	2.6	3.4	2.6	2.1	1.4
9:30	33.1	30.5	3.8	4.0	3.0	3.1	3.3	2.5	2.9	1.3
9:45	30.4	25.3	5.1	4.1	3.4	4.1	3.7	2.6	3.6	1.9
10:00	31.1	26.8	5.6	3.6	3.3	3.8	2.8	2.3	3.5	2.0
10:15	30.4	27.1	5.4	4.6	2.7	3.5	3.5	1.9	3.4	2.1
10:30	28.5	27.7	5.7	5.2	3.0	3.0	3.9	2.0	3.3	2.1
10:45	27.5	28.4	5.4	5.4	2.9	3.1	4.4	2.5	2.7	2.2
11:00	27.7	25.7	4.7	5.2	3.8	2.8	4.9	3.4	2.9	2.4
11:15	30.0	28.6	4.4	5.4	3.8	2.2	4.1	3.5	2.2	1.9
11:30	31.9	29.6	3.5	5.6	4.3	2.3	3.2	3.3	2.2	1.8
11:45	31.8	30.8	3.1	6.0	4.4	2.5	2.4	3.2	2.5	1.4
12:00	31.9	34.2	3.3	7.0	3.6	2.3	2.0	2.7	2.1	1.0
12:15	31.5	35.7	3.5	6.7	3.3	2.3	1.6	2.3	2.3	1.1
12:30	29.5	38.8	3.4	7.0	2.7	2.3	1.7	1.9	2.3	1.3
12:45	27.8	39.9	3.7	7.4	2.4	2.1	1.8	1.7	2.4	1.5
13:00	26.2	41.7	3.6	7.3	2.1	1.9	2.0	1.8	2.5	1.6
13:15	24.5	43.6	3.3	6.2	2.1	2.0	1.8	1.8	2.4	2.0
13:30	24.6	39.8	3.7	6.7	2.3	2.5	1.9	2.3	2.2	2.3
13:45	28.1	37.7	2.9	5.7	2.5	2.7	1.9	2.4	2.0	2.0
14:00	29.8	33.1	3.7	6.6	3.1	2.8	2.0	2.5	1.9	1.8
14:15	37.1	26.0	4.0	6.9	3.2	2.6	2.0	2.4	1.7	1.7
14:30	41.8	22.3	5.0	5.4	2.8	2.6	2.2	2.2	2.1	1.4
14:45	41.0	25.9	5.2	4.5	2.6	2.1	2.0	1.9	2.3	1.4

时间	东莞电台交通广播	东莞电台综合广播	广东羊城交通台	东莞电台音乐广播	中央中国之声	广东城市之声	广东音乐之声	广东南方生活广播	中国国际电台劲曲调频	广东文体广播经典1077
15:00	40.4	27.7	4.8	3.7	2.7	2.4	2.0	1.9	2.3	1.2
15:15	37.8	28.6	5.5	3.1	2.9	2.5	1.7	2.3	2.4	1.4
15:30	36.0	29.8	5.2	2.9	3.2	2.9	1.5	2.8	2.0	1.8
15:45	35.5	29.5	4.8	2.6	3.8	3.1	1.7	3.0	1.9	2.0
16:00	38.1	22.7	5.3	4.0	4.3	3.3	2.2	3.3	1.9	2.0
16:15	36.4	22.3	5.5	4.6	4.6	3.4	1.9	4.0	2.0	2.0
16:30	34.7	24.6	4.8	4.7	4.5	3.2	2.2	3.8	2.2	1.9
16:45	36.7	23.2	5.0	3.7	4.8	3.0	2.5	3.7	2.7	1.5
17:00	40.6	23.4	5.0	2.5	4.7	2.4	2.6	2.8	2.5	1.1
17:15	43.8	22.3	4.6	2.2	4.2	2.3	3.0	2.3	2.4	1.3
17:30	42.9	22.1	5.5	2.7	4.2	2.8	3.1	1.9	2.3	1.3
17:45	42.4	22.8	5.7	2.8	3.8	2.8	3.1	1.9	2.2	1.4
18:00	39.5	28.2	5.6	3.1	3.0	2.9	2.8	1.7	2.0	1.2
18:15	37.4	30.1	5.4	3.5	2.7	3.0	2.5	1.8	2.2	1.3
18:30	34.4	32.2	5.4	3.8	2.5	3.3	2.2	1.9	2.6	1.4
18:45	31.7	33.9	5.5	3.9	2.6	3.6	1.7	2.0	2.9	1.6
19:00	26.2	36.3	6.5	4.3	3.2	3.9	1.6	2.0	3.0	1.7
19:15	28.4	31.9	6.7	5.4	3.8	3.9	1.2	1.9	3.2	1.6
19:30	27.1	29.4	7.1	6.5	4.6	3.8	1.3	2.2	2.6	2.0
19:45	29.3	24.0	6.8	8.8	4.5	3.5	1.6	2.8	2.5	1.9
20:00	30.0	28.9	5.6	8.2	3.5	2.9	2.0	2.8	1.7	2.0
20:15	32.5	30.0	5.3	7.1	3.1	2.6	1.8	2.6	1.9	2.0
20:30	33.9	30.4	5.2	6.4	2.7	2.2	2.2	2.2	2.2	2.0
20:45	33.0	32.0	5.4	5.3	3.3	2.1	2.0	2.1	2.2	1.8
21:00	35.7	28.9	5.8	4.6	3.9	1.6	1.8	2.0	2.4	1.6
21:15	32.9	27.5	6.4	5.1	4.9	2.2	1.9	2.1	2.2	1.7
21:30	38.6	23.8	4.4	4.2	4.7	2.7	1.5	2.7	1.9	1.6
21:45	40.4	23.9	4.7	4.2	3.8	2.4	1.7	2.6	1.7	1.3
22:00	38.2	27.2	4.2	5.2	3.2	1.9	1.8	2.5	1.9	1.5
22:15	39.0	25.0	4.1	6.4	3.7	1.6	1.6	2.5	2.2	1.9
22:30	36.5	22.3	5.0	7.5	4.4	1.6	2.0	2.6	2.5	2.4
22:45	29.1	21.8	5.5	8.9	5.4	2.6	2.7	2.7	2.8	3.0
23:00	31.7	18.0	6.2	8.6	5.2	2.8	3.1	2.5	3.0	3.2
23:15	31.7	22.7	6.1	7.9	4.5	2.3	2.0	2.6	2.5	2.2
23:30	32.2	22.7	6.6	6.7	4.8	2.3	2.1	2.9	2.2	2.2
23:45	34.1	23.2	6.0	7.0	4.9	2.1	1.5	2.6	1.9	2.4

六十八、中山地区收听率数据

表 2.68.1　中山地区主要电台频率的平均收听率和市场份额

排名	电台名称	平均收听率（%）	市场份额（%）
1	中山环保旅游之声	2.18	36.4
2	中山人民广播电台	1.59	26.5
3	广东音乐之声	0.30	4.9
4	江门旅游音乐频率	0.27	4.5
5	广东珠江经济台	0.23	3.9
6	广东羊城交通台	0.19	3.2
7	中央中国之声	0.16	2.7
8	中国国际环球资讯广播	0.16	2.6
9	中央音乐之声	0.15	2.6
10	广东城市之声	0.15	2.5

表 2.68.2　中山地区主要电台频率的周到达率和日到达率

排名	电台名称	周到达率（%）	日到达率（%）
1	中山环保旅游之声	28.16	14.04
2	中山人民广播电台	24.15	10.87
3	江门旅游音乐频率	13.73	5.21
4	广东珠江经济台	11.78	4.66
5	广东音乐之声	12.88	4.33
6	中国国际环球资讯广播	10.54	4.15
7	广东羊城交通台	11.53	3.77
8	中央中国之声	8.98	3.56
9	广东新闻广播	8.64	3.42
10	广东城市之声	9.32	3.39

表 2.68.3 中山地区主要电台的收听率（%）

时间	中山环保旅游之声	中山人民广播电台	广东音乐之声	江门旅游音乐频率	广东珠江经济台	广东羊城交通台	中央中国之声	中国国际环球资讯广播	中央音乐之声	广东城市之声
6:00	0.23	0.34	0.08	0.02	0.04	0.03	0.04	0.00	0.02	0.03
6:15	0.33	0.46	0.14	0.04	0.07	0.04	0.04	0.01	0.03	0.02
6:30	0.47	0.81	0.15	0.06	0.09	0.07	0.04	0.02	0.04	0.04
6:45	0.80	1.02	0.13	0.06	0.18	0.07	0.04	0.02	0.07	0.06
7:00	2.21	2.07	0.27	0.12	0.25	0.12	0.06	0.08	0.18	0.11
7:15	2.99	2.79	0.45	0.12	0.30	0.16	0.10	0.08	0.24	0.19
7:30	3.21	2.96	0.59	0.12	0.36	0.22	0.11	0.10	0.27	0.22
7:45	2.94	3.47	0.60	0.11	0.38	0.33	0.21	0.12	0.28	0.30
8:00	3.15	3.61	0.55	0.28	0.43	0.37	0.31	0.12	0.28	0.29
8:15	4.13	3.57	0.55	0.39	0.41	0.37	0.35	0.22	0.26	0.31
8:30	4.45	3.30	0.46	0.54	0.36	0.37	0.37	0.33	0.22	0.30
8:45	4.31	2.98	0.35	0.57	0.29	0.35	0.36	0.35	0.18	0.24
9:00	3.49	2.35	0.35	0.56	0.24	0.28	0.30	0.32	0.12	0.20
9:15	2.44	2.10	0.33	0.51	0.20	0.21	0.23	0.34	0.11	0.19
9:30	2.55	1.76	0.34	0.39	0.20	0.21	0.27	0.33	0.11	0.15
9:45	2.78	1.75	0.31	0.31	0.20	0.23	0.26	0.30	0.12	0.14
10:00	2.92	1.69	0.24	0.29	0.27	0.26	0.22	0.25	0.19	0.12
10:15	2.74	1.62	0.22	0.24	0.27	0.27	0.18	0.25	0.20	0.12
10:30	2.32	1.29	0.20	0.18	0.28	0.27	0.14	0.23	0.20	0.15
10:45	2.13	1.19	0.23	0.18	0.22	0.25	0.11	0.24	0.20	0.16
11:00	2.83	1.32	0.27	0.24	0.22	0.20	0.11	0.19	0.17	0.15
11:15	3.03	1.46	0.29	0.24	0.18	0.20	0.12	0.15	0.14	0.13
11:30	2.84	1.66	0.27	0.24	0.19	0.19	0.14	0.18	0.14	0.10
11:45	2.94	2.17	0.22	0.22	0.26	0.18	0.15	0.18	0.12	0.09
12:00	3.46	2.30	0.25	0.18	0.36	0.16	0.19	0.20	0.14	0.08
12:15	3.44	2.37	0.24	0.17	0.39	0.13	0.23	0.18	0.21	0.10
12:30	2.86	2.18	0.36	0.23	0.38	0.09	0.23	0.18	0.21	0.13
12:45	2.42	2.01	0.39	0.29	0.36	0.10	0.20	0.15	0.22	0.15
13:00	1.65	1.55	0.42	0.32	0.30	0.11	0.20	0.14	0.21	0.19
13:15	1.61	1.31	0.38	0.34	0.26	0.14	0.13	0.11	0.18	0.19
13:30	1.33	1.16	0.36	0.31	0.27	0.15	0.12	0.13	0.19	0.18
13:45	1.28	1.11	0.27	0.30	0.22	0.19	0.11	0.10	0.17	0.18
14:00	1.35	1.45	0.19	0.22	0.20	0.19	0.10	0.12	0.15	0.13
14:15	1.54	1.49	0.15	0.18	0.16	0.21	0.10	0.14	0.14	0.12
14:30	1.74	1.46	0.15	0.17	0.17	0.19	0.11	0.17	0.11	0.11
14:45	1.88	1.29	0.18	0.20	0.16	0.16	0.12	0.18	0.11	0.10

时间	中山环保旅游之声	中山人民广播电台	广东音乐之声	江门旅游音乐频率	广东珠江经济台	广东羊城交通台	中央中国之声	中国国际环球资讯广播	中央音乐之声	广东城市之声
15:00	2.25	1.04	0.23	0.24	0.24	0.16	0.13	0.19	0.09	0.10
15:15	2.34	1.00	0.23	0.33	0.24	0.15	0.14	0.17	0.08	0.14
15:30	2.30	1.05	0.21	0.34	0.25	0.17	0.18	0.14	0.09	0.15
15:45	2.20	1.00	0.18	0.35	0.20	0.17	0.19	0.13	0.09	0.17
16:00	1.64	1.25	0.17	0.34	0.16	0.21	0.19	0.14	0.11	0.18
16:15	1.57	1.34	0.17	0.34	0.16	0.23	0.16	0.14	0.14	0.16
16:30	1.34	1.28	0.15	0.29	0.16	0.24	0.13	0.12	0.14	0.16
16:45	1.16	1.13	0.22	0.24	0.15	0.22	0.13	0.10	0.18	0.20
17:00	1.20	1.27	0.29	0.26	0.23	0.31	0.12	0.08	0.23	0.24
17:15	1.27	1.70	0.31	0.31	0.25	0.35	0.14	0.12	0.27	0.24
17:30	1.59	2.36	0.32	0.39	0.24	0.35	0.19	0.13	0.28	0.23
17:45	2.07	2.52	0.26	0.51	0.23	0.35	0.21	0.19	0.29	0.23
18:00	3.08	2.70	0.43	0.55	0.34	0.28	0.27	0.27	0.28	0.18
18:15	3.26	2.67	0.52	0.55	0.33	0.27	0.29	0.28	0.23	0.18
18:30	3.26	2.46	0.55	0.53	0.36	0.23	0.28	0.26	0.20	0.12
18:45	3.15	2.17	0.58	0.46	0.34	0.18	0.26	0.26	0.16	0.11
19:00	2.62	1.59	0.57	0.44	0.24	0.18	0.21	0.24	0.12	0.09
19:15	2.04	1.52	0.48	0.42	0.19	0.17	0.18	0.17	0.12	0.09
19:30	1.75	1.38	0.32	0.35	0.16	0.20	0.14	0.14	0.11	0.09
19:45	1.42	1.12	0.29	0.29	0.17	0.20	0.11	0.12	0.12	0.12
20:00	1.40	1.15	0.24	0.30	0.23	0.20	0.11	0.09	0.16	0.15
20:15	1.23	1.12	0.20	0.21	0.29	0.15	0.14	0.06	0.17	0.16
20:30	1.33	1.01	0.21	0.25	0.31	0.17	0.13	0.10	0.16	0.15
20:45	1.69	0.96	0.25	0.24	0.29	0.18	0.20	0.10	0.14	0.14
21:00	2.29	1.03	0.29	0.25	0.26	0.18	0.20	0.12	0.11	0.10
21:15	2.55	1.01	0.34	0.22	0.28	0.14	0.22	0.14	0.11	0.12
21:30	2.33	1.40	0.38	0.19	0.25	0.11	0.21	0.14	0.14	0.12
21:45	3.15	1.53	0.41	0.15	0.19	0.08	0.15	0.16	0.16	0.15
22:00	3.26	1.35	0.39	0.16	0.14	0.11	0.11	0.13	0.16	0.16
22:15	3.25	0.86	0.35	0.19	0.14	0.11	0.09	0.09	0.15	0.15
22:30	2.59	0.71	0.27	0.19	0.15	0.12	0.10	0.10	0.12	0.14
22:45	1.09	0.53	0.16	0.13	0.14	0.11	0.07	0.08	0.05	0.08
23:00	0.77	0.49	0.14	0.13	0.12	0.08	0.08	0.08	0.05	0.09
23:15	0.60	0.41	0.10	0.07	0.10	0.06	0.07	0.07	0.04	0.08
23:30	0.57	0.42	0.12	0.09	0.09	0.07	0.07	0.06	0.03	0.08
23:45	0.48	0.34	0.12	0.08	0.08	0.07	0.06	0.06	0.03	0.08

表 2.68.4 中山地区主要电台的占有率（%）

时间	中山环保旅游之声	中山人民广播电台	广东音乐之声	江门旅游音乐频率	广东珠江经济台	广东羊城交通台	中央中国之声	中国国际环球资讯广播	中央音乐之声	广东城市之声
6:00	24.9	36.3	8.6	2.6	4.7	3.6	4.1	0.0	2.3	3.0
6:15	24.0	33.3	10.2	2.9	5.4	2.9	3.0	1.0	1.9	1.7
6:30	23.1	39.4	7.1	2.8	4.5	3.5	2.1	1.2	2.0	2.2
6:45	28.4	36.3	4.5	2.2	6.4	2.5	1.5	0.8	2.6	2.3
7:00	37.4	35.1	4.6	2.0	4.3	2.0	1.1	1.3	3.1	1.8
7:15	37.2	34.8	5.6	1.5	3.8	2.0	1.3	1.0	2.9	2.4
7:30	36.2	33.4	6.6	1.4	4.1	2.5	1.2	1.2	3.0	2.5
7:45	30.7	36.2	6.2	1.1	4.0	3.4	2.2	1.2	3.0	3.1
8:00	30.4	34.8	5.3	2.7	4.1	3.5	3.0	1.2	2.7	2.8
8:15	35.5	30.7	4.7	3.4	3.5	3.2	3.0	1.9	2.2	2.6
8:30	37.7	28.0	3.9	4.6	3.0	3.1	3.1	2.8	1.9	2.6
8:45	38.7	26.8	3.1	5.1	2.6	3.1	3.2	3.2	1.6	2.2
9:00	37.3	25.2	3.8	5.9	2.5	3.0	3.3	3.4	1.3	2.1
9:15	31.2	26.9	4.2	6.6	2.5	2.7	2.9	4.3	1.4	2.4
9:30	34.7	23.9	4.6	5.3	2.7	2.9	3.6	4.5	1.5	2.1
9:45	37.8	23.9	4.3	4.3	2.7	3.1	3.6	4.0	1.6	1.9
10:00	40.9	23.6	3.4	4.1	3.8	3.6	3.1	3.4	2.7	1.7
10:15	40.5	24.0	3.2	3.5	4.1	4.0	2.6	3.7	2.9	1.8
10:30	39.0	21.7	3.3	3.1	4.6	4.6	2.4	3.9	3.4	2.5
10:45	37.9	21.1	4.0	3.3	3.8	4.4	2.0	4.3	3.5	2.8
11:00	43.1	20.1	4.1	3.7	3.4	3.1	1.7	2.9	2.6	2.3
11:15	44.7	21.5	4.2	3.6	2.6	2.9	1.8	2.2	2.0	1.9
11:30	42.2	24.7	4.0	3.6	2.9	2.9	2.1	2.7	2.0	1.4
11:45	40.8	30.2	3.1	3.1	3.7	2.5	2.1	2.5	1.6	1.3
12:00	43.7	29.0	3.2	2.3	4.6	2.0	2.4	2.6	1.8	1.0
12:15	42.9	29.6	3.0	2.1	4.8	1.6	2.8	2.3	2.6	1.2
12:30	38.7	29.6	4.9	3.1	5.1	1.3	3.1	2.4	2.8	1.8
12:45	35.1	29.1	5.7	4.2	5.2	1.5	2.9	2.1	3.2	2.1
13:00	29.0	27.3	7.3	5.7	5.2	1.9	3.5	2.5	3.8	3.3
13:15	30.6	25.0	7.1	6.4	4.9	2.6	2.5	2.2	3.5	3.6
13:30	27.6	24.3	7.5	6.4	5.6	3.1	2.4	2.6	3.9	3.8
13:45	28.5	24.6	5.9	6.6	4.8	4.3	2.4	2.2	3.8	4.0
14:00	29.0	31.0	4.1	4.8	4.3	4.1	2.2	2.6	3.1	2.7
14:15	32.5	31.3	3.2	3.9	3.4	4.4	2.1	2.9	2.9	2.5
14:30	35.9	30.0	3.2	3.5	3.4	3.9	2.2	3.4	2.3	2.3
14:45	38.9	26.7	3.7	4.2	3.3	3.3	2.4	3.8	2.3	2.1

时间	中山环保旅游之声	中山人民广播电台	广东音乐之声	江门旅游音乐频率	广东珠江经济台	广东羊城交通台	中央中国之声	中国国际环球资讯广播	中央音乐之声	广东城市之声
15:00	44.2	20.3	4.6	4.6	4.8	3.2	2.5	3.7	1.8	1.9
15:15	44.6	19.1	4.5	6.4	4.6	2.9	2.7	3.2	1.5	2.6
15:30	43.3	19.7	3.9	6.5	4.7	3.1	3.3	2.6	1.7	2.9
15:45	42.7	19.4	3.6	6.7	4.0	3.4	3.7	2.5	1.7	3.3
16:00	33.7	25.6	3.5	6.9	3.3	4.3	3.8	2.8	2.3	3.6
16:15	32.1	27.4	3.4	6.9	3.2	4.7	3.3	2.8	2.8	3.2
16:30	29.6	28.2	3.3	6.4	3.5	5.2	2.8	2.5	3.0	3.5
16:45	26.6	26.0	5.1	5.6	3.5	5.0	3.1	2.3	4.2	4.6
17:00	24.3	25.6	5.8	5.2	4.7	6.3	2.4	1.7	4.6	4.8
17:15	22.0	29.4	5.3	5.4	4.3	6.1	2.4	2.0	4.6	4.1
17:30	22.8	33.8	4.6	5.6	3.5	5.0	2.7	1.9	4.1	3.4
17:45	26.6	32.4	3.4	6.5	2.9	4.5	2.7	2.5	3.7	3.0
18:00	33.1	29.0	4.6	5.9	3.6	3.0	2.9	2.9	3.1	1.9
18:15	34.5	28.2	5.5	5.8	3.5	2.8	3.0	3.0	2.5	1.9
18:30	36.0	27.2	6.0	5.8	4.0	2.5	3.1	2.8	2.2	1.3
18:45	37.2	25.7	6.8	5.4	4.1	2.1	3.1	3.1	1.8	1.3
19:00	37.3	22.6	8.2	6.3	3.4	2.5	3.0	3.4	1.7	1.3
19:15	33.7	25.2	8.0	6.9	3.1	2.9	3.0	2.8	2.0	1.5
19:30	33.5	26.6	6.2	6.7	3.1	3.8	2.6	2.7	2.1	1.8
19:45	31.4	24.8	6.5	6.5	3.8	4.5	2.5	2.5	2.7	2.7
20:00	30.6	25.1	5.3	6.5	5.1	4.3	2.3	1.9	3.5	3.3
20:15	29.1	26.4	4.7	4.9	6.8	3.5	3.3	1.5	3.9	3.7
20:30	30.7	23.3	4.9	5.9	7.1	3.9	3.1	2.2	3.7	3.4
20:45	35.8	20.3	5.3	5.0	6.1	3.9	4.3	2.1	3.0	3.0
21:00	42.6	19.2	5.3	4.7	4.9	3.4	3.8	2.1	2.0	1.8
21:15	45.3	17.9	6.0	3.9	5.0	2.5	3.8	2.5	1.9	2.1
21:30	40.8	24.6	6.7	3.4	4.3	1.9	3.7	2.5	2.5	2.1
21:45	47.7	23.1	6.2	2.3	2.8	1.2	2.3	2.4	2.4	2.3
22:00	50.9	21.1	6.1	2.6	2.2	1.7	1.7	2.0	2.4	2.5
22:15	56.1	14.9	6.0	3.2	2.4	1.8	1.6	1.6	2.6	2.6
22:30	53.1	14.6	5.5	3.8	3.0	2.4	2.0	2.1	2.4	2.8
22:45	39.5	19.3	5.6	4.5	5.1	3.8	2.5	2.9	1.7	2.9
23:00	33.4	21.4	6.1	5.8	5.3	3.6	3.6	3.5	2.3	3.9
23:15	32.4	22.2	5.4	3.8	5.2	3.5	4.0	4.0	2.1	4.4
23:30	31.3	23.2	6.7	4.9	5.1	3.9	3.6	3.4	1.8	4.4
23:45	29.9	21.3	7.3	5.2	4.9	4.3	3.8	3.6	1.9	5.0

表 2.68.5 中山市平均收听率 top30 节目

排名	节目名称	所属频率	播放时间	平均收听率(%)	市场占有率(%)
1	888 文娱快报 888 生活杂志	中山台快乐 888	08:30—09:00	4.77	38.2
2	新闻全线搜	中山台新锐 967	07:30—08:30	3.99	36.2
3	放工松一松	中山台快乐 888	18:30—19:00	3.64	38.7
4	庆记茶寮 8:30	中山台新锐 967	08:30—09:00	3.57	28.6
5	快乐同途	中山台快乐 888	07:30—08:30	3.29	29.7
6	888 文娱快报 888 生活杂志	中山台快乐 888	11:30—12:00	3.16	41.6
7	中山广播新闻	中山台新锐 967	18:00—18:30	3.07	31.3
8	快乐音乐地带	中山台快乐 888	10:00—10:30	2.97	39.6
9	谈车论驾	中山台快乐 888	09:00—10:00	2.96	36.3
10	遇见音乐	中山台快乐 888	10:30—11:30	2.82	40.4
11	转播省台新闻	中山台快乐 888	07:00—07:30	2.69	37.7
12	快乐 sing 动力	中山台快乐 888	22:00—23:00	2.64	52.9
13	967 早报早读	中山台新锐 967	07:00—07:30	2.58	35.9
14	888 文娱快报 888 剧场	中山台快乐 888	21:30—22:00	2.57	43.9
15	中山美食游	中山台快乐 888	17:30—18:30	2.54	28.8
16	超然栋笃	中山台新锐 967	18:30—19:00	2.49	26.4
17	娱乐双星	中山台快乐 888	12:00—13:30	2.45	35.2
18	中山广播新闻	中山台新锐 967	12:00—12:30	2.36	29.7
19	爱车日志	中山台新锐 967	17:00—18:00	2.33	34.1
20	庆记茶寮(重播)	中山台新锐 967	12:30—13:00	2.30	32.4
21	老外看点	中山台快乐 888	21:00—21:30	2.23	43.1
22	超然栋笃	中山台新锐 967	09:00—09:30	2.07	22.8
23	边走边看	中山台快乐 888	19:00—20:00	2.00	33.8
24	点播心情	中山台快乐 888	14:30—16:00	1.99	36.8
25	周五民声直播室	中山台新锐 967	10:30—12:00	1.97	25.9
26	新闻直通车	中山台新锐 967	11:00—12:00	1.84	24.9
27	967 汽车音乐导航	中山台新锐 967	19:00—19:30	1.76	26.1
28	快乐音乐地带	中山台快乐 888	16:00—16:30	1.70	35.4
29	中山好房子	中山台新锐 967	14:30—15:00	1.66	31.4
30	967 服务在线	中山台新锐 967	09:30—10:00	1.55	21.4

六十九、潮州地区收听率数据

表 2.69.1　潮州地区主要电台频率的平均收听率和市场份额

排名	电台名称	平均收听率（%）	市场份额（%）
1	潮州交通音乐广播	2.16	31.0
2	潮州戏曲广播	1.59	22.8
3	潮州新闻公益广播	1.14	16.4
4	潮州综合广播	0.81	11.6
5	广东音乐之声	0.25	3.5
6	汕头交通之声	0.17	2.5
7	广东新闻广播	0.17	2.4
8	潮安电台	0.16	2.3
9	汕头音乐广播	0.12	1.7
10	饶平人民广播电台	0.10	1.5

表 2.69.2　潮州地区主要电台频率的周到达率和日到达率

排名	电台名称	周到达率（%）	日到达率（%）
1	潮州交通音乐广播	42.10	29.43
2	潮州戏曲广播	21.48	15.15
3	潮州新闻公益广播	20.66	13.28
4	潮州综合广播	15.23	9.42
5	广东音乐之声	9.55	5.61
6	广东新闻广播	6.82	4.56
7	潮安电台	5.48	3.99
8	中央中国之声	5.16	3.30
9	汕头交通之声	6.92	3.16
10	汕头音乐广播	5.90	2.90

表 2.69.3 潮州地区主要电台的收听率（%）

时间	潮州交通音乐广播	潮州戏曲广播	潮州新闻公益广播	潮州综合广播	广东音乐之声	汕头交通之声	广东新闻广播	潮安电台	汕头音乐广播	饶平人民广播电台
6:00	0.07	0.14	0.09	0.07	0.03	0.03	0.02	0.01	0.01	0.00
6:15	0.18	0.11	0.10	0.12	0.03	0.03	0.03	0.02	0.03	0.00
6:30	0.33	0.33	0.32	0.26	0.05	0.07	0.03	0.04	0.03	0.04
6:45	0.36	0.40	0.34	0.28	0.05	0.07	0.04	0.07	0.05	0.06
7:00	1.02	0.55	0.76	0.56	0.11	0.13	0.12	0.14	0.09	0.11
7:15	1.28	0.92	0.87	0.69	0.16	0.14	0.16	0.21	0.12	0.20
7:30	1.84	1.11	1.40	0.93	0.18	0.26	0.17	0.23	0.14	0.23
7:45	2.00	1.44	1.58	1.11	0.16	0.31	0.27	0.26	0.17	0.24
8:00	3.77	1.53	1.57	1.18	0.28	0.33	0.36	0.25	0.18	0.23
8:15	4.00	1.63	1.67	1.15	0.30	0.34	0.36	0.22	0.18	0.21
8:30	3.91	1.64	1.61	0.91	0.29	0.32	0.36	0.17	0.16	0.17
8:45	3.62	1.51	1.46	0.99	0.33	0.30	0.35	0.14	0.13	0.13
9:00	2.86	1.80	1.56	1.17	0.41	0.22	0.25	0.12	0.12	0.14
9:15	2.68	2.00	1.56	1.18	0.47	0.20	0.23	0.11	0.13	0.14
9:30	2.55	2.43	1.70	1.08	0.47	0.16	0.15	0.13	0.15	0.17
9:45	2.65	2.50	1.70	0.94	0.46	0.14	0.14	0.13	0.16	0.17
10:00	2.95	3.44	2.22	1.12	0.45	0.14	0.14	0.19	0.19	0.17
10:15	2.86	3.55	2.26	1.21	0.38	0.13	0.15	0.19	0.20	0.14
10:30	2.81	3.59	2.19	1.19	0.34	0.14	0.16	0.20	0.20	0.13
10:45	2.47	3.44	2.17	1.14	0.24	0.14	0.16	0.18	0.19	0.11
11:00	2.38	2.57	1.87	1.06	0.21	0.18	0.16	0.19	0.17	0.10
11:15	2.77	2.48	1.58	0.90	0.21	0.20	0.22	0.24	0.15	0.11
11:30	2.86	1.91	1.47	0.89	0.26	0.20	0.23	0.25	0.13	0.11
11:45	3.21	2.05	1.45	0.91	0.33	0.25	0.27	0.24	0.15	0.11
12:00	3.70	2.08	1.62	1.41	0.35	0.27	0.28	0.25	0.17	0.12
12:15	3.63	1.84	1.64	1.44	0.34	0.26	0.28	0.25	0.16	0.14
12:30	3.36	1.76	1.59	1.36	0.33	0.25	0.25	0.24	0.16	0.15
12:45	3.21	1.37	1.37	1.19	0.28	0.23	0.22	0.23	0.12	0.15
13:00	1.97	1.29	1.35	0.95	0.26	0.19	0.15	0.19	0.12	0.12
13:15	1.62	1.15	1.31	0.86	0.24	0.16	0.14	0.16	0.07	0.10
13:30	1.62	1.12	1.10	0.82	0.22	0.18	0.16	0.15	0.07	0.08
13:45	1.63	1.40	0.97	0.84	0.26	0.18	0.17	0.12	0.07	0.07
14:00	2.09	1.89	1.08	0.98	0.28	0.21	0.18	0.11	0.08	0.09
14:15	2.36	2.01	1.18	1.04	0.29	0.20	0.18	0.11	0.08	0.10
14:30	2.31	1.99	1.18	0.96	0.28	0.18	0.15	0.11	0.10	0.12
14:45	2.20	1.83	1.10	0.92	0.25	0.17	0.13	0.12	0.10	0.11

时间	潮州交通音乐广播	潮州戏曲广播	潮州新闻公益广播	潮州综合广播	广东音乐之声	汕头交通之声	广东新闻广播	潮安电台	汕头音乐广播	饶平人民广播电台
15:00	3.07	1.83	1.02	0.74	0.17	0.12	0.12	0.19	0.12	0.09
15:15	3.18	1.63	0.73	0.64	0.17	0.14	0.10	0.21	0.14	0.07
15:30	3.26	1.61	0.71	0.62	0.20	0.14	0.10	0.23	0.13	0.05
15:45	3.29	2.04	0.70	0.61	0.22	0.16	0.11	0.23	0.12	0.06
16:00	2.81	2.17	0.94	0.62	0.22	0.18	0.14	0.21	0.16	0.07
16:15	2.39	2.33	0.96	0.67	0.24	0.18	0.16	0.21	0.16	0.09
16:30	2.52	2.40	1.31	0.73	0.25	0.24	0.16	0.24	0.14	0.11
16:45	2.69	2.29	1.39	0.76	0.25	0.28	0.15	0.25	0.13	0.12
17:00	3.18	2.11	1.44	0.81	0.35	0.29	0.24	0.25	0.14	0.15
17:15	3.22	1.88	1.34	0.83	0.37	0.28	0.28	0.24	0.13	0.16
17:30	3.09	1.81	1.29	0.79	0.39	0.25	0.29	0.23	0.17	0.17
17:45	2.91	1.55	1.35	0.93	0.37	0.22	0.29	0.17	0.17	0.17
18:00	2.76	1.35	1.41	1.05	0.30	0.21	0.26	0.15	0.19	0.15
18:15	2.72	1.41	1.34	1.07	0.26	0.16	0.24	0.13	0.18	0.13
18:30	2.32	1.42	1.30	0.98	0.23	0.16	0.19	0.12	0.17	0.10
18:45	1.98	1.45	1.18	0.74	0.18	0.17	0.15	0.14	0.15	0.07
19:00	1.34	1.61	0.88	0.73	0.16	0.20	0.18	0.13	0.12	0.07
19:15	1.21	1.77	0.72	0.66	0.16	0.20	0.19	0.17	0.09	0.06
19:30	1.26	1.76	0.80	0.67	0.16	0.19	0.20	0.18	0.10	0.07
19:45	1.33	1.85	0.86	0.88	0.18	0.16	0.19	0.18	0.10	0.07
20:00	1.85	1.74	1.05	0.87	0.25	0.15	0.15	0.17	0.10	0.10
20:15	1.98	1.44	1.13	0.90	0.26	0.11	0.11	0.17	0.09	0.10
20:30	1.84	1.36	1.11	0.81	0.28	0.10	0.08	0.15	0.09	0.10
20:45	1.81	1.45	0.91	0.52	0.29	0.08	0.09	0.14	0.09	0.10
21:00	1.16	1.33	0.90	0.49	0.29	0.09	0.09	0.11	0.08	0.06
21:15	1.17	1.05	0.66	0.47	0.27	0.11	0.11	0.09	0.09	0.05
21:30	1.04	0.87	0.63	0.47	0.25	0.12	0.12	0.07	0.09	0.04
21:45	1.16	1.05	0.65	0.59	0.21	0.11	0.12	0.06	0.08	0.04
22:00	1.57	1.07	0.77	0.71	0.17	0.14	0.11	0.09	0.06	0.04
22:15	1.61	1.02	0.81	0.69	0.17	0.13	0.12	0.08	0.06	0.04
22:30	1.43	0.80	0.79	0.68	0.17	0.13	0.12	0.10	0.07	0.04
22:45	1.09	0.70	0.60	0.51	0.15	0.10	0.11	0.09	0.06	0.03
23:00	0.80	0.56	0.60	0.52	0.17	0.09	0.09	0.08	0.05	0.02
23:15	0.60	0.38	0.41	0.36	0.15	0.05	0.06	0.06	0.04	0.02
23:30	0.47	0.25	0.36	0.28	0.11	0.05	0.06	0.05	0.03	0.01
23:45	0.37	0.20	0.30	0.22	0.09	0.04	0.05	0.04	0.03	0.01

表 2.69.4　潮州地区主要电台的占有率（%）

时间	潮州交通音乐广播	潮州戏曲广播	潮州新闻公益广播	潮州综合广播	广东音乐之声	汕头交通之声	广东新闻广播	潮安电台	汕头音乐广播	饶平人民广播电台
6:00	15.2	28.9	19.0	14.6	5.8	5.4	4.5	1.5	1.2	0.0
6:15	26.6	16.6	14.7	16.8	5.0	4.4	3.7	2.2	3.7	0.0
6:30	21.0	20.8	20.2	16.5	3.2	4.1	2.1	2.7	2.1	2.4
6:45	18.7	20.9	17.9	14.8	2.6	3.9	2.2	3.8	2.5	3.1
7:00	26.3	14.3	19.8	14.6	2.8	3.4	3.0	3.8	2.3	2.8
7:15	24.8	17.8	16.9	13.3	3.0	2.8	3.2	4.1	2.4	3.8
7:30	26.1	15.8	19.9	13.3	2.6	3.7	2.4	3.2	2.0	3.2
7:45	24.4	17.6	19.3	13.6	2.0	3.8	3.3	3.2	2.1	2.9
8:00	36.4	14.7	15.1	11.4	2.7	3.2	3.5	2.5	1.8	2.2
8:15	37.3	15.2	15.6	10.7	2.8	3.2	3.4	2.1	1.7	2.0
8:30	38.5	16.1	15.8	9.0	2.8	3.2	3.6	1.7	1.5	1.7
8:45	37.9	15.8	15.4	10.4	3.5	3.1	3.7	1.5	1.4	1.4
9:00	31.3	19.8	17.1	12.8	4.5	2.4	2.7	1.3	1.4	1.6
9:15	29.4	21.9	17.1	12.9	5.2	2.2	2.5	1.2	1.4	1.5
9:30	27.2	26.0	18.2	11.5	5.0	1.7	1.6	1.4	1.6	1.8
9:45	28.3	26.7	18.2	10.1	4.9	1.5	1.5	1.4	1.7	1.8
10:00	25.9	30.2	19.5	9.9	3.9	1.3	1.2	1.6	1.7	1.5
10:15	25.0	30.9	19.7	10.6	3.3	1.2	1.3	1.7	1.8	1.2
10:30	24.9	31.7	19.3	10.5	3.0	1.3	1.4	1.8	1.8	1.2
10:45	23.4	32.5	20.5	10.8	2.2	1.3	1.5	1.7	1.8	1.0
11:00	25.8	27.8	20.3	11.5	2.3	1.9	1.7	2.0	1.8	1.1
11:15	30.0	27.0	17.1	9.8	2.3	2.2	2.4	2.7	1.7	1.2
11:30	33.0	22.0	16.9	10.3	3.0	2.3	2.7	2.9	1.6	1.3
11:45	34.5	22.0	15.6	9.8	3.5	2.6	2.9	2.6	1.7	1.2
12:00	34.7	19.6	15.2	13.3	3.3	2.5	2.6	2.4	1.6	1.2
12:15	35.0	17.7	15.8	13.9	3.3	2.5	2.7	2.4	1.6	1.3
12:30	34.2	17.9	16.1	13.8	3.3	2.6	2.5	2.4	1.7	1.6
12:45	36.8	15.7	15.7	13.6	3.2	2.6	2.5	2.7	1.4	1.7
13:00	28.6	18.7	19.5	13.7	3.8	2.7	2.1	2.8	1.7	1.8
13:15	26.6	18.9	21.5	14.0	3.9	2.6	2.4	2.6	1.1	1.7
13:30	28.2	19.5	19.1	14.2	3.8	3.1	2.8	2.6	1.2	1.3
13:45	27.5	23.6	16.3	14.1	4.4	3.1	2.9	2.0	1.1	1.2
14:00	29.0	26.2	15.0	13.7	3.9	2.8	2.5	1.5	1.2	1.3
14:15	30.3	25.9	15.2	13.4	3.8	2.6	2.3	1.4	1.0	1.3
14:30	30.3	26.1	15.5	12.6	3.6	2.4	1.9	1.4	1.3	1.5
14:45	30.6	25.6	15.3	12.8	3.5	2.4	1.9	1.7	1.4	1.5

时间	潮州交通音乐广播	潮州戏曲广播	潮州新闻公益广播	潮州综合广播	广东音乐之声	汕头交通之声	广东新闻广播	潮安电台	汕头音乐广播	饶平人民广播电台
15:00	39.7	23.6	13.3	9.6	2.2	1.6	1.6	2.4	1.6	1.2
15:15	44.0	22.5	10.1	8.8	2.4	1.9	1.3	2.9	1.9	1.0
15:30	44.8	22.1	9.8	8.5	2.8	1.9	1.4	3.1	1.7	0.8
15:45	42.5	26.3	9.1	7.9	2.8	2.0	1.5	2.9	1.6	0.8
16:00	36.4	28.1	12.2	8.0	2.8	2.3	1.8	2.7	2.1	0.8
16:15	31.4	30.6	12.6	8.8	3.2	2.4	2.2	2.8	2.1	1.1
16:30	30.3	29.0	15.7	8.8	3.0	2.9	2.0	2.8	1.7	1.3
16:45	31.4	26.8	16.2	8.9	3.0	3.2	1.7	2.9	1.6	1.4
17:00	34.2	22.7	15.5	8.7	3.8	3.1	2.6	2.7	1.5	1.6
17:15	35.3	20.7	14.7	9.1	4.1	3.1	3.1	2.7	1.5	1.7
17:30	34.5	20.2	14.4	8.8	4.3	2.8	3.3	2.6	1.8	1.9
17:45	33.7	18.0	15.7	10.7	4.3	2.6	3.4	2.0	1.9	2.0
18:00	33.1	16.2	16.9	12.7	3.6	2.5	3.1	1.8	2.2	1.8
18:15	33.7	17.5	16.6	13.3	3.3	1.9	2.9	1.6	2.2	1.6
18:30	31.5	19.3	17.7	13.3	3.1	2.2	2.6	1.7	2.3	1.3
18:45	30.2	22.2	18.0	11.3	2.7	2.7	2.2	2.1	2.2	1.1
19:00	23.6	28.3	15.4	12.9	2.8	3.5	3.1	2.2	2.2	1.2
19:15	22.0	32.2	13.1	12.1	2.9	3.7	3.4	3.0	1.7	1.1
19:30	22.5	31.3	14.3	11.9	2.8	3.3	3.6	3.2	1.8	1.2
19:45	22.0	30.6	14.3	14.5	3.0	2.7	3.1	3.0	1.7	1.1
20:00	27.6	25.9	15.7	13.0	3.7	2.3	2.3	2.6	1.6	1.4
20:15	30.3	22.0	17.4	13.8	3.9	1.8	1.6	2.6	1.4	1.5
20:30	29.8	22.0	18.0	13.2	4.5	1.6	1.4	2.5	1.5	1.6
20:45	31.8	25.5	15.9	9.1	5.1	1.3	1.5	2.5	1.5	1.8
21:00	24.4	27.8	18.8	10.3	6.0	1.9	1.8	2.2	1.7	1.2
21:15	27.4	24.6	15.6	11.0	6.3	2.7	2.6	2.1	2.2	1.2
21:30	26.9	22.3	16.1	12.1	6.4	3.2	3.1	1.8	2.3	1.1
21:45	27.3	24.7	15.4	13.9	4.9	2.6	2.7	1.4	2.0	0.9
22:00	32.2	21.9	15.8	14.5	3.5	2.8	2.3	1.8	1.3	0.9
22:15	33.1	21.0	16.7	14.1	3.5	2.7	2.4	1.7	1.2	0.9
22:30	32.0	17.9	17.8	15.3	3.8	2.8	2.7	2.2	1.5	0.9
22:45	30.5	19.4	16.8	14.1	4.2	2.9	3.0	2.6	1.8	0.9
23:00	25.9	18.3	19.5	16.8	5.4	2.8	3.0	2.6	1.7	0.7
23:15	27.1	16.9	18.3	16.1	6.6	2.5	2.6	2.8	1.9	0.8
23:30	27.0	14.5	20.7	16.0	6.2	2.8	3.2	3.1	1.8	0.7
23:45	26.3	14.0	21.5	16.0	6.5	2.9	3.3	2.9	2.0	0.6

表 2.69.5 潮州市平均收听率 top30 节目:

排名	节目名称	所属频率	播放时间	平均收听率(%)	市场占有率(%)
1	一路畅行(轻松午间)	潮州电台交通音乐广播	11:30—12:30	4.05	39.9
1	好曲任你点	潮州电台戏曲广播	10:00—11:00	4.05	31.5
3	音乐随心听	潮州电台新闻公益广播	10:00—11:00	4.04	32.1
4	潮州政风行风热线	潮州电台新闻公益广播	10:00—11:00	3.80	29.0
5	城市大搜罗	潮州电台交通音乐广播	11:15—11:30	3.79	33.6
6	音乐随心听	潮州电台新闻公益广播	09:30—10:00	3.46	33.2
6	交警在线	潮州电台交通音乐广播	10:30—11:00	3.46	27.2
8	车师傅在线	潮州电台交通音乐广播	10:30—11:00	3.37	26.6
9	时光在歌唱	潮州电台交通音乐广播	15:00—16:00	3.34	42.8
10	吃喝玩乐 GO	潮州电台交通音乐广播	12:30—12:35	3.04	36.2
11	914 汇生活+交通违法查询	潮州电台交通音乐广播	09:30—10:30	3.03	25.6
11	车厢音乐时间	潮州电台交通音乐广播	11:00—11:15	3.03	27.9
13	城乡大搜罗	潮州电台交通音乐广播	17:00—17:05	2.98	32.5
14	幸福乡村	潮州电台戏曲广播	11:00—11:45	2.96	27.3
15	我爱我车	潮州电台交通音乐广播	16:00—16:30	2.95	37.0
16	博闻天下	潮州电台交通音乐广播	09:00—09:30	2.94	32.3
17	重播潮州新闻及民生直播室	潮州电台新闻公益广播	07:30—08:30	2.84	31.4
18	公益会客厅	潮州电台新闻公益广播	11:00—12:00	2.80	26.2
19	一路畅行(快乐回家)	潮州电台交通音乐广播	17:05—19:00	2.77	34.8
20	文化大观园	潮州电台戏曲广播	09:30—10:00	2.69	25.8
21	一路畅行(快乐回家)	潮州电台交通音乐广播	16:30—16:50	2.66	31.7
22	一路畅行(快乐出发)	潮州电台交通音乐广播	07:00—09:00	2.55	30.8
22	吃喝玩乐 GO	潮州电台交通音乐广播	16:50—17:00	2.55	31.4
24	歌曲+博闻天下	潮州电台新闻公益广播	09:00—09:30	2.53	29.3
25	民生在线(重播)+资讯汇	潮州电台新闻公益广播	08:30—09:00	2.48	26.6
26	大手牵小手	潮州电台新闻公益广播	16:30—18:00	2.42	28.9
27	民生在线	潮州电台新闻公益广播	12:00—12:30	2.41	24.2
28	车厢音乐时间	潮州电台交通音乐广播	20:00—20:30	2.34	34.7
29	一路畅行(休闲午后)	潮州电台交通音乐广播	14:00—15:00	2.29	32.9
30	博闻天下	潮州电台新闻公益广播	12:30—13:00	2.28	28.8

七十、揭阳地区收听率数据

表 2.70.1 揭阳地区主要电台频率的平均收听率和市场份额

排名	电台名称	平均收听率（%）	市场份额（%）
1	揭阳综合广播	1.34	28.9
2	揭阳交通旅游广播	1.28	27.5
3	揭阳农业广播	0.77	16.6
4	潮州戏曲广播	0.20	4.2
5	广东音乐之声	0.17	3.7
6	潮州综合广播	0.13	2.8
7	广东新闻广播	0.12	2.7
8	中央中国之声	0.12	2.7
9	汕头音乐广播	0.12	2.6
10	汕头交通之声	0.10	2.1

表 2.70.2 揭阳地区主要电台频率的周到达率和日到达率

排名	电台名称	周到达率（%）	日到达率（%）
1	揭阳交通旅游广播	28.83	17.29
2	揭阳综合广播	30.00	16.26
3	揭阳农业广播	18.21	11.31
4	广东音乐之声	6.34	3.26
5	潮州戏曲广播	7.81	3.09
6	中央中国之声	4.69	2.95
7	广东新闻广播	4.64	2.54
8	潮州综合广播	5.64	2.51
9	汕头音乐广播	4.90	1.93
10	汕头交通之声	3.88	1.50

表 2.69.3　揭阳地区主要电台的收听率（%）

时间	揭阳综合广播	揭阳交通旅游广播	揭阳农业广播	潮州戏曲广播	广东音乐之声	潮州综合广播	广东新闻广播	中央中国之声	汕头音乐广播	汕头交通之声
6:00	0.00	0.00	0.00	0.07	0.08	0.03	0.07	0.06	0.07	0.04
6:15	0.00	0.00	0.00	0.08	0.11	0.03	0.08	0.06	0.13	0.06
6:30	0.46	0.36	0.59	0.16	0.16	0.05	0.08	0.09	0.15	0.08
6:45	0.60	0.49	0.67	0.19	0.19	0.09	0.07	0.12	0.18	0.07
7:00	1.60	1.23	1.08	0.21	0.22	0.18	0.11	0.15	0.22	0.11
7:15	2.08	1.32	1.14	0.27	0.22	0.18	0.17	0.18	0.26	0.15
7:30	2.03	1.61	1.08	0.24	0.22	0.22	0.17	0.27	0.27	0.17
7:45	1.99	2.04	1.36	0.24	0.24	0.22	0.20	0.30	0.24	0.16
8:00	1.63	2.55	1.90	0.31	0.38	0.16	0.28	0.32	0.20	0.14
8:15	1.83	2.58	1.96	0.32	0.39	0.14	0.28	0.31	0.19	0.13
8:30	1.54	2.35	1.73	0.30	0.37	0.10	0.27	0.27	0.18	0.12
8:45	1.42	2.18	1.52	0.28	0.36	0.10	0.22	0.23	0.17	0.12
9:00	1.54	1.85	1.40	0.23	0.19	0.10	0.14	0.22	0.11	0.14
9:15	1.69	1.85	1.08	0.15	0.17	0.14	0.11	0.19	0.10	0.14
9:30	1.84	1.74	0.75	0.12	0.10	0.17	0.07	0.16	0.07	0.12
9:45	1.83	1.49	0.71	0.12	0.14	0.16	0.08	0.14	0.04	0.13
10:00	1.57	1.73	1.00	0.16	0.20	0.13	0.10	0.15	0.07	0.09
10:15	1.58	1.86	0.95	0.21	0.21	0.10	0.12	0.15	0.07	0.07
10:30	1.55	1.80	1.02	0.21	0.22	0.09	0.11	0.12	0.10	0.05
10:45	1.33	1.54	0.94	0.23	0.20	0.09	0.13	0.13	0.10	0.04
11:00	1.44	1.62	0.80	0.21	0.16	0.10	0.10	0.12	0.11	0.07
11:15	1.74	1.46	0.62	0.23	0.14	0.11	0.08	0.16	0.09	0.10
11:30	2.08	1.47	0.81	0.22	0.09	0.14	0.04	0.17	0.10	0.11
11:45	2.33	1.69	0.89	0.20	0.11	0.12	0.05	0.15	0.14	0.10
12:00	2.41	1.78	1.52	0.26	0.34	0.14	0.09	0.13	0.14	0.12
12:15	2.25	1.74	1.55	0.29	0.38	0.19	0.12	0.11	0.17	0.16
12:30	2.10	1.43	1.54	0.31	0.43	0.18	0.12	0.06	0.16	0.19
12:45	1.74	1.06	1.34	0.30	0.46	0.14	0.12	0.07	0.14	0.22
13:00	1.83	1.13	1.21	0.29	0.43	0.12	0.10	0.09	0.10	0.22
13:15	1.61	1.13	0.80	0.25	0.37	0.08	0.11	0.08	0.05	0.21
13:30	1.41	1.03	0.48	0.20	0.21	0.05	0.11	0.07	0.05	0.22
13:45	0.90	0.78	0.45	0.14	0.16	0.08	0.12	0.10	0.06	0.17
14:00	0.91	0.76	0.47	0.15	0.19	0.06	0.10	0.12	0.09	0.14
14:15	0.90	0.64	0.35	0.13	0.20	0.05	0.11	0.16	0.09	0.11
14:30	0.76	0.64	0.33	0.12	0.16	0.05	0.16	0.15	0.05	0.09
14:45	0.63	0.60	0.35	0.13	0.15	0.03	0.17	0.16	0.06	0.05

时间	揭阳综合广播	揭阳交通旅游广播	揭阳农业广播	潮州戏曲广播	广东音乐之声	潮州综合广播	广东新闻广播	中央中国之声	汕头音乐广播	汕头交通之声
15:00	0.48	0.51	0.45	0.12	0.14	0.07	0.16	0.14	0.09	0.06
15:15	0.44	0.55	0.52	0.19	0.10	0.07	0.13	0.08	0.10	0.08
15:30	0.52	0.82	0.56	0.20	0.07	0.08	0.12	0.07	0.12	0.08
15:45	0.41	0.83	0.50	0.20	0.10	0.13	0.08	0.05	0.11	0.08
16:00	0.46	1.13	0.34	0.18	0.13	0.11	0.07	0.04	0.13	0.09
16:15	0.41	1.12	0.33	0.15	0.12	0.07	0.05	0.08	0.12	0.06
16:30	0.44	0.90	0.28	0.11	0.13	0.06	0.05	0.09	0.11	0.05
16:45	0.40	0.80	0.35	0.09	0.11	0.09	0.07	0.10	0.10	0.03
17:00	1.24	0.74	0.48	0.13	0.07	0.10	0.07	0.11	0.05	0.06
17:15	1.26	0.96	0.66	0.18	0.05	0.13	0.11	0.16	0.06	0.07
17:30	1.83	1.63	0.70	0.19	0.04	0.14	0.10	0.19	0.08	0.05
17:45	2.05	1.62	0.62	0.21	0.07	0.20	0.16	0.16	0.10	0.04
18:00	2.81	2.35	1.20	0.25	0.12	0.18	0.18	0.18	0.12	0.04
18:15	2.88	2.52	1.23	0.24	0.18	0.20	0.22	0.19	0.17	0.05
18:30	3.05	2.66	1.44	0.22	0.22	0.29	0.24	0.17	0.19	0.09
18:45	2.95	2.15	1.38	0.16	0.26	0.31	0.24	0.16	0.20	0.12
19:00	2.46	2.02	1.40	0.23	0.24	0.36	0.25	0.09	0.21	0.13
19:15	2.55	1.77	1.31	0.22	0.26	0.37	0.29	0.09	0.23	0.13
19:30	2.41	1.50	1.02	0.31	0.18	0.35	0.26	0.10	0.21	0.14
19:45	2.08	1.17	0.79	0.35	0.19	0.24	0.25	0.10	0.13	0.11
20:00	1.73	1.69	0.69	0.36	0.11	0.23	0.21	0.06	0.16	0.08
20:15	1.67	1.72	0.44	0.36	0.08	0.17	0.16	0.06	0.13	0.09
20:30	1.63	1.63	0.43	0.36	0.09	0.16	0.14	0.07	0.12	0.07
20:45	1.19	1.13	0.42	0.31	0.10	0.09	0.10	0.11	0.06	0.05
21:00	0.79	1.28	0.23	0.23	0.13	0.08	0.11	0.09	0.08	0.06
21:15	0.81	1.20	0.41	0.18	0.11	0.09	0.10	0.10	0.08	0.04
21:30	0.81	0.72	0.44	0.12	0.11	0.11	0.07	0.09	0.11	0.05
21:45	0.55	0.69	0.38	0.10	0.10	0.09	0.06	0.06	0.12	0.03
22:00	0.47	0.74	0.38	0.05	0.04	0.10	0.04	0.04	0.11	0.03
22:15	0.41	0.62	0.36	0.08	0.06	0.08	0.06	0.05	0.09	0.05
22:30	0.30	0.62	0.31	0.10	0.08	0.08	0.07	0.05	0.06	0.07
22:45	0.42	0.71	0.21	0.09	0.04	0.08	0.05	0.06	0.06	0.07
23:00	0.45	0.59	0.17	0.08	0.08	0.08	0.04	0.05	0.06	0.06
23:15	0.46	0.49	0.18	0.07	0.06	0.06	0.03	0.04	0.06	0.05
23:30	0.23	0.46	0.14	0.06	0.05	0.07	0.03	0.04	0.05	0.04
23:45	0.20	0.30	0.13	0.05	0.03	0.05	0.03	0.03	0.04	0.03

表 2.69.4 揭阳地区主要电台的占有率（%）

时间	揭阳综合广播	揭阳交通旅游广播	揭阳农业广播	潮州戏曲广播	广东音乐之声	潮州综合广播	广东新闻广播	中央中国之声	汕头音乐广播	汕头交通之声
6:00	0.0	0.0	0.0	11.8	13.6	5.0	12.6	10.3	12.0	7.2
6:15	0.0	0.0	0.0	10.0	14.0	4.0	9.5	7.1	16.4	7.5
6:30	18.5	14.6	23.8	6.4	6.5	1.8	3.3	3.8	6.0	3.3
6:45	19.8	16.4	22.3	6.4	6.2	2.9	2.4	4.1	6.1	2.3
7:00	29.3	22.5	19.8	3.8	4.0	3.3	2.0	2.7	3.9	2.0
7:15	32.8	20.7	17.9	4.3	3.5	2.8	2.7	2.8	4.1	2.3
7:30	30.4	24.1	16.2	3.7	3.2	3.3	2.6	4.1	4.0	2.5
7:45	26.9	27.6	18.5	3.3	3.2	3.0	2.7	4.1	3.2	2.1
8:00	19.6	30.8	23.0	3.8	4.6	1.9	3.4	3.9	2.4	1.7
8:15	21.5	30.3	23.0	3.8	4.5	1.6	3.3	3.7	2.2	1.6
8:30	20.0	30.5	22.5	3.9	4.9	1.4	3.5	3.5	2.3	1.6
8:45	20.2	30.8	21.5	4.0	5.1	1.4	3.1	3.3	2.4	1.7
9:00	24.0	28.7	21.7	3.6	3.0	1.5	2.2	3.4	1.8	2.2
9:15	27.6	30.1	17.5	2.5	2.8	2.3	1.9	3.0	1.7	2.3
9:30	32.8	31.0	13.4	2.2	1.7	2.9	1.3	2.8	1.3	2.1
9:45	34.4	28.1	13.4	2.2	2.6	3.0	1.4	2.7	0.8	2.5
10:00	27.9	30.7	17.7	2.8	3.5	2.4	1.7	2.7	1.2	1.5
10:15	27.4	32.3	16.5	3.7	3.7	1.7	2.0	2.6	1.1	1.3
10:30	27.2	31.7	18.1	3.7	3.8	1.6	1.9	2.1	1.7	0.9
10:45	26.1	30.2	18.4	4.5	3.9	1.7	2.5	2.5	2.0	0.8
11:00	28.2	31.6	15.7	4.1	3.0	2.0	2.0	2.4	2.2	1.4
11:15	34.7	29.1	12.2	4.6	2.7	2.1	1.5	3.2	1.8	2.1
11:30	37.8	26.6	14.6	4.0	1.6	2.5	0.7	3.0	1.9	2.0
11:45	38.1	27.6	14.6	3.3	1.8	2.0	0.8	2.5	2.3	1.6
12:00	33.0	24.3	20.7	3.5	4.7	1.8	1.2	1.8	2.0	1.7
12:15	30.5	23.5	21.0	3.9	5.2	2.6	1.6	1.5	2.3	2.2
12:30	30.3	20.6	22.2	4.5	6.2	2.6	1.8	0.9	2.2	2.7
12:45	28.9	17.7	22.3	5.1	7.7	2.3	2.0	1.1	2.3	3.7
13:00	31.0	19.2	20.6	4.9	7.3	2.1	1.7	1.5	1.6	3.8
13:15	32.0	22.5	15.8	4.9	7.3	1.7	2.2	1.5	1.0	4.1
13:30	33.6	24.5	11.4	4.8	5.0	1.2	2.7	1.6	1.2	5.2
13:45	27.4	23.9	13.9	4.3	5.0	2.3	3.7	3.1	1.9	5.3
14:00	27.9	23.3	14.3	4.5	5.7	1.7	3.1	3.6	2.6	4.4
14:15	29.8	21.2	11.7	4.2	6.7	1.5	3.7	5.3	2.8	3.7
14:30	27.8	23.3	12.1	4.5	5.9	1.9	5.8	5.4	1.8	3.5
14:45	24.6	23.5	13.7	4.9	5.9	1.2	6.7	6.1	2.5	1.9

时间	揭阳综合广播	揭阳交通旅游广播	揭阳农业广播	潮州戏曲广播	广东音乐之声	潮州综合广播	广东新闻广播	中央中国之声	汕头音乐广播	汕头交通之声
15:00	19.6	20.9	18.5	5.1	5.7	2.9	6.7	5.6	3.6	2.4
15:15	17.7	21.8	20.8	7.4	4.0	2.9	5.3	3.1	4.0	3.1
15:30	18.0	28.2	19.5	6.8	2.6	2.8	4.1	2.3	4.3	2.9
15:45	15.0	30.3	18.2	7.3	3.7	4.8	2.8	1.8	4.0	3.1
16:00	15.9	39.1	11.9	6.2	4.4	3.9	2.3	1.5	4.5	3.0
16:15	15.2	41.5	12.4	5.6	4.5	2.6	1.8	2.8	4.5	2.1
16:30	18.4	38.0	11.8	4.4	5.5	2.3	2.2	3.7	4.7	2.0
16:45	17.2	34.3	14.8	3.9	4.7	4.0	3.1	4.1	4.4	1.5
17:00	38.1	22.7	14.7	4.1	2.1	3.1	2.1	3.5	1.7	1.8
17:15	32.5	24.7	17.1	4.7	1.2	3.3	2.9	4.2	1.5	1.7
17:30	35.2	31.3	13.4	3.6	0.8	2.7	1.9	3.7	1.5	1.0
17:45	36.9	29.2	11.2	3.8	1.3	3.6	2.8	2.9	1.8	0.8
18:00	36.3	30.3	15.4	3.2	1.5	2.3	2.4	2.4	1.6	0.6
18:15	35.0	30.7	15.0	2.9	2.1	2.5	2.6	2.3	2.1	0.7
18:30	34.3	29.8	16.1	2.4	2.4	3.2	2.7	1.9	2.1	1.0
18:45	35.6	26.0	16.6	1.9	3.1	3.8	2.9	1.9	2.4	1.5
19:00	31.6	25.9	18.1	3.0	3.1	4.6	3.2	1.2	2.6	1.7
19:15	33.7	23.4	17.3	2.9	3.4	4.9	3.8	1.2	3.1	1.8
19:30	35.3	21.9	15.0	4.5	2.7	5.1	3.8	1.5	3.1	2.1
19:45	36.4	20.4	13.8	6.1	3.3	4.2	4.4	1.8	2.2	2.0
20:00	30.9	30.3	12.4	6.4	1.9	4.1	3.8	1.0	2.9	1.5
20:15	32.6	33.6	8.6	7.0	1.5	3.4	3.1	1.2	2.5	1.7
20:30	33.1	33.0	8.7	7.2	1.8	3.2	2.8	1.5	2.4	1.4
20:45	31.4	29.8	11.1	8.1	2.7	2.4	2.6	2.8	1.5	1.3
21:00	24.0	38.7	6.9	7.0	3.8	2.3	3.4	2.9	2.5	1.8
21:15	24.4	36.1	12.3	5.5	3.4	2.6	3.1	3.0	2.3	1.1
21:30	28.7	25.6	15.5	4.2	3.8	3.9	2.3	3.1	4.1	1.7
21:45	23.2	29.0	16.0	4.4	4.3	3.6	2.7	2.5	5.0	1.4
22:00	21.9	34.4	17.7	2.5	1.9	4.5	1.7	1.7	5.0	1.3
22:15	20.6	31.0	18.2	4.0	3.0	4.0	3.3	2.5	4.7	2.5
22:30	16.2	33.2	16.7	5.6	4.3	4.6	3.9	2.5	3.0	3.5
22:45	22.2	37.2	10.8	4.8	2.3	4.0	2.4	3.1	3.3	3.5
23:00	24.8	32.5	9.5	4.4	4.4	4.3	2.4	2.9	3.3	3.4
23:15	28.5	30.8	11.4	4.3	3.5	3.8	1.6	2.5	3.6	3.0
23:30	18.1	36.0	11.3	4.7	3.6	5.7	2.6	3.0	3.6	3.1
23:45	20.6	31.6	14.0	5.0	3.3	5.4	3.5	2.8	4.2	2.8

表 2.70.5　揭阳市平均收听率 top30 节目

排名	节目名称	所属频率	播放时间	平均收听率(%)	市场占有率(%)
1	新闻十五分	揭阳综合广播	18:30—18:45	2.82	30.5
2	潮语十二分（重播）	揭阳综合广播	18:45—19:00	2.80	31.1
3	952 路况直击 8:30	揭阳交通旅游广播	08:30—09:00	2.74	32.7
4	转播全省新闻联播	揭阳综合广播	18:00—18:30	2.68	30.6
5	非常记录 18:30	揭阳交通旅游广播	18:30—19:00	2.58	28.2
6	新闻十五分(重播)12:00	揭阳综合广播	12:00—12:15	2.45	35.3
7	快乐点播	揭阳综合广播	19:00—20:00	2.43	33.7
8	资讯零距离	揭阳综合广播	09:00—10:00	2.35	33.2
9	生活 365	揭阳综合广播	11:00—12:00	2.31	40.2
10	952 讲坛 7:30	揭阳交通旅游广播	07:30—08:30	2.30	27.4
11	微动时刻 9:00	揭阳交通旅游广播	09:00—10:00	2.23	31.5
12	952 路况直击 17:30	揭阳交通旅游广播	17:30—18:30	2.12	27.8
13	品茶听古	揭阳综合广播	07:30—08:00	2.11	27.1
14	交警在线	揭阳交通旅游广播	09:00—10:00	2.06	31.1
15	潮语十二分	揭阳综合广播	07:15—07:30	2.04	32.4
16	女人花	揭阳综合广播	11:00—12:00	2.03	39.4
16	律师在线	揭阳综合广播	09:30—10:00	2.03	34.3
18	新闻十五分(重播)7:00	揭阳综合广播	07:00—07:15	1.98	34.3
19	潮剧连播	揭阳农业广播	08:00—09:00	1.96	22.5
20	一起关注吧 10:00	揭阳交通旅游广播	10:00—11:30	1.84	31.7
21	开心小谜台 12:15	揭阳综合广播	12:15—13:30	1.83	28.8
22	七彩风转车	揭阳综合广播	17:00—18:00	1.78	33.9
23	娱乐百分百 19:00	揭阳交通旅游广播	19:00—20:30	1.74	27.8
24	品茶听古 18:00	揭阳农业广播	18:00—18:30	1.69	19.2
25	952 路况直击 11:30	揭阳交通旅游广播	11:30—12:30	1.52	24.0
26	行风热线	揭阳综合广播	09:00—09:30	1.51	20.6
27	潮剧唱段精选	揭阳农业广播	18:30—19:30	1.47	17.1
28	都市加油站 20:30	揭阳交通旅游广播	20:30—21:30	1.44	42.3
29	最炫民族风	揭阳交通旅游广播	07:00—07:30	1.38	22.9
29	娱乐新联盟	揭阳综合广播	12:15—14:00	1.38	27.5

七十一、桂林地区收听率数据

表 2.71.1 桂林地区主要电台频率的平均收听率和市场份额

排名	电台名称	平均收听率（%）	市场份额（%）
1	桂林旅游音乐广播	1.85	34.7
2	桂林新闻综合广播	1.29	24.1
3	桂林电台生活广播	0.54	10.1
4	广西交通广播	0.31	5.7
5	桂林电台最爱 912	0.27	5.1
6	广西 970 女主播电台	0.24	4.6
7	广西文艺广播 Music Radio	0.24	4.6
8	中央中国之声	0.18	3.4
9	广西新闻广播	0.16	3.0
10	中央经济之声	0.13	2.4

表 2.71.2 桂林地区主要电台频率的周到达率和日到达率

排名	电台名称	周到达率（%）	日到达率（%）
1	桂林旅游音乐广播	45.67	14.75
2	桂林新闻综合广播	30.29	5.13
3	广西文艺广播 Music Radio	16.73	2.14
4	中央中国之声	16.31	2.10
5	广西交通广播	14.71	1.90
6	桂林电台生活广播	12.08	1.60
7	广西 970 女主播电台	11.35	1.55
8	广西私家车广播	9.23	1.16
9	广西新闻广播	9.97	1.13
10	中央经济之声	8.85	0.80

表 2.71.3　桂林地区主要电台的收听率（%）

时间	桂林旅游音乐广播	桂林新闻综合广播	桂林电台生活广播	广西交通广播	桂林电台最爱912	广西970女主播电台	广西文艺广播MusicRadio	中央中国之声	广西新闻广播	中央经济之声
6:00	0.82	1.23	0.03	0.18	0.00	0.14	0.18	0.12	0.13	0.18
6:15	0.93	1.25	0.03	0.18	0.00	0.15	0.14	0.12	0.16	0.14
6:30	1.09	1.29	0.02	0.19	0.00	0.13	0.10	0.11	0.16	0.10
6:45	1.19	1.36	0.08	0.21	0.00	0.14	0.14	0.12	0.18	0.11
7:00	1.55	1.51	0.30	0.27	0.27	0.16	0.16	0.14	0.15	0.13
7:15	1.81	1.60	0.44	0.31	0.25	0.21	0.19	0.16	0.14	0.12
7:30	2.10	1.69	0.48	0.31	0.24	0.22	0.18	0.14	0.17	0.16
7:45	2.36	1.70	0.52	0.30	0.27	0.24	0.16	0.13	0.16	0.21
8:00	2.70	1.64	0.54	0.36	0.26	0.30	0.22	0.13	0.17	0.20
8:15	2.77	1.61	0.51	0.36	0.25	0.34	0.22	0.14	0.17	0.19
8:30	2.60	1.54	0.52	0.40	0.27	0.34	0.25	0.15	0.13	0.17
8:45	2.44	1.45	0.55	0.42	0.31	0.34	0.26	0.14	0.15	0.13
9:00	2.47	1.34	0.60	0.37	0.32	0.36	0.30	0.16	0.17	0.14
9:15	2.42	1.25	0.63	0.41	0.33	0.36	0.33	0.14	0.16	0.13
9:30	2.26	1.23	0.64	0.40	0.34	0.37	0.31	0.14	0.14	0.14
9:45	2.21	1.21	0.67	0.34	0.36	0.36	0.24	0.14	0.14	0.14
10:00	2.38	1.22	0.69	0.33	0.35	0.38	0.26	0.16	0.14	0.12
10:15	2.39	1.26	0.66	0.34	0.34	0.38	0.24	0.17	0.17	0.13
10:30	2.32	1.27	0.63	0.37	0.33	0.39	0.24	0.14	0.17	0.14
10:45	2.38	1.32	0.63	0.34	0.30	0.35	0.23	0.15	0.16	0.13
11:00	2.52	1.35	0.61	0.34	0.34	0.33	0.23	0.18	0.16	0.11
11:15	2.68	1.36	0.62	0.33	0.31	0.34	0.25	0.17	0.17	0.14
11:30	2.74	1.37	0.56	0.29	0.30	0.33	0.30	0.18	0.14	0.14
11:45	2.81	1.39	0.56	0.30	0.29	0.34	0.30	0.19	0.16	0.13
12:00	2.84	1.41	0.59	0.33	0.29	0.31	0.32	0.25	0.17	0.14
12:15	2.85	1.41	0.60	0.33	0.30	0.31	0.32	0.24	0.16	0.14
12:30	2.71	1.35	0.59	0.34	0.30	0.30	0.32	0.17	0.19	0.12
12:45	2.49	1.32	0.58	0.37	0.32	0.29	0.32	0.20	0.23	0.12
13:00	2.28	1.19	0.53	0.38	0.26	0.24	0.36	0.18	0.22	0.13
13:15	2.14	1.09	0.53	0.36	0.25	0.24	0.34	0.16	0.22	0.12
13:30	1.93	1.00	0.54	0.33	0.25	0.23	0.30	0.17	0.22	0.13
13:45	1.79	0.95	0.53	0.31	0.25	0.26	0.23	0.18	0.20	0.11
14:00	1.83	1.00	0.50	0.35	0.25	0.28	0.24	0.22	0.20	0.10
14:15	1.81	1.03	0.51	0.32	0.25	0.27	0.23	0.22	0.18	0.11
14:30	1.72	1.03	0.50	0.35	0.25	0.26	0.22	0.19	0.18	0.12
14:45	1.73	1.01	0.49	0.36	0.26	0.26	0.20	0.16	0.19	0.11

时间	桂林旅游音乐广播	桂林新闻综合广播	桂林电台生活广播	广西交通广播	桂林电台最爱912	广西970女主播电台	广西文艺广播MusicRadio	中央中国之声	广西新闻广播	中央经济之声
15:00	1.80	0.99	0.54	0.30	0.25	0.27	0.19	0.18	0.19	0.13
15:15	1.84	1.00	0.52	0.31	0.26	0.30	0.21	0.15	0.20	0.12
15:30	1.75	0.96	0.54	0.32	0.25	0.29	0.20	0.13	0.21	0.12
15:45	1.71	0.92	0.53	0.29	0.26	0.28	0.18	0.14	0.22	0.13
16:00	1.69	0.98	0.52	0.32	0.27	0.27	0.15	0.15	0.19	0.10
16:15	1.56	0.98	0.52	0.35	0.27	0.26	0.16	0.17	0.17	0.08
16:30	1.52	0.99	0.57	0.34	0.27	0.27	0.14	0.15	0.16	0.10
16:45	1.55	1.07	0.63	0.36	0.30	0.24	0.15	0.17	0.15	0.10
17:00	1.63	1.15	0.71	0.40	0.39	0.27	0.19	0.21	0.15	0.11
17:15	1.65	1.20	0.76	0.38	0.40	0.30	0.20	0.24	0.17	0.11
17:30	1.50	1.28	0.74	0.34	0.37	0.31	0.21	0.23	0.18	0.17
17:45	1.39	1.40	0.73	0.35	0.37	0.31	0.22	0.25	0.16	0.16
18:00	1.43	1.46	0.78	0.33	0.41	0.31	0.21	0.24	0.19	0.18
18:15	1.29	1.50	0.77	0.32	0.39	0.29	0.20	0.25	0.21	0.14
18:30	1.18	1.50	0.73	0.30	0.38	0.28	0.22	0.20	0.22	0.12
18:45	1.11	1.46	0.67	0.30	0.35	0.23	0.22	0.21	0.23	0.13
19:00	1.18	1.47	0.64	0.24	0.31	0.19	0.27	0.26	0.22	0.12
19:15	1.18	1.48	0.61	0.26	0.30	0.15	0.27	0.27	0.21	0.11
19:30	1.10	1.45	0.62	0.25	0.29	0.12	0.29	0.30	0.19	0.13
19:45	1.11	1.47	0.58	0.27	0.30	0.12	0.29	0.29	0.17	0.16
20:00	1.17	1.51	0.58	0.27	0.29	0.15	0.25	0.27	0.15	0.14
20:15	1.22	1.50	0.59	0.30	0.31	0.19	0.25	0.27	0.17	0.13
20:30	1.32	1.46	0.61	0.29	0.31	0.17	0.27	0.22	0.16	0.12
20:45	1.45	1.45	0.61	0.29	0.32	0.15	0.29	0.17	0.14	0.11
21:00	1.59	1.50	0.62	0.26	0.29	0.14	0.28	0.16	0.14	0.13
21:15	1.77	1.51	0.59	0.29	0.29	0.12	0.25	0.15	0.13	0.13
21:30	1.83	1.49	0.57	0.29	0.28	0.14	0.29	0.16	0.11	0.11
21:45	1.94	1.50	0.55	0.27	0.29	0.13	0.32	0.19	0.12	0.12
22:00	2.06	1.40	0.53	0.28	0.26	0.11	0.38	0.23	0.11	0.12
22:15	2.11	1.41	0.50	0.22	0.26	0.11	0.36	0.25	0.11	0.14
22:30	2.08	1.33	0.45	0.20	0.23	0.14	0.36	0.22	0.13	0.14
22:45	2.03	1.29	0.37	0.20	0.15	0.14	0.33	0.24	0.12	0.11
23:00	1.79	1.13	0.35	0.21	0.15	0.16	0.32	0.21	0.09	0.10
23:15	1.52	0.92	0.33	0.20	0.16	0.17	0.27	0.14	0.07	0.09
23:30	1.22	0.81	0.36	0.19	0.18	0.16	0.21	0.10	0.06	0.09
23:45	0.98	0.68	0.37	0.13	0.19	0.11	0.19	0.05	0.04	0.10

表 2.71.4　桂林地区主要电台的占有率（%）

时间	桂林旅游音乐广播	桂林新闻综合广播	桂林电台生活广播	广西交通广播	桂林电台最爱912	广西970女主播电台	广西文艺广播MusicRadio	中央中国之声	广西新闻广播	中央经济之声
6:00	26.2	39.1	1.0	5.9	0.0	4.5	5.8	3.9	4.2	5.6
6:15	29.0	39.1	0.9	5.7	0.0	4.6	4.4	3.9	4.9	4.3
6:30	32.8	39.0	0.6	5.7	0.0	3.9	3.1	3.5	4.8	3.1
6:45	32.7	37.4	2.2	5.7	0.0	4.0	3.7	3.2	4.9	3.0
7:00	32.7	31.8	6.3	5.7	5.7	3.3	3.4	2.9	3.2	2.7
7:15	33.9	29.9	8.2	5.8	4.6	4.0	3.6	3.0	2.6	2.3
7:30	36.1	29.0	8.3	5.4	4.1	3.9	3.1	2.5	3.0	2.7
7:45	38.3	27.6	8.4	4.8	4.3	3.9	2.6	2.1	2.6	3.3
8:00	40.7	24.7	8.1	5.4	3.9	4.5	3.3	1.9	2.5	3.0
8:15	41.5	24.1	7.6	5.4	3.8	5.1	3.2	2.1	2.6	2.8
8:30	40.0	23.6	7.9	6.2	4.1	5.2	3.8	2.4	2.0	2.6
8:45	38.6	22.9	8.6	6.6	5.0	5.4	4.1	2.1	2.4	2.1
9:00	38.9	21.1	9.4	5.9	5.0	5.6	4.8	2.5	2.7	2.2
9:15	38.7	20.0	10.0	6.6	5.2	5.8	5.2	2.2	2.6	2.0
9:30	37.1	20.3	10.6	6.6	5.6	6.1	5.0	2.3	2.4	2.3
9:45	37.3	20.4	11.3	5.8	6.0	6.2	4.1	2.4	2.3	2.3
10:00	38.9	19.9	11.3	5.3	5.7	6.2	4.2	2.7	2.3	1.9
10:15	38.9	20.6	10.7	5.5	5.5	6.1	3.9	2.7	2.8	2.2
10:30	38.1	20.9	10.4	6.1	5.4	6.4	4.0	2.3	2.9	2.3
10:45	39.4	21.8	10.4	5.6	4.9	5.8	3.8	2.5	2.6	2.1
11:00	40.3	21.6	9.8	5.4	5.4	5.4	3.7	2.9	2.6	1.8
11:15	41.4	20.9	9.5	5.2	4.7	5.2	3.8	2.6	2.6	2.2
11:30	42.4	21.2	8.6	4.4	4.6	5.2	4.6	2.8	2.1	2.2
11:45	42.8	21.1	8.5	4.6	4.4	5.2	4.6	2.9	2.4	2.0
12:00	41.8	20.8	8.7	4.8	4.3	4.6	4.7	3.7	2.5	2.1
12:15	42.0	20.8	8.8	4.9	4.4	4.6	4.8	3.5	2.4	2.1
12:30	41.5	20.7	9.1	5.2	4.6	4.6	4.9	2.7	2.9	1.8
12:45	39.0	20.6	9.1	5.8	5.1	4.6	5.0	3.1	3.6	1.9
13:00	38.7	20.3	8.9	6.5	4.4	4.1	6.0	3.1	3.7	2.2
13:15	38.6	19.7	9.6	6.5	4.5	4.2	6.1	2.8	4.0	2.1
13:30	37.0	19.1	10.2	6.3	4.9	4.5	5.7	3.3	4.1	2.4
13:45	36.4	19.2	10.7	6.3	5.0	5.2	4.6	3.7	4.0	2.2
14:00	35.7	19.5	9.8	6.8	4.9	5.5	4.7	4.2	3.9	2.0
14:15	35.5	20.2	10.0	6.2	4.9	5.2	4.5	4.2	3.5	2.2
14:30	34.4	20.6	10.0	7.0	4.9	5.2	4.4	3.7	3.6	2.4
14:45	34.9	20.4	9.9	7.2	5.2	5.2	4.0	3.1	3.7	2.3

时间	桂林旅游音乐广播	桂林新闻综合广播	桂林电台生活广播	广西交通广播	桂林电台最爱912	广西970女主播电台	广西文艺广播MusicRadio	中央中国之声	广西新闻广播	中央经济之声
15:00	35.3	19.4	10.6	6.0	5.0	5.3	3.6	3.5	3.8	2.6
15:15	35.8	19.5	10.1	6.1	5.0	5.7	4.1	2.9	3.8	2.4
15:30	35.0	19.2	10.8	6.4	5.1	5.9	4.0	2.7	4.2	2.4
15:45	35.0	18.7	10.9	5.9	5.3	5.8	3.7	2.8	4.6	2.6
16:00	34.7	20.2	10.7	6.6	5.5	5.6	3.2	3.1	3.9	2.0
16:15	33.0	20.8	11.0	7.5	5.7	5.6	3.3	3.6	3.5	1.7
16:30	32.6	21.3	12.2	7.2	5.7	5.7	2.9	3.1	3.5	2.2
16:45	31.5	21.8	12.9	7.4	6.0	5.0	3.0	3.5	3.1	2.1
17:00	30.5	21.6	13.2	7.4	7.3	5.1	3.6	4.0	2.7	2.0
17:15	29.7	21.5	13.7	6.8	7.2	5.3	3.7	4.2	3.1	2.0
17:30	27.3	23.3	13.5	6.1	6.7	5.6	3.7	4.2	3.2	3.2
17:45	25.4	25.6	13.4	6.3	6.7	5.7	4.0	4.5	2.9	2.8
18:00	25.2	25.8	13.8	5.9	7.2	5.4	3.7	4.2	3.4	3.1
18:15	23.5	27.2	13.9	5.8	7.1	5.2	3.7	4.6	3.8	2.6
18:30	22.3	28.3	13.9	5.6	7.3	5.2	4.2	3.8	4.1	2.3
18:45	21.9	28.8	13.2	5.8	6.9	4.6	4.4	4.1	4.5	2.5
19:00	23.4	29.1	12.7	4.7	6.2	3.8	5.3	5.1	4.4	2.5
19:15	23.6	29.6	12.1	5.1	6.0	3.1	5.4	5.3	4.1	2.3
19:30	22.5	29.6	12.6	5.0	6.0	2.4	5.9	6.1	4.0	2.6
19:45	22.7	30.1	11.9	5.5	6.0	2.4	5.9	5.9	3.4	3.2
20:00	24.0	30.8	11.9	5.6	5.9	3.1	5.0	5.5	3.1	2.8
20:15	24.3	30.0	11.8	5.9	6.1	3.8	5.0	5.4	3.4	2.6
20:30	26.4	29.3	12.3	5.9	6.2	3.4	5.4	4.4	3.1	2.4
20:45	29.0	29.0	12.3	5.7	6.3	2.9	5.7	3.3	2.7	2.1
21:00	30.6	29.0	12.0	5.0	5.6	2.8	5.5	3.2	2.7	2.5
21:15	33.5	28.5	11.2	5.5	5.4	2.3	4.7	2.8	2.4	2.5
21:30	34.4	28.0	10.7	5.5	5.3	2.6	5.4	3.1	2.0	2.1
21:45	35.3	27.3	10.1	5.0	5.2	2.3	5.8	3.4	2.1	2.2
22:00	37.3	25.2	9.5	5.0	4.7	1.9	6.8	4.1	2.0	2.1
22:15	38.0	25.4	9.0	3.9	4.6	2.0	6.5	4.5	1.9	2.4
22:30	38.7	24.8	8.5	3.7	4.4	2.5	6.7	4.1	2.3	2.6
22:45	40.2	25.6	7.4	4.0	3.0	2.9	6.6	4.7	2.3	2.2
23:00	39.1	24.6	7.6	4.5	3.4	3.4	7.0	4.5	1.9	2.3
23:15	38.6	23.3	8.3	5.1	4.1	4.2	6.9	3.5	1.7	2.4
23:30	35.7	23.8	10.5	5.4	5.2	4.6	6.0	2.9	1.7	2.5
23:45	33.9	23.8	12.7	4.5	6.8	3.8	6.5	1.6	1.5	3.3

表 2.71.5　桂林市平均收听率 top30 节目

排名	节目名称	所属频率	播放时间	平均收听率(%)	市场占有率(%)
1	音乐大玩家	桂林电台旅游音乐广播	12:00—13:00	2.58	40.4
2	音乐爱上车	桂林电台旅游音乐广播	09:00—12:00	2.40	39.3
3	我的资讯会唱歌	桂林电台旅游音乐广播	07:30—09:00	2.34	38.1
4	十点音乐派对	桂林电台旅游音乐广播	22:00—23:00	2.00	38.3
5	音乐方向盘	桂林电台旅游音乐广播	13:00—15:00	1.90	36.5
6	大牌主打歌	桂林电台旅游音乐广播	21:00—22:00	1.71	31.8
7	音乐下午茶	桂林电台旅游音乐广播	15:00—17:00	1.67	34.2
8	马路英雄传	桂林电台生活广播	17:30—19:00	1.51	27.5
9	转播《广西新闻联播》	桂林电台新闻综合广播	19:30—20:00	1.42	28.2
10	政风行风热线	桂林电台新闻综合广播	08:30—09:00	1.41	22.3
11	搜狐天下体育	桂林电台新闻综合广播	20:00—20:30	1.40	28.3
12	早安,桂林!	桂林电台新闻综合广播	07:00—08:30	1.39	24.9
13	环球音乐航班	桂林电台新闻综合广播	21:00—22:00	1.38	25.7
14	畅通回家路	桂林电台旅游音乐广播	17:00—19:00	1.37	25.1
15	天下故事会	桂林电台新闻综合广播	20:30—21:00	1.36	26.1
16	中外电影音乐剪辑	桂林电台新闻综合广播	19:00—19:30	1.35	26.2
17	转播《全国新闻联播》	桂林电台新闻综合广播	18:30—19:00	1.34	25.2
18	音乐无人驾驶	桂林电台旅游音乐广播	23:00—00:00	1.32	35.4
19	城市深呼吸	桂林电台新闻综合广播	17:30—18:30	1.30	22.8
20	劲歌金曲	桂林电台生活广播	09:00—11:30	1.24	20.5
21	车厢小时代	桂林电台旅游音乐广播	19:00—21:00	1.21	24.7
22	闪亮的日子	桂林电台生活广播	19:00—20:30	1.20	24.6
22	政风行风热线	桂林电台新闻综合广播	11:00—12:00	1.20	19.3
24	音乐叫醒你	桂林电台旅游音乐广播	06:00—07:30	1.18	31.8
24	转播中央台《新闻和报纸摘要》	桂林电台新闻综合广播	06:30—07:00	1.18	35.2
24	桂林美食地图	桂林电台新闻综合广播	12:00—13:00	1.18	18.4
27	桂林新闻(重播)	桂林电台新闻综合广播	09:30—10:00	1.14	18.3
28	书香城市	桂林电台新闻综合广播	22:00—23:00	1.13	21.8
28	四季歌	桂林电台生活广播	14:00—17:30	1.13	22.5
30	天生一对	桂林电台生活广播	11:30—14:00	1.12	18.8

七十二、泸州地区收听率数据

表 2.72.1　泸州地区主要电台频率的平均收听率和市场份额

排名	电台名称	平均收听率（%）	市场份额（%）
1	泸州交通广播	1.52	31.3
2	泸州新闻广播	1.17	24.1
3	泸州音乐广播	0.61	12.6
4	四川交通广播	0.35	7.2
5	中央中国之声	0.32	6.5
6	四川天府之声私家车广播	0.26	5.4
7	四川旅游生活广播	0.22	4.5
8	四川经济频率民生广播	0.18	3.6
8	中央经济之声	0.12	2.5
10	成都经济频道	0.03	0.5

表 2.72.2　泸州地区主要电台频率的周到达率和日到达率

排名	电台名称	周到达率（%）	日到达率（%）
1	泸州交通广播	31.12	19.54
2	泸州新闻广播	27.21	18.85
3	泸州音乐广播	15.84	9.59
4	中央中国之声	9.99	6.04
5	四川天府之声私家车广播	8.03	6.01
6	四川交通广播	9.66	5.62
7	四川旅游生活广播	6.68	4.63
8	四川经济频率民生广播	6.45	4.20
9	中央经济之声	6.68	4.07
10	成都经济频道	1.86	0.94

表 2.72.3 泸州地区主要电台的收听率（%）

时间	泸州交通广播	泸州新闻广播	泸州音乐广播	四川交通广播	中央中国之声	四川天府之声私家车广播	四川旅游生活广播	四川经济频率民生广播	中央经济之声	成都经济频道
6:00	0.08	0.00	0.08	0.10	0.09	0.03	0.01	0.03	0.03	0.02
6:15	0.57	0.00	0.09	0.13	0.11	0.04	0.07	0.10	0.03	0.03
6:30	0.66	0.38	0.29	0.11	0.10	0.12	0.10	0.11	0.04	0.03
6:45	1.74	0.58	0.52	0.15	0.19	0.14	0.19	0.23	0.10	0.03
7:00	2.12	2.54	0.78	0.41	0.43	0.49	0.36	0.25	0.11	0.03
7:15	3.12	2.73	0.89	0.46	0.46	0.58	0.39	0.34	0.20	0.03
7:30	3.21	2.87	1.21	0.46	0.69	0.59	0.46	0.41	0.23	0.03
7:45	3.77	3.57	1.32	0.69	0.72	0.57	0.49	0.45	0.29	0.03
8:00	3.80	3.63	1.39	0.74	0.69	0.55	0.49	0.46	0.29	0.04
8:15	3.62	3.45	1.33	0.75	0.69	0.46	0.46	0.43	0.29	0.03
8:30	3.57	3.41	1.35	0.69	0.51	0.46	0.45	0.32	0.26	0.03
8:45	2.07	2.16	1.17	0.63	0.50	0.30	0.34	0.31	0.25	0.03
9:00	1.78	2.03	1.12	0.61	0.37	0.32	0.34	0.18	0.15	0.02
9:15	1.48	1.29	0.70	0.38	0.35	0.29	0.27	0.16	0.14	0.03
9:30	1.49	1.22	0.68	0.41	0.29	0.26	0.28	0.14	0.09	0.03
9:45	1.70	0.84	0.76	0.40	0.26	0.19	0.22	0.15	0.09	0.03
10:00	1.85	0.80	0.72	0.33	0.28	0.16	0.21	0.20	0.10	0.02
10:15	1.82	1.00	0.65	0.37	0.25	0.23	0.22	0.19	0.08	0.02
10:30	1.19	1.03	0.68	0.38	0.20	0.25	0.21	0.16	0.10	0.01
10:45	1.31	1.18	0.67	0.38	0.21	0.24	0.16	0.13	0.12	0.01
11:00	1.27	1.38	0.50	0.27	0.28	0.23	0.16	0.09	0.12	0.01
11:15	0.87	1.44	0.43	0.23	0.33	0.17	0.14	0.10	0.13	0.01
11:30	0.89	1.41	0.36	0.24	0.32	0.17	0.14	0.09	0.12	0.03
11:45	0.87	0.97	0.35	0.26	0.34	0.20	0.21	0.09	0.08	0.02
12:00	0.75	0.89	0.46	0.39	0.44	0.22	0.25	0.12	0.08	0.03
12:15	0.67	0.74	0.48	0.42	0.45	0.22	0.29	0.16	0.06	0.02
12:30	0.79	0.73	0.69	0.46	0.42	0.18	0.29	0.19	0.07	0.02
12:45	0.86	1.28	0.74	0.44	0.41	0.19	0.23	0.20	0.07	0.02
13:00	1.01	1.38	0.72	0.40	0.29	0.31	0.25	0.18	0.08	0.03
13:15	1.45	1.38	0.72	0.39	0.29	0.32	0.19	0.18	0.10	0.03
13:30	1.48	1.24	0.55	0.27	0.21	0.32	0.19	0.22	0.15	0.03
13:45	1.79	0.96	0.45	0.26	0.19	0.28	0.14	0.23	0.15	0.02
14:00	1.79	0.89	0.52	0.21	0.23	0.30	0.15	0.18	0.14	0.02
14:15	1.65	0.66	0.52	0.19	0.24	0.27	0.15	0.17	0.13	0.02
14:30	1.27	0.42	0.37	0.23	0.22	0.21	0.19	0.11	0.13	0.01
14:45	1.16	0.38	0.37	0.26	0.32	0.20	0.19	0.10	0.12	0.02

时间	泸州交通广播	泸州新闻广播	泸州音乐广播	四川交通广播	中央中国之声	四川天府之声私家车广播	四川旅游生活广播	四川经济频率民生广播	中央经济之声	成都经济频道
15:00	1.20	0.56	0.39	0.34	0.33	0.24	0.18	0.12	0.08	0.02
15:15	1.26	0.56	0.45	0.33	0.32	0.24	0.20	0.13	0.08	0.03
15:30	1.10	0.35	0.39	0.30	0.31	0.29	0.25	0.17	0.09	0.03
15:45	1.00	0.38	0.46	0.32	0.30	0.29	0.25	0.18	0.09	0.03
16:00	0.92	0.25	0.45	0.25	0.39	0.25	0.25	0.17	0.07	0.03
16:15	1.00	0.25	0.42	0.24	0.38	0.21	0.24	0.13	0.05	0.02
16:30	1.27	0.48	0.36	0.29	0.38	0.19	0.25	0.13	0.05	0.02
16:45	1.30	0.50	0.24	0.30	0.31	0.16	0.22	0.10	0.09	0.02
17:00	2.00	1.16	0.28	0.38	0.34	0.20	0.25	0.11	0.10	0.02
17:15	2.10	1.21	0.46	0.46	0.48	0.22	0.31	0.20	0.08	0.03
17:30	2.00	1.12	0.70	0.51	0.52	0.36	0.34	0.20	0.10	0.03
17:45	2.59	1.01	0.69	0.61	0.50	0.43	0.36	0.29	0.12	0.03
18:00	2.87	1.26	1.21	0.63	0.54	0.46	0.34	0.31	0.12	0.04
18:15	2.83	2.13	1.27	0.58	0.52	0.44	0.30	0.31	0.21	0.05
18:30	2.83	2.29	1.27	0.58	0.46	0.41	0.28	0.27	0.23	0.05
18:45	2.53	2.22	1.13	0.53	0.38	0.35	0.23	0.27	0.23	0.05
19:00	2.13	2.24	1.04	0.42	0.31	0.35	0.25	0.17	0.23	0.05
19:15	1.92	2.27	0.87	0.41	0.24	0.35	0.24	0.15	0.21	0.05
19:30	1.82	1.98	0.84	0.34	0.26	0.32	0.15	0.14	0.19	0.03
19:45	1.69	1.51	0.57	0.34	0.29	0.26	0.15	0.18	0.18	0.03
20:00	1.66	1.24	0.58	0.32	0.27	0.29	0.16	0.18	0.15	0.03
20:15	1.69	0.87	0.48	0.27	0.23	0.29	0.15	0.19	0.14	0.01
20:30	1.45	0.92	0.43	0.26	0.21	0.29	0.14	0.17	0.16	0.01
20:45	0.95	1.02	0.47	0.35	0.17	0.28	0.12	0.13	0.16	0.03
21:00	0.92	1.08	0.52	0.36	0.19	0.18	0.11	0.11	0.14	0.02
21:15	0.94	1.07	0.58	0.32	0.22	0.19	0.15	0.09	0.12	0.03
21:30	0.86	0.60	0.57	0.33	0.27	0.18	0.16	0.10	0.10	0.03
21:45	0.78	0.57	0.42	0.22	0.29	0.20	0.16	0.14	0.12	0.02
22:00	0.81	0.25	0.41	0.16	0.24	0.20	0.13	0.15	0.12	0.02
22:15	0.91	0.20	0.39	0.13	0.22	0.12	0.13	0.13	0.10	0.02
22:30	0.85	0.39	0.30	0.13	0.11	0.11	0.08	0.09	0.07	0.02
22:45	0.46	0.43	0.24	0.17	0.09	0.14	0.06	0.07	0.05	0.02
23:00	0.50	0.27	0.15	0.17	0.12	0.13	0.08	0.08	0.06	0.02
23:15	0.34	0.33	0.16	0.11	0.14	0.08	0.08	0.09	0.05	0.02
23:30	0.32	0.18	0.12	0.10	0.08	0.08	0.05	0.05	0.03	0.02
23:45	0.24	0.21	0.09	0.06	0.07	0.05	0.03	0.03	0.03	0.01

表 2.72.4 泸州地区主要电台的占有率（%）

时间	泸州交通广播	泸州新闻广播	泸州音乐广播	四川交通广播	中央中国之声	四川天府之声私家车广播	四川旅游生活广播	四川经济频率民生广播	中央经济之声	成都经济频道
6:00	16.9	0.0	17.7	20.4	18.5	7.3	2.3	5.8	6.9	4.2
6:15	48.8	0.0	7.6	11.3	9.2	3.8	5.9	8.2	2.4	2.6
6:30	33.5	19.1	14.7	5.8	4.9	6.3	5.3	5.8	2.1	1.7
6:45	44.6	15.0	13.4	3.8	4.9	3.7	4.8	5.9	2.5	0.8
7:00	28.1	33.6	10.3	5.4	5.7	6.5	4.8	3.3	1.4	0.4
7:15	33.6	29.4	9.5	5.0	5.0	6.2	4.1	3.6	2.2	0.3
7:30	31.2	27.9	11.8	4.5	6.7	5.7	4.5	4.0	2.3	0.3
7:45	31.2	29.5	11.0	5.7	6.0	4.7	4.1	3.8	2.4	0.3
8:00	31.0	29.6	11.3	6.1	5.6	4.5	4.0	3.7	2.4	0.3
8:15	30.9	29.5	11.4	6.5	5.9	4.0	3.9	3.7	2.4	0.3
8:30	31.8	30.3	12.0	6.2	4.6	4.1	4.0	2.9	2.3	0.3
8:45	26.2	27.4	14.8	8.0	6.4	3.9	4.3	3.9	3.2	0.4
9:00	25.3	28.8	15.9	8.7	5.3	4.5	4.9	2.5	2.1	0.3
9:15	28.6	25.0	13.5	7.5	6.8	5.6	5.2	3.1	2.6	0.5
9:30	30.0	24.6	13.8	8.3	5.7	5.2	5.6	2.7	1.8	0.6
9:45	35.8	17.8	16.0	8.5	5.5	3.9	4.6	3.2	2.0	0.5
10:00	38.8	16.7	15.1	7.0	5.9	3.4	4.4	4.1	2.1	0.4
10:15	36.7	20.2	13.1	7.5	5.1	4.7	4.5	3.8	1.6	0.4
10:30	27.3	23.7	15.7	8.8	4.6	5.7	4.9	3.7	2.2	0.3
10:45	29.1	26.3	14.9	8.4	4.6	5.3	3.5	2.8	2.6	0.2
11:00	28.9	31.4	11.3	6.0	6.4	5.2	3.5	2.1	2.7	0.2
11:15	22.1	36.6	10.8	5.9	8.5	4.2	3.5	2.6	3.2	0.3
11:30	23.2	36.8	9.5	6.2	8.3	4.4	3.7	2.2	3.1	0.7
11:45	25.1	27.9	10.1	7.5	9.7	5.6	6.2	2.7	2.3	0.6
12:00	20.0	23.9	12.4	10.5	11.8	5.8	6.6	3.3	2.2	0.7
12:15	18.6	20.5	13.3	11.6	12.5	6.0	8.0	4.4	1.8	0.5
12:30	20.0	18.4	17.3	11.7	10.6	4.5	7.2	4.8	1.8	0.5
12:45	18.8	28.2	16.1	9.7	9.1	4.1	5.2	4.5	1.5	0.4
13:00	21.2	29.1	15.2	8.5	6.2	6.4	5.2	3.8	1.6	0.6
13:15	28.3	27.0	14.0	7.7	5.7	6.3	3.7	3.6	1.9	0.6
13:30	31.3	26.3	11.7	5.7	4.4	6.8	4.1	4.7	3.1	0.6
13:45	39.6	21.3	9.9	5.7	4.3	6.1	3.2	5.1	3.3	0.5
14:00	39.9	19.8	11.5	4.7	5.2	6.6	3.3	4.1	3.0	0.5
14:15	40.6	16.3	12.9	4.7	6.0	6.5	3.6	4.3	3.3	0.5
14:30	38.9	12.8	11.3	7.0	6.8	6.5	5.9	3.5	4.1	0.4
14:45	36.3	11.8	11.5	8.2	9.9	6.4	6.1	3.0	3.6	0.7

时间	泸州交通广播	泸州新闻广播	泸州音乐广播	四川交通广播	中央中国之声	四川天府之声私家车广播	四川旅游生活广播	四川经济频率民生广播	中央经济之声	成都经济频道
15:00	33.8	15.7	11.1	9.5	9.2	6.7	5.0	3.3	2.1	0.7
15:15	34.0	15.1	12.1	8.9	8.6	6.6	5.3	3.6	2.3	0.9
15:30	32.6	10.4	11.6	8.9	9.3	8.6	7.3	5.0	2.5	1.0
15:45	29.7	11.2	13.6	9.3	8.8	8.5	7.5	5.2	2.6	1.0
16:00	29.6	8.2	14.5	8.1	12.5	8.2	7.9	5.3	2.2	0.9
16:15	32.8	8.3	13.9	7.9	12.5	6.8	8.0	4.2	1.7	0.8
16:30	35.8	13.5	10.2	8.0	10.8	5.2	7.1	3.6	1.5	0.5
16:45	38.3	14.9	7.0	8.9	9.2	4.7	6.5	3.0	2.8	0.5
17:00	40.0	23.2	5.5	7.6	6.8	4.0	5.1	2.2	1.9	0.5
17:15	36.8	21.2	8.0	8.1	8.5	3.9	5.5	3.5	1.4	0.5
17:30	33.1	18.6	11.6	8.4	8.6	6.0	5.7	3.3	1.6	0.5
17:45	38.2	14.9	10.3	9.0	7.3	6.4	5.4	4.2	1.7	0.5
18:00	36.4	15.9	15.4	7.9	6.9	5.8	4.3	4.0	1.5	0.5
18:15	32.3	24.3	14.6	6.7	5.9	5.0	3.4	3.5	2.4	0.6
18:30	32.4	26.3	14.5	6.6	5.3	4.7	3.2	3.1	2.6	0.5
18:45	31.7	27.8	14.2	6.7	4.8	4.4	2.9	3.3	2.9	0.7
19:00	29.4	30.9	14.3	5.8	4.3	4.9	3.5	2.3	3.2	0.7
19:15	28.3	33.5	12.8	6.1	3.5	5.1	3.5	2.3	3.1	0.7
19:30	29.6	32.2	13.7	5.6	4.2	5.1	2.4	2.3	3.1	0.4
19:45	31.8	28.6	10.8	6.4	5.5	5.0	2.7	3.4	3.4	0.5
20:00	33.4	24.9	11.6	6.4	5.5	5.8	3.3	3.7	3.0	0.5
20:15	38.4	19.9	10.8	6.0	5.3	6.5	3.5	4.4	3.2	0.3
20:30	35.2	22.5	10.5	6.3	5.2	7.1	3.4	4.1	4.0	0.4
20:45	25.4	27.3	12.6	9.4	4.5	7.6	3.2	3.6	4.2	0.7
21:00	24.9	29.3	14.0	9.8	5.0	4.9	2.9	2.9	3.9	0.6
21:15	24.9	28.3	15.4	8.5	5.7	5.1	4.1	2.5	3.1	0.8
21:30	26.3	18.3	17.6	10.2	8.3	5.5	4.8	3.1	3.1	0.8
21:45	26.2	19.2	14.3	7.3	9.7	6.9	5.4	4.7	4.1	0.6
22:00	32.0	9.8	16.2	6.3	9.7	7.9	5.3	5.8	4.8	0.6
22:15	38.5	8.5	16.4	5.4	9.3	5.2	5.4	5.3	4.1	0.7
22:30	39.2	18.1	13.9	5.8	4.9	5.1	3.6	4.0	3.2	0.8
22:45	25.6	24.1	13.7	9.6	4.8	8.0	3.4	3.8	2.9	1.2
23:00	30.9	16.3	9.4	10.4	7.4	8.1	4.9	4.7	3.8	1.3
23:15	23.9	23.2	10.9	7.5	9.6	5.7	5.7	6.2	3.5	1.4
23:30	30.8	17.0	11.4	9.9	7.5	7.2	4.4	4.7	3.1	1.5
23:45	28.7	25.1	10.3	6.8	8.4	6.4	3.6	3.8	3.0	1.1

七十三、绵阳地区收听率数据

表 2.73.1　绵阳地区主要电台频率的平均收听率和市场份额

排名	电台名称	平均收听率（%）	市场份额（%）
1	绵阳交通广播	1.54	31.2
2	绵阳新闻广播	1.14	23.1
3	绵阳优乐 912	1.00	20.1
4	四川交通广播	0.36	7.3
5	四川新闻广播	0.23	4.6
6	中央中国之声	0.21	4.2
7	四川天府之声私家车广播	0.12	2.5
8	中央经济之声	0.11	2.2
9	四川经济频率	0.10	2.1
10	安县人民广播电台	0.05	1.0

表 2.73.2　绵阳地区主要电台频率的周到达率和日到达率

排名	电台名称	周到达率（%）	日到达率（%）
1	绵阳交通广播	33.53	20.37
2	绵阳优乐 912	30.65	18.66
3	绵阳新闻广播	27.34	16.55
4	四川交通广播	8.44	5.54
5	中央中国之声	6.28	4.34
6	四川新闻广播	7.30	4.03
7	四川天府之声私家车广播	3.94	2.88
8	中央经济之声	3.51	2.48
9	四川经济频率	2.93	2.30
10	安县人民广播电台	2.07	1.46

表 2.73.3　绵阳地区主要电台的收听率（%）

时间	绵阳交通广播	绵阳新闻广播	绵阳优乐912	四川交通广播	四川新闻广播	中央中国之声	四川天府之声私家车广播FM92.5	中央经济之声	四川经济频率	安县人民广播电台
6:00	0.56	0.54	0.32	0.15	0.01	0.00	0.04	0.05	0.07	0.01
6:15	0.60	0.56	0.36	0.16	0.14	0.13	0.06	0.05	0.07	0.02
6:30	1.83	1.33	1.02	0.41	0.15	0.18	0.09	0.09	0.12	0.03
6:45	1.87	1.44	1.22	0.42	0.29	0.36	0.13	0.18	0.12	0.04
7:00	3.16	1.59	1.43	0.70	0.44	0.55	0.12	0.20	0.18	0.04
7:15	3.19	1.75	1.82	0.74	0.46	0.57	0.19	0.24	0.17	0.04
7:30	3.72	1.63	1.87	0.90	0.53	0.56	0.21	0.20	0.17	0.06
7:45	3.75	1.55	1.69	0.96	0.53	0.44	0.27	0.21	0.14	0.08
8:00	4.51	1.71	2.08	1.00	0.46	0.39	0.27	0.26	0.16	0.08
8:15	4.55	2.11	2.29	0.97	0.45	0.30	0.22	0.25	0.20	0.07
8:30	4.23	2.00	2.14	0.64	0.36	0.27	0.20	0.18	0.22	0.06
8:45	3.33	1.41	1.89	0.62	0.35	0.31	0.15	0.17	0.22	0.03
9:00	2.08	1.18	1.17	0.42	0.25	0.27	0.20	0.10	0.16	0.03
9:15	2.04	1.15	1.15	0.40	0.27	0.26	0.21	0.11	0.15	0.04
9:30	1.37	0.92	0.99	0.45	0.20	0.18	0.23	0.10	0.11	0.05
9:45	1.34	0.91	0.86	0.46	0.22	0.17	0.22	0.09	0.12	0.05
10:00	2.24	1.36	0.87	0.43	0.22	0.21	0.24	0.09	0.13	0.04
10:15	2.15	1.36	0.86	0.28	0.13	0.22	0.23	0.09	0.10	0.04
10:30	2.06	1.11	0.75	0.27	0.12	0.21	0.14	0.07	0.11	0.03
10:45	1.34	0.99	0.56	0.19	0.10	0.17	0.11	0.06	0.10	0.01
11:00	1.19	0.68	0.43	0.20	0.11	0.12	0.06	0.09	0.07	0.02
11:15	0.72	0.69	0.93	0.29	0.17	0.08	0.04	0.08	0.07	0.07
11:30	0.63	0.46	0.92	0.36	0.14	0.12	0.05	0.06	0.09	0.09
11:45	1.10	0.46	1.01	0.36	0.18	0.17	0.06	0.05	0.11	0.10
12:00	1.06	0.52	0.94	0.46	0.24	0.15	0.08	0.05	0.10	0.10
12:15	1.02	0.53	0.77	0.48	0.26	0.25	0.09	0.07	0.08	0.09
12:30	1.05	0.63	0.74	0.46	0.30	0.25	0.09	0.07	0.07	0.04
12:45	0.74	0.50	0.49	0.30	0.30	0.25	0.05	0.09	0.04	0.03
13:00	0.83	0.62	0.75	0.26	0.24	0.12	0.06	0.06	0.06	0.06
13:15	0.90	0.63	0.71	0.16	0.18	0.10	0.10	0.05	0.06	0.06
13:30	1.04	0.65	0.76	0.29	0.18	0.15	0.12	0.08	0.08	0.07
13:45	1.08	0.64	0.51	0.30	0.18	0.16	0.11	0.10	0.12	0.07
14:00	0.88	0.77	1.05	0.25	0.11	0.15	0.11	0.18	0.13	0.04
14:15	1.11	0.86	1.11	0.29	0.18	0.12	0.05	0.18	0.13	0.05
14:30	1.16	1.02	1.11	0.25	0.21	0.13	0.05	0.18	0.10	0.05
14:45	1.85	1.08	1.12	0.19	0.23	0.13	0.07	0.15	0.11	0.03

时间	绵阳交通广播	绵阳新闻广播	绵阳优乐912	四川交通广播	四川新闻广播	中央中国之声	四川天府之声私家车广播	中央经济之声	四川经济频率	安县人民广播电台
15:00	1.85	1.28	1.26	0.14	0.19	0.11	0.06	0.11	0.10	0.02
15:15	1.77	1.31	1.17	0.16	0.19	0.08	0.07	0.07	0.07	0.01
15:30	0.88	1.37	0.80	0.20	0.13	0.06	0.06	0.09	0.07	0.03
15:45	0.80	1.24	0.78	0.18	0.12	0.17	0.08	0.08	0.09	0.03
16:00	1.30	1.05	0.95	0.24	0.07	0.17	0.14	0.11	0.09	0.03
16:15	1.29	1.01	0.93	0.23	0.09	0.14	0.13	0.09	0.10	0.03
16:30	1.25	0.68	0.65	0.37	0.19	0.13	0.11	0.06	0.12	0.02
16:45	0.99	0.62	0.53	0.38	0.21	0.09	0.07	0.05	0.10	0.06
17:00	2.01	1.42	0.85	0.62	0.27	0.24	0.12	0.06	0.14	0.06
17:15	2.13	1.48	1.04	0.63	0.23	0.26	0.13	0.07	0.15	0.05
17:30	2.36	2.59	1.04	0.75	0.21	0.32	0.29	0.12	0.15	0.05
17:45	2.80	2.52	1.75	0.65	0.37	0.33	0.28	0.13	0.13	0.07
18:00	3.05	3.12	2.42	0.71	0.48	0.46	0.30	0.16	0.18	0.14
18:15	2.88	2.97	2.45	0.70	0.48	0.43	0.26	0.21	0.17	0.14
18:30	2.74	2.75	2.33	0.50	0.48	0.41	0.22	0.22	0.17	0.13
18:45	1.57	2.33	1.22	0.36	0.36	0.25	0.21	0.20	0.16	0.12
19:00	1.39	1.45	1.32	0.29	0.40	0.26	0.16	0.15	0.11	0.05
19:15	1.21	1.45	1.21	0.33	0.34	0.19	0.14	0.13	0.10	0.05
19:30	0.84	1.17	0.81	0.36	0.22	0.22	0.11	0.08	0.06	0.03
19:45	0.65	1.08	0.76	0.35	0.21	0.16	0.11	0.07	0.06	0.07
20:00	1.05	1.53	1.07	0.33	0.22	0.19	0.10	0.11	0.05	0.07
20:15	1.07	1.47	1.07	0.31	0.24	0.20	0.11	0.11	0.04	0.07
20:30	0.80	1.21	0.83	0.19	0.18	0.22	0.12	0.14	0.06	0.04
20:45	0.69	0.83	0.70	0.23	0.14	0.17	0.09	0.11	0.06	0.03
21:00	0.96	0.96	0.75	0.23	0.20	0.25	0.10	0.12	0.08	0.05
21:15	1.02	0.98	0.79	0.14	0.21	0.25	0.06	0.08	0.08	0.05
21:30	0.74	0.99	0.65	0.14	0.19	0.16	0.04	0.07	0.08	0.04
21:45	0.62	1.00	0.61	0.08	0.13	0.17	0.06	0.06	0.04	0.03
22:00	0.69	0.61	0.41	0.12	0.12	0.11	0.06	0.09	0.04	0.02
22:15	0.75	0.56	0.38	0.15	0.16	0.06	0.07	0.09	0.04	0.01
22:30	0.75	0.40	0.29	0.13	0.16	0.10	0.06	0.08	0.06	0.01
22:45	0.59	0.48	0.31	0.15	0.12	0.11	0.05	0.07	0.07	0.00
23:00	0.41	0.41	0.33	0.09	0.10	0.13	0.04	0.05	0.06	0.00
23:15	0.39	0.26	0.34	0.06	0.10	0.07	0.04	0.06	0.05	0.00
23:30	0.32	0.25	0.16	0.08	0.04	0.05	0.03	0.02	0.03	0.00
23:45	0.31	0.20	0.17	0.06	0.04	0.03	0.03	0.02	0.03	0.00

表 2.73.4 绵阳地区主要电台的占有率（%）

时间	绵阳交通广播	绵阳新闻广播	绵阳优乐912	四川交通广播	四川新闻广播	中央中国之声	四川天府之声私家车广播	中央经济之声	四川经济频率	安县人民广播电台
6:00	31.2	30.4	17.8	8.7	0.3	0.0	2.2	2.7	3.7	0.4
6:15	27.3	25.3	16.4	7.1	6.6	6.0	2.6	2.3	3.0	1.0
6:30	34.2	24.9	19.1	7.6	2.8	3.3	1.8	1.7	2.3	0.6
6:45	30.3	23.4	19.8	6.8	4.7	5.8	2.2	2.9	1.9	0.6
7:00	37.2	18.7	16.9	8.3	5.1	6.5	1.5	2.3	2.1	0.5
7:15	34.5	19.0	19.7	8.0	5.0	6.2	2.1	2.6	1.9	0.4
7:30	37.5	16.5	18.9	9.0	5.4	5.6	2.1	2.0	1.7	0.6
7:45	38.7	16.0	17.4	9.9	5.5	4.6	2.8	2.2	1.4	0.8
8:00	41.1	15.6	18.9	9.1	4.2	3.5	2.5	2.3	1.4	0.7
8:15	39.6	18.3	19.9	8.5	3.9	2.6	1.9	2.2	1.7	0.6
8:30	40.7	19.3	20.6	6.2	3.4	2.6	1.9	1.7	2.1	0.5
8:45	38.7	16.4	22.0	7.2	4.0	3.6	1.7	2.0	2.5	0.4
9:00	34.5	19.6	19.4	6.9	4.2	4.4	3.3	1.7	2.6	0.5
9:15	34.5	19.4	19.4	6.7	4.6	4.5	3.6	1.9	2.5	0.7
9:30	28.9	19.4	20.8	9.6	4.3	3.9	4.9	2.0	2.3	1.1
9:45	29.4	20.0	18.9	10.1	4.8	3.8	4.8	2.1	2.6	1.0
10:00	37.5	22.7	14.5	7.2	3.6	3.6	4.1	1.5	2.2	0.6
10:15	38.2	24.2	15.3	5.0	2.3	4.0	4.2	1.5	1.9	0.7
10:30	41.0	22.1	15.0	5.4	2.4	4.1	2.7	1.4	2.2	0.6
10:45	35.1	26.1	14.8	5.0	2.7	4.4	3.0	1.5	2.7	0.4
11:00	38.9	22.1	14.0	6.7	3.7	3.8	2.1	2.8	2.4	0.6
11:15	22.3	21.3	28.9	9.1	5.3	2.3	1.1	2.4	2.1	2.1
11:30	21.3	15.6	31.0	12.1	4.7	4.0	1.6	2.0	3.0	2.9
11:45	30.0	12.4	27.6	9.9	5.0	4.6	1.5	1.4	3.0	2.7
12:00	28.0	13.7	24.8	12.1	6.4	3.9	2.2	1.3	2.5	2.7
12:15	27.2	14.3	20.6	12.7	6.9	6.8	2.5	1.9	2.2	2.5
12:30	27.5	16.5	19.4	12.1	7.9	6.7	2.3	1.9	1.9	1.1
12:45	25.8	17.6	17.0	10.3	10.4	8.8	1.7	3.0	1.5	0.9
13:00	26.3	19.8	23.7	8.3	7.7	4.0	2.0	1.9	1.9	1.8
13:15	29.9	21.1	23.6	5.4	6.0	3.4	3.3	1.5	2.1	2.0
13:30	30.0	18.7	21.9	8.4	5.2	4.3	3.6	2.4	2.2	2.0
13:45	32.5	19.4	15.4	9.1	5.4	4.8	3.2	3.0	3.6	2.1
14:00	23.5	20.5	28.1	6.8	3.0	3.9	2.9	4.8	3.5	1.2
14:15	26.9	20.7	26.8	7.0	4.4	2.9	1.2	4.2	3.2	1.1
14:30	26.6	23.5	25.6	5.7	4.9	2.9	1.1	4.2	2.3	1.1
14:45	36.4	21.4	22.1	3.7	4.5	2.6	1.4	3.0	2.2	0.6

时间	绵阳交通广播	绵阳新闻广播	绵阳优乐912	四川交通广播	四川新闻广播	中央中国之声	四川天府之声私家车广播	中央经济之声	四川经济频率	安县人民广播电台
15:00	35.4	24.6	24.1	2.7	3.7	2.1	1.2	2.1	1.9	0.4
15:15	35.5	26.2	23.5	3.2	3.8	1.5	1.4	1.3	1.5	0.3
15:30	23.6	36.8	21.3	5.4	3.6	1.6	1.5	2.3	1.7	0.8
15:45	22.1	34.4	21.5	5.0	3.4	4.6	2.2	2.3	2.4	0.9
16:00	30.8	25.0	22.5	5.6	1.7	4.1	3.2	2.6	2.1	0.7
16:15	31.4	24.6	22.6	5.5	2.1	3.4	3.2	2.3	2.5	0.8
16:30	34.0	18.5	17.7	10.1	5.3	3.5	2.9	1.6	3.2	0.4
16:45	30.9	19.3	16.5	11.8	6.5	2.8	2.3	1.6	3.2	1.9
17:00	34.0	24.0	14.4	10.5	4.5	4.1	2.1	1.1	2.4	1.0
17:15	33.9	23.6	16.6	10.0	3.7	4.1	2.1	1.0	2.3	0.8
17:30	29.5	32.4	13.0	9.3	2.6	4.0	3.6	1.5	1.9	0.7
17:45	30.6	27.5	19.1	7.1	4.1	3.6	3.1	1.4	1.4	0.8
18:00	27.3	27.9	21.6	6.3	4.3	4.1	2.6	1.4	1.7	1.2
18:15	26.5	27.3	22.6	6.5	4.4	4.0	2.4	1.9	1.5	1.3
18:30	27.2	27.2	23.1	4.9	4.8	4.1	2.2	2.2	1.7	1.3
18:45	22.7	33.7	17.7	5.2	5.1	3.7	3.1	2.8	2.4	1.7
19:00	24.3	25.4	23.1	5.0	7.0	4.5	2.8	2.7	1.9	0.9
19:15	22.9	27.4	22.9	6.3	6.5	3.7	2.7	2.5	1.9	0.9
19:30	21.2	29.4	20.4	8.9	5.5	5.5	2.7	2.1	1.5	0.7
19:45	18.1	29.9	21.1	9.7	5.8	4.6	3.1	2.0	1.7	2.0
20:00	21.9	31.9	22.4	6.8	4.6	4.0	2.0	2.2	1.0	1.5
20:15	22.3	30.7	22.5	6.5	4.9	4.2	2.4	2.3	0.9	1.4
20:30	20.6	31.3	21.4	4.9	4.6	5.8	3.2	3.6	1.6	1.1
20:45	22.0	26.6	22.4	7.4	4.6	5.5	2.9	3.6	1.9	1.0
21:00	25.5	25.6	19.9	6.1	5.3	6.6	2.6	3.3	2.2	1.4
21:15	27.4	26.4	21.3	3.8	5.7	6.7	1.6	2.2	2.2	1.3
21:30	23.6	31.4	20.7	4.3	6.1	5.2	1.2	2.1	2.6	1.2
21:45	21.9	35.0	21.3	2.9	4.6	5.9	1.9	2.2	1.4	1.1
22:00	30.0	26.7	17.7	5.3	5.0	4.7	2.4	3.8	1.7	0.7
22:15	32.6	24.2	16.4	6.7	6.8	2.7	2.9	4.0	1.9	0.6
22:30	36.3	19.2	14.0	6.5	7.5	5.1	2.9	3.8	3.0	0.3
22:45	29.5	24.3	15.7	7.5	6.0	5.7	2.5	3.3	3.4	0.2
23:00	25.2	24.9	19.8	5.5	6.1	7.8	2.4	3.0	3.4	0.0
23:15	28.3	18.8	24.2	4.6	6.9	5.0	2.8	4.0	3.9	0.0
23:30	31.9	25.3	16.6	8.1	3.9	4.7	3.3	1.9	2.8	0.0
23:45	34.6	22.3	18.8	6.2	4.2	3.8	3.4	2.3	3.0	0.0

表 2.73.5　绵阳市平均收听率 top30 节目

排名	节目名称	所属频率	播放时间	平均收听率 (%)	市场占有率 (%)
1	华丽丽的上班路	绵阳交通广播	07:30—09:00	4.91	40.6
2	华丽丽的下班路	绵阳交通广播	17:00—18:00	3.42	33.8
3	阳光政务	绵阳新闻广播	17:30—18:30	2.89	25.4
4	美食江湖	绵阳交通广播	18:00—19:00	2.55	24.1
5	全城热恋	绵阳音乐广播	17:00—19:00	2.48	24.0
6	游来游去	绵阳交通广播	10:00—11:00	2.36	39.9
7	杨辰脱口秀	绵阳新闻广播	17:00—17:30	2.14	23.4
8	江南说新闻	绵阳新闻广播	08:00—09:00	1.99	17.1
9	芹菜 Love You	绵阳音乐广播	08:00—10:00	1.95	21.2
9	最爱私房歌	绵阳新闻广播	18:30—19:00	1.95	23.8
11	韩先生的麦克	绵阳交通广播	12:00—13:00	1.81	35.7
12	财经时间	绵阳新闻广播	09:00—09:30	1.65	25.9
13	车先生·房小姐	绵阳交通广播	14:00—16:00	1.58	38.3
14	花花世界	绵阳交通广播	16:00—17:00	1.50	32.1
15	1033 交通服务热线	绵阳交通广播	09:00—10:00	1.43	26.3
16	天天有娱	绵阳音乐广播	12:00—13:00	1.39	27.3
17	转播中国之声	绵阳交通广播	06:00—07:30	1.32	28.2
18	重播阳光政务	绵阳新闻广播	07:30—08:00	1.27	13.5
19	法在身边	绵阳交通广播	13:00—14:00	1.22	35.7
20	乐人无数	绵阳音乐广播	10:00—11:00	1.14	19.2
21	7890 后	绵阳音乐广播	19:00—21:00	1.11	25.9
21	转央广一套	绵阳新闻广播	06:00—07:30	1.11	23.7
23	热播剧场	绵阳新闻广播	09:30—11:30	1.08	22.6
24	转播新闻联播	绵阳新闻广播	19:00—19:30	1.06	20.9
25	Nice Morning Show	绵阳音乐广播	06:00—08:00	1.04	17.7
26	音乐小宇宙	绵阳音乐广播	11:00—12:00	1.03	30.1
27	城市民谣	绵阳音乐广播	15:00—17:00	0.98	22.2
28	重播剧场	绵阳新闻广播	20:00—22:00	0.97	27.8
29	飞越疯人愿	绵阳交通广播	19:00—20:30	0.96	20.6
30	法在身边 精编版	绵阳交通广播	20:30—21:00	0.94	28.6

七十四、宜宾地区收听率数据

表 2.74.1　宜宾地区主要电台频率的平均收听率和市场份额

排名	电台名称	平均收听率（%）	市场份额（%）
1	宜宾文化旅游广播	1.47	29.0
2	宜宾新闻广播	1.00	19.8
3	宜宾农村广播	0.97	19.3
4	四川新闻频率	0.52	10.3
5	四川交通广播	0.34	6.8
6	中央中国之声	0.33	6.5
7	四川天府之声私家车广播	0.15	3.0
8	四川旅游生活广播	0.13	2.5
8	中央经济之声	0.07	1.3
10	四川经济频率民生广播	0.03	0.6

表 2.74.2　宜宾地区主要电台频率的周到达率和日到达率

排名	电台名称	周到达率（%）	日到达率（%）
1	宜宾文化旅游广播	35.89	20.22
2	宜宾新闻广播	22.15	11.81
3	宜宾农村广播	22.70	10.79
4	四川新闻频率	10.87	8.16
5	四川交通广播	11.42	6.48
6	中央中国之声	7.40	5.58
7	四川天府之声私家车广播	6.03	4.19
8	四川旅游生活广播	4.41	3.28
9	中央经济之声	4.06	1.68
10	四川经济频率民生广播	2.11	1.10

表 2.74.3　宜宾地区主要电台的收听率（%）

时间	宜宾文化旅游广播	宜宾新闻广播	宜宾农村广播	四川新闻频率	四川交通广播	中央中国之声	四川天府之声私家车广播	四川旅游生活广播	中央经济之声	四川经济频率民生广播
6:00	0.35	0.12	0.05	0.09	0.06	0.05	0.01	0.01	0.00	0.00
6:15	0.48	0.31	0.07	0.17	0.06	0.15	0.02	0.04	0.01	0.00
6:30	0.98	0.41	0.23	0.33	0.08	0.20	0.04	0.04	0.02	0.01
6:45	1.11	0.66	0.29	0.77	0.09	0.19	0.05	0.08	0.03	0.02
7:00	2.16	1.50	0.77	1.02	0.29	0.79	0.17	0.11	0.05	0.02
7:15	3.44	2.07	0.95	1.26	0.29	0.85	0.19	0.16	0.07	0.01
7:30	3.73	2.61	1.73	1.27	0.47	0.95	0.29	0.23	0.12	0.03
7:45	4.14	2.71	1.90	1.40	0.61	0.96	0.31	0.27	0.17	0.04
8:00	4.40	2.97	2.02	1.36	0.76	0.95	0.35	0.29	0.20	0.07
8:15	4.40	2.95	2.04	1.28	0.82	0.99	0.35	0.30	0.19	0.07
8:30	4.29	2.62	1.91	0.86	0.81	0.94	0.33	0.29	0.20	0.08
8:45	3.15	2.35	1.78	0.83	0.73	0.89	0.28	0.26	0.16	0.08
9:00	3.04	1.48	1.07	0.67	0.77	0.64	0.21	0.24	0.13	0.06
9:15	1.53	1.41	1.06	0.64	0.69	0.44	0.18	0.21	0.10	0.06
9:30	1.40	0.98	0.73	0.50	0.64	0.32	0.16	0.16	0.06	0.05
9:45	1.19	0.77	0.73	0.52	0.34	0.33	0.14	0.13	0.05	0.04
10:00	1.14	1.00	0.83	0.66	0.32	0.39	0.16	0.12	0.05	0.03
10:15	1.11	1.18	0.96	0.68	0.29	0.43	0.20	0.14	0.07	0.03
10:30	1.14	1.14	1.03	0.70	0.32	0.38	0.22	0.15	0.08	0.04
10:45	0.93	0.87	0.89	0.61	0.29	0.41	0.20	0.17	0.09	0.04
11:00	0.92	0.84	0.85	0.57	0.30	0.34	0.18	0.18	0.10	0.04
11:15	0.78	0.48	0.53	0.38	0.28	0.18	0.14	0.16	0.09	0.03
11:30	0.64	0.44	0.48	0.34	0.29	0.17	0.14	0.15	0.06	0.03
11:45	0.65	0.57	0.51	0.31	0.40	0.16	0.11	0.12	0.05	0.02
12:00	1.44	0.79	0.62	0.30	0.42	0.16	0.10	0.13	0.03	0.02
12:15	1.68	1.12	0.96	0.40	0.45	0.21	0.10	0.13	0.06	0.02
12:30	1.62	1.24	1.01	0.53	0.39	0.26	0.13	0.14	0.07	0.03
12:45	1.69	1.16	1.03	0.62	0.28	0.22	0.17	0.15	0.08	0.03
13:00	1.76	1.04	0.93	0.61	0.26	0.23	0.17	0.14	0.07	0.03
13:15	1.53	1.06	0.87	0.56	0.18	0.23	0.18	0.14	0.04	0.02
13:30	1.49	0.80	0.79	0.52	0.19	0.14	0.17	0.12	0.05	0.02
13:45	0.97	0.47	0.87	0.34	0.20	0.17	0.16	0.07	0.06	0.02
14:00	1.03	0.56	0.98	0.34	0.18	0.25	0.14	0.07	0.06	0.02
14:15	0.80	0.42	0.90	0.37	0.21	0.31	0.12	0.07	0.06	0.02
14:30	0.65	0.53	0.84	0.38	0.29	0.33	0.10	0.07	0.05	0.02
14:45	0.75	0.64	0.72	0.35	0.36	0.35	0.09	0.06	0.04	0.02

时间	宜宾文化旅游广播	宜宾新闻广播	宜宾农村广播	四川新闻频率	四川交通广播	中央中国之声	四川天府之声私家车广播	四川旅游生活广播	中央经济之声	四川经济频率民生广播
15:00	0.73	0.49	0.59	0.34	0.38	0.34	0.11	0.07	0.03	0.04
15:15	0.72	0.34	0.69	0.33	0.36	0.20	0.10	0.07	0.03	0.04
15:30	1.07	0.51	0.74	0.29	0.35	0.18	0.17	0.11	0.04	0.04
15:45	1.13	0.69	0.68	0.19	0.22	0.18	0.18	0.12	0.05	0.04
16:00	1.21	0.64	1.08	0.21	0.21	0.14	0.20	0.14	0.05	0.03
16:15	1.40	0.45	1.06	0.37	0.19	0.14	0.19	0.13	0.09	0.03
16:30	1.20	0.45	1.02	0.37	0.19	0.22	0.16	0.11	0.09	0.02
16:45	0.90	0.39	1.14	0.52	0.32	0.24	0.16	0.11	0.09	0.03
17:00	1.39	1.04	1.69	0.52	0.36	0.24	0.25	0.12	0.10	0.05
17:15	1.57	1.14	1.84	0.44	0.50	0.39	0.25	0.13	0.09	0.06
17:30	1.87	1.45	2.27	0.50	0.54	0.46	0.27	0.18	0.10	0.06
17:45	2.46	1.65	2.31	0.85	0.59	0.54	0.28	0.20	0.11	0.06
18:00	2.60	1.86	2.27	0.97	0.63	0.57	0.26	0.22	0.12	0.06
18:15	2.70	1.94	2.28	1.00	0.61	0.57	0.22	0.20	0.12	0.05
18:30	2.64	1.79	2.23	0.97	0.64	0.55	0.16	0.19	0.11	0.04
18:45	2.40	1.59	1.53	0.86	0.62	0.46	0.12	0.15	0.10	0.02
19:00	2.09	1.23	1.54	0.65	0.56	0.41	0.12	0.11	0.06	0.03
19:15	1.40	0.82	1.28	0.63	0.41	0.31	0.09	0.10	0.06	0.03
19:30	1.08	0.63	0.92	0.37	0.40	0.18	0.10	0.08	0.05	0.03
19:45	0.93	0.69	0.96	0.31	0.29	0.21	0.11	0.07	0.05	0.04
20:00	1.01	0.87	0.94	0.39	0.25	0.22	0.15	0.11	0.04	0.03
20:15	1.31	1.10	0.95	0.44	0.27	0.12	0.16	0.12	0.04	0.03
20:30	1.44	1.05	0.81	0.41	0.25	0.13	0.16	0.12	0.05	0.03
20:45	1.22	0.97	0.56	0.39	0.19	0.13	0.16	0.12	0.03	0.03
21:00	1.13	0.83	0.43	0.24	0.17	0.20	0.13	0.12	0.03	0.02
21:15	0.74	0.51	0.48	0.20	0.25	0.22	0.13	0.10	0.04	0.01
21:30	0.70	0.46	0.67	0.32	0.26	0.17	0.12	0.08	0.04	0.02
21:45	0.41	0.39	0.66	0.32	0.26	0.17	0.10	0.06	0.02	0.02
22:00	0.46	0.55	0.56	0.34	0.21	0.13	0.09	0.07	0.02	0.02
22:15	0.49	0.44	0.59	0.36	0.16	0.14	0.06	0.07	0.02	0.03
22:30	0.69	0.66	0.31	0.22	0.14	0.14	0.03	0.08	0.01	0.02
22:45	0.67	0.67	0.33	0.22	0.16	0.16	0.03	0.07	0.02	0.02
23:00	0.53	0.38	0.18	0.18	0.16	0.12	0.02	0.06	0.01	0.01
23:15	0.45	0.48	0.24	0.14	0.13	0.07	0.04	0.04	0.01	0.01
23:30	0.28	0.29	0.16	0.09	0.09	0.07	0.03	0.04	0.01	0.01
23:45	0.20	0.19	0.14	0.07	0.07	0.04	0.02	0.03	0.01	0.00

表 2.74.4　宜宾地区主要电台的占有率（%）

时间	宜宾文化旅游广播	宜宾新闻广播	宜宾农村广播	四川新闻频率	四川交通广播	中央中国之声	四川天府之声私家车广播	四川旅游生活广播	中央经济之声	四川经济频率民生广播
6:00	47.5	16.5	7.0	12.0	8.1	7.3	0.7	0.9	0.0	0.0
6:15	36.6	23.4	5.2	13.0	4.5	11.8	1.7	2.9	0.7	0.2
6:30	41.8	17.5	9.9	14.3	3.2	8.6	1.6	1.6	1.0	0.3
6:45	33.7	20.2	8.8	23.4	2.9	5.8	1.4	2.3	0.8	0.5
7:00	31.3	21.7	11.2	14.8	4.2	11.4	2.4	1.6	0.8	0.2
7:15	36.8	22.2	10.1	13.5	3.1	9.2	2.0	1.7	0.8	0.1
7:30	32.4	22.7	15.1	11.1	4.1	8.3	2.5	2.0	1.0	0.3
7:45	32.9	21.5	15.1	11.1	4.9	7.6	2.5	2.2	1.4	0.3
8:00	32.7	22.1	15.0	10.1	5.7	7.1	2.6	2.1	1.5	0.5
8:15	32.7	21.9	15.1	9.5	6.1	7.3	2.6	2.2	1.4	0.5
8:30	34.5	21.1	15.4	6.9	6.5	7.5	2.7	2.4	1.6	0.7
8:45	29.7	22.2	16.8	7.9	6.9	8.4	2.7	2.5	1.5	0.8
9:00	36.3	17.6	12.8	7.9	9.2	7.6	2.5	2.9	1.5	0.7
9:15	24.0	22.1	16.6	10.0	10.9	6.8	2.8	3.3	1.5	0.9
9:30	27.7	19.3	14.3	10.0	12.6	6.2	3.2	3.1	1.3	1.1
9:45	27.8	17.9	17.0	12.1	7.9	7.6	3.3	3.0	1.1	0.9
10:00	23.9	21.0	17.5	13.9	6.6	8.2	3.4	2.5	1.1	0.5
10:15	21.5	23.0	18.6	13.2	5.6	8.4	4.0	2.8	1.4	0.6
10:30	21.8	21.8	19.8	13.3	6.1	7.3	4.2	2.9	1.5	0.7
10:45	20.6	19.2	19.6	13.5	6.4	9.0	4.4	3.7	2.0	0.9
11:00	21.2	19.3	19.6	13.2	6.9	7.8	4.2	4.0	2.2	0.8
11:15	25.3	15.5	17.4	12.3	9.0	5.7	4.5	5.3	3.0	1.1
11:30	23.2	16.0	17.3	12.4	10.5	6.3	5.0	5.5	2.0	1.1
11:45	22.2	19.4	17.6	10.6	13.7	5.6	3.7	4.0	1.8	0.7
12:00	35.5	19.5	15.4	7.3	10.4	4.0	2.5	3.3	0.8	0.6
12:15	32.6	21.8	18.6	7.7	8.8	4.1	1.9	2.4	1.2	0.4
12:30	29.7	22.7	18.5	9.8	7.2	4.7	2.4	2.6	1.2	0.5
12:45	30.8	21.2	18.8	11.3	5.2	4.0	3.1	2.8	1.5	0.5
13:00	33.3	19.7	17.7	11.7	4.9	4.4	3.2	2.6	1.4	0.5
13:15	31.6	21.8	18.0	11.5	3.8	4.7	3.7	2.8	0.9	0.4
13:30	34.4	18.5	18.2	12.1	4.3	3.1	3.9	2.8	1.2	0.5
13:45	28.7	14.0	25.8	10.0	6.0	5.0	4.7	2.1	1.8	0.7
14:00	27.9	15.3	26.7	9.3	5.0	6.8	3.8	1.8	1.7	0.6
14:15	24.1	12.6	27.2	11.2	6.3	9.5	3.5	2.1	1.8	0.6
14:30	19.7	16.1	25.6	11.7	8.8	10.1	2.9	2.2	1.5	0.5
14:45	21.8	18.7	21.2	10.2	10.6	10.2	2.5	1.9	1.3	0.6

时间	宜宾文化旅游广播	宜宾新闻广播	宜宾农村广播	四川新闻频率	四川交通广播	中央中国之声	四川天府之声私家车广播	四川旅游生活广播	中央经济之声	四川经济频率民生广播
15:00	23.2	15.8	18.9	10.8	12.1	10.7	3.5	2.1	1.0	1.2
15:15	24.7	11.7	23.8	11.4	12.3	6.9	3.6	2.5	1.1	1.5
15:30	30.3	14.5	21.0	8.1	10.0	5.0	4.8	3.0	1.1	1.1
15:45	32.2	19.7	19.4	5.5	6.2	5.2	5.0	3.3	1.4	1.0
16:00	30.9	16.2	27.4	5.4	5.3	3.5	5.0	3.6	1.2	0.7
16:15	34.2	11.0	26.1	9.0	4.6	3.3	4.7	3.1	2.2	0.6
16:30	30.9	11.6	26.2	9.4	4.9	5.6	4.0	2.9	2.4	0.6
16:45	22.7	9.7	28.8	13.1	8.1	6.2	4.1	2.9	2.3	0.6
17:00	23.8	17.8	29.0	8.9	6.2	4.0	4.3	2.1	1.7	0.8
17:15	24.1	17.6	28.3	6.8	7.8	6.0	3.9	2.0	1.4	0.9
17:30	24.1	18.6	29.2	6.4	7.0	6.0	3.5	2.3	1.3	0.8
17:45	27.0	18.1	25.3	9.3	6.4	5.9	3.0	2.2	1.2	0.7
18:00	27.0	19.3	23.5	10.1	6.6	5.9	2.7	2.2	1.3	0.6
18:15	27.7	19.9	23.4	10.2	6.3	5.8	2.2	2.0	1.3	0.5
18:30	28.1	19.0	23.7	10.3	6.8	5.9	1.7	2.0	1.2	0.5
18:45	30.3	20.1	19.3	10.9	7.8	5.8	1.6	1.9	1.2	0.3
19:00	30.5	18.0	22.6	9.5	8.2	5.9	1.7	1.6	0.9	0.4
19:15	27.0	15.7	24.7	12.2	7.8	6.1	1.8	2.0	1.2	0.5
19:30	27.7	16.2	23.5	9.5	10.3	4.7	2.7	2.1	1.2	0.9
19:45	25.2	18.8	25.9	8.3	7.8	5.6	2.9	1.9	1.4	1.1
20:00	24.9	21.4	23.1	9.6	6.2	5.4	3.7	2.6	1.0	0.8
20:15	28.6	24.0	20.8	9.7	5.8	2.5	3.4	2.5	1.0	0.6
20:30	32.1	23.3	18.1	9.1	5.5	2.8	3.5	2.6	1.1	0.6
20:45	31.8	25.4	14.6	10.2	4.8	3.5	4.1	3.1	0.9	0.7
21:00	33.7	24.9	13.0	7.3	5.0	6.0	4.0	3.5	0.9	0.6
21:15	27.2	18.8	17.8	7.3	9.1	8.1	4.8	3.6	1.7	0.5
21:30	24.4	15.8	23.4	11.1	9.1	6.0	4.2	2.8	1.5	0.6
21:45	16.7	16.2	27.0	13.1	10.8	6.9	4.2	2.5	0.9	0.7
22:00	18.4	22.4	22.7	13.9	8.7	5.3	3.7	2.6	0.8	0.8
22:15	20.6	18.8	24.8	15.1	6.8	5.8	2.7	2.8	1.0	1.2
22:30	29.6	28.6	13.5	9.3	6.0	6.0	1.5	3.4	0.6	0.8
22:45	28.5	28.4	13.9	9.6	6.7	6.8	1.4	2.9	0.8	0.7
23:00	31.8	23.0	10.8	10.8	9.5	7.4	1.4	3.4	0.8	0.5
23:15	27.7	29.5	14.8	8.9	8.1	4.6	2.2	2.7	0.6	0.6
23:30	26.2	26.7	14.9	8.6	8.3	6.4	2.9	3.5	1.1	0.6
23:45	25.2	24.8	18.0	9.3	9.3	5.2	2.5	3.4	1.2	0.3

表 2.74.5　宜宾市平均收听率 top30 节目

排名	节目名称	所属频率	播放时间	平均收听率(%)	市场占有率(%)
1	1059 一路有你	宜宾电台文化旅游广播	07:40—09:00	4.01	30.9
2	宜宾新闻联播(重播)	宜宾电台新闻广播	08:10—08:35	2.96	22.7
3	都市音乐随身听	宜宾电台新闻广播	07:55—08:10	2.89	22.3
4	快乐晚高峰	宜宾电台文化旅游广播	17:30—18:43	2.75	27.9
5	《新闻 18 点》(直播)	宜宾电台新闻广播	18:00—19:00	2.01	21.3
6	棒棒的傍晚	宜宾电台农村广播	16:00—19:00	1.89	26.8
7	的士大联播	宜宾电台文化旅游广播	12:00—13:00	1.77	30.2
8	车游天下	宜宾电台文化旅游广播	09:00—10:00	1.63	26.4
9	整点+戎州讲坛(直播)	宜宾电台新闻广播	17:00—18:00	1.61	18.1
10	宜宾新闻联播	宜宾电台新闻广播	07:00—07:25	1.51	19.8
11	爱车天天汇	宜宾电台文化旅游广播	20:30—21:00	1.49	34.1
12	整点+小刚方言	宜宾电台新闻广播	12:00—13:00	1.46	24.9
13	早安宜宾	宜宾电台文化旅游广播	06:00—07:30	1.45	35.1
13	奔跑吧，早饭	宜宾电台农村广播	07:00—10:00	1.45	15.5
15	车游天下(重播) 19:00	宜宾电台文化旅游广播	19:00—20:00	1.40	25.9
16	明星魔幻秀	宜宾电台文化旅游广播	20:00—20:30	1.33	26.2
17	聆听天下	四川电台新闻频率 FM98.1	07:00—08:30	1.24	11.4
18	华语红歌榜	宜宾电台文化旅游广播	16:00—17:00	1.15	28.0
19	《新闻 18 点》(重播)	宜宾电台新闻广播	20:00—21:00	1.12	24.4
20	交广面对面	宜宾电台文化旅游广播	10:30—11:30	1.05	24.2
21	1070 热点聚焦	宜宾电台新闻广播	10:00—11:00	1.02	19.7
22	罗小刚方言	宜宾电台文化旅游广播	13:30—14:30	0.90	24.9
23	住在宜宾	宜宾电台文化旅游广播	14:30—15:30	0.87	28.2
23	一切刚刚好	宜宾电台农村广播	19:00—22:00	0.87	21.4
25	行风热线(重播)	宜宾电台新闻广播	13:00—14:00	0.86	19.2
26	第一报道	四川电台新闻频率 FM98.1	10:00—10:10	0.85	16.3
26	转播央视新闻联播	宜宾电台新闻广播	19:00—19:30	0.85	15.2
28	四川新闻联播	四川电台新闻频率 FM98.1	18:00—18:30	0.82	8.9
29	跟着流行走	宜宾电台农村广播	10:00—13:00	0.81	17.1
30	你是我的菜	宜宾电台农村广播	13:00—16:00	0.79	21.9

七十五、凉山地区收听率数据

表 2.75.1　凉山地区主要电台频率的平均收听率和市场份额

排名	电台名称	平均收听率（%）	市场份额（%）
1	凉山人民广播电台新闻综合频率	1.56	32.8
2	四川交通频率	0.94	19.7
3	西昌人民广播电台新闻频率	0.80	16.9
4	中央电台中国之声	0.35	7.4
5	四川新闻频率	0.33	7.0
6	四川天府之声	0.30	6.3
7	四川旅游生活广播	0.25	5.2
8	四川民族频率	0.22	4.7

表 2.75.2　凉山地区主要电台频率的周到达率和日到达率

排名	电台名称	周到达率（%）	日到达率（%）
1	凉山人民广播电台新闻综合频率	32.53	16.45
2	四川交通频率	25.34	15.62
3	西昌人民广播电台新闻频率	21.87	12.10
4	中央电台中国之声	10.47	5.86
5	四川天府之声	9.92	5.04
6	四川新闻频率	9.45	4.88
7	四川旅游生活广播	7.87	4.47
8	四川民族频率	7.53	3.86

表 2.75.3　凉山地区主要电台的收听率（%）

时间	凉山人民广播电台新闻综合频率	四川交通频率	西昌人民广播电台新闻频率	中央电台中国之声	四川新闻频率	四川天府之声	四川旅游生活广播	四川民族频率
6:00	0.27	0.17	0.10	0.10	0.05	0.05	0.04	0.05
6:15	0.32	0.19	0.14	0.13	0.09	0.14	0.06	0.05
6:30	1.24	0.64	0.32	0.29	0.08	0.16	0.10	0.11
6:45	1.32	0.67	0.66	0.33	0.15	0.14	0.15	0.11
7:00	2.71	1.58	0.70	0.81	0.49	0.33	0.21	0.18
7:15	2.80	1.84	1.17	0.91	0.54	0.35	0.29	0.18
7:30	3.06	2.13	1.40	0.87	0.83	0.57	0.29	0.21
7:45	3.38	2.34	1.93	0.95	0.83	0.60	0.35	0.27
8:00	3.51	2.61	2.05	1.01	1.02	0.62	0.63	0.40
8:15	3.46	2.59	2.02	1.02	1.01	0.66	0.66	0.42
8:30	2.86	2.43	1.80	0.97	0.69	0.65	0.63	0.39
8:45	2.72	2.10	1.68	0.74	0.63	0.57	0.60	0.35
9:00	1.84	1.14	1.12	0.71	0.42	0.47	0.30	0.27
9:15	1.81	1.04	1.14	0.49	0.39	0.37	0.28	0.30
9:30	1.69	0.70	0.87	0.30	0.35	0.30	0.24	0.34
9:45	1.46	0.77	0.89	0.31	0.34	0.30	0.22	0.33
10:00	1.51	0.63	0.61	0.23	0.54	0.33	0.27	0.24
10:15	1.69	0.53	0.45	0.24	0.55	0.35	0.27	0.25
10:30	1.59	0.33	0.40	0.24	0.46	0.32	0.16	0.27
10:45	1.39	0.34	0.75	0.15	0.29	0.24	0.15	0.29
11:00	1.27	0.64	0.77	0.16	0.34	0.22	0.09	0.25
11:15	1.26	0.66	0.93	0.09	0.25	0.17	0.08	0.22
11:30	0.98	0.71	0.95	0.15	0.20	0.21	0.15	0.23
11:45	1.01	0.55	0.86	0.16	0.15	0.22	0.15	0.18
12:00	1.64	0.85	0.61	0.24	0.20	0.31	0.31	0.17
12:15	1.77	1.13	0.56	0.24	0.22	0.31	0.31	0.10
12:30	1.73	1.16	0.64	0.35	0.43	0.35	0.36	0.10
12:45	1.59	1.13	0.66	0.42	0.44	0.38	0.38	0.19
13:00	1.59	1.01	1.09	0.36	0.44	0.35	0.27	0.21
13:15	1.19	0.74	1.15	0.32	0.33	0.33	0.22	0.21
13:30	1.22	0.66	1.17	0.34	0.33	0.22	0.14	0.26
13:45	1.08	0.41	1.08	0.32	0.23	0.20	0.12	0.28
14:00	0.78	0.47	0.83	0.20	0.20	0.21	0.09	0.27
14:15	0.81	0.66	0.72	0.15	0.16	0.24	0.11	0.27
14:30	1.04	0.67	0.68	0.11	0.18	0.23	0.16	0.25
14:45	1.04	0.87	0.79	0.07	0.11	0.15	0.15	0.23

时间	凉山人民广播电台新闻综合频率	四川交通频率	西昌人民广播电台新闻频率	中央电台中国之声	四川新闻频率	四川天府之声	四川旅游生活广播	四川民族频率
15:00	1.17	0.90	0.86	0.17	0.13	0.16	0.24	0.19
15:15	1.02	0.87	0.85	0.24	0.22	0.14	0.24	0.17
15:30	1.07	0.55	0.79	0.23	0.20	0.19	0.21	0.13
15:45	0.72	0.50	0.45	0.22	0.24	0.20	0.22	0.12
16:00	0.73	0.63	0.49	0.21	0.17	0.28	0.20	0.12
16:15	1.19	0.65	0.54	0.16	0.15	0.29	0.18	0.11
16:30	1.31	0.80	0.52	0.17	0.19	0.25	0.16	0.10
16:45	1.17	0.83	0.54	0.17	0.18	0.21	0.19	0.17
17:00	1.38	1.64	0.92	0.23	0.33	0.22	0.35	0.22
17:15	1.99	1.69	0.98	0.44	0.35	0.23	0.37	0.20
17:30	2.17	1.67	0.98	0.51	0.46	0.34	0.48	0.33
17:45	2.19	1.80	1.27	0.48	0.51	0.49	0.46	0.32
18:00	2.84	2.05	1.37	0.62	0.73	0.59	0.56	0.45
18:15	2.94	2.02	1.41	0.64	0.79	0.58	0.55	0.45
18:30	2.71	1.86	1.15	0.61	0.75	0.56	0.39	0.46
18:45	2.27	1.08	0.92	0.61	0.63	0.42	0.33	0.37
19:00	2.26	0.96	0.87	0.54	0.49	0.45	0.31	0.40
19:15	2.06	0.74	0.87	0.41	0.47	0.43	0.21	0.39
19:30	1.64	0.76	0.90	0.27	0.24	0.43	0.18	0.29
19:45	1.37	0.57	0.73	0.23	0.21	0.28	0.14	0.25
20:00	1.86	0.78	0.62	0.30	0.30	0.34	0.19	0.24
20:15	1.80	0.92	0.68	0.32	0.27	0.33	0.25	0.21
20:30	1.75	0.90	0.59	0.33	0.23	0.23	0.26	0.22
20:45	1.28	0.80	0.57	0.26	0.12	0.20	0.19	0.19
21:00	1.27	0.52	0.69	0.28	0.12	0.17	0.26	0.24
21:15	1.37	0.45	0.68	0.33	0.22	0.24	0.32	0.24
21:30	1.26	0.50	0.49	0.39	0.24	0.24	0.32	0.19
21:45	1.22	0.37	0.37	0.39	0.23	0.23	0.21	0.15
22:00	1.12	0.36	0.37	0.23	0.17	0.22	0.23	0.08
22:15	1.02	0.38	0.20	0.23	0.15	0.21	0.21	0.11
22:30	0.71	0.31	0.20	0.13	0.09	0.22	0.08	0.12
22:45	0.56	0.41	0.22	0.13	0.11	0.23	0.10	0.13
23:00	0.73	0.45	0.28	0.20	0.10	0.22	0.08	0.11
23:15	0.70	0.33	0.33	0.18	0.08	0.10	0.04	0.08
23:30	0.40	0.32	0.17	0.07	0.05	0.11	0.05	0.06
23:45	0.33	0.16	0.16	0.06	0.06	0.06	0.02	0.04

表 2.75.4　凉山地区主要电台的占有率（%）

时间	凉山人民广播电台新闻综合频率	四川交通频率	西昌人民广播电台新闻频率	中央电台中国之声	四川新闻频率	四川天府之声	四川旅游生活广播	四川民族频率
6:00	32.9	20.2	11.5	12.2	6.3	6.5	5.0	5.4
6:15	28.5	16.7	12.7	11.8	8.1	12.3	5.4	4.4
6:30	42.3	21.8	10.8	9.7	2.8	5.4	3.5	3.7
6:45	37.3	19.0	18.6	9.5	4.2	4.0	4.2	3.2
7:00	38.7	22.5	10.0	11.6	7.0	4.8	3.0	2.5
7:15	34.7	22.8	14.5	11.2	6.7	4.3	3.6	2.2
7:30	32.6	22.7	15.0	9.3	8.9	6.1	3.1	2.2
7:45	31.7	22.0	18.1	8.9	7.8	5.6	3.3	2.5
8:00	29.6	22.0	17.3	8.5	8.6	5.3	5.3	3.4
8:15	29.2	21.9	17.1	8.6	8.5	5.5	5.6	3.6
8:30	27.5	23.4	17.2	9.3	6.6	6.3	6.0	3.7
8:45	29.0	22.4	17.8	7.9	6.7	6.0	6.4	3.7
9:00	29.4	18.1	17.8	11.3	6.7	7.5	4.8	4.4
9:15	31.1	17.9	19.5	8.3	6.7	6.4	4.8	5.1
9:30	35.2	14.7	18.1	6.3	7.4	6.3	5.0	7.1
9:45	31.6	16.7	19.3	6.6	7.4	6.5	4.8	7.1
10:00	34.6	14.4	13.9	5.4	12.4	7.6	6.2	5.5
10:15	39.1	12.3	10.5	5.6	12.6	8.1	6.2	5.7
10:30	42.4	8.7	10.7	6.3	12.1	8.5	4.1	7.2
10:45	38.7	9.4	20.7	4.3	8.1	6.6	4.1	8.1
11:00	34.1	17.1	20.6	4.2	9.1	5.9	2.4	6.6
11:15	34.4	18.1	25.3	2.4	6.8	4.7	2.3	6.0
11:30	27.3	20.0	26.7	4.1	5.5	5.9	4.2	6.3
11:45	30.8	16.8	26.2	4.8	4.7	6.8	4.7	5.4
12:00	37.8	19.6	14.2	5.5	4.7	7.1	7.1	4.0
12:15	38.1	24.3	12.0	5.1	4.8	6.8	6.7	2.2
12:30	33.9	22.7	12.4	6.8	8.3	6.9	7.0	2.0
12:45	30.7	21.8	12.7	8.1	8.5	7.3	7.3	3.6
13:00	29.9	19.0	20.5	6.7	8.3	6.5	5.1	4.0
13:15	26.5	16.4	25.6	7.2	7.4	7.4	4.8	4.8
13:30	28.0	15.2	26.9	7.9	7.5	5.1	3.3	6.1
13:45	29.0	11.0	29.2	8.5	6.1	5.4	3.2	7.5
14:00	25.7	15.4	27.2	6.4	6.4	7.0	3.1	8.8
14:15	26.0	21.0	23.2	4.9	5.2	7.7	3.4	8.6
14:30	31.3	20.1	20.5	3.3	5.5	7.0	4.7	7.6
14:45	30.4	25.6	23.2	2.2	3.3	4.4	4.4	6.6

时间	凉山人民广播电台新闻综合频率	四川交通频率	西昌人民广播电台新闻频率	中央电台中国之声	四川新闻频率	四川天府之声	四川旅游生活广播	四川民族频率
15:00	30.6	23.6	22.5	4.4	3.4	4.2	6.2	5.1
15:15	27.2	23.4	22.7	6.3	5.8	3.8	6.3	4.5
15:30	31.7	16.4	23.4	6.8	5.9	5.6	6.3	3.8
15:45	26.9	18.7	16.8	8.1	9.1	7.6	8.2	4.6
16:00	25.9	22.4	17.4	7.4	5.9	9.8	6.9	4.2
16:15	36.4	19.9	16.6	4.9	4.5	9.0	5.5	3.3
16:30	37.3	23.0	14.8	5.0	5.4	7.2	4.5	2.9
16:45	33.8	24.0	15.5	4.9	5.3	6.0	5.6	5.0
17:00	26.0	31.0	17.4	4.4	6.2	4.2	6.6	4.2
17:15	31.9	27.0	15.6	7.0	5.6	3.7	5.9	3.2
17:30	31.2	24.1	14.0	7.4	6.7	4.9	6.9	4.8
17:45	29.0	24.0	16.9	6.4	6.7	6.5	6.1	4.2
18:00	30.9	22.2	14.9	6.7	7.9	6.4	6.0	4.9
18:15	31.3	21.6	15.0	6.8	8.4	6.2	5.9	4.8
18:30	31.9	21.9	13.6	7.1	8.8	6.6	4.6	5.4
18:45	34.2	16.2	13.9	9.1	9.5	6.4	4.9	5.7
19:00	35.9	15.2	13.9	8.6	7.9	7.2	4.9	6.4
19:15	36.9	13.4	15.7	7.3	8.4	7.7	3.7	7.0
19:30	34.9	16.1	19.1	5.7	5.1	9.2	3.8	6.2
19:45	36.2	15.1	19.1	6.2	5.6	7.4	3.7	6.7
20:00	40.3	16.8	13.4	6.5	6.4	7.3	4.0	5.3
20:15	37.5	19.2	14.2	6.8	5.6	6.9	5.3	4.5
20:30	38.8	20.0	13.2	7.2	5.2	5.0	5.7	4.9
20:45	35.5	22.2	15.7	7.3	3.2	5.6	5.3	5.2
21:00	35.9	14.6	19.4	7.9	3.3	4.9	7.3	6.7
21:15	35.7	11.6	17.7	8.5	5.8	6.3	8.3	6.1
21:30	34.8	13.9	13.4	10.8	6.5	6.7	8.7	5.2
21:45	38.4	11.7	11.7	12.4	7.4	7.2	6.6	4.7
22:00	40.2	12.9	13.4	8.3	6.1	7.9	8.4	3.0
22:15	40.5	15.1	8.2	9.4	5.8	8.3	8.5	4.2
22:30	38.1	16.8	10.7	6.8	4.8	11.7	4.4	6.7
22:45	29.5	21.6	11.8	6.9	5.8	12.0	5.5	7.0
23:00	33.4	20.7	12.9	9.2	4.8	10.0	3.9	5.2
23:15	37.9	17.9	17.7	9.8	4.5	5.6	2.0	4.5
23:30	32.1	25.9	14.0	5.9	3.8	9.0	4.4	4.8
23:45	37.1	17.4	18.0	6.3	6.9	7.1	2.7	4.4

附录一 图表索引

说明：本索引分图和表两类,其中包括结构图、柱状图、曲线图和比比例图等，共计 65 幅，表格 360 张。索引以页码先后为排序，其内容按图表序号、标题、页码顺序排列。

一、图名称

二、表名称

附录二　全国广播媒体标准编码

地区	电台名称	频率名称	频率频点 FM/AM	标准编码
北京	中央人民广播电台	中国之声	FM106.1	100001
			AM639	100041
		经济之声	FM96.6	100003
		音乐之声	FM90	100002
		都市之声	FM101.8	100004
		中华之声	FM100.8	100006
		神州之声	FM106.2	100007
			AM549	100045
		华夏之声[粤语双语版]	FM104.9	100008
		华夏之声[国语版]	FM87.8	100009
		华夏之声	AM1215	100046
		民族之声	AM1143	100042
		文艺之声	FM106.6	100005
		老年之声	AM1053	100044
		藏语广播	FM109.8	100010
			AM1098	100047
		娱乐广播	AM747	100048
		维语广播	FM90.6	100011
			AM1089	100049
		乡村之声	AM720	100050
		香港之声	rthk32	
		哈语广播	AM1008	100053
			FM90.1	100020
			89.5KHz	
		中国交通广播	FM99.6	100019
	中国国际广播电台	环球资讯广播北京	FM90.5	100015
		环球资讯广播北京	AM900	100015
		环球资讯广播广州	FM107.1	100015

地区	电台名称	频率名称	频率频点 FM/AM	标准编码
北京	中国国际广播电台	环球资讯广播重庆	FM91.7	100015
		环球资讯广播天津	FM105.4	100015
		轻松调频北京	FM91.5	100012
		轻松调频北京	AM1251	100054
		劲曲调频北京	FM88.7	100014
		劲曲调频上海	FM87.9	100014
		劲曲调频广州	FM88.5	100014
		外语教学广播	AM846/AM1008	100051
		英语环球广播资讯台	AM846	100055
		南海之声	FM102.0	100018
	北京人民广播电台	新闻广播	FM100.6	110001
			AM828	110044
		音乐广播	FM97.4	110004
		交通广播	FM103.9	110005
		文艺广播	FM87.6	110006
		故事广播	AM603	110041
		体育广播	FM102.5	110003
		外语广播	AM774	110042
		城市广播	FM107.3	110002
		城市广播	AM1026	110045
		动听调频	FM94.5	110007
		爱家广播	AM927	110043
天津	天津广播电视台	新闻广播	FM97.2	120001
			AM909	120041
		交通广播	FM106.8	120003
		经济广播	FM101.4	120004
			AM1071	120043
		生活广播	FM91.1	120005
			AM1386	120044
		文艺广播	FM104.6	120006

地区	电台名称	频率名称	频率频点FM/AM	标准编码
天津	天津广播电视台	文艺广播	AM1098	120045
		相声广播	FM92.1	120008
		相声广播	AM567	120046
		滨海广播	FM87.8	120002
		滨海广播	AM747	120042
		小说广播	AM666	120047
		音乐广播	FM99	120007
		音乐健康广播	AM1008	120048
		农村广播	FM88.5	120010
河北	河北人民广播电台	音乐广播	FM102.4	130006
		新闻广播	FM104.3	130001
			AM1278	130041
		私家车广播	FM90.7	130004
			AM900	130043
		生活广播	FM89	130005
			AM747	130044
		农民广播	FM98.1	130007
		农民广播	AM558	130045
		旅游文化广播	AM603	130046
			FM100.3	130008
		经济广播	FM107.9	130002
			AM1125	130042
		交通广播	FM99.2	130003
		科教广播	FM102.9	130009
	石家庄广播电视台	音乐广播	FM106.7	130101
		新闻广播	FM88.2	130102
			AM882	130141
		经济广播	FM100.9	130104
			AM1431	130143
		交通广播	FM94.6	130105

地区	电台名称	频率名称	频率频点 FM/AM	标准编码
河北	石家庄广播电视台	农村广播	AM1251	130142
			FM91.5	130103
		石家庄 FM93.3 汽车调频	FM93.3	130108
	保定广播电视台	交通广播	AM747	130643
			FM104.8	130603
		城市服务广播	FM101.6	130604
		城乡联盟长书广播	FM101.3	130605
			AM801	130644
		经济广播	AM1017	130642
			FM99.7	130602
		新闻综合广播	FM90.9/FM92.6	130606
		新闻广播	AM1467	130641
			FM93.7	130601
	沧州人民广播电台	新闻广播	AM1557	130941
			FM97.0	130901
		音乐广播	FM103.6	130903
		交通广播	FM93.8	130902
			AM1206	130943
	承德人民广播电台	交通文艺广播	FM97.6	130802
		旅游生活广播	FM100.6	130803
		新闻综合广播	FM93.8	130801
	邯郸广播电视台	城市服务广播	FM100.3	130904
		交通广播	FM106.8	130403
			AM1008	130442
		音乐广播	FM102.8	130402
			AM1206	130945
		新闻综合广播	FM96.4	130401
			AM963	130441
	衡水人民广播电台	新闻综合广播	AM954	131141
			FM101.9	131101

地区	电台名称	频率名称	频率频点 FM/AM	标准编码
河北	衡水人民广播电台	交通广播	FM92.5	131102
		湖城之声	FM96.1	131103
	廊坊人民广播电视台	交通长书广播	AM585	131043
			FM100.3	131003
		戏曲广播	FM105	131002
			AM1521	131042
		新闻综合广播	FM95.1	131001
			AM846	131041
	秦皇岛人民广播电视台	欢乐调频	FM92.4	130305
		新闻综合广播	FM89.1	130306
			AM990	130341
		私家车广播	FM103.8	130302
		音乐广播	FM97.3	130303
		交通广播	FM100.4	130304
	唐山人民广播电视台	新闻综合广播	FM91.7	130201
			AM684	130241
		经济生活广播	FM95.5	130202
			AM801	130242
		音乐广播	FM94.0	130203
		交通文艺广播	FM96.8	130204
			AM1143	130244
		文化娱乐广播	FM105.9	130205
		曹妃甸之声小说广播	AM900	130243
	邢台广播电视台	新闻综合广播	AM1188	130541
			FM90.3	130501
		生活经济广播	AM927	130542
			FM101.8	130502
		娱乐广播	FM96.8	130504
		交通音乐广播	FM91.8/FM101.2	130503
	张家口广播电视台	交通广播	FM100	130703

地区	电台名称	频率名称	频率频点 FM/AM	标准编码
河北	张家口广播电视台	交通广播	AM900	130742
		107.4 新闻综合广播	FM107.4	130701
		品味 986 音乐广播	FM98.6	130702
		雪都声韵	FM88.5	130706
		天路之声	FM104.8	130705
		私家车广播	FM104.3	130704
山西	山西广播电视台	经济广播	FM95.8	140002
		健康之声广播	FM105.9	140005
		综合广播	AM819	140041
			FM90.4	140001
		音乐广播	FM94.0	140006
		农村广播	AM603	140042
		交通广播	FM88.0	140004
		故事广播	FM88.6	140007
		文艺广播	FM101.5	140003
	太原广播电视台	综合广播	FM91.2	140101
		交通广播	FM107.0	140102
		经济广播	FM104.4	140103
		老年之声	AM1422	140141
			FM97.5	140105
		音乐广播	FM102.6	140104
	大同广播电台	交通广播	FM99.6	140202
		音乐广播	FM91.1	140203
		新闻综合广播	FM103.8	140201
	运城人民广播电台	交通文艺广播	FM101.9	140802
		新闻综合广播	FM93.2	140801
	晋城人民广播电台	交通广播	FM93.5	140501
		新闻综合广播	FM89.8	140502
		农村广播	FM106.3	140503
	忻州人民广播电台	交通广播	FM96.1	140901

地区	电台名称	频率名称	频率频点 FM/AM	标准编码
山西	忻州人民广播电台	忻州人民广播	FM105.7	140903
	朔州广播电视台	朔州之声	FM100.9	140601
		交通之声	FM93.7	140603
	临汾人民广播电台	新闻综合广播	FM95.1	141001
		交通文艺广播	FM88.9	141002
	吕梁人民广播电台	综合广播	FM105.8/FM94.4/FM91.0	141101
		交通广播	FM90.5	141102
	长治广播电视台	新闻综合广播	FM94.9	140401
		顶尖音乐	FM90.3	140402
		交通广播	FM94.3	140403
	阳泉市广播电视台	新闻综合广播	FM102.7	140301
			AM1485	140341
		阳泉 fm93.1 最爱音乐台	FM93.1	140303
		交通广播	FM90.1	140302
	晋中人民广播电台	新闻综合广播	FM103.4	140701
			AM1530	140741
		交通文艺广播	FM92.1	140702
内蒙古	内蒙古广播电视台	汉语新闻广播	FM95	150002
		汉语新闻综合广播	FM89	150003
			AM675	150041
		交通之声	FM105.6	150004
		经济生活广播	FM101.4	150005
		农村牧区广播	FM91.9	150008
		蒙古语广播	FM95.9	150001
			AM1458	150042
		曲艺评书广播	FM102.8	150007
		音乐之声	FM93.6	150006
	呼和浩特广播电视台	民族之声	FM104.5	150105
		文艺广播	FM99.8	150104
		城市生活广播	FM90.1	150102

<table>
<tr><th>地区</th><th>电台名称</th><th>频率名称</th><th>频率频点 FM/AM</th><th>标准编码</th></tr>
<tr><td rowspan="33">内蒙古</td><td rowspan="3">呼和浩特广播电视台</td><td>交通广播</td><td>FM107.4</td><td>150103</td></tr>
<tr><td rowspan="2">新闻综合广播</td><td>FM92.9</td><td>150101</td></tr>
<tr><td>AM882</td><td>150141</td></tr>
<tr><td rowspan="4">巴彦淖尔市广播电视台</td><td>文艺生活广播</td><td>FM97.7</td><td>150802</td></tr>
<tr><td rowspan="2">新闻综合广播</td><td>FM107</td><td>150801</td></tr>
<tr><td>AM1152</td><td>150841</td></tr>
<tr><td>交通广播</td><td>FM95.8</td><td>150803</td></tr>
<tr><td rowspan="7">赤峰广播电视台</td><td rowspan="2">农村牧区广播</td><td>FM102.4</td><td>150404</td></tr>
<tr><td>AM900</td><td>150443</td></tr>
<tr><td rowspan="2">汉语综合广播</td><td>FM96.3</td><td>150403</td></tr>
<tr><td>AM1143</td><td>150442</td></tr>
<tr><td>交通广播</td><td>FM101.8</td><td>150402</td></tr>
<tr><td rowspan="2">蒙语综合广播</td><td>FM89.4</td><td>150401</td></tr>
<tr><td>AM1440</td><td>150441</td></tr>
<tr><td rowspan="6">鄂尔多斯广播电视台</td><td>曲艺评书广播</td><td>FM97.3</td><td>150604</td></tr>
<tr><td rowspan="2">汉语综合广播</td><td>FM89.6/FM93.1</td><td>150602</td></tr>
<tr><td>AM936</td><td>150642</td></tr>
<tr><td rowspan="2">蒙古语综合广播</td><td>FM93.5/FM106.4</td><td>150601</td></tr>
<tr><td>AM603</td><td>150641</td></tr>
<tr><td>文体交通广播</td><td>FM100.8/FM102.1</td><td>150603</td></tr>
<tr><td rowspan="5">包头广播电视台</td><td>文艺广播</td><td>FM98.1</td><td>150205</td></tr>
<tr><td>城乡广播</td><td>FM100.1</td><td>150204</td></tr>
<tr><td>交通广播</td><td>FM89.2</td><td>150202</td></tr>
<tr><td>蒙语广播</td><td>FM105.9</td><td>150203</td></tr>
<tr><td>综合广播</td><td>FM94.9</td><td>150201</td></tr>
<tr><td rowspan="5">呼伦贝尔广播电视台</td><td>城市交通文艺广播</td><td>FM104.6</td><td>150703</td></tr>
<tr><td rowspan="2">汉语综合广播</td><td>FM99.9/FM100/FM105.9</td><td>150702</td></tr>
<tr><td>AM603</td><td>150742</td></tr>
<tr><td>交通文艺广播</td><td>FM104.6</td><td>150703</td></tr>
<tr><td>蒙语综合广播</td><td>FM97.3</td><td>150701</td></tr>
</table>

地区	电台名称	频率名称	频率频点FM/AM	标准编码
内蒙古	呼伦贝尔广播电视台	蒙语综合广播	AM954	150741
	通辽广播电视台	交通文艺广播	FM91.3	150504
			AM1233	150543
		科尔沁之声	FM93.7	150502
			AM1350	150542
		汉语综合广播	FM97.2	150501
			AM702	150541
	乌海广播电视台	新闻综合广播	FM97.7	150301
			AM855	150341
		蒙语综合广播	FM104.2	150303
		交通音乐广播	FM99.2	150302
	乌兰察布广播电视台	文艺广播	FM92.3/FM94.3	150904
		汉语新闻综合广播	FM93.3	150903
		汉语新闻综合广播	AM702	150942
		交通广播	FM99.9	150902
		蒙古语广播	FM105.3	150901
			AM1521	150941
	托克托县人民广播电台	云中之声广播	FM106.1	150106
辽宁	辽宁广播电视台	综合广播	FM102.9	210001
			AM1089	210041
		乡村广播	FM96.9	210005
			AM927	210044
		文艺广播	FM95.9/FM101.8	210003
			AM1053	210043
		经济广播	FM89.5/FM88.8	210002
			AM999	210042
		交通广播	FM97.5	210004
	大连广播电视台	新闻广播	FM103.3	210202
		财经广播	FM93.1	210203
		体育广播	FM105.7	210204

地区	电台名称	频率名称	频率频点FM/AM	标准编码
辽宁	大连广播电视台	交通广播	FM100.8	210205
		少儿广播	FM106.7	210206
		都市广播	FM99.1	210207
		新城乡广播	FM95.6	210208
	鞍山人民广播电台	交通广播	FM105.1	210303
			AM1458	210343
		经济广播	FM89.7	210302
			AM1143	210342
		评书广播	FM87.9	210304
		新闻广播	FM101	210301
			AM954	210341
	海城广播电视台	交通娱乐广播	FM106.9	210306
	本溪人民广播电台	交通经济台	FM107.4	210502
			AM900	210542
		新闻综合台	FM94.0	210501
			AM1296	210541
		生活娱乐台	FM96.4	210503
		评书故事台	FM104.1	210504
	锦州人民广播电台	交通广播	FM100.3	210703
		新闻广播	AM666	210741
		民生广播	FM90.9	210704
		经济广播	FM96.6	210702
	抚顺广播电视台	交通广播	FM106.1	210403
			AM747	210442
		汽车生活广播	FM104.9	210405
		新闻广播	FM93	210401
			AM684	210441
		音乐广播	FM90.1	210402
	营口广播电视台	长书娱乐广播	FM93.7	210844
		经济生活广播	FM89	210802

地区	电台名称	频率名称	频率频点 FM/AM	标准编码
辽宁	营口广播电视台	经济生活广播	AM747	210842
		交通文艺广播	FM95.1	210803
			AM1143	210843
		新闻综合广播	FM106.2	210801
			AM1026	210841
	锦州太和人民广播电台	太和人民广播电台	FM93.7	210701
吉林	吉林人民广播电台	旅游广播	FM103.3	220008
		健康娱乐广播	FM101.9	220007
		交通广播	FM103.8	220002
		经济广播	FM95.3	220003
			AM846	220042
		乡村广播	FM97.6	220004
		新闻综合广播	FM91.6	220001
			AM738	220041
		音乐广播	FM92.7	220005
		资讯广播	FM100.1	220006
		教育广播	FM96.3	220009
	长春人民广播电台	都市音乐广播	FM106.3	220106
		交通之声	FM96.8	220103
		生活故事广播	FM90.0	220102
			AM1332	220142
		新闻广播	FM88.9	220101
			AM900	220141
		U广播	FM88.0	220105
		经济广播	FM99.6	220104
			AM585	220143
黑龙江	黑龙江广播电视台	龙广青苹果之声	FM99.3	230005
		朝鲜语广播（龙广北大荒之声）	FM103.5	230007
			AM873	230044
		龙广乡村台	AM945	230043

地区	电台名称	频率名称	频率频点 FM/AM	标准编码
黑龙江	黑龙江广播电视台	龙广爱家频道	FM97	230006
		龙广音乐台	FM95.8	230003
		龙广私家车频道	FM104.5	230002
		龙广交通台	FM99.8	230004
		龙广新闻台	FM94.6	230001
			AM621	230041
		龙广都市女性台	FM102.1	230042
	哈尔滨广播电视台	音乐广播	FM90.9	230105
		经济广播	FM87.6	230104
			AM972	230142
		交通广播	FM92.5	230103
		文艺广播	FM98.4	230102
		新闻广播	FM106.2	230101
			AM837	230141
		爱尚广播	FM105.6	230106
		快乐广播 97.6 汽车调频	FM97.6	230107
		古典音乐广播	FM102.6	230108
	大庆新闻传媒集团	音乐广播	FM106.8	230604
		长书广播	FM90.9	230603
		综合广播	FM97.5	230601
		交通广播	FM95.0	230602
		百湖之声	FM91.9	230605
	齐齐哈尔广播电视台	新闻广播	FM87.8	230201
			AM1197	230241
		交通综合广播	FM94.1	230202
		生活文艺广播	FM89.4	230203
			AM693	230242
		乡村广播	FM102.7	230204
			AM585	230243
	鸡西人民广播电台	交通广播	FM95.9	230301

地区	电台名称	频率名称	频率频点 FM/AM	标准编码
黑龙江	鸡西人民广播电台	新闻综合广播	FM94.5	230302
		文艺广播	FM96.8	230303
	鹤岗人民广播电台	新闻综合广播	FM97.2	230401
		交通文艺广播	FM106.1	230402
	双鸭山人民广播电台	新闻广播	FM103.2	230501
			AM1179	230541
		交通文艺广播	FM99.5	230502
		长书广播	FM88.6	230503
	伊春人民广播电台	交通生活广播	FM98.5	230702
		人民广播	FM92.4	230703
			AM909	230741
	佳木斯市人民广播电台	新闻综合广播	FM101.7	230801
		经济生活广播	FM96	230802
		交通文艺广播	FM98.0	230803
	黑河人民广播电台	交通文艺广播	FM103.8	231101
	绥化人民广播电台	交通广播	FM97	231202
		音乐广播	FM97.4	231203
	七台河人民广播电台	新闻综合广播	FM89.1	230902
			AM1062	230941
		交通广播	FM89.1	230903
	牡丹江人民广播电台	新闻广播	FM100.7	231001
			AM684	231041
		生活广播	FM91.6	231002
			AM1476	231042
		交通广播	FM98.2	231003
	黑龙江高校广播网	黑龙江高校广播网	FM99.3	230009
上海	上海广播电视台	第一财经广播	FM97.7	310008
			AM1422	310045
		五星体育广播	FM94	310009
		故事广播	FM107.2	310007

地区	电台名称	频率名称	频率频点 FM/AM	标准编码
上海	上海广播电视台	东方都市广播 899 驾车调频	FM89.9	310004
			AM792	310044
		经典音乐广播	FM94.7	310010
		交通广播	FM105.7	310003
			AM648	310043
		流行音乐广播[动感 101]	FM101.7	310005
		戏剧曲艺广播	FM97.2	310011
			AM1197	310046
		浦江之声	AM1422	310047
		东广新闻台	FM90.9	310002
			AM1296	310042
		经典金曲广播[LOVE RADIO]	FM103.7	310006
		爱乐数字音乐广播	KFM981	310012
		上海新闻广播	FM93.4	310001
			AM990	310041
	宝山人民广播电台	宝山人民广播电台	FM96.2	310113
	崇明人民广播电台	崇明人民广播电台	FM102.5	310214
	奉贤人民广播电台	奉贤人民广播电台	FM95.9	310115
	嘉定人民广播电台	嘉定人民广播电台	FM100.3	310116
	金山人民广播电台	金山人民广播电台	FM105.1	310117
	闵行人民广播电台	闵行人民广播电台	FM102.7	310118
	浦东人民广播电台	沸点 100 音乐电台	FM100.1	310119
		东上海之声	FM106.5	310120
	青浦人民广播电台	青浦人民广播电台	FM106.7	310121
	松江人民广播电台	松江人民广播电台	FM100.9	310122
江苏	江苏广播电视总台	新闻综合广播	AM702	320041
		新闻广播	FM93.7	320001
		财经广播	FM95.2	320006
			AM585	320043
		音乐广播	FM89.7	320004

地区	电台名称	频率名称	频率频点 FM/AM	标准编码
江苏	江苏广播电视总台	经典流行音乐广播	FM97.5	320005
		交通广播网	FM101.1	320003
		文艺广播	FM91.4	320007
			AM1053	320045
		健康广播	FM100.5	320008
			AM846	320042
		故事广播	FM104.9	320044
		金陵之声	FM99.7	320002
	南京广播电视集团	新闻综合广播	FM106.9	320101
			AM1008	320143
		经济广播	AM900	320141
			FM98.1	320109
		音乐广播	FM105.8	320103
		交通广播	FM102.4	320102
		南京 MIXFM 103.5	FM103.5	320106
		城市管理广播	AM1170	320142
		体育广播	FM104.3	320104
		故事广播	FM101.7	320107
	无锡广播电视台	新闻综合	AM1161	320241
		新闻广播	FM93.7	320206
		经济广播	FM104	320202
		汽车音乐频率	FM91.4	320203
		交通广播	FM106.9	320204
		梁溪之声	FM92.6	320201
		都市生活广播	FM88.1	320205
		故事戏曲广播	AM1008	320243
	盐城广播电视台	新闻综合台	FM91.5	320901
			AM1026	320941
		城市交通台	FM105.3	320902
		经典音乐台	FM88.2	320903

地区	电台名称	频率名称	频率频点 FM/AM	标准编码
江苏	盐城广播电视台	HIFM98.0	FM98.0	320904
		黄海明珠台	FM88.2	320903
	江阴人民广播电台	汽车广播	FM90.7	320207
		手机音乐台	AM1386	320244
	张家港广播电视台	新闻广播	FM100.4	320508
			AM1098	320547
		交通广播	FM102	320509
		音乐广播	FM98.1	320510
			AM1521	320548
	扬州广播电视总台	音乐广播	FM94.9	321001
		交通广播	FM103.5	321002
		新闻广播	FM98.5	321003
		健康生活广播	FM96.7	321004
			AM1179	321041
		经典音乐广播	AM801	321042
			AM1521	321043
	徐州广播电视台	新闻综合频率	FM93.0	320301
			AM1269	320341
		文艺交通频率	FM103.3	320302
			AM1170	320343
		徐州经济服务频率	FM91.6	320304
			AM801	320344
		徐州调频89.6	FM89.6	320303
			AM1098	320342
		农村广播	FM105	320307
	常州广播电视台	新闻综合广播	FM103.4	320401
			AM846	320441
		经济广播	FM105.2	320402
			AM1143	320442
		音乐广播	AM927	320443

地区	电台名称	频率名称	频率频点 FM/AM	标准编码
江苏	常州广播电视台	音乐广播	FM93.5	320403
		交通广播	AM747	320444
		交通广播	FM90	320404
	苏州广播电视台	新闻广播	FM91.1	320501
		交通广播	FM104.8	320502
		音乐广播	FM102.8	320503
		生活广播	FM96.5	320505
		戏曲广播	AM846	320542
		儿童广播	FM95.7	320516
	南通人民广播电台	综合广播	FM97.0	320601
			AM1233	320641
		交通广播	FM92.9	320604
			AM1170	320643
		生活广播	FM91.8	320603
		经济广播	FM106.1	320610
			AM603	320642
	连云港广播电视台	综合广播	FM102.1	320701
			AM1458	320741
		新农村广播	AM1251	320742
			FM90.2	320702
		交通广播	FM92.7	320703
		故事广播	AM900	320704
	淮安广播电视台	新闻综合频率	FM94.1	320801
			AM807	320841
		经济生活频率	FM105.0	320802
			AM1251	320842
		交通文艺频率	FM94.9	320804
		汽车音乐频率	FM104.2	320803
		经典音乐	FM99.2	320805
		私家车广播	FM100.6	320806

地区	电台名称	频率名称	频率频点 FM/AM	标准编码
江苏	镇江文化广电产业集团	镇江人民广播电台 104	FM104	321101
		镇江人民广播电台 905	FM90.5	321104
		镇江人民广播电台 94	FM94	321105
			AM1224	321141
		镇江人民广播电台 1027	FM102.7	321106
			AM900	321142
		镇江人民广播电台 963	FM96.3	321103
		镇江人民广播电台 888	FM88.8	321102
	泰州广播电视台	新闻广播	AM1341	321241
			FM103.7	321201
		文艺广播	AM927	321242
			FM97.3	321203
		交通广播	AM1098	321243
			FM92.1	321202
	宿迁人民广播电台	交通广播	FM101.9	321303
		汽车音乐广播	FM101.5	321304
		新闻广播	FM92.1	321301
	浦口人民广播电台	南京城市调频	FM93.9	320110
	栖霞人民广播电台	果都之声	FM97.1	370609
	雨花人民广播电台	雨花人民广播电台	FM96.6	320111
	江宁人民广播电台	南京心动 885	FM88.5	320112
	六合人民广播电台	六合人民广播电台	FM103.5	320113
	溧水人民广播电台	溧水人民广播电台	FM92.3	320114
	高淳人民广播电台	高淳人民广播电台	FM92.0/FM102.3	320115
	宜兴广播电视台	宜兴人民广播电台	FM96.1	320208
		宜兴交通音乐广播	FM90.9	320209
	武进人民广播电台	武进人民广播电台	FM88.6	320406
	溧阳人民广播电台	溧阳人民广播电台	FM97.2	320407
	金坛人民广播电台	金坛人民广播电台	FM89.0	320408
	常熟广播电视台	新闻广播	FM99.6	320515

地区	电台名称	频率名称	频率频点 FM/AM	标准编码
江苏	常熟广播电视台	音乐广播	FM91.1	320506
		交通广播	FM100.8	320507
			AM747	320546
	昆山人民广播电台	新闻综合频道	FM88.9	320512
	吴江人民广播电台	吴江人民广播电台	FM89.1	320513
	太仓人民广播电台	太仓人民广播电台	FM96.7	320514
	海安人民广播电台	海安人民广播电台	FM94.1	320606
	如东人民广播电台	如东人民广播电台	FM89.6	320607
	如皋人民广播电台	如皋人民广播电台	FM98.3	320608
	海门人民广播电台	海门人民广播电台	FM100.5	320609
	淮阴人民广播电台	中央广播电台	FM96.5	320210
		经济广播	FM105.0	320211
	仪征人民广播电台	仪征人民广播电台	FM94.3	321005
	高邮人民广播电台	高邮人民广播电台	FM92.4	321006
	江都人民广播电台	江都人民广播电台	FM100.7	321007
	润州人民广播电台	润州人民广播电台	FM100.3	321107
	丹徒人民广播电台	丹徒人民广播电台	FM102.7	321108
	丹阳人民广播电台	丹阳人民广播电台	FM97.9	321109
	扬中人民广播电台	扬中人民广播电台	FM105.6	321110
	句容人民广播电台	句容人民广播电台	FM91.7	321111
	靖江人民广播电台	靖江人民广播电台	FM102.4	321204
	姜郾人民广播电台	姜郾人民广播电台	FM91.6	321205
	宿豫人民广播电台	爱心广播	FM106.3	321302
	大厂人民广播电台	大厂人民广播电台	FM102.0	320116
浙江	浙江广播电视集团	浙江之声	FM88.0	330001
			AM810	330041
		FM95 经济广播	FM95	330002
		动听 968 音乐调频	FM96.8	330003
		新锐 988 浙江新闻广播	FM98.8	330008
		FM99.6 民生资讯广播	FM99.6	330004

地区	电台名称	频率名称	频率频点 FM/AM	标准编码
浙江	浙江广播电视集团	交通之声	FM93.0	330005
		104.5 女主播电台	FM104.5	330006
		私家车 107 城市之声	FM107.0	330007
	杭州文广集团	交通经济广播	FM91.8	330102
		西湖之声	FM105.4	330103
		杭州之声	FM89.0	330101
		杭州电台中波 954	AM954	330141
		杭州城市资讯广播	FM90.7	330109
	温州广播电视传媒集团	新闻综合频率	FM94.9	330301
			AM666	330341
		交通频率	FM103.9	330304
		音乐之声频率	FM100.3	330303
		经济生活频率	FM88.8	330302
			AM801	330342
		对农频率	FM93.8	330305
	乐清市人民广播电台	乐清电台	FM99.5	330308
	永嘉广电	永嘉人民广播电台	FM102.2	330307
	台州广播电视总台	新闻广播	FM98.7/FM88.0	331001
		交通广播	FM102.7	331002
		音乐台汽车音乐 1001	FM100.1	331003
	嘉兴广播电视集团	新闻综合频率	FM104.1	330401
			AM1107	330441
		交通经济频率	FM92.2	330402
		音乐生活频率	FM88.2	330403
	湖州广播电视总台	新闻综合频率	FM105	330501
			AM873	330541
		交通文艺频率	FM98.5	330502
		交通经济频率	FM103.5	330503
	德清县广播电视台	德清电台	FM106.5	330505
	丽水市广播电视总台	交通音乐频率	FM106.9	331102

地区	电台名称	频率名称	频率频点 FM/AM	标准编码
浙江	丽水市广播电视总台	新闻综合频率	AM711	331141
			FM94	331101
		新农村频率	FM88.3	331103
	宁波广播电视集团	新闻综合广播	FM92.0	330201
			AM1323	330244
		经济广播	FM102.9	330202
			AM747	330242
		音乐广播	FM98.6	330205
		交通广播	FM93.9	330203
			AM603	330241
		老少广播	FM90.4	330204
	鄞州区广播电视台	宁波动感	FM105.2	330214
	镇海区新闻中心	FM100.1 PLAY FM	FM100.1	330206
		FM104.7 NICE FM	FM104.7	330207
	绍兴广播电视总台	新闻综合频率	FM93.6	330601
			AM738	330641
		交通频率	FM94.1	330602
			AM1251	330642
		FM103.5 绍兴私家车音乐广播	FM103.5	330603
	柯桥区广播电视总台	经典汽车广播	FM106	330606
	金华广播电视台	新闻综合广播	FM104.4	330701
		经济生活广播	FM101.4	330703
		交通音乐广播	FM94.2	330702
		对农广播	FM99.1	330707
	衢州人民广播电台	新闻综合频率	FM105.3	330801
		交通音乐频率	FM97.5	330802
	舟山广播电视台	新闻综合广播	FM99.8	330901
			AM684	330941
		交通经济广播	FM97	330902
			AM1098	330942

地区	电台名称	频率名称	频率频点 FM/AM	标准编码
浙江	舟山广播电视台	文艺广播	FM91	330903
	北仑人民广播电台	1008 可乐台	FM100.8	330213
	萧山人民广播电台	萧山人民广播电台	FM107.9	330105
	桐庐人民广播电台	桐庐人民广播电台	FM92.8	330106
	富阳人民广播电台	富阳人民广播电台	FM100.4	330107
	临安人民广播电台	临安人民广播电台	FM96.4	330108
	象山人民广播电台	象山人民广播电台	FM107.3	330208
	宁海人民广播电台	宁海人民广播电台	FM93.9	330209
	余姚人民广播电台	余姚人民广播电台	FM96.6	330210
	慈溪人民广播电台	慈溪人民广播电台	FM106.4	330211
	奉化人民广播电台	奉化人民广播电台	FM99.4	330212
	瑞安人民广播电台	瑞安人民广播电台	FM91.0	330306
	嘉善人民广播电台	嘉善人民广播电台	FM99.3	330404
	海盐人民广播电台	海盐人民广播电台	FM106.0	330405
	海宁人民广播电台	海宁人民广播电台	FM96.0	330406
	平湖人民广播电台	平湖人民广播电台	FM90.6	330407
	桐乡人民广播电台	桐乡人民广播电台	FM97.1	330408
	长兴人民广播电台	长兴人民广播电台	FM97.1	330504
	越城人民广播电台	越城人民广播电台	FM89.7	330604
	上虞人民广播电台	上虞人民广播电台	FM89.7	330605
	浦江人民广播电台	浦江人民广播电台	FM105.7	330704
	兰溪人民广播电台	兰溪人民广播电台	FM94.8	330705
	义乌人民广播电台	义乌人民广播电台	FM106.2	330706
	江山人民广播电台	江山人民广播电台	FM102.6	330803
	椒江人民广播站	椒江人民广播站	FM88.9	331004
	黄岩人民广播电台	黄岩人民广播电台	FM95.7	331005
	天台人民广播电台	天台人民广播电台	FM102.3	331006
安徽	安徽广播电视台	新闻综合广播	FM103.6	340001
			AM936	340041
		音乐广播	FM89.5	340003

地区	电台名称	频率名称	频率频点 FM/AM	标准编码
安徽	安徽广播电视台	蓝海豚卡车之声广播	FM97.1	340002
			AM864	340042
		生活广播	AM603	340045
			FM105.5	340004
		交通广播	FM90.8	340005
		农村广播	FM95.5	340006
		小说评书广播	FM107.4	340007
		戏曲广播	AM1251	340044
			FM99.5	340008
		私家车广播	FM106.5	340009
	合肥广播电视台	新闻综合广播	FM91.5	340101
			AM666	340141
		交通广播	FM102.6	340102
		交通广播	AM1053	340142
		汽车音乐广播	FM87.6	340104
		故事广播	FM98.8	340105
			AM1170	340143
		徽商广播	FM100.3	340103
		新城资讯广播	FM88.1	340109
			AM846	340144
		新城交通音乐广播	FM93.8	340110
	芜湖广播电视台	新闻综合广播	FM100.4	340201
		交通经济广播	FM96.3	340203
		音乐故事广播	FM98.2	340202
	蚌埠人民广播电台	蚌埠新闻综合广播	FM107.9	340301
		经济广播 104.2	FM104.2	340302
		蚌埠交通文艺广播	FM98.4	340303
	淮南人民广播电台	新闻广播	FM103.7	340401
			AM648	340441
		交通文艺台	FM97.7	340402

地区	电台名称	频率名称	频率频点 FM/AM	标准编码
安徽	淮南人民广播电台	淮南音乐故事广播	FM104.9	340403
	马鞍山人民广播电台	新闻广播	FM105.1	340501
		交通广播	FM92.8	340502
		音乐广播	FM95.4	340503
	淮北人民广播电台	新闻综合台	FM94.9	340601
			AM1431	340641
		音乐广播	FM89.3	340602
		交通广播	FM100.4	340603
	铜陵人民广播电台	交通生活广播	FM88.7	340702
		新闻综合广播	FM95.9	340701
		铜陵之声	FM102.4	340703
	安庆人民广播电台	新闻综合广播	FM90.3	340801
			AM1584	340841
		交通音乐广播	FM97.7	340802
		悦动 937	FM93.7	340803
	黄山人民广播电台	新闻综合广播	FM93.3	341001
			AM1431	341041
		交通旅游广播	FM100.4	341002
	滁州人民广播电台	新闻综合广播	FM95.0	341101
		交通音乐广播	FM105.4	341102
		文艺故事广播	FM97.0	341103
	阜阳人民广播电台	新闻广播	FM91.6	341201
			AM1116	341241
		故事广播	FM94.1	341202
			AM801	341242
		交通广播	FM103.5	341203
			AM711	341243
	宿州人民广播电台	新闻综合广播	FM100.8	341301
		文艺广播	FM96.1	341302
		交通广播	FM107.3	341303

地区	电台名称	频率名称	频率频点 FM/AM	标准编码
安徽	六安人民广播电台	新闻综合广播	FM102.1	341501
		交通音乐广播	FM96.4	341502
	亳州广播电视台	新闻综合广播	FM88.2	341601
			AM999	341641
		交通音乐广播	FM107.2	341602
	池州广播电视台	交通旅游广播	FM96.6	341703
		新闻综合广播	FM98.1	341701
	宣城人民广播电台	新闻综合广播	FM100.6	341801
			AM1170	341841
		交通文艺广播	FM106.1	341802
	五河人民广播电台	五河人民广播电台	FM93.3	340304
	明光人民广播电台	明光人民广播电台	FM105.0	341104
	贵池人民广播电台	贵池人民广播电台	FM98.1	341702
	泗县人民广播电台	泗县人民广播电台	FM99.5	341305
福建	福建广播影视集团	新闻广播	FM103.6	350001
		财经广播	FM96.1	350002
		汽车音乐调频	FM91.3	350004
		交通广播	FM100.7	350003
		私家车广播	FM98.7	350005
		东南广播	AM585	350043
		汽车娱乐广播	FM88.3	350006
	福州广电集团	876 交通之声	FM87.6	350104
		新闻广播	FM94.4	350101
		音乐频道	FM89.3	350103
		左海之声	FM90.1	350102
	厦门广播电视集团	新闻广播	FM99.6	350201
		经济交通广播	FM107	350202
		音乐广播	FM90.9	350203
		闽南之声广播	FM101.2	350204
		旅游广播	FM94.0	350205

地区	电台名称	频率名称	频率频点 FM/AM	标准编码
福建	莆田人民广播电台	新闻综合广播	FM93.7	350301
		音乐交通广播	FM103	350302
	三明人民广播电台	新闻综合广播	FM97.5/FM103.4	350401
		都市生活广播	FM105.6	350402
	泉州广播电视台	综合广播	FM88.9	350501
		交通之声	FM90.4	350502
		经济生活广播	FM92.3	350503
		刺桐之声	FM105.9	350504
	漳州人民广播电台	新闻综合广播	FM96.2/FM89.6	350601
		交通广播	FM92.7/FM96.6	350602
	中国华艺广播电台	中国华艺广播电台	FM107.1	350105
			MW873/SW4830/SW6185	350191
	海峡之声广播电台	汽车生活广播	FM90.6	350107
		新闻广播	AM666	350141
		汽车潮流广播	FM99.6	350106
		闽南话频道	AM783	350142
		综合广播	FM97.9	350108
	长泰人民广播电台	长泰人民广播电台	FM97.3	350603
	南平人民广播电台	综合广播	FM88.8	350701
		城市生活广播	FM95.1	350702
	龙岩人民广播电台	新闻综合频率	FM92.5/FM106	350801
		旅游之声频率	FM94.6/FM93.5	350802
	宁德人民广播电台	新闻综合频道	FM101.7	350901
江西	江西广播电视台	新闻广播	FM104.4	360001
			AM729	360041
		都市广播	FM106.5	360002
		音乐广播	FM103.4	360003
		交通广播	FM105.4	360004
		农村广播（绿色之声）	FM98.5	360005
		民生广播	FM101.9	360006

地区	电台名称	频率名称	频率频点 FM/AM	标准编码
江西	江西广播电视台	旅游广播	FM97.4	360007
		财经广播	FM99.2	360008
		故事广播	FM96.9	360009
		旅游广播	FM97.4	360010
	南昌广播电视台	新闻广播	FM91.7	360101
		交通广播	FM95.1	360102
		凤凰 879 频率	FM87.9	360105
		大眼睛 897	FM89.7	360103
	景德镇电台	新闻综合频率	FM96.5	360201
	萍乡人民广播电台	城市之声广播	FM96.8/FM106.8	360302
		交通文艺频道	FM99.3	360301
	九江广播电视台	新闻广播	FM90.0/FM91.6	360401
		汽车音乐频率	FM97.5/FM104.0	360402
		交通广播	FM88.9/FM88.4	360403
		赣北之声	FM94.1	360404
	新余人民广播电台	交通广播	FM96.2	360503
		新闻广播	FM94.0	360501
	鹰潭人民广播电台	交通广播	FM95.6	360602
		新闻广播	FM103.2	360601
	赣州人民广播电台	新闻频率	FM93.7	360701
		交通频率	FM99.2	360703
		音乐频率	FM94.5	360702
	吉安人民广播电台	交通广播动感 100.6	FM100.6	360802
		井冈之声	FM95.6/FM102. 1	360801
	宜春市广播电视台	宜春明月之声	FM101.1/FM87.9	360901
	抚州人民广播电台	新闻综合频率	FM96.4/FM101.3	361001
		交通音乐频率	FM95.5	361002
	上饶人民广播电台	新闻综合频率	FM93.4	361101
		音乐交通频道	FM96.6/FM95.9	361102
山东	山东广播电视台	新闻频道	FM95.0	370001

地区	电台名称	频率名称	频率频点 FM/AM	标准编码
山东	山东广播电视台	经济频道财富 Radio	FM98.6	370002
		文艺广播 Fashion Radio 时尚调频	FM97.5	370004
		生活频道	FM105.0	370005
		交通频道 UP RADIO	FM101.1	370006
		乡村频道	FM91.9	370007
		音乐频道（动感 991）	FM99.1	370008
		体育休闲频道	FM102.1	370009
		经济频道泉城 96	FM96.0	370003
	济南人民广播电台	新闻广播	FM106.6	370101
		经济广播	FM90.9	370102
			AM846	370141
		音乐广播 Music88.7	FM88.7	370105
		交通广播	FM103.1	370103
			AM1512	370142
		文艺广播	FM100.5	370104
		故事广播	FM104.3	370106
		私家车广播	FM93.6	370107
	平阴广播电视台	平阴广播电视台	FM96.2	370109
	长清区广播电台	长清区广播电台	107.2	370108
	济阳县广播电视台	济阳县广播电视台	FM99.7	370110
	商河人民广播电台	商河人民广播电台	FM88	370111
	青岛市广播电视台	新闻频率	FM107.6	370201
			AM1377	370241
		经济频率	FM102.9	370203
			AM1251	370242
		交通广播	FM89.7	370205
			AM900	370243
		音体频率	FM91.5	370206
		文艺频率	FM96.4	370204
		经典音乐调频	FM87.5	370217

地区	电台名称	频率名称	频率频点 FM/AM	标准编码
山东	青岛市广播电视台	故事频率	FM95.2	370207
			AM1008	370244
	黄岛区广播电视台	西海岸城市生活广播	FM92.6	370216
		西海岸交通广播	FM95.7	370211
	即墨人民广播电台	即墨人民广播电台	FM101.7	370209
	阳城人民广播电台	阳城人民广播电台	FM94.0	370210
	胶南人民广播电台	胶南人民广播电台	FM95.6	370211
	崂山人民广播电台	崂山人民广播电台	FM102	370212
	胶州人民广播电台	胶州人民广播电台	FM106.8	370213
	莱西人民广播电台	莱西人民广播电台	FM100.7	370214
	烟台广播电视台	综合广播	FM101	370601
			AM1314	370641
		经济广播	FM105.9	370602
			AM801	370642
		交通广播	FM103	370603
		音乐广播	FM91.2	370604
	莱阳人民广播电台	莱阳人民广播电台	FM107.4	370606
	莱州人民广播电台	莱州人民广播电台	FM92.7	370607
	龙口人民广播电台	龙口人民广播电台	FM101.6	370610
	招远人民广播电台	招远人民广播电台	FM88.8	370611
	海阳人民广播电台	海阳人民广播电台	FM94.8	370612
	博兴人民广播电台	博兴人民广播电台	FM96.3	371605
	博山人民广播电台	博山人民广播电台	FM104.1	370305
	临淄人民广播电台	新闻综合广播	FM97.3	370306
		音乐广播	FM91.8	370307
	济宁广播电视台	济宁综合广播	FM101.8	370801
		济宁交通文艺广播	FM104.2	370803
		济宁生活广播	FM107.0	370804
		轻松调频	FM97.7	370817
	济宁中区人民广播电台	中区音乐台	FM107	370805

地区	电台名称	频率名称	频率频点 FM/AM	标准编码
山东	任城人民广播电台	任城人民广播电台	FM105.5	370806
	兖州市人民广播电台	兖州市人民广播电台	FM104.7	370807
	泗水县人民广播电台	泗水县人民广播电台	FM105.6	370808
	汶上县人民广播电台	汶上县人民广播电台	FM94.5	370809
	微山县人民广播电台	微山县人民广播电台	FM96.3	370811
	邹城市人民广播电台	邹城市人民广播电台	FM96.1	370812
	金乡县人民广播电台	金乡县人民广播电台	FM104.5	370813
	嘉祥县人民广播电台	嘉祥县人民广播电台	FM95.5	370814
	鱼台县人民广播电台	鱼台县人民广播电台	FM98.5	370815
	梁山县人民广播电台	梁山县人民广播电台	FM105.7	370816
	枣庄人民广播电台	新闻综合广播	FM97.6	370401
		交通文艺广播	FM105.2	370403
		生活娱乐广播	FM103.7	370404
		音乐广播	FM100.6	370402
	东营人民广播电台	新闻广播	FM91.0	370501
			AM1449	370541
		经济广播	FM105.3	370502
		交通音乐广播	FM88.1	370503
	寿光人民广播电台	交通音乐广播	FM105.6	370712
		新闻故事广播	FM106.4	370711
	昌邑人民广播电台	昌邑人民广播电台	FM103.6	370717
	诸城人民广播电台	诸城人民广播电台	FM99.8	370715
	高密人民广播电台	凤凰新闻故事广播	FM95.5	370718
		凤凰音乐广播	FM93.6	370719
	昌乐人民广播电台	昌乐人民广播电台	FM92.0	370714
	泰安人民广播电台	旅游广播	FM90.1	370903
		交通广播	FM106.2	370902
		故事广播	FM91.6	370904
		新闻广播	FM93.4	370901
		音乐广播	FM104.4	370905

地区	电台名称	频率名称	频率频点 FM/AM	标准编码
山东	威海广播电视台	新闻综合频道	FM105.1/FM107.3	371001
			AM1206	371041
		交通频道	AM846	371042
			FM102.2/FM95.0	371003
		音乐频道	FM90.7	371002
	日照广播电视台	综合频率	FM95	371101
			AM1449	371141
		交通频率	FM87.9	371102
			AM747	371142
		音乐频率	FM93.4	371103
	莱芜人民广播电台	综合广播	FM97.4	371201
	临沂广播电视台	新闻广播	FM97.6	371301
			AM873	371341
		交通广播	FM89.9	371303
			AM801	371343
		经济之声	FM101	371304
			AM747	371344
	德州广播电视台	综合广播	FM104.1	371401
			AM1098	371441
		交通广播	FM97.9	371403
			AM1341	371442
		文艺广播	FM92.9	371404
			AM1008	371443
		私家车广播	FM98.9	371405
		音乐广播	FM94.1	371402
	德州学院广播	心动调频	FM86	371406
	齐河人民广播电台	齐河人民广播电台	FM88.2	371409
	临邑人民广播电台	临邑人民广播电台	FM92.1	371408
	乐陵人民广播电台	乐陵人民广播电台	FM93.4	371414
	陵县人民广播电台	陵县人民广播电台	FM99.6	371410

地区	电台名称	频率名称	频率频点 FM/AM	标准编码
山东	平原人民广播电台	平原人民广播电台	FM96.5	371411
	武城人民广播电台	武城人民广播电台	FM96.7	371413
	夏津人民广播电台	夏津人民广播电台	FM98.6	371412
	禹城人民广播电台	禹城人民广播电台	FM103.5	371415
	宁津人民广播电台	宁津人民广播电台	FM95.2	371407
	聊城广播电视台	综合广播	FM96.8	371501
		经济广播	FM92.4	371502
		交通广播	FM98.9	371503
	滨州广播电视台	新闻广播	FM107.6	371601
			AM864	371641
		生活广播	FM99.4	371602
			AM1170	371642
		交通广播	FM93.1	371603
		音乐广播	FM87.8	371604
	邹平人民广播电台	新闻交通频道	FM95.7	371606
		故事音乐频道	FM103.3	371607
	菏泽广播电视台	新闻综合频道	FM87.5	371701
			AM1197	371741
		交通广播	FM94.8	371703
			AM1521	371742
	平度人民广播电台	平度之声	FM101.1	370215
	广饶人民广播电台	新闻综合频率	FM103.9	370504
	蓬莱人民广播电台	新闻综合频率	FM101.9	370608
	临朐人民广播电台	新闻综合频道	FM102.3	370707
		交通音乐频道	FM100.6	370708
	安丘人民广播电台	综合频率	FM89.2	370709
	青州人民广播电台	新闻综合频率	FM95.4	370710
	曲阜人民广播电台	新闻综合频率	FM98.4	370810
			AM1341	370841
	桓台人民广播电台	快乐调频	FM93.7	370308

地区	电台名称	频率名称	频率频点 FM/AM	标准编码
河南	河南人民广播电台	新闻广播	FM95.4	410001
			FM102.3	410002
			AM657	410041
		经济广播	FM103.2	410003
			AM972	410042
		音乐广播	FM88.1	410006
		交通广播	FM104.1	410004
		戏曲广播	FM97.6	410005
			AM1143	410043
		农村广播	FM107.4	410007
			AM846	410044
		教育广播	FM106.6	410010
		影视广播	FM90.0	410008
		旅游广播	FM99.9	410009
			AM900	410045
		信息广播	FM105.6	410011
			AM603	410046
	郑州人民广播电台	新闻广播	FM98.6	410101
			AM549	410141
		经济广播	FM93.1	410102
			AM711	410142
		文化娱乐广播	FM91.8	410103
			AM1008	410143
		都市广播	FM91.2	410105
		音乐广播	FM94.4	410106
		经典 1079	FM107.9	410107
	开封人民广播电台	综合广播	FM101.4	410201
		经济广播	FM100.2	410202
		交通旅游广播	FM105.1	410203
	洛阳人民广播电台	新闻广播	FM88.1	410301

地区	电台名称	频率名称	频率频点 FM/AM	标准编码
河南	洛阳人民广播电台	新闻广播	AM576	410341
		经济广播	FM106.5	410307
			AM1053	410342
		交通广播	FM92.7	410302
			AM1251	410344
		洛阳私家车广播	FM102.1	410303
			AM783	410343
	平顶山人民广播电台	新闻综合广播	FM98.9	410404
			AM747	410441
		交通广播	FM96.4	410403
	安阳人民广播电台	新闻广播	FM94.2	410501
			AM882	410541
		交通广播	FM89.0	410502
			AM1251	410542
		安阳汽车音乐台	FM100.8	410503
	鹤壁人民广播电台	综合广播	FM94.2	410601
			AM882	410641
		经济广播	FM87.9/FM106.2	410602
	新乡人民广播电台	音乐广播	FM89.2	410703
		新闻综合广播	FM92.9	410701
			AM801	410741
		交通广播	FM99.1	410702
			AM1521	410742
	焦作人民广播电台	新闻综合广播	AM828	410841
		都市音乐广播	FM99.5	410804
		交通旅游广播	FM89.4	410801
		生活文艺广播	FM96.0	410802
			AM1251	410842
	濮阳人民广播电台	新闻综合广播	FM100.1	410902
		交通音乐广播	FM89.5	410901

地区	电台名称	频率名称	频率频点 FM/AM	标准编码
河南	许昌人民广播电台	交通广播	FM92.6	411001
		新闻广播	FM102	411004
		汽车音乐广播	FM93.8	411002
		农村广播	AM927	411042
		许昌私家车广播	FM104.7	411003
	漯河人民广播电台	综合广播	FM89	411101
			AM1251	411141
		交通音乐广播	FM106.7	411102
		城市广播	FM98.1	411103
	三门峡人民广播电台	三门峡人民广播电台	FM98.9	411201
			AM801	411241
	南阳人民广播电台	新闻广播	FM104.2	411301
		城市广播	FM93.6	411302
			AM585	411341
		交通广播	FM97.7	411304
			FM101	411343
	商丘人民广播电台	综合广播	AM729	411441
			FM89	411401
		经济广播	AM927	411442
			FM100.7	411402
	信阳人民广播电台	平桥人民广播电台	FM99.6	411506
		狮河人民广播电台	FM105.4	411507
		综合广播	FM89.0	411541
	周口人民广播电台	新闻广播	AM828	411641
		交通音乐广播	FM89.3/FM96.0	411601
		新农村广播	AM567	411642
	驻马店人民广播电台	综合广播	FM97.2	411702
			AM810	411741
		经济广播	FM102.4	411701
	新密人民广播电台	新密人民广播电台	FM93.0	410108

地区	电台名称	频率名称	频率频点 FM/AM	标准编码
河南	沁阳人民广播电台	沁阳人民广播电台	FM104.9	410803
	巩义人民广播电台	巩义人民广播电台	FM98.2/FM107.5	410109
湖北	湖北广播电视总台	湖北之声	FM104.6	420001
			AM774/AM1404	420041
		湖北经济广播	FM99.8	420003
		湖北经典音乐广播	FM103.8	420005
		湖北体育旅游广播	FM107.8	420006
		湖北生活广播	FM96.6	420007
		湖北妇女儿童广播	FM102.6	420008
		楚天交通广播	FM92.7	420002
		楚天音乐广播	FM105.8	420004
		湖北资讯广播	AM1179	420042
			FM105.2	420010
		湖北农村广播	FM91.2	420009
	武汉人民广播电台	经典音乐广播	FM101.8	420103
		武汉经济广播	FM100.6	420102
			AM1125	420142
		交通广播	FM89.6	420104
			AM603	420143
		新闻综合广播	FM88.4	420101
			AM873	420141
		武汉动感936	FM93.6	420105
	黄石人民广播电台	新闻频率	FM101.2	420201
			AM963	420241
		交通经济广播	FM103.3	420202
		汽车广播	FM106.8	420203
	十堰人民广播电台	新闻频率	FM94.1	420302
		音乐交通频率	FM101.9	420303
		田园之声频率	FM99.1	420301
	宜昌人民广播电台	新闻综合频率	FM95.6	420501

地区	电台名称	频率名称	频率频点 FM/AM	标准编码
湖北	宜昌人民广播电台	交通音乐频率	FM105.9	420502
		汽车频率	FM100.6	420503
	夷陵人民广播电台	968 新闻故事广播	FM96.8	420507
		930 私家车音乐广播	FM93.0	420508
	襄阳人民广播电台	综合广播新闻 104 襄阳之声	FM104.0	420601
		综合广播最爱 909	FM90.9	420602
		交通音乐广播	FM89.0	420603
		交通音乐广播爱听 1053	FM105.3	420604
	鄂州广播电影电视局	新闻频率	FM94.0	420701
	荆门人民广播电台	新闻经济广播	FM96.6	420801
			AM927	420841
		交通文艺广播	FM99.3	420802
		城市生活广播	FM89.7	420803
			AM1161	420842
	钟祥人民广播电台	钟祥人民广播电台	FM98	420804
	孝感电台	新闻综合频率	FM91.8	420901
			AM927	420941
		交通音乐频率	FM87.7	420902
	荆州电台	年代 936	FM96.3	421004
		荆州之声	FM97.2	421001
			AM585	421041
		田园之声	FM98.4	421008
			AM828/AM1368	421043
		901 汽车广播	FM90.1	421003
	黄冈人民广播电台	新闻电台	FM91.4	421101
		交通广播台	FM107.6	421102
		教育文艺广播	FM91.6	421104
	咸宁广播电影电视局	新闻综合广播	FM88.1	421201
		交通音乐广播	FM95.9	421202
	随州人民广播电台	交通电台	FM96.2	421301

地区	电台名称	频率名称	频率频点 FM/AM	标准编码
湖北	随州人民广播电台	新闻电台	AM1008	421341
	丹江口人民广播电台	新闻综合频率	FM92.5	420304
	老河口人民广播电台	老河口人民广播电台	FM102.3	420605
			AM1476	420642
	应城人民广播电台	应城人民广播电台	FM100.2	420903
	石首人民广播电台	石首人民广播电台	FM100.0	421005
	麻城人民广播电台	教育音乐台	FM105.1	421103
	赤壁人民广播电台	赤壁人民广播电台	FM103.9	421203
	广水人民广播电台	广水人民广播电台	FM88.0/FM89.2	421302
	仙桃人民广播电台	仙桃人民广播电台	FM90.4	429001
	潜江人民广播电台	潜江人民广播电台	FM88.4	429002
湖南	湖南人民广播电台	交通频道	FM91.8/FM100.3	430001
		音乐之声	FM89.3	430002
		新闻频道	FM102.8/FM93.0	430003
		经济频道	FM90.1	430004
			AM900	430041
		文艺频道	FM96.9/FM97.5	430005
		潇湘之声	FM93.8	430006
			AM738	430042
		旅游之声	FM106.9	430007
		金鹰之声	FM95.5	430009
	长沙人民广播电台	新闻广播	FM105	430103
		交通音乐广播	FM106.1	430102
		城市之声	FM101.7	430101
		经济广播	FM88.6	430108
	湖南快乐 1045 电台	快乐 1045 电台	FM104.5	430107
	株洲人民广播电台	新闻频道	FM101.2	430202
		交通频道	FM98.4	430201
	湘潭人民广播电台	交通频道	FM104.2	430301
		红色经典频道	FM98.6	430302

地区	电台名称	频率名称	频率频点 FM/AM	标准编码
湖南	韶山人民广播电台	韶山之声幸福999	FM99.9	430303
	衡阳人民广播电台	新闻频道	FM98.9	430401
		交通频道	FM101.8	430402
	邵阳人民广播电台	交通广播	FM95.4	430502
		音乐频率	FM92.8	430501
	岳阳人民广播电台	新闻交通频道	FM104.1	430602
		音乐商务频道	FM106.1	430601
	常德人民广播电台	新闻颇道	FM105.6	430702
		交通频道	FM97.1	430701
	鼎城广播电视台	鼎广电台	FM106.8	430703
	张家界人民广播电台	新闻综合广播	FM93.2	430801
	益阳广播电视台	新闻综合广播	FM99.7	430901
		交通广播	FM88.1	430902
	郴州人民广播电台	音乐交通广播	FM102.8	431001
		快乐私家车1055	FM105.5	431002
	永州人民广播电台	永州之声频道	FM94.8/FM102.8	431101
		交通音乐频道	FM96.8	431102
	怀化人民广播电台	综合广播	FM97.2	431202
		交通文艺广播	FM103.8	431201
	娄底人民广播电台	新闻音乐频率	FM98.0	431301
		交通频率	FM96.3	431302
	长沙县人民广播电台	星空调频	FM102.2	430104
	浏阳人民广播电台	交通生活频道	FM99.5	430105
广东	广东广播电视台	新闻广播	FM91.4	440001
			AM648	440041
		珠江经济台	FM97.4	440002
		音乐之声	FM99.3	440003
		羊城交通台	FM105.2	440006
		文体广播经典1077	FM107.7	440007
			AM603	440043

地区	电台名称	频率名称	频率频点 FM/AM	标准编码
广东	广东广播电视台	南方生活广播	FM93.6	440005
			AM999	440042
		股市广播	FM95.3	440008
			AM927	440044
		城市之声	FM103.6	440004
		南粤之声Uradio汽车优悦广播	FM105.7	440009
	广州广播电视台	新闻资讯电台	FM96.2	440101
		金曲音乐广播	FM102.7	440102
		青少年广播	FM88	440104
			AM1170	440141
		经济交通广播	FM106.1	440103
	深圳广播电影电视集团	新闻频率	FM89.8	440301
		音乐频率	FM97.1	440302
		交通频率	FM106.2	440303
		生活频率	FM94.2	440304
		动听 102	FM102	440306
	宝安区广播电台	缤纷 1043	FM104.3	440305
	韶关市广播电台	综合广播	FM105.7	440202
		交通旅游广播	FM97.5	440201
	佛山人民广播电台	南海广播	FM92.4	440603
		高明广播	FM88.3	440606
		三水广播	FM90.6	440605
		顺德广播	FM90.1	440604
		音乐广播	FM98.5	440602
		综合广播	FM94.6	440601
	江门广播电视台	江门人民广播电台	FM100.2	440702
		江门旅游之声	FM93.3	440701
	珠海人民广播电台	综合广播	FM95.1	440401
		环保经济广播	FM87.5	440402
		百岛之声	FM91.5	440403

地区	电台名称	频率名称	频率频点 FM/AM	标准编码
广东	斗门人民广播电台	斗门电台	FM92.8	440404
	中山广播电视台	新闻综合广播	FM96.7	442001
		环保旅游之声	FM88.8	442002
	惠州市广播电视台	新闻综合频率	FM100.0	441301
		环保交通台	FM98.8	441302
		音乐广播	FM90.7	441306
	梅州广播电视台	综合广播	FM94.8	441401
		交通广播	FM105.8	441402
	东莞广播电视台	综合广播	FM100.8	441901
		交通广播	FM107.5	441902
		音乐广播	FM104	441903
	潮安县广播电视台	潮安电台	FM98.3	445105
	梅县区广播电视台	梅县电台	FM94.0	441403
	潮州广播电视台	综合广播	FM94.0	445101
		戏曲广播	FM103.1	445102
		交通音乐广播	FM91.4	445103
	饶平人民广播电视台	饶平人民广播电台	FM91.0	445106
	潮阳广播电视台	潮阳电台	FM105	440504
	普宁人民广播电台	普宁电台	FM102.8	445206
	汕头市广播电视台	新闻资讯之声	FM99.3	440501
			AM1080	440541
		音乐广播	FM102.5	440502
		交通之声	FM107.2	440503
	澄海人民广播电台	澄海电台	FM100.5	440505
	揭阳广播电视台	综合广播	FM103.9	445201
		农业广播	FM106.5	445202
		交通旅游广播	FM95.2	445203
	揭东人民广播电台	揭东人民广播电台	FM100.2	445204
	揭西人民广播电台	揭西人民广播电台	FM103.2	445205
	肇庆市广播电视台	综合广播	FM92.9	441201

地区	电台名称	频率名称	频率频点 FM/AM	标准编码
广东	肇庆市广播电视台	旅游之声	FM94.9	441202
	四会广播电视台	四会电台	FM100.9	441204
	湛江广播电视台	新闻综合频率	FM98.1	440801
		经济频率	FM95.1	440803
		交通音乐频率	FM102.1	440802
	茂名人民广播电台	新闻台	FM106.1	440901
		音乐台	FM101.1	440902
	汕尾广播电视台	综合频道	FM103.5	441501
		经济交通频道	FM98.3	441502
	河源广播电视台	综合广播	FM91.1	441601
		旅游音乐频道	FM97.8	441602
	阳江广播电视台	综合广播	FM91.6	441701
		旅游环保广播	FM96.4	441702
	清远广播电视台	清远广播电视台 FM88.7 频率	FM88.7	441801
		清远广播电视台 FM97.8 频率	FM97.8	441802
	云浮人民广播电台	综合频道	FM100.6	445301
		音乐频道	FM87.9	445302
	番禺广播电视台	番禺人民广播电台	FM101.7	440105
	花都广播电视台	花都人民广播电台	FM100.5	440106
	乐昌人民广播电台	乐昌人民广播电台	FM101.1	440203
	新会广播电视台	新会人民广播电台	FM98.3	440703
	台山广播电视台	台山人民广播电台	FM90.4	440704
	开平广播电视台	飞扬 956	FM95.6	440705
	鹤山广播电视台	LOVE FM	FM104.7	440706
	恩平人民广播电台	恩平人民广播电台	FM101.7	440707
	遂溪人民广播电台	遂溪人民广播电台	FM104.8	440804
	化州人民广播电台	化州人民广播电台	FM105.5	440903
	高要人民广播电台	高要人民广播电台	FM105.9	441203
	惠阳人民广播电台	惠阳人民广播电台	FM99.5	441303

地区	电台名称	频率名称	频率频点 FM/AM	标准编码
广东	博罗人民广播电台	博罗人民广播电台	FM107.3	441304
	惠东人民广播电台	惠东人民广播电台	FM96.1	441305
广西	广西人民广播电台	新闻广播	FM91.0	450001
			AM792	450041
		交通广播	FM100.3	450005
		文艺广播 Music Radio	FM95.0	450003
		私家车广播	FM93.0	450004
		970 女主播电台	FM97.0	450002
		北部湾之声	FM96.4	450006
			SW5050/SW9820	450091
		风尚调频	FM 87.6	450007
	南宁人民广播电台	综合广播	FM101.4	450101
		乡村生活广播	FM104.9	450104
		交通音乐台	FM107.4	450102
		故事广播	FM89.5	450103
	桂林人民广播电台	新闻综合广播	FM97.7	450301
		旅游音乐广播	FM88.3	450302
		生活广播	FM91.2	450303
	柳州人民广播电台	综合广播	FM102.9	450201
		交通广播	FM99.1	450202
		乡村生活广播	FM105.9	450203
	梧州人民广播电台	新闻综合频率	FM100.8	450401
		交通音乐之声	FM107.5	450402
	北海人民广播电台	新闻综合广播	FM93.5	450501
		交通广播	FM99.1	450502
	防城港人民广播电台	人民广播电台	FM101.9	450601
	钦州人民广播电台	新闻综合广播	FM98.6	450701
		音乐广播	FM88.9	450702
	贵港人民广播电台	贵港人民广播电台	FM101.9	450801
	玉林人民广播电台	新闻综合广播	FM97.8	450901

地区	电台名称	频率名称	频率频点 FM/AM	标准编码
广西	玉林人民广播电台	交通音乐广播	FM99.2	450902
	百色人民广播电台	新闻综合广播	FM105.2	451001
		音乐频率	FM87.6	451002
	贺州人民广播电台	新闻综合广播	FM92.1	451101
		交通音乐广播	FM95.5	451102
	河池人民广播电台	新闻综合广播	FM98.7	451201
	来宾人民广播电台	桂中之声	FM95.5/FM103.5	451301
	崇左人民广播电台	城市之声	FM97.2	451401
	桂平人民广播电台	综合台	FM100.5	450802
重庆	重庆广播电视台	新闻频率	FM96.8	500001
			AM1314	500041
		经济频率	FM101.5/FM105.6	500002
		音乐广播	FM88.1/FM94.3	500004
		交通频率	FM95.5	500003
		都市频率	FM93.8	500005
		文艺广播	FM103.5	500006
四川	四川人民广播电台	四川新闻频率	FM98.1	510007
			AM1116	510041
			FM106.6	510006
		民生广播	FM89.4	510002
		财富广播	FM94.0	510003
		岷江音乐	FM95.5	510004
		交通频率	FM101.7	510005
		快乐900四川文艺广播	FM90.0	510008
		城市之音	FM102.6	510001
		旅游生活广播	FM97.0	510009
		天府之声私家车广播	FM92.5	510010
	成都人民广播电台	新闻广播	FM99.8	510101
			AM792	510141
		经济频道	FM105.6	510103

地区	电台名称	频率名称	频率频点 FM/AM	标准编码
四川	成都人民广播电台	交通广播	FM91.4	510102
			AM1485	510142
		文化休闲广播经典 946	FM94.6	510104
		故事广播	FM88.2	510109
		成都唯一音乐频率	FM103.2	510106
		YES!FM 成都国际流行音乐电台	FM96.3	510105
		私家车音乐广播	FM105.1	510107
	自贡人民广播电台	文化旅游广播	FM90.8	510301
		新闻广播	FM97.7	510302
			AM1422	510341
	攀枝花人民广播电台	综合广播	FM88.5	510401
		汽车电台	FM91.0	510402
	泸州人民广播电台	新闻广播	FM97.0	510501
		音乐广播	FM103.8	510503
		交通广播	FM104.6	510502
	德阳人民广播电台	音乐交通广播	FM107.8	510601
		新闻综合频率	FM95.9	510602
	绵阳人民广播电台	新闻广播	FM96.7/FM102.0	510701
		生活广播	FM91.2/FM92.6	510703
		交通广播	FM103.3	510702
	广元人民广播电台	新闻综合频率	FM102.7	510801
		城乡频率交通旅游广播	FM104.8	510802
	遂宁人民广播电台	综合广播	FM99.7	510901
		农村广播	FM87.8	510902
	内江人民广播电台	综合频道	FM91.2	511001
		经济频道	FM101.4	511002
	乐山人民广播电台	新闻综合频率	FM102.8	511101
		音乐交通频率	FM100.5	511102
	南充人民广播电台	综合广播	FM100.4/FM97.5	511301
			AM747	511341

地区	电台名称	频率名称	频率频点 FM/AM	标准编码
四川	南充人民广播电台	交通音乐频率	FM91.5	511302
	眉山人民广播电台	眉山人民广播电台	FM90.8	511401
	宜宾人民广播电台	综合广播	FM107.0	511501
		文化旅游广播	FM105.9	511503
		农村广播	FM104.2	511502
	广安人民广播电台	新闻综合频率	FM101.2	511601
		交通音乐频率	FM94.7	511602
	达州人民广播电台	新闻综合频率	FM102.2/103.5	511701
		交通音乐频率	FM105/FM106	511702
	雅安人民广播电台	新闻综合频率	FM87.9	511801
	巴中人民广播电台	新闻综合广播	FM96.8/FM88.5	511901
		交通旅游频率	FM94.0	511902
	资阳人民广播电台	资阳人民广播电台	FM98.8/FM104.5	512001
	涪陵人民广播电台	涪陵人民广播电台	FM101.1	500101
	江津人民广播电台	江津人民广播电台	FM94.9	500102
	合川人民广播电台	合川人民广播电台	FM106.8/FM102.6	500103
	永川人民广播电台	永川人民广播电台	FM104.2	500104
	嘉州经济广播电台	嘉州经济广播电台	FM95.7	511103
	达川人民广播电台	达川人民广播电台	FM102.2/FM102.9	511703
	凉山人民广播电台	新闻综合频率	FM95.8/FM91.8	513401
海南	海南广播电视台	交通广播	FM100.0/FM100.3/FM98.5/FM89.3	460003
		新闻广播	FM88.6/FM96.2	460001
			AM95.4/AM111.6/AM110.7	460041
		国际旅游岛之声	FM103.8/FM99.0	460002
		音乐广播	FM94.5/FM91.6/FM95.0	460004
		民生广播	FM101	460005
	海口广播电视台	新闻综合广播	FM101.8	460101
		音乐广播	FM91.6	460102

地区	电台名称	频率名称	频率频点 FM/AM	标准编码
海南	海口广播电视台	交通旅游广播	FM95.4	460103
	三亚广播电视台	天涯之声	FM104.6	460201
贵州	贵州广播电视台	新闻广播	FM94.6	520001
			AM765	520041
		经济广播	FM98.9	520002
		音乐广播	FM91.6	520003
		都市广播	FM106.2	520005
		交通广播	FM95.2	520004
		旅游广播	FM97.2	520006
		故事广播	FM90.0	520007
	贵阳广播电视台	新闻综合广播	FM88.9	520101
			AM999	520141
		交通广播	FM102.7	520102
		都市女性广播	FM104.0	520103
		旅游生活广播	FM90.9	520104
	毕节广播电台	交通音乐广播	FM98	520501
	凯里人民广播电台	凯里人民广播电台	FM93	522601
	铜仁广播电台	新闻综合广播	FM103.6	520601
		交通旅游广播	FM90.7	520602
	兴义人民广播电台	兴义人民广播电台	FM93.9	522303
	黔西南广播电视台	新闻广播	FM107.9	522301
		交通旅游广播	FM88.3	522302
	黔南人民广播电台	交通旅游广播	FM93.3	522703
		新闻广播	FM98	522704
	六盘水广播电视台	新闻综合广播	FM99.8	520201
		交通广播	FM93.8	520202
	遵义人民广播电台	新闻综合频率	FM89.8	520301
		交通文艺广播	FM94.1	520303
		旅游生活广播	FM88	520305
	安顺人民广播电台	交通旅游广播	FM102.9	520402

地区	电台名称	频率名称	频率频点 FM/AM	标准编码
贵州	安顺人民广播电台	新闻综合广播	FM105.9	520401
	都匀人民广播电台	交通旅游广播	FM93.3	522702
		新闻广播	FM98.0	522701
云南	云南广播电视台	新闻广播	AM576	530042
			FM105.8	530001
		香格里拉之声 FM99	FM99	530006
		经济广播	FM88.7	530002
		音乐广播	FM97	530003
		教育广播	FM100	530004
		交通广播	FM91.8	530005
		少儿广播	FM101.7	530007
	昆明广播电视台	都市调频	FM102.8	530102
		阳光频率	FM100.8	530101
			AM1350	530141
		汽车广播	FM95.4	530103
		幸福频道	FM105	530104
	曲靖人民广播电台	交通之声	FM96.3	530302
		珠江源之声	FM104.0	530301
	玉溪人民广播电台	绿色调频	FM102.4	530401
			AM1251	530441
	保山人民广播电台	新闻综合频率	FM98.7	530501
	昭通人民广播电台	新闻综合广播	FM97.5	530601
		交通旅游广播	FM94.1	530602
	丽江人民广播电台	丽江综合频道	FM106.0	530701
	普洱人民广播电台	普洱新闻综合频道	FM93.1	530801
		普洱交通旅游音乐频道	FM106.9	530802
	临沧人民广播电台	临沧之声	FM106	530901
	东川人民广播电台	东川人民广播电台	FM94.7	530105
	楚雄人民广播电台	楚雄新闻台	FM106.0	532301
		楚雄经济音乐广播	FM96.7	532302

地区	电台名称	频率名称	频率频点 FM/AM	标准编码
云南	红河人民广播电台	红河新闻综合台	FM92.9	532501
		红河音乐台	FM97.5	532502
	文山人民广播电台	新闻综合频率	FM103/FM102.2	532601
		七花频率	FM97.3	532602
		民语频率	AM1053	532641
	西双版纳人民广播电台	民语广播	FM101.4	532801
		汉语广播	AM747	532841
	大理人民广播电台	大理苍洱调频	FM97.5	532901
	云南大学教育调频	云南大学教育调频	FM107.6	530106
	德宏人民广播电台	综合广播	FM104.3	533101
		交通旅游广播	FM91.0	533131
		民族综合广播	AM900	533141
	怒江广播电视台	广播综合频率	FM105.6	533301
西藏	西藏人民广播电台	藏语广播	FM101.6	540001
		汉语广播	FM93.3	540002
		都市生活广播	FM98.0	540003
		藏语康巴话广播	AM594	540041
	拉萨人民广播电台	拉萨人民广播电台	FM91.4	540101
陕西	陕西广播电视台	896 汽车调频广播	FM89.6	610009
		新闻广播	FM106.6	610001
			AM693	610041
		都市广播-陕广新闻	FM101.8	610002
		故事广播	FM87.8	610011
			AM603	610045
		交通广播	AM1323	610042
			FM91.6	610003
		农村广播	AM900	610043
		青春广播	FM105.5	610007
		戏曲广播	AM747	610044
			FM107.8	610010

地区	电台名称	频率名称	频率频点 FM/AM	标准编码
陕西	陕西广播电视台	音乐广播	FM98.8	610006
		秦腔广播	FM101.1	610005
	西安广播电视台	交通旅游广播	FM104.3	610102
		新闻广播	AM810	610141
			FM102.1	610101
		音乐广播	FM93.1	610103
		资讯广播	FM106.1	610104
		综艺广播	FM102.4	610105
	安康人民广播电台	新闻广播	FM89.7	610901
		交通音乐广播	FM95.9	610902
	榆林广播电视台	新闻综合广播	FM99.4	610801
		生活资讯广播	FM101	610803
		交通文艺广播	FM95.9	610802
	汉中人民广播电台	新闻广播	FM95.6	610701
		音乐广播	FM97.1	610702
		交通旅游广播	FM101.8	610703
	渭南人民广播电台	新闻广播	FM102.6/FM101.3	610501
		交通广播	FM90.9	610502
		音乐广播	FM101.3	610501
	宝鸡人民广播电台	综合广播	FM93.4	610303
			AM1071	610341
		交通旅游广播	FM99.7	610304
		经济广播	FM102.8	610301
			AM900	610342
		音乐广播	FM105.3	610302
	咸阳市广播电视台	西咸之声	FM100.7	610401
		都市音乐广播	FM99.9	610402
	铜川人民广播电台	铜川人民广播电台	AM1134	610241
	商洛人民广播电台	商洛人民广播电台	FM107.0	611001
	延安广播电视台	交通音乐广播	FM987	610602

地区	电台名称	频率名称	频率频点 FM/AM	标准编码
陕西	延安广播电视台	新闻综合广播	FM100.1/FM104.6	610601
甘肃	甘肃广播电影电视总台（集团）	都市调频广播	FM102.2	620002
		交通广播	FM103.5	620003
		经济广播黄河之声	FM93.4	620004
			AM801	620042
		农村广播乡村之音	FM92.2	620006
			AM1170	620043
		青少广播青春调频	FM104.8	620005
		新闻综合广播	FM96	620001
			AM684/AM873	620041
	兰州市广播电视总台	生活文艺广播	FM100.8	620103
		新闻综合广播	AM954	620141
			FM97.3	620101
		音乐广播	FM99.5	620102
	嘉峪关人民广播电台	综合广播	FM100	620201
		交通广播	FM92	620202
	金昌人民广播电台	飞扬音乐	FM101.4	620302
		新闻综合广播	FM107.7	620301
	武威人民广播电台	人民广播	FM93.5	620601
	张掖人民广播电台	新闻综合广播	FM101.4	620701
	平凉人民广播电台	交通广播	FM89.8	620801
	酒泉人民广播电台	交通之声	FM106.6	620901
	庆阳人民广播电台	人民广播	FM95.2	621001
	定西人民广播电台	新闻综合广播	FM92.4	621101
	陇南人民广播电台	新闻广播	FM98.2	621201
	甘南广播电视台	综合广播	FM101.7	623002
	临夏广播电视台	北方调频广播	FM97.3	622901
青海	青海广播电视台	新闻综合广播	FM98.9	630001
		经济广播	FM107.5	630003
			AM1143	630042

地区	电台名称	频率名称	频率频点 FM/AM	标准编码
青海	青海广播电视台	交通音乐广播	FM97.2	630004
		花儿调频广播	FM90.3	630005
		藏语广播	FM99.7	630002
			AM1251	630041
	西宁人民广播电台	新闻综合广播	FM95.6	630101
			AM1476	630141
		交通广播	FM104.3	630103
		旅游广播	FM102.7	630104
		都市生活广播	FM101.3	630102
宁夏	宁夏广播电视总台	新闻广播	FM106.1	640001
			AM891	640041
		经济广播	FM92.8	640002
			AM747	640042
		交通广播	FM98.4	640003
		都市广播•旅游	FM103.7	640004
		音乐广播	FM104.7	640005
	银川广播电视台	新闻综合广播	FM90.5	640101
			AM801	640141
		都市经济广播	FM95.0	640103
		交通音乐广播	FM100.6	640102
新疆	新疆人民广播电台	私家车广播	FM92.9	650006
		1028 故事广播	FM102.8	650008
		哈萨克语广播	FM98.2	650005
		949 交通广播	FM94.9	650007
		蒙语广播	AM1233	650043
		维语文艺广播	FM107.4	650004
		维语综合广播	AM855	650042
			FM101.7	650003
		961 新闻广播	FM96.1	650001
		柯语广播	AM1233	650044

地区	电台名称	频率名称	频率频点 FM/AM	标准编码
新疆	新疆人民广播电台	绿色广播	FM89.5	650002
			AM738	650041
		音乐广播	FM103.9	650009
		924 民生广播	FM92.4	650010
	新疆生产建设兵团文广传媒集团有限公司	新疆兵团之声	FM88.2	650011
	乌鲁木齐人民广播电台	交通广播	FM97.4	650102
		经济广播	AM927	650141
		旅游音乐广播	FM106.5	650103
		维吾尔语交通文艺广播	FM104.6	650104
		维吾尔语综合广播	AM1071	650143
		新闻广播	FM100.7	650101
		乐龄年华老年之声广播	AM792	650142
	哈密人民广播电台	维语广播	FM107.9	652203
		哈密之声	FM103.5	652201
		甜蜜之声	FM98.1	652202
	克拉玛依人民广播电台	都市广播	FM92.6	650201
		维语广播	AM882	650242
		新闻交通广播	AM1179	650241
	昌吉人民广播电台	新闻综合频率	FM96.9	652301
			AM873	652341
		电台 FM103.3	FM103.3	652302
		音乐电台	FM105.3	652303
	米东人民广播电台	新闻音乐广播	FM99.0	650105

图书在版编目（CIP）数据

2017年中国广播收听市场年鉴/黄学平主编. ——北京：中国传媒大学出版社，2017. 8
ISBN 978-7-5657-2001-7

Ⅰ. ①2… Ⅱ. ①黄… Ⅲ. ①广播工作－抽样调查统计－中国－2017－年鉴
Ⅳ. ①G229.2-54

中国版本图书馆CIP数据核字(2017)第114872号

2017年中国广播收听市场年鉴

2017NIAN ZHONGGUO GUANGBO SHOUTING SHICHANG NIANJIAN

主　　编　黄学平
责任编辑　欧丽娜
封面设计　利思瑶
责任印制　阳金洲

出版发行　中国传媒大学出版社
社　　址　北京市朝阳区定福庄东街1号　　邮　编　100024
电　　话　86-10-65450532　65450528　　传　真　86-10-65779405
网　　址　http://www.cucp.com.cn
经　　销　全国新华书店

印　　刷　广州市丽彩印刷有限公司
开　　本　787×1092mm　1/16
印　　张　40.5　　字　数　695千字
版　　次　2017年8月第1版　　2017年8月第1次印刷
书　　号　ISBN 978-7-5657-2001-7/G・2001　　定　价　180.00元